Studien und Beiträge
zum Öffentlichen Recht

Band 56

Martin Schwamborn

Maßstäbe der europäischen Integration

Möglichkeiten und Grenzen eines maßstabsorientierten Kooperationsverhältnisses zwischen BVerfG und EuGH

Mohr Siebeck

Martin Schwamborn, geboren 1990; Studium der Rechtswissenschaft in Köln; Referendariat am OLG Köln mit Stationen beim Bundeskartellamt und dem VG Köln; Wiss. Mitarbeiter am Lehrstuhl für Völker- und Europarecht, Europäisches und Internationales Wirtschaftsrecht an der Universität zu Köln; seit 2021 Akademischer Rat a. Z. ebenda.
orcid.org/0000-0001-8835-1400

Zugl.: Köln, Univ., Diss., 2021

ISBN 978-3-16-161403-3 / eISBN 978-3-16-161404-0
DOI 10.1628/978-3-16-161404-0

ISSN 1867-8912 / eISSN 2568-745X (Studien und Beiträge zum Öffentlichen Recht)

Die Deutsche Nationalbibliothek verzeichnet diese Publikation in der Deutschen Nationalbibliographie; detaillierte bibliographische Daten sind über *http://dnb.dnb.de* abrufbar.

Das Buch wurde von epline in Böblingen aus der Times gesetzt, von Laupp & Göbel in Gomaringen auf alterungsbeständiges Werkdruckpapier gedruckt und dort gebunden.

Printed in Germany.

Vorwort

Die vorliegende Arbeit wurde von der Hohen Rechtswissenschaftlichen Fakultät der Universität zu Köln im Sommersemester 2021 als Dissertation angenommen. Rechtsprechung und Literatur konnten bis September 2021 berücksichtigt werden. Für die Veröffentlichung wurden die Auflagen der zitierten Werke nach Möglichkeit auf den Stand November 2021 aktualisiert.

Es ist gute Tradition, die Veröffentlichung einer Dissertation zum Anlass zu nehmen, jenen Menschen zu danken, die einen Anteil am Gelingen des Projekts hatten. Mein erster Dank gilt daher meinem Doktorvater und akademischen Lehrer Prof. Dr. Dr. h. c. Dr. h. c. Stephan Hobe, der mich in meiner Zeit als Wissenschaftlicher Mitarbeiter und Doktorand an seinem Lehrstuhl auf vielfache Weise gefördert und unterstützt hat. Insbesondere für die zahlreichen Anregungen und die Gewährung des für die Erstellung des Werks notwendigen wissenschaftlichen Freiraums bin ich ihm sehr dankbar.

Herrn Prof. Dr. Bernhard Kempen danke ich für die äußerst zügige Erstellung des Zweitgutachtens. Gemeinsam mit meinem Doktorvater hat Prof. Kempen mich auch in dem Wunsch bekräftigt, eine wissenschaftliche Laufbahn einzuschlagen. Auch insoweit gilt beiden mein Dank.

Darüber hinaus haben mich zahlreiche Menschen im Studium und Referendariat sowie in der Zeit am Lehrstuhl begleitet. Auch wenn eine Nennung aller Namen an dieser Stelle aus Platzgründen unterbleiben muss, bleibe ich ihnen in Dankbarkeit verbunden. Einige Personen, die mich vor allem in der Endphase der Dissertation besonders unterstützt haben, sollen aber nicht unerwähnt bleiben. Jonathan Badstieber, Lara Gräwe, Dr. Matina Jozi, Michel Gereon Küppers und nicht zuletzt Niklas Kaupert bin ich zum Dank für die vielen persönlichen und fachlichen Gespräche sowie die kritischen Anmerkungen verpflichtet, die für die Fertigstellung meiner Arbeit von unschätzbarem Wert waren.

Schließlich gilt ein besonders herzlicher Dank meinen Freunden sowie meiner Familie. Vor allem meine Eltern Birgit und Ulrich Schwamborn, meine Schwester Claudia Kauerz, mein Schwager Philipp Kauerz sowie ihre Kinder haben mir zu jeder Zeit den persönlichen Rückhalt geboten, der für das Verfassen dieser Arbeit unerlässlich war.

Köln, Dezember 2021 *Martin Schwamborn*

Inhaltsübersicht

Inhaltsverzeichnis

Abkürzungsverzeichnis

a. A.	andere Ansicht
a. a. O.	am angegebenen Ort
ABl.	Amtsblatt
Abs.	Absatz
abw.	abweichende
a. E.	am Ende
ÄndVO	Änderungsverordnung
AETR	Accord Européen sur les Transport Routiers
AEUV	Vertrag über die Arbeitsweise der Europäischen Union
a. F.	alte Fassung
AfD	Alternative für Deutschland
AJIL	American Journal of International Law
AöR	Archiv des öffentlichen Rechts
APuZ	Aus Politik und Zeitgeschichte
Art.	Artikel
Aufl.	Auflage
ausf.	ausführlich
BAG	Bundesarbeitsgericht
Bd.	Band
BeckRS	Beck-Rechtsprechung (Datenbank)
Begr.	Begründer*in
Beschl.	Beschluss
BFH	Bundesfinanzhof
BGB	Bürgerliches Gesetzbuch
BJfS	Berliner Journal für Soziologie
BR-Drucks.	Bundesratsdrucksache
Brit. J. Polit. Sci.	British Journal of Political Science
BT	Bundestag
BT-Drucks.	Bundestagsdrucksache
BVerfG	Bundesverfassungsgericht
BVerfGE	Entscheidungen des Bundesverfassungsgerichts
BVerfGG	Bundesverfassungsgerichtsgesetz
BVG	Berliner Verkehrsbetriebe
BvR	Registerzeichen einer Verfassungsbeschwerde zum BVerfG
BW	Baden-Württemberg
CELEX	Communitatis Europeae LEX (Online-Datenbank für Europäisches Recht, inzwischen ersetzt durch EUR-LEX, die Abkürzung CELEX wird aber weiter zur Nummerierung der einzelnen Dokumente genutzt.)
CELF	Centre d'Exportation du Livre Français
CETA	Comprehensive Economic and Trade Agreement

CPS	Comparative Political Studies
CYELS	Cambridge Yearbook of European Legal Studies
ders.	derselbe
dies.	dieselbe(n)
Diss.	Dissertation
DSGVO	Datenschutz-Grundverordnung
DNA	deoxyribonucleic acid
DVBl	Deutsches Verwaltungsblatt
E.N.E.L.	Ente Nazionale per l'energia Elettrica
ECHA	Europäische Chemikalienagentur
ECLI	European Case Law Identifier
EEA	Einheitliche Europäische Akte
EFSF	Europäische Finanzstabilisierungsfazilität
EFTA	European Free Trade Association (Europäische Freihandelsassoziation)
EG	Europäische Gemeinschaft
EGKS	Europäische Gemeinschaft für Kohle und Stahl
EGMR	Europäischer Gerichtshof für Menschenrechte
EGV	Vertrag zur Gründung der Europäischen Gemeinschaft
EL	Ergänzungslieferung
ELR	European Law Review
EMRK	Konvention zum Schutz der Menschenrechte und Grundfreiheiten (Europäische Menschenrechtskonvention)
endg.	endgültig
EnzEuR	Enzyklopädie Europarecht
EPG	Europäische Politische Gemeinschaft
EPL	European Public Law (Zeitschrift)
ERatG	Eigenmittelbeschluss-Ratifizierungsgesetz
Erk.	Erkenntnis
ERT	Elliniki Radiofonia Tileorasi
ESM	Europäischer Stabilitätsmechanismus
ESMFinG	Gesetz zur finanziellen Beteiligung am Europäischen Stabilitätsmechanismus
ETF	Europäische Stiftung für Berufsbildung
EU	Europäische Union
EuConst	European Constitutional Law Review
EuG	Gericht (der Europäischen Union)
EuGH	Europäischer Gerichtshof
EuGR	Europäische Grundrechte und Grundfreiheiten (Buchtitel)
EuGRZ	Europäische Grundrechts-Zeitschrift
EuR	Europarecht (Zeitschrift)
EURATOM	Europäische Atomgemeinschaft
EUV	Vertrag über die Europäische Union
EUZBBG	Gesetz über die Zusammenarbeit von Bundesregierung und Deutschem Bundestag in Angelegenheiten der Europäischen Union
EUZBLG	Gesetz über die Zusammenarbeit von Bund und Ländern in Angelegenheiten der Europäischen Union
EuZW	Europäische Zeitschrift für Wirtschaftsrecht
EVG	Europäische Verteidigungsgemeinschaft

EWG	Europäische Wirtschaftsgemeinschaft
EWR	Europäischer Wirtschaftsraum
EWS	Europäisches Wirtschafts- und Steuerrecht (Zeitschrift)
EZB	Europäische Zentralbank
f./ff.	folgende
FAS	Frankfurter Allgemeine Sonntagszeitung
FAZ	Frankfurter Allgemeine Zeitung
FCE	Forum Constitutionis Europae
FK	Frankfurter Kommentar
Fn.	Fußnote(n)
Fordham Int. Law J.	Fordham International Law Journal
FS	Festschrift
GELR	Gemeinsamer Europäischer Luftraum
GLJ	German Law Journal
GG	Grundgesetz
ggf.	gegebenenfalls
GRCh	Charta der Grundrechte der Europäischen Union (EU-Grundrechtecharta)
GRUR	Gewerblicher Rechtsschutz und Urheberrecht (Zeitschrift)
GS	Gedächtnisschrift
GuG	Geschichte und Gesellschaft (Zeitschrift)
GVK	Gemeinsame Verfassungskommission
Hdb.	Handbuch
HdbStR	Handbuch des Staatsrechts der Bundesrepublik Deutschland
HDSW	Handwörterbuch der Sozialwissenschaften
HE	Hessen
Hervorh. d. Verf.	Hervorhebung(en) durch den Verfasser
Hervorh. i. O.	Hervorhebung(en) im Original
HGR	Handbuch der Grundrechte in Deutschland und Europa
HK	Handkommentar
h. M.	herrschende Meinung
Hrsg.	Herausgeber*in
Hs.	Halbsatz
ICJ-Rep.	International Court of Justice Reports
ICON	International Journal of Constitutional Law
IEV	Institut für Europäische Verfassungswissenschaften (Hrsg. der Hagener Online-Beiträge zu den Europäischen Verwaltungswissenschaften)
IGH	Internationaler Gerichtshof
IHS	Institut für Höhere Studien
insb.	insbesondere
Int. Organ.	International Organization (Zeitschrift)
IntVG	Integrationsverantwortungsgesetz
IPE	Ius Publicum Europaeum
IPG	Internationale Politik und Gesellschaft (Zeitschrift)
IRCA	Industria romana carni e affini
i. S. d.	im Sinne des/der
i. V. m.	in Verbindung mit

JA	Juristische Arbeitsblätter
JCMS	Journal of Common Market Studies
JEL	Journal of Economic Literature
JEP	Journal of Economic Perspectives
JEPP (Online)	Journal of European Public Policy (Online)
Jg.	Jahrgang
JöR	Jahrbuch des öffentlichen Rechts der Gegenwart (Neue Folge)
JMP	Würzburger Jean-Monnet-Papers
JR	Juristische Rundschau
JURA	Juristische Ausbildung
JZ	Juristenzeitung
Kap.	Kapitel
Kfz	Kraftfahrzeug
KOM	(Europäische) Kommission
KritV	Kritische Vierteljahresschrift für Gesetzgebung und Rechtswissenschaft
LA	Liber Amicorum
LAISA	Levantina Agricola Industrial Sociedad Anónima
LIEI	Legal Issues of Economic Integration
lit.	littera (= Buchstabe)
Ls.	Leitsatz
MPIfG	Max-Planck-Institut für Gesellschaftsforschung
m. w. N.	mit weiteren Nachweisen
NATO	North Atlantic Treaty Organization
ND	Nachdruck
n. F.	neue Fassung
NJ	Neue Justiz
NJECL	New Journal of European Criminal Law
NJLP	Netherlands Journal of Legal Philosophy
NJOZ	Neue Juristische Online-Zeitschrift
NJW	Neue Juristische Wochenschrift
NoFo	No Foundations: An Interdisciplinary Journal of Law and Justice
Nr./No.	Nummer
NVwZ	Neue Zeitschrift für Verwaltungsrecht
NZA	Neue Zeitschrift für Arbeitsrecht
ÖstVfGH	Österreichischer Verfassungsgerichtshof
OMT	Outright Monetary Transactions
OULR	Osaka University Law Review
P	Pourvoi (= Rechtsmittel)
Pkt.	Punkt(e)
PPU	Procédure préjudicielle d'urgence
PSPP	Public Sector Purchase Programme
PVS	Politische Vierteljahresschrift
RabelsZ	Rabels Zeitschrift für ausländisches und internationals Privatrecht
RdA	Recht der Arbeit (Zeitschrift)
RdC	Recueil des Cours de l'Académie de Droit International de La Haye
Rn.	Randnummer(n)
Rs.	Rechtssache
Rspr.	Rechtsprechung

RT	Rechtstheorie (Zeitschrift)
RTDEur	Revue trimestrielle de droit européen
RW	Rechtswissenschaft (Zeitschrift)
S.	Seite(n) (bei Literaturangaben) bzw. Satz (bei Normzitaten)
s. a.	siehe auch
SK-Lissabon	Systematischer Kommentar zu den Lissabon-Begleitgesetzen
sog.	sogenannt
SRM	Single Resolution Mechanism
SSM	Single Supervisory Mechanism
StIGH	Ständiger Internationaler Gerichtshof
st. Rspr.	ständige Rechtsprechung
StV	Strafverteidiger (Zeitschrift)
SUTS	Société des usienes à tubes de la Sarre
SWP	Stiftung Wissenschaft und Politik
TzBfG	Gesetz über Teilzeitarbeit und befristete Arbeitsverträge
u.	und
u. a.	und andere
UAbs.	Unterabsatz
UGT	Unión General de Trabajadores
UJIEL	Utrecht Journal of International and European Law
ULR	Utrecht Law Review
unver.	unveränderter
Univ.	Universität
UPA	Unión de Pequeños Agricultores
Urt.	Urteil
USA	Vereinigte Staaten von Amerika
UTECA	Unión de Televisiones Comerciales Asociadas
v.	vom/von
verb.	verbundene
VerfBlog	Verfassungsblog
VfSlg	Ausgewählte Entscheidungen des Verfassungsgerichtshofs
VG	Verwaltungsgericht
vgl.	vergleiche
Vorb.	Vorbemerkungen
VO	Verordnung
VVDStRL	Veröffentlichungen der Vereinigung der Deutschen Staatsrechtslehrer
VVE	Vertrag über eine Verfassung für Europa
WD	Wirtschaftsdienst (Zeitschrift)
WHI	Walter Hallstein-Institut
WLR	Washington Law Review
WRV	Weimarer Reichsverfassung
WT	WeltTrends
WVK	Wiener Übereinkommen über das Recht der Verträge (Wiener Vertragsrechtskonvention)
WVKIO	Wiener Übereinkommen über das Recht der Verträge zwischen Staaten und internationalen Organisationen oder zwischen internationalen Organisationen
WWU	Wirtschafts- und Währungsunion
YEL	Yearbook of European Law

z. B.	zum Beispiel
ZaöRV	Zeitschrift für ausländisches öffentliches Recht und Völkerrecht
ZEuS	Zeitschrift für Europäische Studien
ZevKR	Zeitschrift für evangelisches Kirchenrecht
ZEW	Zentrum für Europäisches Wirtschaftsrecht (Bonn)
ZIS	Zeitschrift für Internationale Strafrechtsdogmatik
ZÖR	Zeitschrift für Öffentliches Recht
ZParl	Zeitschrift für Parlamentsfragen
ZRP	Zeitschrift für Rechtspolitik
ZSE	Zeitschrift für Staats- und Europawissenschaften

Einleitung

Es war ein Paukenschlag, als das Bundesverfassungsgericht (BVerfG) mit seinem abschließenden Urteil im Verfahren zum Public Sector Purchase Programme (PSPP) sowohl das PSPP der Europäischen Zentralbank (EZB) als auch das die Rechtmäßigkeit des Programms bestätigende Urteil des Europäischen Gerichtshofs (EuGH) zu Ultra-vires-Akten erklärte, die am Anwendungsvorrang des Unionsrechts nicht teilhätten und daher in Deutschland unanwendbar seien.[1] Mit diesem Urteil endete zunächst eine lange juristische Auseinandersetzung über die Rechtmäßigkeit der europäischen Maßnahmen zur Bewältigung der Eurokrise,[2] die zu zahlreichen Verfahren vor dem BVerfG geführt hatte. Hintergrund dieser Verfahren ist ein seit Jahrzehnten schwelender Konflikt zwischen BVerfG und EuGH über Ausmaß und Grenzen der europäischen Integration, der dogmatisch auf ein unterschiedliches Verständnis vom Anwendungsvorrang des EU-Rechts zurückzuführen ist und dem beide Gerichte, trotz unterschiedlicher Ausgangspositionen, bisher mit gerichtlichem Dialog und gegenseitiger Rücksichtnahme begegnet sind.[3] Auch in den vorherigen Verfahren zur Eurokrise hatte das BVerfG die einzelnen Maßnahmen – teilweise nach Vorlage an den EuGH – zwar umfassend geprüft und partiell unter umfassende Bedingungen gestellt, im Ergebnis aber keine Verletzung europa- oder verfassungsrechtlicher Anforderungen festgestellt.[4] Seinen historisch einmaligen Charakter erhält das PSPP-Urteil nun dadurch, dass es den angesprochenen Konflikt erstmalig und in aller Deutlichkeit eskaliert hat. Nicht weniger als die „methodische Unvertretbarkeit des Urteils“[5] warf das BVerfG dem EuGH vor

[1] BVerfGE 154, 17, 94 ff. Rn. 116 ff., 117 ff. Rn. 154 ff., 150 ff. Rn. 232 ff. – *PSPP-Urteil*.

[2] Der Begriff „Eurokrise“ wird hier als Oberbegriff für die seit 2007 andauernde Staatsschulden-, Banken- und makroökonomische Krise des Euroraums verwendet, so auch *Sachverständigenrat*, Jahresgutachten 2012/13, S. 64 ff. Allgemein zur Eurokrise und den ergriffenen Maßnahmen siehe *Häde*, in: Calliess/Ruffert, EUV/AEUV, Art. 119 AEUV Rn. 16 ff.; *Manger-Nestler*, in: Müller-Graff, EnzEuR, Bd. 4, § 25 Rn. 143 ff. sowie *Selmayr*, in: Müller-Graff, EnzEuR, Bd. 4, 1. Aufl., § 23 Rn. 57 ff.

[3] Ausf. zum Konfliktbild und zur Rechtsprechung der Gerichte siehe noch Kap. 1, B.

[4] BVerfGE 129, 124 – *EFSF*; BVerfGE 132, 195 – *Europäischer Stabilitätsmechanismus*; BVerfGE 135, 317 – *ESM-Vertrag*; BVerfGE 134, 366 – *OMT-Vorlagebeschluss*; BVerfGE 142, 123 – *OMT-Urteil*; BVerfGE 146, 216 – *PSPP-Vorlagebeschluss*; BVerfGE 151, 202 – *Bankenunion*.

[5] BVerfGE 154, 17, 99 ff. Rn. 123 ff. – *PSPP-Urteil*; s. a. das Inhaltsverzeichnis der Entscheidung.

und erneuerte so mit Nachdruck seinen Anspruch, über die Grenzen der europäischen Integration auch und gerade gegenüber dem EuGH zu wachen. Das PSPP-Verfahren stellt eine Zäsur dar, die nicht nur aufgrund ihrer Auswirkungen für das künftige Verhältnis von EuGH und BVerfG, sondern auch für die europäische Integration insgesamt eine genauere Untersuchung nahelegt. Da eine umfassende Reform der Europäischen Union (EU) bzw. ihrer vertraglichen Grundlagen durch die Mitgliedstaaten mittelfristig nicht zu erwarten ist, bleibt der Umgang der Gerichte mit dem Phänomen der europäischen Integration für dessen Fortgang entscheidend. Darüber hinaus dürfte sich der bereits in der Eurokrise erkennbare Trend fortsetzen, kontroverse europapolitische Entscheidungen auf die Gerichte zu verlagern,[6] zumal infolge der beschlossenen Finanzhilfen für von der Corona-Pandemie besonders getroffene Mitgliedstaaten die nächste Verfahrenswelle vor dem BVerfG bereits begonnen hat.[7]

Diese Arbeit nimmt daher das PSPP-Verfahren zum Anlass, um das Verständnis und den Umgang von BVerfG und EuGH mit dem Phänomen der europäischen Integration zu untersuchen. Vor dem Hintergrund, dass das PSPP-Verfahren und das eng damit im Zusammenhang stehende OMT-Verfahren die beiden ersten Vorlagen des BVerfG an den EuGH waren und beide Gerichte somit in einem direkten Austausch standen,[8] aktualisiert sich in besonderem Maße die Frage, inwieweit die Gerichte in Bezug auf die europäische Integration tatsächlich *mit*einander sprechen oder nicht doch eher aneinander vorbeireden.[9] Die Tatsache, dass die Auseinandersetzung ausgerechnet beim unmittelbaren Austausch offen ausbrach, scheint auf ein gestörtes Kommunikationsverhältnis hinzudeuten. Demgegenüber steht allerdings auch die lange Zeit des vorherigen, indirekten Dialogs ohne endgültige Eskalation. Es liegt daher die Vermutung nahe, dass sich die Gerichte in ihrem Austausch irgendwo zwischen den beiden Extremen des Miteinander- bzw. Durcheinanderredens bewegen. Dafür spricht auch der Gedanke, dass ein Dialog eine gemeinsame Sprache bzw. ein gemeinsames Verständnis nicht voraussetzt, sondern gerade erst schafft, indem die Dialogpartner sowohl „Verschiedenes über dasselbe“ als auch „dasselbe über Ver-

[6] Dazu *Grimmel*, EuR 2013, 146, 165 ff., insb. 167; s. a. *Saurugger*, Theoretical Approaches to European Integration, S. 86 f.; *Susanne K. Schmidt*, in: Höpner/A. Schäfer, Politische Ökonomie der europäischen Integration, S. 101, 110 ff., insb. S. 121 u. 123. Zuvor *Everling*, in: Schwarze, Der Europäische Gerichtshof als Verfassungsgericht und Rechtsschutzinstanz, S. 137, 151.

[7] BVerfG, Beschl. v. 26.03.2021 – 2 BvR 547/21 (BeckRS 2021, 5519) – *ERatG-Hängebeschluss*; Beschl. v. 15.04.2021 – 2 BvR 547/21 (BeckRS 2021, 7968) – *einstweilige Anordnung ERatG*.

[8] Auf die erstmalige Vorlage durch BVerfGE 134, 366 – *OMT-Vorlagebeschluss* folgte die Antwort in EuGH, Urt. v. 16.06.2015 – Rs. C-62/14, ECLI:EU:C:2015:400 – *Gauweiler u. a.* Auf die zweite Vorlage BVerfGE 146, 216 – *PSPP-Vorlagebeschluss* folgte EuGH, Urt. v. 11.12.2018 – Rs. C-493/17, ECLI:EU:C:2018:1000 – *Weiss u. a.*

[9] Vgl. *Poli*, Der Staat 55 (2016), 373 ff., insb. 386 ff., Hervorh. d. Verf.; sehr deutlich auch *F. Kirchhof*, NJW-aktuell 16 (2019), 12.

schiedenes" äußern.[10] Jedenfalls dem Grundgedanken nach lassen sich diese Kategorien auch auf EuGH und BVerfG übertragen. Einerseits erfassen sie trotz einer unterschiedlichen (Rechts-)Sprache und abweichender Zugänge („Verschiedenes") mit der europäischen Integration ein einheitliches tatsächliches Phänomen („dasselbe"). Gleichzeitig ist es beispielweise in Anbetracht der Entwicklung gemeinsamer europäischer Werte und Rechtsprinzipien sowie des europäischen Grundrechtsschutzes aus den gemeinsamen Verfassungsüberlieferungen der Mitgliedstaaten (Art. 6 Abs. 3 EUV) nicht ausgeschlossen,[11] dass hinter dem dogmatischen Konflikt ein von Beginn an abweichendes Integrationsverständnis („Verschiedenes") steht, dem die Gerichte aber mit einheitlichen oder jedenfalls vergleichbaren Maßstäben („dasselbe") begegnen.

Ziel dieser Arbeit ist es daher zu bestimmen, in welchem Umfang die europäische Integration von BVerfG und EuGH nun eher als „dasselbe" oder eher als etwas „Verschiedenes" erfasst wird. Mit anderen Worten geht es darum, das Integrationsverständnis von BVerfG und EuGH zu untersuchen bzw. die Maßstäbe, welche die Gerichte an die europäische Integration anlegen, zu vergleichen. Dies wird es ermöglichen, die Grundzüge für eine *maßstabsorientierte Kooperation* zu legen, die über einen Fokus auf gemeinsame Integrationsmaßstäbe einen Beitrag zur Deeskalation künftiger gerichtlicher Auseinandersetzung liefern kann.

Es geht somit einmal mehr um die sehr grundsätzliche Frage, welchen Einfluss nationales und europäisches Recht auf das zu großen Teilen politisch geprägte Phänomen der europäischen Integration haben. Während das Verhältnis von Recht und Politik schon auf der Ebene des nationalen Verfassungsrechts regelmäßig zu Kontroversen führt,[12] werden die Reibungsflächen beider Bereiche durch das Hinzutreten der rechtlichen und politischen Prozesse auf europäischer Ebene noch einmal erheblich vergrößert. Diese Reibung geht soweit, dass die Rechtsprechung von EuGH und BVerfG zum Anwendungsvorrang bzw. zur Kontrolle von Maßnahmen der EU nicht nur als „Konflikt" zweier Kontrahenten bezüglich eines Letztentscheidungsrechts beschrieben und untersucht wird,[13] sondern teilweise deutlich martialischere Worte benutzt werden.[14] Bei

---

[10] Zu diesem philosophischen Dialogverständnis *Pfütze*, in: Krause/Rätz, Soziale Arbeit im Dialog gestalten, S. 23 f. unter Hinweis auf *Lueken*, in: Hasselberg/Martienssen/Radtke, Der Dialogbegriff am Ende des 20. Jahrhunderts, S. 84, 88. Zur gleichwohl erforderlichen gemeinsamen Basis sogleich Kap. 1.

[11] Zu positiven Einflüssen des gerichtlichen Dialogs siehe nur *Poli*, Der Staat 55 (2016), 373, 382 u. 388 f.; dazu und zu den Grenzen s. a. noch Kap. 1, B. III. 2. a).

[12] Für einen Überblick siehe *Vorländer*, APuZ 61 (35–36) (2011), 15 ff.

[13] Dies gilt insbesondere bei der Kompetenz- bzw. Ultra-vires-Kontrolle, siehe ausf. *Mayer*, Kompetenzüberschreitung und Letztentscheidungsrecht, S. 1 ff. sowie *Hufeld*, in: Isensee/Kirchhof, HdbStR Bd. X, 2012, § 215 Rn. 58; *H. Sauer*, Jurisdiktionskonflikte in Mehrebenensystemen, S. 3 ff. u. 179 ff.; *Streinz*, in: FS Roth, S. 823 ff.; allgemein zum Konflikt auch *Mayer*, in: von Bogdandy/Bast, Europäisches Verfassungsrecht, S. 559 ff.

[14] *Steinbeis*, in: Steinbeis/Kemmerer/Möllers, Krise und Konstitutionalisierung in Europa,

der Betrachtung des Problems als Auseinandersetzung zwischen zwei Gerichten, geht es regelmäßig um deren Rolle als Akteure im politischen und rechtlichen System.[15] Dabei wird dem EuGH üblicherweise die Rolle des „Motors der Integration" zugewiesen,[16] während die Rolle des BVerfG umstritten bleibt. So wird das Gericht einerseits als „Bremser"[17] wahrgenommen, der dem Wesen der Integration nicht gerecht werde.[18] Der ehemalige Präsident des BVerfG *Andreas Voßkuhle* hingegen bezeichnet das Gericht als Förderer der europäischen Integration durch Recht.[19] Diese ambivalente Rolle des BVerfG spiegelt sich auch in der Literatur wider, wo die Rechtsprechung des Gerichts zur europäischen Integration in Kategorien wie „europafreundlich" oder „europaskeptisch" eingeteilt wird.[20] Obwohl vergleichbare Einordnungen eine schnelle Orientierung ermöglichen, bieten Begriffe wie „freundlich" und „skeptisch" nur einen ersten – subjektiv geprägten – Anhaltspunkt. Schließlich hängt eine Beurteilung als „europa-" oder „integrationsfreundlich" maßgeblich von der jeweiligen Perspektive und den Umständen des Einzelfalls ab. Gleiches gilt für eine Einteilung in „Europa*rechts*freundlichkeit"[21] und „Europa*rechts*skepsis", da auch hier die subjektive Prägung der Begriffe zu Problemen führen kann.[22] Diese Arbeit wird daher den Fokus von einer subjektiv geprägten und die maßgeblichen Akteure in den Mittelpunkt stellenden Betrachtung weglenken. Zielführender ist es, keine Motivsuche zu betreiben, sondern das Verständnis und die materiel-

---

S. 97 spricht von einem „Krieg der Richter". Für weitere Beispiele s. a. die Nachweise bei *Mayer/M. Walter*, JURA 2011, 532, 539; kritisch zum Konflikt- bzw. Konkurrenzbild *Limbach*, EuGRZ 2000, 417, 418 f.; *Schneider*, AöR 139 (2014), 196, 198 ff. sowie *Voßkuhle*, NVwZ 2010, 1, 5.

[15] Für eine akteursbezogene Betrachtung siehe z. B. *Farahat/Krenn*, Der Staat 57 (2018), 357 ff.; *Kahl*, DVBl 2013, 197 ff.; *Lepsius*, EuZW 2012, 761, 762 sowie *Ruffert*, EuGRZ 2017, 241 ff. Für die Politikwissenschaft siehe exemplarisch *Höpner*, BJfS 2011, 203 ff.; *Lhotta/Ketelhut*, in: van Ooyen/Möllers, Hdb. BVerfG im politischen System, S. 845 ff. sowie *Höreth*, in: van Ooyen/Möllers, Hdb. BVerfG im politischen System, S. 875 ff. Deutliche Kritik an der akteursbezogenen Sicht bei *Grimmel*, Europäische Integration im Kontext des Rechts, S. 5.

[16] So bereits *Everling*, in: FS Lukes, S. 359, 374; aus jüngerer Zeit siehe nur *Delfs*, Komplementäre Integration, S. 12 f.; zur unterschiedlichen Verwendung und Bewertung des Begriffs siehe *Swoboda*, ZIS 2018, 267, 277 dort Fn. 21 m. w. N.

[17] So *Giegerich*, ZEuS 2016, 3, 47, der allerdings darauf hinweist, dass mit dieser Bezeichnung nicht zwingend eine negative Wertung verbunden ist.

[18] Im Zusammenhang mit der Bankenunion z. B. *Forsthoff*, EuZW 2019, 977 u. 982.

[19] *Voßkuhle*, JZ 2016, 161 ff., insb. 163.

[20] Vgl. beispielsweise *Berger*, Anwendungsvorrang und nationale Verfassungsgerichte, S. 174, 281, 332 u. 336 ff.; *Giegerich*, ZEuS 2016, 3 ff.; *Grzeszik*, in: Dürig/Herzog/Scholz, GG, Art. 20 GG Rn. 267 f.; *Hwang*, EuR 2015, 703 ff.; *van Ooyen*, IPG 2009, 26 ff. Ähnlich *J. Bergmann*, in: Umbach/Clemens/Dollinger, BVerfGG, Kap. A., III. Rn. 16 ff., der seine Darstellung in „Kooperations-" und „Konfrontationsmaßnahmen" gliedert; s. a. *Jestaedt*, OULR 64 (2017), 43 ff., der von Integrationsbeförderung und -begrenzung bzw. integrationspromovierenden und -limitierenden Elementen spricht.

[21] Zur Abgrenzung von Europafreundlichkeit und Europarechtsfreundlichkeit siehe *Knop*, Völker- und Europarechtsfreundlichkeit als Verfassungsgrundsätze, S. 262 ff.

[22] Dazu nur *Mayer*, in: Giegerich, Der „offene Verfassungsstaat", S. 237, 239 f.

len Maßstäbe der Integration in den Vordergrund zu stellen.[23] Trotz aller Institutionalisierung ist nämlich zu beachten, dass die Frage nach dem Verhältnis von deutschem und europäischem Recht bzw. dem Verständnis der europäischen Integration sowie ihren Grenzen auch und vor allem eine solche des materiellen Rechts ist.[24] Die prozessuale Frage, welches Gericht entscheidet, bleibt zentral, ist aber nicht die einzige Problematik in diesem Zusammenhang.[25] Bevor also die Frage der (Letzt-)Entscheidung über die Maßstäbe der Integration behandelt werden kann, müssen die Maßstäbe selbst betrachtet werden. Unabhängig davon, welchem Gericht man eine Kontrollkompetenz oder gar ein „letztes Wort" zuweist, bleibt nämlich zu klären, anhand welcher Normen es diese Kontrolle vornimmt und vor allem, welche Maßstäbe dahinterstehen. Soweit die Gerichte dabei in ihrem Integrationsverständnis und ihren Maßstäben übereinstimmen, besteht jedenfalls in inhaltlicher Hinsicht kein Widerspruch. Ob es eine solche Übereinstimmung gibt und wenn ja, welche Bereiche sie umfasst, gilt es im Folgenden zu bestimmen.

Ausgangspunkt der Untersuchung bildet eine allgemeine Annäherung an die rechtliche Dimension der europäischen Integration und den gerichtlichen Umgang mit ihr (Kapitel 1). Schließlich setzt eine Einordnung und Beurteilung der gerichtlichen Integrationsmaßstäbe denklogisch ein allgemeines Verständnis der Integration und ihrer rechtlichen Grundlagen voraus. Um beurteilen zu können, ob „Integration" von den Gerichten gleich oder ähnlich erfasst wird, gilt es zunächst zu klären, was allgemein im rechtlichen Sinne unter der „europäischen Integration" zur verstehen ist. Wie zu zeigen sein wird, liegt dem rechtlichen Rahmen kein bestimmtes Integrationsverständnis zugrunde, sondern er ist vielmehr geprägt durch Offenheit. Infolge dieser Offenheit sind verschiedene rechtliche Perspektiven auf die Integration möglich, wobei das Integrationsverständnis entscheidend von den rechtlichen Maßstäben der jeweiligen Perspektive geprägt wird. Dies gilt auch und gerade für die Perspektiven von EuGH und BVerfG auf die europäische Integration, die sich in einem abweichenden Zugang zum Anwendungsvorrang des EU-Rechts und dessen Grenzen äußern. Aus den unterschiedlichen Positionen beider Gerichte zum Anwendungsvorrang ergibt sich ein Widerspruch, der herkömmlicherweise als unlösbarer „Jurisdiktionskonflikt" erfasst wird, dem nur mittels Rücksichtnahme und Dialog beizukommen ist. Wie nicht zuletzt das PSPP-Urteil verdeutlicht hat, ist eine nachhaltige Überwindung des Konfliktbildes erforderlich. Dafür ist ein Ansatz notwendig, der die Maßstäbe des nationalen und europäischen Rechts gleicher-

---

23 Vgl. auch *Schneider*, AöR 139 (2014), 196, 198 ff., der sich bezogen auf die Ultra-vires-Kontrolle gegen eine „Psychologisierung" und ein „Widerspruchs-Narrativ" ausspricht und die Bedeutung des (außenverfassungs-)rechtlichen Maßstabs betont.

24 *Schlaich/Korioth*, Bundesverfassungsgericht, S. 287 f., die aber auch auf die Institutionalisierung hinweisen; s. a. *Proelß*, EuR 2011, 241, 247 m. w. N.

25 *H. Sauer*, Jurisdiktionskonflikte in Mehrebenensystemen, S. 165 ff.

maßen in den Blick nimmt und so eine maßstabsorientierte Gesamtperspektive auf die europäische Integration ermöglicht.

Aufbauend auf diesen ersten Erkenntnissen können im Anschluss die entscheidenden Fragen des jeweiligen Integrationsverständnisses geklärt werden. Begonnen wird dabei mit den Maßstäben, die für grundlegende bzw. umfassende Integrationsschritte, also die Änderung des europäischen Primärrechts gelten (Kapitel 2). Trotz umfassender verfassungsrechtlicher Vorgaben, die das BVerfG im Maastricht- und Lissabon-Urteil aufgestellt hat, gibt es in diesem Bereich bisher keinen unmittelbaren rechtlichen Konflikt der Gerichte, der mit der Auseinandersetzung um den Anwendungsvorrang vergleichbar wäre. Dies verwundert umso mehr, weil in der Rechtsprechung des BVerfG ein Integrationsverständnis erkennbar wird, welches die Mitgliedstaaten als „Herren der Verträge" in den Mittelpunkt rückt.[26] Wenn nun gleichwohl eine Eskalation im Bereich der Primärrechtsänderung ausbleibt, könnte dies darauf zurückzuführen sein, dass das EU-Recht diese Einschätzung des BVerfG teilt oder ihr jedenfalls nicht widerspricht. Um dieser Frage nachzugehen, werden die Voraussetzungen des EU-Rechts für Primärrechtsänderungen bestimmt und jenen verfassungsrechtlichen Anforderungen gegenübergestellt, die das BVerfG aufgestellt hat. Auch wenn im Bereich des Primärrechts weder ein unmittelbarer Dialog noch ein Konflikt zwischen den Gerichten besteht, kann durch diesen Vergleich verdeutlicht werden, inwieweit eine (fehlende) Eskalation von übereinstimmenden oder vergleichbaren Integrationsmaßstäben abhängt.

Im Anschluss werden die einzelnen Teilbereiche einer möglichen unmittelbaren Kooperation von BVerfG und EuGH hinsichtlich des EU-Sekundärrechts untersucht. Dabei soll, gewissermaßen aus der Vogelperspektive, bestimmt werden, inwieweit in verschiedenen Bereichen Überschneidungen zwischen den jeweiligen Maßstäben und damit im Integrationsverständnis möglich sind oder bereits bestehen. Den Anfang machen mit den Grundrechten sowie der (Verfassungs-)Identität die Bereiche, in denen eine endgültige Eskalation bisher ausgeblieben ist. Gerade der Bereich der Grundrechte (Kapitel 3) steht mit dem Solange-Vorbehalt am Beginn des vom BVerfG postulierten „Kooperationsverhältnisses"[27] mit dem EuGH und bildet gewissermaßen die „Blaupause" für den (mittelbaren) gerichtlichen Dialog. Tatsächlich scheint trotz der unterschiedlichen Grundrechtskataloge („Verschiedenes") ein vergleichbares europäisches Verständnis hinsichtlich der Notwendigkeit eines effektiven Grundrechtsschutzes („dasselbe") denkbar. In jüngster Zeit hat das BVerfG in den Entscheidungen *Recht auf Vergessen I und II* sogar erklärt, in Zukunft auch die Grundrechte der EU-Grundrechtecharta (GRCh) in Kooperation mit dem EuGH anzuwen-

[26] Jüngst auch BVerfGE 154, 17, 90 f. Rn. 111 – *PSPP-Urteil*; ausf. noch Kap. 2, B. III. 3.

[27] BVerfGE 37, 271, 285 – *Solange I*; BVerfGE 73, 339, 387 – *Solange II*; in BVerfGE 89, 155, Ls. 7, 175 u. 178 – *Maastricht* nutzte das Gericht in diesem Zusammenhang erstmals den Begriff „Kooperationsverhältnis".

den.[28] Somit wird auch Raum für einen unmittelbaren und unter Umständen kontroversen Austausch („Verschiedenes") über die europäischen Grundrechte („dasselbe") geschaffen.

Weniger eindeutig ist die Lage hinsichtlich der vom BVerfG postulierten „Verfassungsidentität" (Kapitel 4). Während das BVerfG bei der erstmaligen Erwähnung die Identitätskontrolle als Pendant zur Wahrung der „nationalen Identität" im Sinne des Art. 4 Abs. 2 S. 1 EUV präsentierte,[29] ist das Gericht von diesem Ansatz später wieder abgerückt.[30] Unabhängig von der Tatsache, dass auch insoweit der Konflikt bisher nicht eskaliert ist, spielt gerade die Identitätskontrolle eine entscheidende Rolle in der jüngeren Rechtsprechung des BVerfG. Vor dem Hintergrund, dass auch die EU über Art. 4 Abs. 2 S. 1 EUV zur Wahrung der „nationalen Identität" der Mitgliedstaaten verpflichtet ist, sind auf den ersten Blick durchaus Überschneidungen denkbar. Auch insoweit ist also zu untersuchen, inwieweit möglicherweise eine Kooperation mit dem EuGH zur Ausprägung eines einheitlichen oder jedenfalls vergleichbaren Maßstabs möglich ist. Um im gewählten Sprachbild zu bleiben, stellt sich die Frage, ob und inwieweit hinter der „Verfassungsidentität" auf der einen und der „nationalen Identität" auf der anderen Seite („Verschiedenes"), ein einheitlicher Maßstab bzw. ein einheitliches Identitätsverständnis („dasselbe") steht.

Zum Abschluss wird dann der Bereich der EU-Kompetenzen untersucht, in dem es nunmehr zur erstmaligen Eskalation gekommen ist (Kapitel 5). In Anbetracht der Tatsache, dass EuGH und BVerfG in diesem Bereich mit dem EU-Recht – jedenfalls auch – über den gleichen Maßstab sprechen („dasselbe"), wird durch die Eskalation ein abweichendes Verständnis („Verschiedenes") offensichtlich. Da es aber gerade im Bereich der Kompetenz- bzw. Ultra-vires-Kontrolle zum unmittelbaren Austausch von BVerfG und EuGH gekommen ist, besteht jedenfalls die Möglichkeit, im Wege des Dialogs ein einheitlicheres Verständnis zu entwickeln. Der Bereich der Kompetenzen ist besonders entscheidend, weil er untrennbar mit der Frage der (Letzt-)Entscheidung über die Maßstäbe der Integration verbunden ist. Die Inhalte des letzten Kapitels bilden damit in besonderem Maße zugleich die Grundlage für das Gesamtergebnis der Untersuchung.

Unter Berücksichtigung der in den verschiedenen Bereichen ermittelten Maßstäbe kann dann abschließend bestimmt werden, inwieweit die Gerichte tatsächlich in ihrem Integrationsverständnis übereinstimmen oder voneinander abweichen und wer in welchem Umfang zur Entscheidung berufen ist. Dies ermöglicht es, nicht zuletzt im Hinblick auf künftige Verfahren vor dem BVerfG, die Grundlagen für eine dringend notwendig erscheinende Weiterentwicklung des gerichtlichen Austauschs zu legen und die Grundzüge einer *maßstabsori-*

[28] BVerfGE 152, 152 – *Recht auf Vergessen I*; BVerfGE 152, 216 – *Recht auf Vergessen II*.
[29] BVerfGE 123, 267, Ls. 4, 353 f. – *Lissabon*.
[30] BVerfGE 134, 366, 386 f. Rn. 29 f. – *OMT-Vorlagebeschluss*.

entierten Kooperation zu entwickeln. Ein neu verstandenes, maßstabsorientiertes Kooperationsverhältnis zwischen BVerfG und EuGH würde nicht nur zur Überwindung des Konfliktbildes beitragen, sondern zugleich im Wege der gemeinsamen und einheitlichen Wahrung des Rechts den Kern der europäischen Rechtsunion stärken.

Kapitel 1

Maßstäbe der Integration – Eine Frage der Perspektive

Bevor die Rechtsprechung von EuGH und BVerfG im Hinblick auf das jeweilige Integrationsverständnis und mögliche vergleichbare Maßstäbe untersucht werden kann, ist es unumgänglich, ein allgemeines Verständnis der Integration und dem gerichtlichen Umgang mit ihr zu erlangen. Obwohl ein kooperativer Austausch weder in Bezug auf die (Rechts-)Sprache noch hinsichtlich des Verständnisses vollständige Einigkeit voraussetzt, sondern vielmehr erst zur Entwicklung eines gemeinsamen Verständnisses beiträgt,[1] ist ein Minimum an geteilten Werten bzw. rechtlichen Konzepten als gemeinsame Basis für einen Dialog erforderlich.[2] Die entscheidenden Fragen für einen kooperativen Umgang mit der „europäischen Integration" sind also, ob erstens eine solche Basis existiert und zweitens, wie die Gerichte mit dieser umgehen. Anders ausgedrückt gilt es zu klären, inwieweit die Gerichte die „europäische Integration" anhand gemeinsamer Werte und Maßstäbe beurteilen könnten bzw. sie bereits jetzt als rechtliches Konzept ähnlich verstehen. Um diese Fragen beantworten zu können, gilt es zunächst den gemeinsamen Bezugspunkt und damit die Ausgangslage des Austauschs von EuGH und BVerfG zu bestimmen. Um bewerten zu können, ob die Gerichte bei der „europäischen Integration" eher mit- oder durcheinander reden, muss zunächst der Begriff der Integration erfasst und insbesondere geklärt werden, inwieweit die „europäische Integration" einer rechtlichen Gestaltung und damit einem gerichtlichen Austausch zugänglich ist (A.). In einem weiteren Schritt müssen dann die Zugänge der Gerichte zur Integration in den Blick genommen werden, die durch abweichende Perspektiven auf den Anwendungsvorrang des EU-Rechts und dessen Grenzen geprägt sind. Obwohl diese zu einem grundlegenden Widerspruch führen und die zum Umgang mit diesem Widerspruch bisher angewendeten Konfliktvermeidungsstrategien im PSPP-Urteil offensichtlich an ihre Grenzen gestoßen sind (B.), ist trotz oder gerade wegen der unterschiedlichen Perspektiven ein kooperativer Umgang anhand ähnlicher oder vergleichbarer Maßstäbe möglich und nötig (C.).

---

[1] Dazu bereits oben S. 2 f.

[2] Siehe nur *Paunio*, NoFo 7 (2010), 5, 7 f. u. 13 ff. sowie *Claes/de Visser/Popelier u. a.*, in: Claes/de Visser/Popelier u. a., Constitutional Conversations in Europe, S. 1, 4; jeweils m. w. N.

A. Die rechtliche Erfassung der europäischen Integration als gemeinsame Grundlage

Ausgangs- und Bezugspunkt des gerichtlichen Austauschs ist die Erfassung der europäischen Integration als rechtliches Phänomen. Aus diesem Grund ist es notwendig, den Begriff der „europäischen Integration" und ihren rechtlichen Rahmen genauer zu untersuchen. Während der Integrationsbegriff im Grundgesetz nicht auftaucht,[3] wird er im EU-Primärrecht auch ausdrücklich erwähnt. Nach dem Wortlaut der Präambel des Vertrags über die Europäische Union (EUV) wurde „der Prozess der europäischen Integration" mit dem Vertrag von Lissabon „auf eine neue Stufe" gehoben. Dieses Bild füllt der EUV in der Folge weiter aus, wenn er den Vertrag als „neue Stufe bei der Verwirklichung einer immer engeren Union der Völker Europas" bezeichnet (Art. 1 Abs. 2 EUV). Schließlich greift auch der Vertrag über die Arbeitsweise der Europäischen Union (AEUV) diese Terminologie auf und spricht in seiner Präambel vom „immer engeren Zusammenschluss der europäischen Völker". Mit den Worten des Zusammenschlusses und der immer engeren Union umschreiben die Verträge zwar die europäische Integration, determinieren dabei aber nicht deren Ausmaß und Ziel.[4] Insbesondere enthält das EU-Primärrecht keine über die erwähnten Formulierungen hinausgehende begriffliche Eingrenzung oder gar verbindliche Definition des Integrationsbegriffs. Auch im Übrigen ist der Begriff nicht abschließend und allgemeinverbindlich definiert.[5] Vielmehr handelt es sich um einen in hohem Maße unbestimmten bzw. offenen Begriff,[6] welcher verschiedene Facetten umfasst. Diese begriffliche Offenheit der Integration prägt bis heute die Entwicklung der EU und ist auch in ihren vertraglichen Grundlagen angelegt. Bei der „europäischen Integration" handelt es sich also um einen ambivalenten Begriff, der erst im Kontext des integrationstypischen Zusammenspiels von Politik, Wirtschaft und Recht und den damit zusammenhängenden Auseinandersetzungen erschlossen werden kann (I.). Für die Bestimmung des Ausgangs- und Bezugspunkts der gerichtlichen Auseinandersetzung ist dabei naturgemäß der rechtliche Kontext bzw. Rahmen der europäischen Integration von besonderem Interesse (II.)

---

[3] Die Präambel und Art. 23 GG zielen zwar ausdrücklich auf ein „vereintes Europa" erwähnen aber nicht den Begriff der Integration.

[4] *Terhechte*, in: Grabitz/Hilf/Nettesheim, EUV/AEUV, EUV Präambel Rn. 7 u. 15 f.

[5] *Thiemeyer*, Europäische Integration, S. 9; s. a. *J. H. Kaiser*, in: FS Hallstein, S. 266, 268.

[6] Vgl. *Spolaore*, JEP 27 (2013), 125, 131 in Bezug auf die „immer engere Union der Völker Europas".

I. Dimensionen der Integration und ihr Einfluss auf das Primärrecht

Dem Begriff der Integration kann man sich zunächst in sprachlicher Hinsicht annähern, wobei allerdings die Aussagekraft infolge der begrifflichen Ambiguität begrenzt ist (1.). Betrachtet man deshalb den politischen (2.) und wirtschaftlichen Kontext (3.) der Integration, wird nicht nur die Prägung des EU-Primärrechts durch verschiedene Hintergründe, sondern auch die herausragende Rolle des Rechts für die Integration insgesamt deutlich.

1. Integration als ambivalenter und kontextabhängiger Begriff

Das Wort Integration leitet sich vom lateinischen „integrare" ab, was sich mit „wiederherstellen" oder „ergänzen" übersetzen lässt.[7] Losgelöst von einem spezifischen Kontext meint Integration „Vereinheitlichung [oder] Zusammenschluss"[8] und beschreibt einen „Einigungsprozess von Teilen und Gliedern zu einem Ganzen"[9]. Wie auch die angesprochenen Formulierungen in den EU-Verträgen verdeutlichen, bezeichnet die „*europäische* Integration" die (Ver-)Einigung bzw. den Zusammenschluss der europäischen Staaten zum Ganzen der EU. Das vorangestellte Begriffselement *europäisch* grenzt also die Bezugsobjekte der Integration ein, da mit dem Verweis auf Europa die Regionalität des Zusammenschlusses unterstrichen und zugleich der Kreis möglicher Teilnehmerstaaten festgelegt wird.[10] In Anbetracht des Ziels der Untersuchung ist das Verständnis der Integration nur insoweit relevant, wie es sich auf die EU und ihren rechtlichen Rahmen bezieht. Es wird also ein enges Verständnis der europäischen Integration zugrunde gelegt, das andere Kooperationen auf europäischer Ebene, wie beispielsweise den Europarat, ausklammert.[11] Gleichwohl wird auch in Bezug auf die EU, die *europäische* Integration ausdrücklich auf den Kontinent Europa beschränkt.[12] Ob dabei die Grenzen von Europa rein geographisch zu bestimmen oder weitere Kriterien heranzuziehen sind,[13] kann an

---

[7] *Seebold*, in: KLUGE. Etymologisches Wörterbuch, Stichwort „integrieren".

[8] *Köbler*, Juristisches Wörterbuch, Stichwort „Integration".

[9] *Creifelds/Weber*, Rechtswörterbuch, Stichwort „Integration"; s. a. *Piepenschneider*, in: J. Bergmann, Handlexikon der EU, Stichwort „Integration".

[10] *Mannefeld*, Verfassungsrechtliche Vorgaben für die europäische Integration, S. 9 f.

[11] Die Abgrenzung folgt dem bekannten Begriffspaar des Europarechts im engeren und weiteren Sinne, dazu *Hobe*, in: Schöbener, Lexikon Europarecht, Stichwort „Europarecht", Rn. 753 ff.

[12] *Giering*, Europa zwischen Zweckverband und Superstaat, S. 24 f.

[13] Für einen Überblick möglicher Kriterien siehe *Europäische Kommission*, Mitteilung der Kommission an das Europäische Parlament und den Rat – Erweiterungsstrategien und wichtigste Herausforderungen für den Zeitraum 2006–2007 mit Sonderbericht über die Fähigkeit der EU zur Integration neuer Mitglieder, KOM (2006) 649 endg. vom 08.11.2006, CELEX:52006DC0649, S. 19; *Dorau*, EuR 1999, 736, 750 ff. sowie *Langenfeld*, ZRP 2005, 73; s. a. *Ohler*, in: Grabitz/Hilf/Nettesheim, EUV/AEUV, Art. 49 EUV Rn. 14 m. w. N.

dieser Stelle, wie auch das allgemeine Verständnis des Europabegriffs,[14] offenbleiben. Beide Fragen stellen sich vorrangig beim Beitritt neuer Staaten zur EU, da dieser nach Art. 49 Abs. 1 S. 1 EUV nur „europäischen" Staaten möglich ist. Zwar ist zu beachten, dass sich eine regionale Beschränkung im Sinne einer besonderen Verbundenheit auch positiv auf die Integration auswirken kann,[15] allerdings geht es dabei eher um das Verhältnis von alten und neuen Mitgliedstaaten. Bei der Frage nach dem allgemeinen rechtlichen Integrationsverständnis steht demgegenüber weniger das Element „europäisch" als das der „Integration" im Fokus.

Wie beschrieben, wird im Allgemeinen mit Integration der Zusammenschluss bzw. die (Ver-)Einigung von Teilen zu einem Ganzen beschrieben, wobei Integration nicht nur den *Prozess* des Zusammenschließens,[16] sondern auch den angestrebten *Zustand* eines Zusammenschlusses beschreiben kann.[17] Der Integrationsbegriff umfasst also zwei Elemente, die nicht streng voneinander getrennt werden können, sondern sich vielmehr gegenseitig bedingen. Einerseits kann ein Zustand ohne einen zugrundeliegenden Prozess nicht erreicht oder aufrechterhalten werden, andererseits droht ein Prozess ohne angestrebten Zustand zum bloßen Selbstzweck zu verkommen. Infolge dieser eng miteinander verbundenen Elemente, handelt es sich um einen mehrdeutigen Begriff.[18] Diese sprachliche Ambiguität ist ein wesentlicher Grund dafür, dass der Integrationsbegriff untrennbar mit der (Ver-)Einigung Europas nach dem Ende des Zweiten Weltkriegs verbunden ist.[19] Im Ausgangspunkt verdeutlichte er, dass die europäische Integration über eine einfache Kooperation der europäischen Länder bzw. Regierungen hinausgehen und das im Ergebnis geschaffene Ganze mehr sein sollte, als nur die Summe der einzelnen Teile.[20] Auch sprachlich wurde damit unterstrichen, dass die Integration durch Herstellung immer größerer Interdependenzen zwischen den einzelnen Teilen eine neue, *übergeordnete* Einheit schaffen sollte.[21] Hinter diesem Begriffsverständnis, das in der Anfangszeit

---

[14] Ausf. zu Herkunft und Bedeutung des Begriffs „Europa" *Schmale*, Geschichte Europas, S. 21 ff.; s. a. *Dorau*, EuR 1999, 736, 737 ff.

[15] *Mannefeld*, Verfassungsrechtliche Vorgaben für die europäische Integration, S. 10; zur Bedeutung der Regionalität s. a. *Hobe*, Der offene Verfassungsstaat, S. 100.

[16] *A. Bleckmann*, Europarecht, S. 284 Rn. 803 ff.; *Graser*, Gemeinschaft ohne Grenzen?, S. 91.

[17] *J. H. Kaiser*, in: FS Hallstein, S. 266, 267; s. a. *Kasten*, Die europäische Wirtschaftsintegration, S. 11, der im wirtschaftlichen Kontext dynamische und statische Integration unterscheidet.

[18] Zur Doppeldeutigkeit s. a. *Zimmerling*, Externe Einflüsse auf die Integration von Staaten, S. 30 ff.

[19] Zur Verbindung von tatsächlicher und begrifflicher Entwicklung der „europäischen Integration" siehe *Schumacher*, Der Wortschatz der europäischen Integration, S. 41 ff. u. 76 ff.

[20] Vgl. *von Simson/Schwarze*, Europäische Integration und Grundgesetz, S. 25 unter Hinweis auf die Integrationslehre von Smend, dazu noch unter Kap. 1, A. II. 1.

[21] *Schumacher*, Der Wortschatz der europäischen Integration, S. 56, Hervorh. i. O.

insbesondere von *Walter Hallstein*, *Jean Monnet* und *Robert Schuman* geprägt wurde,[22] standen bestimmte (wirtschafts-)politische Vorstellungen über einen weiteren, dynamischen Ablauf der Integration, auf die noch zurückzukommen sein wird. Doch auch Kritiker dieses Integrationsverständnisses machten sich bereits früh den Begriff zu eigen und interpretierten ihn in einem weitergehenden Sinne, der nicht zwingend einen immer engeren, institutionellen Zusammenschluss bedeuten musste, sondern auch lose Kooperationsformen umfassen konnte.[23] Mit einem solchen weiten Verständnis wurde verstärkt der aktuelle bzw. angestrebte Integrations*zustand* in den Blick genommen und das Prozesshafte der Integration in den Hintergrund gedrängt. Demgegenüber betonen die angesprochenen (wirtschafts-)politischen Überlegungen den Prozesscharakter der Integration. Beiden Zugängen ist aber gemein, dass sie durch die hinter ihnen stehenden Vorstellungen über den Integrationsprozess bzw. -zustand geprägt werden. Bereits an dieser Stelle zeigt sich also, dass das Verständnis der Integration immer abhängig vom jeweiligen Hintergrund bzw. Kontext ist.[24]

Aufgrund dieser Kontextabhängigkeit muss nicht zwingend das Gleiche gemeint sein, wenn EuGH und BVerfG sich mit der „europäischen Integration" befassen. Versucht man nun den für die Gerichte maßgeblichen *rechtlichen* Kontext der Integration zu betrachten, stößt man wiederum auf das Problem der fehlenden begrifflichen Eingrenzung im Primärrecht. Es ist daher unumgänglich, die politischen und wirtschaftlichen Aspekte der Integration in den Blick zu nehmen, um über ihre Auswirkungen auf das (Primär-)Recht ein Verständnis für den rechtlichen Integrationsbegriff zu erlangen.[25]

2. *Die europäische Integration als politisches Phänomen*

Im Ausgangspunkt bezeichnet die „europäische Integration" mit dem, nach Ende des Zweiten Weltkriegs begonnenen und bis heute stetig weiterentwickelten, Zusammenschluss der europäischen Staaten zur EU ein politisches und historisches Phänomen. Ohne an dieser Stelle die Geschichte der EU wiederholen

---

[22] Während der Integrationsbegriff erstmalig von Hallstein genutzt wurde, ist der Name Schuman untrennbar mit dem Begriff der Supranationalität verbunden, auch wenn er bereits zuvor existierte, dazu *Schumacher*, Der Wortschatz der europäischen Integration, S. 41 f. u. 102 ff. Zur Verbindung von Integration und Supranationalität sowie zur Rolle von Schuman und Monnet am Anfang der Integration siehe *Mosler*, in: FS Hallstein, S. 355, 370 ff. u. passim.

[23] Dazu *Schumacher*, Der Wortschatz der europäischen Integration, S. 44 f. m. w. N. Zur Anschlussfähigkeit der wirtschaftspolitischen Vorstellungen auch *Di Fabio*, in: FS Schröder, S. 169, 171.

[24] *Constantinesco*, Das Recht der Europäischen Gemeinschaften Bd. I, S. 123 ff. Ziff. 41 ff.; *Mannefeld*, Verfassungsrechtliche Vorgaben für die europäische Integration, S. 8; *Zimmerling*, Externe Einflüsse auf die Integration von Staaten, S. 34.

[25] So bereits *Behrens*, RabelsZ 45 (1981), 8, 49 f. Zu den verschiedenen Dimensionen der Integration s. a. *A. Bleckmann*, Europarecht, S. 284 Rn. 803 ff. sowie *Graser*, Gemeinschaft ohne Grenzen?, S. 95 ff.

zu wollen,[26] kann die europäische Einigung als wechselhafte Entwicklung bezeichnet werden, bei der sich Phasen der Konsolidierung mit solchen der verstärkten Zusammenarbeit abwechselten.[27] Diese integrationstypische Dynamik wird insbesondere in der Politikwissenschaft genauer untersucht (a). Da die dabei herangezogenen Ansätze die Integration nicht nur erklären, sondern sie auch von Anfang an prägen (b), geben sie nicht nur Aufschluss über das politische Verständnis der Integration, sondern auch über die diesbezügliche Rolle des Rechts (c).

a) Der politikwissenschaftliche Zugang zur europäischen Integration

Die Untersuchung der europäischen Integration und ihrer Hintergründe als politisches Phänomen ist Gegenstand zahlreicher politik- und sozialwissenschaftlicher Integrationstheorien.[28] Da mit den unterschiedlichen Ansätzen teilweise auch eine unterschiedliche Definition der *politischen Integration* einhergeht,[29] muss darauf geachtet werden, den Begriff losgelöst von einem bestimmten theoretischen Konzept zu definieren.[30] Allgemein liegt politische Integration vor, „wenn politische Kompetenzen von der nationalstaatlichen auf eine supranationale Ebene übertragen und damit der exklusiven Souveränität des Staates entzogen werden – unabhängig vom Ausmaß des Kompetenztransfers.“[31] Die politikwissenschaftlichen Integrationstheorien untersuchen klassischerweise die Hintergründe und treibenden Faktoren dieses Kompetenztransfers.[32] Sie betrachten inzwischen aber auch verstärkt, wie und von wem die übertragenen Kompetenzen ausgeübt werden.[33] Von besonderem Interesse sind jene Ansätze, die sich mit den Hintergründen der Übertragung von Kompetenzen von der mitgliedstaatlichen auf die supranationale Ebene beschäftigen. Zunächst können gerade diese Theorien helfen, den Begriff und die Dynamik der Integration sowie ihre Bedeutung für die vertraglichen Grundlagen der EU zu verstehen.

---

26 Zur historischen Entwicklung siehe nur *Hatje/von Förster*, in: Hatje/Müller-Graff, EnzEuR, Bd. 1, § 7 Rn. 1 ff. Für rechtshistorische Zugänge zur Integration aus jüngerer Zeit siehe *Delfs*, Komplementäre Integration, passim sowie *Mangold*, Gemeinschaftsrecht und deutsches Recht, passim.

27 *Hobe/Fremuth*, Europarecht, S. 5 Rn. 2 ff.

28 Für umfassendere Darstellungen siehe *Bieling/Lerch* (Hrsg.), Theorien der europäischen Integration; *Grimmel/Jakobeit*, in: Hatje/Müller-Graff, EnzEuR, Bd. 1, § 2 Rn. 1 ff.; *Rittberger/Schimmelfennig*, in: Holzinger/Knill/Peters u. a., Die Europäische Union, S. 19 ff.; *Wiener/Diez* (Hrsg.), European Integration Theory.

29 *Rosamond*, Theories of European Integration, S. 11 ff., Hervorh. d. Verf.

30 Vgl. *Diez/Wiener*, in: Wiener/Diez, European Integration Theory, S. 1, 2 f.

31 *Rittberger/Schimmelfennig*, in: Holzinger/Knill/Peters u. a., Die Europäische Union, S. 19, 20.

32 *Rittberger/Schimmelfennig*, in: Holzinger/Knill/Peters u. a., Die Europäische Union, S. 19, 22 ff.

33 *Rittberger/Weiss*, in: F. Sauer/Masala, Hdb. Internationale Beziehungen, S. 493, 494 f.; s. a. *Bieling/Lerch*, in: Bieling/Lerch, Theorien der europäischen Integration, S. 9, 12.

Vor allem aber haben gerade diese Integrationstheorien durch die EU-Krisen der jüngeren Zeit ein „Comeback“ in der politikwissenschaftlichen Forschung erlebt.[34] Es wird nicht übersehen, dass die Integrationstheorien mitunter, insbesondere im Hinblick auf ihre fehlende rechtliche Aussagekraft, kritisiert werden.[35] Dem ist allerdings die Kontextabhängigkeit des Integrationsbegriffs entgegenzuhalten. Ohne eine Betrachtung auch der politischen Aspekte kann die Integration im rechtlichen Sinne nicht erfasst werden.[36] Davon zeugen auch die zunehmenden Ansätze aus Politik- und Rechtswissenschaft, die beide Aspekte gemeinsam untersuchen.[37] Es wird einmal mehr deutlich, dass Interdisziplinarität unabdingbar ist, um die europäische Integration vollständig zu erfassen.[38] Die folgenden Abschnitte haben dabei nicht den Anspruch, eine umfassende interdisziplinäre Studie zur Integration zu liefern oder rechtlich verbindliche Schlüsse aus den politikwissenschaftlichen Ansätzen zu ermöglichen. Vielmehr gilt es, aus dem politikwissenschaftlichen Zugang im Sinne einer kontextuellen Einbindung eine zusätzliche Perspektive auf die Ambivalenz der europäischen Integration und die diesbezügliche Rolle des Rechts zu erhalten.[39] Über die Jahrzehnte der Integration hat sich eine derartige Vielzahl von Ansätzen zu deren Erklärung entwickelt, dass eine umfassende Darstellung an dieser Stelle weder möglich noch zielführend ist. Die folgende Darstellung beschränkt sich deshalb mit dem Neofunktionalismus, dem Liberalen Intergouvernementalismus und dem Konstruktivismus bzw. Postfunktionalismus auf die drei großen Denkschulen der Integrationsforschung.[40] Anhand dieser lassen sich exemplarisch die integrationstypische Dynamik und ihre Folgen für die rechtliche Dimension der europäischen Integration verdeutlichen.

b) Die dynamische Entwicklung der EU in Theorie und Praxis

Am Beginn sowohl der Integration selbst als auch der Integrationsforschung steht die Auseinandersetzung zwischen Föderalismus und Funktionalismus. Beide Ansätze forderten in Reaktion auf den Zweiten Weltkrieg die Einbindung der Nationalstaaten in ein europäisches bzw. internationales Ganzes, ver-

---

[34] Dazu *Schimmelfennig*, integration 42 (2019), 247, 249.

[35] *Calliess*, in: Calliess/Ruffert, EUV/AEUV, Art. 1 EUV Rn. 18; *Stumpf*, in: Schwarze, EU-Kommentar, 1. Aufl. 2000, Art. 1 EUV Rn. 22; s. a. *Grimmel*, EuR 2013, 146, 151.

[36] *Behrens*, RabelsZ 45 (1981), 8, 49 f.

[37] Einen Überblick bieten *Grimmel/Jakobeit*, in: Hatje/Müller-Graff, EnzEuR, Bd. 1, § 2 Rn. 37 ff.; s. a. *Haltern*, ZSE 2006, 364 ff.

[38] *Thiemeyer*, Europäische Integration, S. 25 f.; s. a. *Delfs*, Komplementäre Integration, S. 10 f.

[39] Vgl. *Kau*, Rechtsharmonisierung, S. 82.

[40] Für die Maßgeblichkeit der drei Theoriefamilien siehe nur *Leuffen/Rittberger/Schimmelfennig*, Differentiated Integration, S. 29 u. 36 f.; *Rittberger/Weiss*, in: F. Sauer/Masala, Hdb. Internationale Beziehungen, S. 493, 501; *Schimmelfennig*, PVS 53 (2012), 394, 396. Zum „Comeback“ dieser Theorien siehe bereits oben Kap. 1 Fn. 34.

folgten dabei aber unterschiedliche Vorstellungen und Wege.[41] Für Föderalisten war und ist die europäische Integration untrennbar mit der Entstehung einer föderalen europäischen Ordnung verbunden,[42] wobei regelmäßig die Errichtung eines europäischen Bundesstaates durch einen konstitutionellen Akt im Zentrum stand.[43] Nach dem föderalistischen Verständnis führt diese normative Grundlage unweigerlich zu einer weitreichenden Integration sämtlicher staatlicher Bereiche (sog. „function follows form"), wobei in letzter Konsequenz auch hochpolitische Kompetenzen wie Außen- und Verteidigungspolitik erfasst werden.[44] Dem föderalistischen Ansatz gegenüber befand sich der von *David Mitrany* begründete Funktionalismus.[45] Im Unterschied zum Föderalismus erfolgt Integration hier nicht umfassend aufgrund eines konstitutiven Aktes, sondern vielmehr durch punktuelle Zusammenarbeit in einzelnen – vornehmlich technischen – Sektoren.[46] *Mitrany* plädierte daher für die Gründung von „functional agencies", denen sektorspezifische Kompetenzen übertragen werden sollten.[47] Der Umfang der Kooperation und des damit verbundenen Kompetenztransfers richten sich im Funktionalismus allein nach den Erfordernissen des jeweiligen Sachbereichs (sog. „form follows function").[48] Der Ansatz beruht damit auf einem „buttom up-Verständnis"[49], wonach Integration nicht von oben verordnet wird, sondern sich allmählich anhand der einzelnen Bereiche entwickelt und so nach und nach zu einer umfassenden politischen Integration führt.[50]

Obwohl Föderalismus und Funktionalismus in ihrer Reinform heute kaum noch diskutiert werden, darf ihre Bedeutung für die Entwicklung der Integrationstheorie und die Integration selbst nicht unterschätzt werden. So zeigt sich die ungebrochene Strahlkraft des Föderalismus an der Tatsache, dass die „Vereinigten Staaten von Europa" bis heute regelmäßig – wenn auch mit unterschiedlicher Konnotation – in der politischen Diskussion auftauchen. Noch deutlicher ist der Einfluss des Funktionalismus auf die Integration, da die zentrale Schrift *Mitrany's* bereits 1943 veröffentlicht wurde und die Theorie der

---

41 Ausf. *Grimmel/Jakobeit*, Politische Theorien der Europäischen Integration, S. 19 ff.

42 *Siegmar Schmidt/Schünemann*, Europäische Union, S. 382 ff.; s. a. den Überblick von *Hüttmann/T. Fischer*, in: Bieling/Lerch, Theorien der europäischen Integration, S. 35 ff.

43 Dazu vor allem *Spinelli*, Manifest der Europäischen Föderalisten, S. 25 ff.; anders aber *Friedrich*, PVS 5 (1964), 154 ff., insb. 166 ff., der sich nicht auf eine bestimmte Struktur festlegte.

44 *Siegmar Schmidt/Schünemann*, Europäische Union, S. 385 ff.; s. a. *Grimmel/Jakobeit*, in: Hatje/Müller-Graff, EnzEuR, Bd. 1, § 2 Rn. 24 ff.

45 Grundlegend *Mitrany*, A working peace system; *Mitrany*, JCMS 4 (1965), 119 ff.

46 *Bieling/Lerch*, in: Bieling/Lerch, Theorien der europäischen Integration, S. 9, 21; ausf. *Grimmel/Jakobeit*, Politische Theorien der Europäischen Integration, S. 52 ff.

47 *Mitrany*, A working peace system, S. 19 ff., insb. S. 35 ff.

48 *Grimmel/Jakobeit*, in: Hatje/Müller-Graff, EnzEuR, Bd. 1, § 2 Rn. 27.

49 *Mitrany*, A working peace system, S. 35 ff.; s. a. *Merkel*, GuG 25 (1999), 302, 306.

50 *Siegmar Schmidt/Schünemann*, Europäische Union, S. 388 f.

Integration somit der realen Integration vorausging.[51] Insbesondere legte der Funktionalismus die Grundlage für den Neofunktionalismus, der wiederum das theoretische Grundgerüst für die europäische Einigung nach dem Zweiten Weltkrieg lieferte und der bis heute zu den zentralen Ansätzen zur theoretischen Erfassung der Integration zählt.

Der von *Ernst B. Haas* entwickelte Neofunktionalismus[52] führte in Abgrenzung vom klassischen normativen Funktionalismus zu einem empirisch-analytischen Zugang zur europäischen Integration.[53] *Haas* betonte den prozesshaften Charakter der europäischen Integration sowie deren Prägung durch die Interaktion von gesellschaftlichen Gruppen und supranationalen Institutionen.[54] Der Erfolg einer supranationalen Behörde hängt nach *Haas* entscheidend davon ab, dass sie die Interessen möglichst vieler gesellschaftlicher Akteure adressiert. Dadurch organisieren sich die Akteure über Staatsgrenzen hinweg und richten ihre Erwartungen fortan weniger an ihren jeweiligen Staat, als direkt an die supranationale Institution.[55] Die nach dem neofunktionalistischen Ansatz tragende Rolle der supranationalen Organe zeigt sich nicht nur in diesem Wandel der gesellschaftlichen Loyalität, sondern vor allem im sogenannten „Spill-over".[56] *Haas* beschreibt das Konzept des „Spill-overs" als dynamisches Übergreifen der Integration von einem ersten funktionalen Sektor in angrenzende Bereiche, wodurch ein sich verselbständigender Prozess ausgelöst wird, der letztlich auch zentrale Bereiche der staatlichen Kompetenzen erfasst.[57] Mit den Worten „[a] new central authority may emerge as an *unintended* consequence of incremental earlier steps"[58] bringt *Haas* die weitgehende Verselbständigung des Prozesses auf den Punkt. Nach der neofunktionalistischen Theorie löst sich die Integration vom Einfluss der Staaten und wird maßgeblich von gesellschaftlichen und supranationalen Akteuren vorangetrieben. Der (neo-)funktionalistische Ansatz wird regelmäßig auch als Monnet-Methode bezeichnet, da *Jean Monnet* neben *Robert Schuman* wie kaum ein anderer für die Idee einer dynamischen Entwicklung der europäischen Einigung über einzelne kleine Schritte steht.[59] Diese Vorstellung prägte die Anfangszeit der europäischen Integrati-

[51] *Merkel*, GuG 25 (1999), 302 f.

[52] Grundlegend *Haas*, The Uniting of Europe, passim; *Haas*, Int. Organ. 24 (1970), 606 ff.

[53] Ausf. *D. Wolf*, in: Bieling/Lerch, Theorien der europäischen Integration, S. 54 ff.; s. a. *Siegmar Schmidt/Schünemann*, Europäische Union, S. 389 ff.

[54] *Grimmel/Jakobeit*, Politische Theorien der Europäischen Integration, S. 103 ff.

[55] *Haas*, The Uniting of Europe, S. XXIII f.

[56] *D. Wolf*, in: Bieling/Lerch, Theorien der europäischen Integration, S. 54, 59 ff.

[57] *Haas*, The Uniting of Europe, S. 291 ff.; *D. Wolf*, in: Bieling/Lerch, Theorien der europäischen Integration, S. 54, 60 ff.

[58] *Haas*, Int. Organ. 24 (1970), 606, 627, Hervorh. d. Verf.

[59] Zur Monnet-Methode und der diesbezüglichen Kritik siehe *Wessels*, Reihe Politikwissenschaft des IHS, Band 74 (2001), 1, 7 ff. sowie *Knipping*, in: FS Koubek, S. 363 ff. Zur Bedeutung von Schuman und Monnet für die europäische Einigung s. a. *Mosler*, in: FS Hallstein, S. 355 ff.

on. Während nämlich die, maßgeblich von *Monnet* erdachte und von *Schuman* verkündete[60] wirtschaftliche Kooperation mittels der überstaatlichen Europäischen Gemeinschaft für Kohle und Stahl (EGKS) und die dafür erforderliche Übertragung nationaler Zuständigkeiten auf die europäische Ebene die Zustimmung der Mitgliedstaaten fand, bestanden bezüglich der Zusammenarbeit im Übrigen große Souveränitätsvorbehalte.[61] So kam eine Erstreckung der europäischen Einigung auf weitere Politikbereiche durch die Europäische Verteidigungsgemeinschaft (EVG) und die damit verbundene Europäische Politische Gemeinschaft (EPG) wegen des ablehnenden Votums der französischen Nationalversammlung nicht zustande.[62] Die unterschiedlichen Vorstellungen der potenziellen Mitgliedstaaten führten letztlich zu einer vorläufigen Absage an eine weitergehende politische Union.[63] In der Folge konzentrierten sich die europäischen Staaten daher wieder auf die wirtschaftliche Zusammenarbeit, ohne jedoch das Ziel der politischen Integration aufzugeben.[64] Entscheidend für diese Entwicklung war, dass die wirtschaftliche Integration weniger einschneidende Wirkungen für die nationalen Entscheidungsbefugnisse mit sich brachte.[65] Die wirtschaftliche Kooperation war somit nur „vermeintlich unpolitisch[]“[66] und sollte vielmehr – ganz im Sinne eines dynamischen Fortschreitens – die politische Integration ermöglichen.[67]

Auch wenn der Neofunktionalismus nach wie vor unter dem Begriff des Supranationalismus die Integrationsdebatte mitbestimmt,[68] wurde die grundlegende These einer automatisch fortschreitenden Integration nicht nur durch Stimmen der Wissenschaft, sondern vor allem durch die Realität in Frage gestellt.[69]

---

60 Zum Schuman-Plan und zur Urheberschaft Monnets siehe *M. Thiele*, Motor der Integration, S. 23 ff.

61 *Seeler*, Geschichte und Politik der Europäischen Integration, S. 32 f. u. 35.

62 Zu den Hintergründen siehe *P. Fischer*, in: Herbst/Bührer/Sowade, Vom Marschallplan zur EWG, S. 279 ff.; *Läufer*, Krisen in den Europäischen und Atlantischen Organisationen, S. 46 ff.

63 *G. Clemens*, in: Weidenfeld/Wessels, Jahrbuch der europäischen Integration 2017, S. 59, 63; ausf. zu den Interessen der einzelnen Staaten *P. Fischer*, in: Herbst/Bührer/Sowade, Vom Marschallplan zur EWG, S. 279, 280 ff.

64 *G. Clemens/Reinfeldt/Wille*, Geschichte der europäischen Integration, S. 123 f. u. 251 ff., insb. S. 254; *S. Schwarz*, WT 12 (2004), 51, 54.

65 *Mannefeld*, Verfassungsrechtliche Vorgaben für die europäische Integration, S. 13 unter Hinweis auf *Majone*, Dilemmas of European Integration, S. 143; *von der Groeben*, Aufbaujahre der EG, S. 23 f.; s. a. *G. Clemens*, in: Weidenfeld/Wessels, Jahrbuch der europäischen Integration 2017, S. 59, 63, die von „politisch weniger sensiblen Bereichen der Wirtschaft“ spricht.

66 *Heintschel von Heinegg/Vedder*, in: Vedder/Heintschel von Heinegg, Europäisches Unionsrecht, Einführung, S. 31.

67 *Borchardt*, Die rechtlichen Grundlagen der EU, S. 63 Rn. 63 f.; *Hallstein*, Die Europäische Gemeinschaft, S. 27 ff.

68 Zur Weiterentwicklung des Neofunktionalismus *Leuffen/Rittberger/Schimmelfennig*, Differentiated Integration, S. 30 u. 62 ff.; *Nölke*, in: Bieling/Lerch, Theorien der europäischen Integration, S. 121 ff.

69 *D. Wolf*, in: Bieling/Lerch, Theorien der europäischen Integration, S. 54, 63 ff.

Die Stagnation des Integrationsprozesses Mitte der 1960er Jahre infolge der französischen Blockade[70] offenbarte die Schwächen des Neofunktionalismus. Mit dem von *Stanley Hoffmann* formulierten intergouvernementalen Ansatz rückte deshalb auch die Rolle der Mitgliedstaaten für die europäische Integration wieder verstärkt in das Zentrum des Interesses. Nach *Hoffmann* bleiben souveräne Staaten auch in einer globalisierten Welt die maßgeblichen Akteure der internationalen Politik.[71] In deutlicher Abgrenzung zu Föderalismus und Funktionalismus betont *Hoffmann*, dass den Staaten stets mildere Mittel als das Aufgehen in einem europäischen Gemeinwesen bleiben, um auf globale Probleme zu reagieren.[72] Dass es dabei nicht zu einer automatischen umfassenden Kooperation kommt, führt der Intergouvernementalismus auf die unterschiedlichen nationalen Interessen der Staaten zurück, welche deren (Außen-)Politik prägen. Während im Bereich der Wirtschaft (sog. „low politics") Einigungen noch möglich seien, gelte dies nicht im Bereich der echten politischen Integration, also insbesondere der Außen- und Verteidigungspolitik (sog. „high politics").[73] Anders ausgedrückt scheitert der vom Neofunktionalismus angenommene Automatismus im Wege der „Spill-overs" an unüberwindbaren Gegensätzen bei den nationalen Interessen. Die Ansätze *Hoffmanns* wurden später von *Andrew Moravcsik* zum Liberalen Intergouvernementalismus weiterentwickelt, welcher die für die internationale Kooperation maßgeblichen nationalen Interessen vor allem auf innerstaatliche Prozesse der Meinungs- und Interessensbildung zurückführt.[74] Auch nach *Moravcsik* bleiben die Staaten die zentralen Akteure, die sich nach einer ersten Phase der internen Interessensbildung in der zweiten Phase im Verhandlungs- bzw. Kompromisswege stets nur auf den kleinsten gemeinsamen Nenner einigen und zugleich bemüht sind, künftige Integrationsschritte möglichst zu begrenzen.[75]

Der damit angesprochene Gegensatz von Neofunktionalismus auf der einen und Liberalem Intergouvernementalismus auf der anderen Seite hat in der Folgezeit die politikwissenschaftliche Debatte über die europäische Integration geprägt. Die zentrale, von beiden „Großtheorien" unterschiedlich beantwortete Frage war und ist, ob den Mitgliedstaaten entscheidender Einfluss auf die europäische Integration zukommt oder ob sie vielmehr Getriebene der autonomen, supranationalen EU-Organe sind.[76] Neben zahlreichen theoretischen Auffäche-

---

70 *Siegmar Schmidt/Schünemann*, Europäische Union, S. 392 f.

71 *S. Hoffmann*, Daedalus 95 (1966), 862, 865 ff.; ausf. auch zur Kritik siehe *Bieling*, in: Bieling/Lerch, Theorien der europäischen Integration, S. 77 ff.

72 *S. Hoffmann*, Daedalus 95 (1966), 862, 866 spricht sogar von „Selbstauflösung".

73 *S. Hoffmann*, Daedalus 95 (1966), 862, 867 ff. u. 882 f.; s. a. *Rüger*, JMP 3 (2019), 1, 12.

74 *Moravcsik*, JCMS 31 (1993), 473, 480 ff.

75 Grundlegend *Moravcsik*, Int. Organ. 45 (1991), 19, 25 ff. u. 42 ff.; s. a. *Siegmar Schmidt/Schünemann*, Europäische Union, S. 394 ff.

76 Ausführlich zur Debatte der beiden Theorien und deren verschiedenen Ausprägungen siehe *Rittberger/Schimmelfennig*, in: Holzinger/Knill/Peters u. a., Die Europäische Union,

rungen und interdisziplinären Ansätzen, die hier nicht weiter vertieft werden sollen,[77] hat sich seit nunmehr einigen Jahren mit dem von *Liesbet Hooghe* und *Gary Marks* begründeten Postfunktionalismus noch eine weitere große Theorie zur Erklärung der europäischen Integration etabliert.[78] Der Postfunktionalismus hat seine Wurzeln im Konstruktivismus, in dem nicht materielle, sondern ideelle Faktoren wie Ideen, Identitäten und Normen als entscheidende Faktoren der Integration im Mittelpunkt stehen.[79] Auch der Postfunktionalismus nach *Hooghe* und *Marks* kritisiert die beiden anderen Großtheorien als zu sehr wirtschaftsbezogen und verfolgt deshalb einen darüber hinausgehenden Ansatz. *Hooghe* und *Marks* machen einen „constraining dissensus" in der öffentlichen Meinung aus, der als Folge einer zunehmenden Politisierung auf europäischer Ebene, von den Eliten nicht mehr ignoriert werden könne.[80] Nicht Staaten oder supranationale Organe, sondern die zunehmende Politisierung der (europäischen) Öffentlichkeit werde so zum entscheidenden – und in der Sicht des Postfunktionalismus bremsenden – Faktor der europäischen Integration.[81] Obwohl der postfunktionalistische Ansatz insbesondere im Zusammenhang mit der Entwicklung der europäischen Integration während der Eurokrise kritisiert wird,[82] hat er sich gleichwohl als dritte große Denkschule der Integrationsforschung etabliert.

Schließlich gerät neben diesen drei Perspektiven auf die europäische Integration in der jüngeren, krisenbehafteten Zeit noch eine weitere Entwicklung ins Blickfeld. Während die drei angesprochenen großen Denkschulen vorrangig die *zunehmende* Integration betrachten, spielen nunmehr – nicht zuletzt durch den Brexit – verstärkt auch solche Szenarien eine Rolle, die sich mit der sogenannten *Des*integration beschäftigen.[83] Entsprechend der Wortherkunft, wonach die Vorsilbe „des-" die Verneinung bzw. das Gegenteil von etwas bezeichnet,[84] wird mit *Des*integration eine abnehmende oder rückwärts-

---

S. 19, 22 ff.; *Rittberger/Weiss*, in: F. Sauer/Masala, Hdb. Internationale Beziehungen, S. 493, 501 ff. Der Begriff „Großtheorien" findet sich auch bei *Siegmar Schmidt/Schünemann*, Europäische Union, S. 398.

[77] *Bieling/Lerch*, in: Bieling/Lerch, Theorien der europäischen Integration, S. 9, 23 ff. sprechen von Perspektivwechsel, -irritation und -erweiterung.

[78] Grundlegend *Hooghe/Marks*, Brit. J. Polit. Sci. 39 (2009), 1 ff.

[79] *Leuffen/Rittberger/Schimmelfennig*, Differentiated Integration, S. 84 ff.; zur Verbindung von Konstruktivismus und Postfunktionalismus s. a. *Rüger*, JMP 3 (2019), 1, 17 ff.

[80] *Hooghe/Marks*, Brit. J. Polit. Sci. 39 (2009), 1, 4 ff.

[81] *Hooghe/Marks*, Brit. J. Polit. Sci. 39 (2009), 1, 7 ff., insb. 13 f.; s. a. *Rüger*, JMP 3 (2019), 1, 19 f. Kritisch zum Befund der gesteigerten Politisierung *Grande/Kriesi*, PVS 56 (2015), 479 ff.

[82] *Holzinger/Schimmelfennig*, PVS 56 (2015), 457, 472 ff. sowie *Schimmelfennig*, JEPP 25 (2018), 969, 978 ff. u. 987; zur Gegenposition sogleich.

[83] *Schimmelfennig*, integration 42 (2019), 247 f.; ausf. *Eppler/Scheller*, in: Eppler/Scheller, Zur Konzeptualisierung europäischer Desintegration, S. 11 ff. sowie die weiteren Beiträge in dem Sammelband.

[84] *Seebold*, in: KLUGE. Etymologisches Wörterbuch, Stichworte „des-", „de-" und „dis-".

laufende Integration bezeichnet. In Anbetracht des engen Zusammenhangs von Integration und Kompetenzübertragung bzw. -ausübung geht es bei der *Des*-integration also neben einer zurückhaltenden Ausübung von EU-Kompetenzen vor allem um die Rückübertragung von Kompetenzen der EU auf die nationale Ebene der Mitgliedstaaten.[85] Dass Szenarien der Desintegration nicht nur theoretische, sondern ganz reale Entwicklungen mit massiven Auswirkungen darstellen, wurde durch den Brexit mehr als deutlich. Dabei muss Desintegration nicht zwingend einen Rückschritt für die EU bedeuten. Stellt man auf das Gesamtphänomen der europäischen Einigung ab, können desintegrierende und integrierende Schritte im Sinne einer differenzierten oder flexiblen Integration parallel ablaufen.[86] Auch bezogen auf den Brexit ist noch nicht ausgemacht, ob dies im Rahmen der geschrumpften EU-27 desintegrative Tendenzen verstärken oder im Gegenteil weitere Integrationsschritte befördern wird.[87] Allerdings verdeutlichen theoretische und tatsächliche Szenarien der *Des*integration unzweifelhaft, dass im Rahmen der europäischen Integration rückwärtige Entwicklungen nicht ausgeschlossen sind.

Insgesamt liefern die großen Denkschulen verschiedene Ansätze zur Erfassung der Integration und ihrer Dynamik, wobei mit der zunehmenden Bedeutung desintegrativer Tendenzen ein weiterer Aspekt hinzutritt. Der am Beginn der europäischen Einigung stehende (neo-)funktionalistische Ansatz einer stetigen Ausweitung der Integration im Sinne eines sich verselbständigten Vorgangs wird von den Anhängern des Liberalen Intergouvernementalismus und des Postfunktionalismus sowie durch mögliche desintegrative Szenarien in Frage gestellt. Dass gleichwohl alle drei Ansätze eine Berechtigung haben, lässt sich exemplarisch an den zahlreichen politikwissenschaftlichen Veröffentlichungen zur Einordnung der europäischen Integration während der Eurokrise zeigen. So werden die Entwicklungen in der EU und die getroffenen Maßnahmen zur Bewältigung der Eurokrise sowohl mit den rationalen Theorien des Intergouvernementalismus[88] und Neofunktionalismus[89] als auch mit ideellen Ansätzen des Postfunktionalismus[90] erklärt. Andere betonen die – bereits zu Beginn der Integration relevanten – Unterschiede von Marktintegration auf der einen und staat-

---

[85] Zu Begriff und Formen der Desintegration siehe nur *Eppler/Scheller*, in: Eppler/Scheller, Zur Konzeptualisierung europäischer Desintegration, S. 11, 22 f. u. 26 ff. Für einen anderen Zugang zur Desintegration aber *Schimmelfennig*, integration 42 (2019), 247, 253 f.

[86] *Andres/Eppler/Tuntschew*, integration 39 (2016), 198, 200 f. u. 204 ff.; s. a. *Schorkopf*, ZSE 12 (2014), 395, 405 ff.

[87] Siehe nur *Europäische Kommission*, Weissbuch zur Zukunft Europas, Die EU der 27 im Jahr 2025 – Überlegungen und Szenarien, KOM (2017) 2025 endg. vom 01.03.2017, CELEX: 52017DC2025, S. 1 ff.; dazu auch *J. Klein/Plottka/Tittel*, integration 41 (2018), 141 ff.

[88] *Puetter*, PVS 56 (2015), 406 ff.; s. a. *Biermann/Guérin/Jagdhuber u. a.*, JEPP Online (2017), 1 ff., abrufbar unter: https://doi.org/10.1080/13501763.2017.1408670, zuletzt zugegriffen am 30.11.2021.

[89] *Schimmelfennig*, JEPP 25 (2018), 969 ff.

[90] *Börzel/T. Risse*, JEPP 25 (2018), 83 ff.

lichen Kernaufgaben auf der anderen Seite.[91] Ohne dass an dieser Stelle ausführlich auf die unterschiedlichen Erklärungen eingegangen werden kann, wird deutlich, dass die unterschiedlichen Denkschulen verschiedene Phasen und Facetten der Integration beleuchten und sich nicht gegenseitig ausschließen, sondern vielmehr ergänzen.[92] Auch im Allgemeinen ist anerkannt, dass es *die* umfassende Theorie zur Erklärung der europäischen Integration nicht gibt, sondern es auf eine Gesamtschau ankommt.[93] Erst in ihrer Gesamtheit und unter Berücksichtigung auch desintegrativer Szenarien ergeben die verschiedenen Ansätze ein umfassendes Bild der europäischen Integration, das sich auch in der rechtlichen Dimension widerspiegelt.

c) Ein integrationstheoretisches Gesamtbild und seine Bedeutung für das EU-Primärrecht

Obwohl die großen Theorien mit der europäischen Integration grundsätzlich über das gleiche Phänomen reden, erfassen sie die Integration mit einer teilweise deutlich voneinander abweichenden Herangehensweise. Dies führt zu der Frage, ob und inwieweit hinter diesen unterschiedlichen Zugängen („Verschiedenes") ein gemeinsames Grundverständnis („dasselbe") der europäischen Integration steht und ob sich dieses Verständnis auch im (Primär-)Recht ausmachen lässt.

Zunächst bewerten die großen Denkschulen der Integrationstheorie die treibenden Faktoren der europäischen Integration sehr unterschiedlich. Nach dem neofunktionalistischen Ansatz führen die anfänglichen Integrationsschritte zu Spill-over-Effekten, die wiederum Sachzwänge zur weiteren Integration schaffen, denen sich die Mitgliedstaaten nicht entziehen können. Ein solcher von den EU-Organen ausgehender zwingender Automatismus wird sowohl von Anhängern des Liberalen Intergouvernementalismus als auch von solchen des Postfunktionalismus kritisch gesehen. Während die Erstgenannten Integration als einen allein von den nationalen Interessen der Mitgliedstaaten abhängigen und gesteuerten Vorgang begreifen, betonten Letztere den Einfluss der zunehmenden Politisierung der Öffentlichkeit, dem sich die Mitgliedstaaten bei möglichen Integrationsschritten ausgesetzt sehen. Die Theorien geben somit verschiedene Erklärungen dafür, *warum* die Mitgliedstaaten Integrationsschritte vornehmen

[91] *Genschel/Jachtenfuchs*, JCMS 56 (2018), 178 ff.

[92] *Schimmelfennig*, PVS 53 (2012), 394, 399 ff. u. 410 ff.; s. a. *Schimmelfennig*, JCMS Special Issue Paper (2018), 1 ff., insb. 16 sowie *Jones/Kelemen/Meunier*, CPS 49 (2016), 1010, 1015 ff.

[93] *G. Clemens/Reinfeldt/Wille*, Geschichte der europäischen Integration, S. 306 f. u. 314 f.; *Siegmar Schmidt/Schünemann*, Europäische Union, S. 379 u. 400 unter Hinweis auf *Giering*, Europa zwischen Zweckverband und Superstaat; s. a. das Bild eines „stets unvollständigen Mosaiks der Integrationstheorie" bei *Diez/Wiener*, in: Wiener/Diez, European Integration Theory, S. 1, 17 u. 19 f.

oder davon Abstand nehmen. Die Integration selbst begreifen alle Theorien aber als einen Vorgang, der eng mit der Übertragung von Kompetenzen von der nationalen auf die supranationale Ebene verbunden ist und der am Ende – freiwillig oder gezwungenermaßen – auch durch die Mitgliedstaaten erfolgt. Hinter den Ansätzen steht also nicht nur der gemeinsame Untersuchungsgegenstand, sondern auch grundsätzlich das gleiche Verständnis der europäischen Integration. Unabhängig von den Divergenzen über die treibenden Faktoren besteht zwischen den Theorien insoweit Einigkeit, als die politische Integration untrennbar mit der Übertragung von Kompetenzen zusammenhängt,[94] und dieser Vorgang in erster Linie über das rechtliche Mittel der Vertragsrevision abläuft.[95] Nicht nur im Hinblick auf die Eurokrise,[96] sondern auch im Allgemeinen findet Integration auch aus politikwissenschaftlicher Sicht immer im unmittelbaren Bezug zum (vertrags-)rechtlichen Rahmen statt. Besonders deutlich werden *Wolfgang Wessels* und *Anne Faber*, wenn sie in Bezug auf die verschiedenen Methoden der Integration, den rechtlichen Rahmen des Art. 48 EUV als „im juristischen Sinne einzig zulässige“[97] Methode bezeichnen. Integration in der EU betrifft demnach politische Entscheidungen, die oftmals wirtschaftlich motiviert sind, zu deren Umsetzung mit der Kompetenzübertragung aber ein rechtlicher Weg beschritten wird.

Gleichzeitig verdeutlichen die unterschiedlichen Zugänge sowie nicht zuletzt die Betrachtung von desintegrativen Szenarien die Ambivalenz des Integrationsbegriffs. Sowohl die Integration als auch die Desintegration werden im politikwissenschaftlichen Verständnis als – von verschiedenen Akteuren gestaltete – Prozesse verstanden, wobei mögliche Endzustände gerade offenbleiben. Weder mündet die Integration zwingend in eine vollständige Übertragung aller nationalen Kompetenzen, noch müssen Maßnahmen der Desintegration die endgültige Auflösung der EU bedeuten.[98] Mit der Betonung des Prozesscharakters wird somit deutlich, dass Integration ein Phänomen beschreibt, das nicht nur auf mehreren Ebenen, sondern auch in unterschiedliche Richtungen verlaufen kann.[99] Aus diesem Grund ist auch die, im Zusammenhang mit der Integrationsdynamik regelmäßig zitierte und *Walter Hallstein* zugeschriebene

---

[94] Zur Definition siehe bereits oben S. 14, wobei Integration und Kompetenzübertragung infolge der Offenheit des Integrationsbegriffs nicht vollständig deckungsgleich sind; vgl. *Merkel*, GuG 25 (1999), 302, 303, der von einem „Souveränitätstransfer *im Verlauf* der europäischen Integration“ spricht, Hervorh. d. Verf.

[95] Sehr deutlich *Thiemeyer*, Europäische Integration, S. 9; s. a. *Rittberger/Weiss*, in: F. Sauer/Masala, Hdb. Internationale Beziehungen, S. 493, 497 ff.; in Bezug auf die wirtschaftliche Integration auch *Behrens*, RabelsZ 45 (1981), 8, 37.

[96] Siehe nur *Holzinger/Schimmelfennig*, PVS 56 (2015), 457, 463 ff. u. 473 ff.

[97] *Wessels/Faber*, integration 30 (2007), 370, 371.

[98] *Andres/Eppler/Tuntschew*, integration 39 (2016), 198, 204 ff. m. w. N.

[99] *Andres/Eppler/Tuntschew*, integration 39 (2016), 198 ff., insb. 203 ff.; *Eppler/Scheller*, in: Eppler/Scheller, Zur Konzeptualisierung europäischer Desintegration, S. 11 ff.; jeweils m. w. N.

Metapher, wonach die Integration bzw. Europa wie ein Fahrrad umfalle, wenn sie bzw. es nicht in Bewegung bleibe,[100] mit Vorsicht zu genießen. Ungeachtet der Infragestellung der neofunktionalistischen Dynamik im Rahmen der Integrationsforschung, übersieht die Metapher die angesprochene Mehrdeutigkeit der Integration. In Anbetracht der bereits geschilderten Tatsache, dass der künftige Zustand der Integration gerade unbestimmt gelassen wurde und eine weitere Entwicklung sowohl desintegrative als auch integrative Elemente beinhalten kann, darf die Dynamik nicht mit einem „immer Mehr" gleichgesetzt werden.[101] Um im Bild des Fahrradfahrers zu bleiben, gab und gibt es im Zuge der europäischen Integration regelmäßig Situationen, in denen man anhalten und sich neu orientieren muss.[102] Ob und vor allem in welche Richtung die Fahrt fortgesetzt wird, ist aufgrund der Mehrdeutigkeit des Integrationsbegriffs aber gerade nicht vorgegeben.

In der politikwissenschaftlichen Perspektive beschreibt Integration also den Vorgang der Übertragung von Kompetenzen von der nationalen auf die europäische Ebene. Dieser Vorgang wird als politisch gestalteter, im Rahmen des Rechts ablaufender Prozess verstanden, dessen Ende allerdings offengelassen wird. Dieses Verständnis spiegelt sich auch im europäischen Primärrecht, was nicht nur in der fehlenden Zielvorgabe für die Integration,[103] sondern auch dadurch deutlich wird, dass Art. 48 EUV als zentrale Norm für Vertragsänderungen ergebnisoffen formuliert ist und in seinem zweiten Absatz sowohl eine Ausdehnung als auch eine Verringerung der EU-Zuständigkeiten ermöglicht. Gleichzeitig wird in gewisser Weise auch die integrationstheoretische Diskussion, wer oder was der zentrale Faktor der Integration ist, im Primärrecht abgebildet, da Art. 48 EUV neben den Mitgliedstaaten auch die supranationalen Organe als Beteiligte einer Vertragsrevision benennt. Bevor genauer auf die damit verbundene Frage nach der „Herrschaft über die Verträge" und die rechtlichen Hintergründe des Integrationsprozesses insgesamt eingegangen wird, lohnt es sich, das – oftmals spannungsgeladene – Zusammenspiel von Recht und Politik im Rahmen der Integration genauer zu betrachten. Die Übertragung von Kompetenzen ist nämlich nicht nur Ausgangs-, sondern gleichzeitig auch zentraler Streitpunkt der Integration. Dies lässt sich besonders deutlich im Bereich der wirtschaftlichen Integration zeigen.

---

[100] Für eine Urheberschaft Hallsteins siehe *Brunn*, Die Europäische Einigung von 1945 bis heute, S. 100 sowie *von Bogdandy*, EuR 2017, 487, 492; anders *Schorkopf*, Der Europäische Weg, S. 191; zum unklaren Urheber s. a. *Ohr*, in: FS Berthold, S. 115, 116.

[101] Vgl. *Isensee*, in: FS Everling, Bd. I, S. 567, 568.

[102] *Ohr*, in: FS Berthold, S. 115, 116 und *Schorkopf*, Der Europäische Weg, S. 191.

[103] Dazu bereits oben S. 10.

3. Das Wechselspiel von Politik und Recht im Rahmen der wirtschaftlichen Integration

Die integrationstypische dynamische Entwicklung mit offenem Ziel und die damit verbundenen Auseinandersetzungen prägen nicht nur das „Ob" weiterer Integrationsschritte, sondern in besonderem Maße auch das „Wie". Dies lässt sich nicht zuletzt im Bereich der wirtschaftlichen Integration verdeutlichen. Betrachtet man deren Grundlagen im Binnenmarkt der EU (a) sowie vor allem das Verhältnis der dabei zur Anwendung kommenden Integrationsmethoden (b), zeigt sich, dass mit der Integration stets ein ständiger Austausch über Ausmaß und Grenzen ihrer Entwicklung einhergeht und dabei nicht nur wirtschaftspolitische, sondern auch und vor allem rechtliche Fragen im Zentrum stehen (c).

a) Die wirtschaftliche Integration im Binnenmarkt der EU

Der Begriff der wirtschaftlichen Integration bezieht sich weniger auf die wirtschafts*wissenschaftlichen* als auf die wirtschafts*politischen* Grundlagen der Integration, die entsprechend der ursprünglichen Idee eines schrittweisen Vorgehens, die Einigung Europas seit jeher prägen.[104] Wie bereits geschildert, erwies sich die wirtschaftliche Integration deshalb als Erfolgsgeschichte, weil sie nicht alle Kompetenzen bzw. den Gesamtstaat zum Integrationsobjekt machte, sondern sich auf einen Sachbereich beschränkte. Bezugsobjekte der Integration im wirtschaftlichen Sinne sind nicht die Mitgliedstaaten oder deren Politik insgesamt, sondern nur die nationalen Volkswirtschaften, welche zu einem gemeinsamen Wirtschaftsraum verbunden werden.[105] Obwohl es keine allgemein anerkannte Definition der wirtschaftlichen Integration gibt,[106] wird hinsichtlich der Ausgestaltung eines gemeinsamen Wirtschaftsraums üblicherweise zwischen verschiedene Formen der Integration unterscheiden.[107] Die auf *Béla Balassa* zurückgehende Einteilung in Freihandelszone, Zollunion, Gemeinsamer Markt, Wirtschaftsunion und vollständige wirtschaftliche Integration beschreibt fünf Stufen, die sich in der Intensität der wirtschaftlichen Kooperation unterschieden.[108] Obwohl diese Stufen in der genannten Reihenfolge einen zunehmenden Integrationsgrad markieren, dürfen sie nicht als vorgegebene Abfolge verstanden werden, die stets durchlaufen wird und zwingend zu einer zunehmenden wirtschaftlichen Integration führt.[109] Gerade in Bezug auf die euro-

---

[104] Für einen Überblick über die wichtigsten Schritte der wirtschaftliche Integration Europas und die wirtschaftswissenschaftlichen Hintergründe siehe *Eger/Wagener*, in: Hatje/Müller-Graff, EnzEuR, Bd. 1, § 3 Rn. 1 ff. Zum integrationstheoretischen Hintergrund bereits oben S. 15 ff.

[105] *Kasten*, Die europäische Wirtschaftsintegration, S. 11.

[106] *Ohr/J. König*, WD 92. Jg. (2012), 795, 798.

[107] *Eger/Wagener*, in: Hatje/Müller-Graff, EnzEuR, Bd. 1, § 3 Rn. 39 ff.

[108] *Balassa*, The Theory of Economic Integration, S. 2.

[109] *Trachtmann*, in: Guzman/Sykes, Research Handbook in International Economic Law,

päische Einigung über die EU und ihre Vorläufer war mit der wirtschaftlichen Kooperation aber das Ziel einer weitergehenden politischen Integration verbunden, weshalb insoweit ein eigenes Verständnis der wirtschaftlichen Integration maßgeblich ist.[110] Dieses im Grundsatz dynamische Verständnis spiegelt sich auch in den rechtlichen Regeln der wirtschaftlichen Integration wider, was sich besonders anhand der für die EU maßgeblichen Integrationsstufe – dem EU-Binnenmarkt – zeigen lässt.

Nach dem Primärrecht kommt dem Binnenmarkt eine doppelte Bedeutung als (Unions-)*Ziel*, aber auch als *Mittel* der europäischen Integration zu,[111] weshalb er auch als „wirtschaftliche[s] Herzstück der Integration"[112] bezeichnet wird. Der Binnenmarkt verdeutlicht mit dieser Doppelfunktion, dass Integration nicht nur einen anfänglichen bzw. einmaligen Übertragungsakt von Kompetenzen, sondern darüber hinaus auch die weitere Ausgestaltung des Binnenmarkts bzw. der ihm zugrundliegenden Kompetenzen erfordert. Diesem Verständnis entsprechend, werden die beiden wesentlichen Methoden zur Errichtung und Ausgestaltung des Binnenmarkts als positive und negative *Integration* bezeichnet.[113] Während die negative Integration die ersatzlose Beseitigung von Hindernissen für den grenzüberschreitenden Handel mithilfe der Grundfreiheiten des AEUV betrifft, wird mit der positiven Integration die Beseitigung von Hindernissen über eine Harmonisierung[114] der nationalen Rechtsvorschriften bezeichnet.[115] Trotz des wirtschaftlichen Kontextes handelt es sich bei den Integrationsmethoden im Ausgangspunkt um rechtliche bzw. rechtspolitische Werkzeuge. Während die negative Integration die Rechts*anwendung* des Primärrechts betrifft, erfolgt die positive Integration mithilfe der sekundärrechtlichen Recht*setzung*.[116] Der Binnenmarkt ist also nicht nur ein gemeinsamer Wirtschafts-, sondern auch und vor allem ein Rechtsraum, in dem – nach der Systematik von Art. 26 Abs. 1 und Abs. 2 AEUV – positive und negative Integration grundsätzlich gleichberechtigt nebeneinanderstehen.[117] Gleichzei-

S. 151, 153 f.; s. a. *Sapir*, JEL 49 (2011), 1200, 1202 f. *Merkel*, GuG 25 (1999), 302, 337 sieht hingegen im EU-Binnenmarkt einen wesentlichen Grund für einen „Spill-over" in Richtung der Wirtschafts- und Währungsunion.

[110] *Sapir*, JEL 49 (2011), 1200, 1203 ff. unterscheidet die politisch motivierte wirtschaftliche Integration der EG bzw. EU von der primär wirtschaftlich motivierten Integration im Rahmen der EFTA.

[111] *Ruffert*, in: Calliess/Ruffert, EUV/AEUV, Art. 3 EUV Rn. 22.

[112] *Pechstein*, in: Streinz, EUV/AEUV, Art. 3 EUV Rn. 7.

[113] Grundlegend *Tinbergen*, International Economic Integration, S. 18 u. 117 ff., insb. S. 122.

[114] Zum Begriff *Kau*, Rechtsharmonisierung, S. 34 ff. u. 64 ff.

[115] *Korte*, in: Calliess/Ruffert, EUV/AEUV, Art. 26 AEUV Rn. 37 ff.; *Luczak*, Die europäische Wirtschaftsverfassung, S. 158 ff.

[116] *M. Schröder*, in: Streinz, EUV/AEUV, Art. 26 AEUV Rn. 25 ff.

[117] *Bast*, in: Grabitz/Hilf/Nettesheim, EUV/AEUV, Art. 26 AEUV Rn. 5–6; *Blanke/Böttner*, in: Niedobitek, Europarecht, § 13 Rn. 1; *Luczak*, Die europäische Wirtschaftsverfassung, S. 417 f.

tig kommt dem Binnenmarkt infolge der unterschiedlichen Akteure, die für die jeweilige Methode zuständig sind, auch eine politische Dimension zu.[118] So steht nach *Jan-Marco Luczak* „negative Integration für einen Primat des Rechts, positive Integration für einen Primat der Politik."[119] Tatsächlich unterfällt die negative Integration als – notfalls gerichtliche – Durchsetzung grundfreiheitlicher individueller Rechtspositionen dem Bereich der Judikative und damit vor allem der Zuständigkeit des EuGH. Die positive Integration umfasst hingegen Akte der Legislative und ist folglich den Rechtsetzungsorganen der EU zugeordnet.[120] Allerdings darf dabei nicht vergessen werden, dass auch die politisch geprägte Rechtsharmonisierung ein rechtliches Werkzeug darstellt.[121] Die Integrationsmethoden spiegeln damit in erster Linie die Kompetenz- bzw. Gewaltenteilung zwischen den EU-Organen wider.[122] Zugleich zeigt die Verteilung der Integrationsmethoden auf die Organe aber auch, inwieweit die Mitgliedstaaten in die weitere Gestaltung der Integration eingebunden sind. Naturgemäß können die Mitgliedstaaten die Recht*sprechung* des EuGH in einzelnen Verfahren nur indirekt beeinflussen, während sie über den Rat bei der Recht*setzung* im Binnenmarkt unmittelbar mitbestimmen. Das Ausmaß des jeweiligen Einflusses von EuGH und Mitgliedstaaten hängt dabei maßgeblich davon ab, in welchem Verhältnis die beiden Methoden der wirtschaftlichen Integration zueinanderstehen. Anhand des Verhältnisses der beiden Integrationsmethoden lässt sich somit das „Spannungsfeld" von Wirtschaft, Recht und Politik[123] verdeutlichen, welches nicht nur die Integration, sondern auch ihre rechtlichen Grundlagen prägt.

b) Das spannungsgeladene Verhältnis der Integrationsmethoden

Entgegen der systematischen Gleichrangigkeit der Integrationsmethoden konnten insbesondere die Einflussmöglichkeiten der Mitgliedstaaten auf die Integration in den Anfangsjahren des Binnenmarkts nur teilweise realisiert werden. Bis zum Inkrafttreten der Einheitlichen Europäischen Akte (EEA)[124] galt für Maßnahmen der Rechtsangleichung das Erfordernis der Einstimmigkeit im Rat, was

[118] *Scharpf*, in: Höpner/A. Schäfer, Politische Ökonomie der europäischen Integration, S. 49, 50 beschreibt die Integrationsmethoden als verschiedene Wege staatlicher Politik.

[119] *Luczak*, Die europäische Wirtschaftsverfassung, S. 159, unter Hinweis auf *Molle*, The Economics of European Integration, S. 12.

[120] *Schroeder/A. T. Müller*, in: Wagner/Wedl, Bilanz und Perspektiven zum europäischen Recht, S. 87, 89 ff.

[121] Ausf. *Kau*, Rechtsharmonisierung, insb. S. 79 ff. u. 728 ff.; s. a. *Schwartz*, in: FS von der Groeben, S. 333, 337, der die Rechtsangleichung als „rechtliche Lösung" für verschiedene Probleme bezeichnet.

[122] *Kingreen*, in: Calliess/Ruffert, EUV/AEUV, Art. 36 AEUV Rn. 2.

[123] Allgemein zu diesem „Spannungsfeld" *Everling*, in: FS Kutscher, S. 155 ff.

[124] Einheitliche Europäische Akte, ABl. EG L 169 vom 29.06.1987, S. 1 ff.; siehe dazu auch *M. Schröder*, in: Streinz, EUV/AEUV, Art. 114 AEUV Rn. 1 ff.

die positive Integration erheblich erschwerte.[125] Demgegenüber gab es zahlreiche Urteile des EuGH, welche die negative Integration und dadurch auch die Evolution des Europarechts insgesamt maßgeblich beeinflusst haben. Für den Bereich der Grundfreiheiten sind insbesondere die vor Inkrafttreten der EEA ergangenen Urteile *Dassonville*[126] und *Cassis de Dijon*[127] zu nennen, die bis heute das Fundament der grundfreiheitlichen Rechtsprechung bilden. Ausgehend von beiden Urteilen wurden die Grundfreiheiten vom EuGH nach und nach zu umfassenden Freiheitsrechten entwickelt, kraft derer der Einzelne sämtliche unverhältnismäßigen Beschränkungen des grenzüberschreitenden Handels abwehren kann.[128] Darüber hinaus betrafen auch die Urteile, in denen der EuGH den Anwendungsvorrang des EU-Rechts entwickelt hat, Sachverhalte, die heute dem Bereich der Grundfreiheiten und damit ebenfalls der negativen Integration zuzuordnen sind.[129] Während der EuGH also bereits früh zentrale Impulse für die Integration setzen konnte, blieb die positive Integration demgegenüber zurück. Diese Entwicklung wurde und wird vor allem deshalb kritisch gesehen, da Maßnahmen der Rechtsetzung grundsätzlich ein höheres Maß an demokratischer Rückkopplung besitzen und größere Verlässlichkeit im Rechtsverkehr schaffen als solche der Rechtsprechung.[130] Obwohl der heutige Art. 114 AEUV für Maßnahmen der Rechtsangleichung im Binnenmarkt auf das ordentliche Gesetzgebungsverfahren verweist, bei dem der Rat seine Beschlüsse mangels abweichender Bestimmung mit qualifizierter Mehrheit fasst (vgl. Art. 16 Abs. 3 bis 5 EUV), ist nach wie vor eine gewisse Ungleichverteilung der Integrationsmethoden erkennbar. Dieses Phänomen wird – insbesondere in der politikwissenschaftlichen Literatur – als „Asymmetrie" der Integrationsmethoden bezeichnet.[131] Der institutionelle Aufbau der EU verhindere einen theoretisch möglichen und gebotenen Ausgleich der Integrationsmethoden. Kommission und EuGH könnten aufgrund ihrer Stellung im Organisationsgefüge der EU weitgehend unabhängig von politischen Einflüssen Maßnahmen der negativen

[125] *M. Schröder*, in: Streinz, EUV/AEUV, Art. 26 AEUV Rn. 3 f.

[126] EuGH, Urt. v. 11.07.1974 – Rs. 8/74, ECLI:EU:C:1974:82 – *Dassonville*.

[127] EuGH, Urt. v. 20.02.1979 – Rs. 120/78, ECLI:EU:C:1979:42 – *Cassis de Dijon*.

[128] *Kingreen*, in: von Bogdandy/Bast, Europäisches Verfassungsrecht, S. 705, 712 ff., insb. S. 714; s. a. *Schroeder/A. T. Müller*, in: Wagner/Wedl, Bilanz und Perspektiven zum europäischen Recht, S. 87, 90 f.

[129] *Schroeder/A. T. Müller*, in: Wagner/Wedl, Bilanz und Perspektiven zum europäischen Recht, S. 87, 90; zu dieser Rechtsprechung des EuGH siehe noch Kap. 1, B. I.

[130] *Korte*, in: Calliess/Ruffert, EUV/AEUV, Art. 26 AEUV Rn. 40; *M. Schröder*, in: Streinz, EUV/AEUV, Art. 26 AEUV Rn. 28; s. a. aus politikwissenschaftlicher Sicht *Höpner/A. Schäfer*, in: Höpner/A. Schäfer, Politische Ökonomie der europäischen Integration, S. 11, 37 f. sowie *Scharpf*, in: Höpner/A. Schäfer, Politische Ökonomie der europäischen Integration, S. 49, 60 u. 65.

[131] Ausführlich *Scharpf*, Governing in Europe, S. 43 ff.; s. a. *Grimm*, Leviathan 43 (2015), 325, 331 f.; *Grimm*, Der Staat 48 (2009), 475, 493 f.; *Höpner/A. Schäfer*, in: Höpner/A. Schäfer, Politische Ökonomie der europäischen Integration, S. 11, 13 sowie *Susanne K. Schmidt*, in: Höpner/A. Schäfer, Politische Ökonomie der europäischen Integration, S. 101 ff.

Integration durchsetzen, während die positive Integration stets eine Einigung der Mitgliedstaaten im Rat, sowie eine Koordinierung mit dem Europäischen Parlament erfordere.[132] Auch wenn durch die EEA die positive Integration mit der Einführung von qualifizierten Mehrheitsentscheidungen insgesamt gestärkt wurde,[133] bleibe eine Einigung im Rat schwierig. Insbesondere sei ein Ausgleich der verschiedenen mitgliedstaatlichen Interessen regelmäßig problematisch und teilweise sogar unmöglich, sodass Maßnahmen der positiven Integration nicht so leicht durchgesetzt werden könnten, wie solche der negativen Integration.[134] Da die Mitgliedstaaten auf die Integration nur über die Rechtsetzung im Rat unmittelbar einwirken können, bedeutet eine schwer durchsetzbare positive Integration zugleich auch einen Einflussverlust der einzelnen Mitgliedsaaten. Dies gilt nicht zuletzt deshalb, weil eine Mehrheitsentscheidung naturgemäß die Interessen eines einzelnen Mitgliedstaats unter Umständen nicht berücksichtigt.[135] Hinzu kommt ein doppelter Kompetenzverlust für die Mitgliedstaaten durch die EEA.[136] Während europäische Lösungen von der Kompromissfindung im Rat abhängen, fehlt es den Mitgliedstaaten für nationale wirtschaftspolitische Maßnahmen bereits teilweise an der Kompetenz. Die Union wiederum hat keine Kompetenzen für eine ganzheitliche Wirtschaftspolitik, die zum Beispiel auch verstärkt soziale und ökologische Aspekte berücksichtigt.[137]

Die Kritik am Ungleichgewicht der Integrationsmethoden muss allerdings differenziert betrachtet werden. Während bezogen auf die Anfangsjahre der europäischen Einigung der Vorwurf einer Asymmetrie nicht ohne Weiteres von der Hand zu weisen ist, darf nicht übersehen werden, dass positive und negative Integration inhaltlich – also rechtlich – eng verbunden sind und in einem Austauschverhältnis stehen.[138] Durch Maßnahmen der negativen Inte-

---

[132] *Scharpf*, in: Höpner/A. Schäfer, Politische Ökonomie der europäischen Integration, S. 49, 54 ff. u. 69 ff.; *Scharpf*, Leviathan 44 (2015), 11, 17 spricht in Bezug auf die EU-Gesetzgebung insgesamt von einer „Kumulation von Vetopositionen".

[133] *Hooghe/Marks*, in: Kitschelt/Lange/Marks u. a., Continuity and Change in Contemporary Capitalism, S. 70, 80 f.; *Schroeder/A. T. Müller*, in: Wagner/Wedl, Bilanz und Perspektiven zum europäischen Recht, S. 87, 92 f.

[134] *Scharpf*, in: Höpner/A. Schäfer, Politische Ökonomie der europäischen Integration, S. 49, 74 ff., insb. S. 79 ff.; s. a. *Höpner/A. Schäfer*, integration 33 (2010), 3 ff., insb. 17.

[135] *Schorkopf*, Der Europäische Weg, S. 149 f. weist zudem auf eine mögliche Einflussnahme über den Ratsvorsitz hin, deren Bedeutung zwischen den einzelnen Staaten aber stark variiere.

[136] Hier und im Folgenden *Hooghe/Marks*, in: Kitschelt/Lange/Marks u. a., Continuity and Change in Contemporary Capitalism, S. 70, 71 ff.

[137] *Böckenförde*, Welchen Weg geht Europa?, S. 22 ff., insb. S. 25, der vor allem die Konzentration auf die Wirtschaftspolitik kritisiert; s. a. *Kingreen*, Das Sozialstaatsprinzip im europäischen Verfassungsverbund, S. 7 ff.; *Scharpf*, in: Höpner/A. Schäfer, Politische Ökonomie der europäischen Integration, S. 49, 82. Allgemein zur Koordinierung der Wirtschaftspolitik nach Art. 121 AEUV siehe nur *Kempen*, in: Streinz, EUV/AEUV, Art. 121 AEUV Rn. 1 ff.

[138] *Korte*, in: Calliess/Ruffert, EUV/AEUV, Art. 26 AEUV Rn. 13; *Remien*, in: Schulze/Janssen/Kadelbach, Europarecht, § 14 Rn. 1; *Schroeder/A. T. Müller*, in: Wagner/Wedl, Bi-

gration werden Hindernisse für den grenzüberschreitenden Handel weitgehend beseitigt. Gleichzeitig fördert eine umfassende Regelbeseitigung das Bedürfnis nach neuen einheitlichen Regelungen.[139] Gerade bei der Rechtsetzung im Binnenmarkt zeigt sich, dass die Integrationsmethoden nicht selbständig nebeneinanderstehen, sondern zahlreiche Berührungspunkte aufweisen. So sind die Unionsorgane auch bei der Anwendung der Art. 114 ff. AEUV, die für die Rechtsangleichung im Binnenmarkt zentral sind, an die Grundfreiheiten gebunden.[140] Die positive Integration muss sich demnach am Maßstab der negativen Integration orientieren. Umgekehrt kommen bei der Überprüfung einer nationalen Maßnahme die Grundfreiheiten nicht zur Anwendung, sofern bereits eine abschließende sekundärrechtliche Regelung existiert.[141] Obwohl umstritten ist, ob dies eine Frage des Anwendungsbereichs oder der Rechtfertigung ist,[142] ist im Ergebnis unstreitig, dass die negative Integration gegenüber einer umfassenden Maßnahme der positiven Integration zurücktritt. Die Integrationsmethoden stehen somit in einem Austausch- und Ausgleichsverhältnis,[143] was sich auch daran zeigt, dass nach den anfänglichen Impulsen zur negativen Integration, der EuGH nunmehr verstärkt die positive Rechtsangleichung berücksichtigt.[144] Durch diese Entwicklung tritt die negative Integration mehr und mehr gegenüber der positiven Integration zurück,[145] weshalb auch der Einfluss der Mitgliedstaaten auf die wirtschaftliche Integration wieder steigt. Eine Vielzahl

---

lanz und Perspektiven zum europäischen Recht, S. 87, 89; *Schwartz*, in: FS von der Groeben, S. 333, 355 ff.

[139] *Schroeder/A. T. Müller*, in: Wagner/Wedl, Bilanz und Perspektiven zum europäischen Recht, S. 87, 99; *Scharpf*, in: Höpner/A. Schäfer, Politische Ökonomie der europäischen Integration, S. 49, 54. Beide weisen aber auch auf praktische Probleme bei der positiven Integration hin.

[140] EuGH, Urt. v. 12.07.2005 – verb. Rs. C-154/04 u. C-155/04, ECLI:EU:C:2005:449, Rn. 47 – *Alliance for Natural Health u. a.*; Urt. v. 14.12.2004 – Rs. C-434/02, ECLI:EU:C:2004:800, Rn. 57 – *Arnold André*; Urt. v. 25.06.1997 – Rs. C-114/96, ECLI:EU:C:1997:316, Rn. 27 – *Kieffer und Thill*; Urt. v. 09.08.1994 – Rs. C-51/93, ECLI:EU:C:1994:312, Rn. 11 – *Meyhui*; Urt. v. 17.05.1984 – Rs. 15/83, ECLI:EU:C:1984:183, Rn. 15 – *Denkavit*. Aus der Literatur für eine Bindung z. B. *Herrnfeld*, in: Schwarze/Becker/Hatje u. a., EU-Kommentar, 3. Aufl., Art. 114 AEUV Rn. 43 sowie *Tietje*, in: Grabitz/Hilf/Nettesheim, EUV/AEUV, Art. 114 AEUV Rn. 48 ff.; jeweils m. w. N.; a. A. *Möstl*, EuR 2002, 318, 328 ff. m. w. N., der nur eine Bindung an Grundrechte annimmt.

[141] St. Rspr. seit EuGH, Urt. v. 12.10.1993 – Rs. C-37/92, ECLI:EU:C:1993:836, Rn. 9 – *Vanacker und Lesage*; vgl. aus jüngerer Zeit Urt. v. 01.07.2014 – Rs. C-573/12, ECLI:EU:C:2014:2037, Rn. 57 – *Ålands Vindkraft AB*; Urt. v. 14.12.2004 – Rs. C-309/02, ECLI:EU:C:2004:799, Rn. 53 – *Radlberger Getränkegesellschaft und S. Spitz* m. w. N.

[142] Dazu nur *Frenz*, Handbuch Europarecht Bd. 1, Kap. 4 Rn. 382 ff. u. Rn. 604 m. w. N.

[143] *Kingreen*, in: Calliess/Ruffert, EUV/AEUV, Art. 36 AEUV Rn. 2 ff. m. w. N.; s. a. *Susanne K. Schmidt*, in: Höpner/A. Schäfer, Politische Ökonomie der europäischen Integration, S. 101, 103.

[144] *Schroeder/A. T. Müller*, in: Wagner/Wedl, Bilanz und Perspektiven zum europäischen Recht, S. 87, 89 ff.; zur nunmehr zentralen Bedeutung des Sekundärrechts für den Binnenmarkt s. a. *Mayer*, NJW 2017, 3631, 3635.

[145] *Kingreen*, in: Calliess/Ruffert, EUV/AEUV, Art. 36 AEUV Rn. 6.

von nunmehr bestehenden sekundärrechtlichen Regelungen zeigt die große Bedeutung der Rechtsangleichung im Binnenmarkt.[146] Wegen der auf Ausgleich bedachten Gestaltung des zentralen Art. 114 AEUV ermöglicht gerade die Rechtsangleichung die Kompromissfindung zwischen verschiedenen mitgliedstaatlichen Interessen.[147] Dabei sind die Mitgliedstaaten über den Rat an zentraler Stelle[148] in den Prozess der Rechtsangleichung fest eingebunden, sodass jedenfalls nicht pauschal davon gesprochen werden kann, dass sie – infolge einer Konstitutionalisierung des EU-Rechts – außen vor gelassen werden.[149] *Thorsten Kingreen* bringt diese Entwicklung auf den Punkt, wenn er davon spricht, dass die Grundfreiheiten „Opfer ihres eigenen Erfolgs geworden [sind]".[150] Betrachtet man somit allein das rechtliche Verhältnis von positiver und negativer Integration, ergibt sich weniger ein Bild des Ungleichgewichts, als ein Bild der gegenseitigen Abstimmung. Gleichwohl gilt diese rechtliche Symmetrie zunächst nur für das unionsrechtsinterne Verhältnis der Integrationsmethoden. Die Sorgen um die weitreichenden Folgen der Integration im Binnenmarkt auf das nationale Recht bzw. den Einfluss der Mitgliedstaaten insgesamt sind damit aber nicht adressiert. Wie zu zeigen sein wird, führen gerade diese Auswirkungen dazu, dass die wirtschaftliche Integration und ihre Dynamik trotz des nunmehr weitgehenden Ausgleichs der Integrationsmethoden oftmals als zu weitgehend empfunden werden.

c) Die Frage nach den Grenzen der wirtschaftlichen Integration

Insgesamt zeigt die wirtschaftliche Perspektive, dass die europäische Integration von Beginn an nicht nur mit der Übertragung von Kompetenzen auf die europäische Ebene, sondern auch und vor allem mit der Frage nach Grenzen dieses Vorgangs verbunden ist. Schon die Tatsache, dass sich die Integration im Bereich der Wirtschaft als kompromissfähiger erwies, gibt einen Eindruck über die Abhängigkeit der Integrationsbereitschaft vom jeweils betroffenen Sachbereich. Während die wirtschaftliche Integration im Binnenmarkt auf breite Zustimmung stieß und weitgehend positiv bewertet wurde, gab und gibt es erhebliche Souveränitätsvorbehalte gegenüber einer weiteren politischen Integration. Waren es zu Beginn vor allem politische Widerstände, die sich nicht zuletzt

[146] Einen nicht abschließenden Überblick der betroffenen Bereiche liefert *Herrnfeld*, in: Schwarze/Becker/Hatje u. a., EU-Kommentar, 3. Aufl., Art. 114 AEUV Rn. 116 ff.; zur Entwicklung s. a. *Remien*, in: Schulze/Janssen/Kadelbach, Europarecht, § 14 Rn. 5.

[147] *Tietje*, in: Grabitz/Hilf/Nettesheim, EUV/AEUV, Art. 114 AEUV Rn. 34 u. 73 ff., siehe aber auch dessen kritischen Anmerkungen in Rn. 76 f.

[148] *Schorkopf*, Der Europäische Weg, S. 147 bezeichnet den Rat sogar als „das – wenn auch nicht vollkommene – Machzentrum des Integrationsverbandes".

[149] So aber *Grimm*, Der Staat 48 (2009), 475, 492 f. sowie *Grimm*, Leviathan 43 (2015), 325, 331 ff.; s. a. die deutliche Reaktion von *Mayer*, NJW 2017, 3631, 3634 dort insb. Fn. 40.

[150] *Kingreen*, in: FS Jarass, S. 51, 59; vgl. auch *de Witte*, in: Craig/de Búrca, The Evolution of EU Law, S. 323, 359.

im angesprochenen Scheitern von EVG und EPG artikulierten, trat im späteren Verlauf der Integration mehr und mehr die Frage rechtlicher Grenzen der wirtschaftlichen Integration hinzu. So ist es kein Zufall, dass das BVerfG ausgerechnet im Maastricht-Urteil erstmals umfassende Bedingungen für die Integration aufstellte. Markierte der Vertrag von Maastricht doch nicht nur mit dem Einstieg in die Wirtschafts- und Währungsunion (WWU) eine neue wirtschaftliche Integrationsstufe, sondern auch mit der Hinwendung zu einer zunehmenden politischen Union, in besonderem Maße einen Wechsel der Integration von den „low politics" zu den „high politics".[151] Noch deutlicher wurde der Widerstand im Lissabon-Urteil des BVerfG, als das Gericht einzelne staatliche Bereiche aufzählte, die einer weitergehenden Integration von vornherein entzogen seien.[152] Wie sich schon anhand der integrationstheoretischen Betrachtung heraus kristallisierte, wird der Widerstand gegen eine zunehmende Integration umso größer, je stärker Schlüsselbereiche souveräner Staatlichkeit betroffen sind.[153]

Doch gilt dieser enge Zusammenhang von (wirtschaftlicher) Integration und mitgliedstaatlichen Vorbehalten in politischer und rechtlicher Hinsicht nicht nur für umfassende Integrationsschritte durch Vertragsrevisionen. Vielmehr setzt sich der anfängliche Konflikt über die generelle Übertragung von Kompetenzen im Spannungsverhältnis der Integrationsmethoden fort. Die angesprochene Kritik am Ungleichgewicht der Integrationsmethoden umfasst nämlich zwei Hauptaspekte. Zum einen bezieht sie sich allgemein auf das Verhältnis von Rechtsprechung und Rechtsetzung innerhalb der EU und zum anderen – und das ist der wesentliche Kritikpunkt – auf die im Einzelfall eingeschränkte Möglichkeit der Mitgliedstaaten, Einfluss auf die Integration zu nehmen. Mit anderen Worten geht es um die Gewaltenteilung zwischen den Unionsorganen einerseits sowie auch und vor allem zwischen der Union und den Mitgliedstaaten andererseits.[154] Die Gewaltenteilung wiederum ist eine Folge der Kompetenzverteilung bzw. deren praktischer Ausgestaltung. Je stärker die Kompetenzverteilung zu Gunsten der EU ausgestaltet wird, desto größer ist das Potenzial für Konflikte mit den Mitgliedstaaten. In diesem Zusammenhang wird nach wie vor die extensive Rechtsprechung des EuGH zur Bedeutung der Grundfreiheiten des AEUV äußerst kritisch gesehen.[155] Exemplarisch für diese Kritik aus

[151] *Merkel*, GuG 25 (1999), 302, 309 u. 338; s. a. *von Simson/Schwarze*, Europäische Integration und Grundgesetz, S. 46 ff., insb. S. 47. Zu den Grenzen noch ausf. Kap. 2, B.

[152] BVerfGE 123, 267, 359 ff. – *Lissabon*; dazu und zum Folgenden noch Kap. 2, B. III. 2. u. Kap. 5, B. I.

[153] *Zellentin*, in: Kreile, PVS-Sonderheft 23 (1992), S. 62, 70; s. a. *Weiler*, YEL 1 (1981), 267, 304 f.; mit Blick auf die rechtlichen Konflikte auch *Giegerich*, ZEuS 2016, 3, 8.

[154] *Kingreen*, in: von Bogdandy/Bast, Europäisches Verfassungsrecht, S. 705, 710 ff. u. 718 ff. unterscheidet insoweit den horizontalen und den vertikalen politisch-institutionellen Kontext. Kritisch zu Anlehnungen an Kompetenzkategorien aber *Müller-Graff*, in: von der Groeben/Schwarze/Hatje, Europäisches Unionsrecht, Vorb. zu Art. 34–37 AEUV Rn. 3.

[155] Dazu ausf. aus jüngster Zeit *Klenk*, Die Grenzen der Grundfreiheiten, passim.

jüngerer Zeit steht die Arbeit von *Lars Klenk*, der zu dem Ergebnis kommt, dass der EuGH über die Grundfreiheiten grundsätzlich jede nationale Norm – auch im Bereich alleiniger mitgliedstaatlicher Zuständigkeit – einer umfassenden rechtlichen Überprüfung unterziehen könne. Auch wenn dies nicht bedeute, dass es stets zu einer solchen Kontrolle komme, fehle es doch an rechtlichen Maßstäben, die den Einfluss der Grundfreiheiten auf das nationale Recht begrenzten.[156] Während das unionsinterne Verhältnis von positiver und negativer Integration von einer weitgehenden rechtlichen Symmetrie geprägt ist, werden die Auswirkungen der wirtschaftlichen Integration auf das nationale Recht und den schwindenden Einfluss der Mitgliedstaaten also weiterhin als höchst problematisch empfunden. Auch insoweit gilt, dass die Widerstände gegen eine zunehmende Integration größer werden, je mehr staatliche Kernbereiche betroffen sind. Die Tragweite wird umso deutlicher, wenn man zur Kenntnis nimmt, dass einerseits die Unionsgrundrechte gegenüber den Grundfreiheiten mehr und mehr an Bedeutung gewinnen[157] und andererseits die Eurozone bzw. die WWU zum neuen Zentrum der Integration[158] wird. Das Problem der mitgliedstaatlichen Vorbehalte gegenüber der Integration in rechtlicher und politischer Hinsicht wird damit nämlich nicht gelöst, sondern vielmehr verschärft. Schließlich war es gerade der Schutz der Grundrechte des Grundgesetzes, der das BVerfG schon sehr früh in der Solange-Entscheidung[159] zur Begrenzung der Anwendung des EU-Rechts veranlasste und zu einer Rechtsprechungsentwicklung führte, die in den Verfahren zur Eurorettung mündete. Dort war es dann insbesondere die umstrittene Abgrenzung von unionaler Währungspolitik und nationaler Wirtschaftspolitik im Rahmen der WWU, welche schließlich zur erstmaligen Ultra-vires-Erklärung durch das BVerfG führte.

Insgesamt unterstreicht die Betrachtung der wirtschaftlichen Integration und der ihr zugrundliegenden Methoden sowohl die besondere Rolle des Rechts für die Integration als auch deren Einordnung als dynamischer und spannungsgeladener Prozess. Integration macht nicht nach der Übertragung von Kompetenzen halt, sondern bedeutet eine durchgehende Auseinandersetzung über ihre Reichweite und weitere Ausgestaltung. Dabei kommt der Frage, wo die rechtliche Grenze für diese weitere Entwicklung gezogen wird, eine entscheidende Bedeutung zu. Gleichzeitig deutet die enge rechtliche Verbindung der Integrationsmethoden aber auch an, wie entscheidend die gegenseitige Berücksichtigung verschiedener Positionen für die europäische Integration ist und dass dem Recht eine wichtige Rolle zum Ausgleich zukommt.

---

[156] Ausf. *Klenk*, Die Grenzen der Grundfreiheiten, S. 19, 25 ff., 209 u. 423 ff.

[157] Dazu *Kingreen*, in: FS Jarass, S. 51 ff.

[158] Siehe nur *Bast*, in: Grabitz/Hilf/Nettesheim, EUV/AEUV, Art. 26 AEUV Rn. 7a m. w. N.

[159] BVerfGE 37, 271, ff. – *Solange I*, dazu noch ausf. Kap. 3, B. I.

II. Die europäische Integration und das Recht

Im Anschluss an die allgemeine Kontextualisierung, welche die Bedeutung des Rechts für die Integration verdeutlicht hat, ist es nun möglich, die rechtliche Dimension der Integration zu betrachten, also zu untersuchen, was im juristischen Sinne unter europäischer Integration verstanden wird. Bereits sehr früh hatte *Walter Hallstein* das Projekt der europäischen Einigung als „Rechtsgemeinschaft" bezeichnet, da die Europäische Gemeinschaft Schöpfung des Rechts, Rechtsquelle, Rechtsordnung und Rechtspolitik sei.[160] Auch wenn der Begriff der Rechtsgemeinschaft bis heute nicht unumstritten ist, unterstreicht er unzweifelhaft die Bedeutung des Rechts für die europäische Integration.[161] Anders als bei der politischen und wirtschaftlichen Integration ist die Bedeutung des Integrationsbegriffs in der Rechtswissenschaft allerdings weniger eindeutig, da er entsprechend seiner Offenheit auch innerhalb des rein rechtlichen Kontexts in verschiedenen Zusammenhängen genutzt wird. Zu unterscheiden ist insbesondere zwischen dem Begriff der Integration als rechtlichem Vorgang (1.) und der Bedeutung des Rechts für die Integration. Hinsichtlich Letzterer sind vor allem die sogenannte „Integration *durch* Recht" (2.) sowie die über allem stehende Rahmenfunktion des Rechts zu betrachten (3.).

1. Integration als rechtlicher Vorgang

Wie bereits angedeutet, ist der Integrationsbegriff im rechtlichen Kontext trotz seiner häufigen Verwendung weniger eindeutig, da weder eine umfassende rechtliche Integrationstheorie,[162] noch ein feststehender Rechtsbegriff der Integration existiert.[163] Zunächst scheint ein Bezug zur von *Rudolf Smend* in den 1920er Jahren entwickelten Integrationslehre nahezuliegen. Im Kontext dieser Staatslehre bezeichnet Integration jene, maßgeblich von der Verfassung geprägten Vorgänge, mit denen der Einzelne in das staatliche Gemeinwesen bzw. dessen politischen Entscheidungsprozesse eingebunden wird.[164] Diese „Integration durch Verfassungsrecht" betrifft demnach in erster Linie Fragen des gesell-

---

[160] *Hallstein*, Die Europäische Gemeinschaft, S. 53, s. a. S. 33 u. 51 ff. Dass der Begriff entscheidend von Hallstein geprägt wurde, zeigen auch dessen Reden, siehe nur *Oppermann*, Walter Hallstein – Europäische Reden, insb. S. 103, 108 f. u. S. 341, 343; s. a. *Delfs*, Komplementäre Integration, S. 35 f. m. w. N.; zu den konzeptionellen Wurzeln der Rechtsgemeinschaft siehe *Mayer*, in: Franzius/Mayer/Neyer, Die Neuerfindung Europas, S. 111, 113.

[161] Für Kritik aus jüngerer Zeit siehe nur *von Bogdandy*, EuR 2017, 487 ff.; dagegen überzeugend *Mayer*, NJW 2017, 3631, 3633 ff. u. passim.

[162] Dazu bereits *Behrens*, RabelsZ 45 (1981), 8, 37 ff.; zur sog. „Integration durch Recht" sogleich.

[163] *J. H. Kaiser*, in: FS Hallstein, S. 266, 267 f.; allgemein zum Kontext bereits oben S. 11 ff.

[164] *Smend*, in: von Beckerath/Bente/Brinkmann u. a., HDSW, Bd. 5, S. 299 ff.; grundlegend bereits *Smend*, Verfassung und Verfassungsrecht, S. 18 ff. u. 75 ff.

schaftlichen Zusammenwachens und -haltens.[165] Die *europäische* Integration geht allerdings, nicht nur in sprachlicher Hinsicht,[166] über den rein innerstaatlichen Bereich hinaus und unterscheidet sich daher von dem Smendschen Integrationsbegriff.[167] Mit Bezug auf die (Ver-)Einigung der europäischen Staaten zum Ganzen der Europäischen Union bezeichnet Integration nämlich die infolge einer vertraglichen Übertragung von nationalen Hoheitsrechten ermöglichte Errichtung einer supranationalen Rechtsordnung mit eigenen Organen, welche autonome, auch den Einzelnen unmittelbar bindende Entscheidungen treffen können.[168] Ausgangspunkt und zentrales Mittel dieser Bündelung von wirtschaftlichen und politischen Kompetenzen sind, in Übereinstimmung mit den politikwissenschaftlichen Integrationstheorien, völkerrechtliche Verträge, die passend zu ihrer Funktion auch „Integrationsverträge" genannt werden.[169] Entsprechend verdeutlicht der EUV als Integrationsvertrag gleich zu Beginn in Art. 1 EUV, dass die Mitgliedstaaten zur Verwirklichung der gemeinsamen Ziele Zuständigkeiten an die Union übertragen. Spiegelbildich werden auch jene Normen der mitgliedstaatlichen Verfassungen, welche den Abschluss von Integrationsverträgen ermöglichen, als Integrationsklauseln bzw. -ermächtigungen bezeichnet.[170] So benennt die für Deutschlands „Integrationsgewalt"[171] zentrale Norm des Art. 23 GG die Übertragung von Hoheitsrechten ausdrücklich als wesentliches Mittel der Mitwirkung an der Entwicklung der Europäischen Union. Mit dem Begriff der Integration wird dabei unterstrichen, dass das Ergebnis der Übertragung nicht nur in der Addition der einzelnen Zuständigkeiten bzw. Hoheitsrechte besteht, sondern mit der Errichtung einer neuen, *eigenständigen* Hoheitsgewalt darüber hinausgeht.[172] Anders als der unter anderem in Art. 1 Abs. 1 und Art. 48 Abs. 2 EUV sowie in Art. 23 GG genutzte Begriff der „Übertragung" nahelegen könnte, verfügt die Union nämlich über

---

[165] Ausf. *Korioth*, VVDStRL 62 (2003), 117 ff.

[166] Zum sprachlichen Kontext bereits oben S. 11 ff.; s. a. *von Bogdandy*, Der Staat 39 (2000), 163, 164, der zwischen gesellschaftlicher und europäischer Integration differenziert und für Letztere den Begriff der Einigung vorschlägt.

[167] *J. H. Kaiser*, in: FS Hallstein, S. 266, 268; *Mosler*, in: FS Hallstein, S. 355, 371 ff. sowie *von Bogdandy*, Der Staat 39 (2000), 163, 164 u. 182. Für eine mögliche Übertragung der Integrationslehre auf die europäische Integration siehe aber *Pernice*, AöR 120 (1995), 100, 113 ff.

[168] Statt vieler *Herdegen*, Europarecht, § 1 Rn. 13 u. § 5 Rn. 9 ff.; grundlegend bereits *H. P. Ipsen*, Europäisches Gemeinschaftsrecht, S. 66 Rn. 38 ff.; zur engen Verbindung von Integration und Supranationalität s. a. *Mosler*, in: FS Hallstein, S. 355, 371 ff. u. 382; zum Begriff der Hoheitsrechte sogleich.

[169] *Sommermann*, Staatsziele und Staatszielbestimmungen, S. 391; ausf. zum Begriff der Integrationsverträge *Niedobitek*, in: Niedobitek, Europarecht, § 1 Rn. 1 ff.

[170] Ausf. *Wendel*, Permeabilität im europäischen Verfassungsrecht, S. 144 ff.; s. a. *Badura*, AöR 131 (2006), 423, 433.

[171] Zum Begriff bereits *Ruppert*, Die Integrationsgewalt, S. 244 ff.; s. a. *Kempen*, in: Schöbener, Lexikon Europarecht, Stichwort „Integrationsgewalt (GG)" Rn. 1930 ff., insb. Rn. 1933.

[172] *Von Simson/Schwarze*, Europäische Integration und Grundgesetz, S. 25.

von ihr nach eigener Entscheidung ausübbare Kompetenzen,[173] wobei auf die Einzelheiten des Übertragungsvorgangs und die damit verbundenen Grenzen noch zurückzukommen sein wird. Zunächst gilt es, den Übertragungs*gegenstand* zu betrachten, da sich diesbezüglich unterschiedliche Begrifflichkeiten finden. Während Art. 1 Abs. 1 EUV von „Zuständigkeiten" spricht, verwendet Art. 23 GG den Begriff der „Hoheitsrechte". Im (wirtschafts-)politischen Kontext ist wiederum regelmäßig von der *Kompetenz*übertragung die Rede. Die Verwendung abweichender (Rechts-)begriffe für den Gegenstand der Integration bedeutet allerdings noch kein unterschiedliches Verständnis der Integration, da die genannten Begriffe weitestgehend deckungsgleich sind.[174] So wird der Begriff der Zuständigkeit nicht nur im EU-Recht, sondern auch im Allgemeinen regelmäßig synonym mit dem der Kompetenz verwendet.[175] Ähnliches gilt für den Begriff der Hoheitsrechte in Art. 23 und 24 GG, der weit verstanden wird und „die Ausübung öffentlicher Gewalt im innerstaatlichen Bereich durch Gesetzgebung, Exekutive und Rechtsprechung" umfasst.[176] Infolge der weitgehenden begrifflichen Überschneidungen kann auch im juristischen Kontext der Begriff der *Kompetenz*übertragung verwendet werden, obwohl es insoweit an einem ausdrücklichen normativen Bezug befehlt. Legt man nämlich ein weites Verständnis des Kompetenzbegriffs zugrunde, das „jede Rechtsmacht zur Herbeiführung rechtlich erheblicher Entscheidungen [...] umfasst", ungeachtet der Tatsache, welche der drei Staatsgewalten diese Rechtsmacht ausübt, wird „Kompetenz" zum Oberbegriff, unter den auch die beiden anderen Begriffe fallen.[177] Für den Gegenstand der Übertragung wird daher im Folgenden der Begriff der Kompetenz(en) genutzt. Diese Übertragung von Kompetenzen ist der erste wesentliche Teil der Integration als rechtlicher Vorgang.

Obwohl nach den bisherigen Ausführungen europäische Integration im juristischen Sinne weitestgehend gleichbedeutend mit dem Vorgang der Übertragung bzw. Aneignung von (zusätzlichen) nationalen Kompetenzen zu sein scheint,[178]

---

[173] Siehe nur *Bast*, in: Grabitz/Hilf/Nettesheim, EUV/AEUV, Art. 5 EUV Rn. 14a unter Hinweis auf EuGH, Urt. v. 17.12.1970 – Rs. 11/70, ECLI:EU:C:1970:114, Rn. 3 – *Internationale Handelsgesellschaft*; *Nettesheim*, in: von Bogdandy/Bast, Europäisches Verfassungsrecht, S. 389, 397 f.; für die Perspektive des GG bereits BVerfGE 37, 271, 279 f. – *Solange I*.

[174] Dazu und zum Folgenden bereits *Mayer*, Kompetenzüberschreitung und Letztentscheidungsrecht, S. 21 f.; s. a. *Lippert*, Der grenzüberschreitende Sachverhalt im Unionsrecht, S. 290.

[175] Exemplarisch *Schill/Krenn*, in: Grabitz/Hilf/Nettesheim, EUV/AEUV, Art. 4 EUV Rn. 2 ff.; *Bast*, in: Grabitz/Hilf/Nettesheim, EUV/AEUV, Art. 5 EUV Rn. 9 m. w. N. Ausf. auch *Stettner*, Grundfragen einer Kompetenzlehre, S. 31 ff., insb. S. 42 f.

[176] *Stern*, Das Staatsrecht der Bundesrepublik Deutschland, Bd. I, S. 520 f.; aus jüngerer Zeit auch ausf. *Schiffbauer*, AöR 141 (2016), 551, 553 ff.; *Streinz*, in: Sachs, GG, Art. 23 GG Rn. 55 u. Art. 24 GG Rn. 12 m. w. N.; s. a. *Grabitz*, Gemeinschaftsrecht bricht nationales Recht, S. 66, der „Hoheitsrecht" als Synonym für „Kompetenz" bezeichnet.

[177] *Mayer*, Kompetenzüberschreitung und Letztentscheidungsrecht, S. 22; zur Kompetenz als Rechtmacht bereits *Kelsen*, Reine Rechtslehre, S. 152 f.

[178] Siehe auch *Lehner*, Der Staat 52 (2013), 535, 540 f., der unter Integrationsschritt ein

darf bei diesem Befund nicht die, bereits aus der sprachlichen Perspektive bekannte, Mehrdeutigkeit des Integrationsbegriffs übersehen werden. Demnach beschreibt Integration regelmäßig sowohl einen Zustand als auch einen Prozess. Gerade im rechtlichen Kontext wird die untrennbare Verbindung beider Ausprägungen der europäischen Integration besonders deutlich.[179] So ermöglicht Art. 23 Abs. 1 GG als Integrationsklausel einerseits den Prozess der Übertragung von Kompetenzen (S. 2), enthält andererseits aber auch bestimmte Anforderungen an den Zustand der Europäischen Union bzw. Grenzen der Integration (S. 1 und 3). Auch das europäische Recht bildet mit der vorhandenen Kompetenzordnung zunächst den aktuellen Zustand der Integration ab, enthält zugleich aber ergebnisoffene Regelungen für die weitere Kompetenzübertragung (Art. 48 EUV) sowie für die Ausübung der vorhandenen Kompetenzen, also für den künftigen Prozess der Integration. Wie bereits im Rahmen der wirtschaftlichen Kontextualisierung aufgezeigt wurde, ist gerade die Kompetenzausübung bzw. die häufig spannungsgeladene Auseinandersetzung über die weitere Ausgestaltung der Kompetenzordnung ein wesentlicher Bestandteil der Integration.

In rechtlicher Hinsicht erklärt sich dieser Umstand aus der besonderen Natur der europäischen Kompetenzordnung. Diese ist nämlich seit jeher geprägt von Kompromissen und bestehenden Lücken, die erst nach und nach durch die Mitgliedstaaten sowie die Organe der EU ausgefüllt wurden, wobei insbesondere dem EuGH eine herausragende Rolle zukam.[180] Genauer gesagt verfügt die EU über eine Kompetenzordnung, deren Aufbau weniger durch die klare Abgrenzung von Zuständigkeiten für einzelne Sachbereiche, als durch die zweckgerichtete Vorgabe zu erreichender Ziele geprägt ist.[181] Ob dieser kompromisshafte Charakter des Unionsrechts tatsächlich eine Folge eines absichtlichen Offenlassens oder schlicht das Resultat der schwierigen und letztlich nur in Teilen erfolgreichen Konsenssuche darstellt,[182] muss an dieser Stelle nicht entschieden werden. Schließlich ist es im Ergebnis unstreitig, dass die EU-Regelungen gerade in den spannungsgeladenen Bereichen des Binnenmarkts[183] sowie der WWU zu einem nicht unerheblichen Anteil aus Kompromissen be-

---

„Mehr" an Hoheitsrechten auf europäischer Ebene versteht; kritisch zu einer solchen Gleichsetzung aber *Gerhardt*, ZRP 2010, 161, 163.

179 *J. H. Kaiser*, in: FS Hallstein, S. 266, 267.

180 *Von Simson*, in: FS von der Groeben, S. 391, 392 ff.; s. a. *Bieber*, Das Recht der europäischen Integration, S. 27; *Epiney*, in: Bieber/Epiney/Haag u. a., Die Europäische Union, § 9 Rn. 6 ff.

181 Ausf. auch zu den damit verbundenen Problemen bereits *Everling*, EuR 1987, 214, 216 ff. u. 231 ff.; s. a. *Nettesheim*, in: von Bogdandy/Bast, Europäisches Verfassungsrecht, S. 389, 392 f. Zur Kritik an dieser „Polizität" der Kompetenzordnung s. a. *Schorkopf*, in: Hendler/Ibler/Martínez, Herausforderungen an die Kompetenzordnung der EU, S. 11, 13 ff.

182 Für Letzteres *Ohler*, in: FS Siekmann, S. 3, 7 f.; zur sog. „offenen Finalität" sogleich Kap. 1., A. II. 3.

183 *Tietje*, in: Grabitz/Hilf/Nettesheim, EUV/AEUV, Art. 114 AEUV Rn. 73 ff., dazu bereits oben S. 31; s. a. *Franck*, in: Riesenhuber/Takayama, Rechtsangleichung, S. 47, 52.

stehen.[184] Die Mitgliedstaaten, EU-Organe und insbesondere der EuGH sehen sich somit regelmäßig vor die Herausforderung gestellt, mit einer „unvollkommenen" Kompetenzordnung umzugehen und diese rechtlich handhabbar zu machen.[185] Da dieses Erfordernis einer weiteren Ausgestaltung somit der Kompetenzordnung bzw. dem Primärrecht inhärent ist,[186] spiegelt sich die bereits beschriebene integrationstypische Dynamik auch in der rechtlichen Dimension der Integration wider.

Bezogen auf das rechtliche Verständnis der Integration kann somit festgehalten werden, dass die europäische Integration nicht nur die am Beginn stehende Übertragung von Kompetenzen, sondern auch und insbesondere die spätere Ausübung bzw. weitere Ausgestaltung der übertragenen Kompetenzen erfasst.[187] Damit ist aber noch nicht geklärt, ob der Integration als dynamischem Vorgang eine bestimmte Richtung, hin zu einer steten Zunahme an Kompetenzen, rechtlich vorgegeben ist. Mit anderen Worten ist also die, unter dem Obergriff der „Integration durch Recht" diskutierte, Frage angesprochen, ob und inwieweit das Recht nicht nur ein Mittel, sondern auch einen eigenständigen Faktor der Integration bildet.

2. Die „Integration durch Recht"

Neben der in Politik- und Rechtswissenschaft anerkannten Bedeutung des Rechts als Werkzeug oder Rahmen der Integration im Sinne einer „Integration *mit* Recht", wird seit längerem auch über weitere Funktionen des Rechts[188] und insbesondere seine Rolle als ein selbständiger integrativer Faktor im Sinne einer „Integration *durch* Recht" diskutiert.[189] Letztere wird oftmals als ein wesentliches Element der europäischen Rechtsgemeinschaft aufgefasst, da die Gemeinschaft seit Anbeginn der Formel „Integration und Zusammenhalt durch Recht" folge.[190]

---

[184] *Ohler*, in: FS Siekmann, S. 3, 8. Allgemein zum kompromisshaften Sekundärrecht auch *Wegener*, in: Calliess/Ruffert, EUV/AEUV, Art. 19 EUV Rn. 28 f.

[185] Zu Rolle des EuGH siehe *Schwarze*, EuR 1983, 1, 10 f.; *Schwarze*, in: Schwarze, Der Europäische Gerichtshof als Verfassungsgericht und Rechtsschutzinstanz, S. 11, 13 u. passim; s. a. die Nachweise oben Kap. 1 Fn. 180.

[186] Vgl. auch *Ohler*, in: FS Siekmann, S. 3, 7.

[187] So auch das BVerfG in BVerfGE 123, 267, 356 u. 434 f. – *Lissabon*; dazu auch *Kottmann/Wohlfahrt*, ZaöRV 69 (2009), 443, 454.

[188] Siehe nur *de Búrca*, JEPP 12 (2005), 310, 318 ff., die eine Ermöglichungs-, Beschränkungs-, Struktur- und Legitimierungsfunktion sowie eine symbolische Dimension des Rechts beschreibt. Zur Letzteren s. a. *Dehousse/Weiler*, in: Wallace, The Dynamics of European Integration, S. 242, 244 f.

[189] Zum Begriffspaar *Grimmel/Jakobeit*, in: Hatje/Müller-Graff, EnzEuR, Bd. 1, § 2 Rn. 40, Hervorh. i. O; für einen Überblick zur „Integration durch Recht" siehe *Haltern*, in: Bieling/Lerch, Theorien der europäischen Integration, S. 339 ff.

[190] Siehe nur *T. M. J. Möllers*, in: T. M. J. Möllers/Zeitler, Europa als Rechtsgemeinschaft, S. 1, 3.

Ausgangspunkt und namensgebend für die „Integration Through Law“ war die Arbeit von *Mauro Cappelletti*, *Monica Seccombe* und *Joseph H. H. Weiler*, welche Integration zwar als grundsätzlich politisch determinierten Prozess erfassten, dem Recht aber, infolge der zahlreichen Wechselbeziehungen von politischem und rechtlichem Bereich, eine über die Rahmenfunktion hinausgehende entscheidende Bedeutung zusprachen.[191] Ebenfalls in der Anfangszeit der „Integration durch Recht“-Bewegung entstand die von *Renaud Dehousse* und *Weiler* stammende, besonders eingängige Formulierung der Doppelrolle des Rechts als „the object and the agent of integration.“[192] Die „Integration durch Recht“-Bewegung erfasst das Recht demnach zunächst als Gegenstand der Integration. Mit dieser Gegenstandsfunktion ist die, bereits aus dem wirtschaftlichen Kontext bekannte,[193] Beseitigung von rechtlichen Hindernissen einerseits und die Harmonisierung rechtlicher Vorschriften andererseits angesprochen, wodurch letztlich eine einheitliche europäische Rechtsordnung etabliert wird.[194] Insoweit geht es also um eine Integration *des* Rechts bzw. eine rechtliche Integration. Darüber hinaus wird dem Recht aber auch eine integrationsfördernde Rolle zugesprochen, da der, infolge der rechtlichen Integration geschaffene, einheitliche rechtliche Rahmen und das damit verbundene institutionelle Gefüge weitere Integrationsschritte im wirtschaftlichen oder politischen Bereich begünstigt.[195]

Gerade diese Erfassung des Rechts als zusätzlicher treibender Faktor ist prägend für die Idee einer Integration *durch* Recht. In Bezug auf eine mögliche integrationsfördernde Wirkung des Rechts wurde bereits früh der EuGH zum zentralen Untersuchungsgegenstand und seine herausragende Bedeutung für das Fortschreiten der europäischen Integration umfassend analysiert.[196] Schließlich kommt die enge Verknüpfung von Recht und Politik im Rahmen der (wirtschaftlichen) Integration,[197] vor allem in der Rechtsprechung des EuGH zum

---

191 *Cappelletti/Seccombe/Weiler*, in: Cappelletti/Seccombe/Weiler, Integration Through Law, Volume 1, Book 1, S. 3, 4 ff. u. 29 ff.; dazu auch *Kau*, Rechtsharmonisierung, S. 94 ff.

192 *Dehousse/Weiler*, in: Wallace, The Dynamics of European Integration, S. 242, 243; hier und im Folgenden auch *Augenstein*, in: Augenstein, ‚Integration through Law‘ Revisited, S. 99, 100 ff.

193 Zur dort relevanten positiven und negativen Integration bereits oben S. 26 ff.

194 *Dehousse/Weiler*, in: Wallace, The Dynamics of European Integration, S. 242, 243 f.; vgl. auch den Integrationsbegriff bei *A. Bleckmann*, Europarecht, S. 23 Rn. 33.

195 *Cappelletti/Seccombe/Weiler*, in: Cappelletti/Seccombe/Weiler, Integration Through Law, Volume 1, Book 1, S. 3, 4 ff.; s. a. *Augenstein*, in: Augenstein, ‚Integration through Law‘ Revisited, S. 99, 100 f. sowie *Dehousse/Weiler*, in: Wallace, The Dynamics of European Integration, S. 242, 243 u. 246 ff.

196 Grundlegend *Rasmussen*, On Law and Policy in the European Court of Justice, passim und *Weiler*, YEL 1 (1981), 267, 273 ff. Siehe zudem die Überblicke bei *Delfs*, Komplementäre Integration, S. 12 f. sowie *Grimmel/Jakobeit*, in: Hatje/Müller-Graff, EnzEuR, Bd. 1, § 2 Rn. 41 ff.; jeweils m. w. N.

197 Vgl. *Kingreen*, Die Struktur der Grundfreiheiten des Europäischen Gemeinschaftsrechts, S. 205.

Ausdruck.[198] Auch im Rahmen der großen Denkschulen der politikwissenschaftlichen Integrationstheorien wurde bereits früh das unabhängige Gerichtssystem der EU als wesentliches treibendes Element der Integration in den Blick genommen.[199] Die große Bedeutung des EuGH wurde und wird durch die – oftmals kritisch verstandene – Bezeichnung als „Motor der Integration" unterstrichen.[200] Da die starke Fokussierung auf den EuGH allerdings auch in die Kritik geriet, wurde und wird vermehrt auch die Rolle der nationalen Gerichte und ihr Verhältnis zum EuGH in den Blick genommen.[201] So hat Generalanwalt *Dámaso Ruiz-Jarabo Colomer* mit Bezug auf die Bedeutung der nationalen Gerichte sowie des Vorabentscheidungsersuchens ausgeführt, dass [d]ie Union […] durch eine Integration *des Rechts* und *durch das Recht* gekennzeichnet [ist]."[202] Auch das BVerfG wurde von seinem ehemaligen Präsidenten *Andreas Voßkuhle* ausdrücklich als Akteur der „Integration durch Recht" bezeichnet.[203] Nicht zuletzt wegen einer fortgesetzten Kritik an der Konzentration auf die Gerichte als zentralen Akteuren der Integration,[204] hat sich die „Integration durch Recht"-Bewegung aber nunmehr zahlreichen neuen Aspekten zugewandt.[205] Eine umfassende Erklärung der Rolle des Rechts für die europäische Integration kann und will die Bewegung aber weiterhin nicht liefern, da es sich weniger um eine einheitliche (Integrations-)Theorie, als um einen Sammelbegriff für verschiedene Ansätze zur Erfassung und Untersuchung der Bedeutung des Rechts für die europäische Integration handelt.[206] Ein erkennbarer Schwerpunkt der „Integration durch Recht" liegt aber in der Betonung des prozesshaften Charakters der

---

198 Grundlegend *Weiler*, CPS 26 (1994), 510 ff.

199 *Grimmel/Jakobeit*, in: Hatje/Müller-Graff, EnzEuR, Bd. 1, § 2 Rn. 34 ff., insb. Rn. 43 ff.; s. a. die Überblicke bei *Rittberger/Weiss*, in: F. Sauer/Masala, Hdb. Internationale Beziehungen, S. 493, 500 ff. sowie *Rittberger/Schimmelfennig*, in: Holzinger/Knill/Peters u. a., Die Europäische Union, S. 19, 55 ff.

200 So bereits *Everling*, in: FS Lukes, S. 359, 374; aus jüngerer Zeit siehe nur *Delfs*, Komplementäre Integration, S. 12 f.; zur unterschiedlichen Verwendung und Bewertung des Begriffs siehe *Swoboda*, ZIS 2018, 267, 277 dort Fn. 21 m. w. N. Ausf. noch Kap. 5, A. III.

201 Siehe dazu *Haltern*, ZSE 2006, 364, 368 und *Haltern*, in: Bieling/Lerch, Theorien der europäischen Integration, S. 339, 342 ff.; jeweils m. w. N. Aus jüngerer Zeit siehe nur *Mazmanyan/Popelier/Vandenbruwaene*, in: Popelier/Mazmanyan/Vandenbruwaene, The Role of Consitutional Courts in Multilevel Governance, S. 1 ff. sowie die weiteren Beiträge im Sammelwerk.

202 *Generalanwalt Ruiz-Jarabo Colomer*, Schlussanträge v. 25.06.2009 – Rs. C-205/08, ECLI:EU:C:2009:397, Rn. 29 – *Umweltanwalt von Kärnten*, Hervorh. i. O.

203 *Voßkuhle*, JZ 2016, 161 ff.

204 *Haltern*, in: Bieling/Lerch, Theorien der europäischen Integration, S. 339, 346 ff.; sehr deutlich auch *Grimmel*, Europäische Integration im Kontext des Rechts, S. 5 ff. und *Grimmel*, EuR 2013, 146 ff., insb. 149 ff.

205 Siehe nur *Dehousse/Boussaguet/Jacquot*, in: FS Rasmussen, S. 153 ff. sowie *Augenstein/Dawson*, in: Augenstein, ‚Integration through Law' Revisited, S. 1 ff. und die weiteren Beiträge im Sammelwerk.

206 *Haltern*, in: Bieling/Lerch, Theorien der europäischen Integration, S. 339; auch *von Bogdandy*, EuR 2017, 487, 496 spricht von einer „bunte[n] Mischung".

Integration in Gestalt der fortwährenden Weiterentwicklung der europäischen Rechts- bzw. Kompetenzordnung. Wie im vorherigen Abschnitt dargestellt, ist dieses Erfordernis der Ausgestaltung ein wesentliches Element des EU-Primärrechts. Oftmals wird dieses Erfordernis in einem sehr weitgehenden Sinn verstanden und dem Europarecht eine Tendenz hin zu einem steten „immer Mehr" an Integration zugesprochen.[207] Zweifellos ist im EU-Primärrecht bzw. in seiner Kompetenzordnung, ganz im Sinne der jedenfalls zu Beginn prägenden Idee einer funktionalen Integration, das Ziel einer zunehmenden Vereinheitlichung und Integration angelegt. Schließlich war und ist die europäische Integration auch von dem Ziel geprägt, nationalstaatliche Alleingänge durch eine gemeinsame Rechtsordnung weitgehend auszuschließen.[208] Dies bedeutet allerdings nicht, dass es einen zwingenden Automatismus hin zu einer vollständigen Vereinheitlichung geben muss. Es darf nämlich nicht übersehen werden, dass einerseits dem Primärrecht auch begrenzende Elemente nicht unbekannt sind und andererseits – nicht zuletzt durch die Rechtsprechung des BVerfG – auch dem nationalen Recht eine entscheidende Rolle für die Integration zukommt.[209] Anders ausgedrückt muss sich die – wie auch immer verstandene – „Integration durch Recht" im Rahmen des europäischen und nationalen Rechts bewegen. Schließlich sind sowohl die angesprochene rechtliche Integration als auch die Integration durch Rechtsprechung im Ergebnis nichts anderes als die Ausübung von Rechtsetzungs- bzw. Rechtsprechungskompetenzen.

Die „Integration durch Recht"-Bewegung verdeutlicht zwar, dass auch die rechtlichen Vorgänge der Kompetenzübertragung und -ausübung stets im Kontext mit anderen Aspekten betrachtet werden müssen,[210] allerdings kann sie sich nicht ohne Weiteres von den – zweifelsfrei bestehenden – Vorgaben des Rechts für diese Vorgänge lösen. Damit bleibt die bereits angesprochene Instrument- und Rahmenfunktion des Rechts nach wie vor Dreh- und Angelpunkt der Integration. Entscheidend für das Integrationsverständnis ist also, diesen Rahmen genauer einzugrenzen.

3. *Ein rechtlicher Rahmen ohne vorgegebenes Integrationsverständnis*

Ausgehend von den bisherigen Ergebnissen ist es nun abschließend möglich, die Normen zu bestimmen, welche den entscheidenden Rahmen für Ablauf und Ausmaß der europäischen Integration bilden. Entsprechend dem insoweit maß-

---

207 Dazu bereits *H. P. Ipsen*, in: Schwarze, Der Europäische Gerichtshof als Verfassungsgericht und Rechtsschutzinstanz, S. 29, 32 f., 44 u. 48 ff. sowie *Mosler*, ZaöRV 28 (1968), 481, 483 f. u. 500. Aus jüngerer Zeit *Di Fabio*, in: FS Schröder, S. 169, 172; *Ruffert*, Europäische Währungspolitik als Herausforderung für das Recht, S. 37; ähnlich auch *Volkmann*, in: G. Kirchhof/Kube/R. Schmidt, Vom Ursprung und Ziel der EU, S. 57, 72.

208 *Nettesheim*, in: von Bogdandy/Bast, Europäisches Verfassungsrecht, S. 389, 393.

209 *Von Bogdandy*, in: Franzius/Mayer/Neyer, Die Neuerfindung Europas, S. 67, 72.

210 *Weiler*, in: Augenstein, ‚Integration through Law' Revisited, S. 175, 176 f.

geblichen rechtlichen Integrationsbegriff, der sowohl die Übertragung als auch die Ausübung von Kompetenzen erfasst, setzt sich dieser Rahmen, also das für die Integration relevante Recht, aus zwei Gruppen von Normen zusammen, die mit dem nationalen und dem europäischen Recht zudem aus zwei verschiedenen Rechtsordnungen stammen.

Die erste Gruppe betrifft jene Normen, die eine (anfängliche) Übertragung von Kompetenzen von der nationalen auf die europäische Ebene zum Inhalt haben. Damit sind von deutscher verfassungsrechtlicher Seite in erster Linie der Art. 23 GG sowie auf primärrechtlicher Seite Art. 1 Abs. 1 und Art. 48 EUV angesprochen. Die zweite Normengruppe umfasst dann alle Normen, welche die Ausübung von Kompetenzen bzw. die weitere Ausgestaltung des Kompetenzgeflechtes in der Folge der Übertragung regeln. Zwar können in Abhängigkeit von der jeweiligen Sachmaterie insoweit zahlreiche verschiedene Normen betroffen sein, allerdings bleiben in jedem Fall die Grundsätze der Kompetenzverteilung und -ausübung aus Art. 2 ff. AEUV sowie Art. 4 und 5 EUV relevant. Damit ist aber nur die unionsrechtliche Perspektive angesprochen, obwohl – jedenfalls nach der „Integrationsrechtsprechung“[211] des BVerfG und anderer nationaler Verfassungsgerichte – die Frage der Kompetenzausübung auf europäischer Ebene zugleich eine solche des nationalen Verfassungsrechts ist.[212] Auch insoweit können also Normen aus beiden Rechtsordnungen relevant werden. Trotz teilweiser begrifflicher Unklarheiten[213] bietet es sich in Anlehnung an das rechtliche Integrationsverständnis an, beide Gruppen von Normen als „Recht der Integration“ zusammenzufassen.[214] Das Recht der europäischen Integration umfasst somit die Gesamtheit aller Normen des nationalen und europäischen Rechts, welche einerseits die Übertragung von Kompetenzen auf die supranationale, europäische Ebene und andererseits die sich in der Folge ergebende weitere Ausgestaltung der Kompetenzordnung bzw. Kompetenzausübung innerhalb der EU sowie im Verhältnis von EU und ihren Mitgliedstaaten betreffen. Das so verstandene Recht der europäischen Integration markiert also den verbindlichen Rahmen, innerhalb dessen die europäische Integration – mit und durch Recht – ablaufen muss.

An dieser Stelle wird bewusst von einem Rahmen gesprochen, weil das Recht der Integration eine breite Spanne von Möglichkeiten für die künftige Entwicklung lässt. Soweit nämlich das Primärrecht die Integration ausdrück-

---

211 Begriff nach *Wendel*, Der Staat 52 (2013), 339 ff.

212 Dazu sogleich Kap. 1, B. II.

213 *Bieber*, Das Recht der europäischen Integration, S. 35 f. u. 3 ff. bezieht den Begriff „Recht der europäischen Integration“ vor allem auf die Rechtsordnung der EU (s. a. S. 20), versteht darunter aber auch den (Gesamt-)Prozess der Integration. *Behrens*, RabelsZ 45 (1981), 8, 38 ff. u. 49 verwendet seinen Begriff des „Integrationsrecht[s]“ zwar eher in Bezug auf das EU- bzw. EG-Recht, betont aber zugleich die Weite des Begriffs.

214 Vgl. auch *Huber*, Recht der Europäischen Integration, S. 1 Rn. 1, der auch das nationale Recht unter diesen Begriff fast.

lich in Bezug nimmt, spiegelt es dabei zu einem gewissen Grad die Ambiguität des Integrationsbegriffs wider. Einerseits umschreibt der EUV die Integration als ein dynamisches bzw. fortschreitendes Phänomen. Besonders deutlich wird dies, wenn in der Präambel[215] sowie in Art. 20 Abs. 1 UAbs. 2 EUV die Integration als „Prozess" erfasst wird. Andererseits geben die europäischen Verträge aber kein verbindliches Gesamtziel für diesen Prozess vor, sondern gehen bewusst von einer sogenannten „offenen Finalität der Integration"[216] aus. Damit wird die Tatsache angesprochen, dass für die europäische Integration kein verbindliches Gesamtziel existiert. Durch das bewusste Offenlassen möglicher Endpunkte wird vielmehr der Charakter der Integration als dynamisches und politisch gestaltbares Phänomen betont. Auch rechtlich wird die „offene Finalität" an prominenter Stelle aufgegriffen, wenn Art. 1 EUV mit der „immer engeren Union" einen Begriff verwendet, der ein breites Spektrum an Gestaltungsmöglichkeiten für den künftigen Zustand dieser Union eröffnet.[217] Ein bestimmter (End-)Zustand der europäischen Integration wird also rechtlich weder vorgegeben noch ausgeschlossen. Eine vergleichbare Offenheit zeigt sich auch im zweiten wesentlichen Bereich des Integrationsrechts. In Anbetracht der kompromissartigen Kompetenzordnung der EU, fördert und fordert das EU-Primärrecht zwar eine weitere Ausgestaltung, gibt aber auch insoweit kein verbindliches Gesamtbild vor. Vielmehr vereint das Primärrecht mit dem erwähnten Ziel einer „immer engeren Union" auf der einen und der Pflicht zur Berücksichtigung mitgliedstaatlicher Belange, wie sie beispielsweise im Grundsatz der Subsidiarität oder dem Schutz der nationalen Identität zum Ausdruck kommt, auf der anderen Seite zwei durchaus gegensätzliche Pole.[218]

Insgesamt gibt das Primärrecht somit kein verbindliches Integrationsverständnis vor, sondern eröffnet vielmehr eine Bandbreite unterschiedlicher Gestaltungsmöglichkeiten. Führt man sich vor Augen, dass nach dem rechtlichen Verständnis Integration sowohl die grundsätzliche Übertragung von Kompetenzen als auch die weitere Ausgestaltung der Kompetenzordnung erfasst, wird deutlich, dass die verschiedenen Gestaltungsmöglichkeiten und Zugänge zur

---

[215] *Heintschel von Heinegg*, in: Vedder/Heintschel von Heinegg, Europäisches Unionsrecht, EUV Präambel Rn. 3. Die Präambel spricht zudem von „weitere[n] Schritten […] um die europäische Integration *voranzutreiben*" sowie davon, „*Fortschritte* bei der wirtschaftlichen Integration mit parallelen *Fortschritten* auf anderen Gebieten" zu koordinieren, Hervorh. d. Verf.

[216] Ausf. zur „offenen Finalität" der europäischen Integration *Classen*, in: Hatje/Müller-Graff, EnzEuR, Bd. 1, § 51 Rn. 1 ff., insb. Rn. 11 f.

[217] *Calliess*, in: Calliess/Ruffert, EUV/AEUV, Art. 1 EUV Rn. 11; *Nettesheim*, in: Grabitz/Hilf/Nettesheim, EUV/AEUV, Art. 1 EUV Rn. 14 u. 21; *Pechstein*, in: Streinz, EUV/AEUV, Art. 1 EUV Rn. 19. Zur Offenheit des Unionsbegriffs s. a. *Everling*, DVBl 1993, 936, 938 ff. sowie *Tomuschat*, DVBl 1996, 1073 f.; zur Bedeutung der EUV-Präambel s. a. bereits oben S. 10.

[218] So zur WWU auch *Ohler*, in: FS Siekmann, S. 3, 7 ff., insb. S. 9 unter Hinweis auf *Classen/Nettesheim*, in: Oppermann/Classen/Nettesheim, Europarecht, § 4.

Integration auch und vor allem bei der Kompetenzfrage ansetzen müssen. Nicht umsonst bezeichnet *Martin Nettesheim* die EU-Kompetenzlehren als „Königsweg“ für das Verständnis der europäischen Integration.[219] Wenn also die Kompetenzen der Schlüssel für das Ausmaß der Integration sind, rückt damit zugleich die Frage nach der Abgrenzung der Kompetenzen bzw. allgemeiner nach den Grenzen der Kompetenzen ins Zentrum. Wie auch im allgemeinpolitischen und wirtschaftlichen Kontext, erschließt sich die Integration somit auch in rechtlicher Hinsicht in erster Linie über den Umgang mit ihren Grenzen. Vor diesem Hintergrund muss auch die Rechtsprechung von EuGH und BVerfG zum Anwendungsvorrang und die damit verbundenen Auseinandersetzung um dessen Grenzen gesehen werden.

III. Die Abhängigkeit des Integrationsverständnisses vom jeweiligen Maßstab

Die Untersuchung der unterschiedlichen Dimensionen der „europäischen Integration“ und ihrer Grenzen hat verdeutlicht, dass Integration ein offener Begriff ist, dessen Verständnis untrennbar mit dem jeweiligen Zugang bzw. Kontext verbunden ist. Schon in sprachlicher Hinsicht ist der Begriff in hohem Maße unbestimmt, weil er sowohl einen Zustand als auch einen Prozess beschreiben kann. Dies macht den Begriff einerseits schwer handhabbar und von der jeweiligen Perspektive abhängig, ist andererseits aber auch Teil seiner unbestreitbaren Erfolgsgeschichte. Gerade die Offenheit des Begriffs führte nämlich schon in der Anfangszeit der europäischen Einigung dazu, dass er sowohl bei Befürwortern als auch bei den Kritikern des neuen supranationalen Zusammenschlusses Anklang fand. Beide Seiten konnten den Begriff mit verschiedenen Vorstellungen über den Prozess sowie den Zustand der Integration „aufladen“, ohne dass eine endgültige Festlegung erforderlich war. Diese Ambivalenz des Integrationsbegriffs spiegelt sich auch in der politischen Dimension wider, wo unterschiedliche Perspektiven zum Ablauf und sogar zur Richtung der Integration existieren. Die insbesondere von den geistigen Vätern der europäischen Integration geteilte Vorstellung einer fortgesetzten Ausweitung und Vertiefung der Integration wurde und wird sowohl von der Theorie als auch in der Praxis in Frage gestellt. Gerade in den besonders stark integrierten Bereichen des Binnenmarkts sowie der WWU zeigt sich, dass Integration zwar durch eine stetige Ausgestaltung geprägt ist, dabei aber immer auch mitgliedstaatliche Interessen bzw. Widerstände eine Rolle spielen.

Mit anderen Worten zeigt sich das jeweilige Integrationsverständnis in der Antwort auf die Frage, welche Grenzen der prozessualen Ausgestaltung in politischer, wirtschaftlicher und rechtlicher Hinsicht gezogen werden und wel-

[219] *Nettesheim*, in: von Bogdandy/Bast, Europäisches Verfassungsrecht, S. 389.

cher Zustand für die künftige Integration angestrebt wird. Das Recht der europäischen Integration und insbesondere das EU-Primärrecht gibt dabei kein verbindliches Integrationsverständnis vor. Einerseits lässt es den Endzustand der Integration bewusst im Sinne der sogenannten „offenen Finalität“ unbestimmt, andererseits fordert und fördert es infolge seiner kompromisshaften Kompetenzordnung eine Auseinandersetzung über die weitere Entwicklung der Integration. Obwohl nicht zuletzt die wirtschaftliche Kontextualisierung gezeigt hat, dass Integration nicht die alleinige Domäne der Rechtsprechung ist, kommt den Gerichten unzweifelhaft eine zentrale Position für die Debatte um die Reichweite der Integration zu. Dies wurde durch die aktuelle Eskalation über die Grenzen der EZB-Kompetenzen noch einmal verdeutlicht. Die Diskussion um die Reichweite der Integration betrifft dabei nicht nur die unionsrechtsinterne Ausgestaltung der EU-Kompetenzordnung, sondern berührt, aufgrund des ebenenübergreifenden Charakters des Rechts der Integration, stets auch das Verhältnis von nationalem und europäischem Recht. In diesem Zusammenhang ist die umfassende Judikatur von EuGH und BVerfG bezüglich des Anwendungsvorrangs des EU-Rechts und seiner Grenzen von besonderem Interesse. Diese Rechtsprechung bildet nicht nur die Basis für den anhaltenden Jurisdiktionskonflikt beider Gerichte, sondern ist vor allem ein Ausdruck unterschiedlicher Zugänge zur europäischen Integration.

B. Der Zugang von EuGH und BVerfG zur europäischen Integration über den Anwendungsvorrang

In Anbetracht der herausragenden Bedeutung des Rechts für die europäische Integration besteht mit der Sprache des Rechts eine gemeinsame Grundlage für einen kooperativen Austausch von EuGH und BVerfG, die von beiden Gerichten mitunter aber sehr unterschiedlich gehandhabt wird. Dabei spielt eine entscheidende Rolle, dass das Recht der Integration Normen aus verschiedenen Rechtsordnungen vereint, sodass sich regelmäßig die Frage nach dem Verhältnis dieser beiden Rechtsordnungen stellt. Der damit angesprochene Anwendungsvorrang des EU-Rechts wird nicht umsonst als „Schlüsselthema der europäischen Integration“[220] bezeichnet, dem als „Spiegelbild der Diskussion um die richtige Gewichtung von unionaler Einheit und nationaler Autonomie“[221] entscheidende Bedeutung für das Verständnis der Integration und ihrer Maßstäbe zukommt. Wie zu zeigen sein wird, erklärt sich die anhaltende Diskussion um

---

[220] *Haltern*, Europarecht: Dogmatik im Kontext, Bd. II, S. 251 Rn. 537; ähnlich *Oppermann*, in: Fachbereich Rechtswissenschaft der Universität Hamburg, H. P. Ipsen 1907–1998, S. 21, 28 („Gretchenfrage“) sowie *Schwarze*, Das Verhältnis von nationalem Recht und Europarecht Bd. II, S. 19 („Grundfrage“).

[221] *Ludwigs/Sikora*, EWS 2016, 121, 131.

Existenz und Überwindung eines Konflikts zwischen EuGH und BVerfG über die Grenzen der Integration sowie das „letzte Wort" in erster Linie aus dem unterschiedlichen Zugang der Gerichte zum Verhältnis von nationalem Recht und EU-Recht. Da sich weder im EU-Recht[222] noch im deutschen Recht[223] eine explizite und verbindliche Regelung des Verhältnisses findet, war und ist es Aufgabe der Gerichte, diese Frage zu klären. Obwohl beide Gerichte grundsätzlich vom Anwendungsvorrang des EU-Rechts vor nationalem Recht ausgehen, unterscheiden sich die Begründung und Reichweite dieses Vorrangs in der Rechtsprechung beider Gerichte erheblich voneinander. Während der EuGH von einem absoluten Anwendungsvorrang des Unionsrechts ausgeht, erkennt ihn das BVerfG nur als relativ an.[224] Da mit diesen unterschiedlichen Zugängen zum Anwendungsvorrang auch abweichende Einschränkungen desselben einhergehen, ist die Rechtsprechung beider Gerichte zum Anwendungsvorrang von entscheidender Bedeutung für die Möglichkeiten und Grenzen einer maßstabsorientierten Kooperation. Ausgangspunkt der folgenden Untersuchung ist deshalb die Rechtsprechung des EuGH zum Anwendungsvorrang des EU-Rechts, wobei vor allem dessen Begründung von Interesse ist (I.). Demgegenüber steht der abweichende Zugang des BVerfG, welches den Vorrang als verfassungsrechtlich abgeleitetes Institut versteht (II.).

I. Die Perspektive des EuGH auf den Anwendungsvorrang

Aufgrund seiner zentralen Funktion innerhalb des EU-Gerichtssystems kam dem EuGH von Anfang an eine entscheidende Rolle bei der Frage nach dem Verhältnis von nationalem Recht und dem Recht der EU zu. Die Verhältnisfrage wurde vom EuGH dahingehend beantwortet, dass dem EU-Recht Anwendungsvorrang gegenüber nationalem Recht zukommt (1.), wobei dieser Vorrang nach der Begründung des EuGH als absolut zu verstehen ist (2.).

1. Die Rechtsprechung des EuGH zum Anwendungsvorrang

Bereits in der Anfangszeit der europäischen Einigung wurde der EuGH mehrfach mit der Frage nach dem Verhältnis von nationalem Recht und dem da-

---

[222] Während Art. I-6 VVE den Vorrang des EU-Rechts explizit vorsah, fehlt eine solche Regelung im Vertrag von Lissabon. Den einzigen Bezug bildet die Erklärung Nr. 17 zur Schlussakte zum Vertrag von Lissabon, ABl. C 115 vom 09.05.2008, S. 344, CELEX:12800E/AFI/DCL/17. Zu den Hintergründen siehe *Berger*, Anwendungsvorrang und nationale Verfassungsgerichte, S. 35 ff.

[223] Anders z. B. in Art. 94 der Niederländischen und Art. 29 Abs. 4 UAbs. 6 der Irischen Verfassung; dazu und zu anderen EU-Ländern *W. Weiß*, in: Niedobitek, Europarecht, § 5 Rn. 202 ff.

[224] Zum Begriffspaar „absoluter" und „relativer" Anwendungsvorrang *Ludwigs/Sikora*, EWS 2016, 121, 122 f.; s. a. *Kahl*, in: Kahl/Waldhoff/Walter, Bonner Kommentar, Art. 1 Abs. 3 GG Rn. 106 sowie *Streinz*, in: Streinz, EUV/AEUV, Art. 4 EUV Rn. 35 f.

maligen Gemeinschaftsrecht befasst. Aufgrund der zahlreichen umfassenden Darstellungen zur Rechtsprechung des EuGH,[225] können sich die folgenden Ausführungen auf die für das Verständnis des Anwendungsvorrangs wesentlichen Aussagen des EuGH beschränken.

a) Die Rechtssache Humblet

Zum ersten Mal stellte sich die Vorrangproblematik bereits im Jahr 1960 in der Rechtssache *Humblet*, wurde dort vom EuGH aber nicht abschließend geklärt.[226] In der Entscheidung machte ein belgischer EGKS-Beamter einen Verstoß gegen bestehende Vorrechte und Immunitäten für Gemeinschaftsbeamte geltend, um sich gegen die Berücksichtigung seiner Bezüge als Gemeinschaftsbeamter bei der Bemessung der Steuerschuld zu wenden.[227] Da sich die ins Feld geführten Vorrechte und Immunitäten aus dem Gemeinschaftsrecht ergaben und unter anderem eine vollständige Steuerbefreiung für EGKS-Beamte vorsahen,[228] ergab sich ein Konflikt mit dem nationalen Steuerrecht. Während der EuGH eine Nichtigkeitserklärung der nationalen Steuerfestsetzung unter Hinweis auf seine insoweit fehlende Zuständigkeit ablehnte, stellte er gleichwohl im Übrigen einen Verstoß gegen das Gemeinschaftsrecht fest.[229] Der gegen das Gemeinschaftsrecht verstoßende Staat ist nach dem Urteil verpflichtet,

„sowohl diesen Akt rückgängig zu machen als auch die möglicherweise durch ihn verursachten rechtswidrigen Folgen zu beheben. Diese Verpflichtung ergibt sich aus dem Vertrag und dem Protokoll, die in den Mitgliedstaaten auf Grund ihrer Ratifizierung Gesetzeskraft besitzen und dem innerstaatlichen Recht *vorgehen*."[230]

Obwohl der EuGH den Vorrang vor innerstaatlichem Recht ausdrücklich erwähnte, bedeutete die Entscheidung noch keine Etablierung eines absoluten Anwendungsvorrangs. Dies liegt zunächst daran, dass der EuGH den Vorrang in dieser Entscheidung nicht aus dem Gemeinschaftsrecht selbst ableitete. Der EuGH argumentierte nämlich völkerrechtlich und stellte zur Begründung auf die Gesetzeskraft durch Ratifizierung ab, was auch eine Verdrängung des Gemeinschaftsrechts durch späteres nationales Recht ermöglicht hätte.[231] Auch die

---

[225] Siehe nur die Nachweise bei *Mangold*, Gemeinschaftsrecht und deutsches Recht, S. 86 f.

[226] *H. P. Ipsen*, Europäisches Gemeinschaftsrecht, S. 296 Rn. 71.

[227] EuGH, Urt. v. 16.12.1960 – Rs. 6/60, ECLI:EU:C:1960:48, S. 1177 ff. – *Humblet*.

[228] Art. 11 lit. b) des Protokolls über Vorrechte und Immunitäten der Gemeinschaft, BGBl. 1952 II, S. 479 ff.; zur primärrechtlichen Natur des Protokolls siehe Art. 76 und 84 des Vertrags über die Gründung der Europäischen Gemeinschaft für Kohle und Stahl, BGBl. 1952 II, S. 445 ff., 978 (im Folgenden: EGKS-Vertrag).

[229] EuGH, Urt. v. 16.12.1960 – Rs. 6/60, ECLI:EU:C:1960:48, S. 1184 ff. u. 1202 f. – *Humblet*.

[230] EuGH, Urt. v. 16.12.1960 – Rs. 6/60, ECLI:EU:C:1960:48, S. 1185 – *Humblet*, Hervorh. d. Verf.

[231] *H. P. Ipsen*, Europäisches Gemeinschaftsrecht, S. 296 Rn. 71.

für den Anwendungsvorrang zentrale Vorfrage der unmittelbaren Geltung des Gemeinschaftsrechts wurde vom EuGH nicht ausdrücklich gestellt, geschweige denn abschließend beantwortet.[232] Dies erscheint auf den ersten Blick erstaunlich, da sich nur im Falle einer parallelen unmittelbaren Geltung von nationalem und EU-Recht überhaupt eine Kollisionssituation ergeben und die Frage nach dem Vorrang der einen oder anderen Rechtsordnung stellen kann.[233] Nach der Argumentation des EuGH ging es aber weniger um die Kollision zweier unabhängiger Rechtsordnungen, als um eine Verdrängung des älteren nationalen Steuerrechts durch das neuere gesetzlich ratifizierte Gemeinschaftsrecht.[234] Darüber hinaus ist auch eine verfahrensrechtliche Besonderheit des Falls zu beachten. Bei der Humblet-Entscheidung hatte der Kläger unmittelbar Klage vor dem Gerichtshof erhoben, was auch im Rahmen der Zulässigkeit thematisiert wurde.[235] Dabei ging es aber nicht um die Frage, ob der Kläger sich auf die Vorrechte gegenüber den nationalen Behörden berufen konnte, sie also unmittelbar anwendbar waren. Vielmehr ging es darum, ob sich der Kläger vor dem EuGH auf die Vorrechte berufen konnte, ihm also die Klagebefugnis zukam, was vom EuGH im Ergebnis bejaht wurde.[236] Damit stellte sich die Kollisionssituation sowohl in verfahrensrechtlicher als auch in materieller Hinsicht anders dar als in den späteren Entscheidungen.[237]

b) Die Rechtssache van Gend & Loos

Eine direkte Kollision von nationalem Recht und Gemeinschaftsrecht ergab sich allerdings bereits drei Jahre später in der Rechtssache *van Gend & Loos*. Wie bereits erwähnt, setzt eine Kollision die unmittelbare Geltung beider Rechtsordnungen voraus, weshalb das Urteil von großer Bedeutung für die Etablierung des Anwendungsvorrangs ist.[238] In der Sache wandte sich die niederländische Speditionsfirma van Gend & Loos gegen eine Erhöhung des Einfuhrzolls durch

---

[232] Anders *Mangold*, Gemeinschaftsrecht und deutsches Recht, S. 124., welche die Direktwirkung schon im Humblet-Urteil angelegt sieht; dagegen aber *Delfs*, Komplementäre Integration, S. 316.

[233] *Berger*, Anwendungsvorrang und nationale Verfassungsgerichte, S. 12; *Kruis*, Der Anwendungsvorrang des EU-Rechts in Theorie und Praxis, S. 44 ff. u. 94 ff.; *Mayer*, Kompetenzüberschreitung und Letztentscheidungsrecht, S. 74; s. a. *Mangold*, Gemeinschaftsrecht und deutsches Recht, S. 121 ff.

[234] *Delfs*, Komplementäre Integration, S. 316; *H. P. Ipsen*, Europäisches Gemeinschaftsrecht, S. 296 Rn. 71.

[235] EuGH, Urt. v. 16.12.1960 – Rs. 6/60, ECLI:EU:C:1960:48, S. 1174 ff. u. 1183 ff. – *Humblet*.

[236] EuGH, Urt. v. 16.12.1960 – Rs. 6/60, ECLI:EU:C:1960:48, S. 1186 ff. – *Humblet*.

[237] Vgl. zur prozessualen Besonderheit auch *Schroeder*, Das Gemeinschaftsrechtssystem, S. 108.

[238] *Ziller*, in: Schwarze, Das Verhältnis von nationalem Recht und Europarecht Bd. I, S. 37, 41 ff.; für die Bedeutung der Entscheidung insgesamt siehe *Haltern*, Europarecht: Dogmatik im Kontext, Bd. II, S. 256 Rn. 587 ff. u. S. 259 Rn. 596 ff.

die Niederlande, indem sie sich auf einen Verstoß gegen Art. 12 EWG-Vertrag (heute Art. 30 AEUV) berief und geltend machte, dass dieser Vorschrift eine unmittelbare Wirkung zukomme.[239] Das mit der Sache befasste niederländische Gericht legte dem EuGH daraufhin die Frage nach der unmittelbaren Wirkung von Art. 12 EWG zur Vorabentscheidung nach Art. 177 EWG-Vertrag (heute Art. 267 AEUV) vor, wobei es in der Vorlagefrage von „interne[r] Wirkung" sprach.[240] In der positiven Antwort des EuGH nutzte dieser wiederum den Begriff „unmittelbare Wirkung".[241] Insgesamt ist die im Verfahren verwendete Terminologie nicht eindeutig, zumal noch die verschiedenen Sprachfassungen hinzukommen. Gleiches gilt für die diesbezügliche Literatur, wo unterschiedlichste Begriffe zur Beschreibung der unmittelbaren Wirkung genutzt werden und insbesondere zwischen unmittelbarer Geltung und unmittelbarer Anwendbarkeit differenziert wird.[242] Andererseits wird die Relevanz der Unterscheidung – auch unter Hinweis auf den EuGH – teilweise bezweifelt.[243] Einigkeit besteht insoweit, dass die Vorbedingung des Anwendungsvorrangs die unmittelbare Geltung des Unionsrechts ist.[244] Da es an dieser Stellte vorrangig darum geht, die Perspektive des EuGH von einem absoluten Anwendungsvorrang nachzuvollziehen, kommt es nicht auf die vom EuGH verwendete Terminologie an,[245] sondern auf seine Begründung. Insoweit stellte der EuGH zunächst fest,

> „daß die Gemeinschaft eine *neue Rechtsordnung des Völkerrechts* darstellt, zu deren Gunsten die Staaten, wenn auch in begrenztem Rahmen, ihre Souveränitätsrechte eingeschränkt haben, eine Rechtsordnung, deren Rechtssubjekte nicht nur die Mitgliedstaaten, sondern auch die Einzelnen sind. Das von der Gesetzgebung der *Mitgliedstaaten unabhängige Gemeinschaftsrecht* soll daher den Einzelnen, ebenso wie es ihnen Pflichten auferlegt, auch Rechte verleihen."[246]

Bezogen auf die Verpflichtung aus Art. 12 EWG-Vertrag ergebe sich aus einer Auslegung des Vertrags nach Wortlaut, Systematik und Geist eine „unmittel-

---

[239] EuGH, Urt. v. 05.02.1963 – Rs. 26/62, ECLI:EU:C:1963:1, S. 8 ff. u. 14 ff. – *van Gend & Loos*.

[240] EuGH, Urt. v. 05.02.1963 – Rs. 26/62, ECLI:EU:C:1963:1, S. 7 – *van Gend & Loos*.

[241] EuGH, Urt. v. 05.02.1963 – Rs. 26/62, ECLI:EU:C:1963:1, S. 23 ff. – *van Gend & Loos*; wobei der EuGH nach *Haltern*, Europarecht: Dogmatik im Kontext, Bd. II, S. 256 Rn. 588 meistens unmittelbare Anwendbarkeit meint.

[242] Ausf. *E. Klein*, Unmittelbare Geltung, Anwendbarkeit und Wirkung von Europäischem Gemeinschaftsrecht, S. 3 ff.; s. a. *Beljin*, EuR 2002, 351 ff.; *Berger*, Anwendungsvorrang und nationale Verfassungsgerichte, S. 11 f. u. 51 ff.; *Jarass/Beljin*, JZ 2003, 768 ff. sowie *Nettesheim*, in: Grabitz/Hilf/Nettesheim, EUV/AEUV, Art. 288 AEUV Rn. 41 f.

[243] *Haltern*, Europarecht: Dogmatik im Kontext, Bd. II, S. 256 Rn. 588; s. a. *Kruis*, Der Anwendungsvorrang des EU-Rechts in Theorie und Praxis, S. 109 f.

[244] Ausf. *Berger*, Anwendungsvorrang und nationale Verfassungsgerichte, S. 51 ff. sowie *Kruis*, Der Anwendungsvorrang des EU-Rechts in Theorie und Praxis, S. 44 ff. u. 106 ff.; s. a. die Nachweise oben Kap. 1 Fn. 233.

[245] Vgl. *Kruis*, Der Anwendungsvorrang des EU-Rechts in Theorie und Praxis, S. 109 f.

[246] EuGH, Urt. v. 05.02.1963 – Rs. 26/62, ECLI:EU:C:1963:1, S. 25 – *van Gend & Loos*, Hervorh. d. Verf.

bare Wirkung“ für den Einzelnen.[247] Interessanterweise geht der EuGH in den Entscheidungsgründen nicht auf die Vorrangfrage ein. Die einfache Erklärung hierfür ist, dass die Frage vom niederländischen Gericht nicht vorgelegt wurde, da sie durch Art. 66 der niederländischen Verfassung (heute Art. 94) bereits zu Gunsten des Gemeinschaftsrechts entschieden war.[248] Mit anderen Worten kam es für die Entscheidung aufgrund der klaren innerstaatlichen Rechtslage nur auf die Auslegung des Gemeinschaftsrechts an.[249] Weitgehend gesichert ist auch, dass sich der EuGH gerade aufgrund der verfassungsrechtlichen Lage in den Niederlanden einer Entscheidung zum Vorrang enthielt,[250] wobei eine gewisse Taktik seinerseits sicher nicht von der Hand zu weisen ist.[251] Obwohl der EuGH so eine explizite Stellungnahme zum Anwendungsvorrang vermieden hat, wurde durch seine Reaktion auf die Ansichten der Mitgliedstaaten und der Kommission[252] die Bedeutung der Vorrangfrage erhöht und gleichzeitig deren Beantwortung vorweggenommen.[253] Eine ausdrückliche Entscheidung des EuGH folgte dann bereits ein gutes Jahr später.

c) Die Rechtssache Costa/E.N.E.L.

Im Jahr 1964 wurde der EuGH in der Sache *Costa/E.N.E.L.* erneut im Wege der Vorabentscheidung mit der Auslegung des EWG-Vertrags befasst. Dort sah der Kläger Costa in der nationalen gesetzlichen Grundlage zur Gründung des italienischen Monopolenergieversorgers E.N.E.L. einen Verstoß gegen die Art. 102, 93, 53 und 37 EWG-Vertrag, weshalb er eine Auslegung der Vorschriften durch den EuGH erreichen wollte.[254] Die für den Anwendungsvorrang entscheidenden Aussagen des Urteils gipfelten in der Feststellung,

---

[247] EuGH, Urt. v. 05.02.1963 – Rs. 26/62, ECLI:EU:C:1963:1, S. 27 – *van Gend & Loos*; für eine ausführliche Analyse siehe nur *Haltern*, Europarecht: Dogmatik im Kontext, Bd. II, S. 259 Rn. 596 ff. u. S. 405 Rn. 994 ff.

[248] *De Witte*, in: Craig/de Búrca, The Evolution of EU Law, S. 323, 328.

[249] *Haltern*, Europarecht: Dogmatik im Kontext, Bd. II, S. 260 Rn. 597 ff. u. S. 265 Rn. 614 f. unterscheidet deshalb auch die „nationale“ und die „internationale Dimension“ der unmittelbaren Anwendbarkeit.

[250] Siehe die Ausführungen des damaligen EuGH-Präsidenten *Donner*, CML Rev. 1 (1963), 8, 14; dazu *H. P. Ipsen*, Europäisches Gemeinschaftsrecht, S. 295 Rn. 70 sowie *Zuleeg*, Das Recht der Europäischen Gemeinschaften im innerstaatlichen Bereich, S. 130; s. a. *Ziller*, in: Schwarze, Das Verhältnis von nationalem Recht und Europarecht Bd. I, S. 37, 42.

[251] *Haltern*, Europarecht: Dogmatik im Kontext, Bd. II, S. 272 Rn. 641; *Mangold*, Gemeinschaftsrecht und deutsches Recht, S. 121 ff. u. 146 f.; *Weiler*, YEL 1 (1981), 267, 276 f.

[252] Insbesondere die Kommission sprach ausdrücklich vom Vorrang, siehe EuGH, Urt. v. 05.02.1963 – Rs. 26/62, ECLI:EU:C:1963:1, S. 12 ff. – *van Gend & Loos*. Ausführlich zu den Ansichten *Delfs*, Komplementäre Integration, S. 290 ff.

[253] *Haltern*, Europarecht: Dogmatik im Kontext, Bd. II, S. 272 Rn. 640 f.; zustimmend *Berger*, Anwendungsvorrang und nationale Verfassungsgerichte, S. 13 sowie *Kruis*, Der Anwendungsvorrang des EU-Rechts in Theorie und Praxis, S. 45; zurückhaltender *Delfs*, Komplementäre Integration, S. 317 f.

[254] EuGH, Urt. v. 15.07.1964 – Rs. 6/64, ECLI:EU:C:1964:66, S. 1260 ff. – *Costa/E.N.E.L.*; zum Verfahrensablauf in Italien siehe *Sasse*, EuR 1966, 363 ff.

„daß dem vom Vertrag geschaffenen, somit aus einer *autonomen Rechtsquelle* fließenden Recht wegen dieser seiner *Eigenständigkeit* keine wie immer gearteten innerstaatlichen Rechtsvorschriften vorgehen können, wenn ihm nicht sein Charakter als Gemeinschaftsrecht aberkannt und wenn nicht die Rechtsgrundlage der Gemeinschaft selbst in Frage gestellt werden soll."[255]

Der EuGH macht in dem Urteil zwei zentrale Aussagen. Zunächst hebt er, trotz einer gewissen sprachlichen Unschärfe,[256] die Eigenständigkeit des Gemeinschaftsrechts hervor, weshalb es sich von „gewöhnlichen internationalen Verträgen" unterscheide.[257] Das ist für die Argumentation des EuGH zentral, weil so die Vorrangproblematik, die zwingend aus der Existenz von zwei Rechtsordnungen folgt, nicht wie im Völkerrecht, sondern rein gemeinschaftsrechtlich zu lösen ist.[258] Zwar ist die Eigenständigkeit für sich genommen kein Argument für einen Vorrang,[259] ermöglicht dem EuGH aber eine Beantwortung der Vorrangfrage ohne Rücksicht auf die nationale Rechtsordnung.[260] Davon ausgehend entwickelt der EuGH als zweite Kernaussage den Vorrang des Gemeinschaftsrechts und begründet diesen aus dem Gemeinschaftsrecht heraus mit Wortlaut, Geist und Ziel des Vertrags, wobei die teleologischen Argumente klar im Vordergrund stehen.[261] Dabei verweist er auch auf den Grundsatz der Effektivität („effet utile") und hebt besonders die Gefahr einer uneinheitlichen Anwendung des Gemeinschaftsrechts hervor,[262] womit er die entgegengesetzte Argumentation des Generalanwalts aus der Rechtssache *van Gend & Loos*[263] „vom Kopf, auf dem sie stand, wieder auf die Füße gestellt hat."[264] Obwohl

[255] EuGH, Urt. v. 15.07.1964 – Rs. 6/64, ECLI:EU:C:1964:66, S. 1270 – *Costa/E.N.E.L.*, Hervorh. d. Verf.

[256] Siehe *H. P. Ipsen*, Europäisches Gemeinschaftsrecht, S. 298 f. Rn. 73 m. w. N.

[257] EuGH, Urt. v. 15.07.1964 – Rs. 6/64, ECLI:EU:C:1964:66, S. 1269 – *Costa/E.N.E.L.*

[258] *Berger*, Anwendungsvorrang und nationale Verfassungsgerichte, S. 13 f.; *Delfs*, Komplementäre Integration, S. 315 ff.; *Kruis*, Der Anwendungsvorrang des EU-Rechts in Theorie und Praxis, S. 46 ff.

[259] *H. Wagner*, Grundbegriffe des Beschlussrechts der Europäischen Gemeinschaft, S. 282; *H. Wagner*, Die Vorstellung der Eigenständigkeit in der Rechtswissenschaft, S. 46 ff.; zustimmend *Streinz*, Bundesverfassungsgerichtlicher Grundrechtsschutz und Europäisches Gemeinschaftsrecht, S. 115; s. a. *W. Fiedler*, JZ 1986, 60, 62, der insgesamt auf eine „Überbetonung der Eigenständigkeit" hinweist.

[260] *Meng*, Das Recht der Internationalen Organisationen, S. 136.

[261] EuGH, Urt. v. 15.07.1964 – Rs. 6/64, ECLI:EU:C:1964:66, S. 1269 ff. – *Costa/E.N.E.L.*; zur schrittweisen Argumentation s. a. *Haltern*, Europarecht: Dogmatik im Kontext, Bd. II, S. 407 ff. Rn. 1000 ff.

[262] Ausf. zur Bedeutung der einheitlichen Wirksamkeit des Unionsrechts *Nettesheim*, in: GS Grabitz, S. 447 ff., der allerdings auf S. 455 ff. auch von einer Begrenzung derselben durch das nationale Verfassungsrecht ausgeht.

[263] *Generalanwalt Roemer*, Schlussanträge v. 12.12.1962 – Rs. 26/62, ECLI:EU:C:1962:42, S. 47 ff. – *van Gend & Loos* verwies in seiner Argumentation *gegen* eine unmittelbare Wirkung von Art. 12 EWG auf die unterschiedliche verfassungsrechtliche Situation und die drohende uneinheitliche Rechtsanwendung in den Mitgliedstaaten.

[264] *Ziller*, in: Schwarze, Das Verhältnis von nationalem Recht und Europarecht Bd. I, S. 37, 44 f.

der EuGH eine ausdrückliche Bezugnahme auf seine vorherige Rechtsprechung vermied, wird insgesamt in seiner Argumentation die enge Verbindung zum Urteil in der Sache *van Gend & Loos* deutlich.[265] Beiden Urteilen wird zu Recht ein herausragender Stellenwert für die Entwicklung des Europarechts durch den EuGH attestiert.[266]

Auffällig ist allerdings, dass der EuGH in den Rechtssachen *van Gend & Loos* und *Costa/E.N.E.L.* die Humblet-Entscheidung nicht ausdrücklich erwähnt, obwohl dies nahegelegen hätte.[267] Das Schweigen des EuGH wird in einem engen Zusammenhang mit einem taktischen Vorgehen bei der Etablierung des Anwendungsvorrangs gesehen.[268] Allerdings kann der fehlende Bezug des EuGH auch anderweitig erklärt werden. Obwohl alle erwähnten Entscheidungen das Primärecht betrafen, darf nämlich nicht übersehen werden, dass die Humblet-Entscheidung einige Besonderheiten aufweist. Während Letztere mit dem Protokoll über Vorrechte für EGKS-Beamte eine sehr spezielle streitentscheidende Norm betraf,[269] ergingen die anderen Entscheidungen zu zentralen Vorschriften des EWG-Vertrags. Vor allem aber stellte sich, wie bereits beschrieben, die Kollisionslage in der Sache *Humblet* grundsätzlich anders dar.[270] Dass die Entscheidung dennoch nicht bedeutungslos für die Begründung des Anwendungsvorrangs ist, zeigt sich in einem EuGH-Beschluss, der kurz nach der Entscheidung *Costa/E.N.E.L.* erging. Der EuGH argumentierte in der Sache *San Michele* aus dem Jahr 1965, wie bereits in der Rechtssache *Humblet*, mit der Ratifikation des EGKS-Vertrags, wenn er feststellte,

> „daß alle Mitgliedstaaten dem Vertrag zu den gleichen Bedingungen endgültig und ohne andere Vorbehalte als die in den Zusatzprotokollen zum Ausdruck gebrachten beigetreten sind; es würde demnach der Rechtsordnung der Gemeinschaft widersprechen, wollte ein Angehöriger eines Mitgliedstaates diesen Beitritt in Frage stellen."[271]

---

[265] *Kruis*, Der Anwendungsvorrang des EU-Rechts in Theorie und Praxis, S. 44 ff.; *Ziller*, in: Schwarze, Das Verhältnis von nationalem Recht und Europarecht Bd. I, S. 37, 41 ff.; s. a. *Mangold*, Gemeinschaftsrecht und deutsches Recht, S. 122, die auf den ähnlichen Wortlaut verweist. Kritischer hingegen *Delfs*, Komplementäre Integration, S. 317, der gleichwohl beide Urteile im Zusammenhang darstellt.

[266] Siehe nur *Delfs*, Komplementäre Integration, S. 1; *Haltern*, Europarecht: Dogmatik im Kontext, Bd. II, S. 273 Rn. 642 ff., S. 407 Rn. 994 ff. u. S. 428 Rn. 1057; *H. P. Ipsen*, in: Schwarze, Der Europäische Gerichtshof als Verfassungsgericht und Rechtsschutzinstanz, S. 29, 52 f.; *Mangold*, Gemeinschaftsrecht und deutsches Recht, S. 125; *Weiler*, YEL 1 (1981), 267, 273 ff.

[267] So auch *H. P. Ipsen*, Europäisches Gemeinschaftsrecht, S. 296 Rn. 71 zur Rs. *van Gend & Loos*.

[268] *Mangold*, Gemeinschaftsrecht und deutsches Recht, S. 124.

[269] Vgl. *Voigts*, Die Subjektivierung von Gemeinwohlinteressen, S. 104 dort Fn. 446, der in einem anderen Zusammenhang ebenfalls den, sich aus dem Protokoll ergebenden, besonderen Charakter der Entscheidung betont.

[270] Siehe bereits oben S. 48.

[271] EuGH, Beschl. v. 22.06.1965 – Rs. 9/65, ECLI:EU:C:1965:63, S. 39 – *San Michele*.

Der EuGH bringt damit sehr deutlich den Grundsatz *pacta sunt servanda* als ein weiteres Argument für den Vorrang des Gemeinschaftsrechts ins Spiel, welches auch in der Costa/E.N.E.L.-Entscheidung in der Formulierung „auf Grundlage der Gegenseitigkeit *angenommene* Rechtsordnung“[272] in abgeschwächter Form zum Ausdruck kommt.[273] Die entscheidende Wendung, welche die Urteile in den Rechtsaschen *San Michele* und *Costa/E.N.E.L.* auch von der Humblet-Entscheidung unterscheidet, liegt allerdings in der weitreichenden Rechtsfolge, die der EuGH mit diesem Argument verbindet. Ungeachtet der dogmatisch umstrittenen Einordnung bildet der Grundsatz *pacta sunt servanda* einen „Grundbaustein der ‚international rule of law‘“,[274] was auch vom EuGH betont wird.[275] Soweit der EuGH in den Rechtssachen *Humblet* und *San Michele* auf die vorbehaltlose Ratifikation verweist und einer Berufung auf entgegenstehendes nationales Recht eine Absage erteilt, bewegt er sich im allgemeinen völkerrechtlichen Rahmen.[276] Eine Aussage über die innerstaatliche Wirkung ist mit dem Grundsatz *pacta sunt servanda* eigentlich nicht verbunden, was *Bruno de Witte* mit seiner Unterscheidung von „primauté internationale“ und „primauté interne“ auf den Punkt bringt.[277] Während im allgemeinen Völkerrecht mit dem Grundsatz *pacta sunt servanda* nur der „primauté internationale“ erfasst ist, was auch in der Humblet-Entscheidung deutlich wird, erhält der Grundsatz durch die Entscheidungen *Costa/E.N.E.L.* und *San Michele* eine zusätzliche unionsrechtliche Ausprägung und wird auch zur Begründung des „primauté interne“ herangezogen.[278] Diese über das allgemeine Völkerrecht hinausgehenden Rechtsfolgen, die mit dem unionsrechtlichen Verständnis von *pacta sunt servanda* einhergehen, stehen in einem unmittelbaren Zusammenhang mit der vom EuGH postulierten Eigenständigkeit der Unionsrechtsordnung. Anders als nach der Ansicht des BVerfG folgen die unmittelbare Wirkung und der Anwendungsvorrang des EU-Rechts für den EuGH bereits aus dem Vertrag selbst und bedürfen daher keines nationalen Rechtsanwendungsbefehls.[279] Vor dem Hintergrund

---

[272] EuGH, Urt. v. 15.07.1964 – Rs. 6/64, ECLI:EU:C:1964:66, S. 1269 – *Costa/E.N.E.L.*, Hervorh. d. Verf.

[273] *Wouters*, LIEI 27 (2000), 25, 68 ff.; s. a. *Kwiecién*, GLJ 6 (2005), 1479, 1481.

[274] Dazu nur *Binder*, Die Grenzen der Vertragstreue im Völkerrecht, S. 63 u. 19 ff.

[275] EuGH, Urt. v. 16.06.1998 – Rs. C-162/96, ECLI:EU:C:1998:293, Rn. 45 f. u. 49 – *Racke*; s. a. *Epiney*, in: LA Wolfrum, S. 1909, 1909 f. u. 1927.

[276] Siehe bereits StIGH, Gutachten v. 04.02.1932 (Series A/B. No 44 [1932]), S. 24 – *Treatment of Polish Nationals and Other Persons of Polish Origin or Speech in the Danzig Territory*; ausf. zur Argumentation des EuGH *Schroeder*, Das Gemeinschaftsrechtssystem, S. 116 ff. m. w. N.

[277] *De Witte*, RTDEur 20 (1984), 425, 426 ff. u. 440; s. a. oben Kap. 1 Fn. 249; zustimmend *Wouters*, LIEI 27 (2000), 25, 69.

[278] *De Witte*, RTDEur 20 (1984), 425 ff.

[279] Sehr deutlich *Schroeder*, Das Gemeinschaftsrechtssystem, S. 117; s. a. *Classen*, in: v. Mangoldt/Klein/Stark, GG, Art. 24 GG Rn. 13 ff., insb. Rn. 17 ff.; zur Perspektive des BVerfG sogleich Kap. 1, B. II. sowie Kap. 5, B. II.

dieser Entwicklung wird deutlich, welche zentrale Bedeutung die Rechtssachen *Humblet* und *San Michele* für den Anwendungsvorrang haben und dass sie stets gemeinsam mit den Entscheidungen *van Gend & Loos* und *Costa/E.N.E.L.* gelesen werden sollten.[280]

d) Die Rechtssachen Walt Wilhelm und Internationale Handelsgesellschaft

Auch wenn der Vorrang des Gemeinschaftsrechts mit der Leitentscheidung *Costa/E.N.E.L.* explizit ausgesprochen wurde, blieb seine Reichweite wegen der teilweise offenen Formulierungen zunächst unbestimmt.[281] Klarheit brachte erst die weitere Entwicklung der Rechtsprechung. Das Urteil in der Sache *Walt Wilhelm* sprach ausdrücklich von einem „Grundsatz des Vorrangs des Gemeinschaftsrechts" und verdeutlichte, dass dieser Primär- und Sekundärrecht erfasst und auch gegenüber früher ergangenem nationalem Recht eingreift.[282]

Die nächste – auch für den Konflikt mit dem BVerfG entscheidende – Klarstellung erfolgte kurz darauf in der Sache *Internationale Handelsgesellschaft*, wo der EuGH entschied, dass

> „es die Gültigkeit einer Gemeinschaftshandlung oder deren Geltung in einem Mitgliedstaat nicht berühren [kann], wenn geltend gemacht wird, die Grundrechte in der ihnen von der Verfassung dieses Staates gegebenen Gestalt oder die Strukturprinzipien der nationalen Verfassung seien verletzt. Es ist jedoch zu prüfen, ob nicht eine entsprechende gemeinschaftsrechtliche Garantie verkannt worden ist; denn die Beachtung der Grundrechte gehört zu den allgemeinen Rechtsgrundsätzen, deren Wahrung der Gerichtshof zu sichern hat.[283]

Damit gilt der Vorrang nicht nur gegenüber einfachem Recht, sondern auch gegenüber Verfassungsrecht, was insbesondere die nationalen Grundrechte einschließt. Mit anderen Worten unterscheidet das EU-Recht bzw. der EuGH hinsichtlich des Anwendungsvorrangs nicht zwischen einfachem nationalem Recht und Verfassungsrecht.[284] Auch eine potenzielle Verletzung von Grundrechten ist für den EuGH deshalb nur insoweit relevant, wie auf Ebene des Gemeinschaftsrechts eine entsprechende eigenständige Regelung existiert. Somit können allenfalls europäische, nicht aber nationale Grundrechte eine Einschränkung des Vorrangs bewirken.[285] Die Frage des Grundrechtsschutzes war mit diesem Ur-

---

[280] *De Witte*, RTDEur 20 (1984), 425, 427; *Wouters*, LIEI 27 (2000), 25, 68 ff.

[281] *Berger*, Anwendungsvorrang und nationale Verfassungsgerichte, S. 14 ff.; *Kruis*, Der Anwendungsvorrang des EU-Rechts in Theorie und Praxis, S. 49 ff.

[282] EuGH, Urt. v. 12.02.1969 – Rs. 14/68, ECLI:EU:C:1969:4, S. 1 – *Walt Wilhelm*; dazu *Berger*, Anwendungsvorrang und nationale Verfassungsgerichte, S. 15.

[283] EuGH, Urt. v. 17.12.1970 – Rs. 11/70, ECLI:EU:C:1970:114, S. 1135 Rn. 3 f. – *Internationale Handelsgesellschaft*.

[284] *Schönberger*, JöR 63 (2015), 41, 52.

[285] *Delfs*, Komplementäre Integration, S. 320; *Schroeder*, Das Gemeinschaftsrechtssystem, S. 113; *W. Weiß*, in: Niedobitek, Europarecht, § 5 Rn. 118 ff.

teil allerdings nicht entschieden, sondern markierte vielmehr den Beginn des „Konflikts der Gerichte".[286] Das BVerfG widersprach nämlich dem EuGH und hielt im wenige Jahre später ergangen Solange-I-Beschluss an einer Überprüfung des Gemeinschaftsrechts anhand der nationalen Grundrechte fest.[287] Der EuGH hat hingegen auch in jüngerer Zeit seine grundsätzliche Linie vom Vorrang gegenüber nationalem Verfassungsrecht, unter ausdrücklichem Bezug auf die Rechtssache *Internationale Handelsgesellschaft*, bestätigt.[288]

e) Die Rechtssachen Simmenthal II und IN.CO.GE'90

Nachdem die materielle Reichweite des Vorrangs vom EuGH entschieden worden war, blieben noch die Zuständigkeit und die Rechtsfolge offen. Hinsichtlich der Frage, wer über den Vorrang entscheidet, schaffte der EuGH mit dem Urteil *Simmenthal II* Klarheit, in dem er festhielt,

> „daß das staatliche Gericht, das im Rahmen seiner Zuständigkeit die Bestimmungen des Gemeinschaftsrechts anzuwenden hat, gehalten ist, für die volle Wirksamkeit dieser Normen Sorge zu tragen, indem es erforderlichenfalls jede – auch spätere – entgegenstehende Bestimmung des nationalen Rechts aus eigener Entscheidungsbefugnis unangewendet läßt, ohne daß es die vorherige Beseitigung dieser Bestimmung auf gesetzgeberischem Wege oder durch irgendein anderes verfassungsrechtliches Verfahren beantragen oder abwarten müßte."[289]

Der EuGH knüpft hier an den in der Costa/E.N.E.L.-Entscheidung aufgestellten Grundsatz an, dass ihm im Vorabentscheidungsverfahren die Zuständigkeit zur Verwerfung nationalen Rechts fehle.[290] Indem er jedem nationalen Gericht die Befugnis zur Nichtanwendung von gemeinschaftsrechtswidrigem nationalem Recht zuspricht, wählt der EuGH einen dezentralen Ansatz, um die volle Wirksamkeit des Gemeinschaftsrechts sicherzustellen.[291] Da das mitgliedstaatliche Gericht unmittelbar und ohne Verzögerung entscheiden können soll, erteilte der EuGH zugleich verfassungsgerichtlichen Verwerfungsmonopolen für nationale Gesetze eine Absage.[292] Diese unmittelbare Entscheidungsbefugnis von jedem

---

[286] Siehe dazu die historische Einordnung der Rs. Internationale Handelsgesellschaft bei *B. Davies*, in: Nicola/B. Davies, EU Law Stories, S. 157 ff.

[287] Beide Entscheidungen gingen auf das gleiche Ausgangsverfahren vor dem VG Frankfurt zurück, das erst dem EuGH und dann dem BVerfG vorlegte, siehe BVerfGE 37, 271, 273 ff. – *Solange I*; ausf. zur Solange-Rechtsprechung siehe noch Kap. 3, B. I.

[288] EuGH, Urt. v. 08.09.2010 – Rs. C-409/06, ECLI:EU:C:2010:503, Rn. 61 – *Winner Wetten*; Urt. v. 26.02.2013 – Rs. C-399/11, ECLI:EU:C:2013:107, Rn. 59 – *Melloni*; Urt. v. 16.07.2020 – Rs. C-311/18, ECLI:EU:C:2020:559, Rn. 100 – *Schrems II*.

[289] EuGH, Urt. v. 09.03.1978 – Rs. 106/77, ECLI:EU:C:1978:49, Rn. 24 – *Simmenthal II*.

[290] EuGH, Urt. v. 15.07.1964 – Rs. 6/64, ECLI:EU:C:1964:66, S. 1268 – *Costa/E.N.E.L.*; hierzu *Kruis*, Der Anwendungsvorrang des EU-Rechts in Theorie und Praxis, S. 52.

[291] Ausf. *Haltern*, Europarecht: Dogmatik im Kontext, Bd. II, S. 414 Rn. 1023 ff.

[292] Vgl. *H. P. Ipsen*, EuR 1979, 223, 228 ff., der die Bedeutung des Zeitfaktors verdeutlicht.

mitgliedstaatlichen Gericht hat der EuGH seitdem mehrfach bestätigt und weiter ausgeführt.[293] Dabei verweist der Gerichtshof regelmäßig auch auf die Bedeutung des Vorabentscheidungsverfahrens für die einheitliche Anwendung des EU-Rechts. Während das nationale Gericht die Vereinbarkeit des nationalen Rechts mit Unionsrecht prüft, stellt der EuGH die erforderliche Auslegung zur Verfügung.[294] Gleichzeitig betont der EuGH in diesem Zusammenhang aber seine alleinige Zuständigkeit zur Gültigkeitskontrolle von Handlungen der Union.[295] Die Entscheidungs- und Verwerfungsbefugnis des mitgliedstaatlichen Gerichts umfasst also nur das nationale Recht, während die Entscheidung über das Unionsrecht dem EuGH obliegt.[296]

Nachdem die Frage der Zuständigkeit für den EuGH geklärt war, galt es schließlich noch die Rechtsfolge des Vorrangs ausdrücklich zu entscheiden. Problematisch war insoweit, dass die Ausführungen des EuGH in der Sache *Simmenthal II* sowohl im Sinne eines Geltungs- als auch eines Anwendungsvorrangs verstanden werden konnten.[297] In der Rechtssache *IN.CO.GE'90 u. a.* stellte der EuGH dann aber unter Zurückweisung der Auffassung der Kommission fest, dass

> „aus dem Urteil Simmenthal nicht hergeleitet werden [kann], daß die Unvereinbarkeit einer später ergangenen Vorschrift des innerstaatlichen Rechts mit dem Gemeinschaftsrecht dazu führt, daß diese Vorschrift *inexistent* ist.“[298]

Nationales Recht wird also nicht nichtig, sondern kann in Fällen ohne Bezug zum Unionsrecht weiter zur Anwendung kommen.[299] Durch die Zurückweisung der Rechtsansicht der Kommission, hat der EuGH ausdrücklich klargestellt, dass er durch seine Rechtsprechung nur einen Anwendungs- und keinen Geltungsvorrang impliziert.

---

[293] Siehe nur EuGH, Urt. v. 22.06.2010 – verb. Rs. C-188/10 u. C-189/10, ECLI:EU:C:2010:363, Rn. 43 f. – *Melki und Abdelli*; Urt. v. 08.09.2010 – Rs. C-409/06, ECLI:EU:C:2010:503, Rn. 55 ff. – *Winner Wetten*; Urt. v. 11.09.2014 – Rs. C-112/13, ECLI:EU:C:2014:2195, Rn. 36 ff. – *A*; Beschl. v. 15.10.2015 – Rs. C-581/14, ECLI:EU:C:2015:707, Rn. 33 – *Naderhirn*.

[294] St. Rspr. EuGH, Urt. v. 07.02.1984 – Rs. 237/82, ECLI:EU:C:1984:44, Rn. 6 – *Jongeneel Kaas*; Urt. v. 24.09.1987 – Rs. 37/86, ECLI:EU:C:1987:386, Rn. 8 – *Coenen*; Urt. v. 15.12.1993 – Rs. C-292/92, ECLI:EU:C:1993:932, Rn. 8 – *Hünermund*; Urt. v. 12.02.1998 – Rs. C-366/96, ECLI:EU:C:1998:57, Rn. 9 – *Cordelle*; Urt. v. 30.04.1998 – verb. Rs. C-37/96 u. C-38/96, ECLI:EU:C:1998:178, Rn. 22 – *Sodiprem*.

[295] EuGH, Urt. v. 26.02.2013 – Rs. C-399/11, ECLI:EU:C:2013:107, Rn. 54 – *Melloni*; Urt. v. 11.09.2014 – Rs. C-112/13, ECLI:EU:C:2014:2195, Rn. 41 – *A* m. w. N. aus der Rspr.

[296] *Haltern*, Europarecht: Dogmatik im Kontext, Bd. II, S. 414 Rn. 1023.

[297] *Berger*, Anwendungsvorrang und nationale Verfassungsgerichte, S. 16 f.; *Karaosmanoğlu*, Die Nichtanwendung deutscher unionsrechtswidriger Gesetze, S. 51 f. m. w. N.

[298] EuGH, Urt. v. 22.10.1998 – verb. Rs. C-10/97 bis C-22/97, ECLI:EU:C:1998:498, Rn. 21 – *IN.CO.GE'90 u. a.*, Hervorh. d. Verf.

[299] Statt vieler *Maurer*, in: FS Stern 2012, S. 101, 102 f.; s. a. *Kruis*, Der Anwendungsvorrang des EU-Rechts in Theorie und Praxis, S. 123 ff. m. w. N.

2. *Absoluter Anwendungsvorrang ohne Einfluss des Verfassungsrechts*

Insgesamt kommt dem Unionsrecht aus der Sicht des EuGH damit Anwendungsvorrang gegenüber jedem nationalen Recht gleich welchen Ranges zu, unabhängig ob Letzteres zeitlich vor oder nach dem Unionsrecht erlassen wurde. In prozessualer Hinsicht hat jedes mitgliedstaatliche Gericht die Befugnis zur Nichtanwendung unionsrechtswidrigen nationalen Rechts, wobei der EuGH regelmäßig betont, dass ihm allein die Überprüfung der Rechtmäßigkeit von Unionshandlungen obliegt. Wie bereits eingangs erwähnt, wird die Position des EuGH als absoluter Anwendungsvorrang bezeichnet. *Ulrich Haltern* unterscheidet insgesamt fünf Dimensionen des Vorrangs, wobei er nur in zeitlicher und materieller Hinsicht von einem absoluten Vorrang und bezogen auf die Rechtsfolge von einem relativen Vorrang spricht.[300] Allerdings ist die Beschreibung des Anwendungsvorrangs als absolut vor dem Hintergrund der Abgrenzung zur Rechtsprechung des BVerfG zu sehen. Letzteres betrachtet den Anwendungsvorrang nämlich als abgeleitetes Institut, welches nur relativ, also nach Maßgabe des Verfassungsrechts gilt.[301] Der EuGH begründet den Anwendungsvorrang hingegen allein aus dem Unionsrecht heraus. Er verzichtet nicht nur auf eine Anbindung an das nationale Verfassungsrecht, sondern spricht dem Unionsrecht sogar Anwendungsvorrang vor Letzterem zu.

Aus der Perspektive des EuGH kann es daher keine wie auch immer gearteten verfassungsrechtlichen Kontrollvorbehalte durch nationale Verfassungsgerichte geben. Dies wurde zwar lange Zeit vom EuGH nicht ausdrücklich festgestellt, ergibt sich aber ohne Weiteres aus der dargestellten Rechtsprechung.[302] Darüber hinaus entspricht es ständiger Rechtsprechung, dass ein Mitgliedstaat einen Verstoß gegen das Unionsrecht nicht über eine Berufung auf sein nationales Recht rechtfertigen kann.[303] Die Mitgliedstaaten müssen ihre vertraglichen Pflichten ohne Rücksicht auf nationale rechtliche Besonderheiten erfüllen, um die Einheit und Wirksamkeit des EU-Rechts zu wahren.[304] Im Zuge der Verfahren zum OMT- und PSP-Programm ist der EuGH nunmehr noch deutlicher geworden. Schon aus den Aussagen in der Rechtssache *Gauweiler u. a.* zur Ver-

---

300 Ausf. *Haltern*, Europarecht: Dogmatik im Kontext, Bd. II, S. 409 Rn. 1009 ff.

301 Ausdrücklich BVerfGE 123, 267, 354, 400 ff. – *Lissabon*; ausf. sogleich Kap. 1, B. II.

302 So mit Bezug auf die Ultra-vires-Kontrolle *Haltern*, Europarecht: Dogmatik im Kontext, Bd. II, S. 411 Rn. 1016 u. S. 418 Rn. 1031; s. a. *Funke*, ZG 2011, 166, 182 sowie *M. Walter*, ZaöRV 72 (2012), 177, 190; jeweils m. w. N.; kritisch *Gerhardt*, ZRP 2010, 161, 163.

303 EuGH, Urt. v. 08.09.2010 – Rs. C-46/08, ECLI:EU:C:2010:505, Rn. 69 – *Carmen Media*; s. a. *Generalanwalt Mengozzi*, Schlussanträge v. 04.03.2010 – Rs. C-46/08, ECLI:EU:C:2010:110, Rn. 57 – *Carmen Media* m. w. N. zur Rspr.; zuvor bereits EuGH, Urt. v. 11.10.1983 – Rs. 273/82, ECLI:EU:C:1983:278, Rn. 6 – *KOM/Italien*; Urt. v. 06.05.1980 – Rs. 102/79, ECLI:EU:C:1980:120, Rn. 15 – *KOM/Belgien*; Urt. v. 11.04.1978 – Rs. 100/77, ECLI:EU:C:1978:78, Rn. 21/22 – *KOM/Italien*.

304 Besonders deutlich EuGH, Urt. v. 02.07.1996 – Rs. C-473/93, ECLI:EU:C:1996:263, Rn. 38 – *KOM/Luxemburg*.

bindlichkeit der Entscheidung für das vorlegende Gericht konnte man auf eine Absage an verfassungsrechtliche Kontrollvorbehalte schließen.[305] Noch klarer fällt diese Absage aber in der Rechtssache *Weiss u. a.* aus, da der EuGH sich auch ausdrücklich auf den Vorbehalt des BVerfG bezieht, der Entscheidung des EuGH gegebenenfalls nicht folgen zu wollen.[306]

Das Verständnis des EuGH wirkt sich somit nicht nur auf die gerichtliche Kontrollkompetenz, sondern auch auf das materielle Recht aus. Nach dem europarechtlichen Verständnis[307] des EuGH wird der absolute Anwendungsvorrang von nationalem (Verfassungs-)Recht weder begründet noch beeinflusst. Damit scheiden aus der Perspektive des EuGH verfassungsrechtliche Grenzen des Anwendungsvorrangs insgesamt aus, gleichgültig vor welchem Gericht sie geltend gemacht werden. Davon zu trennen ist die Frage, ob und inwieweit dem nationalen Verfassungsrecht der Mitgliedstaaten ein mittelbarer Einfluss auf den Anwendungsvorrang bzw. das EU-Recht zukommt. Mögliche Anknüpfungspunkte hierfür finden sich neben Art. 48 EUV insbesondere in der Verpflichtung zur Achtung der nationalen Identität der Mitgliedstaaten aus Art. 4 Abs. 2 EUV sowie in den Art. 51 ff. GRCh, welche die Reichweite und das Schutzniveau der EU-Grundrechtecharta regeln. Ob die genannten oder andere Vorschriften des Unionsrechts tatsächlich echte Grenzen des Anwendungsvorrangs oder der europäischen Integration insgesamt darstellen, wird noch zu untersuchen sein. Im Hinblick auf das Integrationsverständnis wird dabei insbesondere relevant, inwieweit die unionsrechtlichen Maßstäbe mit denen des nationalen Rechts korrespondieren bzw. ob die Normen des EU-Rechts trotz des absoluten Verständnisses eine flexible Handhabung der Maßstäbe ermöglichen. In Anbetracht des erforderlichen Ausgleichs von Rechtsprechung und Rechtsetzung, die sich gerade in der wirtschaftlichen Integration bewährt hat, ist vor allem zu klären, ob trotz der Ausgestaltung eines absoluten Vorrangs als alleinige Domäne der Rechtsprechung den Interessen der Mitgliedstaaten ausreichend Rechnung getragen werden kann.

II. Der Anwendungsvorrang aus Sicht des BVerfG

Wie bereits erwähnt, unterscheidet sich der Zugang des BVerfG zum Anwendungsvorrang trotz der grundsätzlichen Anerkennung erheblich von dem des EuGH, da es den Anwendungsvorrang nicht unions-, sondern verfassungs-

---

[305] EuGH, Urt. v. 16.06.2015 – Rs. C-62/14, ECLI:EU:C:2015:400, Rn. 15 f. – *Gauweiler u. a.*; zur mittelbaren Absage auch *Classen*, EuR 2015, 477, 478; *Epiney*, NVwZ 2016, 655, 659 sowie *Frenz*, DVBl 2015, 978; zurückhaltender *Hermann/Dornacher*, EuZW 2015, 579 u. 582.

[306] EuGH, Urt. v. 11.12.2018 – Rs. C-493/17, ECLI:EU:C:2018:1000, Rn. 19 – *Weiss u. a.*

[307] Dazu *Schweitzer/Dederer*, Staatsrecht III, S. 20 Rn. 74 ff.; der Begriff „europarechtliche Lösung" findet sich bereits bei *Stettner*, AöR 111 (1984), 537, 539; s. a. *Karaosmanoğlu*, Die Nichtanwendung deutscher unionsrechtswidriger Gesetze, S. 46 ff. m. w. N.

rechtlich begründet. Vor dem Hintergrund der ebenso zahl- wie umfangreichen Urteile des BVerfG zum Gesamtkomplex der europäischen Integration,[308] ist es selbstverständlich, dass sich die folgende Darstellung mehr noch als beim EuGH auf die wesentlichen Aussagen beschränken muss. Insbesondere einige Details der Rechtsprechung zu den verfassungsrechtlichen Grenzen werden ausgespart,[309] um Wiederholungen in späteren Kapiteln zu vermeiden. Zum Verständnis der Ausgangslage genügt es, die Begründung des BVerfG genauer zu betrachten. Dabei wird erkennbar, dass nach einer anfänglichen scheinbaren Kongruenz von EuGH und BVerfG, Letzteres einen abweichenden Zugang entwickelt hat (1.), mit dem es sich zugleich einen umfassenden Kontrollzugriff aus das EU-Recht sichert (2.).

1. Der Anwendungsvorrang als verfassungsrechtlich abgeleitetes Institut

Anders als man aus heutiger Sicht und unter Berücksichtigung der jüngsten Urteile des BVerfG vermuten könnte, gab es bis zu den Entscheidungen anlässlich der Verträge von Maastricht und Lissabon keine vollständige Prüfung der vertraglichen Grundlagen von Vorläuferorganisationen der Europäischen Union.[310] Weder kam es zu einer verfassungsgerichtlichen Kontrolle der Zustimmungsgesetze zu den jeweiligen Gründungs- oder Änderungsverträgen, noch wurden anderweitig umfassende grundsätzliche Einwände gegen die europäische Integration vor dem BVerfG erhoben. Vielmehr betrafen die verschiedenen Verfahren vor Maastricht, in denen das BVerfG mit europarechtlichen Sachverhalten befasst wurde, vornehmlich die Frage des Verhältnisses von europäischem und nationalem Recht.

a) Die EWG-Recht-Entscheidung

Die erste Entscheidung des BVerfG mit Bezug zum damaligen Gemeinschaftsrecht stellt ein Beschluss aus dem Jahr 1967 dar, dem eine Vorlage des Finanzgerichts Rheinland-Pfalz nach Art. 100 Abs. 1 GG zu Fragen des Verhältnisses von nationalem Steuerrecht und einer EWG-Verordnung vorausgegangen war.[311] Problematisch war, ob die Ermächtigung des Art. 189 EWG-Vertrag (heute Art. 288 AEUV) zum Erlass von verbindlichen und unmittelbar geltenden EWG-Verordnungen mit dem grundgesetzlichen Verbot der Ermächtigung von

[308] Einen statistischen Überblick liefert die Tabelle von *Jestaedt*, OULR 64 (2017), 43, 68 ff., wobei inzwischen weitere Urteile hinzugekommen sind.

[309] Ausführliche Darstellungen finden sich beispielsweise bei *H. Sauer*, Staatsrecht III, S. 191 ff.; *Schlaich/Korioth*, Bundesverfassungsgericht, S. 285 ff., insb. S. 290 ff.; *Schweitzer/Dederer*, Staatsrecht III, S. 44 Rn. 160 ff.; *Streinz*, Europarecht, S. 80 Rn. 227 ff.; jeweils m. w. N.

[310] Dazu auch *Carl O. Lenz*, ZRP 2010, 22, 23.

[311] BVerfGE 22, 134 – *EWG-Recht*; zu den Anfängen der Integrationsrechtsprechung des BVerfG siehe *Niebler*, in: FS Lukes, S. 495 ff. und *Steinberger*, in: FS Doehring, S. 951 ff.

Exekutivorganen zum Erlass gesetzesändernder Rechtsverordnungen vereinbar war.[312] Obwohl in dem Verfahren sowohl vom vorlegenden Finanzgericht als auch von der Bundesregierung die Art. 24 und 79 Abs. 3 GG angesprochen wurden,[313] ging das BVerfG darauf nicht explizit ein. Nach Ansicht des BVerfG kam es auf die Frage der grundgesetzlichen Vereinbarkeit der Verordnungsermächtigung gar nicht an, da die fragliche Verordnung auf den Fall schlicht nicht anzuwenden war. Folgerichtig wies das BVerfG die Vorlage mangels Entscheidungserheblichkeit bereits als unzulässig ab.[314] Da sich aber die maßgeblichen Ausführungen des BVerfG formal auf das Zustimmungsgesetz zum EWG-Vertrag beziehen, klingt in dem Beschluss die spätere Anknüpfung des Vorrangs sowie der eigenen Kontrollvorbehalte gegenüber dem EU-Recht an das jeweilige Zustimmungsgesetz bereits an.[315] Gleichwohl fehlt es an einer ausdrücklichen Stellungnahme zum Anwendungsvorrang oder zum Verhältnis von Gemeinschaftsrecht und nationalem Recht. So überrascht es dann auch nicht, dass es in der späteren Rechtsprechung an Bezugnahmen auf diesen Beschluss fehlt.

b) *Die Entscheidungen EWG-Verordnungen und Milchpulver*

Stattdessen folgte zunächst eine Entscheidung, die jedenfalls auf den ersten Blick deutliche Übereinstimmungen mit den grundlegenden Urteilen des EuGH aufweist. Mit Beschluss vom 18. Oktober 1967 verwarf das BVerfG mehrere unmittelbar gegen EWG-Verordnungen erhobene Verfassungsbeschwerden als unzulässig, weil die Verordnungen „keine Akte der deutschen öffentlichen Gewalt", sondern einer davon „geschiedenen ‚supranationalen' öffentlichen Gewalt" darstellten.[316] Bemerkenswerterweise verwies das BVerfG in der weiteren Begründung unter anderem auf die Costa/E.N.E.L.-Entscheidung des EuGH und zitierte die zentralen Ausführungen zur Autonomie des Gemeinschaftsrechts sogar wörtlich. Anschließend stellte es fest, dass

> „[d]ie von den Gemeinschaftsorganen im Rahmen ihrer vertragsgemäßen Kompetenzen erlassenen Rechtsvorschriften […] eine eigene Rechtsordnung [bilden], deren Normen weder Völkerrecht noch nationales Recht der Mitgliedstaaten sind."[317]

---

312 BVerfGE 22, 134, 140 – *EWG-Recht.*

313 BVerfGE 22, 134, 141 ff. – *EWG-Recht.*

314 BVerfGE 22, 134, 146 ff. – *EWG-Recht.*

315 BVerfGE 22, 134, 152 – *EWG-Recht*; dazu *Berger*, Anwendungsvorrang und nationale Verfassungsgerichte, S. 129 f.; *Mayer*, in: von Bogdandy/Bast, Europäisches Verfassungsrecht, S. 559, 572 f.

316 BVerfGE 22, 293, 295 f. – *EWG-Verordnungen*; daran hat das Gericht ausdrücklich auch in BVerfGE 37, 271, 283 u. 285 f. – *Solange I* und BVerfGE 58, 1, 27 – *Eurocontrol I* festgehalten, obwohl es zugleich verfassungsrechtliche Vorbehalte gegenüber der supranationalen Gewalt thematisierte, dazu sogleich Kap. 1, B. II. 1. c).

317 BVerfGE 22, 293, 296 – *EWG-Verordnungen*; in BVerfGE 29, 198, 210 – *EWG-Marktordnung* bestätigte das BVerfG die Existenz von zwei verschiedenen Rechtsordnungen, betonte aber auch deren Ineinandergreifen.

Zudem betonte das BVerfG, dass die EWG über ein „eigenes Rechtsschutzsystem“ verfüge und erteilte gleichzeitig einem Nebeneinander von verfassungsgerichtlichem und europäischem Rechtsschutz eine klare Absage.[318] Trotz des wörtlichen Zitierens der EuGH-Rechtsprechung und der scheinbaren Übereinstimmung darf nicht übersehen werden, dass sich das BVerfG am Ende der Entscheidung eine mögliche Kontrolle des Gemeinschaftsrechts am Maßstab der deutschen Grundrechte ausdrücklich offenhielt.[319] Damit deutete das Gericht bereits den Grundrechtsvorbehalt an, den es sieben Jahre später im berühmten Solange-I-Beschluss auch aktivierte.

Zunächst setzte das BVerfG aber seine vorherige, am EuGH orientierte, Rechtsprechung fort und erkannte den Anwendungsvorrang grundsätzlich an. In einem Beschluss aus dem Jahr 1971 verwarf das Gericht eine Verfassungsbeschwerde gegen ein Urteil des Bundesfinanzhofes (BFH), welches sich maßgeblich auf eine zuvor ergangene Vorabentscheidung des EuGH nach Art. 177 EWG-Vertrag (heute Art. 267 AEUV) gestützt hatte. Das BVerfG betonte unter ausdrücklichem Hinweis auf Art. 24 Abs. 1 GG und die Ratifizierung des EWG-Vertrags nicht nur den Charakter der EWG als „eigenständige Rechtsordnung“, sondern auch,

> „daß die Hoheitsakte ihrer Organe, wie hier das Urteil des Europäischen Gerichtshofs, vom ursprünglich ausschließlichen Hoheitsträger anzuerkennen sind.“[320]

Insgesamt schlussfolgerte das BVerfG, dass Rechtsvorschriften der EWG

> „aufgrund ihrer Auslegung durch den Europäischen Gerichtshof im innerstaatlichen Raum unmittelbare Wirkung entfalten und entgegenstehendes nationales Recht überlagern und verdrängen.“[321]

Damit war der Vorrang des Gemeinschaftsrechts erstmals ausdrücklich vom BVerfG ausgesprochen. Auch wenn sich das Gericht auf den EuGH bezog und keine eigene umfassende Begründung des Anwendungsvorrangs lieferte, deutete der Hinweis auf die Ratifizierung und die Bedeutung des Art. 24 Abs. 1 GG bereits deutlich in Richtung einer Argumentation, die – jedenfalls auch – auf das Verfassungsrecht zurückgreift.

c) Die Entscheidungen Solange I, Solange II und Kloppenburg

Die erste Folgeentscheidung, der berühmte Solange-I-Beschluss,[322] setzte diesen verfassungsrechtlichen Begründungsstrang fort und stellte unter Hinweis

[318] BVerfGE 22, 293, 296 u. 298 – *EWG-Verordnungen*; s. a. *Schlaich/Korioth*, Bundesverfassungsgericht, S. 290 f.

[319] BVerfGE 22, 293, 298 f. – *EWG-Verordnungen.*

[320] BVerfGE 31, 145, 173 f. – *Milchpulver.*

[321] BVerfGE 31, 145, 174 – *Milchpulver.*

[322] BVerfGE 37, 271 – *Solange I.*

auf Art. 24 GG einen grundrechtlichen Vorbehalt zum Anwendungsvorrang auf. Dadurch kam die, bis heute die Rechtsprechung prägende, enge Verknüpfung von Geltungsgrund und Reichweite des Anwendungsvorrangs erstmals zum Ausdruck. Der dogmatische Hintergrund dieser Verknüpfung blieb allerdings vage. Einerseits hielt das BVerfG ausdrücklich daran fest, „daß das Gemeinschaftsrecht weder Bestandteil der nationalen Rechtsordnung noch Völkerrecht ist“[323], andererseits argumentiert es sowohl mit dem allgemeinen Völkerrecht als auch mit den Vorschriften des GG.[324] Interessanterweise klang die spätere Begründung des Anwendungsvorrangs über das Zustimmungsgesetz zu den europäischen Verträgen ausgerechnet im Minderheitsvotum zum Solange-I-Beschluss an, das aber eine Grundrechtskontrolle von europäischem Recht im Ergebnis ablehnte.[325]

Klarheit brachte erst der einstimmig ergangene Solange-II-Beschluss, in dem das BVerfG seine Begründung zum Anwendungsvorrang zum ersten Mal ausformulierte und wie folgt zusammenfasste:

> „Aus dem Rechtsanwendungsbefehl des Zustimmungsgesetzes zum EWG-Vertrag [...] ergibt sich die unmittelbare Geltung der Gemeinschaftsverordnungen für die Bundesrepublik Deutschland und ihr Anwendungsvorrang gegenüber innerstaatlichem Recht.“[326]

Dass hinter dieser Formulierung stehende, von Beginn an in der Rechtsprechung angelegte,[327] theoretische Konzept wurde später als „Brückentheorie“ bezeichnet und maßgeblich vom späteren Berichterstatter des Maastricht-Urteils *Paul Kirchhof* geprägt.[328] Das Zustimmungsgesetz bildet demnach die Brücke, über welche Rechtsakte der Europäischen Gemeinschaft bzw. Union die Bundesrepublik erreichen. Gleichzeitig ist darin bereits die Begrenzung des Anwendungsvorrangs angelegt, da dieser nur so weit gehen kann, wie die Brücke den Rechtsakt verfassungsrechtlich trägt.[329] Inwieweit dieses auf den ersten Blick anschauliche Bild, welches besonders prägend für das spätere Maastricht-Urteil werden sollte, die rechtliche Situation tatsächlich zutreffend erfasst, wird

---

[323] BVerfGE 37, 271, 277 – *Solange I*; der Kontext des Zitats deutet daraufhin, dass nur das sekundäre Gemeinschaftsrecht gemeint ist.

[324] BVerfGE 37, 271, 278 ff. – *Solange I.*

[325] Abw. Meinung der Richter *Rupp*, *Hirsch* und *Wand*, BVerfGE 37, 271, 295 – *Solange I.*

[326] BVerfGE 73, 339, 375 – *Solange II*; bereits in BVerfGE 45, 142, 169 – *Rückwirkende Verordnungen* hatte das BVerfG für die Geltung des Primärrechts auf den Rechtsanwendungsbefehl abgestellt, ohne aber auf den Anwendungsvorrang einzugehen.

[327] *Haltern*, Europarecht: Dogmatik im Kontext, Bd. II, S. 442 Rn. 1081 unter Hinweis auf BVerfGE 22, 134 – *EWG-Recht*; s. a. *Lhotta/Ketelhut*, ZParl 2009, 864, 870 ff.

[328] Grundlegend *P. Kirchhof*, in: Isensee/Kirchhof, HdbStR Bd. VII, 1992, § 183 Rn. 63 ff., insb. Rn. 65; *P. Kirchhof*, EuR Beiheft 1 (1991), 11, 15 u. 18; *P. Kirchhof*, Brauchen wir ein neues Grundgesetz?, S. 41; s. a. *Rupp*, JZ 1998, 213, 214. Bezogen auf P. Kirchhof spricht *Wendel*, ZaöRV 2014, 615, 628 von einer „publizistischen Vorwegnahme“ des Maastricht-Urteils.

[329] *P. Kirchhof*, in: Isensee/Kirchhof, HdbStR Bd. X, 2012, § 214 Rn. 158 ff.

noch zu diskutieren sein. Jedenfalls lässt der Bezug auf Rechtsanwendungsbefehl und Zustimmungsgesetz als „Brücke“, aber auch die Begründung im Übrigen eindeutig erkennen, dass für das BVerfG ein völkerrechtliches Verständnis des Gemeinschaftsrechts maßgeblich war.[330] Dies wurde besonders deutlich, als das BVerfG betonte, dass der innerstaatliche Rechtsanwendungsbefehl auch dann entscheidend ist, wenn die Pflicht zur Herbeiführung von Geltungs- und Anwendungsvorrang unmittelbar aus den Verträgen folgt.[331] Das BVerfG ging somit zwar auch auf den Grundsatz *pacta sunt servanda* ein, behandelte die Gemeinschaftsverträge aber im Ergebnis nicht anders, als sonstige völkerrechtliche Verträge.

In eine ähnliche Richtung ging auch die Argumentation im kurz darauf ergangenen Kloppenburg-Beschluss. Dort sprach das Gericht bezüglich des Anwendungsvorrangs allgemeiner von

> „einer ungeschriebenen Norm des primären Gemeinschaftsrechts, der durch die Zustimmungsgesetze zu den Gemeinschaftsverträgen in Verbindung mit Art. 24 Abs. 1 GG der innerstaatliche Rechtsanwendungsbefehl erteilt worden ist.“[332]

d) Die Entscheidungen seit Einführung des Art. 23 GG n. F.

Auch unter Anwendung des für die europäische Integration nunmehr maßgeblichen Art. 23 GG hält das Gericht weitgehend an dieser Formulierung fest, wenn es im Honeywell-Beschluss feststellt, dass der aus dem Unionsrecht folgende und für die einheitliche Wirksamkeit desselben zentrale Anwendungsvorrang auch der verfassungsrechtlichen Ermächtigung des Art. 23 Abs. 1 GG entspreche. Zwar betont das BVerfG, dass diese Norm ein dem unionsrechtlichen Anwendungsvorrang entsprechendes Wirksamkeits- und Durchsetzungsversprechung enthalte, das Unionsrecht aber von der vertraglichen Übertragung und Ermächtigung abhängig bleibe.[333] Dieses grundlegende Muster, bei dem auf die einleitende Begründung zum abgeleiteten Anwendungsvorrang stets Ausführungen zu dessen verfassungsrechtlicher Reichweite folgen, ist längst ständige Rechtsprechung des BVerfG.[334] Besonders deutlich sind die Ausführungen des BVerfG im Lissabon-Urteil, wo das Gericht bestätige, dass

---

[330] BVerfGE 73, 339, 367 ff., 373 ff. u. 384 – *Solange II*; dazu auch *Streinz*, Europarecht, S. 81 f. Rn. 228; *H. P. Ipsen*, EuR 1987, 1, 5 sprach von einem „völkerrechtlichen Rückfall“.

[331] BVerfGE 73, 339, 375 – *Solange II*.

[332] BVerfGE 75, 223, 244 – *Kloppenburg*.

[333] BVerfGE 126, 286, 301 f. – *Honeywell*.

[334] St. Rspr. BVerfGE 31, 145, 173 f. – *Milchpulver*; BVerfGE 73, 339, 373 ff. – *Solange II*; BVerfGE 89, 155, 190 – *Maastricht*; BVerfGE 123, 267, 402 – *Lissabon*; BVerfGE 126, 286, 302 – *Honeywell*; BVerfGE 134, 366, 384 Rn. 26 – *OMT-Vorlagebeschluss*; BVerfGE 140, 317, 334 Rn. 35 ff. – *Identitätskontrolle*; BVerfGE 142, 123, 186 Rn. 115 ff. – *OMT-Urteil*; BVerfGE 146, 216, 252 Rn. 51 ff. – *PSPP-Vorlagebeschluss*.

„[d]er europäische Anwendungsvorrang […] ein *völkervertraglich* übertragenes, demnach abgeleitetes Institut [bleibt], das erst mit dem Rechtsanwendungsbefehl durch das Zustimmungsgesetz in Deutschland Rechtswirkung entfaltet."[335]

Durch die vom BVerfG entwickelten Kontrollvorbehalte bezüglich des EU-Sekundärrechts (dazu sogleich), möchte das BVerfG daher sicherstellen,

„dass der Anwendungsvorrang nur *kraft und im Rahmen* der fortbestehenden *verfassungsrechtlichen* Ermächtigung gilt."[336]

In der Zusammenschau beider Urteilspassagen kommt die verfassungs- und völkerrechtliche Sicht des BVerfG auf den Anwendungsvorrang besonders prägnant zum Ausdruck. Dieses Verständnis wird vom BVerfG schließlich mit der Stellung der Mitgliedstaaten als „Herren der Verträge" untermauert, von denen sich alle Gemeinschafts- bzw. Unionsgewalt und damit letztlich auch die Reichweite dieser Gewalt ableite.[337] Unabhängig von der noch zu klärenden Frage, inwieweit die Formel von den „Herren der Verträge" zutreffend ist, wird deutlich, dass nach der Rechtsprechung des BVerfG der Anwendungsvorrang nicht absolut, sondern nur abgeleitet beziehungsweise relativ zu verstehen ist. Aus dieser Perspektive ist es nur konsequent, verfassungsrechtliche Grenzen für den Anwendungsvorrang anzunehmen. Dies bringen auch die Worte des ehemaligen Präsidenten des BVerfG *Voßkuhle* auf den Punkt, wonach der Anwendungsvorrang „ein verfassungsrechtlich verankerter und damit auch verfassungsrechtlich begrenzt [ist]."[338]

2. *Umfassende Kontrolle von Unionsrecht durch das BVerfG*

Ausgehend von seiner verfassungs- und völkerrechtlich geprägten Sicht hat das BVerfG mit der Zeit zahlreiche Kontrollmöglichkeiten bzw. Vorbehalte bezüglich des Unionsrechts entwickelt und dabei ein Entscheidungsmonopol gegenüber den deutschen Fachgerichten für sich in Anspruch genommen.[339] Die einzelnen Vorbehalte und die damit verbundenen, nicht unerheblichen Probleme in prozessualer und materieller Hinsicht werden noch in den späteren Kapiteln ausführlich behandelt. Allerdings verdeutlicht bereits ein kurzer Überblick zu den verschiedenen Vorbehalten, welches Ausmaß der bundesverfassungsgerichtliche Zugriff auf das Unionsrecht und damit auf die europäische Integration insgesamt erreicht hat.

---

[335] BVerfGE 123, 267, 400 – *Lissabon*, Hervorh. d. Verf.

[336] BVerfGE 123, 267, 354 – *Lissabon*, Hervorh. d. Verf.

[337] BVerfGE 123, 267, 348 f., 370 f. u. 398 – *Lissabon*; BVerfGE 89, 155, 190 u. 198 f. – *Maastricht*; zuvor bereits BVerfGE 75, 223, 242 – *Kloppenburg*; ausf. zur Formel von der „Herrschaft über die Verträge" siehe noch Kap. 2, A. I 2. b) u. B. III. 3.

[338] *Voßkuhle*, NVwZ 2010, 1, 6.

[339] Zum Entscheidungsmonopol siehe BVerfGE 123, 267, 354 – *Lissabon*.

Grundsätzlich lassen sich in der Rechtsprechung des BVerfG Vorbehalte bezüglich des Primärrechts von solchen unterscheiden, die gegenüber dem Sekundärrecht greifen. Im Rahmen der Maastricht- und Lissabon-Entscheidung hat das BVerfG weitreichende verfassungsrechtliche Vorgaben für das jeweilige Zustimmungsgesetz aufgestellt, was mittelbar eine umfassende Kontrolle des europäischen Primärrechts bedeutete. Den Schwerpunkt beider Verfahren bildeten verschiedene demokratiespezifische Rügen, die auf eine Zulässigkeitskonstruktion über Art. 38 Abs. 1 S. 1 GG gestützt wurden.[340] Im Einzelnen erklärte das BVerfG im Rahmen der europäischen Integration eine mögliche Entleerung der Kompetenzen des Bundestags, die unzureichende demokratische Legitimation der EU, die drohende „Entstaatlichung" der Bundesrepublik sowie – im Falle eines hinreichenden Bezugs zum Demokratieprinzip – eine Verletzung der grundlegenden Staatsstrukturprinzipien für rügefähig.[341] Diese primärrechtsrelevanten Rügen betreffen einerseits Anforderungen an die EU und andererseits Schutzvorbehalte bezüglich möglicher Auswirkungen auf das GG.[342] Jüngst ergänzte das BVerfG im Beschluss zum Einheitlichen Europäischen Patentgericht diese „materielle Übertragungskontrolle"[343] um die Möglichkeit einer „formellen Übertragungskontrolle" im Hinblick auf verfahrensrechtlichen Anforderungen der Übertragung.[344]

Auch bezüglich der Kontrolle von EU-Sekundärrecht hat sich über die Jahrzehnte eine sehr detaillierte Rechtsprechung des BVerfG entwickelt, die insbesondere in der Eurokrise weiter ausdifferenziert wurde. Zunächst konzentrierte sich das BVerfG im Rahmen der bereits angesprochenen Solange-Rechtsprechung auf eine mögliche Beurteilung des EU-Rechts am Maßstab der deutschen Grundrechte.[345] Später kamen die Überprüfung der Einhaltung unionsrechtlicher Kompetenzgrenzen im Rahmen der Ultra-vires-Kontrolle,[346] sowie die Identitätskontrolle „zur Wahrung des unantastbaren Kerngehalts der Verfassungsidentität des Grundgesetzes"[347] hinzu. Wie noch zu zeigen sein wird, stand die Identitätskontrolle in der jüngeren Rechtsprechung zeitweise im Zentrum der bundesverfassungsgerichtlichen Integrationsvorbehalte, wovon das Gericht allerdings wieder abzurücken scheint.[348] Ungeachtet der nicht un-

---

340 BVerfGE 89, 155, 171 ff. – *Maastricht*; BVerfGE 123, 267, 328 ff. – *Lissabon*; s. a. BVerfGE 129, 124, 168 ff. – *EFSF*; ausf. noch Kap. 2, B.

341 BVerfGE 123, 267, 330 ff. – *Lissabon*; BVerfGE 89, 155, 182 ff. – *Maastricht*.

342 *H. Sauer*, Staatsrecht III, S. 196 Rn. 10 ff.

343 Begriff nach *H. Sauer*, Staatsrecht III, S. 200 Rn. 14.

344 BVerfGE 153, 74, Ls. 1, 131 Rn. 91 ff., 152 Rn. 137 – *Einheitliches Patentgericht*.

345 BVerfGE 37, 271, 285 – *Solange I*; BVerfGE 73, 339, 378 – *Solange II*; BVerfGE 102, 147, 161 ff. – *Bananenmarktordnung*; ausf. noch Kap. 3, B. I.

346 BVerfGE 89, 155, 188 – *Maastricht*; BVerfGE 123, 267, 353 ff. – *Lissabon* sowie insbesondere BVerfGE 126, 286, 302 ff. – *Honeywell*; ausf. noch Kap. 5, B.

347 So erstmals BVerfGE 123, 267, 353 f. – *Lissabon*; ausf. noch Kap. 4, B.

348 Dazu noch Kap. 3, B. II sowie Kap. 4, B. I. 2. u. 3.

erheblichen Schwierigkeiten in der Abgrenzung der einzelnen Vorbehalte,[349] zeigt sich eine sehr große Bandbreite an möglichen verfassungsrechtlichen Grenzen für das EU-Sekundärrecht. Mit den nationalen Grundrechten, der „Verfassungsidentität" sowie der Kontrolle der Kompetenzen sind dabei stets höchst sensible Bereiche betroffen.

Insgesamt hat das BVerfG weitreichende verfassungsrechtliche Grenzen etabliert und sich somit zugleich einen umfassenden Zugriff auf die europäische Integration gesichert. Unabhängig von der noch zu untersuchenden Frage, ob dieser Zugriff und insbesondere die vom BVerfG herangezogenen Maßstäbe eine dem Phänomen der europäischen Integration angemessene Reaktion darstellen, setzt sich das Gericht unstrittig in Widerspruch zur Rechtsprechung des EuGH. Gerade durch die weit ausdifferenzierte Rechtsprechung zu möglichen Kontrollvorbehalten wird das grundsätzliche Konfliktpotenzial noch einmal erhöht, wie nicht zuletzt die Verfahren zur Eurokrise und die erstmalige Ultra-vires-Erklärung durch das BVerfG zeigen. Bis zum PSPP-Urteil hatte sich das BVerfG aber bei keinem Rechtsakt der EU explizit gegen die Rechtsprechung des EuGH gestellt und diesen als „Ultra-vires-Akt" eingestuft.[350] Lange Zeit konnte der Konflikt also nicht gelöst, aber wenigstens sein Ausbrechen verhindert werden. Dies erklärt sich durch verschiedene im Folgenden zu betrachtenden Strategien, die allerdings spätestens im PSPP-Verfahren – offensichtlich – an ihre Grenzen gestoßen sind.

III. Zum Umgang mit den unterschiedlichen Zugängen von EuGH und BVerfG

In Anbetracht der abweichenden Rechtsprechung von EuGH und BVerfG zum Anwendungsvorrang bzw. zu dessen verfassungsrechtlichen Grenzen, stellt sich die Frage, wie mit diesem Widerspruch umzugehen ist. Über die Jahrzehnte wurden zahllose theoretische Ansätze entwickelt, um das Verhältnis der unterschiedlichen Zugänge einer rechtlichen Lösung zuzuführen (1.). Da allerdings beide Gerichte an ihren verschiedenen Grundansätzen festhalten, konzentriert sich die Praxis verstärkt auf Wege der Konfliktminimierung, von denen hier insbesondere der Dialog der Gerichte und die richterliche Zurückhaltung näher beleuchtet werden (2.). Trotz des positiven Einflusses dieser Strategien, der sich nicht zuletzt darin äußert, dass der Konflikt lange Zeit nicht eskaliert ist, bleiben die unterschiedlichen Zugänge beider Gerichte bestehen. Dies darf allerdings nicht zu der Annahme führen, es handele sich um einen rechtlich nicht lösbaren Konflikt (3.).

---

[349] Zur unklaren Abgrenzung *Calliess*, NVwZ 2019, 684, 689 ff.

[350] Siehe nur *Schlaich/Korioth*, Bundesverfassungsgericht, S. 290 m. w. N.

1. Das Verhältnis der beiden Zugänge

Obwohl sich die Argumentation von EuGH und BVerfG an einigen Stellen zu decken scheint, kommt man nicht umhin festzustellen, dass sich beide Zugänge an einem zentralen Punkt grundlegend unterscheiden. Beide Gerichte gehen davon aus, dass das Unionsrecht mit dem Anwendungsvorrang eine Regelung enthält, die das Verhältnis von nationalem Recht und Unionsrecht regelmäßig zu Gunsten des Letzteren klärt. Auch wird von beiden Gerichten die Bedeutung dieser Regelung für die einheitliche Anwendung des Unionsrechts betont. Der wichtige Unterschied beider Auffassungen liegt aber in der Begründung dieses Anwendungsvorrangs. Zwar betrachten EuGH und BVerfG das Unionsrecht als eine eigene Rechtsordnung, bewerten allerdings ihr Verhältnis zur nationalen Rechtsordnung grundlegend anders.[351] Für den EuGH ist die EU-Rechtsordnung autonom bzw. eigenständig, weshalb er den Vorrang ohne Rücksicht auf das nationale Recht allein aus dem Unionsrecht heraus begründet und als absolut versteht. In der Literatur wird deshalb davon gesprochen, dass der EuGH das Unionsrecht als von seiner völkerrechtlichen Grundlage *gelöst* verstehe.[352] Das Verständnis der EU als gegenüber dem Recht der Mitgliedstaaten und dem Völkerrecht autonome Rechtsordnung wird vom EuGH auch in jüngerer Zeit besonders hervorgehoben, wobei zugleich deutlich wird, dass diese Autonomie für den EuGH in einem untrennbaren Zusammenhang mit der Wahrung der einheitlichen Anwendbarkeit des EU-Rechts, insbesondere durch ihn selbst steht.[353] Demgegenüber fußt das Verständnis des relativen Anwendungsvorrangs des BVerfG, welches ihm verfassungsrechtliche Kontrollvorbehalte gegenüber dem EU-Recht ermöglicht, auf der Erfassung des Unionsrechts als von den Mitgliedstaaten, also verfassungs- und völkerrechtlich *abgeleitete* Rechtsordnung. So verwies das Gericht auch im Verfahren zum Europäischen Haftbefehl sowie im PSPP-Verfahren zur Begründung seiner Kontrolle auch gegenüber dem EuGH noch einmal auf die Stellung der Mitgliedstaaten als „Herren der Verträge".[354] Der Unterschied in den Auffassungen von EuGH und BVerfG liegt demnach bereits im Ausgangspunkt der Überlegungen. Entweder ist das Unionsrecht voll-

---

351 *W. Weiß*, in: Niedobitek, Europarecht, § 5 Rn. 6 weist zu Recht auf den abweichenden Autonomiebegriff von BVerfG und EuGH hin. Ausf. bereits oben Kap. 1, B. I. u. II.

352 Grundlegend bereits *H. P. Ipsen*, Europäisches Gemeinschaftsrecht, S. 58 Rn. 21 ff.; kritisch z. B. *Kempen*, in: v. Mangoldt/Klein/Stark, GG, Art. 59 GG Rn. 7; zur Kritik und allgemein zur umstrittenen Einordnung des Europarechts als Völkerecht auch *Schweitzer/Dederer*, Staatsrecht III, S. 20 Rn. 72 ff. sowie *Streinz*, Europarecht, S. 49 Rn. 125 ff.

353 EuGH, 30.04.2019 – Gutachten 1/17, ECLI:EU:C:2019:341, Rn. 109 ff. – *CETA*; Urt. v. 06.03.2018 – Rs. C-284/16, ECLI:EU:C:2018:158, Rn. 33 ff. – *Achmea*; EuGH, 18.12.2014 – Gutachten 2/13, ECLI:EU:C:2014:2454, Rn. 174 ff. u. 201 f. – *Beitritt zur EMRK*; jeweils m. w. N. Deutlich auch *Kirchmair*, EuR 2021, 28 ff. u. 37 f.

354 BVerfGE 140, 317, 337 f. Rn. 44 – *Identitätskontrolle*; dazu auch *Hwang*, Der Staat 56 (2017), 107, 112 ff.; BVerfGE 154, 17, 90 f. Rn. 111 – *PSPP-Urteil*; zum Verständnis als abgeleitete Rechtsordnung bereits oben S. 63 f.

ständig von der ursprünglichen, völkerrechtlichen bzw. verfassungsrechtlichen Grundlage losgelöst oder aber es ist weiterhin davon abgeleitet. Da beides nicht gleichzeitig zutreffen kann, liegt der Widerspruch der Prämissen auf der Hand. Gleichzeitig gelten beide Perspektiven und die daraus gezogenen Schlüsse als in sich logisch,[355] was eine Lösung verkompliziert.

Zu der Frage, ob und wie dieser Widerspruch juristisch aufzulösen ist, gibt es in der Literatur zahllose Ansätze. Zunächst könnte man, von der scheinbaren Einigkeit beider Gerichte ausgehend, dass es sich um ein Aufeinandertreffen von zwei Rechtsordnungen handele, den Widerspruch im klassischen völkerrechtlichen Erklärungsmuster von Monismus und Dualismus verordnen.[356] Unabhängig von der Tatsache, dass eine solch theoretische Einordnung nur eine begrenzte Aussagekraft hat[357] und es gerade beim Unionsrecht entscheidend auf die Regeln des positiven Rechts ankommt,[358] ist die Verwendung des Begriffspaars in Bezug auf das Unionsrecht nicht unproblematisch.[359] Neben der unklaren Einordnung der Positionen von EuGH und BVerfG als monistisch oder dualistisch,[360] müsste nämlich zunächst geklärt werden, ob das Begriffspaar überhaupt auf das Unionsrecht übertragbar ist. Dies würde voraussetzen, dass Unionsrecht entweder klassisches Völkerrecht darstellt oder wenigstens

---

[355] Dazu bereits *Doehring*, in: FS Everling, Bd. I, S. 263, 271; *Grussmann*, in: von Danwitz/Heintzen/Jestaedt u. a., Auf dem Wege zu einer Europäischen Staatlichkeit, S. 47, 58 ff., insb. S. 60 ff. sowie *Heintzen*, AöR 119 (1994), 564, 572 ff. u. 579. Anders *Rupp*, AöR 120 (1995), 269, 275, der die Position des EuGH für nicht „unanfechtbar" hält.

[356] Eine solche Einordnung findet sich jeweils mit Kritik z. B. bei *Huber*, VVDStRL 60 (2001), 194, 211 ff. sowie *Potacs*, ZÖR 65 (2010), 117 ff., insb. 131 ff. Allgemein zum Begriffspaar Monismus und Dualismus im Völkerrecht siehe *Hobe*, Einführung in das Völkerrecht, S. 193 ff. sowie *Schweitzer/Dederer*, Staatsrecht III, S. 11 Rn. 38 ff.

[357] Kritisch zur allgemeinen Relevanz des Streits bereits *H. Wagner*, AöR 89 (1964), 212 ff., insb. 238 ff.; aus neuerer Zeit *H. Sauer*, Staatsrecht III, S. 96 Rn. 6 sowie *Schweitzer/Dederer*, Staatsrecht III, S. 15 Rn. 51 ff.; dazu und zur Position des GG s. a. *Kempen*, in: v. Mangoldt/Klein/Stark, GG, Art. 59 GG Rn. 83 ff. sowie *Kempen/Hillgruber/Grabenwarter*, Völkerrecht, S. 12 ff. Rn. 28 ff.

[358] Dazu *Potacs*, ZÖR 65 (2010), 117, 129 ff. u. 138.; s. a. *Kruis*, Der Anwendungsvorrang des EU-Rechts in Theorie und Praxis, S. 10.

[359] Nach *A. Peters*, ZÖR 65 (2010), 3, 21 passen die Begriffe schon sprachlich nicht. Nach *W. Weiß*, in: Niedobitek, Europarecht, § 5 Rn. 19 können sie die Besonderheiten des Unionsrechts nicht ausreichend erfassen. *Hwang*, Der Staat 56 (2017), 107, 123 ff. sowie monographisch *Hwang*, Europarechtsordnung als Rahmenordnung, S. 176 ff. u. passim plädiert hingegen für eine Lösung über ein neues Verständnis des Monismus im Sinne einer Rahmenordnung.

[360] Die Zuordnung wird in der Literatur sehr unterschiedlich vorgenommen. Ausgehend von der Einigkeit über die Eigenständigkeit des Unionsrechts läge es nahe von einer dualistischen Perspektive auszugehen. So in Bezug auf das BVerfG z. B. *Hwang*, Der Staat 56 (2017), 107, 122 sowie *Schweitzer/Dederer*, Staatsrecht III, S. 23 Rn. 81 f. Ähnlich auch *Berger*, Anwendungsvorrang und nationale Verfassungsgerichte, S. 27, die den EuGH einem monistischen und das BVerfG einem dualistischen Konzept zuordnet. *Potacs*, ZÖR 65 (2010), 117, 138 spricht hingegen insgesamt von einer „dualistischen Grundkonzeption" mit „monistischer Verdichtung". *Isensee*, in: FS Stern 1997, S. 1239, 1262 sowie *Papadopoulou*, IEV-Online 3/2010, 1 ff. ordnen wiederum beide Positionen einem monistischen Ansatz zu.

entsprechend zu behandeln ist.[361] Damit steht man aber wieder am Anfang des Problems, nämlich bei der zwischen beiden Gerichten umstrittenen Frage, ob die unionale Rechtsordnung als eigenständig oder abgeleitet einzuordnen ist. In der Literatur finden sich zu dieser Frage bzw. dazu, ob der Zugang des EuGH oder der des BVerfG zum Anwendungsvorrang vorzugswürdig ist, zahllose Ansätze, die an dieser Stelle nicht ausführlich diskutiert werden sollen.[362] Dies gilt zunächst aus dem banalen Grund, dass EuGH und BVerfG nach wie vor an ihrer jeweiligen Ausgangsposition festhalten, sodass man sich schon rein praktisch mit beiden Positionen auseinandersetzen muss. Darüber hinaus ist eine Festlegung auf eine der beiden Positionen auch deshalb mit Vorsicht zu genießen, da sie den grundsätzlichen Widerspruch nicht auflöst. Vielmehr bedeutet eine einseitige Entscheidung für eine der Prämissen zwingend die Ablehnung der jeweils anderen, was in Anbetracht der Schwächen beider Prämissen nicht unproblematisch ist.[363] Die These des EuGH von der Ablösung oder Autonomie des Unionsrechts kann zum Beispiel nicht erklären, wieso die Mitgliedstaaten und ihre Verfassungen insbesondere bei der Änderung des Primärrechts rechtlich maßgeblich bleiben (vgl. nur Art. 48 EUV) und läuft Gefahr, im pauschalen Abstellen auf den Grundsatz der einheitlichen Anwendung des Unionsrechts mitgliedstaatliche Interessen zu übergehen. Hingegen vernachlässigt das BVerfG mit seinen ohnehin nicht unproblematischen Kontrollvorbehalten, trotz aller Betonung der Offenheit des Grundgesetzes, die europäische Perspektive.[364] Eine Entscheidung zwischen beiden Perspektiven birgt somit die Gefahr, das Gesamtbild unzureichend zu erfassen.[365] Da BVerfG und EuGH an ihre jeweilige verfassungs- bzw. europarechtliche Ausgangsposition gebunden sind und keine echte übergeordnete Gesamtperspektive einnehmen können, wird in Anbetracht der in sich logischen, aber miteinander nicht kompatiblen Prämissen teilweise von einer „Schwebelage"[366] gesprochen. Es handele sich um einen juristisch nicht lösbaren Dissens, weshalb anderweitige Konfliktvermeidungsstra-

---

361 *Berger*, Anwendungsvorrang und nationale Verfassungsgerichte, S. 25 ff.

362 Übersichten bei *Huber*, VVDStRL 60 (2001), 194, 211 ff.; *H. P. Ipsen*, Europäisches Gemeinschaftsrecht, S. 267 Rn. 18 ff.; *Karaosmanoğlu*, Die Nichtanwendung deutscher unionsrechtswidriger Gesetze, S. 45 ff.; *Kruis*, Der Anwendungsvorrang des EU-Rechts in Theorie und Praxis, S. 5 ff.; *Schweitzer/Dederer*, Staatsrecht III, S. 20 Rn. 71 ff. sowie *Streinz*, Europarecht, S. 75 Rn. 207 ff.; jeweils m. w. N. Vgl. aber auch die Ansätze zur Vereinigung bei *Haltern*, Europarecht: Dogmatik im Kontext, Bd. II, S. 529 Rn. 1273 ff. sowie *Hirsch*, NJW 1996, 2457 ff.

363 Ausf. *R. Wahl*, Der Staat 48 (2009), 587 ff., insb. 601 u. 595 ff.

364 Eingehend zu den Schwächen beider Perspektiven *R. Wahl*, Der Staat 48 (2009), 587, 595 ff. m. w. N.; s. a. *Isensee*, in: FS Stern 1997, S. 1239, 1263 ff.

365 Deutlich *Papadopoulou*, IEV-Online 3/2010, 1, 2; vgl. auch *Huber*, VVDStRL 60 (2001), 194, 208, der für eine Zusammenschau beider Rechtsordnungen zur Erschließung der Grundordnung der EU plädiert.

366 *R. Wahl*, Der Staat 48 (2009), 587, 603 ff. unter Hinweis auf *Schönberger*, AöR 129 (2004), 81, 104 f.

tegien erforderlich seien.[367] Bevor im übernächsten Abschnitt auf die Kritik an dem Bild der juristischen Unlösbarkeit und damit verbundene neuere rechtliche Ansätze eingegangen wird, gilt es zunächst kurz auf die wesentlichen Strategien einzugehen, mit dem EuGH und BVerfG in der Rechtspraxis mit dem Widerspruch umgehen.

2. Kooperation und gegenseitige Rücksichtnahme von EuGH und BVerfG

Losgelöst von der Frage der rechtlichen (Un-)Auflösbarkeit des Widerspruchs werden zahlreiche alternative Strategien diskutiert, um den „Konflikt der Gerichte“ zu überwinden oder jedenfalls zu entschärfen.[368] Aufgrund ihrer Bedeutung für die Praxis und der zu untersuchenden Fragestellung, inwieweit die Gerichte mit- oder gegeneinander reden, sind in diesem Zusammenhang besonders der gerichtliche Dialog (a) und die eng damit zusammenhängende gegenseitige Rücksichtnahme (b) hervorzuheben. Allerdings wird zu zeigen sein, dass ungeachtet der bisherigen Erfolge beide Strategien es nicht vermögen, den grundsätzlichen Widerspruch nachhaltig zu überwinden.

a) Möglichkeiten und Grenzen der gerichtlichen Kooperation

Trotz der Formulierung verfassungsrechtlicher Grenzen hat das BVerfG bereits früh seine Kooperationsbereitschaft gegenüber dem EuGH signalisiert und seitdem wiederholt bestätigt.[369] Gleiches gilt für den EuGH, der insbesondere im Zusammenhang mit dem Vorabentscheidungsverfahren nach Art. 267 AEUV die Notwendigkeit zur Zusammenarbeit mit den nationalen Gerichten hervorhebt.[370] Darüber hinaus wird die Bereitschaft und Notwendigkeit zum gegenseitigen Austausch und Zusammenwirken auch von prominenten (ehemaligen) Gerichtsmitgliedern betont.[371] Schließlich finden sich auch in der Literatur zahlreiche Stellungnahmen, die sich mit der Kooperation und dem „Dialog der Ge-

---

[367] So schon *Isensee*, in: FS Stern 1997, S. 1239, 1261 ff.; s. a. *Folz*, Demokratie und Integration, S. 375 f. u. 395; *Isensee*, ZRP 2010, 33, 35; *H. Sauer*, EuZW 2011, 94 sowie *R. Wahl*, Der Staat 48 (2009), 587, 603 ff. Jüngst auch *Ludwigs*, EWS 2020, 186, 190 m. w. N.

[368] Siehe nur *L. Bauer*, Der Europäische Gerichtshof als Verfassungsgericht?, S. 173 ff.; *Dörr*, DVBl 2006, 1088, 1097 ff.; *Mayer*, in: von Bogdandy/Bast, Europäisches Verfassungsrecht, S. 559, 585 ff.; *Mayer*, ZaöRV 61 (2001), 577, 601 ff. sowie *Schwarze*, Das Verhältnis von nationalem Recht und Europarecht Bd. II, S. 111 ff. Zur Konfliktvermeidung bei Jurisdiktionskonflikten auf verschiedenen Ebenen nur *H. Sauer*, Jurisdiktionskonflikte in Mehrebenensystemen, S. 69 ff., 104 ff. u. 194 ff. *Farahat/Krenn*, Der Staat 57 (2018), 357, 358 u. 361 ff. weisen zu Recht darauf hin, dass soziologische Konflikte nicht „definitiv zu lösen“ sind.

[369] Besonders deutlich in BVerfGE 37, 271, 278 – *Solange I*; BVerfGE 89, 155, 175 u. 178 – *Maastricht*; BVerfGE 126, 286, 303 f. – *Honeywell*.

[370] EuGH, Urt. v. 16.12.1981 – Rs. 244/80, ECLI:EU:C:1981:302, Rn. 14 – *Foglia/Novello II*; in Urt. v. 12.02.2008 – Rs. C-2/06, ECLI:EU:C:2008:78, Rn. 42 – *Kempter* sowie in Urt. v. 06.03.2018 – Rs. C-284/16, ECLI:EU:C:2018:158, Rn. 37 – *Achmea* spricht der EuGH von einem „Dialog“.

[371] Für das BVerfG siehe nur *Voßkuhle*, NVwZ 2010, 1 ff., der zudem auf S. 8 die Bedeu-

richte"[372] auseinandersetzen.[373] Dabei werden dem gegenseitigen Austausch regelmäßig positive Auswirkungen für die europäische Rechtsentwicklung bescheinigt.[374] Dies gilt in besonderem Maß für die Solange-Rechtsprechung des BVerfG, der – neben Urteilen aus anderen Mitgliedstaaten – eine maßgebliche Bedeutung für die Entwicklung eines europäischen Grundrechtsschutzes zugesprochen wird.[375] Aber auch die Übernahme rechtsstaatlicher Grundsätze,[376] sowie die Fortschritte beim europäischen (Individual-)Rechtsschutz[377] und bei der Berücksichtigung nationalen Verfassungsrechts, namentlich über die Art. 4 Abs. 2 und Art. 6 Abs. 3 EUV, werden vor allem als Folge des gerichtlichen Dialogs erklärt.[378] Selbst im Hinblick auf die Ausprägung der EU-Kompetenzordnung sowie der stets problematischen Rechtsfortbildung lässt sich eine „gelebte Kooperation" erkennen.[379] Bezogen auf den europäischen Grundrechtsschutz gibt es aber auch erhebliche Zweifel, ob dieser tatsächlich das Resultat einer durch die Solange-Rechtsprechung angestoßenen Kooperation darstellt.[380] Unabhängig von der Bewertung und Einordnung der beschriebenen Rechtsentwicklungen, wird schon das Bild eines gleichberechtigten Dialogs durchaus kritisch gesehen und mit Blick auf den rechtlichen Rahmen, in dem sich Gerichte bewegen, von einem Monolog gesprochen.[381] Die Kritik gilt nicht nur dem EuGH, dem ein fehlendes Interesse an einem echten Dialog attestiert wird,[382]

tung des informalen Austauschs unterstreicht. Für den EuGH und Beispiele aus seiner Rechtsprechung siehe nur *Lenaerts*, EuR 2015, 3, 5 ff. u. 25 ff.

372 Zu Herkunft und Problematik des Begriffs „Dialog" siehe nur *Poli*, Der Staat 55 (2016), 373 f.

373 Statt vieler siehe nur die Übersichten bei *Grabenwarter*, in: Schumann, Hierarchie, Kooperation und Integration im Europäischen Rechtsraum, S. 129 ff.; *Huber*, in: Merten/Papier, HGR Bd. VI/2, § 172 Rn. 1 ff.; *Thiemann*, Kooperation und Verfassungsvorbehalte im Ausgleich, S. 57 ff. sowie *Trstenjak*, in: Grabenwarter/Vranes, Kooperation der Gerichte im europäischen Verfassungsverbund, S. 13 ff.; monographisch *Nunner*, Kooperation internationaler Gerichte, passim. *Poli*, Der Staat 55 (2016), 373 f. m. w. N., bezeichnet den gerichtlichen Dialog als „*en vogue*".

374 Siehe nur *Generalanwalt Ruiz-Jarabo Colomer*, Schlussanträge v. 25.06.2009 – Rs. C-205/08, ECLI:EU:C:2009:397, Rn. 29 f. – *Umweltanwalt von Kärnten*.

375 *Ehlers*, in: Ehlers, EuGR, § 14 Rn. 4; *Franzius*, ZaöRV 75 (2015), 383, 384; *Scholz*, in: Merten/Papier, HGR Bd. VI/2, § 170 Rn. 6 f.; s. a. den Überblick zur Entwicklung des Grundrechtsschutzes bei *Rengeling*, in: FS Stern 2012, S. 881 ff. Nach *B. Davies*, in: Nicola/B. Davies, EU Law Stories, S. 157 ff. ist die Solange-Rechtsprechung eine Reaktion auf eine zu weitgehende Entscheidung in der Rs. Internationale Handelsgesellschaft und hat die europäische Grundrechtsentwicklung entscheidend geprägt.

376 *H. P. Ipsen*, EuR 1987, 195, 197.

377 *Pernice*, EuR 1996, 27, 37.

378 *Poli*, Der Staat 55 (2016), 373, 382 u. 388 f.; s. a. *Dörr*, DVBl 2006, 1088, 1098, der bezogen auf Art. 6 Abs. 2 EUV von einer Synchronisierungswirkung durch die Gerichte spricht.

379 *T. M. J. Möllers*, EuZW 2020, 503, 504 m. w. N. zur Rspr.

380 Siehe nur *Everling*, in: GS Grabitz, S. 57, 74 m. w. N.; dazu auch noch Kap. 3, A. I.

381 *Derosier*, in: Menétrey/Hess, Les dialogues des juges en Europe, S. 51, 55.

382 So *F. Kirchhof*, NJW-aktuell 16 (2019), 12 f.; s. a. *Degenhart*, in: FS Siekmann, S. 19, 21 f.; *Klement*, JZ 2015, 754 u. 760 sowie *Ludwigs*, EuZW 2020, 530.

sondern auch dem BVerfG. Letzteres habe mit seiner Formulierung des „Kooperationsverhältnisses“ weniger ein Angebot zum Dialog gemacht, als seinen Anspruch auf eine eigene Kontrollkompetenz bestätigt bzw. ausgeweitet.[383] Wie problembehaftet das Kooperationsverhältnis in der Praxis sein kann, lässt sich exemplarisch am OMT-Verfahren zeigen.[384] Zwar kann die erstmalige Vorlage des BVerfG an den EuGH grundsätzlich als wichtiger Schritt auf dem Weg zu einer umfassenderen Kooperation gesehen werden, allerdings stießen Art und Weise der Vorlage auf scharfe Kritik. Dem BVerfG wurde eine Überspannung des Zwecks der Vorlage nach Art. 267 AEUV vorgeworfen, da es dem EuGH nicht nur Fragen zur Auslegung des EU-Rechts vorgelegt, sondern gleichzeitig seine eigene Auslegung mitgeliefert und sich darüber hinaus das letzte Wort vorbehalten habe.[385] Auch der Generalanwalt *Cruz Villalón* hat das atypische Vorgehen des BVerfG kritisch beleuchtet und sich ausführlich zur Frage eines möglichen Missbrauchs des Vorlageverfahrens durch das BVerfG geäußert.[386] Der EuGH ist auf die diesbezüglichen Ausführungen des Generalanwalts allerdings nicht weiter eingegangen und hat das Verfahren weitgehend wie eine normale Vorlage behandelt. Nachdem er die Bedeutung des „unmittelbaren Zusammenwirkens“ für das Vorlageverfahren hervorgehoben hatte, unterstrich der EuGH schließlich, dass seine Auslegung für das vorlegende Gericht, hier das BVerfG, verbindlich sei.[387] Auch wenn im Hinweis auf das Zusammenwirken ein Kooperationssignal gesehen werden kann,[388] besteht der EuGH weiterhin auf dem Recht zur Letztentscheidung über Auslegung und Gültigkeit des EU-Rechts. Da sich das BVerfG wiederum vorbehält, der Entscheidung des EuGH im Falle eines Ultra-vires-Aktes nicht zu folgen,[389] sind im OMT-Verfahren die Grenzen der gerichtlichen Kooperation sehr deutlich geworden. Selbst im abschließenden Urteil hat das BVerfG noch einmal „gewichtige Bedenken“ geäußert und

---

[383] *A. Bleckmann/Pieper*, RIW 1993, 969, 972; *Pernice*, EuR 1996, 27, 35; *Zuck*, NJW 1994, 978, 979; *Zuleeg*, JZ 1994, 1; kritisch zum Begriff auch *Selmayr/Prowald*, DVBl 1999, 269 f.; zu den unterschiedlichen Begriffsverständnissen auch *Lang*, Der Staat 60 (2021), 99, 101 ff.

[384] Zum Folgenden auch *Mannefeld*, Verfassungsrechtliche Vorgaben für die europäische Integration, S. 229 ff.

[385] BVerfGE 142, 123, 398 Rn. 55 ff. – *OMT-Urteil*; deutliche Kritik bei *Heun*, JZ 2014, 331, 333 sowie *Nettesheim*, JZ 2014, 585, 588; s. a. *Poli*, Der Staat 55 (2016), 373, 378 dort Fn. 33, die von einer „Mahnungsvorlage“ spricht sowie *Schwarze*, DVBl 2014, 537, 542, der die Vorlage als „nicht bedingungsfrei“ bezeichnet.

[386] *Generalanwalt Cruz Villalón*, Schlussanträge v. 12.01.2015 – Rs. C-62/14, ECLI:EU:C:2015:7, Rn. 51 ff., insb. Rn. 52 u. 62 – *Gauweiler u. a.*

[387] EuGH, Urt. v. 16.06.2015 – Rs. C-62/14, ECLI:EU:C:2015:400, Rn. 15 f. – *Gauweiler u. a.*

[388] *Mannefeld*, Verfassungsrechtliche Vorgaben für die europäische Integration, S. 230 dort Fn. 568.

[389] Sehr deutlich in BVerfGE 126, 286, 304 Rn. 61 ff. – *Honeywell*; vgl. dazu auch *Generalanwalt Cruz Villalón*, Schlussanträge v. 12.01.2015 – Rs. C-62/14, ECLI:EU:C:2015:7, Rn. 46 – *Gauweiler u. a.*

die Auffassung des EuGH nur anerkannt, da sich diese „*noch* innerhalb des dem Gerichtshof erteilten Mandates" bewege.[390]

Auch anlässlich der zweiten Vorlage des BVerfG an den EuGH im PSPP-Verfahren fällt die Bilanz des direkten Austauschs ernüchternd aus. Ungeachtet der unterschiedlichen Verständnisse der Integration und ihrer Maßstäbe, die im PSPP-Verfahren besonders deutlich geworden sind,[391] erweisen sich erneut auch der Zugang zur Kooperation und deren allgemeines Verständnis als problematisch. Während das BVerfG die Notwendigkeit eines kooperativen Ausgleichs untrennbar mit der eigenen Pflicht zur Ultra-vires-Kontrolle verbindet,[392] kommt umgekehrt im Urteil des EuGH durchaus ein hierarchisches Verständnis der Kooperation zum Ausdruck.[393] Letztlich zeigt sich im PSPP-Verfahren, dass es ein echtes Kooperationsverhältnis wohl nie gegeben hat, was auf Versäumnisse auf beiden Seiten zurückzuführen ist.[394] Schließlich erschweren auch verfahrensrechtliche Gründe die Kooperation der Gerichte. Das Vorlageverfahren ist unabdingbar für die einheitliche Anwendung des Unionsrechts und unzweifelhaft von größter praktischer Relevanz.[395] Allerdings erschwert die grundsätzliche Aufgabenverteilung zwischen nationalem Gericht und EuGH im Vorlageverfahren,[396] sowie dessen zeitliche Abfolge, einen echten Dialog im Sinne eines wechselseitigen, unter Umständen auch mehrfachen Austauschs.[397] Zwar ist im Verfahren nach Art. 267 AEUV eine erneute Kontaktaufnahme zwischen den Gerichten grundsätzlich denkbar,[398] allerdings kann auch eine häu-

[390] BVerfGE 142, 123, 214 Rn. 175 ff. – *OMT-Urteil*, Hervorh. d. Verf.

[391] *Degenhart*, in: FS Siekmann, S. 19, 20 u. 24 ff.; s. a. *Ohler*, in: FS Siekmann, S. 3, 4 ff. u. 9.

[392] BVerfGE 154, 17, 90 f. Rn. 111 – *PSPP-Urteil*; positiv dazu *Pießkalla*, EuZW 2020, 538, 540.

[393] *Degenhart*, in: FS Siekmann, S. 19, 21 u. 24 ff.; zur Betonung der Verbindlichkeit der Entscheidung für das vorlegende Gericht siehe bereits oben S. 57 f.

[394] Besonders deutlich *Ludwigs*, EuZW 2020, 530 f. Auch die Bilanz von *Kahl*, NVwZ 2020, 824, 827 u. passim fällt trotz Betonung positiver Effekte letztlich negativ aus.

[395] EuGH, Urt. v. 06.12.2005 – Rs. C-461/03, ECLI:EU:C:2005:742, Rn. 21 – *Gaston Schul*; Urt. v. 24.05.1977 – Rs. 107/76, ECLI:EU:C:1977:89, Rn. 5 – *Hoffmann La Roche/Centrafarm*; Urt. v. 16.01.1974 – Rs. 166/73, ECLI:EU:C:1974:3, Rn. 2 – *Rheinmühlen I*. Zur praktischen Bedeutung siehe nur *Karpenstein*, in: Grabitz/Hilf/Nettesheim, EUV/AEUV, Art. 267 AEUV Rn. 1 ff. sowie *Schwarze/Wunderlich*, in: Schwarze/Becker/Hatje u. a., EU-Kommentar, Art. 267 AEUV Rn. 2 ff.; jeweils m. w. N.

[396] Dazu bereits oben S. 56.

[397] Vgl. *C. Walter*, in: Dürig/Herzog/Scholz, GG, Art. 93 GG Rn. 181; s. a. *Lenaerts*, EuR 2015, 3, 5 u. 10, der auf die im Vorlageverfahren angelegte Hierarchie hinweist. Ähnlich *Nunner*, Kooperation internationaler Gerichte, S. 166, der von „subordinative[r] Kooperation" spricht. *Gersdorf*, DVBl 1994, 674, 675 sowie *Poli*, Der Staat 55 (2016), 373, 384 weisen auf fehlende Substanz bzw. Struktur der Kooperation im Allgemeinen hin. Teilweise anders aber *Claes/de Visser/Popelier u. a.*, in: Claes/de Visser/Popelier u. a., Constitutional Conversations in Europe, S. 1, 3 f.

[398] Nach Art. 101 der Verfahrensordnung des Gerichtshofs vom 25. September 2012, ABl. L 265 vom 29.09.2012, S. 1 ff., CELEX: 32012Q0929(01), zuletzt geändert durch Änderung der Verfahrensordnung des Gerichtshofs, ABl. L 316 vom 06.12.2019, S. 103 ff., CELEX:

figere Kommunikation den Widerspruch zur Begründung des Anwendungsvorrangs nicht lösen, sofern beide Gerichte an ihrer jeweiligen Grundposition festhalten und auf ihrem jeweils „letzten Wort“ bestehen.[399] Im Hinblick auf die Grenzen des Anwendungsvorrangs bzw. der Integration insgesamt vermag der Dialog zwar das gegenseitige Verständnis zu stärken und die Gerichte für die jeweils andere Position zu sensibilisieren, eine wirkliche Antwort auf die Frage nach dem entscheidenden rechtlichen Rahmen der Integration kann die Kooperation – jedenfalls in ihrer bisherigen Form – aber nicht liefern.

b) Selbstbeschränkung und gegenseitige Rücksichtnahme

Kooperation und Dialog können den Widerspruch nicht überwinden, sofern beide Gerichte an ihrer Grundposition festhalten. Im Zuge des gegenseitigen Austauschs dürfen beide Gerichte die jeweils andere Ausgangsposition nicht nur zur Kenntnis nehmen, sondern müssten darüber hinaus bereit sein, von der Absolutheit ihres eigenen Ansatzes abzurücken. Damit sind die eng mit dem Dialog verbundenen Konfliktvermeidungsstrategien der gegenseitigen Rücksichtnahme und der Selbstbeschränkung angesprochen. Dass der Dialog ohne beides nicht auskommt, wurde bereits im Zuge der berühmten Solange-Rechtsprechung sehr deutlich. Dort hatte das BVerfG verkündet, seine Gerichtsbarkeit „nicht mehr ausüben“ zu wollen, solange der Grundrechtsschutz auf europäischer Ebene gewährleistet sei.[400] Damit nahm das BVerfG seine eigene Rechtsprechungsgewalt zurück, nachdem es im vorherigen Solange-I-Beschluss diese zunächst („solange“) weiter aufrechterhalten hatte. Diese Form der vorübergehenden Ausweitung bzw. Aufrechterhaltung der Rechtsprechungsgewalt in Verbindung mit einer späteren, bedingten Zurückhaltung wird deshalb auch als „Solange-Methode“ bezeichnet.[401] Eine solche „Solange-Methode“ findet sich in ähnlicher Weise auch in der Rechtsprechung des Europäischen Gerichtshofs für Menschenrechte (EGMR).[402] Vorrübergehend war mit den Worten „så länge“ ein „Solange“-Ansatz sogar in der schwedischen Verfas-

32019Q1206(01) (im Folgenden: EuGH-Verfahrensordnung) kann der EuGH das vorlegende Gericht um Klarstellung ersuchen. In eine ähnliche Richtung geht der Vorschlag von *F. Kirchhof*, EuR 2014, 267, 273. Ausf. zu den Möglichkeiten einer erneuten Kontaktaufnahme siehe noch Kap. 2, A. III, Kap. 4, A. II. 2, III u. B. III. 1. sowie Kap. 5, A. IV u. B. III.

399 *Heintzen*, AöR 119 (1994), 564, 583 ff.; ähnlich *Isensee*, in: FS Stern 1997, S. 1239, 1268 u. 1263 f., der davon ausgeht, dass der Grundkonflikt auch bei gerichtlicher Kooperation bestehen bleibt. *R. Wahl*, Der Staat 48 (2009), 587, 601 dort Fn. 37 weist darauf hin, dass zwischen Gerichten gar kein Sachdialog über den Grundkonflikt stattfindet.

400 BVerfGE 73, 339, 387 – *Solange II*, ausf. dazu Kap. 3, B. I.

401 Ausf. *Lavranos*, in: FS Lapidoth, S. 217 ff.; *Lavranos*, ZaöRV 68 (2008), 575, 606 ff.; aus jüngerer Zeit siehe *Gärditz*, EuGRZ 2018, 518, 542 sowie *Lenaerts*, EuR 2015, 3, 23.

402 EGMR, Urt. v. 30.06.2005 – Beschwerde Nr. 45036/98, ECLI:CE:ECHR:2005:0630JUD004503698, Rn. 155 ff. – *Bosphorus/Irland*; dazu *Haratsch*, ZaöRV 66 (2006), 927 ff. sowie *Jacqué*, RTDEur 41 (2005), 749 ff.

sung verankert.[403] Der EuGH ist hingegen bezüglich der Übernahme einer Solange-Methode im Hinblick auf das Völkerrecht sehr zurückhaltend.[404]

Die ungebrochene Strahlkraft dieser Methode zeigt sich dennoch daran, dass sowohl mit Blick auf den Grundrechtsschutz[405] als auch auf den Schutz europäischer Werte[406] eine „umgekehrte Solange-Methode" diskutiert wird. Auch losgelöst von einer besonderen Methode findet sich oft die Forderung nach einer allgemeinen gerichtlichen Zurückhaltung,[407] womit oftmals nicht nur das Verhältnis der Gerichte untereinander, sondern auch das Verhältnis der Gerichte zur Politik gemeint ist.[408] Sowohl die Selbstbeschränkung in Form der „Solange-Methode" als auch die gegenseitige Rücksichtnahme sind aber nicht unproblematisch. Zunächst dürfte es offensichtlich sein, dass über Art und angemessenen Umfang der Zurückhaltung kaum eine einvernehmliche Lösung herbeizuführen ist.[409] Auch sind in Anbetracht der jüngeren Urteile beider Gerichte durchaus Zweifel angebracht, inwieweit sie tatsächlich zur Zurückhaltung bereit sind. Während das BVerfG im PSPP-Urteil erstmals zum Ergebnis einer Ultra-vires-Erklärung gekommen ist,[410] hat der EuGH jüngst zum ersten Mal einen nationalen Rechtsakt für nichtig erklärt.[411] Wichtiger als die Bereitschaft sowie Art und Umfang der Zurückhaltung ist aber die Frage nach deren rechtlicher Zulässigkeit. Entscheidend ist nicht, ob sich EuGH und BVerfG in ihrer Rechtsprechung mehr oder weniger zurückhalten *wollen* oder *sollen*, sondern vielmehr, ob und wenn ja, inwieweit sie sich zurückhalten *dürfen* bzw. *müssen*. Trotz der unterschiedlichen Prämissen und rechtlichen Grundlagen verbindet EuGH und BVerfG ihre Stellung als rechtsprechende Organe. Sowohl der EuGH[412]

---

[403] Dazu und zur Rezeption der Solange-Formel im Übrigen *Wendel*, Permeabilität im europäischen Verfassungsrecht, S. 449 ff. m. w. N.

[404] Dazu *A. Bergmann*, Zur Souveränitätskonzeption des Europäischen Gerichtshofs, S. 185 ff. sowie *Thiemann*, Kooperation und Verfassungsvorbehalte im Ausgleich, S. 143 ff., insb. S. 156 ff.

[405] *F. Kirchhof*, EuR 2014, 267, 272.

[406] *Von Bogdandy/Spieker*, EuR 2020, 301 ff.

[407] Sehr deutlich die abw. Meinung der Richterin *Lübbe-Wolff* in BVerfGE 134, 366, 419 Rn. 106 ff. – *OMT-Vorlagebeschluss*; s. a. *Schönberger*, Der Staat 48 (2009), 535, 557 f., der von der „Kunst des Rückzugs" spricht.

[408] Zum EuGH siehe nur *Melzer*, Der Staat 57 (2018), 529, 541 ff. m. w. N.; zum BVerfG siehe noch Kap. 2, B. III. 1. b.) u. Kap. 2 Fn. 225.

[409] Exemplarisch nur *F. Kirchhof*, in: FS Herzog, S. 155, 162, der einerseits unter Hinweis auf *Oeter*, VVDStRL 66 (2007), 361, 366 betont, dass bei den Grundrechten die Lösung nicht in der vollständigen Aufgabe der Kontrollkompetenz liegen kann, andererseits aber auch eine „umgekehrte Solange-Rechtsprechung" durch den EuGH fordert, siehe *F. Kirchhof*, EuR 2014, 267, 272. Zur vergleichbaren Situation bei der umstrittenen Beurteilung der Honeywell-Kriterien siehe noch Kap. 5, B. I. 3.

[410] BVerfGE 154, 17 – *PSPP-Urteil*.

[411] EuGH, Urt. v. 26.02.2019 – verb. Rs. C-202/18 u. C-238/18, ECLI:EU:C:2019:139 – *Rimšēvičs*. Ob es sich um einen Einzelfall handelt, bleibt abzuwarten; insoweit skeptisch *Weinzierl*, EuR 2019, 455 ff.

[412] Nach Art. 19 Abs. 1 S. 1, Abs. 3 EUV i. V. m. Art. 256 ff. AEUV „entscheidet" der Ge-

als auch das BVerfG[413] müssen nach Maßgabe der Verträge bzw. des Grundgesetzes die ihnen vorgelegten Rechtsstreitigkeiten *entscheiden*. Weder kann der EuGH von sich aus, also losgelöst von einem konkreten Rechtsstreit, als „Motor der Integration" tätig werden,[414] noch darf das BVerfG ohne Weiteres über die Reichweite seiner Rechtsprechungsgewalt verfügen.[415] Die richterliche Zurückhaltung ist in ihrem Ausmaß und ihren Grenzen an das geltende Recht gebunden,[416] wobei den Gerichten naturgemäß Auslegungsspielräume bleiben.[417] Der Erfolg der gerichtlichen Zurückhaltung ist also weniger vom Willen der Gerichte, als von deren Interpretation des rechtlichen Rahmens abhängig. Soweit das Recht Vorschriften enthält, die es den Gerichten in der Praxis ermöglichen oder es ihnen sogar auftragen, bei grundsätzlicher Beibehaltung der eigenen Prämisse, die jeweils andere Perspektive ausreichend zu berücksichtigen, kann die gegenseitige Rücksichtnahme einen Beitrag zur Konfliktvermeidung leisten. Allerdings wird damit schnell ersichtlich, dass auch bei einer rechtlich möglichen oder gebotenen Zurückhaltung beide Rechtsordnungen für die Bestimmung der Grenzen des Anwendungsvorrangs bzw. der Integration insgesamt maßgeblich bleiben. Die angesprochenen Spielräume und Grenzen ergeben sich nämlich für den EuGH aus dem EU-Recht und für das BVerfG aus dem nationalen Verfassungsrecht, sodass die Zurückhaltung aufgrund der unveränderten Ausgangsposition beider Gerichte den Dissens unangetastet lässt.[418] Eine umfassende Auflösung des Widerspruchs zwischen EuGH und BVerfG ist folglich auch mit der gerichtlichen Zurückhaltung oder Rücksichtnahme nicht verbunden.

richtshof der Europäischen Union nach Maßgabe der Verträge; s. a. *Grimmel*, EuR 2013, 146, 166 f.

413 Nach Art. 92 GG ist dem BVerfG die rechtsprechende Gewalt „anvertraut" und es „entscheidet" nach Art. 93 Abs. 1 GG über die dort genannten Verfahren; s. a. *P. Kirchhof*, EuR Beiheft 1 (1991), 11, 23.

414 *Grimmel*, VerfBlog 2013/4/22, abrufbar unter: https://verfassungsblog.de/was-den-motor-antreibt-der-eugh-als-wegbereiter-der-europaischen-integration/, zuletzt zugegriffen am 30.11.2021; im Zusammenhang mit der wirtschaftlichen Integration s. a. *Susanne K. Schmidt*, in: Höpner/A. Schäfer, Politische Ökonomie der europäischen Integration, S. 101, 103 ff.

415 Sehr deutlich *Everling*, in: GS Grabitz, S. 57, 61; *Hirsch*, NJW 1996, 2457, 2464; *Zuck*, NJW 1994, 978, 979; s. a. *Schlaich/Korioth*, Bundesverfassungsgericht, S. 397 ff., insb. S. 406 f.; positiver hingegen *Grimm*, RdA 1996, 66, 68 sowie *P. Kirchhof*, EuR Beiheft 1 (1991), 11, 23 ff.

416 *Heintzen*, AöR 119 (1994), 564, 583 ff. u. 588; *H. P. Ipsen*, EuR 1994, 1, 10. Zur rechtlichen Grundlage der Rücksichtnahme s. a. *Dörr*, DVBl 2006, 1088, 1098 f.

417 *Streinz*, in: FS Stern 2012, S. 963, 965.

418 *Heintzen*, AöR 119 (1994), 564, 583 ff.; vgl. auch *Streinz*, in: FS Roth, S. 823, 827, der auch auf Spielräume von Art. 23 Abs. 1 GG sowie Art. 4 Abs. 2 und 3 EUV hinweist.

3. (K)ein juristisch unlösbarer Dissens

Sowohl die gerichtliche Kooperation in der Form des Dialogs als auch die verschiedenen Formen der Zurückhaltung lassen die unterschiedlichen Perspektiven von EuGH und BVerfG unberührt. Wie bereits angesprochen, wird aus der fehlenden Bereitschaft zur Aufgabe der jeweiligen Grundposition geschlossen, dass es sich um einen juristisch nicht lösbaren Dissens handelt.[419] Hintergrund der These ist der Befund, dass es für BVerfG und EuGH unmöglich ist, eine echte übergeordnete Gesamtperspektive einzunehmen. Tatsächlich bedeutet die – nicht zuletzt vom EuGH vorgebrachte – Autonomie der Rechtsordnungen in letzter Konsequenz, dass beide Rechtsordnungen ihr Verhältnis zur jeweils anderen Rechtsordnung vollkommen unabhängig voneinander regeln.[420] So bewegen sich beide Gerichte stets nur in ihrer eigenen Rechtsordnung, die das Verhältnis zur jeweils anderen Rechtsordnung aber gar nicht für diese verbindlich regeln könne, da es an einer übergreifenden Kollisions- oder Grundnorm fehle.[421]

Die These der Unlösbarkeit wird zunächst von denjenigen Stimmen in Frage gestellt, die einer der beiden Prämissen einen grundsätzlichen Vorrang einräumen wollen.[422] Für diese Stimmen handelt es sich um einen klassischen juristischen Streit, der zugunsten einer Meinung entschieden werden kann bzw. muss. Dass es beim angesprochenen Dissens von EuGH und BVerfG aber gerade nicht um einen solchen Streit handelt, sondern die Entscheidung für oder gegen eine der Prämissen mit erheblichen Problemen verbunden ist, wurde bereits dargestellt. Aus diesem Grund ist auch ein anderer Kritikpunkt an der These von der juristischen Unlösbarkeit viel entscheidender. Ein Großteil der Kritik geht nämlich dahin, dass die These von der juristischen Unauflösbarkeit gar nicht erst versuche, das vorhandene Problem im Rahmen des geltenden Rechts zu lösen.[423] Insoweit muss aber differenziert werden, was mit der These von der juristischen Unauflösbarkeit tatsächlich gemeint ist. Zunächst ist unstreitig, dass der Widerspruch bis heute in der Rechtsprechung besteht und

---

[419] *Mayer*, in: von Bogdandy/Bast, Europäisches Verfassungsrecht, S. 559, 591; s. a. die Nachweise oben Kap. 1 Fn. 366 f.

[420] *Baldus*, Der Staat 36 (1997), 381, 393 f.; s. a. *Kruis*, Der Anwendungsvorrang des EU-Rechts in Theorie und Praxis, S. 49 dort Fn. 195; zum Argument der Eigenständigkeit bereits oben S. 51.

[421] *Isensee*, in: FS Stern 1997, S. 1239, 1261 ff. sowie *R. Wahl*, Der Staat 48 (2009), 587, 601 ff.; ausf. zu Grundnorm und Supranationalität *Grussmann*, in: von Danwitz/Heintzen/Jestaedt u. a., Auf dem Wege zu einer Europäischen Staatlichkeit, S. 47 ff.

[422] Exemplarisch *Hufeld*, in: Isensee/Kirchhof, HdbStR Bd. X, 2012, § 215 Rn. 5 ff. sowie *P. Kirchhof*, NJW 2020, 2057, 2058; s. a. *Kempen*, AVR 35 (1997), 273, 277 ff. u. 281 ff.

[423] Sehr deutlich die Reaktion von *Kumm*, CML Rev. 36 (1999), 351, 374 dort Fn. 46 auf *Folz*, Demokratie und Integration, passim, der vor allem auf S. 375 ff. Lösungen *de lege ferenda* diskutiert. Zustimmend *H. Sauer*, Jurisdiktionskonflikte in Mehrebenensystemen, S. 165 ff., der in *H. Sauer*, EuZW 2011, 94 die Prämissen aber wiederum als „unauflösbar" bezeichnet.

daher *de facto* und *de jure* nicht aufgelöst ist. In Anbetracht des Festhaltens beider Gerichte an der jeweiligen Grundposition wird auch deutlich, dass eine Auflösung des Dissenses im Wege einer von beiden Gerichten gleichermaßen akzeptierten Gesamtentscheidung für eine der beiden Positionen bis auf Weiteres unrealistisch bleibt.[424] Gleichzeitig vermochten es die Gerichte aber lange Zeit, ein tatsächliches Ausbrechen des Konflikts im Wege des Dialogs und der Rücksichtnahme zu verhindern. Da sie sich dabei stets im Rahmen des geltenden Rechts bewegen müssen, kann jedenfalls nicht davon gesprochen werden, dass es gar keine juristische Lösung für den Konflikt gibt. Vielmehr hat insbesondere die Betrachtung der gegenseitigen Rücksichtnahme gezeigt, dass es auf beide Prämissen bzw. Rechtsordnungen gleichermaßen ankommt. Unabhängig davon, in welcher Norm oder welchem rechtlichen Prinzip man die Zurückhaltung oder gegenseitige Rücksichtnahme verankert, bleibt die Anwendung dieser Konfliktvermeidungsstrategien abhängig vom jeweiligen rechtlichen Maßstab und seinem Rechtsanwender.[425] So wäre auch der Versuch, im Wege der „praktischen Konkordanz"[426] einen schonenden Ausgleich zwischen nationalem und europäischem Recht herzustellen zum Scheitern verurteilt, da dieser Ausgleich ebenfalls von den Normen der jeweiligen Rechtsordnung ausgehen müsste und somit infolge der ungleichen Ausgangslage wiederum zu unterschiedlichen Ergebnissen führen würde.[427] Damit ist aber weiterhin unklar, ob und wie sich diese grundsätzliche Maßgeblichkeit mehrerer Rechtsordnungen rechtlich einordnen lässt.

Nicht zuletzt vor dem Hintergrund der weiterhin unveränderten Standpunkte von EuGH und BVerfG erlangen zunehmend solche Ansätze Bedeutung, welche unter dem Stichwort des „Pluralismus" EU-Recht und nationales (Verfassungs-) Recht als selbständig und gleichberechtigt nebeneinanderstehende Rechtsordnungen beschreiben, zwischen denen kein hierarchisches Verhältnis bestehe.[428] Beide Rechtsordnungen sind zwar nicht vollständig voneinander isoliert, sondern „in vielfältiger Weise aufeinander bezogen, miteinander verschränkt und wechselseitigen Einwirkungen […] geöffnet", was nicht nur in der Rechtsprechung des BVerfG,[429] sondern auch an Vorschriften des Primärrechts, welche sich auf die nationale Verfassungsordnung beziehen, deutlich wird.[430] Gleich-

[424] *Haltern*, Europarecht: Dogmatik im Kontext, Bd. II, S. 532 Rn. 1281 f.; vgl. auch *Heintzen*, AöR 119 (1994), 564, 565 u. 578 ff. sowie *R. Wahl*, Der Staat 48 (2009), 587, 601 f.

[425] *Baldus*, Der Staat 36 (1997), 381, 394 f.

[426] Für ein solches Vorgehen z. B. *Schilling*, Der Staat 29 (1990), 161, 179 ff.

[427] *Baldus*, Der Staat 36 (1997), 381, 394 f.

[428] Dazu und zum Folgenden *Haltern*, Europarecht: Dogmatik im Kontext, Bd. II, S. 534 Rn. 1284 ff. sowie *W. Weiß*, in: Niedobitek, Europarecht, § 5 Rn. 17 ff. m. w. N.

[429] BVerfGE 52, 187, 200 – *„Vielleicht"-Beschluss*; zur Verschränkung auch BVerfGE 73, 339, 367 – *Solange II*.

[430] Siehe z. B. Art. 4 Abs. 2, Art. 6 Abs. 3 und Art. 48 EUV sowie Art. 53 GRCh; dazu *W. Weiß*, in: Niedobitek, Europarecht, § 5 Rn. 20 u. 8 ff. Umfassend zur gegenseitigen Öffnung der Rechtsordnungen siehe *Wendel*, Permeabilität im europäischen Verfassungsrecht, passim.

zeitig vermögen aber auch noch so starke Einflüsse und Verflechtungen nichts an der Tatsache zu ändern, dass im Endeffekt zwei voneinander zu trennende Rechtsordnungen bestehen bleiben.[431] Diesem Umstand trägt der Pluralismus Rechnung, wenn er davon ausgeht, dass es mit Völkerrecht, Unionsrecht und staatlichem Recht mehrere eigenständige Teilrechtsordnungen gibt, die in keinem hierarchischen Verhältnis stehen und gerade nicht Teil einer – wie auch immer gearteten – Gesamtrechtsordnung sind.[432] Nach dem pluralistischen Verständnis bedeutet auch der Anwendungsvorrang des EU-Rechts – wie schon der Name verdeutlicht – keine Hierarchie, sondern eine bloße Rechtsanwendungsregel.[433] Für die Bestimmung der Grenzen von Anwendungsvorrang und der Integration insgesamt sind im Pluralismus daher nationale und unionale Rechtsordnungen gleichermaßen relevant. Jede Rechtsordnung und damit auch das jeweilige Gericht entscheidet die Grenzfrage ausgehend von der jeweiligen Perspektive, verbunden mit einem Anspruch auf Letztentscheidung.[434] Diese Entscheidung gilt aber jeweils nur innerhalb der eigenen Rechtsordnung, da es ein umfassendes „letztes Wort" im Pluralismus, infolge der gleichberechtigten Rechtsordnungen, nicht geben kann.[435] Gerade diesen Punkt greifen die kritischen Stimmen an den pluralistischen Ansätzen auf. Problematisiert wird von ihnen nämlich vor allem, dass der Pluralismus keine abschließende Lösung liefere und in erster Linie deskriptiv bleibe.[436] Diese Kritik übersieht aber, dass pluralistische Ansätze unter Verzicht auf hierarchische Lösungen gerade den Inhalt rechtlicher Normen in den Blick nehmen, was auch im Europarecht entscheidend ist.[437] Somit ist der Pluralismus durchaus in der Lage, rechtliche Orientierung zu liefern,[438] zumal im Verzicht auf die Gesamtlösung gerade seine „Pointe" liegt.[439] Damit ist natürlich noch nicht gesagt, dass pluralistische Ansätze das Allheilmittel zur Beurteilung des Verhältnisses von nationalem Recht und europäischem Recht sind. Gerade im Hinblick auf die Grenzen des Anwen-

[431] *Knauff*, in: Franzius/Mayer/Neyer, Grenzen der europäischen Integration, S. 123, 136 unter Hinweis auf *Losano*, RT 38 (2007), 9, 18.

[432] Ausf. *Mayer*, VVDStRL 75 (2016), 7 ff. sowie *Franzius*, RW 7 (2016), 62 ff.; zur Abgrenzung zum Dualismus siehe *A. Peters*, Elemente einer Theorie der Verfassung Europas, S. 268 ff., insb. S. 270.

[433] *Mayer*, VVDStRL 75 (2016), 7, 42; ausf. zum Verhältnis von Vorrang und Hierarchie siehe *H. Sauer*, RT 44 (2013), 503 ff., insb. 515 ff.

[434] *Kruis*, Der Anwendungsvorrang des EU-Rechts in Theorie und Praxis, S. 13 m. w. N. u. S. 43; zur Letztentscheidung siehe *Streinz*, in: FS Stern 2012, S. 963, 971.

[435] *Franzius*, Recht und Politik in der transnationalen Konstellation, S. 22, 228, 245 u. 250; s. a. *Franz Mayer* auf der 75. Jahrestagung der VDStRL vom 7. bis 10. Oktober 2015, zitiert nach *C. Bäcker*, JZ 2016, 246.

[436] Zur Kritik und ihrer Entkräftung siehe *Franzius*, RW 7 (2016), 62, 64 ff. sowie *Mayer*, VVDStRL 75 (2016), 7, 35 ff.; jeweils m. w. N.

[437] *Wessel*, in: Cannizzaro/Palchetti/Wessel, International Law as Law of the EU, S. 7, 22 ff. u. 33; zur Bedeutung des positiven Rechts bereits oben S. 68.

[438] *Viellechner*, in: Franzius/Mayer/Neyer, Die Neuerfindung Europas, S. 179, 185 ff.

[439] *Franzius*, RW 7 (2016), 62, 67.

dungsvorrangs und der europäischen Integration insgesamt, folgt aus dem pluralistischen Ansatz zunächst nur, dass sich Grenzen aus beiden Rechtsordnungen ergeben können. Ob und welche weiteren Schlüsse sich aus einer getrennten Untersuchung der Grenzen ergeben, wird sich erst am Ende dieser Arbeit zeigen. Allerdings passen pluralistische Ansätze am besten zur Rechtswirklichkeit,[440] da sie eine, dem Rahmencharakter des Rechts der Integration entsprechende, flexible Struktur bieten, die es ermöglicht auch die politische Auseinandersetzung ausreichend zu berücksichtigen.[441] Indem eine Entscheidung im Sinne eines „letzten Wortes" eines der Gerichte im Pluralismus unterbleibt, wird nämlich zugleich Raum für eine politische Entscheidung geschaffen.[442]

Dadurch wird über den Pluralismus auch der Konflikt zwischen EuGH und BVerfG sowie die Frage nach den Grenzen der Integration insgesamt rechtlich handhabbar. Der Konflikt ist demnach nur insoweit „unauflösbar", als eine umfassende, beiden Seiten gerecht werdende, Entscheidung tatsächlich schwierig bis unmöglich ist. Unzutreffend wäre es aber daraus zu schließen, das geltende Recht stelle keine Instrumente bereit, um mit dem Konflikt angemessen umzugehen. Das Verhältnis von nationalem Recht und EU-Recht ist und bleibt ein rechtliches Problem, dem im Sinne des Pluralismus durch gegenseitige Rücksichtnahme im Rahmen des jeweiligen Rechts beizukommen ist. Zwischen EuGH und BVerfG liegt unzweifelhaft ein Dissens vor, der aber nicht von vornherein einer rechtlichen Problembewältigung entzogen ist. In Anbetracht dieser Tatsache und ein weites Verständnis von „Konfliktlösung" zugrunde legend, kann demnach nicht davon gesprochen werden, dass es sich um einen „juristisch unlösbaren" Dissens handele.

IV. Die Notwendigkeit eines gleichberechtigten und maßstabsorientierten Austauschs

Der Umgang von EuGH und BVerfG mit der europäischen Integration wird nach wie vor geprägt durch ihr abweichendes Verständnis vom Anwendungsvorrang des EU-Rechts. Da beide Gerichte auch in den jüngsten Entscheidungen an ihrem jeweiligen Zugang zur europäischen Integration festhalten, bleibt der grundsätzliche Dissens zwischen ihnen bestehen. Dies bedeutet aber keinesfalls, dass die Auseinandersetzung zwischen beiden Gerichten keiner juristischen Lösung zugänglich wäre. Zur vollständigen Erfassung des Phänomens der europäischen Integration und seiner rechtlichen Grenzen ist eine Betrach-

---

440 *Kruis*, Der Anwendungsvorrang des EU-Rechts in Theorie und Praxis, S. 42.; s. a. *Haltern*, Europarecht: Dogmatik im Kontext, Bd. II, S. 535 Rn. 1287 f. *Grimm*, RdA 1996, 66, 71 weist darauf hin, dass bei zwei Rechtsordnungen immer ein „ungelöster Rest" bestehen bleibt.

441 *Viellechner*, in: Franzius/Mayer/Neyer, Die Neuerfindung Europas, S. 179, 192 ff.

442 *Franzius*, Recht und Politik in der transnationalen Konstellation, S. 104; vgl. auch *Baldus*, Der Staat 36 (1997), 381, 396 f.

tung beider Zugänge erforderlich,[443] da nationales und europäisches Recht im Sinne eines pluralistischen Verständnisses als gleichberechtigte Teilrechtsordnungen nebeneinanderstehen. Mit anderen Worten ist es erforderlich, die unterschiedlichen Perspektiven von nationalem und unionalem Recht getrennt zu betrachten und gegenüberzustellen.[444] Wie nicht zuletzt das PSPP-Verfahren verdeutlicht, müssen die damit unweigerlich verbundenen Spannungen schlicht hingenommen werden und eine Lösung anhand konkreter Maßstäbe im Einzelfall an die Stelle abstrakter Betrachtungen treten.[445] Dies erfordert einen gleichberechtigten Austausch der Rechtsordnungen, bei dem weder in sprachlicher noch in inhaltlicher Hinsicht „letzte Worte“ existieren.

Zunächst ist die Metapher vom „letzten Wort“ generell kritisch zu betrachten, zumal sie unterschiedlich verstanden werden kann.[446] In Anbetracht der vielen Akteure des Verfassungsrechtsrechtskreises, die Anteil an der Auslegung der Verfassung haben und des, auch in höchstrichterlichen Entscheidungen regelmäßig zum Ausdruck gebrachten Spielraums für den Gesetzgeber, bietet es sich an, (Verfassungs-)Gerichte mehr als „Wegweiser“, denn als Sprecher „letzter Worte“ zu erfassen.[447] Gerade im Hinblick auf den angesprochenen Trend, politische Entscheidungen auf Gerichte zu verlagern,[448] kommt Gerichten weniger die Aufgabe zu, diese – teils hochpolitischen – Fragen letztgültig zu entscheiden, sondern einen Ausgleich zwischen den Akteuren zu schaffen und verfassungsrechtliche Belange in die Diskussion einfließen zu lassen.[449] Dies gilt umso mehr für das Recht der europäischen Integration, dem nicht zuletzt aufgrund seines kompromissartigen Charakters kein vorgegebenes Integrationsverständnis entnommen werden kann.[450] Vielmehr entwickelt sich dieses erst durch unterschiedliche Interpretationen, sodass die unterschiedlichen Zugänge von EuGH und BVerfG eher als Interpretations- denn als Geltungskonflikt betrachtet werden sollten.[451] Es geht demnach bei der Auseinandersetzung um

---

[443] *Baldus*, Der Staat 36 (1997), 381, 394 ff.; vgl. auch *Huber*, VVDStRL 60 (2001), 194, 208 f.

[444] Ebenso *Schwarze*, Das Verhältnis von nationalem Recht und Europarecht Bd. II, S. 21.

[445] *Ohler*, in: FS Siekmann, S. 3, 6; s. a. *Huber*, in: Pernice/Schwarz, Europa in der Welt, S. 329, 331, der die Spannung als „produktiv“ bezeichnet. Für einen kooperativen und pluralistischen Ansatz in Reaktion auf das PSPP-Urteil auch *Lang*, Der Staat 60 (2021), 99, 106 ff. u. passim.

[446] Siehe nur *Lang*, in: Elser/Eugster/Kind u. a., Das letzte Wort, S. 15, 18 ff. sowie die weiteren Beiträge im Sammelwerk.

[447] *Lang*, in: Elser/Eugster/Kind u. a., Das letzte Wort, S. 15, 20 ff., 32 ff. u. passim; zur gegenseitigen Beeinflussung der Akteure s. a. *Sweet*, Governing with Judges, S. 139 ff.

[448] *Croon*, in: Elser/Eugster/Kind u. a., Das letzte Wort, S. 39, 51; dazu bereits oben S. 2.

[449] *Lang*, in: Elser/Eugster/Kind u. a., Das letzte Wort, S. 15, 34 u. 36; zum Ausgleich zwischen den Akteuren nochmals *Sweet*, Governing with Judges, S. 139 ff.

[450] Dazu bereits oben S. 41 ff., insb. S. 43.

[451] *Volkmann*, in: G. Kirchhof/Kube/R. Schmidt, Vom Ursprung und Ziel der EU, S. 57, 64.

die europäische Integration nicht um die Frage „mehr oder weniger", sondern darum, anhand konkreter Normen eine problembezogene Analyse unter Berücksichtigung auch der wirtschaftlichen und politischen Dimension vorzunehmen.[452] Die europäische Integration bedeutet nicht nur ein Zusammentreffen von europäischen und nationalen Interessen, sondern auch von wirtschaftlichen, politischen und rechtlichen Aspekten. Bei dem somit erforderlichen Ausgleich geht es weniger um absolute Grenzen oder Kategorien wie „richtig" und „falsch", sondern um eine Bandbreite von Möglichkeiten, die im stetigen Austausch von Rechtsprechung und Rechtsetzung entwickelt bzw. austariert werden muss. Deshalb gilt die pluralistische Sicht, wonach es kein „letztes Wort" im Konflikt der Rechtsordnungen gibt, auch für die europäische Integration insgesamt.[453]

Dies deckt sich mit den Ergebnissen des ersten Unterkapitels, wonach der Zugang zum Begriff der Integration stets mit der Frage verbunden ist, wie der – als Kompetenzübertragung und -ausübung verstandene – Integrationsprozess ablaufen soll bzw. welcher Integrationszustand angestrebt wird. Nicht nur allgemein, sondern auch für die Gerichte kommt es für ein Verständnis der Integration vor allem auf den jeweils verwendeten Maßstab an. Dabei ermöglichen und erfordern unterschiedliche Zugänge („Verschiedenes") zur Integration bzw. zum Anwendungsvorrang („dasselbe") gerade einen Austausch der Gerichte über diese Maßstäbe. Mit dem unterschiedlichen Zugang sind zwar grundsätzlich auch unterschiedliche Normen als Ausgangspunkt verbunden, doch ist damit nicht ausgeschlossen, dass die Gerichte trotz auf den ersten Blick abweichenden Maßstäben („Verschiedenes") ein einheitliches oder jedenfalls ähnliches Gesamtverständnis der Integration („dasselbe") entwickeln. Der Erfolg der gerichtlichen Kooperation hängt damit nicht so sehr am unterschiedlichen Zugang, als an den dahinterstehenden Maßstäben, wie sie sich aus dem Recht der Integration ergeben. Solange – trotz dogmatisch unterschiedlichem Zugang – die Maßstäbe beider Gerichte übereinstimmen, kann es auch keinen Konflikt geben.[454] Die Möglichkeiten und Grenzen einer gerichtlichen Kooperation sind damit in besonderem Maße abhängig vom Umfang der sich bei den verwendeten Integrationsmaßstäben ergebenden Schnittmengen.

---

452 Speziell zu Abwägungsprozessen im Rahmen der WWU so auch *Ohler*, in: FS Siekmann, S. 3, 11 f. unter Hinweis auf *Volkmann*, in: G. Kirchhof/Kube/R. Schmidt, Vom Ursprung und Ziel der EU, S. 57, 63 f.

453 *Häberle*, JöR 58 (2010), 317, 329 u. 335; s. a. *Franzius*, TranState Working Papers No. 124, S. 16; zum „letzten Wort" im Pluralismus siehe bereits die Nachweise oben Kap. 1 Fn. 435.

454 Vgl. *Schneider*, AöR 139 (2014), 196, 198 f.

C. Integrationsmaßstäbe als Zentrum der gerichtlichen Kooperation

Insgesamt kommt den Maßstäben der Integration also die entscheidende Rolle für die Möglichkeit eines kooperativen Umgangs mit der rechtlichen Auseinandersetzung über die europäische Integration zu. Bevor die Maßstäbe der Gerichte genauer betrachtet und verglichen werden können, bleibt nur noch abschließend zu klären, welche Maßstäbe für einen derartigen Vergleich in Betracht kommen. Obwohl an dieser Stelle naturgemäß die rechtlichen Maßstäbe der Integration im Zentrum stehen (I.), darf dabei der Gesamtkontext der europäischen Integration nicht aus dem Blick geraten (II.).

I. Rechtliche Maßstäbe der Integration

Für die europäische Integration sind „Grenzfragen" seit jeher von elementarer Bedeutung, wobei je nach Zusammenhang sowohl politisch-territoriale als auch und vor allem rechtlich-kompetenzielle Grenzen im Vordergrund stehen.[455] In rechtlicher Hinsicht sind mit der Frage nach dem Ausmaß der Integration in erster Linie Kompetenzgrenzen angesprochen (1.), womit Maßstäbe sowohl im Bereich der Kompetenzübertragung als auch im Bereich der Kompetenzausübung relevant werden können (2.).

1. Kompetenzgrenzen als Maßstab und der Unterschied von „rechtlichem Können" und „rechtlichem Dürfen"

Nach dem rechtlichen Verständnis betrifft Integration in erster Linie die Übertragung von Kompetenzen auf die gemeinsame europäische Ebene sowie die dortige Kompetenzausübung bzw. weitere Ausgestaltung der Kompetenzordnung. Das Recht der Integration erfasst deshalb auch die beiden Gruppen von Normen, welche einerseits die Kompetenzübertragung und andererseits die Kompetenzausübung betreffen.[456] Dabei ist auch die rechtliche Möglichkeit zur Übertragung von Kompetenzen nichts anderes als eine (nationale) Kompetenz, weshalb die Normen beider Gruppen jeweils eine (Rechts-)Macht zur Herbeiführung rechtlich erheblicher Entscheidungen verleihen.[457] Da gleichzeitig aber innerhalb eines geordneten Rechtssystems eine unbegrenzte Rechtsmacht nicht existiert,[458] wirkt das Recht auch in Bezug auf die Integration nicht nur er-

---

455 *Franzius/Mayer/Neyer*, in: Franzius/Mayer/Neyer, Grenzen der europäischen Integration, S. 11 ff.; s. a. die anderen Beiträge in dem Sammelband.

456 Dazu bereits oben S. 34 ff. u. 41 ff.

457 Zum Begriff der Kompetenz als Ausübung von Rechtsmacht siehe bereits oben S. 36.

458 *Mayer*, Kompetenzüberschreitung und Letztentscheidungsrecht, S. 22 ff.; s. a. *Hans J. Wolff*, Organschaft und Juristische Person, Bd. II, S. 276.

möglichend, sondern auch begrenzend.[459] Betrifft die Integration im rechtlichen Sinne in erster Linie die Kompetenzübertragung bzw. -ausübung, regeln die demgegenüber stehenden (Kompetenz-)Grenzen die Frage, wie weit die so verstandene Integration rechtlich gehen kann bzw. darf.[460] Die relevanten rechtlichen Maßstäbe sind damit in erster Linie jene Grenzen, die darüber bestimmen, ob eine bestimmte Rechtsmacht ausgeübt werden kann bzw. darf.

Damit ist zugleich die Unterscheidung zwischen „rechtlichem Können" und „rechtlichem Dürfen" angesprochen,[461] welche gerade im Bereich von Kompetenzgrenzen nicht unproblematisch ist. Weitgehend wird die Kompetenz, verstanden als Rechtsmacht zur Herbeiführung rechtlich erheblicher Entscheidungen, mit dem Begriff des „rechtlichen Könnens" gleichsetzt, welches in seiner Ausübung durch das Ausmaß der sich aus der Rechtsordnung ergebenden Erlaubnis, dem „rechtlichen Dürfen", eingeschränkt wird.[462] Teilweise wird die Kompetenz aber auch enger verstanden und nur von der Rechtsordnung erlaubtes Handeln als kompetenzmäßig angesehen, mit der Folge, dass „Können" und „Dürfen" niemals auseinanderfallen.[463] Kompetenzgrenzen wären dann immer eine Frage der Erlaubnis, also des „rechtlichen Dürfens". Dieser Meinung ist insoweit zuzustimmen, dass sich sowohl das Ausmaß an kompetenzmäßigem als auch die Rechtsfolge von kompetenzwidrigem Handeln nur unter Rückgriff auf die jeweiligen Rechtsnormen bestimmen lassen und damit abhängig von der Rechtsetzung und -anwendung sind.[464] Gleichwohl spricht gegen eine „Verschleifung"[465] des Begriffspaares von „rechtlichem Können" und „rechtlichem Dürfen" gerade die normative Tatsache, dass in zahlreichen Rechtsbereichen aus guten Gründen ein „Können-Überschuss" existiert.[466] Ob es so einen Überschuss auch im Recht der europäischen Integration gibt und welche Probleme, insbesondere im Hinblick auf die Rechtsfolge, mit dem umstrittenen Begriffspaar verbunden sind, wird noch im Einzelnen zu erörtern sein. Für den Moment kann aber festgehalten werden, dass mit dem „rechtlichen Können"

[459] Vgl. *Mayer*, NJW 2017, 3631, 3636; allgemein zur begrenzenden und ermöglichenden Rolle des Rechts für die Politik s. a. *Franzius*, Recht und Politik in der transnationalen Konstellation, S. 30.

[460] Vgl. zum Begriff der Kompetenzgrenzen auch *Franzius/Mayer/Neyer*, in: Franzius/Mayer/Neyer, Grenzen der europäischen Integration, S. 11 u. 16.

[461] Ausf. *Reimer*, RT 48 (2017), 417 ff.

[462] *Hans J. Wolff*, Organschaft und Juristische Person, Bd. II, S. 236 u. 275 ff.; s. a. *Alexy*, Theorie der Grundrechte, S. 211 ff. sowie *Schubert*, Der Gemeinsame Markt als Rechtsbegriff, S. 34.

[463] Ausf. *Pechstein*, Die Mitgliedstaaten der EG als „Sachwalter des gemeinsamen Interesses", S. 24 f. u. 31 ff., insb. S. 38 ff.; s. a. die Nachweise bei *Alexy*, Theorie der Grundrechte, S. 212 dort Fn. 159.

[464] *Pechstein*, Die Mitgliedstaaten der EG als „Sachwalter des gemeinsamen Interesses", S. 24 f. u. 31 ff., insb. S. 38 ff.; s. a. *Reimer*, RT 48 (2017), 417, 436 u. 439.

[465] Kritisch zu einer „Verschleifung" *Reimer*, RT 48 (2017), 417, 435 ff.

[466] Ausf. *Reimer*, RT 48 (2017), 417, 430 ff., der als Gründe neben der Herrschaftsabsicherung auch die Effektivität und Entlastung nennt.

einerseits und dem „rechtlichen Dürfen" andererseits" grundsätzlich zwei verschiedene Kategorien der Kompetenzgrenzen beschrieben werden können. Zunächst kann es sein, dass die handelnde Stelle die fragliche Rechtsmacht gar nicht innehat, ihr also bereits das „rechtliche Können" fehlt. Verfügt die handelnde Stelle über das „rechtliche Können", kann sich eine Grenze aus dem „rechtlichen Dürfen" ergeben, soweit es der handelnden Stelle nicht erlaubt ist, die ihr grundsätzlich verliehene Rechtsmacht so auszuüben, wie sie es getan hat. In Anbetracht der Abhängigkeit der Kompetenzgrenzen von den jeweiligen Normen ist es erforderlich, die Grenzen des Könnens und Dürfens nicht nur getrennt nach Rechtsordnungen, sondern auch für jede Normgruppe des Rechts der Integration gesondert zu bestimmen. Zu unterscheiden sind demnach die Grenzen bzw. Maßstäbe für die Übertragung von Kompetenzen von denen für die Kompetenzausübung.[467]

2. *Die relevanten Maßstäbe des Rechts der Integration*

Im Zusammenhang mit den Grenzen des GG für die europäische Integration weist *Christian Calliess* zu Recht darauf hin, dass grundsätzlich drei Fragen unterschieden werden müssen: Erstens die Grenze der Übertragung von Kompetenzen, zweitens die Grenzen der innerstaatlichen bzw. innerdeutschen Anwendbarkeit, der infolge der Übertragung ergangenen Hoheitsakte und drittens die Frage der (bundesverfassungs-)gerichtlichen Kontrollbefugnis.[468] Wie noch zu zeigen sein wird, besteht in der Rechtsprechung des BVerfG allerdings eine sehr enge Verbindung aller drei Fragen, was sich auch und vor allem aus der besonderen prozessualen Konstellation erklärt.[469] Während Gerichte ihre Prüfung denklogisch mit der Zulässigkeit beginnen müssen, erscheint es für diese Arbeit zielführender, zunächst die materiellen Grenzen bzw. Maßstäbe zu betrachten, bevor auf prozessuale Aspekte des gerichtlichen Austauschs eingegangen werden kann. Der Schluss von möglichen materiellen Grenzen auf die gerichtliche Zuständigkeit ist nämlich keinesfalls zwingend,[470] sodass es trotz der herausgehobenen Rolle von EuGH und BVerfG im Ausgangspunkt auf die Maßstäbe

---

[467] Vgl. *Calliess*, in: Dürig/Herzog/Scholz, GG, Art. 24 GG Abs. 1 Rn. 75 sowie *Grimm*, in: Franzius/Mayer/Neyer, Grenzen der europäischen Integration, S. 27, 27.

[468] *Calliess*, in: Dürig/Herzog/Scholz, GG, Art. 24 GG Abs. 1 Rn. 75, der freilich dem Normtext entsprechend von „Hoheitsrechten" spricht.

[469] Siehe auch *Calliess*, in: Dürig/Herzog/Scholz, GG, Art. 24 GG Abs. 1 Rn. 75. Zur problematischen Vermischung der ersten beiden Fragen in der Rechtsprechung des BVerfG vor Maastricht siehe bereits *W. Müller*, Die Entscheidung des Grundgesetzes für die gemeindliche Selbstverwaltung, S. 286 ff. u. 326 ff. Zur problematischen Vermischung verschiedener Begründungsansätze in Bezug auf die jüngere Rechtsprechung siehe *H. Sauer*, EuR 2017, 186, 192 m. w. N.

[470] Sehr deutlich *H. Sauer*, Jurisdiktionskonflikte in Mehrebenensystemen, S. 165 ff.; s. a. *Schönberger*, Der Staat 48 (2009), 535, 540 sowie *Proelß*, EuR 2011, 241, 247 dort Fn. 42 m. w. N.

des materiellen Rechts ankommt.[471] Erst über die Bestimmung der Maßstäbe sowohl des europäischen als auch des nationalen Rechts können Möglichkeiten und Grenzen eines kooperativen Austauschs bestimmt werden. Mit anderen Worten gilt es anhand der Maßstäbe zu ermitteln, in welchen Bereichen eine Kooperation möglich ist („Ob"-Frage), um anschließend zu klären, in welcher prozess- oder verfahrensrechtlichen Form die Kooperation bestmöglich realisiert werden kann („Wie"-Frage).

Die Frage, welche Maßstäbe im Einzelnen betrachtet werden müssen, beantwortet sich einerseits über die unterschiedlichen Bereiche des Rechts der Integration und andererseits über die dort jeweils von den Gerichten herangezogenen Grenzen. Da insbesondere das BVerfG umfassende verfassungsrechtliche Maßstäbe für Primär- und Sekundärrecht gezogen hat, bieten sich diese in besonderem Maße als Orientierung an. Insoweit können bzw. müssen die vom BVerfG postulierten Grenzen der jeweiligen Position des EuGH gegenübergestellt werden, wobei sowohl die Kompetenzübertragung als auch die Kompetenzausübung betroffen ist.

Maßstäbe bezüglich der Übertragung von Kompetenzen betreffen zunächst den Vorgang der Kompetenzübertragung und damit dessen Reichweite nach nationalem Recht, was nicht zuletzt in Art. 23 Abs. 1 S. 1 und 3 GG sowie der diesbezüglichen Rechtsprechung des BVerfG deutlich wird. Umgekehrt enthält auch das Primärrecht mit Art. 48 EUV eine Vorschrift, welche die Übertragung von Kompetenzen an bestimmte verfahrensrechtliche Voraussetzungen bindet. Gerade in Anbetracht der umfassenden Vorgaben des BVerfG ist zu klären, ob und inwieweit die unterschiedlichen Rechtsordnungen ähnliche oder vergleichbare Maßstäbe für Änderungen des Primärrechts an den Tag legen. Als Maßstäbe für den zweiten großen Bereich der Integration, die Kompetenzausübung, sind neben den Grundrechten als „negative Kompetenznormen"[472] aus europäischer Sicht vor allem die in den Art. 4 und 5 EUV verankerten Grundsätze der Subsidiarität, der Verhältnismäßigkeit und der begrenzten Einzelermächtigung sowie die Achtung der nationalen Identität der Mitgliedstaaten (Art. 4 Abs. 2 S. 1 EUV) angesprochen. Nach der Rechtsprechung des BVerfG ergeben sich Integrations- bzw. Kompetenzgrenzen für die EU hingegen aus dem nationalen Verfassungsrecht, wobei es insbesondere auf grundrechtliche und kompetenzrechtliche Maßstäbe sowie die Grenze der „Verfassungsidentität" abstellt. Auf den ersten Blick scheinen in den Bereichen Schnittmengen durchaus möglich zu sein. Bevor aber im Folgenden die Maßstäbe beider Rechtsordnungen für

---

[471] In Bezug auf die Kompetenzkontrolle auch *Schneider*, AöR 139 (2014), 196, 198 f.; s. a. *Schlaich/Korioth*, Bundesverfassungsgericht, S. 287 f. sowie bereits oben Kap. 1, B. III. u. IV.

[472] Begriff nach *Ehmke*, Wirtschaft und Verfassung, S. 30; zur europäischen Perspektive siehe *Pernice*, JZ 2000, 866, 869 m. w. N. Ausf. zu den grundrechtlichen Maßstäben siehe noch Kap. 3.

beide Bereiche des Rechts der Integration untersucht und verglichen werden können, gilt es noch die rechtlichen Maßstäbe in den Gesamtkontext der europäischen Integration einzuordnen.

II. Rechtliche Integrationsgrenzen im Kontext

In Anbetracht der zahlreichen Dimensionen des Integrationsbegriffs drängt sich der Einwand bzw. die Frage auf, ob bzw. inwieweit das Recht der Integration den einzig entscheidenden Maßstab für die europäische Integration bildet. So findet sich oft der durchaus zutreffende Hinweis, dass auch und gerade die europäische Integration nicht nur rechtlich, sondern auch politisch gedacht und betrachtet werden müsse.[473] Tatsächlich ist eine gewisse Zurückhaltung bereits deshalb angezeigt, weil die umfassende Bindung politischer Prozesse an rechtliche Maßstäbe ein vorrangig den (bundes-)deutschen Rechtsraum prägendes Phänomen ist, während andere Mitgliedstaaten und auch das Unionrecht diesbezüglich deutlich zurückhaltender sind.[474] Dieser Einwand lässt sich jedenfalls teilweise dadurch entkräften, dass es auch und gerade um die Grenzen des deutschen Verfassungsrechts geht und somit auch dort bestehende Besonderheiten zu berücksichtigen sind. Doch selbst dann kommt man nicht umhin, eventuelle rechtliche Maßstäbe im Kontext des Gesamtphänomens der europäischen Integration zu betrachten. Entsprechend den verschiedenen Dimensionen der Integration, können in Abhängigkeit vom jeweiligen Integrationsbegriff auch verschiedene Integrationsgrenzen gezogen werden, was auch bei der Betrachtung des rechtlichen Rahmens berücksichtigt werden muss. So zeigt sich beispielsweise der unbestreitbare Einfluss politischer Entscheidungen auf die Integration nicht nur bei der Revision der EU-Verträge,[475] sondern kann auch im Einzelfall zu Tage treten. Dies lässt sich besonders anschaulich am Beispiel des Vertragsverletzungsverfahrens nach Art. 258 AEUV verdeutlichen, was auch im Zusammenhang mit dem PSPP-Verfahren relevant geworden ist. Obwohl allgemein eine mögliche Vertragsverletzung, also die Überschreitung von rechtlichen Grenzen, nur anhand rechtlicher Maßstäbe festgestellt werden kann, besteht für die Kommission ein sehr weiter Ermessensspielraum bezüglich der Entscheidung, ob sie das Verfahren tatsächlich einleitet.[476] Ungeachtet der nicht

[473] Besonders deutlich *W. Fiedler*, JZ 1986, 60, 63 sowie *Ophüls*, NJW 1951, 289, 292.

[474] *Classen*, in: Hatje/Müller-Graff, EnzEuR, Bd. 1, § 51 Rn. 38 m. w. N. sowie *Schorkopf*, ZSE 12 (2014), 395, 399 f.; zur historischen Entwicklung siehe nur *Huber*, in: FS Jarass, S. 205, 209 ff. u. 214 sowie *Huber*, Verfassungsstaat und Finanzkrise, S. 35 ff.

[475] Vgl. *Tomuschat*, DVBl 1996, 1073, 1076.

[476] St. Rspr. EuGH, Urt. v. 18.11.2010 – C-458/08, ECLI:EU:C:2010:692, Rn. 81 – *KOM/Portugal*; Urt. v. 12.11.2009 – Rs. C-199/07, ECLI:EU:C:2009:693, Rn. 23 – *KOM/Griechenland*; Urt. v. 05.11.2002 – C-471/98, ECLI:EU:C:2002:628, Rn. 39 – *KOM/Belgien*; zuvor bereits Beschl. v. 23.05.1990 – C-72/90, ECLI:EU:C:1990:230, Rn. 13 – *Asia Motor France/KOM*.

unumstrittenen Reichweite dieses Ermessens,[477] spielen gerade im Falle einer möglichen Verfahrenseinleitung im äußerst sensiblen Bereich der rechtlichen Integrationsgrenzen auch politische Erwägungen eine maßgebliche Rolle.[478] Allgemeiner gesprochen ist trotz eines rechtlichen Rahmens mit grundsätzlich klaren und eindeutig subsumierbaren Grenzen, nicht zwingend vorgegeben, dass dieser Rahmen auch politisch aktiviert wird. Gerade im Bereich der WWU ist der Einfluss des Rechts maßgeblich von der Bereitschaft der Staaten abhängig, sich die rechtlichen Maßstäbe auch zu eigen zu machen.[479] Die europäische Integration wird somit sowohl in Grundsatz- als auch in Einzelfragen von politischen Entscheidungen maßgeblich mitgeprägt. Da sich aber die politische Willensbildung in keinem Gemeinwesen vollständig vom rechtlichen Rahmen lösen kann, entsteht auch in der EU ein „Spannungsfeld" von Recht, Politik und Wirtschaft.[480] Obwohl die herausragende Bedeutung des Rechts für die Integration sowohl in der wirtschaftlichen als auch in der politischen Dimension anerkannt ist, kann es nicht allein Ausmaß und Verlauf der Integration bestimmen.[481] Die europäische Integration ist und bleibt ein vielschichtiges Phänomen, das nur erfasst werden kann, wenn ihre wirtschaftlichen, politischen und rechtlichen Aspekte nicht getrennt, sondern gemeinsam betrachtet werden.[482]

Wenn im Folgenden rechtliche Maßstäbe der Integration analysiert werden, gilt es also stets auch den wirtschaftlichen und politischen Kontext zu berücksichtigen. Vor dem Hintergrund der besonderen Dynamik der Integration, welche von Anfang an ‚zu ihrer DNA' gehört und die sich nur schwer mit festen rechtlichen Grenzen verträgt,[483] muss dem „Spannungsfeld" von Recht, Wirtschaft und Politik mit flexiblen Maßstäben begegnet werden. Die erforderliche Flexibilität auch und gerade des rechtlichen Rahmens ist aber im offenen Recht der Integration bereits angelegt.[484] Auch wenn die EU-Verträge insoweit statisch wirken, als sie wie die meisten rechtlichen Grundordnungen durch hohe Änderungsanforderungen den Erhalt des Status quo fördern,[485] wurde bereits

[477] Zum Streit nur *Karpenstein*, in: Grabitz/Hilf/Nettesheim, EUV/AEUV, Art. 258 AEUV Rn. 14 ff. sowie *Wunderlich*, in: von der Groeben/Schwarze/Hatje, Europäisches Unionsrecht, Art. 258 AEUV Rn. 17; jeweils m. w. N.

[478] So bereits *R. Wahl*, Der Staat 48 (2009), 587, 607 dort Fn. 55 in Bezug auf den Justizkonflikt von EuGH und BVerfG; zum PSPP-Urteil siehe nur *Ludwigs/Sikora*, EWS 2020, I; *Ludwigs*, EuZW 2020, 530, 532 f. m. w. N. sowie noch ausf. Kap. 5, B. I. 4. u. 5.

[479] *Ohler*, in: FS Siekmann, S. 3, 13 ff., insb. S. 17.

[480] Allgemein zu diesem „Spannungsfeld" *Everling*, in: FS Kutscher, S. 155 ff. sowie S. 167 ff. u. 172 ff. zur Bedeutung bei der Willensbildung.

[481] *W. Fiedler*, JZ 1986, 60, 63; *Ophüls*, NJW 1951, 289, 292.

[482] *Thiemeyer*, Europäische Integration, S. 11; s. a. *Delfs*, Komplementäre Integration, S. 10 f.

[483] Statt vieler siehe nur *Isensee*, in: FS Everling, Bd. I, S. 567 f. u. 581 m. w. N.

[484] *Bieber*, Das Recht der europäischen Integration, S. 10 ff.; zur Berücksichtigung der „offenen Finalität" im Recht siehe bereits oben S. 43 f.

[485] *Franzius*, in: Franzius/Mayer/Neyer, Die Neuerfindung Europas, S. 9, 16.; allgemein zum bewahrenden Charakter des (Verfassungs-)Rechts *Leisner*, in: Botzenhart/Burtscheidt/

dargelegt, dass sie als kompromissgeprägte Kompetenzordnung weder ein verbindliches Ziel noch ein bestimmtes Integrationsverständnis vorgeben. Ebenso bedeutet die integrationstypische Dynamik nicht zwingend den Weg zu einem „immer Mehr“, sondern ist offen für eine flexible Gestaltung. Auch das deutsche Verfassungsrecht lässt mit der nicht weiter präzisierten Formel des „vereinten Europas“ in der Präambel und Art. 23 GG sowie mit der Formulierung von „Grundsätzen“, denen die EU verpflichtet ist (Art. 23 Abs. 1 S. 1 GG) einen weiten Spielraum erkennen. Vor dem Hintergrund wird einmal mehr die herausragende Rolle der Rechtsprechung für die Ausgestaltung dieser Spielräume und die Grenzziehung im Rahmen der Integration deutlich. Insbesondere die wirtschaftliche Betrachtung hat aber auch gezeigt, dass die Integration und ihre Grenzen nicht die Sache einer einzelnen (Staats-)Gewalt oder eines einzelnen Organs sind. Vielmehr ist ein stetiger und gleichberechtigter Austausch zwischen Rechtsprechung und Rechtsetzung einerseits sowie mitgliedstaatlicher und unionaler Ebene andererseits erforderlich. Der gerichtliche Austausch ist also sicher nicht die einzige Stellschraube, liefert aber einen wichtigen Beitrag für eine kooperative Integration.

D. Zwischenergebnis

Die „europäische Integration“ ist ein vielschichtiger Begriff, dessen Verständnis untrennbar mit dem jeweiligen Kontext verbunden ist. Eine besondere Bedeutung kommt dabei den Fragen zu, welche Grenzen dem Integrationsprozess in politischer, wirtschaftlicher und rechtlicher Hinsicht gesetzt werden und welcher Integrationszustand angestrebt wird. Diese Vielschichtigkeit schlägt sich auch im Recht der Integration nieder, welches kein verbindliches Integrationsverständnis vorgibt, sondern vielmehr einen offenen Rahmen zur Verfügung stellt, der eine stetige Auseinandersetzung über Reichweite und Grenzen der Integration fördert und fordert.

Diese rechtliche Offenheit bringt unter anderem auch die Gerichte in Spiel, wobei aufgrund seines ebenenübergreifenden Charakters sowohl der EuGH als auch die nationalen (Verfassungs-)Gerichte, einschließlich des BVerfG mit dem Recht der Integration befasst werden können. Die dabei bis heute andauernde Kontroverse zwischen EuGH und BVerfG erklärt sich aus einem unterschiedlichen Zugang zum Anwendungsvorrang des EU-Rechts. Mit dem unterschiedlichen Verständnis des Anwendungsvorrangs als entweder absolutes oder relatives Institut verbinden die Gerichte zugleich abweichende rechtliche Grenzen der europäischen Integration. Obwohl also mit dem Recht der euro-

Hackenberg-Treutlein, Gesellschaftliche Relevanz von Wissenschaft und Forschung, S. 36, 38 ff. sowie *A. Peters*, Elemente einer Theorie der Verfassung Europas, S. 72 ff.

päischen Integration eine gemeinsame Grundlage für einen umfassenden Austausch existiert, gehen die Gerichte mit einem unterschiedlichen Verständnis an diese Grundlage heran.

Da beide Zugänge in sich logisch, rechtlich aber miteinander unvereinbar sind, liegt ein wesentlicher Fokus auf dem kooperativen und rücksichtsvollen Umgang der Gerichte. Nicht zuletzt das PSPP-Verfahren hat allerdings verdeutlicht, dass diese Konfliktvermeidungsstrategien an ihre Grenzen stoßen. Dies darf allerdings nicht zu der vorschnellen Schlussfolgerung führen, dass ein „rechtlich unlösbarer“ Konflikt vorläge. Eine derartige Einschätzung ist nur insoweit zutreffend, als eine rechtliche Lösung über eine Entscheidung für die eine oder andere Seite oder über eine beide Seiten verbindende Gesamtlösung gesucht wird. Richtigerweise muss eine rechtliche Lösung im Sinne eines pluralistischen Ansatzes die beiden gerichtlichen Zugänge als grundsätzlich gleichberechtigt anerkennen. Auch vor dem Hintergrund, dass Möglichkeiten und Grenzen eines kooperativen und rücksichtsvollen Umgangs von den jeweiligen rechtlichen Rahmenbedingungen abhängen, ist für einen kooperativen Umgang mit der europäischen Integration entscheidend, ob und inwieweit sich trotz der unterschiedlichen Zugänge rechtliche Schnittmengen ergeben. Sollten beide Gerichte die gleichen rechtlichen Maßstäbe anwenden und darüber zu gleichen Ergebnissen kommen, wäre ein Konflikt trotz unveränderter Ausgangspositionen ausgeschlossen.

In Anbetracht der Abhängigkeit des Integrationsverständnisses vom jeweiligen Maßstab, liegt der Schlüssel für eine nachhaltige Überwindung des gerichtlichen Konflikts in einem kooperativen Umgang mit den Maßstäben der europäischen Integration. Aus diesem Grund gilt es im Folgenden, das Potenzial für eine solche *maßstabsorientierte Kooperation* zu untersuchen. Entscheidend ist also, ob und inwieweit die Gerichte trotz der unterschiedlichen Zugänge („Verschiedenes“) bereits jetzt zu ähnlichen Maßstäben („dasselbe“) kommen bzw. ob und inwieweit ähnliche Maßstäbe und damit ein gemeinsames Verständnis der Integration möglich sind.

Kapitel 2

Der fehlende Konflikt bei der Änderung des Primärrechts – Eine Frage des Maßstabs?

Eine erste denkbare Ebene der Kooperation über vergleichbare oder ähnliche Maßstäbe ergibt sich bereits bei der Übertragung von Kompetenzen. Wie dargestellt ist dies zwar ein Vorgang, der seinen Ausgangspunkt im nationalen Verfassungsrecht hat, der zugleich aber auch an verschiedenen Stellen im Unionsrecht verankert ist. Auffällig ist, dass es bei der Änderung der vertraglichen Grundlagen – trotz weitreichender rechtlicher und politischer Auseinandersetzungen – bisher zu keinem durchgreifenden Konflikt zwischen EuGH und BVerfG gekommen ist. Dies verwundert umso mehr, wenn man die umfassenden verfassungsrechtlichen Grenzen betrachtet, die das BVerfG für das Primärrecht bzw. das Zustimmungsgesetz aufgestellt hat. Üblicherweise wird in diesem Zusammenhang darauf verwiesen, dass die Änderung des Primärrechts vollumfänglich Sache der Mitgliedstaaten als „Herren der Verträge" und damit auch der nationalen Verfassungsgerichte sei.[1] Eine Kollision verschiedener Integrationsverständnisse wäre in der Tat von vornherein ausgeschlossen, wenn es allein auf die Sicht bzw. die Maßstäbe der Mitgliedstaaten ankäme. Allerdings sollte der pluralistische Charakter des Rechts der Integration nicht vergessen werden, wonach für die Voraussetzungen und Grenzen, auch von grundlegenden Entscheidungen der Integration, beide Rechtsordnungen gleichermaßen maßgeblich sind. Die nationale Sicht wäre demnach nur dann allein entscheidend, wenn auch das Primärrecht diesen Maßstab akzeptiert bzw. keinen alternativen Maßstab aufstellt. Ein fehlender Konflikt könnte deshalb weniger durch die „Herrschaft" einer Seite, als durch vergleichbare Maßstäbe beider Rechtsordnungen zu erklären sein. Sollten die Maßstäbe beider Rechtsordnungen entweder identisch sein oder sich jedenfalls nicht alternativ gegenüberstehen, sondern nur ergänzen, wäre dies eine Erklärung für den ausgebliebenen Konflikt und würde zugleich die allgemeine Bedeutung der rechtlichen Maßstäbe unterstreichen. Mit anderen Worten kommt es darauf an, ob und in welchem Umfang die Voraussetzungen und Grenzen für grundlegende Integrationsentscheidungen aus dem EU-Recht mit denen des nationalen Verfassungsrechts übereinstimmen. Wie zu zeigen sein wird, ist auf der Ebene des Unions-

---

[1] *Huber*, in: Merten/Papier, HGR Bd. VI/2, § 172 Rn. 54 f.; *R. Wahl*, Der Staat 48 (2009), 587, 588 ff.

rechts das Konfliktpotenzial weitgehend ausgeschlossen, was sowohl für die Maßstabsebene als auch für die Zuständigkeit des EuGH gilt (A.). Das BVerfG nimmt demgegenüber eine zentrale Stellung bei der Änderung des Primärrechts ein und hat umfassende Grenzen für die europäische Integration aufgestellt, womit zugleich ein spezifisches Integrationsverständnis verbunden ist (B.). Obwohl dieses Verständnis in mehrfacher Hinsicht für die Integration nicht unproblematisch ist, führt es im Ergebnis nicht zu einem unmittelbaren rechtlichen Konflikt mit dem EuGH (C.), da es jedenfalls im Verhältnis von nationalem Recht und Unionsrecht tatsächlich keinen durchgreifenden Widerspruch hinsichtlich der Maßstäbe gibt (D.).

A. Zurückhaltende Maßstäbe im Unionsrecht

Bereits unmittelbar zu Beginn des Vertragstextes greift der EUV in Art. 1 Abs. 1 die Übertragung von Zuständigkeiten als zentrales Mittel zur Erreichung der gemeinsamen Ziele der Mitgliedstaaten auf. Trotz dieser Erwähnung an prominenter Stelle spielt die Übertragung der Zuständigkeiten im folgenden Vertragstext nur eine untergeordnete Rolle. Die Kompetenzverteilungs- und Kompetenzausübungsnormen der Art. 4 Abs. 1 sowie Art. 5 Abs. 2 EUV sprechen nur von (bereits) „übertragenen Zuständigkeiten" oder davon, dass die Mitgliedstaaten Zuständigkeiten „übertragen haben". Das weitgehende Schweigen des Primärrechts zur eigentlichen Übertragung ist allerdings nicht weiter verwunderlich. Als Ergebnis der ursprünglichen Zuständigkeitsübertragung können die Verträge diese denklogisch nicht reglementieren, sondern nur als gegeben hinnehmen. Anders sieht es hingegen in Bezug auf künftige Übertragungen aus, welche aus Sicht des Unionsrechts, in Übereinstimmung mit dem politikwissenschaftlichen Verständnis,[2] in erster Linie über eine Änderung der Integrationsverträge möglich sind.[3] Neben zahlreichen Spezialvorschriften von EUV und AEUV wird damit in erster Linie Art. 48 EUV relevant, der zugleich die einzige Stelle in den Verträgen markiert, die ausdrücklich eine künftige Ausdehnung oder Verringerung der Zuständigkeiten der Union anspricht. Während aber Art. 48 EUV leicht als zentrale Norm zur grundlegenden Gestaltung der Integration über eine Änderung der Integrationsverträge identifiziert werden kann,[4] gestaltet sich die Beurteilung, welche Maßstäbe das Unionsrecht an diesen Vorgang anlegt, durchaus schwieriger. Integrationsgrenzen könnten sich daraus ergeben, dass bestimmte Übertragungen unionsrechtlich gar nicht durchgeführt werden *können* oder nicht durchgeführt werden *dürfen*. Zunächst könnten sich im Uni-

2 Dazu bereits oben S. 23 f.

3 Zum Begriff der Integrationsverträge und ihrer Änderung siehe *Niedobitek*, in: Niedobitek, Europarecht, § 1 Rn. 1 ff.; s. a. bereits oben S. 35.

4 Vgl. *Ohler*, in: Grabitz/Hilf/Nettesheim, EUV/AEUV, Art. 48 EUV Rn. 3.

onsrecht formelle Grenzen daraus ergeben, dass die Mitgliedstaaten sich zur weiteren Integration zwingend des Art. 48 EUV bzw. eines speziellen Unionsverfahrens bedienen müssen und Zuständigkeitsübertragungen außerhalb dieses Verfahrens nicht durchführen können bzw. dürfen (I). Dass diese Frage nicht nur von akademischem Interesse ist, wurde insbesondere während der Eurokrise deutlich, als der EuGH zu entscheiden hatte, ob sich die Mitgliedstaaten bezüglich der Rettungsmaßnahmen auch auf außerhalb des Unionsrechts liegende völkerrechtliche Verträge stützen konnten bzw. durften. Neben diesen formellen Aspekten wird vor allem diskutiert, ob das Unionsrecht seiner eigenen Änderung eine, dem Art. 79 Abs. 3 GG vergleichbare, inhaltliche Grenze setzt bzw. allgemeiner gesprochen einen unveränderbaren Kerngehalt besitzt (II.). Betrachtet man abschließend die Rolle des EuGH in diesem Zusammenhang (III.), wird deutlich, wieso aus der unionsrechtlichen Perspektive bei der Änderung des Primärrechts kein der Auseinandersetzung über den Anwendungsvorrang vergleichbares Konfliktpotenzial besteht (IV.).

I. Unionsrechtliche Verfahren zur Kompetenzübertragung

Sowohl die speziellen Verfahren zur Änderung oder Ergänzung der Integrationsverträge als auch die generelle Norm des Art. 48 EUV enthalten regelmäßig zahlreiche Anforderungen, die sich aber nur auf das Verfahren selbst beziehen (1.). Damit verbunden ist die Frage, ob sich die Mitgliedstaaten diesen Verfahrensnormen entziehen können bzw. allgemeiner gesprochen, ob die verfahrensrechtlichen Anforderungen zwingender Natur sind (2.).

1. Verfahrensrechtliche Anforderungen

Im Rahmen von Vertragsänderungen kommt aus unionsrechtlicher Sicht dem Art. 48 EUV die entscheidende Rolle zu (a). Die dabei aufgestellten verfahrensrechtlichen Anforderungen stellen nicht nur eine teilweise deutliche Abweichung vom allgemeinen Völkerrecht dar (b), sondern können auch eine Vertragsänderung ungeachtet der völkerrechtlichen Auswirkungen bereits auf Ebene des Unionsrechts scheitern lassen (c).

a) Art. 48 EUV als zentrale Norm

Neben Art. 48 EUV existieren in EUV und AEUV zahlreiche Vorschriften, die eine Anpassung, Ergänzung oder Änderung der Integrationsverträge bzw. der in ihnen niedergelegten Kompetenzverteilung ermöglichen. Die generelle Norm des Art. 48 EUV ist dabei grundsätzlich nur einschlägig, soweit sie nicht durch eine speziellere Regelung verdrängt wird.[5] Diese speziellen Normen sind re-

---

[5] *Pechstein*, in: Streinz, EUV/AEUV, Art. 48 EUV Rn. 7 ff.; nach *Ohler*, in: Grabitz/Hilf/

gelmäßig durch einen eng umgrenzten Anwendungsbereich sowie das Erfordernis einer einstimmigen Entscheidung des Rates bzw. des Europäischen Rates geprägt, sofern sie nicht ohnehin eine einstimmige Entscheidung der Mitgliedstaaten selbst voraussetzen.[6] Auch wenn diese gegenständlichen und verfahrensrechtlichen Vorgaben die Möglichkeiten zur Änderungen der Integrationsverträge zweifelsfrei in bestimmte Bahnen lenken und somit auch begrenzen,[7] ist damit noch keine Aussage über unionsrechtliche Grenzen für die Kompetenzübertragung insgesamt verbunden. Die speziellen Vorschriften erfassen nämlich nur bestimmte Sachbereiche oder Situationen und nicht umfassende, die gesamte Integration prägende Änderungen der Verträge. Dies gilt auch für die Kompetenzergänzungsklausel des Art. 352 AEUV, die zwar nicht gegenständlich begrenzt ist, weitreichende Vertragsänderungen aber gerade nicht trägt.[8] Vielmehr ermöglicht es allein Art. 48 EUV, die Grundzüge der Integrationsverträge durch eine (Rück-)Übertragung von Zuständigkeiten grundlegend zu ändern und an veränderte politische Gegebenheiten anzupassen.[9] Aus diesem Grund und auch weil sich die materiellen Grenzen des BVerfG vor allem auf grundlegende Vertragsänderungen beziehen, wird im Folgenden vorrangig auf die im Zusammenhang mit Art. 48 EUV relevanten Maßstäbe eingegangen.

Grundsätzlich soll Art. 48 EUV als reine Verfahrensnorm der Integration keine Grenzen ziehen, sondern die Änderung der Integrationsverträge in geordnete Bahnen lenken und alle maßgeblichen Akteure in diesen Prozess einbinden.[10] Zu diesem Zweck stellt Art. 48 EUV mit dem ordentlichen (Abs. 2 bis 5) und zwei vereinfachten Änderungsverfahren (Abs. 6 und 7) verschiedene Alternativen zur Verfügung, die sich vor allem bezüglich ihrer Reichweite unterscheiden.[11] Allein im ordentlichen Änderungsverfahren wird ausdrücklich eine Ausdehnung oder Verringerung der übertragenen Zuständigkeiten ermöglicht (Abs. 2 S. 2), weshalb dieses Verfahren von besonderem Interesse für mögliche Integrationsgrenzen ist. Im vereinfachten Verfahren nach Abs. 6 ist hingegen eine Ausdehnung der Zuständigkeiten ausdrücklich ausgeschlossen. Zudem wird dieses Verfahren auf Änderungen der Art. 26 bis 197 AEUV beschränkt, womit zugleich solche Vertragsänderungen, die zwar die genannten Artikel be-

---

Nettesheim, EUV/AEUV, Art. 48 EUV Rn. 52 können die von speziellen Vorschriften erfassten Gebiete auch über Art. 48 EUV geändert werden.

6 Ausf. *Meng*, in: von der Groeben/Schwarze/Hatje, Europäisches Unionsrecht, Art. 48 EUV Rn. 23 ff.; s. a. *Herrnfeld*, in: Schwarze/Becker/Hatje u. a., EU-Kommentar, Art. 48 EUV Rn. 19 ff.

7 Vgl. *Niedobitek*, in: Niedobitek, Europarecht, § 1 Rn. 102.

8 *Meng*, in: von der Groeben/Schwarze/Hatje, Europäisches Unionsrecht, Art. 48 EUV Rn. 27, s. a. Rn. 23 ff. für die (begrenzte) Anwendbarkeit der übrigen Spezialvorschriften.

9 *Ohler*, in: Grabitz/Hilf/Nettesheim, EUV/AEUV, Art. 48 EUV Rn. 3 f.

10 *Herrnfeld*, in: Schwarze/Becker/Hatje u. a., EU-Kommentar, Art. 48 EUV Rn. 1 u. 15.

11 Einzelheiten zu den Verfahren bei *H.-J. Cremer*, in: Calliess/Ruffert, EUV/AEUV, Art. 48 EUV Rn. 3 ff. sowie *Ohler*, in: Grabitz/Hilf/Nettesheim, EUV/AEUV, Art. 48 EUV Rn. 28 ff.

treffen, sich aber auf andere Bereiche von EUV oder AEUV *auswirken* können, ausgeklammert werden.[12] Das vereinfachte Verfahren nach Abs. 7 betrifft ebenfalls nicht die Begründung neuer Zuständigkeiten für die EU, sondern nur die vereinfachte Ausübung bestehender Kompetenzen durch die Möglichkeit zur erleichterten Beschlussfassung mittels Mehrheitsentscheidungen von Rat und Europäischem Parlament.[13] Trotz der insoweit deutlich abweichenden Anwendungsbereiche der drei Verfahren, gibt es auch gewisse Übereinstimmungen in prozeduraler Hinsicht. So sind in allen Verfahren nicht nur die Mitgliedstaaten, sondern auch verschiedene Organe der EU mit eigenen Mitwirkungsrechten beteiligt. Darüber hinaus hängt das Inkrafttreten der Änderungen von der Ratifikation bzw. Zustimmung aller Mitgliedstaaten „nach Maßgabe ihrer verfassungsrechtlichen Vorschriften" (Abs. 4 UAbs. 2 bzw. Abs. 6 UAbs. 2 S. 3) oder im Fall des Abs. 7 vom fehlenden Widerspruch aller nationalen Parlamente (Abs. 7 UAbs. 3 S. 2) ab. Beide Aspekte stellen nicht unerhebliche Abweichungen von den allgemeinen Regeln für völkerrechtliche Verträge dar.

b) Unterschiede zum allgemeinen Völkerrecht

Die grundsätzlichen Regeln über völkerrechtliche Verträge wurden im Wiener Übereinkommen über das Recht der Verträge bzw. der Wiener Vertragsrechtskonvention (WVK) vom 23. Mai 1969 kodifiziert.[14] Die WVK gilt nach Art. 1 und 5 nicht nur für Verträge zwischen Staaten, sondern auch für die Gründungsverträge internationaler Organisationen. Die Änderung von Verträgen ist nach den Art. 39 ff. WVK durch Übereinkunft zwischen den Vertragsparteien, also den Staaten möglich. Mit dem weiten Begriff der „Übereinkunft" bzw. des „agreements" wird – trotz des Verweises in Art. 39 S. 2 WVK – den Vertragsstaaten bewusst freie Auswahl bezüglich der Form gelassen, sodass Vertragsänderungen nicht nur schriftlich, sondern auch durch formlosen bzw. mündlichen Konsens, konkludentes Verhalten oder eine spätere abweichende Praxis möglich sind.[15] Gleichzeitig wird unter anderem in Art. 39 S. 2 und Art. 40 Abs. 1 WVK hervorgehoben, dass die Regelungen zu Vertragsänderungen dispositiv sind, der jeweilige Vertrag also ein abweichendes Verfahren vorsehen kann. Infolge dieser ausdrücklichen Möglichkeit zur Abweichung kann an dieser Stelle offenbleiben, ob im Übrigen die Regeln der WVK auch für das EU-

---

[12] EuGH, Urt. v. 27.11.2012 – C-370/12, ECLI:EU:C:2012:756, Rn. 45 ff., insb. Rn. 52 – *Pringle*.

[13] *Ohler*, in: Grabitz/Hilf/Nettesheim, EUV/AEUV, Art. 48 EUV Rn. 46 f.; *Streinz/Ohler/Herrmann*, Der Vertrag von Lissabon, S. 52 f.

[14] Für den Konventionstext siehe BGBl. 1985 II, S. 927 ff.; zur Bedeutung der WVK für das Völkervertragsrecht siehe nur *Kempen/Hillgruber/Grabenwarter*, Völkerrecht, S. 53 ff. Rn. 7 ff. sowie *Hobe*, Einführung in das Völkerrecht, S. 147 ff.

[15] Statt vieler siehe nur *Delbrück*, in: Dahm/Delbrück/Wolfrum, Völkerrecht, Bd. I/3, § 155, S. 663 f. u. 673 f. sowie *von der Decken*, in: Dörr/Schmalenbach, Vienna Convention Commentary, Art. 39 Rn. 10 ff.; jeweils m. w. N.

Primärrecht gelten. Durch die Einbindung der EU-Organe und die Festlegung auf die einzelnen Verfahrensschritte stellt Art. 48 EUV eine Abweichung von den allgemeinen völkerrechtlichen Regeln dar. Abgesehen von den speziellen Verfahren des EUV ist eine Änderung der Integrationsverträge nur nach den Vorgaben des Art. 48 EUV möglich, was insbesondere formlose und konkludente Änderungen sowie Änderungen durch eine spätere Praxis der Mitgliedstaaten oder der EU-Organe, nicht aber die Möglichkeit zur Rechtsfortbildung,[16] ausschließt.[17] Darüber hinaus erfordert eine Anpassung der Verträge über Art. 48 EUV stets die Zustimmung *aller* Mitgliedstaaten, da – anders als in Art. 41 WVK – eine Modifikation der Verträge nur durch einige Mitgliedstaaten im EU-Recht nicht vorgesehen ist.[18] Auch wenn die Mitgliedstaaten somit im Verfahren nach Art. 48 EUV die maßgeblichen Akteure bleiben,[19] bedeutet die ebenfalls notwendige Beteiligung verschiedener EU-Organe eine weitere Abweichung von den Regeln der WVK, wonach die Staaten eine Übereinkunft zur Vertragsänderung grundsätzlich ohne Beteiligung Dritter schließen können. Inwieweit eine Vertragsänderung auch ohne die Beteiligung der EU-Organe möglich ist bzw. ob die Mitgliedstaaten sich von den geschilderten verfahrensrechtlichen Anforderungen lösen können bzw. dürfen, wird im folgenden Abschnitt behandelt. Zunächst gilt es aber noch eine letzte, nicht unerhebliche Abweichung von den Regeln der WVK zu betrachten. Nach Art. 48 Abs. 4 UAbs. 2 EUV treten die Änderungen an den Verträgen in Kraft, nachdem sie von allen Mitgliedstaaten nach Maßgabe ihrer verfassungsrechtlichen Vorschriften ratifiziert wurden. Diese Formulierung ist nicht nur ein Hinweis auf die, für völkerrechtliche (Änderungs-)Verträge notwendige, nationale Zustimmung durch Ratifikation i. S. d. Art. 2 Abs. 1 lit. b) und Art. 14 WVK, sondern in erster Linie eine deutliche Verschärfung gegenüber der Regelung des Art. 46 WVK.[20] Nach Maßgabe des Art. 46 Abs. 1 WVK kann sich ein Staat nur dann mit dem Hinweis auf einen Fehler im nationalen Zustimmungsverfahren von seiner völker-

[16] *H.-J. Cremer*, in: Calliess/Ruffert, EUV/AEUV, Art. 48 EUV Rn. 19; s. a. *Ohler*, in: Grabitz/Hilf/Nettesheim, EUV/AEUV, Art. 48 EUV Rn. 21, der zutreffend auf die Grenzen der Rechtsfortbildung hinweist; dazu auch noch Kap. 5, A. III.

[17] Ausf. *Ohler*, in: Grabitz/Hilf/Nettesheim, EUV/AEUV, Art. 48 EUV Rn. 26 m. w. N.; s. a. *Heintschel von Heinegg*, in: Vedder/Heintschel von Heinegg, Europäisches Unionsrecht, Art. 48 EUV Rn. 3, der von einem „numerus clausus der Änderungsverfahren“ spricht; zum zwingenden Charakter sogleich.

[18] *H.-J. Cremer*, in: Calliess/Ruffert, EUV/AEUV, Art. 48 EUV Rn. 19; *Herrnfeld*, in: Schwarze/Becker/Hatje u. a., EU-Kommentar, Art. 48 EUV Rn. 17; *Ohler*, in: Grabitz/Hilf/Nettesheim, EUV/AEUV, Art. 48 EUV Rn. 8.

[19] *H.-J. Cremer*, in: Calliess/Ruffert, EUV/AEUV, Art. 48 EUV Rn. 1, 6 f., 10 u. 13 f.; *Heintschel von Heinegg*, in: Vedder/Heintschel von Heinegg, Europäisches Unionsrecht, Art. 48 EUV Rn. 2; *Streinz/Ohler/Herrmann*, Der Vertrag von Lissabon, S. 52 ff.

[20] Ausf. *Pechstein/Koenig*, Die Europäische Union, S. 251 Rn. 497 ff.; s. a. *Haratsch/Koenig/Pechstein*, Europarecht, S. 48 Rn. 95 sowie *Meng*, in: von der Groeben/Schwarze/Hatje, Europäisches Unionsrecht, Art. 48 EUV Rn. 36.

vertraglichen Bindung lösen, wenn es sich um eine offenkundige Verletzung von grundlegenden innerstaatlichen Rechtsvorschriften handelt. Obwohl die Auslegung der weiten Begriffe „offenkundig“ und „grundlegend“ nicht unumstritten ist, wird durch ihre Verwendung deutlich, dass Art. 46 WVK eine gewisse Erheblichkeit erfordert und Mängel im Zusammenhang mit nationalen Zustimmungserfordernissen sich nur ausnahmsweise auf die völkerrechtliche Bindung bzw. Wirksamkeit auswirken.[21] Von diesem Grundsatz weicht die *lex specialis* des Art. 48 Abs. 4 UAbs. 2 EUV für das ordentliche Änderungsverfahren zulässigerweise ab,[22] indem sie die Einhaltung der verfassungsrechtlichen Vorschriften ohne Einschränkung zur unions- und völkerrechtlichen Voraussetzung für das Inkrafttreten der Vertragsänderung macht.[23] Auf den nicht zu Unrecht erhobenen Einwand, dass die Regelung zu Problemen sowohl hinsichtlich der gerichtlichen Überprüfbarkeit als auch bezüglich denkbarer nachträglicher Verstöße führen kann,[24] wird noch im Rahmen der Untersuchung der Zuständigkeit des EuGH zurückzukommen sein. Gleichwohl vermögen eventuelle Schwierigkeiten der prozessualen Überprüfbarkeit nichts an der Tatsache zu ändern, dass für das ordentliche Änderungsverfahren *de lege lata* strengere Anforderungen als nach der WVK gelten. Eine umfassende Bindung an die vorherige Durchführung verfassungsrechtlicher Zustimmungsverfahren ist nicht nur möglich, sondern im Hinblick auf die Komplexität der europäischen Integration unter den Gesichtspunkten der höheren demokratischen Legitimation sowie der Rechtssicherheit und -klarheit auch vorzugswürdig.[25]

c) Unionsrechtliche Rechtsfolgen eines Verfahrensfehlers

Insgesamt ergeben sich somit schon aus dem Unionsrecht spezielle Anforderungen an die Übertragung von Kompetenzen. Abgesehen von den in ihrem Anwendungsbereich begrenzten speziellen Vorschriften von EUV und AEUV ist eine Änderung der Integrationsverträge nur nach Maßgabe der Verfahrensregeln des Art. 48 EUV möglich,[26] was insbesondere formlose Änderungen außerhalb von Art. 48 EUV unionsrechtlich ausschließt.[27] Während im Falle der

---

[21] *Rensmann*, in: Dörr/Schmalenbach, Vienna Convention Commentary, Art. 46 Rn. 21 f. u. 37 ff.

[22] *Meng*, in: von der Groeben/Schwarze/Hatje, Europäisches Unionsrecht, Art. 48 EUV Rn. 36 u. 7, der zu Recht darauf hinweist, dass es im Übrigen bei der Regelung des Art. 46 WVK bleibt.

[23] *Meng*, in: von der Groeben/Schwarze/Hatje, Europäisches Unionsrecht, Art. 48 EUV Rn. 36 u. 7; zuvor bereits *Meng*, in: von der Groeben/Thiesing/Ehlermann, EU-/EG-Vertrag, 5. Aufl., Art. N EUV Rn. 27 f. u. 71 sowie ausf. *Pechstein/Koenig*, Die Europäische Union, S. 251 Rn. 497 ff. u. S. 276 Rn. 549 f.

[24] *H.-J. Cremer*, in: Calliess/Ruffert, EUV/AEUV, Art. 48 EUV Rn. 6 dort Fn. 14.

[25] *Pechstein/Koenig*, Die Europäische Union, S. 252 Rn. 501; zur Rechtssicherheit und -klarheit siehe *A. Peters*, Elemente einer Theorie der Verfassung Europas, S. 457 f.

[26] Vgl. EuGH, Urt. v. 08.04.1976 – Rs. 43/75, ECLI:EU:C:1976:56, Rn. 56/58 – *Defrenne*.

[27] *R. Bernhardt*, in: FS Bindschedler, S. 229, 236; s. a. die Nachweise oben Kap. 2 Fn. 17.

vereinfachten Verfahren die sich aus Abs. 6 bzw. 7 ergebenden Anwendungsvoraussetzungen vorliegen müssen,[28] sind im ordentlichen Verfahren nach Art. 48 Abs. 2 bis 5 EUV grundsätzlich umfassende Ausweitungen oder Verringerungen der Kompetenzen möglich. Gleichwohl sind den Mitgliedstaaten auch dabei in verfahrensrechtlicher Hinsicht klare unionsrechtliche Grenzen gesetzt. Mit Ausnahme des Europäischen Gerichtshofs und des Rechnungshofs sind alle Organe der EU (vgl. Art. 13 EUV) jedenfalls im Wege der Anhörung in das ordentliche Verfahren zur Vertragsänderung eingebunden. Unterbleibt die vorgesehene Beteiligung nur eines EU-Organs, führt dies in Anlehnung an die Rechtsprechung des EuGH zur unterbliebenen Anhörung bei der Setzung von Sekundärrecht,[29] zur unionsrechtlichen Nichtigkeit der Vertragsänderung.[30] Teilweise wird diese Rechtsprechung für nicht übertragbar gehalten.[31] Dem ist jedoch zu entgegen, dass wenn nach der Rechtsprechung schon im Bereich des Sekundärrechts die Beteiligung des Parlaments als Ausprägung des demokratischen Prinzips eine wesentliche Formvorschrift darstellt, dies erst recht für eine Änderung des Primärrechts gelten muss. Zudem sollte nicht übersehen werden, dass gerade die Rolle des Europäischen Parlaments im Institutionengefüge der EU durch den Vertrag von Lissabon noch einmal erheblich aufgewertet wurde. Neben der Beteiligung der EU-Organe sind auch die verfahrensrechtlichen Anforderungen des Art. 48 EUV im Übrigen zu wahren, was insbesondere die verfassungsrechtlichen Zustimmungserfordernisse der einzelnen Mitgliedstaaten einschließt. Aus der Perspektive des Unionsrechts bedeutet jegliche Abweichung von den Vorgaben des Art. 48 EUV eine Verletzung desselben,[32] sodass aus dieser Sicht jedenfalls in formeller und verfahrensrechtlicher Hinsicht klare Integrationsgrenzen bestehen. Mit den Anforderungen des Art. 48 EUV wird aber nur das „unionsrechtliche Dürfen" der Mitgliedstaaten im Rahmen von Vertragsänderungen begrenzt. Eine Aussage über die Auswirkungen dieser Grenzen auf das „völkerrechtliche Können" ist damit hingegen noch nicht verbunden.[33] Es stellt sich daher die Frage, ob es den Mitgliedstaaten möglich ist, sich den Grenzen des Art. 48 EUV im Wege völkerrechtlicher Verträge zu ent-

---

[28] Vgl. EuGH, Urt. v. 27.11.2012 – C-370/12, ECLI:EU:C:2012:756, Rn. 35 f. – *Pringle*.

[29] EuGH, Urt. v. 29.10.1980 – Rs. 138/79, ECLI:EU:C:1980:249, Rn. 33 ff. – *Roquette Frères/Rat*; Urt. v. 29.10.1980 – Rs. 139/79, ECLI:EU:C:1980:250, Rn. 34 ff. – *Maizena*.

[30] *Meng*, in: von der Groeben/Schwarze/Hatje, Europäisches Unionsrecht, Art. 48 EUV Rn. 36.

[31] *Herrnfeld*, in: Schwarze/Becker/Hatje u. a., EU-Kommentar, Art. 48 EUV Rn. 18, der allerdings auch von zwingenden Regeln des Art. 48 Abs. 3 EUV spricht.

[32] *Meng*, in: von der Groeben/Schwarze/Hatje, Europäisches Unionsrecht, Art. 48 EUV Rn. 36; s. a. *Herrnfeld*, in: Schwarze/Becker/Hatje u. a., EU-Kommentar, Art. 48 EUV Rn. 18 u. 24 f.

[33] Zur Verwendung des Begriffspaars „Können" und „Dürfen" in diesem Zusammenhang siehe nur *Niedobitek*, in: Niedobitek, Europarecht, § 1 Rn. 9, 34 u. 99; *Repasi*, EuR 2013, 45, 50 sowie *Dörr*, in: Grabitz/Hilf/Nettesheim, EUV/AEUV, Art. 47 EUV Rn. 109 m. w. N.

ziehen. Mit anderen Worten ist zu klären, ob die formellen Anforderungen des Art. 48 EUV zwingend sind.

2. *Der zwingende Charakter des Verfahrens nach Art. 48 EUV*

Als Folge der umfassenden verfahrensrechtlichen Anforderungen des Art. 48 EUV sind Anpassungen des Primärrechts nicht immer ohne Weiteres kurzfristig möglich, was zugleich eine Einschränkung der Integrationsmöglichkeiten bedeutet. Während die vereinfachten Änderungsverfahren zwar geringere verfahrensrechtliche Anforderungen, dafür aber auch einen engen Anwendungsbereich haben, bestehen für umfassende Änderungen der Verträge über das ordentliche Verfahren nicht unerhebliche formelle Voraussetzungen. Die hohen Hürden für eine Vertragsänderung werden vor dem Hintergrund der integrationseigenen Dynamik teilweise kritisch gesehen, da kurzfristige Änderungen als Reaktion auf politische oder rechtliche Gegebenheiten bzw. Entwicklungen nur äußerst schwer möglich sind.[34] Trotz einer gewissen Änderungsfestigkeit lässt das Unionsrecht aber auch flexible Lösungen zu.[35] Insbesondere sollte nicht übersehen werden, dass es dem Europäischen Rat im Zusammenhang mit der – nicht unumstrittenen – Errichtung des Europäischen Stabilitätsmechanismus (ESM) sogar während der Eurokrise möglich war, eine Änderung der Verträge im vereinfachten Verfahren nach Art. 48 Abs. 6 EUV herbeizuführen.[36] Auch wenn die Änderung mit Art. 136 Abs. 3 AEUV nur eine einzelne Norm und keine umfassende Vertragsrevision betraf, wird an diesem Beispiel deutlich, dass verfahrensrechtliche Anforderungen, wie das Einstimmigkeitserfordernis, zwar eine Herausforderung im politischen Prozess, aber keine rechtlich unüberwindbare Grenze darstellen. Die rechtlichen Schwierigkeiten, über die schließlich auch der EuGH in diesem Zusammenhang zu entscheiden hatte, waren deshalb auch anders gelagert. In Anbetracht der von den Mitgliedstaaten gewählten Konstruktion des ESM-Vertrags über einen eigenständigen völkerrechtlichen Vertrag galt es nicht nur der Reichweite des vereinfachten Verfahrens nach Art. 48 Abs. 6 EUV, sondern vor allem die unionsrechtliche Zulässigkeit des Abschlusses eines solchen eigenständigen Vertrags zu klären.[37]

Der Streit um den ESM-Vertrag ist damit ein weiteres Beispiel für die Frage, ob und wann es für die Mitgliedstaaten nicht doch Möglichkeiten gibt, sich vom Verfahren des Art. 48 EUV zu lösen. In diesem Zusammenhang ist es wichtig, drei verschiedene Szenarien zu unterscheiden. Das beim ESM-Vertrag re-

---

[34] Vgl. *Ohler*, in: Grabitz/Hilf/Nettesheim, EUV/AEUV, Art. 48 EUV Rn. 16 u. 3 f., der von einem „integrationspolitische[n] Dilemma“ spricht; kritisch auch *Grimm*, Leviathan 43 (2015), 325, 332 f.

[35] *Franzius*, in: Pechstein/Nowak/Häde, FK EUV/GRC/AEUV, Art. 48 EUV Rn. 2 u. 5.

[36] *Mayer*, NJW 2017, 3631, 3635; zur Vertragsänderung und zum ESM allgemein *Häde*, in: Hatje/Müller-Graff, EnzEuR, Bd. 1, § 25 Rn. 1 ff.

[37] EuGH, Urt. v. 27.11.2012 – C-370/12, ECLI:EU:C:2012:756, Rn. 1, 29 u. 77 – *Pringle*.

levante Szenario betrifft die Frage, ob es den Mitgliedstaaten möglich ist, das Unionsrecht durch außerhalb des Art. 48 EUV geschlossene völkerrechtliche Verträge zu ergänzen (a). Von einer solchen Ergänzung des Unionsrechts zu unterscheiden ist ein Szenario, in dem die Mitgliedstaaten mittels eines eigenständigen völkerrechtlichen Vertrags die rechtlichen Grundlagen der EU ändern oder – im Extremfall – sogar vollständig beseitigen (b). Beiden Szenarien gemein ist die dahinterstehende Frage, inwieweit das Verfahren nach Art. 48 EUV die Mitgliedstaaten nicht nur unionsrechtlich, sondern auch völkerrechtlich bindet. Davon zu unterscheiden ist schließlich eine dritte Konstellation, in der die Mitgliedstaaten eine Änderung der Anforderungen des Art. 48 EUV im ordentlichen Verfahren, also unter Achtung der unionsrechtlichen Vorgaben, herbeiführen würden. Da in diesem Fall keine formellen, sondern allenfalls materielle Grenzen verletzt sein könnten, wird dieses dritte Szenario im Zusammenhang mit der Diskussion um einen änderungsfesten Kern des Primärrechts dargestellt.

a) Die Ergänzung des Primärrechts durch völkerrechtliche Verträge

Von einer Änderung des Primärrechts über Art. 48 EUV oder andere spezielle Normen der Verträge muss eine Ergänzung desselben durch eigenständige völkerrechtliche Verträge unterschieden werden. Unabhängig von der Frage, ob die Anforderungen des Art. 48 EUV zwingender Natur sind, gelten sie nur für Vertragsänderungen. Nicht erfasst sind hingegen Ergänzungen durch völkerrechtliche Verträge, die sich gerade außerhalb des Vertragsveränderungsverfahrens bewegen und im Ergebnis auch kein neues Unionsrecht erschaffen.[38] Soweit sich solche Ergänzungen an den Rändern von Völkerrecht und Unionsrecht bewegen und gewissermaßen eine Zwischenposition einnehmen, wird auch von „Ersatzunionsrecht“[39] oder „hybridem Unionsrecht“[40] gesprochen. Für die Zulässigkeit kommt es darauf an, ob Unionsrecht tatsächlich ergänzt oder ersetzt wird. Für Ergänzungen ist nämlich nur insoweit Raum, wie der jeweilige Sachbereich nicht bereits abschließend vom Unionsrecht erfasst ist. Soweit die Union zuständig ist, haben die Mitgliedstaaten ihre völkerrechtliche Vertragsschlussfähigkeit unionsrechtlich beschränkt.[41] Nach der Rechtsprechung des EuGH ist es den Mitgliedstaaten untersagt, im Bereich ausschließlicher EU-Zuständigkeiten völkerrechtliche Verträge abzuschließen.[42]

---

[38] *Ohler*, in: Grabitz/Hilf/Nettesheim, EUV/AEUV, Art. 48 EUV Rn. 21a; s. a. *Herrnfeld*, in: Schwarze/Becker/Hatje u. a., EU-Kommentar, Art. 48 EUV Rn. 24; ausf. *Rathke*, Sondervertragliche Kooperationen, S. 21 ff. u. passim.

[39] *Lorz*/*H. Sauer*, DÖV 2012, 573, 575.

[40] *Nees*, Hybrides Unionsrecht, S. 149 ff. u. passim; s. a. dort S. 149 für weitere Begriffe.

[41] Ausf. *Repasi*, EuR 2013, 45 ff., insb. 48 ff.

[42] EuGH, Urt. v. 31.03.1971 – Rs. 22/70, ECLI:EU:C:1971:32, Rn. 15/19 f. – *AETR*; EuGH, 11.11.1975 – Gutachten 1/75, ECLI:EU:C:1975:145, S. 1363 f. – *Lokale Kosten*;

Obwohl das ausdrücklich nur für Verträge mit Drittstaaten entschieden wurde, gilt dies erst recht für Verträge der Mitgliedstaaten untereinander.[43] Zulässig sind Ergänzungen durch die Mitgliedstaaten damit nur, soweit die Union keine ausschließliche Zuständigkeit besitzt oder von einer geteilten Zuständigkeit keinen abschließenden Gebrauch gemacht hat.[44] Ferner dürfen die von den Mitgliedstaaten geschaffenen Verträge entsprechend Art. 3 Abs. 2 AEUV nicht „gemeinsame Regeln beeinträchtigen oder deren Tragweite verändern", da auch insoweit die Union ausschließlich zuständig ist.[45] Für die Mitgliedstaaten ist die Möglichkeit zum Abschluss völkerrechtlicher Verträge somit zwar nicht per se verschlossen,[46] gleichwohl müssen sie sich auch bei solchen Verträgen in vollem Umfang an das Unionsrecht halten.[47] Eine Ergänzung des Unionsrechts durch völkerrechtliche Verträge zwischen den Mitgliedstaaten ist somit grundsätzlich möglich, wobei die Reichweite der Vertragsschlusskompetenz durch das Unionsrecht begrenzt wird. Zum einen dürfen die Mitgliedstaaten weder im Zuständigkeitsbereich der EU tätig werden noch diesen beeinträchtigen und zum anderen sind die Mitgliedstaaten beim Abschluss der Verträge an die Vorgaben des Unionsrechts im Übrigen gebunden. In Anbetracht der nicht unerheblichen Auswirkungen solcher ergänzenden Verträge auf die Rechtssicherheit sowie die demokratische Legitimation der europäischen Integration insgesamt, müssen außerunionsrechtliche Kooperationen allerdings die Ausnahme bleiben.[48] Dies gilt umso mehr, als in den Verträgen mit der verstärkten Zusammenarbeit bereits ein effektives Instrument für eine abgestufte Integration vorhanden ist.[49] Selbst wenn ausnahmsweise eine völkerrechtliche Ergänzung des Unionsrechts geboten sein sollte, bedeutet dies keine echte Umgehung des Verfahrens nach Art. 48 EUV, da dieses gar keine Anwendung findet. Gleichwohl können die Mitgliedstaaten die geschilderten rechtlichen Grenzen des EU-Rechts im Übrigen nicht abschütteln. Anders sähe die Situation hin-

EuGH, 04.10.1979 – Gutachten 1/78, ECLI:EU:C:1979:224, Rn. 36 u. 50 ff. – *Naturkautschhuk*; s. a. Urt. v. 05.05.1981 – Rs. 804/79, ECLI:EU:C:1981:93, Rn. 20 – *Seefischerei-Erhaltungsmaßnahmen*.

[43] *Repasi*, EuR 2013, 45, 52 m. w. N.; zuvor bereits *Thym*, Ungleichzeitigkeit und europäisches Verfassungsrecht, S. 298 ff.

[44] EuGH, Urt. v. 27.11.2012 – C-370/12, ECLI:EU:C:2012:756, Rn. 68 – *Pringle*, m. w. N. zur Rspr.; dazu auch *Meng*, in: von der Groeben/Schwarze/Hatje, Europäisches Unionsrecht, Art. 48 EUV Rn. 5 u. 31.

[45] EuGH, Urt. v. 27.11.2012 – C-370/12, ECLI:EU:C:2012:756, Rn. 100 f. – *Pringle*.

[46] Zu den Freiräumen der Mitgliedstaaten *Repasi*, EuR 2013, 45 ff., insb. 64 ff.; s. a. *Thym*, Ungleichzeitigkeit und europäisches Verfassungsrecht, S. 297 ff., insb. S. 320.

[47] EuGH, Urt. v. 27.11.2012 – C-370/12, ECLI:EU:C:2012:756, Rn. 69, 72, 121 u. 158 – *Pringle*; Urt. v. 15.01.2002 – Rs. C-55/00, ECLI:EU:C:2002:16, Rn. 32 f. – *Gottardo*.

[48] So bereits *Jacot-Guillarmod*, Droit communautaire et droit international public, S. 5 ff., insb. S. 15 ff. Kritisch in Bezug auf die Eurokrise auch *Oppermann*, NJW 2013, 6, 7 ff. sowie *Rodi*, JZ 2015, 737 ff., insb. 739 ff.; s. a. *Schwarze*, Das Verhältnis von nationalem Recht und Europarecht Bd. II, S. 187 ff.

[49] So auch *Repasi*, EuR 2013, 45, 73 f.

gegen aus, wenn die Mitgliedstaaten versuchen würden, mit einem völkerrechtlichen Vertrag unmittelbar auf das Unionsrecht durch eine Änderung oder gar Auflösung der vertraglichen Grundlagen einzuwirken. In diesem Fall verlassen die Mitgliedstaaten nicht nur das Unionsrecht, sondern stellen sich zugleich dagegen. Ob die Mitgliedstaaten zu einer solchen Handlung befugt sind, hängt eng mit der Frage zusammen, inwieweit sie als „Herren der Verträge" anzusehen sind.

b) Zur Stellung der Mitgliedstaaten als „Herren der Verträge"

In der Diskussion um die Möglichkeit außerunionsrechtlicher bzw. völkerrechtlicher Maßnahmen zur Änderung der Verträge wird nicht zuletzt vom BVerfG auf die Stellung der Mitgliedstaaten als „Herren der Verträge" verwiesen.[50] Unabhängig von der Tatsache, dass die Formulierung schon in sprachlicher Hinsicht kritisiert wird,[51] erscheint eine umfassende Herrschaft in Anbetracht der unionsrechtlichen Vorgaben des Art. 48 EUV jedenfalls zweifelhaft. Die Formel von der „Herrschaft über die Verträge" bedarf daher einer kritischen Betrachtung, zumal sie naturgemäß aus der unionsrechtlichen Perspektive anders zu bewerten ist als aus der nationalen.[52]

Im Ausgangspunkt sind die Mitgliedstaaten unbestritten „Schöpfer"[53] der Unionsverträge bzw. deren Vorläufern und haben gleichzeitig ihre Fähigkeit zum Abschluss völkerrechtlicher Verträge, verstanden als rechtliches Können, nicht im Sinne eines endgültigen dinglichen Verlustes eingebüßt.[54] Auch die Tatsache, dass den Staaten eine Doppelrolle als völkerrechtliche Vertragsparteien auf der einen Seite und *Mitglied*staaten auf der anderen Seite zukommt,[55] ändert nichts an diesem Befund, da sich diese Unterscheidung allein aus dem Unionsrecht ergibt.[56] Innerhalb des Unionsrechts zeigt sich nicht zuletzt an der Erforderlichkeit mitgliedstaatlicher Zustimmungserfordernisse im Änderungsverfahren, dass es in erster Linie die Mitgliedstaaten als „Herren der Integration" sind, welche im Wege der Vertragsänderung über die grundlegende Ge-

---

50 BVerfGE 89, 155, 190 – *Maastricht*; BVerfGE 123, 267, 324 u. 348 f. – *Lissabon*; zuvor bereits BVerfGE 75, 223, 242 – *Kloppenburg*; in Bezug auf eine mögliche Kontrolle von Unionsrecht auch BVerfGE 123, 267, 381 u. 398 – *Lissabon*.

51 Sehr deutlich *Pernice*, VVDStRL 60 (2001), 148, 171 f.

52 Dazu und zur Herkunft der Formel siehe nur *Heintzen*, AöR 119 (1994), 564 ff.; zur verfassungsrechtlichen Sicht siehe noch Kap. 2, B. III. 3.

53 Vgl. *Hertel*, Supranationalität als Verfassungsprinzip, S. 92.

54 *H.-J. Cremer*, in: Calliess/Ruffert, EUV/AEUV, Art. 48 EUV Rn. 20; *Herrnfeld*, in: Schwarze/Becker/Hatje u. a., EU-Kommentar, Art. 48 EUV Rn. 25; *Pechstein*, in: Streinz, EUV/AEUV, Art. 48 EUV Rn. 5 u. 14; dazu bereits *E. Klein*, in: Hailbronner/Klein/Magiera u. a., HK EGV/EUV, Art. N EUV Rn. 4 sowie *Pechstein/Koenig*, Die Europäische Union, S. 241 Rn. 476.

55 *Mosler*, ZaöRV 19 (1958), 275, 305 ff.

56 *Niedobitek*, in: Niedobitek, Europarecht, § 1 Rn. 9 f.

staltung der europäischen Integration entscheiden.[57] Gleichzeitig relativeren nicht nur die verfahrensrechtlichen Vorgaben des Art. 48 EUV, sondern auch die rechtlichen Rahmenbedingungen des Unionsrechts im Übrigen in vielfacher Weise die Stellung der Mitgliedstaaten als „Herren der Verträge".[58] Wie bereits geschildert, ist eine Abweichung von den Verfahrensanforderungen des Art. 48 EUV eine Verletzung desselben. Zugleich verstoßen die Mitgliedstaaten durch ein bewusstes Verlassen der unionsrechtlichen Vorgaben gegen den Grundsatz der loyalen Zusammenarbeit aus Art. 4 Abs. 3 EUV, sodass die auf diese Weise geschlossenen Vereinbarungen kein in den Mitgliedstaaten unmittelbar anwendbares Primärrecht erschaffen können.[59] In diesem Zusammenhang wird regelmäßig darauf hingewiesen, dass trotz der geschilderten Unionrechtswidrigkeit mögliche außervertragliche Änderungsverträge gleichwohl völkerrechtlich wirksam wären,[60] sodass es am Ende des Tages weniger eine Frage des Unionsrechts, als der politischen Macht sei.[61] Unabhängig von der Frage, ob dem Art. 48 EUV nicht nur ein unionsrechtlich, sondern auch ein völkerrechtlich zwingender Charakter zukommt,[62] ist die Perspektive des Unionsrechts eindeutig. Solange Art. 48 EUV in seiner jetzigen Form in Kraft ist, dürfen sich die Mitgliedstaaten nicht von ihrer damit verbundenen unionsrechtlichen Selbstbindung lösen. Das grundsätzlich umfassend fortbesehende „völkerrechtliche Können" wird durch ein engeres „unionsrechtliches Dürfen" eingeschränkt. Bezogen auf die Vertragsänderung sind die Mitgliedstaaten jedenfalls in verfahrensrechtlicher Hinsicht nur noch im Rahmen ihrer Selbstbindung „Herren der Verträge". Zwar bleiben sie wie geschildert die zentralen Akteure, haben das Verfahren aber nicht mehr allein in der Hand.

Davon zu unterscheiden ist die Situation, in der die Mitgliedstaaten die vertraglichen Grundlagen der Europäischen Union nicht nur ändern, sondern voll-

---

57 *H. P. Ipsen*, EuR 1987, 195, 203 f.; s. a. *Franzius*, in: Pechstein/Nowak/Häde, FK EUV/GRC/AEUV, Art. 48 EUV Rn. 1, 5 u. 13.

58 Ausf. *Everling*, in: FS Mosler, S. 173 ff.; *Everling*, in: FS Bernhardt, S. 1161 ff.; speziell zum Änderungsverfahren *Franzius*, in: Pechstein/Nowak/Häde, FK EUV/GRC/AEUV, Art. 48 EUV Rn. 87 ff.; s. a. *Everling*, DVBl 1993, 936, 942; *Isensee*, in: FS Everling, Bd. I, S. 567, 574 f. sowie *Schwarze*, EuR 1983, 1, 14 f.

59 *E. Klein*, in: Hailbronner/Klein/Magiera u. a., HK EGV/EUV, Art. N EUV Rn. 5; *Pechstein/Koenig*, Die Europäische Union, S. 244 Rn. 481 ff.

60 *Koenig/Pechstein*, EuR 1998, 130, 136 ff.; *Niedobitek*, in: Niedobitek, Europarecht, § 1 Rn. 90; *Pechstein/Koenig*, Die Europäische Union, S. 242 Rn. 477 f. Teilweise anders *Ohler*, in: Grabitz/Hilf/Nettesheim, EUV/AEUV, Art. 48 EUV Rn. 26, der aber letztlich doch nur auf die primärrechtliche Unbeachtlichkeit abstellt.

61 *Herrnfeld*, in: Schwarze/Becker/Hatje u. a., EU-Kommentar, Art. 48 EUV Rn. 25 unter Hinweis auf *Schwarze*, EuR 1983, 1, 14 f.

62 Dafür noch *Meng*, in: von der Groeben/Schwarze, EU-/EG-Vertrag, 6. Aufl., Art. 48 EUV Rn. 24 ff., insb. Rn. 30 ff.; dagegen *H.-J. Cremer*, in: Calliess/Ruffert, EUV/AEUV, Art. 48 EUV Rn. 19 f. m. w. N. Nun verweist auch *Meng*, in: von der Groeben/Schwarze/Hatje, Europäisches Unionsrecht, Art. 48 EUV Rn. 4 u. 36 nur bezüglich der nationalen Zustimmungserfordernisse auf eine völkerrechtliche Relevanz.

ständig auflösen. Während die Möglichkeit zur einvernehmlichen Auflösung der Union durch die Mitgliedstaaten lange Zeit nicht unumstritten war, wird sie heute ganz überwiegend befürwortet.[63] Soweit früher angenommen wurde, dass die Mitgliedstaaten auch diesbezüglich nicht mehr „Herren der Verträge" seien,[64] steht dem die Rechtslage seit dem Vertrag von Lissabon entgegen. Die ausdrückliche Einfügung eines Austrittsrechts in Art. 50 EUV verdeutlicht, dass eine Auflösung auch nach dem Unionsrecht nicht ausgeschlossen wird. Einerseits regelt Art. 50 EUV nur den Austritt abschließend und lässt somit Raum für die Auflösung nach allgemeinem Völkerrecht, andererseits beendet ein – unionsrechtlich nicht ausgeschlossener – Austritt aller Mitgliedstaaten automatisch die Existenz der EU.[65] Wenn also eine Auflösung grundsätzlich möglich ist, stellt sich die Folgefrage, ob auch in diesem Fall die unionsrechtliche Selbstbindung aus Art. 48 EUV greift, das ordentliche Änderungsverfahren also eingehalten werden muss. Dagegen spricht aber der sowohl begrifflich als auch qualitativ bestehende Unterschied von Vertragsänderung und -auflösung, zumal mit der Auflösung das gesamte EU-Recht einschließlich Art. 48 EUV und der damit verbundenen Selbstbindung der Mitgliedstaaten ersatzlos wegfällt.[66] Sieht man aber von diesem Extremfall der vollständigen und ersatzlosen Auflösung der Union ab, sind die Mitgliedstaaten im Übrigen uneingeschränkt an ihre unionsrechtlichen Pflichten aus Art. 48 EUV gebunden und insoweit – also unionsrechtlich – nicht mehr die alleinigen „Herren" der Vertragsänderung.

3. Zwischenergebnis

Aus der Perspektive des Unionsrechts stellt sich die Übertragung von Zuständigkeiten als Anpassung oder Änderung der Integrationsverträge dar. Sowohl die speziellen als auch das allgemeine Verfahren nach Art. 48 EUV, welches als einziges eine umfassende (Rück-)Übertragung von Kompetenzen ermöglicht, unterliegen dabei strengen verfahrensrechtlichen Anforderungen. Unionsrechtlich dürfen sich die Mitgliedstaaten, ungeachtet ihres „völkerrechtlichen Könnens", von diesen Vorgaben nicht lösen. Insoweit bestehen durch die in Art. 48 EUV verankerte mitgliedstaatliche Selbstbindung formelle unionsrechtliche Integrationsgrenzen für die Übertragung von Kompetenzen. Darin kommt zugleich ein Integrationsverständnis zum Ausdruck, bei dem die Mitgliedstaaten

---

[63] Statt vieler siehe nur *Meng*, in: von der Groeben/Schwarze/Hatje, Europäisches Unionsrecht, Art. 50 EUV Rn. 11 sowie *Niedobitek*, in: Niedobitek, Europarecht, § 1 Rn. 27 m. w. N.

[64] So *Everling*, in: FS Mosler, S. 173, 188 ff.

[65] *Calliess*, in: Calliess/Ruffert, EUV/AEUV, Art. 50 EUV Rn. 45 ff., insb. Rn. 49 f.; *Dörr*, in: Grabitz/Hilf/Nettesheim, EUV/AEUV, Art. 50 EUV Rn. 8 f. u. 60 f.; beide weisen darauf hin, dass auch Art. 53 EUV und Art. 356 AEUV einer Auflösung nicht entgegenstehen; s. a. *Niedobitek*, in: Niedobitek, Europarecht, § 1 Rn. 27 u. 164.

[66] Deutlich *Ohler*, in: Grabitz/Hilf/Nettesheim, EUV/AEUV, Art. 48 EUV Rn. 21 u. 26; *Zuleeg*, in: GS Sasse Bd. I, S. 55, 58; s. a. *Niedobitek*, in: Niedobitek, Europarecht, § 1 Rn. 100.

nicht allein über die Integration entscheiden, sondern fest in ein Verfahren mit den supranationalen Organen eingebunden sind. Ob diese Einbindung auch in inhaltlicher Hinsicht besteht, ist damit allerdings noch nicht gesagt.

II. Zum Fehlen inhaltlicher Grenzen des Primärrechts

Anders als bei den ausdrücklich in Art. 48 EUV verankerten verfahrensrechtlichen Anforderungen sind dem Primärrecht inhaltliche oder materielle Grenzen für Vertragsänderungen nicht ohne Weiteres zu entnehmen. Sieht man vom regelmäßig eingeschränkten Anwendungsbereich der speziellen Vertragsänderungsverfahren ab, findet sich im Primärrecht keine Norm, die explizit inhaltliche Grenzen für eine Vertragsänderung setzt oder gar im Sinne einer „Ewigkeitsklausel" bestimmte Grundsätze bzw. Prinzipien einer Änderung entzieht. Insbesondere handelt es sich bei Art. 48 EUV, der zentralen Norm zur Änderung der Integrationsverträge, in erster Linie um eine Verfahrensnorm, die keine inhaltlichen Anforderungen oder Grenzen aufstellt.[67] Teilweise wird in diesem Zusammenhang darauf verwiesen, dass dem Unionsrecht eine Trennung von *pouvoir constituant* und *pouvoir constitué* fremd sei und daher die Mitgliedstaaten bei der Vertrags*änderung* auch nicht wie der *pouvoir constitué* an die Vorgaben des *pouvoir constituant* gebunden sein könnten.[68] Dieser Schluss ist aber keinesfalls zwingend. Unabhängig von der umstrittenen Frage, ob dieses aus dem Staatsrecht bekannte Begriffspaar überhaupt auf das Unionsrecht übertragen werden kann,[69] ist nämlich selbst mit einer fehlenden Unterscheidung noch keine Aussage über rechtliche Grenzen verbunden. Entsprechend den Ausführungen zu den verfahrensrechtlichen Grenzen muss nämlich erst geklärt werden, ob die Mitgliedstaaten in ihrer jeweiligen Rolle – hier im Rahmen der Vertragsänderung – einer inhaltlichen Selbstbindung unterliegen.[70] Es geht damit erneut um die Frage, wie weit das, vom „völkerrechtlichen Können" zu unterscheidende, „unionsrechtliche Dürfen" der Mitgliedstaaten bei Vertragsänderungen geht.[71] Auch wenn es an einer ausdrücklichen Regelung im Unionsrecht fehlt, werden Existenz und Ausmaß inhaltlicher bzw. materieller Grenzen der Vertragsänderung schon lange diskutiert.

---

[67] *Pechstein*, in: Streinz, EUV/AEUV, Art. 48 EUV Rn. 4; *Herrnfeld*, in: Schwarze/Becker/Hatje u. a., EU-Kommentar, Art. 48 EUV Rn. 15 m. w. N.; s. a. *E. Klein*, in: Hailbronner/Klein/Magiera u. a., HK EGV/EUV, Art. N EUV Rn. 14.

[68] *Nettesheim*, EuR 2006, 737, 741; ähnlich *Blanke*, DÖV 1993, 412, 418 f.

[69] Dazu kritisch *C. Möllers*, in: von Bogdandy/Bast, Europäisches Verfassungsrecht, S. 227, 250 ff. sowie ausf. *A. Peters*, Elemente einer Theorie der Verfassung Europas, S. 360 ff. m. w. N.

[70] Nach *von Arnauld*, EuR 2003, 191, 197 ff. u. 211 ff. ist die Unterscheidung in pouvoir constituant und pouvoir constitué im Unionsrecht in erster Linie funktionaler Natur und unabhängig davon eine Selbstbindung grundsätzlich möglich.

[71] *Niedobitek*, in: Niedobitek, Europarecht, § 1 Rn. 99.

Mangels expliziter normativer Anhaltspunkte kommt der Rechtsprechung des EuGH eine entscheidende Rolle in dieser Diskussion zu. Insbesondere wurden Äußerungen des EuGH aus dem ersten EWR-Gutachten dahingehend interpretiert, dass der EuGH das EU-Rechtsschutzsystem bzw. seine eigenen Zuständigkeiten als Teil eines änderungsfesten Kerns des Primärrechts aufgefasst habe.[72] Ungeachtet der Tatsache, dass schon die Aussagen im ersten EWR-Gutachten aufgrund ihres Kontextes nicht zwangsläufig als eine Vertragsänderungsgrenze zu verstehen waren,[73] hat der EuGH im zweiten EWR-Gutachten klargestellt, dass auch die Zuständigkeiten des Gerichtshofs einer Vertragsänderung nicht entzogen sind.[74] Wie auch im EMRK-Gutachten deutlich wurde,[75] bedeuteten die Gutachten zwar eine gewisse Hierarchisierung des Unionsrechts, die aber nicht zu einer Änderungsfestigkeit bestimmter grundlegender Prinzipien führt, sondern vielmehr die Änderung dieser Prinzipien zwingend an die Einhaltung des ordentlichen Verfahrens bindet.[76] Die Diskussion bekam neue Nahrung, als der EuGH in der Rechtssache *Kadi* zunächst seine Ausführungen zum EU-Rechtsschutzsystem bestätigte und darüber hinaus feststellte, dass im Rahmen von Art. 307 EGV [heute Art. 351 AEUV] weder die Mitgliedstaaten noch die EU-Organe von den „in Art. 6 Abs. 1 EU [(heute Art. 2 EUV)] als Grundlage der Union niedergelegt[en]“ Grundsätzen abweichen dürfen.[77] Soweit in diesen Äußerungen die Bestätigung eines änderungsfesten Kerns gesehen wird,[78] ist dem zunächst entgegenzuhalten, dass auch die Rechtssache *Kadi* „nur“ Abweichungen von grundlegenden Normen des Primärrechts durch völkerrechtliche Verträge betraf.[79] Zwar kann man dem somit grundsätzlich bestehenden Formzwang eine stabilisierende bzw. bestandssichernde Funktion nicht absprechen,[80] eine materielle Grenze für Vertragsänderungen bedeutet dies aber nicht. Vielmehr verdeutlicht dies nur den bereits angesprochenen unionsrechtlich zwingenden Charakter des Art. 48 EUV.

Abgesehen von der Tatsache, dass die angesprochene Rechtsprechungslinie also gar nicht unmittelbar eine förmliche Vertragsänderung betraf, begegnet

[72] EuGH, 14.12.1991 – Gutachten 1/91, ECLI:EU:C:1991:490, Rn. 71 f. – *EWR I*; zum Streit um die Auslegung siehe nur *Pechstein*, in: Streinz, EUV/AEUV, Art. 48 EUV Rn. 6 m. w. N.

[73] *Koenig/Pechstein*, EuR 1998, 130, 137.

[74] EuGH, 10.04.1992 – Gutachten 1/92, ECLI:EU:C:1992:189, Rn. 32 – *EWR II*.

[75] EuGH, 28.03.1996 – Gutachten 2/94, ECLI:EU:C:1996:140, Rn. 34 f. – *EMRK*.

[76] *A. Peters*, Elemente einer Theorie der Verfassung Europas, S. 453 ff. u. 443 f.

[77] EuGH, Urt. v. 03.09.2008 – verb. Rs. C-402/05 P u. C-401/05 P, ECLI:EU:C:2008:461, Rn. 281 ff., insb. Rn. 303 f. – *Kadi*.

[78] So insbesondere *Lavranos*, in: Fontanelli/Giuseppe/Carrozza, Shaping Rule of Law Through Dialogue, S. 119 ff., insb. S. 126 ff.; in eine ähnliche Richtung auch *Repasi*, EuR 2013, 45, 49.

[79] *Thiemann*, Kooperation und Verfassungsvorbehalte im Ausgleich, S. 257 ff.; s. a. *T. Müller*, Wettbewerb und Unionsverfassung, S. 89 ff.

[80] *A. Peters*, Elemente einer Theorie der Verfassung Europas, S. 456 ff.; s. a. *Huber*, VVDStRL 60 (2001), 194, 202.

auch die mittelbare Ableitung eines änderungsfesten Kerns des Primärrechts aus der Rechtsprechung weiteren Bedenken. Zunächst muss stark bezweifelt werden, ob die Etablierung materieller Grenzen allein aus einer Rechtsprechungslinie, ohne eine explizite Verankerung im Vertragsrecht die Mitgliedstaaten überhaupt rechtlich binden kann.[81] Die Kritik an einer alleinigen Festlegung durch den EuGH gilt umso mehr, als insgesamt weitgehend ungeklärt ist, was genau von einem änderungsfesten Kern umfasst wäre.[82] Hinzu kommt, dass dem Primärrecht eine interne Abstufung in bedeutsame und unbedeutsame Normen grundsätzlich fremd ist, woran im Hinblick auf die Änderbarkeit im formellen Verfahren auch die Rechtsprechung des EuGH nichts ändert.[83] Wollte man gleichwohl eine Selbstbindung der Mitgliedstaaten annehmen, müsste sie sich schon aus Gründen der eindeutigen Nachvollziehbarkeit unmittelbar aus den Verträgen ergeben.[84]

Eine solche ausdrückliche Selbstbindung, die über die geschilderten Verfahrenserfordernisse hinausgeht, ist dem Primärrecht aber an keiner Stelle zu entnehmen.[85] Schon die Einschränkung des „unionsrechtlichen Dürfens" in verfahrensrechtlicher Hinsicht ist nicht änderungsfest und könnte – sofern das Verfahren eingehalten wird – ihrerseits geändert werden. Es ist nämlich nicht ersichtlich, dass sich die Mitgliedstaaten durch die Einführung des Art. 48 EUV endgültig binden und ihr „völkerrechtliches Können" insoweit dauerhaft einschränken wollten.[86] Gegen eine Anpassung oder Änderung des Art. 48 EUV im ordentlichen Verfahren spricht somit nichts, zumal anders als im Falle einer Änderung nach allgemeinem Völkerrecht kein Verstoß gegen die Selbstbindung vorliegt, sie mit anderen Worten also gerade eingehalten wird.[87] Es ist auch kein Widerspruch, die Bindung an die verfahrensrechtlichen Anforderungen

[81] *Koenig/Pechstein*, EuR 1998, 130, 137; *Haratsch/Koenig/Pechstein*, Europarecht, S. 50 f. Rn. 99.

[82] *Nettesheim*, EuR 2006, 737, 743 f.; differenzierend *Thiemann*, Kooperation und Verfassungsvorbehalte im Ausgleich, S. 264, die aber eine mittelbare Herleitung ebenfalls kritisch sieht. Für mögliche änderungsfeste Inhalte siehe *Gialdino*, CML Rev. 32 (1995), 1089, 1112 ff. sowie *Lavranos*, in: Fontanelli/Giuseppe/Carrozza, Shaping Rule of Law Through Dialogue, S. 119, 128.

[83] *Nettesheim*, EuR 2006, 737, 740 u. 745; *Pechstein*, in: Streinz, EUV/AEUV, Art. 48 EUV Rn. 6; zum Einfluss der EWR-Rechtsprechung auf die Hierarchie siehe *Heintzen*, EuR 1994, 35, 38 f.

[84] *Ohler*, in: Grabitz/Hilf/Nettesheim, EUV/AEUV, Art. 48 EUV Rn. 24.

[85] Dazu bereits *Heintzen*, EuR 1994, 35, 36 u. 40; ausf. *Sichert*, Grenzen der Revision des Primärrechts in der EU, S. 511 ff., insb. S. 557 ff. Aus jüngerer Zeit *Franzius*, in: Pechstein/Nowak/Häde, FK EUV/GRC/AEUV, Art. 48 EUV Rn. 32 u. 70 ff. sowie *Thiemann*, Kooperation und Verfassungsvorbehalte im Ausgleich, S. 262 ff.

[86] Dazu und zum Folgenden *Koenig/Pechstein*, EuR 1998, 130, 143 f. sowie *Pechstein*, EuR 1999, 1, 19; s. a. *E. Klein*, in: Hailbronner/Klein/Magiera u. a., HK EGV/EUV, Art. N EUV Rn. 14.

[87] Zum Verstoß gegen Art. 48 EUV bei Vertragsänderungen nach allgemeinem Völkerrecht siehe bereits oben S. 100 ff.

einzuhalten, um sie im Ergebnis abzuschaffen. Solange die Vorgaben des Art. 48 EUV in der aktuellen Form bestehen, sind sie für die Mitgliedstaaten bindend. Da die Vorgaben selbst aber nicht „auf ewig" festgeschrieben sind, kann am Ende eines ordentlichen Verfahrens selbstverständlich auch die Aufhebung der Selbstbindung stehen. Insoweit kann von einer nur eingeschränkten Selbstbindung gesprochen werden.[88]

Auch im Übrigen existieren im Unionsrecht keine änderungsfesten Grundsätze oder materiellen Grenzen für die Vertragsänderung. Vielmehr spricht schon Art. 48 Abs. 2 S. 2 EUV, der ausdrücklich sowohl eine Ausweitung als auch eine Verringerung der Zuständigkeiten ermöglicht, gegen jegliche inhaltliche Bindung. Zwar war eine Rückübertragung von Kompetenzen bereits nach der alten Rechtslage möglich,[89] doch unterstreicht die bewusste Betonung einer möglichen Rückübertragung in Art. 48 EUV und zusätzlich in der Erklärung Nr. 18 zur Schlussakte des Vertrags von Lissabon[90], dass sich die Mitgliedstaaten – vom Verfahren abgesehen – inhaltlich gerade nicht binden wollten.[91] Vielmehr lassen sie sich ganz im Sinne der „offenen Finalität" und unter Berücksichtigung des Art. 1 Abs. 2 EUV bewusst alle Freiheiten bei der künftigen Gestaltung der Integration.[92] Weder der Begriff der „immer engeren Union" bzw. die integrationstypische Dynamik bedeuten eine bestimmte Vorgabe oder Richtung der Integration. Aus unionsrechtlicher Perspektive steht selbst der „Anwendungsvorrang des EU-Rechts" einer umfassenden Änderung nicht entgegen, da die spezifischen unionseigenen Prinzipien wie eben der „Anwendungsvorrang" oder die „unmittelbare Wirkung" nur so lange Geltung beanspruchen können, wie sie nicht selbst geändert werden.[93] Schließlich folgt auch aus den in Art. 2 EUV niedergelegten grundlegenden Werten der Union keine unionsrechtliche Einschränkung für eine Vertragsänderung. Die Werte des Art. 2 EUV sind zwar Maßstab für die Durchführung von EU-Recht, nicht aber für dessen Änderung, da sie vom EUV nicht unveränderbar festgeschrieben, sondern als unabhängig

---

[88] *Franzius*, in: Pechstein/Nowak/Häde, FK EUV/GRC/AEUV, Art. 48 EUV Rn. 23 spricht von einer „relativen Selbstbindung"; *H.-J. Cremer*, in: Calliess/Ruffert, EUV/AEUV, Art. 48 EUV Rn. 21 sogar von einem „blinden Fleck" des EU-Rechts.

[89] Siehe nur *Heintschel von Heinegg*, in: Vedder/Heintschel von Heinegg, Europäisches Unionsrecht, Art. 48 EUV Rn. 5 sowie *E. Klein*, in: Hailbronner/Klein/Magiera u. a., HK EGV/EUV, Art. N EUV Rn. 14.

[90] Erklärung Nr. 18 zur Abgrenzung der Zuständigkeiten zur Schlussakte zum Vertrag von Lissabon, ABl. C 306 vom 17.12.2007, S. 256 f., CELEX:12007L/AFI/DCL/18.

[91] Vgl. auch *Herrnfeld*, in: Schwarze/Becker/Hatje u. a., EU-Kommentar, Art. 48 EUV Rn. 18 sowie *K. H. Fischer*, Der Vertrag von Lissabon, S. 196.

[92] *Ohler*, in: Grabitz/Hilf/Nettesheim, EUV/AEUV, Art. 48 EUV Rn. 12 u. 24 f.; ähnlich *Pechstein*, in: Streinz, EUV/AEUV, Art. 48 EUV Rn. 5 m. w. N.; zur „offenen Finalität" auch und gerade bei Art. 1 Abs. 2 EUV siehe bereits oben S. 10 u. 43 f.

[93] So explizit *Franzius*, in: Pechstein/Nowak/Häde, FK EUV/GRC/AEUV, Art. 48 EUV Rn. 21 u. 72; *Ohler*, in: Grabitz/Hilf/Nettesheim, EUV/AEUV, Art. 48 EUV Rn. 25; vgl. auch *Herrnfeld*, in: Schwarze/Becker/Hatje u. a., EU-Kommentar, Art. 48 EUV Rn. 16, der auch diese Prinzipien als nicht änderungsfest ansieht.

vom Unionsrecht bestehend *anerkannt* werden.[94] Damit ist gleichwohl nicht gesagt, dass grundlegende Prinzipien wie die Achtung der Menschenrechte oder die Einhaltung demokratischer und rechtsstaatlicher Grundsätze durch eine Vertragsänderung umgangen werden können. Allerdings folgt der Schutz insoweit nicht aus dem Primärrecht selbst, sondern ergibt sich hinsichtlich der Menschenrechte aus dem völkerrechtlichen *ius cogens* und im Übrigen aus dem Verfassungsrecht der Mitgliedstaaten.[95] Es besteht insoweit auch keine Schutzlücke, da die Einhaltung dieser elementaren (Verfassungs-)Grundsätze im Wege der, über Art. 48 Abs. 4 UAbs. 2 EUV auch unionsrechtlich erforderlichen, mitgliedstaatlichen Zustimmungserfordernisse überprüfbar bleibt.[96]

Insgesamt wird somit deutlich, dass eine inhaltliche Selbstbindung der Mitgliedstaaten hinsichtlich einer Änderung der Integrationsverträge nicht existiert und dass sich inhaltliche Grenzen – vom *ius cogens* abgesehen – allein aus dem (Verfassungs-)Recht der Mitgliedstaaten ergeben können.[97] Dies gilt unabhängig davon, ob man die Mitgliedstaaten als *pouvoir constituant* begreift oder nicht.[98] Mangels Selbstbindung sind die Mitgliedstaaten bezüglich des Inhalts von Vertragsänderungen vollumfänglich „Herren der Verträge" geblieben,[99] wobei sie wie geschildert den Einschränkungen ihrer jeweils eigenen Verfassung sowie insgesamt des völkerrechtlichen *ius cogens* unterliegen. Vor dem Hintergrund des damit erforderlichen Kompromisses aus 27 Verfassungsordnungen,[100] sind umfangreiche Auseinandersetzungen vorprogrammiert. In Ermangelung eines einheitlichen, inhaltlichen Maßstabs aus dem Unionsrecht verlaufen mögliche Konfliktlinien aber zwischen den verschiedenen nationalen Rechtsordnungen und nicht zwischen nationaler und unionaler Rechtsordnung.

---

94 *Herrnfeld*, in: Schwarze/Becker/Hatje u. a., EU-Kommentar, Art. 48 EUV Rn. 16; *Pechstein*, in: Streinz, EUV/AEUV, Art. 48 EUV Rn. 6; ähnlich *Nettesheim*, EuR 2006, 737, 742 f. sowie *Ohler*, in: Grabitz/Hilf/Nettesheim, EUV/AEUV, Art. 48 EUV Rn. 25; kritisch dazu *Niedobitek*, in: Niedobitek, Europarecht, § 1 Rn. 101, der gleichwohl einen sehr weiten Spielraum der Mitgliedstaaten sieht.

95 Ausf. *Thiemann*, Kooperation und Verfassungsvorbehalte im Ausgleich, S. 262 ff. u. 272 ff.; zuvor bereits *Heintzen*, EuR 1994, 35, 43 ff., insb. 45 sowie *Meng*, in: von der Groeben/Schwarze, EU-/EG-Vertrag, 6. Aufl., Art. 48 EUV Rn. 65 f.

96 So auch *Thiemann*, Kooperation und Verfassungsvorbehalte im Ausgleich, S. 266 f.; zu möglichen prozessualen Problemen sogleich.

97 *Ohler*, in: Grabitz/Hilf/Nettesheim, EUV/AEUV, Art. 48 EUV Rn. 25 m. w. N.

98 Vgl. *Ohler*, in: Grabitz/Hilf/Nettesheim, EUV/AEUV, Art. 48 EUV Rn. 11; s. a. *A. Peters*, Elemente einer Theorie der Verfassung Europas, S. 390 ff., insb. S. 437 u. 447, die eine Übertragbarkeit des Begriffs kritisch sieht (*Peters*, a. a. O., S. 360 ff.) und eine multiple Trägerschaft der „verfassungsentwickelnden Gewalt" annimmt, gleichzeitig aber unionsrechtliche Grenzen ablehnt.

99 *Herrnfeld*, in: Schwarze/Becker/Hatje u. a., EU-Kommentar, Art. 48 EUV Rn. 15.

100 Zum kompromisshaften Charakter des Primärrechts siehe bereits oben S. 37 f.

III. Die begrenzte Zuständigkeit des EuGH

In Anbetracht der sich aus Art. 48 EUV ergebenden verfahrensrechtlichen Anforderungen stellt sich abschließend die Frage, in welchem Umfang diese unionsrechtlichen Integrationsgrenzen vom EuGH überprüft werden können. Zunächst bleibt es auch im Rahmen einer Vertragsänderung bei dem Grundsatz, dass der EuGH nur über die Auslegung, nicht aber über die Gültigkeit der Verträge entscheiden kann. Wie insbesondere der Vergleich von lit. a) und lit. b) des Art. 267 Abs. 1 AEUV zeigt, fehlt dem EuGH eine Verwerfungskompetenz hinsichtlich des Primärrechts.[101] Auch in der Rechtssache *Pringle* hat der EuGH zunächst auf seine fehlende Zuständigkeit zur Gültigkeitsprüfung von Primärrecht hingewiesen,[102] gleichzeitig aber klargestellt, dass die formalen Anforderungen der Vertragsänderung, namentlich insbesondere die Anwendungsvoraussetzungen des vereinfachten Verfahrens, seiner Kontrolle unterliegen.[103] Während eine materielle Prüfung schon mangels entsprechender unionsrechtlicher Grenzen ausscheidet, deutet nicht zuletzt die Rechtssache *Pringle* an, dass eine Kontrolle der formellen Anforderungen durch den EuGH nicht ausgeschlossen ist. Grundsätzlich wäre eine Kontrolle der formellen Grenzen des Art. 48 EUV über die Nichtigkeitsklage nach Art. 263 AEUV, das Vorabentscheidungsverfahren nach Art. 267 AEUV sowie ein Vertragsverletzungsverfahren nach Art. 258 AEUV denkbar.

Allerdings sind Änderungen des Primärrechts im ordentlichen Verfahren in erster Linie Handlungen der Mitgliedstaaten und nicht der EU-Organe, weshalb sie und damit ihr Inhalt grundsätzlich nicht unmittelbarer Gegenstand einer Nichtigkeitsklage nach Art. 263 AEUV sein können.[104] Auch scheidet eine direkte Prüfung der Vertragsänderung über eine Vorlage nach Art. 267 AEUV aus, da der EuGH im Rahmen von Art. 267 AEUV das Primärrecht nur auslegen, nicht aber die Gültigkeit kontrollieren darf. Insoweit fehlt es in beiden Fällen an einem tauglichen Verfahrensgegenstand, um eine umfassende inhaltliche Überprüfung durch den EuGH zu ermöglichen.[105] Dies bedeutet aber nicht, dass der EuGH vollständig an einer Rechtmäßigkeitskontrolle gehindert ist. Vielmehr ist es erforderlich, zwischen Verfahrensgegenstand und Überprüfbarkeit zu diffe-

---

[101] Vgl. EuGH, Beschl. v. 13.01.1995 – Rs. C-253/94 P, ECLI:EU:C:1995:4, Rn. 11 – *Roujansky/Rat*; s. a. *Nettesheim*, EuR 2006, 737, 745 und *Schroeder*, Das Gemeinschaftsrechtssystem, S. 382; anders *von Arnauld*, EuR 2003, 191, 215 f.

[102] EuGH, Urt. v. 27.11.2012 – C-370/12, ECLI:EU:C:2012:756, Rn. 33 – *Pringle*.

[103] EuGH, Urt. v. 27.11.2012 – C-370/12, ECLI:EU:C:2012:756, Rn. 35 ff. – *Pringle*; s. a. *Generalanwältin Kokott*, Stellungnahme v. 26.10.2012 – Rs. C-370/12, ECLI:EU:C:2012:675, Rn. 18 ff. – *Pringle*.

[104] EuGH, Beschl. v. 13.01.1995 – Rs. C-253/94 P, ECLI:EU:C:1995:4, Rn. 11 – *Roujansky/Rat*; Urt. v. 28.04.1988 – verb. Rs. 31/86 u. 35/86, ECLI:EU:C:1988:211, Rn. 18 – *LAISA/Rat*; s. a. EuG, Urt. v. 29.01.1998 – Rs. T-113/96, ECLI:EU:T:1998:11, Rn. 41 – *Dubois et fils*.

[105] *Herrnfeld*, in: Schwarze/Becker/Hatje u. a., EU-Kommentar, Art. 48 EUV Rn. 18; *Ohler*, in: Grabitz/Hilf/Nettesheim, EUV/AEUV, Art. 48 EUV Rn. 27.

renzieren. Ausgeschlossen sind nämlich nur unmittelbar an einen Änderungsvertrag anknüpfende Verfahren, während eine Prüfung der Verfahrensanforderungen – nicht aber des Inhalts – in anderweitig erhobenen bzw. eingeleiteten Verfahren gleichwohl möglich ist. Dies betrifft nicht nur Nichtigkeitsklagen gegen das Handeln der EU-Organe im Rahmen des ordentlichen Änderungsverfahrens, sondern auch die Vorlage nach Art. 267 AEUV, wie die Rechtssache *Pringle* zeigt.[106]

Ein Vertragsverletzungsverfahren nach Art. 258 AEUV gegen alle Mitgliedstaaten kommt insbesondere in Betracht, wenn diese eine Vertragsänderung durch einen völkerrechtlichen Vertrag, also ohne Einhaltung des ordentlichen Verfahrens durchführen.[107] Nicht von der Hand zu weisende Überlegungen, dass ein solches Verfahren an faktische bzw. politische Grenzen stoßen würde,[108] ändern nichts an der Tatsache, dass die von den Mitgliedstaaten eingegangene Selbstbindung juristisch überprüfbar bleibt.[109] Der beschriebenen Spannungslage von politischer Möglichkeit und rechtlichen Grenzen wird zudem durch die Möglichkeiten der vereinfachten Vertragsänderung begegnet.[110] Soweit darauf hingewiesen wird, dass ein Vertragsverletzungsverfahren ausscheide, da die Verfahrensvorschriften nur die EU-Organe betreffen,[111] wird der unionsrechtlich zwingende Charakter der Selbstbindung übersehen. Die Mitgliedstaaten haben sich gerade zur Einhaltung der Verfahrensvorschriften verpflichtet und im Rahmen ihrer Geltung auch der Gerichtsbarkeit des EuGH unterworfen. Schließlich würde eine nichtförmliche Vertragsänderung auch gegen den Grundsatz der loyalen Zusammenarbeit nach Art. 4 Abs. 3 EUV verstoßen,[112] was zweifelsfrei im Vertragsverletzungsverfahren gerügt werden kann.

Einen Sonderfall bildet allerdings die Überprüfung der Ratifizierung nach Maßgabe der verfassungsrechtlichen Vorschriften im Sinne des Art. 48 Abs. 4 UAbs. 2 EUV. Dass diese Voraussetzung eine nicht unerhebliche Verschär-

---

106 *Niedobitek*, in: Niedobitek, Europarecht, § 1 Rn. 103 f.; *Ohler*, in: Grabitz/Hilf/Nettesheim, EUV/AEUV, Art. 48 EUV Rn. 27; ähnlich auch *Herrnfeld*, in: Schwarze/Becker/Hatje u. a., EU-Kommentar, Art. 48 EUV Rn. 18 m. w. N., der allerdings hinsichtlich der Verfahrensanforderungen bzw. der Rechtsfolgen differenziert; dazu bereits oben S. 98. Auch *Franzius*, in: Pechstein/Nowak/Häde, FK EUV/GRC/AEUV, Art. 48 EUV Rn. 74 nimmt eine Differenzierung vor, hält eine Verfahrenskontrolle aber für möglich.

107 Siehe nur *Booß*, in: Lenz/Borchardt, EU-Verträge, Art. 48 EUV Rn. 1; zuvor bereits *E. Klein*, in: Hailbronner/Klein/Magiera u. a., HK EGV/EUV, Art. N EUV Rn. 5; *Koenig/Pechstein*, EuR 1998, 130, 140 sowie *Pechstein*, EuR 1999, 1, 19 f.

108 Zum Ermessen der EU-Kommission beim Vertragsverletzungsverfahren bereits oben S. 87 f.

109 *Herrnfeld*, in: Schwarze/Becker/Hatje u. a., EU-Kommentar, Art. 48 EUV Rn. 24; *Ohler*, in: Grabitz/Hilf/Nettesheim, EUV/AEUV, Art. 48 EUV Rn. 26; s. a. *Schwarze*, EuR 1983, 1, 15.

110 *Franzius*, in: Pechstein/Nowak/Häde, FK EUV/GRC/AEUV, Art. 48 EUV Rn. 25 f.

111 *Niedobitek*, in: Niedobitek, Europarecht, § 1 Rn. 103; kritisch auch *Meng*, in: von der Groeben/Schwarze/Hatje, Europäisches Unionsrecht, Art. 48 EUV Rn. 37.

112 Dazu bereits oben S. 103.

fung gegenüber den allgemeinen Regeln der WVK darstellt, wurde bereits im Rahmen der Untersuchung der Grenzen von Art. 48 EUV dargelegt. Teilweise wird aus dem Verweis auf das nationale Verfassungsrecht geschlossen, dass der EuGH beispielsweise in einem Vertragsverletzungsverfahren auch diesbezüglich zur vollständigen Überprüfung berechtigt sei.[113] Dem ist allerdings entgegenzuhalten, dass trotz Abs. 4 UAbs. 2 der EuGH auch im Rahmen von Art. 48 EUV zur Überprüfung von nationalem (Verfassungs-)Recht nicht zuständig ist, da es sich nur um einen Verweis, nicht aber eine vollständige Inkorporation des nationalen Verfassungsrechts handelt.[114] Insoweit bleibt es bei der Zuständigkeit der nationalen (Verfassungs-)Gerichte. Dabei ist eine Prüfung durch die nationalen Verfassungsgerichte *vor* der Ratifikation nicht nur empfehlenswert,[115] sondern – wie nicht zuletzt die Verfahren vor dem BVerfG zeigen – gelebte Praxis.[116] Abgrenzungsprobleme könnten sich nur dann ergeben, wenn ein Mitgliedstaat *nach* der Ratifikation einen Verstoß gegen sein Verfassungsrecht geltend macht. Während für so einen Fall teilweise auf die europarechtliche Unbeachtlichkeit bzw. eine Lösung im politischen Prozess verwiesen wird,[117] plädieren *Matthias Pechstein* und *Johannes Cirkel* für eine „umgekehrte Vorlage" analog Art. 267 AEUV vom EuGH an das jeweilige nationale Verfassungsgericht, sofern ein solches existiert.[118] Dem von *Pechstein* und *Cirkel* selbst erkannten Einwand, dass nicht jeder Mitgliedstaat über eine eigene Verfassungsgerichtsbarkeit verfügt, ließe sich möglicherweise damit begegnen, dass in jedem Staat eine oder mehrere Stellen existieren, die grundsätzlich zur Entscheidung über Verfassungsrechtsfragen berufen sind.[119] Darüber hinaus wäre es selbstverständlich die Sache der Mitgliedstaaten bzw. des nationalen Verfassungsrechts, diese Frage zu regeln. Ob insgesamt eine „umgekehrte Vorlage" gleichwohl rechtlich möglich, notwendig und sinnvoll wäre, wird noch an späterer Stelle zu diskutieren sein. Dies nicht zuletzt deshalb, da die Frage einer „umgekehrten Vorlage" auch im Rahmen der Berücksichtigung nationaler Grundrechte sowie der nationalen Identität durch den EuGH eine Rolle spielt. Bezogen auf die Vertragsänderung hat die Vergangenheit allerdings gezeigt, dass in Deutschland eine Überprüfung durch das BVerfG stets vor der Ratifikation erfolgt ist. In Anbetracht der Tatsache, dass eine nachträgliche er-

---

[113] *Koenig/Pechstein*, EuR 1998, 130, 147 ff.; *Pechstein/Cirkel*, DÖV 1997, 365, 370 f.; zweifelnd aber letztlich offenlassend *H.-J. Cremer*, in: Calliess/Ruffert, EUV/AEUV, Art. 48 EUV Rn. 6 dort Fn. 14.

[114] *Franzius*, in: Pechstein/Nowak/Häde, FK EUV/GRC/AEUV, Art. 48 EUV Rn. 43 u. 73; *Meng*, in: von der Groeben/Schwarze/Hatje, Europäisches Unionsrecht, Art. 48 EUV Rn. 36.

[115] *Wouters*, LIEI 27 (2000), 25, 74 m. w. N.

[116] Dazu noch sogleich Kap. 2, B. II.

[117] *Ohler*, in: Grabitz/Hilf/Nettesheim, EUV/AEUV, Art. 48 EUV Rn. 39; *Franzius*, in: Pechstein/Nowak/Häde, FK EUV/GRC/AEUV, Art. 48 EUV Rn. 43.

[118] *Pechstein/Cirkel*, DÖV 1997, 365, 369 ff. sowie *Pechstein*, EuR 1999, 1, 16 ff.

[119] Vgl. *Ellerbrok/Pracht*, EuR 2021, 188, 192 ff. sowie *Lenaerts*, EuR 2015, 3, 4 dort Fn. 6.

folgreiche Berufung auf einen Mangel im nationalen Zustimmungsverfahren die komplette Vertragsänderung auch für die anderen Mitgliedstaaten hinfällig machen würde, erscheint ein solcher Fall tatsächlich fernliegend und wäre wohl tatsächlich eher eine (hoch-)politische als eine rechtliche Frage.[120]

Insgesamt sind verschiedene Verfahrenskonstellationen denkbar, in denen die formellen Grenzen der Vertragsänderung auch durch den EuGH überprüft werden. Allerdings bleibt festzuhalten, dass der Inhalt der geänderten Verträge nicht vor dem EuGH, sondern nur mittelbar über die nationalen Verfassungsgerichte bei der Prüfung des Zustimmungsgesetzes justiziabel ist.[121] Konfliktpotenzial in prozessualer Hinsicht ist somit, wenn man vom Spezialproblem des Art. 48 Abs. 4 UAbs. 2 EUV absieht, auf der unionsrechtlichen Seite nur sehr begrenzt vorhanden.

IV. Geringes Konfliktpotenzial als Folge einer eingeschränkten Selbstbindung

Im Falle einer grundlegenden Umgestaltung der EU-Zuständigkeiten eröffnet Art. 48 EUV den Mitgliedstaaten einen weitreichenden Gestaltungsspielraum. Integrationsgrenzen bestehen in erster Linie hinsichtlich der zwingenden Anwendung des Verfahrens für Änderungen der Integrationsverträge, was insbesondere auch faktische Änderungen durch spätere Praxis der Mitgliedstaaten oder der EU-Organe ausschließt. Darüber hinaus haben die Mitgliedstaaten ihr – von den Grenzen des *ius cogens* abgesehen – grundsätzlich uneingeschränkt bestehendes „völkerrechtliches Können" durch Art. 48 EUV einer Selbstbindung unterworfen. In Abweichung von den allgemeinen Regeln des Völkerrechts sind grundlegende Integrationsschritte nicht allein den Mitgliedstaaten überlassen, sondern erfordern zwingend die Einbindung der EU-Organe. Gleichzeitig bleiben die Mitgliedstaaten und ihre Verfassungen aber auch schon in formeller Hinsicht entscheidend, da Art. 48 Abs. 4 UAbs. 2 EUV anders als die Regeln der WVK die verfassungsrechtlichen Zustimmungserfordernisse umfassend zur Voraussetzung für das Inkrafttreten einer Vertragsänderung macht. Allerdings ist diese Selbstbindung der Mitgliedstaaten in ihrem Umfang eingeschränkt. Zunächst ist es den Mitgliedstaaten in gewissen Grenzen möglich, das EU-Recht außerhalb des Verfahrens nach Art. 48 EUV zu ergänzen. Vor allem aber können sich die Mitgliedstaaten von der Selbstbindung wieder lösen. Dabei können sie sich aus Sicht des Unionsrechts zwar nicht des allgemeinen Völkerrechts bedienen, da ein solcher Schritt wegen Verstoß gegen Art. 48 EUV unionsrechtswidrig wäre. Eine Änderung im ordentlichen Verfahren bleibt aber möglich.

---

[120] Diese Auswirkungen sind auch ein Grund wieso *Pechstein/Cirkel*, DÖV 1997, 365, 369 u. 371 gegen eine Auslegung durch den EuGH und für die Vorlage sind.

[121] Ebenso *Ohler*, in: Grabitz/Hilf/Nettesheim, EUV/AEUV, Art. 48 EUV Rn. 27.

Die eingeschränkte Wirkung der Selbstbindung wird darüber hinaus besonders deutlich, wenn man berücksichtigt, dass sie – in ihrer derzeitigen Ausprägung – nur in formeller Hinsicht besteht. Materielle Grenzen oder ein „änderungsfester Kern“ lassen sich dem Unionsrecht hingegen nicht entnehmen. Das Fehlen änderungsfester Kerngehalte ist auch nicht gleichbedeutet mit einer Schwäche des Unionsrechts, da gerade durch das Ausbleiben einer Änderung, das geltende EU-Recht inklusive seiner Prinzipien bestätigt und legitimiert wird.[122] Selbstverständlich bleibt es nicht ausgeschlossen, dass sich die Mitgliedstaaten bei künftigen Änderungen des Primärrechts in einem anderen Umfang einer Selbstbindung unterwerfen. Solange es aber im Unionsrecht an einer solchen Bindung fehlt, bleiben die Mitgliedstaaten aus der Perspektive des Unionsrechts nur an das Verfahren des Art. 48 EUV gebunden. Auch die Generalanwältin *Juliane Kokott* hat in ihrer Stellungnahme zur Rechtssache *Pringle* hervorgehoben, dass mit der Überprüfung der formalen Grenzen durch den EuGH

> „die grundsätzlich bestehende Kompetenz der Mitgliedstaaten, sämtliche Bestimmungen des Primärrechts zu ändern, nicht in Frage gestellt [wird].“[123]

Ungeachtet der Grenzen des völkerrechtlichen *ius cogens* sowie des jeweiligen nationalen Verfassungsrechts sind die Mitgliedstaaten auch nach dem Vertrag von Lissabon daher insoweit „Herren der Verträge“, wie sie *zusammen* unter Einhaltung des Verfahrens, also unter Beteiligung der EU-Organe, inhaltlich frei über Änderungen der Integrationsverträge entscheiden können.[124] Bei grundlegenden Entscheidungen zur Integration kommt im EU-Recht also durchaus die zentrale Stellung der Mitgliedstaaten zum Ausdruck. Gleichzeitig wird diese Stellung durch eine (verfahrens-)rechtliche Einbindung in die supranationale Struktur eingeschränkt. Insbesondere ist es nie ein einzelner Mitgliedstaat, der eine Änderung bewirken kann, sondern entsprechend der integrativen Idee stets die Gesamtheit der Mitgliedstaaten, die gemeinsam mit den EU-Organen handelt.

Bezogen auf die Übertragung von Kompetenzen stellt das Unionsrecht somit Integrationsgrenzen nur in einem sehr engen Umfang auf. Die Mitgliedstaaten dürfen die formalen Grenzen einer Vertragsänderung nicht überschreiten, da eine Verletzung zur Unionsrechtswidrigkeit des vermeintlich neu geschaffen Primärrechts führen würde.[125] Im Übrigen bestehen, bezogen auf die Übertra-

---

[122] *Franzius*, in: Pechstein/Nowak/Häde, FK EUV/GRC/AEUV, Art. 48 EUV Rn. 21 u. 72.

[123] *Generalanwältin Kokott*, Stellungnahme v. 26.10.2012 – Rs. C-370/12, ECLI:EU:C:2012:675, Rn. 31 – *Pringle*.

[124] Vgl. *Heintzen*, EuR 1994, 35, 42; s. a. *Doehring*, in: FS Everling, Bd. I, S. 263, 267; vgl. aus jüngerer Zeit auch *Müller-Graff*, EuZ 2020, 154, 166 sowie *Ullrich*, EWS 2020, 301, 321 f.

[125] Dazu bereits oben S. 102 ff.

gung selbst, allerdings keine unionsrechtlichen Integrationsgrenzen. Insbesondere können sich die Mitgliedstaaten auch dazu entschließen, die formellen Integrationsgrenzen wieder abzuschaffen, sofern sie dabei das Verfahren wahren. Bindungen für die Mitgliedstaaten können sich gleichwohl aus dem nationalen Verfassungsrecht ergeben, was sich im Ergebnis auch auf Ebene des Unionsrechts über Art. 48 Abs. 4 UAbs. 2 EUV auswirkt. Welche Anforderungen sich aus diesen Bindungen ergeben, ist allerdings eine Frage des nationalen Verfassungsrechts. Da insoweit ein materieller Maßstab des Unionsrechts fehlt, beschränken sich mögliche direkte Überschneidungen zwischen unionaler und nationaler Rechtsordnung auf die formellen Anforderungen. Dennoch sollte, auch wenn das Unionsrecht in letzter Konsequenz keine rechtlich bindenden Grenzen aufstellt, die ideelle und symbolische Wirkung der grundlegenden Werte und Prinzipien des Unionsrechts bei einer Vertragsänderung nicht unterschätzt werden.[126] Beide zuletzt genannten Punkte sind entscheidend, wenn im Folgenden die Perspektive des Grundgesetzes untersucht wird. Zum einen ist das Grundgesetz nur einer von 27 Maßstäben für die künftige grundlegende Gestaltung der EU. Zum anderen sollte die Bedeutung der europäischen Prinzipien trotz fehlender unionrechtlicher Bindung nicht vollständig außer Acht gelassen werden, da die europäische Integration mehr ist als der bloße Rahmen des Primärrechts.[127] Gleichwohl erweist sich das rechtliche Konfliktpotenzial aus der Sicht des Primärrechts infolge der eingeschränkten Selbstbindung der Mitgliedstaaten als eher gering. Während in materieller Hinsicht mangels unionsrechtlichen Maßstabs ein Widerspruch zum nationalen Recht von vornherein ausscheidet, sind bezogen auf die formellen Anforderungen Auseinandersetzungen jedenfalls nicht ausgeschlossen. Inwieweit es tatsächlich zu Widersprüchen in formeller Hinsicht kommen kann, ist dabei abhängig von der verfassungsrechtlichen Perspektive.

B. Umfassende verfassungsgerichtliche Vorgaben an das Zustimmungsgesetz

Die Übertragung von Kompetenzen auf die europäische Ebene hat ihren Ausgangspunkt unstreitig in der nationalen Rechtsordnung. Bedenkt man, dass der primärrechtliche Rahmen gerade in inhaltlicher Hinsicht sehr zurückhaltend ist, kommt den Maßstäben des nationalen Verfassungsrechts entscheidende Bedeutung für die Frage zu, ob und inwieweit diesbezüglich ein Kooperations- oder Konfliktpotenzial besteht. Bei der Entwicklung der grundgesetzlichen Anforderungen an die europäische Integration spielt naturgemäß die Rechtsprechung

126 Vgl. *T. Müller*, Wettbewerb und Unionsverfassung, S. 92 f.
127 Vgl. *Schwarze*, NJ 1994, 1, 4, der eine „faktische Verklammerung" beschreibt.

des BVerfG eine große Rolle. Wie bereits angedeutet, hat sich das Gericht diesbezüglich erstmals in den Urteilen Maastricht und Lissabon umfassend positioniert. Zwar wurde das BVerfG bereits zuvor mit dem Verhältnis von europäischem und nationalem Recht, sowie der grundsätzlichen Kontrollmöglichkeit von Sekundärrecht befasst, eine weitreichende, auf das Primärrecht bezogene Prüfung hatte es bis dahin aber nicht gegeben.[128] In den beiden Urteilen sowie teilweise auch in der Rechtsprechung zur Eurorettung hat das BVerfG weitreichende verfassungsrechtliche Vorbehalte in formeller und materieller Hinsicht aufgestellt. Um diese besser einordnen zu können, wird zunächst kurz die verfassungsrechtliche Ausgangslage für Änderungen des Primärrechts rekapituliert (I.). Anschließend können die formellen Anforderungen des BVerfG betrachtet werden, die insbesondere hinsichtlich Vertragsänderungen außerhalb des ordentlichen Verfahrens augenscheinlich von denen des EU-Rechts abweichen (II.). Obwohl in inhaltlicher Hinsicht ein Konflikt mit dem EU-Recht von vornherein ausgeschlossen ist, lohnt sich auch ein Blick auf die materiellen Grenzen des BVerfG, da in ihnen ein bestimmtes Verständnis der Integration und ihrer Grenzen zum Ausdruck kommt, welches auch den Zugang des BVerfG zur Kooperation mit dem EuGH im Übrigen prägt (III.). Die insoweit bestehenden umfassenden Vorgaben des BVerfG bergen zwar sowohl innerstaatlich als auch gesamteuropäisch ein gewisses Konfliktpotenzial, führen aber – auf Ebene der Kompetenzübertragung – ausdrücklich nicht zu einem grundlegenden Dissens zum EU-Recht bzw. zum EuGH (IV.).

I. Art. 23 Abs. 1 GG als verfassungsrechtlicher Ausgangspunkt

Die zentrale Norm des Grundgesetzes für die europäische Integration ist Art. 23 GG, der nicht nur das verfassungsrechtliche Pendant zu Art. 1 Abs. 1 und Art. 48 EUV bei Vertragsänderungen bildet,[129] sondern auch – gemeinsam mit der Präambel des GG – die „offene Staatlichkeit“ der Bundesrepublik Deutschland auch und gerade in Bezug auf die europäische Einigung bekräftigt.[130] Eingeführt wurde der „Europa-Artikel“ im Zuge der Verhandlungen zum Vertrag von Maastricht, da insoweit ein „Qualitätssprung“ der Integration konstatiert wurde, welcher eine neue verfassungsrechtliche Absicherung bedürfe.[131] Unabhängig von der nicht unumstrittenen Frage, ob diese Auffassung tat-

---

[128] Dazu bereits oben S. 59.

[129] *Ohler*, in: Grabitz/Hilf/Nettesheim, EUV/AEUV, Art. 48 EUV Rn. 16.

[130] Siehe nur *Sommermann*, in: von Bogdandy/Cruz Villalón/Huber, Hdb. IPE II, § 14 Rn. 14 ff. u. passim sowie *Wollenschläger*, in: Dreier, GG Kommentar, Bd. II, Art. 23 GG Rn. 1 u. 32. Grundlegend zur offenen Staatlichkeit des GG *Vogel*, Die Verfassungsentscheidung des Grundgesetzes für eine internationale Zusammenarbeit, S. 33 u. 35 ff., insb. S. 41 ff.; s. a. *Hobe*, Der offene Verfassungsstaat, S. 137 ff. u. passim.

[131] Vgl. Bericht der GVK, BT-Drucks. 12/6000 v. 05.11.1993, S. 20 u. 13; die Begründungen zur Änderung des GG BT-Drucks. 12/3338 v. 02.10.1992, S. 4 sowie BT-Drucks. 12/3896

sächlich zutraf,[132] ist Art. 23 GG nunmehr in Bezug auf die europäische Integration die allein maßgebliche Norm und tritt insoweit als *lex specialis* an die Stelle des zuvor maßgeblichen Art. 24 GG.[133] Da die einzelnen Elemente des Art. 23 GG, soweit sie die Anforderungen und Maßstäbe an die Integration betreffen, noch im Einzelnen behandelt werden, genügt an dieser Stelle ein erster kurzer Überblick.[134]

Zunächst schreibt Art. 23 Abs. 1 S. 1 Hs. 1 GG – in Übereinstimmung mit der Präambel des GG – die „Mitwirkung" Deutschlands an der europäischen Integration vor.[135] Folge dieses verbindlichen Staatsziels ist es, dass nur das „Wie", nicht aber das „Ob" der deutschen Mitwirkung dem Gestaltungsspielraum der politischen Organe überlassen ist.[136] Insoweit spiegelt Art. 23 GG im Ausgangspunkt die, auch im EU-Primärrecht zum Ausdruck kommende, „offene Finalität" der EU wider, da er zwar ausdrücklich zur „Entwicklung der Europäischen Union" verpflichtet, dabei aber gerade keinen Endzustand der Union, wie beispielsweise einen Bundesstaat vorgibt.[137] Obwohl Art. 23 Abs. 1 GG somit Rücksicht auf die Entwicklungsoffenheit und den Prozesscharakter der europäischen Integration nimmt, enthält er zugleich umfassende Vorgaben hinsichtlich des Ablaufs und des Inhalts des weiteren Integrationsprozesses. Als zentrales Mittel der Mitwirkung an der europäischen Integration nennt Art. 23 Abs. 1 S. 2 GG in Übereinstimmung mit dem insoweit wortgleichen Art. 24 GG die Übertragung von Hoheitsrechten bzw. Kompetenzen.[138] Der Begriff der „Übertragung" ist nach dem BVerfG und dem weit überwiegenden Teil der Literatur nicht wörtlich im Sinne eines dinglichen Vorgangs zu verstehen. Vielmehr bedeutet „Übertragung", die in den Grenzen der Verfassung ablaufende Öffnung der nationalen Rechtsordnung für die unmittelbare Geltung und Anwendung des europäischen Rechts bei gleichzeitiger Rücknahme des ausschließlichen Herrschaftsanspruchs der Bundesrepublik Deutschland im Geltungsbereich des Grundgesetzes.[139] Mit den Worten *Albert Bleckmanns* wird durch die Über-

v. 01.12.1992, S. 16 f. Ausf. dazu *D. König*, Die Übertragung von Hoheitsrechten, S. 138 ff. sowie *Schmalenbach*, Der neue Europaartikel 23 des Grundgesetzes, S. 22 ff. u. passim.

[132] Dazu *Classen*, in: v. Mangoldt/Klein/Stark, GG, Art. 23 GG Rn. 1 u. Art. 24 GG Rn. 20 m. w. N.

[133] Siehe nur *Classen*, in: v. Mangoldt/Klein/Stark, GG, Art. 23 GG Rn. 1; *Scholz*, in: Dürig/Herzog/Scholz, GG, Art. 23 GG Rn. 4; *Streinz*, in: Sachs, GG, Art. 23 Rn. 9; *Uerpmann-Wittzack*, in: von Münch/Kunig, GG, Art. 23 GG Rn. 2 u. 170; jeweils m. w. N.

[134] Vgl. zum Folgenden auch den Überblick bei *Simon*, Grenzen des Bundesverfassungsgerichts im europäischen Integrationsprozess, S. 46 ff.; s. a. *Kempen*, in: Schöbener, Lexikon Europarecht, Stichwort „Integrationsgewalt (GG)" Rn. 1930 ff.

[135] Vgl. BVerfGE 123, 267, 346 f. – *Lissabon*.

[136] *Durner*, in: Isensee/Kirchhof, HdbStR Bd. X, 2012, § 216 Rn. 16 f.; zuvor bereits *D. König*, Die Übertragung von Hoheitsrechten, S. 190; zu den Grenzen sogleich.

[137] Siehe nur *Kaufmann*, JZ 1999, 814, 816 sowie *Wollenschläger*, in: Dreier, GG Kommentar, Bd. II, Art. 23 GG Rn. 36 f. m. w. N.

[138] Dazu und zu den Begriffen bereits oben S. 35 f.

[139] BVerfGE 37, 271, 279 f. – *Solange I*; BVerfGE 58, 1, 27 f. – *Eurocontrol I*; BVerfGE

tragung der „staatliche Souveränitätspanzer" geöffnet bzw. durchlässig für das Unionsrecht, wobei das Ausmaß der Öffnung von den Anforderungen des GG abhängt.[140] Entscheidend sind also die formellen und materiellen Bedingungen, die Art. 23 Abs. 1 GG für die Öffnung des GG formuliert.

In formeller Hinsicht verlangt Art. 23 Abs. 1 S. 2 GG für die Übertragung von Hoheitsrechten ein Gesetz, welches stets der Zustimmung des Bundesrates bedarf. In den Fällen des Art. 23 Abs. 1 S. 3 GG, was insbesondere die Änderung der vertraglichen Grundlagen der EU erfasst, gelten die formellen Voraussetzungen für Verfassungsänderungen aus Art. 79 Abs. 2 GG. Darüber hinaus stellt Art. 23 Abs. 1 GG auch materielle Bedingungen bzw. Grenzen für die europäische Integration auf. Zunächst formuliert der, bereits im Gesetzgebungsverfahren als Struktursicherungsklausel bezeichnete,[141] Art. 23 Abs. 1 S. 1 Hs. 2 GG inhaltliche Anforderungen an die EU. Demnach wirkt die Bundesrepublik Deutschland bei der Entwicklung der Europäischen Union mit, die demokratischen, rechtsstaatlichen, sozialen und föderativen Grundsätzen und dem Grundsatz der Subsidiarität verpflichtet ist und einen dem Grundgesetz im Wesentlichen vergleichbaren Grundrechtsschutz gewährleistet. Die Struktursicherungsklausel ist unmittelbar mit der Benennung des Staatsziels der europäischen Integration verknüpft und wird deshalb auch als „Offensive der Europäisierung" bezeichnet, wohingegen Art. 23 Abs. 1 S. 3 GG mit seinem Verweis auf die Grenzen der Verfassungsänderung auch in materieller Hinsicht bei der „Defensive des Grundgesetzes" ansetze.[142] Auch wenn damit das Verhältnis beider Normen noch nicht geklärt ist, formulieren sowohl S. 1 als auch S. 3 ausdrücklich inhaltliche Anforderungen an die europäische Integration.[143]

Insgesamt unterscheidet sich die Integrationsklausel des Art. 23 Abs. 1 GG somit von der unionsrechtlichen Regelung des Art. 48 EUV, weil sie nicht nur

59, 63, 90 – *Eurocontrol II*; BVerfGE 73, 339, 374 f. – *Solange II*; zur h. M. siehe *Calliess*, in: Dürig/Herzog/Scholz, GG, Art. 24 GG Abs. 1 Rn. 38 ff.; *Hobe*, in: Friauf/Höfling, Berliner Kommentar zum GG, Art. 23 GG Rn. 41 u. Art. 24 GG Rn. 16; *Streinz*, in: Sachs, GG, Art. 23 GG Rn. 59 f. sowie *Wollenschläger*, in: Dreier, GG Kommentar, Bd. II, Art. 24 GG Rn. 47 f. m. w. N.; a. A. soweit ersichtlich nur *Flint*, Die Übertragung von Hoheitsrechten, S. 112 ff.; dagegen aber *Hobe*, in: Friauf/Höfling, Berliner Kommentar zum GG, Art. 24 GG Rn. 16 dort Fn. 51. Ausf. zum Begriff der „Übertragung" auch *Schiffbauer*, AöR 141 (2016), 551, 559 ff.

140 *A. Bleckmann*, ZaöRV 35 (1975), 79, 81 f., der freilich noch von Gemeinschaftsrecht spricht; s. a. *A. Bleckmann*, Grundgesetz und Völkerrecht, S. 272 u. 308.

141 Bericht der GVK, BT-Drucks. 12/6000 v. 05.11.1993, S. 20 u. 28; s. a. BT-Drucks. 12/3896 v. 01.12.1992, S. 17 f.; im Entwurf der Bundesregierung, BT-Drucks. 12/3338 v. 02.10.1992, S. 4 u. 6 wird von „Strukturklausel" gesprochen.

142 *R. Breuer*, NVwZ 1994, 417, 422; zustimmend *Baldus*, ZRP 1997, 286, 287 m. w. N. Vgl. aus jüngerer Zeit auch *Hillgruber*, in: Heinig/Terhechte, Postnationale Demokratie, Postdemokratie, Neoetatismus, S. 123, 126.

143 BVerfGE 123, 267, 348, 356 u. 362 f. – *Lissabon*; *Wollenschläger*, in: Dreier, GG Kommentar, Bd. II, Art. 23 GG Rn. 61 ff.; *Classen*, in: v. Mangoldt/Klein/Stark, GG, Art. 23 GG Rn. 16 ff.

formelle, sondern ausdrücklich auch materielle Anforderungen an die europäische Integration formuliert. Inwieweit sich aus diesen grundgesetzlichen Anforderungen ein Widerspruch zum EU-Recht ergibt, wird im Einzelnen zu untersuchen sein, wobei zwischen den formellen und materiellen Voraussetzungen des GG zu differenzieren ist.

II. Abweichungen hinsichtlich der verfahrensrechtlichen Anforderungen an Primärrechtsänderungen

Die formellen Voraussetzungen des GG für die Übertragung von Kompetenzen auf die EU scheinen auf den ersten Blick eindeutig zu sein. Erforderlich ist stets ein, der Zustimmung des Bundesrats unterliegendes, Gesetz (Art. 23 Abs. 1 S. 2 GG), das in besonderen Situationen (S. 3) den Anforderungen an eine Verfassungsänderung genügen muss. Tatsächlich sind die verfahrensrechtlichen Anforderungen im Einzelnen aber nicht unumstritten. Neben der Frage, wann überhaupt eine Hoheitsrechtsübertragung vorliegt, die den Gesetzesvorbehalt auslöst, wird insbesondere das Verhältnis der beiden angesprochenen Sätze des Abs. 1 kontrovers diskutiert.[144] Dass die Frage nach dem Verhältnis nicht nur von akademischem Interesse ist, zeigt der jüngste Beschluss des BVerfG, in dem es das Zustimmungsgesetz zur Einrichtung des Europäischen Patentgerichts wegen der fehlenden Zwei-Drittel-Mehrheit für nichtig erklärte und damit zugleich einen weiten Anwendungsbereich des Art. 23 Abs. 1 S. 3 GG annahm, der sämtliche Hoheitsrechtsübertragungen auf die EU oder ihr nahestehenden Einrichtungen erfasse.[145] Auch in der Rechtsprechung zur Eurokrise hatte das BVerfG bereits eine Ausweitung der verfahrensrechtlichen Aspekte des Art. 23 GG zur Sicherung der parlamentarischen Mitwirkung und Unterrichtung postuliert.[146] Gerade im Zusammenhang mit dem ESM-Vertrag wird eine weite Anwendung des Art. 23 Abs. 1 S. 2 und Abs. 2 GG positiv gesehen, da in Anbetracht der problematischen materiellen Grenzen der europäischen Integration, dem Verfahren eine größere Rolle zukommen müsse.[147] Ob in der Zukunft die formellen Aspekte bei Vertragsänderungen tatsächlich einen größeren Stellenwert einnehmen werden und die materiellen Grenzen in den Hin-

---

[144] Guter Überblick bei *Streinz*, in: Sachs, GG, Art. 23 GG Rn. 62 ff. u. 71 ff.; s. a. *Classen*, in: v. Mangoldt/Klein/Stark, GG, Art. 23 GG Rn. 11 ff.; *Wollenschläger*, in: Dreier, GG Kommentar, Bd. II, Art. 23 GG Rn. 42 ff. u. 52 ff.; jeweils m. w. N.; *Durner*, in: Isensee/Kirchhof, HdbStR Bd. X, 2012, § 216 Rn. 30 hält das Verhältnis hingegen für eindeutig.

[145] BVerfGE 153, 74, 143 Rn. 117 ff., insb. 147 Rn. 126 ff. – *Einheitliches Patentgericht*; s. a. *Graf von Luckner*, EuR 2021, 209, 210 ff. sowie *Payandeh*, JuS 2020, 702, 705.

[146] BVerfGE 131, 152, 197 ff., insb. 199 ff. – *Unterrichtungspflicht*; BVerfGE 132, 195, 241 f. Rn. 111 u. 271 Rn. 181 f. – *Europäischer Stabilitätsmechanismus*; BVerfGE 135, 317, 428 Rn. 231 f. – *ESM-Vertrag*.

[147] *Lorz*/*H. Sauer*, DÖV 2012, 573, 581 f.; für ein weites Verständnis auch *Wollenschläger*, NVwZ 2012, 713, 714 f. u. 719.; s. a. *Kahl*, DVBl 2013, 197, 202.

tergrund treten, bleibt abzuwarten. In diese Richtung deutet jedenfalls der angesprochene Beschluss zum Europäischen Patentgericht, in dem das Gericht die verfahrensrechtlichen Aspekte als „formelle Übertragungskontrolle" im Wege der Verfassungsbeschwerde für rügefähig erklärte.[148] Während auf diese nicht unumstrittene Ausweitung der eigenen Zuständigkeit noch im Zusammenhang mit der prozessualen Geltendmachung der verfassungsrechtlichen Grenzen eingegangen wird,[149] werden die Einzelheiten der Auseinandersetzungen um die formellen Anforderungen des GG aus Art. 23 Abs. 1 GG in dieser Arbeit nicht weiter vertieft.[150] Im Ausgangspunkt betreffen die formellen Anforderungen an die Übertragung von Hoheitsrechten nämlich Zuständigkeits- und Verfahrensfragen von rein innerstaatlicher Natur. Relevant für die zu untersuchende Frage nach Widersprüchen zum EU-Primärrecht sind die formellen Anforderungen des GG hingen nur, soweit sie tatsächlich eine Abweichung vom Unionsrecht darstellen, die sich auch im Ergebnis auswirkt.

Besonderes Augenmerk muss daher auf den, vom BVerfG vor allem im Lissabon-Urteil aufgestellten Anforderungen für die einzelnen Fallgruppen zur Änderung des Primärrechts liegen,[151] die weitgehend im Integrationsverantwortungsgesetz (IntVG) umgesetzt wurden.[152] Das Gesetz hat seinen Namen von der im Lissabon-Urteil postulierten „Integrationsverantwortung", wonach neben der Bundesregierung auch den gesetzgebenden Körperschaften eine besondere Verantwortung bei der Mitwirkung an Änderungen des Primärrechts ohne Ratifikationsvorbehalt obliege, die den Anforderungen des Art. 23 Abs. 1 GG genügen müsse.[153] Dahinter steht der Gedanke, dass die EU auch nach dem Vertrag von Lissabon weiterhin von ihren Mitgliedstaaten als „Herren der Verträge" getragen wird, die verantwortlich für die grundlegende Richtung und Ausgestaltung der Unionspolitik bleiben. Die maßgeblichen Vorschriften des EU-Primärrechts, die eine vereinfachte Änderung oder dynamische Anpassung ermöglichen, legt das BVerfG daher so aus, dass den EU-Organen eine ei-

---

[148] BVerfGE 153, 74, Ls. 1, 131 Rn. 91 ff., insb. 133 Rn. 97 f. – *Einheitliches Patentgericht*; dazu auch *Graf von Luckner*, EuR 2021, 209, 214 ff.

[149] Siehe nur die abw. Meinung der Richterinnen *König* und *Langenfeld* sowie des Richters *Maidowski* BVerfGE 153, 74, 164 Rn. 1 ff. – *Einheitliches Patentgericht*; dazu auch *Giegerich*, EuZW 2020, 560, 561 ff. Kritisch auch *Knoth*, EuR 2021, 274 ff. sowie *Payandeh*, JuS 2020, 702, 705; zu den prozessualen Aspekten sogleich Kap. 2, B. III. 1.

[150] Dazu ausf. *Ketterer*, Zustimmungserfordernis beim Europäischen Stabilitätsmechanismus, S. 142 ff. u. passim sowie *Nees*, Hybrides Unionsrecht, S. 382 ff.

[151] BVerfGE 123, 267, 384 ff. u. 434 ff. – *Lissabon*.

[152] Gesetz über die Wahrnehmung der Integrationsverantwortung des Bundestags und des Bundesrats in Angelegenheiten der Europäischen Union (Integrationsverantwortungsgesetz – IntVG) vom 22.09.2009, BGBl. 2009 I, S. 3022 ff., zuletzt geändert durch Art. 1 des Gesetzes zur Umsetzung der GG-Änderungen für die Ratifizierung des Vertrags von Lissabon vom 01.12.2009 (BGBl. 2009 I, S. 3822 f.). Zur weitgehenden Umsetzung siehe nur *Nettesheim*, NJW 2010, 177 ff.

[153] BVerfGE 123, 267, Ls. 2 a) u. 351 ff. – *Lissabon*.

genmächtige Änderung der vertraglichen Grundlagen nicht möglich ist und so die souveräne Staatsgewalt der Bundesrepublik gewahrt bleibt.[154]

Hinsichtlich des ordentlichen Änderungsverfahrens besteht wegen des Verweises von Art. 48 Abs. 4 UAbs. 2 EUV auf die Ratifizierung nach Maßgabe der jeweiligen verfassungsrechtlichen Vorschriften kein Widerspruch, zumal die Mitgliedstaaten keinen inhaltlichen Bindungen unterliegen.[155] Auch die im Rahmen des Primärrechts thematisierte Konfliktsituation in Bezug auf die gerichtliche Kontrolle der Einhaltung der Vorschriften des nationalen Verfassungsrechts kann für die Beziehung zum BVerfG weitgehend ausgeschlossen werden. Zunächst wurden die Zustimmungsgesetze zu den Verträgen von Maastricht und Lissabon bereits umfassend vom BVerfG geprüft und auch im Hinblick auf die formellen Voraussetzungen für verfassungsgemäß befunden,[156] sodass – jedenfalls in formeller Hinsicht – ein nachträglicher Konflikt ausgeschlossen ist. Es ist auch sichergestellt, dass eine umfassende Prüfung des BVerfG gerade in europäischen Angelegenheiten stets *vor* der endgültigen Zustimmung auf europäischer Ebene möglich ist. So wartet der Bundespräsident „in ständiger Staatspraxis" mit der Ausfertigung der Ratifizierungsurkunde, bis das BVerfG eine Entscheidung getroffen hat.[157] Im Verfahren zum EU-Eigenmittelbeschluss erließ das BVerfG sogar erstmals einen sogenannten Hängebeschluss, der es dem Bundespräsidenten bis zur Entscheidung über eine einstweilige Anordnung untersagte, das Zustimmungsgesetz auszufertigen.[158] Im Rahmen der einstweiligen Anordnung nach § 32 BVerfGG nimmt das BVerfG bei völkerrechtlichen Verträgen dann regelmäßig nicht nur eine reine Folgenabwägung, sondern eine summarische Prüfung vor.[159] Da somit eine vorherige Kontrolle durch das BVerfG nicht nur möglich, sondern üblich ist, besteht nahezu kein Konfliktpotenzial zwischen deutschem und europäischem Recht hinsichtlich der formellen Voraussetzungen einer ordentlichen Vertragsänderung.

Anders könnte es hingegen bei den anderen Verfahren zur Änderung des Primärrechts aussehen, die nach dem EU-Recht keine Ratifizierung erfordern, vom

---

[154] BVerfGE 123, 267, 381 u. 384 – *Lissabon*; zu den inhaltlichen Grenzen siehe noch Kap. 2, B. III. 2.

[155] BVerfGE 123, 267, 384 f. – *Lissabon*; zur Perspektive des EU-Rechts siehe bereits oben S. 95 ff. u. 105 ff.

[156] BVerfGE 89, 155, 181 ff. – *Maastricht*; BVerfGE 123, 267, 369 ff. – *Lissabon*.

[157] Dies war der Fall bei den Verträgen von Maastricht und Lissabon, siehe BVerfGE 89, 155, 164 f. – *Maastricht* sowie BVerfGE 123, 267, 304 – *Lissabon*; in BVerfGE 153, 74, 131 f. Rn. 90 u. 94 – *Einheitliches Patentgericht* spricht das BVerfG von „ständiger Staatspraxis".

[158] BVerfG, Beschl. v. 26.03.2021 – 2 BvR 547/21 (BeckRS 2021, 5519) – *ERatG-Hängebeschluss*.

[159] BVerfGE 132, 195, 233 Rn. 88 – *Europäischer Stabilitätsmechanismus*; BVerfGE 143, 65, 87 f. Rn. 36 – *einstweilige Anordnung CETA*; dabei kann auch die vorläufige Anwendbarkeit kontrolliert werden, siehe nur *Kempen/Schiffbauer*, ZaöRV 77 (2017), 95, 119 f. u. passim. Jüngst BVerfG, Beschl. v. 15.04.2021 – 2 BvR 547/21 (BeckRS 2021, 7968), Rn. 69 ff. – *einstweilige Anordnung ERatG*.

BVerfG aber dennoch weitgehend unter erhöhte verfassungsrechtliche Anforderungen gestellt wurden.

So verweist Art. 48 Abs. 6 EUV für das vereinfachte Änderungsverfahren zwar auf die verfassungsrechtlichen Vorschriften der Mitgliedstaaten, verlangt insoweit aber keine „Ratifizierung", sondern nur die „Zustimmung". Gleichwohl verringern sich nach dem BVerfG die verfassungsrechtlichen Anforderungen dadurch nicht, weshalb ein Gesetz nach Art. 23 Abs. 1 S. 2 GG bzw. – je nach Konstellation – auch i. S. d. S. 3 erforderlich sei. Die Tragweite der möglichen Änderungen im vereinfachten Verfahren sei nur eingeschränkt bestimmbar und für den deutschen Gesetzgeber nicht vorhersehbar. Diese Überlegungen gelten entsprechend für jene sachspezifischen Vorschriften,[160] die dem einfachen Änderungsverfahren nachgebildet seien.[161] Die Ausführungen des BVerfG bzw. deren Umsetzung im IntVG werden als nicht unerhebliche Verschärfung der verfahrensrechtlichen Vorgaben verstanden, was zugleich eine Einschränkung des im Zustimmungsgesetz enthaltenen Rechtsanwendungsbefehls darstelle.[162] Unabhängig von der Tatsache, dass dieser Einschätzung schon auf rein verfassungsrechtlicher Ebene entgegen getreten wird,[163] bedeutet sie keinen durchgreifenden Widerspruch zu den Anforderungen des EU-Rechts. Art. 48 Abs. 6 EUV und sein Verweis auf das nationale Verfassungsrecht schließt eine eigenmächtige Beurteilung, ob eventuell höhere verfassungsrechtliche Anforderungen eingehalten werden müssen, nicht aus.[164] Das Unionsrecht sperrt sich mit anderen Worten nicht gegen ein „Mehr" an verfassungsrechtlicher Zustimmung. Letztlich kann somit dahinstehen, ob die Anforderungen des BVerfG und des IntVG zu weit gehen, da ein Konflikt zwischen nationalem und unionalem Recht ausgeschlossen ist. Die vereinfachte Vertragsänderung ist nach dem EU-Recht abhängig von der Zustimmung der Mitgliedstaaten. Wird die Zustimmung entsprechend den Anforderungen des BVerfG und des IntVG erteilt, ist den Anforderungen des EUV genüge getan. Umgekehrt scheint es ausgeschlossen, dass einer vereinfachten Änderung die Zustimmung erteilt wird, solange die innerstaatlichen Anforderungen nicht erreicht oder – im Streitfall – geklärt sind. Selbst wenn man nämlich die strengeren Anforderungen ablehnt, wäre gleichwohl ein Gesetz i. S. d. Art. 59 Abs. 2 S. 1 GG zur Zustimmung erforderlich.[165] Wie bereits dargestellt, könnte dieses Gesetz aber bereits vor der Aus-

[160] Das BVerfG zählt im Einzelnen die Art. 42 Abs. 2 UAbs. 1 EUV, Art. 25 Abs. 2 AEUV, Art. 218 Abs. 8 UAbs. 2 S. 2 AEUV, Art. 223 Abs. 1 UAbs. 2 AEUV, Art. 262 AEUV sowie Art. 311 Abs. 3 AEUV auf.

[161] BVerfGE 123, 267, 385 ff. – *Lissabon*; s. a. §§ 2 u. 3 IntVG.

[162] Sehr deutlich *Uerpmann-Wittzack*, in: von Münch/Kunig, GG, Art. 23 GG Rn. 84.

[163] Siehe nur *Wollenschläger*, in: Dreier, GG Kommentar, Bd. II, Art. 23 GG Rn. 48 f. m. w. N.

[164] *Ohler*, in: Grabitz/Hilf/Nettesheim, EUV/AEUV, Art. 48 EUV Rn. 45.

[165] *Uerpmann-Wittzack*, in: von Münch/Kunig, GG, Art. 23 GG Rn. 78 u. 84; s. a. *Kempen*, in: v. Mangoldt/Klein/Stark, GG, Art. 59 GG Rn. 44.

fertigung und Verkündung vom BVerfG überprüft werden. Die rein innerstaatliche Frage wäre somit stets geklärt, bevor eine mögliche Zustimmung auf der EU-Ebene erteilt würde. Ein Konfliktfall könnte somit nicht eintreten.

Weitere verschärfte Anforderungen stellte das BVerfG hinsichtlich der sogenannten Brückenklauseln auf, mit denen in bestimmten Bereichen der EU-Verträge entweder das Entscheidungsverfahren im Rat bzw. Europäischen Rat von Einstimmigkeit auf qualifizierte Mehrheit geändert werden kann oder die einen Wechsel vom besonderen zum ordentlichen Gesetzgebungsverfahren ermöglichen. Während die Anwendung der allgemeinen Brückenklausel des Art. 48 Abs. 7 EUV einen einstimmigen Beschluss des Europäischen Rats verlangt und den mitgliedstaatlichen Parlamenten anschließend „nur" ein Vetorecht einräumt, fordert das BVerfG sowohl für Art. 48 Abs. 7 EUV als auch für die spezielle Brückenklausel des Art. 81 Abs. 3 UAbs. 2 EUV ein Gesetz i. S. d. Art. 23 Abs. 1 S. 2 und gegebenenfalls S. 3 GG.[166] Mehr noch als beim vereinfachten Änderungsverfahren wird die diesbezügliche Umsetzung in §§4 und 10 IntVG kritisch gesehen. Da nunmehr zunächst ein Gesetz erforderlich ist, ohne dass der deutsche Vertreter im Rat bzw. Europäischen Rat nicht zustimmen darf, das unionsrechtliche Vetorecht des Parlaments aber unangetastet bleibt bzw. ebenfalls im IntVG umgesetzt ist, wird von einer weitgehend sinnlosen und unionsrechtswidrigen Verdoppelung der Parlamentsrechte gesprochen.[167] Dem ist aber entgegenzuhalten, dass auch Art. 48 Abs. 7 EUV einer Stärkung der Rechte des nationalen Parlaments nicht entgegensteht, zumal das Unionsrecht es nicht verbietet, die Zustimmung des nationalen Vertreters von einem Votum des Parlaments abhängig zu machen.[168] Da das Unionsrecht die Möglichkeit zur Ablehnung – nachträglich durch das Parlament oder präventiv durch das Stimmverhalten im Rat bzw. Europäischen Rat – ausdrücklich vorsieht, kann die Inanspruchnahme dieses Rechts auch nicht unionsrechtswidrig sein.[169] Diese Überlegung gilt entsprechend für die besonderen Brückenklauseln,[170] deren Anwendung das BVerfG zwar nicht von einem Gesetz, aber von einem vorherigen Beschluss des Bundestags und ggf. des Bundesrats abhängig macht.[171] Trotz auch insoweit bestehender verfassungsrechtlicher Bedenken,[172]

166 BVerfGE 123, 267, 388 ff., 391 – *Lissabon.*

167 *Classen*, in: v. Mangoldt/Klein/Stark, GG, Art. 23 GG Rn. 12 m. w. N.; sehr kritisch auch *Uerpmann-Wittzack*, in: von Münch/Kunig, GG, Art. 23 GG Rn. 83 f.

168 *Ohler*, in: Grabitz/Hilf/Nettesheim, EUV/AEUV, Art. 48 EUV Rn. 49; *Ohler*, AöR 135 (2010), 153, 161 f. unter Hinweis auf *Streinz/Ohler/Herrmann*, Der Vertrag von Lissabon, S. 77; allgemein zur Rückbindung der Vertreter im Rat sogleich.

169 *Hölscheidt/Menzenbach/B. Schröder*, ZParl 2009, 758, 766; s. a. *Wollenschläger*, in: Dreier, GG Kommentar, Bd. II, Art. 23 GG Rn. 50.

170 Das BVerfG zählt Art. 31 Abs. 3 EUV, Art. 153 Abs. 2 UAbs. 4, Art. 192 Abs. 2 UAbs. 2, Art. 312 Abs. 2 UAbs. 2 sowie Art. 333 Abs. 1 u. 2 AEUV auf.

171 BVerfGE 123, 267, 391 f. – *Lissabon*, umgesetzt in §§5 u. 6 IntVG.

172 Siehe nur die Nachweise bei *Wollenschläger*, in: Dreier, GG Kommentar, Bd. II, Art. 23 GG Rn. 49 f.

ist es unionsrechtlich nicht zu beanstanden, innerstaatliche Bedingungen für die Zustimmung aufzustellen. Die Ausführungen zur allgemeinen Brückenklausel lassen sich daher übertragen. Soweit das Unionsrecht einen einstimmigen Beschluss erfordert, bedeutet dies umgekehrt ein mitgliedstaatliches Veto. Ob die (fehlende) Zustimmung des deutschen Vertreters eher verfassungsrechtlich oder politisch motiviert ist, spielt aus der Sicht des Unionsrechts keine Rolle. Schließlich gilt es zu bedenken, dass ausweislich der klaren Regelung des IntVG, das Gesetz bzw. der Beschluss des Bundestags und ggf. des Bundesrats stets *vor* der Entscheidung im Rat bzw. Europäischen Rat ergehen muss. Ohne positive Entscheidung der jeweils berufenen gesetzgebenden Körperschaft, darf auch der deutsche Vertreter weder zustimmen noch sich der Stimme enthalten, sondern muss den Vorschlag ablehnen.[173] Da dies zum Scheitern des jeweiligen Beschlussvorschlags führt, ist auch ein Konflikt zwischen unions- und verfassungsrechtlichen Vorgaben ausgeschlossen. Selbst wenn es aufgrund der doppelten Befassung des Parlaments zu abweichenden Entscheidungen kommt, ist dies verfassungs- und unionsrechtlich nicht bedenklich.[174]

Die letzte – wohl umstrittenste – Vorgabe des BVerfG betrifft die allgemeine Flexibilitätsklausel des Art. 352 AEUV. Vor dem Hintergrund des umfassenden Anwendungsbereichs, bei gleichzeitig fehlender konstitutiver Beteiligung der mitgliedstaatlichen Parlamente, sieht das BVerfG die Regelung im Hinblick auf das Verbot der Übertragung der Kompetenz-Kompetenz als problematisch an. Das Gericht knüpft deshalb in diesem Fall die Zustimmung des deutschen Vertreters im Rat an ein vorheriges Gesetz von Bundestag und Bundesrat i. S. d. Art. 23 Abs. 1 GG.[175] Selbst Befürworter dieser, stark kritisierten, Rechtsprechung räumen ein, dass die Ausweitung der Ratifizierung auf Art. 352 AEUV, der nur zur Setzung von Sekundärrecht ermächtigt, im Ausgangspunkt systemwidrig sei.[176] Ebenfalls sei es aus der Perspektive des Unionsrechts problematisch, wenn Deutschland die Wahrnehmung einer bestehenden Kompetenz der Union blockiere.[177] Allerdings setzt die Anwendung der Kompetenz unionsrechtlich unter anderem einen einstimmigen Beschluss des Rats voraus. Auch

173 § 4 Abs. 1 S. 1, Abs. 2, § 5 Abs. 1 S. 1, § 6 Abs. 1 S. 1 und § 7 Abs. 1 S. 1 IntVG.

174 Dazu und zu möglichen Konstellationen siehe *Hölscheidt/Menzenbach/B. Schröder*, ZParl 2009, 758, 765 f.

175 BVerfGE 123, 267, 393 ff. u. 436 – *Lissabon*, umgesetzt in § 8 IntVG. Im Urteil und im IntVG bleibt unklar ob nur S. 2 oder auch S. 3 gemeint ist, dazu *Kottmann/Wohlfahrt*, ZaöRV 69 (2009), 443, 459.

176 *Wollenschläger*, in: Dreier, GG Kommentar, Bd. II, Art. 23 GG Rn. 49, s. a. dort die Nachweise in Fn. 251 für den Umfang der Kritik an dieser Rechtsprechung. Auch nach *Ohler*, in: Grabitz/Hilf/Nettesheim, EUV/AEUV, Art. 48 EUV Rn. 56 wird die Vorgabe des BVerfG von der Literatur „überwiegend" kritisiert.

177 So im Hinblick auf Art. 4 Abs. 3 EUV *M. Schröder*, in: von der Groeben/Schwarze/Hatje, Europäisches Unionsrecht, Art. 352 AEUV Rn. 51 m. w. N.; ebenfalls kritisch *Rossi*, in: Calliess/Ruffert, EUV/AEUV, Art. 352 AEUV Rn. 99, der aber eher für eine politische als eine rechtliche Lösung plädiert.

insoweit gilt es daran zu erinnern, dass dies nichts anderes als ein mitgliedstaatliches Veto bedeutet und dass die Ausübung eines vertraglich vorgesehenen Ablehnungsrechts nicht unionsrechtswidrig sein kann. Auch unter Berücksichtigung von Art. 4 Abs. 3 EUV ist dem Vertreter im Rat kein bestimmtes Abstimmungsverhalten vorgegeben.[178] Vielmehr vollzieht sich die Willensbildung der Vertreter im Ausgangspunkt nach dem jeweiligen nationalen Verfassungsrecht, weshalb die Einbeziehung der Legislative nicht nur möglich, sondern im Hinblick auf die demokratische Legitimation auch vorzugswürdig ist.[179] Ein verfahrensrechtlicher[180] Konflikt würde dann entstehen, wenn der deutsche Vertreter ohne vorherige Beteiligung der gesetzgebenden Körperschaften seine Zustimmung erteilen würde, weil das Vorliegen der innerstaatlichen Voraussetzungen für die unionsrechtliche Wirksamkeit unerheblich ist.[181] Wie auch in den übrigen Fällen verlangt das BVerfG bzw. § 8 IntVG aber die *vorherige* Zustimmung. Das heißt bevor eine bindende Erklärung auf europäischer Ebene abgegeben wird, ist das innerstaatliche Verfahren abgeschlossen, wobei notfalls auch eine verfassungsgerichtliche Klärung möglich ist. Eine Zustimmung ohne vorheriges Gesetz ist damit weitgehend ausgeschlossen. Umgekehrt führt eine Verweigerung der Zustimmung – unabhängig von den Motiven – schlicht dazu, dass der Rechtsakt nicht zu Stande kommt. Ungeachtet der Tatsache, dass die zusätzlichen Anforderungen des BVerfG gerade bei Art. 352 AEUV im Hinblick auf die Notwendigkeit einer dynamischen Fortentwicklung der Integration kritisch gesehen werden können,[182] bedeuten sie keinen durchgreifenden rechtlichen, sondern allenfalls einen politischen Konflikt.[183] Da es bei Art. 352 AEUV allerdings um Sekundärrecht geht, ist nicht ausgeschlossen, dass – wenn

---

[178] Vgl. allgemein *Ohler*, AöR 135 (2010), 153, 161 ff., der die verfassungsrechtlichen Anforderungen bei Art. 352 AEUV aber auch als „wesentlich problematischere Einschränkung“ bezeichnet.

[179] *Calliess*, in: Calliess/Ruffert, EUV/AEUV, Art. 16 EUV Rn. 7; *Obwexer*, in: Streinz, EUV/AEUV, Art. 16 EUV Rn. 21 u. 35 f.; s. a. *Hix*, in: Schwarze/Becker/Hatje u. a., EU-Kommentar, Art. 16 EUV Rn. 17 ff., der aber auch auf eine problematische Kompromissfindung hinweist. Auch *Ziegenhorn*, in: Grabitz/Hilf/Nettesheim, EUV/AEUV, Art. 16 EUV Rn. 17 ff. unterstreicht die Bedeutung des Rats für die demokratische Legitimation, differenziert aber hinsichtlich der verfassungsrechtlichen Bindung der Vertreter.

[180] Von der verfahrensrechtlichen Willensbildung ist die umstrittene Frage zu unterscheiden, inwieweit der deutsche Vertreter inhaltlich an das GG gebunden ist und ob insoweit eine nachträgliche Überprüfung durch das BVerfG möglich ist. Siehe dazu *H.-J. Cremer*, EuR 2014, 195 ff. Auch *Herdegen*, Europarecht, § 7 Rn. 35 ff. behandelt beide Fragen getrennt voneinander.

[181] Siehe nur *Calliess*, in: Calliess/Ruffert, EUV/AEUV, Art. 16 EUV Rn. 7; *Obwexer*, in: Streinz, EUV/AEUV, Art. 16 EUV Rn. 35; s. a. *Jacqué*, in: von der Groeben/Schwarze/Hatje, Europäisches Unionsrecht, Art. 16 EUV Rn. 6.

[182] Statt vieler siehe nur *Kottmann/Wohlfahrt*, ZaöRV 69 (2009), 443, 458 f. sowie *M. Schröder*, in: von der Groeben/Schwarze/Hatje, Europäisches Unionsrecht, Art. 352 AEUV Rn. 51 m. w. N.; dazu auch noch Kap. 2, C. II.

[183] Vgl. nochmals *Rossi*, in: Calliess/Ruffert, EUV/AEUV, Art. 352 AEUV Rn. 99.

auch zeitlich versetzt – BVerfG und EuGH zu unterschiedlichen Auslegungen des Rechtsaktes kommen. Ein solcher Konflikt beträfe dann aber die, noch getrennt zu betrachtende, inhaltliche Kontrolle und nicht die formellen Anforderungen.

Insgesamt fordert das BVerfG somit eine umfassende Einbindung der gesetzgebenden Körperschaften sowohl bei allen Formen der Änderung des Primärrechts als auch bei der Anwendung der Flexibilitätsklausel. Dies ist schon aus verfassungsrechtlicher Perspektive umstritten und auch im Hinblick auf eine effektive Mitwirkung der Bundesrepublik Deutschland an der europäischen Integration nicht unproblematisch. An dieser Stelle ist aber entscheidend, dass das „Mehr" an verfassungsrechtlichen Anforderungen wenig Konfliktpotenzial in Bezug auf den EuGH birgt. Im Zeitpunkt des Beschlusses auf Unionsebene bzw. des Inkrafttretens der Vertragsänderung ist eine eventuelle Überprüfung der verfassungsrechtlichen Vorgaben bereits abgeschlossen. Ein durchgreifender Widerspruch der verfahrensrechtlichen Vorgaben beider Rechtsordnungen für Primärrechtsänderungen ist damit nahezu ausgeschlossen.

III. Die inhaltlichen Maßstäbe des BVerfG

Ihren besonderen Stellenwert für die verfassungsrechtlichen Maßstäbe, welche das BVerfG für die europäische Integration entwickelt hat, erhalten die Urteile zu den Verträgen von Maastricht und Lissabon weniger durch die Ausführungen zu den formalen Anforderungen als durch jene Ausführungen zu den materiellen Voraussetzungen bzw. Grenzen. Dass in diesem Bereich ein unmittelbarer Konflikt mit dem europäischen Recht – mangels eigener inhaltlicher Grenzen des EU-Rechts – von vornherein ausgeschlossen ist, wurde bereits dargestellt. Dennoch sind die Aussagen des BVerfG zu den materiellen Grenzen des GG für die Änderung des Primärrechts von großer Bedeutung. Schließlich prägen sie den Zugriff des Gerichts auf das EU-Recht im Übrigen und wirken sich damit auch bei der bundesverfassungsgerichtlichen Kontrolle von EU-Sekundärrecht aus. Obwohl im Hinblick auf die Kooperation und das Integrationsverständnis die materiellen Maßstäbe entscheidend sind, muss bei der Rechtsprechung zunächst die Zulässigkeit betrachtet werden. Andernfalls wäre der starke Bezug auf das Demokratieprinzip im Rahmen der Begründetheit nicht vollständig zu erfassen. Aus diesem Grund wird im Folgenden zwischen prozessualen (1.) und materiellen Aspekten (2.) der beiden Urteile unterschieden, bevor ein Fazit hinsichtlich des gerichtlichen Integrationsverständnisses gezogen wird (3.).

1. Prozessuale Aspekte von Maastricht- und Lissabon-Urteil

In den Verfahren zu den Verträgen von Maastricht und Lissabon hat das BVerfG eine besondere Zulässigkeitskonstruktion etabliert (a). Da diese bis heute die

Rechtsprechung des BVerfG zur europäischen Integration prägt, ist die Betrachtung ihrer Hintergründe (b) und Auswirkungen auf das Verhältnis von Zulässigkeit und Begründetheit (c) unerlässlich, um die inhaltlichen Anforderungen des Gerichts an die europäische Integration einordnen zu können.

a) Der Einstieg über Art. 38 Abs. 1 S. 1 GG

Die Existenz verfassungsrechtlicher Kontrollvorbehalte bezüglich des Unionsrechts wirft neben der dogmatischen Herleitung vor allem die prozessuale Frage auf, ob und wie Unionsrecht überhaupt Prüfungsgegenstand vor dem BVerfG werden kann. Eine unmittelbare Prüfung von Unionsrecht setzt sich nicht zuletzt in Widerspruch zu der älteren Rechtsprechungslinie des BVerfG.[184] Auch ein vom BVerfG im Lissabon-Urteil vorgeschlagenes eigenes Verfahren für die Kontrolle von (sekundärem) Unionsrecht wurde nie eingeführt.[185] Folgerichtig muss sich eine verfassungsgerichtliche Kontrolle des Unionsrechts innerhalb der abschließend von Art. 93 Abs. 1 GG geregelten Zuständigkeiten des BVerfG bewegen, was allerdings ebenfalls nicht unproblematisch ist.[186] Prozessual betrafen sowohl das Maastricht- als auch das Lissabon-Urteil Verfassungsbeschwerden gegen das jeweilige Zustimmungsgesetz zum Vertrag von Maastricht bzw. Lissabon sowie gegen die in diesem Zusammenhang vorgenommenen Grundgesetzänderungen.[187] Da beide Verfahren somit an deutsche Hoheitsakte anknüpften, waren sie im Hinblick auf den Verfahrensgegenstand unproblematisch. Das Zustimmungsgesetz zu einem völkerrechtlichen Vertrag kann – wie jedes andere formelle Parlamentsgesetz – Gegenstand einer verfassungsgerichtlichen Überprüfung sein, wobei vor allem eine abstrakte oder konkrete Normenkontrolle, eine Verfassungsbeschwerde, ein Bund-Länder-Streit oder ein Organstreit in Betracht kommen.[188] Bei Zustimmungsgesetzen zu „gewöhnlichen" völkerrechtlichen Verträgen ist insbesondere eine präventive abstrakte Normenkontrolle möglich, um ein Auseinanderfallen von völkerrechtlichen Pflichten und verfassungsrechtlichen Anforderungen zu verhindern.[189] Hierbei

---

[184] Wie dargestellt hatte das BVerfG eine unmittelbare Kontrolle von EWG-Verordnungen unter Hinweis auf die Supranationalität der EWG verneint, dazu bereits oben S. 60.

[185] BVerfGE 123, 267, 355 – *Lissabon*; für mögliche Gestaltungsformen eines solchen Verfahrens siehe *H. Sauer*, ZRP 2009, 195 ff.; gegen ein solches Verfahren *Carl O. Lenz*, ZRP 2010, 22 ff.

[186] Zu möglichen Verfahren siehe BVerfGE 123, 267, 354 f. – *Lissabon*; kritisch zum Entscheidungsmonopol und den einzelnen Verfahrensarten *H. Sauer*, ZRP 2009, 195, 197 f.

[187] BVerfGE 89, 155, 157 f. – *Maastricht*; BVerfGE 123, 267, 271 u. 316 – *Lissabon*. Das Lissabon-Urteil betraf darüber hinaus auch mit dem Zustimmungsgesetz erlassene Begleitgesetze sowie mehrere Anträge im Organstreitverfahren.

[188] Zu den einzelnen Verfahren *Kempen*, in: Schöbener, Lexikon Europarecht, Stichwort „Integrationskontrolle (BVerfG)" Rn. 1948 ff. sowie *Schweitzer/Dederer*, Staatsrecht III, S. 374 Rn. 1287 ff. Ausf. zur gerichtlichen Kontrolle der auswärtigen Gewalt auch *K. Hailbronner*, VVDStRL 56 (1996), 7, 11 ff.

[189] BVerfGE 1, 396, 410 ff. – *Deutschlandvertrag*; BVerfGE 4, 157, 163 – *Saarstatut*;

differenziert das BVerfG grundsätzlich zwischen dem Zustimmungsgesetz als formalem Gegenstand und dem Vertragstext als dessen materiell-rechtlichem Gehalt, wenn es prüft, ob „die gesetzgebenden Körperschaften einem Vertrag dieses Inhalts zustimmen durften".[190] Damit weist das BVerfG auf den Umstand hin, dass einem Zustimmungsgesetz der Text des jeweiligen Vertrags angehängt ist und beide gemeinsam im Bundesgesetzblatt veröffentlicht werden.[191] Auch bezogen auf die EU-Verträge kommt als unmittelbarer Gegenstand des verfassungsgerichtlichen Verfahrens nur das deutsche Zustimmungsgesetz, nicht aber das EU-Primärrecht selbst ins Betracht. Zutreffend ist es daher, von einer nur *mittelbaren* Kontrolle des Primärrechts zu sprechen.[192]

Infolge des vorhandenen politischen Konsenses, der sich nicht zuletzt in einer breiten parlamentarischen Zustimmung äußerte,[193] kam es weder beim Vertrag von Maastricht noch beim Vertrag von Lissabon zu einer abstrakten Normenkontrolle der Zustimmungsgesetze.[194] Wie bereits erwähnt, handelte es sich bei den eingeleiteten Verfahren in erster Linie um Verfassungsbeschwerden, was jedenfalls im Hinblick auf den Beschwerde*gegenstand* im Sinne des Art. 93 Abs. 1 Nr. 4a GG unproblematisch war. Als deutlich komplizierter erwies sich demgegenüber die Beschwerde*befugnis*, also die Frage, welche Grundrechte oder grundrechtsgleichen Rechte der Beschwerdeführer möglicherweise verletzt und ob Letztere auch selbst, gegenwärtig und unmittelbar betroffen waren.[195] Von den zahlreichen durch die Beschwerdeführer geltend ge-

BVerfGE 6, 290, 294 f. – *Washingtoner Abkommen*; BVerfGE 12, 281, 288 – *Devisenbewirtschaftungsgesetze*; BVerfGE 36, 1, 13 ff. – *Grundlagenvertrag*; BVerfGE 95, 39, 46 – *NATO-Betriebsvertretungen*; BVerfGE 101, 239, 258 – *Stichtagsregelung*. *E. Klein*, in: Benda/Klein/Klein, Verfassungsprozessrecht, § 22 Rn. 714 weist zudem auf die Sicherung völkerrechtlicher Handlungsfähigkeit durch präventive Kontrolle hin. Allgemein zur abstrakten Normenkontrolle bei Zustimmungsgesetzen *Kempen*, in: v. Mangoldt/Klein/Stark, GG, Art. 59 GG Rn. 98 ff. sowie *Rozek*, in: Schmidt-Bleibtreu/Klein/Bethge, BVerfGG, § 76 BVerfGG Rn. 24 m. w. N.; zur präventiven Kontrolle bereits oben S. 121 ff.

190 Vgl. insb. BVerfGE 4, 157, 163 – *Saarstatut* sowie BVerfGE 12, 281, 288 – *Devisenbewirtschaftungsgesetze*; dazu auch *H. Sauer*, Jurisdiktionskonflikte in Mehrebenensystemen, S. 192.

191 Für die Verträge von Maastricht und Lissabon siehe BGBl. 1992 II, S. 1251, 1253 und BGBl. 2008 II S. 1038, 1039.

192 Zum Begriff der „mittelbaren" Kontrolle s. a. *Kempen*, in: Schöbener, Lexikon Europarecht, Stichwort „Integrationskontrolle (BVerfG)" Rn. 1948 ff.; *Michael*, ZJS 2014, 254, 257; *Schweitzer/Dederer*, Staatsrecht III, S. 374 Rn. 1288 sowie *Streinz*, Europarecht, S. 81 Rn. 228. Etwas undeutlich hingegen die Formulierung bei *Ludwigs/Sikora*, EWS 2016, 121, 129.

193 Das Zustimmungsgesetz zum Vertrag von Maastricht wurde vom Bundestag mit 543 von 568 abgegebenen Stimmen beschlossen, *BT-Plenarprotokoll* 12/126 vom 02.12.1992, S. 10880 A; beim Zustimmungsgesetz zum Vertrag von Lissabon waren es 515 von 574 abgegebenen Stimmen, *BT-Plenarprotokoll* 16/157 vom 24.04.2008, S. 16483 A; s. a. *Schorkopf*, Der Europäische Weg, S. 143, der von einem „Europa *von oben*" spricht, Hervorh. i. O.

194 Siehe auch *Schönberger*, Der Staat 48 (2009), 535, 540 f.; nach *Lehner*, Der Staat 52 (2013), 535, 543 habe sich eine abstrakte Normenkontrolle geradezu aufgedrängt.

195 Statt vieler siehe nur *Detterbeck*, in: Sachs, GG, Art. 93 GG Rn. 91 ff., der in Rn. 94 zu-

machten Rechtsverletzungen,[196] erklärte das BVerfG in beiden Verfahren allein die Rüge einer Verletzung von Art. 38 Abs. 1 S. 1 GG für zulässig. Nach Ansicht des BVerfG garantiert das Wahlrecht aus Art. 38 Abs. 1 S. 1 GG nicht nur die Teilnahme an einer die Wahlrechtsgrundsätze achtenden Bundestagswahl, sondern auch den dahinterstehenden „grundlegenden *demokratischen* Gehalt".[197] Im Lissabon-Urteil brachte das BVerfG seine Position wie folgt auf den Punkt:

„Der Wahlakt verlöre seinen Sinn, wenn das gewählte Staatsorgan nicht über ein hinreichendes Maß an Aufgaben und Befugnissen verfügte, in denen die legitimierte Handlungsmacht wirken kann."[198]

Um diesen Sinnverlust zu verhindern, hat das BVerfG im Anwendungsbereich des Art. 23 GG mehrere demokratiespezifische Rügen aus Art. 38 Abs. 1 S. 1 GG abgeleitet.[199] Diese „materielle Aufladung"[200] des Wahlrechts zu einer auf Art. 38 Abs. 1 S. 1 GG gestützten umfassenden „Integrationsverfassungsbeschwerde"[201] wurde und wird bis heute äußerst kontrovers diskutiert. Im Urteil zur Europäischen Finanzstabilisierungsfazilität (EFSF) ist das BVerfG ausdrücklich auf die Kritik eingegangen. Dabei hat das Gericht einerseits klargestellt, dass das Wahlrecht nicht der inhaltlichen Kontrolle demokratischer Prozesse diene, sondern auf deren Ermöglichung gerichtet sei. Andererseits hat es die Rüge auf völkervertraglich eingegangene Bindungen im institutionellen Zusammenhang mit der EU ausgeweitet.[202] Insgesamt hält das BVerfG an der auf Art. 38 Abs. 1 S. 1 GG gestützten Rügemöglichkeit fest und legt noch einmal die Hintergründe dar:

„Der letztlich in der Würde des Menschen wurzelnde Anspruch des Bürgers auf Demokratie wäre hinfällig, wenn das Parlament Kernbestandteile politischer Selbstbestimmung aufgäbe und damit dem Bürger dauerhaft seine demokratischen Einflussmöglichkeiten entzöge. Das Grundgesetz hat den Zusammenhang zwischen Wahlrecht und Staatsgewalt in Art. 79 Abs. 3 und Art. 20 Abs. 1 und Abs. 2 GG für unantastbar erklärt. Der verfassungsändernde Gesetzgeber hat bei der Neufassung des Art. 23 GG deutlich gemacht, dass der Auftrag zur Entwicklung der Europäischen Union an die dauerhafte Einhaltung bestimmter verfassungsrechtlicher Strukturvorgaben gebunden ist (Art. 23 Abs. 1 Satz 1 GG) und dass hier durch Art. 79 Abs. 3 GG eine absolute Grenze zum Schutz der Identität der Verfassung gesetzt ist (Art. 23 Abs. 1 Satz 3 GG), die jedenfalls insoweit

treffend auf die besondere Relevanz der Betroffenheit bei Rechtssatzverfassungsbeschwerden hinweist.

196 BVerfGE 89, 155, 165 – *Maastricht*; auch im Lissabon-Urteil wurden weitere Verletzungen geltend gemacht BVerfGE 123, 267, 312 ff. – *Lissabon*.

197 BVerfGE 89, 155, 171 f. – *Maastricht*; BVerfGE 123, 267, 330 – *Lissabon*, Hervorh. d. Verf.

198 BVerfGE 123, 267, 330 – *Lissabon*.

199 BVerfGE 123, 267, 330 ff. – *Lissabon*.

200 Zu dem Begriff bereits *Gassner*, Der Staat 34 (1995), 429, 433 f.; s. a. *H. Risse/Witt*, in: Hömig/Wolff, Grundgesetz, Art. 38 GG Rn. 8 sowie *H. Sauer*, Der Staat 58 (2019), 7, 9 f.

201 Zum Begriff siehe *Lehner*, Der Staat 52 (2013), 535 ff.

202 BVerfGE 129, 124, 168 – *EFSF*.

nicht etwa erst in Fällen einer drohenden totalitären Machtergreifung überschritten ist. Gegen eine mit Art. 79 Abs. 3 GG unvereinbare Entäußerung von Kompetenzen durch das Parlament muss sich der Bürger verfassungsgerichtlich zur Wehr setzen können."[203]

Trotz der Reaktion des BVerfG auf die Kritiker, bleibt die Rechtsprechung hochumstritten. Gleichwohl sollen die zahlreichen Stellungnahmen der Befürworter und Kritiker des prozessualen Einstiegs an dieser Stelle nicht wiedergegeben werden.[204] Dies gilt zunächst deshalb, weil das BVerfG am prozessualen Einstieg über Art. 38 Abs. 1 S. 1 GG für seine Europarechtsprechung festhält[205] und inzwischen sogar von einem – auf den Bereich der europäischen Integration begrenzten – „Anspruch (des Bürgers) auf Demokratie"[206] spricht. Vor allem aber ist es für das Verständnis des bundesverfassungsgerichtlichen Zugriffs auf die Integration zielführender, die Hintergründe des prozessualen Einstiegs und seine Auswirkungen auf den rechtlichen Maßstab zu betrachten.

b) *Eine besondere politische und prozessuale Situation*

Anders als die spätere Auseinandersetzung vielleicht vermuten lässt, gab es in der Zeit vor dem Maastricht-Urteil weder in der Rechtsprechung noch in der Literatur Ausführungen zur Zulässigkeit einer auf Art. 38 Abs. 1 S. 1 GG gestützten „EU-Verfassungsbeschwerde".[207] In Anbetracht der zahlreichen geltend gemachten Rechtsverletzungen ändert auch die Tatsache, dass sich der Beschwerdeführer zu 1. des Maastricht-Urteils bereits in seinem Schriftsatz zu Art. 38 GG geäußert hatte,[208] nichts an diesem Befund. Zwar hatte dessen Bevollmächtigter *Karl Albrecht Schachtschneider* bereits zuvor einen „Anspruch auf Demokratie" proklamiert, sich dabei aber ausdrücklich nur auf den inner-

---

203 BVerfGE 129, 124, 169 f. – *EFSF*.

204 Ausf. aus jüngerer Zeit *H. Sauer*, Der Staat 58 (2019), 7 ff. sowie monographisch *Simon*, Grenzen des Bundesverfassungsgerichts im europäischen Integrationsprozess, S. 97 ff.; zum Maastricht-Urteil bereits *A. Wolf*, Prozessuale Probleme des „Maastricht"-Urteils, passim.

205 BVerfGE 97, 350, 368 ff. – *Euro*; BVerfGE 129, 124, 167 ff. – *EFSF*; BVerfGE 132, 195, 234 Rn. 91 ff. – *Europäischer Stabilitätsmechanismus*; BVerfGE 134, 366, 380 Rn. 17 ff. – *OMT-Vorlagebeschluss*; BVerfGE 135, 317, 384 Rn. 122 – *ESM-Vertrag*; BVerfGE 142, 123, 172 Rn. 76 ff. – *OMT-Urteil*; BVerfGE 143, 65, 93 Rn. 51 – *einstweilige Anordnung CETA*; BVerfGE 146, 216, 249 Rn. 44 ff. – *PSPP-Vorlagebeschluss*. Zur praktischen Bedeutung der Verfassungsbeschwerde in diesem Zusammenhang s. a. *H. Sauer*, Staatsrecht III, S. 250 ff. Rn. 101 ff., insb. Rn. 105 ff.

206 BVerfGE 129, 124, 169 – *EFSF*; BVerfGE 142, 123, 193 Rn. 133 – *OMT-Urteil*; BVerfGE 151, 202, 275 Rn. 92 u. 282 Rn. 107 f. – *Bankenunion*; *H. Sauer*, Der Staat 58 (2019), 7 f. spricht sogar von einem „Grundrecht auf Demokratie".

207 *Tomuschat*, in: Weidenfeld/Wessels, Jahrbuch der europäischen Integration 2015, S. 43, 46; s. a. *Gassner*, Der Staat 34 (1995), 429, 443 f.; *A. Wolf*, Prozessuale Probleme des „Maastricht"-Urteils, S. 21 ff., insb. S. 31 f. sieht die Ausweitung des Wahlrechts jedenfalls teilweise in der vorherigen Rechtsprechung angelegt. Zu Begriff und Problemen der „EU-Verfassungsbeschwerde" siehe *Oppermann*, in: FS Stern 2012, S. 869 ff.

208 Dazu *Gassner*, Der Staat 34 (1995), 429, 433.

staatlichen Bereich bezogen.[209] Da *Schachtschneider* darüber hinaus deutlich zwischen dem „Anspruch auf Demokratie" und Art. 38 GG unterschied,[210] kann darin keine frühe Grundlage für die Zulässigkeitskonstruktion des Maastricht-Urteils gesehen werden. Warum das BVerfG auch ohne vorhandene dogmatische Vorarbeiten in Rechtsprechung und Literatur auf Art. 38 Abs. 1 S. 1 GG zurückgriff, lässt sich in erster Linie vor dem politischen und verfassungsprozessualen Hintergrund der Verfahren erklären. Mangels eines Antrags auf abstrakte Normenkontrolle waren die Verfassungsbeschwerden die einzige Möglichkeit des BVerfG, sich zur Verfassungsmäßigkeit der Zustimmungsgesetze zu äußern und sich zugleich mittelbar zu den verfassungsrechtlichen Bedingungen der europäischen Integration zu positionieren. Um diese Gelegenheit effektiv nutzen zu können, kam es dem BVerfG darauf an, die Verfahren nicht bereits in der Zulässigkeit scheitern zu lassen, sondern eine umfassende Sachentscheidung zu fällen.[211] Insoweit hat das Gericht – wie zuvor bereits der EuGH – die Bürger für die Durchsetzung des Rechts „mobilisiert"[212] und sich dadurch nicht nur neue Kläger, sondern auch eine eigene Kontrollmöglichkeit geschaffen.[213] Gleichzeitig hat das BVerfG durch die ausführliche Behandlung eine gewisse Öffentlichkeit geschaffen[214] und einen Teil der Diskussion über Ausgestaltung und Reichweite der europäischen Integration nachgeholt, die zuvor wegen des angesprochenen politischen Konsenses weitgehend unterblieben war.[215] Während unstreitig ist, dass die Debatte so aus dem rein verfassungspolitischen Bereich herausgelöst und um verfassungsrechtliche Komponenten erweitert wurde,[216] bleibt die damit verbundene Etablierung des BVerfG als zu-

---

209 *Schachtschneider*, Juristische Rundschau 1970, 401 ff.; zur Prozessbevollmächtigung Schachtschneiders siehe BVerfGE 89, 155, 157 – *Maastricht*.

210 *Schachtschneider*, Juristische Rundschau 1970, 401, 408.

211 Zum Maastricht Urteil bereits *D. König*, ZaöRV 54 (1994), 17, 27 f.; *Schwarze*, NJ 1994, 1, 2 u. 5; besonders deutlich *Gassner*, Der Staat 34 (1995), 429, 430 m. w. N. Bezüglich des Lissabon-Urteils siehe die deutliche Formulierung von *Jestaedt*, Der Staat 48 (2009), 497, 504; aus jüngerer Zeit *Mayer*, EuR 2014, 473, 503 f.

212 *E. Klein*, in: GS Grabitz, S. 271, 274 spricht bezogen auf das Maastricht-Urteil von einer „Indienststellung". Zur „Mobilisierung" im Lissabon-Urteil siehe *Gärditz/Hillgruber*, JZ 2009, 872 f. m. w. N. zum Hintergrund; zustimmend *Grefrath*, AöR 135 (2010), 221, 245 sowie *Simon*, Grenzen des Bundesverfassungsgerichts im europäischen Integrationsprozess, S. 108 f. Kritisch zur Mobilisierung *Kube*, in: GS Brugger, S. 571, 583 dort Fn. 48, der gleichwohl insgesamt ein subjektives Recht auf demokratische Teilhabe befürwortet. Differenzierend *Calliess*, NVwZ 2019, 684 f. u. 689.

213 *Nettesheim*, NJW 2009, 2867, 2869; *Schönberger*, Der Staat 48 (2009), 535, 540 f.; *Pache*, EuGRZ 2009, 285, 287 spricht von einer verfassungsprozessualen „Einladung".

214 Zu diesem Motiv s. a. BVerfGE 142, 123, 212 f. Rn. 173 – *OMT-Urteil* sowie die abw. Meinung des Richters *Gerhardt*, BVerfGE 134, 366, 437 Rn. 152 – *OMT-Vorlagebeschluss*.

215 Zum Maastricht-Urteil *Bryde*, Das Maastricht-Urteil des Bundesverfassungsgerichts, S. 2 f. sowie *Steinberger*, in: FS Bernhardt, S. 1313, 1316 f.; zum Lissabon-Urteil nur *Isensee*, ZRP 2010, 33 u. 37. Allgemein zur fehlenden Diskussion über „das Grundsätzliche" der Integration auch *Tsatsos*, JöR 49 (2001), 63, 64 ff.; s. a. *Jestaedt*, OULR 64 (2017), 43, 67 u. 97.

216 So bereits zum Maastricht-Urteil *Streinz*, EuR 1994, 329, 333 sowie *A. Bleckmann/*

sätzliches Forum der Europapolitik umstritten. Teilweise wird dies für den demokratischen Prozess positiv bewertet, da das vorherige Debattendefizit durch das BVerfG gewissermaßen kompensiert werde.[217] Bestehen schon Zweifel, ob eine solche Kompensation überhaupt möglich ist,[218] werden diese umso größer, wenn man die weitere Entwicklung betrachtet. Nimmt man den Kompensationsgedanken nämlich ernst, müsste umgekehrt die Kontrolle durch das BVerfG abnehmen, je ausführlicher die parlamentarische Debatte zuvor verlaufen ist.[219] Weder die Gewährung von Redezeit für die sogenannten „Euro-Abweichler" im Rahmen der Debatte um den Euro-Rettungsschirm[220] noch die Tatsache, dass nunmehr mit der „Alternative für Deutschland" (AfD) eine europa- bzw. eurokritische Partei im Bundestag vertreten ist,[221] haben aber zu einer Abnahme der bundesverfassungsgerichtlichen Kontrolle geführt. Im Gegenteil konnten – wie bereits geschildert – sämtliche Maßnahmen zur Euro-Rettung vor dem BVerfG gerügt werden. Letztlich nutzt das BVerfG die auf Art. 38 Abs. 1 S. 1 GG gestützte Verfassungsbeschwerde, um sich selbst „im Spiel" zu halten.[222] Vor diesem Hintergrund erscheinen auch die formellen Voraussetzungen, die das Gericht aufgestellt hat, in einem anderen Licht. Diese sichern nämlich nicht nur die parlamentarische Kontrolle und Überwachung, sondern ermöglichen – da fast durchgehend ein Gesetz erforderlich ist – zugleich einen umfassenden Zugriff des BVerfG.[223] In diese Richtung weist auch die angesprochene Entscheidung über das Einheitliche Europäische Patentgericht, mit dem das Gericht seinen Kontrollanspruch nochmals gefestigt und um eine „formelle Übertragungskontrolle" erweitert hat.[224] Insgesamt führt dies zu der Frage, ob das BVerfG mit seiner „Integrationsverfassungsbeschwerde" nicht zu weit in den politischen Raum vorgedrungen ist und seine eigenen Grenzen überschritten

Pieper, RIW 1993, 969, 970 f. m. w. N.; s. a. *Calliess*, in: Böttger/Joop, Hdb. zur deutschen Europapolitik, S. 169, 171 ff.

[217] Dieser Aspekt wird insbesondere vom Verfassungsrichter *Peter M. Huber* betont, siehe *Huber*, in: Pernice/Schwarz, Europa in der Welt, S. 329, 332 f.; *Huber*, in: FS Jarass, S. 205, 211 sowie *Huber*, in: v. Mangoldt/Klein/Stark, GG, Art. 19 GG Rn. 352; ganz ähnlich aber auch *Kahl*, DVBl 2013, 197 f. u. 207. Zur Rolle Hubers auch *Calliess*, NVwZ 2020, 897, 899. *Haltern*, NVwZ 2020, 817, 820 lässt das Argument allenfalls für die „Prä-AfD-Zeiten" gelten.

[218] Kritisch *Wendel*, ZaöRV 2014, 615, 640 ff.; s. a. *Reyes y Ráfales*, ZEuS 2017, 119, 133 f.

[219] So auch *Kahl*, DVBl 2013, 197, 207.

[220] Dazu *Lehner*, Der Staat 52 (2013), 535, 537.

[221] Eine abstrakte Normenkontrolle ist wegen der Anforderungen des Art. 93 Abs. 1 Nr. 2 GG an die Antragsberechtigung aber weiterhin unwahrscheinlich. Vgl. zur Situation vor Einzug der AfD in den Bundestag auch *Oppermann*, in: FS Stern 2012, S. 869, 871.

[222] *Jestaedt*, Der Staat 48 (2009), 497, 504 sowie *Schönberger*, Der Staat 48 (2009), 535, 541.

[223] Vgl. auch *Pache*, EuGRZ 2009, 285, 287 u. 296 sowie *Pernice*, in: Beneyto/Pernice, Europe's Constitutional Challenges, S. 355, 383.

[224] BVerfGE 153, 74 – *Einheitliches Patentgericht*; dazu kritisch *Knoth*, EuR 2021, 274 ff.

hat.[225] Dies betrifft aber – wie auch die Frage nach der gerichtlichen Kompensationsfunktion – die Einordnung des BVerfG als politischem Akteur, die hier nicht im Vordergrund stehen soll, zumal eine denkbare Zurückhaltung des Gerichts untrennbar mit den Vorgaben des rechtlichen Rahmens verbunden ist.[226] Entscheidend ist nicht das Für und Wider einer Kompensation oder einer aktiven Rolle des BVerfG, sondern welche normativen Folgen mit dem prozessualen Einstieg über Art. 38 Abs. 1 S. 1 GG verbunden sind.[227] Die besondere politische und prozessuale Situation hat den Weg des BVerfG über Art. 38 Abs. 1 S. 1 GG zweifellos entscheidend beeinflusst. In Hinblick auf das gerichtliche Integrationsverständnis ist aber weniger von Bedeutung, ob dies verfassungs*politisch* sinnvoll oder geboten war, sondern vielmehr welche Auswirkungen dies auf den verfassungs*rechtlichen* Maßstab hat.

c) Zum Bezug von Zulässigkeit und Begründetheit

Hinsichtlich des verfassungsgerichtlichen Maßstabs spielt das – im Lissabon-Urteil nicht immer eindeutige – Verhältnis von Zulässigkeit und Begründetheit eine entscheidende Rolle. Die grundlegende Funktion der Verfassungsbeschwerde ist die Durchsetzung von Grundrechten oder grundrechtsgleichen Rechten, die stets Ausgangs- und Bezugspunkt des Verfahrens bleiben.[228] Auch die Rechtsprechung des BVerfG, wonach die Verfassungsbeschwerde nicht nur dem Individualschutz dient, sondern auch ein „spezifisches Rechtsschutzmittel des objektiven Verfassungsrechts“[229] darstellt, ändert nichts am Erfordernis eines konkreten, individuellen Grundrechtseingriffs für die Zulässigkeit, beeinflusst aber gleichwohl den gerichtlichen Prüfungsmaßstab.[230] Rügt eine Beschwerdeführerin oder ein Beschwerdeführer zulässigerweise eine mögliche Grundrechtsverletzung durch ein Gesetz, prüft das BVerfG im Rahmen der Begründetheit, ob eine solche Rechtsverletzung, also ein nicht gerechtfertigter Ein-

[225] In diese Richtung insbesondere *Lepsius*, JöR 63 (2015), 63 f. u. 76 ff. sowie *Nettesheim*, NJW 2009, 2867, 2868 f.; s. a. *Schönberger*, Der Staat 48 (2009), 535, 541. Zum Maastricht-Urteil bereits *Schwarze*, NJ 1994, 1, 5; *D. König*, ZaöRV 54 (1994), 17, 28 f. sowie *Bryde*, Das Maastricht-Urteil des Bundesverfassungsgerichts, S. 4 f. Vgl. auch die abw. Meinung der Richter *Rupp*, *Hirsch* und *Wand*, BVerfGE 37, 271, 303 – *Solange I*; der Richterin *Lübbe-Wolff* BVerfGE 134, 366, 419 Rn. 105 ff. – *OMT-Vorlagebeschluss* und des Richters *Gerhardt* BVerfGE 134, 366, 430 Rn. 133 ff. – *OMT-Vorlagebeschluss*. Für eine Relativierung dieser Kritik im Hinblick auf das Lissabon-Urteil aber *Isensee*, ZRP 2010, 33 f.; positiv zur politischen Rolle des BVerfG in Bezug auf die Eurokrise auch *Kahl*, DVBl 2013, 197 f. u. 204 ff.

[226] Dazu bereits oben S. 75 f.; zur akteursbezogenen Betrachtung bereits oben S. 4 f.

[227] Vgl. *Lehner*, Der Staat 52 (2013), 535, 537 f.

[228] *Bethge*, in: Schmidt-Bleibtreu/Klein/Bethge, BVerfGG, § 90 Rn. 62 f.

[229] BVerfGE 33, 247, 259 – *Klagestop Kriegsfolgen*; BVerfGE 45, 63, 74 – *Stadtwerke Hameln*; umfassend zur objektiven Funktion der Verfassungsbeschwerde *Marsch*, AöR 137 (2012), 592 ff. m. w. N. zur Rspr.

[230] *Bethge*, in: Schmidt-Bleibtreu/Klein/Bethge, BVerfGG, § 90 Rn. 64.

griff in den Schutzbereich tatsächlich vorliegt.[231] In ständiger Rechtsprechung beschränkt das BVerfG seine Prüfung aber nicht auf die gerügten Grundrechte und grundrechtsgleichen Rechte, sondern prüft die Norm umfassend am Maßstab des Verfassungsrechts.[232] Auch in diesem Fall bleibt aber der grundrechtliche Ausgangs- und Bezugspunkt erhalten, da im Falle einer Unvereinbarkeit mit sonstigem Verfassungsrecht die eingreifende Norm nichtig ist, was zugleich eine Verletzung des Grundrechts darstellt. Trotz der Ausweitung des Prüfumfangs „korrespondieren" im Rahmen der Verfassungsbeschwerde also Prüfungsmaßstab und rügefähige Rechte grundsätzlich miteinander.[233] Zwar wird die Reichweite des Prüfungsumfangs regelmäßig als, auch im Verhältnis der Senate des BVerfG, umstritten bezeichnet,[234] doch wird dabei übersehen, dass im Kern beide Senate die von der Beschwerdeführerin oder dem Beschwerdeführer erhobene Rüge als streitgegenständlichen Fixpunkt behandeln, der nicht nur für die Zulässigkeit, sondern auch für die Begründetheit maßgeblich bleibt.[235] Auch wenn nicht davon gesprochen werden kann, dass die Zulässigkeit den Umfang der Begründetheitsprüfung determiniert, besteht über den grundrechtlichen Ausgangs- und Bezugspunkt jedenfalls ein gewisses Austauschverhältnis zwischen erhobener Rüge und gerichtlichem Prüfungsmaßstab.

Im Maastricht- und Lissabon Urteil wird dieses Austauschverhältnis allerdings nur teilweise deutlich. Während der grundrechtsgleiche Ausgangspunkt mit Art. 38 Abs. 1 S. 1 GG, welcher unstreitig von Art. 93 Abs. 1 Nr. 4a GG als mit der Verfassungsbeschwerde rügefähiges Recht genannt wird, noch klar ersichtlich ist, gilt diese Eindeutigkeit nicht für den Maßstab des BVerfG im Übrigen, da das Gericht eine umfassende abstrakte Prüfung des Zustimmungsgesetzes vornimmt.[236] Ungeachtet der Frage, ob dies zu einer – im GG nicht vorgesehenen – „actio popularis" führt,[237] macht es die Konstruktion schwieri-

---

[231] Exemplarisch für einen „lehrbuchmäßigen" Aufbau der Begründetheitsprüfung siehe BVerfGE 150, 244, 263 Rn. 34 ff. u. 269 Rn. 54 ff. – *Kfz-Kennzeichenkontrollen 2*; ähnlich BVerfGE 150, 309, 330 Rn. 54 ff. – *Kfz-Kennzeichenkontrollen BW-HE*.

[232] BVerfGE 123, 148, 177 – *Mittelverteilung*; BVerfGE 102, 370, 384 – *Körperschaftsstatus der Zeugen Jehovas*; BVerfGE 99, 100, 119 – *St. Salvator Kirche*; BVerfGE 70, 138, 162 – *Loyalitätspflicht* m. w. N.

[233] *Voßkuhle*, in: v. Mangoldt/Klein/Stark, GG, Art. 93 GG Rn. 195.

[234] Dazu nur *Görisch/B. J. Hartmann*, NVwZ 2007, 1007, 1008 u. passim.

[235] *O. Klein*, in: Rensen/Brink, Linien der Rechtsprechung des BVerfG, Bd. 1, S. 83, 90, 96 u. passim.

[236] *Terhechte*, EuZW 2009, 724, 726; zum Maastricht-Urteil bereits *Bryde*, Das Maastricht-Urteil des Bundesverfassungsgerichts, S. 5.

[237] Siehe exemplarisch *J. Ipsen*, in: FS Müller-Graff, S. 904, 908 f. sowie *Schönberger*, Der Staat 48 (2009), 535, 539 f.; zuvor bereits *Gassner*, Der Staat 34 (1995), 429, 430 u. 450; *D. König*, ZaöRV 54 (1994), 17, 27 sowie *Tomuschat*, EuGRZ 1993, 489 u. 491. Positiv hingegen *Gärditz/Hillgruber*, JZ 2009, 872 f.; *Murswiek*, JZ 2010, 702, 707 f. sowie *M. Schröder*, DVBl 1994, 316, 319. Ausf. zum Ganzen *H. Sauer*, Der Staat 58 (2019), 7 ff. m. w. N. Das Problem wird bei der Kontrolle von EU-Sekundärrecht noch verschärft, dazu *Ludwigs*, in: Hendler/Ibler/Martínez, Herausforderungen an die Kompetenzordnung der EU, S. 27, 35 f.

ger, das eigentliche Prüfprogramm nachzuvollziehen. In Anbetracht des grundsätzlichen Austauschverhältnisses müsste das BVerfG, wenn es die Zulässigkeit auf Art. 38 Abs. 1 S. 1 GG stützt, konsequenterweise in der Begründetheit prüfen, ob diesbezüglich tatsächlich eine Rechtsverletzung vorliegt.[238] Schon im Maastricht-Urteil ging das BVerfG aber viel weiter und nahm eine umfassende Prüfung des gesamten Vertrags bzw. des Zustimmungsgesetzes vor, wodurch der Bezug zur Zulässigkeit teilweise verloren ging.[239] Obwohl das BVerfG im Maastricht-Urteil den Gewährleistungsgehalt des Art. 38 GG ausdrücklich als „Maßstab" bezeichnet, geht es in der folgenden Ausgestaltung dieses Gewährleistungsgehalts vor allem auf „den gemäß Art. 79 Abs. 3 GG nicht antastbaren Gehalt des Demokratieprinzips" ein.[240] Auch im Lissabon-Urteil leitet das BVerfG die Begründetheitsprüfung zwar mit einem Verweis auf Art. 38 Abs. 1 S. 1 GG als Prüfungsmaßstab ein, bezieht sich unmittelbar im Anschluss aber ebenfalls auf die „Grundsätze von Art. 79 Abs. 3 GG als Identität der Verfassung".[241] Im Verlauf der Begründetheit nimmt das BVerfG dann einerseits eine umfassende verfassungsrechtliche Prüfung vor, kommt andererseits aber immer wieder auf das Demokratieprinzip zurück. Diese „Konturlosigkeit"[242] bei gleichzeitiger „Fixierung"[243] auf die subjektive Komponente des Art. 38 Abs. 1 S. 1 GG ist vor allem deshalb problematisch, da so der objektive verfassungsrechtliche Maßstab der europäischen Integration aus Art. 23 GG in den Hintergrund rückt.[244] So werden die Grenzen der Übertragung von Hoheitsrechten allein vor dem Hintergrund des Demokratieprinzips diskutiert, obgleich sowohl Art. 23 Abs. 1 S. 1 GG als auch Art. 23 Abs. 1 S. 3 i. V. m. Art. 79 Abs. 3 GG das Demokratieprinzip (vgl. Art. 20 Abs. 1 GG) bzw. demokratische Grundsätze nur als einen Aspekt unter mehreren aufzählen. Letztlich dient die Aufladung des Wahlrechts dem BVerfG als reines „prozessuales Sesam-öffne-dich"[245], welches nicht selbst den Maßstab, sondern nur das Mittel zum Zweck einer umfassenden objektiven Kontrolle bildet.[246] Da sich das BVerfG aber zu

---

238 *Tomuschat*, EuGRZ 1993, 489, 492; *Pache*, EuGRZ 2009, 285, 289.

239 *Bryde*, Das Maastricht-Urteil des Bundesverfassungsgerichts, S. 5.

240 BVerfGE 89, 155, 181 f. – *Maastricht*; *D. König*, ZaöRV 54 (1994), 17, 35 ff. sieht daher auch in Letzterem den eigentlichen Maßstab des BVerfG.

241 BVerfGE 123, 267, 340 – *Lissabon*.

242 *Schönberger*, Der Staat 48 (2009), 535, 542.

243 *Lehner*, Der Staat 52 (2013), 535, 538.

244 *Jestaedt*, Der Staat 48 (2009), 497, 503 ff., insb. 507 ff.; *Lehner*, Der Staat 52 (2013), 535, 544; *Schönberger*, Der Staat 48 (2009), 535, 542 u. 552 f.; zuvor bereits *Tomuschat*, EuGRZ 1993, 489, 492 f.; s. a. *Horn*, DVBl 1995, 89, 91 m. w. N.

245 *Kottmann/Wohlfahrt*, ZaöRV 69 (2009), 443, 444; vgl. auch die Formulierungen bei *Franzius*, TranState Working Papers No. 124, S. 26 („Türöffner"); *von Bogdandy*, KritV 83 (2000), 284, 287 („Scharnierfunktion"); *Nettesheim*, NJW 2009, 2867, 2869 („rechtlicher Hebel"); bei *D. König*, ZaöRV 54 (1994), 17, 29 und *Terhechte*, EuZW 2009, 724, 726 („Kunstgriff") sowie *Oppermann*, in: FS Stern 2012, S. 869, 870 u. 877 („Hebel" und „Türöffner").

246 *Thym*, Der Staat 48 (2009), 559, 579 dort Fn. 93; zustimmend *Gärditz*, GLJ 15 (2014),

Recht nicht vollständig von der Zulässigkeit löst,[247] entwickelt es die Grenzen der europäischen Integration stets vor der „Schablone" des grundgesetzlichen Demokratieprinzips. Wie zu zeigen sein wird, wirkt sich dieses besondere Verhältnis von Zulässigkeit und Begründetheit in nicht unerheblichem Maße auf das Integrationsverständnis des BVerfG aus.

2. *Verfassungsrechtliche Anforderungen für die europäische Integration*

Anders als in früheren Verfahren des BVerfG, in denen vor allem der Grundrechtsschutz im Vordergrund stand, stellte das BVerfG im Maastricht- und Lissabon-Urteil – der geschilderten prozessualen Situation geschuldet – verschiedene demokratiespezifische Rügen auf.[248] Um den beschriebenen möglichen Sinnverlust des Wahlaktes zu verhindern, kann im Anwendungsbereich des Art. 23 GG zunächst eine drohende Verletzung des Demokratieprinzips durch eine Entleerung der Kompetenzen des Bundestags über Art. 38 Abs. 1 S. 1 GG gerügt werden.[249] Darüber hinaus können die fehlende demokratische Legimitation der Europäischen Union sowie eine drohende „Entstaatlichung" der Bundesrepublik Deutschland geltend gemacht werden.[250] In der Literatur werden diese drei Ausprägungen auch als Entleerungs-, Verdrängungs- und Entstaatlichungsrüge bezeichnet.[251] Schließlich kann über Art. 38 Abs. 1 S. 1 GG i. V. m. Art. 23 Abs. 1 S. 3 und Art. 79 Abs. 3 GG eine Verletzung der Mindestanforderungen an die Staatsstrukturprinzipen gerügt werden, soweit ein ausreichender Zusammenhang zu den demokratischen Gestaltungsmöglichkeiten des Bundestags dargelegt wird.[252] Jede einzelne Rüge bietet dabei ausreichend Stoff für eine eigene Analyse. Eine ausführliche Auseinandersetzung mit den einzelnen Rügen bzw. inhaltlichen Grenzen des BVerfG ist aber an dieser Stelle weder angestrebt noch erforderlich.[253] Entscheidend ist, welchen verfassungs-

183, 188; s. a. *Lehner*, Der Staat 52 (2013), 535, 547; *M. Sachs*, in: FS Stern 2012, S. 597, 602 sowie die Nachweise oben Kap. 2 Fn. 245.

[247] Für eine solche Loslösung aber *Schönberger*, Der Staat 48 (2009), 535, 541 f.

[248] Vgl. *Lepsius*, JöR 63 (2015), 63, 79 u. 73, der einen Wandel von den Grundrechten zum Demokratieprinzip erkennt und das Legitimationskriterium einen „Meta-Maßstab" nennt. Auch *von Simson/Schwarze*, Europäische Integration und Grundgesetz, S. 63 prognostizierten bereits einen Wandel von den Grundrechten zu Fragen der Kompetenzverteilung und Staatlichkeit.

[249] BVerfGE 123, 267, 330 – *Lissabon*; bestätigt in BVerfGE 129, 124, 168 ff. – *EFSF* in BVerfGE 89, 155, 187 – *Maastricht* sprach das Gericht noch von einer „Entäußerung".

[250] BVerfGE 123, 267, 330 f. – *Lissabon*; in BVerfGE 89, 155, 180 – *Maastricht* hatte das Gericht noch betont, dass Art. 146 GG allein kein verfassungsbeschwerdefähiges Individualrecht begründet.

[251] Siehe z. B. *H. Sauer*, Der Staat 58 (2019), 7, 10 ff. u. 18.

[252] In BVerfGE 123, 267, 332 f. – *Lissabon* hielt das Gericht die Darlegung nur für das Sozialstaatsprinzip, nicht aber bezüglich des Rechtsstaatsprinzips für ausreichend.

[253] Für ausführliche Darstellungen siehe *Calliess*, in: Dürig/Herzog/Scholz, GG, Art. 24 GG Abs. 1 Rn. 103 ff.; *Hobe*, in: Friauf/Höfling, Berliner Kommentar zum GG, Art. 23 GG Rn. 183 ff. u. 47 ff.; monographisch aus jüngerer Zeit *Polzin*, Verfassungsidentität,

rechtlichen Maßstab das BVerfG an die Übertragung von Kompetenzen anlegt bzw. welches Integrationsverständnis damit verbunden ist. Zu diesem Zweck kommt es nicht darauf an, alle Rügen im Detail zu untersuchen, sondern vielmehr den hinter ihnen stehenden Kern zu bestimmen. Im Anschluss an *Heiko Sauer* werden die einzelnen Elemente der Begründetheit zur besseren Orientierung in zwei Kategorien eingeteilt. Während die Rüge der fehlenden demokratischen Legitimation grundgesetzliche Anforderungen an die Europäische Union betrifft (a), beschreibt *Sauer* die übrigen Rügen als Problem der „Rückwirkung des Integrationsprozesses auf die innerstaatliche Demokratie" (b).[254] Letztlich steht aber hinter beiden Kategorien mit dem Schutz der souveränen Staatlichkeit ein einheitlicher Gedanke (c).

a) Anforderungen an die demokratische Legitimation der EU

In Anbetracht der weitreichenden Kompetenzen, welche es der EU insbesondere ermöglichen, gegenüber den Bürgerinnen und Bürgern unmittelbar wirksame Hoheitsakte zu erlassen, kann nicht ernsthaft bestritten werden, dass die EU einer demokratischen Legitimation bedarf.[255] Auch das BVerfG hat bereits im Maastricht-Urteil betont, dass das Demokratieprinzip einer Mitgliedschaft Deutschlands in der Europäischen Union nicht entgegensteht, sofern eine ausreichende demokratische Legimitation gesichert ist.[256] Die notwendige Legitimation sieht das Gericht in erster Linie durch die Völker der Mitgliedstaaten vermittelt, welche über die nationalen Parlamente die Handlungen der jeweiligen Regierungsvertreter im Rat der Europäischen Union legitimieren. Daneben tritt nach Ansicht des BVerfG, im Maße des Zusammenwachsens der europäischen Nationen, das Europäische Parlament, von dem aber nur „ergänzend eine demokratische Abstützung" ausgehe.[257] Diese „duale Legitimation" ist auch in Art. 10 Abs. 2 EUV ausdrücklich verankert, wobei das Verhältnis sowohl der beiden Legitimationsstränge als auch der hinter ihnen stehenden Legitimationssubjekte umstritten bleibt.[258] Ließ das Maastricht-Urteil noch eine gewisse

S. 143 ff. u. passim; *Simon*, Grenzen des Bundesverfassungsgerichts im europäischen Integrationsprozess, passim; zuvor bereits *D. König*, Die Übertragung von Hoheitsrechten, passim.

[254] *H. Sauer*, Staatsrecht III, S. 196 Rn. 10 ff.

[255] Siehe nur *Dreier*, in: FS Selmer, S. 51, 63 ff.; *Nettesheim*, in: Bauer/Huber/Sommermann, Demokratie in Europa, S. 143, 155; dazu und zur Untauglichkeit anderer Legitimationsformen s. a. *Dreier*, in: Dreier, GG Kommentar, Bd. II, Art. 20 GG Rn. 40 m. w. N.

[256] BVerfGE 89, 155, 184 – *Maastricht*.

[257] BVerfGE 89, 155, 184 ff. – *Maastricht*.

[258] Dazu *Sydow*/*Wittreck*, Deutsches und Europäisches Verfassungsrecht I, S. 114 Rn. 79 ff.; ausf. zur dualen Legitimation sowie zum Meinungsstand *Heselhaus*, in: Pechstein/Nowak/Häde, FK EUV/GRC/AEUV, Art. 10 EUV Rn. 21 ff.; *Huber*, in: Streinz, EUV/AEUV, Art. 10 EUV Rn. 25 ff. sowie *Nettesheim*, in: Grabitz/Hilf/Nettesheim, EUV/AEUV, Art. 10 EUV Rn. 55 u. 65 ff.; s. a. *Classen*, Demokratische Legitimation im offenen Rechtsstaat, S. 87 ff., insb. S. 91 ff. sowie *von Achenbach*, Demokratische Gesetzgebung in der EU, S. 300 ff.

Öffnung für einen zunehmenden und im Ergebnis gleichberechtigten Beitrag des Europäischen Parlaments zur demokratischen Legitimation erkennen,[259] gilt dies nicht mehr für das Lissabon-Urteil. Obwohl das BVerfG zwischenzeitlich das EU-Parlament als „eigenständige Legitimationsquelle des europäischen Rechts“[260] bezeichnet hat, hält es im Lissabon-Urteil ausdrücklich am Vorrang der Vermittlung der Legitimation über die nationalen Parlamente und Regierungen fest.[261] Zwar erkennt das BVerfG einen Bedeutungszuwachs des Europäischen Parlaments an, sieht in ihm aber vor dem Hintergrund, dass durch den Vertrag von Lissabon kein europäischer Bundesstaat gegründet wurde, kein „Repräsentationsorgan eines souveränen europäischen Volkes“. Vielmehr konstatiert das Gericht dem Europäischen Parlament bzw. dem gesamten europäischen Herrschaftsverbund ein Demokratiedefizit.[262] Dass die einzelnen Punkte, an denen das BVerfG dieses Defizit festmacht, wie beispielsweise die fehlende gemeinsame Sprache, der Eingriff in die Wahlrechtsgleichheit durch eine degressiv proportionale Zusammensetzung des Europäischen Parlaments oder das Fehlen einer klaren Teilung in Opposition- und Regierungsfraktion innerhalb desselben, nur bedingt als ‚Demokratieindikatoren‘ taugen, wurde bereits von verschiedenen Stimmen überzeugend dargelegt.[263] Bedeutsamer für das Bild des BVerfG von Europa bzw. der europäischen Integration ist der Maßstab, anhand dessen das Gericht zum Ergebnis einer defizitären europäischen Demokratie kommt. So betont das BVerfG, dass die Europäische Union hinter den Anforderungen einer „*staatlich* verfassten Demokratie“ zurückbleibt und nicht trotz, sondern gerade wegen des fehlenden *staatsanalogen* Aufbaus demokratischen Grundsätzen entspricht.[264] Obwohl das Gericht sowohl im Maastricht- als auch im Lissabon-Urteil darauf hingewiesen hat, dass die Anforderungen des Demokratieprinzips für die Europäische Union nicht denen für die innerstaatliche Legitimierung von Herrschaftsgewalt entsprechen müssen, sondern bis zur Grenze des Art. 79 Abs. 3 GG Modifikationen möglich seien,[265] definiert das BVerfG die EU mit dem Bezug auf den fehlenden staatsanalogen Aufbau

[259] *Von Bogdandy*, KritV 83 (2000), 284, 293 ff.

[260] BVerfGE 113, 273, 301 – *Europäischer Haftbefehl*.

[261] BVerfGE 123, 267, 348 f. u. 363 ff. – *Lissabon*; siehe aber auch *Thym*, Der Staat 48 (2009), 559, 583 ff., der eine etwas offenere Lesart vorschlägt.

[262] BVerfGE 123, 267, 370 ff. u. 377 – *Lissabon*. Bemerkenswerterweise konstatiert *Joerges*, in: Joerges/Petersmann, Constitutionalism, Multilevel Trade Governance and Social Regulation, S. 491, 494 umgekehrt ein Demokratiedefizit der Nationalstaaten, welches wiederum den zentralen Grund für den Anwendungsvorrang des EU-Rechts bilde.

[263] *Schönberger*, Der Staat 48 (2009), 535, 544 ff.; s. a. *Lehner*, Der Staat 52 (2013), 535, 554 ff. Ausf. aus jüngerer Zeit *Simon*, Grenzen des Bundesverfassungsgerichts im europäischen Integrationsprozess, S. 189 ff. u. 202 ff. Kritisch zum Erfordernis einer gemeinsamen Sprache schon *Schwarze*, NJ 1994, 1, 4 sowie *Tomuschat*, DVBl 1996, 1073, 1079.

[264] BVerfGE 123, 267, 364 f., 370 f. u. 377 – *Lissabon*, Hervorh. d. Verf.

[265] BVerfGE 123, 267, 344, 347 u. 365 f. – *Lissabon*; siehe bereits BVerfGE 89, 155, 182 ff. u. 208 f. – *Maastricht*.

nicht als „Aliud, sondern als Minus" zur staatlichen Demokratie.[266] Ob eine solche staatsbezogene Perspektive dem Phänomen der europäischen Integration tatsächlich hinreichend gerecht werden kann, wurde bereits zu Beginn der Integration in Frage gestellt,[267] hängt aber vor allem mit der – nach wie vor äußerst umstrittenen – Frage zusammen, ob und wie Demokratie supranational, also losgelöst von einem rein (national-)staatlichen Kontext gedacht werden kann.[268] Ein häufiger Vorwurf an das BVerfG ist, dass es sich gerade im Lissabon-Urteil zu sehr in staatstheoretischen Ausführungen verliere, anstatt eine supranationalen Demokratieperspektive zu entwickeln und diese an klaren Maßstäben des GG, insbesondere anhand des Art. 23 Abs. 1 S. 1 GG festzumachen.[269] Unabhängig davon, wie man das bundesverfassungsgerichtliche Staats- und Demokratieverständnisses einordnet und bewertet,[270] kommt vor dem Hintergrund der allgemeinen Abhängigkeit des Integrationsverständnisses vom jeweiligen Maßstab, der Verankerung im GG die entscheidende Bedeutung zu. Mit anderen Worten geht es nicht um die staats-, sondern um die verfassungsrechtliche Perspektive.[271] Wie bereits angedeutet, sind die Ausführungen des BVerfG zum verfassungsrechtlichen Maßstab aber nicht nur eher knapp, sondern auch ambivalent. So verweist das Gericht zur Rügefähigkeit der Defizite demokratischer Legitimation der EU zunächst auf Art. 23 Abs. 1 S. 1 GG sowie Art. 38

[266] *H. Sauer*, Staatsrecht III, S. 198 f. Rn. 12; ähnlich auch *Schönberger*, Der Staat 48 (2009), 535, 551.

[267] *J. H. Kaiser*, in: FS Hallstein, S. 266, 269 f.; s. a. *H. P. Ipsen*, EuR 1987, 195, 196 u. 200 ff.; *Pernice*, AöR 120 (1995), 100, 120. Aus jüngerer Zeit *Tsatsos*, JöR 49 (2001), 63, 66 f. sowie *Volkmann*, in: Hofmann/Naumann, Europäische Demokratie in guter Verfassung?, S. 14 ff.

[268] Zum problematischen Verhältnis von Supranationalität und Demokratie siehe *Habermas*, Leviathan 42 (2014), 524 ff.; *Scharpf*, Leviathan 44 (2015), 11 ff.; *T. Stein*, ZaöRV 64 (2004), 563 ff.; *Volkmann*, in: Hofmann/Naumann, Europäische Demokratie in guter Verfassung?, S. 14 ff.; s. a. *Abbas/Förster/Richter*, in: Abbas/Förster/Richter, Supranationalität und Demokratie, S. 1 ff. sowie die weiteren Beiträge im Sammelband. Zur (künftigen) Entwicklung des Demokratieverständnisses im Rahmen der supranationalen Integration siehe *Calliess*, in: Heinig/Terhechte, Postnationale Demokratie, Postdemokratie, Neoetatismus, S. 77, 79 ff.; *Schorkopf*, in: Heinig/Terhechte, Postnationale Demokratie, Postdemokratie, Neoetatismus, S. 61, 67 ff. sowie die weiteren Beiträge im Sammelband.

[269] Besonders deutlich *Schönberger*, Der Staat 48 (2009), 535, 551 ff. u. 542 ff.; s. a. *Nettesheim*, EuR Beiheft 1 (2010), 101, 112 dort Fn. 24; etwas zurückhaltender hingegen *Kottmann/Wohlfahrt*, ZaöRV 69 (2009), 443, 453; zum Maastricht-Urteil bereits *Tomuschat*, EuGRZ 1993, 489, 492 f. u. 496.

[270] Ausf. *Häberle*, JöR 58 (2010), 317 ff., insb. 329 ff. sowie *van Ooyen*, IPG 2009, 26 ff.; monographisch *van Ooyen*, Die Staatstheorie des Bundesverfassungsgerichts und Europa, passim. Dessen Kritik an der staatsbezogenen Sicht der BVerfG wird von *Schlaich/Korioth*, Bundesverfassungsgericht, S. 290 dort Fn. 146 als „[t]eils polemisch" bezeichnet. Differenzierend zur Sicht des BVerfG *Kottmann/Wohlfahrt*, ZaöRV 69 (2009), 443 ff., insb. 453 u. 468; positiv im Hinblick auf das Lissabon-Urteil *Gärditz/Hillgruber*, JZ 2009, 872 ff. sowie *Isensee*, ZRP 2010, 33, 34 u. 35 ff.

[271] *Franzius*, TranState Working Papers No. 124, S. 3.

Abs. 1 S. 1 GG i. V. m. Art. 20 Abs. 1 und Abs. 2 GG.[272] Insoweit scheint es also, anders als noch im Maastricht-Urteil,[273] die Rügefähigkeit von Art. 23 Abs. 1 S. 1 GG anzunehmen. Im Verlauf der Prüfung der ausgemachten Defizite stellt das Gericht dann aber verstärkt auf Art. 79 Abs. 3 GG ab, ohne dabei klar zwischen Art. 23 Abs. 1 S. 1 und S. 3 GG zu differenzieren.[274] Gleichwohl wird schon am Obersatz des BVerfG erkennbar, dass der eigentliche Maßstab in Art. 23 Abs. 1 S. 3 i. V. m. Art. 79 Abs. 3 GG verortet wird.[275] Im Lissabon-Urteil wird das Demokratiedefizit gerade deshalb als rügefähig anerkannt, da eine Verbindung von Art. 38 Abs. 1 S. 1 GG zu Art. 20 Abs. 1 und 2 GG hergestellt wird. Letztere gehören aber erst durch Art. 79 Abs. 3 GG zum unantastbaren – und nach dem BVerfG somit rügefähigen – Kerngehalt des Demokratieprinzips. Durch den gewählten Maßstab fehlt es letztlich an einer klaren Unterscheidung von Art. 23 Abs. 1 S. 1 GG auf der einen und Art. 79 Abs. 3 GG i. V. m. Art. 20 Abs. 1 und 2 GG auf der anderen Seite.[276] Wie allerdings auch *Christian Hillgruber* zu Recht festgestellt hat, sind die beiden vom BVerfG im Lissabon-Urteil zu behandelnden Fragenkomplexe auf beide Maßstäbe verteilt. Während die Frage der demokratischen Anforderungen an die EU in Art. 23 Abs. 1 S. 1 GG geregelt ist, wird die – von der ersten zu trennende – Frage danach, was von der deutschen Demokratie innerstaatlich übrig bleiben muss, von S. 3 adressiert.[277] Bedenkt man zudem, dass der neue Art. 23 GG ausdrücklich für die Gründung der Europäischen Union eingeführt wurde,[278] hätte es durchaus nahe gelegen, die spezifischen Anforderungen in Abs. 1 S. 1 der Norm als Ausgangspunkt zu nehmen.[279] Gleichwohl orientiert sich das BVerfG insgesamt weitgehend an Art. 23 Abs. 1 S. 3 GG und dessen Verweis auf Art. 79 Abs. 3 GG, weshalb die Ausführungen fast so klingen, als wäre nach wie vor der alte Art. 24 GG maßgeblich.[280] Es macht allerdings schon im Ausgangspunkt einen Unterschied, ob die demokratische Legitimation der EU vor dem Hintergrund *positiv* formulierter Anforderungen im Sinne des Art. 23 Abs. 1 S. 1 GG oder *negativ* formulierter Grenze nach Art. 23 Abs. 1 S. 3 GG i. V. m. Art. 79 Abs. 3 GG i. V. m. Art. 20 Abs. 1 und 2 GG diskutiert wird.[281] Insoweit bestätigt bereits die Rüge des Demokratiedefizits, dass der Weg über Art. 38 Abs. 1 S. 1 GG eine nicht unerheb-

---

[272] BVerfGE 123, 267, 331 – *Lissabon.*

[273] BVerfGE 89, 155, 179 – *Maastricht.*

[274] BVerfGE 123, 267, 356, 363 f., s. a. 348 – *Lissabon.*

[275] BVerfGE 123, 267, 356 – *Lissabon.*

[276] *Pache*, EuGRZ 2009, 285, 291; s. a. *Jestaedt*, Der Staat 48 (2009), 497, 509 ff.

[277] *Hillgruber*, in: Heinig/Terhechte, Postnationale Demokratie, Postdemokratie, Neoetatismus, S. 123, 126 ff., der im Übrigen dem gewählten Maßstab des BVerfG aber zustimmt.

[278] Siehe nur Bericht der GVK, BT-Drucks. 12/6000 v. 05.11.1993, S. 19 ff. u. 28 f.

[279] *Jestaedt*, Der Staat 48 (2009), 497, 507 ff.; zum Maastricht Urteil schon *D. König*, ZaöRV 54 (1994), 17, 38 f. m. w. N. Ausf. aus jüngerer Zeit auch *A. Thiele*, EuR 2017, 367 ff.

[280] So zum Maastricht Urteil bereits sehr deutlich *Tomuschat*, EuGRZ 1993, 489, 493.

[281] Vgl. zu den positiven und negativen Maßstäben von Art. 23 GG auch *Uerpmann-Wittzack*, in: von Münch/Kunig, GG, Art. 23 GG Rn. 15, 21 f. u. 93 ff.

liche Auswirkung auf den Prüfungsmaßstab des BVerfG hat. Bevor aber dieser Maßstab einer abschließenden Bewertung unterzogen werden kann, ist es zunächst erforderlich, auch die weiteren Rügen zu betrachten.

b) Bewahrung des Kerns der innerstaatlichen Demokratie

Die übrigen vom BVerfG behandelten Rügen betreffen mögliche Auswirkungen der europäischen Integration auf die innerstaatliche Demokratie. Dies betrifft den allgemeinen Gedanken einer Entleerung der Kompetenzen (aa), dessen weitere Entfaltung im Zusammenhang mit der Verfassungsidentität (bb) sowie schließlich den Schutz der souveränen Staatlichkeit der Bundesrepublik Deutschland (cc).

aa) Schutz vor einer Kompetenzentleerung des Bundestags

Mit der sog. „Entleerungsrüge" kann geltend gemacht werden, dass dem Bundestag infolge einer zu weitgehenden Übertragung von Hoheitsrechten auf die Europäische Union keine „Aufgaben und Befugnisse von substantiellem politischen Gewicht verbleiben".[282] Das BVerfG begründet dies mit der nach Art. 23 Abs. 1 S. 3 GG i. V. m. Art. 79 Abs. 3 und Art. 20 Abs. 1 und Abs. 2 GG bestehenden Unantastbarkeit des legitimatorischen Zusammenhangs zwischen Wahlberechtigten und Staatsgewalt. Würden die Befugnisse des Bundestags im Zuge der europäischen Integration über diese Grenze hinaus zu weit entleert, verlöre der Wahlakt seinen Sinn und das Demokratieprinzip wäre verletzt.[283] Dabei geht das BVerfG bemerkenswerterweise nicht darauf ein, dass es im innerstaatlichen Bereich die vorzeitige Auflösung des Bundestags, also gewissermaßen einen umfassenden Kompetenzverlust, gerade nicht als Verletzung von Art. 38 GG angesehen hatte.[284] Eine Auseinandersetzung mit dieser entgegenstehenden älteren Rechtsprechung vermeidet das Gericht, indem es den Entleerungsgedanken auf die europäische Integration bzw. den Anwendungsbereich des Art. 23 GG beschränkt. Obwohl das BVerfG zunächst betont, dass die Entleerung nicht zwingend am quantitativen oder qualitativen Umfang der übertragenen Hoheitsrechte gemessen werden kann,[285] zählt es im Anschluss fünf Bereiche auf, welche „als besonders sensibel für die demokratische Selbstgestaltungsfähigkeit eines Verfassungsstaates gelten".[286] Aus dem Demokratieprinzip sowie dem von Art. 23 Abs. 1 S. 1 GG geforderten Subsidiaritätsprinzip

---

[282] BVerfGE 123, 267, 356 – *Lissabon*; zuvor bereits BVerfGE 89, 155, Ls. 4, 186 u. 207 – *Maastricht*.

[283] BVerfGE 89, 155, 172 u. 186 – *Maastricht*; BVerfGE 123, 267, 330 – *Lissabon*.

[284] BVerfGE 62, 397, 399 u. BVerfGE 63, 73, 75; dazu bereits *Gassner*, Der Staat 34 (1995), 429, 432 f.

[285] BVerfGE 123, 267, 357 u. 406 – *Lissabon*.

[286] BVerfGE 123, 267, 359 ff. – *Lissabon*.

folgert das BVerfG, dass die Übertragung von Hoheitsrechten in diesen Bereichen sachlich zu begrenzen sei, wobei es für den Grenzverlauf auf die sachliche Notwendigkeit zur Koordinierung grenzüberschreitender Sachverhalte abstellen möchte.[287] Letztlich kommt das Gericht bei der Prüfung der neu übertragenen Zuständigkeit aber zu dem Schluss, dass bei „gebotener Auslegung" der Bundesrepublik substantielle innerstaatliche Gestaltungsmöglichkeiten verbleiben.[288] Dennoch wird die gerichtliche Festlegung von Sachbereichen, die im Sinne einer „Staatsaufgabenlehre"[289] der Integration entzogen werden, in der Literatur scharf kritisiert.[290] Insbesondere bleiben der Hintergrund und die normative Verankerung der Auflistung weitgehend unklar, da das BVerfG, abgesehen von einem kurzen „seit jeher", keine Begründung für die Aufzählung der genannten Bereiche liefert.[291] Vor dem Hintergrund, dass beispielsweise die Währungshoheit oder das Bürgerliche Recht in der Liste fehlen, dafür aber das Sozialstaatsprinzip enthalten ist, wird die Aufzählung auch als historisch und systematisch nicht haltbar kritisiert.[292] Die Erklärung für die Auswahl des BVerfG wird deshalb entweder in einem innergerichtlichen Kompromiss oder in einer reinen Zustandsbeschreibung gesehen.[293] So ist auffällig, dass die aufgezählten Bereiche gerade denen entsprechen, die noch nicht auf die EU übertragen wurden.[294] Somit wird der Status quo der Integration nicht nur *um*schrieben, sondern jedenfalls teilweise auch *fest*geschrieben, weshalb der Aufzählung eine nicht unerhebliche, bremsende Wirkung für die künftige Integration zukommen kann.[295] Andererseits bleibt die genaue Bedeutung der Aufzählung im

[287] BVerfGE 123, 267, 359 – *Lissabon*.

[288] BVerfGE 123, 267, 406 ff. – *Lissabon*; ausf. Auseinandersetzung mit den einzelnen Bereichen bei *Laas*, in: von Arnauld/Hufeld, SK-Lissabon, § 3 Rn. 34 ff.

[289] Ausf. *Wiemers*, KritV 94 (2011), 226 ff.; s. a. *Halberstam/C. Möllers*, GLJ 10 (2009), 1241, 1249.

[290] *Britz*, EuR Beiheft 1 (2010), 151, 157 ff.; *Nettesheim*, EuR Beiheft 1 (2010), 101 ff., insb. 114 ff.; *Ruffert*, DVBl 2009, 1197, 1202 ff.; ausf. aus jüngerer Zeit *Polzin*, Verfassungsidentität, S. 164 ff. sowie *Simon*, Grenzen des Bundesverfassungsgerichts im europäischen Integrationsprozess, S. 128 ff.; jeweils m. w. N.; differenzierend *Streinz*, in: FS Stern 2012, S. 963, 969 f.; positiv dagegen *Gärditz/Hillgruber*, JZ 2009, 872, 879 f. sowie *Häberle*, JöR 58 (2010), 317, 327 f., der aber auch die fehlende normative Verankerung kritisiert.

[291] Siehe auch *Kottmann/Wohlfahrt*, ZaöRV 69 (2009), 443, 461. Für einen Bezug zu *Bodin* siehe *Wendel*, in: Franzius/Mayer/Neyer, Die Neuerfindung Europas, S. 51, 57.

[292] *Halberstam/C. Möllers*, GLJ 10 (2009), 1241, 1250; *Schönberger*, Der Staat 48 (2009), 535, 554 f.; *Simon*, Grenzen des Bundesverfassungsgerichts im europäischen Integrationsprozess, S. 139 f. m. w. N. Zur Einordnung der Währungspolitik als Teil der „high politics" bereits oben S. 32.

[293] Zum Kompromisscharakter *Thym*, Der Staat 48 (2009), 559, 562 f.; dazu und zu weiteren Erklärungen s. a. *Spieker*, in: Klatt, Jurisdiktionskonflikte, S. 111, 125 ff.

[294] *Halberstam/C. Möllers*, GLJ 10 (2009), 1241, 1250 f.; *Nettesheim*, EuR Beiheft 1 (2010), 101, 114 f.; *Schönberger*, Der Staat 48 (2009), 535, 554 f.

[295] Vgl. *Schönberger*, GLJ 10 (2009), 1201, 1209, der von einer „Versteinerung" spricht. *Kottmann/Wohlfahrt*, ZaöRV 69 (2009), 443, 460 f. halten dies wegen der Unbestimmtheit der Sachbereiche aber für eher unwahrscheinlich.

Urteil unklar, weil die Übertragung von der Notwendigkeit grenzüberschreitender Kooperation abhängig gemacht und nur der Parlamentsvorbehalt für den Auslandseinsatz der Bundeswehr ausdrücklich als „integrationsfest" bezeichnet wird.[296] Für die Strafkompetenz der Mitgliedstaaten wird Letzteres hingegen nur „im Grundsatz" festgestellt.[297] Letztlich bleibt also offen, in welchem Umfang die einzelnen Sachbereiche tatsächlich als integrationsfest eingeordnet werden.[298] Da die genannte Aufzählung zudem bis heute in keinem weiteren Urteil des BVerfG eine Rolle als direkte Grenze gespielt hat,[299] wird ihre genaue Wirkung – wenn überhaupt – wohl erst im Falle einer neuerlichen umfassenden Änderung des Primärrechts erkennbar werden. Lenkt man abschließend den Blick auf die, für das Integrationsverständnis mitentscheidende, normative Verankerung, fällt erneut eine gewisse Ambivalenz auf. Wie geschildert verweist das BVerfG neben dem Demokratieprinzip auch auf das von Art. 23 Abs. 1 S. 1 GG geforderte Subsidiaritätsprinzip, während es im Obersatz auf Art. 20 Abs. 1 und Abs. 2 GG sowie Art. 79 Abs. 3 GG abstellt.[300] Gleichwohl besteht weitgehend Einigkeit, dass eine enge Verknüpfung der Aufzählung mit dem Konzept der von Art. 79 Abs. 3 GG geschützten Verfassungsidentität besteht.[301] Ungeachtet der Frage, ob Art. 79 Abs. 3 GG bzw. das Demokratieprinzip tatsächlich eine Grenze für bestimmte sachlich begrenzte Kompetenzen enthält,[302] gibt es hinsichtlich des Bezugs zur Verfassungsidentität noch eine weitere Auffälligkeit, die zugleich eine alternative Erklärung für die Zusammensetzung der Sachbereiche darstellt. So fällt nicht nur eine Übereinstimmung der Sachbereiche mit dem Status quo der Integration, sondern auch mit einer ursprünglich für die Identitätsklausel des Art. I-5 Abs. 1 des Vertrags über eine Verfassung für Europa (VVE) vorgesehenen Auflistung auf.[303] Dies deckt sich auch mit der Feststellung des BVerfG, dass die verfassungsrechtliche Identitätskontrolle „Hand in Hand" mit der Verpflichtung der EU zur Achtung der natio-

[296] BVerfGE 123, 267, 359 u. 361 – *Lissabon.*

[297] BVerfGE 123, 267, 413 – *Lissabon.*

[298] *Terhechte*, EuZW 2009, 724, 731; *Grimm*, in: Heinig/Terhechte, Postnationale Demokratie, Postdemokratie, Neoetatismus, S. 105, 115 sieht eher eine „Warnung" als eine „Grenze"; s. a. *Britz*, EuR Beiheft 1 (2010), 151, 157 ff. Ausdrücklich gegen eine Einordnung als integrationsfest *Wischmeyer*, AöR 140 (2015), 415, 433 u. dort Fn. 76.

[299] *Ludwigs/Sikora*, EWS 2016, 121, 129; zur Euro-Rettung sogleich.

[300] BVerfGE 123, 267, 356 u. 359 – *Lissabon.*

[301] Für einen Bezug der Sachbereiche zur Identitätskontrolle siehe nur *Nettesheim*, EuR Beiheft 1 (2010), 101, 112 ff.; *Schill/Krenn*, in: Grabitz/Hilf/Nettesheim, EUV/AEUV, Art. 4 EUV Rn. 5 u. 33 ff. sowie *Schwerdtfeger*, EuR 2015, 290, 293 f.; anders wohl *Kottmann/Wohlfahrt*, ZaöRV 69 (2009), 443, 461, die auf eine Trennung der Verfassungsidentität von der Aufzählung hinweisen. Zum Zusammenhang von (nationaler) Identität und Staatlichkeit siehe aber auch bereits BVerfGE 113, 273, 298 f. u. Ls. 2 – *Europäischer Haftbefehl.*

[302] Kritisch aus jüngerer Zeit *Simon*, Grenzen des Bundesverfassungsgerichts im europäischen Integrationsprozess, S. 128 ff. u. 164 ff., insb. S. 177 ff.; allgemein gegen das Konzept der Verfassungsidentität *Polzin*, Verfassungsidentität, S. 143 ff. u. passim.

[303] *Schill/Krenn*, in: Grabitz/Hilf/Nettesheim, EUV/AEUV, Art. 4 EUV Rn. 5.

nalen Identität gemäß der Identitätsklausel des Art. 4 Abs. 2 S. 1 EUV gehe.[304] Auch wenn diese Passage in erster Linie die sekundärrechtliche Identitätskontrolle meint, wird durch die angesprochene Ähnlichkeit der Sachbereiche auch für die „Entleerungsrüge" ein Zusammenhang zum Konzept der Verfassungsidentität erkennbar. Dieser Bezug wird umso deutlicher, wenn man sich die weiteren Rügen anschaut, die mit der „Entleerungsrüge" im Zusammenhang stehen.

bb) Konkretisierung im Bereich der Staatsstrukturprinzipien und der Haushaltsautonomie des Bundestags

Ein enger Zusammenhang zur „Entleerungsrüge" einerseits und zur Verfassungsidentität andererseits zeigt sich auch bei der auf die Staatsstrukturprinzipien bezogene Rüge des Lissabon-Urteils sowie bei der im Rahmen der Urteile zur Eurorettung entwickelten Weiterentwicklung der „Entleerungsrüge" zum Schutz der Haushaltsautonomie des Bundestags.

Schon im Lissabon-Urteil selbst wird eine enge Verbindung sowohl mit der „Entleerungsrüge" als auch mit der Verfassungsidentität erkennbar, wenn das BVerfG ausführt, dass die demokratischen Gestaltungsmöglichkeiten des Bundestages auch hinsichtlich der durch Art. 23 Abs. 1 S. 3 GG i. V. m. Art. 79 Abs. 3 GG geschützten Staatsstrukturprinzipien gewahrt werden müssen.[305] Dahinter steckt wiederum der Gedanke, dass der Wahlakt auch insoweit sinnlos wäre, wie der Bundestag auf den zentralen Gebieten der Staatsstrukturprinzipien Kompetenzen bzw. Gestaltungsmöglichkeiten einbüßen würde. Das Gericht beschränkt seine Ausführungen allerdings auf das Sozialstaatsprinzip. Soweit die Beschwerdeführer ebenfalls Verletzungen des Rechtsstaats- und des Gewaltenteilungsprinzips gerügt haben, sieht das BVerfG keinen hinreichenden Bezug zur Einschränkung der demokratischen Gestaltungsmöglichkeiten vorgetragen.[306] An dieser Stelle zeigt sich die Ambivalenz des prozessualen Einstiegs über Art. 38 Abs. 1 S. 1 GG besonders deutlich. Zunächst wirkt er, entsprechend dem Austauschverhältnis von Zulässigkeit und Begründetheit, begrenzend, da die von Art. 79 Abs. 3 GG geschützten Staatsstrukturprinzipien nur erfasst sind, soweit ein Bezug zum über Art. 38 Abs. 1 S. 1 GG rügefähigen unantastbaren Kern des Demokratieprinzips besteht. Gleichzeitig offenbart sich erneut, dass Art. 38 Abs. 1 S. 1 GG gar nicht der wirkliche Prüfungsmaßstab ist. Falls nämlich die Zulässigkeitshürde durch die Darlegung des erforderlichen Bezugs überwunden wird, eröffnet sich die Möglichkeit einer umfassenden (Identitäts-)Kontrolle am Maßstab des Art. 79 Abs. 3 GG.[307] Diese Kontrolle kann

[304] BVerfGE 123, 267, Ls. 4 u. 354 – *Lissabon*; anders aber BVerfGE 134, 366, 386 Rn. 29 f. – *OMT-Vorlagebeschluss*, dazu noch Kap. 4, B. I. u. II.

[305] BVerfGE 123, 267, 332 f. u. 426 ff. – *Lissabon.*

[306] BVerfGE 123, 267, 332 f. – *Lissabon.*

[307] *M. Sachs*, in: FS Stern 2012, S. 597, 605 dort Fn. 38; *H. Sauer*, Staatsrecht III,

dann nicht nur die Staatsstrukturprinzipien, sondern über Art. 79 Abs. 3 GG und Art. 1 Abs. 1 GG letztlich auch die Grundrechte erfassen.[308] Während Letzteres für die Kontrolle von EU-Sekundärrecht gerade in der jüngsten Rechtsprechung eine große Rolle spielt,[309] bleibt die Bedeutung der übrigen Staatsstrukturprinzipien bei der Kontrolle von EU-Primärrecht bisher dahinter zurück. So zeigt auch der geringe Umfang der Ausführungen zum Sozialstaatsprinzip, dass die Rüge der Staatsstrukturprinzipien im Lissabon-Urteil nur eine untergeordnete Bedeutung hat.

Eine weitere, vergleichsweise deutliche, Konkretisierung zum Entleerungsgedanken und zur Identitätskontrolle findet sich in der Rechtsprechung des BVerfG zu den Euro-Rettungsmaßnahmen. Im EFSF-Urteil stellt das Gericht eine enge Verbindung der „Entleerungsrüge" zum Schutz der Verfassungsidentität her, wenn es eine mögliche Verletzung der Haushaltsautonomie des Bundestags über Art. 38 Abs. 1 S. 1 GG für rügefähig erklärt.[310] Dahinter steht wiederum das Argument, dass der Wahlakt auch dann entwertet wäre, wenn durch Übernahme finanzieller Risiken, „die Möglichkeiten politischer Gestaltung des Bundestages in verfassungsrechtlich unzulässigem Umfang" eingeschränkt werden.[311] Insoweit konkretisiert das BVerfG die Gedanken des Lissabon-Urteils zu den nationalen Vorbehaltsbereichen und nimmt dabei zugleich eine „budgetorientierte Weiterung" des Entleerungsgedanken bzw. der Rüge über Art. 38 Abs. 1 S. 1 GG vor.[312] Wie bereits erwähnt ist das BVerfG in diesem Zusammenhang auch auf die Kritik an der auf Art. 38 Abs. 1 S. 1 GG gestützten Verfassungsbeschwerde eingegangen, hat aber gleichwohl an ihr festgehalten. Ausdrücklich verweist das Gericht dabei auf die „absolute Grenze zum Schutz der Identität der Verfassung" aus Art. 23 Abs. 1 S. 3 GG i. V. m. Art. 79 Abs. 3 GG[313] bzw. „die Grundsätze des Demokratieprinzips im Sinne von Art. 20 Abs. 1 und Abs. 2 GG, die Art. 79 Abs. 3 GG als Identität der Verfassung garantiert."[314] Zwar liegt darin eine gewisse Änderung zum Lissabon-Urteil, doch stützt sich das Gericht weiterhin auf Art. 20 Abs. 1 und Abs. 2 GG i. V. m. Art. 79 Abs. 3 GG, während Art. 38 Abs. 1 S. 1 GG in den Hintergrund rückt.[315] In Anbetracht der Tatsache, dass das Budgetrecht ein zentrales Element der de-

---

S. 256 f. Rn. 112; positiv zu einer solche Ausweitung *Murswiek*, JZ 2010, 702, 706 ff.; dagegen wiederum *Schönberger*, JZ 2010, 1160 ff.

308 *Schorkopf*, EuZW 2009, 718, 722.

309 Zum Zusammenhang von Grundrechts- und Identitätskontrolle siehe BVerfGE 140, 317, 341 Rn. 49 – *Identitätskontrolle*; ausf. zur Identitätskontrolle bei Sekundärrecht siehe noch Kap. 4, B.

310 BVerfGE 129, 124, 167 ff. – *EFSF*.

311 BVerfGE 129, 124, 170 f. – *EFSF*.

312 *Ruffert*, EuR 2011, 842, 844 f. u. 847 f.; s. a. *Peterek*, in: Becker/Lange, Linien der Rechtsprechung des BVerfG, Bd. 3, S. 553, 567 f.

313 BVerfGE 129, 124, 167 ff., insb. 169 – *EFSF*.

314 BVerfGE 129, 124, 177 u. 179 – *EFSF*.

315 *Nettesheim*, EuR 2011, 765, 768 f.

mokratischen Willensbildung darstelle, liege eine Verletzung des Wahlrechts vor, wenn sich der Bundestag seiner Haushaltsverantwortung dadurch entäußere, dass er oder zukünftige Bundestage das Budgetrecht nicht mehr in eigener Verantwortung ausüben könnten.[316] Der Bundestag müsse daher die Kontrolle über grundlegende haushaltspolitische Entscheidungen behalten und dürfe seine Verantwortung nicht auf andere Akteure übertragen.[317] Insgesamt macht das BVerfG Vorgaben für die parlamentarische Beteiligung an den Rettungsmaßnahmen bzw. stellt Kriterien für die Sicherung der parlamentarischen Entscheidungsfreiheit auf.[318] Entsprechend der nunmehr postulierten Ausrichtung der Rüge über Art. 38 Abs. 1 S. 1 GG auf die Ermöglichung demokratischer Prozesse, nimmt sich das BVerfG aber auch ausdrücklich zurück und erkennt insbesondere im Hinblick auf die Wahrscheinlichkeit des Eintritts der die Haushaltsautonomie gefährdenden Haftungsrisiken einen Einschätzungsspielraum des Gesetzgebers an.[319] Anders als noch im Lissabon-Urteil, wo das Gericht vornehmlich die Grenzen der Integration betonte, klingt in den neueren Urteilen zu den Euro-Rettungsmaßnahmen durchaus eine gewisse Zurückhaltung an. Auch inhaltlich kommt damit die bereits angesprochene stärkere Betonung prozeduraler Aspekte, wie der Stärkung der Beteiligung der gesetzgebenden Körperschaften, zum Ausdruck.[320] Zusammen mit der weiterhin bestehenden umfassenden Möglichkeit zur Verfassungsbeschwerde geht es dem BVerfG offenbar verstärkt um den Gedanken einer „Legitimation durch Verfahren“.[321] Allerdings muss auch beachtet werden, dass das Gericht seine Rechtsprechung zu den besonders sensiblen Bereichen nicht ausdrücklich aufgegeben hat. Da einer der im Lissabon-Urteil genannten Bereiche die Entscheidung über Einnahmen und Ausgaben der öffentlichen Hand war, bezieht es sich bei der Konkretisierung in den Euro-Rettungs-Urteilen sogar darauf.[322] Auch in der Entscheidung zur Bankenunion wird ein Bezug deutlich erkennbar.[323] Wiederum wird sich aber erst im Falle einer erneuten umfassenden Vertragsänderung zeigen, in wel-

[316] BVerfGE 129, 124, 177 – *EFSF*; s. a. BVerfGE 132, 195, 239 Rn. 106 – *Europäischer Stabilitätsmechanismus*; BVerfGE 135, 317, 399 f. Rn. 161 – *ESM-Vertrag*.

[317] BVerfGE 129, 124, 178 f. – *EFSF*; BVerfGE 135, 317, 400 f. Rn. 162 f. – *ESM-Vertrag*; BVerfGE 132, 195, 239 Rn. 107 f. – *Europäischer Stabilitätsmechanismus*; s. a. BVerfGE 130, 318, 344 – *Stabilisierungsmechanismusgesetz*; BVerfGE 131, 152, 205 f. – *Unterrichtungspflicht*.

[318] Ausf. *Nettesheim*, EuR 2011, 765, 772 ff. sowie *Simon*, Grenzen des Bundesverfassungsgerichts im europäischen Integrationsprozess, S. 173 ff. u. 179 ff.

[319] BVerfGE 129, 124, 182 f. – *EFSF*; BVerfGE 132, 195, 242 f. Rn. 112 f. – *Europäischer Stabilitätsmechanismus*; BVerfGE 135, 317, 405 Rn. 175 f. – *ESM-Vertrag*.

[320] Positiv auch *Simon*, Grenzen des Bundesverfassungsgerichts im europäischen Integrationsprozess, S. 188 m. w. N.

[321] *Lepsius*, EuZW 2012, 761, 762.

[322] BVerfGE 129, 124, Ls. 2 a), 177 – *EFSF*; BVerfGE 130, 318, 343 – *Stabilisierungsmechanismusgesetz*; BVerfGE 135, 317, 400 Rn. 161 – *ESM-Vertrag*.

[323] BVerfGE 151, 202, 288 f. Rn. 123 f., 290 f. Rn. 127 f. u. 293 f. Rn. 134 – *Bankenunion*.

chem Umfang der Entleerungs- bzw. Identitätsgedanke für das Primärrecht eine Rolle spielt. Bei der Frage, ob und vor allem in welchem Umfang ein weiterer Integrationsschritt eintreten wird, kommt auch der sogenannten Entstaatlichungsrüge eine große Bedeutung zu, welche den letzten im Lissabon-Urteil behandelten Komplex bildet.

cc) Schutz vor einer „Entstaatlichung" der Bundesrepublik

Schließlich ging das BVerfG im Lissabon-Urteil sogar über den Schutz der Kompetenzen des Bundestags und der Staatsstrukturprinzipien hinaus, als es über Art. 38 Abs. 1 S. 1 GG i. V. m. Art. 146 GG eine drohende „Entstaatlichung" der Bundesrepublik für rügefähig erklärte. Art. 146 GG markiere demnach die „äußerste Grenze [...] der europäischen Integration", über die nur die verfassungsgebende, nicht aber die verfasste Gewalt verfügen dürfe.[324] Hatte das Gericht im Maastricht-Urteil die Frage nach der grundgesetzlichen Zulässigkeit eines Europäischen Bundesstaats noch offen gelassen,[325] betonte es nun, abweichend von einem Großteil der Literatur,[326] unter Hinweis auf die Ewigkeitsgarantie des Art. 79 Abs. 3 GG, dass „das Grundgesetz [...] die souveräne Staatlichkeit Deutschlands nicht nur voraus[setzt], sondern garantiert".[327] Ein solches „Individualrecht auf Staatlichkeit"[328] stieß in der Literatur teilweise auf Zustimmung,[329] wurde aber auch deutlich kritisiert. Ein wichtiger Ansatzpunkt der Kritik lag – wie auch bei den demokratischen Anforderungen an die EU – bei der als zu staatsbezogen empfundenen Sicht des BVerfG, welches vor allem staatstheoretisch, nicht aber verfassungsrechtlich argumentiere.[330] So werde der Prüfungsmaßstab nicht klar erkennbar, zumal sich das Gericht an der, rechtlich ohnehin schwer fassbaren, Grenze von verfassungsgebender und verfass-

[324] BVerfGE 123, 267, 331 f. – *Lissabon*; in BVerfGE 89, 155, 180 – Maastricht hatte das Gericht noch festgestellt, dass Art. 146 GG kein verfassungsbeschwerdefähiges Individualrecht begründet.

[325] BVerfGE 89, 155, 180 u. 188 f. – *Maastricht*; anders *D. König*, Die Übertragung von Hoheitsrechten, S. 490 ff., die bereits im Maastricht Urteil die Grenze der Entstaatlichung angelegt sieht.

[326] *Schwarze*, EuR 2010, 108, 113 f. bezeichnet die Auffassung, dass ein europäischer Bundesstaat möglich sei, als „herrschend". *Oppermann*, in: FS Stern 2012, S. 869, 873 dort Fn. 19, weist darauf hin, dass bis Ende der 80er Jahre kaum verfassungsrechtliche Zweifel an der Möglichkeit eines Bundesstaats bestanden hätten. Umgekehrt spricht *Everling*, DVBl 1993, 936, 943 von der gegenteiligen Auffassung als „allgemeine Meinung".

[327] BVerfGE 123, 267, 343 – *Lissabon*; s. a. BVerfGE 113, 273, 299 – *Europäischer Haftbefehl*.

[328] Zum Begriff *Nettesheim*, NJW 2009, 2867 ff.

[329] Positiv z. B. *Gärditz*/*Hillgruber*, JZ 2009, 872 ff.; s. a. *Murswiek*, JZ 2010, 702 ff., der sogar für eine Ausweitung des Rechts aus Art. 38 GG plädiert.

[330] *Jestaedt*, Der Staat 48 (2009), 497, 511 ff.; *Ruffert*, DVBl 2009, 1197, 1198 ff. u. 1206 f.; *Schönberger*, Der Staat 48 (2009), 535, 555 ff.; s. a. *Nettesheim*, EuR Beiheft 1 (2010), 101, 110 ff.

ter Staatsgewalt bewege.[331] Tatsächlich wirft die Frage nach der Möglichkeit eines europäischen Gesamtstaats zahlreiche verfassungsrechtliche Folgefragen auf, deren Beantwortung nicht nur hochumstritten ist, sondern auch von der genauen Ausgestaltung des „EU-Staates" abhängt. Neben der offensichtlichen Frage, ob Art. 79 Abs. 3 GG primär vor einem „Rückfall [...] in Diktatur und Barbarei"[332] oder, wie das BVerfG meint, auch die „souveräne Staatlichkeit" schützt,[333] ist auch das Verhältnis von Art. 79 Abs. 3 GG zu Art. 146 GG sowie die Funktion von Letzterem betroffen.[334] Wie das BVerfG im Lissabon-Urteil sogar selbst erkannt hat,[335] sind diese Fragen aber rein theoretischer Natur, da beim Vertrag von Lissabon – wie auch bei den vorherigen Integrationsschritten – ein europäischer Staat weder geplant noch ernsthaft diskutiert wurde.[336] Ganz im Gegenteil standen nach dem Scheitern des Vertrags über eine Verfassung für Europa beim Vertrag von Lissabon die Vermeidung von Elementen, die eine Staatlichkeit suggerieren, sowie die Schonung nationaler Kompetenzen im Zentrum.[337] Auch die jüngsten nationalen Alleingänge, die jedenfalls die Anfangszeit der Corona-Krise prägten, deuten darauf hin,[338] dass die „Vereinig-

---

[331] *Kottmann/Wohlfahrt*, ZaöRV 69 (2009), 443, 448 f.; s. a. *Jestaedt*, Der Staat 48 (2009), 497, 511 ff. unter Hinweis auf *Isensee*, Das Volk als Grund der Verfassung, S. 73 sowie *Roellecke*, JZ 1992, 929, 934; vgl. auch *Nettesheim*, Der Staat 51 (2012), 313 ff. Positiver aber *Wischmeyer*, AöR 140 (2015), 415, 432 ff., insb. dort Fn. 85 u. 108, der auf die Verrechtlichung der verfassungsgebenden Gewalt im GG hinweist.

[332] So ausdrücklich die abw. Meinung der Richterin *Lübbe-Wolff*, BVerfGE 113, 273, 336 – *Europäischer Haftbefehl*; ähnlich *Franzius*, EuR 2019, 365, 371 dort Fn. 26; *Carl O. Lenz*, in: Pernice/Schwarz, Europa in der Welt, S. 73, 78; *Mayer*, VVDStRL 75 (2016), 7, 46; *von Bogdandy*, NJW 2010, 1, 4. Anders aber *Grimm*, Der Staat 48 (2009), 475, 489 ff.; *Isensee*, ZRP 2010, 33, 36 sowie *Isensee*, in: FS Everling, Bd. I, S. 567, 588 f.

[333] Die Auffassung wurde zuvor insbesondere von den Berichterstattern des Maastricht- und Lissabon-Urteils vertreten siehe *P. Kirchhof*, in: Isensee/Kirchhof, HdbStR Bd. VII, 1992, § 183 Rn. 14 ff. u. 58 ff.; *P. Kirchhof*, in: Isensee, Europa als politische Idee und rechtliche Form, S. 63, 72 ff. sowie *Di Fabio*, Der Staat 32 (1993), 191, 200 ff. Auch der spätere Berichterstatter Huber hatte sich bereits früh entsprechend geäußert, siehe *Huber*, Maastricht – ein Staatsstreich?, S. 22 u. 33 ff. Für die Prägung des Ansatzes durch Kirchhof und eine Kritik siehe nur *C. Möllers*, Staat als Argument, S. 378 ff. Ausf. aus jüngerer Zeit *Simon*, Grenzen des Bundesverfassungsgerichts im europäischen Integrationsprozess, S. 120 ff.; s. a. *Groß*, EuR 2018, 387, 400 ff.

[334] Zur Bedeutung dieser Fragen siehe *M. Sachs*, in: FS Stern 2012, S. 597, 606; zur Diskussion *Dreier*, in: Dreier, GG Kommentar, Bd. II, Art. 79 III GG Rn. 55 ff.; *Hobe*, in: Friauf/Höfling, Berliner Kommentar zum GG, Art. 23 GG Rn. 22 u. 52 ff.; *M. Sachs*, in: Sachs, GG, Art. 79 GG Rn. 60; *Scholz*, in: Dürig/Herzog/Scholz, GG, Art. 23 GG Rn. 42 u. 122 ff.; *Wollenschläger*, in: Dreier, GG Kommentar, Bd. II, Art. 23 GG Rn. 88 ff.; jeweils m. w. N. Monographisch aus jüngerer Zeit *Polzin*, Verfassungsidentität, S. 111 ff. u. 154 ff.; mit Fokus auf Art. 146 GG auch *Cramer*, Artikel 146 Grundgesetz zwischen offener Staatlichkeit und Identitätsbewahrung, S. 128 ff. u. 165 ff.; zuvor bereits *Hobe*, Der offene Verfassungsstaat, S. 155 ff.

[335] BVerfGE 123, 267, 370 f. – *Lissabon*.

[336] *Franzius*, TranState Working Papers No. 124, S. 31; *Ruffert*, DVBl 2009, 1197, 1198.

[337] *Lhotta/Ketelhut*, ZParl 2009, 864 f. m. w. N.; den Verzicht staatlicher Terminologie als Abkehr vom VVE erwähnt auch BVerfGE 123, 267, 281 f. – *Lissabon*.

[338] *Blanke/Pilz*, EuR 2020, 270, 273 f. sehen das wesentliche Hindernis einer EU-Gesamt-

ten Staaten von Europa“, ungeachtet ihrer genauen Ausgestaltung, auf längere Zeit nicht mehr als eine „Schimäre“ bleiben.[339] Ungeachtet dieser Tatsache ist mit dem Lissabon-Urteil ein solcher „Identitätswechsel“ der Bundesrepublik Deutschland zu einem europäischen Gliedstaat ausgeschlossen, solange das GG gilt. Der Schritt zum Bundesstaat ist nur über eine neue Verfassung inklusive „freier Entscheidung des Volkes“ möglich, wobei das BVerfG für sich in Anspruch nimmt, die Wahrung der verfassungsgebenden Gewalt des Volkes zu kontrollieren.[340]

Auch wenn diese Option mittelfristig nicht gerade als realistisch eingeschätzt werden kann, hat der vom BVerfG postulierte Schutz vor einer „Entstaatlichung“ eine besondere Relevanz nicht nur für das Lissabon-Urteil, sondern auch für das Verhältnis des BVerfG zur Integration insgesamt. Betrachtet man die Ausführungen des BVerfG, betrifft der Schutz der Staatlichkeit der Bundesrepublik nicht nur die Gründung eines europäischen Bundesstaates, sondern auch und gerade die dynamische Weiterentwicklung der europäischen Integration.[341] Die souveräne Staatlichkeit sieht das BVerfG nämlich insbesondere dann gefährdet, wenn das Prinzip der begrenzten Einzelermächtigung sowie der Grundsatz der Subsidiarität nicht eingehalten werden und der EU in der Folge eine Kompetenz-Kompetenz zuwachse. Aus diesem Grund prüft das Gericht ausführlich, ob es der EU durch den Vertrag von Lissabon ermöglicht wird, ihre Kompetenzen ohne Zutun der Mitgliedstaaten zu erweitern, wobei es insbesondere weitreichende parlamentarische Mitwirkungsbefugnisse postuliert.[342] Auch die Ausführungen des BVerfG, dass eine Kontrolle von Unionsrecht über die Ultra-vires- und die Identitätskontrolle „möglich sein [muss]“ und es insoweit ein Letztentscheidungsrecht beansprucht,[343] stehen im untrennbaren Zusammenhang mit dem Schutz der souveränen Staatlichkeit. So macht das Gericht das Bestehen von Kontrollvorbehalten gegenüber dem Unionsrecht nicht nur zur Bedingung für die weitere Integration,[344] sondern sieht in dieser äußeren Kontrolle ein wesentliches Instrument, um zu verhindern, dass europäische Organe ihre Kompetenzen dynamisch bis zur faktischen Kompetenz-Kompetenz fortentwickeln oder die integrationsfeste Verfassungsidentität verletzen können.[345] Diesen Gedanken hat das BVerfG auch jüngst im PSPP-Urteil in

---

strategie in den fehlenden EU-Kompetenzen im Bereich des Gesundheits- und Katastrophenschutzes.

339 *Oppermann*, in: FS Stern 2012, S. 869, 875.

340 BVerfGE 123, 267, 331 f., 343 f. u. 364 – *Lissabon*.

341 *Lhotta/Ketelhut*, ZParl 2009, 864, 884 f. u. 880 dort Fn. 111.

342 BVerfGE 123, 267, 381 ff. – *Lissabon*; ähnlich BVerfGE 132, 195, 238 f. Rn. 105 – *Europäischer Stabilitätsmechanismus*; zu den formalen Aspekten bereits oben S. 119 ff.

343 BVerfGE 123, 267, 353 f. – *Lissabon*.

344 So *Murswiek*, EuGRZ 2017, 327, 331; s. a. *Hecker*, AöR 123 (1998), 577 ff., insb. 600 f. u. 604, der die nachträgliche Kontrolle als Preis für einen großzügigeren Maßstab bei der Übertragung von Hoheitsrechten bezeichnet.

345 BVerfGE 123, 267, 381, 396 ff. u. 351 ff. – *Lissabon*.

aller Deutlichkeit bekräftigt und dabei auch und vor allem auf die Stellung der Mitgliedstaaten als „Herren der Verträge“ verwiesen.[346] Der Schutz der souveränen Staatlichkeit ist somit nicht nur eine speziell auf die Abwehr eines europäischen Bundesstaats gerichtete Rüge, sondern geht in seiner Wirkung deutlich darüber hinaus. Wie zu zeigen sein wird, ist der Schutz der souveränen Staatlichkeit sogar ein Element, welches das gesamte Integrationsverständnis des BVerfG wesentlich prägt.

c) Der Schutz der souveränen Staatlichkeit als eigentlicher Hintergrund

Betrachtet man die Ausführungen des BVerfG im Lissabon-Urteil, wird sehr deutlich, dass der Schutz der souveränen Staatlichkeit einen, wenn nicht den wesentlichen Kern der Begründung bildet.[347] Wie dargestellt, umfasst die „Entstaatlichungsrüge“ nicht nur das Verbot eines europäischen Bundesstaats und die damit verbundene Übertragung der Kompetenz-Kompetenz, sondern auch und vor allem das Verbot einer autonomen Weiterentwicklung der EU bzw. ihrer Organe hin zu einer *faktischen* Kompetenz-Kompetenz. In die gleiche Richtung gehen die, vom BVerfG aufgestellten, verfahrensrechtlichen Anforderungen in der Form umfassender Mitwirkungsrechte von Bundestag und Bundesrat. Die in diesem Zusammenhang postulierte „Integrationsverantwortung“ bezieht sich dabei sowohl auf die dynamische Weiterentwicklung der vertraglichen Grundlagen, als auch auf die generelle Überwachung der Einhaltung der Grenzen der Art. 20 Abs. 1 und 2 GG i. V. m. Art. 79 Abs. 3 GG.[348] Damit kommt der „Integrationsverantwortung“ in erster Linie ein defensiver Charakter zum Schutz der deutschen Staatlichkeit zu.[349] Da das BVerfG die Staatlichkeit insbesondere durch eine selbständige Ausweitung der EU-Kompetenzen bedroht sieht, begrenzt es diese Möglichkeit durch formelle und materielle Hürden. Mit den Worten des BVerfG bleiben die Mitgliedstaaten „dauerhaft die Herren der Verträge“ und bestimmen über die Übertragung und Ausgestaltung der abgeleiteten EU-Kompetenzen.[350] Doch nicht nur im Kontext der „Entstaatlichungsrüge“, sondern auch bei den übrigen Rügen ist ein deutlicher Bezug zum zentralen Motiv der Staatlichkeit erkennbar.[351] Wie bereits geschildert, sieht das BVerfG die Anforderungen an die demokratische Legitimation der EU gerade deshalb

---

[346] BVerfGE 154, 17, 90 f. Rn. 111 – *PSPP-Urteil.*

[347] Dazu und zum Folgenden ausf. *Thym*, Der Staat 48 (2009), 559 ff.; s. a. *Thym*, in: Claes/de Visser/Popelier u. a., Constitutional Conversations in Europe, S. 235, 241 ff.; ähnlich *Hatje*, EuR Beiheft 2010, 123, 125 ff. sowie *Nicolaysen*, EuR Beiheft 1 (2010), 9, 20 ff. Nach *Nettesheim*, Der Staat 51 (2012), 313, 315 u. 318 sei der Maßstab nicht ganz eindeutig, die Staatsqualität der Bundesrepublik stehe aber ohne Zweifel „im Zentrum“ der Diskussion.

[348] BVerfGE 123, 267, Ls. 2 a), 351 ff. u. 356 – *Lissabon.*

[349] *Dingemann*, ZEuS 2009, 491, 522 f.

[350] BVerfGE 123, 267, 348 f. – *Lissabon.*

[351] *Thym*, Der Staat 48 (2009), 559, 562 u. 576 ff.; s. a. *Thym*, in: Claes/de Visser/Popelier u. a., Constitutional Conversations in Europe, S. 235, 242.

gewahrt, weil die EU nicht staatsanalog aufgebaut ist und die Legitimation im Wesentlichen von den Mitgliedstaaten ausgeht.[352] Hinsichtlich der drohenden Kompetenzentleerung des Bundestags und den einer weiteren Integration teilweise entzogenen Sachbereichen verweist das Gericht auch ausdrücklich auf die EU als „Vertragsunion *souveräner* Staaten".[353] Der Schutz der souveränen Staatsgewalt gilt somit nicht nur gegenüber der Entwicklung der EU-Kompetenzordnung, sondern auch für die Ausgestaltung der demokratischen Legitimation.[354] Hinter allen Rügen steht somit letztlich die staatliche Souveränität, welche das BVerfG gegenüber der EU in Stellung bringt. Dies kann auch der starke Bezug auf das Demokratieprinzip nicht verdecken, weil sich dieser allein aus der verfassungsprozessualen Situation erklärt.[355] Besonders deutlich wird dies, wenn das BVerfG die Rüge einer Verletzung der übrigen von Art. 79 Abs. 3 GG geschützten Grundsätze, auf die auch Art. 23 Abs. 1 S. 3 GG unstreitig verweist, für denkbar hält und lediglich ihre *Rügefähigkeit* von einem hinreichend geltend gemachten Bezug zum Demokratieprinzip abhängig macht. Art. 38 Abs. 1 S. 1 GG und das Demokratieprinzip sind für das BVerfG nur Mittel zum Zweck einer umfassenden Prüfung, die vornehmlich auf den Schutz der „Verfassungsidentität" und der „souveränen Staatlichkeit" der Bundesrepublik Deutschland gemünzt ist.[356] Die Betonung des Schutzes der souveränen Staatlichkeit ist wiederum prägend für das gerichtliche Verständnis der europäischen Integration.

3. Die „Herrschaft über die Verträge" im Zentrum des gerichtlichen Integrationsverständnisses

Insgesamt kommt auch im Lissabon-Urteil, das bereits im Zusammenhang mit dem Anwendungsvorrang beschriebene, stark verfassungs- und völkerrechtlich geprägte Verständnis der Integration zum Ausdruck, welches die Mitgliedstaaten als „Herren der Verträge" ins Zentrum des Integrationsprozesses rückt.[357] Das BVerfG greift noch deutlicher als in früheren Entscheidungen vermehrt auf Formulierungen des klassischen Völkerrechts zurück.[358] So bezeichnet es die EU nicht nur als „Vertragsunion souveräner Staaten", sondern stellt sie aus-

---

[352] BVerfGE 123, 267, 364 f. u. 369 – *Lissabon*; dazu bereits oben S. 137 ff.

[353] BVerfGE 123, 267, Ls. 3 u. 357 f. – *Lissabon*, Hervorh. d. Verf.

[354] *Thym*, Der Staat 48 (2009), 559, 576.

[355] Dazu bereits oben S. 130 ff.

[356] Sehr deutlich *Lhotta/Ketelhut*, ZParl 2009, 864, 877 ff., insb. 880 sowie *M. Sachs*, in: FS Stern 2012, S. 597, 607 u. 609, der Art. 38 Abs. 1 S. 1 GG als „Passepartout-Norm" bezeichnet; s. a. *Hatje*, EuR Beiheft 2010, 123, 124 ff.

[357] Zum völker- und verfassungsrechtlichen Verständnis des Anwendungsvorrangs bereits oben S. 59 ff.

[358] *Dingemann*, ZEuS 2009, 491, 506; ebenso und zum Folgenden auch *Terhechte*, EuZW 2009, 724, 729 f. Bereits in BVerfGE 113, 273, 301 – *Europäischer Haftbefehl* hatte die Senatsmehrheit das (damalige) Unionsrecht als Völkerrecht bezeichnet; vor allem dagegen rich-

drücklich neben „andere zwischenstaatliche Einrichtungen“,[359] ohne dabei weiter auf den supranationalen Charakter der EU einzugehen.[360] Offensichtlich wird diese Gleichsetzung des EU-Rechts mit dem allgemeinen Völkerrecht, wenn das BVerfG als Teil der Begründung der eigenen Identitätskontrolle eine Parallele zur Kadi-Rechtsprechung des EuGH zieht, wo der Gerichtshof dem Geltungsanspruch einer Resolution des UN-Sicherheitsrats die grundlegenden Prinzipien der EU entgegen gehalten habe.[361] Dieser Vergleich vermag deshalb nicht zu überzeugen, weil das Gericht die fundamentalen Unterschiede von EU-Recht und dem Recht der Vereinten Nationen außer Acht lässt. Indem das EU-Recht nicht nur unmittelbar anwendbar ist, sondern auch über eine einheitliche und obligatorische Streitbeilegungsinstitution in Gestalt des EuGH verfügt, hebt es sich gerade vom allgemeinen Völkerrecht ab.[362] Auch mit der Gleichsetzung trägt das BVerfG dem supranationalen Charakter der EU nicht hinreichend Rechnung. Ferner lässt sich eine verstärkte Hinwendung zum klassischen Völkerrecht auch an anderen Stellen des Urteils erkennen. Dies gilt namentlich für die Verwendung des völkerrechtlichen Ultra-vires-Begriffs im Zusammenhang mit der eigenen Kontrollkompetenz bezüglich EU-Akten sowie dem Bezug auf die Drei-Elemente-Lehre von Jellinek[363] bei der Prüfung der „Entstaatlichung“.[364] Schließlich sind auch die Ausführungen des BVerfG, wonach Art. 50 EUV kein Austrittsrecht aus der EU schaffe, sondern lediglich das völker- und verfassungsrechtlich bestehende Recht zum Austritt „sichtbar mache“ ein Signal für ein völkerrechtlich geprägtes Verständnis der Integration.[365]

Dieses Verständnis manifestiert sich vor allem in der starken Betonung der Souveränität sowie der Stellung der Mitgliedstaaten als „Herren der Verträge“. Kritisiert wird der Fokus auf die nationale Souveränität im Lissabon-Urteil sowohl im Hinblick auf die fehlende textliche Anbindung im Grundgesetz,[366] als auch vor dem historischen Hintergrund, dass die Bundesrepublik die Wiedererlangung ihrer vollen Souveränität im Zuge der Wiedervereinigung in besonderem Maße der Eingliederung in die Europäische Staatengemeinschaft ver-

---

tete sich die abw. Meinung des Richters *Gerhardt* in BVerfGE 113, 273, 339 ff., dort 342 – *Europäischer Haftbefehl*.

359 BVerfGE 123, 267, Ls. 3, 357 f. u. 348 – *Lissabon*.

360 *Terhechte*, EuZW 2009, 724, 729; s. a. *Nicolaysen*, EuR Beiheft 1 (2010), 9, 21.

361 BVerfGE 123, 267, 400 f. – *Lissabon*.

362 *Classen*, JZ 2009, 881, 886 u. 888; *Ruffert*, DVBl 2009, 1197, 1205.

363 In BVerfGE 123, 267, 381 ff. – *Lissabon* prüft das Gericht, ob die Bundesrepublik Deutschland „ein souveräner Staat und damit Rechtssubjekt des Völkerrechts“ bleibt anhand der Staatsgewalt, dem Staatsgebiet und dem Staatsvolk, was vom Aufbau der Drei-Elemente-Lehre von Georg Jellinek entspricht, siehe *Jellinek*, Allgemeine Staatslehre, S. 381 ff.

364 *Schorkopf*, EuZW 2009, 718, 721 dort Fn. 41; *Terhechte*, EuZW 2009, 724, 729.

365 BVerfGE 123, 267, 349 f. u. 395 f. – *Lissabon*; dazu *Thym*, Der Staat 48 (2009), 559, 561 dort Fn. 9.

366 *Carl O. Lenz*, in: Pernice/Schwarz, Europa in der Welt, S. 73, 75; *Pernice*, in: Beneyto/Pernice, Europe's Constitutional Challenges, S. 355, 357.

danke.[367] Die fehlende textliche Verankerung ist zunächst kein ausreichendes Argument gegen eine Verwendung des Souveränitätsbegriffs. Dies gilt schon aus dem einfachen Grund, dass andere Begriffe wie „Gewaltenteilung“ oder „Übermaßverbot“ ebenfalls keinen ausdrücklichen textlichen Niederschlag im GG gefunden haben und gleichwohl unstreitig zu dessen Essentialia gehören.[368] In diesem Zusammenhang sei nochmals daran erinnert, dass auch der Begriff der Integration im EU-Recht nur an wenigen Stellen und im GG gar nicht ausdrücklich genannt wird. Wie bereits umfassend dargelegt, ist die Integration gleichwohl an vielen Stellen im nationalen und unionalen Recht verankert, weshalb sie für beide Rechtsordnungen einen prägenden Charakter hat. Auch bei der Souveränität handelt es sich zweifellos um einen Grundbegriff des Staats- und Völkerrechts,[369] bei dem es weniger auf seine ausdrückliche Erwähnung im GG, als auf das mit ihm verbundene Verständnis ankommt. Ob dem BVerfG in diesem Zusammenhang eine „ahistorische“[370] Perspektive oder gar „Geschichtsvergessenheit“[371] vorgeworfen werden kann, erscheint jedenfalls in dieser Pauschalität eher fraglich, wenn man die gesamten Ausführungen des Gerichts zum Souveränitätsbegriff berücksichtigt. Das BVerfG verweist unter ausdrücklicher Bezugnahme auf die historische Erfahrung der Weltkriege auf ein dem Grundgesetz immanentes Souveränitätsverständnis, welches sich „von einer selbstgenügsamen und selbstherrlichen Vorstellung“ löse und Souveränität als „völkerrechtlich geordnete und gebundene Freiheit“ auffasse.[372] Es entnimmt dem Grundgesetz zudem den Grundsatz der „Europarechtsfreundlichkeit“ und erkennt an, dass die gegenseitige Bindung im Rahmen der europäischen Integration einen Gewinn an gestalterischem Einfluss im internationalen Umfeld bedeute.[373] Es ist nicht nur Teil der Gründungsidee Europas, sondern eine nicht ernsthaft zu bestreitende Tatsache, dass die Staaten „überstaatlich bedingt“[374] sind und dass sie gerade durch die Integration befähigt werden, globale Herausforderungen zu meistern, denen sie allein nicht Herr werden könnten.[375] So bedeutet die europäische Integration, beispielswei-

---

[367] Ausf. *Steiger*, EuR Beiheft 1 (2010), 57, 58, 62 f., 66 ff. u. 73 ff.; s. a. *Classen*, JZ 2009, 881, 889; *Carl O. Lenz*, in: Pernice/Schwarz, Europa in der Welt, S. 73, 74 ff. Zur europäischen Dimension der Wiedervereinigung auch *Giegerich*, ZaöRV 51 (1991), 384, 393 ff. u. 404 ff.

[368] *Isensee*, ZRP 2010, 33, 36; s. a. *Grimm*, Der Staat 48 (2009), 475, 487 f.

[369] *Schwarze*, EuR 2010, 108, 111.

[370] *Pache*, EuGRZ 2009, 285, 296; zum Maastricht-Urteil bereits *Tomuschat*, EuGRZ 1993, 489, 496 m. w. N. Kritisch zum Begriff *Hillgruber*, in: Heinig/Terhechte, Postnationale Demokratie, Postdemokratie, Neoetatismus, S. 123, 127 f.

[371] So *Schönberger*, Der Staat 48 (2009), 535, 555 in Bezug auf das vom BVerfG postulierte Verbot zur Errichtung eines europäischen Bundesstaats. Ähnlich *Steiger*, EuR Beiheft 1 (2010), 57, 62 f. („methodische Ausklammerung der geschichtlichen Entwicklungen“).

[372] BVerfGE 123, 267, 345 f. – *Lissabon*; dazu *Schorkopf*, EuZW 2009, 718, 719 f.

[373] BVerfGE 123, 267, 346 f. u. 356 f. – *Lissabon*.

[374] *Von Simson*, Die Souveränität im rechtlichen Verständnis der Gegenwart, S. 186 ff.

[375] Siehe nur *Franzius/Mayer/Neyer*, in: Franzius/Mayer/Neyer, Grenzen der europäi-

se im Bereich der Haushaltsautonomie, nicht nur einen einseitigen Verlust nationaler Gestaltung, sondern zugleich mittelbar einen gegenseitigen Einfluss auf Haushalte anderer Mitgliedstaaten.[376] Dies erkennt das BVerfG im Grundsatz an, lässt im Übrigen aber keine Zweifel daran, dass gleichwohl die Staaten das maßgebliche Zentrum der Integration bilden. Dies wird nicht nur durch die Begrenzung der grundgesetzlichen Öffnung über Art. 79 Abs. 3 GG und das eigene Letztentscheidungsrecht sehr deutlich, sondern vor allem dann, wenn das BVerfG die Integration in der EU mit der Einbindung in die Vereinten Nationen gleichstellt und beide nicht als „Unterwerfung", sondern als „freiwillige, gegenseitige und gleichberechtigte Bindung" des Verfassungsstaats versteht.[377] Schließlich soll die staatliche Bindung grundsätzlich jederzeit „umkehrbar" bzw. „widerruflich" sein,[378] sodass sie vollständig von den Staaten bzw. ihrem Willen abhängig bleibt. Trotz aller Betonung der Offenheit des Grundgesetzes überwiegt somit ein ausschließliches Souveränitätsverständnis, das sich nur bedingt mit anderen Zugängen zum Verhältnis von Integration und Souveränität auseinandersetzt.[379] So wird seit langem ein Wandel des Souveränitätsbegriffs diskutiert, um die veränderte Situation der Staaten in der globalisierten Welt sowie speziell im Rahmen der europäischen Integration zu erfassen.[380] Doch selbst wenn man mit dem BVerfG an einem Verständnis festhält, welches den Mitgliedstaat ins Zentrum des Geschehens rückt bzw. ihn dort belässt, können die europarechtlichen Bindungen nicht allein durch einen pauschalen Verweis auf die Souveränität oder die Stellung als „Herren der Verträge" umgangen werden.[381]

Das Eingehen internationaler Verpflichtungen ist nämlich kein Verzicht, sondern Ausdruck der Souveränität,[382] was auch das BVerfG im Lissabon-Urteil

schen Integration, S. 11, 14 f.; *Hobe/End*, integration 2007, 140, 149; *Hobe*, Der offene Verfassungsstaat, S. 390 ff. u. passim; *Nettesheim*, in: GS Grabitz, S. 447, 451; mit Bezug auf das Maastricht-Urteil *Schwarze*, NJ 1994, 1, 2 f. sowie *Tomuschat*, DVBl 1996, 1073, 1079.

376 *Calliess*, NVwZ 2012, 1, 7; s. a. *Grimm*, in: Merten/Papier, HGR Bd. VI/2, § 168 Rn. 58. Allgemein zum „Souveränitäts(rück)gewinn" durch die Kompetenzübertragung *Simon*, Grenzen des Bundesverfassungsgerichts im europäischen Integrationsprozess, S. 296 u. 149 ff.; s. a. *Pernice*, AöR 136 (2011), 185, 207 ff. u. 210 f. sowie *Tsatsos*, JöR 49 (2001), 63, 69 f.

377 BVerfGE 123, 267, 344 f. – *Lissabon*.

378 BVerfGE 123, 267, 350 u. 396 – *Lissabon*.

379 *Thym*, Der Staat 48 (2009), 559, 585 u. 566 f.; s. a. *Reyes y Ráfales*, ZEuS 2017, 119, 136 f.

380 Für alternative Ansätze siehe nur *Avbelj*, Ratio Juris 27 (2014), 344 ff. m. w. N.; s. a. *Grimm*, Europa ja – aber welches?, S. 49 ff., der aber im Ergebnis die Ansicht des BVerfG weitgehend teilt. Allgemein zur Entwicklung des Souveränitätsbegriffs siehe *von Arnauld*, Die Friedens-Warte 89 (2014), 51 ff.

381 *Everling*, EuR 2010, 91, 96; s. a. *Kirchmair*, EuR 2021, 28, 32 f. Auch *Grimm*, Europa ja – aber welches?, S. 64 f. verweist auf die in den EU-Verträgen selbst auferlegten Bindungen, wenn er auch im Übrigen das Souveränitätsverständnis des BVerfG weitgehend teilt.

382 Grundlegend StIGH, Urt. v. 17.08.1923 (Series A, No. 1 [1923], 15), 25 – *Wimbledon*; mit Bezug zur Integration ausdrücklich auch *Tsatsos*, JöR 49 (2001), 63, 69 f.

für die Bindungen der EU-Verträge im Grundsatz so festgestellt hat.[383] Das Ausmaß der unionsrechtlichen Bindungen für Änderungen des Primärrechts wurde bereits dargestellt. Die Mitgliedstaaten haben sich bezüglich des Verfahrens grundsätzlich einer umfassenden Selbstbindung unterworfen. Da es im Unionsrecht aber keinen änderungsfesten Kern gibt, kann die Selbstbindung bei Einhaltung des Verfahrens aufgehoben und auch der Inhalt des Unionsrechts von den Staaten – von den Grenzen des *ius cogens* abgesehen – frei geändert werden. Unionsrechtlich sind die Mitgliedstaaten damit allenfalls dann „Herren der Verträge", wenn sie einstimmig und nach Maßgabe der Selbstbindung die Verträge anpassen oder ändern.[384] Ein einzelner Mitgliedstaat ist allenfalls insoweit „Herr" der Verträge, wie er eine Vertragsänderung durch sein Veto blockieren kann. Eine „Herrschaft" im Sinne einer positiven Gestaltungsmacht kommt aber nur allen Mitgliedstaaten zusammen zu.[385] Dies betrifft aber immer „nur" die grundlegenden Integrationsentscheidungen und wirkt sich nicht auf die Bindung an die Verträge im Übrigen aus.[386] Selbst wenn man das Bild von den „Herren der Verträge" und damit auch Deutschland als einen „Herrn" akzeptiert,[387] ändert dies nichts daran, dass es noch 26 weitere „Herren" gibt, die zudem mit dem EuGH eine unabhängige Instanz zur Auslegung der Verträge geschaffen haben.[388] Die Mitgliedstaaten sind die „Herren der Verträge", soweit es das „große Ganze" bzw. den Gesamtrahmen der Integration betrifft. Sie können zusammen die Verträge umfassend umgestalten und im Extremfall sogar aufheben. Solange sie sich aber nicht gemeinsam zu einer solchen Änderung entschließen, bleibt jeder Mitgliedstaat an den rechtlichen Rahmen der Verträge gebunden. Wie bereits im Zusammenhang mit dem rechtlichen Integrationsbegriff dargelegt, ist diese Einhegung des Gesamtprozesses in einen rechtlichen Rahmen mit einheitlichen Bedingungen gerade der „Clou" der Integration. Wenn das BVerfG in seiner Rechtsprechung die Stellung als „Herren der Verträge" auch und gerade als Rechtfertigung für sein eigenes Letztentscheidungsrecht heranzieht,[389] kommt darin ein Verständnis der „Herrschaft" zum Ausdruck, welches über das unionsrechtliche deutlich hinausgeht. Dieses

---

[383] *Paulus*, in: Franzius/Mayer/Neyer, Grenzen der europäischen Integration, S. 117 unter Hinweis auf BVerfGE 123, 267, 345 – *Lissabon*; s. a. *Isensee*, ZRP 2010, 33, 36, der mit diesem Bezug aber vor allem den Kontrollanspruch des BVerfG stützt.

[384] Dazu bereits oben S. 102 ff. zum Fehlen inhaltlicher Grenzen bereits oben S. 105 ff.

[385] *Nicolaysen*, in: Bruha/Nowak, Die Europäische Union: Innere Verfasstheit und globale Handlungsfähigkeit, S. 17, 25 ff.

[386] *Streinz*, in: Streinz, EUV/AEUV, Art. 4 EUV Rn. 10; s. a. *Everling*, DVBl 1993, 936, 942 sowie *Nicolaysen*, in: Bruha/Nowak, Die Europäische Union: Innere Verfasstheit und globale Handlungsfähigkeit, S. 17, 20 ff. u. 32 ff.

[387] Deutlich Kritik an dem Bild bei *Pernice*, VVDStRL 60 (2001), 148, 171 f.; s. a. *Häberle*, JöR 58 (2010), 317, 321 sowie *Nicolaysen*, EuR Beiheft 1 (2010), 9, 23 f.

[388] Vgl. *Carl O. Lenz*, in: Pernice/Schwarz, Europa in der Welt, S. 73, 85 f.; s. a. *Hufeld*, in: Hufeld/Epiney/Merli, Europäisches Verfassungsrecht, S. 41, 42 f.

[389] Jüngst BVerfGE 154, 17, 90 f. Rn. 111 – *PSPP-Urteil*.

Verständnis erfasst sowohl das Primär- als auch das Sekundärrecht und macht die Mitgliedstaaten und damit auch das BVerfG selbst zum maßgeblichen Zentrum der Integration. Im Rahmen der Primärrechtsänderung ist mit diesem Integrationsverständnis, wegen des fehlenden abweichenden inhaltlichen Maßstabs des EU-Rechts, kein unmittelbarer rechtlicher Konflikt mit dem EuGH verbunden. Gleichwohl birgt dieses Verständnis ein nicht unerhebliches Konfliktpotenzial auf mehreren anderen Ebenen.

C. Verbleibendes Konfliktpotenzial

Insgesamt erweist sich das Konfliktpotenzial für einen unmittelbaren Dissens zwischen EuGH und BVerfG bei der Änderung des Primärrechts als gering (I.). Dennoch hat das Integrationsverständnis des BVerfG Auswirkungen auf die europäische Integration (II.) und prägt außerdem das allgemeine Verhältnis zum EuGH (III.).

I. Weitgehender Ausschluss eines unmittelbaren Konflikts

Ein unmittelbarer rechtlicher Konflikt über die rechtlichen Maßstäbe der Integration ist im Bereich der Primärrechtsänderung weitgehend ausgeschlossen. Änderungen der europäischen Verträge werden über eine präventive Kontrolle des deutschen Zustimmungsgesetzes vom BVerfG überprüft, bevor sie in Kraft treten können. Sollten die umfassenden Maßstäbe des BVerfG zur Verfassungswidrigkeit des Zustimmungsgesetzes führen, scheitert die Vertragsänderung. Da das neue Primärrecht somit gar nicht erst in Kraft tritt, kann auch der EuGH nicht zu einer abweichenden inhaltlichen Bewertung kommen, zumal das Primärrecht keine materiellen Grenzen für seine Änderung kennt und dem EuGH ohnehin die Verwerfungskompetenz für das Primärrecht fehlt. Auch im Bereich der formellen Anforderungen ist ein unmittelbarer Konflikt bezogen auf das Primärrecht unwahrscheinlich. Soweit das BVerfG umfassende formelle Vorgaben in Form von Mitwirkungsrechten der gesetzgebenden Körperschaften aufgestellt hat, bedeutet auch dies keinen grundlegenden Widerspruch zum EU-Recht. Das BVerfG setzt sich nämlich nicht *gegen* die formellen Vorgaben des EU-Rechts, sondern entwickelt *zusätzliche* Anforderungen aus dem nationalen Verfassungsrecht. Ungeachtet der damit verbundenen faktischen Auswirkungen auf die Integration, sperrt sich das EU-Recht nicht gegen ein „Mehr" an verfassungsrechtlichen Vorgaben. Ein Konflikt entstünde nur dann, wenn das BVerfG, beispielsweise bei der Prüfung des Zustimmungsgesetzes zu einer Vertragsänderung im vereinfachten Verfahren, eine abweichende Auslegung der unionrechtlichen Vorgaben vornähme. Wie die Rechtssache *Pringle* verdeutlicht hat, nimmt der EuGH für sich in Anspruch, auch das Vorliegen der Voraussetzungen für das vereinfachte Änderungsverfahren zu überprüfen. Da das Pringle-Urteil infolge einer Vorlage des irischen Supreme Court ergangen ist,[390] offenbart es aber auch zugleich, dass mit dem Vorabentscheidungsverfahren nach Art. 267 AEUV auch insoweit ein Weg für eine mögliche Kooperation besteht. Das BVerfG hat allerdings die unionsrechtlichen Anforderungen bisher nicht in Frage gestellt. Sie spielten bisher nur insoweit eine Rolle, als es im Rahmen der Ultra-vires-Kontrolle für das BVerfG darauf ankommen kann, ob ein Sekundärrechtsakt eine faktische Vertragsänderung bedeutet und es somit eigentlich eines formellen Verfahrens bedurft hätte.[391] Dabei geht es aber nicht um die grundsätzliche Änderung der Verträge, sondern um die Kontrolle von EU-Sekundärrecht. Gleiches gilt für die umfassenden Mitwirkungsrechte, die das BVerfG bei der Flexibilisierungsklausel des Art. 352 AEUV aufgestellt hat. Auch insoweit betrifft eine mögliche abweichende Auslegung des BVerfG die Setzung bzw. Kontrolle von Sekundärrecht. Dies betrifft nicht direkt die Übertragung von Kompetenzen im Rahmen einer Vertragsänderung, sondern mit der Ausübung und Ausgestaltung der EU-Kompetenzen, den zweiten großen Bereich der Integration. Der insoweit unstreitig vorhandene Konflikt wird im Rahmen der Ultra-vires-Kontrolle behandelt. Allerdings wird bereits an dieser Stelle erkennbar, dass sich der Zugriff des BVerfG beim Zustimmungsgesetz auch auf die Kontrolle von EU-Sekundärrecht auswirkt. Bevor diese mittelbaren, rechtlichen Auswirkungen des bundesverfassungsgerichtlichen Integrationsverständnisses genauer betrachtet werden, gilt es aber zunächst, das unmittelbare faktische Konfliktpotenzial zu beleuchten.

II. Innerstaatliche und gesamteuropäische Wirkungen

Obwohl das BVerfG die Zustimmungsgesetze zum Vertrag von Maastricht und Lissabon für mit dem Grundgesetz vereinbar erklärt und damit den Weg für die weitere Integration jeweils gebilligt hat,[392] steckt in den Ausführungen ein nicht unerhebliches Konfliktpotenzial für künftige Integrationsschritte. Dies betrifft sowohl die rein innerstaatliche als auch die gesamteuropäische Perspektive, wobei sich entsprechend der grenzüberschreitenden Natur der Integration, internes und externes Konfliktpotenzial gegenseitig bedingen.

Zunächst haben die formellen Anforderungen für die umfassende Mitwirkung von Bundestag und Bundesrat einen Einfluss auf die innerstaatliche Zuständigkeitsverteilung im Rahmen der Mitwirkung an der europäischen In-

---

[390] EuGH, Urt. v. 27.11.2012 – C-370/12, ECLI:EU:C:2012:756 – *Pringle*; zu den inhaltlichen Aussagen des EuGH bereits oben S. 110 f. u. 114.

[391] Vgl. die Ausführungen des BVerfG zur Substantiierung der Ultra-vires-Rüge in BVerfGE 151, 202, 276 f. Rn. 95 f. – *Bankenunion* sowie jüngst BVerfGE 154, 17, 90 f. Rn. 110 f. – *PSPP-Urteil*.

[392] BVerfGE 123, 267, 369 ff. – *Lissabon*; BVerfGE 89, 155, 181 ff. – *Maastricht*.

tegration. So wurde vielfach darauf hingewiesen, dass das BVerfG bei der Aufstellung der Kriterien für die umfassende parlamentarische Mitwirkung den zuvor geäußerten Willen der gesetzgeberischen Körperschaften nicht ausreichend zur Kenntnis genommen und seine Einschätzung über das notwendige Ausmaß an Mitwirkung dem Gesetzgeber gewissermaßen aufgezwungen habe.[393] Neben der Frage, ob die gesetzgeberischen Körperschaften der Integrationsverantwortung faktisch gerecht werden können,[394] bedeutet die umfassende Geltung dieser Verantwortung ein nicht unerhebliches Vordringen des BVerfG in den politischen Raum.[395] Insoweit sei aber daran erinnert, dass Verfassungsgerichte gerade bei hochpolitischen Entscheidungen eher als „Wegweiser", denn als Sprecher „letzter Worte" gesehen werden sollten, weshalb eine umfassende Beteiligung der gesetzgeberischen Körperschaften solange zu begrüßen ist, wie das Gericht deren Einschätzungs- und Gestaltungsspielräume ausreichend beachtet.[396] Insoweit stimmen insbesondere die Urteile zur Eurorettung positiv, in denen das BVerfG ausdrücklich den Einschätzungsspielraum des Gesetzgebers hervorgehoben und anerkannt hat.[397] Hierbei ist allerdings abzuwarten, inwieweit dieser Optimismus im Hinblick auf die angesprochene Etablierung der „formellen Übertragungskontrolle" im Beschluss zum Europäischen Patentgericht nicht verfrüht war.

Neben den formellen Anforderungen wirken sich vor allem die inhaltlichen Grenzen in mehrfacher Hinsicht auf die künftige Entwicklung der Integration aus.[398] Nimmt man sämtliche Grenzen des BVerfG zusammen, entsteht der Eindruck, dass ein Punkt erreicht ist, an dem die europäische Integration nicht mehr weitergeht. Der ehemalige Präsident des BVerfG *Andreas Voßkuhle* brachte dies einmal mit den Worten „[n]och mehr Europa lässt das Grundgesetz kaum zu" auf den Punkt.[399] Am offensichtlichsten werden die Grenzen beim Verbot der Errichtung eines europäischen Bundesstaats unter Geltung des GG, da dies die politischen Möglichkeiten nicht nur einschränkt, sondern eine bestimmte – historisch bedeutsame – Option von vornherein ausschließt.[400] Das problematische

---

393 Sehr deutlich *Schwarze*, EuR 2010, 108, 112 u. 117; ähnlich *Halberstam/C. Möllers*, GLJ 10 (2009), 1241, 1252 sowie *Carl O. Lenz*, in: Pernice/Schwarz, Europa in der Welt, S. 73, 83 ff.

394 *Hatje*, EuR Beiheft 2010, 123, 132 f. sieht die Gefahr einer „Überforderung".

395 *Sonder*, Krtiv 94 (2011), 214, 217 u. 220 f. Zur umfassenden Geltung der Integrationsverantwortung und ihrem defensiven Charakter auch *Dingemann*, ZEuS 2009, 491, 519 ff. u. 522 f.; positiv zum verstärkten Auftreten des BVerfG *Schorkopf*, EuZW 2009, 718 u. 723 f. Zur politischen Rolle des BVerfG und dem Gedanken einer Kompensation des fehlenden politischen Diskurses bereits oben S. 131 ff.

396 Vgl. *Thym*, Der Staat 48 (2009), 559, 563 f.; zum Verständnis von Verfassungsgerichten als „Wegweiser" bereits oben S. 81.

397 *Hobe*, in: Friauf/Höfling, Berliner Kommentar zum GG, Art. 23 GG Rn. 22; s. a. bereits oben S. 146 f.

398 Dazu auch *Steiger*, EuR Beiheft 1 (2010), 57, 58 ff. u. 76 ff.

399 *Voßkuhle*, FAS vom 25.09.2011, Nr. 38, S. 36 f.

400 Sehr deutlich *Hatje*, EuR Beiheft 2010, 123, 127 unter Hinweis auf *Everling*, EuR

an diesem Verbot ist aber, dass es gerade keine, dem BVerfG im Übrigen nicht zustehende, Vorgabe politischer, sondern rechtlicher Natur ist. Das BVerfG verankert das Verbot, wie auch die übrigen Vorgaben, in Art. 79 Abs. 3 GG und wählt somit einen Maßstab, der nicht nur dem einfachen, sondern auch dem verfassungsändernden Gesetzgeber entzogen ist.[401] Bezieht man die vom BVerfG herausgestellte unzureichende demokratische Legitimation der EU mit ein, wird das Ausmaß dieses Maßstabsproblems deutlich. Wenn das BVerfG einerseits die demokratische Legitimation deshalb für defizitär hält, weil die EU kein staatliches Niveau erreicht, andererseits aber weitere Schritte zu einem – wie auch immer gearteten – europäischen Bundesstaat ausschließt, ergibt sich ein schier unauflösbares Dilemma für die Demokratisierung der EU sowie für die Integrationspolitik insgesamt.[402] In diesem Zusammenhang sind auch die vom BVerfG aufgezählten Sachbereiche zu nennen, die durch die Bezeichnung „integrationsfest" einer weitergehenden Integration, jedenfalls teilweise, entzogen werden. Ungeachtet der bereits geschilderten Unklarheiten bezüglich des Inhalts und der Rechtsfolgen der Vorbehaltsbereiche, bedeutet diese Aufzählung ohne Zweifel eine ausdrückliche Einschränkung des integrationspolitischen Spielraums.[403] Auch insoweit nutzt das BVerfG einen dem verfassungsändernden Gesetzgeber entzogen Maßstab und positioniert sich deutlich gegen die, der Integration innewohnenden, Dynamik.[404]

Nicht nur bezüglich der einzelnen Sachbereiche, sondern auch insgesamt, kommt im Lissabon-Urteil eine gegen die integrationstypische Dynamik gerichtete Haltung zum Ausdruck.[405] Daran ist nicht nur bedenklich, dass eine „Blockade des ‚spill-over'-Effekts"[406] die weitere Entwicklung der Integration stoppen oder jedenfalls bremsen kann, sondern auch, dass die europäische Gesamtperspektive nur unzureichend in den Blick genommen wird.[407] Gerade

2010, 91, 94; ähnlich *Schönberger*, GLJ 10 (2009), 1201, 1208 f. sowie *Schwarze*, EuR 2010, 108, 113 f.

401 *Thym*, Der Staat 48 (2009), 559, 585 u. 568 dort Fn. 45.

402 *Halberstam/C. Möllers*, GLJ 10 (2009), 1241, 1251 f.; s. a. *Hatje*, EuR Beiheft 2010, 123, 134 sowie *Thym*, Der Staat 48 (2009), 559, 575 ff. *Schönberger*, Der Staat 48 (2009), 535, 556 f. spricht von einer „Zwickmühle". Bereits beim Maastricht-Urteil konstatierte *Tomuschat*, EuGRZ 1993, 489, 494 eine „ausweglose Situation".

403 Dazu nur *Schorkopf*, EuZW 2009, 718, 721; *Sonder*, Krtiv 94 (2011), 214, 220 f.; s. a. *Müller-Graff*, integration 2009, 331, 341 f. u. 346 f.; zu den Problemen der Aufzählung bereits oben S. 141 ff.

404 *Classen*, JZ 2009, 881, 889; *Carl O. Lenz*, in: Pernice/Schwarz, Europa in der Welt, S. 73, 78; *Schönberger*, GLJ 10 (2009), 1201, 1208 f. *Laas*, in: von Arnauld/Hufeld, SK-Lissabon, § 3 Rn. 17 u. 34 f. hält hingegen eine dynamische Auslegung der Bereiche für möglich; allgemein zur Dynamik sogleich.

405 Sehr deutlich *Lhotta/Ketelhut*, ZParl 2009, 864 f., 867, 875 u. 881 f.; ähnlich *Terhechte*, EuZW 2009, 724, 725 ff. u. 731.

406 *Sonder*, Krtiv 94 (2011), 214, 222 u. 225.; dazu und zum Folgenden auch *Reyes y Ráfales*, ZEuS 2017, 119, 135 f.

407 *Terhechte*, EuZW 2009, 724, 725 u. 726 ff.; s. a. *Hatje*, EuR Beiheft 2010, 123, 128 ff.;

bei Änderungen des Primärrechts ist aber eine gesamteuropäische Perspektive entscheidend. So würde es eine Einigung unter den europäischen Staaten noch weiter erschweren, wenn andere Verfassungsgerichte nach dem Vorbild des BVerfG ebenfalls umfassende verfassungsrechtliche Grenzen formulierten.[408] Auch wenn es bei Änderungen der Integrationsverträge in inhaltlicher Hinsicht nicht auf das EU-Recht, sondern nur auf das nationale Recht ankommt, müssen die Anforderungen *aller* Verfassungen gewahrt werden. Wie auch das BVerfG bereits im Eurocontrol-Beschluss festgestellt hat, wären Vorgaben für die supranationale Rechtsordnung, die sich zu stark an innerstaatlichen Maßstäben orientieren, gegenüber den anderen Staaten kaum durchzusetzen und würden die Bundesrepublik letztlich faktisch „vertragsunfähig" machen.[409] Die unterschiedlichen Vorstellungen seien nur am Beispiel des Föderalismus verdeutlicht. Während dieser über Art. 23 Abs. 1 S. 1 GG („föderative Grundsätze") bzw. Art. 23 Abs. 1 S. 3 GG i. V. m. Art. 79 Abs. 3 GG („Gliederung des Bundes in Länder") auch im Rahmen der europäischen Integration geschützt ist und z. B. auch in Belgien oder Österreich eine entscheidende Rolle einnimmt, gilt er in anderen europäischen Ländern eher als Gefahr für die eigene Staatlichkeit.[410] Doch selbst wenn man berücksichtigt, dass das BVerfG die Verträge im Ergebnis gebilligt hat, die einzelnen Vorgaben des BVerfG also keine unmittelbaren rechtliche Folgen für das Fortschreiten des Integration, sondern insoweit eher eine Warnfunktion haben,[411] ist nicht ausgemacht, dass die einzelnen Kriterien bei künftigen umfassenden Integrationsschritten nicht doch eine entscheidende Rolle spielen werden. Dies wird allerdings erst die Zukunft zeigen. Bis dahin rücken vor allem die mittelbaren Auswirkungen der vom BVerfG hinsichtlich des Primärrechts geprägten Maßstäbe auf die Kontrolle des EU-Sekundärrecht ins Zentrum des Interesses.

III. Vorprägung des Verhältnisses zum EuGH

Neben diesen faktischen Auswirkungen hat das Integrationsverständnis des BVerfG auch handfeste rechtliche Folgen für die Beziehung zum EuGH. Die im Lissabon-Urteil erkennbare Kritik an der integrationstypischen Dynamik bezieht das BVerfG nämlich in besonderem Maße auf den EuGH und dessen Rechtsprechung.[412] Somit betrifft die Stärkung der eigenen Rolle, die sich als

eher positiv *Schorkopf*, EuZW 2009, 718 u. 723 f.; differenzierend *Müller-Graff*, integration 2009, 331, 351 ff. u. 357 ff. sowie *Pernice*, in: Beneyto/Pernice, Europe's Constitutional Challenges, S. 355, 358, 374 ff. u. 389.

[408] Zu einer möglichen negativen Vorbildfunktion siehe *Laas*, in: von Arnauld/Hufeld, SK-Lissabon, § 3 Rn. 99. Zur ähnlichen Situation nach dem PSPP-Urteil siehe noch Kap. 5, B. I. 5.

[409] BVerfGE 58, 1, 41 – *Eurocontrol I.*

[410] *Tomuschat*, DVBl 1996, 1073, 1075.

[411] So bereits *Thym*, Der Staat 48 (2009), 559, 579.

[412] *Lhotta/Ketelhut*, ZParl 2009, 864, 867, 875 u. 881 f.; *Müller-Graff*, integration 2009,

Motiv durch die ganze Entscheidung zieht, sowohl den innerstaatlichen Bereich als auch den EuGH.[413] Das BVerfG positioniert sich nicht nur gegenüber den anderen Verfassungsorganen als eigenständiger Kontrolleur der europäischen Integration, sondern auch und gerade gegenüber dem EuGH. Insoweit wird nicht nur erneut der diametral unterschiedliche Zugang des BVerfG zum Verhältnis von EU-Recht und nationalem Recht erkennbar, sondern auch die Notwendigkeit einer pluralistischen Betrachtung. Bei Lichte betrachtet bedeutet das Verständnis des BVerfG und sein Beharren auf dem Letztentscheidungsrecht nicht nur einen Ausdruck, sondern sogar eine Stärkung des auch hier verfolgten pluralistischen Ansatzes.[414] Auch wenn es bei Änderungen des Primärrechts nicht zu einem unmittelbaren Austausch von BVerfG und EuGH kommt, prägt das Integrationsverständnis somit die zwischengerichtliche Beziehung. Dies gilt nicht nur für die erkennbar skeptische Haltung gegenüber dem EuGH, sondern vor allem für den vom BVerfG verwendeten Maßstab. So ist es nicht nur wegen der geschilderten unmittelbaren faktischen Auswirkungen, sondern auch für die Kooperation mit dem EuGH problematisch, wenn sich das BVerfG sowohl beim Primär- als nunmehr auch weitgehend beim Sekundärrecht auf die „absolute Grenze" der Identität der Verfassung bzw. des Art. 79 Abs. 3 GG fixiert und die damit geschützten Prinzipien als „nicht abwägungsfähig" bezeichnet.[415] Gerade wenn „absolut" somit nicht nur als letzte Grenze, sondern auch als Ausschluss einer Abwägung verstanden wird, erschwert dies eine flexible Handhabung der rechtlichen Maßstäbe im Wege des gerichtlichen Dialogs.[416] Ob und inwieweit das Integrationsverständnis des BVerfG tatsächlich einen kooperativen Austausch zwischen den Gerichten behindert, wird in den folgenden Kapiteln ebenso zu untersuchen sein, wie die Frage, ob und inwieweit eine skeptische Haltung gegenüber dem EuGH und seiner Fähigkeit bzw. Bereitschaft zur Kontrolle des EU-Rechts angezeigt ist. Ein entscheidender Aspekt sollte dabei allerdings nicht in Vergessenheit geraten: Das BVerfG hat im Maastricht- und Lissabon-Urteil beide Zustimmungsgesetze einer umfassenden präventiven Prüfung unterzogen und sie im Ergebnis für verfassungsgemäß erklärt. Gerade wegen der Anknüpfung des relativen Anwendungsvorrangs an den Rechtsanwendungsbefehl im Zustimmungsgesetz, ist dies eine nicht unerhebliche Weichenstellung, die man bei

331, 349; *Schorkopf*, EuZW 2009, 718, 720; offenlassend *Everling*, EuR 2010, 91, 102 dort Fn. 54; zum Maastricht-Urteil bereits *Tomuschat*, EuGRZ 1993, 489, 495.

[413] Dazu nur *Müller-Graff*, integration 2009, 331, 332, 347 ff. u. 352.

[414] *Thym*, Der Staat 48 (2009), 559, 567 m. w. N., s. a. *Pernice*, in: Beneyto/Pernice, Europe's Constitutional Challenges, S. 355, 385.

[415] Für das Primärrecht BVerfGE 123, 267, 347 f. – *Lissabon*; zum Sekundärrecht siehe nur BVerfGE 134, 366, 386 Rn. 29 – *OMT-Vorlagebeschluss*; BVerfGE 142, 123, 203 Rn. 153 – *OMT-Urteil* sowie BVerfGE 151, 202, 325 Rn. 204 – *Bankenunion*.

[416] Vgl. *Ingold*, AöR 140 (2015), 1, 21 f., der auf die Dynamik der von Art. 79 Abs. 3 GG geschützten Werte hinweist; zur Identitätskontrolle bei Sekundärrecht siehe noch Kap. 4, B.

den verschiedenen Kontrollvorbehalten des BVerfG im Hinterkopf behalten sollte.

D. Zwischenergebnis

Betrachtet man nun abschließend die Beziehung von EuGH und BVerfG im Bereich der Primärrechtsänderung wird klar, wieso *Rainer Wahl* die Vertragsänderung als „Stunde der Verfassungsgerichte" bezeichnet.[417] Tatsächlich kommt dem EuGH bei grundlegenden Integrationsschritten, die mit einer Änderung des Primärrechts einhergehen, nur eine untergeordnete Rolle zu. Dies erklärt sich vor allem durch die fehlenden inhaltlichen Grenzen im EU-Recht und die nur eingeschränkte Selbstbindung der Mitgliedstaaten in formeller Hinsicht. Dementsprechend verlaufen mögliche Konfliktlinien auch nicht so sehr zwischen dem EuGH und dem BVerfG, sondern einerseits im innerstaatlichen Bereich zwischen BVerfG und den anderen Verfassungsorganen sowie andererseits zwischen den unterschiedlichen verfassungsrechtlichen Anforderungen der Mitgliedstaaten.

Um im Bild des Dialogs zu bleiben, muss also zunächst festgestellt werden, dass es bei der Änderung des Primärrechts regelmäßig nicht zu einem unmittelbaren Austausch zwischen EuGH und BVerfG kommt und sich somit auch nicht die Frage stellt, ob die Gerichte eher miteinander oder aneinander vorbeireden. Zwar wäre ein Dialog über die formellen unionsrechtlichen Voraussetzungen der Vertragsänderung möglich, ein solcher ist jedoch bislang ausgeblieben. Die maßgeblichen Bedenken des BVerfG betrafen nämlich weniger die formellen als die materiellen Anforderungen an das Zustimmungsgesetz zur Vertragsänderung. Infolge des bisher weitgehend fehlenden Austauschs können auch nur wenig Aussagen dazu getroffen werden, ob und inwieweit EuGH und BVerfG bei den Grundfragen der Integration „Verschiedenes über dasselbe" oder „dasselbe über Verschiedenes" geäußert haben. Dennoch zeigt sich auch im Bereich des Primärrechts die große Bedeutung einer pluralistischen Herangehensweise und die damit verbundene zentrale Rolle der rechtlichen Maßstäbe. Dies lässt sich an dem teils übereinstimmenden, teils abweichenden Verständnis von der Stellung der Mitgliedstaaten als „Herren der Verträge" verdeutlichen.

Hinter dem jeweiligen Verständnis steht nämlich nichts anderes als ein bestimmter Maßstab. Soweit die „Herrschaft über die Verträge" als Möglichkeit der Mitgliedstaaten verstanden wird, *gemeinsam* unter Einhaltung des Verfahrens umfassende Änderungen am Primärrecht vorzunehmen, stimmen die Maßstäbe von EU-Recht und nationalem Recht überein. In inhaltlicher Hinsicht

[417] *R. Wahl*, Der Staat 48 (2009), 587, 588.

ist – mangels abweichender Grenzen des EU-Rechts – das nationale Verfassungsrecht maßgeblich. Insoweit geht es also weniger um die „Herrschaft" der Mitgliedstaaten als um einen einheitlichen Maßstab, der sich im EU-Recht widerspiegelt. Eine Zwischenstellung nehmen die formellen Anforderungen ein. Zwar gibt es insoweit unterschiedliche Anforderungen, die sich einmal aus dem Maßstab des EU-Rechts und einmal aus dem Maßstab des Verfassungsrechts ergeben, allerdings bedeutet die Abweichungen keinen Konflikt. Da das EU-Recht sich nicht gegen zusätzliche nationale Anforderungen sperrt und auch das BVerfG die formellen Anforderungen des EU-Rechts nicht ersetzen, sondern ergänzen will, stehen die jeweiligen Anforderungen nicht im Widerspruch zueinander. Obwohl an dieser Stelle faktische Auswirkungen auf die Integration nicht ausgeschlossen sind, wird die unionsrechtliche Selbstbindung der Mitgliedstaaten hinsichtlich des formellen Maßstabs insoweit nicht infrage gestellt.

Anders sieht es hingegen aus, wenn das BVerfG aus der Stellung der Mitgliedstaaten als „Herren der Verträge" weitere Folgen, wie insbesondere die eigene Kontrollmöglichkeit von EU-Sekundärrechtsakten, ableitet. Sowohl das unmittelbare politische als auch das mittelbare rechtliche Konfliktpotenzial sind eine Folge des unterschiedlichen Maßstabs, den das BVerfG an die europäische Integration anlegt. Inwieweit trotz dieses im Ausgangspunkt abweichenden Maßstabs inhaltliche Überschneidungen mit dem EuGH bestehen, wird noch ausführlich betrachtet. Erst in diesem Zusammenhang wird auch zu klären sein, ob und inwieweit die Sorge des BVerfG vor einer ausufernden EuGH-Rechtsprechung gerechtfertigt ist, bzw. welches Integrationsverständnis sich hinter der Rechtsprechung des EuGH verbirgt. An dieser Stelle kann daher nur ein erstes allgemeines Fazit zu den sich aus den Maßstäben ergebenden Integrationsverständnissen gezogen werden. Im Sinne einer groben Einordnung, kommt dem EU-Recht wegen seiner Offenheit und seines kompromissartigen Charakters eher eine zukunftsgerichtete Tendenz zu, während in der Rechtsprechung des BVerfG eher eine bewahrende bzw. auf die Gegenwart gerichtete Perspektive erkennbar wird.[418] Inwieweit sich diese erste Einschätzung als zutreffend erweist und in welchem Umfang gleichwohl eine gerichtliche Kooperation über gemeinsame Maßstäbe möglich bzw. bereits Realität ist, werden aber erst die folgenden Kapitel klären können.

[418] Vgl. *P. Kirchhof*, in: Isensee/Kirchhof, HdbStR Bd. X, 2012, § 214 Rn. 152 ff.

Kapitel 3

Grundrechtliche Maßstäbe der Integration von EuGH und BVerfG

Der wesentliche Teil der gerichtlichen Auseinandersetzung von EuGH und BVerfG betrifft nicht Änderungen des Primärrechts, sondern mit der Ausgestaltung der EU-Kompetenzordnung den zweiten großen Bereich der europäischen Integration. Während beim EU-Primärrecht demokratiespezifische Rügen und der Schutz der souveränen Staatlichkeit im Zentrum stehen, geht es beim EU-Sekundärrecht um Konflikte im Bereich der Grundrechte, der Kompetenzen sowie der nationalen (Verfassungs-)Identität bzw. die diesbezüglichen vom BVerfG entwickelten verfassungsrechtlichen Vorbehalte. Obwohl der EuGH bereits früh klargestellt hat, dass der Anwendungsvorrang auch gegenüber dem nationalen Verfassungsrecht gilt, sind vergleichbare Maßstäbe bzw. eine daran ausgerichtete Kooperation auch insoweit nicht von vornherein ausgeschlossen. Schließlich finden sich auch im EU-Primärrecht zahlreiche Bezüge zum nationalen Verfassungsrecht, die über die verfahrensrechtliche Einbeziehung der Mitgliedstaaten in den Prozess der Vertragsänderung hinausgehen. Diese inhaltlichen Bezüge betreffen mit Art. 6 Abs. 3 EUV und Art. 6 Abs. 1 UAbs. 1 EUV i. V. m. Art. 52 Abs. 4 und Art. 53 GRCh nicht nur die nationalen Grundrechte, sondern mit Art. 4 Abs. 2 S. 1 EUV auch die nationale Identität, wie sie unter anderem in den verfassungsmäßigen Strukturen der Mitgliedstaaten zum Ausdruck kommt. Es ist daher zu untersuchen, ob und inwieweit diese Normen eine Berücksichtigung des nationalen Verfassungsrechts ermöglichen bzw. Ausdruck einer bereits erfolgten Angleichung der Maßstäbe sind. Insbesondere die Entwicklung grundrechtlicher Maßstäbe zwischen EuGH und BVerfG steht dabei gewissermaßen Pate für das Potenzial einer maßstabsorientierten Kooperation. Wie zu zeigen sein wird, entwickelte sich nämlich schon lange vor den grundlegenden Urteilen des BVerfG anlässlich der Verträge von Maastricht und Lissabon eine umfassende Auseinandersetzung zwischen beiden Gerichten über die Notwendigkeit und das Ausmaß eines Grundrechtsschutzes auf der europäischen Ebene. Obwohl der grundsätzliche Dissens über das Verhältnis von nationalem Recht und Unionsrecht fortbesteht und es bisher im Bereich der Grundrechte zu keiner Vorlage des BVerfG an den EuGH gekommen ist, besteht seit Jahrzehnten ein mittelbarer Austausch zwischen beiden Gerichten. Anhand der dabei vorgenommenen unterschiedlichen Akzentuierungen lässt sich verdeutlichen, dass die jeweiligen Maßstäbe sowohl das Konflikt- als auch das Kooperationspotenzial im Rahmen der Integration bestimmen. So hat die Grundrechtsjudikatur beider Gerichte dazu beigetragen, dass auf der Ebene des EU-Rechts inzwischen ein ausdifferenzierter Grundrechtsschutz durch die Rechtsprechung des EuGH sowie die EU-Grundrechtecharta besteht. Dieser grundrechtliche Maßstab tritt neben und teilweise sogar an die Stelle der nationalen Grundrechte, weshalb Letzteren im EU-Recht allenfalls eine mittelbare Rolle zukommt (A.). Demgegenüber können aus der Perspektive des BVerfG europäische Sekundärrechtsakte grundsätzlich auch unmittelbar dem Maßstab der nationalen Grundrechte unterliegen, wobei sich die Anforderungen an Ausübung und Reichweite dieser Grundrechtskontrolle mit der Zeit mehrfach gewandelt haben (B.). Eine neue Wendung bringt nun die jüngste Rechtsprechung des BVerfG, die einen möglichen Weg für den Wechsel vom mittelbaren Dialog zur unmittelbaren Kooperation eröffnet und somit die Ausprägung einheitlicher Maßstäbe im Bereich der Grundrechte weiter begünstigen kann (C.).

A. Zur eingeschränkten Bedeutung nationaler Grundrechtsmaßstäbe im EU-Recht

Der Grundrechtsschutz auf europäischer Ebene war wegen des Fehlens kodifizierter Grundrechte lange Zeit Aufgabe der Rechtsprechung. Nach anfänglichem Zögern hat der EuGH einen umfassenden europäischen Grundrechtsschutz entwickelt, der inzwischen durch den Vertrag von Lissabon verschriftlicht bzw. über die EU-Grundrechtecharta seinen Weg ins positive Recht gefunden hat.[1] Im Hinblick auf den, für das Integrationsverständnis und die Kooperation relevanten, grundrechtlichen Maßstab kann die Entwicklung dieser EuGH-Rechtsprechung in drei Phasen eingeteilt werden.[2] Nach einer ersten kurzen Phase ohne Grundrechtsschutz, etablierte der EuGH in der zweiten Phase die EU-Grundrechte als eigenständigen und entscheidenden Integrationsmaßstab, der an die Stelle der nationalen Grundrechte trat (I.). Mit der anschließenden stetigen Ausgestaltung dieses eigenständigen Grundrechtsschutzes und der angesprochenen Verschriftlichung, gerieten die nationalen Grundrechte allerdings immer weiter in den Hintergrund. Die dritte, noch andauernde Phase der Rechtsprechung wird deshalb geprägt von der Frage, ob und in welchem Umfang nationale Grundrechte neben den EU-Grundrechten anwendbar oder jedenfalls zu berücksichtigen sind (II.). In der jüngsten Rechtsprechung werden daher auch die Möglichkeiten und Grenzen einer Kooperation über gemeinsame Maßstäbe deutlich (III.).

---

[1] Ausf. zur Rechtsprechung, ihren Motiven sowie der Umsetzung ins positive Recht siehe *Haltern*, Europarecht: Dogmatik im Kontext, Bd. II, S. 581 ff. Rn. 1376 ff.

[2] Zur Einteilung in drei Phasen siehe nur *Kühling*, in: von Bogdandy/Bast, Europäisches Verfassungsrecht, S. 657, 662 m. w. N.

I. Die Etablierung eines europäischen Grundrechtsschutzes als eigenständiger Integrationsmaßstab

In den Verträgen von EGKS und EWG, den Vorgängerorganisationen der heutigen EU, waren keine eigenen europäischen Grundrechte enthalten.[3] Auch der EuGH zeigte zu Beginn eine deutliche Zurückhaltung, als er auf geltend gemachte Verletzungen (nationaler) Grundrechte nicht weiter einging[4] bzw. darauf verwies, dass entsprechenden Erwägungen jedenfalls kein Vorrang vor dem engen Wortlaut des Vertragstextes zukomme.[5] In einem Urteil aus dem Jahr 1960 lehnte der EuGH dann nicht nur eine Überprüfung einer Entscheidung der Hohen Behörde der EGKS anhand der deutschen Rechtsprechung zu Art. 14 GG ab, was wegen seiner insoweit fehlenden Zuständigkeit kaum überraschend war, sondern betonte zudem, dass

> „das Recht der Gemeinschaft […] weder einen geschriebenen noch einen ungeschriebenen allgemeinen Rechtsgrundsatz des Inhalts [enthält], daß ein erworbener Besitzstand nicht angetastet werden darf."[6]

Nachdem der EuGH sich somit zunächst gegen ungeschriebene Grundrechte ausgesprochen hatte, formulierte er nur neun Jahre später das genaue Gegenteil. In der Rechtssache *Stork* sprach der Gerichtshof nämlich von Grundrechten, die in den allgemeinen Grundsätzen der Gemeinschaftsrechtsordnung enthalten seien.[7] Entscheidend für diesen „Sinneswandel" dürften nicht zuletzt die zwischenzeitlich vom EuGH vorgenommenen Entwicklungen des EU-Rechts sein, namentlich die unmittelbare Geltung sowie der Anwendungsvorrang. Mit der Rechtssache *Internationale Handelsgesellschaft* postulierte der EuGH einen *absoluten* Anwendungsvorrang, der auch gegenüber den nationalen Grundrechten greift und schuf – gewissermaßen als Ausgleich – im selben Atemzug die europäischen Grundrechte.[8] In besagter Rechtssache stellte er fest, dass

> „die Beachtung der Grundrechte […] zu den allgemeinen Rechtsgrundsätzen, deren Wahrung der Gerichtshof zu sichern hat [gehört]. Die Gewährleistung dieser Rechte muß zwar von den gemeinsamen Verfassungsüberlieferungen der Mitgliedstaaten getra-

---

[3] Zu möglichen Gründen *Haltern*, Europarecht: Dogmatik im Kontext, Bd. II, S. 585 ff. Rn. 1386 ff.; zum historischen Kontext s. a. *C. Walter*, in: Ehlers, EuGR, § 1 Rn. 1 ff.

[4] EuGH, Urt. v. 04.02.1959 – Rs. 1/58, ECLI:EU:C:1959:4, S. 63 f. – *Stork*; dazu und zum Folgenden *Skouris*, in: Merten/Papier, HGR Bd. VI/2, § 171 Rn. 3 ff.; s. a. *C. Walter*, in: Ehlers, EuGR, § 1 Rn. 26.

[5] EuGH, Urt. v. 01.04.1965 – Rs. 40/64, ECLI:EU:C:1965:36, S. 312 – *Sgarlata*.

[6] EuGH, Urt. v. 15.07.1960 – verb. Rs. 36–38/59 u. 40/59, ECLI:EU:C:1960:36, S. 920 f. – *Ruhrkohlenverkaufsgesellschaften*; zur fehlenden Zuständigkeit und der damit verbundenen Aufgabenverteilung im Vorabentscheidungsverfahren bereits oben S. 56.

[7] EuGH, Urt. v. 12.11.1969 – Rs. 29/69, ECLI:EU:C:1969:57, S. 425 Rn. 7 – *Stauder*; *Haltern*, Europarecht: Dogmatik im Kontext, Bd. II, S. 589 Rn. 1394 spricht von einer „Kehrtwende um 180 Grad".

[8] *Wölker*, EuR 2007, 32, 38 spricht von „Gegenleistung"; zur Rspr. bereits oben S. 54 f.

gen sein, sie muß sich aber auch in die Struktur und die Ziele der Gemeinschaft einfügen."[9]

Noch deutlicher wurde der EuGH im Nold-Urteil. Dort bestätigte er zunächst die Ausführungen aus der Rechtssache *Internationale Handelsgesellschaft* und verwies ergänzend auf völkerrechtliche Rechts- bzw. Rechtserkenntnisquellen für den Grundrechtsschutz. Abschließend schlussfolgerte der Gerichtshof, dass

> „er keine Maßnahmen als Rechtens anerkennen [kann], die unvereinbar sind mit den von den Verfassungen dieser Staaten anerkannten und geschützten Grundrechten."[10]

Bemerkenswert an der Rechtssache *Nold* ist zunächst ihr zeitlicher Kontext. So erging sie zwei Wochen vor dem Solange-I-Beschluss des BVerfG, in dem dieses den Grundrechtsschutz auf europäischer Ebene für nicht ausreichend hielt, obwohl es das Nold-Urteil kannte.[11] Nach *Thomas Giegerich* ist der Solange-I-Beschluss daher weniger Auslöser als Bestätigung der bereits angestoßenen Entwicklung eines europäischen Grundrechtsschutzes.[12] Umgekehrt lässt sich das Nold-Urteil aber auch als Versuch des EuGH deuten, die sich im damaligen juristischen Diskurs andeutende Solange-Entscheidung sowie eine ähnliche Entscheidung des italienischen Verfassungsgerichts abzuwenden.[13] In diesem Zusammenhang ist es von besonderem Interesse, jene Rechtsgedanken genauer zu betrachten, die hinter der grundrechtlichen Rechtsprechung stehen. Indem der EuGH die Grundrechte als allgemeine Rechtsgrundsätze etabliert und sich dabei auf die Verfassungen der Mitgliedstaaten sowie internationale Verträge beruft, geht er im Wege einer wertenden Rechtsvergleichung vor.[14] Diese Methode ist eng verbunden mit der Suche nach der „besten Lösung" bzw. nach der Lösung, welche den Zielen der Gemeinschaft am besten entspricht.[15] Auch als der EuGH in der Rechtssache *Internationale Handelsgesellschaft* die europäischen Grundrechte als Ausgleich für die, durch den Anwendungsvorrang verdrängten, nationalen Grundrechte postulierte, verwies er darauf, dass

---

[9] EuGH, Urt. v. 17.12.1970 – Rs. 11/70, ECLI:EU:C:1970:114, S. 1135 Rn. 4 – *Internationale Handelsgesellschaft*.

[10] EuGH, Urt. v. 14.05.1974 – Rs. 4/73, ECLI:EU:C:1974:51, S. 507 Rn. 13 – *Nold*.

[11] Die abw. Meinung der Richter *Rupp*, *Hirsch* und *Wand* in BVerfGE 37, 271, 293 – *Solange I* verweist ausdrücklich auf das Nold-Urteil. Zur Kenntnis des BVerfG auch *H. P. Ipsen*, EuR 1975, 1, 9; zustimmend *Rengeling*, in: FS Stern 2012, S. 881, 884; zur Solange-Rechtsprechung sogleich Kap. 3, B. I. 1.

[12] *Giegerich*, ZEuS 2016, 3, 14; zur Bedeutung der Entscheidung auch bereits oben S. 71.

[13] *Haltern*, Europarecht: Dogmatik im Kontext, Bd. II, S. 593 Rn. 1403 unter Hinweis auf *Mangold*, Gemeinschaftsrecht und deutsches Recht, S. 54f., siehe dort insb. Fn. 106. Ähnlich *B. Davies*, in: Nicola/B. Davies, EU Law Stories, S. 157ff., insb. S. 164ff.

[14] Ausdrücklich *Generalanwalt Roemer*, Schlussanträge v. 29.10.1969 – Rs. 29/69, ECLI:EU:C:1969:52, S. 428 – *Stauder*, denen sich der EuGH angeschlossen hat.

[15] Dazu nur *Rengeling*, Grundrechtsschutz in der Europäischen Gemeinschaft, S. 121 u. 223ff., insb. S. 228f.; zuvor bereits *Zweigert*, RabelsZ 28 (1964), 601, 610f.

sich der Grundrechtsschutz in die Struktur und die Ziele der Gemeinschaft einfügen müsse.[16] Vor diesem Hintergrund wird als wesentliches Motiv des EuGH für die „Erfindung“[17] des europäischen Grundrechtsschutzes nicht der Schutz des Individuums, sondern die Absicherung der eigenen Rechtsprechung zum Anwendungsvorrang gesehen.[18] Ungeachtet der Tatsache, dass dieses Motiv sicher nicht das einzige war,[19] haben die zitierte Rechtsprechung des EuGH sowie seine Methode bedeutende Auswirkungen auf den Integrationsmaßstab.

Vor den Rechtssachen *Stauder* und *Nold* existierten keine europäischen Grundrechte, die einen Integrationsmaßstab hätten bilden können. Vielmehr konnten sich Grenzen und Maßstäbe der Integration „nur“ aus den Verträgen der europäischen Gemeinschaft ergeben, womit in erster Linie die Kompetenzgrenzen Bedeutung erlangten.[20] Ausgehend von den beiden Urteilen entwickelte der EuGH dann aber zahlreiche einzelne subjektive Gewährleistungen,[21] welche einen *eigenständigen* europäischen Grundrechtsschutz bildeten. Dieser ersetzte die nationalen Grundrechte und wurde so zum entscheidenden grundrechtlichen Maßstab der Integration. Insgesamt kommt in der anfänglichen Rechtsprechung des EuGH eine klare Trennung des europäischen vom nationalen Grundrechtsraum zum Ausdruck,[22] wonach allein die europäischen Grundrechte für die Integration maßgeblich waren. Der EuGH leitet Letztere zwar unter anderem aus den nationalen Verfassungen ab, sodass inhaltliche Übereinstimmungen nicht nur möglich, sondern in der rechtsvergleichenden Methode geradezu angelegt sind. Die nationalen Grundrechte sind aus Sicht des EuGH aber nur eine Rechtserkenntnisquelle für die Schaffung eines eigenständigen (grund-)rechtlichen Maßstabs,[23] bei dem – in Übereinstimmung mit dem absoluten Vorrang – die nationalen Grundrechte keinen unmittelbaren Einfluss haben.

---

[16] EuGH, Urt. v. 17.12.1970 – Rs. 11/70, ECLI:EU:C:1970:114, S. 1135 Rn. 4 – *Internationale Handelsgesellschaft*; zur Ausgleichsfunktion der Grundrechte bereits oben S. 167.

[17] *Haltern*, Europarecht: Dogmatik im Kontext, Bd. II, S. 34 dort Fn. 72 u. S. 591 Rn. 1398.

[18] Besonders deutlich *Haltern*, Europarecht: Dogmatik im Kontext, Bd. II, S. 594 Rn. 1406 ff. unter Hinweis auf *Weiler*, WLR 61 (1986), 1103, 1119; zuvor bereits *Weiler*, YEL 1 (1981), 267, 303.

[19] So sieht *Delfs*, Komplementäre Integration, S. 327 ff., insb. S. 331 eine Übereinstimmung mit den historischen Erwägungsgründen der Verträge. Auch *Haltern*, Europarecht: Dogmatik im Kontext, Bd. II, S. 591 ff. Rn. 1398 ff. zählt weitere Motive auf.

[20] Vgl. auch *Haltern*, Europarecht: Dogmatik im Kontext, Bd. II, S. 587 Rn. 1389.

[21] Für einen Überblick zu den einzelnen Grundrechten siehe *Hatje*, in: Schwarze/Becker/Hatje u. a., EU-Kommentar, Art. 6 EUV Rn. 32 ff. sowie ausf. *Rengeling*, Grundrechtsschutz in der Europäischen Gemeinschaft, S. 16 ff.

[22] Ausf. *Thym*, NVwZ 2013, 889, 892 sowie *Thym*, EuConst 9 (2013), 391, 407 ff.

[23] Besonders deutlich *Generalanwalt Roemer*, Schlussanträge v. 29.10.1969 – Rs. 29/69, ECLI:EU:C:1969:52, S. 428 – *Stauder*; s. a. *C. Walter*, in: Ehlers, EuGR, § 1 Rn. 30.

II. Das Verhältnis von europäischen und nationalen Grundrechten als Frage des Integrationsmaßstabs

Während die nationalen Grundrechte jedenfalls in der ursprünglichen Rechtsprechung keinen Maßstab der europäischen Integration bilden konnten, erlangten umgekehrt die europäischen Grundrechte eine immer stärkere Bedeutung als Maßstab des nationalen Rechts. In der weiteren EuGH-Rechtsprechung kam es nämlich zu einer stetigen Ausdehnung des europäischen Grundrechtsschutzes auch und insbesondere im Hinblick auf die Grundrechtsbindung der Mitgliedstaaten. Dieser zunehmende Anwendungsbereich der europäischen Grundrechte war aus Sicht der Mitgliedstaaten nicht unproblematisch, da mit ihm eine allmähliche Auflösung der vormals bestehenden, strengen Trennung der Grundrechtsräume einherging (1.). Spätestens mit dem Inkrafttreten der EU-Grundrechtecharta liegt der Schwerpunkt der grundrechtlichen Auseinandersetzung nun endgültig nicht mehr bei der Frage, *ob* ein grundrechtlicher Integrationsmaßstab auf europäischer Ebene existiert, sondern vielmehr darin, *wie* sich dieser Integrationsmaßstab zum Maßstab der nationalen Grundrechte verhält (2.). Besonders in der jüngeren Rechtsprechung des EuGH wird deutlich (3.), welches Konflikt-, aber auch Kooperationspotenzial mit der Überwindung der strengen Trennung verbunden ist (4.).

1. Die Ausweitung des EU-Grundrechtsschutzes als Konflikt von einheitlicher Anwendung und zunehmender Unitarisierung

Neben der angesprochenen inhaltlichen Ausgestaltung in Bezug auf einzelne subjektive Gewährleistungen nahm der EuGH auch eine Ausdehnung hinsichtlich der Grundrechtsverpflichteten vor. Ging es zu Beginn vorrangig darum, die EU bzw. EG und ihre Organe an die europäischen Grundrechte zu binden, trat nach und nach eine Bindung der Mitgliedstaaten hinzu. Diese Bindung galt zunächst bei der unmittelbaren Anwendung von EU-Normen, bei der Umsetzung von EU-Richtlinien in nationales Recht, wobei ein bestehender Umsetzungsspielraum die Grundrechtsbindung nicht hinderte, und schließlich auch bei der Anwendung von nationalen Umsetzungsakten.[24] In diesen drei Konstellationen treten die Mitgliedstaaten gewissermaßen als verlängerter Arm der EU auf, weshalb auch von der *Agency*-Situation gesprochen wird.[25] Darüber hinaus hat

[24] Grundlegend EuGH, Urt. v. 13.07.1989 – Rs. 5/88, ECLI:EU:C:1988:321, Rn. 19 u. 22 f. – *Wachauf*; s. a. Urt. v. 24.03.1994 – Rs. C-2/92, ECLI:EU:C:1994:116, Rn. 16 – *Bostock* sowie Urt. v. 13.04.2000 – Rs. C-292/97, ECLI:EU:C:2000:202, Rn. 35 ff. – *Karlsson*; zur Richtlinienumsetzung Urt. v. 27.06.2006 – Rs. C-540/03, ECLI:EU:C:2006:429, Rn. 71 u. 103 ff. – *Parlament/Rat*; zu den Umsetzungsakten Urt. v. 12.12.1996 – verb. Rs. C-74/95 u. C-129/95, ECLI:EU:C:1996:491, Rn. 25 f. – *Strafverfahren gegen X*; für eine negative Abgrenzung der Bindung bei fehlender EU-Kompetenz vgl. Urt. v. 11.07.1985 – verb. Rs. 60/84 u. 61/84, ECLI:EU:C:1985:329, Rn. 25 – *Cinéthèque*.

[25] Zum Begriff bereits *Weiler*, in: Neuwahl/Rosas, The European Union and Human

der EuGH seit seinem ERT-Urteil eine Grundrechtsbindung der Mitgliedstaaten auch dann angenommen, wenn sie die europäischen Grundfreiheiten einschränken (sog. ERT-Situation),[26] womit die EU-Grundrechte auch zu Schranken-Schranken der Grundfreiheiten werden können.[27] Da der EuGH in diesem Zusammenhang eine Bindung an die Unionsgrundrechte bereits dann annahm, wenn eine nationale Regelung „in den Anwendungsbereich des Gemeinschaftsrechts fällt",[28] bedeutete die Rechtsprechung insgesamt eine weitreichende Bindung der Mitgliedstaaten. In dieser Erstreckung des Anwendungsbereichs kommt wiederum der Gedanke zum Ausdruck, dass der Vorrang und die einheitliche Anwendbarkeit des EU-Rechts nicht davon abhängen können, ob die Union oder ein Mitgliedstaat handelt (Agency-Situation) bzw. in welchem Mitgliedstaat eine Einschränkung von den, für die wirtschaftliche Integration zentralen, Grundfreiheiten vorgenommen wird (ERT-Situation).[29] Die einheitliche Anwendung ist und bleibt ein zentrales, wenn nicht sogar das zentrale Element der europäischen Rechtsgemeinschaft, da andernfalls die europäischen Normen ihre Legitimation und ihren verbindlichen Charakter als allgemeingültiges Recht verlieren.[30]

Allerdings ist die einheitliche Anwendung nur eine Seite der Medaille. Folge der Ausweitung des Geltungsbereichs der europäischen Grundrechte ist nämlich, dass Letztere zunehmend in Bereichen zur Anwendung kommen, die eigentlich dem nationalen Grundrechtsraum zuzuordnen sind. Mit anderen Worten relativiert die Ausdehnung die ursprünglich klare Trennung von nationalen und europäischen Grundrechten. Letztere sind nicht nur Maßstab für die europäische Ebene, sondern werden in großem Umfang auch zum *einheitlichen* Maßstab für die Mitgliedstaaten bzw. das nationale Recht. Aus diesem Grund stieß die EuGH-Rechtsprechung auf deutliche Kritik. Insbesondere in der ERT-Situation greife das Argument der einheitlichen Anwendung nicht, da es gerade um unionsrechtlich vorgesehene Ausnahmen gehe, welche die Mitgliedstaaten aus eigener Kompetenz ausfüllen.[31] Wenn die europäischen Grundrechte

Rights, S. 51, 67 f.; zur Verwendung in jüngerer Zeit siehe nur *Schwerdtfeger*, in: Meyer/Hölscheidt, Charta der Grundrechte der EU, Art. 51 GRCh Rn. 39 m. w. N.

[26] EuGH, Urt. v. 18.06.1991 – Rs. C-260/89, ECLI:EU:C:1991:254, Rn. 42 ff. – *ERT*; zum Begriff der ERT-Situation siehe nur *W. Weiß*, in: Niedobitek, Europarecht, § 5 Rn. 124.

[27] EuGH, Urt. v. 11.07.2002 – Rs. C-60/00, ECLI:EU:C:2002:434, Rn. 40 – *Carpenter*; Urt. v. 12.06.2003 – Rs. C-112/00, ECLI:EU:C:2003:333, Rn. 73 ff. – *Schmidberger*; Urt. v. 14.10.2004 – Rs. C-36/02, ECLI:EU:C:2004:614, Rn. 35 f. – *Omega*.

[28] EuGH, Urt. v. 18.06.1991 – Rs. C-260/89, ECLI:EU:C:1991:254, Rn. 42 – *ERT*; Urt. v. 18.12.1997 – Rs. C-309/96, ECLI:EU:C:1997:631, Rn. 12 ff. – *Annibaldi*; Urt. v. 25.03.2004 – Rs. C-71/02, ECLI:EU:C:2004:181, Rn. 48 f. – *Karner*; zur Kritik sogleich.

[29] *Weiler*, in: Neuwahl/Rosas, The European Union and Human Rights, S. 51, 67 ff.; s. a. *Haltern*, Europarecht: Dogmatik im Kontext, Bd. II, S. 673 ff. Rn. 1564 ff.

[30] *H. P. Ipsen*, EuR 1975, 1, 11 f.; *Pernice*, in: Beneyto/Pernice, Europe's Constitutional Challenges, S. 355, 387; zur zentralen Bedeutung in der Rechtsprechung des EuGH siehe nur *Wegener*, in: Calliess/Ruffert, EUV/AEUV, Art. 19 EUV Rn. 55.

[31] *Huber*, EuR 2008, 190, 194 f.; zum fehlenden Erfordernis der einheitlichen Anwendbar-

gleichwohl als „negative Kompetenznormen“[32] angewendet werden, drohe eine umfassende Einschränkung mitgliedstaatlicher Gestaltungsspielräume auch dort, wo die EU bzw. EG gar keine eigenen Kompetenzen habe.[33] Hinter dieser Kritik steht nicht zuletzt die Sorge, dass eine umfassende Grundrechtsgeltung, entsprechend den historischen Entwicklungen in Deutschland oder den USA, zu einer Unitarisierung führe, weil Unterschiede im Grundrechtsschutz zwischen den Mitgliedstaaten immer weiter verwischt bzw. nationale Besonderheiten verdrängt werden.[34] Gerade diese Befürchtung haben auch bei der Entstehung der EU-Grundrechtecharta eine zentrale Rolle gespielt und letztlich dazu geführt, dass eine Einschränkung der EuGH-Rechtsprechung zur Anwendung für die Mitgliedstaaten nicht nur ausführlich diskutiert, sondern auch beabsichtigt wurde, um wieder eine klare Trennung der Grundrechtsräume zu ermöglichen.[35] Wie zu zeigen sein wird, hat der EuGH gleichwohl auch unter Geltung der EU-Grundrechtecharta an seiner ursprünglichen Rechtsprechung nicht nur weitgehend festgehalten, sondern ist teilweise sogar darüber hinaus gegangen.

2. Parallele Anwendung unionaler und nationaler Grundrechte nach Maßgabe des Unionsrechts

Mit dem Vertrag von Lissabon hat sich die Grundrechtsarchitektur der EU entscheidend gewandelt.[36] Entsprechend der bereits im Vertrag von Maastricht enthaltenen Regelung des Art. F Abs. 2 bestimmt zunächst Art. 6 Abs. 3 EUV, dass die als allgemeine Rechtsgrundsätze entwickelten Grundrechte Teil des Unionsrechts sind. Diese fortgesetzte und beinahe wortgleiche Orientierung des Art. 6 Abs. 3 EUV an der ursprünglichen Herleitung des EuGH, ist somit Ausdruck einer grundrechtlichen Kontinuität. Gleichzeitig bringt der Vertrag von

---

keit *Kingreen*, in: Calliess/Ruffert, EUV/AEUV, 4. Aufl., Art. 51 GRCh Rn. 11 ff., insb. Rn. 12 u. 17. Allgemein kritisch zur „Einheit“ als Argument in diesem Zusammenhang *Nusser*, Die Bindung der Mitgliedstaaten an die Unionsgrundrechte, S. 64 ff. Demgegenüber hält *Kühling*, in: von Bogdandy/Bast, Europäisches Verfassungsrecht, S. 657, 682 f. das Argument einer vorgesehenen Ausnahme für einen Zirkelschluss.

[32] *Pernice*, JZ 2000, 866, 869, der den Begriff auf *Ehmke*, VVDStRL 20 (1963), 53, 89 ff. zurückführt. Ausf. zum „negatorischen Charakter“ der EU-GRCh *H.-J. Cremer*, in: Grabenwarter, EnzEuR, Bd. 2, § 1 Rn. 8, 67 ff. u. 113 ff.

[33] Siehe nur *Huber*, EuR 2008, 190, 192 ff.

[34] So insbesondere *Huber*, NJW 2011, 2385 f. m. w. N. sowie *Hufeld/Rathke*, EuR Beiheft 3 (2013), 7, 8 ff., insb. 13; s. a. *Schorkopf*, in: Grabenwarter, EnzEuR, Bd. 2, § 1 Rn. 9 ff., 25 u. 37. Nach *M. Bäcker*, EuR 2015, 389, 399 dort Fn. 50 ist die unitarisierende Wirkung „weitgehend anerkannt“. Allgemein zu den Folgen einer (fehlenden) Ausweitung der EU-Grundrechte auf die Mitgliedstaaten auch *Haltern*, Europarecht: Dogmatik im Kontext, Bd. II, S. 598 Rn. 1417 u. S. 669 Rn. 1554 ff.

[35] Besonders deutlich *Borowsky*, in: J. Meyer, Charta der Grundrechte der EU, 4. Aufl., Art. 51 GRCh Rn. 1 u. ausf. Rn. 2 ff. *Schwerdtfeger*, in: Meyer/Hölscheidt, Charta der Grundrechte der EU, Art. 51 GRCh Rn. 9 ff. u. 38 ff. sieht eine Restriktionsabsicht, weist aber auch auf die aus den Charta-Erläuterungen folgenden Unklarheiten hin; dazu sogleich.

[36] Dazu und zum Folgenden *Pache/Rösch*, EuR 2009, 769 ff., insb. 772 ff.

Lissabon aber auch eine wesentliche Neuerung, da nach Art. 6 Abs. 1 EUV die EU-Grundrechtecharta Teil des Primärrechts und somit rechtsverbindlich geworden ist. Dies führt wiederum dazu, dass die EU nunmehr über einen ausformulierten Grundrechtskatalog verfügt. Obwohl das Verhältnis dieser zwei[37] unionsrechtlichen Grundrechtsquellen bis heute nicht vollständig geklärt ist,[38] steht in der neueren Rechtsprechung des EuGH eindeutig die EU-Grundrechtecharta im Zentrum des Grundrechtsschutzes.[39] Bei der Auseinandersetzung über den Integrationsmaßstab geht es letztlich um das Verhältnis von nationalen und europäischen Grundrechten. Unter Geltung der EU-Grundrechtecharta sind dabei mit der Anwendbarkeit der Charta für die Mitgliedstaaten (Art. 51 GRCh) und der Möglichkeit zur Berücksichtigung nationaler Grundrechte im Falle der Anwendung (Art. 53 GRCh) grundsätzlich zwei unterschiedliche Problemkreise aufgeworfen.[40] Da sich die Frage der Berücksichtigung aber nur stellen kann, wenn die Charta anwendbar ist, es sich mit anderen Worten also um eine Folgefrage handelt, verwundert es nicht, dass die maßgeblichen Urteile des EuGH zu beiden Fragen in einem zeitlich und inhaltlich unmittelbaren Zusammenhang stehen. So nahm der EuGH mit den beiden Rechtssachen *Åkerberg Fransson* und *Melloni* vom gleichen Tag[41] eine entscheidende Weichenstellung für die künftige Entwicklung des europäischen Grundrechtsschutzes vor.

Zur richtigen Einordnung dieser Weichenstellung ist zunächst ein kurzer Rückblick auf die Entstehung der EU-Grundrechtecharta notwendig. Es wurde bereits erwähnt, dass mit der Verabschiedung der EU-Grundrechtecharta eine Einschränkung der vorherigen Rechtsprechung beabsichtigt wurde. Insbesondere vor dem Hintergrund dieser Entstehungsgeschichte und mit Blick auf den deutschen Wortlaut des Art. 51 Abs. 1 S. 1 GRCh, der mit der Formulie-

---

[37] Entsprechend der Beschränkung auf die Integration im Verhältnis von EU-Recht und nationalem Verfassungsrecht bleibt der künftige Betritt der EU zur EMRK nach Art. 6 Abs. 2 EUV, der die EMRK zur dritten Grundrechtsquelle machen wird, an dieser Stelle außer Betracht. Siehe dazu nur *Kingreen*, in: Calliess/Ruffert, EUV/AEUV, Art. 6 EUV Rn. 19 ff. sowie *Pache*, in: Pechstein/Nowak/Häde, FK EUV/GRC/AEUV, Art. 6 EUV Rn. 65 ff. Gleiches gilt für Grundrechte aus deutschen Landesverfassungen, die nach *Huber*, in: FS Thürer, S. 305 ff. und *F. Kirchhof*, EuR 2014, 267 ff. eine vierte Grundrechtsquelle bilden.

[38] *Kingreen*, in: Calliess/Ruffert, EUV/AEUV, Art. 6 EUV Rn. 15 ff. geht von einem Vorrang der Charta als geschriebenes Recht aus; teilweise etwas offener *Schorkopf*, in: Grabitz/Hilf/Nettesheim, EUV/AEUV, Art. 6 EUV Rn. 52 f. Umfassend zum Verhältnis *Pache*, in: Pechstein/Nowak/Häde, FK EUV/GRC/AEUV, Art. 6 EUV Rn. 59 ff., der im Ergebnis eine Gleichrangigkeit annimmt.

[39] So auch *Haltern*, Europarecht: Dogmatik im Kontext, Bd. II, S. 617 Rn. 1455 unter Hinweis auf EuGH, Urt. v. 26.02.2013 – Rs. C-617/10, ECLI:EU:C:2013:107, Rn. 21 – *Åkerberg Fransson*; s. a. *Griebel*, DVBl 2014, 204, 205.

[40] Siehe nur *Franzius*, ZaöRV 75 (2015), 383, 385 f.; zur Trennung und ausf. zu beiden Fragen auch *M. Bleckmann*, Nationale Grundrechte im Anwendungsbereich des Rechts der EU, S. 15 ff. u. 149 ff.

[41] EuGH, Urt. v. 26.02.2013 – Rs. C-617/10, ECLI:EU:C:2013:107 – *Åkerberg Fransson*; Urt. v. 26.02.2013 – Rs. C-399/11, ECLI:EU:C:2013:107 – *Melloni*.

rung „ausschließlich bei der Durchführung“ nur auf die *Agency*-Situation abzustellen scheint,[42] wird teilweise angenommen, mit der Charta sei eine Einschränkung der vorherigen Rechtsprechung verbunden.[43] Andererseits wird die Entstehungsgeschichte als nicht eindeutig angesehen,[44] zumal die nach Art. 6 Abs. 1 UAbs. 3 EUV und Art. 52 Abs. 7 GRCh für die Auslegung der Charta zu berücksichtigenden Erläuterungen auf die vorherige Rechtsprechung, einschließlich der ERT-Situation verweisen.[45] Obwohl die Auslegung des Durchführungsbegriffs nach Art. 51 Abs. 1 S. 1 GRCh umstritten war und ist,[46] hat der EuGH seine bisherige Linie fortgesetzt. So hält er nicht nur ausdrücklich an seiner ERT-Rechtsprechung fest,[47] sondern sieht insgesamt in der Charta eine Bestätigung seiner ständigen Rechtsprechung, weshalb für den EuGH mit dem Anwendungsbereich des EU-Rechts zugleich die Bindung der Mitgliedstaaten an die EU-Grundrechte einhergeht.[48] Besonders deutlich wurde der EuGH in der Rechtssache *Åkerberg Fransson*, als er unter Hinweis auf seine ständige Rechtsprechung und die Erläuterungen zu Art. 51 GRCh folgende Schlussfolgerung formulierte:

> „Da folglich die durch die Charta garantierten Grundrechte zu beachten sind, wenn eine nationale Rechtsvorschrift in den Geltungsbereich des Unionsrechts fällt, sind keine Fallgestaltungen denkbar, die vom Unionsrecht erfasst würden, ohne dass diese Grundrechte anwendbar wären. Die Anwendbarkeit des Unionsrechts umfasst die Anwendbarkeit der durch die Charta garantierten Grundrechte.“[49]

---

[42] *Jarass*, in: Jarass, Charta der Grundrechte der EU, Art. 51 GRCh Rn. 22 weist darauf hin, dass andere Sprachfassungen teilweise weiter formuliert sind; ähnlich auch *Huber*, NJW 2011, 2385, 2387; jeweils m. w. N.; anders aber *W. Cremer*, EuGRZ 2011, 545, 551.

[43] In diese Richtung beispielsweise *W. Cremer*, EuGRZ 2011, 545, 551 f. sowie *Huber*, NJW 2011, 2385, 2387; s. a. *Terhechte*, in: von der Groeben/Schwarze/Hatje, Europäisches Unionsrecht, Art. 51 GRCh Rn. 9 m. w. N.

[44] Ausf. *M. Bleckmann*, Nationale Grundrechte im Anwendungsbereich des Rechts der EU, S. 137 ff. sowie *Schwerdtfeger*, in: Meyer/Hölscheidt, Charta der Grundrechte der EU, Art. 51 GRCh Rn. 9 ff. u. 38 ff.; gegen eine Einschränkung auch *Jarass*, in: Jarass, Charta der Grundrechte der EU, Art. 51 GRCh Rn. 18; jeweils m. w. N.

[45] Erläuterungen zur Charta der Grundrechte, ABl. C 303 vom 14.12.2007, S. 17, 32, CELEX:32007X1214(01); zum Hintergrund und ihrem rechtlichen Status *Frenzel*, Der Staat 53 (2014), 1, 4 ff. u. 27 f.

[46] Für einen Überblick über die Auseinandersetzung siehe nur *Hatje*, in: Schwarze/Becker/Hatje u. a., EU-Kommentar, Art. 51 GRCh Rn. 15 ff.; *Pache*, in: Pechstein/Nowak/Häde, FK EUV/GRC/AEUV, Art. 51 GRCh Rn. 19 ff. sowie *Wollenschläger*, EuZW 2014, 577 ff.; zuvor bereits *Kingreen*, in: Calliess/Ruffert, EUV/AEUV, 4. Aufl., Art. 51 GRCh Rn. 7 ff.; monographisch *Nusser*, Die Bindung der Mitgliedstaaten an die Unionsgrundrechte, S. 9 ff.

[47] EuGH, Urt. v. 30.04.2014 – Rs. C-390/12, ECLI:EU:C:2014:281, Rn. 35 f. – *Pfleger*. Nach *Britz*, EuGRZ 2015, 275, 276 f. folgt daraus aber kein Konflikt mit dem BVerfG, sondern allenfalls mit den politischen Akteuren.

[48] Siehe nur EuGH, Urt. v. 14.06.2017 – Rs. C-685/15, ECLI:EU:C:2017:452, Rn. 55 – *Online Games u. a.*; zur Rspr. im Übrigen siehe *Schwerdtfeger*, in: Meyer/Hölscheidt, Charta der Grundrechte der EU, Art. 51 GRCh Rn. 40 m. w. N.

[49] EuGH, Urt. v. 26.02.2013 – Rs. C-617/10, ECLI:EU:C:2013:107, Rn. 21, s. a. Rn. 18 ff. – *Åkerberg Fransson*.

Im weiteren Verlauf der Entscheidung nahm der EuGH auch zu der, mit der weiten Anwendbarkeit der Charta aufgeworfenen, Folgefrage einer Berücksichtigung nationaler Grundrechte Stellung. Unter Hinweis auf das Melloni-Urteil vom selben Tag entschied der Gerichtshof, dass es im Falle nicht vollständig durch das Unionsrecht bestimmten Durchführungssituationen im Sinne des Art. 51 Abs. 1 GRCh,

> „den nationalen Behörden und Gerichten weiterhin frei [steht], nationale Schutzstandards für die Grundrechte anzuwenden, sofern durch diese Anwendung weder das Schutzniveau der Charta, wie sie vom Gerichtshof ausgelegt wird, noch der Vorrang, die Einheit und die Wirksamkeit des Unionsrechts beeinträchtigt werden."[50]

Der EuGH geht somit hinsichtlich des grundrechtlichen Integrationsmaßstabs entsprechend Art. 51 und 53 GRCh in zwei Schritten vor:[51] Im ersten Schritt lehnt er eine enge Interpretation des Begriffs der „Durchführung" im Sinne des Art. 51 Abs. 1 S. 1 GRCh ab, was zu einer weitreichenden Bindung der Mitgliedstaaten an die GRCh führt. Im zweiten Schritt lässt er – mit Einschränkungen – die Berücksichtigung von nationalen Grundrechten zu, sofern sich die Maßnahme nicht im vollständig unionsrechtlich determinierten Bereich bewegt. Nachdem in der vorherigen Rechtsprechung nie ausdrücklich klargestellt wurde, ob die nationalen Grundrechte im Falle eines nationalen Spielraums vollständig verdrängt werden oder neben den europäischen Grundrechten stehen,[52] nimmt der EuGH nunmehr eine „bedingte Doppelgeltung der Grundrechtssphären" an.[53] Mit anderen Worten verabschiedet sich der Gerichtshof endgültig von der bisherigen Trennung bzw. Alternativität der Grundrechtsräume und schwenkt auf eine Verbindungs- bzw. Kumulationsthese um.[54] Neben die weiterhin bestehenden Möglichkeiten einer exklusiven Anwendung der europäischen Grundrechte im vollständig determinierten Bereich bzw. der nationalen Grundrechte bei Fehlen einer Durchführungssituation im Sinne des Art. 51 Abs. 1 S. 1 GRCh tritt nun mit dem parallelen bzw. konkurrierenden Grundrechtsschutz eine dritte Konstellation.[55] Damit gehen naturgemäß Überschneidungen und Abgrenzungsschwierigkeiten einher.[56] Die Entscheidung über diese Abgrenzung und damit über die Reichweite des europäischen Grundrechtsschutzes liegt aber allein beim EuGH, da sich die nunmehr postulierte

[50] EuGH, Urt. v. 26.02.2013 – Rs. C-617/10, ECLI:EU:C:2013:107, Rn. 29 – *Åkerberg Fransson*; Urt. v. 26.02.2013 – Rs. C-399/11, ECLI:EU:C:2013:107, Rn. 60 – *Melloni*.

[51] Dazu und zum Folgenden *Schwerdtfeger*, in: Meyer/Hölscheidt, Charta der Grundrechte der EU, Art. 51 GRCh Rn. 53 m. w. N.

[52] Siehe nur *W. Weiß*, in: Niedobitek, Europarecht, § 5 Rn. 128 f. m. w. N.

[53] *Thym*, DÖV 2014, 941, 942.

[54] *Franzius*, ZaöRV 75 (2015), 383, 388; *Kingreen*, JZ 2013, 801, 802 ff. u. 806; *Thym*, EuConst 9 (2013), 391, 401 ff. u. 407 ff.; zur vorherigen Trennung bereits oben S. 169.

[55] Zu dieser Dreiteilung *Masing*, JZ 2015, 477, 483.

[56] *Masing*, JZ 2015, 477, 483; *Thym*, DÖV 2014, 941, 947; s. a. *Kingreen*, JZ 2013, 801, 806.

„bedingte Doppelbindung" immer nur nach Maßgabe und im Rahmen des Unionsrechts vollzieht.[57]

3. Kritische Würdigung der jüngeren EuGH-Grundrechtsjudikatur

Die mit den Urteilen *Åkerberg Fransson* und *Melloni* begonnene parallele Anwendung nationaler und unionaler Grundrechte war von Anfang an umstritten. Bereits das sehr weite Verständnis des Anwendungsbereichs der EU-GRCh wurde stark kritisiert, da für den EuGH nun „irgendein Bezug zum Unionsrecht" ausreiche, um eine „Durchführung" im Sinne des Art. 51 GRCh anzunehmen.[58] Als Folge dieser Ausweitung wurden auch erneut die Gefahren einer unitarisierenden Wirkung der EU-Grundrechte thematisiert.[59] In diesem Zusammenhang gibt es nicht nur Bedenken hinsichtlich einer Verdrängung mitgliedstaatlicher Grundrechtsmaßstäbe bzw. nationaler Unterschiede, sondern auch hinsichtlich der prozessualen Möglichkeiten. Besonders deutlich wird *Kingreen*, wenn er wegen des Fehlens einer Individualverfassungsbeschwerde auf EU-Ebene darauf hinweist, dass ein Mehr an Unionsrecht mit einem Weniger an Rechtsschutz einhergehe.[60] Damit eng verwandt ist schließlich die kritische Einstellung gegenüber der Fähigkeit oder Bereitschaft des EuGH, ein echtes „Grundrechtsgericht"[61] zu werden.[62]

Gegenüber diesen kritischen Punkten muss allerdings angemerkt werden, dass die Rechtsprechung des EuGH nicht mit den Urteilen *Åkerberg Fransson* und *Melloni* stehen geblieben ist. Insbesondere die „konkretisierungsbedürftig[en], aber auch konkretisierungsfähig[en]"[63] Äußerungen aus der Åkerberg-Fransson-Entscheidung zum Anwendungsbereich stellen nicht den letzten Stand der Rechtsprechung dar. So hat der EuGH den Anwendungsbereich der Grundrechtecharta für die Mitgliedstaaten sukzessive konkretisiert und einen nicht abschließenden Kriterienkatalog entwickelt, um zu bestimmen, in welchen Fällen eine „Durchführung" i. S. d. Art. 51 Abs. 1 S. 1 GRCh vorliegt.[64] Auch wenn der

---

[57] *Thym*, JZ 2015, 53, 55 f. u. 59; ähnlich *Franzius*, ZaöRV 75 (2015), 383, 394 u. 399 f.

[58] *Frenzel*, Der Staat 53 (2014), 1, 2 u. 19; ähnlich *Grimm*, JZ 2013, 585, 591 sowie *Masing*, JZ 2015, 477, 482; s. a. *Thym*, NVwZ 2013, 889, 890 u. 893 f., der eine Konkretisierung für nötig, aber auch möglich hält; dazu sogleich.

[59] *M. Bäcker*, EuR 2015, 389, 399 ff.; *Huber*, in: FS Thürer, S. 305, 314 f.; s. a. *Kingreen*, JZ 2013, 801, 808; allgemein zur Unitarisierung bereits oben S. 172.

[60] *Kingreen*, JZ 2013, 801, 808; ähnlich auch *Grimm*, JZ 2013, 585, 592.

[61] Zum Begriff nur *Frenzel*, Der Staat 53 (2014), 1, 21 u. dort Fn. 125.

[62] *F. Kirchhof*, EuR 2014, 267, 272 erkennt eine personelle Überforderung; kritisch auch *Swoboda*, ZIS 2018, 267 u. 276 f., die im EuGH ein „widerwilliges Grundrechtsgericht" sieht. Zurückhaltender aber auch skeptisch *Gärditz*, JZ 2013, 633, 636; *Masing*, NJW 2012, 2305, 2310 f. sowie *Mayer*, EuR Beiheft 1 (2009), 87, 97 f.

[63] *Franzius*, ZaöRV 75 (2015), 383, 390; ähnlich *Thym*, DÖV 2014, 941, 942 f., der darauf hinweist, dass nachträgliche, schrittweise Konkretisierungen typisch für den EuGH sind.

[64] Für eine Übersicht zu den Kriterien und den daraus resultierenden Fallgruppen siehe

EuGH sicher noch am Anfang seiner Grundrechtsjudikatur steht,[65] hat er bereits unter Beweis gestellt, dass er keineswegs immer eine Bindung der Mitgliedstaaten annimmt[66] und durchaus in der Lage ist, eine strenge Grundrechtsprüfung vorzunehmen.[67] Schließlich muss auch die Sorge vor einer Unitarisierung differenziert betrachtet werden, da der Gerichtshof mit der Doppelgeltung gerade Raum für die nationalen Grundrechte geschaffen und dabei regelmäßig auch nationale Spielräume anerkannt hat.[68]

Vor diesem Hintergrund, aber auch im Hinblick auf die wohl unbestreitbaren Kapazitätsgrenzen des EuGH wird die Notwendigkeit von Rücksichtnahme und Kooperation mit den nationalen (Verfassungs-)Gerichten besonders deutlich.[69] Teilweise wird die vom EuGH postulierte Doppelgeltung daher auch als Kompromissangebot an die nationalen (Verfassungs-)Gerichte bzw. das BVerfG im Speziellen gedeutet, wobei der Erfolg mit Blick auf die kritische Reaktion von Letzterem zunächst eher begrenzt war.[70] Ungeachtet der noch zu klärenden Frage, ob sich dies durch die jüngste Rechtsprechung des BVerfG geändert hat, muss aber an dieser Stelle noch einmal betont werden, dass das Kompromissangebot schon von Seiten des EuGH mit einer entscheidenden Einschränkung versehen wurde. Für die Anwendung nationaler Grundrechte im Rahmen der EU-Grundrechtecharta postuliert der EuGH einen dreifachen Vorbehalt von Vorrang, Einheit und Wirksamkeit des Unionsrechts,[71] womit er am Vorrang des Unionsrechts vor nationalem Verfassungsrecht festhält und

---

Schwerdtfeger, in: Meyer/Hölscheidt, Charta der Grundrechte der EU, Art. 51 GRCh Rn. 46 ff. m. w. N. zur Rspr. sowie *Thym*, DÖV 2014, 941, 943 ff. u. 948 ff.

[65] *Frenzel*, Der Staat 53 (2014), 1, 21 f.

[66] Siehe die Nachweise bei *Schwerdtfeger*, in: Meyer/Hölscheidt, Charta der Grundrechte der EU, Art. 51 GRCh Rn. 51 dort Fn. 156.

[67] EuGH, Urt. v. 09.11.2010 – verb. Rs. C-92/09 u. C-93/09, ECLI:EU:C:2010:662, Rn. 45 ff., insb. Rn. 56 ff. – *Schecke und Eifert*; Urt. v. 17.10.2013 – Rs. C-291/12, ECLI:EU:C:2013:670, Rn. 23 ff. – *Schwarz*; Urt. v. 08.04.2014 – verb. Rs. C-293/12 u. C-594/12, ECLI:EU:C:2014:238, Rn. 23 ff. – *Digital Rights Ireland*. Zum exemplarischen Charakter dieser Urteile siehe *Kühling*, NVwZ 2014, 681 f. u. 684 f.; *M. Bäcker*, EuR 2015, 389, 406 sowie *Streinz*, in: FS Roth, S. 823, 827; weiterhin skeptisch *Nettesheim*, JZ 2016, 424, 427. Bereits zuvor erkannte *W. Weiß*, EuZW 2013, 287, 292 positive Anzeichen bei Kontrolldichte und Verhältnismäßigkeitsprüfung. Ausf. zum stärkeren Auftreten des EuGH als Grundrechtsgericht auch *Haltern*, Europarecht: Dogmatik im Kontext, Bd. II, S. 577 Rn. 1365 ff. sowie *von Danwitz*, in: FS Stern 2012, S. 669, 671 ff., insb. S. 674 f.

[68] Dazu nur *Thym*, JZ 2015, 53, 58 m. w. N.; s. a. *Thym*, DÖV 2014, 941, 943 u. 951, nach dem es bei der Doppelgeltung gerade nicht um eine Unitarisierung geht.

[69] *Ohler*, NVwZ 2013, 1433, 1438 unter Hinweis auf *Thym*, NVwZ 2013, 889, 892.

[70] Zum Kompromisscharakter siehe *Thym*, NVwZ 2013, 889, 891 f. u. 895 f.; s. a. *Franzius*, ZaöRV 75 (2015), 383, 399; zur Reaktion des BVerfG noch Kap. 3, B. II.

[71] EuGH, Urt. v. 26.02.2013 – Rs. C-399/11, ECLI:EU:C:2013:107, Rn. 55 ff. – *Melloni*; dazu *Franzius*, ZaöRV 75 (2015), 383, 397 ff., der von einer „Trinitatis" spricht. Die vierte Bedingung, die Nichtbeeinträchtigung des Schutzniveaus der Charta, dürfte nach *W. Weiß*, in: Niedobitek, Europarecht, § 5 Rn. 115 in einpoligen Grundrechtslagen keine Rolle spielen.

eine Auslegung, die in Art. 53 GRCh eine Ausnahme vom Anwendungsvorrang sieht, unmissverständlich zurückweist.[72] Inzwischen bezeichnet der EuGH die Wahrung von Vorrang, Einheit und Wirksamkeit des Unionsrechts sogar ausdrücklich als Ziel des unionsrechtlichen Grundrechtsschutzes.[73] Diesen „genetische[n] Code der Unionsgrundrechte"[74] hat der EuGH im Gutachten zum Betritt der EU zur EMRK bestätigt, als er in Bezug auf das Zusammenspiel von Art. 53 EMRK und Art. 53 GRCh höhere nationale Schutzstandards dem gleichen drei- bzw. vierfachen Vorbehalt unterstellte.[75] Letztlich geht es also beim unionsrechtlichen Grundrechtsschutz um die Absicherung des Integrationsprojekts durch die einheitliche Anwendung,[76] was für die EU als Rechtsgemeinschaft zweifellos ein berechtigtes Interesse darstellt.[77] Allerdings hält der EuGH damit auch im Bereich des Grundrechtsschutzes an seiner Grundposition des absoluten Vorrangs fest, sodass in letzter Konsequenz stets das Unionsrecht bzw. die EU-Grundrechtecharta den entscheidenden Integrationsmaßstab bildet.

4. Zwischenergebnis

Während sich der grundrechtliche Integrationsmaßstab des EuGH mit der Zeit erheblich gewandelt hat, ist die dahinterstehende Grundposition des EuGH letztlich weitgehend unverändert geblieben. Zu Beginn spielten Grundrechte auf der europäischen Ebene keine Rolle. Weder waren sie in den Verträgen enthalten, noch sah der EuGH die Notwendigkeit, grundrechtliche Garantien mittels Rechtsprechung zu etablieren. In den ersten Jahren spielten Grundrechte auf der europäischen Ebene somit keine Rolle als möglicher Maßstab der Integration. Dies änderte sich allerdings mit der Etablierung der unmittelbaren Geltung des Unionsrechts und der weiteren Ausgestaltung des *absoluten* Anwendungsvorrangs. Da sich das Unionsrecht im Kollisionsfall auch gegenüber dem Verfassungsrecht der Mitgliedstaaten und damit gegenüber den nationalen Grundrechten durchsetzt, wurde die Frage eines eigenen europäischen Grund-

---

[72] Ausf. zu den verschiedenen Auslegungen von Art. 53 GRCh siehe *Pache*, in: Pechstein/Nowak/Häde, FK EUV/GRC/AEUV, Art. 53 GRCh Rn. 13 ff. sowie *Kingreen*, in: Calliess/Ruffert, EUV/AEUV, 4. Aufl., Art. 53 GRCh Rn. 2 ff.; jeweils m. w. N.

[73] EuGH, Urt. v. 06.03.2014 – Rs. C-206/13, ECLI:EU:C:2014:126, Rn. 31 f. – *Siragusa*; Urt. v. 10.07.2014 – Rs. C-198/13, ECLI:EU:C:2014:2055, Rn. 47 – *Hernández*; *Thym*, DÖV 2014, 941, 949 spricht treffend von einer „Zielvorgabe".

[74] *Franzius*, ZaöRV 75 (2015), 383, 388.

[75] EuGH, 18.12.2014 – Gutachten 2/13, ECLI:EU:C:2014:2454, Rn. 189, s. a. Rn. 170 – *Beitritt zur EMRK.*

[76] *Franzius*, ZaöRV 75 (2015), 383, 384; ähnlich *Swoboda*, ZIS 2018, 267, 276 u. 284.

[77] Vgl. *Schwerdtfeger*, in: Meyer/Hölscheidt, Charta der Grundrechte der EU, Art. 51 GRCh Rn. 52 („legitimes Ziel"); s. a. *Haltern*, Europarecht: Dogmatik im Kontext, Bd. II, S. 600 Rn. 1422 u. S. 602 f. Rn. 1427 a. E., der zudem auf die Anerkennung durch das BVerfG in BVerfGE 142, 123, 186 f. Rn. 117 – *OMT-Urteil* verweist. Zur zentralen Rolle der einheitlichen Anwendung für die EU als Rechtsgemeinschaft siehe bereits oben S. 171.

rechtsschutzes akut. Um die entstandene Schutzlücke zu schließen und zugleich den Vorrang gegenüber möglichen grundrechtlichen Vorbehalten der Mitgliedstaaten abzusichern, entwickelte der EuGH in wertender Rechtsvergleichung aus den Verfassungen der Mitgliedstaaten sowie internationalen Verträgen, wie der EMRK, eigene europäische Grundrechte als allgemeine Rechtsgrundsätze des Gemeinschafts- bzw. Unionsrechts. Ungeachtet der Ableitung aus den nationalen Verfassungen traten die europäischen Grundrechte – entsprechend dem Anwendungsvorrang – an die Stelle der nationalen Grundrechte und wurden somit zu einem eigenständigen unionsrechtlichen Integrationsmaßstab. Im nächsten Schritt weitete der EuGH diesen Maßstab zunehmend auch auf Handlungen der Mitgliedstaaten aus, ohne aber klar Stellung zu der Frage zu beziehen, ob in diesen Fällen stets der unionsrechtliche Maßstab allein maßgeblich ist. Erst in der jüngeren Rechtsprechung hat der Gerichtshof klargestellt, dass auch nationale Grundrechte unter Geltung der EU-Grundrechtecharta eine eigene Bedeutung als Maßstab behalten, sofern es um nationale Maßnahmen im unionsrechtlich nicht vollständig determinierten Bereich geht. Über die Reichweite und Bedingungen dieser parallelen Anwendung von nationalen und unionalen Grundrechten wacht aber letztverbindlich der EuGH.

Insgesamt erkennt der Gerichtshof somit einerseits die Notwendigkeit einer pluralistischen Betrachtung des europäischen Grundrechtsschutzes an, wodurch zugleich eine unmittelbare Kooperation ermöglicht wird.[78] Andererseits bringt der EuGH mit seinem dreifachen Vorbehalt von Einheit, Vorrang und Wirksamkeit des Unionsrechts seine unveränderte Grundposition vom Verhältnis von nationalem und unionalem Recht zum Ausdruck und sichert sich zugleich einen umfassenden Zugriff auf den grundrechtlichen Rechtsschutz.[79] In diesem Zusammenhang ist zu beachten, dass der absolute Vorrang des EU-Rechts und die umfassende Zuständigkeit des EuGH unabhängig sind von der Anwendbarkeit der EU-Grundrechtecharta.[80] Insoweit ist der Verweis auf Vorrang, Einheit und Wirksamkeit des Unionsrechts kein Spezifikum des unionsrechtlichen Grundrechtsschutzes. Gleichwohl wird deutlich, dass aus der Perspektive des Unionsrechts die grundsätzlich mögliche Kooperation über gemeinsame grundrechtliche Maßstäbe einer eindeutigen Grenze unterliegt.

---

[78] *Thym*, EuConst 9 (2013), 391, 409 f.

[79] *Franzius*, ZaöRV 75 (2015), 383, 398 ff.

[80] *Thym*, DÖV 2014, 941, 948.

III. Möglichkeiten und Grenzen einer kooperativen Grundrechtsjudikatur aus unionsrechtlicher Perspektive

Abschließend ist es nun möglich, die sich aus dem Unionsrecht ergebenden prozessualen und materiellen Spielräume einer grundrechtlichen Kooperation zu skizzieren.

In normativer Hinsicht richtet sich die Kooperation nach den Vorschriften der EU-Grundrechtecharta, wobei für die entscheidenden Fragen nach dem Anwendungsbereich sowie der Berücksichtigung nationaler Grundrechte vorrangig die Art. 51 und 53 GRCh relevant sind. Auch für nationale Gerichte, welche die Möglichkeit einer Anwendung nationaler Grundrechte in einem unionsrechtlich nicht vollständig determinierten Bereich in Betracht ziehen, wird die Anwendung bzw. Auslegung der EU-GRCh somit zum Dreh- und Angelpunkt. Wie auch der EuGH in der Rechtssache *Åkerberg Fransson* ausdrücklich festgestellt hat,[81] nimmt daher das Vorabentscheidungsverfahren nach Art. 267 AEUV die entscheidende Rolle ein. Das Verfahren darf dabei nicht nur negativ als Festschreibung der Letztentscheidung des EuGH über die Auslegung der Charta gesehen werden, sondern kann im Wege eines grundrechtlichen Dialogs positiv gestaltet werden.[82] Insoweit kommt es auf einen konstruktiven Austausch mit den nationalen Gerichten an, bei dem es zunächst darum geht, durch die Ausgestaltung der Kriterien für die Annahme einer „Durchführung" i. S. d. Art. 51 Abs. 1 GRCh bzw. der klareren Abgrenzung des unionsrechtlich determinierten Bereichs Freiräume für die nationalen Grundrechte zu schaffen bzw. zu erhalten.[83] Speziell im Verhältnis von BVerfG und EuGH kam es zwar bislang zu keiner Vorlage nach Art. 267 AEUV, doch auch ein mittelbarer oder informaler Dialog kann einen großen Beitrag zur Kooperation leisten.[84] Insoweit ist aus der Perspektive des Unionsrechts durchaus eine Kooperation anhand des grundrechtlichen Maßstabs möglich. Dabei geht es wie geschildert in erster Linie um die genaue Abgrenzung der grundsätzlich parallelen Grundrechtsräume. Doch auch innerhalb der Anwendung der EU-GRCh, namentlich bei der Berücksichtigung nationaler Grundrechte i. S. d. Art. 53 GRCh, ist eine Kooperation denkbar. So sind nach Ansicht des EuGH nationale Grundrechte insbesondere dann weiterhin anwendbar, wenn es auf Unionsebene an einheitlichen grund-

[81] EuGH, Urt. v. 26.02.2013 – Rs. C-617/10, ECLI:EU:C:2013:107, Rn. 29 f. – *Åkerberg Fransson.*

[82] Zur Bedeutung von Art. 267 AEUV für den grundrechtlichen Dialog siehe nur *Schwerdtfeger*, in: Meyer/Hölscheidt, Charta der Grundrechte der EU, Art. 51 GRCh Rn. 81 f.

[83] Ausf. *Thym*, DÖV 2014, 941, 942, 945 f. u. 951; allgemein zur möglichen und nötigen Konkretisierung infolge der Doppelgeltung bereits oben S. 176. Auch *Britz*, EuGRZ 2015, 275, 279 ff. betont die Rolle des Vorabentscheidungsverfahrens für die Bestimmung der Determiniertheit, weist aber auch auf einen Einfluss des Unionsgesetzgebers hin.

[84] Vgl. zum informalen Dialog *Britz*, EuGRZ 2015, 275, 281 sowie *Thym*, DÖV 2014, 941, 942; zur Rolle des BVerfG beim mittelbaren Austausch sogleich. Allgemein zur informalen Kommunikation auch *Croon*, in: Elser/Eugster/Kind u. a., Das letzte Wort, S. 39 ff.

rechtlichen Schutzstandards fehlt.[85] Dabei ist zu beachten, dass der EuGH sich bei der Festlegung und Entwicklung des grundrechtlichen Schutzniveaus nicht stets nach europäischen Gemeinsamkeiten richten muss, sondern sich auch an Grundrechten orientieren kann, die nur in einzelnen mitgliedstaatlichen Verfassungen existieren.[86] Betrachtet man zudem die Geschichte des europäischen Grundrechtsschutzes, ist eine Orientierung an den Maßstäben nationaler Grundrechte nicht nur möglich, sondern wegen ihrer Ableitung aus den nationalen Verfassungen bzw. der EMRK gewissermaßen Teil der „DNA" der europäischen Grundrechte. Wenn im Rahmen einer Kooperation nationale Grundrechte bei der Maßstabsbildung berücksichtigt werden, kann dies dazu beitragen, dass trotz des vom EuGH postulierten Anwendungsvorrangs kein durchgreifender Widerspruch entsteht.[87]

Insgesamt eröffnet die nunmehr angenommene parallele Anwendung von nationalen und europäischen Grundrechten somit durchaus zahlreiche Möglichkeiten zur Kooperation und der Herausbildung eines einheitlichen Maßstabs. Das gleichzeitige Festhalten des EuGH am absoluten Vorrang, dürfte allerdings einen erheblichen Anteil daran haben, dass sich das BVerfG hinsichtlich einer unmittelbaren Kooperation bislang eher zurückhaltend gezeigt hat. Vielmehr hat es lange Zeit an der Maßgeblichkeit der nationalen Grundrechte auch gegenüber dem EU-Recht festgehalten. Wie zu zeigen sein wird, hat das Festhalten an den nationalen Grundrechten gleichwohl einen mittelbaren Austausch mit dem EuGH befördert.

B. Nationale Grundrechte als grundgesetzlicher Maßstab der Integration

Aus der Perspektive des BVerfG können nationale Grundrechte weiterhin der unmittelbare Integrations- bzw. Prüfungsmaßstab für EU-Sekundärrecht sein. Die diesbezügliche Rechtsprechung hat allerdings eine lange und wechselhafte Entwicklung hinter sich. Nachdem das Gericht mit der Solange-Rechtsprechung eine eigene diesbezügliche Kontrollbefugnis erst postuliert und später wieder zurückgenommen hatte (I.), rückte vor wenigen Jahren eine grundrechtliche Identitätskontrolle als neuer Maßstab in den Vordergrund, was sich nicht unerheblich auf das Verhältnis zum EuGH auswirkte (II.).

---

[85] *Lenaerts*, EuR 2015, 3, 24 m. w. N. zur Rspr. des EuGH.
[86] *Von Danwitz*, in: Tettinger/Stern, Kölner GK GRCh, Art. 53 GRCh Rn. 15.
[87] Vgl. *Hwang*, EuR 2014, 400, 416ff., insb. 417.

I. Der ursprüngliche Solange-Vorbehalt des BVerfG

Am Anfang der Geschichte der verfassungsrechtlichen Vorbehalte gegen die europäische Integration steht die Solange-Rechtsprechung des BVerfG. Da zahllose umfassende Untersuchungen dazu existieren,[88] kann sich die folgende Darstellung auf die Grundzüge beschränken (1.) und sich auf den hinter der Rechtsprechung stehenden Maßstab (3.) und dessen Verankerung im Grundgesetz (2.) konzentrieren.

1. Die Rechtsprechung des BVerfG

Im Solange-I-Beschluss nahm das BVerfG in einer fünf zu drei Entscheidung die Möglichkeit einer Überprüfung des Gemeinschaftsrechts am Maßstab der deutschen Grundrechte für sich in Anspruch,

> „*solange* der Integrationsprozeß der Gemeinschaft nicht so weit fortgeschritten ist, daß das Gemeinschaftsrecht auch einen von einem Parlament beschlossenen und in Geltung stehenden formulierten Katalog von Grundrechten enthält, der dem Grundrechtskatalog des Grundgesetzes adäquat ist."[89]

Zur Begründung verwies das Gericht darauf, dass die, von ihm als Öffnung der nationalen Rechtsordnung verstandene, Übertragung von Hoheitsrechten auf die europäische Ebene nach Art. 24 GG begrenzt sei durch die „Identität" und die „Essentiale der geltenden Verfassung", was insbesondere den Grundrechtsteil des Grundgesetzes umfasse.[90] Wie bereits dargestellt, kam bereits in dieser Entscheidung der Zugang des Gerichts zum Anwendungsvorrang und dessen verfassungsrechtlichen Grenzen zum Ausdruck, der sich seitdem durch die „Vorbehalts"-Rechtsprechung zieht.[91] Allerdings sind zwei Besonderheiten in der Begründung des Solange-I-Beschlusses zu beachten. Zunächst wird der in der jüngeren Rechtsprechung vor allem maßgebliche Art. 79 Abs. 3 GG in der gesamten Entscheidung nicht einmal zitiert. Vielmehr verortet das BVerfG durch den Verweis auf die erforderliche Auslegung von Art. 24 GG im Kontext der Gesamtverfassung die Grenze der Übertragung unmittelbar in Art. 24 GG. Auch in der Literatur wird in diesem Zusammenhang von einer immanenten Grenze des Art. 24 GG gesprochen, wobei allerdings stets Art. 79 Abs. 3 GG in Bezug genommen wird.[92] Das BVerfG hat sich hingegen – abgesehen vom Bezug auf das Zustimmungsgesetz und den Rechtsanwendungs-

---

[88] Siehe nur *H. Sauer*, Jurisdiktionskonflikte in Mehrebenensystemen, S. 287 ff.; *Streinz*, Bundesverfassungsgerichtlicher Grundrechtsschutz und Europäisches Gemeinschaftsrecht, passim sowie *Wendel*, Permeabilität im europäischen Verfassungsrecht, S. 446 ff. m. w. N.

[89] BVerfGE 37, 271, 285 – *Solange I*, Hervorh. d. Verf.

[90] BVerfGE 37, 271, 279 f. – *Solange I*, zum Bezug auf die „Identität" noch sogleich Kap. 3, B. II. 2.

[91] Dazu bereits oben S. 61 ff.

[92] Statt vieler *M. Schröder*, Gesetzesbindung des Richters, S. 109 ff.; s. a. *Calliess*, in:

befehl – weder in der Solange-I-Entscheidung noch in den beiden Folgeentscheidungen ausführlicher zur *rechtlichen* Verankerung des Vorbehalts geäußert. Vielmehr hat es sich – was der zweite bemerkenswerte Aspekt der Begründung ist – auf *tatsächliche* Aspekte konzentriert. Sowohl die Formulierung der oben zitierten Solange-Formel als auch der Hinweis auf den „Stand der Integration" zeigen, dass die – im Senat umstrittene – Einschlägigkeit des Grundrechtsvorbehalts von der tatsächlichen Entwicklung der europäischen Einigung abhängig gemacht wurde.[93] Im weiteren Verlauf der Solange-Rechtsprechung setzte sich das BVerfG daher auch mit dem faktisch zunehmenden Grundrechtsschutz auf europäischer Ebene auseinander.[94] Hatte das Gericht im „Vielleicht"-Beschluss[95] noch offengelassen, ob die eingetretenen Entwicklungen eine Abkehr von der Grundrechtskontrolle ermöglichen,[96] nahm es im einstimmig ergangenen Solange-II-Beschluss eine Neubewertung vor. Ohne auf die weiterhin fehlende Umsetzung eines europäischen Grundrechtskatalogs einzugehen,[97] kam das BVerfG zu dem Schluss, dass „mittlerweile" ein ausgeprägter europäischer Grundrechtsschutzes bestehe.[98] Als Konsequenz drehte das BVerfG seinen Solange-Vorbehalt um und nahm seine eigene Gerichtsbarkeit zurück, *solange* der grundrechtliche Rechtsschutz auf europäischer Ebene „dem vom Grundgesetz als unabdingbar gebotenen Grundrechtsschutz im wesentlichen gleichzuachten ist."[99] Ohne es zu erwähnen, schwenkte das BVerfG damit faktisch auf die Linie der Senatsminderheit aus dem Solange-I-Beschluss um. Im Maastricht-Urteil bestätigte das Gericht die Fortgeltung der Solange-II-Formel, sprach aber auch davon, dass es seine Gerichtsbarkeit über die Anwendbarkeit des abgeleiteten Gemeinschaftsrechts in einem „Kooperationsverhältnis" ausübe.[100] Obwohl dies die erstmalige Erwähnung des Kooperationsverhältnisses

---

Dürig/Herzog/Scholz, GG, Art. 24 Abs. 1 GG Rn. 76 ff. u. 160 ff.; *Classen*, in: v. Mangoldt/Klein/Stark, GG, Art. 24 GG Rn. 24 ff.; jeweils m. w. N.

[93] BVerfGE 37, 271, 280 – *Solange I*; die abw. Meinung der Richter *Rupp*, *Hirsch* und *Wand*, BVerfGE 37, 271, 291 ff. – *Solange I* sah hingegen den Grundrechtsschutz auf europäischer Ebene durch die Rechtsprechung des EuGH bereits als gewährleistet an.

[94] Zur Rspr. des EuGH bereits oben S. 167 ff.; s. a. *Rengeling*, in: FS Stern 2012, S. 881 ff.

[95] BVerfGE 52, 187, 202 f. – *„Vielleicht"-Beschluss*; s. a. BVerfG, Beschl. v. 14.02.1983 – 2 BvR 1461/82 – *Lenk- und Ruhezeiten*, NJW 1983, 1258, 1259.

[96] Zu weiteren Andeutungen des BVerfG seine Rspr. zu ändern siehe *Mayer*, in: von Bogdandy/Bast, Europäisches Verfassungsrecht, S. 559, 573.

[97] Nach *W. Weiß*, in: Niedobitek, Europarecht, § 5 Rn. 174 dort Fn. 253 habe das Gericht dieses Kriterium „vergessen wollen". Zu den unterschiedlichen Anforderungen der Solange-Vorbehalte in formeller und materieller Hinsicht siehe *Streinz*, Bundesverfassungsgerichtlicher Grundrechtsschutz und Europäisches Gemeinschaftsrecht, S. 61 ff.

[98] BVerfGE 73, 339, 378 ff. – *Solange II*; aufgrund der Betonung des Wortes „mittlerweile" wurde auch vom „Mittlerweile"-Beschluss gesprochen, siehe *H. P. Ipsen*, EuR 1987, 1 f. Dagegen überzeugend *Streinz*, Bundesverfassungsgerichtlicher Grundrechtsschutz und Europäisches Gemeinschaftsrecht, S. 41 unter Hinweis auf *Hilf*, EuGRZ 1987, 1 ff.

[99] BVerfGE 73, 339, 378 – *Solange II*.

[100] BVerfGE 89, 155, 174 f. – *Maastricht*.

darstellte, war zunächst unklar, ob das BVerfG damit wieder eine stärkere Rolle einnehmen und die Solange-Formel relativieren wollte.[101] Im Bananenmarkt-Beschluss aus dem Jahr 2000 stellte das BVerfG dann allerdings ausdrücklich klar, dass die Maastricht-Entscheidung keine Abkehr von der Solange-Formel bedeute, zumal diese durch den neuen Art. 23 Abs. 1 Satz 1 GG bestätigt werde.[102] Verfassungsbeschwerden oder Vorlagen von Gerichten, die eine Grundrechtsverletzung durch sekundäres Gemeinschaftsrecht geltend machen, sind demnach bereits unzulässig, sofern der Beschwerdeführer oder das vorlegende Gericht nicht umfassend darlegt, „dass der jeweils als unabdingbar gebotene Grundrechtsschutz *generell* nicht gewährleistet ist."[103] Diese Rechtsprechungslinie wurde später, unter anderem auch im Lissabon-Urteil, ausdrücklich vom BVerfG bestätigt,[104] weshalb von einer Kontinuität gesprochen werden kann.[105] Im Zuge der weiteren Rechtsprechung hat das BVerfG – genauer gesagt sein erster Senat – eine wichtige Klarstellung bzw. Differenzierung vorgenommen: Unzulässig sind die verfassungsrechtlichen Rechtsbehelfe sowohl gegen EU-Verordnungen und -Richtlinien als auch gegen nationale Rechtsvorschriften, die eine Richtlinie umsetzen, soweit dem Gesetzgeber bei der Umsetzung kein Gestaltungsspielraum zukommt. Besteht allerdings ein solcher Gestaltungsspielraum, ist der Rechtsakt also nicht vollständig unionsrechtlich determiniert, bleibt insoweit eine Kontrolle anhand nationaler Grundrechte möglich und sind entsprechende Verfassungsbeschwerden und konkrete Normenkontrollen zulässig.[106] Hintergrund dieser Differenzierung ist, dass nationale Regelungen im vollständig unionsrechtlich determinierten Bereich nur in formeller Hinsicht nationales Recht sind, materiell bzw. faktisch aber EU-Recht darstellen, wel-

---

[101] Siehe nur *Frowein*, ZaöRV 54 (1994), 1, 2 ff. sowie *Epping*, Die Außenwirtschaftsfreiheit, S. 193 ff. m. w. N.

[102] BVerfGE 102, 147, 161 ff. – *Bananenmarktordnung*.

[103] BVerfGE 102, 147, 164 – *Bananenmarktordnung*, Hervorh. d. Verf.

[104] BVerfGE 118, 79, 95 – *Emissionshandel*; BVerfGE 121, 1, 15 – *einstweilige Anordnung Vorratsdatenspeicherung*; BVerfGE 125, 260, 306 – *Vorratsdatenspeicherung*; BVerfGE 123, 267, 335 u. 399 – *Lissabon*; BVerfGE 129, 78, 90 u. 103 – *Cassina*. Jüngst BVerfG, Beschl. v. 08.09.2020 – 1 BvR 895/16 (BeckRS 2020, 26957), Rn. 21 u. 23 f. – *Tabakerzeugnisgesetz*.

[105] *Frenz*, VerwArch 100 (2009), 475, 478 ff.; *Ludwigs*, EuGRZ 2014, 273, 274 f.; anders mit Blick auf die Lissabon-Entscheidung z. B. *Schorkopf*, EuZW 2009, 718, 722. Dagegen aber überzeugend *Ludwigs/Sikora*, EWS 2016, 121, 124; zur Identitätskontrolle sogleich.

[106] BVerfGE 118, 79, 95 ff. – *Emissionshandel*; BVerfGE 121, 1, 15 – *einstweilige Anordnung Vorratsdatenspeicherung*; BVerfGE 122, 1, 20 f. – *Betriebsprämien*; BVerfGE 125, 260, 306 f. – *Vorratsdatenspeicherung*; BVerfGE 129, 78, 90 f. – *Cassina*; BVerfGE 129, 186, 198 f. – *Investitionszulagengesetz*; BVerfGE 133, 277, 313 Rn. 88 – *Antiterrordateigesetz*; BVerfGE 142, 74, 112 Rn. 115 – *Sampling*; BVerfGE 148, 40, 48 Rn. 20 – *Lebensmittelpranger*. Ist der Rechtsweg zu den Fachgerichten nicht eröffnet, kann auch eine auf Vorlage zum EuGH gerichtete Verfassungsbeschwerde zulässig sein, siehe BVerfGE 125, 260, 306 f. – *Vorratsdatenspeicherung*. Hinsichtlich der letzten Entscheidung sieht *M. Bäcker*, EuR 2015, 389, 409 einen unionsrechtlich zulässigen Wandel der Solange-Anknüpfung von der Prüfungs- zur Verwerfungskompetenz.

ches dem Solange-Vorbehalt unterliegt.[107] Als Folge der Unterscheidung nach dem Grad der Determinierung wird der Schutz der Grundrechte in erster Linie zur Aufgabe der Fachgerichte, die für die Frage der unionsrechtlichen Determinierung auch eine Vorlage an den EuGH zu erwägen haben. Das BVerfG nimmt dabei für sich in Anspruch, die Entscheidung für oder gegen eine Vorlage in vollem Umfang zu überprüfen,[108] zumal es bereits in der Solange-II-Entscheidung den EuGH als gesetzlichen Richter i. S. d. Art. 101 Abs. 1 S. 2 GG anerkannt hatte.[109] Im Übrigen gilt die Grundrechtskontrolle des BVerfG gegenüber EU-Sekundärrecht infolge des Festhaltens an der Solange-Formel und des damit verbundenen hohen Begründungsaufwandes für die Zulässigkeit aber als faktisch ausgeschlossen beziehungsweise als rein theoretischer Reservevorbehalt.[110] Warum die Solange-Rechtsprechung gleichwohl weiterhin eine zentrale Bedeutung hat, wird deutlich, wenn man ihren Hintergrund und ihren Einfluss auf den Maßstab der Integration anschaut.

2. *Die Solange-Methode als Teil des Grundgesetzes*

Entsprechend der Abhängigkeit des Integrationsverständnisses vom jeweiligen Maßstab gilt es auch für die Grundrechtskontrolle, die rechtliche Grundlage genauer zu betrachten. Den Ausgangspunkt bildet somit die, in Art. 23 Abs. 1 S. 1 GG niedergelegte Verpflichtung zur Mitwirkung an einer EU, die „einen diesem Grundgesetz im wesentlichen vergleichbaren Grundrechtsschutz gewährleistet", womit die Solange-Rechtsprechung des BVerfG ausdrücklich ins positive Recht übertragen wurde.[111] Folge dieser Kodifizierung ist aber zunächst nur, dass für die Zurücknahme der bundesverfassungsgerichtlichen Prüfungskompetenz eine eindeutige Rechtsgrundlage im GG besteht.[112] Ob die von der Solange-Formel bzw. von Art. 23 Abs. 1 S. 1 GG aufgestellte Rechts-

---

[107] *Ludwigs/Sikora*, EWS 2016, 121, 124.

[108] Siehe nur BVerfGE 142, 74, 112 Rn. 115 f. – *Sampling*; BVerfGE 129, 78, 103 – *Cassina*; dazu, dass die Determinierung von BVerfG und EuGH durchaus unterschiedlich verstanden wird siehe nur *Britz*, EuGRZ 2015, 275, 277 ff.

[109] BVerfGE 73, 339, 366 – *Solange II*; aus jüngerer Zeit BVerfGE 135, 155, 230 Rn. 176 ff. m. w. N. – *Filmförderungsgesetz*. Zu den Maßstäben bei der Überprüfung der (unterlassenen) Vorlage s. a. BVerfGE 129, 186, 199 ff., insb. 204 – *Investitionszulagengesetz*.

[110] *Dörr*, DVBl 2006, 1088, 1092; *Limbach*, EuGRZ 2000, 417, 420; *Ruffert*, DVBl 2009, 1197, 1205; aus jüngerer Zeit *Dederer*, JZ 2014, 314 sowie *Ludwigs/Sikora*, EWS 2016, 121, 124; dazu und zur Mahnungsfunktion s. a. *Wollenschläger*, in: Dreier, GG Kommentar, Bd. II, Art. 23 GG Rn. 86 m. w. N.

[111] Bericht der GVK, BT-Drucks. 12/6000 v. 05.11.1993, S. 21; BVerfGE 102, 147, 163 f. – *Bananenmarktordnung*; *Durner*, in: Isensee/Kirchhof, HdbStR Bd. X, 2012, § 216 Rn. 15; *Hobe*, in: Friauf/Höfling, Berliner Kommentar zum GG, Art. 23 GG Rn. 34; *Scholz*, in: Dürig/Herzog/Scholz, GG, Art. 23 GG Rn. 80; *Streinz*, in: Sachs, GG, Art. 23 GG Rn. 41; zuvor bereits *Cornils*, AöR 129 (2004), 336, 342 m. w. N.

[112] So auch schon *Kischel*, Der Staat 39 (2000), 523; kritisch mit Blick auf die gebotene Einzelfallkontrolle hingegen *Dörr*, Der europäisierte Rechtsschutzauftrag deutscher Gerichte, S. 121 ff., insb. S. 123; dazu sogleich.

bedingung erfüllt ist, lässt sich dem GG hingegen nicht unmittelbar entnehmen.[113] Dass Art. 23 Abs. 1 S. 1 GG die normative Anknüpfung, nicht aber den unmittelbaren rechtlichen Maßstab für die Grundrechtskontrolle von EU-Sekundärrecht bildet, wird deutlich, wenn man sich den hinter ihm stehenden Grundgedanken der „Solange-Methode“[114] noch einmal vor Augen führt. Nach *Armin von Bogdandy* und *Luke Dimitrios Spieker* besteht jede Solange-Methode aus drei Elementen: Zunächst werden die Maßstäbe einer Rechtsordnung (A) auf Rechtsakte einer anderen Rechtsordnung (B) angewendet, wobei die Einhaltung der Maßstäbe die Grundvoraussetzung für die Kooperation beider Rechtsordnungen bildet. Weiterhin dürfen die Gerichte von A die Rechtsakte von B anhand der eigenen Maßstäbe prüfen. Der eigentliche Kern ist aber schließlich die Vermutungsregel, dass die Rechtsakte von B den Kooperationsvoraussetzungen von A entsprechen.[115] Übertragen auf die Grundrechtsstandards von GG und EU-Recht stützt sich diese – bislang nicht widerlegte – Vermutungsregel der Solange-Formel darauf, dass die Standards „im Wesentlichen gleich“ seien.[116] Die in Art. 23 Abs. 1 S. 1 GG verankerte Solange-Methode ist somit vornehmlich eine, im Sinne der angesprochenen Vermutung vorgeprägte, Entscheidungsregel für die Frage, welcher Maßstab bei der Grundrechtskontrolle zur Anwendung kommt. Damit verbunden ist die Notwendigkeit einer Gegenüberstellung der materiell-rechtlichen Standards sowie der prozessualen Möglichkeiten zur Geltendmachung.[117] Da das BVerfG naturgemäß konkrete Fälle zu entscheiden hat, ist mit der Solange-Methode die nicht unproblematische Frage verbunden, ob und wie im Rahmen von Einzelfällen festgestellt werden kann, inwieweit der Grundrechtsschutz auf europäischer Ebene „generell“ gewährleistet bzw. „im Wesentlichen vergleichbar“ mit dem des GG ist.[118] Insoweit finden sich in der Literatur sowohl Stimmen, die eine einzelfallbezogene Kontrolle der Grundrechte fordern[119] als auch solche, die für eine generelle Abgrenzung im Sinne eines Mindeststandards plädieren.[120] Letztlich ist diese

---

[113] Allgemein zu den auch nach der Einführung von Art. 23 Abs. 1 S. 1 GG bestehenden Unklarheiten siehe nur *Streinz*, in: Sachs, GG, Art. 23 GG Rn. 41 u. 43 m. w. N. Zur Einordnung der Solange-Formel als Rechtsbedingung siehe *Cornils*, AöR 129 (2004), 336, 374.

[114] Zum Begriff und zur Rezeption der „Solange-Methode“ bereits oben S. 74 f.

[115] *Von Bogdandy/Spieker*, EuR 2020, 301, 316.

[116] *Von Bogdandy/Spieker*, EuR 2020, 301, 316 u. 328 f.; zur Nichtwiderlegung sogleich.

[117] *Hobe*, in: Friauf/Höfling, Berliner Kommentar zum GG, Art. 23 GG Rn. 35 unter Hinweis auf BVerfGE 102, 147, 164 – *Bananenmarktordnung*; zur materiellen und prozessualen Komponente der Formel auch *Uerpmann-Wittzack*, in: von Münch/Kunig, GG, Art. 23 GG Rn. 48 sowie *Streinz*, in: Sachs, GG, Art. 23 GG Rn. 42 u. 44.

[118] *Huber*, in: Merten/Papier, HGR Bd. VI/2, § 172 Rn. 65 unter Hinweis auf *Horn*, DVBl 1995, 89, 91.

[119] Exemplarisch aus jüngerer Zeit *Dederer*, JZ 2014, 314, 317 m. w. N.

[120] Dazu insb. *Huber*, in: FS Klein, S. 111, 119 f. sowie *Huber*, in: Pernice/Schwarz, Europa in der Welt, S. 329, 350 ff., der auf eine Sicherung des Wesensgehalts als Kriterium abstellt. Zustimmend *Simon*, Grenzen des Bundesverfassungsgerichts im europäischen Integra-

Frage aber vornehmlich theoretischer Natur. In Anbetracht der geschilderten Rechtsprechung des BVerfG und der nunmehr seit über einem Jahrzehnt geltenden EU-Grundrechtecharta besteht in der Praxis kein ernsthafter Zweifel daran, dass die EU einen Grundrechtsschutz gewährleistet, welcher „im Wesentlichen vergleichbar" mit dem des GG ist.[121] Da somit die Bedingung des Art. 23 Abs. 1 S. 1 GG erfüllt ist, können abschließend die Folgen für den unmittelbaren Maßstab betrachtet werden.

3. *Bedeutung für den Maßstab der Grundrechtskontrolle*

Insgesamt sind mit der Solange-Methode und ihrer Verankerung im GG zwei wesentliche Auswirkungen für den Integrationsmaßstab verbunden. Zunächst ergibt sich aus der Solange-Methode, welcher unmittelbare grundrechtliche Maßstab an die Kontrolle von EU-Sekundärrecht angelegt wird. Solange und soweit der grundgesetzliche Mindeststandard auch auf Ebene der EU gewahrt ist, bedeutet Art. 23 Abs. 1 S. 1 GG eine Einschränkung von Anwendung und Maßgeblichkeit des nationalen Grundrechtsschutzes.[122] Die Rücknahme des grundgesetzlichen Maßstabs ist dabei unmittelbar an die Bedingung geknüpft, dass wegen der Übernahme des Grundrechtsschutzes durch die EU-Ebene keine Schutzlücke entsteht.[123] Mit anderen Worten wird der nationale Grundrechtsschutz in dem Umfang deaktiviert, wie der Schutz der EU-Grundrechte aktiviert wird.[124] Insoweit geht es, entsprechend dem Grundgedanken der Solange-Methode nicht darum, nationale Grundrechte dauerhaft gegenüber EU-Sekundärrechtsakten in Stellung zu bringen. Vielmehr findet im Vertrauen auf die Wahrnehmung des grundrechtlichen Rechtsschutzes durch den EuGH,[125] ein Maßstabswechsel hin zu den EU-Grundrechten statt. Entsprechend der geschilderten Differenzierung des BVerfG betrifft dieser Maßstabswechsel aber nicht solche Rechtsakte, bei denen ein Spielraum des nationalen Gesetzgebers besteht, da insoweit verfassungsgerichtliche Rechtsbehelfe zulässig und eine Überprüfung anhand der nationalen Grundrechte möglich blei-

---

tionsprozess, S. 119 f.; s. a. *Polzin*, Verfassungsidentität, S. 185 m. w. N., die auf die „generelle einzelfallunabhängige Grenzziehung" durch Art. 23 Abs. 1 S. 1 GG hinweist.

[121] *Classen*, in: v. Mangoldt/Klein/Stark, GG, Art. 23 GG Rn. 45; *Hobe*, in: Friauf/Höfling, Berliner Kommentar zum GG, Art. 23 GG Rn. 36 ff.; *Uerpmann-Wittzack*, in: von Münch/Kunig, GG, Art. 23 GG Rn. 50; *Wollenschläger*, in: Dreier, GG Kommentar, Bd. II, Art. 23 GG Rn. 85; vor Inkrafttreten der EU-Grundrechtecharta bereits *Dörr*, Der europäisierte Rechtsschutzauftrag deutscher Gerichte, S. 125 f.; zur Rechtsprechung bereits oben S. 184 f.

[122] *Huber*, in: Pernice/Schwarz, Europa in der Welt, S. 329, 350 ff.

[123] Vgl. *Cornils*, AöR 129 (2004), 336, 339 u. dort Fn. 7 sowie *Hufeld*, in: Hufeld/Epiney/Merli, Europäisches Verfassungsrecht, S. 41, 61 f.

[124] *Hufeld*, in: Hufeld/Epiney/Merli, Europäisches Verfassungsrecht, S. 41, 59 verwendet dieses Bild für die Setzung von Sekundärrecht und die damit verbundene Anwendung der EU-Grundrechtecharta; zur damit aufgeworfenen Abgrenzungsfrage sogleich.

[125] So auch das BVerfG in BVerfGE 123, 267, 399 – *Lissabon*.

ben.[126] Mit dieser Differenzierung ist zugleich die zweite wesentliche Aussage der Solange-Formel angesprochen. Lässt man für den Moment die jüngste Entwicklung zum Recht auf Vergessen außer Acht, liegt der Solange-Rechtsprechung des BVerfG nämlich eindeutig eine „Trennungsthese" zugrunde, wonach nationaler und unionaler Grundrechtsraum stets voneinander geschieden sind.[127] In Übereinstimmung mit der früheren Rechtsprechung des EuGH unterliegt demnach ein Sachverhalt entweder dem einen oder dem anderen grundrechtlichen Maßstab. Während im vollständig determinierten Bereich nur die EU-Grundrechte zur Geltung kommen, gilt dies entsprechend für die nationalen Grundrechte im nicht vollständig determinierten Bereich.[128] Auch wenn das BVerfG die Anwendung der EU-Grundrechte für den nicht determinierten Bereich nie ausdrücklich ausgeschlossen hat, ergibt sich damit eine Alternativität des Grundrechtsschutzes, was im Sinne einer Vermeidung von Rechtsprechungskonkurrenzen auch dem Solange-Gedanken entspricht.[129] Letztlich kommt in der Trennung auch aus Sicht des BVerfG die Notwendigkeit einer einheitlichen Anwendung des EU-Rechts zum Ausdruck.[130] Insgesamt ist mit der Solange-Formel also sowohl eine Aussage über das grundsätzliche Verhältnis von nationalen und unionalen Grundrechten als auch über den anzuwenden grundrechtlichen Maßstab verbunden. Das Besondere ist dabei, dass der entscheidende Maßstab für die Integration nicht (mehr) in den nationalen Grundrechten, sondern allgemeiner in der Wahrnehmung eines effektiven Grundrechtsschutzes verortet wird. War das BVerfG zunächst insoweit skeptisch gegenüber der europäischen Ebene, ist das Erreichen des Solange-Standards inzwischen unstreitig, zumal die EU mit der EU-Grundrechtecharta über einen geschriebenen Grundrechtskatalog verfügt. Dies bedeutet allerdings nicht, dass sich die Auseinandersetzung um den europäischen Grundrechtsschutz erledigt hat. Vielmehr hat sich nur der Schwerpunkt der Diskussion verlagert. Wurde die Solange-Rechtsprechung insbesondere vor dem Hintergrund eines „Untermaßes" an grundrechtlichem Rechtsschutz entwickelt, prägt mit Blick auf die dargestellte, extensive Auslegung der EU-Grundrechtecharta durch den EuGH eher die Sorge vor einem „Übermaß" die jüngere Debatte.[131] In diesem Zusam-

[126] Dazu bereits oben S. 184.

[127] Ausdrücklich BVerfGE 123, 267, 334 – *Lissabon*; zu Begriff und Inhalt der „Trennungsthese" siehe *Thym*, NVwZ 2013, 889, 892; ähnlich *Toros/M. Weiß*, ZJS 2020, 100, 101.

[128] Sehr deutlich BVerfG, Beschl. v. 27.07.2004 – 1 BvR 1270/04 (NJW 2004, 1346 f.); zur EuGH-Rechtsprechung bereits oben S. 169 u. 175 f. Kritisch zur Nichtanwendung der deutschen Grundrechte im vollständig determinierten Bereich *Classen*, EuR 2021, 92, 99 ff., 103 f. u. 111. Dagegen wiederum BVerfGE 152, 216, 234 f. Rn. 45 – *Recht auf Vergessen II*.

[129] *W. Weiß*, in: Niedobitek, Europarecht, § 5 Rn. 131 m. w. N.; s. a. *Britz*, EuGRZ 2015, 275, 278 sowie *Masing*, JZ 2015, 477, 481. Zum fehlenden Ausschluss der Doppelgeltung siehe *Thym*, NVwZ 2013, 889, 894; zur neuen Rspr. des BVerfG siehe noch Kap. 3, C. II. u. III.

[130] So auch *Britz*, EuGRZ 2015, 275, 276; zur Rspr. siehe nur BVerfGE 73, 339, 386 – *Solange II* sowie BVerfGE 142, 123, 186 f. Rn. 117 – *OMT-Urteil*.

[131] Dazu *Giegerich*, ZEuS 2016, 3, 12 ff.; ähnlich *Calliess*, NVwZ 2019, 684, 690 m. w. N.;

menhang ist auch die stärkere Hinwendung des BVerfG zur Identitätskontrolle in der späteren Rechtsprechung zu sehen.

II. Zum Maßstabswechsel durch die grundrechtliche Identitätskontrolle

Ausgelöst durch die geschilderte weitreichende Interpretation der EU-Grundrechtecharta durch den EuGH steht inzwischen die Identitätskontrolle des BVerfG auch im Rahmen des Grundrechtsschutzes im Zentrum der Diskussion (1.), wobei die Bedeutung dieses Maßstabswechsels für den Solange-Vorbehalt nach wie vor nicht eindeutig ist (2.). In jedem Fall wirkt sich die grundrechtliche Identitätskontrolle aber auf das Kooperationsverhältnis mit dem EuGH im Bereich der Grundrechte aus (3.).

1. Die Reaktion des BVerfG auf die Ausweitung des Anwendungsbereichs der EU-Grundrechtecharta

Nur zwei Monate nach den EuGH-Urteilen in den Rechtssachen *Åkerberg Fransson* und *Melloni* nahm das BVerfG in der Entscheidung über eine Verfassungsbeschwerde gegen das Antiterrordateigesetz[132] Stellung zur geschilderten Neuausrichtung des europäischen Grundrechtsschutzes durch den EuGH. In dieser Entscheidung stellte das BVerfG zunächst fest, dass das Antiterrordateigesetz nur an den deutschen Grundrechten zu messen sei. Obwohl es Berührungspunkte zum Unionsrecht gebe, bestehe kein Anlass für eine Vorlage an den EuGH. Das Antiterrordateigesetz sei nicht unionsrechtlich determiniert und auch nach den Maßstäben der „Acte-claire-Rechtsprechung" des EuGH liege unzweifelhaft keine Durchführung im Sinne des Art. 51 Abs. 1 Satz 1 GRCh vor.[133] Anschließend betonte das Gericht, dass sich aus der Åkerberg-Fransson-Entscheidung nichts anderes ergebe und dieser

> „keine Lesart unterlegt werden [darf], nach der diese offensichtlich als Ultra-vires-Akt zu beurteilen wäre oder Schutz und Durchsetzung der mitgliedstaatlichen Grundrechte in einer Weise gefährdete (Art. 23 Abs. 1 Satz 1 GG), dass dies die Identität der durch das Grundgesetz errichteten Verfassungsordnung in Frage stellte."[134]

Auch wenn bzw. gerade weil das BVerfG dem EuGH-Urteil keinen Ultra-vires-Charakter unterstellte, lassen sich die Ausführungen des Verfassungsgerichts als deutliche Kritik an der Ausdehnung des Anwendungsbereichs der Unionsgrundrechte auf Kosten der nationalen Grundrechte verstehen.[135] Nicht nur in

---

s. a. den Untertitel bei *Thym*, NVwZ 2013, 889 („Zu viel Grundrechtsschutz?"). Zur Ausweitung der Grundrechtsbindung durch den EuGH bereits oben S. 170 ff.

[132] BVerfGE 133, 277 – *Antiterrordateigesetz*.

[133] BVerfGE 133, 277, 313 Rn. 88 ff. – *Antiterrordateigesetz*.

[134] BVerfGE 133, 277, 316 Rn. 91 – *Antiterrordateigesetz*.

[135] Deutlich *Gärditz*, JZ 2013, 633, 635; *Rabe*, NJW-Editorial Heft 21/2013 sowie *Schwar-*

diesem Urteil wurde das Ziel deutlich, den Anwendungsbereich der EU-Grundrechtecharta dadurch zu begrenzen, dass das BVerfG für sich in Anspruch nimmt, den Begriff der Durchführung selbständig und ohne Vorlage an den EuGH zu bestimmen.[136] Dabei stehen hinter dem Urteil des BVerfG weniger inhaltlich unterschiedliche Grundrechtsmaßstäbe als die Sorge, durch eine zunehmende Ausdehnung des EU-Grundrechtsschutzes an Bedeutung zu verlieren.[137] Die vom EuGH mit der Ausdehnung postulierte Doppelgeltung ist aus Sicht des BVerfG nämlich in zweifacher Hinsicht problematisch.[138] Zunächst bestimmt sich das Ausmaß der Doppelgeltung allein nach der vom EuGH vorgenommenen Auslegung der Art. 51 und 53 GRCh. Einfluss könnte das BVerfG nur über das Vorlageverfahren nehmen, was aus Sicht des BVerfG aber nicht nur unzureichend, sondern gleichbedeutend mit einer Unterordnung wäre.[139] Gleichzeitig droht das BVerfG auch im innerstaatlichen Gerichtsgefüge an Einfluss zu verlieren, da nunmehr immer häufiger die „Stunde der Fachgerichte“[140] schlägt, die – gewissermaßen am BVerfG vorbei – gemeinsam mit dem EuGH den Grundrechtsschutz übernehmen.[141] Dieser doppelte Bedeutungsverlust ist für das BVerfG deshalb so problematisch, weil der Schutz der Grundrechte nicht nur zu seinen zentralen Aufgaben zählt, sondern auch für sein hohes Ansehen sowie sein Selbstverständnis von elementarer Bedeutung ist.[142]

Die kritische Haltung des BVerfG gegenüber der Ausweitung des Anwendungsbereichs der EU-Grundrechtecharta setzte sich auch im Urteil zum Europäischen Haftbefehl vom 15. Dezember 2015 fort, als das Gericht die im Antiterrordateigesetz-Urteil nur angedrohte Identitätskontrolle tatsächlich aktivierte.[143] Hatte das Gericht in vorherigen Urteilen nur Andeutungen hinsichtlich möglicher Inhalte einer sekundärrechtlichen Identitätskontrolle gemacht,[144] postulierte es nunmehr eine ausdrückliche Konkretisierung der

---

ze, DVBl 2014, 537, 541; s. a. *Edenharter*, Grundrechtsschutz in föderalen Mehrebenensystemen, S. 714 ff. m. w. N.

[136] *Giegerich*, ZEuS 2016, 3, 15 spricht unter Hinweis auf das Antiterrordateigesetz-Urteil sowie BVerfG, Beschl. v. 26.04.2014 – 1 BvR 3185/09 (NJW 2014, 1874 ff.), Rn. 32 – *Flashmob* von einer „eigenmächtigen Fehlinterpretation“ des BVerfG.

[137] Besonders deutlich *Gärditz*, JZ 2013, 633, 636 m. w. N.; s. a. *Schwerdtfeger*, EuR 2015, 290, 304, die eine inhaltliche Annäherung der Maßstäbe erkennt.

[138] Dazu und zum Folgendem *Thym*, JZ 2015, 53, 55 f.

[139] *Giegerich*, ZEuS 2016, 3, 15 f.; zur Rspr. des EuGH bereits oben S. 170 ff., insb. S. 175 f.

[140] *Kingreen*, JZ 2013, 801, 808 f.; zur Rolle der Fachgerichte bereits oben S. 185.

[141] *Thym*, JZ 2015, 53, 56.

[142] Zur Bedeutung des Grundrechtsschutzes für das BVerfG siehe nur *Giegerich*, ZEuS 2016, 3, 15 f. sowie *Haltern*, Europarecht: Dogmatik im Kontext, Bd. II, S. 701 Rn. 1630.

[143] BVerfGE 140, 317 – *Identitätskontrolle*.

[144] In BVerfGE 123, 267, 413 – *Lissabon* zählte das Gericht den in Art. 1 Abs. 1 GG verankerten Schuldgrundsatz zur Verfassungsidentität; zu weiteren möglichen Gehalten siehe auch *Classen*, JZ 2009, 881, 887 f. In BVerfGE 125, 260, 324 – *Vorratsdatenspeicherung* betonte das Gericht, allerdings in einem nationalen Kontext, dass es zur verfassungsrechtlichen

Kontrolle in Bezug auf den Grundrechtsschutz. So stellte das BVerfG fest, dass es einen schwerwiegenden Grundrechtsverstoß wie die Verletzung der Menschenwürde durch sekundäres Unionsrecht – ungeachtet seiner bisherigen Solange-Rechtsprechung – im Rahmen der Identitätskontrolle prüfe.[145] Obwohl das Gericht die Notwendigkeit einer einheitlichen Anwendung des EU-Rechts betont, zieht es gleichwohl mit der in Art. 79 Abs. 3 GG niedergelegten Verfassungsidentität des GG eine Grenze für den Anwendungsvorrang, die auch im Falle einer unionsrechtlichen Determinierung greift.[146] Zur geschützten Verfassungsidentität zählt das BVerfG insbesondere auch die Grundsätze des Art. 1 GG, die „keine Relativierung im Einzelfall [dulden]", weshalb es

> „im Wege der Identitätskontrolle den gemäß Art. 23 Abs. 1 Satz 3 in Verbindung mit Art. 79 Abs. 3 und Art. 1 Abs. 1 GG unabdingbar gebotenen Grundrechtsschutz uneingeschränkt und im Einzelfall [gewährleistet]."[147]

Während das BVerfG im Antiterrordateigesetz-Urteil mit dem Verweis auf die Identitätskontrolle und die fehlende Determinierung noch die strenge Trennung der Grundrechtsräume betonte,[148] gibt es diese Trennung mit der ausdrücklichen Erstreckung des Kontrollanspruchs auch auf unionsrechtlich determinierte Bereiche nunmehr in Teilen auf.[149] Gleichwohl steht auch hinter dem Urteil zum Europäischen Haftbefehl nichts anderes als die fortgesetzte kritische Haltung des BVerfG gegenüber der EuGH-Rechtsprechung zur EU-GRCh. Dies wird besonders deutlich, wenn man sich vor Augen führt, dass es in dem zu entscheidenden Fall in mehrfacher Hinsicht auf die Identitätskontrolle gar nicht ankam und sich die Ausführungen des BVerfG somit überwiegend als *obiter dicta* erweisen.[150] Zunächst fehlte es bereits an einer unionsrechtlich determinierten Maßnahme, sodass eine Prüfung anhand der nationalen Grundrechte auch ohne Rückgriff auf die Verfassungsidentität möglich gewesen wäre.[151] Darüber hinaus bestand auch inhaltlich keine Notwendigkeit einer Aktivierung der *grundgesetzlichen* Menschenwürde. Schließlich ist nach der Rechtsprechung des EuGH und nunmehr auch durch Art. 1 GRCh, der sich nicht nur hinsichtlich der Formulierung an Art. 1 Abs. 1 GG orientiert, der Schutz der Menschenwürde auch innerhalb der europäischen Grundrechtsord-

---

Identität der Bundesrepublik gehöre, dass die Freiheitswahrnehmung der Bürger nicht total erfasst und registriert werden dürfe.

[145] BVerfGE 140, 317, 333 Rn. 34 – *Identitätskontrolle.*

[146] BVerfGE 140, 317, 334 Rn. 36 ff. – *Identitätskontrolle*; zur Identitätskontrolle siehe noch Kap. 4, B.

[147] BVerfGE 140, 317, 341 Rn. 48 f. – *Identitätskontrolle.*

[148] *Hwang*, EuR 2014, 400, 405.

[149] *Nettesheim*, JZ 2016, 424, 425; zur Aufrechterhaltung der Trennung im Übrigen BVerfGE 140, 317, 335 Rn. 39 a. E. – *Identitätskontrolle.*

[150] Sehr deutlich *Schönberger*, JZ 2016, 422 f. u. 424 sowie *H. Sauer*, NJW 2016, 1134, 1135 f.; s. a. *Swoboda*, ZIS 2018, 267, 287 m. w. N.

[151] *H. Sauer*, NJW 2016, 1134 ff.; *Schönberger*, JZ 2016, 422, 423.

nung zweifelsfrei garantiert.[152] Wenn das BVerfG gleichwohl die grundrechtliche Identitätskontrolle aktiviert, wird deutlich, dass Letztere vorrangig ein Mittel zum Zweck darstellt und dem BVerfG zur Stärkung der eigenen Rolle im europäischen Grundrechtsschutz dient.[153] Schließlich gibt die Identitätskontrolle dem BVerfG ein äußerst anpassungsfähiges Werkzeug an die Hand, mit dem es sich als eigenständiger Akteur im Bereich der Grundrechtskontrolle behaupten kann.[154] Damit ist allerdings wieder das grundsätzliche Verhältnis von EuGH und BVerfG und der zwischen ihnen bestehende Konflikt über ein „letztes Wort", hier im Bereich des Grundrechtsschutzes, aufgeworfen. Wie bereits dargelegt, ist der Blick auf die Motive dabei zweitrangig. Erklärt er doch nur, warum das BVerfG seinen eigenen Kontrollanspruch überhaupt aktualisiert bzw. ausgebaut hat. Wiederum ist es zielführender, den grundrechtlichen Integrationsmaßstab in den Blick zu nehmen. Die entscheidende Frage ist daher, welche Auswirkungen der Maßstabswechsel hin zur Identitätskontrolle hat und wie sich dieser neue grundrechtliche Maßstab zum ursprünglichen Solange-Vorbehalt verhält.

2. Die unterschiedlichen Maßstäbe von grundrechtlicher Identitätskontrolle und Solange-Vorbehalt

Mit den Worten *Halterns* hat das BVerfG in den Urteilen zur Antiterrordatei sowie zum Europäischen Haftbefehl mit angedrohter Ultra-vires- und durchgeführter Identitätskontrolle „größtmögliche Geschütze aufgefahren".[155] Wenn man bedenkt, dass das Gericht die Åkerberg-Fransson-Entscheidung zunächst in die Nähe eines Ultra-vires-Aktes gerückt, den Gesamtkomplex der Grundrechtsrechtsprechung dann aber nicht als Ultra-vires-, sondern als grundrechtsbezogenes Identitätsproblem behandelt hat, ist eine genauere Analyse des neuen gerichtlichen Maßstabs angezeigt.

Im Ausgangspunkt könnte eine extensive Auslegung der Art. 51 und 53 GRCh durch den EuGH, jedenfalls wenn dadurch zusätzliche Kompetenzen für die EU geschaffen würden, durchaus einen Ultra-vires-Akt darstellen.[156] Bei kritischer Betrachtung wird allerdings schnell klar, wieso das BVerfG im Urteil zum Europäischen Haftbefehl nicht auf die Ultra-vires-Kontrolle zurückgegriffen hat. In Anbetracht der vom EuGH vorgebrachten argumentativen Absiche-

---

[152] *Giegerich*, ZEuS 2016, 3, 34 f.; s. a. *Blanke/Pilz*, EuR 2020, 270, 291 sowie *Polzin*, Verfassungsidentität, S. 183.

[153] *Giegerich*, ZEuS 2016, 3, 35.

[154] *H. Sauer*, NJW 2016, 1134, 1137; zur Selbstbehauptung des BVerfG auch *Nettesheim*, JZ 2016, 424, 426 u. 428.

[155] *Haltern*, Europarecht: Dogmatik im Kontext, Bd. II, S. 701 Rn. 1629.

[156] So auch *Huber*, in: Pernice/Schwarz, Europa in der Welt, S. 329, 356 ff., insb. S. 360 f.; s. a. *Baumann*, in: Elser/Eugster/Kind u. a., Das letzte Wort, S. 121, 130 f. sowie *E. Klein*, in: Niedobitek/Sommermann, Die EU als Wertegemeinschaft, S. 59, 74.

rung der eigenen Rechtsprechung auf der einen und der hohen Voraussetzungen für die Ultra-vires-Kontrolle aus dem Honeywell-Beschluss[157] auf der anderen Seite, sind erhebliche Zweifel angebracht, ob die Ausweitung des Anwendungsbereichs der EU-Grundrechte durch den EuGH tatsächlich als *ultra vires* eingestuft werden kann.[158] Auch der Solange-Vorbehalt kann, nicht nur aufgrund seiner „kaum unüberwindbare[n] Hürden" für die Zulässigkeit,[159] sondern auch und vor allem wegen seiner Ausrichtung gegen ein „Zuwenig" an europäischem Grundrechtsschutz, nicht ohne Weiteres gegen ein – mutmaßliches oder tatsächliches – „Zuviel" in Stellung gebracht werden.[160] Letztlich bleibt damit für das BVerfG mit der Identitätskontrolle nur der dritte Integrationsvorbehalt übrig, den das Gericht daher in Bezug auf die Grundrechtskontrolle konkretisiert hat.

Mit der grundrechtlichen Identitätskontrolle nimmt das BVerfG für sich in Anspruch, im Falle einer Verletzung der Menschenwürde den Grundrechtsschutz uneingeschränkt und im Einzelfall zu gewährleisten.[161] Dass es dabei nicht nur um die Menschenwürde als eigenständiges Grundrecht,[162] sondern auch und vor allem um die Wahrung des Menschenwürdekerns der übrigen Grundrechte des GG geht, wurde inzwischen auch vom BVerfG ausdrücklich bestätigt.[163] Aufgrund der somit jedenfalls im Grundsatz bestehenden Möglichkeit einer – auf den Menschenwürdegehalt bezogenen – Grundrechtskontrolle in jedem Einzelfall, wird in der Literatur diskutiert, inwieweit dies eine Aufgabe der Linie des Solange-II- bzw. Bananenmarkt-Beschlusses bedeutet und die Entscheidung als „Solange III"[164] zu bezeichnen ist.[165] Dafür spricht, dass das BVerfG *de facto* – wenn auch in begrenztem Umfang – vom generel-

---

157 BVerfGE 126, 286 – *Honeywell*; zu den Kriterien noch Kap. 5, B. I. 3.

158 Siehe nur *Gärditz*, JZ 2013, 633, 636 dort Fn. 31 sowie *Thym*, NVwZ 2013, 889, 891, der auch Zweifel beim BVerfG erkennt. Zur Rechtslage vor Inkrafttreten der EU-GRCh bereits *Huber*, EuR 2008, 190, 197.

159 *Schwarze*, Zukunftsaussichten für das Europäische Öffentliche Recht, S. 31; zur Reservefunktion des Solange-Vorbehalts siehe bereits oben S. 185.

160 *Huber*, EuR 2008, 190, 196 a. E.; zum Wandel der Diskussion siehe bereits oben S. 188.

161 BVerfGE 140, 317, 341 Rn. 48 f. – *Identitätskontrolle*.

162 *Burchardt*, ZaöRV 76 (2016), 527, 543 f.; *Calliess*, NVwZ 2019, 684, 689 f.

163 BVerfGE 142, 123, 195 Rn. 138 – *OMT-Urteil*; s. a. BVerfG, Beschl. v. 06.09.2016 – 2 BvR 890/16 (BeckRS 2016, 51435), Rn. 36 ff.

164 Der Begriff „Solange III" tauchte bereits zuvor in unterschiedlichen Bedeutungen in der Literatur auf. In den 90er Jahren wurde unter „Solange III" die Notwendigkeit einer Einschränkung von Solange II diskutiert, dazu *Ehlermann*, EuR Beiheft 1 (1991), 27, 28 ff. sowie *Pernice*, in: GS Grabitz, S. 523, 528; jeweils m. w. N. Umgekehrt spricht beispielsweise *Hobe*, in: FS Stern 2012, S. 745, 760 anlässlich der Kontrolleinschränkung im Honeywell-Beschluss von einer „Solange III"-Entscheidung. Schließlich ließe sich auch argumentieren, dass der Bananenmarkt-Beschluss wegen seiner Modifikation der Solange-Formel hin zum *generellen* Maßstab als Solange-III-Beschluss bezeichnet werden könnte.

165 Für eine solche Bezeichnung siehe nur *Burchardt*, ZaöRV 76 (2016), 527 ff., insb. 543; *Kühne*, StV 2016, 299 ff. sowie ausf. *Hong*, Der Menschenwürdegehalt der Grundrechte, S. 484 ff.; gegen diese Bezeichnung *Ludwigs/Sikora*, EWS 2016, 121, 124 dort Fn. 43.

len Maßstab der Solange-Rechtsprechung abweicht, soweit eine Verletzung der Menschenwürde in Rede steht.[166] Andererseits hat das BVerfG den Solange-Vorbehalt gerade nicht aufgegeben und stellt ihn auch in jüngerer Zeit ausdrücklich neben die Identitätskontrolle.[167] Zudem spricht auch das Gericht selbst bei der Bezugnahme auf das Urteil zum Europäischen Haftbefehl von einer Identitäts- und nicht einer Grundrechtskontrolle.[168] Wenn also einiges dafür spricht, dass beide Kontrollvorbehalte grundsätzlich weiterhin nebeneinander stehen, ist bei der Bezeichnung „Solange III" eine gewisse Zurückhaltung angezeigt. Die wird umso deutlicher, wenn man die Maßstäbe beider Vorbehalte miteinander vergleicht.

Ein erster entscheidender Unterschied beider Vorbehalte, der zugleich gegen die Bezeichnung „Solange III" spricht, besteht bereits in sprachlicher Hinsicht. So muss zunächst einmal festgehalten werden, dass das Wort „solange" bei der Formulierung der grundrechtlichen Identitätskontrolle durch das BVerfG schlicht nicht auftaucht. Dies ist auch nicht etwa unerheblich,[169] da mit dem Begriff nicht nur die beiden ursprünglichen Solange-*Beschlüsse* in Bezug genommen werden, sondern vor allem die daraus abgeleitete Solange-*Methode*. Diese wird geprägt durch ein temporäres Element (Solange I) und die Rücknahme des eigenen Kontrollanspruchs im Vertrauen auf die Einhaltung der Kontrollmaßstäbe durch eine andere Rechtsordnung bzw. Rechtsprechungsinstanz (Solange II).[170] Richtig ist zwar, dass es nicht allein an dem Wort „solange" hängt, ob eine Entscheidung inhaltlich der Solange-Methode folgt. Doch selbst wenn man annehmen wollte, das BVerfG stelle die Identitätskontrolle nur vorrübergehend auf, fehlt für die Einordnung als „Solange III" sowohl eine Andeutung, den Kontrollanspruch in Zukunft möglicherweise wieder zurückzunehmen, als auch die ausdrückliche Verknüpfung zum ursprünglichen Solange-Vorbehalt bzw. dessen ausdrückliche Modifikation.

Doch auch unabhängig von diesen sprachlichen bzw. methodischen Aspekten, ist die Bezeichnung „Solange III" nicht unproblematisch, da sie einen inhaltlichen Bezug zu den ersten beiden Solange-Entscheidungen suggeriert, der in Wirklichkeit nur teilweise vorhanden ist. Zunächst ist nicht von der Hand zu weisen, dass es in beiden Fällen um einen grundrechtlichen Maßstab für die

---

[166] *Burchardt*, ZaöRV 76 (2016), 527, 543 spricht von einer „Relativierung des Solange-Vorbehalts"; *Nettesheim*, JZ 2016, 424, 427 vom „faktische[n] Ende". Zur Beschränkung der Abweichung siehe nur *H. Sauer*, NJW 2016, 1134, 1135 f.

[167] In BVerfGE 140, 317, 337 Rn. 43 – *Identitätskontrolle* gibt das Gericht den Solange-Vorbehalt gerade nicht auf. Auch in BVerfGE 152, 216, 235 Rn. 47 ff. – *Recht auf Vergessen II* werden beide Vorbehalte klar unterschieden. In Bezug auf Ultra-vires- und Identitätskontrolle s. a. BVerfG, Beschl. v. 18.05.2016 – 1 BvR 895/16 (NVwZ 2016, 1171 ff.), Rn. 28 f. – *einstweilige Anordnung Tabakerzeugnisgesetz*.

[168] BVerfGE 147, 364, 378 Rn. 34 – *Haftbedingungen*; auch *Ludwigs/Sikora*, EWS 2016, 121, 124 sehen eine „konsequente Abschichtung" beider Vorbehalte.

[169] Anders aber *Hong*, Der Menschenwürdegehalt der Grundrechte, S. 485.

[170] Dazu bereits oben S. 74 f. u. 186.

Integration geht. Eine scheinbare Überschneidung deutete sich auch im ersten Solange-Urteil an. Dort verwies das Gericht auf „die Grundstruktur der Verfassung, auf der ihre Identität beruht" als Grenze für die Übertragung von Hoheitsrechten nach Art. 24 GG und hob in diesem Zusammenhang insbesondere den Grundrechtsteil des GG als „unaufgebbares, zur Verfassungsstruktur des Grundgesetzes gehörendes Essentiale der geltenden Verfassung" hervor.[171] Als das Gericht dann im Lissabon-Urteil die Verfassungsidentität als Integrationsgrenze etablierte, wurde darin bereits die Möglichkeit für eine, vom Solange-Vorbehalt gelöste, Grundrechtskontrolle in jedem Einzelfall gesehen.[172] *Dieter Grimm* versteht die Identitätskontrolle des Lissabon-Urteils deshalb auch als Erweiterung oder Neuakzentuierung der Grundrechtskontrolle[173] und spricht im Zusammenhang mit dem Urteil zur Antiterrordatei von der „grundrechtsgeprägte[n] deutschen Verfassungsidentität".[174] Mit dem Urteil zum Europäischen Haftbefehl sowie der nachfolgenden Rechtsprechung hat dann auch das BVerfG die Identitätskontrolle ausdrücklich auf den Menschenwürdekern der Grundrechte erweitert. Nimmt man nun an, dass jedes Grundrecht des GG einen solchen Menschenwürdekern besitzt,[175] würde die ursprüngliche Solange-Rechtsprechung, nicht nur wegen ihrer hohen Anforderungen an die Zulässigkeit, sondern auch inhaltlich derart an Bedeutung verlieren, dass es in Zukunft vornehmlich auf die grundrechtliche Identitätskontrolle ankäme.[176] Teilweise wird auch von einer Vereinheitlichung nicht nur der Identitäts- und Grundrechtskontrolle, sondern auch der Ultra-vires-Kontrolle unter dem Dach der Identitätskontrolle gesprochen.[177]

---

[171] BVerfGE 37, 271, 275 f. – *Solange I*; s. a. BVerfGE 58, 1, 40 – *Eurocontrol I*; BVerfGE 73, 339, 375 f. – *Solange II*.

[172] Vgl. *Schorkopf*, EuZW 2009, 718, 722; anders mit Blick auf die Anforderungen des Solange-Vorbehalts *Thym*, Der Staat 48 (2009), 559, 569.

[173] *Grimm*, Der Staat 48 (2009), 475, 486.

[174] *Grimm*, JZ 2013, 585, 592; s. a. *Rengeling*, in: FS Stern 2012, S. 881 unter Hinweis auf *Stern*, Das Staatsrecht der Bundesrepublik Deutschland, Bd. III/1, § 61.

[175] In BVerfGE 93, 226, 293 – *„Soldaten sind Mörder"* spricht das BVerfG von der „Menschenwürde als Wurzel aller Grundrechte". Umgekehrt gehört z. B. nach BVerfGE 94, 49, 103 – *Sichere Drittstaaten* das Asylrecht nicht zum Gewährleistungsgehalt von Art. 1 Abs. 1 GG. Ob *alle* Grundrechte einen Menschenwürdekern haben, ist nach wie vor äußerst umstritten. Siehe dazu *Dreier*, in: Dreier, GG Kommentar, Bd. I, Art. 1 GG Rn. 162 ff. sowie *Herdegen*, in: Dürig/Herzog/Scholz, GG, Art. 1 Abs. 1 GG Rn. 26 f. u. Art. 79 GG Rn. 114 ff. u. 123 ff.; monographisch *Hong*, Der Menschenwürdegehalt der Grundrechte, passim; zu den damit verbunden Problemen bei den Integrationsvorbehalten sogleich.

[176] Deutlich *Giegerich*, ZEuS 2016, 3, 14; s. a. *Karaosmanoğlu/Ebert*, DVBl 2016, 875, 878 ff. sowie die Nachweise oben Kap. 3 Fn. 166.

[177] Ausf. *Dederer*, JZ 2014, 314 ff., insb. 316 f.; s. a. *Kempen*, in: Schöbener, Lexikon Europarecht, Stichwort Integrationskontrolle (BVerfG) Rn. 1956 f. Ähnlich *H. Sauer*, EuR 2017, 186 ff., der auf S. 189 von einem „Gesamtkonzept" der Identitätskontrolle spricht; ebenso *Burchardt*, ZaöRV 76 (2016), 527, 542 ff. Zur Bedeutung der Vereinigung noch Kap. 4, B. I. 2. u. 3.

Diesbezüglich ist aber nicht nur wegen der parallelen Aufrechterhaltung des Solange-Vorbehalts durch das BVerfG, sondern auch deshalb Zurückhaltung angezeigt, weil andernfalls eine Vermischung der verschiedenen Maßstäbe droht. Wie bereits festgestellt, erfasst die grundrechtliche Identitätskontrolle nur den Menschenwürdekern und nicht alle Grundrechte des GG, weshalb sie insoweit weniger weitreichend ist und den Solange-Vorbehalt, wenn überhaupt, nur teilweise ersetzen kann.[178] Auch aus dem Identitätsbezug in den Solange-Entscheidungen folgt nichts anderes, da dort für die Begründung der Grundrechtskontrolle nicht auf Art. 79 Abs. 3 GG und die „Verfassungsidentität" rekurriert wurde, sondern auf eine immanente Grenze von Art. 24 GG.[179] Vor allem aber wird bei einer weitgehenden Gleichsetzung von Identitäts- und Solange-Vorbehalt der Maßstab des Art. 23 Abs. 1 S. 1 GG übersehen, in dem der ursprüngliche Solange-Vorbehalt grundgesetzlich verankert wurde.[180] Aus diesem Grund muss auch die Ausgangsfragestellung präzisiert werden. Es geht nicht darum, wie sich die Identitätskontrolle zur Solange-*Rechtsprechung* verhält und ob insoweit eine Änderung der Rechtsprechung hin zu „Solange III" vorliegt. Der entscheidende Punkt ist vielmehr, wie sich die Identitätskontrolle zum in Art. 23 Abs. 1 S. 1 GG niedergelegten grundrechtlichen Solange-*Maßstab* verhält. Bemerkenswert ist in diesem Zusammenhang, dass Art. 23 Abs. 1 S. 1 GG im Urteil zum Europäischen Haftbefehl vom BVerfG nur bezüglich des grundgesetzlichen Integrationsauftrags und des Grundsatzes der Europarechtsfreundlichkeit, nicht aber als direkter Maßstab für die Grundrechtskontrolle zitiert wird.[181] Im Verfahren zum Tabakerzeugnisgesetz findet sich zwar im Rahmen der Entscheidung zur einstweiligen Anordnung ein Bezug auf Art. 23 Abs. 1 GG, der allerdings im späteren Nichtannahmebeschluss nicht mehr auftaucht.[182] Wie das Gericht im Bananenmarkt-Beschluss allerdings selbst festgehalten hat,[183] ist gerade der erste Satz von Art. 23 Abs. 1 GG die entscheidende Norm für den Grundrechtsschutz im Rahmen der europäischen Integration, die hinsichtlich des Maßstabs nicht auf die Menschenwürde im Einzelfall abstellt, sondern darauf, ob der Grundrechtsschutz auf europäischer Ebene „generell" gewährleistet bzw. „im Wesentlichen vergleichbar" ist.[184] Es ist mit anderen Worten der integrationsrechtliche „Clou" des in Art. 23 Abs. 1 S. 1 GG

[178] Vgl. *Nettesheim*, JZ 2016, 424, 428; s. a. *H. Sauer*, NJW 2016, 1134, 1135 f.

[179] *Schwerdtfeger*, EuR 2015, 290, 297; dazu bereits oben S. 182. Zur Bedeutung der „Identität" im Solange-Beschluss s. a. *Polzin*, Verfassungsidentität, S. 42 ff. u. 77 f.

[180] Dazu bereits oben S. 185 ff.

[181] BVerfGE 140, 317, 335 Rn. 37, 338 Rn. 45 u. 342 Rn. 49 – *Identitätskontrolle*.

[182] BVerfG, Beschl. v. 18.05.2016 – 1 BvR 895/16 (NVwZ 2016, 1171 ff.), Rn. 29 – *einstweilige Anordnung Tabakerzeugnisgesetz*; Beschl. v. 08.09.2020 – 1 BvR 895/16 (BeckRS 2020, 26957), Rn. 24 – *Tabakerzeugnisgesetz*.

[183] BVerfGE 102, 147, 161 ff., insb. 163 – *Bananenmarktordnung*, wobei das Gericht die eigene Rechtsprechung in Art. 23 Abs. 1 S. 1 GG nur „bekräftigt" sieht.

[184] *Polzin*, Verfassungsidentität, S. 184 f.; *Schwerdtfeger*, EuR 2015, 290, 298 unter Hinweis auf *H. Sauer*, Jurisdiktionskonflikte in Mehrebenensystemen, S. 476.

umgesetzten Solange-Ansatzes, dass ein genereller, vom Einzelfall gelöster Maßstab zur Beurteilung des grundrechtlichen Schutzes gewählt wurde. Wenn das BVerfG gleichwohl den Maßstab von Art. 23 Abs. 1 S. 1 GG hin zu Art. 23 Abs. 1 S. 3 GG i. V. m. Art. 79 Abs. 3 GG verschiebt, stellt sich nicht nur die Frage nach dem Verhältnis beider Sätze, sondern auch nach der Anwendbarkeit dieses eigentlich primärrechtsbezogenen Maßstabs auf das EU-Sekundärrecht. Während darauf noch im Rahmen der Identitätskontrolle zurückzukommen sein wird, gilt es zunächst, die handfesten Auswirkungen auf den inhaltlichen Prüfungsmaßstab bei einer Grundrechtskontrolle zu betrachten. Mit der Einführung der grundrechtlichen Identitätskontrolle und ihrer teilweisen Verdrängung des Solange-Maßstabs muss bei jeder sekundärrechtsbezogenen Grundrechtskontrolle nun differenziert werden, ob eine „normale" Grundrechtsverletzung vorliegt oder eine solche, die den Menschenwürdekern berührt.[185] Ebenso besteht die Gefahr einer weitgehenden Vermischung und Überstrapazierung verfassungsrechtlicher Maßstäbe. Wenn Art. 1 Abs. 1 GG bzw. der Menschenwürdekern ins Zentrum des Grundrechtsschutzes rückt, droht eine „Ausfransung"[186] der Menschenwürde, womit zugleich die differenzierte Systematik der einzelnen Grundrechte des GG übergangen würde.[187] Wenn dann noch von *Peter M. Huber* und *Sven Simon* eine Gleichsetzung von Menschenwürdekern und Wesensgehaltsgarantie des Art. 19 Abs. 2 GG ins Spiel gebracht und Letzterer als Teil der Verfassungsidentität bezeichnet wird,[188] droht eine vollständige Vermischung der verfassungsrechtlichen Grundrechtsmaßstäbe.[189] Ist die Argumentation mit den verfassungsrechtlichen „Letztmaßstäben" der Verfassungsidentität und der Menschenwürde im gerichtlichen Alltag ohnehin problematisch,[190] wird sie durch eine unklare Abgrenzung nochmal erheblich erschwert.

---

[185] *H. Sauer*, NJW 2016, 1134, 1135 u. 1137; *H. Sauer*, EuR 2017, 186, 190 f.

[186] *Nettesheim*, JZ 2016, 424, 427; ähnlich *Burchardt*, ZaöRV 76 (2016), 527, 544.

[187] *Polzin*, Verfassungsidentität, S. 186; *Schönberger*, JZ 2016, 422, 424; s. a. *Nettesheim*, JZ 2016, 424, 427 u. 428, nach dem über Art. 1 Abs. 2 GG sogar die Schutzgehalte der EMRK in die Identitätskontrolle einbezogen werden können.

[188] *Huber*, in: Pernice/Schwarz, Europa in der Welt, S. 329, 349 unter Hinweis auf *Huber*, in: v. Mangoldt/Klein/Stark, GG, 6. Aufl., Art. 19 Abs. 2 GG Rn. 126 ff.; zustimmend *Simon*, Grenzen des Bundesverfassungsgerichts im europäischen Integrationsprozess, S. 117. Beide beziehen sich aber auf den Solange-Vorbehalt und nicht auf die grundrechtliche Identitätskontrolle.

[189] Für eine weitgehende Gleichsetzung von Wesensgehalt und Menschenwürdekern siehe nur *Huber*, in: v. Mangoldt/Klein/Stark, GG, Art. 19 GG Rn. 121 ff., der aber die Gegenmeinung als h. M. bezeichnet. Zur Trennung siehe deutlich BVerfGE 109, 279, 310 f. – *Großer Lauschangriff* sowie BVerfGE 125, 260, 322 – *Vorratsdatenspeicherung*. Aus der Literatur statt vieler *Dreier*, in: Dreier, GG Kommentar, Bd. I, Art. 1 I GG Rn. 162 ff. u. Art. 19 II GG Rn. 20 sowie *Herdegen*, in: Dürig/Herzog/Scholz, GG, Art. 79 GG Rn. 115. Kritisch zur Ausweitung des Menschenwürdekerns auch *Polzin*, Verfassungsidentität, S. 186.

[190] *Lepsius*, JöR 63 (2015), 63, 67 u. 84; s. a. *H. Sauer*, EuR 2017, 186, 196; für eine zurückhaltende Verwendung der Verfassungsidentität auch *Schönberger*, JZ 2016, 422, 423.

Insgesamt gibt es somit derart gewichtige Unterschiede zwischen den hinter Solange- und Identitätsvorbehalt stehenden Maßstäben, dass nicht von einer vollständigen Neuausrichtung der Grundrechtskontrolle auszugehen ist. Sowohl in sprachlicher als auch in inhaltlicher Hinsicht ist daher auch die Bezeichnung „Solange III" abzulehnen, da sie den partiellen Maßstabswechsel durch die Identitätskontrolle nur unzureichend erfasst. Gleichwohl hat der teilweise Wechsel auf die Identitätskontrolle nicht unerhebliche Auswirkungen. Zwar halten sich die geschilderten verfassungsrechtlichen Probleme bislang in Grenzen, weil das BVerfG nur zurückhaltenden Gebrauch von der neuen Möglichkeit einer umfassenden Grundrechtskontrolle im Einzelfall macht.[191] Doch sollte nicht übersehen werden, dass der erfolgte Maßstabswechsel die Möglichkeiten und Grenzen einer gerichtlichen Kooperation im Bereich des Grundrechtsschutzes erheblich beeinflusst.

3. Auswirkungen des partiellen Maßstabswechsels auf die gerichtliche Kooperation

Wie bereits umfassend dargelegt, hängen die Chancen einer gerichtlichen Kooperation und die Möglichkeiten der Erarbeitung eines gemeinsamen Integrationsverständnisses entscheidend von den jeweiligen Maßstäben ab. So beeinflusst der unterschiedliche Maßstab von Solange-Methode und Identitätskontrolle auch die gerichtliche Kooperation im Bereich der Grundrechte. Bei Art. 23 Abs. 1 S. 1 GG wird der nationale Maßstab zurückgenommen und dem europäischen Grundrechtsschutz somit Raum gelassen, was entscheidend zur Vermeidung einer Rechtsprechungskonkurrenz beiträgt. Demgegenüber bedeutet die Identitätskontrolle über Art. 23 Abs. 1 S. 3 GG i. V. m. Art. 79 Abs. 3 GG die Anwendung eines verfassungsrechtlichen Maßstabs auf das EU-Recht. Ungeachtet der noch zu behandelnden, nicht unerheblichen dogmatischen Probleme, die mit der Anwendung dieses nationalen Maßstabs gegenüber dem EU-Sekundärrecht verbunden sind, führt die Identitätskontrolle somit wieder zu einem Nebeneinander nicht nur der grundrechtlichen Maßstäbe, sondern auch und vor allem der gerichtlichen Zuständigkeit.[192] Trotz der bisherigen Zurückhaltung des BVerfG, eine Identitätsverletzung in Bezug auf den grundrechtlichen Schutz im Rahmen der EU durch die EU-GRCh tatsächlich festzustellen, ist somit die grundsätzliche Gefahr eines divergierenden Grundrechtsschutzes gegeben.

In diesem Zusammenhang hat das BVerfG zwar Hürden für die Aktivierung der Identitätskontrolle aufgestellt, allerdings erweisen sich diese bei genauer

[191] Vgl. *Polzin*, Verfassungsidentität, S. 186 unter Hinweis auf BVerfG, Beschl. v. 06.09.2016 – 2 BvR 890/16 (BeckRS 2016, 51435), Rn. 34 ff.

[192] *Burchardt*, ZaöRV 76 (2016), 527, 544.

Betrachtung als ambivalent. Zunächst reklamiert das BVerfG das Entscheidungsmonopol[193] für sich und betont bereits im zweiten Leitsatz, dass sich

> „[d]ie strengen Voraussetzungen für eine Aktivierung der Identitätskontrolle in erhöhten Zulässigkeitsanforderungen an entsprechende Verfassungsbeschwerden nieder[schlagen].“[194]

Schon das Entscheidungsmonopol erweist sich als zweischneidiges Schwert. Bedenkt man, dass die Verpflichtung, den Menschenwürdekern gegenüber dem EU-Recht zu sichern, letztlich alle deutschen Gerichte und Behörden trifft, bestehen Zweifel, ob und inwieweit tatsächlich eine Bündelung der Identitätskontrolle beim BVerfG möglich ist bzw. ob das Entscheidungsmonopol nicht sogar ins Gegenteil einer (Vorab-)Kontrolle aller deutschen Behörde und Fachgerichte führt.[195] Auch die „erhöhten Zulässigkeitsvoraussetzungen“ erweisen sich als problematisch. Die teilweise beschriebene Gefahr, mit erhöhten Anforderungen ginge eine Einschränkung des Individualrechtsschutzes einher,[196] sollte dabei nicht überbewertet werden. Wie dargestellt, hat das BVerfG mit der grundrechtlichen Identitätskontrolle keine vollständige Neuorientierung des Grundrechtsschutzes vorgenommen, sondern nur einen partiellen Maßstabswechsel, der ihm sogar mehr Zugriffsmöglichkeiten eröffnet.[197] So bleibt letztlich auch unklar, inwieweit die Zulässigkeitsanforderungen tatsächlich eine Einschränkung darstellen.[198] Selbst wenn sie eine Einschränkung bedeuten, hat dies ambivalente Auswirkungen. Einerseits führt dies zu einer reduzierten Eskalationsmöglichkeit im Verhältnis zum EuGH, andererseits wird die Möglichkeit eines Austauschs mit dem EuGH eingeschränkt. Eine sehr ähnliche Ambivalenz im Hinblick auf die Kooperation der Gerichte weisen schließlich die Ausführungen des BVerfG zur Vorlage an den EuGH im Rahmen der Identitätskontrolle auf. So weist das Gericht darauf hin, dass es seine Kontrollbefugnisse zurückhaltend sowie europafreundlich ausübe und es „soweit erforderlich“ auch bei der Identitätskontrolle die Auslegung zugrunde lege, die der jeweiligen Maßnahme in einem Vorabentscheidungsverfahren durch den EuGH gegeben wurde.[199] Da das BVerfG im OMT-Beschluss noch auf die Formulierung „soweit erforderlich“ verzichtet hatte,[200] war zunächst unklar, ob mit dem Urteil zum Europäischen Haftbefehl eine Einschränkung der Vorlagebereitschaft bzw. -pflicht verbunden war.[201] Inzwischen hat das Ge-

[193] BVerfGE 140, 317, 337 Rn. 43 – *Identitätskontrolle*.

[194] BVerfGE 140, 317, Ls. 2, 333 Rn. 34 u. 341 Rn. 50 – *Identitätskontrolle*.

[195] *Burchardt*, ZaöRV 76 (2016), 527, 540 f.; s. a. *Schnettger*, Verbundidentität, S. 368 ff.

[196] In diese Richtung *Swoboda*, ZIS 2018, 267, 285 u. 288 f.

[197] Sehr deutlich *Kühne*, StV 2016, 299, 300; zum weiten Zugriff bereits oben S. 192.

[198] *Burchardt*, ZaöRV 76 (2016), 527, 533 f.

[199] BVerfGE 140, 317, 339 Rn. 46 – *Identitätskontrolle*.

[200] BVerfGE 134, 366, 384 f. Rn. 27 – *OMT-Vorlagebeschluss*.

[201] Dazu ausf. *Burchardt*, ZaöRV 76 (2016), 527, 535 ff.; s. a. *Nettesheim*, JZ 2016, 424, 426.

richt allerdings klargestellt, dass eine Prüfung der Verletzung des Rechts auf den gesetzlichen Richter infolge einer unterlassenen Vorlage des Fachgerichts an den EuGH Vorrang vor der Prüfung einer Verletzung der Verfassungsidentität hat.[202] Dies ist zwar grundsätzlich positiv im Hinblick auf eine Kooperation mit dem EuGH zu bewerten,[203] allerdings findet der eigentliche Austausch über das EU-Recht damit in erster Linie wieder zwischen Fachgerichten und EuGH statt. Sollte anschließend das BVerfG dem EuGH nochmals als Vorstufe einer Verletzung der Verfassungsidentität vorlegen, besteht die Gefahr, dass die Vorlage nicht als Kooperationsinstrument, sondern eher als letzte Warnung an den EuGH fungiert.[204] Das Potenzial eines möglichen und nötigen unmittelbaren Austauschs über Art. 4 Abs. 2 S. 1 EUV und die Verfassungsidentität bleibt dann weitgehend ungenutzt.[205] Während auf die Möglichkeiten und Grenzen einer solchen Kooperation im Gesamtbereich der Identitätskontrolle noch zurückzukommen sein wird, erweist sich die grundrechtliche Ausrichtung der Identitätskontrolle allein eher als hinderlich für die Ausprägung gemeinsamer Grundrechtsmaßstäbe. Allerdings darf auch an dieser Stelle der indirekte Dialog der Gerichte nicht unterschätzt werden.[206] Zudem sei noch einmal betont, dass sich das BVerfG bisher mit der Feststellung einer Grundrechtsverletzung im Wege der Identitätskontrolle zurückgehalten hat. Schließlich deutet sich auch in der jüngsten Rechtsprechung des BVerfG eine entscheidende Wende hin zu einer unmittelbaren Kooperation beim Grundrechtsschutz an.

C. Zwischenergebnis und Ausblick: Von der mittelbaren zur unmittelbaren Kooperation

Abschließend ist es möglich, die Entwicklung der grundrechtlichen Maßstäbe von EuGH und BVerfG zu vergleichen und angesichts der jüngsten Rechtsprechung des BVerfG einen Ausblick auf künftige Herausforderungen zu wagen. Die grundrechtliche Rechtsprechung im Rahmen der europäischen Integration war lange Zeit geprägt durch einen mittelbaren Austausch, der trotz konfrontativer Elemente zur Entwicklung und Festigung eines europäischen Grundrechtsschutzes beigetragen hat (I.). Führte dies bereits zu einer Annäherung

[202] BVerfGE 147, 364, 378 Rn. 34 ff. u. 388 Rn. 59 – *Haftbedingungen*.

[203] So auch *W. Weiß*, in: Niedobitek, Europarecht, § 5 Rn. 175.

[204] Dass diese Gefahr durchaus real ist, zeigt die erste Vorlage des BVerfG im Rahmen einer Ultra-vires-Kontrolle; dazu *Kämmerer/Kotzur*, NVwZ 2020, 177, 182 sowie bereits oben S. 72 f.

[205] *Burchardt*, ZaöRV 76 (2016), 527, 538 f. u. 550; dazu auch noch Kap. 4, A. u. C.

[206] Speziell beim Urteil zum Europäischen Haftbefehl sieht *Haltern*, Europarecht: Dogmatik im Kontext, Bd. II, S. 511 Rn. 1244 eine „Kommunikation durch Entschärfung". Für eine kooperative Sicht s. a. *Karaosmanoğlu/Ebert*, DVBl 2016, 875, 880 f.

hinsichtlich der Maßstäbe, eröffnen die Beschlüsse des BVerfG zum Recht auf Vergessen aus dem Jahr 2019 (II.), den Weg hin zu einer unmittelbaren Kooperation der Gerichte auf Basis der EU-GRCh (III.).

I. Der europäische Grundrechtsschutz als Folge eines mittelbaren gerichtlichen Dialogs

Obwohl es im Bereich des Grundrechtsschutzes bislang zu keiner Vorlage des BVerfG an den EuGH gekommen ist, sollte dies nicht als vollständiges Fehlen eines gerichtlichen Austauschs gedeutet werden. Vielmehr ist der europäische Grundrechtsschutz auch die Folge einer Reihe von Urteilen, die zwar nicht im unmittelbaren Austausch, aber doch in Reaktion aufeinander im Sinne eines mittelbaren Dialogs ergangen sind. Besonders deutlich wird dies schon in der Anfangsphase des europäischen Grundrechtsschutzes. Ungeachtet der Frage, ob nun der EuGH oder das BVerfG für den entscheidenden Anstoß verantwortlich ist,[207] wurde die grundsätzliche Etablierung eines europäischen Grundrechtsschutzes durch beide Gerichte vorangetrieben. Dass beide Gerichte nicht losgelöst voneinander agierten, zeigt nicht zuletzt die Solange-Rechtsprechung des BVerfG, die den nationalen Grundrechtsmaßstab in Abhängigkeit vom jeweiligen, durch die Urteile des EuGH erreichten, Stand des Grundrechtsschutzes auf europäischer Ebene aktiviert bzw. deaktiviert hat. So hat auch der EuGH seine anfängliche Zurückhaltung hinsichtlich eines eigenständigen europäischen Grundrechtsschutzes schnell aufgegeben. Obwohl beide Gerichte im Sinne einer strengen Trennung der Grundrechtsräume nur ihren jeweils eigenen Maßstab unmittelbar herangezogen haben, bestand hinsichtlich der grundsätzlichen Notwendigkeit eines grundrechtlichen Maßstabs für die europäische Integration früh Einigkeit. Gleichzeitig war mit der Solange-Rechtsprechung die Vermutung verbunden, dass der neue europäische Grundrechtsmaßstab dem des GG entspricht bzw. mit den Worten des Art. 23 Abs. 1 S. 1 GG im Wesentlichen vergleichbar ist. Auch wenn damit kein umfassend einheitlicher Grundrechtsmaßstab etabliert wurde, bedeutete der mittelbare Austausch doch eine Entspannung des grundsätzlich fortbesehenden Dissenses von EuGH und BVerfG über den Zugang zur europäischen Integration.

Dieser grundlegende Widerspruch, der sich insbesondere im abweichenden Verständnis des Anwendungsvorrangs manifestiert, trat im späteren Verlauf der Grundrechtsrechtsprechung beider Gerichte wieder deutlicher zu Tage. Mit der zunehmenden Ausweitung der Geltung der EU-Grundrechte bzw. der EU-GRCh für die Mitgliedstaaten, die der EuGH im Interesse einer einheitlichen Anwendung des EU-Rechts vornahm, wurde die vormals klare Trennung der Grundrechtsräume zunehmend verwischt. Dies führte wiederum auf Seiten des

[207] Dazu bereits oben S. 71 u. 168 f.

BVerfG dazu, dass es mit der grundrechtlichen Identitätskontrolle wieder verstärkt auf einen nationalen Maßstab setzte. Auch die in diesem Zusammenhang ergangenen Entscheidungen beider Gerichte, namentlich die Rechtssachen *Åkerberg Fransson* und *Melloni* sowie die Urteile zur Antiterrordatei und zum Europäischen Haftbefehl, sind im Sinne von Aktion und Reaktion Ausdruck eines mittelbaren Austauschs.[208] Wie bereits geschildert, hat sich mittlerweile der Diskussionskern aus Sicht des BVerfG vom anfänglichen „Zuwenig" an europäischem Grundrechtsschutz hin zu einem „Zuviel" verlagert.[209] Während nunmehr unstreitig sein dürfte, dass nicht nur das GG, sondern auch die EU „grundrechtsgeprägt" ist,[210] stoßen die Trennung der Grundrechtsräume sowie der nur mittelbare Austausch zunehmend an ihre Grenzen, zumal die Auseinandersetzung beider Gerichte immer auch ihre eigene Stellung berührt. Vor diesem Hintergrund stellen die Beschlüsse des BVerfG zum sogenannten „Recht auf Vergessenwerden" aus dem Jahr 2019 eine äußerst bemerkenswerte Entwicklung im europäischen Grundrechtsschutz dar, da sich das Gericht dort für eine unmittelbare Kooperation anhand der EU-GRCh öffnet.

II. Prüfung der EU-Grundrechtecharta durch das BVerfG

Bedenkt man die große Bedeutung vergleichbarer Maßstäbe für die gerichtliche Kooperation auf der einen und die, nicht zuletzt aufgrund ihrer rechtsvergleichenden Geschichte, vorhandene inhaltliche Nähe der EU-GRCh zu den nationalen Grundrechten auf der anderen Seite, stellt sich die Frage, ob nicht die EU-GRCh sowie darauf bezogene Vorlagen des BVerfG an den EuGH den Dreh- und Angelpunkt der grundrechtlichen Kooperation der Gerichte bilden könnte. Bereits einige Zeit vor den jüngsten Urteilen des BVerfG nahm der Österreichische Verfassungsgerichtshof aufgrund des unionsrechtlichen Äquivalenzgrundsatzes an, dass im Einzelfall auch die EU-GRCh einen Prüfungsmaßstab für das gerichtliche Verfahren bilden könne und er selbst in Fragen der EU-GRCh vorlageverpflichtetes Gericht sei.[211] Auch in der Literatur wurde bereits zu diesem Zeitpunkt diskutiert, ob für das BVerfG ein entsprechendes Vorgehen in Frage komme.[212] Das BVerfG hat hingegen bisher in ständiger

---

[208] Zur Prägung der jüngeren Rechtsprechung durch „gerichtliche Gegenreaktionen" und (mittelbaren) Dialog siehe *Haltern*, Europarecht: Dogmatik im Kontext, Bd. II, S. 698 Rn. 1623 ff.; *Nettesheim*, JZ 2016, 424, 426; *H. Sauer*, Staatsrecht III, S. 213 Rn. 39 dort Fn. 588 sowie *Swoboda*, ZIS 2018, 267 ff., insb. 280 ff.

[209] Zur Verlagerung des Diskussionsschwerpunkts bereits oben S. 188 u. 193 ff.

[210] *Rengeling*, in: FS Stern 2012, S. 881, 900; zum Begriff bereits oben S. 195.

[211] ÖstVfGH, Erk. v. 14.03.2012 – U 466/11–18 u. a. (VfSlg. 19.632/2012), Pkt. 5.5 ff.

[212] *M. Bäcker*, EuR 2015, 389, 404 ff., insb. 410 ff.; *Frenzel*, Der Staat 53 (2014), 1, 14; *Griebel*, DVBl 2014, 204, 207 ff. Wegen der Zuständigkeitsregeln nur für eine Inzidentprüfung *Thym*, JZ 2015, 53 ff., insb. 60. Generell kritisch wegen der unterschiedlichen Dimensionen der verschiedenen Grundrechte bzw. Rechtsordnungen *Komárek*, EuConst 9 (2013), 420, 443 ff.

Rechtsprechung eine Berücksichtigung des EU-Rechts als Prüfungsmaßstab für nationales Recht im Rahmen von Verfassungsbeschwerden oder Normenkontrollen abgelehnt und sich darauf beschränkt zu prüfen, ob die diesbezüglich zuständigen Fachgerichte ihrer Vorlagepflicht an den EuGH nachgekommen sind.[213] Gegenüber dieser Rechtsprechung nimmt das BVerfG nun mit den Beschlüssen *Recht auf Vergessen I und II*[214] eine spektakuläre Wende vor. In der Zusammenschau beider Beschlüsse (1.) vollzieht das BVerfG eine grundlegende Neuausrichtung seines europäischen Grundrechtsschutzes, dessen Auswirkungen auf den bisherigen Integrationsmaßstab (2.) sowie das Verhältnis zum EuGH noch nicht vollständig absehbar sind (3.).

1. Die Beschlüsse Recht auf Vergessen I und II des BVerfG

Mit den beiden Beschlüssen zum „Recht auf Vergessen"[215] nimmt das BVerfG eine umfassende Neujustierung des Grundrechtsschutzes und seiner eigenen diesbezüglichen Rolle vor, die kontrovers diskutiert wird.[216] Obwohl beide Entscheidungen am gleichen Tag ergangen sind und auch hinsichtlich des grundrechtlichen Maßstabs in einem sehr engen Zusammenhang stehen, betreffen sie zwei unterschiedliche Konstellationen. Während der Beschluss *Recht auf Vergessen II* den vollständig unionsrechtlich determinierten Bereich betrifft, bestand hinsichtlich der im Beschluss *Recht auf Vergessen I* behandelten Materie ein Gestaltungsspielraum der Mitgliedstaaten.[217] Das BVerfG spricht diesbezüglich von einer „Unterscheidung zwischen vollständig vereinheitlichtem und gestaltungsoffenem Unionsrecht".[218] Da die angesprochene Differenzierung bereits in früheren Entscheidungen des Senats eine entscheidende Rolle spielte, knüpfen beide Beschlüsse jedenfalls im Ausgangspunkt an die bestehende Rechtsprechung an.

---

[213] BVerfGE 31, 145, 174 f. – *Milchpulver*; BVerfGE 82, 159, 191 f. – *Absatzfonds*; BVerfGE 110, 141, 154 f. – *Kampfhunde*; BVerfGE 114, 196, 220 – *Beitragssatzsicherungsgesetz*; BVerfGE 115, 276, 299 f. – *Sportwetten*; BVerfGE 135, 155, 229 Rn. 172 u. 230 Rn. 176 ff. – *Filmförderungsgesetz*; BVerfGE 136, 69, 91 f. Rn. 42 – *Gigaliner*; s. a. *Detterbeck*, in: Sachs, GG, Art. 93 GG Rn. 27a.

[214] BVerfGE 152, 152 – *Recht auf Vergessen I*; BVerfGE 152, 216 – *Recht auf Vergessen II*.

[215] Mit Blick auf Art. 17 DSGVO wäre die Bezeichnung „Recht auf Vergessen*werden*" zutreffender, worauf auf auch *J. M. Hoffmann*, NVwZ 2020, 33, 34; *Kühling*, NJW 2020, 275 ff. sowie *Peifer*, GRUR 2020, 34 ff. hinweisen. Gleichwohl wird hier an der offiziellen Bezeichnung des BVerfG für die Beschlüsse festgehalten.

[216] Siehe nur die Besprechungen von *Classen*, EuR 2021, 92 ff.; *Muckel*, JA 2020, 233 ff.; *Muckel*, JA 2020, 237 ff.; *M. Sachs*, JuS 2020, 282 ff.; *M. Sachs*, JuS 2020, 284 ff.; *Toros/M. Weiß*, ZJS 2020, 100 ff. sowie *Wendel*, JZ 2020, 157 ff. Insbesondere auch zu den medienrechtlichen Implikationen siehe *Peifer*, GRUR 2020, 34 ff.

[217] BVerfGE 152, 152, 168 Rn. 39 – *Recht auf Vergessen I*; BVerfGE 152, 216, 229 Rn. 33 ff. – *Recht auf Vergessen II*; zur zutreffenden (Nicht-)Determinierung s. a. *J. M. Hoffmann*, NVwZ 2020, 33, 34 sowie *Toros/M. Weiß*, ZJS 2020, 100, 102 ff.

[218] BVerfGE 152, 216, 246 Rn. 77 – *Recht auf Vergessen II*.

Im Beschluss *Recht auf Vergessen I* bestätigt das BVerfG zunächst seine alte, auf die Trennungsthese gestützte Rechtsprechung, wonach nationale Maßnahmen im nicht vollständig determinierten bzw. gestaltungsoffenen Bereich an den deutschen Grundrechten zu messen sind.[219] Die entscheidende Neuerung liegt dann in einer weitergehenden Ausdifferenzierung der Begründung für die Heranziehung der deutschen Grundrechte und ihrem Verhältnis zur EU-GRCh.[220] Zuvor war in der Rechtsprechung zwar eine deutliche Tendenz zu erkennen, die deutschen Grundrechte im gestaltungsoffenen Bereich exklusiv heranzuziehen, offen ausgesprochen wurde dies vom BVerfG aber nie.[221] Nunmehr hält das Gericht ausdrücklich fest, dass es, selbst wenn im Einzelfall die EU-GRCh anwendbar sein sollte, „seine Prüfungskompetenz *primär* am Maßstab des Grundgesetzes aus[übt].“[222] Zur Begründung verweist das BVerfG zunächst auf das Subsidiaritätsprinzip und die Tatsache, dass die EU-GRCh, dort wo die Mitgliedstaaten einen Gestaltungsspielraum hätten, keine vollständige Vereinheitlichung des Grundrechtsschutzes anstrebe, sondern eine Grundrechtsvielfalt zulasse.[223] Vor allem aber stütze sich die primäre Anwendung der Grundrechte des Grundgesetzes auf die Vermutung, dass diese das Schutzniveau der Charta mitgewährleisteten. Diese Vermutung wiederum werde getragen von der gemeinsamen Tradition beider Grundrechtsordnungen, die in der EMRK ein gemeinsames Fundament hätten.[224] Damit bezieht sich das BVerfG auf die ursprüngliche Herleitung der EU-Grundrechte, dreht dabei aber die Stoßrichtung der Argumentation um und betont eher die Unterschiede als die gemeinsame Grundlage.[225] Wie schon die Betonung des Wortes „primär“ verdeutlicht, bleibt das BVerfG allerdings an diesem Punkt nicht stehen. Vielmehr führe die Einbettung beider Grundrechtsordnungen in gemeinsame europäische Grundrechtsüberlieferungen dazu, dass die nationalen Grundrechte „im Lichte der Charta auszulegen“ seien.[226] Schließlich betont das Gericht, dass die Vermutung eines ausreichenden Grundrechtsschutzes durch das GG im Einzelfall widerleglich sei.[227] Ergibt sich anhand konkreter und inhaltlicher Anhaltspunkte, namentlich Judikaten des Gerichtshofs, Diskussionen im Fachrecht oder Entscheidungen anderer Gerichte, dass das Fachrecht ausnahmsweise nicht auf Grundrechtsviel-

---

[219] BVerfGE 152, 152, 168 Rn. 39, 41 f. – *Recht auf Vergessen I.*

[220] *Aust*, EuGRZ 2020, 410 f. u. 411 f.; *Muckel*, JA 2020, 233, 237.

[221] *Wendel*, JZ 2020, 157, 159 u. 167; s. a. bereits oben S. 188.

[222] BVerfGE 152, 152, Ls. 1 a), 170 Rn. 45 ff., s. a. 168 Rn. 43 f. – *Recht auf Vergessen I*, Hervorh. d. Verf.

[223] BVerfGE 152, 152, Rn. 43 u. 48 ff. – *Recht auf Vergessen I.*

[224] BVerfGE 152, 152, 175 Rn. 55 ff. – *Recht auf Vergessen I.*

[225] *Wendel*, JZ 2020, 157, 160 f.; s. a. *Kühling*, NJW 2020, 275, 276; zur Herleitung des EuGH bereits oben S. 167 ff., insb. S. 168.

[226] BVerfGE 152, 152, 177 Rn. 60 ff. – *Recht auf Vergessen I*; nach *J. M. Hoffmann*, NVwZ 2020, 33, 36 gilt dies auch für nationale Maßnahmen ohne Unionsrechtsbezug.

[227] BVerfGE 152, 152, 179 Rn. 63 ff. – *Recht auf Vergessen I.*

falt ausgerichtet ist, kann die Vermutung widerlegt sein.[228] Ist dies der Fall, sind die entsprechenden Rechte der EU-GRCh in die Prüfung einzubeziehen und ungeklärte Fragen dem EuGH vorzulegen. Sind die Fragen hingegen offenkundig oder bereits geklärt, sodass es nur um die konkretisierte Anwendung geht,

> „hat das Bundesverfassungsgericht die Unionsgrundrechte in seinen Prüfungsmaßstab einzubeziehen und grundsätzlich auch zur Geltung zu bringen (vgl. hierzu – wie auch zu insoweit verbleibenden Reservevorbehalten – BVerfG, Beschluss vom selben Tag – 1 BvR 276/17 –, dort Rn. 42 ff., 50 ff.)."[229]

Durch den ausdrücklichen Verweis auf die Parallelentscheidung einerseits und die „Reservevorbehalte" andererseits wird der enge Zusammenhang beider Entscheidungen für die Neuausrichtung des Grundrechtsschutzes besonders deutlich. Doch während *Recht auf Vergessen I* diese Neuausrichtung weitgehend auf die Begründung beschränkt und hinsichtlich des Ergebnisses auf Kontinuität setzt, erweist sich *Recht auf Vergessen II* als wahre Revolution.[230]

Der Beschluss *Recht auf Vergessen II* knüpft im Ausgangspunkt ebenfalls an die bekannte Differenzierung an und stellt fest, dass im Falle vollständig vereinheitlichten Unionsrechts wegen des Anwendungsvorrangs allein die Unionsgrundrechte maßgeblich sind.[231] Die Nichtanwendung der deutschen Grundrechte bei der Gültigkeitsprüfung in vollständig vereinheitlichen Bereichen bezeichnet das Gericht dabei als ständige Rechtsprechung und betont zugleich, dass die „Reservefunktion" der deutschen Grundrechte sowie die weiteren Vorbehalte der Ultra-vires-Kontrolle und der Wahrung der Verfassungsidentität unberührt bleiben.[232] Der „revolutionäre Aufbruch"[233] im Grundrechtsschutz folgt unmittelbar im Anschluss, wenn das BVerfG die Grundrechte der EU-GRCh zum Prüfungsmaßstab für die verfassungsgerichtliche Kontrolle der richtigen Anwendung des vollständig vereinheitlichten Unionsrechts durch deutsche Stellen erklärt.[234] Ob und inwieweit die Einschätzung des BVerfG zutrifft, dass dies eine andere Konstellation betreffe als die Solange-Rechtsprechung und daher auch keine Entscheidung des Plenums notwendig sei,[235] wird noch zu untersuchen sein. Zur Begründung der Einbeziehung verweist das Gericht auf seine aus Art. 23 Abs. 1 S. 1 GG folgende Integrationsverantwortung sowie

---

[228] BVerfGE 152, 152, 180 Rn. 66 ff. – *Recht auf Vergessen I.*

[229] BVerfGE 152, 152, 183 Rn. 72 – *Recht auf Vergessen I.*

[230] *Aust*, EuGRZ 2020, 410 f. u. 413 f.; *Kühling*, NJW 2020, 275, 276 f.

[231] BVerfGE 152, 216, 233 Rn. 42 ff. – *Recht auf Vergessen II*, zur Determinierung siehe S. 229 Rn. 33 ff. Nach *Classen*, EuR 2021, 92, 99 ff., 103 f. u. 111 wird diese Exklusivität vom Unionsrecht nicht gefordert, weshalb er für eine unionsrechtlich begrenzte Heranziehung der deutschen Grundrechte plädiert.

[232] BVerfGE 152, 216, 233 Rn. 43 u. 235 Rn. 47 ff. – *Recht auf Vergessen II*; zum Verhältnis zu den Vorbehalten sogleich.

[233] *Aust*, EuGRZ 2020, 410, 412 f.; ähnlich *Kühling*, NJW 2020, 275, 277.

[234] BVerfGE 152, 216, 236 Rn. 50 – *Recht auf Vergessen II.*

[235] BVerfGE 152, 216, 237 Rn. 51 f., 249 Rn. 85 ff. – *Recht auf Vergessen II.*

seine nicht zuletzt in Art. 93 Abs. 1 Nr. 4a GG verankerte grundgesetzliche Aufgabe, einen wirksamen Grundrechtsschutz zu gewährleisten.[236] In diesem Zusammenhang konstatiert das BVerfG eine grundrechtliche Schutzlücke, da es keine Möglichkeit für unmittelbare individuelle Grundrechtsschutzklagen vor dem EuGH gebe und auch der Rechtsschutz über die Fachgerichte nicht ausreichend sei.[237] Bemerkenswerterweise räumt das BVerfG mehr oder weniger deutlich ein, dass es ihm auch um die eigene Rolle im europäischen Grundrechtsschutz geht.[238] Die Kontrolle am Prüfungsmaßstab der EU-GRCh will das Gericht „in enger Kooperation" mit dem EuGH ausüben und erkennt dabei nicht nur dessen „Zuständigkeit für die letztverbindliche Auslegung des Unionsrechts" an, sondern bezeichnet sich selbst auch als „gegebenenfalls vorlageverpflichtet" im Sinne des Art. 267 Abs. 3 AEUV.[239] Da die Anwendung der EU-GRCh voraussetzt, dass die Auslegungsfragen hinsichtlich der entscheidungserheblichen Inhalte geklärt sind, geht das BVerfG davon aus, dass Vorlagen „in wesentlich größerem Umfang in Betracht zu ziehen sein" werden, als in den Konstellationen des Recht-auf-Vergessen-I-Beschlusses.[240] Im Übrigen hält das Gericht an der Rechtsprechung fest, die ihm eine Überprüfung der unterlassenen Vorlage durch die Fachgerichte als Entzug des gesetzlichen Richters ermöglicht.[241] Während die Befugnis der Fachgerichte zur Vorlage nach Art. 267 Abs. 2 AEUV unberührt bleibt,[242] lässt das BVerfG das Verhältnis seiner eigenen Vorlage*pflicht* zu jener der Fachgerichte ausdrücklich offen.[243]

Trotz der im Ausgangspunkt abweichenden Konstellationen und feiner Unterschiede in der Begründung, folgt aus der Gesamtschau beider Beschlüsse eine Hinwendung des BVerfG zur EU-GRCh als gemeinsamer grundrechtlicher Prüfungsmaßstab im Rahmen der europäischen Integration.[244] Naturgemäß bleiben bei einer durchgreifenden Neuausrichtung der Rechtsprechung zahlreiche Folgefragen, doch können bereits erste Aussagen zu den sich ergebenden Änderungen im Integrationsmaßstab sowie im Verhältnis zum EuGH getroffen werden.

---

[236] BVerfGE 152, 216, 238 Rn. 53 ff. – *Recht auf Vergessen II.*

[237] BVerfGE 152, 216, 240 Rn. 60 ff. – *Recht auf Vergessen II.*

[238] BVerfGE 152, 216, 239 ff. Rn. 57 ff., insb. Rn. 60 u. 62 – *Recht auf Vergessen II*; dazu auch *Thym*, JZ 2020, 1017, 1018 sowie *Wendel*, JZ 2020, 157, 161.

[239] BVerfGE 152, 216, 243 ff. Rn. 68 f., s. a. Rn. 71 – *Recht auf Vergessen II.*

[240] BVerfGE 152, 216, 244 Rn. 70 – *Recht auf Vergessen II.*

[241] BVerfGE 152, 216, 245 f. Rn. 74 f. – *Recht auf Vergessen II.*

[242] BVerfGE 152, 216, 246 Rn. 76 – *Recht auf Vergessen II*; s. a. BVerfGE 152, 152, 183 f. Rn. 73 – *Recht auf Vergessen I.*

[243] BVerfGE 152, 152, 183 f. Rn. 72 f. – *Recht auf Vergessen I.*

[244] *Wendel*, JZ 2020, 157, 160 f.; s. a. *Aust*, EuGRZ 2020, 410, 413 f.

2. Erneuter Maßstabswechsel im Grundrechtsschutz

Die Neuausrichtung des bundesverfassungsgerichtlichen Grundrechtsschutzes anhand der EU-GRCh wirft bezüglich des Integrationsmaßstabs zwei wesentliche Fragen auf. Schließlich weicht das BVerfG nur hinsichtlich der Nichtanwendung der EU-GRCh ausdrücklich von der alten Rechtsprechung ab und hält im Übrigen an den Vorbehalten fest.[245] Neben der grundsätzlichen verfassungsrechtlichen Verankerung des neuen, europarechtlichen Maßstabs ist somit insbesondere zu klären, in welchem Verhältnis die beiden jüngsten Beschlüsse zur bisherigen Rechtsprechung und den dort aufgestellten Integrationsvorbehalten stehen.

Während die mit dem Beschluss *Recht auf Vergessen I* verbundene fortgesetzte Anwendung der deutschen Grundrechte eher europa- als verfassungsrechtliche Folgefragen aufwirft,[246] wird hinsichtlich des Recht-auf-Vergessen-II-Beschlusses schon die grundgesetzliche Verankerung des neuen Prüfungsmaßstabs kontrovers diskutiert. Kritisiert wird insbesondere die zu weitgehende Anwendung des Art. 23 Abs. 1 GG,[247] da eine Anwendung der EU-GRCh wegen des klaren Wortlauts und der Systematik der Zuständigkeitsnorm des Art. 93 Abs. 1 Nr. 4a GG nur über eine Verfassungsänderung möglich sei.[248] Diese Kritik übersieht allerdings die Funktion von Art. 23 GG als zentrale Integrationsnorm für die Öffnung der nationalen Rechtsordnung und die damit verbundenen Rechtsfolgen. So ermöglicht Art. 23 Abs. 1 GG durch die Übertragung von Hoheitsrechten gerade Verfassungsänderungen, die nicht an das Textänderungsgebot des Art. 79 Abs. 1 GG gebunden sind.[249] Dies hat auch das BVerfG im Falle der Anwendungserweiterung des Art. 19 Abs. 3 GG auf juristische Personen aus dem EU-Ausland infolge der Bindung der Bundesrepublik an Art. 18 AEUV ausdrücklich bekräftigt.[250] Sofern es im Zuge der europäischen Integration gleichwohl zu Änderungen des GG kam, waren diese rein deklaratorisch und erfolgten nicht aus rechtlichen, sondern „verfassungspolitischen Gründen".[251] Auch ohne formelle Verfassungsänderung steht Art. 93

---

[245] BVerfGE 152, 216, 243 Rn. 67 u. 233 ff. Rn. 42 u. 47 ff. – *Recht auf Vergessen II*.

[246] Vgl. *J. M. Hoffmann*, NVwZ 2020, 33, 35 f. sowie *Aust*, EuGRZ 2020, 410, 411 f.; zu den Auswirkungen auf das Verhältnis zum EuGH siehe noch Kap. 3, C. II 3.

[247] Siehe nur *M. Sachs*, JuS 2020, 284, 286 sowie *Toros/M. Weiß*, ZJS 2020, 100, 105. *Kämmerer/Kotzur*, NVwZ 2020, 177, 179 f. bezeichnen Art. 23 Abs. 1 GG als „Zauberkasten" und zeigen alternative bzw. ergänzende Argumente für das Ergebnis des BVerfG auf.

[248] Besonders deutlich *Muckel*, JA 2020, 237, 239 sowie *Michl*, JURA 2020, 479, 483 f.; ausf. Kritik auch bei *Preßlein*, EuGRZ 2021, 247, 257 ff. u. 273. Zuvor bereits *Britz*, EuGRZ 2015, 275, 276 sowie *Thym*, JZ 2015, 53 ff., insb. 60; zur Kritik auch *Aust*, EuGRZ 2020, 410, 413 f. m. w. N.; differenzierend *Kämmerer/Kotzur*, NVwZ 2020, 177, 180. *Kühling*, NJW 2020, 275, 277 schlägt einen alternativen Weg über Art. 2 Abs. 1 GG vor, hält die Begründung des BVerfG aber gleichwohl für möglich.

[249] Dazu nur *Hufeld*, Die Verfassungsdurchbrechung, S. 132 ff.

[250] BVerfGE 129, 78, 100 – *Cassina*.

[251] Exemplarisch BR-Drucks. 501/92 v. 14.08.1992, S. 8 f., 15 f. u. 28; weitere Beispiele

Abs. 1 Nr. 4a GG daher der Anwendung der EU-GRCh im Rahmen einer Verfassungsbeschwerde nicht entgegen.[252] Art. 23 Abs. 1 S. 1 GG verpflichtet die Bundesrepublik zur Mitwirkung bei der Entwicklung der EU, die einen dem GG im Wesentlichen vergleichbaren Grundrechtsschutz gewährleistet. Infolge der Zustimmung zum Vertrag von Lissabon erstreckt sich der EU-Grundrechtsschutz nunmehr auch auf die rechtsverbindliche EU-GRCh. Das BVerfG, genauer gesagt sein erster Senat, verweist daher zu Recht auf seine Integrationsverantwortung, wonach ihm entsprechend Art. 23 Abs. 1 S. 1 GG und Art. 93 Abs. 1 Nr. 4a GG die Wahrnehmung eines effektiven Grundrechtsschutzes unter Anwendung der EU-GRCh obliege,[253] womit der Senat Art. 23 Abs. 1 S. 1 GG zugleich eine Mitwirkungskomponente entnimmt, die auf die Gestaltung des Grundrechtsschutzes gerichtet ist.[254] Bemerkenswert daran ist nicht nur, dass der erste Senat die Integrationsverantwortung nunmehr ausdrücklich auch auf die Gerichte und damit auch das BVerfG bezieht,[255] sondern vor allem, dass er sich mit der angesprochenen Betonung der offensiven bzw. kooperativen Seite der Integrationsverantwortung vom eher defensiven Verständnis des zweiten Senats abgrenzt.[256] Wie bereits dargestellt, vermag der Senat aber gleichzeitig keine Abweichung von den insoweit maßgeblichen Integrationsvorbehalten des zweiten Senats erkennen, weshalb er eine Entscheidung des Plenums für entbehrlich hält. Auch wenn diese Einschätzung mit § 16 BVerfGG und der insoweit maßgeblichen formalen Betrachtung vereinbar sein dürfte,[257] gibt es doch

bei *Dreier*, in: Dreier, GG Kommentar, Bd. II, Art. 79 I GG Rn. 26. *Wollenschläger*, in: Dreier, GG Kommentar, Bd. II, Art. 23 GG Rn. 60 spricht von einer „Staatspraxis".

[252] *Thym*, JZ 2020, 1017, 1018 f.; *Wendel*, JZ 2020, 157, 162.; gegen die Notwendigkeit einer Verfassungsänderung auch *R. Hofmann/Heger*, EuGRZ 2021, 1, 7 f.

[253] BVerfGE 152, 216, 238 Rn. 53 ff. – *Recht auf Vergessen II*; dazu *Wendel*, JZ 2020, 157, 162. Auch *Classen*, EuR 2021, 92, 97 ff., der im Übrigen gegen eine exklusive Heranziehung der EU-GRCh ist, stimmt dem BVerfG insoweit zu.

[254] BVerfGE 152, 216, 238 f. Rn. 55 – *Recht auf Vergessen II*; dazu auch *R. Hofmann/Heger*, EuGRZ 2021, 1, 5. Vgl. auch bereits *Pernice*, in: Dreier, GG Kommentar, Bd. II, 2. Aufl., Art. 23 GG Rn. 74, der aus Art. 23 Abs. 1 GG einen Auftrag zur (Weiter-)Entwicklung des Grundrechtsschutzes in der EU ableitet.

[255] BVerfGE 152, 216, 239 Rn. 56 f. – *Recht auf Vergessen II*. Bereits zuvor wurde die Integrationsverantwortung von verschiedenen Stimmen auch auf das BVerfG bezogen, siehe nur *Giegerich*, ZEuS 2016, 3, 18; *Häberle*, JöR 58 (2010), 317, 325 u. 333; *Sonder*, Krtiv 94 (2011), 214, 224 sowie *Voßkuhle*, Die Verwaltung Beiheft 10 (2010), 229 ff.

[256] *Kämmerer/Kotzur*, NVwZ 2020, 177, 179; ausf. zum unterschiedlichen Verständnis beider Senate *Aust*, EuGRZ 2020, 410, 411 u. 414 ff.; s. a. *Meinel*, Der Staat 60 (2021), 43, 95 f. Bereits anlässlich der erstmaligen Erwähnung der Integrationsverantwortung im Lissabon-Urteil wurde in der Literatur auch auf deren konstruktive Seite verweisen, siehe z. B. *Kottmann/Wohlfahrt*, ZaöRV 69 (2009), 443, 455 sowie *Ruffert*, DVBl 2009, 1197, 1200.

[257] *Kämmerer/Kotzur*, NVwZ 2020, 177, 183 f.; *Kühling*, NJW 2020, 275, 277 f.; zur formellen Betrachtung s. a. *Hömig*, in: Schmidt-Bleibtreu/Klein/Bethge, BVerfGG, § 16 BVerfGG Rn. 7. Eher skeptisch zur unterlassenen Plenumsentscheidung *J. M. Hoffmann*, NVwZ 2020, 33, 36 f.; *Michl*, JURA 2020, 479, 485; *M. Sachs*, JuS 2020, 284, 285 f.; *Preßlein*, EuGRZ 2021, 247, 261 sowie *Wendel*, JZ 2020, 157, 167. Besonders kritisch *van Ooyen*, Die Staatstheorie des Bundesverfassungsgerichts und Europa, S. 195.

gewisse Abweichungen, weshalb abzuwarten ist, wie der zweite Senat sich in Zukunft positionieren wird.[258] Dabei ist wiederum entscheidend, nicht nur auf eine Konfrontation der beiden Senate zu schauen, sondern die Integrationsmaßstäbe in den Mittelpunkt zu stellen.[259] Nach erstem Zögern sind die Signale des zweiten Senats diesbezüglich eher konstruktiv zu deuten.[260] Auch wenn das Verhältnis der Linien beider Senate noch nicht final geklärt ist, sind bereits jetzt erste Aussagen zu den Folgen der Neuausrichtung des Grundrechtsschutzes für den Integrationsmaßstab möglich.

Mit Blick auf den Integrationsmaßstab wird bei den Beschlüssen zum „Recht auf Vergessen", wie schon beim Urteil zum Europäischen Haftbefehl, vom „Ende der Solange-Rechtsprechung"[261] gesprochen oder der Begriff „Solange III" bemüht, um eine Weiterentwicklung der Solange-Rechtsprechung zu unterstreichen.[262] Da das BVerfG den Solange-Vorbehalt, wie auch die übrigen Integrationsvorbehalte, aber ausdrücklich nicht aufgegeben hat,[263] ist eine differenzierte Betrachtung der Auswirkungen auf den grundrechtlichen Maßstab einerseits sowie die, maßgeblich vom zweiten Senat geprägten, Integrationsvorbehalte andererseits angezeigt. Zunächst wird insbesondere im Beschluss *Recht auf Vergessen I* deutlich, dass das Gericht die vormals strenge Trennung der Grundrechtsräume, jedenfalls in prozessualer Hinsicht,[264] aufgibt und sich der vom EuGH postulierte Doppelgeltung von GG und EU-GRCh annähert.[265] Indem das BVerfG in beiden Beschlüssen die EU-GRCh als jedenfalls ergänzenden Grundrechtsmaßstab heranzieht, gleichzeitig aber das Nebeneinander und die gemeinsamen Wurzeln der Grundrechtsordnungen betont, macht es einen großen Schritt nicht nur zu einem Grundrechtspluralismus, sondern auch zu einer neu verstandenen Kooperation mit dem EuGH.[266] Es geht

---

[258] Zur eher zurückhaltenden Perspektive des zweiten Senats siehe nur *Kämmerer/Kotzur*, NVwZ 2020, 177, 183 f. sowie *Kühling*, NJW 2020, 275, 277 f. Mit Blick auf das unterschiedliche Verständnis der Integrationsverantwortung auch *Aust*, EuGRZ 2020, 410, 417 ff., insb. 419.

[259] *Aust*, EuGRZ 2020, 410, 419.

[260] Eher kritisch BVerfGE 153, 310, 337 f. Rn. 65 f. – *Knorpelfleisch*; dann aber BVerfGE 156, 182, 199 Rn. 40, Ls. 1 u. 7 – *Rumänien II*, dazu sogleich.

[261] So *Thym*, JZ 2020, 1017, 1018 u. 1024 f., der dies auf S. 1022 aber vor allem auf die vorherige Nichtprüfung der Grundrechtecharta bezieht.

[262] Siehe exemplarisch *R. Hofmann/Heger/Gharibyan*, KritV 102 (2019), 277, 291; kritisch zum Begriff *Kämmerer/Kotzur*, NVwZ 2020, 177, 181.

[263] BVerfGE 152, 216, 233 ff. Rn. 42, 47 ff. u. 249 Rn. 87 ff. – *Recht auf Vergessen II*; deutlich auch *M. Sachs*, JuS 2020, 284, 285 sowie *Toros/M. Weiß*, ZJS 2020, 100, 107.

[264] Nach *Kämmerer/Kotzur*, NVwZ 2020, 177, 179 u. 181 f. sowie *Thym*, JZ 2020, 1017, 1018 f. wird die Trennung vom BVerfG nicht vollständig, sondern nur in prozessrechtlicher Hinsicht aufgegeben. Allgemeiner *Makoski*, EuZW 2020, 1012, 1013.

[265] *Michl*, JURA 2020, 479, 487 ff.; *Toros/M. Weiß*, ZJS 2020, 100, 102 u. 105; s. a. *Aust*, EuGRZ 2020, 410, 411 f.

[266] *Thym*, JZ 2020, 1017 f.; *Wendel*, JZ 2020, 157 u. 159 ff., 168; s. a. *R. Hofmann/Heger*, EuGRZ 2021, 1 f. u. 4; dazu sogleich Kap. 3, C. II. 3. u. III.

somit tatsächlich weniger um eine Aufgabe, als eine Weiterentwicklung des Solange-Vorbehalts,[267] bei der sich der grundrechtliche Maßstab im Rahmen der europäischen Integration von den Grundrechten des GG hin zur EU-GRCh verschiebt. Dieser erneute Maßstabswechsel ist wegen des Festhaltens an den Reservevorbehalten sowie der primären Heranziehung der deutschen Grundrechte kein vollständiger, sondern nur ein eingeschränkter. Gleichwohl rückt der Maßstab der EU-GRCh zweifellos verstärkt ins Zentrum der grundrechtlichen Rechtsprechung des BVerfG. Da in beiden Beschlüssen Möglichkeiten vorgesehen sind, den jeweils anderen Grundrechtsmaßstab zu aktvieren, hält sich das BVerfG alle Optionen offen, weshalb abzuwarten bleibt, wie sich die Rechtsprechung entwickeln wird.[268]

Auch über die Auswirkungen auf die Bedeutung der Reservevorbehalte kann mangels Entscheidungen des BVerfG aktuell nur spekuliert werden. Zunächst sei daran erinnert, dass die Beschlüsse zum Recht auf Vergessen mit der Überprüfung nationaler Maßnahmen anhand der EU-GRCh eine andere Konstellation betreffen als die Integrationsvorbehalte, bei denen eine Überprüfung von Akten des Unionsrechts in Rede steht. Dies war auch der Grund, warum der erste Senat eine Plenumsentscheidung für nicht erforderlich hielt. Gleichwohl wirkt sich der grundrechtliche Maßstabswechsel indirekt auch auf die Integrationsvorbehalte aus. So betont das BVerfG erstmals ausdrücklich, dass für die Aktivierung des Solange-Vorbehalts eine auf das jeweilige Grundrecht des Grundgesetzes bezogene generelle Betrachtung maßgeblich sei.[269] Wenn nun fortan im Bereich der Grundrechte wegen der Mitwirkungskomponente des Art. 23 Abs. 1 S. 1 GG das BVerfG verstärkt zum europäischen Grundrechtsschutz über die EU-GRCh beiträgt und dabei auch die gemeinsamen Wurzeln der Grundrechtsquellen betont, erscheint ein Absinken unter den von Art. 23 Abs. 1 S. 1 GG geforderten Grundrechtsstandard auf europäischer Ebene noch unwahrscheinlicher als bereits zuvor. Schon aufgrund seiner Verankerung in Art. 23 Abs. 1 S. 1 GG bleibt der Solange-Maßstab zwar bestehen, wird aber zunehmend auf die Rolle eines „sehr theoretischen Vorbehalt[s]“[270] zurückgedrängt.

Offener ist hingegen das Schicksal von Ultra-vires- und Identitätskontrolle. Die Neuausrichtung könnte eine Annäherung von Ultra-vires- und Grundrechtskontrolle mit sich bringen, da im Zuge der Grundrechtsprüfung anhand der EU-GRCh auch unionsrechtliche Kompetenz- und Gültigkeitsfragen in den Fokus rücken.[271] Wenn das BVerfG in Zukunft tatsächlich verstärkt Vorlagen

---

[267] *R. Hofmann/Heger/Gharibyan*, KritV 102 (2019), 277, 291; *Wendel*, JZ 2020, 157, 167; s. a. *Aust*, EuGRZ 2020, 410, 413 sowie *Makoski*, EuZW 2020, 1012, 1013 f.

[268] *Aust*, EuGRZ 2020, 410, 414 spricht von „Rückfallpositionen“.

[269] BVerfGE 152, 216, 236 Rn. 47 – *Recht auf Vergessen II*.

[270] *J. M. Hoffmann*, NVwZ 2020, 33, 35.

[271] *Kämmerer/Kotzur*, NVwZ 2020, 177, 182; s. a. *Thym*, JZ 2020, 1017, 1021 unter Hin-

an den EuGH richten wird, könnte sich aus Sicht des BVerfG auch häufiger die Frage stellen, ob die vom EuGH vorgenommene Auslegung einen Ultra-vires-Akt darstellt, weshalb die Bedeutung dieses Kontrollvorbehalts eher gestärkt als geschwächt werden dürfte. Unklar erschien hingegen zunächst die Rolle der Identitätskontrolle. Einerseits betont das BVerfG, dass es unerheblich ist, auf welche Grundrechte sich Beschwerdeführer berufen, sofern der Sachvortrag substantiiert ist.[272] Wird nun in Zukunft im vollständig unionsrechtlich determinierten Bereich eine „Verletzung der Menschenwürde" gerügt, bietet sich für das BVerfG die Möglichkeit, die Menschenwürde des Art. 1 GRCh zu prüfen oder aber über die Menschenwürde des Art. 1 Abs. 1 GG die Identitätskontrolle zu aktivieren. Welcher grundrechtliche Maßstab zur Anwendung kommt, hängt dabei auch vom Beschwerdegegenstand und der Handhabung der strengen Zulässigkeitskriterien für die Identitätskontrolle durch das BVerfG ab. Vor dem Hintergrund der nun auch vom BVerfG betonten gemeinsamen inhaltlichen Wurzeln und der Tatsache, dass sich ein wesentliches Motiv der grundrechtlichen Identitätskontrolle – die Stärkung der eigenen Rolle – mit dem neuen Grundrechtsmaßstab weitgehend erledigt hat, dürfte die Bedeutung der grundrechtlichen Identitätskontrolle eher abnehmen.[273] In diese Richtung deutet auch die jüngste Entscheidung des Zweiten Senats. Dieser schwenkt teilweise auf die Linie des Ersten Senats ein und zieht zur Prüfung im vollständig determinierten Bereich ebenfalls, wenn auch nur „grundsätzlich", die EU-Grundrechtecharta heran, wobei er auch die Bedeutung der vorherigen Vorlage an den EuGH betont.[274] Die Integrationsvorbehalte bleiben ausdrücklich unberührt, allerdings dürfte eine grundrechtliche Identitätskontrolle wegen der grundrechtlichen Gewährleistungen der Charta „in der Regel vermieden werden."[275] Die grundrechtliche Identitätskontrolle tritt daher wegen der übereinstimmenden grundrechtlichen Maßstäbe, nicht nur im Urteilsaufbau, hinter die Prüfung der EU-GRCh zurück.[276] Insoweit rückt die EU-GRCh noch stärker als gemeinsamer Grundrechtsmaßstab ins Zentrum, während für die grundrechtliche Identitätskontrolle eher eine subsidiäre Auffangfunktion verbleibt. Bedenkt man schließlich, dass auch bei Letzterer regelmäßig eine Vorlage an den EuGH angezeigt wäre, könnte sich auch insoweit die Prüfung auf mögliche Ultra-vires-Akte durch den

weis auf BVerfGE 152, 216, 237 Rn. 51 – *Recht auf Vergessen II*, wo das BVerfG die Frage der Gültigkeit offenlässt. *Toros/M. Weiß*, ZJS 2020, 100, 108 sehen einen möglichen Wandel vom Anwendungs- zum Geltungsvorrang. Nach *Wendel*, JZ 2020, 157, 166 könnten künftig sogar die Grundfreiheiten bzw. ihr grundrechtlicher Gehalt in die Prüfung einbezogen werden.

[272] BVerfGE 152, 216, 248 f. Rn. 84 – *Recht auf Vergessen II*; dazu auch *J. M. Hoffmann*, NVwZ 2020, 33, 37.

[273] Vgl. *Kämmerer/Kotzur*, NVwZ 2020, 177, 182; zur inhaltlichen Übereinstimmung und dem Motiv des BVerfG bei der grundrechtlichen Identitätskontrolle bereits oben S. 191 f.

[274] BVerfGE 156, 182, Ls. 1, 196 ff. Rn. 33 ff. u. 199 Rn. 39 – *Rumänien II*.

[275] BVerfGE 156, 182, 199 Rn. 40 – *Rumänien II*.

[276] Vgl. BVerfGE 156, 182, Ls. 7 u. 207 ff. Rn. 57 ff. – *Rumänien II*; dazu auch *R. Hofmann/Heger*, EuGRZ 2021, 1, 2 f.

EuGH verlagern. Ob diese Einschätzung zutrifft, hängt allerdings maßgeblich davon ab, wie sich die Rechtsprechung im Einzelfall entwickeln wird. Dies gilt nicht nur in Bezug auf das, trotz des jüngsten Urteils noch nicht final geklärten Verhältnisses beider Senate des BVerfG, sondern in besonderem Maße auch für das Verhältnis von BVerfG zum EuGH und den Fachgerichten.

3. Neuvermessung des Verhältnisses zum EuGH und zu den Fachgerichten im Bereich der Grundrechte

Mit den Beschlüssen zum Recht auf Vergessen hat der erste Senat des BVerfG nicht nur die EU-GRCh als Maßstab seiner Grundrechtskontrolle anerkannt, sondern zugleich sein Verhältnis zu EuGH und den Fachgerichten neugestaltet. War der Grundrechtsschutz über die Anwendung der EU-GRCh zuvor weitgehend dem EuGH und den Fachgerichten überlassen, was mit einem nicht unerheblichen Einflussgewinn Letzterer einherging,[277] will nun das BVerfG wieder vermehrt als Grundrechtsgarant in Erscheinung treten. Auch wenn die Fachgerichte eine entscheidende Rolle behalten und die Details der Aufgabenteilung, insbesondere das Verhältnis der Vorlagen von Fachgerichten und solchen des BVerfG, noch geklärt werden müssen,[278] stärkt das BVerfG mit der Einbeziehung der EU-GRCh in den Prüfungsmaßstab der Verfassungsbeschwerde, seine eigene Position gegenüber den Fachgerichten.[279] Indem das BVerfG gleichzeitig erklärt, die Grundrechtskontrolle in enger Kooperation mit dem EuGH auszuüben und sich selbst nicht nur als vorlageberechtigt, sondern sogar verpflichtet bezeichnet,[280] erkennt es – von den Reservevorbehalten abgesehen – an, dass die letztverbindliche Auslegung der Charta dem EuGH obliegt.[281] Wegen der maßgeblichen Unterscheidung zwischen vollständig vereinheitlichtem und gestaltungsoffenem Unionsrecht wird es im gerichtlichen Austausch vor allem darum gehen, die Abgrenzung dieser Bereiche und damit den Anwendungsbereich der Charta genauer zu bestimmen und für die Gerichte im Alltag handhabbar zu machen.[282] Um zum Bild der gemeinsamen Sprache

[277] *Michl*, JURA 2020, 479, 481 f.; zur alten Aufgabenteilung bereits oben S. 184 f. u. 190.

[278] Dazu *Kämmerer/Kotzur*, NVwZ 2020, 177, 183 f.; *Kühling*, NJW 2020, 275, 277 f.; *Makoski*, EuZW 2020, 1053, 1054 f.; zu weiter bestehenden Bedeutung der Fachgerichte auch *Thym*, JZ 2020, 1017, 1023 f.

[279] *J. M. Hoffmann*, NVwZ 2020, 33, 34; *Wendel*, JZ 2020, 157, 161 f.; zur Stärkung der eigenen Position s. a. *Aust*, EuGRZ 2020, 410, 411.

[280] BVerfGE 152, 216, Ls. 3 u. 243 ff. Rn. 68 ff. – *Recht auf Vergessen II*; BVerfGE 152, 152, 183 Rn. 72 – *Recht auf Vergessen I*.

[281] *J. M. Hoffmann*, NVwZ 2020, 33, 34; *Kühling*, NJW 2020, 275 u. 277; *Toros/M. Weiß*, ZJS 2020, 100, 107 u. 108.

[282] Zur problematischen Abgrenzung siehe insbesondere *Thym*, JZ 2020, 1017, 1022 f.; s. a. *J. M. Hoffmann*, NVwZ 2020, 33, 35; *Kühling*, NJW 2020, 275, 278 f. sowie *Toros/M. Weiß*, ZJS 2020, 100, 104.

zurückzukehren, ermöglicht die Fokussierung auf die EU-GRCh einen stärken Austausch unterschiedlicher Ansichten („Verschiedenes“) über einen gemeinsamen Maßstab („dasselbe“), um Letzteren weiter auszuformen und zu gestalten. An diesem Austausch kann und will nun auch das BVerfG wieder verstärkt teilnehmen. Die mit der Überwindung der strikten Trennung der Grundrechtsräume verbundene Neuausrichtung des Verhältnisses zum EuGH bringt *Walther Michl* prägnant auf den Punkt, wenn er davon spricht, dass das BVerfG mehr Einfluss im vollständig vereinheitlichten Bereich gegen mehr Toleranz gegenüber dem EuGH im gestaltungsoffenen Bereich tausche.[283] Mit dieser Neuvermessung des Verhältnisses von BVerfG, Fachgerichten und EuGH im europäischen Grundrechtsschutz ist ein „kooperativer Neustart“[284] zweifelsfrei möglich. Ob dieser aber eher eine Chance oder ein Risiko für die europäische Integration birgt, hängt maßgeblich von der Mitwirkungsbereitschaft aller Beteiligten und damit von der künftigen Rechtsprechung ab.

III. Chancen und Risiken eines neu verstandenen Kooperationsverhältnisses

Inwieweit die Beschlüsse zum Recht auf Vergessen einen Übergang zu mehr Kooperation oder vielmehr einen Rückschritt markieren, ist abhängig davon, ob und wie die Gerichte die Möglichkeiten des neuen Dialogs wahrnehmen.[285] Dies betrifft im Ausgangspunkt die Frage, ob das BVerfG seiner Ankündigung, vermehrt Vorlagen an den EuGH zu richten, Taten folgen lassen wird. Wie auch das BVerfG selbst einräumt, dürften insbesondere im Bereich des gestaltungsoffenen Unionsrechts, Vorlagen des BVerfG aber auch der Fachgerichte eher selten sein.[286] Doch auch bei unionsrechtlich vollständig determinierten Maßnahmen besteht die Gefahr, dass deutsche Gerichte voreilig einen *acte clair* annehmen, um eine Vorlage zu vermeiden. Ob tatsächlich ein neuer Dialog entsteht oder die Beschlüsse eher zu einer erneuten Nationalisierung der Grundrechtskontrolle führen, ist abhängig von der Vorlagebereitschaft des BVerfG.[287] Für eine eher reservierte Haltung spricht dabei, dass die Betonung einer grundrechtlichen Schutzlücke durchaus eine Kritik an der Grundrechtsrechtsprechung des EuGH darstellt[288] und das BVerfG im konkreten Fall gerade nicht vorgelegt

[283] *Michl*, JURA 2020, 479, 483.

[284] *Toros/M. Weiß*, ZJS 2020, 100, 107.

[285] Dazu auch *Makoski*, EuZW 2020, 1053, 1056ff. u. 1059.

[286] BVerfGE 152, 216, 244 Rn. 70 – *Recht auf Vergessen II*; dazu auch *Kämmerer/Kotzur*, NVwZ 2020, 177, 181 sowie *Toros/M. Weiß*, ZJS 2020, 100, 106.

[287] Ausf. dazu und zur ambivalenten Position des BVerfG *Kämmerer/Kotzur*, NVwZ 2020, 177, 178 u. 180ff.; s. a. *Kühling*, NJW 2020, 275, 277 sowie *Wendel*, JZ 2020, 157, 164ff. Gegen eine konfrontative Lesart aber *Thym*, JZ 2020, 1017, 1022ff.

[288] *Aust*, EuGRZ 2020, 410, 412f.; *Kämmerer/Kotzur*, NVwZ 2020, 177, 178 u. 181.

hat.[289] Auch die Bereitschaft des EuGH an diesem „aufgedrängten"[290] Dialog teilzunehmen, ist alles andere als sicher. So ist vor allem nicht ausgemacht, dass der EuGH in der „primären" Heranziehung der deutschen Grundrechte nicht einen Widerspruch zu seiner Melloni-Rechtsprechung und dem dort aufgestellten dreifachen Vorbehalt für die Anwendung der nationalen Grundrechte erkennen wird.[291] Einerseits bedeutet die Vermutung des gleichen Schutzniveaus, dass dem EuGH, vorsichtig formuliert, eine umgekehrte Solange-Entscheidung nahegelegt wird.[292] Andererseits bestehen nach der Rechtsprechung des EuGH durchaus Möglichkeiten für eine Kooperation, zumal der EuGH auf die Mitwirkung der nationalen (Verfassungs-)Gerichte angewiesen ist.[293] Insgesamt bleibt daher auch insoweit entscheidend, ob und wie BVerfG und EuGH zusammenwirken werden, weshalb die weitere Entwicklung der Rechtsprechung abzuwarten ist.

Auf der anderen Seite kann nämlich bei einer positiven Lesart der Beschlüsse die Vorlage nach Art. 267 AEUV zur entscheidenden Brücke für eine echte Kooperation zwischen den Gerichten werden. Dies gilt schon deshalb, weil Vorlagen für die Grundrechtsrechtsprechung des EuGH von entscheidender Bedeutung sind, was durch zahlreiche wichtige grundrechtliche Entscheidungen im Wege des Vorabentscheidungsverfahrens unterstrichen wird.[294] Darüber hinaus kommt den nationalen (Verfassungs-)Gerichten im Verfahren nach Art. 267 AEUV ein kaum zu unterschätzender Einfluss zu, da der EuGH nicht nur auf ausführliche Vorlagen angewiesen ist, sondern sich auch weitgehend auf die tatsächlichen Schilderungen zur Vorlagefrage verlässt und bei den Rechtsfragen an den vorgeschlagenen Auslegungsmöglichkeiten orientiert.[295] Selbst wenn der EuGH im Ergebnis zu einer anderen Auslegung kommt, wird er über die Vorlagefrage gewissermaßen gezwungen, sich zuvor mit der nationalen Interpretation auseinanderzusetzen.[296] Mit einer Vorlage könnte das BVerfG versuchen, eine restriktive Interpretation des EU-Rechts zu erreichen oder zumindest auf eine eher dem eigenen Verständnis entsprechende Auslegung hin-

---

289 Zur unterlassenen Vorlage s. a. *Kühling*, NJW 2020, 275, 278 ff.

290 Vgl. *Kämmerer/Kotzur*, NVwZ 2020, 177, 178; ähnlich *Peifer*, GRUR 2020, 34, 36.

291 Zum Konfliktpotenzial s. a. *J. M. Hoffmann*, NVwZ 2020, 33, 35 ff. *Wendel*, JZ 2020, 157, 160 f. sieht die Begründung für die primäre Heranziehung kritisch, erkennt aber zugleich eine Annäherung an die Rechtsprechung des EuGH.

292 Eine solche Entscheidung forderten schon *F. Kirchhof*, EuR 2014, 267, 272 sowie *Ludwigs*, EuGRZ 2014, 273, 280 ff.; zur Bedeutung der Vermutung für die Solange-Methode bereits oben S. 186 f.

293 Dazu bereits oben S. 180 f.; zur Rolle der nationalen Gerichte sogleich.

294 Siehe nur die Nachweise bei *Michl*, JURA 2020, 479, 482.

295 Ausf. *Kühling/S. Drechsler*, NJW 2017, 2950, 2954 f. sowie *von Danwitz*, EuGRZ 2013, 253, 260 f. Siehe auch die Klarstellung des EuGH in EuGH, Urt. v. 04.05.2016 – Rs. C-547/14, ECLI:EU:C:2016:325, Rn. 47 – *Philip Morris Brands*.

296 *Michl*, JURA 2020, 479, 490; s. a. *Thym*, JZ 2020, 1017, 1020 f., der von einer „Strategie der Nervensäge" spricht.

wirken.[297] Bezogen auf den Grundrechtsschutz hat das BVerfG insbesondere die Möglichkeit, die deutsche Grundrechtsdogmatik in die Diskussion einfließen zu lassen und gesamteuropäisch zu entfalten.[298] Wenn das BVerfG nun gleichzeitig die letztverbindliche Auslegung durch den EuGH anerkennt, ermöglicht die Vorlage nicht nur eine effektive Aufgabenverteilung,[299] sondern führt auch dazu, dass gerichtliche Kooperation und Wahrung der eigenen Rolle beim europäischen Grundrechtsschutz Hand in Hand gehen.[300] Insoweit spricht einiges für die Einschätzung von *Daniel Thym*, wonach der Weg des „ersten Wortes" deutlich erfolgversprechender sein könnte als Ultra-vires-Drohungen.[301] In jedem Fall ermöglicht der neue Weg eine Verschiebung von den Letztmaßstäben hin zu einer Prüfung der grundrechtlichen Maßstäbe im konkreten Einzelfall.[302]

Allerdings darf dabei nicht vergessen werden, dass im Rahmen der europäischen Integration Grundrechtsschutz und damit auch die Bestimmung der Maßstäbe keine rein nationale Frage ist und daher auch nicht von einem oder zwei Gerichten allein geleistet werden kann.[303] Schon allein aus deutscher Sicht setzt ein „wahrhaftes Kooperationsverhältnis" nicht nur die Vorlagebereitschaft des BVerfG sowie eine Einbindung der Fachgerichte voraus, sondern auch die Bereitschaft des EuGH, auf nationale Besonderheiten im Grundrechtsschutz Rücksicht zu nehmen.[304] Darüber hinaus verdeutlicht nicht zuletzt die rechtsvergleichende Einordnung des BVerfG, dass der Grundrechtsschutz in einen gesamteuropäischen Grundrechtskontext eingebunden ist,[305] womit die Notwendigkeit eines gemeinsamen kooperativen Vorgehens noch einmal unterstrichen wird. Es muss also darum gehen, nicht allein auf der deutschen Dogmatik zu beharren, sondern diese im Wege der Kooperation in die europäische Grundrechtsentwicklung einfließen zu lassen.[306] Normativ abgesichert wird dieses neu verstandene Kooperationsverhältnis über die von Art. 51 und 53 GRCh ge-

---

[297] *Classen*, EuR 2017, 347, 361 f.

[298] *Thym*, JZ 2020, 1017, 1019 ff.; s. a. *R. Hofmann/Heger*, EuGRZ 2021, 1, 10 f.; *Kühling*, NJW 2020, 275, 277 u. 279 sowie *Peifer*, GRUR 2020, 34, 36. Bereits zuvor haben unter anderem *Giegerich*, ZEuS 2016, 3, 15 ff.; *Kingreen*, JZ 2013, 801, 811 sowie *Thym*, JZ 2015, 53, 59 auf den positiven Einfluss der Vorlage hingewiesen.

[299] Zur Aufgabenteilung *Kühling*, NJW 2020, 275, 279 sowie *Wendel*, JZ 2020, 157, 166.

[300] *Aust*, EuGRZ 2020, 410, 414 f.

[301] *Thym*, JZ 2020, 1017 ff., insb. 1091 ff. u. 1027; s. a. *Classen*, EuR 2017, 347, 364 ff.

[302] *Wendel*, JZ 2020, 157, 167; zum Problem der „Letztmaßstäbe" bereits oben S. 197 f.

[303] *Aust*, EuGRZ 2020, 410; prägnant auch *Thym*, JZ 2020, 1017, 1024, wonach „die *letzt*verantwortliche EuGH-Auslegung gerade keine *allein*verantwortliche Allmacht darstellt.", Hervorh. i. Org. Nach *Grimm*, in: Merten/Papier, HGR Bd. VI/2, § 168 Rn. 44 m. w. N. bleibt die Frage des letzten Wortes beim Grundrechtsschutz offen.

[304] *R. Hofmann/Heger*, EuGRZ 2021, 1 f. u. 10 f.

[305] BVerfGE 152, 216, 236 Rn. 50 u. 254 f. Rn. 99 f. – *Recht auf Vergessen II*; dazu *Wendel*, JZ 2020, 157, 163 f. Kritisch zu den rechtsvergleichenden Bezügen *Classen*, EuR 2021, 92, 102 f.

[306] *Kämmerer/Kotzur*, NVwZ 2020, 177, 183; *Kühling*, NJW 2020, 275, 277 u. 279; *Wen-*

schaffenen Freiräume auf der einen und die in Art. 23 Abs. 1 S. 1 GG verankerte Mitwirkungspflicht auf der anderen Seite. Mittel- bis langfristig kann so über einen gerichtlichen „Kommunikations- und Lernverbund“[307] ein einheitlicher europäischer Grundrechtsmaßstab entwickelt bzw. weiter gefestigt werden.[308] Trotz der damit verbundenen inhaltlichen Schwierigkeiten bei der Abstimmung und Konkretisierung der Grundrechtsdogmatik,[309] wäre eine solche maßstabsorientierte Kooperation nicht nur im Interesse von EuGH und BVerfG, sondern auch förderlich für die europäische Integration insgesamt. Wegen des offenen Integrationsbegriffs und der generell ambivalenten Rolle von Grundrechten, werden bis auf Weiteres Spannungen und deren Ausgleich zum gerichtlichen Alltag gehören.[310] Insoweit bleibt die weitere Entwicklung der Rechtsprechung von BVerfG und EuGH abzuwarten. Nachdem lange der mittelbare Dialog zwischen beiden Gerichten vorherrschte, der von Zeit zu Zeit durchaus konfrontativ war, ist nunmehr der Boden für eine unmittelbare Kooperation anhand des gemeinsamen Maßstabs der EU-GRCh bereitet. Ob dieses Potenzial vollumfänglich zur Geltung kommt, wird die Zukunft zeigen.

---

del, JZ 2020, 157, 165; zur Einordnung als transnationaler Diskurs s. a. *Thym*, DÖV 2014, 941, 946 ff.

[307] *Kämmerer*/*Kotzur*, NVwZ 2020, 177, 183 unter Hinweis auf *Merli*, VVDStRL 66 (2007), 392, 418. Ähnlich auch *Frenzel*, Der Staat 53 (2014), 1, 14 f. m. w. N.

[308] *Kühling*, NJW 2020, 275, 278 sowie ausf. *Thym*, JZ 2020, 1017, 1022 u. 1024 ff. Bereits zuvor hatte *Schwerdtfeger*, EuR 2015, 290, 304 auf die inhaltliche Annäherung der Maßstäbe hingewiesen. Zu Wechselwirkungen und Kohärenz im europäischen Grundrechtsschutz auch *Skouris*, in: Merten/Papier, HGR Bd. VI/2, § 171 Rn. 51.

[309] Siehe dazu nur *Preßlein*, EuGRZ 2021, 247, 265 ff.

[310] Dazu bereits *Haltern*, Europarecht: Dogmatik im Kontext, Bd. II, S. 704 Rn. 1636.

Kapitel 4

Identität als Integrationsmaßstab?

Neben den grundrechtlichen Maßstäben und der noch zu behandelnden Ultra-vires-Kontrolle betrifft die Auseinandersetzung zwischen EuGH und BVerfG im Bereich des EU-Sekundärrechts zu einem wesentlichen Teil auch den Maßstab der (Verfassungs-)Identität. Bedenkt man die Entwicklung im Bereich der Grundrechte, wo der anfänglich nur mittelbare gerichtliche Austausch nach und nach den Weg für eine unmittelbare Kooperation über die EU-GRCh als gemeinsamer Integrationsmaßstab bereitet hat, stellt sich die Frage, ob eine vergleichbare Entwicklung auch im Bereich der (Verfassungs-)Identität erkennbar oder jedenfalls möglich ist.

Tatsächlich lassen sich auf den ersten Blick sowohl im Unionsrecht als auch in der Rechtsprechung des BVerfG Anknüpfungspunkte für einen gemeinsamen identitätsbezogenen Integrationsmaßstab ausmachen. So existiert mit Art. 4 Abs. 2 S. 1 EUV eine primärrechtliche Norm, welche ausdrücklich die „politischen und verfassungsmäßigen Strukturen" der Mitgliedstaaten in Bezug nimmt und die Achtung jener Strukturen als Teil der „nationalen Identität" festschreibt. Auch das BVerfG hatte ursprünglich bei der Etablierung der Identitätskontrolle zum Schutz der „Verfassungsidentität" des GG festgehalten, dass diese „Hand in Hand" mit Art. 4 Abs. 2 S. 1 EUV gehe.[1] Von diesem Verständnis ist das Gericht allerdings später wieder abgerückt und hat stattdessen die Unterschiede der eigenen Kontrolle zum unionsrechtlichen Identitätsschutz durch den EuGH betont.[2] Obwohl das BVerfG die unionsrechtliche Identitätsklausel weiter regelmäßig in Bezug nimmt, ist es bisher zu keinem unmittelbaren Austausch mit dem EuGH über das Verhältnis der Identitätskonzepte gekommen. Daran hat auch die jüngste Vorlage des BVerfG nichts geändert, da der Teil der Vorlage, in dem das BVerfG Art. 4 Abs. 2 S. 1 EUV in Bezug nahm,[3] vom EuGH mit Hinweis auf den hypothetischen Charakter der Frage nicht beantwortet wurde.[4]

In Anbetracht der damit weiterhin im Raum stehenden unterschiedlichen Begrifflichkeiten von „nationaler Identität" und „Verfassungsidentität" könnte in

---

1 BVerfGE 123, 267, Ls. 4 u. 354 – *Lissabon*.

2 BVerfGE 134, 366, 386 Rn. 29 f. – *OMT-Vorlagebeschluss*; dazu und zum Folgenden siehe noch Kap. 4, B. II.

3 BVerfGE 146, 216, 293 Rn. 134 – *PSPP-Vorlagebeschluss*.

4 EuGH, Urt. v. 11.12.2018 – Rs. C-493/17, ECLI:EU:C:2018:1000, Rn. 159 ff., insb. Rn. 166 – *Weiss u. a.*

Anlehnung an ein Zitat von *Rudolf Smend*[5] formuliert werden, dass nur weil zwei Rechtsordnungen bzw. ihre höchsten Gerichte mit der „Identität" dasselbe sagen, es noch nicht dasselbe ist.[6] Andererseits darf nicht übersehen werden, dass nationales und europäisches Recht über die Identität unzweifelhaft „in Kontakt treten"[7] können, was trotz der ausgebliebenen Antwort auch durch die jüngste Vorlage des BVerfG unterstrichen wird. Nur weil es bislang an einem unmittelbaren Austausch fehlt und somit auch ein einheitliches Identitätsverständnis nicht ohne Weiteres erkennbar wird, ist damit noch keine Aussage über das künftige kooperative Potenzial des Identitätsbegriffs bzw. -maßstabs verbunden. Zwar gilt auch im Kontext des Identitätsschutzes, dass für einen möglichst konfliktfreien Umgang der Rechtsordnungen bzw. Gerichte eine weitgehende Einigkeit über den Maßstab und dessen Kontrolle entscheidend ist,[8] doch ist nach dem hier zugrundeliegenden Dialogverständnis ein gemeinsames Verständnis keine Voraussetzung, sondern vielmehr eine Folge des kooperativen Austauschs. Mit anderen Worten müssen die unterschiedlichen Begrifflichkeiten („Verschiedenes") einem Austausch über dahinterstehende gemeinsame Inhalte („dasselbe") nicht entgegenstehen. Die entscheidende Frage ist also, ob bzw. inwieweit solche materiellen Schnittmengen zwischen unions- und verfassungsrechtlicher Identitätskonzeption bestehen bzw. möglich sind und in welchem Umfang diese prozessual für eine maßstabsorientierte Kooperation fruchtbar gemacht werden können. Wie zu zeigen sein wird, liegt dem unionsrechtlichen Begriff der „nationalen Identität" (A.) tatsächlich ein anderer Maßstab und damit auch ein anderes Verständnis zugrunde als dem Konzept der Verfassungsidentität des BVerfG (B.). Obwohl diese aktuelle Ausrichtung der (Verfassungs-)Identitätskonzepte einen Dialog eher einschränkt, besteht gleichwohl ein gewisses Potenzial für eine echte Kooperation über den Maßstab der Identität (C.).

A. Nationale Identität als unionsrechtlicher Maßstab

Der allgemeine Trend in zahlreichen wissenschaftlichen Disziplinen, verstärkt auf den Begriff der Identität zurückzugreifen, hat seit einiger Zeit auch den rechtswissenschaftlichen Diskurs erreicht.[9] Ungeachtet aller Schwierigkeiten,

[5] Vgl. *Smend*, ZevKR 1 (1951), 4, mit Bezug auf die Übernahme der kirchenrechtlichen Artikel der WRV ins GG: „Aber wenn zwei Grundgesetze dasselbe sagen, so ist es nicht dasselbe."

[6] Vgl. auch *Blanke/Pilz*, EuR 2020, 270, 291 mit Bezug auf den Begriff der Menschenwürde.

[7] *Wischmeyer*, AöR 140 (2015), 415, 426 m. w. N.

[8] Vgl. *Mayer*, in: von Bogdandy/Bast, Europäisches Verfassungsrecht, S. 559, 597.

[9] Siehe nur *Bilz*, Margin of Appreciation der EU-Mitgliedstaaten, S. 171; *von Bogdandy*, VVDStRL 62 (2003), 156, 160 ff.; *Wendel*, in: Franzius/Mayer/Neyer, Die Neuerfindung Eu-

die mit dem im hohen Maße ambivalenten Begriff verbunden sind,[10] erfasst diese Entwicklung zunehmend auch das Recht der europäischen Integration, was sich insbesondere am spannungsgeladenen Aufeinandertreffen von europäischer und nationaler Identitätsdimension zeigt.[11] Schon bei der ersten Erwähnung der „europäischen Identität" in einer Erklärung der EG-Mitgliedstaaten aus dem Jahr 1973[12] wurde die typische Wechselseitigkeit des Identitätsbegriffs deutlich. Da eine positive Bestimmung der europäischen Identität zwangsläufig mit einer negativen Abgrenzung gegenüber der Außenwelt einhergeht, umfasst eine Identitätsbestimmung auch im Rahmen der europäischen Integration stets die sich gegenseitig bedingenden Elemente der „integrativen Daseins- und Standortbestimmung und zugleich [der] Ausgrenzung".[13] Spiegelbildlich beinhaltet auch eine mögliche nationale Identitätsdimension nicht nur die positive Betonung möglicher mitgliedstaatlicher Besonderheiten, sondern gleichzeitig eine negative Abgrenzung zu anderen Mitgliedstaaten sowie zur EU.

Vor diesem Hintergrund verwundert es nicht, dass die Identität teilweise als Schlüsselbegriff bezeichnet wird, der an die Stelle des alten Souveränitäts- bzw. Demokratiediskurses im Rahmen der europäischen Integration trete.[14] Selbst wenn man die Gleichsetzung von Souveränität und Identität kritisch betrachtet, spielt die in Art. 4 Abs. 2 S. 1 EUV auch normativ ausdrücklich verankerte Achtung der „nationalen Identität" der Mitgliedstaaten eine immer größere Rolle. So wird die Identitätsklausel des Art. 4 Abs. 2 S. 1 EUV vermehrt als zentrale Norm für die Bestimmung des Verhältnisses von Union und Mitgliedstaaten aufgefasst.[15] Obwohl Art. 4 Abs. 2 S. 1 EUV nicht die einzige Stelle des EU-Primärrechts ist, die sprachliche, kulturelle und nationale Besonderheiten bzw. Unterschiede zwischen den Mitgliedstaaten in den Blickt nimmt,[16] kommt der

ropas, S. 51 ff. sowie *Wischmeyer*, AöR 140 (2015), 415 ff.; jeweils m. w. N. Monographisch jüngst *Schnettger*, Verbundidentität, passim.

[10] Ausf. zu verschiedenen Bedeutungsgehalten *von Bogdandy*, VVDStRL 62 (2003), 156, 160 ff.; s. a. *Pache*, DVBl 2002, 1154 ff. sowie *Reestman*, EuConst 5 (2009), 374, 376 ff. Kritisch zur Nutzung des Begriffs *Doehring*, ZRP 1993, 98, 101; *Schönberger*, JöR 63 (2015), 41 ff. sowie *C. Walter*, in: Kluth, Europäische Integration und nationales Verfassungsrecht, S. 65, 66 u. 71.

[11] Vgl. *Wendel*, in: Franzius/Mayer/Neyer, Die Neuerfindung Europas, S. 51, 53 ff., der zwischen nationaler, transnationaler und europäischer Perspektive der Identität unterscheidet. Zu den verschiedenen Identitätsdimensionen s. a. *Schorkopf*, Der Europäische Weg, S. 197.

[12] Dokument über die europäische Identität, Kopenhagen, 14. Dezember 1973, veröffentlichet in: Bulletin der EG Nr. 12, Dezember 1973, S. 118–122.

[13] *Hilf*, in: GS Grabitz, S. 157, 159 f.; allgemein auch *Grawert*, Der Staat 51 (2012), 189, 195.

[14] *Von Bogdandy*, VVDStRL 62 (2003), 156, 164 f., 185 ff. u. 190; ähnlich *Weiler*, ICON 3 (2005), 173, 184; s. a. BVerfGE 123, 267, 325 – *Lissabon*. Zur Ablösung des Demokratiediskurses siehe nur *Mayer*, VVDStRL 75 (2016), 7, 44 f. m. w. N.

[15] *Schill/Krenn*, in: Grabitz/Hilf/Nettesheim, EUV/AEUV, Art. 4 EUV Rn. 1 u. 14; vgl. *Claes*, in: Saiz Arnaiz/Llivina, National Constitutional Identity and European Integration, S. 109.

[16] Überblick bei *Haratsch*, EuR 2016, 131, 132 f. sowie *Rossi*, in: LA Seul, S. 422, 424 ff.

unionsrechtlichen Identitätsklausel aufgrund ihrer prominenten systematischen Stellung im Kontext der anderen grundlegenden Normen zur Kompetenzverteilung und -ausübung als „Prolegomenon der Kompetenzordnung“[17] zweifelsfrei die entscheidende Rolle zu. Wird demnach die „unionsrechtliche Perspektive“[18] auf den Begriff und das Verständnis der Identität vorrangig von Art. 4 Abs. 2 S. 1 EUV geprägt, muss die Norm und der dahinterstehende unionsrechtliche Identitätsmaßstab genauer betrachtet werden. Dies betrifft nicht nur die inhaltliche Frage, was im Einzelnen von der zu achtendenden „nationalen Identität“ erfasst ist (I.), sondern wegen der sich auch im Unionsrecht spiegelnden Wechselseitigkeit des Identitätsbegriffs auch die prozessuale Frage, wer über den unionsrechtlichen Identitätsmaßstab entscheidet (II.). Betrachtet man abschließend die inhaltlichen und prozessualen Aspekte beim Umgang mit der „nationalen Identität“, werden die Möglichkeiten und Grenzen eines kooperativen Umgangs mit dem unionsrechtlichen Identitätsmaßstab deutlich (III.).

I. Inhalt und Bedeutung der nationalen Identität

Um den unionsrechtlichen Identitätsmaßstab bestimmen zu können, ist es in einem ersten Schritt notwendig, den Begriff der „nationalen Identität“ und die damit verbundene Achtungspflicht der EU genauer zu untersuchen. Das unionsrechtliche Verständnis der Identität lässt sich dabei nicht nur über eine Bestimmung der inhaltlichen Reichweite des Rechtsbegriffs der „nationalen Identität“ und seinem Verhältnis zur „Verfassungsidentität“ (1.), sondern auch und vor allem anhand der mit der „Achtung“ verbundenen Rechtsfolgen ermitteln (2.). In der Kombination beider Aspekte wird deutlich, dass aus der unionsrechtlichen Perspektive mit Art. 4 Abs. 2 S. 1 EUV keine einseitige Ausnahme vom Anwendungsvorrang (3.), sondern vielmehr die Möglichkeit für einen Ausgleich mitgliedstaatlicher und unionaler Interessen im Rahmen des Unionsrechts geschaffen wurde (4).

1. Der Begriff der „nationalen Identität“ und sein Verhältnis zur „Verfassungsidentität“

Mit der in Art. 4 Abs. 2 S. 1 EUV festgeschriebenen „Achtung“ der „nationalen Identität“ der Mitgliedstaaten findet der Identitätsschutz eine ausdrückliche Verankerung im EU-Primärrecht, die sich schon begrifflich vom Schutz der „Verfassungsidentität“, wie sie das BVerfG postuliert, unterscheidet. Eine Untersuchung des unionsrechtlichen Identitätsverständnisses muss daher beim Rechtsbegriff[19] der „nationalen Identität“ ihren Ausgang nehmen und ein be-

---

[17] So *Oppermann*, DVBl 2003, 1165, 1170 zum geplanten Art. I-5 VVE.

[18] *Wendel*, in: Franzius/Mayer/Neyer, Die Neuerfindung Europas, S. 51, 62.

[19] Zum Rechtscharakter ausf. *Cloots*, National Identity in EU Law, S. 35 ff.; *Schnettger*, Verbundidentität, S. 8 ff. sowie *Wischmeyer*, AöR 140 (2015), 415, 424 f.

sonderes Augenmerk auf die begriffliche Abweichung zur „Verfassungsidentität“ legen.

Eine rechtsverbindliche Definition der „nationalen Identität“ findet sich weder im Primärrecht noch in der Rechtsprechung des EuGH, wobei zu berücksichtigen ist, dass die Identitätsklausel erst seit dem Vertrag von Lissabon der Jurisdiktion des EuGH unterfällt.[20] Die bisherigen EuGH-Entscheidungen zu Art. 4 Abs. 2 S. 1 EUV bzw. zur „nationalen Identität“ werden weitgehend dominiert von spezifischen Einzelfragen, die zwar eine gewisse Orientierung, aber für sich genommen keine abstrakte Begriffsbestimmung liefern.[21] Im Einzelnen wurden vom EuGH die republikanische Staatsform,[22] der Schutz und die Förderung der offiziellen Landes- bzw. Amtssprache,[23] eine besondere demographische Situation,[24] die innerstaatliche Aufgaben- bzw. Zuständigkeitsverteilung,[25] die verfassungsrechtlichen Voraussetzungen für den Zugang zum Beruf als Rechtsanwalt,[26] die Zuordnung von Arbeitnehmern zur rechtsprechenden Gewalt,[27] sowie der Schutz der Ehe als Verbindung von Mann und Frau[28] als mögliche Teile der nationalen Identität behandelt, wobei die abschließende Bewertung und Rechtsfolgen durchaus unterschiedlich ausfielen.[29]

---

[20] Dazu nur *Streinz*, in: FS Müller-Graff, S. 1193, 1201.

[21] *Polzin*, Verfassungsidentität, S. 65; *Rossi*, in: LA Seul, S. 422, 429; *Schill/Krenn*, in: Grabitz/Hilf/Nettesheim, EUV/AEUV, Art. 4 EUV Rn. 22.

[22] EuGH, Urt. v. 22.12.2010 – Rs. C-208/09, ECLI:EU:C:2010:806, Rn. 92 – *Sayn-Wittgenstein*; bestätigt in Urt. v. 02.06.2016 – Rs. C-438/14, ECLI:EU:C:2016:401, Rn. 73 – *Bogendorff von Wolffersdorff*.

[23] EuGH, Urt. v. 16.04.2013 – Rs. C-202/11, ECLI:EU:C:2013:239, Rn. 26 f. – *Anton Las*; Urt. v. 24.05.2011 – Rs. C-51/08, ECLI:EU:C:2011:336, Rn. 72 u. 124 – *KOM/Luxemburg*; Urt. v. 12.05.2011 – Rs. C-391/09, ECLI:EU:C:2011:291, Rn. 86 f. – *Runevič-Vardyn*; zuvor bereits Urt. v. 28.11.1989 – Rs. C-379/87, ECLI:EU:C:1989:599, Rn. 18 f. – *Groener*. Ähnlich auch *Generalanwältin Kokott*, Schlussanträge v. 04.09.2008 – Rs. C-222/07, ECLI:EU:C:2008:468, Rn. 90 ff. – *UTECA* sowie *Generalanwalt Poiares Maduro*, Schlussanträge v. 16.12.2004 – Rs. C-160/03, ECLI:EU:C:2004:817, Rn. 24 – *Spanien/Eurojust*.

[24] EuGH, Urt. v. 02.07.1996 – Rs. C-473/93, ECLI:EU:C:1996:263, Rn. 35 – *KOM/Luxemburg*.

[25] EuGH, Urt. v. 21.12.2016 – Rs. C-51/15, ECLI:EU:C:2016:985, Rn. 40 f. u. 47 – *Remondis*; Urt. v. 12.06.2014 – Rs. C-156/13, ECLI:EU:C:2014:1756, Rn. 34 – *Digibet u. Albers*; Urt. v. 29.09.2015 – Rs. C-276/14, ECLI:EU:C:2015:635, Rn. 42 u. 61 ff. – *Gmina Wrocław*. Siehe in diesem Zusammenhang auch EuG, Urt. v. 10.05.2016 – Rs. T-529/13, ECLI:EU:T:2016:282, Rn. 70 u. 75 f. – *Iszák u. Dabis* sowie *Generalanwältin Kokott*, Schlussanträge v. 08.05.2008 – verb. Rs. C-428–434/06, ECLI:EU:C:2008:262, Rn. 54 – *UGT Rioja*.

[26] EuGH, Urt. v. 17.07.2014 – verb. Rs. C-58/13 u. C-59/13, ECLI:EU:C:2014:2088, Rn. 53 ff. – *Torresi*, wo aber ein Verstoß gegen Art. 4 Abs. 2 S. 1 EUV abgelehnt wurde.

[27] EuGH, Urt. v. 01.03.2012 – Rs. C-393/10, ECLI:EU:C:2012:110, Rn. 49 ff. – *O'Brien*, wobei der EuGH im Ergebnis eine Ausnahme vom Sekundärrecht ablehnte.

[28] EuGH, Urt. v. 05.06.2018 – Rs. C-673/16, ECLI:EU:C:2018:385, Rn. 42 ff. – *Coman u. a.* Auch wenn der EuGH keinen Widerspruch zur nationalen Identität anerkannte, sehen *Schill/Krenn*, in: Grabitz/Hilf/Nettesheim, EUV/AEUV, Art. 4 EUV Rn. 22 in dem Urteil jedenfalls eine Andeutung eines entsprechenden Schutzes der Ehe.

[29] Überblicke zur Rspr. bei *Burgorgue-Larsen*, in: Saiz Arnaiz/Llivina, National Consti-

Beim Versuch, aus den konkreten Entscheidungen des EuGH allgemeinverbindliche Aussagen über die „nationale Identität“ zu gewinnen, ist daher eine gewisse Zurückhaltung angezeigt.[30] Gleichzeitig ist wegen der primärrechtlichen Verankerung des Identitätsbegriffs in Art. 4 Abs. 2 S. 1 EUV eine rechtliche Annäherung nicht nur möglich, sondern nötig.[31] Ungeachtet der allgemein höchst subjektiven Prägung des Identitätsbegriffs,[32] spricht die Ausdifferenzierung einzelner Tatbestände im Rahmen des Art. 4 Abs. 2 S. 1 EUV für ein primär objektives, an rechtlichen Kategorien orientiertes, Verständnis.[33] Mit anderen Worten erschließt sich das unionsrechtliche Identitätsverständnis anhand der einzelnen von Art. 4 Abs. 2 S. 1 EUV geschützten Elemente.

Im Ausgangspunkt nimmt Art. 4 Abs. 2 S. 1 EUV mit der Betonung der Gleichheit der Mitgliedstaaten sowie der Aufzählung einzelner, geschützter Elemente die Mitglied*staaten* und ihr Verhältnis zur EU in den Blick. Schon die Vorgängernormen der heutigen Identitätsklausel waren Ausdruck der Sorge eines möglichen Verlusts der (Eigen-)Staatlichkeit und wurden als Gegengewicht zu der im Zuge der europäischen Integration gestärkten *regionalen* Identität auf der einen und der *europäischen* Identität auf der anderen Seite verstanden.[34] Unabhängig von der noch zu klärenden Frage, ob dies zugleich einen primärrechtlichen Schutz der (integrierten) Staatlichkeit bedeutet, verdeutlicht auch die heutige Identitätsklausel die fortdauernde Bedeutung der Staaten als Basis der EU.[35] *Mitglied*staaten und EU sind durch die europäische Integration in vielfacher, auch rechtlicher Hinsicht miteinander verbunden und dauerhaft aufeinander angewiesen. Aus diesem Grund ist Art. 4 Abs. 2 S. 1 EUV sowohl Ausdruck „staatlicher Selbstbehauptung“ als auch des integrationstypischen, pluralen Ausgleichs- und Abhängigkeitsverhältnisses.[36]

---

tutional Identity and European Integration, S. 275 ff.; *Claes*, in: Saiz Arnaiz/Llivina, National Constitutional Identity and European Integration, S. 109, 130 ff. sowie *Streinz*, in: FS Müller-Graff, S. 1193, 1201 ff. Monographisch *Cloots*, National Identity in EU Law, passim; *M. Wieland*, Vorrangdogmatik und Rücksichtnahme auf die Identität der nationalen Verfassungen, S. 223 ff. u. passim sowie *Schnettger*, Verbundidentität, S. 70 ff.

[30] Vgl. zur Zurückhaltung auch *van der Schyff*, ELR 37 (2012), 563, 576.

[31] Vgl. *E. Klein*, in: Niedobitek/Sommermann, Die EU als Wertegemeinschaft, S. 59, 64.

[32] *Reestman*, EuConst 5 (2009), 374, 379.

[33] *Haratsch*, EuR 2016, 131, 134; s. a. *von Bogdandy/Schill*, ZaöRV 70 (2010), 701, 712 sowie *von Bogdandy/Schill*, CML Rev. 48 (2011), 1417, 1428 f.

[34] *Hilf*, in: GS Grabitz, S. 157, 161 f.; s. a. *A. Bleckmann*, JZ 1997, 265; *Pache*, DVBl 2002, 1154, 1155 u. 1160. Dazu und zur Entwicklung der Identitätsklauseln s. a. *Claes*, in: Saiz Arnaiz/Llivina, National Constitutional Identity and European Integration, S. 109, 112 ff. sowie *Calliess/Puttler*, in: Calliess/Ruffert, EUV/AEUV, 5. Aufl., Art. 4 EUV Rn. 5 ff.

[35] *Besselink*, ULR 6 (2010), 36, 40 f.; *Pache*, DVBl 2002, 1154, 1160; aus jüngerer Zeit *Haratsch*, EuR 2016, 131, 133 f. Zur Frage, ob Art. 4 Abs. 2 S. 1 EUV eine primärrechtliche Integrationsgrenze darstellt siehe sogleich Kap. 4, A. I. 2.

[36] *E. Klein*, in: Niedobitek/Sommermann, Die EU als Wertegemeinschaft, S. 59, 64 f. u. dort Fn. 30; s. a. *Schill/Krenn*, in: Grabitz/Hilf/Nettesheim, EUV/AEUV, Art. 4 EUV Rn. 1 u.

Bei dem damit verbundenen wechselseitigen Austausch über die Inhalte der „nationalen Identität" wird regelmäßig ein besonderer Schwerpunkt auf die von Art. 4 Abs. 2 S. 1 EUV in Bezug genommenen „grundlegenden [...] verfassungsmäßigen Strukturen" der Mitgliedstaaten gelegt. Diese Fokussierung geht oftmals so weit, dass die Begriffe der „nationalen Identität" und der „Verfassungsidentität" als Synonyme verwendet bzw. als weitestgehend deckungsgleich aufgefasst werden.[37] Dahinter steht die Überlegung,[38] dass mit dem Vertrag von Lissabon und der Neufassung der Identitätsklausel nicht nur eine Präzisierung, sondern eine Beschränkung der „nationalen Identität" auf die „Verfassungsidentität" einhergehe. Nach Teilen der Literatur werde dies auch durch die jüngere Rechtsprechung des EuGH bestätigt,[39] wo beide Begriffe „völlig unterschiedslos" verwendet würden.[40]

Gegenüber einer solchen vollständigen Gleichsetzung ist allerdings Zurückhaltung angezeigt. Tatsächlich wird der Begriff der „Verfassungsidentität" nämlich bislang allein von den Prozessbeteiligten sowie den Generalanwältinnen und Generalanwälten genutzt.[41] Auch wenn Letztere in ihrem jeweiligen Schlussantrag – teilweise unter Bezug auf das vorlegende Gericht – den Begriff ausführlich behandelt haben,[42] macht sich der EuGH den Begriff bislang nicht zu eigen, sondern verwendet ihn entweder gar nicht oder nur bei der Wiedergabe

14; *Streinz*, in: Streinz, EUV/AEUV, Art. 4 EUV Rn. 2; *Obwexer*, in: von der Groeben/Schwarze/Hatje, Europäisches Unionsrecht, Art. 4 EUV Rn. 7 u. 9 m. w. N. Für eine homogenisierende Wirkung *Härtel*, in: Niedobitek, Europarecht, § 6 Rn. 15 dort Fn. 29.

[37] Siehe nur *Besselink*, ULR 6 (2010), 36, 44 u. 47; *E. Klein*, in: Niedobitek/Sommermann, Die EU als Wertegemeinschaft, S. 59, 64; *Mayer*, VVDStRL 75 (2016), 7, 43 ff.; *Pernice*, AöR 136 (2011), 185, 189; *Streinz*, in: FS Müller-Graff, S. 1193 ff., insb. S. 1197; *M. Walter*, ZaöRV 72 (2012), 177, 179 f. sowie die Nachweise bei *Cloots*, NJLP 45 (2016), 82, 83; zur Kritik sogleich. Zur teilweisen Gleichsetzung in der früheren Rechtsprechung des BVerfG siehe *Reestman*, EuConst 5 (2009), 374, 381 ff. sowie noch Kap. 4, B. II.

[38] Zum möglichen Motiv mit der Gleichsetzung eine Ausnahme vom Anwendungsvorrang zu schaffen siehe nur *C. Walter*, in: Kluth, Europäische Integration und nationales Verfassungsrecht, S. 65, 72 f. sowie sogleich Kap. 4, A. I. 3.

[39] *Bilz*, Margin of Appreciation der EU-Mitgliedstaaten, S. 182; *van der Schyff*, ELR 37 (2012), 563, 567 f.; *van der Schyff*, EPL 22 (2016), 227, 231 ff.; *von Bogdandy/Schill*, CML Rev. 48 (2011), 1417, 1427 u. 1430 ff.; *Wendel*, Permeabilität im europäischen Verfassungsrecht, S. 572 f.; *M. Wieland*, Vorrangdogmatik und Rücksichtnahme auf die Identität der nationalen Verfassungen, S. 232; s. a. *Franzius*, in: Pechstein/Nowak/Häde, FK EUV/GRC/AEUV, Art. 4 EUV Rn. 26 u. 29 ff. m. w. N.

[40] *Wischmeyer*, AöR 140 (2015), 415, 442 dort Fn. 114; s. a. *Burgorgue-Larsen*, in: Saiz Arnaiz/Llivina, National Constitutional Identity and European Integration, S. 275, 276 ff., insb. S. 277 u. 282.

[41] Dazu nur *Polzin*, Verfassungsidentität, S. 63 m. w. N.; s. a. *Cloots*, NJLP 45 (2016), 82. Mit Blick auf Art. 6 Abs. 3 EUV a. F. s. a. *Reestman*, EuConst 5 (2009), 374, 375 f.

[42] *Generalanwalt Wathelet*, Schlussanträge v. 04.10.2018 – Rs. C-493/17, ECLI:EU:C:2018:815, Rn. 3 – *Weiss u. a.*; *Generalanwalt Bot*, Schlussanträge v. 18.07.2017 – Rs. C-42/17, ECLI:EU:C:2017:564, Rn. 5, 49 f., 121 u. 169 ff. – *M. A. S. u. M. B.*; mit Kritik auch *Generalanwalt Cruz Villalón*, Schlussanträge v. 12.01.2015 – Rs. C-62/14, ECLI:EU:C:2015:7, Rn. 5, 16, 34, 42, 55 ff. u. 213 – *Gauweiler u. a.*

der Parteivorträge oder Vorlagefragen.[43] Darüber ist eine Reduzierung auf die „Verfassungsidentität" schwer mit dem Wortlaut von Art. 4 Abs. 2 S. 1 EUV zu vereinbaren und könnte zudem – trotz der ausdrücklich angeordneten Gleichbehandlung – solche Mitgliedstaaten benachteiligen, die über keine geschriebene Verfassung verfügen bzw. deren grundlegenden kulturellen, politischen oder juristischen Fragen nicht explizit (verfassungs-)rechtlich geregelt sind.[44]

Richtigerweise ist also eine differenzierte Betrachtung angezeigt. Zweifellos nimmt Art. 4 Abs. 2 S. 1 EUV das nationale Verfassungsrecht in Bezug, sodass seine formellen und materiellen Inhalte bzw. Ausprägungen unter den Begriff der „nationalen Identität" subsumiert werden können.[45] Richtig ist auch, dass nur die konstituierenden bzw. wesentlichen Verfassungsprinzipen des jeweiligen Mitgliedstaats erfasst sind.[46] Unabhängig von der damit aufgeworfenen Frage, wie und von wem die Einordnung solcher verfassungsrechtlicher Belange als „nationale Identität" vorgenommen werden kann,[47] ist aber die „nationale Identität" trotz weitrechender Überschneidungen inhaltlich nicht deckungsgleich mit der „Verfassungsidentität" der Mitgliedstaaten.[48] Vielmehr sind auch weitere, nicht verfassungsrechtliche Identitätsmerkmale denk-

---

43 EuGH, Urt. v. 11.12.2018 – Rs. C-493/17, ECLI:EU:C:2018:1000, Rn. 14 – *Weiss u. a.*; Urt. v. 16.06.2015 – Rs. C-62/14, ECLI:EU:C:2015:400, Rn. 6 u. 19 – *Gauweiler u. a.* Im Urt. v. 05.12.2017 – Rs. C-42/17, ECLI:EU:C:2017:936 – *M. A. S. u. M. B.* verzichtet der EuGH trotz der ausführlichen Schlussanträge sogar vollständig auf den Begriff. Siehe auch *Schnettger*, Verbundidentität, S. 99.

44 *Claes*, in: Saiz Arnaiz/Llivina, National Constitutional Identity and European Integration, S. 109, 123 f.; *van der Schyff*, ZaöRV 76 (2016), 167, 169 sowie *van der Schyff*, ELR 37 (2012), 563, 576 ff. plädiert hingegen für ein weites Verständnis der „Verfassungsidentität", um auch Mitgliedstaaten ohne geschriebene Verfassung oder höherrangige Normen im Verfassungsrecht zu erfassen. Zur Erfassung einfachen Rechts s. a. *Schönberger*, JöR 63 (2015), 41, 51 f. u. 56 einerseits sowie *Wischmeyer*, AöR 140 (2015), 415, 442 dort Fn. 116 andererseits. Zu den kulturellen und politischen Aspekten sogleich.

45 *Haratsch*, EuR 2016, 131, 135 unter Hinweis auf *Generalanwalt Bot*, Schlussanträge v. 02.10.2012 – Rs. C-399/11, ECLI:EU:C:2012:600, Rn. 137 – *Melloni*. Zur Verankerung der Identitätsgehalte in der Verfassung auch *Schnettger*, Verbundidentität, S. 107 ff. sowie *Wischmeyer*, AöR 140 (2015), 415, 428 ff., insb. 431 f., der allerdings eine Beschränkung auf solche Inhalte annimmt.

46 EuGH, Urt. v. 02.06.2016 – Rs. C-438/14, ECLI:EU:C:2016:401, Rn. 64 – *Bogendorff von Wolffersdorff*; Urt. v. 12.05.2011 – Rs. C-391/09, ECLI:EU:C:2011:291, Rn. 84 u. 86 – *Runevič-Vardyn*; s. a. *Generalanwalt Poiares Maduro*, Schlussanträge v. 08.10.2008 – Rs. C-213/07, ECLI:EU:C:2008:544, Rn. 33 – *Michaniki*. *Streinz*, in: Streinz, EUV/AEUV, Art. 4 EUV Rn. 14 spricht insoweit von „allgemeiner Meinung". Aus der umfangreichen Literatur siehe nur *Bilz*, Margin of Appreciation der EU-Mitgliedstaaten, S. 173; *A. Bleckmann*, JZ 1997, 265, 269; *von Bogdandy/Schill*, ZaöRV 70 (2010), 701, 714 u. 711; *Calliess/Puttler*, in: Calliess/Ruffert, EUV/AEUV, 5. Aufl., Art. 4 EUV Rn. 15 f. sowie *Schill/Krenn*, in: Grabitz/Hilf/Nettesheim, EUV/AEUV, Art. 4 EUV Rn. 18.

47 Dazu noch Kap. 4, A. II.

48 Ausf. *Cloots*, National Identity in EU Law, S. 165 ff. sowie *Cloots*, NJLP 45 (2016), 82 ff., insb. 93; s. a. *Arnold*, in: FS Scheuing, S. 17, 19. Zur Sicht des BVerfG noch Kap. 4, B. II.

bar,[49] weshalb das nationale Verfassungsrecht nur eine Teilmenge des von Art. 4 Abs. 2 S. 1 EUV Geschützten bildet. Mit anderen Worten geht das in Art. 4 Abs. 2 S. 1 EUV verankerte Identitätsverständnis weiter als ein reiner Schutz der „Verfassungsidentität".

Als weitere von der nationalen Identität erfasste Belange werden insbesondere kulturelle und politische Aspekte diskutiert. Erstere finden sich mit der Wahrung der kulturellen Vielfalt in Art. 3 Abs. 3 EUV zwar an einer prominenten Stelle des Primärrechts, nicht aber in Art. 4 Abs. 2 S. 1 EUV. Schon der Wortlaut spricht daher dafür, kulturelle Aspekte nur dann unter die Identitätsklausel zu subsumieren, wenn sie zugleich Teil der grundlegenden verfassungsgemäßen[50] oder politischen Strukturen sind. Während die Kultur also nur mittelbar erfasst ist, werden politische Aspekte ausdrücklich in Bezug genommen. Auch wenn die Einbeziehung umstritten bleibt, kommt man an diesem Befund nicht vorbei.[51] Für eine Erfassung politischer Identitätsbelange ohne explizite Rückbindung im nationalen Verfassungsrecht spricht zudem, dass eine weitgehende verfassungsrechtliche Bindung politischer Prozesse zwar in Deutschland, nicht aber in anderen Mitgliedstaaten oder dem Unionsrecht üblich ist.[52] Grundsätzlich können somit politische, aber auch soziale oder historische Eigenarten eines Mitgliedstaats Teil der unionsrechtlichen „nationalen Identität" sein.[53] Gleichwohl ist eine zurückhaltende Interpretation angezeigt,[54] da entsprechend den *wesentlichen* verfassungsrechtlichen Strukturen nur „*grundlegendes* aus [der] Politik"[55] erfasst wird. Solche wesentlichen Identitätsmerkmale sind sowohl in innen- als auch in außenpolitischer Hinsicht denkbar. Beispielsweise spielen bei der Regierungsbildung in Belgien, nicht zuletzt wegen des notwendigen Ausgleichs zwischen den unterschiedlichen Sprachgruppen, nicht nur verfassungsrechtliche Vorgaben, sondern auch gefestigte politische Gewohnheiten eine entscheidende Rolle.[56] Für Deutschland kommt als möglicher Teil der nationalen Identität das „bewusste Absetzen von der Unrechtsherrschaft des

---

[49] Ausf. *Schnettger*, Verbundidentität, S. 110 ff. u. 150 ff. Siehe auch *Pernice*, AöR 136 (2011), 185, 189 dort Fn. 9 unter Hinweis auf *Uhle*, Freiheitlicher Verfassungsstaat und kulturelle Identität, S. 473 ff., insb. S. 487 ff.

[50] *Haratsch*, EuR 2016, 131, 138; *van der Schyff*, ELR 37 (2012), 563, 567. Für einen „cultural approach" siehe *Besselink*, ULR 6 (2010), 36, 42 ff.; dagegen aber *von Bogdandy/Schill*, CML Rev. 48 (2011), 1417, 1427 u. dort Fn. 47.

[51] So auch *Haratsch*, EuR 2016, 131, 137 m. w. N. zum Streitstand.

[52] Dazu bereits oben S. 87.

[53] *Obwexer*, in: von der Groeben/Schwarze/Hatje, Europäisches Unionsrecht, Art. 4 EUV Rn. 31 sowie *Streinz*, in: Streinz, EUV/AEUV, Art. 4 EUV Rn. 25.

[54] *Haratsch*, EuR 2016, 131, 137.

[55] *Grawert*, Der Staat 51 (2012), 189, 196, Hervorh. d. Verf. Ähnlich *Schnettger*, Verbundidentität, S. 152.

[56] *Dandoy*, in: Delwit/Pilet/van Haute, Les parties politiques en Belgique, S. 299 ff., insb. S. 304 f. Ob dies Teil der „nationale Identität" Belgiens ist, ist damit natürlich noch nicht gesagt.

Nationalsozialismus“ in Betracht, welches sich vorrangig auf die Entstehung und Auslegung des GG, also verfassungsrechtlich auswirkt.[57] Vorstellbar ist aber auch eine (außen-)politische Dimension, die sich in einer besonderen historischen Verantwortung gegenüber der Sicherheit Israels sowie der Erinnerung an die Shoah äußert und die teilweise als „Staatsräson“ bezeichnet wird.[58] Natürlich sind Fälle, wo Maßnahmen der EU eine so verstandene politische nationale Identität verletzen könnten, nur äußerst schwer vorstellbar. Auch kann an dieser Stelle nicht final bewertet werden, ob die angesprochenen Punkte tatsächlich Teil der jeweiligen „nationalen Identität“ sind, zumal die Rechtswissenschaft aufgrund der hochpolitischen Natur dieser Fragen an ihre Grenzen stößt. Entscheidend ist aber, dass von der Identitätsklausel des Art. 4 Abs. 2 S. 1 EUV nicht nur eine verfassungsrechtliche, sondern auch eine politische Dimension der „nationalen Identität“ erfasst sein kann.

Insgesamt kommt in der Nennung der grundlegenden politischen und verfassungsmäßigen Strukturen als von Art. 4 Abs. 2 S. 1 EUV gleichwertig geschützte Identitätsbelange ein Identitätsverständnis zum Ausdruck, das deutlich über einen bloßen Schutz verfassungsrechtlicher Besonderheiten hinausgeht. Selbst wenn man den Bezug auf das nationale Verfassungsrecht als „Verfassungsidentität“ bezeichnen möchte, wird damit nur ein Teilbereich von Art. 4 Abs. 2 S. 1 EUV angesprochen. Aus diesem Grund und wegen des klaren Wortlauts der Identitätsklausel sollte der Begriff der „Verfassungsidentität“ jedenfalls im unionrechtlichen Kontext vermieden werden. Für die unionsrechtliche Ebene wird daher im Folgenden am Rechtsbegriff der nationalen Identität festgehalten. Welche (Rechts-)Folgen mit diesem weiten Identitätsbegriff verbunden sind, hängt dabei maßgeblich vom Verständnis der in Art. 4 Abs. 2 S. 1 EUV postulieren „Achtung“ der nationalen Identität ab.

2. *Die „Achtung“ der nationalen Identität durch die EU*

Art. 4 Abs. 2 S. 1 EUV spricht ausdrücklich von der „Achtung“ der nationalen Identität und kodifiziert somit nicht nur einen politischen Programmsatz, sondern eine echte Rechtspflicht, deren Adressat die EU und ihre Organe sind.[59] Entsprechend der Verwendung im übrigen Unionsrecht ist mit der Achtungsverpflichtung grundsätzlich eine Abwägung bzw. Prüfung der Verhältnismäßigkeit verbunden.[60] Auch in Bezug auf die nationale Identität wird mit der „Achtung“

[57] Siehe dazu insbesondere BVerfGE 124, 300, 328 f. – *Wunsiedel*.

[58] Vgl. *Kaim*, APuZ 65 (6) (2015), 8 ff., insb. 12 f.; zuvor bereits *Dreßler*, APuZ 55 (15) (2006), 3, 8. Zum Identitätsbezug s. a. *S. Stein/Lewy*, APuZ 65 (6) (2015), 3 u. 7.

[59] *Bilz*, Margin of Appreciation der EU-Mitgliedstaaten, S. 185 ff.; *Calliess*, in: Calliess/Ruffert, EUV/AEUV, Art. 4 EUV Rn. 49 ff. u. 62 ff.; *Haratsch*, EuR 2016, 131, 134 u. 140 sowie *Streinz*, in: Streinz, EUV/AEUV, Art. 4 EUV Rn. 4 u. 12; zum Rechtscharakter auch bereits oben S. 220 ff.

[60] Dazu und zum Folgenden *Schill/Krenn*, in: Grabitz/Hilf/Nettesheim, EUV/AEUV,

verdeutlicht, dass die nationale Identität weder unverletzlich ist noch absolut gilt, sondern vielmehr im Wege eines schonenden Ausgleichs berücksichtigt werden muss.[61] Hinsichtlich der Rechtsfolge sowie der Art und Weise dieser Berücksichtigung ist zwischen verschiedenen Konstellationen zu unterscheiden.

Zunächst könnte die „Achtung" der nationalen Identität bereits das EU-Primärrecht betreffen und als Grenze für die Übertragung von Kompetenzen wirken, die insbesondere der Errichtung eines EU-Staates entgegenstehen würde.[62] So wird regelmäßig als ein, wenn nicht das zentrale Element der nationalen Identität die Staatlichkeit der Mitgliedstaaten genannt.[63] Gegen eine solche Einordnung von Art. 4 Abs. 2 S. 1 EUV als primärrechtliche Integrationsgrenze sprechen aber zwei Gesichtspunkte. Zum einen gilt es zu beachten, dass es im Falle der *Mitglied*staaten stets um eine integrierte Staatlichkeit geht, die der EU nicht ohne Weiteres abstrakt gegenübergestellt werden kann.[64] Vor allem aber wurde bereits ausführlich dargelegt, dass dem EU-Primärrecht keine inhaltlichen Integrationsgrenzen entnommen werden können. Die Mitgliedstaaten unterliegen in unionsrechtlicher Hinsicht nur formellen, nicht aber materiellen Bindungen. Auch Art. 4 Abs. 2 S. 1 EUV ist daher keine Grenze für die grundlegende Umgestaltung der EU über eine Änderung des Primärrechts,[65] sondern lediglich eine „Grenze der *verfassten* europäischen Gewalten."[66] Zwar ist nicht ausgeschlossen, dass auch bei der Änderung des Primärrechts der Identitätsschutz eine Rolle spielt,[67] doch hat dies dann politische oder *verfassungs*rechtliche, nicht aber *unions*rechtliche Gründe.

Wenn Art. 4 Abs. 2 S. 1 EUV somit keine primärrechtliche Integrationsgrenze darstellt, verbleibt gleichwohl der gesamte Bereich des EU-Sekundärrechts. Mit anderen Worten entfaltet die Identitätsklausel ihre rechtliche Wirkung

Art. 4 EUV Rn. 43 sowie ausf. *Pernice*, AöR 136 (2011), 185, 194 ff., der zudem überzeugend darlegt, dass eine Analogie zur Achtung der unantastbaren Menschenwürde ausscheidet.

[61] *Hilf*, in: GS Grabitz, S. 157, 164; *F. Meyer*, NJECL 7 (2016), 277, 288; *von Bogdandy/Schill*, CML Rev. 48 (2011), 1417, 1441; *M. Wieland*, Vorrangdogmatik und Rücksichtnahme auf die Identität der nationalen Verfassungen, S. 233.

[62] So *A. Bleckmann*, JZ 1997, 265, 266 f. zur Vorgängernorm des Art. F Abs. 1 EUV; in eine ähnliche Richtung auch *Tomuschat*, DVBl 1996, 1073, 1074.

[63] *A. Bleckmann*, JZ 1997, 265, 266 f.; *Pache*, DVBl 2002, 1154, 1160; differenzierend *Doehring*, in: FS Everling, Bd. I, S. 263, 264 ff. Zur Diskussion s. a. die Nachweise bei *Haratsch*, EuR 2016, 131, 134 u. 144.

[64] Dazu bereits *Hilf*, in: GS Grabitz, S. 157, 164 f.; s. a. *Badura*, AöR 131 (2006), 423, 431 f. sowie *Pernice*, AöR 136 (2011), 185, 200 ff., insb. 203.

[65] Dazu und zum Folgenden *Hilf*, in: GS Grabitz, S. 157, 168 f.; zum Fehlen inhaltlicher Grenzen im Primärrecht bereits oben S. 105 ff. Gegen eine Kompetenzübertragungsgrenze auch *Rossi*, in: LA Seul, S. 422, 426 ff.

[66] *Schill/Krenn*, in: Grabitz/Hilf/Nettesheim, EUV/AEUV, Art. 4 EUV Rn. 49, Hervorh. d. Verf.

[67] *Goldhammer*, JöR 63 (2015), 105, 122; zu den Wirkungsebenen auch noch unter Kap. 4, A. III u. B.

nicht bei der Kompetenzübertragung, sondern auf der Ebene der Kompetenz*ausübung*. Während weitgehend anerkannt ist, dass die Identitätsklausel schon aufgrund ihrer systematischen Stellung eine Zuständigkeits- bzw. Kompetenzausübungsgrenze für die EU und ihre Organe darstellt,[68] bleiben in Rechtsprechung und Literatur zahlreiche Details des Anwendungsbereichs und der Rechtsfolgen offen. Grundsätzlich kann aber unterschieden werden, ob die nationale Identität im Rahmen der Ausübung bestehender EU-Kompetenzen durch die EU-Organe oder bei der Auslegung unionsrechtlicher Pflichten ins Spiel gebracht wird.[69]

Die Pflicht zur Achtung der nationalen Identität der Mitgliedstaaten trifft die EU-Organe bereits dann, wenn sie in ihrer Funktion als Unionsgesetzgeber tätig werden und neues EU-Sekundärrecht setzen oder bestehende Rechtsakte abändern.[70] Insbesondere dem Rat als primärem Adressaten der unionsrechtlichen Achtungspflicht kommt dabei eine zentrale Rolle als politisches Forum zum Schutz der nationalen Identität zu.[71] Letzteres ist vor allem deshalb von Bedeutung, weil von Art. 4 Abs. 2 S. 1 EUV neben einer verfassungsrechtlichen auch eine politische Identitätsdimension angesprochen wird. Ein EU-Sekundärrechtsakt könnte also wegen eines Verstoßes gegen Art. 4 Abs. 2 S. 1 EUV vom EuGH für nichtig erklärt werden.[72] Dies ist allerdings mit Blick auf die einheitliche Anwendung des EU-Rechts nicht unproblematisch, da regelmäßig nur die nationale Identität eines einzelnen Mitgliedstaats betroffen sein wird.[73] Aus diesem Grund werden auch alternative Lösungsansätze diskutiert. So könnten beispielsweise bereits bei der Rechtsetzung Spielräume für die Mitgliedstaaten bzw. deren nationale Identität geschaffen werden, indem Ausnahmen oder Öffnungsklauseln im Sekundärrecht verankert werden, die eine flexible Behand-

[68] Siehe nur *Calliess/Puttler*, in: Calliess/Ruffert, EUV/AEUV, 5. Aufl., Art. 4 EUV Rn. 10, 14, 22 u. 111; *Goldhammer*, JöR 63 (2015), 105, 107 u. 109; *Obwexer*, in: von der Groeben/Schwarze/Hatje, Europäisches Unionsrecht, Art. 4 EUV Rn. 10. Zur Wechselwirkung von Identitätsklausel und Zuständigkeitsregelung s. a. *Pernice*, AöR 136 (2011), 185, 187 ff. Ausf. jüngst auch *Schnettger*, Verbundidentität, S. 221 ff.

[69] Zu dieser Einteilung s. a. *Obwexer*, in: von der Groeben/Schwarze/Hatje, Europäisches Unionsrecht, Art. 4 EUV Rn. 34 ff. u. 50 ff. sowie *Rossi*, in: LA Seul, S. 422, 428 ff.

[70] EuGH, Urt. v. 17.07.2014 – verb. Rs. C-58/13 u. C-59/13, ECLI:EU:C:2014:2088, Rn. 53 ff. – *Torresi*; zuvor *Generalanwalt Wahl*, Schlussanträge v. 10.04.2014 – verb. Rs. C-58/13 u. C-59/13, ECLI:EU:C:2014:265, Rn. 97 ff. – *Torresi*. Sehr deutlich auch EuG, Urt. v. 10.05.2016 – Rs. T-529/13, ECLI:EU:T:2016:282, Rn. 70 u. 75 f. – *Iszák u. Dabis*.

[71] *Pernice*, AöR 136 (2011), 185, 212 f.; ähnlich *Bilz*, Margin of Appreciation der EU-Mitgliedstaaten, S. 186 ff. sowie *Franzius*, in: Pechstein/Nowak/Häde, FK EUV/GRC/AEUV, Art. 4 EUV Rn. 70 ff.

[72] Diskutiert im Ergebnis aber verneint in EuGH, Urt. v. 17.07.2014 – verb. Rs. C-58/13 u. C-59/13, ECLI:EU:C:2014:2088, Rn. 53 ff. – *Torresi* und Urt. v. 01.03.2012 – Rs. C-393/10, ECLI:EU:C:2012:110, Rn. 49 – *O'Brien*; s. a. den Tenor von EuGH, Beschl. v. 01.10.2010 – Rs. C-3/10, ECLI:EU:C:2010:574 – *Affatato*.

[73] Dazu und zum Folgenden *Cloots*, National Identity in EU Law, S. 324 ff.; *Arnold*, in: FS Scheuing, S. 17, 25 geht von der Nichtigkeit aus.

lung durch die Rechtsprechung im Einzelfall ermöglichen.[74] Allerdings kam es in der Rechtsprechung des EuGH zur nationalen Identität bislang weder zu einer Nichtigkeitserklärung noch zur nachträglichen Schaffung einer ungeschriebenen Ausnahme.[75] Auch die Ausführung des Generalanwalts *Yves Bot* in den Rechtssachen *Melloni* sowie *M. A. S. u. M. B.*, wonach ein Mitgliedstaat Vorschriften des EU-Rechts unter Berufung auf Art. 4 Abs. 2 S. 1 EUV anfechten könne,[76] hat der EuGH nicht aufgegriffen.[77] Allgemein bietet die Rechtsprechung des EuGH zur Bedeutung der Identitätsklausel für die EU-Rechtsetzung nur wenig Orientierung. Gleichwohl ist einer zurückhaltenden Anwendung des Art. 4 Abs. 2 S. 1 EUV als abstrakte Kompetenzausübungsgrenze bei der Rechtsetzung im Ergebnis zuzustimmen, da regelmäßig spezielle, nicht ohne Weiteres verallgemeinerungsfähige Einzelfragen betroffen sind und die Rechtsfolge einer (Teil-)Nichtigkeit weiterhin problematisch bleibt.[78] Wie auch die übrige Rechtsprechung des EuGH mit Bezug zur nationalen Identität, insbesondere im Rahmen der Prüfung von Grundfreiheiten des AEUV zeigt, kann den jeweiligen Belangen der Mitgliedstaaten regelmäßig auch anderweitig Rechnung getragen werden.

Damit ist der zweite große Bereich des unionsrechtlichen Identitätsschutzes angesprochen, in dem die nationale Identität als Rechtfertigungsgrund für die Nichtbefolgung unionsrechtlicher Pflichten durch die Mitgliedstaaten fungiert. Abweichungen von den Grundfreiheiten und dem Recht auf Freizügigkeit stehen dabei klar im Zentrum.[79] Die generelle Möglichkeit zur Rechtfertigung über die nationalen Identität ist in diesem Zusammenhang weitgehend unbestritten[80] und spätestens seit dem Vertrag von Lissabon hat der EuGH in einigen entsprechenden Fällen auch ausdrücklich auf Art. 4 Abs. 2 S. 1 EUV verwiesen.[81] Allerdings ist die Identitätsklausel in den bisherigen EuGH-Entschei-

---

[74] Dazu *Bilz*, Margin of Appreciation der EU-Mitgliedstaaten, S. 186 f.; *Schnettger*, Verbundidentität, S. 238 u. 260 ff.; *von Bogdandy/Schill*, ZaöRV 70 (2010), 701, 727; *von Bogdandy/Schill*, CML Rev. 48 (2011), 1417, 1443 sowie *Schill/Krenn*, in: Grabitz/Hilf/Nettesheim, EUV/AEUV, Art. 4 EUV Rn. 45 f. m. w. N. Zu Rolle der Rechtsprechung siehe noch Kap. 4, A. II. 2.

[75] *Bilz*, Margin of Appreciation der EU-Mitgliedstaaten, S. 187.

[76] *Generalanwalt Bot*, Schlussanträge v. 02.10.2012 – Rs. C-399/11, ECLI:EU:C:2012:600, Rn. 139 – *Melloni*; *Generalanwalt Bot*, Schlussanträge v. 18.07.2017 – Rs. C-42/17, ECLI:EU:C:2017:564, Rn. 175 – *M. A. S. u. M. B.*

[77] Siehe zur Rechtssache *Melloni* auch *Streinz*, in: FS Jarass, S. 133, 137 f. Zur Rechtssache *M. A. S. u. M. B.* noch sogleich Kap. 4, A. I. 3. u. II. 2.

[78] Vgl. *Rossi*, in: LA Seul, S. 422, 430.

[79] Zur zentralen Bedeutung *Bilz*, Margin of Appreciation der EU-Mitgliedstaaten, S. 191; s. a. *Rossi*, in: LA Seul, S. 422, 431 ff., insb. S. 436. Ausf. zu den Grundfreiheiten auch *Schnettger*, Verbundidentität, S. 280 ff.

[80] Siehe nur *Obwexer*, in: von der Groeben/Schwarze/Hatje, Europäisches Unionsrecht, Art. 4 EUV Rn. 35 u. 53; *Schill/Krenn*, in: Grabitz/Hilf/Nettesheim, EUV/AEUV, Art. 4 EUV Rn. 47; jeweils m. w. N. zur Rspr. *Rossi*, in: LA Seul, S. 422, 430 m. w. N. spricht insoweit von bestehender Einigkeit.

[81] Exemplarisch EuGH, Urt. v. 16.04.2013 – Rs. C-202/11, ECLI:EU:C:2013:239,

dungen weder der alleinige noch der zentrale normative Anknüpfungspunkt, sondern eher ein bloß ergänzendes Argument.[82] Teilweise wird davon gesprochen, dass der EuGH die Belange der Mitgliedstaaten deshalb nicht unmittelbar heranziehe, weil er sie ins Unionsrecht übersetze.[83] Beispielsweise nutzte der EuGH in der Rechtssache *Omega*, in der von deutscher Seite der Schutz der Menschenwürde als Grund für die Einschränkung der Dienstleistungsfreiheit vorgebracht wurde, nicht die nationale Identität, sondern den unionsrechtlichen Begriff der öffentlichen Ordnung als Rechtfertigungsgrund.[84] Obwohl der EuGH damit den Schutz der Menschenwürde als Rechtfertigungsgrund akzeptiert hat, bleibt unklar, ob seine Erwägungen tatsächlich das nationale Verfassungsrecht berücksichtigen oder nicht doch allein auf unionsrechtlichen Gründen beruhen.[85] Jedenfalls ist aber kaum zu leugnen, dass der EuGH einen unmittelbaren Rückgriff auf Art. 4 Abs. 2 S. 1 EUV eher vermeidet und stattdessen dem jeweiligen mitgliedstaatlichen Belang vorrangig über andere Normen des Unionsrechts Rechnung trägt.[86] Aus diesem Grund und aufgrund der Tatsache, dass es meist um sehr spezifische nationale Interessen geht, sind auch die jeweiligen Entscheidungen des EuGH zur nationalen Identität als Rechtfertigungsgrund letztlich kaum verallgemeinerungsfähig.[87] Gleichwohl lassen sich

---

Rn. 26 – *Anton Las*; Urt. v. 12.05.2011 – Rs. C-391/09, ECLI:EU:C:2011:291, Rn. 86 – *Runevič-Vardyn*; Urt. v. 22.12.2010 – Rs. C-208/09, ECLI:EU:C:2010:806, Rn. 92 – *Sayn-Wittgenstein*. Zur Unterscheidung von direkten und indirekten Berücksichtigungen s. a. *Streinz*, in: FS Müller-Graff, S. 1193, 1202 ff.

[82] Besonders deutlich EuGH, Urt. v. 22.12.2010 – Rs. C-208/09, ECLI:EU:C:2010:806, Rn. 86 ff. u. 92 – *Sayn-Wittgenstein*. Zur Einordnung als ergänzendes Argument s. a. *Bilz*, Margin of Appreciation der EU-Mitgliedstaaten, S. 191; *Bruggeman/Larik*, UJIEL 35 (2020), 20, 24 sowie *Schönberger*, JöR 63 (2015), 41, 50.

[83] So *van der Heyning*, in: Claes/de Visser/Popelier u. a., Constitutional Conversations in Europe, S. 181, 192 unter Bezug auf die Rechtssache Omega; dazu sogleich.

[84] EuGH, Urt. v. 14.10.2004 – Rs. C-36/02, ECLI:EU:C:2004:614, Rn. 28 ff. – *Omega*. *M. Wieland*, Vorrangdogmatik und Rücksichtnahme auf die Identität der nationalen Verfassungen, S. 239 ff., insb. S. 242 f. spricht auch von einem „Einfallstor".

[85] Eine Rücksicht auf nationale Verfassungsgrundsätze sehen beispielsweise *von Bogdandy/Schill*, ZaöRV 70 (2010), 701, 707 f. sowie *Wischmeyer*, AöR 140 (2015), 415, 444 ff.; s. a. *Huber*, in: Merten/Papier, HGR Bd. VI/2, § 172 Rn. 91, der eine ausdrücklichere Rücksichtnahme durch den EuGH fordert. Für eine rein unionsrechtliche Lösung hingegen *Claes*, in: Saiz Arnaiz/Llivina, National Constitutional Identity and European Integration, S. 109, 132 f. sowie *Schönberger*, JöR 63 (2015), 41, 50 f. dort Fn. 40. Zur unklaren Einordnung von Ursache und Wirkung siehe *Goldhammer*, JöR 63 (2015), 105, 114 ff., nach dem der EuGH das Problem letztlich im Unionsrecht verordnet und löst. Zur Frage des Anwendungsvorrangs sogleich.

[86] *Bilz*, Margin of Appreciation der EU-Mitgliedstaaten, S. 185; s. a. *Goldhammer*, in: Anderheiden, 25 Jahre Vertrag von Maastricht, S. 57, 61; *Schnettger*, Verbundidentität, S. 89 u. 101; *C. Walter/Vordermayer*, JöR 63 (2015), 129, 147 f.

[87] *Goldhammer*, JöR 63 (2015), 105 ff., insb. 115 u. 126.; s. a. *Wischmeyer*, AöR 140 (2015), 415, 446. Ausf. zur Schwankung der Rechtsprechung zwischen Identitätsschutz und Hierarchie siehe *Cloots*, National Identity in EU Law, passim sowie *de Vries*, in: de Vries/Bernitz/Weatherill, The Protection of Fundamental Rights in the EU After Lisbon, S. 59, 63 ff. u. 93 f.

aus der Rechtsprechung zwei zentrale Aspekte identifizieren, die den unionsrechtlichen Identitätsschutz prägen.

Zunächst offenbart die Einbettung des jeweiligen mitgliedstaatlichen Interesses in einen unionsrechtlichen Kontext und damit in die bestehende Dogmatik der Grundfreiheiten, dass es sich um eine Abwägungsfrage handelt.[88] Tatsächlich prüft der EuGH die nationale Identität nach Art. 4 Abs. 2 S. 1 EUV stets als legitimes Ziel im Rahmen einer Verhältnismäßigkeitsprüfung, weshalb die unionsrechtliche Identität, anders als die absolute Grenze des Art. 79 Abs. 3 GG in der Rechtsprechung des BVerfG,[89] einer Abwägung zugänglich ist.[90] Im engen Zusammenhang mit dieser Einordnung steht auch die zweite wesentliche Aussage der bisherigen EuGH-Rechtsprechung. So hat der Gerichtshof klargestellt, dass es der Notwendigkeit und Verhältnismäßigkeit einer Abweichung von unionsrechtlichen Verpflichtungen nicht entgegensteht, wenn in den Mitgliedstaaten unterschiedliche Schutzniveaus existieren bzw. das Verständnis des jeweiligen Staates vom gemeinsamen Verständnis der anderen Staaten abweicht.[91] Mit anderen Worten akzeptiert der EuGH auf der einen Seite nationale Besonderheiten, die sich nur in einem einzelnen Mitgliedstaat wiederfinden, bindet diese auf der anderen Seite aber in eine unionsrechtliche Abwägung ein. Eine Abwägungslösung wird teilweise kritisch gesehen und jedenfalls für den Fall, dass der jeweilige Identitätsbelang zum Kern der nationalen Identität gehört, abgelehnt.[92] Allerdings findet ein solch absoluter Schutz der nationalen Identität keine Stütze in der geschilderten Rechtsprechung des EuGH[93] und würde zudem einen nicht unproblematischen 27-fachen Vorbehalt gegenüber der einheitlichen Anwendung des Unionsrechts bedeuten.[94] Unabhängig von

[88] *Von Bogdandy/Schill*, CML Rev. 48 (2011), 1417, 1424 f.

[89] So ausdrücklich BVerfGE 134, 366, 386 Rn. 29 – *OMT-Vorlagebeschluss*.

[90] Exemplarisch EuGH, Urt. v. 02.06.2016 – Rs. C-438/14, ECLI:EU:C:2016:401, Rn. 64 ff., insb. Rn. 72 ff. – *Bogendorff von Wolffersdorff*; Urt. v. 12.05.2011 – Rs. C-391/09, ECLI:EU:C:2011:291, Rn. 86 ff. – *Runevič-Vardyn* sowie Urt. v. 22.12.2010 – Rs. C-208/09, ECLI:EU:C:2010:806, Rn. 90 ff. – *Sayn-Wittgenstein*. Aus der Literatur siehe ausf. *Schnettger*, Verbundidentität, S. 207 ff. sowie *Haratsch*, EuR 2016, 131, 140 f.; *Obwexer*, in: von der Groeben/Schwarze/Hatje, Europäisches Unionsrecht, Art. 4 EUV Rn. 49; *Schill/Krenn*, in: Grabitz/Hilf/Nettesheim, EUV/AEUV, Art. 4 EUV Rn. 47.

[91] EuGH, Urt. v. 02.06.2016 – Rs. C-438/14, ECLI:EU:C:2016:401, Rn. 73 – *Bogendorff von Wolffersdorff*; Urt. v. 22.12.2010 – Rs. C-208/09, ECLI:EU:C:2010:806, Rn. 91 – *Sayn-Wittgenstein*; Urt. v. 14.10.2004 – Rs. C-36/02, ECLI:EU:C:2004:614, Rn. 33 ff., insb. Rn. 37 f. – *Omega*.

[92] In diese Richtung *E. Klein*, in: Niedobitek/Sommermann, Die EU als Wertegemeinschaft, S. 59, 67; s. a. *Hatje*, in: Schwarze/Becker/Hatje u. a., EU-Kommentar, Art. 4 EUV Rn. 17 f. u. 22. Gegen eine Abwägung auch *Calliess/Kahl/Puttler*, in: Calliess/Ruffert, EUV/AEUV, 5. Aufl., Art. 4 EUV Rn. 22, die aber eine generelle Beschränkung auf den Identitätskern annehmen.

[93] Siehe auch *Schönberger*, JöR 63 (2015), 41, 54; *C. Walter/Vordermayer*, JöR 63 (2015), 129, 132 f. Zuvor bereits *von Bogdandy/Schill*, CML Rev. 48 (2011), 1417, 1441.

[94] *Wendel*, Permeabilität im europäischen Verfassungsrecht, S. 576 f.; s. a. *General-*

der Tatsache, dass über Art. 2 EUV ein gemeinsamer *unionsrechtlicher* Identitätskern existiert, der auch für die weitere Entwicklung einer maßstabsorientierten Kooperation eine entscheidende Rolle spielen kann,[95] führt dies nicht zu einem Abwägungsausschluss im möglicherweise nach *nationalem* Recht bestehenden Identitätskern. Vielmehr ist stets eine umfassende Abwägung vorzunehmen, wobei die nationale Identität regelmäßig nur dann überwiegen kann, wenn keine Grundwerte der EU betroffen sind.[96]

Insgesamt bedeutet die „Achtung" der nationalen Identität auch vor dem Hintergrund des weiten Identitätsverständnisses somit eine weitgehende Öffnung für spezifische nationale Interessen. Gleichzeitig bleiben die von der nationalen Identität erfassten Belange aus Sicht des Unionsrechts stets nur ein Aspekt unter vielen, der im Rahmen einer umfassenden Verhältnismäßigkeitsprüfung zu berücksichtigen ist. Für den EuGH bedeutet dies, dass er alle Möglichkeiten hat, künftige Fälle flexibel zu entscheiden. Im Einzelfall kann sich dabei in einem ergebnisoffenen Abwägungsprozess auch der nationale Identitätsbelang gegenüber unionsrechtlichen Interessen durchsetzen. Wenn aber die nationale Identität, die nicht nur verfassungsrechtliche Positionen umfasst, unionsrechtliche Interessen überwiegen kann, deutet sich eine gewisse Nähe zur Position des BVerfG an, wonach der Anwendungsvorrang verfassungsrechtlich begrenzt wird. Ob eine solche Nähe tatsächlich existiert, ist abhängig von der Wirkungsweise des Art. 4 Abs. 2 S. 1 EUV und seinem Verhältnis zum Anwendungsvorrang.

3. Das Verhältnis von nationaler Identität und Anwendungsvorrang

Wenn die Abwägung im Rahmen des Art. 4 Abs. 2 S. 1 EUV zu einem Überwiegen der nationalen Identität eines einzelnen Mitgliedstaats führen kann, die wiederum unter anderem Vorschriften des nationalen Verfassungsrechts umfasst, bedeutet dies bei einer oberflächlichen Betrachtung nichts anderes als eine faktische Durchsetzung des nationalen Verfassungsrechts gegenüber der einheitlichen Anwendung des EU-Rechts.[97] Teilweise wird daher Art. 4 Abs. 2 S. 1 EUV als explizite Ausnahme oder jedenfalls Relativierung des Anwendungsvorrangs angesehen.[98] Dahinter steckt die Überlegung, dass die Iden-

---

anwalt Poiares Maduro, Schlussanträge v. 08.10.2008 – Rs. C-213/07, ECLI:EU:C:2008:544, Rn. 33 – *Michaniki*; dazu auch *van der Schyff*, ELR 37 (2012), 563, 579.

[95] Dazu *Haratsch*, EuR 2016, 131, 141 f. sowie sogleich Kap. 4, A. II. 3. und III.

[96] *Lenaerts*, Fordham Int. Law J. 36 (2013), 1302, 1330 f. Zu möglichen Kriterien der Gewichtung s. a. *van der Schyff*, ELR 37 (2012), 563, 580 ff. sowie *von Bogdandy/Schill*, CML Rev. 48 (2011), 1417, 1446.

[97] Vgl. *Bilz*, Margin of Appreciation der EU-Mitgliedstaaten, S. 193 u. 195 f.

[98] *Besselink*, ULR 6 (2010), 36, 47 ff.; *Kumm/Ferreres Comella*, ICON 3 (2005), 473 ff., insb. 476 ff. u. 491 f.; *Mayer*, VVDStRL 75 (2016), 7, 45; *F. Meyer*, NJECL 7 (2016), 277, 288; *von Bogdandy/Schill*, ZaöRV 70 (2010), 701 ff., insb. 706 u. 727 f.; *von Bogdandy/Schill*, CML Rev. 48 (2011), 1417 ff., insb. 1419 u. 1444 f.; zurückhaltender *Pernice*, AöR 136 (2011), 185, 204 f. u. 214 ff.

titätsklausel eine Reaktion auf mehrere Urteile von mitgliedstaatlichen Verfassungsgerichten zum Schutz der (Verfassungs-)Identität darstelle und diese Rechtsprechung in Art. I-5 des geplanten VVE bzw. in Art. 4 Abs. 2 S. 1 EUV unmittelbar aufgenommen worden sei.[99] Tatsächlich finden sich aber keinerlei Anhaltspunkte für eine solche Übernahme.[100] Vielmehr dürften umgekehrt Art. 4 Abs. 2 S. 1 EUV und dessen Vorgängernorm Pate für die Identitätsrechtsprechung der Mitgliedstaaten gestanden haben.[101] Allgemein verdeutlicht die Entstehungsgeschichte der Identitätsklausel, dass zwar eine Einhegung der EU-Kompetenzen und ein Schutz bestimmter nationaler Belange, nicht aber die Etablierung einer Ausnahme vom Anwendungsvorrang beabsichtigt war.[102] Dies zeigt sich auch am Wortlaut des Art. 4 Abs. 2 S. 1 EUV, der mit der Formulierung einer „Achtungspflicht" die nationale Identität gerade nicht vom Anwendungsvorrang ausnimmt, sondern Letzteren vielmehr bestärkt.[103] Die Identitätsklausel setzt nämlich bereits einen Schritt vorher an und wirkt innerhalb des EU-Rechts, wo sie als Kompetenzausübungsschranke dessen Anwendungsbereich begrenzt. Ein Konflikt mit nationalem Verfassungsrecht, der über den Anwendungsvorrang gelöst werden müsste, entsteht somit erst gar nicht.[104] Folglich bleibt es bei der grundlegenden Rechtsprechung des EuGH, wonach beim Vorrang kein Unterschied zwischen einfachem Recht und Verfassungsrecht besteht und Vorbehalte der Mitgliedstaaten bzw. der Verfassungsgerichte nicht anerkannt werden.[105] Jüngere Entscheidungen, wie beispielsweise in der Rechtssache *Melloni* stützen die zentrale Bedeutung des Vorrangs sowie der einheitlichen Anwendbarkeit und verdeutlichen, dass der EuGH die nationale Identität nicht als Ausnahme vom Anwendungsvorrang versteht.[106] Schließlich

[99] *Claes*, in: Albi/Ziller, The European Constitution and National Constitutions, S. 235, 242 ff.; *Reestman*, EuConst 5 (2009), 374, 380 f.; insbesondere *von Bogdandy/Schill*, ZaöRV 70 (2010), 701, 718 f. u. 725 sowie *von Bogdandy/Schill*, CML Rev. 48 (2011), 1417, 1419 u. 1449. *Mayer*, EuR 2014, 473, 494 f. weist zudem auf die Vorbildfunktion des irischen Protokolls zum Vertrag von Maastricht hin.

[100] *Cloots*, NJLP 45 (2016), 82, 84 sowie *Schnettger*, Verbundidentität, S. 62 ff. *Reestman*, EuConst 5 (2009), 374, 380 räumt sogar ausdrücklich ein, dass er seine These nicht belegen kann. Kritisch auch *Claes*, in: Saiz Arnaiz/Llivina, National Constitutional Identity and European Integration, S. 109, 111.

[101] *Schönberger*, JöR 63 (2015), 41, 44 ff.

[102] Ausf. *Guastaferro*, YEL 31 (2012), 263, 271 ff. u. 309 ff. Gegen die Absicht eine Ausnahme zu schaffen auch *Claes*, in: Saiz Arnaiz/Llivina, National Constitutional Identity and European Integration, S. 109, 120 ff.; *Pernice*, AöR 136 (2011), 185, 215 sowie *Wendel*, Permeabilität im europäischen Verfassungsrecht, S. 582.

[103] Dazu *van der Schyff*, ELR 37 (2012), 563, 572; *van der Schyff*, EPL 22 (2016), 227, 230 f.; zum Wortlaut auch *Bilz*, Margin of Appreciation der EU-Mitgliedstaaten, S. 195.

[104] Besonders deutlich *Kruis*, Der Anwendungsvorrang des EU-Rechts in Theorie und Praxis, S. 202; ähnlich *Bilz*, Margin of Appreciation der EU-Mitgliedstaaten, S. 196; *Schnettger*, Verbundidentität, S. 213 ff. u. 420; *van der Schyff*, ELR 37 (2012), 563, 582 f. Ausf. gegen eine Ausnahme vom Anwendungsvorrang auch *Cloots*, National Identity in EU Law, S. 181 ff.

[105] Dazu bereits oben S. 54 f. u. 57 ff.

[106] *Bilz*, Margin of Appreciation der EU-Mitgliedstaaten, S. 194 f.; *Bruggeman/Larik*,

lässt sich eine derartige auf Art. 4 Abs. 2 S. 1 EUV gestützte Ausnahme auch nicht ohne Weiteres aus der Rechtssache *M. A. S. und M. B.* bzw. *Taricco II*[107] ableiten. Teilweise wird die Entscheidung im Sinne einer Abweichung von der Melloni-Rechtsprechung interpretiert, wodurch eine faktische Ausnahme vom Anwendungsvorrang gegenüber nationalem Verfassungsrecht etabliert werde.[108] Entgegen den Ausführungen des vorlegenden italienischen Verfassungsgerichts und des Generalanwalts *Bot* hat sich der EuGH allerdings nicht ausdrücklich zu Art. 4 Abs. 2 S. 1 EUV bzw. zur Verfassungsidentität geäußert,[109] weshalb die genaue Einordnung des Urteils weiter unklar bleibt.[110] Bei genauer Betrachtung zeigt sich freilich, dass der EuGH wie bereits in vorherigen Entscheidungen nicht nur einen direkten Bezug zur Identität vermeidet,[111] sondern die Problemlösung innerhalb des übrigen EU-Rechts verortet und somit den mitgliedstaatlichen Belang materiell-rechtlich internalisiert hat.[112] Dies führt wiederum dazu, dass kein Konflikt mit dem nationalen Verfassungsrecht entstehen kann und sich somit die Frage nach einer Ausnahme vom Vorrang des EU-Rechts nicht mehr stellt.[113] Neben der Rücksicht auf die nationale Identität auf der einen oder der Betonung des Anwendungsvorrangs auf der anderen Seite, etabliert der EuGH mit der materiell-rechtlichen Internalisierung damit zugleich eine weitere Möglichkeit, auf identitätsgestützte Vorlagen aus den Mitgliedstaaten zu reagieren.[114] Die Taricco-II-Entscheidung unterstreicht damit nicht nur allgemein die Bedeutung des gerichtlichen Dialogs,[115] sondern könnte mit diesem zwischen den beiden Extrempolen stehenden, vermittelnden Weg einen entscheidenden Baustein für eine maßstabsorientierte Kooperation mit den mitgliedstaatlichen Verfassungsgerichten liefern. Eine auf Art. 4 Abs. 2 S. 1

UJIEL 35 (2020), 20, 22 f.; *Obwexer*, in: von der Groeben/Schwarze/Hatje, Europäisches Unionsrecht, Art. 4 EUV Rn. 37 u. 54. Zur Bedeutung der Melloni-Entscheidung für den Vorrang bereits oben S. 172 ff.

[107] EuGH, Urt. v. 05.12.2017 – Rs. C-42/17, ECLI:EU:C:2017:936 – *M. A. S. u. M. B.*; zum Hintergrund siehe nur *F. Meyer*, JZ 2018, 304 ff. sowie *Staffler*, EuGRZ 2018, 613 ff.

[108] Siehe beispielsweise *Burchardt*, EuR 2018, 248, 252 ff., insb. 255.; auch *Preßlein*, EuGRZ 2021, 247, 250 f. spricht von einer „Ausnahme vom Anwendungsvorrang".

[109] So auch *Burchardt*, EuR 2018, 248, 262 f. Zur Begründung des EuGH s. a. *Bilz*, Margin of Appreciation der EU-Mitgliedstaaten, S. 134 ff. u. 195 sowie *F. Meyer*, JZ 2018, 304, 305 f.

[110] Dazu nur *Swoboda*, ZIS 2018, 267, 290 ff., insb. 293 f. m. w. N.

[111] *Bruggeman/Larik*, UJIEL 35 (2020), 20 ff., insb. 21 f. u. 27 ff. sprechen von einer „verpassten Gelegenheit". Zum Vorgehen in anderen Entscheidungen *Goldhammer*, JöR 63 (2015), 105, 119 f. sowie bereits oben S. 229 ff.

[112] Dazu und zum Folgenden *Pilz*, NJW 2018, 217, 221 sowie *F. Meyer*, JZ 2018, 304, 306. Zur Internalisierung s. a. *Wendel*, in: Franzius/Mayer/Neyer, Die Neuerfindung Europas, S. 51, 65. Kritisch zum Vorgehen des EuGH *Viganò*, NJECL 9 (2018), 18, 20 ff. sowie *Lochmann*, EuR 2019, 61 ff., insb. 74 ff., der bereits die, in Taricco II grundsätzlich aufrechterhaltene, Taricco-I-Entscheidung als Ultra-vires-Akt des EuGH einstuft.

[113] Vgl. *Swoboda*, ZIS 2018, 267, 290 ff., insb. 293.

[114] *Wendel*, in: Franzius/Mayer/Neyer, Die Neuerfindung Europas, S. 51, 65.

[115] *Staffler*, EuGRZ 2018, 613, 617 f.; *Swoboda*, ZIS 2018, 267, 290 ff.; Zur Bedeutung der Rechtssache für die Kooperation siehe noch sogleich Kap. 4, A. II. 2. u. III.

EUV gestützte Ausnahme vom Anwendungsvorrang ist damit aber nicht verbunden. Unabhängig davon, ob der EuGH eine Abwägung vornimmt oder zur Internalisierung greift, bewegt er sich beim Umgang mit der nationalen Identität stets und vollständig im Rahmen des vorrangig anwendbaren EU-Rechts.

4. Zwischenfazit: Die Ausgleichs- und Rahmenfunktion der nationalen Identität

Insgesamt wird deutlich, dass die nationale Identität aus Art. 4 Abs. 2 S. 1 EUV mehrere Dimensionen erfasst und ihre Wirkung auf verschiedene Arten entfalten kann. Zunächst ist die nationale Identität nicht auf den Schutz der Verfassungsidentität beschränkt. Vielmehr können neben nationalen Besonderheiten des Verfassungsrechts auch solche der Politik erfasst sein, sofern sie zu den wesentlichen bzw. prägenden Eigenarten des jeweiligen Mitgliedstaats zählen. Ausdrücklich nicht erforderlich ist, dass der mitgliedstaatliche Identitätsbelang auch in anderen Mitgliedstaaten als schützenswert gilt oder gar einem gemeinsamen europäischen Standard entspricht. Die jeweilige nationale Identität spielt insbesondere eine Rolle bei der Setzung und Auslegung von EU-Sekundärrecht. Dabei fungiert sie allerdings weder als Ausnahme vom Anwendungsvorrang noch als absolut geschütztes Interesse, sondern ist Gegenstand eines Abwägungsprozesses, der oft im Kontext wechselnder Normen, aber stets innerhalb des Unionsrechts abläuft. Bei diesem Prozess geht es weniger um eine konkrete Festlegung des unionsrechtlichen Begriffs der nationalen Identität als um das konstruktive Schaffen von Freiräumen.[116] Unabhängig von den noch zu klärenden Fragen, wie und in welchem Umfang diese Räume im Detail geschaffen werden können, bildet die nationale Identität des Art. 4 Abs. 2 S. 1 EUV damit einen Rahmenbegriff.[117] Innerhalb dieses „ausfüllungsfähige[n] und -bedürftige[n]"[118] Rahmens ist ein Ausgleich des Schutzes individueller mitgliedstaatlicher Interessen mit der einheitlichen Anwendung des Unionsrechts möglich, aber auch erforderlich.[119] Der Identitätsklausel des Art. 4 Abs. 2 S. 1 EUV kommt also sowohl eine Rahmen- als auch eine Ausgleichsfunktion zu. Wel-

[116] *Van der Schyff*, ELR 37 (2012), 563, 581; für ein konstruktives Verständnis s. a. *Wendel*, in: Franzius/Mayer/Neyer, Die Neuerfindung Europas, S. 51, 66.

[117] *Bilz*, Margin of Appreciation der EU-Mitgliedstaaten, S. 172; *Schill/Krenn*, in: Grabitz/Hilf/Nettesheim, EUV/AEUV, Art. 4 EUV Rn. 15 m. w. N. Ausf. zum Verständnis als Rahmen auch *von Bogdandy/Schill*, ZaöRV 70 (2010), 701, 713 f. u. 725; *Wischmeyer*, AöR 140 (2015), 415, 442 f. sowie ausf. *Wendel*, Permeabilität im europäischen Verfassungsrecht, S. 575 ff. u. 595.

[118] *Grawert*, Der Staat 51 (2012), 189, 195; für ein entmaterialisiertes und dezentrales Rahmenverständnis *Hwang*, Der Staat 56 (2017), 107, 126 ff. sowie *Hwang*, Europarechtsordnung als Rahmenordnung, S. 176 ff.

[119] *C. Walter/Vordermayer*, JöR 63 (2015), 129, 133 ff., insb. 137 ff.; *Wendel*, Permeabilität im europäischen Verfassungsrecht, S. 577; s. a. *Konstadinides*, CYELS 13 (2011), 197, 201 u. 206 f.

cher Identitätsmaßstab damit im Einzelnen verbunden ist, hängt entscheidend davon ab, wie und von wem der unionsrechtliche Rahmen gefüllt und der notwendige Ausgleich vorgenommen wird.

II. Der Umgang mit Art. 4 Abs. 2 S. 1 EUV als Rahmennorm

Die Identitätsklausel des Art. 4 Abs. 2 S. 1 EUV ist eine unionsrechtliche Rahmennorm, die ausdrücklich verschiedene Identitätsbelange der Mitgliedstaaten in Bezug nimmt und einer Abwägung zuführt. Diese besondere normative Situation, die nicht nur politische und rechtliche Aspekte, sondern in besonderem Maße auch unterschiedliche Rechtsordnungen in Bezug nimmt, macht eine kooperative Herangehensweise unabdingbar (1.). Dies betrifft nicht nur den prozessualen (2.), sondern auch den inhaltlichen Umgang mit der nationalen Identität (3.).

1. Notwendigkeit einer kooperativen Herangehensweise

Versucht man zu bestimmen, wessen Aufgabe es ist, den Rahmen von Art. 4 Abs. 2 S. 1 EUV auszufüllen, stößt man in Anbetracht der vorhandenen politischen Identitätsdimension zunächst auf die Frage, ob dies überhaupt eine alleinige Aufgabe des Rechts bzw. der Rechtsprechung darstellt. Tatsächlich beginnt die Achtung der nationalen Identität bereits auf der Ebene der Rechtsetzung, weshalb ein erster kooperativer Austausch auf politischer Ebene, namentlich über den Rat sowie über die mitgliedstaatlichen Parlamente nicht nur möglich, sondern im Sinne einer loyalen Zusammenarbeit geboten scheint.[120] Doch selbst wenn aus diesem Grund richtigerweise eine vorrangige Befassung der politischen Organe angezeigt ist,[121] bleibt der unionsrechtliche Identitätsschutz aufgrund der unstreitigen Justitiabilität der Identitätsklausel auch eine Aufgabe der Justiz.[122] Damit ist aber noch nicht gesagt, ob und wie politische Organe neben ihrer identitätsschützenden Rolle bei der Rechtsetzung auch im Rahmen des späteren gerichtlichen Identitätsschutzes eingebunden sind. Da diese Frage wiederum von dem jeweiligen Verfahren und den dort geltenden Regeln abhängig ist, muss zunächst geklärt werden, welches Gericht in welchem Umfang zur Entscheidung berufen ist.

Grundsätzlich werden unionsrechtliche Begriffe autonom und einheitlich durch den EuGH ausgelegt, sofern die unionsrechtliche Vorschrift nicht aus-

[120] *Pernice*, AöR 136 (2011), 185, 212 f.; *van der Schyff*, ELR 37 (2012), 563, 573 f.; *Wendel*, Permeabilität im europäischen Verfassungsrecht, S. 579; s. a. oben S. 228.

[121] *Franzius*, Recht und Politik in der transnationalen Konstellation, S. 228 u. 244 f. sieht den Identitätsschutz als primär politische Aufgabe an.

[122] *Claes*, in: Saiz Arnaiz/Llivina, National Constitutional Identity and European Integration, S. 109, 110; s. a. *Pernice*, AöR 136 (2011), 185, 213, der trotz des primären Dialogs auf politischer Ebene auf die rechtliche Kontrolle hinweist.

drücklich auf das nationale Recht verweist.[123] Teilweise wird angenommen, Art. 4 Abs. 2 S. 1 EUV stelle nicht nur einen Bezug zum nationalen (Verfassungs-)Recht her, sondern nehme es im Sinne eines tatbestandlichen Verweises in das EU-Recht auf, weshalb nationales (Verfassungs-)Recht direkte rechtliche Relevanz erlange.[124] Die Auslegung unterliege deshalb zwar nicht vollständig den Mitgliedstaaten bzw. ihren nationalen Verfassungsgerichten,[125] ihnen komme aber das erste Zugriffsrecht bzw. die entscheidende Rolle für die Bestimmung der Identität nach nationalem Selbstverständnis zu.[126] Dem EuGH verbleibe aber die Aufgabe, eine Missbrauchs- oder Vertretbarkeitskontrolle vorzunehmen.[127] Allerdings spricht schon die Entstehungsgeschichte von Art. 4 Abs. 2 S. 1 EUV gegen eine derartige vollständige Aufnahme des nationalen Verfassungsrechts bzw. der Rechtsprechung der nationalen Verfassungsgerichte. Der Bezug auf die nationale Identität betrifft zwar unter anderem auch Teile des nationalen Verfassungsrechts, führt aber nicht zu einer verfassungsgerichtlichen Interpretationshoheit.[128] Anders als beispielsweise zahlreiche EU-Richtlinien im Arbeitsrecht,[129] verweist die Identitätsklausel eben nicht ausdrücklich auf eine Begriffsbestimmung nach nationalem Recht. Die nationale Identität aus Art. 4 Abs. 2 S. 1 EUV ist und bleibt ein Rechtsbegriff des Unionsrechts, der als solcher autonom, einheitlich und letztverbindlich durch den EuGH ausgelegt wird.[130]

Gleichzeitig muss aber auch dem pluralistischen Charakter der Identitätsklausel als Scharnier zwischen unionalen und nationalen Interessen Rechnung getragen werden.[131] Entsprechend der grundsätzlichen Annahme, dass es im

---

[123] St. Rspr. seit EuGH, Urt. v. 18.01.1984 – Rs. 327/82, ECLI:EU:C:1984:11, Rn. 11 – *Ekro*; aus jüngerer Zeit Urt. v. 18.10.2011 – Rs. C-34/10, ECLI:EU:C:2011:669, Rn. 25 f. – *Brüstle*; Urt. v. 26.04.2012 – Rs. C-510/10, ECLI:EU:C:2012:244, Rn. 33 – *DR und TV2 Danmark* m. w. N.

[124] Besonders deutlich *von Bogdandy/Schill*, ZaöRV 70 (2010), 701, 707 u. 715 unter Hinweis auf *Morlok*, Selbstverständnis als Rechtskriterium, S. 34 ff. Ähnlich auch *von Bogdandy/Schill*, CML Rev. 48 (2011), 1417, 1431 sowie *Wendel*, Permeabilität im europäischen Verfassungsrecht, S. 572 ff., insb. S. 575 u. 595. Zur Vorgängernorm bereits *von Bogdandy*, VVDStRL 62 (2003), 156, 186 f.

[125] Das in BVerfGE 123, 267, 353 f. – *Lissabon* beanspruchte Letztentscheidungsrecht bezeichnen *von Bogdandy/Schill*, ZaöRV 70 (2010), 701, 730 f. als „nicht haltbar".

[126] *E. Klein*, in: Niedobitek/Sommermann, Die EU als Wertegemeinschaft, S. 59, 65 m. w. N.; s. a. *von Bogdandy/Schill*, CML Rev. 48 (2011), 1417, 1429 ff.; *Wendel*, Permeabilität im europäischen Verfassungsrecht, S. 575 ff., insb. S. 579 ff., 593 u. 595.

[127] Ausdrücklich *E. Klein*, in: Niedobitek/Sommermann, Die EU als Wertegemeinschaft, S. 59, 68 sowie *Schwarze*, EuR 2013, 253, 256; s. a. die Nachweise oben Kap. 4 Fn. 125 f.

[128] *Schönberger*, JöR 63 (2015), 41, 50; zur Entstehungsgeschichte bereits oben S. 232 f.

[129] Beispiele bei *Boemke*, RdA 2018, 1, 6 f.

[130] Siehe nur *Haratsch*, EuR 2016, 131, 138 f. m. w. N.; ebenso *Pernice*, AöR 136 (2011), 185, 195. *Obwexer*, in: Streinz, EUV/AEUV, Art. 4 EUV Rn. 11, 27 u. 50 nimmt ein Ermessen der Mitgliedstaaten an, betont aber das Letztentscheidungsrecht des EuGH.

[131] *Grawert*, Der Staat 51 (2012), 189, 196 f.; zum pluralistischen Charakter auch *Chalmers/G. Davies/Monti*, European Union Law, S. 202; *Franzius*, in: Pechstein/Nowak/Häde,

Pluralismus keine „letzten Worte“ gibt, verbietet sich auch bei Art. 4 Abs. 2 S. 1 EUV eine vollständig autonome oder absolute Bestimmung durch nur eine Seite.[132] Mit anderen Worten setzt die Identitätsklausel des Art. 4 Abs. 2 S. 1 EUV einen gegenseitigen Austausch der Gerichte voraus.

2. *Gerichtlicher Austausch mit komplementären Zuständigkeiten*

Eine am Maßstab des Art. 4 Abs. 2 S. 1 EUV orientierte, unionsrechtliche Identitätskontrolle kann nur dann einen Beitrag zur Deeskalation leisten, wenn sie nicht einseitig oder absolut, sondern kooperativ ausgeübt wird.[133] Weder ist sie eine „*carte blanche*“ in den Händen der Mitgliedstaaten, um ohne Weiteres von Vorgaben des EU-Rechts abzuweichen,[134] noch kann der EuGH allein über wesentliche politische oder verfassungsrechtliche Fragen der Mitgliedstaaten entscheiden.[135]

In prozessualer Hinsicht ist deshalb ein gegenseitiger Austausch mit komplementären Zuständigkeiten angezeigt. Dies führt zu einem zweistufigen Vorgehen, bei dem die Mitgliedstaaten und ihre Verfassungsgerichte die Inhalte der jeweiligen nationalen Identität konkretisieren und insbesondere im Wege des Vorabentscheidungsverfahrens nach Art. 267 AEUV dem EuGH vorlegen, der dann im Wege einer umfassenden Abwägung über die Reichweite und die Rechtsfolge von Art. 4 Abs. 2 S. 1 EUV entscheidet.[136] Obwohl die nationale Identität nicht „*self-judging*“ ist und der letztverbindlichen Auslegung des EuGH untersteht,[137] darf das Vorlageverfahren bei der unionsrechtlichen Identitätskontrolle nicht zur Einbahnstraße verkommen.[138] Problematisch ist dabei, dass im Verfahren gemäß Art. 267 AEUV nach einer Vorlage eine weitere Beteiligung der nationalen (Verfassungs-)Gerichte grundsätzlich nicht vorgesehen ist. Wie auch in anderen Verfahren treten vor dem EuGH vielmehr Vertreter der

FK EUV/GRC/AEUV, Art. 4 EUV Rn. 24, 41 ff. u. 88 f.; *von Bogdandy/Schill*, ZaöRV 70 (2010), 701, 705 sowie *Wendel*, Permeabilität im europäischen Verfassungsrecht, S. 572 ff., insb. S. 593. Zum Verständnis als Verbundnorm *Schnettger*, Verbundidentität, S. 31 ff. u. passim.

[132] *Von Bogdandy/Schill*, CML Rev. 48 (2011), 1417, 1447 f.; jüngst auch *Schnettger*, Verbundidentität, S. 139 ff. u. 412 ff., die von einer mitgliedstaatlichen Konkretisierungsbefugnis innerhalb des unionsrechtlichen Rahmens ausgeht.

[133] *Mayer*, VVDStRL 75 (2016), 7, 48; *Mayer*, EuR 2014, 473, 498.

[134] *Konstadinides*, CYELS 13 (2011), 197, 202; s. a. *Claes*, in: Saiz Arnaiz/Llivina, National Constitutional Identity and European Integration, S. 109 ff., insb. S. 122. Ähnlich auch *H. Sauer*, NJW 2016, 1134, 1137 sowie *Giegerich*, EuZW 2020, 560, 565.

[135] Vgl. *Besselink*, ULR 6 (2010), 36, 44 f.; siehe zur Aufgabenverteilung bereits oben S. 56.

[136] *Wendel*, in: Franzius/Mayer/Neyer, Die Neuerfindung Europas, S. 51, 63 ff.; s. a. *Schill/Krenn*, in: Grabitz/Hilf/Nettesheim, EUV/AEUV, Art. 4 EUV Rn. 24 f. u. 52 ff.

[137] *Von Bogdandy/Schill*, ZaöRV 70 (2010), 701, 729 f.; *von Bogdandy/Schill*, CML Rev. 48 (2011), 1417, 1448; zustimmend *F. Meyer*, NJECL 7 (2016), 277, 289. Siehe auch *C. Walter/Vordermayer*, JöR 63 (2015), 129, 165 f.

[138] Vgl. *Franzius*, ZaöRV 75 (2015), 383, 402.

Mitgliedstaaten bzw. ihrer Regierungen auf.[139] Ungeachtet der Tatsache, dass sich daraus innerstaatliche Widersprüche bezüglich der Einordnung eines Belangs als Teil der nationalen Identität ergeben können,[140] droht eine Verengung auf Vorlagen der nationalen Verfassungsgerichte an den EuGH weitere wichtige Beteiligte des unionsrechtlichen Identitätsschutzes, wie nationale Regierungen, Parlamente oder auch die Instanzgerichte vom Dialog auszuschließen.[141] Um jedenfalls den Ausschluss der nationalen Verfassungsgerichte aus dem weiteren Verfahrensgang zu beheben bzw. sie außerhalb des Verfahrens nach Art. 267 AEUV in EuGH-Entscheidungen einzubinden, wird die Einführung einer „umgekehrten Vorlage" diskutiert. Dabei würde der EuGH Fragen an die nationalen Verfassungsgerichte bzw. an die nach nationalem Recht zuständigen Stellen richten, was eine kooperative Bestimmung der nationalen Identität ermöglichen könnte.[142] Wie auch bei der vergleichbaren Diskussion zu Art. 48 Abs. 4 UAbs. 2 EUV wäre bei der Adressierung der „umgekehrten Vorlage" auch zu berücksichtigen, wer nach innerstaatlichem Recht für die Bestimmung der Identitätsbelange zuständig ist.[143] Gleichwohl wäre, nicht zuletzt wegen der bestehenden rechtlichen und politischen Hürden für Primärrechtsänderungen, eine Lösung innerhalb des bestehenden rechtlichen Rahmens vorzugswürdig. Neben der für den EuGH gemäß Art. 101 EuGH-Verfahrensordnung bestehenden Option, um Klarstellung durch das vorlegende Gericht zu ersuchen, bietet vor allem die EuGH-Satzung[144] bereits *de lege lata* Möglichkeiten für einen umfassenderen Austausch. Während Art. 23 EuGH-Satzung die Verfassungsgerichte nicht als zur Stellungnahme berechtigte Stellen aufzählt und vom EuGH auch restriktiv gehandhabt wird,[145] besteht nach Art. 24 EuGH-Satzung die Möglichkeit, Aus-

[139] *Claes*, in: Saiz Arnaiz/Llivina, National Constitutional Identity and European Integration, S. 109, 136 ff.

[140] Dazu *Claes*, in: Saiz Arnaiz/Llivina, National Constitutional Identity and European Integration, S. 109, 136 ff. sowie *Wischmeyer*, AöR 140 (2015), 415, 449 f.

[141] Zu weiteren Dialogpartnern siehe nur *Claes*, in: Saiz Arnaiz/Llivina, National Constitutional Identity and European Integration, S. 109, 138 f. sowie *Schönberger*, JöR 63 (2015), 41, 51 u. 53; zur Bedeutung des politischen Dialogs bereits oben S. 228 u. 236.

[142] Siehe beispielsweis *Bilz*, Margin of Appreciation der EU-Mitgliedstaaten, S. 193; *Mayer*, VVDStRL 75 (2016), 7, 48 f. dort Fn. 217. Nach *Schnettger*, Verbundidentität, S. 358 ff. kann so insbesondere geklärt werden, wer innerstaatlich zuständig ist.

[143] Vgl. *Bilz*, Margin of Appreciation der EU-Mitgliedstaaten, S. 193 sowie *Claes*, in: Saiz Arnaiz/Llivina, National Constitutional Identity and European Integration, S. 109, 138 f. Zur „umgekehrten Vorlage" bei Art. 48 Abs. 4 UAbs. 2 EUV bereits oben S. 112 f.

[144] Protokoll (Nr. 3) über die Satzung des Gerichtshofs der Europäischen Union vom 26.02.2001, ABl. C 80 vom 10.03.2001, S. 53 ff., CELEX: 12001C/PRO/02, zuletzt geändert durch Art. 1 ÄndVO (EU, Euratom) 2019/629, ABl. L 111 vom 17.04.2019, S. 1 ff., CELEX: 32019R0629 (im Folgenden: EuGH-Satzung); zur EuGH-Verfahrensordnung bereits oben Kap. 1 Fn. 398.

[145] Vgl. EuGH, Beschl. des Präsidenten v. 13.01.2010 – verb. Rs. C-92/09 u. C-93/09, ECLI:EU:C:2010:806, Rn. 7 f. – *Schecke u. Eifert* sowie *Wischmeyer*, AöR 140 (2015), 415, 450 dort Fn. 155, der eine Änderung der Satzung nach Art. 281 AEUV anregt.

künfte von Organen, Einrichtungen oder sonstigen Stellen einzuholen, die nicht Parteien im Rechtsstreit sind. Auch wenn damit keine Pflicht verbunden ist, entsprechende Auskünfte einzuholen oder gar vollständig zu übernehmen, bietet sich so doch eine Option, nicht nur die Verfassungsgerichte, sondern beispielsweise auch die nationalen Parlamente in den unionsrechtlichen Identitätsschutz einzubinden.[146] Letzteres wäre auch mit Blick auf die politische Dimension des Identitätsschutzes sinnvoll. In Anbetracht der möglichen deeskalierenden Wirkung und der Tatsache, dass der EuGH nicht nur an den Grundsatz der loyalen Zusammenarbeit gemäß Art. 4 Abs. 3 EUV, sondern auch selbst an Art. 4 Abs. 2 EUV gebunden ist, sollte von der Möglichkeit der Satzung stärker Gebrauch gemacht werden.[147]

Damit der Austausch kein Monolog des EuGH bleibt, bedarf es auf der anderen Seite auch einer Mitwirkung der nationalen Verfassungsgerichte. In diesem Zusammenhang ist positiv zu vermerken, dass die frühere Zurückhaltung der nationalen Verfassungsgerichte einer größeren Vorlagebereitschaft gewichen ist.[148] Dadurch sinkt nicht nur das Bedürfnis, alternative Verfahrensinstrumente zu schaffen,[149] sondern zugleich erhöht sich die Chance, durch gemeinsame Maßstäbe und Verständnisse Auseinandersetzungen über Grundfragen der Integration weiter zu deeskalieren. Durch gut formulierte Vorlagen können die nationalen Verfassungsgerichte,[150] wie im Bereich der Grundrechtskontrolle anhand der EU-GRCh, an der unionsrechtlichen Identitätskontrolle mitwirken und ohne Androhung eines Integrationsvorbehalts Einfluss auf diese nehmen.[151] Ein Beispiel für einen solchen unmittelbaren und unter Umständen auch mehrfachen Austausch ist die bereits angesprochene Rechtssache *M. A. S. und M. B.* bzw. *Taricco II*. Nachdem bereits das Taricco-I-Urteil nach Vorlage eines italienischen Gerichts ergangen war und in dem später folgenden Verfahren vor dem italienischen Verfassungsgericht die Aktivierung des verfassungsrechtlichen Integrationsvorbehalts nach der *controlimiti*-Theorie[152] im Raum stand,

---

[146] Dazu *Schill/Krenn*, in: Grabitz/Hilf/Nettesheim, EUV/AEUV, Art. 4 EUV Rn. 54; *von Bogdandy/Schill*, CML Rev. 48 (2011), 1417, 1449; *von Bogdandy/Schill*, ZaöRV 70 (2010), 701, 731 sowie *Wischmeyer*, AöR 140 (2015), 415, 449 f.

[147] Vgl. *von Bogdandy/Schill*, ZaöRV 70 (2010), 701, 731, nach denen der EuGH die Auskünfte wegen Art. 4 Abs. 2 EUV einzuholen und abzuwägen hat; s. a. *R. Hofmann/Heger*, EuGRZ 2020, 176, 189.

[148] Siehe nur *Bilz*, Margin of Appreciation der EU-Mitgliedstaaten, S. 174 dort Fn. 547; kritischer *Blanke/Pilz*, EuR 2020, 270, 291 f.

[149] Vgl. *Wendel*, Permeabilität im europäischen Verfassungsrecht, S. 581.

[150] Zur Bedeutung von Art und Form der Vorlage *Mayer*, VVDStRL 75 (2016), 7, 48 f. dort. Fn. 217 sowie *Swoboda*, ZIS 2018, 267, 295.

[151] Zum Einfluss grundrechtlicher Vorlagen bereits oben S. 214 f.; zu Vorlagen des BVerfG im Rahmen der Identitätskontrolle siehe oben S. 199 f. sowie noch ausf. Kap. 4, B. III. 1. u. 3.

[152] Dazu *Mannefeld*, Verfassungsrechtliche Vorgaben für die europäische Integration, S. 177 ff.

entschied sich das Verfassungsgericht für eine erneute Vorlage an den EuGH.[153] Auch wenn der EuGH in seiner Antwort nicht ausdrücklich auf Art. 4 Abs. 2 S. 1 EUV eingegangen ist und das verfassungsrechtliche Vorbringen des italienischen Verfassungsgerichts rein unionsrechtlich behandelt und gelöst hat, bietet die Taricco-II-Entscheidung ein positives Beispiel für einen zwar nicht ganz reibungslosen, aber dennoch konstruktiven Weg für einen echten wechselseitigen gerichtlichen Dialog.[154]

In prozessualer Hinsicht stehen also mit dem Vorlageverfahren nach Art. 267 AEUV sowie der Einholung von Auskünften durch den EuGH Instrumente zur Verfügung, die einen kooperativen Austausch über den Schutz der nationalen Identität ermöglichen. Wenn beide ernsthaft und konsequent angewendet werden, ergibt sich ein System, in dem sich die Zuständigkeiten der Gerichte ergänzen können. Während von nationaler Seite Identitätsbelange in die rechtliche Auseinandersetzung eingebracht werden können, ist es Sache des EuGH, über die Reichweite und Rechtsfolgen des Art. 4 Abs. 2 S. 1 EUV zu entscheiden. Gleichzeitig ergibt sich dadurch aber auch die Möglichkeit abweichender Einschätzungen. Neben der rein verfahrensrechtlichen Seite müssen daher auch die inhaltlichen Aspekte des unionsrechtlichen Identitätsschutzes genauer betrachtet werden.

3. Nationale Identität zwischen inhaltlicher Annäherung und Ausdifferenzierung

Wie bereits im Zusammenhang mit den allgemeinen Konfliktvermeidungsstrategien erläutert, gilt auch beim Umgang mit Art. 4 Abs. 2 S. 1 EUV, dass neben die Kommunikation über Art. 267 AEUV auch ein gewisses Maß an Rücksicht bzw. Toleranz gegenüber der jeweils anderen Position treten muss. Der unionsrechtliche Identitätsschutz erfordert deshalb nicht nur ein rein prozessuales, sondern auch ein inhaltliches Zusammenwirken.[155] Entsprechend der Förderung eines einheitlichen Grundrechtsmaßstabs über die gemeinsame Anwendung der EU-GRCh durch EuGH und BVerfG, bietet auch Art. 4 Abs. 2 S. 1 EUV für den europäischen Identitätsschutz einen einheitlichen normativen Bezugspunkt. Allerdings besteht zwischen dem Maßstab der EU-GRCh und dem des Art. 4 Abs. 2 S. 1 EUV ein wesentlicher Unterschied. Während sowohl für

[153] EuGH, Urt. v. 05.12.2017 – Rs. C-42/17, ECLI:EU:C:2017:936, Rn. 9 ff. – *M. A. S. u. M. B.*; zum Verfahren s. a. *F. Meyer*, JZ 2018, 304 ff. sowie *Staffler*, EuGRZ 2018, 613 ff.

[154] *Dietze/Kellerbauer/Klamert u. a.*, EuZW 2020, 525, 529 sowie *T. M. J. Möllers*, EuZW 2020, 503, 505 grenzen das Vorgehen daher auch positiv von dem des BVerfG ab. Zu möglichen Problemen siehe *Lochmann*, EuR 2019, 61, 84 f. *Thym*, JZ 2020, 1017, 1021 f. betont die verbleibenden Spannungen, bewertet die Vorlage im Ergebnis aber positiv. Zur inhaltlichen Lösung des EuGH bereits oben S. 234 f.

[155] Vgl. *Streinz*, in: FS Müller-Graff, S. 1193, 1205; zur Toleranz siehe *Besselink*, ULR 6 (2010), 36, 37 f. u. 49 sowie allgemein bereits oben S. 74 ff.

die Entstehung als auch für die Auslegung der europäischen Grundrechte die *gemeinsamen* Verfassungsüberlieferungen der Mitgliedstaaten eine tragende Rolle einnehmen, werden mit Art. 4 Abs. 2 S. 1 EUV auch und gerade die wesentlichen politischen und verfassungsrechtlichen *Unterschiede* zwischen den Mitgliedstaaten in den Blick genommen.[156] Dieser pluralistische Charakter hindert nicht nur den EuGH an einer umfassenden Europäisierung des Identitätsschutzes über einen einheitlichen Gesamtmaßstab, sondern auch die nationalen Verfassungsgerichte an einem vollständigen Rückzug aus der Kontrolle bzw. einem Verzicht auf die Mitwirkung.[157] Sofern diesem besonderen Charakter Rechnung getragen wird, ist eine Kooperation über den unionsrechtlichen Maßstab des Art. 4 Abs. 2 S. 1 EUV aber nicht ausgeschlossen.

Zunächst ist zu bedenken, dass nationale und europäische Identität nicht losgelöst nebeneinanderstehen, sondern sich vielfältig aufeinander beziehen und gegenseitig beeinflussen.[158] Wie auch in Art. 2 EUV zum Ausdruck kommt, bilden gemeinsame Werte ein wesentliches Fundament der europäischen Integration und prägen das Selbstverständnis der EU als Wertegemeinschaft.[159] Obwohl zu diesen grundlegenden Werten auch die Vielfalt gehört, wie Art. 4 Abs. 2 EUV und zuvor auch der geplante Art. I-8 VVE unterstreichen, sind im Rahmen der unionsrechtlichen Identitätskontrolle gemeinsame (Identitäts-)Werte nicht nur möglich, sondern von entscheidender Bedeutung.[160] Dies zeigt sich schon daran, dass sich die nationalen Verfassungsgerichte bei ihren Kontrollvorbehalten gegenüber der europäischen Integration bzw. dem EU-Sekundärrecht,[161] trotz aller bestehenden Unterschiede in Art und Reichweite regelmäßig gegenseitig in Bezug nehmen.[162] Nicht nur dadurch, sondern auch allgemein werden inhaltliche Überschneidungen in den Entscheidungen der nationalen Verfassungsgerichte hinsichtlich des jeweils geschützten Kerns der (Verfassungs-)

[156] So auch *van der Schyff*, ELR 37 (2012), 563, 569 f.; s. a. *Franzius*, in: Pechstein/Nowak/Häde, FK EUV/GRC/AEUV, Art. 4 EUV Rn. 28, der die Variationsbreite der nationalen Identität als deren „Pointe" bezeichnet.

[157] *Claes*, in: Saiz Arnaiz/Llivina, National Constitutional Identity and European Integration, S. 109, 135. Zum Unterschied beim grundrechtlichen Maßstab s. a. *van der Heyning*, in: Claes/de Visser/Popelier u. a., Constitutional Conversations in Europe, S. 181, 187.

[158] Ausf. *Haratsch*, EuR 2016, 131, 142 ff.

[159] Zur Wertegemeinschaft siehe nur *Calliess*, JZ 2004, 1033 ff. sowie *Hilf/Schorkopf*, in: Grabitz/Hilf/Nettesheim, EUV/AEUV, Art. 2 EUV Rn. 11, 15 u. 18 ff. m. w. N.

[160] Vgl. *Besselink*, ULR 6 (2010), 36, 49 sowie *van der Schyff*, EPL 22 (2016), 227, 239 f. Zur Bedeutung von Einheit und Vielfalt für die europäische Identität s. a. *Nicolaysen*, in: Bruha/Nowak, Die Europäische Union: Innere Verfasstheit und globale Handlungsfähigkeit, S. 17, 33 f.

[161] Überblicke bei *Grabenwarter*, in: von Bogdandy/Bast, Europäisches Verfassungsrecht, S. 121, 123 ff. u. 135 ff.; *Wendel*, Permeabilität im europäischen Verfassungsrecht, S. 434 ff. Aus jüngerer Zeit *Lindner*, Richter der Integration, S. 124 ff. u. passim.

[162] *Wendel*, in: Franzius/Mayer/Neyer, Die Neuerfindung Europas, S. 51, 60 ff.; zur Bedeutung der Bezugnahme s. a. *Wendel*, Der Staat 52 (2013), 339 ff.; speziell zur Rezeption des BVerfG siehe *Ellerbrok/Pracht*, EuR 2021, 188, 197 ff.

Identität deutlich, die sich auf unionsrechtlicher Ebene wiederum weitgehend in Art. 2 EUV spiegeln.[163] Art. 2 EUV bzw. die dort verankerten Werte erlangen daher als *gemeinsamer* Maßstab auch für die unionsrechtliche Identitätskontrolle über Art. 4 Abs. 2 S. 1 EUV Bedeutung. Wie sich nunmehr auch in der EuGH-Rechtsprechung durch die Betonung der gemeinsamen Werte andeutet,[164] sind solche nationalen Identitätsbelange, die im Widerspruch zu den gemeinsamen Werten des Art. 2 EUV stehen, nicht von Art. 4 Abs. 2 S. 1 EUV erfasst.[165] Ist der vorgebrachte Identitätsbelang hingegen vollständig deckungsgleich mit den Werten des Art. 2 EUV, fehlt es bereits an einem Konflikt, der eine Identitätskontrolle notwendig machen würde.[166] Geht es allerdings um Belange, die mit Art. 2 EUV grundsätzlich übereinstimmen, im Detail aber als konkrete und wesentliche Ausformung dieser Werte in der politischen oder (verfassungs-)rechtlichen Ordnung des jeweiligen Mitgliedstaats darüber hinausgehen, bleibt die unionsrechtliche Identitätskontrolle über Art. 4 Abs. 2 S. 1 EUV anwendbar.[167]

Mit Blick auf die gemeinsamen Werte besteht also eine „absolute Basislinie“,[168] die als Maßstab im kooperativen Dialog weiter ausgestaltet werden kann. Während im Falle weitgehender Übereinstimmung Konflikte ausscheiden und es allenfalls um eine Festigung der gemeinsam Werte gehen kann, kommt bei den konkreten Ausprägungen der nationalen Identität der pluralistische Charakter von Art. 4 Abs. 2 S. 1 EUV zum Tragen. Dieser schafft keinen vollständig einheitlichen Identitätsbegriff, sondern schützt die *jeweilige* nationale Identität und führt zu einer Abwägung mit unionsrechtlichen Interessen. Um bei dieser Abwägung das Konfliktpotenzial auch in inhaltlicher Hinsicht zu entschärfen,

---

163 *Von Bogdandy/Schill*, ZaöRV 70 (2010), 701, 715 f. u. 721; *von Bogdandy/Schill*, CML Rev. 48 (2011), 1417, 1432 ff., insb. 1436 u. 1439 f.; s. a. *Claes*, in: Saiz Arnaiz/Llivina, National Constitutional Identity and European Integration, S. 109, 124 ff., insb. S. 124 u. 129 sowie *Schill/Krenn*, in: Grabitz/Hilf/Nettesheim, EUV/AEUV, Art. 4 EUV Rn. 24 ff. u. 38 m. w. N.

164 Vgl. EuGH, Urt. v. 22.12.2010 – Rs. C-208/09, ECLI:EU:C:2010:806, Rn. 89 – *Sayn-Wittgenstein*; *Generalanwalt Cruz Villalón*, Schlussanträge v. 12.01.2015 – Rs. C-62/14, ECLI:EU:C:2015:7, Rn. 61 – *Gauweiler u. a.*; dazu *Schill/Krenn*, in: Grabitz/Hilf/Nettesheim, EUV/AEUV, Art. 4 EUV Rn. 20. Zu den gemeinsamen Werten auch EuGH, 18.12.2014 – Gutachten 2/13, ECLI:EU:C:2014:2454, Rn. 168 f. – *Beitritt zur EMRK* sowie 30.04.2019 – Gutachten 1/17, ECLI:EU:C:2019:341, Rn. 110 – *CETA*.

165 *Pernice*, AöR 136 (2011), 185, 190; *von Bogdandy/Schill*, ZaöRV 70 (2010), 701, 715; *Wendel*, Permeabilität im europäischen Verfassungsrecht, S. 578. Auch *Spieker*, CML Rev. 57 (2020), 361, 383 ff. plädiert für einen Bezug auf die gemeinsamen Werte, will Art. 2 EUV aber unmittelbar für eine gerichtliche Kooperation heranziehen, weshalb Art. 4 Abs. 2 EUV von vornherein nur bei echten mitgliedstaatlichen Besonderheiten greife.

166 Vgl. *Bilz*, Margin of Appreciation der EU-Mitgliedstaaten, S. 174.

167 Ebenso *Haratsch*, EuR 2016, 131, 135 ff. u. 141 f.; *Obwexer*, in: von der Groeben/Schwarze/Hatje, Europäisches Unionsrecht, Art. 4 EUV Rn. 30; *Schnettger*, Verbundidentität, S. 165 ff.; *Streinz*, in: Streinz, EUV/AEUV, Art. 4 EUV Rn. 14. Für ein etwas anderes Verständnis *Franzius*, in: Pechstein/Nowak/Häde, FK EUV/GRC/AEUV, Art. 4 EUV Rn. 32; dazu aber *Bilz*, Margin of Appreciation der EU-Mitgliedstaaten, S. 174 f.

168 *C. Walter/Vordermayer*, JöR 63 (2015), 129, 149.

kann die Einräumung von Spielräumen ein wichtiges Instrument darstellen,[169] auch wenn dieses Mittel umstritten bleibt.[170] In jedem Fall ist zu beachten, dass der EuGH im Sinne eines kooperativen Miteinanders zwar gehalten ist, sich an mitgliedstaatlichen Traditionen, den Normen des nationalen Verfassungsrechts sowie der hierzu ergangenen Rechtsprechung zu orientieren, ihm aber dennoch die finale Entscheidung über Art. 4 Abs. 2 S. 1 EUV zukommt.[171] Insbesondere bleibt es dem Gerichtshof grundsätzlich unbenommen, im Ergebnis eine Verletzung der nationalen Identität zu verneinen.[172]

Insgesamt schwankt die inhaltliche Ausgestaltung von Art. 4 Abs. 2 S. 1 EUV daher zwischen zwei Polen. Einerseits gibt es eine Annäherung hinsichtlich der jeweils geschützten Kerne, die wiederum mit den gemeinsamen Werten des Art. 2 EUV korrespondieren. Insoweit ist die Ausgestaltung eines einheitlichen Maßstabs nicht nur denkbar, sondern teilweise bereits gelebte Praxis. Soweit allerdings darüber hinausgehende konkrete Ausgestaltungen dieser Werte auf Ebene der Mitgliedstaaten betroffen sind, geht es nicht um einen einheitlichen Maßstab für alle, sondern gerade um die Einräumung mitgliedstaatlicher Vielfalt. Der Ausprägung eines vollständig einheitlichen Identitätsmaßstabs ist daher bereits in Art. 4 Abs. 2 S. 1 EUV eine interne Grenze gesetzt. Aus diesem Grund bildet die nationale Identität auch nicht den alleinigen einheitlichen Maßstab des gerichtlichen Dialogs. Dennoch kann die unionsrechtliche Identitätskontrolle über Art. 4 Abs. 2 S. 1 EUV einen wichtigen Beitrag für eine maßstabsorientierte Kooperation leisten.

III. Möglichkeiten und Grenzen einer unionsrechtlichen Identitätskontrolle

Abschließend ist es möglich, die Möglichkeiten und Grenzen einer maßstabsorientierten Kooperation über Art. 4 Abs. 2 S. 1 EUV aus unionsrechtlicher Perspektive zu bestimmen.

---

[169] Dazu ausf. *Bilz*, Margin of Appreciation der EU-Mitgliedstaaten, S. 172 u. 196 ff. sowie *C. Walter/Vordermayer*, JöR 63 (2015), 129, 133 ff. u. 137 ff.; s. a. *Guastaferro*, YEL 31 (2012), 263, 295 ff.

[170] Siehe einerseits *Generalanwalt Bobek*, Schlussanträge v. 06.02.2019 – Rs. C-395/17, ECLI:EU:C:2019:98, Rn. 61 – *KOM/Niederlande* und andererseits *Generalanwalt Cruz Villalón*, Schlussanträge v. 12.01.2015 – Rs. C-62/14, ECLI:EU:C:2015:7, Rn. 59 – *Gauweiler u. a.* Differenzierend auch *Hatje*, in: Schwarze/Becker/Hatje u. a., EU-Kommentar, Art. 4 EUV Rn. 22 f. sowie *Obwexer*, in: von der Groeben/Schwarze/Hatje, Europäisches Unionsrecht, Art. 4 EUV Rn. 11, 27 u. 50.

[171] Dazu und zum Folgenden *Haratsch*, EuR 2016, 131, 139 f. sowie *van der Schyff*, ELR 37 (2012), 563, 574 ff. u. 578 ff.; s. a. *Arnold*, in: FS Scheuing, S. 17, 24 f. Zur Zuständigkeit des EuGH siehe *C. Walter/Vordermayer*, JöR 63 (2015), 129, 149 sowie bereits oben S. 237.

[172] So in EuGH, Urt. v. 29.09.2015 – Rs. C-276/14, ECLI:EU:C:2015:635, Rn. 40 – *Gmina Wrocław*; Urt. v. 17.07.2014 – verb. Rs. C-58/13 u. C-59/13, ECLI:EU:C:2014:2088, Rn. 58 – *Torresi*; Urt. v. 01.03.2012 – Rs. C-393/10, ECLI:EU:C:2012:110, Rn. 49 – *O'Brien*. Zur Ablehnung auch *Schnettger*, Verbundidentität, S. 93 ff. Kritisch zu einer Ablehnung durch den EuGH *Wischmeyer*, AöR 140 (2015), 415, 449.

Eine erste Einschränkung für eine umfassende *rechtliche* Kooperation besteht bereits durch die Einbeziehung auch *politischer* Identitätsmerkmale in den unionsrechtlichen Tatbestand der nationalen Identität. Ein kooperativer Umgang mit der Identitätsklausel beginnt daher bereits auf der politischen Ebene und muss neben den Gerichten auch weitere politische Dialogpartner sowohl auf Seiten der EU als auch auf Seiten der Mitgliedstaaten umfassen.[173] Darüber hinaus ist nicht die gesamte verfassungsrechtliche und politische Ordnung der Mitgliedstaaten erfasst, sondern nur Identitätsbelange, die für den jeweiligen Staat wesentlich bzw. prägend sind.

Weiterhin hat die unionsrechtliche Identitätskontrolle keine unmittelbare Bedeutung für die Änderung des EU-Primärrechts, sondern kommt vorrangig bei der Setzung und Auslegung des EU-Sekundärrechts zur Geltung. Bedeutung und Reichweite der Identitätsklausel werden dabei unterschiedlich bewertet. Teilweise wird ihr, nicht zuletzt wegen der geschilderten Überschneidungen mit Art. 2 EUV, eine untergeordnete Rolle bescheinigt, die allenfalls in Not- oder Extremfällen zum Tragen komme.[174] Demgegenüber betonen andere Stimmen, dass Art. 4 Abs. 2 S. 1 EUV den gesamten Bereich der Kompetenzausübung betreffe und einen Alltagsmaßstab bilde.[175] Bezüglich der Einordnung als Alltags- oder Notfallmaßstab ist allerdings eine differenzierte Betrachtung angezeigt. Im Ausgangspunkt muss Art. 4 Abs. 2 S. 1 EUV als Ausnahmenorm restriktiv ausgelegt werden.[176] Ebenso ist zutreffend, dass die bisherigen EuGH-Entscheidungen zur nationalen Identität sehr spezielle Einzelfälle und nicht die europäische Integration insgesamt betrafen.[177] Dahinter steckt aber weniger ein grundsätzlich begrenzter Anwendungsbereich als eine nur ergänzende Heranziehung der Identitätsklausel in der Rechtsprechung. *Mattias Wendel* bringt die Bedeutung des unionsrechtlichen Identitätsschutzes auf den Punkt, wenn er von einer „Querschnittsaufgabe“ spricht und Art. 4 Abs. 2 S. 1 EUV als Norm beschreibt, die „mit *Grundsatz- bzw. Querschnittscharakter* vor die Klammer gezogen“ wurde und durch weitere Normen des EU-Rechts ergänzt wird.[178] So vervollständigt die Identitätsklausel die übrigen Normen zur Kompetenzabgrenzung und bildet ein Instrument zur Steuerung der Kompetenz-

---

[173] *Claes*, in: Saiz Arnaiz/Llivina, National Constitutional Identity and European Integration, S. 109, 135 f. sowie bereits oben S. 228, 236 u. 239 f.

[174] In diese Richtung *Calliess/Kahl/Puttler*, in: Calliess/Ruffert, EUV/AEUV, 5. Aufl., Art. 4 EUV Rn. 22; *von Bogdandy/Schill*, ZaöRV 70 (2010), 701, 727 sowie *Bilz*, Margin of Appreciation der EU-Mitgliedstaaten, S. 173 ff. m. w. N.

[175] Dazu insb. *Guastaferro*, YEL 31 (2012), 263 f. u. passim; s. a. *Wischmeyer*, AöR 140 (2015), 415, 446.

[176] *Mayer*, VVDStRL 75 (2016), 7, 45.

[177] *Goldhammer*, JöR 63 (2015), 105, 108 spricht von „Petitessen“; s. a. *Schorkopf*, Der Europäische Weg, S. 200.

[178] *Wendel*, Permeabilität im europäischen Verfassungsrecht, S. 586 ff. insb. S. 588, Hervorh. i. O.

ausübung insgesamt.[179] Aufgrund der vorrangigen Anwendung von speziellen Zuständigkeits- und Verfahrensnormen ist ein Rückgriff auf Art. 4 Abs. 2 S. 1 EUV allerdings oftmals nicht erforderlich.[180] Dies zeigt sich besonders deutlich im Bereich der Grundrechte, wo in Anbetracht der Bedeutung der EU-GRCh als gemeinsamer Maßstab die Identitätskontrolle in den Hintergrund rückt.[181] Auch im Übrigen geht es wegen gemeinsamer Standards zwischen Union und Mitgliedstaaten nicht um inhaltliche Schicksalsfragen der europäischen Integration, sondern eher um eine Feinabstimmung, die „intra vires", also innerhalb des Unionsrechts erfolgt.[182] Gleichwohl bleibt Art. 4 Abs. 2 S. 1 EUV grundsätzlich für die gesamte Anwendung und Auslegung des Unionsrechts relevant und bietet ein wichtiges Vehikel, um nationale Belange in das EU-Recht einfließen zu lassen und im Wege der Kooperation einen möglichst gleichberechtigten Ausgleich mit unionsrechtlichen Positionen herzustellen.[183]

Damit die unionsrechtliche Identitätskontrolle auch tatsächlich deeskalierend wirken kann, ist die gegenseitige Rücksichtnahme von entscheidender Bedeutung. Da die *unionsrechtliche* Identitätskontrolle stets vom EuGH nach Maßgabe des Unionsrechts abläuft, obliegt es auch ihm zu entscheiden, ob und wie dem nationalen Identitätsbelang Rechnung getragen wird.[184] Dies ist aus Sicht der Mitgliedstaaten insbesondere dann problematisch, wenn er dabei, wie beispielsweise in der Vergangenheit im Bereich der Grundrechte, vor allem auf Vorrang und effektive Anwendung des Unionsrechts abstellt.[185] Ebenso wie im Bereich der europäischen Grundrechte kann dieser Gefahr aber mit den Mitteln der Vorlage und des Dialogs begegnet werden. Wenn die Mitgliedstaaten bzw. ihre Verfassungsgerichte nationale Belange über Art. 4 Abs. 2 S. 1 EUV und damit im Wege des Unionsrechts vorbringen, kommt der EuGH langfristig nicht umhin, sich dazu zu verhalten.[186] Umgekehrt schützen gemeinsame Standards und die Abwägungslösung des EuGH vor einer übermäßigen Heranziehung der Identitätsklausel,[187] wobei er bezüglich der inhaltlichen Abstim-

---

[179] *Rossi*, in: LA Seul, S. 422, 428 ff. Zur Ergänzungsfunktion auch *Konstadinides*, CYELS 13 (2011), 197, 218 sowie *Guastaferro*, YEL 31 (2012), 263, 311 ff. u. 317.

[180] *Goldhammer*, JöR 63 (2015), 105, 118 ff. u. 120 ff.; ausf. zur vorrangigen Berücksichtigung anderer unionsrechtlicher Normen auch *Schnettger*, Verbundidentität, S. 253 ff.

[181] Vgl. *Bilz*, Margin of Appreciation der EU-Mitgliedstaaten, S. 188. Auch in EuGH, 18.12.2014 – Gutachten 2/13, ECLI:EU:C:2014:2454, Rn. 168 f. – *Beitritt zur EMRK* werden die Grundrechte als Teil der gemeinsamen Werte betont. Zur Position des BVerfG bereits oben S. 211; zum neu verstandenen Kooperationsverhältnis bereits oben S. 213 ff.

[182] *Goldhammer*, JöR 63 (2015), 105, 120, 122 u. 126 f. Zum geringen Konfliktpotenzial wegen gemeinsamer Standards s. a. *A. Peters*, Elemente einer Theorie der Verfassung Europas, S. 285 sowie *Wendel*, Permeabilität im europäischen Verfassungsrecht, S. 578.

[183] *Schönberger*, JöR 63 (2015), 41, 50; s. a. *Cloots*, NJLP 45 (2016), 82, 96 sowie *Guastaferro*, YEL 31 (2012), 263, 311 ff. u. 317.

[184] Vgl. *Wendel*, in: Franzius/Mayer/Neyer, Die Neuerfindung Europas, S. 51, 65.

[185] Dazu und zum Folgenden *Swoboda*, ZIS 2018, 267, 294 f.

[186] *Guastaferro*, YEL 31 (2012), 263, 311 ff. u. 317.

[187] *Wendel*, Permeabilität im europäischen Verfassungsrecht, S. 577.

mung stärker die Möglichkeiten der Satzung nutzen sollte. Entsprechend dem neu verstandenen Kooperationsverhältnis im Bereich der EU-Grundrechte, wo die Schaffung von mitgliedstaatlichen Freiräumen *innerhalb* und nicht *neben* der EU-Grundrechtecharta im Fokus steht,[188] kann so auch Art. 4 Abs. 2 S. 1 EUV für einen Identitätsschutz herangezogen werden, der innerunionsrechtliche Freiräume ermöglicht. Dabei geht es nicht darum, die nationale Identität unionsweit zu harmonisieren, sondern über eine flexible Handhabung der Identitätsklausel, der Vorlage nach Art. 267 AEUV sowie der EuGH-Satzung zu verhindern, dass der Identitätsschutz zum Monolog verkommt.[189]

Insgesamt lässt Art. 4 Abs. 2 S. 1 EUV zwar den grundlegenden Konflikt zwischen den Gerichten zum Verhältnis von EU-Recht und nationalem Recht unberührt. Aus der Perspektive der nationalen Verfassungsgerichte bleibt auch eine verfassungsrechtliche Identitätskontrolle weiter möglich. Dennoch hat die unionsrechtliche Identitätskontrolle über Art. 4 Abs. 2 S. 1 EUV ein großes deeskalierendes Potenzial.[190] Je stärker nationale Verfassungsgerichte und andere Partner mit dem EuGH in einen – gleichberechtigten – Dialog über den Schutz mitgliedstaatlicher Identität treten, desto geringer ist die Gefahr einer Konflikteskalation. Insoweit wäre es für die Weiterentwicklung zu einer maßstabsorientierten Kooperation wünschenswert, wenn der EuGH seine teilweise weiterbestehende Zurückhaltung gegenüber der expliziten Anknüpfung an den Maßstab des Art. 4 Abs. 2 S. 1 EUV aufgäbe und zudem die Möglichkeiten der Satzung für einen wechselseitigen Austausch stärker nutzte. Auf der anderen Seite sollten die nationalen Verfassungsgerichte bereitwilliger den Weg der (erneuten) Vorlage wählen und die Vorlage nicht als Unterwerfungs-, sondern als Gestaltungsinstrument verstehen.

B. Die Kontrolle der Verfassungsidentität durch das BVerfG

Mit der Identitätskontrolle des BVerfG existiert ein weiterer Identitätsmaßstab, der aufgrund seiner verfassungsrechtlichen Fundierung einen anderen Ausgangspunkt als Art. 4 Abs. 2 S. 1 EUV hat. Obwohl der Identitätsbegriff im GG nicht ausdrücklich erwähnt wird,[191] spielt er im Zusammenhang mit der Kontrolle der *Verfassungs*identität eine zentrale Rolle für die Rechtsprechung des BVerfG zur europäischen Integration. Entsprechend dem Ziel, Möglichkeiten

---

[188] Vgl. *Thym*, JZ 2020, 1017, 1025, Hervorh. i. O.; zur grundrechtlichen Kooperation siehe bereits oben S. 213 ff.

[189] *Wischmeyer*, AöR 140 (2015), 415, 449 f., 451 f. u. 458 f.

[190] *Van der Schyff*, ELR 37 (2012), 563, 580; s. a. *R. Hofmann*/*Heger*, EuGRZ 2020, 176, 189 f.

[191] Siehe nur *Pache*, DVBl 2002, 1154, 1160 sowie *Streinz*, in: FS Müller-Graff, S. 1193, 1197; jüngst auch *Polzin*, Verfassungsidentität, S. 1 m. w. N.

und Grenzen einer maßstabsorientierten Kooperation auszuloten, geht es an dieser Stelle nicht um eine umfassende Auseinandersetzung mit der Existenz und möglichen Reichweite der „Verfassungsidentität“ des GG,[192] sondern darum, Übereinstimmungen und Unterschiede zwischen unionsrechtlichem und verfassungsrechtlichem Identitätsmaßstab zu ermitteln. Insbesondere gilt es zu klären, inwieweit die Perspektive des BVerfG mit der unionsrechtlichen Sicht auf den Identitätsschutz kompatibel ist. Ausgangspunkt dieser Untersuchung bildet die Rechtsprechung des BVerfG, in der die Identitätskontrolle im Anschluss an die grundsätzliche Etablierung im Lissabon-Urteil mit der Zeit auch gegenüber dem EU-Sekundärrecht als umfassende Zugriffsmöglichkeit ausgebaut wurde (I.). Anders als beim Identitätsschutz über Art. 4 Abs. 2 S. 1 EUV steht bei dieser Prüfung kein unionsrechtlicher Maßstab, sondern ein solcher des nationalen Verfassungsrechts im Zentrum, weshalb sich der Ansatz des BVerfG nicht nur von dem des EuGH, sondern auch vom eigenen Vorgehen im Bereich der Grundrechte unterscheidet (II.). Infolge der unterschiedlichen rechtlichen Ansätze kommt aus verfassungsrechtlicher Perspektive keine vollständige normative Angleichung, sondern nur eine Abstimmung der Identitätskontrollen in inhaltlicher und prozessualer Hinsicht in Betracht (III.).

I. Die sekundärrechtsbezogene Identitätskontrolle in der Rechtsprechung des BVerfG

Die „Identitätskontrolle“ bildet im Ausgangspunkt den, neben Grundrechts- und Ultra-vires-Kontrolle stehenden, dritten Integrationsvorbehalt des BVerfG und wurde als solche erstmals im Lissabon-Urteil erwähnt.[193] Obwohl sie bereits im Lissabon-Urteil auch als sekundärrechtsbezogene Kontrolle angelegt war, spielte sie in dieser und späteren Entscheidungen vor allem bezüglich der Kontrolle des EU-Primärrechts eine Rolle. Klarere Konturen als Vorbehalt gegenüber dem EU-Sekundärrecht erhielt die Identitätskontrolle erst im Laufe der Zeit (1.). Im Zuge ihrer Ausgestaltung und erstmaligen Aktivierung zeichnete sich eine derartige Nähe der Identitätskontrolle zu den beiden anderen Integrationsvorbehalten ab, dass Erstere zunehmend in den Mittelpunkt der Integrationsrechtsprechung zu rücken schien. Obwohl die Aussagen des BVerfG ambivalent bleiben, wird bei genauerer Betrachtung deutlich, dass dabei weniger eine vollständige inhaltliche Vereinheitlichung, als die Eröffnung eines um-

[192] Dazu ausf. *Polzin*, Verfassungsidentität, passim; zur Identitätskontrolle auch *Simon*, Grenzen des Bundesverfassungsgerichts im europäischen Integrationsprozess, S. 96 ff. Zur historischen Entwicklung siehe nur *Polzin*, Der Staat 53 (2014), 61 ff.

[193] BVerfGE 123, 267, Ls. 4 u. 353 ff. – *Lissabon*. Zur erstmaligen Erwähnung siehe *Streinz*, in: FS Stern 2012, S. 963, 967, der aber Bezüge zur vorherigen Rechtsprechung erkennt. Zu Recht kritisch zum Verweis des BVerfG *Kottmann*/*Wohlfahrt*, ZaöRV 69 (2009), 443, 464 dort. Fn. 166. Zum Begriff der „Identität“ im Solange-I-Beschluss siehe *Polzin*, Verfassungsidentität, S. 43 ff. u. 77 f. sowie bereits oben S. 194 ff.

fassenden prozessualen Zugriffs im Vordergrund stand (2.). Letzteres bestätigt sich auch in der jüngeren Rechtsprechung des BVerfG. Während der prozessuale Zugriff des BVerfG unverändert umfassend bleibt, nimmt die Bedeutung der Verfassungsidentität als inhaltlicher und damit auch einheitlicher Maßstab eher ab (3.).

1. Etablierung und Ausgestaltung der Identitätskontrolle als sekundärrechtsbezogener Vorbehalt

Neben den zahlreichen verfassungsrechtlichen Anforderungen, die das BVerfG im Lissabon-Urteil an das Zustimmungsgesetz und damit mittelbar an das EU-Primärrecht formulierte, etablierte es als weitere Bedingung für die Mitwirkung an der europäischen Integration auch die Identitätskontrolle, mit der das Gericht prüft,

> „ob der unantastbare Kerngehalt der Verfassungsidentität des Grundgesetzes nach Art. 23 Abs. 1 Satz 3 in Verbindung mit Art. 79 Abs. 3 GG gewahrt ist."[194]

Die Identitätskontrolle bezieht sich ausdrücklich auf mögliche Verletzungen der genannten „unantastbaren" Grundsätze „infolge des Handelns europäischer Organe", womit eine umfassende Kontrolle des EU-Sekundärrechts ermöglicht wurde, die nicht nur die Staatsstrukturprinzipien, sondern auch die Grundrechte des GG erfassen kann.[195] Obwohl die Identitätskontrolle also bereits in der Lissabon-Entscheidung als sekundärrechtsbezogener Integrationsvorbehalt etabliert wurde, blieb ihre Bedeutung und auch ihr Verhältnis zur gleichzeitig erwähnten Ultra-vires-Kontrolle weitgehend unbestimmt.[196] Sowohl im Lissabon-Urteil als auch in späteren Entscheidungen zur Euro-Rettung stand nämlich nicht die Überprüfung von Sekundärrechtsakten anhand der Verfassungsidentität, sondern die Prüfung des jeweiligen nationalen Zustimmungsgesetzes zu Änderungen des EU-Primärrechts im Fokus.[197] Soweit die Identitätskontrolle bzw. die Verfassungsidentität in weiteren Entscheidungen erwähnt wurden, handelte es sich ebenfalls nicht um tatsächliche Aktivierungen des Kontrollvorbehalts gegenüber Akten des EU-Sekundärrechts. So hielt das BVerfG im Honeywell-Beschluss an der grundsätzlichen Möglichkeit einer Identitätskontrolle fest, nahm stattdessen aber eine Ultra-vires-Prüfung vor.[198] Auch das Urteil zur Anwendungserweiterung des Grundrechtsschutzes auf juristische Personen

---

[194] BVerfGE 123, 267, 354 – *Lissabon*; zur Einordnung als Bedingung bereits oben S. 149. Ausf. zu den übrigen verfassungsrechtlichen Anforderungen bereits oben S. 115 ff.

[195] BVerfGE 123, 267, 353 ff. u. 400 – *Lissabon*; zum sekundärrechtlichen Bezug auch *H. Sauer*, Jurisdiktionskonflikte in Mehrebenensystemen, S. 164. Zur Reichweite bereits oben S. 144 f.

[196] *Terhechte*, EuZW 2009, 724, 729; *Konstadinides*, CYELS 13 (2011), 197, 216; siehe aber auch *Schorkopf*, EuZW 2009, 718, 722.

[197] Dazu und zum Folgenden *Dietz*, AöR 142 (2017), 78, 83 ff., insb. 84 f., 86 u. 90.

[198] BVerfGE 126, 286, 302 – *Honeywell*.

aus dem EU-Ausland bezog sich auf die Grenzen des Art. 79 Abs. 2 und 3 GG sowie die „Identität der nationalen Verfassung“, betraf mit Art. 18 AEUV aber wiederum das EU-Primärrecht bzw. dessen Vorrang und keine unmittelbare Prüfung eines EU-Sekundärrechtsaktes.[199] Erwähnung fand die „verfassungsrechtliche Identität“ schließlich noch im Urteil zur Vorratsdatenspeicherung, welches aber wegen des vorhandenen Gestaltungsspielraums die Kontrolle *nationalen* Rechts am Maßstab der Grundrechte des Grundgesetzes betraf.[200] Die genannten Entscheidungen sind dennoch insoweit von Interesse, als ihnen bereits eine gewisse Vorwegnahme der späteren Teilvereinheitlichung der Integrationsvorbehalte entnommen werden kann. Während der Honeywell-Beschluss eine Verbindung von Identitäts- und Ultra-vires-Kontrolle herstellt, wird im Urteil zur Vorratsdatenspeicherung eine Nähe von Identitäts- und Grundrechtskontrolle angedeutet.[201] Von diesen Bezügen abgesehen, blieb die Reichweite der sekundärrechtsgerichteten Identitätskontrolle mangels konkretem Anwendungsfall aber weiter unklar. Vor dem Hintergrund der angesprochenen Entscheidungen und vor allem der Tatsache, dass selbst das BVerfG von einer „Reservekompetenz“ sprach, die europarechtsfreundlich auszuüben sei,[202] wurde davon ausgegangen, dass sich das BVerfG bei der „Identitätskontrolle“ wie bei den übrigen Integrationsvorbehalten, im Sinne einer „Solange-III-Formel“ zurückhalten werde.[203] Diese Einschätzung änderte sich erst durch die Aktivierung der Identitätskontrolle im Bereich der Grundrechte sowie ihrer Ausgestaltung im Bereich der Kompetenzkontrolle.

Mit den Entscheidungen zum Europäischen Haftbefehl[204] sowie zum OMT-Programm[205] machte das BVerfG erstmals konkrete Aussagen zur Anwendung der Identitätskontrolle gegenüber dem EU-Sekundärrecht und präzisierte damit auch die Reichweite und Begründung der eigenen Identitätskontrolle. So stellt das BVerfG fest, dass die in Art. 1 und Art. 20 GG in Verbindung mit Art. 79 Abs. 3 GG garantierten Grundsätze auch bei der Anwendung des Unionsrechts in Deutschland zu gewährleisten seien. Dementsprechend prüfe das Gericht im Rahmen der Identitätskontrolle, ob die durch Art. 79 Abs. 3 GG für unantastbar erklärten Grundsätze bei der Übertragung von Hoheitsrechten durch den deutschen Gesetzgeber oder durch eine Maßnahme von Organen, Einrichtungen und

199 BVerfGE 129, 78, 94 ff. u. 100 – *Cassina.*

200 BVerfGE 125, 260, 324 – *Vorratsdatenspeicherung*, Hervorh. d. Verf. Zum Identitätsbezug *Hobe*, in: Friauf/Höfling, Berliner Kommentar zum GG, Art. 23 GG Rn. 53 dort Fn. 188 sowie *Hufeld/Rathke*, EuR Beiheft 3 (2013), 7, 18 ff.

201 So bereits *H. Sauer*, EuZW 2011, 94, 96 f.; zur Bedeutung beider Verfahren für die Vorbehaltsrechtsprechung s. a. *Hobe*, in: FS Stern 2012, S. 745 ff.

202 BVerfGE 123, 267, Ls. 4, 354 u. 401 – *Lissabon.*

203 *Hobe*, in: FS Stern 2012, S. 745, 756 ff., insb. 759 f.; s. a. *Konstadinides*, CYELS 13 (2011), 197, 216, der von einem „theoretical device“ spricht.

204 BVerfGE 140, 317 – *Identitätskontrolle.*

205 BVerfGE 134, 366 – *OMT-Vorlagebeschluss*; BVerfGE 142, 123 – *OMT-Urteil.*

sonstigen Stellen der Europäischen Union berührt werden.[206] Es geht mit anderen Worten bei der Identitätskontrolle nicht nur um die mittelbare Kontrolle des Primärrechts anhand des Zustimmungsgesetzes, sondern auch um Akte des Sekundärrechts, die an den genannten Grundsätzen gemessen werden können. In Übereinstimmung mit der hergebrachten verfassungsrechtlichen Begründung des Vorrangs über den Rechtsanwendungsbefehl wird die Verfassungsidentität sowie die Einhaltung des Integrationsprogramms im Rahmen der Ultra-vires-Kontrolle zu einer Grenze des Anwendungsvorrangs und kann zur Unanwendbarkeit der jeweiligen EU-Rechtsakte in Deutschland führen.[207] Für die Begründung einer Anwendbarkeit der Grenzen des Art. 79 Abs. 3 GG auch und gerade bei sekundärrechtlichen Maßnahmen rückt allerdings in jüngerer Zeit ein neues Argument ins Zentrum der Rechtsprechung, welches die verfassungsrechtliche Herleitung weiter präzisiert und um eine völkerrechtliche Komponente ergänzt. Während diese Begründung und die mit ihr verbundenen nicht unerheblichen Probleme noch im Rahmen der Untersuchung des bundesverfassungsgerichtlichen Maßstabs betrachtet werden,[208] lässt sich bereits an dieser Stelle festhalten, dass das BVerfG mit der von Art. 79 Abs. 3 GG geschützten Verfassungsidentität einen sehr weitreichenden Prüfungsmaßstab für das EU-Sekundärrecht heranzieht. Neben den demokratiespezifischen Rügen bezüglich der Kompetenzen des Bundestags einschließlich seiner Budgetverantwortung aus dem Lissabon-Urteil und den Folgeentscheidungen, betrifft die damit eröffnete Prüfmöglichkeit über Art. 1 GG die Wahrung des Menschenwürdekerns der Grundrechte sowie über Art. 20 GG die Grundsätze, die das Demokratie-, Rechts-, Sozial- und Bundesstaatsprinzip prägen.[209] In Anbetracht der Reichweite der damit angesprochenen Inhalte stellt sich die Frage, inwieweit noch Raum für die übrigen Integrationsvorbehalte des BVerfG bleibt oder ob diese jedenfalls teilweise in der Identitätskontrolle aufgehen, was die Verfassungsidentität zum zentralen Maßstab der europäischen Integration machen würde.

2. Die teilweise Vereinigung der Integrationsvorbehalte und ihr prozessualer Hintergrund

Im Rahmen der Entscheidungen zum OMT-Programm sowie zum Europäischen Haftbefehl erhielt die Identitätskontrolle nicht nur erstmals klare Aus-

---

[206] BVerfGE 142, 123, 194 f. Rn. 136 ff. – *OMT-Urteil* m. w. N. zur eigenen Rspr.

[207] BVerfGE 142, 123, 186 ff. Rn. 115 ff., 204 Rn. 155 u. 296 Rn. 162 – *OMT-Urteil*; BVerfGE 140, 317, 334 ff. Rn. 36 ff. – *Identitätskontrolle*; BVerfGE 134, 366, 384 Rn. 26 f. u. 419 Rn. 103 – *OMT-Vorlagebeschluss*; BVerfGE 123, 267, 353 f. u. 400 – *Lissabon*.

[208] Zu den Problemen nur *H. Sauer*, EuR 2017, 186 ff., insb. 192 ff. sowie sogleich Kap. 4, B. II.

[209] BVerfGE 142, 123, 195 Rn. 138 u. 202 Rn. 152 – *OMT-Urteil*; s. a. BVerfGE 154, 17, 93 f. Rn. 115 u. 149 Rn. 227 – *PSPP-Urteil* sowie BVerfGE 146, 216, 253 ff. Rn. 54 f. u. 291 Rn. 129 – *PSPP-Vorlagebeschluss*.

prägungen, sondern rückte gleichzeitig gewissermaßen ins Zentrum der Integrationsvorbehalte. Waren die Anwendungsfelder der Identitätskontrolle zuvor lange unklar geblieben, wurden nun durch eine Heranführung an die Grundrechts-Kontrolle einerseits und die Ultra-vires-Kontrolle andererseits zwei besondere Ausformungen etabliert.[210] Die Annäherung der Kontrollvorbehalte durch das BVerfG ging dabei so weit, dass in der Literatur sogar eine Zusammenfassung aller Vorbehalte unter dem Dach der Identitätskontrolle diskutiert wurde.[211]

Wie bereits dargestellt hatte sich schon in früheren Urteilen eine Verbindung der verschiedenen sekundärrechtlichen Vorbehalte angedeutet. Im Urteil zum Europäischen Haftbefehl nahm das BVerfG dann tatsächlich einen eingeschränkten Maßstabswechsel vor und zog anstelle des Solange-Vorbehalts aus Art. 23 Abs. 1 S. 1 GG eine grundrechtliche Identitätskontrolle über Art. 79 Abs. 3 GG und Art. 1 GG heran.[212] Ein ähnlicher Maßstabswechsel wurde auch im OMT-Verfahren deutlich. So hatte das BVerfG bereits im OMT-Vorlagebeschluss festgestellt, dass strukturell bedeutsame Kompetenzverstöße im Sinne der Ultra-vires-Kontrolle nicht nur, aber insbesondere dann vorlägen,

> „wenn sie sich auf Sachbereiche erstrecken, die zur durch Art. 79 Abs. 3 GG geschützten verfassungsrechtlichen Identität der Bundesrepublik Deutschland rechnen oder besonders vom demokratisch diskursiven Prozess in den Mitgliedstaaten abhängen."[213]

Im abschließenden OMT-Urteil präzisierte das BVerfG dann diese Verbindung von Ultra-vires- und Identitätskontrolle, indem es beide Kontrollen ausdrücklich aus Art. 79 Abs. 3 GG ableitete, dabei aber sowohl die Eigenständigkeit als auch die unterschiedlichen Maßstäbe beider Kontrollen betonte.[214] Wie bereits beim Urteil zum Europäischen Haftbefehl, welches keinen vollständigen Wechsel des Prüfungsmaßstabs im Sinne einer Solange-III-Entscheidung markierte,[215] zeigt sich also auch im OMT-Verfahren eine gewisse Ambivalenz. Einerseits betont das Gericht, dass Ultra-vires- und Identitätskontrolle „als eigenständige Prüfverfahren nebeneinander" stünden, nur um direkt im nächsten Satz festzustellen, dass die Ultra-vires-Kontrolle ein „besonderer […] Anwendungsfall des allgemeinen Schutzes der Verfassungsidentität" sei.[216] Neben der Tatsache, dass man umgekehrt auch die Identitätskontrolle als Unterfall der

---

[210] *H. Sauer*, EuR 2017, 186, 189; zur vorherigen Unklarheit s. a. *Konstadinides*, CYELS 13 (2011), 197, 216.

[211] Umfassend Dederer, JZ 2014, 314 ff.; s. a. H. Sauer, EuR 2017, 186 ff., der auf S. 189 von einem „Gesamtkonzept" spricht; ebenso *Burchardt*, ZaöRV 76 (2016), 527, 542 ff.; ähnlich *van der Schyff*, ZaöRV 76 (2016), 167, 176 („central role").

[212] BVerfGE 140, 317, 333 Rn. 34 ff. – *Identitätskontrolle*; dazu bereits oben S. 189 ff.

[213] BVerfGE 134, 366, 392 Rn. 37 – *OMT-Vorlagebeschluss*.

[214] BVerfGE 142, 123, 188 Rn. 121 ff. – *OMT-Urteil*.

[215] Dazu bereits oben S. 192 ff.

[216] BVerfGE 142, 123, 203 Rn. 153 – *OMT-Urteil*.

Ultra-vires-Kontrolle verstehen kann,[217] wird in der Literatur vor allem darauf hingewiesen, dass das BVerfG durch die Verbindung beider Kontrollarten und die geschilderte neue Nuance in der verfassungsrechtlichen Begründung den Unterschied zwischen primär- und sekundärrechtsbezogenen Schranken bzw. zwischen den Grenzen des „Übertragenen" und den Grenzen des „Übertragbaren" verwische.[218] Bevor aber diese inhaltlichen Aspekte genauer betrachtet werden, lohnt sich ein Blick auf die verfahrensrechtliche Seite der teilweisen Vereinheitlichung der Vorbehalte.

Die Ausführungen des BVerfG im OMT-Verfahren müssen nämlich – wie bereits im Maastricht- und Lissabon-Urteil – vor der besonderen prozessualen Situation gesehen werden. Anders als beim Urteil zum Europäischen Haftbefehl, welches mit einer Verfassungsbeschwerde gegen einen Beschluss des OLG Düsseldorf bezüglich des Beschwerdegegenstands unproblematisch war,[219] lag in den OMT-Verfahren mit dem gleichnamigen Programm der EZB an sich kein tauglicher Beschwerdegegenstand vor. Wie das BVerfG ausdrücklich klarstellte, kann die Identitätskontrolle nicht an die jeweilige Handlung des EU-Organs als unmittelbaren Prüfungsgegenstand anknüpfen, da solche Maßnahmen keine Akte deutscher Staatsgewalt darstellen und daher nur als Vorfrage Gegenstand einer verfassungsgerichtlichen Prüfung sein können.[220] Dennoch erklärte das BVerfG die eingelegten Verfassungsbeschwerden unter Bezugnahme auf Art. 38 Abs. 1 S. 1 GG i. V. m. Art. 20 Abs. 1 und Abs. 2 und Art. 79 Abs. 3 GG für zulässig. Dabei stützte sich das Gericht auf die Überlegung, dass die deutschen Staatsorgane an hinreichend qualifizierten Kompetenzüberschreitungen sowie an identitätsverletzenden Akten nicht mitwirken dürften bzw. verpflichtet seien, gegen solche Akte vorzugehen.[221] Bereits im Vorlagebeschluss hatte das Gericht aus der Integrationsverantwortung entsprechende Handlungs- bzw. Unterlassungspflichten der Verfassungsorgane abgeleitet, denen ein Recht jedes wahlberechtigten Bürgers gegenüberstehe, dass sich die Verfassungsorgane mit der Frage der Wiederherstellung der Kompetenzordnung auseinandersetzten.[222] Über Art. 38 Abs. 1 S. 1 GG kann demnach gerügt werden, dass der

„zur Verfassungsidentität des Grundgesetzes zählenden Grundsatz der Volkssouveränität aus Art. 20 Abs. 2 Satz 1 GG, demzufolge jede in Deutschland ausgeübte öffentliche Ge-

---

[217] Dazu *Schwerdtfeger*, EuR 2015, 290, 295 m. w. N.; wie umstritten das Verhältnis ist, zeigen auch die Nachweise bei *Burchardt*, ZaöRV 76 (2016), 527, 545.

[218] Siehe nur *H. Sauer*, EuR 2017, 186, 192 ff., insb. 204 f. und *Schwerdtfeger*, EuR 2015, 290, 291 f. u. 293 ff.; ausführlich zur Unterscheidung beider Grenzen siehe *Dörr*, Der europäisierte Rechtsschutzauftrag deutscher Gerichte, S. 109 ff. u. 127 ff.

[219] BVerfGE 140, 317, 318 – *Identitätskontrolle*; ausf. zur grundrechtlichen Identitätskontrolle bereits oben S. 189 ff.

[220] BVerfGE 142, 123, 179 f. Rn. 96 ff. – *OMT-Urteil*; s. a. BVerfGE 151, 202, 273 Rn. 86 u. 283 f. Rn. 112 – *Bankenunion*.

[221] BVerfGE 142, 123, 172 Rn. 76 ff. u. 207 Rn. 162 ff. – *OMT-Urteil*.

[222] BVerfGE 134, 366, 394 Rn. 44 ff. u. 396 Rn. 53 – *OMT-Vorlagebeschluss*; BVerfGE 142, 123, Ls. 3 u. 207 Rn. 163 ff. – *OMT-Urteil*.

walt einer auf die Wählerinnen und Wähler zurückführbaren Legitimation bedarf, verletz[t] [ist]."[223]

Die enge Verbindung von demokratischer Legitimation und Verfassungsidentität erklärt sich in erster Linie als Folge des Einstiegs über Art. 38 Abs. 1 S. 1 GG.[224] Gerade die mit dieser Konstruktion verbundene, umfassende Ausweitung der Klagemöglichkeit wurde in den Sondervoten von *Michael Gerhardt* und *Gertrude Lübbe-Wolff* zum OMT-Beschluss kritisiert. Während *Gerhardt* von einer „Popularklage" sprach und auch die Zulässigkeitskonstruktion zu den Handlungspflichten der deutschen Verfassungsorgane kritisierte,[225] sah *Lübbe-Wolff* „die Grenze richterlicher Kompetenz" überschritten und forderte deutlich ein größeres Maß richterlicher Zurückhaltung seitens des BVerfG.[226] Wie bereits im Rahmen der primärrechtlichen Grenzen soll an dieser Stelle aber nicht die andauernde Auseinandersetzung über den prozessualen Einstieg über Art. 38 Abs. 1 S. 1 GG im Vordergrund stehen.[227] Mit Blick auf die Möglichkeiten einer maßstabsorientierten Kooperation ist es auch im Bereich des Sekundärrechts zielführender, die Hintergründe dieses Einstiegs sowie die Auswirkungen auf den Maßstab in den Blick zu nehmen.

Im abschließenden OMT-Urteil, bei dem *Gerhardt* und *Lübbe-Wolff* infolge ihres Ausscheidens aus dem BVerfG nicht mehr mitwirkten, hat das Gericht ausdrücklich daran festgehalten, dass für jede Bürgerin und jeden Bürger die umfassende prozessuale Möglichkeit besteht, das Vorliegen eines identitätsverletzenden bzw. Ultra-vires-Aktes vor dem BVerfG geltend zu machen.[228] Als Folge dieser „Einladung"[229] erscheinen Ultra-vires- und Identitätskontrolle zunehmend als Instrumente der sogenannten „Euro-" oder „Europakritiker", die umstrittene Maßnahmen der Europäischen Union öffentlichkeitswirksam als vermeintliche Ultra-vires- oder identitätsverletzende Akte vor dem BVerfG anfechten. Die inhaltliche Vereinheitlichung der Kontrollvorbehalte ist daher untrennbar mit der Ausweitung der Klagemöglichkeit über Art. 38 Abs. 1 S. 1 GG verbunden und erfolgt vornehmlich aus prozessualen Gründen.[230] Wie bereits bei der „Mobilisierung der Bürger" in den Urteilen zu den Verträgen von Maastricht und Lissabon sowie beim wiederholten Maßstabswechsel im Europäi-

---

223 BVerfGE 142, 123, 174 Rn. 82 – *OMT-Urteil*; vgl. auch die Zusammenfassung der eigenen Rechtsprechung in BVerfGE 146, 216, 249 Rn. 44 ff. – *PSPP-Vorlagebeschluss*.

224 Ausf. dazu *H. Sauer*, Der Staat 58 (2019), 7, 10 ff., insb. 17 ff.

225 Abw. Meinung des Richters *Gerhardt*, BVerfGE 134, 366, 430 Rn. 134 ff. – *OMT-Vorlagebeschluss*.

226 Abw. Meinung der Richterin *Lübbe-Wolff*, BVerfGE 134, 366, 419 Rn. 106 ff. – *OMT-Vorlagebeschluss*. Zur Kritik auch *Wendel*, ZaöRV 2014, 615, 633 ff.

227 Dazu bereits oben S. 127 ff., insb. S. 130.

228 BVerfGE 142, 123, Ls. 1, 193 Rn. 133 ff. – *OMT-Urteil*.

229 *Mayer*, EuR 2014, 473, 503; s. a. *Giegerich*, ZEuS 2016, 3, 26 f.

230 *Polzin*, Verfassungsidentität, S. 51 f. u. 55 ff., insb. S. 57 u. 67; s. a. *H. Sauer*, EuR 2017, 186 u. 191 sowie *H. Sauer*, Der Staat 58 (2019), 7, 15 ff. u. 19 ff.

schen Grundrechtsschutz,[231] spielt auch bei der Ausweitung der Prüfung der Verfassungsidentität die Sorge um die eigene Stellung bzw. vor einer unzureichenden Beteiligung des BVerfG in Angelegenheiten der europäischen Integration eine große Rolle.[232] Die Etablierung und der Erhalt weitreichender Klagemöglichkeiten sowie die damit verbundene eigene Kontrollzuständigkeit, die schon die mittelbare Kontrolle des Primärrechts und deren Maßstab geprägt hatte, sind somit auch bei der Kontrolle des EU-Sekundärrechts ein entscheidender Faktor. Besonders deutlich wurde dies im Urteil zum Europäischen Haftbefehl, wo eigentlich keine Konfliktsituation vorlag, die eine Aktivierung der Identitätskontrolle erfordert hätte.[233] Doch auch bezüglich des OMT-Programms ist der Identitätsbezug nicht ohne Weiteres ersichtlich und wirkte eher als Rückfalloption im Falle einer negativen Entscheidung des EuGH.[234] Darüber hinaus will auch die Zulässigkeitskonstruktion über Handlungs- und Unterlassungspflichten gegen Ultra-vires-Akte auf die Situation im OMT-Verfahren nicht recht passen, da das OMT-Programm einerseits nie umgesetzt wurde und andererseits der deutsche Vertreter im EZB-Rat ohnehin gegen das Programm gestimmt hatte.[235] Gleichwohl konnte das BVerfG infolge des prozessualen Einstiegs und der damit einhergehenden Verbindung der Kontrollvorbehalte eine umfassende Prüfung vornehmen und diese sowohl auf die Ultra-vires-Kontrolle als auch auf die Identitätskontrolle erstrecken. Die Verbindung der Kontrollvorbehalte erklärt sich also in erster Linie als untrennbare Folge des prozessualen Einstiegs und weniger als vollständige Neuausrichtung des Prüfungsmaßstabs. Dies wird noch einmal klarer, wenn man die neuere Rechtsprechung des BVerfG betrachtet, in der die Identitätskontrolle nicht mehr im alleinigen Zentrum der Integrationsvorbehalte steht, gleichzeitig der Zugriff des BVerfG aber unverändert umfassend bleibt.

3. Zur abnehmenden Bedeutung der Identitätskontrolle in der jüngeren Rechtsprechung

Auch in der jüngeren Zeit bleibt der prozessuale Einstieg über Art. 38 Abs. 1 S. 1 GG für die Europarechtsprechung des BVerfG höchst relevant, wobei das Gericht inzwischen sogar von einem – auf den Bereich der europäischen Integration begrenzten – „Anspruch (des Bürgers) auf Demokratie“[236] spricht.

---

231 Zur „Mobilisierung“ bereits oben S. 130ff.; zur Grundrechtskontrolle S. 189ff., insb. S. 206 u. 212ff.

232 *Schönberger*, JöR 63 (2015), 41, 42 u. 56ff.; s. a. *Giegerich*, ZEuS 2016, 3, 26f. Zur damit verbundenen Einordnung des BVerfG als politisches Forum siehe nur *Wendel*, ZaöRV 2014, 615, 640f. sowie bereits oben S. 131ff.

233 *F. Meyer*, NJECL 7 (2016), 277, 282f.; siehe auch bereits oben S. 191f.

234 *Mayer*, EuR 2014, 473, 493ff., insb. 497.

235 *H. Sauer*, Staatsrecht III, S. 220 Rn. 58.

236 BVerfGE 129, 124, 169 – *EFSF*; BVerfGE 142, 123, 193 Rn. 133 – *OMT-Urteil*; BVerfGE 151, 202, 275 Rn. 92 u. 282 Rn. 107f. – *Bankenunion*, NJW 2019, 3204, 3205ff.;

Gleichzeitig gehen aber die Anzeichen zurück, die für eine vollständige Vereinheitlichung der Integrationsvorbehalte unter dem Dach der Identitätskontrolle sprechen. So findet sich im Urteil zur Bankenunion eine Passage, die klar zwischen den Vorbehalten der Ultra-vires- und der Identitätskontrolle differenziert. Das Gericht äußert sich dort, wiederum gestützt auf einen aus Art. 38 Abs. 1 S. 1 und Art. 23 Abs. 1 S. 3 i. V. m. Art. 79 Abs. 3 i. V. m. Art. 20 Abs. 1 und Abs. 2 GG abgeleiteten „Anspruch auf Demokratie", sowohl zu demokratiespezifischen Anforderungen an die europäische Integration als auch zu den maßgeblichen sekundärrechtsrelevanten Grenzen.[237] Bezogen auf Letztere hielt es zunächst an der im OMT-Verfahren etablierten engen Verbindung von Ultra-vires- und Identitätskontrolle fest: Zwar seien es grundsätzlich zwei getrennte Verfahren mit unterschiedlichen Tatbestandsmerkmalen, im Zusammenhang mit dem „Anspruch auf Demokratie" handele es sich aber um „zwei Seiten einer Medaille".[238] Gleichzeitig lässt das Gericht aber sowohl „die Identitätskontrolle im *Einzelfall*" als auch „die Ultra-vires-Kontrolle im Falle individueller Betroffenheit grundrechtlicher Freiheiten" ausdrücklich unberührt.[239] Das BVerfG stellt den „Anspruch auf Demokratie", der Ultra-vires- und Identitätskontrolle jedenfalls in prozessualer Hinsicht verbindet, also gewissermaßen neben die Möglichkeit, EU-Recht an den deutschen Grundrechten zu messen (Solange-Vorbehalt), die Einhaltung der Kompetenzgrenzen durch die EU bzw. ihre Organe zu kontrollieren (Ultra-vires-Kontrolle) sowie die „Verfassungsidentität" der Bundesrepublik Deutschland im „Einzelfall" zu wahren (Identitätskontrolle). Vor diesem Hintergrund bedeutet der „Anspruch auf Demokratie", nicht zuletzt durch die damit für jede Bürgerin und jeden Bürger eröffnete Kontrollmöglichkeit, weniger eine Aufgabe der ursprünglichen Vorbehalte als eine Ausweitung der verfassungsgerichtlichen Zugriffs- und Kontrollmöglichkeit. So erklären sich die angesprochenen ambivalenten Ausführungen zu Ultra-vires- und Identitätskontrolle im Urteil zur Bankenunion wiederum vor allem aus einer prozessualen Perspektive. Obwohl die Beschwerdeführer nur das Vorliegen von Ultra-vires-Akten gerügt hatten,[240] konnte das BVerfG gleichwohl auch eine Identitätskontrolle vornehmen, da es Ultra-vires- und Identitätskontrolle über die Rüge der fehlenden demokratischen Legitimation bzw. den „Anspruch auf Demokratie" als „zwei Seiten einer Medaille" verknüpfte.[241]

s. a. BVerfGE 146, 216, 249 Rn. 46 u. 251 Rn. 50 – *PSPP-Vorlagebeschluss*. *H. Sauer*, Der Staat 58 (2019), 7 f. spricht sogar von einem „Grundrecht auf Demokratie". Zur Bedeutung des Einstiegs über Art. 38 Abs. 1 S. 1 GG s. a. bereits oben S. 127 ff., insb. S. 130.

[237] BVerfGE 151, 202, 274 Rn. 90 ff. u. 284 Rn. 113 ff. – *Bankenunion*.

[238] BVerfGE 151, 202, 325 Rn. 204 f. – *Bankenunion*.

[239] BVerfGE 151, 202, 302 Rn. 156 – *Bankenunion*, Hervorh. i. O.

[240] BVerfGE 151, 202, 259 Rn. 41 ff. – *Bankenunion*; siehe dazu auch das Vorbringen der Bundesregierung BVerfGE 151, 202, 264 Rn. 56 ff., insb. 265 Rn. 60 – *Bankenunion*.

[241] BVerfGE 151, 202, 324 Rn. 203 ff., insb. 325 f. Rn. 205 f. – *Bankenunion*; eine Ausweitung der Klagemöglichkeit sieht auch *Wehmhörner*, NVwZ 2020, 342, 343.

In inhaltlicher Hinsicht betont das BVerfG aber die Eigenständigkeit der Prüfverfahren, denen trotz Rückführung auf Art. 79 Abs. 3 GG ein jeweils unterschiedlicher Prüfungsansatz zugrunde liege.[242] Ultra-vires- und Identitätskontrolle wurden also wiederum aus prozessualen Gründen miteinander verbunden, ohne aber inhaltlich den Maßstab allein auf die Identitätskontrolle zu richten. Gleichzeitig bleiben die Ausführungen aber wegen der Rückführung auf Art. 79 Abs. 3 GG ambivalent.

Deutlicher wurde die inhaltliche Trennung der beiden Integrationsvorbehalte schließlich im PSPP-Verfahren. Dort stellt das BVerfG wieder auf den „Anspruch auf Demokratie" bzw. auf die demokratische Selbstbestimmung als gemeinsame Anknüpfung für die Zulässigkeit von Ultra-vires- und Identitätskontrollen ab, der allen Bürgerinnen und Bürgern eine entsprechende Kontrolle eröffnet.[243] Inhaltlich ist das Gericht aber nicht mehr explizit auf die enge Verknüpfung beider Kontrollen eingegangen und behandelt sie, nicht nur nach dem Inhaltsverzeichnis, sondern auch in der Sache deutlich voneinander getrennt.[244] Im abschließenden Urteil hat dann auch nur der Ultra-vires-Einwand Erfolg, während eine Verletzung der Verfassungsidentität vom BVerfG nicht festgestellt wurde.[245] Interessanterweise hat das Gericht dennoch den Beschwerdeführern I. bis III. die Kosten, trotz ihres teilweisen Unterliegens, vollständig erstattet.[246] Nach *Ingolf Pernice* dürften sich künftige Beschwerdeführer nicht zuletzt dadurch „ermutigt fühlen", neue Verfassungsbeschwerden beispielsweise gegen die Corona-Hilfen vor dem BVerfG zu erheben.[247] In diesem Fall wäre das BVerfG auch insoweit wieder „im Spiel" und könnte die Maßnahmen kontrollieren. Bezogen auf den Maßstab wird im PSPP-Verfahren allerdings deutlich, dass die Ultra-vires-Kontrolle dort nicht „identitätsbezogen" ist, weshalb durchaus deutliche Anzeichen für eine Abkehr von der engen inhaltlichen Verbindung der Kontrollvorbehalte über die Identitätskontrolle zu erkennen sind.[248]

Eine ähnliche Entwicklung deutet sich schließlich auch im Bereich der Grundrechte an. So hat der Erste Senat im Recht-auf-Vergessen-II-Beschluss die klassischen drei Integrationsvorbehalte nicht nur unberührt gelassen, sondern ausdrücklich nach- bzw. nebeneinander aufgezählt.[249] Durch die getrennte Nennung des Solange-Vorbehalts, der Ultra-vires-Kontrolle und des Vorbehalts

[242] BVerfGE 151, 202, 325 Rn. 204 – *Bankenunion.*

[243] BVerfGE 146, 216, 249 ff. Rn. 44 ff. – *PSPP-Vorlagebeschluss*; BVerfGE 154, 17, 84 ff. Rn. 98 ff., s. a. 118 Rn. 158 u. 150 Rn. 230 – *PSPP-Urteil.*

[244] BVerfGE 146, 216, 252 f. Rn. 51 ff. u. 54 ff. – *PSPP-Vorlagebeschluss*; BVerfGE 154, 17, 84 ff. Rn. 98 ff. u. 146 ff. Rn. 222 ff. – *PSPP-Urteil.*

[245] BVerfGE 154, 17, 23 ff., 94 ff. Rn. 116 ff. u. 146 ff. Rn. 222 ff., insb. Rn. 228 – *PSPP-Urteil.*

[246] BVerfGE 154, 17, 152 Rn. 236 – *PSPP-Urteil.*

[247] *Pernice*, EuZW 2020, 508, 518 f.

[248] *Siekmann*, EuZW 2020, 491, 497 f.; s. a. *Calliess*, NVwZ 2020, 897, 901 u. 902; *R. Hofmann/Heger*, EuGRZ 2020, 176, 186 u. 188 sowie *Ludwigs*, EWS 2020, 186, 189.

[249] BVerfGE 152, 216, 235 f. Rn. 47 ff. – *Recht auf Vergessen II.*

der Wahrung der Verfassungsidentität wird sehr deutlich, dass die Identitätskontrolle nicht vollständig an die Stelle der übrigen Vorbehalte tritt. Zwar bleibt die Identitätskontrolle damit auch im Bereich der Grundrechte möglich, doch dürfte ihre diesbezügliche Rolle in Zukunft eher abnehmen, während die Kontrolle am Maßstab der EU-GRCh in den Vordergrund rückt. Dies gilt in Anbetracht der grundlegenden Entscheidung zum „Recht auf Vergessen“ nicht nur für den Ersten Senat, sondern deutet sich nunmehr auch in Entscheidungen des Zweiten Senats an.[250] Letzterer sendet nunmehr Signale, dass er eine aktive Mitwirkung am europäischen Grundrechtsschutz einer eher defensiven grundrechtlichen Identitätskontrolle vorzieht. Letztere bleibt ausdrücklich möglich, tritt aber gewissermaßen ins zweite Glied und bleibt somit vor allem eine Rückfalloption. Bemerkenswerterweise prüft das BVerfG auch im PSPP-Urteil den Ultra-vires-Verstoß zuerst, bevor es auf die Identitätskontrolle zu sprechen kommt. Auch wenn diesem Urteil eine ausdrückliche Subsidiarität der Identitätskontrolle nicht zu entnehmen ist, steht doch die von der Identitätskontrolle gelöste Ultra-vires-Kontrolle im Vordergrund.

Insgesamt hat die teilweise Verbindung der einzelnen Integrationsvorbehalte also nicht dazu geführt, dass die über Art. 79 Abs. 3 GG geschützte Verfassungsidentität zum einzigen bundesverfassungsgerichtlichen Maßstab für das EU-Sekundärrecht geworden ist. Vielmehr deutet sich sogar an, dass sie gegenüber der Ultra-vires-Kontrolle sowie der neuerdings postulierten Anwendung der EU-GRCh nur ergänzend herangezogen wird. Gleichzeitig spielt die über Art. 79 Abs. 3 GG geschützte Verfassungsidentität in prozessualer Hinsicht weiterhin eine entscheidende Rolle für die Eröffnung einer umfassenden Kontrollmöglichkeit über den „Anspruch auf Demokratie“. So bleibt, selbst wenn die bundesverfassungsgerichtliche Identitätskontrolle künftig eher den Ausnahme- als den Regelmaßstab darstellt, die umfassende Beschwerdemöglichkeit für alle Bürgerinnen und Bürger bestehen. Für den Fall einer nicht unwahrscheinlichen Aktivierung ist daher weiterhin höchstrelevant, wie sich der Maßstab der Identitätskontrolle des BVerfG zu jenem der unionsrechtlichen Identitätskontrolle verhält.

II. Die unterschiedlichen Maßstäbe von Identitätskontrolle und Art. 4 Abs. 2 S. 1 EUV

Bedenkt man die zentrale Bedeutung einheitlicher bzw. vergleichbarer rechtlicher Maßstäbe für den gerichtlichen Austausch, ist die normative Verankerung der Identitätskontrolle die erste Weichenstellung, die über das vorhandene Konflikt- und Kooperationspotenzial entscheidet. In diesem Zusammenhang sind die Ausführungen des BVerfG zum Verhältnis der eigenen Identitätskontrol-

[250] Dazu und zum Folgenden bereits oben S. 209 u. 210ff.

le zu ihrem unionsrechtlichen Pendant von besonderem Interesse. Trotz einer insoweit vorhandenen Ambivalenz präsentiert das BVerfG die Identitätskontrolle als ein von Art. 4 Abs. 2 S. 1 EUV unabhängiges Konzept, welches im grundgesetzlichen Maßstab des Art. 79 Abs. 3 GG verankert ist (1.). Die damit verbundene Ausweitung verfassungsrechtlicher Maßstäbe gegenüber dem EU-Sekundärrecht unterscheidet sich grundlegend vom Vorgehen im Bereich der Grundrechte, was den gerichtlichen Austausch in doppelter Hinsicht erschwert. So bedeutet eine unabhängige Verankerung beider Kontrollen zunächst einen Verlust an gesamteuropäischer Perspektive und schränkt eine vollständige maßstabsorientierte Kooperation von vornherein ein (2.). Darüber hinaus zieht das BVerfG einen „absoluten" Maßstab heran, der nicht immer leicht bestimm- und handhabbar ist und so einen flexiblen Umgang im Einzelfall erschweren kann (3.).

1. Identitätskontrolle als ein rein verfassungsrechtliches Konzept

Im OMT-Vorlagebeschluss ist das Gericht von seiner ursprünglich im Lissabon-Urteil geäußerten Ansicht, beide Identitätskontrollen gingen „Hand in Hand",[251] abgewichen: Die eigene Kontrolle im Rahmen des Art. 79 Abs. 3 GG zum Schutz des unantastbaren und abwägungsfähigen Kernbestand unterscheide sich wesentlich von der Abwägungsprüfung des EuGH im Rahmen des Art. 4 Abs. 2 S. 1 EUV und stelle keine Prüfung am Maßstab des Unionsrechts, sondern ausschließlich am Maßstab des deutschen Verfassungsrechts dar.[252] Die Identitätskontrolle wird damit ausdrücklich als rein verfassungsrechtliches Konzept verankert. Gleichzeitig bezieht sich das BVerfG aber auch wiederholt auf Art. 4 Abs. 2 S. 1 EUV, weshalb das Verhältnis der verfassungsrechtlichen Identitätskontrolle zu ihrem unionsrechtlichen Pendant weiter ambivalent bleibt.[253] Zur Einordnung des bundesverfassungsgerichtlichen Identitätsmaßstabs ist es daher erforderlich, zunächst die Bezüge auf Art. 4 Abs. 2 S. 1 EUV zu untersuchen, um anschließend die genaue normative Verankerung der Identitätskontrolle in den Blick nehmen zu können.

Obwohl die ursprüngliche Metapher vom „Hand in Hand"-Gehen der verfassungs- und unionsrechtlichen Identitätskontrolle in der neueren Rechtsprechung keine Erwähnung mehr findet, sieht das BVerfG die eigene verfassungsrechtliche Identitätskontrolle weiterhin der Sache nach in Art. 4 Abs. 2 S. 1 EUV angelegt. Es stelle deshalb auch keinen Verstoß gegen den Grundsatz der loyalen Zusammenarbeit dar, wenn die Mitgliedstaaten als „Herren der Verträge" über

[251] BVerfGE 123, 267, Ls. 4 u. 354 – *Lissabon.*

[252] BVerfGE 134, 366, 386 f. Rn. 29 u. 419 Rn. 103 – *OMT-Vorlagebeschluss*; dazu auch *Polzin*, Verfassungsidentität, S. 52 f.

[253] Ebenso *Hwang*, Der Staat 56 (2017), 107, 120 sowie *Schill/Krenn*, in: Grabitz/Hilf/Nettesheim, EUV/AEUV, Art. 4 EUV Rn. 27 dort Fn. 2.

die Reichweite des Unionsrechts entschieden.[254] Im Anschluss betont das Gericht, dass die Unanwendbarkeitserklärung von Unionsrecht in Deutschland als mögliche Rechtsfolge der Identitätskontrolle nicht im Widerspruch zum Unionsrecht und dem Grundsatz der Europarechtsfreundlichkeit des Grundgesetzes stehe, zumal die weitaus überwiegende Zahl der Verfassungs- und Höchstgerichte anderer Mitgliedstaaten vergleichbare verfassungsrechtliche Grenzen für den Anwendungsvorrang gezogen hätten.[255] Dieser rechtvergleichende Bezug auf Gerichte anderer Mitgliedstaaten verdeutlicht zwar die bereits angesprochenen inhaltlichen Überschneidungen, ist aber als Begründung für die verfassungsgerichtliche Kontrolle mit Vorsicht zu genießen. Soweit in dem Bezug auch die angesprochene Stellung als „Herren der Verträge" zum Ausdruck kommt, muss daran erinnert werden, dass diese Stellung erstens den Mitgliedstaaten insgesamt und nicht nur deren Gerichten zukommt und zweitens ohnehin nur gemeinsam bei grundlegenden Änderungen des Primärrechts ausgeübt werden kann, während im Übrigen die Bindung an die EU-Verträge fortbesteht.[256] Doch auch darüber hinaus sind die rechtsvergleichenden Verweise kritisch zu sehen. Dies gilt nicht nur, weil die vom BVerfG aufgezählten zehn von damals noch 28 Mitgliedstaaten keine „überwiegende Mehrheit" darstellen, sondern vor allem wegen der bestehenden Unterschiede der gerichtlichen Verfahren und Argumentationen im Detail.[257] So weicht der Weg des BVerfG, über die verfassungsrechtliche Ewigkeitsklausel umfassende Vorgaben zur europäischen Integration sowohl für die Kompetenzübertragung als auch mittelbar für die Kompetenzausübung zu machen, wesentlich vom Vorgehen anderer Verfassungsgerichte ab und ist daher nicht Ausdruck eines generellen europäischen Vorgehens.[258] Vor dem Hintergrund der unionsrechtlichen Perspektive, wonach Art. 4 Abs. 2 S. 1 EUV keine Rezeption der verfassungsrechtlichen Integrationsvorbehalte bzw. -grenzen darstellt, kann auch der Verweis auf die unionsrechtliche Identitätsklausel zur Stützung der verfassungs-

---

[254] BVerfGE 142, 123, 196 Rn. 140 – *OMT-Urteil*; BVerfGE 140, 317, 337 f. Rn. 44 – *Identitätskontrolle*; s. a. BVerfGE 146, 216, 254 Rn. 55 – *PSPP-Vorlagebeschluss*.

[255] BVerfGE 142, 123, 197 f. Rn. 141 f. – *OMT-Urteil*; BVerfGE 140, 317, 338 Rn. 45 u. 339 f. Rn. 47 – *Identitätskontrolle*; BVerfGE 134, 366, 387 Rn. 30 – *OMT-Vorlagebeschluss*; s. a. BVerfGE 146, 216, 255 f. Rn. 58 – *PSPP-Vorlagebeschluss*.

[256] *Giegerich*, ZEuS 2016, 3, 30; ausf. bereits oben S. 102 ff. u. 151 ff., insb. S. 154 ff.

[257] *Mayer*, EuR 2014, 473, 499 f.; kritisch auch *Classen*, EuR 2016, 304, 312; *Classen*, EuR 2016, 529, 533 f. sowie *Hwang*, Der Staat 56 (2017), 107, 121. Gegen eine Einordnung als Sonderweg aber *Kempen*, in: Schöbener, Lexikon Europarecht, Stichwort „Integrationskontrolle (BVerfG)" Rn. 1963. Zu Gemeinsamkeiten und Unterschieden der Gerichte *Spieker*, CML Rev. 57 (2020), 361, 365 ff. Allgemein zu dieser rechtsvergleichenden Form des gerichtlichen Dialogs *Wendel*, Der Staat 52 (2013), 339 ff.

[258] Dazu bereits *von Bogdandy/Schill*, ZaöRV 70 (2010), 701, 722 ff. sowie *Wendel*, Permeabilität im europäischen Verfassungsrecht, S. 331 ff. Aus jüngerer Zeit auch *Mayer*, VVDStRL 75 (2016), 7, 45 dort Fn. 212 sowie *Wendel*, in: Franzius/Mayer/Neyer, Die Neuerfindung Europas, S. 51, 60.

rechtlichen Identitätskontrolle nicht überzeugen.[259] Ungeachtet möglicher inhaltlicher Schnittmengen der Identitätskontrollen, die sich aus der ähnlichen Schutzrichtung sowie der Existenz gemeinsamer Werte ergeben könnten,[260] kann der Hinweis auf die unionsrechtliche Identitätsklausel des Art. 4 Abs. 2 S. 1 EUV nicht verdecken, dass sich das BVerfG mit der verfassungsrechtlichen Verankerung nicht innerhalb, sondern ganz bewusst außerhalb des unionsrechtlichen Rahmens bewegt.[261]

So betont schließlich auch das BVerfG, dass sich der unionsrechtliche Schutz über Art. 4 Abs. 2 S. 1 EUV von der verfassungsrechtlichen Identitätskontrolle „wesentlich unterscheidet". Die nationale Identität sei ein abwägungsfähiger Belang, wohingegen Art. 79 Abs. 3 GG eine „absolute Grenze" markiere. Der Kernbestand des GG im Sinne des Art. 79 Abs. 3 GG bzw. die dort zugrundeliegenden Prinzipien seien einer Abwägung nicht zugänglich.[262] Obwohl das BVerfG jüngst wieder einen nicht weiter ausgeführten Bezug beider Kontrollen herstellte, indem es im PSPP-Vorlagebeschluss von einem möglichen Verstoß „gegen Art. 4 Abs. 2 EUV (i. V. m. Art. 79 Abs. 3 GG)" sprach,[263] wird in der Rechtsprechung deutlich die Abgrenzung beider Identitätskontrollen bzw. -begriffe erkennbar. Diese stehen sich in der Perspektive des BVerfG eher gegenüber, als dass sie miteinander korrespondieren.[264] Mit der Betonung der Unterschiede beider Identitätskontrollen und der verfassungsrechtlichen Verankerung des eigenen Ansatzes macht das BVerfG unmissverständlich klar, dass die bundesverfassungsgerichtliche Identitätskontrolle auf der einen und die unionsrechtliche Identitätskontrolle auf der anderen Seite zwei von Anfang an zu trennende Instrumente mit jeweils eigenem Maßstab darstellen.[265] Mit anderen Worten ist die vom BVerfG postulierte Identitätskontrolle also unabhängig von Art. 4 Abs. 2 S. 1 EUV und fußt allein auf einem verfassungsrechtlichen Maßstab.

---

[259] *Schönberger*, JöR 63 (2015), 41, 45 f.; *M. Walter*, ZaöRV 72 (2012), 177, 195; s. a. *Streinz*, in: FS Müller-Graff, S. 1193, 1196 f. unter Hinweis auf *Müller-Graff*, integration 2009, 331, 348 ff. Ausf. zum Unionsrecht bereits oben S. 218 ff., insb. S. 232 ff. u. 236 f.

[260] *Bilz*, Margin of Appreciation der EU-Mitgliedstaaten, S. 182 ff.; zuvor mit Einschränkungen bereits *H. Sauer*, NJW 2016, 1134, 1136; dazu auch bereits oben S. 242 ff.

[261] *Goldhammer*, JöR 63 (2015), 105, 116; *F. Meyer*, NJECL 7 (2016), 277, 289; s. a. *Mayer/Wendel*, in: Hatje/Müller-Graff, EnzEuR, Bd. 1, § 4 Rn. 254. *Schönberger*, JöR 63 (2015), 41, 46 spricht von „verfassungsgerichtliche[m] Selfmarketing." Für eine Vereinbarkeit mit Unionsrecht aber *K. Kaiser/Schübel-Pfister*, in: Emmenegger/Wiedmann, Linien der Rechtsprechung des BVerfG, Bd. 2, S. 545; s. a. *Viellechner*, in: Franzius/Mayer/Neyer, Die Neuerfindung Europas, S. 179, 186 f. sowie *Hufeld/Rathke*, EuR Beiheft 3 (2013), 7, 19 f.; differenzierend *Burchardt*, ZaöRV 76 (2016), 527, 544 u. 538 ff.

[262] BVerfGE 134, 366, 386 f. Rn. 29 – *OMT-Vorlagebeschluss*.

[263] BVerfGE 146, 216, 293 Rn. 134 – *PSPP-Vorlagebeschluss*.

[264] Besonders deutlich *Schönberger*, JöR 63 (2015), 41, 46, 51 ff., insb. 54; s. a. *Hwang*, Der Staat 56 (2017), 107, 120 f. sowie *Wendel*, ZaöRV 2014, 615, 644. Zum EU-Recht bereits oben S. 220 ff., insb. S. 224 f.

[265] BVerfGE 134, 366, 386 f. Rn. 29 u. 419 Rn. 103 – *OMT-Vorlagebeschluss*.

Wenn aber die ausdrückliche Erwähnung des Identitätsbegriffs im Primärrecht als Ausgangspunkt ausscheidet und sich gleichzeitig im Grundgesetz keine vergleichbare explizite textliche Grundlage für eine Identitätskontrolle findet, stellt sich weiterhin die Frage nach der normativen Verankerung des Identitätsmaßstabs. Diese wurde nämlich in der Vergangenheit nicht immer hinreichend deutlich. Sowohl in der Rechtsprechung beider Senate des BVerfG als auch in der Literatur blieb teilweise unklar, ob die „über Art. 79 Abs. 3 GG geschützte Verfassungsidentität" vollständig mit den Inhalten des Art. 79 Abs. 3 GG gleichzusetzen, enger zu verstehen ist oder sogar darüber hinausgeht.[266] Andererseits ist Art. 79 Abs. 3 GG in jedem Fall das normative Zentrum der Identitätskontrolle. Dies wird auch in der jüngsten Rechtsprechung deutlich, in der beide Senate des BVerfG die Grenzen des Art. 79 Abs. 3 GG betonen.[267] Während der Erste Senat die Verfassungsidentität des GG durch einen Klammerzusatz ausdrücklich mit Art. 23 Abs. 1 i. V. m. Art. 79 Abs. 3 i. V. m. Art. 20 Abs. 1 und Abs. 2 GG gleichsetzt,[268] spricht der Zweite Senat mit Blick auf die grundrechtliche Identitätskontrolle über Art. 1 Abs. 1 GG von „der *in* Art. 79 Abs. 3 GG *niedergelegten* Verfassungsidentität", welche verfassungsänderungs- und integrationsfest ausgestaltet sei und dem Anwendungsvorrang über Art. 23 Abs. 1 S. 3 GG Grenzen setze.[269] Trotz vorhandener Unklarheiten im Detail ist der Anknüpfungspunkt der Identitätskontrolle des BVerfG demnach mit Art. 23 Abs. 1 S. 3 i. V. m. Art. 79 Abs. 3 GG allein im nationalen Verfassungsrecht zu finden.

Insgesamt konkurrieren im europäischen Identitätsschutz zwischen EuGH und BVerfG somit stets zwei verschiedene rechtliche Ausgangspunkte. Die Besonderheit für die gerichtliche Kooperation ergibt sich aber daraus, dass sich die Identitätskontrolle des BVerfG nicht nur vom unionsrechtlichen Identitätsschutz, sondern auch wesentlich vom eigenen Vorgehen des BVerfG im Bereich der Grundrechtskontrolle unterscheidet.

2. *Zum Strategie- und Maßstabswechsel durch die Identitätskontrolle*

Im Rahmen der Identitätskontrolle zieht das BVerfG einen verfassungsrechtlichen Maßstab heran und wendet ihn über Handlungs- und Unterlassungspflichten der deutschen Verfassungsorgane mittelbar auch gegenüber der EU und ihren Organen an. Grundsätzlich ist eine solche Anwendung verfassungsrechtlicher Grenzen gegenüber dem EU-Sekundärrecht mit Blick auf die Be-

[266] Siehe dazu nur *Polzin*, Verfassungsidentität, S. 59 ff.; zur ähnlich gelagerten Diskussion bei Art. 24 GG *M. Schröder*, Gesetzesbindung des Richters, S. 109 ff.; jeweils m. w. N.

[267] BVerfGE 156, 182, Ls. 7, 199 Rn. 40, 207 ff. Rn. 57 ff. u. 213 Rn. 68 – *Rumänien II*; BVerfGE 154, 17, 86 ff. Rn. 101 ff. – *PSPP-Urteil.*

[268] BVerfGE 154, 17, 149 f. Rn. 228 – *PSPP-Urteil.*

[269] BVerfGE 156, 182, 208 Rn. 58, s. a. Ls. 7, 199 Rn. 40, 207 f. Rn. 57 u. 213 Rn. 68 – *Rumänien II*, Hervorh. d. Verf.

gründung des Anwendungsvorrangs durch das BVerfG als verfassungsrechtlich abgeleitetes Institut nichts Neues. Wie bereits angedeutet, hat die hergebrachte Argumentation in der jüngeren Rechtsprechung aber eine weitere entscheidende Nuance erhalten. Nach dem BVerfG könne ein identitätsverletzender Sekundärrechtakt nicht auf einer primärrechtlichen Ermächtigung beruhen, weil der Integrationsgesetzgeber auch mit der Mehrheit des Art. 23 Abs. 1 Satz 3 GG i. V. m. Art. 79 Abs. 2 GG der EU keine Hoheitsrechte übertragen „darf"[270] bzw. „kann"[271], mit deren Inanspruchnahme eine Berührung der von Art. 79 Abs. 3 GG geschützten Verfassungsidentität einherginge.[272] Auf eine Rechtsfortbildung zunächst verfassungsmäßiger Einzelermächtigungen könne eine entsprechende Maßnahme ebenfalls nicht gestützt werden, weil das Organ oder die Stelle der EU damit *ultra vires* handele.[273] Aus der Perspektive des BVerfG fehlt es also bereits an einer primärrechtlichen Ermächtigungsgrundlage, weil der Integrationsgesetzgeber über Art. 23 Abs. 1 S. 3 GG an die Grenze des Art. 79 Abs. 3 GG gebunden ist und daher auch auf der Ebene des Unionsrechts keine weitergehenden Kompetenzen schaffen bzw. die EU-Organe nicht zu weitergehenden Kompetenzausübungen ermächtigen kann bzw. darf. Dieser Ansatz ist nicht unproblematisch, weil er schon sprachlich nicht klar zwischen „rechtlichem Können" und „rechtlichem Dürfen" unterscheidet und zudem verfassungs- und völkerrechtliche Begründungselemente vermengt.[274] Diese Bedenken sollen aber zunächst zurückgestellt werden, da sie untrennbar mit der Frage nach dem Maßstab und der Letztentscheidung bei Kompetenzüberschreitungen der EU bzw. ihrer Organe verbunden sind. Im Sinne der pluralistischen Herangehensweise, die keine „letzten Wörter" kennt, geht es zunächst darum, die unterschiedlichen Prämissen von EuGH und BVerfG als gegeben hinzunehmen und innerhalb der jeweiligen Perspektiven nach prozessualen und inhaltlichen Schnittmengen zu suchen.[275] Für die damit angesprochene maßstabsorientierte Kooperation ist vor allem relevant, wie der Weg, den das BVerfG im Rahmen der Identitätskontrolle wählt, von dem im Bereich der Grundrechtskontrolle abweicht und welche Auswirkungen sich daraus für die Kooperation ergeben.

Vergleicht man die mittelbare Kontrolle des EU-Sekundärrechts anhand der über Art. 23 Abs. 1 S. 3 GG i. V. m. Art. 79 Abs. 3 GG geschützten Verfassungsidentität mit der verfassungsgerichtlichen Prüfung im Bereich der Grundrechte,

---

[270] So BVerfGE 134, 366, 384 Rn. 27 – *OMT-Vorlagebeschluss*.

[271] So nunmehr BVerfGE 142, 123, 195 Rn. 137 – *OMT-Urteil*; ebenso BVerfGE 140, 317, 336 Rn. 42 – *Identitätskontrolle*.

[272] BVerfGE 134, 366, 384 Rn. 27 – *OMT-Vorlagebeschluss*; BVerfGE 142, 123, 195 Rn. 137 – *OMT-Urteil* und BVerfGE 140, 317, 336 Rn. 42 – *Identitätskontrolle*.

[273] BVerfGE 140, 317, 336 f. Rn. 27 – *Identitätskontrolle*; BVerfGE 134, 366, 384 Rn. 27 – *OMT-Vorlagebeschluss*.

[274] Ausf. *H. Sauer*, EuR 2017, 186 ff., insb. 192 ff.

[275] Dazu bereits oben Kap. 1, insb. S. 80 ff.; zur Kompetenzkontrolle noch ausf. Kap. 5.

fallen sowohl in der grundgesetzlichen Anknüpfung als auch im zu Grunde gelegten Maßstab wesentliche Unterschiede auf. Beim nach wie vor bestehenden und in Art. 23 Abs. 1 S. 1 GG verankerten Solange-Vorbehalt geht es um eine Rücknahme der eigenen Kontrolle und des Maßstabs der Grundrechte des GG, im Vertrauen auf ein entsprechendes Schutzniveau auf europäischer Ebene. Art. 23 Abs. 1 S. 1 GG ist dabei nicht der eigentliche grundrechtliche Maßstab, sondern die normative Verankerung der Entscheidungsregel, unter welchen Bedingungen welcher Maßstab zur Anwendung kommt.[276] Solange das Schutzniveau „im Wesentlichen vergleichbar" ist, kommt im vollständig unionsrechtlich determinierten Bereich der Maßstab der deutschen Grundrechte nicht zur Anwendung, sondern es wird dem unionsrechtlichen Maßstab Raum gelassen. Wird das „Solange-Niveau" unterschritten, was nicht zuletzt wegen der nunmehr postulierten Mitwirkung des BVerfG am europäischen Grundrechtsschutz kaum mehr wahrscheinlich ist, kommen statt der Grundrechte der EU-GRCh jene des GG zur Anwendung. Eine Überlappung verschiedener Maßstäbe und die damit verbundene gerichtliche Konkurrenzsituation ist somit weitgehend ausgeschlossen. Auch bei der nunmehr vom BVerfG postulierten Anwendung der EU-GRCh stehen keine unterschiedlichen Maßstäbe in Konkurrenz zueinander. Wiederum dient Art. 23 Abs. 1 S. 1 GG, dem das BVerfG über die Integrationsverantwortung eine Mitwirkungskomponente entnimmt, nicht als direkter Maßstab, sondern nur als Grundlage, um die Prüfung anhand des unionsrechtlichen Maßstabs der EU-GRCh zu ermöglichen.[277] Im unionsrechtlich nicht vollständig determinierten Bereich wird hingegen eine Maßstabskonkurrenz durch eine vorrangige Heranziehung der Grundrechte des GG vermieden, wobei eine Orientierung und im Einzelfall auch ein Rückgriff auf den Maßstab der EU-GRCh möglich bleibt. Zwar besteht durch die Orientierung oder sogar Heranziehung des gemeinsamen Maßstabs grundsätzlich eine institutionelle Konkurrenz, doch hat das BVerfG sowohl die eigene Vorlagebereitschaft als auch die, von den Integrationsvorbehalten abgesehen, grundsätzliche Anerkennung der verbindlichen Auslegung durch den EuGH erklärt. Insgesamt steht dabei im Bereich der Grundrechte Art. 23 Abs. 1 S. 1 GG und damit die Rücknahme des eigenen (Solange-Vorbehalt) bzw. die Mitwirkung an einem gemeinsamen Grundrechtsmaßstab („Recht auf Vergessen") im Vordergrund.

Demgegenüber verfolgt das BVerfG im Rahmen der Identitätskontrolle über den dort herangezogenen Maßstab eine andere Strategie. Dort fungiert die über Art. 23 Abs. 1 S. 3 i. V. m. Art. 79 Abs. 3 GG geschützte Verfassungsidentität nicht nur als Grundlage für den umfassenden Zugriff, sondern dient zugleich als mittelbarer Prüfungsmaßstab für das EU-Sekundärrecht. Bei diesem Vorgehen

[276] Dazu bereits oben S. 185 ff.

[277] Dazu und zum Folgenden bereits oben S. 207 ff.

spielt wie bereits dargestellt der prozessuale Einstieg und die Wahrung der eigenen Stellung eine mitentscheidende Rolle.[278] Um den gerade erst geschaffenen umfassenden Zugriff nicht sofort wieder zu verlieren, kann das BVerfG gar nicht anders, als die eigene Identitätskontrolle über einen grundgesetzlichen Maßstab als verfassungsrechtliches Konzept zu begründen und dieses Konzept im selben Atemzug vom unionsrechtlichen Identitätsschutz durch den EuGH abzugrenzen.[279] Einer einheitlichen und vollständigen normativen Verankerung beider Identitätskontrollen in Art. 4 Abs. 2 S. 1 EUV erteilt das BVerfG damit eine Absage,[280] wodurch zugleich die gesamteuropäische Dimension des Identitätsschutzes in den Hintergrund zu treten droht.[281] Dies gilt nicht nur mit Blick auf den fehlenden Bezug zur unionsrechtlichen Identitätsklausel, sondern auch wegen der nur unzureichenden Berücksichtigung der Integrationsgrenzen anderer mitgliedstaatlicher Verfassungen bzw. Verfassungsgerichte.[282] Daran vermögen auch die rechtsvergleichenden Bezüge des BVerfG wenig zu ändern, da es dabei weniger um die Entwicklung einer echten gesamteuropäischen Perspektive, als um die argumentative Absicherung des eigenen rein grundgesetzlichen Maßstabs geht.[283] Im Zentrum der bundesverfassungsgerichtlichen Identitätskontrolle steht auch nicht die Ausgestaltung gemeinsamer Werte, wie beispielsweise jener aus Art. 2 EUV,[284] sondern stets nur die grundgesetzliche Version grundlegender Werte, wie sie Art. 79 Abs. 3 GG entnommen werden.[285] Da der EuGH logischerweise von der Auslegung dieses Maßstabs ausgeschlossen ist, steht eine rein verfassungsrechtliche Identitätskontrolle einem echten Dialog entgegen und droht, trotz der auch vom BVerfG angesprochenen Vorlagemöglichkeit, in inhaltlicher Hinsicht zu einem verfassungsrechtlichen Monolog zu verkommen.[286]

Verstärkt wird dieser Effekt durch den besonderen Charakter des gewählten Identitätsmaßstabs, der sich von jenem im Bereich der Grundrechte unterscheidet. Orientiert man sich an der bekannten Einordnung der einzelnen Sätze der Integrationsklausel des Art. 23 Abs. 1 GG als „Offensive der Europäisierung“

[278] *M. Walter*, ZaöRV 72 (2012), 177, 192 ff.; s. a. bereits oben S. 254 f.

[279] Vgl. *Goldhammer*, JöR 63 (2015), 105, 117 sowie *H. Sauer*, NJW 2016, 1134, 1136; s. a. *Schönberger*, JöR 63 (2015), 41, 56.

[280] Vgl. *Bilz*, Margin of Appreciation der EU-Mitgliedstaaten, S. 183.

[281] *Ingold*, AöR 140 (2015), 1, 26 f.; s. a. *van der Schyff*, ZaöRV 76 (2016), 167, 188.

[282] Vgl. mit Blick auf den prozessualen Zugriff *Niederberger*, in: Franzius/Mayer/Neyer, Grenzen der europäischen Integration, S. 211, 229.

[283] *Hwang*, Der Staat 56 (2017), 107, 120 f.; s. a. bereits oben S. 260 f. sowie noch sogleich.

[284] Siehe insbesondere BVerfGE 123, 267, 397 – *Lissabon*, wo das Gericht von einem Vorrang der Identitätskontrolle auch gegenüber den Werten des Art. 2 EUV ausgeht.

[285] *Claes*, in: Saiz Arnaiz/Llivina, National Constitutional Identity and European Integration, S. 109, 125; s. a. *van der Schyff*, ZaöRV 76 (2016), 167, 187 f.

[286] *Schönberger*, JöR 63 (2015), 41, 55; ähnlich *van der Schyff*, ZaöRV 76 (2016), 167, 188; zur Vorlage noch sogleich Kap. 4, B. III. 1.

(S. 1) bzw. „Defensive des Grundgesetzes" (S. 3),[287] nimmt das BVerfG bei der Identitätskontrolle wie bereits im Lissabon-Urteil eher eine defensive Perspektive ein, die durch eine verfassungsrechtliche Selbstbehauptung gegenüber äußeren Einflüssen geprägt wird.[288] Dies ist für eine maßstabsorientierte Kooperation vor allem deshalb problematisch, weil die im GG angelegte offene bzw. integrierte Staatlichkeit der Bundesrepublik von Anfang an zu ihrer Identität gehört.[289] Verfassungsidentität und *Mitglied*staatlichkeit bilden keine Gegensätze, die sich abstrakt gegenüberstellen lassen, sondern vielmehr eine untrennbare Einheit.[290] Dieser Befund wird aber vernachlässigt, wenn in der jüngsten Rechtsprechung die Verfassungsidentität mit den von Art. 79 Abs. 3 GG genannten Inhalten gleichsetzt wird. Bedenkt man nämlich den abschließenden Charakter der Ewigkeitsklausel, ist eine Berücksichtigung der offenen Staatlichkeit *innerhalb* der mit Art. 79 Abs. 3 GG gleichgesetzten Verfassungsidentität nicht ohne Weiteres möglich.[291] Wie bereits im Rahmen der primärrechtsrelevanten Grenzen sowie der grundrechtlichen Identitätskontrolle tritt also wiederum durch die Konzentration auf den eher abwehrenden Art. 23 Abs. 1 S. 3 i. V. m. Art. 79 Abs. 3 GG die konstruktive Komponente des Staatsziels der europäischen Integration aus Art. 23 Abs. 1 S. 1 GG in den Hintergrund.[292] Eine so verstandene, allein in der Ewigkeitsklausel niederlegte Verfassungsidentität droht letztlich zu einer „Widerstandsnorm"[293] zu werden, die im Ausgangspunkt eher auf eine Abwehrhaltung als auf eine konstruktive Mitwirkung setzt.[294]

Insgesamt bestehen also zwischen dem Vorgehen im Bereich der Grundrechte und dem bei der Identitätskontrolle wesentliche Unterschiede, die eng mit dem jeweils herangezogenen Maßstab verbunden sind. Während bei der

---

[287] *R. Breuer*, NVwZ 1994, 417, 422; s. a. *Baldus*, ZRP 1997, 286, 287 m. w. N. sowie oben S. 118.

[288] *Wendel*, in: Franzius/Mayer/Neyer, Die Neuerfindung Europas, S. 51, 54; s. a. *Hwang*, Der Staat 56 (2017), 107, 120 f. sowie *Ingold*, AöR 140 (2015), 1, 11 ff.

[289] So schon *H. P. Ipsen*, EuR 1987, 195, 198; s. a. *Kaufmann*, JZ 1999, 814, 820 f.; *Nicolaysen*, EuR Beiheft 1 (2010), 9, 18 sowie *Pernice*, AöR 120 (1995), 100, 116 u. 119 f.

[290] Ausf. *Steiger*, EuR Beiheft 1 (2010), 57 ff., insb. 78 f.; s. a. *Pernice*, AöR 136 (2011), 185, 200 ff., insb. 203; *Schönberger*, JöR 63 (2015), 41, 59 sowie *C. Walter*, in: Kluth, Europäische Integration und nationales Verfassungsrecht, S. 65, 72 f. Zur europäischen Perspektive bereits oben S. 102, 222 u. 227.

[291] Siehe dazu nur *Mannefeld*, Verfassungsrechtliche Vorgaben für die europäische Integration, S. 125 ff., insb. S. 128 ff. Zum abschließenden Charakter von Art. 79 Abs. 3 GG siehe nur BVerfGE 94, 12, 34 – *Bodenreform II*; *Hain*, in: v. Mangoldt/Klein/Stark, GG, Art. 79 GG Rn. 37 sowie *Herdegen*, in: Dürig/Herzog/Scholz, GG, Art. 79 GG Rn. 76 m. w. N.

[292] *H. Sauer*, EuR 2017, 186, 197; *Uerpmann-Wittzack*, in: von Münch/Kunig, GG, Art. 23 GG Rn. 102; ausf. *A. Thiele*, EuR 2017, 367 ff. Zu den primärrechtlichen Grenzen bereits oben S. 140 ff.; zur grundrechtlichen Identitätskontrolle bereits oben S. 196 ff.

[293] *Millet*, L'Union Européenne et l'identité constitutionelle des États Membres, S. 17 ff.

[294] *Schönberger*, JöR 63 (2015), 41, 48 u. 54 ff.; s. a. *Blanke/Pilz*, EuR 2020, 270, 290; kritisch zum Widerstandsbild aber *Dietz*, AöR 142 (2017), 78, 104 dort Fn. 169 sowie *Wischmeyer*, AöR 140 (2015), 415, 432 u. 452 dort Fn. 167.

Grundrechtskontrolle Art. 23 Abs. 1 S. 1 GG im Vordergrund steht, wird bei der Identitätskontrolle das Prüfprogramm von Art. 23 Abs. 1 S. 3 GG i. V. m. Art. 79 Abs. 3 GG und den dort geschützten Grundsätzen bestimmt. Als Folge davon wird weder eine Konkurrenz unterschiedlicher Maßstäbe im Alltag durch eine bedingte Rücknahme im Sinne der Solange-Methode vermieden, noch fungieren unionsrechtliche Normen als gemeinsamer Anknüpfungspunkt. Ein einheitlicher rechtlicher Rahmen, dessen Rechtsbegriffe im Wege der gerichtlichen Kooperation von beiden Gerichten angewendet und ausgestaltet werden, wird damit vom BVerfG nicht herangezogen und das bereits beschriebene Potenzial von Art. 4 Abs. 2 S. 1 EUV – jedenfalls im Ausgangspunkt – nicht genutzt. Vielmehr bleiben die abweichenden Prämissen beider Gerichte unangetastet und jedes Gericht bewegt sich nur innerhalb der eigenen Rechtsordnung. Dies muss eine maßstabsorientierte Kooperation nicht von vornherein ausschließen, da trotz unterschiedlicher Identitäts*maßstäbe* gemeinsame Identitäts*inhalte* denkbar sind. Gleichwohl bringen die abweichenden rechtlichen Maßstäbe durchaus nicht unerhebliche Einschränkungen im gerichtlichen Austausch mit sich. Dies zeigt sich nicht nur an dem angesprochenen und dem bundesverfassungsgerichtlichen Verständnis inhärenten, eher abwehrenden Zugang, sondern vor allem dann, wenn man die weiteren Folgen betrachtet, die sich aus der Anwendung eines „absoluten" Maßstabs für die bundesverfassungsgerichtliche Identitätskontrolle ergeben.

3. *Verfassungsidentität als absolute Grenze im Einzelfall*

Neben der eigenständigen verfassungsrechtlichen Verankerung betont das BVerfG vor allem, dass die Verfassungsidentität im Unterschied zur nationalen Identität aus Art. 4 Abs. 2 S. 1 EUV als „absolute Grenze" integrationsfest ausgestaltet und einer Abwägung nicht zugänglich sei.[295] Die Heranziehung und Handhabung einer weitreichenden und absoluten Grenze ist schon im Bereich des EU-Primärrechts mit innerstaatlichen und gesamteuropäischen Schwierigkeiten verbunden.[296] Wenn aber im Rahmen der sekundärrechtlichen Identitätskontrolle die über Art. 79 Abs. 3 GG geschützte Verfassungsidentität als im höchsten Maße abstrakter Maßstab sogar zur Lösung konkreter gerichtlicher Einzelfälle herangezogen wird,[297] werden die Probleme einer absoluten Grenze noch einmal verschärft und eine maßstabsorientierte Kooperation weiter erschwert.

Durch den absoluten Maßstab wird zunächst die, in der grundgesetzlichen Verankerung angelegte, Gefahr eines verfassungsrechtlichen bzw. verfassungs-

[295] BVerfGE 134, 366, 386 f. Rn. 29 – *OMT-Vorlagebeschluss*; s. a. BVerfGE 142, 123, 203 Rn. 153 – *OMT-Urteil*; BVerfGE 151, 202, 325 Rn. 204 – *Bankenunion*. Zum Primärrecht bereits BVerfGE 123, 267, 343 u. 347 f. – *Lissabon*.

[296] Dazu bereits oben S. 157 ff.

[297] *Lepsius*, JöR 63 (2015), 63 ff., insb. 65 f., 83 f. u. 87.

gerichtlichen Monologs noch einmal vergrößert. Wie bereits geschildert, steckt hinter der eigenständigen Verankerung der Identitätskontrolle auch die Sorge um die eigene Stellung, weshalb das BVerfG als *Verfassungs*gericht gewissermaßen gezwungen ist, mit dem Maßstab der Verfassung zu argumentieren und diesen vom europäischen Maßstab abzugrenzen.[298] Für den gerichtlichen Dialog ist es aber problematisch, dass das BVerfG keinen „einfachen" grundgesetzlichen Maßstab, sondern den „absoluten" Maßstab des Art. 79 Abs. 3 GG heranzieht. Absolute Maßstäbe bzw. Grenzen können aufgrund ihres abwägungsfesten Charakters nicht im Wege des Dialogs diskutiert oder gar relativiert, sondern nur einseitig verkündet bzw. festgestellt werden.[299] Bildlich gesprochen ergibt sich die Einschränkung des Dialogs also nicht nur aus der Nutzung einer anderen Sprache, sondern auch dadurch, dass sich die verwendete Sprache als nur bedingt kompromissfähig erweist. Doch auch darüber hinaus hat der absolute Maßstab Auswirkungen auf den kooperativen Umgang mit dem Identitätsschutz, die entsprechend den primärrechtlichen Grenzen sowohl die innerstaatliche als auch die gesamteuropäische Perspektive betreffen.

So wirkt sich die Verankerung in der Ewigkeitsklausel des Art. 79 Abs. 3 GG schon auf die innerstaatliche Dimension des Identitätsschutzes aus und wirft dort nicht nur verfassungsrechtliche, sondern auch verfassungspolitische Fragen auf.[300] In Übereinstimmung mit den verfassungsrechtlichen Grenzen für das EU-Primärrecht legt das BVerfG bei der Identitätskontrolle mit Art. 79 Abs. 3 GG einen Maßstab zugrunde, der selbst dem verfassungsändernden Gesetzgeber entzogen ist. Der Schutz der so verstandenen Identität und die diesbezügliche weitere Gestaltung der europäischen Integration sind damit nicht länger Sache der politischen Akteure,[301] sondern allein des BVerfG, dem das „letzte Wort" zukommt.[302] Wie bereits im Rahmen der europäischen Perspektive dargelegt, hat der Identitätsschutz aber auch und gerade eine politische Dimension, welche die Einbindung weiterer, nichtgerichtlicher Akteure und Dialogpartner notwendig macht.[303] Insoweit ist es nicht unproblematisch, wenn nur das BVerfG für den Schutz der Verfassungsidentität zuständig ist und ande-

---

298 *Schönberger*, JöR 63 (2015), 41, 55 ff.; s. a. bereits oben S. 255 u. 265 ff.

299 *Schönberger*, JöR 63 (2015), 41, 55; s. a. *Claes*, in: Claes/de Visser/Popelier u. a., Constitutional Conversations in Europe, S. 205, 226.

300 Zur Einordnung als Rechtspolitik *Lepsius*, JöR 63 (2015), 63, 67 ff., 71 f. u. 77; s. a. *M. Walter*, ZaöRV 72 (2012), 177, 193 f., die von einem „Signal nach innen" spricht; ähnlich *E. Klein*, in: Niedobitek/Sommermann, Die EU als Wertegemeinschaft, S. 59, 65 f.

301 *Nettesheim*, NJW 2009, 2867, 2868 f.; zum Primärrecht bereits oben S. 157 ff. u. 130 ff.

302 *Polzin*, Verfassungsidentität, S. 138; allgemein *Bryde*, in: von Münch/Kunig, GG, Art. 79 GG Rn. 34.

303 Vgl. *Franzius*, Recht und Politik in der transnationalen Konstellation, S. 228 u. 241 ff., insb. S. 244; zur politischen Dimension auch *Simon*, Grenzen des Bundesverfassungsgerichts im europäischen Integrationsprozess, S. 267 f. sowie *M. Walter*, ZaöRV 72 (2012), 177, 190 ff. Zum Unionsrecht bereits oben S. 236 ff., 239 f. u. 244 ff.

re Verfassungsorgane, wie insbesondere Bundestag und Bundesrat von der Mitwirkung im Einzelfall ausgeschlossen sind.[304] Insoweit muss nochmals daran erinnert werden, dass Verfassungsgerichte eher als „Wegweiser“, denn als Sprecher „letzter Worte“ verstanden werden sollten. Das BVerfG hat im konkreten Einzelfall zwar das „letzte Wort“, doch wird die Verfassung, einschließlich ihrer Identität auch durch die übrigen Verfassungsorgane interpretiert und geprägt.[305] Wenn nun aber durch die Verankerung im Maßstab des Art. 79 Abs. 3 GG eine Abweichung von Entscheidungen des BVerfG zur Identitätskontrolle nicht einmal im Wege der Verfassungsänderung möglich ist,[306] wird die politische Dimension und der kooperative Umgang mit der Verfassungsidentität schon innerstaatlich deutlich eingeschränkt. Erhebliche verfassungs*politische* Probleme könnten sich nicht zuletzt dann ergeben, wenn Bundesregierung oder Bundestag im Einzelfall ein anderes Identitätsverständnis an den Tag legen.[307] Insoweit stellt sich wiederum die Frage, ob ein zu weitgehendes Vordringen des BVerfG in den politischen Raum droht oder, wie die Richterin *Lübbe-Wolff* in ihrer abweichenden Meinung zum OMT-Vorlagebeschluss formulierte, die Grenze „des durch ein Gericht Entscheidbaren“ überschritten wird.[308] Doch selbst wenn man die Verfassungsidentität als vorrangig verfassungs*rechtlichen* Maßstab versteht und damit auch die alleinige bzw. finale Entscheidungsbefugnis des BVerfG annimmt, bleibt der absolute Maßstab im Einzelfall schwer handhabbar und seine Anwendung problematisch.

Das BVerfG zieht den absoluten Maßstab der in Art. 79 Abs. 3 GG verankerten Verfassungsidentität nicht nur für die vergleichsweise seltene Situation der Änderungen des EU-Primärrechts heran, sondern auch für die grundsätzlich jederzeit mögliche Kontrolle des EU-Sekundärrechts. Art. 79 Abs. 3 GG, der neben den Grundsätzen des Art. 20 GG auch den Schutz des Menschenwürdekerns einschließt, wird somit vom verfassungsrechtlichen „Letztmaßstab“[309] zum „Alltagsmaßstab“[310] für die Prüfung gerichtlicher Einzelfälle umfunktioniert. Die Problematik im konkreten Umgang mit derartigen Letztmaßstäben offenbarte sich schon im Rahmen der grundrechtlichen Identitätskontrolle. Einerseits schränkt sich das BVerfG argumentativ ein, wenn es für jedes Grund-

[304] *Häberle*, JöR 58 (2010), 317, 329 u. 334; s. a. *Schönberger*, JöR 63 (2015), 41, 48 u. 60.

[305] *Lepsius*, JöR 63 (2015), 63, 87 ff. unter Hinweis auf *Jestaedt*, in: Jestaedt/Lepsius/Möllers u. a., Das entgrenzte Gericht, S. 77, 141 ff. Zur Einordnung von Verfassungsgerichten als „Wegweiser“ bereits oben S. 81 u. 158.

[306] *Nettesheim*, NJW 2009, 2867, 2868 f.; *Polzin*, Verfassungsidentität, S. 138.

[307] Vgl. *F. Meyer*, NJECL 7 (2016), 277, 289 dort Fn. 33; s. a. bereits oben S. 239 f.

[308] Abw. Meinung der Richterin *Lübbe-Wolff*, BVerfGE 134, 366, 419 Rn. 106 ff. – *OMT-Vorlagebeschluss*; dazu auch *Mayer*, EuR 2014, 473, 501 ff. Zur politischen Rolle auch bereits oben S. 130 ff., insb. S. 132 f. sowie 157 ff.

[309] Zum Begriff und den Folgen ausf. *Lepsius*, JöR 63 (2015), 63, 66 f. u. 84 ff.; zustimmend *H. Sauer*, Der Staat 58 (2019), 7, 9.

[310] *H. Sauer*, EuR 2017, 186, 196.

rechtsproblem auf den engen Maßstab der Menschenwürde zurückgreift,[311] andererseits droht eine übermäßige Heranziehung der Menschenwürde nicht nur die spezielleren Maßstäbe der Verfassung bzw. der übrigen Grundrechte zu überspielen, sondern vor allem die Möglichkeiten für Verfassungsänderungen weiter einzuschränken.[312] Nichts anderes gilt mit Blick auf die übrigen von Art. 79 Abs. 3 GG geschützten Inhalte. Je mehr also die absoluten Maßstäbe herangezogen werden, desto größer können die negativen innerstaatlichen Auswirkungen werden. Besonders deutlich wird die Kritik am absoluten Maßstab bei *Oliver Lepsius*, der darauf hinweist, dass mit der Aktivierung der letztbegründenden Art. 20, 79 und 146 GG „das Pulver dieser Normen verschossen" und „die letzten Trümpfe der Verfassung" gespielt seien. Würden aber diese verfassungsrechtlichen Schlussbausteine interpretatorisch porös, drohe das ganze Verfassungsgebäude einzustürzen bzw. erodiere jedenfalls die Kompetenz, als Gericht zu entscheiden.[313] Vor allem aber seien verfassungsrechtliche „Großformeln" wie insbesondere die (Verfassungs-)Identität oder die Menschenwürde aufgrund ihres hohen Abstraktionsgrades kaum materiell-rechtlich bestimm- bzw. interpretierbar.[314] Bemerkenswert sind in diesem Zusammenhang auch die Ausführungen des Verfassungsrichters *Huber*, der die Verfassungsidentität als „emotional aufgeladene Chiffre für die Gewährleistungsgehalte von Art. 79 Abs. 3 GG" beschreibt und darauf hinweist, dass eigentlich niemand genau zu sagen wisse, was die Grundsätze der Art. 1 und 20 GG genau seien und wann sie „berührt" werden.[315] Tatsächlich werden, trotz der Konkretisierungen durch das BVerfG, der Begriff und die einzelnen Inhalte der von Art. 79 Abs. 3 GG geschützten Verfassungsidentität weiterhin kontrovers diskutiert.[316] Bleiben Inhalt und Reichweite der Identitätskontrolle aber weiter umstritten und nicht hinreichend dogmatisch aufgearbeitet, droht nicht nur eine gewisse Beliebigkeit,[317]

[311] *F. Meyer*, NJECL 7 (2016), 277, 293; dazu und zum Folgenden bereits oben S. 197 f.

[312] *Polzin*, Verfassungsidentität, S. 186; allgemein auch *Heun*, Verfassung und Verfassungsgerichtsbarkeit im Vergleich, S. 7.

[313] *Lepsius*, JöR 63 (2015), 63, 67 s. a. 78; zustimmend *Blanke/Pilz*, EuR 2020, 270, 293; kritisch *Wischmeyer*, AöR 140 (2015), 415, 418 u. 438 f.

[314] *Lepsius*, JöR 63 (2015), 63, 65 ff., 69 u. insb. 84 f.

[315] *Huber*, in: FS Jarass, S. 205, 206 f.; s. a. *Kingreen*, Der Staat 59 (2020), 195, 212 u. 215.

[316] Allein aus jüngerer Zeit *Dietz*, AöR 142 (2017), 78, 88 ff.; *Ingold*, AöR 140 (2015), 1 ff., insb. 21 ff.; *Rademacher*, EuR 2018, 140 ff., insb. 147 ff.; *M. Walter*, ZaöRV 72 (2012), 177, 181 ff. u. 189 ff.; *Wischmeyer*, AöR 140 (2015), 415, 433 ff. u. 452 ff. Monographisch *Mannefeld*, Verfassungsrechtliche Vorgaben für die europäische Integration, S. 120 ff.; *Simon*, Grenzen des Bundesverfassungsgerichts im europäischen Integrationsprozess, S. 96 ff. sowie ausf. *Polzin*, Verfassungsidentität, S. 143 ff. u. passim.

[317] *Nettesheim*, Der Staat 51 (2012), 313, 320 spricht gar von „Willkür"; dazu auch *Rademacher*, EuR 2018, 140, 147; ähnlich *Schönberger*, JöR 63 (2015), 41, 59 f. Anders aber z. B. *Dietz*, AöR 142 (2017), 78, 92 ff., die verschiedene Inhalte herausarbeitet; auch *Hufeld*, in: Isensee/Kirchhof, HdbStR Bd. X, 2012, § 215 Rn. 48 u. 65 ff. spricht von einem „anwendungsfähige[n] Maßstab"; zum Streit über Begriff und Inhalt der Verfassungsidentität siehe die Nachweise oben Kap. 4 Fn. 316.

sondern auch eine Ausuferung der gerichtlichen Einzelfallkontrolle.[318] Ist aber schon die Aktivierung und Durchführung der bundesverfassungsgerichtlichen Identitätskontrolle mit erheblichen Unsicherheiten verbunden, wird auch eine maßstabsorientierte Kooperation weiter erheblich erschwert.

In Anbetracht der geschilderten Probleme wird deutlich, dass der Umgang mit dem absoluten Maßstab des Art. 79 Abs. 3 GG stets mit „größter Vorsicht und Zurückhaltung"[319] erfolgen muss. Auch wenn weiter umstritten bleibt, ob Art. 79 Abs. 3 GG per se eng ausgelegt werden muss,[320] deutet die Rechtsprechung des BVerfG im nationalen Kontext eher auf eine zurückhaltende Interpretation hin. So spricht das Gericht von einer

> „eng auszulegenden Ausnahmevorschrift, die den verfassungsändernden Gesetzgeber nicht hindert, die positivrechtlichen Ausprägungen dieser Grundsätze aus sachgerechten Gründen zu modifizieren."[321]

Dass entsprechende Modifikationen auch im unionrechtlichen Kontext möglich sind, hat das BVerfG ausdrücklich im Maastricht-Urteil klargestellt. Dort sah das Gericht das Demokratieprinzip durch die Unabhängigkeit der EZB zwar als berührt an, erkannte zugleich aber eine in Art. 88 S. 2 GG vorgesehene Modifikation dieses Prinzips, die mit Art. 79 Abs. 3 GG vereinbar sei.[322] Auch im Lissabon-Urteil sprach das BVerfG trotz der umfassenden Vorgaben vom „unantastbare[n] *Kerngehalt* der Verfassungsidentität", der im Rahmen der Identitätskontrolle geschützt sei.[323] Bei Art. 79 Abs. 3 GG geht es, auch und gerade im Rahmen der europäischen Integration, immer nur um den Schutz der elementaren Grundsätze bzw. deren Kern.[324] Mit anderen Worten ist eine restriktive Handhabung der Verfassungsidentität gegenüber dem Unionsrecht angezeigt.[325] Dies dient nicht nur der Offenhaltung politischer Entscheidungs-

---

[318] Sehr deutlich *M. Walter*, ZaöRV 72 (2012), 177, 191 f. m. w. N.; s. a. *Ingold*, AöR 140 (2015), 1, 14 f. sowie *Nettesheim*, JZ 2014, 585, 588. Mit Blick auf menschenwürdebezogene Rügen spricht *Wendel*, in: Franzius/Mayer/Neyer, Die Neuerfindung Europas, S. 51, 59 von einer drohenden „Inflationierung der Verfassungsidentität".

[319] *Schönberger*, Der Staat 48 (2009), 535, 553 f.

[320] Dafür beispielsweise *Bryde*, in: von Münch/Kunig, GG, Art. 79 GG Rn. 37; *Herdegen*, in: Dürig/Herzog/Scholz, GG, Art. 79 GG Rn. 80; *Kment*, in: Jarass/Pieroth, GG, Art. 79 GG Rn. 9 sowie *M. Sachs*, in: Sachs, GG, Art. 79 GG Rn. 26. Anders aber *Dreier*, in: Dreier, GG Kommentar, Bd. II, Art. 79 III GG Rn. 19; *Hain*, in: v. Mangoldt/Klein/Stark, GG, Art. 79 GG Rn. 32 sowie *Schöbener*, in: Friauf/Höfling, Berliner Kommentar zum GG, Art. 79 GG Rn. 104.

[321] BVerfGE 109, 279, 310 – *Großer Lauschangriff*; s. a. BVerfGE 94, 49, 102 f. – *Sichere Drittstaaten*; BVerfGE 84, 90, 120 f. – *Bodenreform I* sowie BVerfGE 30, 1, 24 f. – *Abhörurteil*.

[322] BVerfGE 89, 155, 208 f. – *Maastricht*; siehe dazu auch *Nicolaysen*, EuR Beiheft 1 (2010), 9, 18 dort Fn. 20.

[323] BVerfGE 123, 267, 354 – *Lissabon*.

[324] Siehe nur *Dietz*, AöR 142 (2017), 78, 95 f. m. w. N.; s. a. *Ingold*, AöR 140 (2015), 1, 8 sowie *Wischmeyer*, AöR 140 (2015), 415, 454 f.

[325] Ausf. *Polzin*, Verfassungsidentität, S. 136 ff., 149 ff. u. 171 ff., die im Ergebnis die Identitätskontrolle sogar ablehnt und die Ultra-vires-Kontrolle für „ausreichend und unionsrechts-

spielräume,[326] sondern verhindert insgesamt ein zu statisches Verständnis der Verfassungsidentität, welches der Dynamik der Integration und den Wechselwirkungen zwischen Unions- und Verfassungsrecht nicht hinreichend Rechnung tragen würde.[327] Der absolute Maßstab des Art. 79 Abs. 3 GG muss das „letzte Mittel“[328] und die Identitätskontrolle ein auf Ausnahmesituationen beschränkter „Notfallmechanismus“[329] bleiben. Dies deckt sich mit der jüngeren Rechtsprechung des BVerfG, in der die Identitätskontrolle ins zweite Glied gerückt ist und somit auch künftig eher eine Rückfalloption für Extremfälle als den Maßstab für den gerichtlichen Alltag bilden dürfte.

4. *Zwischenfazit*

Obwohl das BVerfG versucht, einen rechtsvergleichenden Kontext herzustellen und nach wie vor auch Art. 4 Abs. 2 S. 1 EUV in Bezug nimmt, stellt der Schutz der Verfassungsidentität durch das BVerfG ein vollständig nach deutschem Verfassungsrecht ablaufendes Kontrollkonzept dar. Anders als ihr unionsrechtliches Pendant richtet sich die bundesverfassungsgerichtliche Identitätskontrolle nicht nach Art. 4 Abs. 2 S. 1 EUV, sondern findet sowohl ihre normative Verankerung als auch ihren Prüfungsmaßstab allein in Art. 79 Abs. 3 GG. Dieses Vorgehen unterscheidet sich erheblich vom Weg, den das BVerfG im Bereich der Grundrechtskontrolle eingeschlagen hat. Während dort die Rücknahme des eigenen Maßstabs oder die Mitwirkung an einem gemeinsamen unionsrechtlichen Maßstab im Vordergrund steht, wird im Rahmen der Identitätskontrolle ein verfassungsrechtlicher Maßstab mittelbar auf die EU bzw. ihre Organe angewendet. Dies bedeutet für die maßstabsorientierte Kooperation zunächst deshalb eine erhebliche Einschränkung, weil so eine einheitliche Grundlage oder jedenfalls ein gemeinsamer rechtlicher Rahmen fehlt. Vor allem aber wählt das BVerfG einen absoluten Maßstab, der im gerichtlichen Einzelfall nicht nur schwer zu handhaben, sondern auch in innerstaatlicher und gesamteuropäischer Hinsicht

---

freundlicher“ hält, *dies.*, Verfassungsidentität, S. 186 ff. Kritisch auch *Ingold*, AöR 140 (2015), 1, 20 ff.; positiver hingegen *Dietz*, AöR 142 (2017), 78 ff.; s. a. die Nachweise oben Kap. 4 Fn. 316.

[326] Dazu und zum Folgenden *Schönberger*, JöR 63 (2015), 41, 59 f. u. 61 f.; s. a. *Bryde*, Das Maastricht-Urteil des Bundesverfassungsgerichts, S. 14.

[327] Dazu nur *Ingold*, AöR 140 (2015), 1, 21 ff.; s. a. *Blanke/Pilz*, EuR 2020, 270, 292. Zum statischen Verständnis *Nettesheim*, EuR Beiheft 1 (2010), 101, 113 f. sowie *Schwarze*, EuR 2010, 108, 115. Allgemein zur Dynamik der Verfassungsidentität *Lerche*, in: FS Redeker, S. 131, 135 ff., insb. S. 139 ff. Zur problematischen Einschränkung der Integrationsdynamik durch die primärrechtsbezogenen Grenzen bereits oben S. 158 ff.

[328] Vgl. *Schönberger*, JöR 63 (2015), 41, 59.

[329] *Gerhardt*, ZRP 2010, 161, 165; s. a. *Pernice*, Das Verhältnis europäischer zu nationalen Gerichten im europäischen Verfassungsverbund, S. 36; *H. Sauer*, ZRP 2009, 195, 196 sowie *Voßkuhle*, Die Verwaltung Beiheft 10 (2010), 229, 239. Ähnlich *Ruffert*, DVBl 2009, 1197, 1206 („strukturelle Reservekompetenz“). Jüngst auch *Simon*, Grenzen des Bundesverfassungsgerichts im europäischen Integrationsprozess, S. 278, 269 u. 276 f.

problematisch ist. Selbst wenn man deshalb mit guten Gründen die Identitätskontrolle als subsidiären Vorbehalt einordnet, bleibt sie im Ausgangspunkt ein vom unionsrechtlichen Identitätsschutz unabhängiges und eigenständiges Instrument. Eine maßstabsorientierte Kooperation im Bereich des Identitätsschutzes kann daher nicht im Wege einer vollständigen Vereinheitlichung der Maßstäbe, sondern nur über eine Abstimmung der Inhalte und Verfahren erfolgen. Mit anderen Worten geht es im Zusammenspiel von bundesverfassungsgerichtlicher und unionsrechtlicher Identitätskontrolle weniger um eine umfassende Synthese als um eine möglichst weitreichende Synchronisierung.

III. Möglichkeiten und Grenzen eines kooperativen Umgangs mit den Identitätskontrollen

Obwohl im Gesamtkomplex des Identitätsschutzes zwei grundsätzlich verschiedene Kontrollen mit unterschiedlichen Maßstäben existieren,[330] muss dies nicht zu einem vollständigen Ausschluss der Kooperation führen. Vielmehr ist gerade im Falle unterschiedlicher Ausgangspunkte und Ausrichtungen die Ermöglichung eines Austauschs umso wichtiger, um eine Deeskalation des fortbestehenden Grundkonflikts zu ermöglichen. Nur im Falle eines Dialogs können die abweichend begründeten Konzepte der „Verfassungsidentität des GG“ und der „nationalen Identität“ („Verschiedenes“) miteinander abgestimmt und mögliche vergleichbare Maßstäbe oder Inhalte („dasselbe“) entwickelt oder bestätigt werden. Während das diesbezügliche Potenzial des Unionsrechts bereits dargelegt wurde, gilt es noch zu klären, ob auch die Rechtsprechung des BVerfG mit diesem Potenzial kompatibel ist. Dabei geht es nicht um eine vollständige Vereinheitlichung, sondern vorrangig um das Ausloten der Möglichkeiten und Grenzen einer Synchronisierung der beiden Verfahren in inhaltlicher und prozessualer Hinsicht. Neben der Frage nach Möglichkeiten und Grenzen des Vorlageverfahrens in diesem Zusammenhang (1.) sind damit auch Überschneidungen und Abgrenzungen hinsichtlich der Anwendungsbereiche der Kontrollen angesprochen (2.). Betrachtet man insgesamt die Beziehung von unionsrechtlicher und bundesverfassungsgerichtlicher Identitätskontrolle, lässt sich diese als Regel-Ausnahme-Verhältnis charakterisieren (3.).

1. Die Identitätskontrolle und die Kooperation mit dem EuGH

Im Rahmen der unionsrechtlichen Perspektive wurde die zentrale Bedeutung des Vorabentscheidungsverfahrens nach Art. 267 AEUV für den Identitätsschutz bereits sehr deutlich. Um das Potenzial eines solchen kooperativen Umgangs einschätzen zu können, ist es daher notwendig, die Position des BVerfG zu Vorlagen im Rahmen der Identitätskontrolle zu betrachten.

---

[330] Vgl. auch *Wendel*, ZaöRV 2014, 615, 644 („Zwei Identitäten, zwei Kontrollen.“).

Im Lissabon-Urteil hatte das BVerfG die europarechtsfreundliche Ausübung der Identitätskontrolle betont, aber trotz des Bezugs auf Art. 4 Abs. 2 S. 1 EUV eine Vorlage an den EuGH weder vorgenommen noch ausdrücklich erwogen.[331] Auch nachdem das BVerfG in der Entscheidung zur Vorratsdatenspeicherung die eigene Vorlagepflicht anerkannt hatte,[332] kam es im Antiterrordateigesetz-Urteil trotz des unmittelbaren Bezugs auf die Åkerberg-Fransson-Entscheidung des EuGH nicht zu einer Vorlage.[333] Deutlicher zum Kooperationsverhältnis mit dem EuGH und der Vorlagefrage äußerte sich das BVerfG dann aber im OMT-Vorlagebeschluss. So will das BVerfG bei der Prüfung, ob eine EU-Maßnahme die von Art. 79 Abs. 3 GG geschützte Verfassungsidentität berührt, die Auslegung zugrunde legen, welche der EuGH im Rahmen eines Vorabentscheidungsverfahrens vorgibt.[334] Die Auslegung unionsrechtlicher Maßnahmen bleibe damit alleinige Aufgabe des EuGH. Demgegenüber obliege die Feststellung des unantastbaren Kernbestands der Verfassungsidentität und die Prüfung, ob die so ausgelegte Maßnahme in diesen Kernbereich eingreift, dem BVerfG.[335] Mit Blick auf die bei der grundrechtlichen Identitätskontrolle gewählte Formulierung des BVerfG, „soweit erforderlich" vorzulegen, war in der Folgezeit allerdings unklar, ob damit eine Einschränkung der Vorlagepflicht verbunden war.[336] Inzwischen hat das BVerfG jedoch klargestellt, dass eine Prüfung der Verletzung des Rechts auf den gesetzlichen Richter infolge einer unterlassenen Vorlage des Fachgerichts an den EuGH Vorrang vor der Prüfung einer Verletzung der Verfassungsidentität hat,[337] sodass insoweit eine Einbindung des EuGH durch die Fachgerichte vorrangig ist. Auch bezüglich der eigenen Vorlagepflicht hat das BVerfG jüngst noch einmal deutlich gemacht, dass nicht nur bei der Ultra-vires-, sondern auch bei der Identitätskontrolle eine Pflicht zur Vorlage an den EuGH bestehe.[338] Bei der anschließenden Prüfung der Gültigkeit oder Auslegung einer Maßnahme von EU-Organen im Rahmen der Identitätskontrolle lege das BVerfG grundsätzlich den Inhalt und die Beurteilung zugrunde, die die Maßnahme durch den Gerichtshof erhalten habe.[339] Obwohl das BVerfG also nunmehr ausdrücklich die eigene Vorlagepflicht und die Aus-

---

[331] BVerfGE 123, 267, 354 – *Lissabon*.

[332] BVerfGE 125, 260, 308 – *Vorratsdatenspeicherung*; zur Anerkennung der Vorlagepflicht siehe nur *Hufeld/Rathke*, EuR Beiheft 3 (2013), 7, 20.

[333] BVerfGE 133, 277, 313 Rn. 88 ff. – *Antiterrordateigesetz*; dazu bereits oben S. 189 ff. Kritisch zur Nichtvorlage auch *von Danwitz*, EuGRZ 2013, 253, 261.

[334] BVerfGE 134, 366, 385 Rn. 27 a. E. – *OMT-Vorlagebeschluss*.

[335] BVerfGE 134, 366, 384 f. Rn. 27 u. 387 Rn. 29 a. E. – *OMT-Vorlagebeschluss*.

[336] BVerfGE 140, 317, 339 Rn. 46 – *Identitätskontrolle*; dazu bereits oben S. 199; s. a. BVerfGE 142, 123, 203 Rn. 154 – *OMT-Urteil*. *Dietz*, AöR 142 (2017), 78, 112 u. 116 ff. sieht darin allerdings nur einen Hinweis auf die sich aus der EuGH-Rechtsprechung ergebenden Ausnahmen von der Vorlagepflicht.

[337] BVerfGE 147, 364, 378 Rn. 34 ff. u. 388 Rn. 59 – *Haftbedingungen*.

[338] BVerfGE 146, 216, 256 Rn. 58 – *PSPP-Vorlagebeschluss*.

[339] BVerfGE 154, 17, Ls. 1 u. 96 Rn. 118 – *PSPP-Urteil*.

legungshoheit des EuGH anerkennt, bleibt aber eine entscheidende Einschränkung in Bezug auf das Vorlageverfahren bestehen. Dies gilt nicht nur wegen der nur „grundsätzlichen" Zugrundelegung der EuGH-Auslegung, sondern vor allem deshalb, weil die Identitätskontrolle ein ausschließlich verfassungsrechtliches Kontrollinstrument bleibt. Im OMT-Vorlagebeschluss hat das BVerfG dies auch in Bezug auf die Vorlage klargestellt, als es betonte, dass es eine Verletzung von Art. 79 Abs. 3 GG durch den OMT-Beschluss in der Auslegung des EuGH „ohne erneute Vorlage" zu prüfen habe, da es sich um eine Prüfung allein am Maßstab des deutschen Verfassungsrechts handele.[340] Schon vor diesem Beschluss wurde in der Literatur darauf hingewiesen, dass aufgrund der unterschiedlichen Prüfungsgegenstände eine Vorlage an den EuGH bei der Identitätskontrolle ausscheide.[341] Demgegenüber haben schon früh andere Stimmen zu Recht darauf hingewiesen, dass auch im Rahmen einer verfassungsgerichtlichen Identitätskontrolle stets Fragen des Unionsrechts und dessen Auslegung, insbesondere in Bezug auf Art. 4 Abs. 2 S. 1 EUV aufgeworfen werden und somit eine Vorlage notwendig sei.[342] Doch nicht nur, weil die Auslegung der unionsrechtlichen Identitätsklausel keinen *acte clair* darstellt,[343] sondern auch mit Blick auf einen kooperativen Umgang und die Möglichkeit einer deeskalierenden Wirkung wäre eine Vorlage zu begrüßen.[344]

In Anbetracht der Rechtsprechung des BVerfG ist allerdings sowohl hinsichtlich des Prüfungsmaßstabs als auch der Vorlagefrage eine differenzierte Betrachtung angebracht. Wie bereits dargestellt, ist die bundesverfassungsgerichtliche Identitätskontrolle ein verfassungsrechtliches Instrument, bei dem Art. 23 Abs. 1 S. 3 GG i. V. m. Art. 79 Abs. 3 GG nicht nur als normative Anknüpfung, sondern zugleich als Prüfungsmaßstab fungiert. Naturgemäß kann und wird das BVerfG dem EuGH nicht Fragen zur Auslegung des GG zur Vorabentscheidung vorlegen. Insoweit ist der Hinweis auf den unterschiedlichen Prüfungsmaßstab richtig. Ebenso zutreffend ist aber auch, dass wenn die Verfassungsidentität gegenüber EU-Sekundärrecht in Stellung gebracht wird, dies auch die Auslegung des Unionsrechts betrifft. Entsprechend der Notwendigkeit eines kooperativen Zusammenwirkens beim unionsrechtlichen Identitätsschutz geht es damit in erster Linie um die Auslegung von Art. 4 Abs. 2 S. 1 EUV.[345] Trotz des ver-

---

[340] BVerfGE 134, 366, 418 f. Rn. 102 – *OMT-Vorlagebeschluss*.

[341] *K. Kaiser/Schübel-Pfister*, in: Emmenegger/Wiedmann, Linien der Rechtsprechung des BVerfG, Bd. 2, S. 545, 562 f. u. 565.

[342] Siehe nur *von Bogdandy/Schill*, ZaöRV 70 (2010), 701, 730 sowie allgemein *E. Klein*, in: Niedobitek/Sommermann, Die EU als Wertegemeinschaft, S. 59, 75. *Ress*, ZÖR 64 (2009), 387, 388 f. nahm bereits anlässlich des Lissabon-Urteils eine Vorlagepflicht an. Zur Vorlagepflicht auch *Schnettger*, Verbundidentität, S. 364 f. sowie *Simon*, Grenzen des Bundesverfassungsgerichts im europäischen Integrationsprozess, S. 276 f.

[343] *H. Sauer*, NJW 2016, 1134, 1137.

[344] So schon *Streinz*, ZfP 56 (2009), 467, 489 f.; für eine generelle Vorlagepflicht jüngst auch *Dietz*, AöR 142 (2017), 78, 112.

[345] Dazu bereits ausf. oben S. 236 ff.

fassungsrechtlichen Prüfungsmaßstabs betreffen Vorlagefragen im Bereich der bundesverfassungsgerichtlichen Identitätskontrolle nicht unmittelbar das deutsche Verfassungsrecht. Vielmehr kann mit der Vorlage ermittelt werden, ob die Inhalte der von Art. 79 Abs. 3 GG geschützten Verfassungsidentität auch unter den unionsrechtlichen Rahmen des Art. 4 Abs. 2 S. 1 EUV subsumiert werden können.[346] Es geht dabei nicht um eine Gleichsetzung der Maßstäbe, sondern darum, die nationalen Belange der Verfassungsidentität über die Vorlage ins Unionsrecht zu transformieren.[347] Die Vorlage etabliert somit eine Möglichkeit, den verfassungsrechtlichen Maßstab mit jenem des Unionsrechts zu verbinden bzw. in Bezug zu setzen. Gerade wenn das BVerfG gegenüber dem EuGH noch nicht den möglichen, auf Art. 79 Abs. 3 GG gestützten Identitätseinwand erhoben hat, ist daher eine (erneute) Vorlage notwendig,[348] um diesem eine Transformation in den unionrechtlichen Rahmen überhaupt erst zu ermöglichen. In diese Richtung deutet auch die jüngste Vorlage des BVerfG, die von einem möglichen Verstoß „gegen Art. 4 Abs. 2 EUV (i. V. m. Art. 79 Abs. 3 GG)" sprach.[349] Auch wenn der EuGH die Frage mit Hinweis auf ihren hypothetischen Charakter nicht beantwortet hat,[350] zeigt das BVerfG durchaus eine Offenheit für eine Verbindung der eigenen Identitätskontrolle mit dem unionsrechtlichen Rahmen. Inwieweit eine solche Verbindung tatsächlich möglich ist, betrifft allerdings nicht nur die Frage der Vorlagepflicht oder -bereitschaft, sondern auch das inhaltliche Verhältnis beider Kontrollen. Erst wenn dieses genauer betrachtet wird, kann auch abschließend eine Aussage zur Bedeutung des Vorlageverfahrens und den Möglichkeiten einer Kooperation insgesamt getroffen werden.

2. *Inhaltliche Synchronisierung mit Art. 4 Abs. 2 S. 1 EUV*

Ob und inwieweit bundesverfassungsgerichtliche und unionsrechtliche Identitätskontrolle über gemeinsame Inhalte miteinander verbunden werden können, ist naturgemäß eine Frage des Einzelfalls. Bedenkt man aber die Reichweite und jeweiligen Rechtsfolgen beider Kontrollen, werden die allgemeinen Möglichkeiten und Grenzen einer inhaltlichen Abstimmung erkennbar.

---

346 *Mayer*, EuR 2014, 473, 498 u. 496; s. a. *Burchardt*, ZaöRV 76 (2016), 527, 538 ff. sowie *Schnettger*, Verbundidentität, S. 365.

347 *Claes*, in: Saiz Arnaiz/Llivina, National Constitutional Identity and European Integration, S. 109, 137; s. a. *Ingold*, AöR 140 (2015), 1, 26 sowie *Wischmeyer*, AöR 140 (2015), 415, 450. f. Ähnlich *Spieker*, CML Rev. 57 (2020), 361, 383 ff., insb. 386 ff., der allerdings für eine Reformulierung der Identitätsbelange als Wertebelange und damit für einen Wechsel von Art. 4 Abs. 2 EUV auf Art. 2 EUV plädiert. Zur Bedeutung von Art. 2 EUV als Teil der unionsrechtlichen Identitätskontrolle bereits oben S. 232 u. 242 ff.

348 Zur erneuten Vorlage *Kumm*, GLJ 15 (2014), 203, 209 f. sowie *Mayer*, EuR 2014, 473, 496; nach *Wischmeyer*, AöR 140 (2015), 415, 454 dort Fn. 175 sei dies „situativ" zu entscheiden. Jüngst auch *Schnettger*, Verbundidentität, S. 368 u. 384.

349 BVerfGE 154, 17, 293 Rn. 134 – *PSPP-Urteil.*

350 EuGH, Urt. v. 11.12.2018 – Rs. C-493/17, ECLI:EU:C:2018:1000, Rn. 159 ff., insb. Rn. 166 – *Weiss u. a.*; dazu *Carl O. Lenz*, EWS 2019, 254, 255.

Ein erster wichtiger Unterschied besteht hinsichtlich des Anwendungsbereichs. Während Art. 4 Abs. 2 S. 1 EUV seine Wirkungen nur im Bereich des EU-Sekundärrechts entfaltet, kann die bundesverfassungsgerichtliche Identitätskontrolle sowohl das Primär- als auch das Sekundärrecht erfassen. Bei Änderungen des Primärrechts kommt also nur eine Identitätskontrolle anhand des jeweiligen Zustimmungsgesetzes durch das BVerfG in Betracht. Mit einer solchen rein verfassungsrechtlichen Kontrolle kann schon vor der finalen Zustimmung zur Übertragung von Hoheitsrechten überprüft werden, ob die deutschen Verfassungsorgane bei der Beteiligung an den weiteren Integrationsschritten die Grenzen des Art. 79 Abs. 3 GG gewahrt haben.[351] Aufgrund ihres Charakters als *„vorbeugende Identitätskontrolle“*[352], hat sie zwar nicht unerhebliche Auswirkungen für die allgemeine Entwicklung der europäischen Integration und des gerichtlichen Kooperationsverhältnisses, führt aber nicht zu durchgreifenden Widersprüchen oder Konflikten mit dem Unionsrecht.[353] Mangels unmittelbarer Anwendbarkeit von Art. 4 Abs. 2 S. 1 EUV oder anderer inhaltlicher Grenzen kommt eine Beteiligung des EuGH in dieser Konstellation regelmäßig nicht in Betracht.[354] Denkbar ist allerdings, dass sich bei einer Vertrags*änderung* zugleich Auslegungsfragen bezüglich der formalen unionalen Grenzen oder bezüglich anderer nicht geänderter Teile des Unionsrechts stellen. Mangels inhaltlicher unionsrechtlicher Anforderungen an Vertragsänderungen würde aber auch dann keine Vorlage mit unmittelbarem Bezug auf die Verfassungsidentität bzw. die nationale Identität erfolgen. Im Bereich des Primärrechts steht die bundesverfassungsgerichtliche Identitätskontrolle somit nicht neben dem unionsrechtlichen Identitätsschutz. Inhaltliche Überschneidungen und damit auch Konflikte zwischen den Identitätskontrollen sind somit von vornherein ausgeschlossen.

Ein anderes Bild ergibt sich hingegen im Bereich des EU-Sekundärrechts, wo das BVerfG die eigene Identitätskontrolle trotz der unionsrechtlichen Bezüge ausdrücklich neben Art. 4 Abs. 2 S. 1 EUV stellt. Obwohl die *„abwehrende Identitätskontrolle“*[355] des BVerfG teilweise als deutlich vom unionsrechtlichen Identitätsschutz abweichender Ansatz charakterisiert wird,[356] sollte nicht vorschnell auf eine vollständige Gegensätzlichkeit geschlossen werden.[357] In der unionsrechtlichen Perspektive nimmt Art. 4 Abs. 2 S. 1 EUV

[351] Vgl. *Wischmeyer*, AöR 140 (2015), 415, 453 u. 456, der die damit geschaffene *„Integrationstransparenz“* betont, Hervorh. i. O.

[352] *Wendel*, in: Franzius/Mayer/Neyer, Die Neuerfindung Europas, S. 51, 55 ff., Hervorh. i. O.; zur umfassenden Möglichkeit einer Vorabkontrolle bereits oben S. 121 ff.

[353] Dazu bereits ausf. oben S. 115 ff. u. 156 ff.

[354] Vgl. *Wischmeyer*, AöR 140 (2015), 415, 457.

[355] *Wendel*, in: Franzius/Mayer/Neyer, Die Neuerfindung Europas, S. 51, 57, Hervorh. i. O.

[356] Besonders deutlich *Konstadinides*, CYELS 13 (2011), 197, 200 ff. u. 208 ff., der die Kontrollen als „shield“ und „sword“ beschreibt.

[357] *Wischmeyer*, AöR 140 (2015), 415, 441.

zwar weder die nationale Vorbehaltsrechtsprechung in sich auf noch verweist er unmittelbar auf Art. 79 Abs. 3 GG, doch bietet er gleichwohl die Möglichkeit für eine maßstabsorientierte Kooperation, bei der Rücksicht auf nationale Identitätsbelange genommen werden kann. Da aus deutscher Sicht die in Art. 79 Abs. 3 GG geschützten Inhalte wiederum Teil der eigenen nationalen Identität sind,[358] können sie trotz unterschiedlicher Prüfungsmaßstäbe grundsätzlich auch von Art. 4 Abs. 2 S. 1 EUV erfasst sein.[359] Der unionsrechtliche Identitätsschutz ist also weiter als jener über die Identitätskontrolle des BVerfG,[360] was auch Letzteres ausdrücklich festgestellt hat.[361] Über Art. 4 Abs. 2 S. 1 EUV und darauf gestützte Vorlagen existieren also Instrumente, die flexibel im Einzelfall auch vom BVerfG genutzt werden können, unabhängig davon, ob bereits die Kerngehalte von Art. 79 Abs. 3 GG berührt sind oder nicht.[362] In der Literatur wird deshalb auch davon gesprochen, dass eine bundesverfassungsgerichtliche Identitätskontrolle stärker oder sogar ausschließlich auf Art. 4 Abs. 2 S. 1 EUV setzen und in Kooperation mit dem EuGH ausgeübt werden müsse.[363] Demgegenüber wird zu Recht darauf hingewiesen, dass der grundlegende Konflikt sich wegen der Funktionsäquivalenz der Identitätskontrollen zwar bis zu einem gewissen Grad moderieren, aber nicht vollständig lösen lasse.[364] Tatsächlich ändert auch ein noch so guter Dialog über Art. 4 Abs. 2 S. 1 EUV und ein damit verbundener Austausch über gemeinsame oder vergleichbare Identitätsgehalte nichts an den verfassungsrechtlichen Prämissen des BVerfG. Die Grenze des Art. 79 Abs. 3 GG und damit die eigenständige bundesverfassungsgerichtliche Identitätskontrolle bleibt als verfassungsrechtliche Frage eine Entscheidung, die dem BVerfG obliegt, das sich dann gerade außerhalb des Rahmens von Art. 4 Abs. 2 S. 1 EUV und damit der Zuständigkeit des EuGH bewegt.[365] Ungeachtet der Tatsache, dass die Ausübung eines solchen verfassungsrechtlichen Vorbehalts gegen das Unions-

[358] Ausdrücklich *Huber*, in: FS Jarass, S. 205, 208 sowie *Simon*, Grenzen des Bundesverfassungsgerichts im europäischen Integrationsprozess, S. 270; s. a. *Dreier*, in: von Bogdandy/Cruz Villalón/Huber, Hdb. IPE I, § 1 Rn. 149 sowie *Uhle*, Freiheitlicher Verfassungsstaat und kulturelle Identität, S. 111 ff.

[359] Vgl. *Tomuschat*, in: Saiz Arnaiz/Llivina, National Constitutional Identity and European Integration, S. 205, 212; s. a. *K. Kaiser*/*Schübel-Pfister*, in: Emmenegger/Wiedmann, Linien der Rechtsprechung des BVerfG, Bd. 2, S. 545, 562 f., die aber die abweichenden Maßstäbe betonen.

[360] *Classen*, EuR 2017, 347, 361 ff. sowie *Huber*, in: FS Jarass, S. 205, 208. Teilweise anders *Pernice*, AöR 136 (2011), 185, 204 f. sowie *Schwarze*, Das Verhältnis von nationalem Recht und Europarecht Bd. II, S. 39.

[361] BVerfGE 134, 366, 386 f. Rn. 29 – *OMT-Vorlagebeschluss*.

[362] *Wischmeyer*, AöR 140 (2015), 415, 451.

[363] *Burchardt*, ZaöRV 76 (2016), 527, 538 ff., 544 u. 550; für eine vollständige Ablösung von Art. 79 Abs. 3 GG siehe *Polzin*, Verfassungsidentität, S. 194 ff.

[364] *H. Sauer*, NJW 2016, 1134, 1137; ähnlich *van der Schyff*, ELR 37 (2012), 563, 580.

[365] *Claes*, in: Saiz Arnaiz/Llivina, National Constitutional Identity and European Integration, S. 109, 111 f.; *van der Schyff*, ELR 37 (2012), 563, 580; s. a. bereits oben S. 261.

recht verstoßen würde,[366] bleibt sie aus der Perspektive des BVerfG als *ultima ratio* möglich.[367] Damit ist zugleich die wichtige Einschränkung auf Ausnahmefälle angesprochen. Von Bedeutung sind die verfassungsrechtlichen Grenzen dann, und zwar nur dann, wenn aus Sicht des BVerfG trotz einer Entscheidung des EuGH, die nach einer auf Art. 4 Abs. 2 S. 1 EUV gestützten Vorlage ergangen ist, weiterhin eine Berührung der von Art. 79 Abs. 3 GG geschützten Grundsätze droht.[368] Da zuvor bereits mindestens eine Vorlage erfolgt ist, hätte der EuGH auch vor Eintreten dieser Ausnahmesituation die Gelegenheit, eine drohende Identitätsverletzung zu verhindern.[369] Eine nochmalige – unter Umständen dritte – Vorlage ist dann nicht mehr erforderlich, zumal zu diesem Zeitpunkt nicht mehr die Auslegung von Unions-, sondern nur noch von Verfassungsrecht in Rede steht.

Obwohl im Bereich des Sekundärrechts die beiden Identitätskontrollen eigenständig nebeneinanderstehen und grundsätzlich anwendbar sind, kommen sie nicht im eigentlichen Sinne parallel zur Anwendung. Vielmehr stehen sie in einem gestuften Verhältnis, bei dem vorrangig der unionsrechtliche Identitätsschutz zur Anwendung kommt. Letzterer ermöglicht über das Vorlageverfahren auch einen Austausch über den unionsrechtlichen Rahmen des Art. 4 Abs. 2 S. 1 EUV und damit in gewissem Umfang auch eine inhaltliche Abstimmung über Identitätsbelange. Gleichwohl bleibt aus der Perspektive des BVerfG die Möglichkeit einer anschließenden rein verfassungsrechtlichen Kontrolle im Ausnahmefall unberührt, sodass eine vollständige Vereinheitlichung der Maßstäbe weiterhin nicht gegeben ist.

3. Zwischenfazit: Abgestufte Identitätskontrolle zwischen Unions- und Verfassungsrecht

Einem kooperativen Umgang mit unionsrechtlichem und verfassungsrechtlichem Identitätsschutz sind wegen der nach wie vor bestehenden abweichenden Prüfungsansätze klare Grenzen gesetzt. Im ersten Anwendungsbereich der bundesverfassungsgerichtlichen Identitätskontrolle, der Kontrolle des Zustimmungsgesetzes im Falle von Primärrechtsänderungen, besteht schon keine Überschneidung mit dem unionsrechtlichen Identitätsschutz. Autonomie und Identitätsschutz beginnen zwar bereits bei den Verhandlungen zu Vertragsände-

---

[366] Siehe nur *Dederer*, JZ 2014, 314, 321; zur Ablehnung verfassungsrechtlicher Vorbehalte durch den EuGH bereits oben S. 57 f.

[367] *Von Bogdandy/Schill*, CML Rev. 48 (2011), 1417, 1449 u. 1451; zur Einordnung als ultima ratio auch *Pernice*, AöR 136 (2011), 185, 204 f. u. 216; s. a. *K. Kaiser/Schübel-Pfister*, in: Emmenegger/Wiedmann, Linien der Rechtsprechung des BVerfG, Bd. 2, S. 545, 563.

[368] *Calliess/Kahl/Puttler*, in: Calliess/Ruffert, EUV/AEUV, 5. Aufl., Art. 4 EUV Rn. 17 a. E.; s. a. *Simon*, Grenzen des Bundesverfassungsgerichts im europäischen Integrationsprozess, S. 269, 276 f. u. 292 sowie *Wischmeyer*, AöR 140 (2015), 415, 454 u. 456 f. m. w. N.

[369] Vgl. *Wischmeyer*, AöR 140 (2015), 415, 457; zur erneuten Vorlage bereits oben S. 276.

rungen, sind dort aber keine Frage von Art. 4 Abs. 2 S. 1 EUV.[370] Mögliche Identitätskontrollen anlässlich einer Vertragsänderung laufen ausschließlich anhand des Verfassungsrechts ab. Sofern im Einzelfall eine Vorlage an den EuGH in Betracht käme, stünde diese – mangels Anwendbarkeit des Art. 4 Abs. 2 S. 1 EUV – grundsätzlich nicht in Zusammenhang mit dem unionsrechtlichen Identitätsschutz. Auch wenn solche verfassungsrechtlichen Identitätskontrollen nicht im gerichtlichen Alltag, sondern nur in der vergleichsweise seltenen Situation der Vertragsänderung vorkommen, bilden sie schon aufgrund ihres vorbeugenden Charakters neben dem Identitätsschutz auf politischer Ebene den ersten wichtigen Baustein einer abgestuften Identitätskontrolle.

Bei der Kontrolle von EU-Sekundärrecht stehen hingegen beide Identitätskontrollen mit eigenem Prüfungsmaßstab und jeweiligem Letztentscheidungsanspruch nebeneinander. Damit der Identitätsschutz dennoch einen Beitrag zum kooperativen Zusammenspiel von EuGH und BVerfG leisten kann, ist eine sensible und rücksichtsvolle Handhabung des *jeweiligen* Maßstabs durch beide Seiten geboten.[371] Wie auch das BVerfG in anderem Zusammenhang festgestellt hat, steht „das ‚letzte Wort' der deutschen Verfassung einem internationalen und europäischen Dialog der Gerichte nicht entgegen, sondern ist dessen normative Grundlage."[372] Neben einer generell zurückhaltenden Heranziehung des absoluten Maßstabs aus Art. 79 Abs. 3 GG bedeutet dies für das BVerfG insbesondere eine Kooperation über Vorlagen, die auf die Auslegung des unionsrechtlichen Rahmens des Art. 4 Abs. 2 S. 1 EUV gerichtet sind. Erst im Anschluss ist als *ultima ratio* eine rein verfassungsrechtliche Identitätskontrolle anhand von Art. 79 Abs. 3 GG möglich, an deren Ende eine Unanwendbarkeitserklärung durch das BVerfG stehen kann. Die bundesverfassungsgerichtliche Identitätskontrolle bildet damit die Ausnahme vom Regelfall des kooperativen Identitätsschutzes im Rahmen des Unionsrechts. Insgesamt ergibt sich somit ein dreistufiges Vorgehen im Bereich der Identitätskontrolle. Zunächst ist mitgliedstaatlichen Interessen innerhalb des bestehenden Unionsrechts Rechnung zu tragen, bevor in einem zweiten Schritt Art. 4 Abs. 2 S. 1 EUV zum Tragen kommt, innerhalb dessen auch auf verfassungsrechtliche Identitätsbelange Rücksicht genommen werden kann. Erst in einem dritten und letzten Schritt kommt eine rein verfassungsrechtliche Kontrolle durch das BVerfG in Betracht.[373]

Für einen kooperativen Umgang rückt damit Art. 4 Abs. 2 S. 1 EUV ins Zentrum des Interesses. Möglichkeiten und Grenzen einer Kooperation hängen dabei maßgeblich von Art und Umfang der Vorlagen sowie einem weniger starken Souveränitätsbezug auf der einen und dem Ausmaß der Rücksicht auf na-

---

370 *Goldhammer*, JöR 63 (2015), 105, 122 f.

371 *Streinz*, in: FS Müller-Graff, S. 1193, 1205; Hervorh. d. Verf.

372 BVerfGE 128, 326, 369 – *EGMR-Sicherungsverwahrung*.

373 Dazu auch *Schnettger*, Verbundidentität, S. 253 ff., insb. S. 258 ff., s. a. S. 273 ff. u. 422.

tionale Identitätsbelange auf der anderen Seite ab.[374] Auch wenn ein Dialog nicht automatisch alle Konflikte lösen wird und im Einzelfall Spannungen und Meinungsverschiedenheiten unvermeidbar sind,[375] hätte eine stärkere Zuwendung zu Art. 4 Abs. 2 S. 1 EUV eine deutlich deeskalierende Wirkung.[376] Je erfolgreicher die Kooperation über Art. 4 Abs. 2 S. 1 EUV abläuft, desto geringer ist die Gefahr einer rein verfassungsrechtlichen Identitätskontrolle. Von Seiten des BVerfG ist dabei zunächst notwendig, dass es überhaupt zu einer auf Art. 4 Abs. 2 S. 1 EUV bezogenen Vorlage kommt. Insbesondere wenn sensible Belange in Rede stehen, muss dies dem EuGH im Wege der Vorlage hinreichend deutlich gemacht werden.[377] Dabei spielen auch Art und Weise bzw. die Formulierung der Vorlagefrage eine entscheidende Rolle.[378] Die Vorlage darf nicht nur die bloße Ankündigung des Identitätsvorbehalts darstellen,[379] sondern muss gerade darauf gerichtet sein, die verfassungsrechtlichen Identitätsbelange in den unionsrechtlichen Rahmen einzubringen.[380] Ähnlich dem Vorgehen im Bereich der Grundrechte könnte das BVerfG eine konstruktive Mitwirkung einer eher abwehrenden Haltung vorziehen und so das „erste Wort" an die Stelle des „letzten Wortes" setzen.[381] Die jüngste Vorlage des BVerfG im PSPP-Verfahren, die ausdrücklich eine Verbindung von Art. 79 Abs. 3 GG und Art. 4 Abs. 2 S. 1 EUV hergestellt hat, war zunächst einmal ein positives Signal in diese Richtung. Da der EuGH auf diese Verbindung aber nicht weiter eingegangen ist und das BVerfG im abschließenden Urteil die EuGH-Entscheidung – wenn auch aus anderen Gründen – zum Ultra-vires-Akt erklärt hat, werden allerdings auch die sich aus den unterschiedlichen Maßstäben ergebenden Grenzen des bisherigen „Identitäts-Dialogs" offenkundig.

In Zukunft muss es daher darum gehen, Art. 4 Abs. 2 S. 1 EUV und dessen Potenzial als gemeinsamer Anknüpfungspunkt stärker in den Mittelpunkt zu stellen. Je maßvoller die damit erforderliche prozessuale und inhaltliche Abstimmung zwischen beiden Gerichten vorgenommen wird, desto geringer fällt das wegen der unterschiedlichen Maßstäbe fortbestehende Konfliktpotenzial ins Gewicht.

---

[374] *W. Weiß*, in: Niedobitek, Europarecht, § 5 Rn. 197 f., s. a. Rn. 151.

[375] *Wischmeyer*, AöR 140 (2015), 415, 451; s. a. *Tomuschat*, in: Saiz Arnaiz/Llivina, National Constitutional Identity and European Integration, S. 205, 206.

[376] Vgl. *van der Schyff*, ELR 37 (2012), 563, 580; s. a. *R. Hofmann/Heger*, EuGRZ 2020, 176, 189 f.

[377] *Van der Heyning*, in: Claes/de Visser/Popelier u. a., Constitutional Conversations in Europe, S. 181, 202; *Wischmeyer*, AöR 140 (2015), 415, 451. *C. Walter/Vordermayer*, JöR 63 (2015), 129, 165 nehmen auch die mitgliedstaatlichen Prozessvertreter in die Pflicht.

[378] *Mayer*, VVDStRL 75 (2016), 7, 48 f. dort. Fn. 217; *Swoboda*, ZIS 2018, 267, 295.

[379] In diese Richtung aber *A. Thiele*, EuR 2017, 367, 378 f.

[380] *Schnettger*, Verbundidentität, S. 365, 368 u. 384; zu den Einzelheiten sogleich.

[381] *Schönberger*, JöR 63 (2015), 41, 59 f.; zu den Grundrechten siehe bereits oben S. 213 ff.

C. Ausblick: Die weitere Ausgestaltung des Identitätsschutzes

Bei der Identitätskontrolle muss grundsätzlich zwischen der unionsrechtlichen und der nationalen bzw. verfassungsrechtlichen Perspektive unterschieden werden.[382] Nach wie vor unterscheiden sich beide Ansätze sowohl im Hinblick auf die normative Verankerung als auch bezüglich des Maßstabs. Während im Unionsrecht mit der „nationalen Identität" des Art. 4 Abs. 2 S. 1 EUV ein abwägungsfähiger Rahmenbegriff existiert, fußt die Identitätskontrolle auf dem absoluten und abwägungsfesten Maßstab der „Verfassungsidentität". Während die unterschiedlichen Begrifflichkeiten wegen möglicher inhaltlicher Schnittmengen kein durchgreifendes Hindernis für eine Kooperation darstellen,[383] wird eine maßstabsorientierte Kooperation dennoch durch die Anwendung unterschiedlicher Prüfungsmaßstäbe erschwert. Um im Bild des Dialogs zu bleiben, fehlt es insoweit an einer gemeinsamen Sprache bzw. wird das Potenzial des Art. 4 Abs. 2 S. 1 EUV als einheitliche Sprache bzw. Plattform für einen gleichberechtigtes Gespräch von EuGH und BVerfG nicht ausreichend genutzt.[384] Betrachtet man nämlich die Anwendungsbereiche und Schnittmengen beider Identitätskontrollen, wird ein gestuftes Verhältnis erkennbar, bei dem Art. 4 Abs. 2 S. 1 EUV eine zentrale Rolle zukommt. Letzterer kann als „Brücke" zwischen den Rechtsordnungen dienen, um es Verfassungsgerichten zu ermöglichen, nationale Identitätsbelange über Vorlagen an den EuGH in das EU-Recht einfließen zu lassen und diese Belange einer unionsrechtlichen Berücksichtigung zuzuführen.[385] Der Gesamtkomplex des gerichtlichen Identitätsschutzes darf künftig nicht als Auseinandersetzung verstanden werden, bei der sich vermeintlich eine pro- und antieuropäische Haltung der Gerichte gegenüberstehen. Vielmehr muss Art. 4 Abs. 2 S. 1 EUV als Grundlage für ein „komplementäres Rechtsschutzsystem" fruchtbar gemacht und weiter ausgebaut werden.[386]

Anita Schnettger hat jüngst basierend auf einem Verständnis der von Art. 4 Abs. 2 S. 1 EUV geschützten nationalen Identität als „Verbundidentität" ausführlich dargelegt, wie ein Rechtsschutzsystem aussehen könnte, bei dem anstelle

[382] Vgl. *Schill/Krenn*, in: Grabitz/Hilf/Nettesheim, EUV/AEUV, Art. 4 EUV Rn. 50 ff., insb. Rn. 52 u. 55.

[383] Dazu auch *Schnettger*, Verbundidentität, S. 141 f.

[384] *Van der Heyning*, in: Claes/de Visser/Popelier u. a., Constitutional Conversations in Europe, S. 181, 190 ff. u. 198 ff., insb. S. 201 f.; s. a. *Claes*, in: Claes/de Visser/Popelier u. a., Constitutional Conversations in Europe, S. 205, 229. Zum Potenzial auch *R. Hofmann/Heger*, EuGRZ 2020, 176, 189 f.

[385] *Claes*, in: Claes/de Visser/Popelier u. a., Constitutional Conversations in Europe, S. 205, 207, 221 u. 230 ff.; siehe auch bereits oben S. 244 ff. u. 273 ff.

[386] *Wischmeyer*, AöR 140 (2015), 415, 442 unter Hinweis auf *Generalanwalt Cruz Villalón*, Schlussanträge v. 12.01.2015 – Rs. C-62/14, ECLI:EU:C:2015:7, Rn. 67 dort Fn. 34 – *Gauweiler u. a.*

einseitiger Letztentscheidungen eine gemeinsame Perspektive von EuGH und den Mitgliedstaaten bzw. deren nationalen Verfassungs- und Höchstgerichten auf den Identitätsschutz tritt.[387] Dabei müsste Art. 4 Abs. 2 S. 1 EUV ausdrücklich benannt und herangezogen werden, was umfassende Darlegungslasten der Mitgliedstaaten auf der einen und einen offensiven und begründungsbezogen Umgang des EuGH auf der anderen Seite erfordere.[388] Schließlich sei auf beiden Seiten eine eingeschränkte Kontrolldichte bzw. die Achtung gegenseitiger Spielräume erforderlich.[389]

Unabhängig von der offenen Frage, ob BVerfG und EuGH sich auf ein derartiges Vorgehen verständigen können, ist es nur ein Teil der Lösung.[390] Sollte sich der auf Art. 4 Abs. 2 S. 1 EUV gestützte Austausch positiv entwickeln, könnte das BVerfG seine eigene Identitätskontrolle *solange* zurückzunehmen, wie der Identitätsschutz auf Unionsrechtsebene über Art. 4 Abs. 2 S. 1 EUV gewahrt ist.[391] Wie im Bereich der Grundrechte würde es verstärkt mit der Vorlage auf das „erste Wort" setzen und sich das „letzte Wort" als reine Rückfalloption vorbehalten.[392] Eine Schutzlücke besteht aus Sicht des BVerfG auch deshalb nicht, weil neben der subsidiären Identitätskontrolle auch eine Ultra-vires-Kontrolle gegenüber der EuGH-Entscheidung weiter möglich wäre.[393] Damit ist aber auch zugleich die Grenze eines gemeinsamen Identitätsschutzes angesprochen. Positiv formuliert kann ein gemeinsames Vorgehen über Art. 4 Abs. 2 S. 1 EUV den Konflikt zwischen EuGH und BVerfG entschärfen, da gewissermaßen ein Ventil zur Verfügung steht. Nach einer – zwingenden – Vorlage an den EuGH kann dieser die nationalen Identitätsbelange unionsrechtlich berücksichtigen. Da der EuGH allerdings vorrangig die übrigen Normen des Unionsrechts heranzieht und insoweit mit Anspruch auf Letztentscheidungsbefugnis entscheidet, bleibt der grundsätzliche Konflikt unverändert. Negativ formuliert kann sich damit auch die Gefahr einer Ultra-vires-Kontrolle des BVerfG erhöhen, wenn der EuGH – aus Sicht des BVerfG – seine Grenzen überschreitet. Für eine umfassendere Kooperation müssen daher auch die Maßstäbe sowie die Kontrollbefugnis bezüglich des Unionsrechts im Übrigen stärker abgestimmt werden. Eine gemeinsame Identitätskontrolle mit direktem Austausch ist dabei gleichwohl ein wichtiger Baustein für die maßstabsorientierte Kooperation, der neben die Kooperation im Bereich der EU-GRCh tritt und diese ergänzt.

---

[387] *Schnettger*, Verbundidentität, S. 345 ff., 400 ff., 426 ff. u. passim.

[388] *Schnettger*, Verbundidentität, S. 376 u. 377 ff.

[389] *Schnettger*, Verbundidentität, S. 385 ff.

[390] So auch *Schnettger*, Verbundidentität, S. 402 f., 409 u. 348 f.

[391] Dazu *Giegerich*, ZEuS 2016, 3, 47; s. a. die ausformulierte Formel bei *Spieker*, in: Klatt, Jurisdiktionskonflikte, S. 111, 141 unter Hinweis auf *Everling*, EuR 2010, 91, 101.

[392] Dazu bereits oben S. 200 ff. u. 281.

[393] *Wischmeyer*, AöR 140 (2015), 415, 455.

Kapitel 5

Quis iudicabit *de quo*? – Die gerichtliche Entscheidung über die Maßstäbe der Integration

Der letzte Bereich der gerichtlichen Auseinandersetzung betrifft die sogenannte Ultra-vires-Kontrolle des BVerfG, mit der das Gericht die Einhaltung der Kompetenzgrenzen durch die EU-Organe überwacht und sich *prima facie* in Widerspruch zum diesbezüglichen Rechtsprechungsmonopol des EuGH setzt. Ihrem jeweiligen Zugang zum Anwendungsvorrang folgend, nehmen beide Gerichte das Recht zur Letztentscheidung über die Auslegung des EU-Rechts und dessen Grenzen für sich in Anspruch.[1] Obwohl diese Ausgangslange auch für die übrigen Konfliktbereiche gilt, weist die Kompetenzkontrolle eine besondere Charakteristik auf. Anders als bei den anderen Integrationsvorbehalten des BVerfG, die zwar unstreitig *mittelbare* Auswirkungen auf das Europarecht haben,[2] mit den nationalen Grundrechten beziehungsweise der Verfassungsidentität im Ausgangspunkt aber an einen grundgesetzlichen Maßstab anknüpfen, bezieht sich die Ultra-vires-Kontrolle, ungeachtet ihrer noch zu klärenden Rechtsgrundlage, auch *unmittelbar* auf die Anwendung und Überprüfung europarechtlicher Maßstäbe.[3] Bemerkenswerterweise kam es trotz des damit möglichen und im PSPP-Verfahren zum wiederholten Male praktizierten direkten Austauschs der Gerichte über die EU-Kompetenzordnung zur erstmaligen Ultra-vires-Erklärung durch das BVerfG. Auf den ersten Blick scheint sich zu bewahrheiten, dass die Gerichte aneinander vorbeireden bzw. dass das Beharren auf dem Letztentscheidungsrecht einen Dialog befördert, bei dem beide Seiten für sich in Anspruch nehmen, dem Gegenüber nicht vollständig zuhören zu müssen.[4] Dem folgend wäre der Konflikt nicht trotz, sondern *wegen* des gemeinsamen Maßstabs eskaliert, da beide Seiten mit dem Anspruch auf (Letzt-)Verbindlichkeit „Verschiedenes" über „dasselbe" äußern. Auf der anderen Seite gilt auch und gerade für die Kompetenzkontrolle, dass bei der gleichen Anwendung übereinstimmender Maßstäbe kein Widerspruch bestehen und der Konflikt zwischen den Gerichten

---

[1] Zu den Zugängen und den damit verbundenen Grenzen bereits oben S. 45 ff. u. 58 ff.

[2] *Schwerdtfeger*, EuR 2015, 290, 297 sieht vor allem die Gefahr einer Rechtszersplitterung. Ausf. zu den Auswirkungen auf die europarechtlichen Maßstäbe bereits oben Kap. 3 u. 4.

[3] *Grimm*, Der Staat 48 (2009), 475, 479; *Schwerdtfeger*, EuR 2015, 290, 301 ff.; s. a. *Delfs*, Komplementäre Integration, S. 336, der auf die unklare verfassungsrechtliche Grundlage der Kompetenzkontrolle hinweist; dazu noch ausf. Kap. 5, B. II.

[4] Vgl. *Schnettger*, Verbundidentität, S. 347; s. a. bereits oben S. 2.

nicht eskalieren kann.[5] Im Sinne einer pluralistischen Herangehensweise, die ohne „letzte Wörter“ auskommt und den Fokus auf die jeweiligen Maßstäbe legt, muss daher auch bei der Kompetenzkontrolle nicht nur der Ort, sondern vor allem das Ergebnis der Entscheidung ins Zentrum der gerichtlichen Kooperation rücken.[6] Da das Ergebnis aber wiederum vom herangezogenen Prüfungsmaßstab abhängt, ist für die Kooperation entscheidend, ob und inwieweit der erste Anschein eines gemeinsamen rechtlichen Anknüpfungspunkts in Gestalt der EU-Kompetenzordnung tatsächlich zutreffend ist oder ob auch die Kompetenzkontrolle durch abweichende Maßstäbe geprägt wird. Die im Kontext der Ultra-vires-Kontrolle typischerweise diskutierte Frage „Quis iudicabit?“[7] muss daher zu „Quis iudicabit *de quo*?“ präzisiert werden. Anders formuliert geht es also nicht nur um die Frage, welches Gericht entscheidet, sondern auch und vor allem darum, welche Maßstäbe es heranzieht und welchen Grenzen es dabei selbst unterliegt.

Wie auch in anderen Konfliktbereichen kann die Frage „Quis iudicabit *de quo*?“ aus einer unionsrechtlichen und einer verfassungsrechtlichen Perspektive beantwortet werden. Dabei müssen beide Perspektiven zunächst streng voneinander getrennt werden, um anschließend zu klären, ob trotz eventueller Unterschiede ein kooperativer Umgang möglich ist.[8] Insoweit müssen zunächst die europäische Perspektive, wonach die Kontrolle der unionsrechtlichen Maßstäbe allein und ausnahmslos dem EuGH zukommt (A.) und die Sicht des BVerfG, welches ein eigenes Recht zur Überwachung der Einhaltung unionsrechtlicher (Kompetenz-)Grenzen in Anspruch nimmt (B.) gegenübergestellt werden. Über die Betrachtung beider Perspektiven können nicht nur die Möglichkeiten und Grenzen eines kooperativen Umgangs mit den Kompetenzgrenzen, sondern wegen der bereits dargestellten zunehmenden Bedeutung unionsrechtlicher Integrationsmaßstäbe in den anderen Konfliktbereichen auch das Gesamtpotenzial eines neu verstandenen, maßstabsorientierten Kooperationsverhältnisses beurteilt werden (C.).

---

[5] *Schneider*, AöR 139 (2014), 196, 198 f.

[6] Vgl. mit Blick auf Art. 4 Abs. 2 S. 1 EUV *Schnettger*, Verbundidentität, S. 349 ff., insb. S. 353; allgemein zur Bedeutung der Maßstäbe bereits oben Kap. 1, insb. S. 80 ff.

[7] Dazu bereits *Tomuschat*, EuGRZ 1993, 489, 494; zu der Frage und zu ihren unterschiedlichen Formulierungen siehe nur *Mayer*, JZ 2020, 725 ff., insb. 727 f. sowie *Mayer*, Kompetenzüberschreitung und Letztentscheidungsrecht, S. 9 f. u. passim; jeweils m. w. N.

[8] *Hillgruber*, in: Behrens/Eger/H.-B. Schäfer, Ökonomische Analyse des Europarechts, S. 1 ff.

A. Unionsrechtliche Perspektive: Die Kontrolle des EU-Rechts durch den EuGH

Die unionsrechtliche Antwort auf die Frage „Quis iudicabit de quo?" fällt in Anbetracht der Rechtsprechung des EuGH zum absoluten Anwendungsvorrang eindeutig aus. Versteht man das EU-Recht als autonome Rechtsordnung, die zudem mit dem Gerichtshof der Europäischen Union über ein zentrales rechtsprechendes Organ verfügt, welches die Wahrung des Rechts bei der Auslegung und Anwendung der Verträge sichert (Art. 13, 19 Abs. 1 UAbs. 1 S. 2 EUV), bleibt wenig Raum für eine, wie auch immer geartete, externe Kontrolle der EU-Kompetenzen oder des Gerichtshofs selbst. Gleichwohl prüft das BVerfG mit der Ultra-vires-Kontrolle, ob die EU-Organe, einschließlich des EuGH, außerhalb der übertragenen Kompetenzen gehandelt haben.[9] Jedenfalls in begrifflicher Hinsicht knüpft das Gericht damit an Überlegungen aus dem allgemeinen Völkerrecht an,[10] die sich mit den Rechtsfolgen und der Kontrolle von Rechtsakten Internationaler Organisationen beschäftigen, die außerhalb der Kompetenzen dieser Organisationen, also *ultra vires* ergangen sind (I.). Diese Gedanken des allgemeinen Völkerrechts sind auf die EU allerdings nur sehr eingeschränkt übertragbar, da Auslegungs- und Gültigkeitsfragen im EU-Recht allein und ausnahmslos vom EuGH entschieden werden (II.). Trotz der zahlreichen kritischen Stimmen, welche sowohl die Effektivität als auch die Bereitschaft des EuGH zur Kontrolle der Kompetenzgrenzen bezweifeln, bleiben die Entscheidungen des EuGH über die Maßstäbe der Integration in unionsrechtlicher Hinsicht abschließend und verbindlich (III.). Dies wirkt sich auch auf die maßstabsorientierte Kooperation im Bereich der Kompetenzkontrolle aus, macht sie aber nicht von vornherein unmöglich (IV.).

I. Die völkerrechtlichen Hintergründe des Ultra-vires-Gedankens

Im allgemeinen Völkerrecht wird, ungeachtet des Fehlens einer allgemeinen Ultra-vires-Lehre, insbesondere dann von Ultra-vires-Akten gesprochen, wenn Internationale Organisationen außerhalb ihrer Kompetenzen tätig werden.[11] Dahinter steht der im Ausgangspunkt unbestrittene Befund, dass Internationale Organisationen, ihren jeweiligen Aufgaben entsprechend, regelmäßig nur über

---

[9] Erstmals erwähnt in BVerfGE 123, 267, 353 ff. – *Lissabon*; zur Entwicklung siehe noch Kap. 5, B. I.

[10] *Schorkopf*, GLJ 10 (2009), 1219, 1231 dort Fn. 48; s. a. *H. Sauer*, ZRP 2009, 195, 196. Kritisch zur völkerrechtlichen Herkunft des Begriffs *Funke*, ZG 2011, 166, 180 f. Inwieweit es sich tatsächlich um eine völker- oder doch um eine verfassungsrechtliche Anknüpfung handelt, vgl. *Ress*, ZÖR 64 (2009), 387, 388, ist Gegenstand von Kap. 5, B. I. u. II.

[11] Statt vieler *R. Bernhardt*, in: FS Skubiszewski, S. 599 ff., insb. S. 602 f. sowie *Osieke*, AJIL 77 (1983), 239 ff.; jeweils m. w. N.

begrenzte Kompetenzen verfügen und ihnen insbesondere die Möglichkeit zur eigenständigen Kompetenzerweiterung fehlt.[12] Diese Fähigkeit zur autonomen Neuordnung bzw. -zuweisung von Kompetenzen, die sogenannte „Kompetenz-Kompetenz"[13], kommt grundsätzlich allein den Mitgliedstaaten der jeweiligen Organisation zu.[14] Gleichwohl sind Ultra-vires-Handlungen möglich, da Internationale Organisationen anders als Staaten zwar in ihrer Rechtsmacht beschränkt, als eigenständige Rechtspersönlichkeiten aber unzweifelhaft in der Lage sind, die Grenzen dieser Beschränkung zu überschreiten und rechtliche Handlungen außerhalb der eigenen Kompetenzen vorzunehmen. Noch deutlicher formuliert, sind Ultra-vires-Handlungen für Internationale Organisationen nicht nur möglich, sondern gewissermaßen der „Lackmustest" für ihre Eigenständigkeit.[15] Während die Möglichkeit von Ultra-vires-Handlungen weitgehend anerkannt ist, bleibt der Umgang mit ihnen sowohl im Hinblick auf die Rechtsfolgen als auch auf die Kontrollmöglichkeiten äußerst umstritten. Regelmäßig wird allerdings zwischen dem Außen- und dem Innenverhältnis unterschieden, also der Wirkung gegenüber Drittstaaten auf der einen und gegenüber Mitgliedstaaten der Internationalen Organisation auf der anderen Seite.[16]

Bezogen auf Drittstaaten wird überwiegend davon ausgegangen, dass sich diese gegenüber der Internationalen Organisation auf den Grundsatz des Vertrauensschutzes berufen können. Entsprechend dem in Art. 46 Abs. 2 WVKIO[17] niedergelegten Rechtsgedanken, ist der Einwand, ein Akt sei *ultra vires* ergangen, unbeachtlich, sofern nicht die Verletzung einer Rechtsvorschrift von grundlegender Bedeutung in Rede steht und diese Verletzung offenkundig war.[18] Sofern diese Ausnahme aber nicht greift, kann sich eine Internationale Organisation im Außenverhältnis nicht darauf berufen, ihr Handeln sei *ultra vires* und daher für sie nicht bindend oder ihr jedenfalls nicht zurechenbar.

Entscheidender für die zu untersuchende Frage ist aber, ob und wenn ja mit welcher Folge die Mitgliedstaaten gegenüber Handlungen der Internationalen

[12] *Schmahl*, in: Graf Vitzthum/Proelß, Völkerrecht, S. 420 Rn. 189; zum Hintergrund und zur Rspr. siehe nur *Ruffert/C. Walter*, Institutionalisiertes Völkerrecht, S. 75 Rn. 197 ff.

[13] Zu Herkunft und Bedeutung des Begriffs *Lerche*, in: FS 180 Jahre Heymanns, S. 409 ff., insb. S. 412 ff.; s. a. *Pernice*, AöR 120 (1995), 100, 111 f. sowie aus jüngerer Zeit *Haack*, Verlust der Staatlichkeit, S. 125 ff. m. w. N. Zur Stellung der EU-Mitgliedstaaten als „Herren der Verträge" bereits oben S. 102 ff. u. 151 ff., insb. S. 154 ff.

[14] *Schmahl*, in: Graf Vitzthum/Proelß, Völkerrecht, S. 420 Rn. 189.

[15] *Cannizzaro/Palchetti*, in: Klabbers/Wallendahl, Research Handbook on the Law of International Organizations, S. 365, 370 f.

[16] Überblicke bei *Cannizzaro/Palchetti*, in: Klabbers/Wallendahl, Research Handbook on the Law of International Organizations, S. 365 ff.; *Ruffert/C. Walter*, Institutionalisiertes Völkerrecht, S. 79 Rn. 206 ff.; *Schmahl*, in: Graf Vitzthum/Proelß, Völkerrecht, S. 421 Rn. 192 ff.

[17] Wiener Übereinkommen über das Recht der Verträge zwischen Staaten und Internationalen Organisationen oder zwischen Internationalen Organisationen vom 21. März 1986 (im Folgenden: WVKIO), noch nicht in Kraft, vgl. Art. 85 WVKIO (BGBl. 1990 II S. 1414, 1453).

[18] *Schmahl*, in: Graf Vitzthum/Proelß, Völkerrecht, S. 421 f. Rn. 193 m. w. N.

Organisation einen Ultra-vires-Einwand erheben können. Sofern dies unter eventuell einzuhaltenden Bedingungen möglich ist, könnte die Ultra-vires-Kontrolle des BVerfG auch durch einen völkerrechtlichen Begründungsstrang bzw. einen dahinterstehenden allgemeinen Rechtsgedanken gestützt sein. Anders als im geschilderten Verhältnis zu Drittstaaten sind sowohl die Wirkungen als auch die Kontrolle von Ultra-vires-Akten im Verhältnis zwischen der Organisation und ihren Mitgliedstaaten stärker umstritten. Das Spektrum der vertretenen Ansichten hinsichtlich der Rechtsfolgen von Ultra-vires-Akten geht von der zwingenden Nichtigkeit, über eine auf evidente Kompetenzverletzungen beschränkte Rüge bis zur Annahme einer Rechtmäßigkeitsfiktion.[19] Ungeachtet der verschiedenen denkbaren Rechtsfolgen ist offensichtlich, dass die Beurteilung, ob überhaupt ein Ultra-vires-Akt vorliegt, stets umstritten sein wird. Egal ob man die Rechtsfolge der Nichtigkeit oder der (fiktiven) Rechtmäßigkeit annimmt, lässt sich grundsätzlich bei jedem Rechtsakt diskutieren, ob er denn tatsächlich außerhalb der Kompetenzen der Organisation liegt oder nicht. Beschränkt man die Rüge auf „evidente“ Verstöße, kommt in Folge der Unbestimmtheit des Begriffs der Evidenz noch ein zusätzliches Auslegungsproblem hinzu. Aus diesem Grund ist – unabhängig von den Rechtsfolgen – in einem ersten Schritt die Frage der Kontrollmöglichkeit zu klären.

Prinzipiell kann die Kontrolle entweder den Mitgliedstaaten oder der Internationalen Organisation bzw. ihren Organen überantwortet sein, wobei selbstverständlich auch eine Prüfung auf beiden Ebenen oder durch eine unabhängige dritte Instanz denkbar ist.[20] Sowohl eine Kontrolle durch die Internationale Organisation als auch durch die Mitgliedstaaten ist nicht unproblematisch, da in beiden Fällen eine Selbstbeurteilung stattfindet. Entweder entscheidet die Organisation über die Reichweite ihrer Rechte oder aber die Mitgliedstaaten über die Reichweite der eigenen Pflichten.[21] In Anbetracht dieser problematischen und nach wie vor umstrittenen Rechtslage wird, entsprechend dem Konflikt von EuGH und BVerfG, die Frage nach der Kontrollzuständigkeit von möglichen Ultra-vires-Akten Internationaler Organisationen, als „unlösbar“ bezeichnet. Dies gelte jedenfalls so lange, wie es an einer unabhängigen juristischen Instanz zur Beurteilung fehle.[22] Nach traditioneller völkerrechtlicher Auffassung umfasst die Souveränität der Staaten auch die Befugnis zur Selbst-

[19] Ausf. *Cannizzaro/Palchetti*, in: Klabbers/Wallendahl, Research Handbook on the Law of International Organizations, S. 365, 375 ff.; für eine Nichtigkeit beispielsweise *Kempen/Hillgruber/Grabenwarter*, Völkerrecht, S. 36 Rn. 39 u. S. 189 f. Rn. 26.

[20] *Osieke*, AJIL 77 (1983), 239, 240 ff.; s. a. *R. Bernhardt*, in: FS Skubiszewski, S. 599, 603 ff. sowie *Cannizzaro/Palchetti*, in: Klabbers/Wallendahl, Research Handbook on the Law of International Organizations, S. 365, 383 ff.

[21] *Ruffert/C. Walter*, Institutionalisiertes Völkerrecht, S. 80 Rn. 209 m. w. N.; ausf. zu den verschiedenen Ansichten s. a. die Nachweise oben Kap. 5 Fn. 20.

[22] Sehr deutlich *Ruffert/C. Walter*, Institutionalisiertes Völkerrecht, S. 80 Rn. 209 sowie *Schmahl*, in: Graf Vitzthum/Proelß, Völkerrecht, S. 422 f. Rn. 194.

beurteilung der eigenen völkerrechtlichen Rechte und Pflichten.[23] Umgekehrt steht es Staaten aber auch frei, diese Befugnis, umfassend oder unter gewissen Bedingungen, mittels einer souveränen Entscheidung auf eine zwischenstaatliche Institution oder ein Gericht zu übertragen.[24] In diesem Fall wären auch die Rechtsfolgen von Ultra-vires-Akten grundsätzlich allein der Entscheidungspraxis bzw. Rechtsprechung dieses Organs zu entnehmen. Ob und inwieweit eine solche Übertragung stattgefunden hat, ist eine Frage des Einzelfalls, wobei sowohl völkerrechtliche als auch verfassungsrechtliche Aspekte eine Rolle spielen. Führt man sich allerdings vor Augen, dass es bei Ultra-vires-Akten stets um die Beurteilung der sich aus dem Vertrag bzw. den Verträgen der Internationalen Organisation ergebenden Rechte und Pflichten geht, kommt diesen vertraglichen Grundlagen die entscheidende Bedeutung zu.[25] Insoweit ist es auch nicht verwunderlich, dass es keine allgemeinen völkerrechtlichen Vorgaben oder Maßstäbe für Ultra-vires-Akte gibt. Schließlich muss eine Beurteilung von Rechtsfolgen und Kontrollmöglichkeiten für jede Internationale Organisation individuell anhand der jeweils für die Organisation geltenden Regeln vorgenommen werden.[26] Zählt zu den vertraglichen Regeln bzw. zur Organstruktur der Internationalen Organisation ein unabhängiges Gericht oder ein vergleichbares rechtsprechendes Organ, spricht vieles dafür, die Entscheidung über Ultra-vires-Akte der Organisation bzw. ihrer Organe – jedenfalls bis zur Grenze des Missbrauchs – allein bei diesem anzusiedeln.[27] Im Rahmen der EU wird damit der Blick zwangsläufig auf den EuGH und seine Rechtsprechung zu den Grenzen der EU-Kompetenzordnung und deren Kontrolle gelenkt. Insoweit ist die entscheidende Frage, ob und inwieweit die Mitgliedstaaten dem EuGH die Zuständigkeit zur umfassenden Kontrolle übertragen haben.

II. Kompetenzüberschreitungen und ihre Kontrolle im Unionsrecht

Obwohl im allgemeinen Völkerrecht eine Ultra-vires-Kontrolle durch die Mitgliedstaaten einer Internationalen Organisationen grundsätzlich denkbar ist, lassen sich die dahinterstehenden Gedanken auf das EU-Recht nur äußerst eingeschränkt übertragen. Zwar ist die grundsätzliche Möglichkeit für Handlungen

[23] Ausf. *Gross*, in: Lipsky, Law and Politics in the World Community, S. 59 ff.; s. a. *Watson*, AJIL 71 (1977), 60 f. sowie *Verdross/Simma*, Universelles Völkerrecht, §§ 41 u. 37 m. w. N.

[24] Siehe nur *Classen*, in: v. Mangoldt/Klein/Stark, GG, Art. 24 GG Rn. 53 m. w. N.; zur Perspektive des GG sowie des BVerfG siehe noch Kap. 5, B. I. u. II.

[25] Allgemein *Nettesheim*, in: von Bogdandy/Bast, Europäisches Verfassungsrecht, S. 389, 391 f.

[26] *R. Bernhardt*, in: FS Skubiszewski, S. 599, 600, 602 u. 608 f.; vgl. auch *Cannizzaro/Palchetti*, in: Klabbers/Wallendahl, Research Handbook on the Law of International Organizations, S. 365, 367 ff. Zum Fehlen genereller Maßstäbe bereits *Osieke*, AJIL 77 (1983), 239.

[27] Sehr deutlich mit Bezug zum EuGH *R. Bernhardt*, in: FS Skubiszewski, S. 599, 602 u. 605 sowie *Paulus*, in: FS Vagts, S. 132, 141 m. w. N.

außerhalb der eigenen Kompetenzen auch im Unionsrecht angelegt, doch werden entsprechende Handlungen regelmäßig schon in sprachlicher Hinsicht nicht als Ultra-vires-, sondern als kompetenz- oder rechtswidrige Akte erfasst (1.). Ungeachtet dieser sprachlichen Abweichungen passt der Ultra-vires-Gedanke, soweit mit ihm eine externe Kontrollmöglichkeit verbunden wird, aber auch in inhaltlicher Hinsicht nicht auf die Rechtsordnung der EU. Die Entscheidung über die Auslegung sowie Gültigkeit des EU-Rechts ist nämlich alleinige Aufgabe des EuGH (2.). Da diese Befugnis zur Letztentscheidung ausnahmslos gilt, besteht aus der Perspektive des Unionsrechts kein Raum für Kontrollvorbehalte mitgliedstaatlicher Gerichte (3.).

1. Die generelle Möglichkeit zur Kompetenzüberschreitung

Wie die Untersuchung des Rechts der Internationalen Organisationen gezeigt hat, setzt eine Ultra-vires-Konstellation eine eigenständige Rechtspersönlichkeit bei gleichzeitig begrenzten Kompetenzen voraus. Nach den klaren Worten der Verträge besitzt die EU nicht nur die Rechts- und Geschäftsfähigkeit in den Mitgliedstaaten (Art. 335 AEUV), sondern auch Rechtspersönlichkeit (Art. 47 EUV), womit sie selbst Trägerin von Rechten und Pflichten wird.[28] Anders als der unter anderem in Art. 1 Abs. 1 und Art. 48 Abs. 2 EUV genutzte Begriff der „Übertragung" nahelegen könnte, verfügt die Union über originäre Kompetenzen,[29] die sie als eigenständige Rechtspersönlichkeit grundsätzlich selbstbestimmt ausübt. Wie bei den allgemeinen völkerrechtlichen Grundsätzen für Internationale Organisationen sind diese Kompetenzen allerdings auch im Unionsrecht nur von begrenzter Natur. Bereits früh hatte der EuGH den „Grundsatz der begrenzten Einzelermächtigung" als allgemeines Prinzip herausgestellt,[30] welches in Art. 5 Abs. 1 und 2 EUV auch an prominenter Stelle in den Verträgen niedergelegt ist. Demnach wird die Union nur innerhalb der Grenzen der übertragenen Zuständigkeiten tätig, während alle nicht übertragenen Zuständigkeiten bei den Mitgliedstaaten verbleiben. Dieses für die Zuständigkeitsverteilung zwischen EU und Mitgliedstaaten zentrale Prinzip wird an zahlreichen Stellen der Verträge und auch in der EU-GRCh aufgegriffen,[31] weshalb der EuGH auch

---

[28] Dazu und zu den verschiedenen Dimensionen der Rechtspersönlichkeit siehe *Niedobitek*, in: Niedobitek, Europarecht, § 1 Rn. 116 ff.

[29] Siehe nur *Bast*, in: Grabitz/Hilf/Nettesheim, EUV/AEUV, Art. 5 EUV Rn. 14a unter Hinweis auf EuGH, Urt. v. 17.12.1970 – Rs. 11/70, ECLI:EU:C:1970:114, Rn. 3 – *Internationale Handelsgesellschaft*; *Nettesheim*, in: von Bogdandy/Bast, Europäisches Verfassungsrecht, S. 389, 397 f. Für die Perspektive des GG bereits BVerfGE 37, 271, 279 f. – *Solange I.*

[30] EuGH, Urt. v. 05.10.2000 – Rs. C-376/98, ECLI:EU:C:2000:544, Rn. 84 – *Tabakwerbung I*; EuGH, 28.03.1996 – Gutachten 2/94, ECLI:EU:C:1996:140, Rn. 23 ff. – *EMRK*; dazu *Terhechte*, in: Hatje/Müller-Graff, EnzEuR, Bd. 1, § 14 Rn. 28; zur Entwicklung auch *Calliess*, in: Calliess/Ruffert, EUV/AEUV, Art. 5 EUV Rn. 1 u. 7 ff.

[31] Art. 51 Abs. 1 GRCh, Art. 1 Abs. 1, Art. 3 Abs. 6, Art. 4 Abs. 1, Art. 13 Abs. 3 EUV; dazu auch *Lienbacher*, in: Schwarze/Becker/Hatje u. a., EU-Kommentar, Art. 5 EUV Rn. 6.

davon spricht, dass es – gemeinsam mit dem in Art. 13 bis 19 EUV festgelegten institutionellen Rahmen – die Verfassungsstruktur der Union widerspiegle.[32] Folge des Prinzips der begrenzten Einzelermächtigung ist, dass für ein Tätigwerden der EU und ihrer Organe eine sich aus den Verträgen ergebende Ermächtigung vorliegen muss und eine darüber hinausgehende eigenmächtige Ausweitung der vorhandenen Ermächtigungen untersagt ist. Anders ausgedrückt fehlt der EU also die Kompetenz-Kompetenz.[33] Da das Prinzip für jedes amtliche Handeln der EU und ihrer Organe gilt,[34] betrifft es sowohl die Verbands- als auch die Organkompetenz, wobei sich Letzteres auch aus Art. 13 Abs. 2 Satz 1 EUV ergibt.[35] Abstrakt betrachtet sind damit zwei verschiedene Arten einer Überschreitung des Prinzips der begrenzten Einzelermächtigung denkbar, die man in Anlehnung an das allgemeine Völkerrecht als Ultra-vires-Akte bezeichnen könnte. Der offensichtliche Fall ist ein Handeln der EU außerhalb der eigenen Verbandskompetenz. Möglich ist aber auch, dass ein EU-Organ eine Handlung vornimmt, die zwar in die Verbandskompetenz der EU fällt, zu der nach den Verträgen aber nur ein anderes EU-Organ befugt ist. Zur Kategorisierung von Ultra-vires-Akten hat *Franz C. Mayer* das Begriffspaar von Ultra-vires-Akten im engeren und weiteren Sinne eingeführt.[36] Während Ultra-vires-Akte im engeren Sinne die fehlende (Verbands-)Kompetenz für einen Sachbereich betreffen, geht es bei solchen im weiteren Sinne um Rechtsakte, die anderweitig an formellen oder materiellen Fehlern leiden. Fehlt bei einem Rechtsakt nicht nur die Verbandskompetenz, sondern ist er auch anderweitig rechtsfehlerhaft, liegt ein Ultra-vires-Akt im engeren und im weiteren Sinne vor.[37] Aufgrund der Tatsache, dass die EU einerseits über eine eigenständige Rechtspersönlichkeit und eigene Organe verfügt, andererseits aber umfassend an das Prinzip der begrenzten Einzelermächtigung gebunden ist, können die genannten Konstellationen auch im Unionsrecht auftreten. Grundsätzlich sind damit die Voraussetzungen für Ultra-vires-Akte der Union bzw. ihrer Organe gegeben.

Bevor aber im Folgenden auf die entscheidenden Fragen nach der Kontrollzuständigkeit und den Rechtsfolgen derartiger Akte eingegangen wird, scheint

[32] EuGH, 18.12.2014 – Gutachten 2/13, ECLI:EU:C:2014:2454, Rn. 165 – *Beitritt zur EMRK*; *Kadelbach*, in: von der Groeben/Schwarze/Hatje, Europäisches Unionsrecht, Art. 5 EUV Rn. 4 spricht vom „Kernbestand des Unionsrechts"; *Calliess*, in: Calliess/Ruffert, EUV/AEUV, Art. 5 EUV Rn. 8 von einem „Eckpfeiler für die Verteilung der Zuständigkeiten".

[33] Ausf. *Kiekebusch*, Der Grundsatz der begrenzten Einzelermächtigung, S. 7 u. 22 ff.; s. a. *Bast*, in: Grabitz/Hilf/Nettesheim, EUV/AEUV, Art. 5 EUV Rn. 14b; *Calliess*, in: Calliess/Ruffert, EUV/AEUV, Art. 5 EUV Rn. 7 u. 10 f.; *Streinz*, in: Streinz, EUV/AEUV, Art. 5 EUV Rn. 5 u. 8.

[34] Ausf. *Kiekebusch*, Der Grundsatz der begrenzten Einzelermächtigung, S. 46 ff., insb. S. 65; s. a. *Nettesheim*, in: von Bogdandy/Bast, Europäisches Verfassungsrecht, S. 389, 407.

[35] Siehe nur *Kadelbach*, in: von der Groeben/Schwarze/Hatje, Europäisches Unionsrecht, Art. 5 EUV Rn. 1, 3 u. 6 sowie *Streinz*, in: Streinz, EUV/AEUV, Art. 5 EUV Rn. 8 f. u. 13 f.

[36] *Mayer*, Kompetenzüberschreitung und Letztentscheidungsrecht, S. 22 ff.

[37] *Mayer*, Kompetenzüberschreitung und Letztentscheidungsrecht, S. 24 f.

es angebracht, zunächst zu klären, ob der Ultra-vires-Begriff für das EU-Recht überhaupt passend ist. Dagegen spricht bereits die Tatsache, dass der unionrechtsinterne Name für die Ultra-vires-Grenze „begrenzte Einzelermächtigung“ lautet.[38] Jedenfalls die klassische Konstellation eines Ultra-vires-Aktes im engeren Sinne ist in der Sprache des Unionsrechts also schlicht ein Verstoß gegen den Grundsatz der begrenzten Einzelermächtigung. Betrachtet man zudem die Rechtsprechung der EU-Gerichte fällt auf, dass – ungeachtet der inhaltlichen Kontrolle – auch dort nicht von „Ultra-vires-Akten“ der EU oder ihrer Organe gesprochen wird. Sofern nicht Akte Internationaler Organisationen wie beispielsweise der Vereinten Nationen in Rede stehen,[39] spielt der Begriff regelmäßig nur insoweit eine Rolle, wie der EuGH das Vorbringen der Parteien wiedergibt und diese zuvor für oder gegen das Vorliegen einer Ultra-vires-Handlung argumentiert hatten.[40] Ähnliches gilt für das EuG, welches den Begriff zwar teilweise als Überschrift verwendet,[41] dabei aber – wie auch im Übrigen – nur die Äußerungen der Parteien wiedergibt.[42] Zwar hat das EuG in einem Fall ausdrücklich „eine Handlung ultra vires“ der Kommission abgelehnt,[43] doch kann darin nicht die Übernahme des Begriffs in das EU-Recht gesehen werden. Dies wird deutlich, wenn man sich exemplarisch die Rechtssache *Telefónica* anschaut. Das EuG hatte wie üblich den Begriff verwendet, um das Vorbringen der Klägerinnen wiederzugeben, ohne sich dabei den Begriff zu eigen zu machen. Vielmehr sprach das Gericht von einer – im Ergebnis abgelehnten – (Rechts-)Anwendung „über die Zuständigkeiten hinaus“ bzw. von

[38] *Schneider*, AöR 139 (2014), 196, 208 unter Hinweis auf *Di Fabio*, in: FS Schröder, S. 169, 175.

[39] In EuGH, Urt. v. 03.09.2008 – verb. Rs. C-402/05 P u. C-401/05 P, ECLI:EU:C:2008:461, Rn. 269 f. – *Kadi* hatte die Kommission eine Resolution des UN-Sicherheitsrates als ultra vires bezeichnet. Zum damit aufgeworfenen Verhältnis von Völkerrecht und EU-Recht sowie zur Prüfungskompetenz des EuGH in diesem Zusammenhang siehe nur *A. Bergmann*, Zur Souveränitätskonzeption des Europäischen Gerichtshofs, S. 181 ff. sowie *Thiemann*, Kooperation und Verfassungsvorbehalte im Ausgleich, S. 143 ff., insb. S. 156 ff.

[40] Siehe exemplarisch EuGH, Urt. v. 17.09.2013 – Rs. C-77/11, ECLI:EU:C:2013:559, Rn. 28 – *Rat/Parlament*; Urt. v. 12.05.2011 – Rs. C-144/10, ECLI:EU:C:2011:300, Rn. 17, 19 u. 22 – *BVG*; Urt. v. 08.02.2007 – Rs. C-3/06 P, ECLI:EU:C:2007:88, Rn. 50 – *Groupe Danone/Kommision*; Urt. v. 30.05.2006 – verb. Rs. C-317/04 u. C-318/04, ECLI:EU:C:2006:346, Rn. 51 – *Parlament/Rat*; in früheren Entscheidungen finden sich auch Ausführungen von Parteien, dass Mitgliedstaaten ultra vires gehandelt hätten, siehe EuGH, Urt. v. 12.07.1973 – Rs. 2/73, ECLI:EU:C:1973:89, S. 874 – *Geddo* sowie Urt. v. 16.12.1981 – Rs. 269/80, ECLI:EU:C:1981:303, S. 3084 – *Tymen*.

[41] EuG, Urt. v. 29.03.2012 – Rs. T-398/07, ECLI:EU:T:2012:173, Rn. 38 u. 97 ff. – *Spanien/KOM*.

[42] Siehe exemplarisch EuG, Urt. v. 11.05.2017 – Rs. T-115/15, ECLI:EU:T:2017:329, Rn. 39 – *Deza/ECHA*; Urt. v. 15.09.2016 – Rs. T-76/14, ECLI:EU:T:2016:481, Rn. 37, 76 u. 78 – *Morningstar/KOM*; Urt. v. 08.09.2009 – Rs. T-404/06 P, ECLI:EU:T:2009:313, Rn. 120, 131 f., 225 u. 230 f. – *ETF/Landgren* sowie Urt. v. 05.10.2009 – Rs. T-58/08 P, ECLI:EU:T:2009:385, Rn. 24 ff., 33 u. 43 – *KOM/Roodhuijzen*.

[43] EuG, Urt. v. 22.05.2007 – Rs. T-216/05, ECLI:EU:T:2007:148, Rn. 94 – *Mebrom/KOM*.

einer Überschreitung der Befugnisse.[44] Auch der EuGH gab im anschließenden Rechtsmittelverfahren die Rüge der Klägerinnen wieder, sprach aber selbst vom (weiten) Anwendungsbereich der insoweit entscheidenden Norm, ohne den Begriff Ultra-vires-Akt aufzugreifen.[45] Noch eindeutiger zeigte sich die fehlende Relevanz des Ultra-vires-Begriffs für die EU-Gerichte in den Verfahren zur Eurorettung. Während der Generalanwalt zur Vorlage des BVerfG im OMT-Verfahren ausführliche Überlegungen zur Zulässigkeit einer, auf die Ultra-vires-Kontrolle des BVerfG gerichteten, Vorlage nach Art. 267 AEUV anstellte,[46] verwendet der EuGH den Begriff nur einmal zur Wiedergabe des Vorbringens der Beschwerdeführer im Ausgangsverfahren.[47] In genau dieser Funktion benutzten schließlich sowohl der Generalanwalt als auch der EuGH den Begriff in der Rechtssache *Weiss u. a.*[48] Selbst im Falle der direkten Konfrontation mit der bundesverfassungsgerichtlichen Ultra-vires-Kontrolle lässt sich der EuGH also nicht auf die Ultra-vires-Begrifflichkeit ein. Vor diesem Hintergrund erscheint es naheliegender, in Bezug auf die EU bzw. das EU-Recht von kompetenzüberschreitenden oder -widrigen Akten zu sprechen.[49] Auch aufgrund der Tatsache, dass mit dem Ultra-vires-Begriff regelmäßig der Vorwurf einer Überschreitung verbunden ist, erweist sich eine neutralere Begrifflichkeit als vorzugswürdig. Bezogen auf die reine EU-Perspektive wird daher im Folgenden nach Möglichkeit nicht von Ultra-vires-Akten der EU, sondern von kompetenz- oder unionsrechtswidrigen Akten gesprochen. Die entscheidende inhaltliche Frage ist dabei, wer anhand welcher Maßstäbe derartige Rechtsakte kontrolliert.

2. *Das unionsrechtliche Auslegungs- und Verwerfungsmonopol des EuGH*

Folgt man dem allgemeinen völkerrechtlichen Gedanken, dass bei Vorhandensein eines rechtsprechenden Organs dieses allein über mögliche Ultra-vires-Akte entscheidet, wäre die insoweit maßgebliche unionrechtliche Kontrolle von kompetenzwidrigen Akten dem Gerichtshof der Europäischen Union zugewiesen. Tatsächlich sichert der Gerichtshof nach Art. 19 Abs. 1 UAbs. 1 EUV die Wahrung des Rechts bei der Auslegung und Anwendung der Verträge, womit

---

[44] EuG, Urt. v. 29.03.2012 – Rs. T-336/07, ECLI:EU:T:2012:172, Rn. 65 u. 285 ff. – *Telefónica u. a./KOM.*

[45] EuGH, Urt. v. 10.07.2014 – Rs. C-295/12 P, ECLI:EU:C:2014:2062, Rn. 125 ff. – *Telefónica u. a./KOM.*

[46] *Generalanwalt Cruz Villalón*, Schlussanträge v. 12.01.2015 – Rs. C-62/14, ECLI:EU:C:2015:7, Rn. 30 ff. – *Gauweiler u. a.*

[47] EuGH, Urt. v. 16.06.2015 – Rs. C-62/14, ECLI:EU:C:2015:400, Rn. 6 – *Gauweiler u. a.*

[48] *Generalanwalt Wathelet*, Schlussanträge v. 04.10.2018 – Rs. C-493/17, ECLI:EU:C:2018:815, Rn. 3 – *Weiss u. a.*; EuGH, Urt. v. 11.12.2018 – Rs. C-493/17, ECLI:EU:C:2018:1000, Rn. 14 – *Weiss u. a.*

[49] So auch bereits *Schroeder*, EuR 1999, 452, 454; anders aber *Craig*, CML Rev. 48 (2011), 395 ff.; s. a. *H. Sauer*, Jurisdiktionskonflikte in Mehrebenensystemen, S. 180 sowie *Schnettger*, Verbundidentität, S. 274.

er das einzige Organ der EU ist, dem mit der gerichtlichen Kontrolle der übrigen Unionsgewalt eine rechtsprechende Rolle zugewiesen ist.[50] Andererseits wird durch Art. 19 Abs. 1 UAbs. 2 EUV und die Rechtsprechung des EuGH aber auch deutlich, dass der Gerichtshof die Wahrung des Rechts gemeinsam mit den mitgliedstaatlichen Gerichten sichert.[51] Folglich legen also nicht nur die europäischen, sondern auch die mitgliedstaatlichen Gerichte das EU-Recht aus,[52] was Grundvoraussetzung für einen kooperativen Umgang mit den unionsrechtlichen Maßstäben ist. Gleichzeitig kann es so zu divergierenden Auslegungsentscheidungen kommen, weshalb sich die Frage stellt, welchem Gericht die unionsrechtliche Auslegungshoheit zukommt.

Im Ausgangspunkt ist festzuhalten, dass über Art. 19 EUV keine umfassende Zuständigkeit des Gerichtshofs für alle Streitigkeiten mit Bezug zum Unionsrecht begründet wird, zumal nach Art. 5 Abs. 2 und Art. 13 Abs. 2 EUV auch für die Kompetenzen des Gerichtshofs der Grundsatz der begrenzten Einzelermächtigung gilt.[53] Andererseits ermächtigen die Verträge den Gerichtshof ausdrücklich zur Entscheidung über die Auslegung der Verträge (Art. 267 Abs. 1 lit. a) AEUV) sowie zur Entscheidung über die Gültigkeit und Auslegung von Handlungen der EU (Art. 263 und Art. 267 Abs. 1 lit. b) AEUV). Darüber hinaus kommt dem Gerichtshof nach Art. 258 ff. AEUV die Kompetenz zu, die Einhaltung der vertraglichen Pflichten durch die Mitgliedstaaten zu kontrollieren. Sieht man von der fehlenden Zuständigkeit zur Gültigkeitsprüfung von Primärrecht ab,[54] wird schon aus der Gesamtschau der zugewiesenen Zuständigkeiten erkennbar, dass der Gerichtshof im Zentrum des unionsrechtlichen Rechtsschutzes steht und ihm das „Rechtsprechungsmonopol“ zukommt.[55] Wie der Generalanwalt *Evgeni Tanchev* in Reaktion auf das PSPP-Urteil des BVerfG betont hat, ist der Gerichtshof nach den Verträgen „in Fragen des Uni-

---

[50] *Pechstein/Kubicki*, in: Pechstein/Nowak/Häde, FK EUV/GRC/AEUV, Art. 19 EUV Rn. 5; *Wegener*, in: Calliess/Ruffert, EUV/AEUV, Art. 19 EUV Rn. 4.

[51] EuGH, Urt. v. 06.03.2018 – Rs. C-284/16, ECLI:EU:C:2018:158, Rn. 35 f. – *Achmea*; Urt. v. 27.02.2018 – Rs. C-64/16, ECLI:EU:C:2018:117, Rn. 32 f. – *Associação Sindical dos Juízes Portugueses*; EuGH, 18.12.2014 – Gutachten 2/13, ECLI:EU:C:2014:2454, Rn. 175 – *Beitritt zur EMRK*; Urt. v. 03.10.2013 – Rs. C-583/11 P, ECLI:EU:C:2013:625, Rn. 90 – *Inuit Tapiriit Kanatami u. a./Parlament und Rat*; EuGH, 08.03.2011 – Gutachten 1/09, ECLI:EU:C:2011:123, Rn. 66 u. 68 f. – *Patentgericht*; s. a. *Pechstein/Kubicki*, in: Pechstein/Nowak/Häde, FK EUV/GRC/AEUV, Art. 19 EUV Rn. 1 u. 22.

[52] *Gaitanides*, in: von der Groeben/Schwarze/Hatje, Europäisches Unionsrecht, Art. 19 EUV Rn. 3.

[53] *Gaitanides*, in: von der Groeben/Schwarze/Hatje, Europäisches Unionsrecht, Art. 19 EUV Rn. 3 u. 66; *Huber*, in: Streinz, EUV/AEUV, Art. 19 EUV Rn. 38. Anders wohl *W. Bernhardt*, Verfassungsprinzipien, S. 24 ff.; dagegen wiederum *Wegener*, in: Calliess/Ruffert, EUV/AEUV, Art. 19 EUV Rn. 4.

[54] Dazu bereits oben S. 110 ff.

[55] *Mayer*, in: von Bogdandy/Bast, Europäisches Verfassungsrecht, S. 559, 569; ausf. *M. Müller*, Das Rechtsprechungsmonopol des EuGH, S. 25 ff., insb. S. 43 ff. m. w. N.

onsrechts […] die letzte Instanz."[56] Primärrechtlich wird diese Position auch durch die Regelungen der Art. 274 und Art. 344 AEUV abgesichert. Nicht zuletzt zur Vermeidung von Rechtsprechungskonkurrenzen verdeutlicht zunächst Art. 274 AEUV, dass die Zuständigkeiten des Gerichtshofs zwar begrenzter, gegenüber den nationalen Gerichten aber dennoch ausschließlicher Natur sind.[57] Weiterhin verpflichtet Art. 344 AEUV die Mitgliedstaaten, Streitigkeiten über die Auslegung und Anwendung der Verträge nicht anders zu regeln als nach den Verträgen vorgesehen, womit die ausschließliche Zuständigkeit und alleinige Entscheidungshoheit des Gerichtshofs für derartige Streitigkeiten ausdrücklich festgeschrieben wird.[58] Auch der EuGH betont in ständiger Rechtsprechung die Bedeutung des Art. 344 AEUV zur Sicherung der festgelegten Zuständigkeitsordnung und damit der Autonomie des Rechtssystems der Union.[59] Dahinter steht das Bestreben, durch ein kohärentes und abschließendes Rechtsschutzsystem mit dem EuGH an der Spitze, die einheitliche Auslegung und Anwendung des Unionsrechts zu garantieren.[60]

In erster Linie ist damit das Vorabentscheidungsverfahren nach Art. 267 AEUV angesprochen. Dessen Bedeutung für eine einheitliche Auslegung und damit den Erhalt des von den Verträgen geschaffenen Rechts als *gemeinsames* Recht hat der EuGH schon früh herausgestellt.[61] Der EuGH geht dabei von einem Zusammenwirken mit den nationalen Gerichten aus, das durch eine klare Aufgabenteilung geprägt ist.[62] Nach dem sogenannten „Trennungsprinzip"[63] hat

[56] *Generalanwalt Tanchev*, Schlussanträge v. 17.12.2020 – Rs. C-824/18, ECLI:EU:C:2020:1053, Rn. 84 – *A. B. u. a.*

[57] *Karpenstein*, in: Grabitz/Hilf/Nettesheim, EUV/AEUV, Art. 274 AEUV Rn. 1 u. 4.

[58] *Boulouis*, RdC 235 (1992), 9, 41 ff.; s. a. *U. Becker*, in: Schwarze/Becker/Hatje u. a., EU-Kommentar, Art. 344 AEUV Rn. 1; *Wegener*, in: Calliess/Ruffert, EUV/AEUV, Art. 344 AEUV Rn. 1. Ausf. *Look*, Das Verhältnis zwischen dem EuGH und internationalen Gerichten, S. 152 ff.

[59] St. Rspr. EuGH, 18.12.2014 – Gutachten 2/13, ECLI:EU:C:2014:2454, Rn. 201 – *Beitritt zur EMRK*; Urt. v. 03.09.2008 – verb. Rs. C-402/05 P u. C-401/05 P, ECLI:EU:C:2008:461, Rn. 282 – *Kadi*; Urt. v. 30.05.2006 – Rs. C-459/03, ECLI:EU:C:2006:345, Rn. 123 – *KOM/Irland*; EuGH, 18.04.2002 – Gutachten 1/00, ECLI:EU:C:2002:231, Rn. 11 f. – *GELR*; EuGH, 14.12.1991 – Gutachten 1/91, ECLI:EU:C:1991:490, Rn. 35 f. – *EWR I.*

[60] Dazu bereits EuGH, 18.04.2002 – Gutachten 1/00, ECLI:EU:C:2002:231, Rn. 11 f. – *GELR*; jüngst Urt. v. 06.03.2018 – Rs. C-284/16, ECLI:EU:C:2018:158, Rn. 32 ff. – *Achmea* sowie EuGH, 30.04.2019 – Gutachten 1/17, ECLI:EU:C:2019:341, Rn. 109 ff. – *CETA*; jeweils m. w. N.

[61] EuGH, Urt. v. 16.01.1974 – Rs. 166/73, ECLI:EU:C:1974:3, Rn. 2 – *Rheinmühlen I*; s. a. Urt. v. 24.05.1977 – Rs. 107/76, ECLI:EU:C:1977:89, Rn. 5 – *Hoffmann La Roche/Centrafarm*; Urt. v. 27.03.1980 – Rs. 61/79, ECLI:EU:C:1980:100, Rn. 15 – *Denkavit Italiana*; zuvor schon Urt. v. 05.12.1967 – Rs. 19/67, ECLI:EU:C:1967:49, S. 474 – *van der Vecht*.

[62] Siehe nur EuGH, Urt. v. 06.03.2018 – Rs. C-284/16, ECLI:EU:C:2018:158, Rn. 35 ff. – *Achmea* sowie Urt. v. 16.06.2015 – Rs. C-62/14, ECLI:EU:C:2015:400, Rn. 15 f. – *Gauweiler u. a.*

[63] Dazu schon *Iglesias*, NJW 2000, 1889, 1890 ff.; zum Begriff *Pernice*, Das Verhältnis europäischer zu nationalen Gerichten im europäischen Verfassungsverbund, S. 54 sowie *Pernice*, AöR 136 (2011), 185, 193; s. a. *W. Weiß*, in: Niedobitek, Europarecht, § 5 Rn. 31 ff.

der EuGH die Entscheidungs- und Verwerfungsbefugnis über das Unionsrecht, während die mitgliedstaatlichen Gerichte über das nationale Recht entscheiden.[64] Da den mitgliedstaatlichen Gerichten die Verwerfungsbefugnis für das Unionsrecht fehlt, ermöglicht das Vorabentscheidungsverfahren im Sinne der Rechtssicherheit, eine Auslegungsentscheidung des EuGH herbeizuführen,[65] die für das vorlegende Gericht bindend ist.[66] Obwohl also auch die mitgliedstaatlichen Gerichte das Unionsrecht auslegen dürfen, sichert Art. 267 AEUV dem EuGH das „letzte Wort" bei den dabei aufkommenden unionsrechtlichen Auslegungs- und Gültigkeitsfragen.[67] Auch aus den übrigen unionsrechtlichen Verfahren, die der Zuständigkeit des EuGH unterliegen, ergibt sich nichts anderes. So sichert neben dem Vorabentscheidungsverfahren nach Art. 267 AEUV auch die Nichtigkeitsklage nach Art. 263 AEUV das Entscheidungsmonopol des EuGH ab, dem insoweit die ausschließliche Zuständigkeit zur Beurteilung der Rechtmäßigkeit von Handlungen der EU-Organe zukommt.[68] Schließlich unterliegen nicht nur die Handlungen der EU-Organe, sondern auch die der Mitgliedstaaten der Jurisdiktion des EuGH. Anders als im allgemeinen Völkerrecht können die Mitgliedstaaten nämlich nicht selbst über die ihnen vertraglich auferlegten Pflichten urteilen.[69] Vielmehr verdeutlichen Art. 19 EUV und das Vertragsverletzungsverfahren nach Art. 258 f. AEUV, dass die der EU-Kommission nach Art. 17 Abs. 1 S. 2 und 3 EUV zugewiesene Aufgabe, die Anwendung des Unionsrechts zu überwachen, im Interesse einer einheitlichen Anwendung ebenfalls der alleinigen gerichtlichen Kontrolle des EuGH unterliegt.[70]

Nicht nur anhand der generellen und ausschließlichen Zuständigkeitsverteilung, sondern auch innerhalb der einzelnen Verfahrensarten wird somit deutlich, dass das EU-Rechtsschutzsystem durch den allgemeinen Gedanken einer

---

64 EuGH, Urt. v. 22.10.1987 – Rs. 314/85, ECLI:EU:C:1987:452, Rn. 14 f. – *Foto-Frost*; Urt. v. 03.12.1992 – Rs. C-97/91, ECLI:EU:C:1992:491, Rn. 9 – *Borelli*; s. a. bereits oben S. 56.

65 EuGH, Urt. v. 22.10.1987 – Rs. 314/85, ECLI:EU:C:1987:452, Rn. 11 ff. – *Foto-Frost*; Urt. v. 13.05.1981 – Rs. 66/80, ECLI:EU:C:1981:102, Rn. 9 ff. – *International Chemcial Corporation*; Urt. v. 06.12.2005 – Rs. C-461/03, ECLI:EU:C:2005:742, Rn. 21 – *Gaston Schul*; aus jüngerer Zeit Urt. v. 27.11.2012 – C-370/12, ECLI:EU:C:2012:756, Rn. 39 – *Pringle* m. w. N.

66 Deutlich EuGH, Urt. v. 11.12.2018 – Rs. C-493/17, ECLI:EU:C:2018:1000, Rn. 19 – *Weiss u. a.*; Urt. v. 16.06.2015 – Rs. C-62/14, ECLI:EU:C:2015:400, Rn. 14 u. 16 – *Gauweiler u. a.*

67 *Constantinesco*, Das Recht der Europäischen Gemeinschaften Bd. I, S. 823 f. Rn. 726; s. a. *Mayer*, in: von Bogdandy/Bast, Europäisches Verfassungsrecht, S. 559, 562 f. u. 569 sowie *Pechstein/C. Drechsler*, in: Riesenhuber, Europäische Methodenlehre, S. 181, 189 f. Rn. 14 f.

68 EuGH, 18.04.2002 – Gutachten 1/00, ECLI:EU:C:2002:231, Rn. 24 – *GELR*; s. a. Urt. v. 26.04.1994 – Rs. C-228/92, ECLI:EU:C:1994:168, Rn. 20 – *Roquette Frères*; Urt. v. 27.02.1985 – Rs. 112/83, ECLI:EU:C:1985:86, Rn. 17 – *Produits de maïs*.

69 Vgl. *Ohler*, in: Grabitz/Hilf/Nettesheim, EUV/AEUV, Art. 48 EUV Rn. 14.

70 Vgl. *Generalanwalt Mayras*, Schlussanträge v. 05.02.1980 – Rs. 91/79, ECLI:EU:C:1980:35, S. 1113 – *KOM/Italien* sowie *W. Cremer*, in: Calliess/Ruffert, EUV/AEUV, Art. 258 AEUV Rn. 2.

einheitlichen Rechtsauslegung durch eine zentrale Rechtsprechungsinstanz geprägt wird. Wie auch der EuGH in ständiger Rechtsprechung betont, schaffen die verschiedenen Verfahren ein vollständiges Rechtsschutzsystem, welches eine umfassende Rechtmäßigkeitskontrolle sowohl der Handlungen der EU-Organe als auch der Mitgliedstaaten ermöglicht und somit die EU als „Rechtsgemeinschaft" bzw. „Rechtsunion" prägt.[71] Für den EuGH sind die Rechtsunion und eine einheitliche, bei ihm monopolisierte Letztinterpretation zwei Seiten der gleichen Medaille. Würde das Unionsrecht nämlich durch verschiedene Akteure oder Gerichte unterschiedlich angewendet oder ausgelegt, wäre sein verbindlicher und verbindender Charakter als gemeinsames Recht bedroht und die Rechtsunion verlöre nicht weniger als ihr konstituierendes Element.[72] In diesem Zusammenhang sei daran erinnert, dass der EuGH die einheitliche Anwendung als „Grunderfordernis"[73] des Unionsrechts bezeichnet und die Sicherung der „materiellen Einheit des Unionsrechts" sowie seines Vorrangs ein wesentliches Motiv in seiner Rechtsprechung bildet.[74] Tatsächlich fördern die einheitliche Auslegung und Anwendung des Unionsrechts wegen der tragenden Rolle des Rechts für die Integration nicht nur das Erreichen der Unionsziele,[75] sondern garantieren über eine unterschiedslose Geltung in allen Mitgliedstaaten sowie gegenüber allen EU-Bürgerinnen und EU-Bürgern auch die Grundsätze der Gleichheit und Rechtssicherheit.[76] Zur Wahrung der Autonomie und Ein-

---

[71] St. Rspr. EuGH, Urt. v. 23.04.1986 – Rs. 294/83, ECLI:EU:C:1986:166, Rn. 22 ff. – *Les Verts*; Beschl. v. 13.07.1990 – Rs. C-2/88 Imm., ECLI:EU:C:1990:315, Rn. 16 f. – *Zwartveld u. a.*; Urt. v. 23.03.1993 – Rs. C-314/91, ECLI:EU:C:1993:109, Rn. 8 – *Weber/Parlament*; Urt. v. 05.10.2000 – Rs. C-376/98, ECLI:EU:C:2000:544, Rn. 84 – *Tabakwerbung I*; Urt. v. 25.07.2002 – Rs. C-50/00 P, ECLI:EU:C:2002:462, Rn. 38 u. 40 – *UPA/Rat*; aus jüngerer Zeit Urt. v. 03.09.2008 – verb. Rs. C-402/05 P u. C-401/05 P, ECLI:EU:C:2008:461, Rn. 281 – *Kadi*; Urt. v. 29.06.2010 – Rs. C-550/09, ECLI:EU:C:2010:382, Rn. 44 – *E und F*; Urt. v. 19.12.2013 – Rs. C-274/12 P, ECLI:EU:C:2013:852, Rn. 56 – *Telefónica/KOM*; Urt. v. 03.10.2013 – Rs. C-583/11 P, ECLI:EU:C:2013:625, Rn. 91 f. – *Inuit Tapiriit Kanatami u. a./ Parlament und Rat*; Urt. v. 25.07.2018 – Rs. C-216/18 PPU, ECLI:EU:C:2018:586, Rn. 49 – *LM*.

[72] Vgl. EuGH, Urt. v. 16.01.1974 – Rs. 166/73, ECLI:EU:C:1974:3, Rn. 2 – *Rheinmühlen I*; s. a. *Mayer*, in: Grabitz/Hilf/Nettesheim, EUV/AEUV, Art. 19 EUV Rn. 23; *Steinberger*, in: FS Doehring, S. 951, 955; *Zuleeg*, JZ 1994, 1, 3 u. 5 sowie bereits oben S. 171.

[73] EuGH, Urt. v. 05.03.1996 – verb. Rs. C-46/93 u. C-48/93, ECLI:EU:C:1996:79, Rn. 33 – *Brasserie du Pêcheur*; Urt. v. 21.02.1991 – verb. Rs. C-143/88 und C-92/89, ECLI:EU:C:1991:65, Rn. 26 – *Zuckerfabrik Süderdithmarschen u. a.*; s. a. *Constantinesco*, Das Recht der Europäischen Gemeinschaften Bd. I, S. 823 Rn. 726 („Existenzvoraussetzung") sowie *von Danwitz*, in: FS Schröder, S. 155, 157 („*raison d'être*" bzw. „Grundpfeiler").

[74] EuGH, Urt. v. 13.12.1979 – Rs. 44/79, ECLI:EU:C:1979:290, Rn. 14 – *Hauer*; Urt. v. 09.03.1978 – Rs. 106/77, ECLI:EU:C:1978:49, Rn. 14/16 ff. – *Simmenthal II*; EuGH, 14.12.1991 – Gutachten 1/91, ECLI:EU:C:1991:490, Rn. 21 f. – *EWR I*; s. a. *Mayer*, in: Grabitz/Hilf/Nettesheim, EUV/AEUV, Art. 19 EUV Rn. 33 sowie *Wegener*, in: Calliess/Ruffert, EUV/AEUV, Art. 19 EUV Rn. 55; jeweils m. w. N. Siehe auch bereits oben S. 46 ff. u. 178.

[75] Zur Rolle des Rechts bereits oben S. 10 ff. u. 34 ff.

[76] Ausf. *M. Müller*, Das Rechtsprechungsmonopol des EuGH, S. 25 ff.

heitlichkeit des Unionsrechts ist das Auslegungs- und Verwerfungsmonopol des EuGH unabdingbar.

Insgesamt besteht im Unionsrecht mit dem EuGH also eine zentrale Instanz, der die Auslegungs- und Gültigkeitskontrolle der gemeinsamen Rechtsordnung umfassend zugewiesen ist.[77] Die damit verbundene Aufgabe zur Wahrung des Rechts und das Verständnis der EU als Rechtsgemeinschaft bzw. Rechtsunion bedeuten für den EuGH vor allem die Rechtskontrolle der Handlungen der EU-Organe sowie der Mitgliedstaaten am Maßstab des Unionsrechts.[78] Ohne an dieser Stelle umfassend auf die dabei im Einzelnen herangezogenen Normen und deren Maßstäbe einzugehen, bedeutet dies neben materiellen und verfahrensrechtlichen Aspekten insbesondere eine umfassende Prüfung sowohl der Verbands- als auch der Organkompetenz.[79] Mit anderen Worten wird der EuGH im Rahmen der ihm zugewiesenen Verfahrensarten auch und vor allem als Kompetenzgericht der EU tätig,[80] sodass auch in Anbetracht seiner ausschließlichen Zuständigkeiten eine zusätzliche Kontrolle durch die Mitgliedstaaten oder ihre Gerichte unionsrechtlich weitgehend ausgeschlossen scheint. Raum für eine derartige externe Kontrolle könnte nur dann bestehen, wenn der EuGH selbst Ausnahmen von seiner Letztentscheidungsbefugnis anerkennt.

3. *Letztentscheidungsrecht ohne Einfluss der mitgliedstaatlichen Gerichte*

Ein echtes Rechtsprechungsmonopol des EuGH bestünde nur dann, wenn seine Zuständigkeit zur verbindlichen Auslegung und Verwerfung des Unionsrechts nicht nur grundsätzlich, sondern ausnahmslos bestehen würde. Eine derartige Ausnahme zugunsten einer Kontrolle der mitgliedstaatlichen Gerichte könnte sich schon aus der Tatsache ergeben, dass die Zuständigkeiten des EuGH zwar ausschließlicher, aber begrenzter Natur sind und darüber hinaus nur das Unionsrecht erfassen (a). Doch selbst bei einer rein unionsrechtsinternen Betrachtung könnte Raum für die mitgliedstaatlichen Gerichte bleiben, sofern innerhalb des Unionsrechts entsprechende Ausnahmen existieren, womit neben

---

[77] Ausdrückliche primärrechtliche Einschränkungen dieses Rechtsprechungsauftrags bestehen nach Art. 24 Abs. 1 EUV und Art. 275 f. AEUV nur für die Gemeinsame Außen- und Sicherheitspolitik (GASP) und den Raum der Freiheit, der Sicherheit und des Rechts (RFSR). Allerdings gilt es zu beachten, dass der EuGH weiterhin kontrollieren kann, ob seine Zuständigkeit tatsächlich ausgeschlossen ist bzw. ob sich Maßnahmen, die sich außerhalb seiner Zuständigkeit bewegen auf die Rechtsgemeinschaft auswirken, siehe dazu EuGH, Urt. v. 12.05.1998 – Rs. C-170/96, ECLI:EU:C:1998:219, Rn. 16 – *KOM/Rat*; *Mayer*, in: Grabitz/Hilf/Nettesheim, EUV/AEUV, Art. 19 EUV Rn. 49. Zur Geltung des Anwendungsvorrangs im Bereich der GASP siehe nur *W. Weiß*, in: Niedobitek, Europarecht, § 5 Rn. 135 ff.

[78] *Pechstein/Kubicki*, in: Pechstein/Nowak/Häde, FK EUV/GRC/AEUV, Art. 19 EUV Rn. 12 ff.; zur st. Rspr. siehe die Nachweise oben Kap. 5 Fn. 71.

[79] *Gaitanides*, in: von der Groeben/Schwarze/Hatje, Europäisches Unionsrecht, Art. 19 EUV Rn. 39.

[80] Ausf. *L. Bauer*, Der Europäische Gerichtshof als Verfassungsgericht?, S. 78 ff.

möglichen Ausnahmen vom Anwendungsvorrang (b), vor allem die Rechtsprechung des EuGH zu den sogenannten „nichtexistenten Rechtsakten“ angesprochen ist (c).

a) Die auf das Unionsrecht beschränkte Kontrollkompetenz des EuGH

Ein erster Ansatzpunkt gegen eine ausnahmslose Letztentscheidungsbefugnis des EuGH findet sich im Grundsatz der begrenzten Einzelermächtigung. Bedenkt man, dass der EuGH, wie jedes EU-Organ diesem Grundsatz unterliegt, ist es auf den ersten Blick nur konsequent anzunehmen, dass die mitgliedstaatlichen Gerichte bei der Beurteilung der Kompetenz- und Rechtmäßigkeit von EU-Rechtsakten nicht ausgeschlossen sein können.[81] Wie bereits dargelegt, verfügt der EuGH tatsächlich nur über begrenzte Entscheidungsbefugnisse. Diese lassen zwar Raum für eine eigenständige Auslegung und Prüfung des Unionsrechts durch die mitgliedstaatlichen Gerichte,[82] sichern aufgrund ihres umfassenden und ausschließlichen Charakters dem EuGH aber sehr wohl die Letztentscheidung über Auslegungs- und Gültigkeitsfragen. Als entscheidender könnte sich hingegen eine andere Einschränkung der EuGH-Zuständigkeit erweisen. Schon der Wortlaut von Art. 19 Abs. 1 EUV, wonach der EuGH die Wahrung des Rechts bei der „Auslegung und Anwendung der Verträge“ sichert, setzt dem Rechtsprechungsauftrag des EuGH eine klare Grenze. Selbst bei einem weiten Verständnis des Unionsrechts geht die Entscheidungshoheit des EuGH in sachlicher Hinsicht nur so weit, wie die Auslegung oder Gültigkeit von unionsrechtlichen Normen betroffen ist.[83] Die Kompetenz des EuGH zur Letztentscheidung bezieht sich also von vornherein nur auf das Unionsrecht und erfasst nicht die Auslegung oder gar Verwerfung des nationalen Rechts.[84] In Anbetracht dieser Ausgangslage und der Notwendigkeit einer pluralistischen Betrachtung könnte man die Frage stellen, ob denn die Letztentscheidung über die Kompetenzen nur eine Frage des Unionsrechts oder nicht auch eine solche des nationalen Rechts ist. Schließlich ließe sich auch mit Blick auf die Rechtsprechung des BVerfG argumentieren, dass bei der Kompetenzkontrolle auch Belange des nationalen (Verfassungs-)Rechts berührt werden.[85] So betrachtet

---

[81] *Hufeld*, in: Isensee/Kirchhof, HdbStR Bd. X, 2012, § 215 Rn. 57; s. a. *Doehring*, in: FS Everling, Bd. I, S. 263, 270 f.

[82] *Nettesheim*, in: von Bogdandy/Bast, Europäisches Verfassungsrecht, S. 389, 402.

[83] *Mayer*, in: Grabitz/Hilf/Nettesheim, EUV/AEUV, Art. 19 EUV Rn. 48; *M. Müller*, EuZW 2010, 851, 853; zum weiten Verständnis des Unionsrechts in diesem Zusammenhang siehe nur *Gaitanides*, in: von der Groeben/Schwarze/Hatje, Europäisches Unionsrecht, Art. 19 EUV Rn. 12 ff.

[84] Vgl. EuGH, Urt. v. 15.01.2002 – Rs. C-55/00, ECLI:EU:C:2002:16, Rn. 43 – *Gottardo*; zu diesem sogenannten „Trennungsprinzip“ bereits oben S. 296 f.

[85] Vgl. zur Abgrenzung der Maßstäbe auch *Nettesheim*, in: von Bogdandy/Bast, Europäisches Verfassungsrecht, S. 389, 403; ausf. zur Rechtsprechung des BVerfG siehe noch Kap. 5 B. I.

wäre die kompetenzielle Letztentscheidung keine rein unionsrechtliche Frage und die Entscheidungsbefugnis des EuGH schon allein deshalb eingeschränkt. Ein ähnliches Argument wird auch gegen den Anwendungsvorrang des EU-Rechts vorgebracht, der wiederum aus den geschilderten Gründen die Letztentscheidung des EuGH mit sich bringt. Insoweit wird argumentiert, dass der EuGH mit der Etablierung eines absoluten Anwendungsvorrangs seine Kompetenzen überschritten habe, da die Entscheidung über die innerstaatlichen Auswirkungen des Anwendungsvorrangs den Konflikt von unionaler und nationaler Rechtsordnungen betreffe und somit über eine reine Auslegung des Unionsrechts hinausgehe.[86] Wäre schon die Etablierung des absoluten Anwendungsvorrangs als Kompetenzüberschreitung zu werten, entfiele zugleich ein wesentliches Argument für die Letztentscheidungsbefugnis des EuGH.

Allerdings ist es an dieser Stelle zwingend notwendig, die unterschiedlichen Perspektiven zum Anwendungsvorrang und damit auch zur Letztentscheidung auseinander zu halten. Soweit das BVerfG beide Aspekte auch als Problem des nationalen Verfassungsrechts begreift, betrifft dies eben nur die bzw. eine mitgliedstaatliche Perspektive. Aus der Sicht des EuGH ist der Anwendungsvorrang hingegen rein unionsrechtlich begründet und kommt ohne jegliche Anbindung an das nationale Verfassungsrecht aus, weshalb auch verfassungsrechtliche Grenzen oder damit verbundene Kontrollbefugnisse von vornherein ausscheiden.[87] Ungeachtet der mit den verschiedenen Perspektiven verbundenen Schwierigkeiten zeichnet sich die Sicht des EuGH gerade dadurch aus, dass er auch die innerstaatliche Wirkung und den Vorrang des EU-Rechts allein aus dem Unionsrecht heraus begründet. Das Argument einer Kompetenzüberschreitung durch die Auswirkungen auf das nationale Recht kann daher innerhalb der EuGH-Perspektive nicht verfangen. Nichts anderes gilt aus unionsrechtlicher Perspektive für die Frage der Letztentscheidung, da auch insoweit nur das Unionsrecht, nicht aber das nationale Recht eine Rolle spielt.[88] Wie ausführlich dargelegt, folgt die umfassende und ausschließliche Auslegungs- und Verwerfungshoheit aus den vertraglichen, also unionsrechtlichen Zuweisungen. Dass der EuGH dabei auch nach eigener Aussage nur über das Unionsrecht, nicht aber über das nationale Recht urteilt, vermag keine Ausnahme des Rechtsprechungsmonopols zu Gunsten nationaler Gerichte zu begründen. Nationales Recht ist in der Perspektive des EuGH für die Frage der Unionsrechtmäßigkeit ohne Belang, zumal es durch den Anwendungsvorrang zurücktritt.

Ist somit für den EuGH allein das Unionsrecht maßgeblich, können sich auch mögliche Einschränkungen seiner Kompetenz nur aus dem Unionsrecht ergeben. Neben den bereits behandelten ausdrücklichen primärrechtlichen

---

[86] *Abraham*, Droit international, droit communautaire et droit français, S. 184 f.

[87] Dazu bereits oben S. 46 ff., insb. S. 57 f.

[88] Vgl. auch *Huber*, AöR 116 (1991), 210, 218, der allerdings auch eine Auffangzuständigkeit des BVerfG annimmt; dazu noch unter Kap. 5, B. II.

Grenzen sind damit, wegen der untrennbaren Verbindung von Letztentscheidung und Anwendungsvorrang, insbesondere mögliche unionsrechtliche Ausnahmen vom Anwendungsvorrang angesprochen.

b) Zu den unionsrechtlichen Ausnahmen vom Anwendungsvorrang

Die Letztentscheidungsbefugnis des EuGH dient vor allem der einheitlichen Anwendung und Auslegung und damit auch der Sicherung des Anwendungsvorrangs des Unionrechts. Sofern also im Einzelfall bereits eine Ausnahme vom Anwendungsvorrang bestünde, könnten sich Räume für Entscheidungsbefugnisse mitgliedstaatlicher Gerichte öffnen.

Tatsächlich lässt der EuGH im Rahmen des einstweiligen Rechtsschutzes einen gewissen Spielraum für die nationalen Gerichte zu. Aus Gründen des effektiven Rechtsschutzes können diese auch ohne eine *vorherige* Entscheidung des EuGH, die Vollziehung eines auf Unionsrecht beruhenden nationalen Rechtaktes vorläufig aussetzen, wenn sie Zweifel an der Gültigkeit des zugrunde liegenden Unionsrechts haben.[89] Den mitgliedstaatlichen Gerichten kommt damit vorrübergehend eine gewisse Entscheidungsbefugnis über die Gültigkeit des Unionsrechts zu. Allerdings bedeutet dies im Ergebnis keine echte Ausnahme von der Verwerfungsbefugnis, sondern nur eine Anwendungshemmung des Unionsrechts bis zur verbindlichen Entscheidung des EuGH.[90] Die Möglichkeit zur Gewährung des vorläufigen Rechtsschutzes und damit die mittelbare Entscheidung des nationalen Gerichts über das Unionsrecht ist nämlich an strenge Voraussetzungen geknüpft, zu denen auch und vor allem eine Vorlage nach Art. 267 AEUV gehört.[91] Auch wenn den nationalen Gerichten in dieser Konstellation also ein durchaus erweitertes „erstes Wort" über das Unionsrecht zukommt, bleibt das „letzte Wort" des EuGH unangetastet. Eine Ausnahme vom Anwendungsvorrang und der Letztentscheidungsbefugnis ist damit also nicht verbunden. Gleiches gilt für die weiteren in der Literatur diskutierten unionsrechtlichen Grenzen des Anwendungsvorrangs, weshalb sie an dieser Stelle nicht vertieft behandelt werden. Sieht man vom Sonderfall systematischer Mängel der Grundrechtsbeachtung in anderen Mitgliedstaaten ab,[92] sind die vermeintlichen Grenzen aus allgemeinen Rechtsgrundsätzen oder Art. 4 Abs. 2 S. 1

[89] Erstmals EuGH, Urt. v. 21.02.1991 – verb. Rs. C-143/88 und C-92/89, ECLI:EU:C:1991:65, Rn. 14 ff. – *Zuckerfabrik Süderdithmarschen u. a.*

[90] Dazu schon *Mayer*, Kompetenzüberschreitung und Letztentscheidungsrecht, S. 79 ff.

[91] EuGH, Urt. v. 21.02.1991 – verb. Rs. C-143/88 und C-92/89, ECLI:EU:C:1991:65, Rn. 14 ff. – *Zuckerfabrik Süderdithmarschen u. a.*; Urt. v. 09.11.1995 – Rs. C-465/93, ECLI:EU:C:1995:369, Rn. 31 ff. – *Atlanta*; Urt. v. 17.07.1997 – Rs. C-334/95, ECLI:EU:C:1997:378, Rn. 43 ff. – *Krüger GmbH & Co. KG*; Urt. v. 06.12.2005 – Rs. C-461/03, ECLI:EU:C:2005:742, Rn. 17 ff. – *Gaston Schul.*

[92] EuGH, Urt. v. 25.07.2018 – Rs. C-216/18 PPU, ECLI:EU:C:2018:586, Rn. 73 u. 79 – *LM* m. w. N.; *W. Weiß*, in: Niedobitek, Europarecht, § 5 Rn. 117 sieht darin eine „Art von Ausnahme vom Anwendungsvorrang".

EUV[93] sowie die diskutierten Beschränkungen des Vorrangs in zeitlicher Hinsicht[94] ohnehin im Ergebnis abzulehnen oder setzen, wie im Falle des einstweiligen Rechtsschutzes, eine Entscheidung des EuGH voraus. Aus den diskutieren unionsrechtlichen Grenzen des Anwendungsvorrangs ergibt sich somit keine Möglichkeit für die nationalen Gerichte, final über die Ungültigkeit eines Unionsrechtsaktes zu entscheiden und damit zugleich vom Verwerfungsmonopol des EuGH abzuweichen.

c) Die Rechtsprechung des EuGH zu „nichtexistenten Rechtsakten"

Im Zusammenhang mit dem Anwendungsvorrang und der Letztentscheidung wird schließlich darauf hingewiesen, dass nur recht- bzw. kompetenzmäßige Unionsrechtsakte Vorrang vor dem nationalen Recht haben können.[95] Für sich genommen könnte dieser Gedanke allerdings nur dann eine Ausnahme zugunsten der nationalen Gerichte begründen, wenn Letztere auch die Befugnis hätten, über die Recht- und Kompetenzmäßigkeit von Unionsrechtsakten verbindlich zu entscheiden. Unabhängig von der Frage, ob dies aus der Perspektive des nationalen Verfassungsrechts der Fall ist, weist das Unionsrecht diese Aufgabe eindeutig dem Gerichtshof zu. Selbst im Falle der angesprochenen Ausnahme im einstweiligen Rechtsschutz muss der EuGH im Wege der Vorlage mit der Prüfung der Gültigkeit befasst werden. Nicht zuletzt vor dem Hintergrund der Rechtsprechung des BVerfG, in der die Ultra-vires-Kontrolle auf „hinreichend qualifizierte Kompetenzverstöße" beschränkt ist, sowie der Existenz von vergleichbaren „Evidenz-Ansätzen" beim Ultra-vires-Gedanken im allgemeinen Völkerrecht,[96] stellt sich aber die Frage, ob aus unionsrechtlicher Sicht Rechtsakte derart rechts- oder kompetenzwidrig sein können, dass eine Entscheidung des EuGH entbehrlich ist. Sollte überhaupt keine gerichtliche Entscheidung notwendig oder das Vorliegen eines derart schwerwiegenden Fehlers jedenfalls eindeutig durch jeden feststellbar sein, bestünde keine Gefahr für das Verwerfungsmonopol des EuGH und eine Ausnahme zugunsten der mitgliedstaatlichen Gerichte wäre denkbar.

---

[93] Dazu nur *Kruis*, Der Anwendungsvorrang des EU-Rechts in Theorie und Praxis, S. 201 f.; zu Art. 4 Abs. 2 S. 1 EUV bereits ausf. oben S. 232 ff.

[94] Zur möglichen aufschiebenden Wirkungen in Bezug auf die Rückwirkung von Auslegungsurteilen siehe *Kruis*, Der Anwendungsvorrang des EU-Rechts in Theorie und Praxis, S. 202 ff. Zur im Ergebnis abzulehnenden vorrübergehenden Aussetzung bei sog. „inakzeptablen Regelungslücken" siehe *Berger*, Anwendungsvorrang und nationale Verfassungsgerichte, S. 64 f. sowie ausf. *Terhechte*, EuR 2006, 828 ff., insb. 839.

[95] Siehe nur *Franzius*, Recht und Politik in der transnationalen Konstellation, S. 230; *Grimm*, in: Franzius/Mayer/Neyer, Grenzen der europäischen Integration, S. 27, 32; *P. Kirchhof*, NJW 2020, 2057; *Mayer*, Kompetenzüberschreitung und Letztentscheidungsrecht, S. 65; s. a. *Schiffbauer*, AöR 141 (2016), 551, 578.

[96] BVerfGE 126, 286, Ls. 1, 303 ff. – *Honeywell*; dazu noch Kap. 5, B. I. 3. Zum Evidenz-Kriterium beim Ultra-vires-Gedanken im allgemeinen Völkerrecht bereits oben S. 289.

Im Ausgangspunkt spricht gegen eine solche Ausnahme, dass nach ständiger Rechtsprechung des EuGH eine Rechtmäßigkeits- bzw. Gültigkeitsvermutung[97] für Rechtsakte der EU-Organe besteht, wonach diese, auch wenn sie rechtsfehlerhaft sind, Rechtswirkung entfalten, solange sie nicht zurückgenommen, im Rahmen einer Nichtigkeitsklage für nichtig erklärt oder auf ein Vorabentscheidungsersuchen oder eine Rechtswidrigkeitseinrede hin für ungültig erklärt worden sind.[98] Ähnliche Gedanken werden auch im allgemeinen Völkerrecht diskutiert, bleiben dort aber umstritten.[99] Im Unionsrecht besteht hingegen eindeutig eine enge Verbindung vom Verwerfungsmonopol des EuGH und der angesprochenen Vermutung,[100] da Letztere genau die Zeit erfasst, bis die verbindliche Entscheidung über die Gültigkeit herbeigeführt wird, die wiederum nur dem EuGH zusteht. Von dieser Vermutung macht der Gerichtshof allerdings eine Ausnahme, die aus Gründen der Rechtssicherheit auf ganz außergewöhnliche Fälle beschränkt ist. Wenn der fragliche Rechtsakt offenkundig mit einem derart schweren Fehler behaftet ist, dass die Unionsrechtsordnung ihn nicht tolerieren kann, entfaltet er keine rechtlichen Wirkungen, ist also rechtlich nichtexistent.[101] Die Möglichkeit nichtexistenter Rechtsakte hatte der EuGH schon früh anerkannt und sich dabei an vergleichbaren Grundsätzen aus den mitgliedstaatlichen Rechtsordnungen orientiert.[102] Kommt der Gerichtshof ausnahmsweise zu dem Ergebnis eines nichtexistenten Rechtsaktes, ist die jeweils erhobene Klage mangels zugrundliegenden Klagegestands unzulässig.[103] Bedenkt man

[97] Zur uneinheitlichen Terminologie in der Rechtsprechung von EuGH und EuG siehe *Ollinger*, Nachvollziehbare Verfahrenskontrolle im EU-Beihilfenrecht, S. 343.

[98] EuGH, Urt. v. 06.10.2015 – Rs. C-362/14, ECLI:EU:C:2015:650, Rn. 52 – *Schrems*; Urt. v. 10.12.2013 – Rs. C-272/12 P, ECLI:EU:C:2013:812, Rn. 54 – *KOM/Irland u. a.*; Urt. v. 12.02.2008 – Rs. C-199/06, ECLI:EU:C:2008:79, Rn. 60 – *CELF*; Urt. v. 05.10.2004 – Rs. C-475/01, ECLI:EU:C:2004:585, Rn. 18 – *KOM/Griechenland*; Urt. v. 15.06.1994 – Rs. C-137/92 P, ECLI:EU:C:1994:247, Rn. 48 – *BASF*; Urt. v. 08.07.1999 – Rs. C-245/92 P, ECLI:EU:C:1999:363, Rn. 93 – *Chemie Linz*; Urt. v. 16.02.1987 – Rs. 15/85, ECLI:EU:C:1987:111, Rn. 10 – *Consorzio Cooperative d'Abruzzo*; zuvor bereits Urt. v. 12.07.1957 – verb. Rs. 7/56 u. 3–7/57, ECLI:EU:C:1957:7, S. 126 – *Alegra*. Jüngst Urt. v. 02.04.2020 – verb. Rs C-715/17 u. a., ECLI:EU:C:2020:257, Rn. 139 f. – *KOM/Polen*.

[99] Vgl. IGH, Gutachten v. 20.07.1962 – ICJ-Rep. 1962, 151, 168 – *Certain Expenses* sowie Beschl. v. 14.04.1992 – ICJ-Rep. 1992, 3, 15 Rn. 39 ff. – *Lockerbie*, *Provisional Measures*, wobei die Ultra-vires-Lehre im Völkerrecht weiter umstritten bleibt; dazu bereits oben S. 287 ff.

[100] Vgl. EuGH, Urt. v. 13.02.1979 – Rs. 101/78, ECLI:EU:C:1979:38, Rn. 4 f. – *Granaria*; Urt. v. 22.10.1987 – Rs. 314/85, ECLI:EU:C:1987:452, Rn. 15 ff. u. 20 – *Foto-Frost*.

[101] EuGH, Urt. v. 05.10.2004 – Rs. C-475/01, ECLI:EU:C:2004:585, Rn. 19 f. – *KOM/Griechenland*; Urt. v. 15.06.1994 – Rs. C-137/92 P, ECLI:EU:C:1994:247, Rn. 49 f. – *BASF*; Urt. v. 08.07.1999 – Rs. C-245/92 P, ECLI:EU:C:1999:363, Rn. 94 f. – *Chemie Linz*; Urt. v. 30.06.1988 – Rs. 226/87, ECLI:EU:C:1988:354, Rn. 16 – *KOM/Griechenland*; Urt. v. 16.02.1987 – Rs. 15/85, ECLI:EU:C:1987:111, Rn. 10 – *Consorzio Cooperative d'Abruzzo*.

[102] EuGH, Urt. v. 12.07.1957 – verb. Rs. 7/56 u. 3–7/57, ECLI:EU:C:1957:7, S. 126 – *Alegra*; Urt. v. 10.12.1957 – verb. Rs. 1/57 u. 15/57, ECLI:EU:C:1957:13, S. 234 f. – *SUTS*; s. a. EuG, Urt. v. 27.02.1992 – verb. Rs. T-79/89 u. a., ECLI:EU:T:1992:26, Rn. 68 – *BASF* m. w. N.

[103] EuGH, Urt. v. 10.12.1957 – verb. Rs. 1/57 u. 15/57, ECLI:EU:C:1957:13, S. 233, 235

nun, dass es kein eigenes Verfahren vor dem EuGH gibt, um die Nichtexistenz feststellen zu lassen und divergierende gerichtliche Entscheidungen nicht möglich wären, wenn derartige Mängel stets zur Nichtexistenz führen würden, könnten sich Räume für die eigenständige Beurteilung bzw. Feststellung der Nichtexistenz durch mitgliedstaatliche Gerichte öffnen.[104] Auch wenn der EuGH sich bislang nicht ausdrücklich zur (fehlenden) Entscheidungsbefugnis der mitgliedstaatlichen Gerichte über nichtexistente Rechtsakte geäußert hat, scheint ein Bezug zum Ultra-vires-Gedanken nicht ganz fernliegend.[105] So gibt es in der Literatur durchaus Stimmen, welche die Entscheidung über die Nichtexistenz als rein deklaratorische Feststellung verstehen,[106] die jedes mit dem mutmaßlichen Nicht-Akt befasste Organ, einschließlich nationaler Gerichte treffen könne.[107]

Andererseits sind die Voraussetzungen für das Vorliegen eines offenkundigen und schwerwiegenden Fehlers, der die Nichtexistenz des Rechtsaktes zur Folge hat, nach wie vor nicht geklärt.[108] Die Europäischen Gerichte verweisen in diesem Zusammenhang vor allem auf die Erkennbarkeit bzw. Offenkundigkeit des Fehlers.[109] Die Heranziehung derart unbestimmter Begriffe eröffnet aber einen Beurteilungsspielraum, der wiederum zwangsläufig die Möglichkeit unterschiedlicher Einschätzungen und divergierender Entscheidungen mit sich bringt. Beispielsweise hatte das EuG in der Rechtssache *BASF* einen nichtexistenten Akt angenommen, während der daraufhin angerufene EuGH einen solchen ablehnte.[110] Die Einräumung eines eigenständigen Einschätzungs- oder

---

u. 247 – *SUTS*; Urt. v. 15.06.1994 – Rs. C-137/92 P, ECLI:EU:C:1994:247, Rn. 21 – *BASF*; EuG, Urt. v. 27.02.1992 – verb. Rs. T-79/89 u. a., ECLI:EU:T:1992:26, Rn. 65, 101 f. u. Ls. 2 – *BASF*.

[104] *Berger*, Anwendungsvorrang und nationale Verfassungsgerichte, S. 62 f.

[105] *Annacker*, EuZW 1995, 755, 757; s. a. *Mayr*, in: Elser/Eugster/Kind u. a., Das letzte Wort, S. 97, 114 dort Fn. 108, der nichtexistente Rechtsakte als unionsrechtliche Entsprechung von Ultra-vires-Akten ansieht. Zu weiteren Bezügen und zum Schweigen des EuGH siehe *Berger*, Anwendungsvorrang und nationale Verfassungsgerichte, S. 63 sowie *Mayer*, Kompetenzüberschreitung und Letztentscheidungsrecht, S. 81 f. Kritisch zu einem Bezug auch *Funke*, ZG 2011, 166, 181. Zur generellen Ablehnung mitgliedstaatlicher Kontrollvorbehalte durch den EuGH bereits oben S. 57 f.

[106] *Annacker*, EuZW 1995, 755, 756 u. 759.

[107] *Annacker*, EuZW 1995, 755, 760; *Jarass*, DVBl 1995, 954, 961; *Jarass*, AöR 121 (1996), 173, 198; *Jarass/Beljin*, NVwZ 2004, 1, 3. Ausf. *Annacker*, Der fehlerhafte Rechtsakt im Gemeinschafts- und Unionsrecht, S. 81 ff., insb. S. 100 u. 146, die bei letztinstanzlichen Gerichten aber eine Vorlagepflicht annimmt.

[108] *Wunderlich/Hickl*, EuR 2013, 107, 108; zu möglichen Kriterien *Annacker*, Der fehlerhafte Rechtsakt im Gemeinschafts- und Unionsrecht, S. 86 ff. sowie *Annacker*, EuZW 1995, 755, 756 ff.

[109] EuGH, Urt. v. 05.12.1963 – verb. Rs. 53 u. 54/63, ECLI:EU:C:1963:54, S. 538 f. – *Lemmerz-Werke*; Urt. v. 16.02.1987 – Rs. 15/85, ECLI:EU:C:1987:111, Rn. 10 f. – *Consorzio Cooperative d'Abruzzo*; s. a. *Generalanwalt Trabucchi*, Schlussanträge v. 13.12.1973 – verb. Rs. 15–33/73 u. a., ECLI:EU:C:1973:164, S. 196 – *Kortner* sowie EuG, Urt. v. 27.06.1991 – Rs. T-156/89, ECLI:EU:T:1991:33, Rn. 84 f. – *Valverde Mordt*.

[110] EuGH, Urt. v. 15.06.1994 – Rs. C-137/92 P, ECLI:EU:C:1994:247, Rn. 49 ff. – *BASF*;

gar Entscheidungsspielraums über nichtexistente Rechtsakte für die *mitgliedstaatlichen* Gerichte ist hingegen nicht erkennbar.[111] Vielmehr ist nicht zuletzt den Entscheidungen in der Rechtssache *BASF* zu entnehmen, dass die Einordnung eines Rechtsaktes als nichtexistent ein Feststellungsurteil[112] eines *europäischen* Gerichts erfordert, welches die Voraussetzung für eine solche Erklärung von Amts wegen zu prüfen hat.[113] Auch aus der jüngeren Rechtsprechung ergibt sich kein anderes Bild. Soweit einige Mitgliedstaaten sich im Rahmen von Vertragsverletzungsverfahren unter anderem mit der Rechtswidrigkeit einer nicht ordnungsgemäß umgesetzten Richtlinie oder eines anderen für die Vertragsverletzung relevanten EU-Rechtsaktes verteidigt hatten, urteilte der EuGH, dass ein derartiger Einwand nur im Rahmen einer Klage nach Art. 263 AEUV geltend gemacht werden könne und etwas anderes nur im Falle einer Qualifizierung des Rechtsaktes als nicht- oder inexistent gelten könne.[114] Damit schafft der EuGH aber nur eine Ausnahme für die Berücksichtigung des Einwands im Rahmen des Vertragsverletzungsverfahrens und keine Ausnahme für eine eigenmächtige Einstufung durch die Mitgliedstaaten. Schließlich fordert der EuGH für die Einordnung eines Rechtsaktes als inexistent in Übereinstimmung mit seiner vorherigen Rechtsprechung eine – auf außergewöhnliche Fälle beschränkte – Feststellung,[115] die ihm obliegt. Letzteres wurde besonders deutlich, als der EuGH in einem Verfahren gegen Deutschland, mit Blick auf eine zuvor erhobene Nichtigkeitsklage bezüglich des vermeintlich inexistenten Beschlusses betonte, dass

> „*der Gerichtshof* […], die von diesem Mitgliedstaat erhobene Klage auf teilweise Nichtigkeitserklärung abgewiesen hat, ohne, wie *er* dies *von Amts wegen* hätte tun können, die Nichtexistenz dieses Beschlusses festzustellen."[116]

---

zuvor EuG, Urt. v. 27.02.1992 – verb. Rs. T-79/89 u. a., ECLI:EU:T:1992:26, Rn. 68 u. Ls. 1 – *BASF*.

[111] *Berger*, Anwendungsvorrang und nationale Verfassungsgerichte, S. 63 f.; *Mayer*, Kompetenzüberschreitung und Letztentscheidungsrecht, S. 81 f.; s. a. *Annacker*, EuZW 1995, 755, 760.

[112] *Nettesheim*, in: von Bogdandy/Bast, Europäisches Verfassungsrecht, S. 389, 408 f.

[113] Ausdrücklich EuG, Urt. v. 27.02.1992 – verb. Rs. T-79/89 u. a., ECLI:EU:T:1992:26, Rn. 68, 100 f. u. Ls. 1 – *BASF*; s. a. EuGH, Urt. v. 15.06.1994 – Rs. C-137/92 P, ECLI:EU:C:1994:247, Rn. 49 ff., insb. Rn. 53 – *BASF*. Ebenso *Berger*, Anwendungsvorrang und nationale Verfassungsgerichte, S. 64 dort Fn. 319.

[114] EuGH, Urt. v. 27.03.2019 – Rs- C-620/16, ECLI:EU:C:2019:256, Rn. 89 ff. – *KOM/Deutschland*; Urt. v. 11.10.2016 – Rs. C-601/14, ECLI:EU:C:2016:759, Rn. 33 – *KOM/Italien*; Urt. v. 05.03.205 – Rs. C-502/13, ECLI:EU:C:2015:143, Rn. 56 – *KOM/Luxemburg*; Urt. v. 18.10.2012 – Rs. C-37/11, ECLI:EU:C:2012:640, Rn. 46 ff. – *KOM/Tschechische Republik*; jeweils m. w. N.

[115] EuGH, Urt. v. 18.10.2012 – Rs. C-37/11, ECLI:EU:C:2012:640, Rn. 49 – *KOM/Tschechische Republik*.

[116] EuGH, Urt. v. 27.03.2019 – Rs- C-620/16, ECLI:EU:C:2019:256, Rn. 91 – *KOM/Deutschland*; Hervorh. d. Verf.

Durch diese ebenso ausdrückliche wie selbstverständliche Betonung der eigenen Möglichkeiten, bei gleichzeitigem Ausschluss einseitiger Ausgleichs- oder Abwehrmaßnahmen durch die Mitgliedstaaten,[117] unterstreicht der EuGH, dass seine ausschließliche Zuständigkeit für die Auslegung und Verwerfung des EU-Rechts auch bei der Prüfung und Feststellung möglicher inexistenter Rechtsakte gilt.

In Anbetracht der offenen Begriffe, die als Voraussetzung für das Vorliegen eines nichtexistenten Rechtsaktes herangezogen werden, liegt es auf der Hand, dass die Nichtexistenz regelmäßig nicht automatisch feststehen, sondern vielmehr umstritten sein wird. Aus Gründen der Rechtssicherheit muss daher im jeweiligen Einzelfall gerichtlich *entschieden* werden, ob ein nichtexistenter Rechtsakt vorliegt oder nicht. Käme auch den mitgliedstaatlichen Gerichten eine derartige Befugnis zu, bestünde – wie auch im Bereich der allgemeinen Gültigkeitskontrolle – die Gefahr divergierender Entscheidungen. Ob ein unionsrechtlicher Rechtsakt derart mangelbehaftet ist, dass ihm keinerlei rechtliche Wirkung zukommt, muss für die gesamte EU-Rechtsordnung verbindlich und einheitlich geklärt werden. Auch insoweit besteht also keine Ausnahme zugunsten der Mitgliedstaaten und dem EuGH kommt auch im Extremfall der mutmaßlichen Nichtexistenz die Letztentscheidungsbefugnis zu.

4. Zwischenfazit

Insgesamt besteht im Unionsrecht zwar die Möglichkeit für eine Kompetenzüberschreitung, diese wird aber schon begrifflich nicht als Ultra-vires-Akt, sondern als Verstoß gegen das Prinzip der begrenzten Einzelermächtigung bzw. allgemeiner formuliert als unionsrechts- bzw. kompetenzwidriger Rechtsakt erfasst. Im Interesse der einheitlichen Anwendung und Auslegung des Unionsrechts sowie der Wahrung des Anwendungsvorrangs obliegt die Entscheidung über das Vorliegen derartiger Akte allein den europäischen Gerichten und damit in letzter Konsequenz dem EuGH. Die Wahrung des Rechts erfordert zwingend die einheitliche Kontrolle durch eine zentrale Instanz, da andernfalls der verbindende und verbindliche Charakter des Unions*rechts* und damit das konstituierende Element der europäischen Rechtsunion gefährdet ist. Die Rechtsunion wird durch eine einheitliche Geltung und Kontrolle des Unionsrechts in allen Mitgliedstaaten und gegenüber allen EU-Bürgerinnen und EU-Bürgern geprägt. Sollten einzelne Mitgliedstaaten für sich in Anspruch nehmen, selbst verbindlich über die Geltung des Unionsrechts zu entscheiden, wäre diese Einheit gefährdet. Dies gilt aus unionsrechtlicher Perspektive selbst dann, wenn der einzelne Mitgliedstaat diese Kontrolle allein auf verfassungsrechtliche Gründe stützen und die Auswirkungen auf sein eigenes Staatsgebiet beschränken würde. So

[117] EuGH, Urt. v. 27.03.2019 – Rs- C-620/16, ECLI:EU:C:2019:256, Rn. 88 – *KOM/Deutschland.*

kann mit einer verfassungsgerichtlichen Kontrolle zunächst eine nicht unerhebliche Verzögerung einhergehen, die ein schnelles gesamteuropäisches Vorgehen erschwert.[118] Vor allem aber würde auch im Falle einer rein innerstaatlichen Unanwendbarkeitserklärung die Unionsrechtmäßigkeit und unionsweite einheitliche Geltung des Aktes in Frage gestellt.[119] Ganz konkret würde das EU-Recht auch für alle Unionsbürgerinnen und Unionsbürger, die sich in diesem Mitgliedstaat aufhalten, nicht bzw. anders wirken als in den übrigen Mitgliedstaaten.[120] Insoweit ist es nur konsequent, dass die zentrale Stellung und das Letztentscheidungsrecht des EuGH aus unionsrechtlicher Sicht ausnahmslos gelten. Selbst im Falle der vorrübergehenden Ausnahme vom Anwendungsvorrang im einstweiligen Rechtsschutz, bleibt das „letzte Wort" des EuGH über die Vorlage erhalten. Im Übrigen kennt das Unionsrecht keine Ausnahme vom Auslegungs- und Verwerfungsmonopol des EuGH über das Unionsrecht.

Obwohl der Begriff des Ultra-vires-Aktes aus den genannten Gründen auf die Rechtsordnung der EU nicht passt, ist die Kontrolle derartiger Rechtsakte ausdrücklich und allein dem EuGH zugewiesen.[121] Mit anderen Worten führen bei der unionsrechtlichen Kompetenz- und Rechtmäßigkeitskontrolle alle Wege zum EuGH und finden dort auch ihr Ende. Hat der Gerichtshof über einen Rechtsakt entschieden, besteht aus unionsrechtlicher Sicht keine Möglichkeit für eine zusätzliche mitgliedstaatliche Kontrolle. In Anbetracht der fortgesetzten Kritik an der Rechtsprechung des EuGH stellt sich allerdings die Frage, ob der EuGH seiner Kontrollaufgabe stets ordnungsgemäß nachkommt und für den Fall einer negativen Antwort, ob dies Räume für eine externe Kontrolle öffnet.

III. Der EuGH zwischen Motor und Wächter der Integration

Wenn die Frage des „Quis iudicabit de quo?" in der unionsrechtlichen Perspektive eindeutig zugunsten des unionsrechtlichen Auslegungs- und Verwerfungsmonopols des EuGH zu beantwortet ist, verlagert sich der Schwerpunkt möglicher Kompetenzverletzungen auf den EuGH und dessen Entscheidungen. Klassisch formuliert, geht es um das mit der Letztentscheidung verbundene Folgeproblem nach der Überwachung des Wächters, „quis custodiet ipsos custodes?"[122] Obwohl diese Frage in der unionsrechtlichen Perspektive, in der der EuGH der einzige „Wächter"[123] ist und keiner höheren Instanz unterliegt, an

[118] So in Bezug auf die Corona-Pandemie auch *Frenz*, DVBl 2020, 1017, 1019.

[119] *Wendel*, ZaöRV 2014, 615, 650 f. dort Fn. 185.

[120] Vgl. auch *Carl O. Lenz*, ZRP 2010, 22, 23.

[121] Vgl. *Weiler*, YLJ 100 (1991), 2403, 2414 f. dort Fn. 26; *Weiler*, in: FS Everling, Bd. II, S. 1651, 1652 dort Fn. 3; *Schockweiler*, EuR 1996, 123 f. Ausdrücklich mit Bezug zum Ultra-vires-Begriff auch *Folz*, Demokratie und Integration, S. 14 u. 194; *Frenz*, EWS 2015, 257 u. 261 sowie *Mayer*, Kompetenzüberschreitung und Letztentscheidungsrecht, S. 85 f.

[122] *Juvenal*, Sat. 6,347 f., zitiert nach *Lorenz*, Juvenal Satiren Saturae, S. 210.

[123] Siehe nur *Mayer*, AöR 129 (2004), 411, 415 f.

sich wenig Sinn ergibt, ist es denkbar, dass der EuGH seine eigenen Kompetenzen überschreitet bzw. einen rechts- oder kompetenzwidrigen Rechtsakt der EU-Organe perpetuiert.[124] Wie sich jüngst im PSPP-Urteil des BVerfG gezeigt hat, wird in der letztgenannten Konstellation der Ultra-vires-Vorwurf gewissermaßen verdoppelt, da er sich nicht auf nur den ursprünglichen Rechtsakt, sondern auch auf das ihn bestätigende EuGH-Urteil bezieht.[125] Selbst wenn man also annimmt, dass allein der EuGH über Ultra-vires-Akte bzw. kompetenzwidrige Akte der EU-Organe entscheiden kann, bleibt die Frage, wie mit Fällen umzugehen wäre, in denen der Gerichtshof eine derartige Kontrolle nicht durchführt oder aber selbst *ultra vires* bzw. kompetenzwidrig handelt. Sollte der EuGH seiner Aufgabe zur Kompetenzkontrolle nicht oder nur unzureichend nachkommen bzw. die ihm gesetzten Grenzen bei der Kompetenzkontrolle überschreiten, könnten sich Räume für eine externe Kontrolle ergeben. Tatsächlich ist es ein gängiger Vorwurf von Teilen der Literatur, dass der EuGH sich vornehmlich als treibende Kraft und nicht als Schiedsrichter der Integration verstehe.[126] Neben der als unzureichend empfundenen Kontrolle der Kompetenzmaßstäbe (1.) ist damit vor allem die Kritik an den vom EuGH herangezogenen Methoden und an der von ihm betriebenen Rechtsfortbildung (2.) angesprochen. Die fortgesetzte Kritik vermag allerdings nichts an dem Umstand zu ändern, dass die Urteile des EuGH verbindlich bleiben und keiner (Super-)Revision durch mitgliedstaatliche Gerichte unterliegen (3.).

1. Die vermeintlich ineffektive Kontrolle der Kompetenzmaßstäbe

In der unionsinternen Perspektive ist es die alleinige Aufgabe des EuGH, letztverbindlich über die Auslegung und die Gültigkeit des EU-Rechts und damit auch über die Kompetenzgrenzen der EU und ihrer Organe zu entscheiden. Ein rechtliches Bedürfnis für eine externe Kontrolle durch mitgliedstaatliche Gerichte könnte sich nur dann ergeben, wenn der EuGH seine Aufgabe nicht effektiv ausfüllen würde. Tatsächlich wird dem EuGH häufig die Bereitschaft bzw. Fähigkeit abgesprochen, für eine effektive Kontrolle der EU-Kompetenzgrenzen zu sorgen, weshalb eine externe Kontrolle zwingend notwendig sei.[127]

---

[124] *Mayer*, Kompetenzüberschreitung und Letztentscheidungsrecht, S. 26 ff., insb. S. 28; zu diesen Konstellationen auch *Funke*, ZG 2011, 166, 184 f. sowie *Schroeder*, EuR 1999, 452, 462.

[125] BVerfGE 154, 17, 94 ff. Rn. 116 ff., 117 ff. Rn. 154 ff., 150 ff. Rn. 232 ff. – *PSPP-Urteil*; vgl. zur Verdopplung des Vorwurfs auch *P. Kirchhof*, NJW 2013, 1, 5.

[126] *Grimm*, Europa ja – aber welches?, S. 66 u. 115 f.; zustimmend *Degenhart*, in: FS Siekmann, S. 19, 32; ähnlich bereits *Huber*, AöR 116 (1991), 210, 213 m. w. N.

[127] Allein aus jüngerer Zeit siehe nur *Degenhart*, in: FS Siekmann, S. 19, 32 f.; *Gärditz*, EuZW 2020, 505, 506 f.; *Haltern*, NVwZ 2020, 817, 821; *Huber*, in: Streinz, EUV/AEUV, Art. 19 EUV Rn. 32 f.; *Isensee*, DVBl 2009, 801, 806 f.; *Kahl*, NVwZ 2020, 824, 827; *H. H. Klein*, AöR 139 (2014), 165, 185 f.; *Krings*, ZRP 2020, 160 f. sowie *Wegener*, in: Calliess/Ruffert, EUV/AEUV, Art. 19 EUV Rn. 35. Zuvor schon sehr deutlich *Herzog/Gerken*,

Dabei wird insbesondere auf die als äußerst gering empfundene Anzahl der Fälle verwiesen, in denen der EuGH einen Rechtsakt wegen fehlender Verbandskompetenz der EU für nichtig erklärt habe.[128] Insoweit steht also der Vorwurf im Raum, dass der EuGH nicht Willens oder jedenfalls nicht in der Lage sei, eine effektive Kontrolle der unionsrechtlichen Kompetenzmaßstäbe zu garantieren.

Bereits im Hinblick auf die Feststellung eines vermeintlichen „Unwillens" des EuGH ist allerdings äußerste Zurückhaltung angezeigt. Ungeachtet der noch zu behandelnden Einordnung des EuGH als „Motor der Integration" sind nämlich nicht die Akteure und deren Motive, sondern die herangezogenen Maßstäbe von vorrangigem Interesse. Vor allem aber gilt auch für den EuGH, dass dieser nicht von sich aus auf eine Kompetenzkontrolle verzichten kann, sondern vielmehr nach Art. 19 Abs. 3 EUV über die ihm nach Maßgabe der Verträge zugewiesenen Fälle *entscheidet*.[129] Wie bereits dargelegt, wird der EuGH im Rahmen der ihm übertragenen Zuständigkeiten auch und vor allem als Kompetenzgericht tätig. Die Überwachung der Kompetenzgrenzen der Union ist dabei nicht an Fristen oder Rügen gebunden, sondern erfolgt von Amts wegen.[130] Da diese Amtsprüfung in Bezug auf die Verbands- und Organkompetenz nicht nur das Recht, sondern die Pflicht des EuGH ist,[131] erfolgt die Kompetenzkontrolle nicht nur losgelöst von Fristen oder Rügen, sondern auch und vor allem unabhängig vom mutmaßlichen „Willen" des EuGH. Wenn die Überwachung der Kompetenzgrenzen aber nicht ins Belieben des Gerichtshofs gestellt ist, sind auch die Gründe für die vergleichsweise seltene Verwerfung von Rechtsakten wegen fehlender Verbandskompetenz der EU an anderer Stelle zu suchen. Ein offensichtlicher, aber gleichwohl wesentlicher Teil der Erklärung ist zunächst die Tatsache, dass der Gerichtshof nicht von sich aus tätig werden kann,

---

FAZ vom 08.09.2008, Nr. 210, S. 8; dagegen aber *Carl O. Lenz*, WHI-Paper 1/2009, 1 ff. Differenzierend *Streinz*, AöR 135 (2010), 1, 6 ff. u. 15 ff. Ausf. und eher kritisch zur älteren Rechtsprechung des EuGH *Folz*, Demokratie und Integration, S. 265 ff., insb. S. 303, 365 f., 367 ff. u. 374 sowie *Kraußer*, Das Prinzip begrenzter Ermächtigung im Gemeinschaftsrecht, S. 63 ff., insb. S. 67. *Thomas von Danwitz*, EuGRZ 2013, 253 spricht hingegen von einer „in die Jahre gekommenen Kritik", die sich nicht auf aktuelle Urteile des EuGH berufen könne.

[128] Nach *Huber*, in: Streinz, EUV/AEUV, Art. 19 EUV Rn. 33 waren es in 60 Jahren nur vier Fälle.

[129] Siehe bereits oben S. 4 u. 75 f.; zur Einordnung als „Motor der Integration" sogleich Kap. 5, A. III. 2.

[130] So schon *Iglesias*, EuR 1992, 225, 236 unter Hinweis auf EuGH, Urt. v. 10.12.1969 – verb. Rs. 6/69 u. 11/69, ECLI:EU:C:1969:68, Rn. 11/12 f. – *KOM/Frankreich*. Siehe im Übrigen auch Urt. v. 30.06.1988 – Rs. 226/87, ECLI:EU:C:1988:354, Rn. 16 – *KOM/Griechenland*; Urt. v. 20.03.1959 – Rs. 18/57, ECLI:EU:C:1959:6, S. 114 – *Nold*; EuG, Urt. v. 09.11.2011 – Rs. T-36/09, ECLI:EU:T:2011:449, Rn. 85 f. – *dm-drogerie markt*; *Generalanwalt Mengozzi*, Schlussanträge v. 30.05.2017 – Rs. C-122/16 P, ECLI:EU:C:2017:406, Rn. 117 – *British Airways* sowie *Generalanwalt Darmon*, Schlussanträge v. 29.05.1991 – Rs. C-258/89, ECLI:EU:C:1991:222, Rn. 28 ff. – *KOM/Spanien*.

[131] Dazu ausf. *B. Sachs*, Die Ex-officio-Prüfung durch die Gemeinschaftsgerichte, S. 104 ff., insb. S. 168 ff. u. 173 f.

sondern auf Klagen von Mitgliedstaaten oder Privatpersonen bzw. Vorlagen der nationalen Gerichte angewiesen ist.[132] Auch der EuGH ist an den Grundsatz „wo kein Kläger, da kein Richter“ gebunden und kann ohne entsprechende Verfahren keine Kompetenzkontrolle vornehmen. Doch selbst wenn es in einer Rechtssache um die Kompetenzmäßigkeit eines Unionsrechtsaktes geht, spielt die Verbandskompetenz dabei eine eher geringe Rolle. Zum einen kommt es in den meisten Verfahren vor dem EuGH auf diese Frage gar nicht mehr an, da bereits die jeweils *gewählte* Rechtsgrundlage den fraglichen Rechtsakt nicht trägt oder die Organkompetenz des handelnden Organs fehlt und sich somit eine weitere Prüfung der Verbandskompetenz erübrigt.[133] Zum anderen verfügt die EU spätestens seit dem Vertrag von Lissabon über derart weitreichende Kompetenzen, dass nun oftmals weniger das generelle Bestehen einer Unionskompetenz als vielmehr deren Ausübung umstritten ist.[134] Die vermeintlich seltene Verwerfung wegen fehlender Verbandskompetenz der EU erklärt sich also nicht mit einem „Unwillen“ des EuGH, sondern vielmehr mit der vorrangigen Prüfung anderer Rechtsfragen.

Gleichwohl wird dem EuGH von seinen Kritikern weiterhin attestiert, dass er im Zweifel stets zugunsten einer Ausweitung der EU-Kompetenzen entscheide.[135] Dieser Vorwurf knüpft vor allem an eine gefestigte Rechtsprechung des EuGH an, wonach das Unionsrecht die nationalen Zuständigkeiten zwar unberührt lässt, die Mitgliedstaaten aber auch in den unberührten Bereichen das Unionsrecht beachten müssen. Als zu beachtendes Unionsrecht hebt der EuGH dabei insbesondere das Recht der Unionsbürger auf Freizügigkeit sowie die Bestimmungen in Bezug auf den Grundsatz der Nichtdiskriminierung hervor.[136] Unabhängig von der Frage, ob man insoweit tatsächlich von einer „integrationsfreundlichen Agenda“ des EuGH sprechen kann,[137] ist auch an dieser Stelle keine akteurs-, sondern eine maßstabsbezogene Sichtweise angebracht. Bei

---

[132] Mit Bezug zur Kompetenzkontrolle *Mayer*, ZaöRV 61 (2001), 577, 598; s. a. *Iglesias*, EuR 1992, 225, 235 sowie *Streinz*, AöR 135 (2010), 1, 17 sowie allgemein bereits oben S. 76. Nach *Terhechte*, in: Hatje/Müller-Graff, EnzEuR, Bd. 1, § 14 Rn. 28 können die Mitgliedstaaten zudem bereits im Rahmen der Rechtsetzung gegen fragliche Akte vorgehen. Zum schwierigen Zugang zum EuGH in der Eurokrise siehe *Farahat/Krenn*, Der Staat 57 (2018), 357, 366 ff.

[133] *Schroeder*, EuR 1999, 452, 460 f.; s. a. *Iglesias*, EuR 1992, 225, 235.

[134] *Koch*, in: Hendler/Ibler/Martínez, Herausforderungen an die Kompetenzordnung der EU, S. 65, 67 f.; *Terhechte*, in: Hatje/Müller-Graff, EnzEuR, Bd. 1, § 14 Rn. 28 unter Hinweis auf *Terhechte*, EuZW 2009, 199.

[135] Besonders deutlich *Huber*, AöR 116 (1991), 210, 213; *Jahn*, NJW 2008, 1788 f.; *Stern*, AnwBl 2007, 591 f.; *J. Wieland*, NJW 2009, 1841 ff.; s. a. die Nachweise oben Kap. 5 Fn. 127. Differenzierend *Streinz*, AöR 135 (2010), 1, 13 ff. u. 19 ff.

[136] Siehe nur EuGH, Urt. v. 26.06.2018 – Rs. C-451/16, ECLI:EU:C:2018:492, Rn. 29 – *MB*; Urt. v. 05.06.2018 – Rs. C-673/16, ECLI:EU:C:2018:385, Rn. 37 f. – *Coman u. a.*; Urt. v. 12.05.2011 – Rs. C-391/09, ECLI:EU:C:2011:291, Rn. 63 – *Runevič-Vardyn*; Urt. v. 13.04.2010 – Rs. C-73/08, ECLI:EU:C:2010:181, Rn. 28 – *Bressol*; jeweils m. w. N. zur Rspr.

[137] In diese Richtung *Weiler*, YEL 1 (1981), 267, 279. Kritisch *von Danwitz*, in: FS Schrö-

einer derartigen Betrachtung steht hinter dem Vorwurf einer integrationsfördernden Rechtsprechung des EuGH ein Verständnis der Integration, welches die integrationstypische Dynamik mit einer stetigen Ausweitung an EU-Kompetenzen gleichsetzt.[138] So wird regelmäßig darauf verwiesen, dass die funktionale, also auf die Verwirklichung bestimmter Ziele ausgerichtete, Zuständigkeitsverteilung der EU zu einem stetigen Kompetenzzuwachs bzw. einer Zentralisierung führe, was sich insbesondere bei den EU-Grundrechten und Grundfreiheiten, aber auch im Bereich der Unionsbürgerschaft sowie den Querschnittsklauseln zeige.[139] Demzufolge würde sich die Kompetenzkontrolle des EuGH deshalb als defizitär erweisen, weil die unvollkommenen und dynamischen Integrationsmaßstäbe einer effektiven Kontrolle entgegenstünden. Anders formuliert wäre der EuGH zu einer Kontrolle verpflichtet, die mit den vorhandenen Maßstäben *rechtlich* gar nicht möglich wäre.[140]

Ein solcher Schluss findet aber weder im Unionsrecht noch in der Rechtsprechung des EuGH eine Stütze. Im Ausgangspunkt ist es durchaus zutreffend, dass es ein wesentliches Ziel der Integration war und ist, nationale Alleingänge durch die zunehmende Einbindung in eine gemeinsame, supranationale Rechtsordnung einzudämmen.[141] Die „Fehleinschätzung"[142] einer damit einhergehenden uferlosen Verdrängung mitgliedstaatlicher Kompetenzbereiche übersieht allerdings, dass bestimmte Kompetenzausübungen, wie beispielsweise solche, die mit einer Diskriminierung aufgrund der Staatsangehörigkeit einhergehen, mit der supranationalen Rechtsordnung schlicht unvereinbar sind, also nunmehr weder auf nationaler noch auf europäischer Ebene möglich sind. Darüber hinaus kommt den Mitgliedstaaten auch in der supranationalen Rechtsordnung weiterhin entscheidender Einfluss auf die Integration zu.[143] Auch sei an dieser Stelle noch einmal daran erinnert, dass dem Unionsrecht kein bestimmtes Integrationsziel oder -verständnis vorgegeben ist und es neben einer durchaus vorhandenen funktionalen Ausrichtung auch zahlreiche begrenzende Elemente umfasst.[144] In Anbetracht der angesprochenen Verlagerung der Kompetenzfrage vom „Ob" auf das „Wie" geht es bei diesen Elementen

der, S. 155, 160 sowie *von Bogdandy/Bast*, EuGRZ 2001, 441, 454 m. w. N.; eher zurückhaltend auch *Grimmel*, EuR 2013, 146 ff., insb. 149 ff. u. 166 ff.

[138] Vgl. *J. H. Kaiser*, EuR 1980, 97 u. 115 f. sowie bereits oben S. 37 f. u. 41.

[139] *Grimm*, Der Staat 48 (2009), 475, 493 f.; *H. H. Klein*, AöR 139 (2014), 165, 173 ff.; s. a. *Friauf/Scholz*, Europarecht und Grundgesetz, S. 57 ff. Zur Sorge einer Unitarisierung durch die Grundrechte bereits oben S. 170 ff. u. 176 ff.

[140] Zur faktischen Grenze der Kapazität bereits oben S. 176 f.

[141] *Iglesias*, EuR 1992, 225, 234; *H. P. Ipsen*, Europäisches Gemeinschaftsrecht, S. 68 Rn. 47 f.; s. a. *Hufeld*, in: Hufeld/Epiney/Merli, Europäisches Verfassungsrecht, S. 41, 44 sowie oben S. 41.

[142] *Hirsch*, JöR 49 (2001), 79, 85; ähnlich *Mayer*, JZ 2020, 725, 726.

[143] *Mayer*, JZ 2020, 725, 726; *Mayer*, VVDStRL 75 (2016), 7, 39; s. a. *Thym*, DÖV 2014, 941, 947.

[144] Dazu bereits ausf. Kap. 1, dort insb. S. 24, 38 ff. u. 83 ff.

nicht allein oder vorrangig um das Prinzip der begrenzten Einzelermächtigung. Vielmehr spielen neben den bereits behandelten EU-Grundrechten sowie der nationalen Identität vor allem die Grundsätze der Subsidiarität und der Verhältnismäßigkeit, welche Art. 5 Abs. 1 S. 2 EUV als zentrale Regeln für die Kompetenz*ausübung* nennt, eine entscheidende Rolle. Obwohl beide Elemente im Hinblick auf ihre Eignung, die dynamische Weiterentwicklung der Integration wirksam zu begrenzen, durchaus kritisch gesehen werden,[145] kann nicht davon gesprochen werden, dass sie einer effektiven gerichtlichen Kontrolle der Kompetenzgrenzen entgegenstehen. So sind die zentralen Bausteine der Kompetenzverteilung und -ausübung, namentlich das Prinzip der begrenzten Einzelermächtigung sowie die Grundsätze der Subsidiarität und der Verhältnismäßigkeit für alle Unionsorgane verbindlich[146] und unterliegen ohne Zweifel der gerichtlichen (Letzt-)Kontrolle durch den EuGH.[147] Schließlich hat der EuGH in zahlreichen Verfahren seine Bereitschaft und Fähigkeit zur Überwachung der unionsrechtlichen Rechtmäßigkeits- und Kompetenzgrenzen unterstrichen und hat sich so, nach einer nicht zu leugnenden integrationsfördernden Rechtsprechung in den Anfangsjahren seiner Geschichte, zunehmend vom Motor zum Wächter der Integration gewandelt.[148] Dabei legt der EuGH auch durchaus eine Sensibilität für die Kompetenzordnung sowie mitgliedstaatliche Belange an den Tag.[149] Soweit in Bezug auf die Grundsätze der Subsidiarität

---

[145] Exemplarisch *H. H. Klein*, AöR 139 (2014), 165, 182 ff. m. w. N.; s. a. *Isensee*, ZRP 2010, 33, 36 sowie *Schorkopf*, in: Hendler/Ibler/Martínez, Herausforderungen an die Kompetenzordnung der EU, S. 11, 18 f. u. 23 f. Für eine allgemeine Kritik am Subsidiaritätsprinzip siehe *G. Davies*, in: FS Lapidoth, S. 79 ff., insb. S. 90 ff.

[146] *Calliess*, in: Calliess/Ruffert, EUV/AEUV, 5. Aufl., Art. 5 EUV Rn. 4 f.; *Langguth*, in: Lenz/Borchardt, EU-Verträge, Art. 5 EUV Rn. 10 u. 12; *Lienbacher*, in: Schwarze/Becker/Hatje u. a., EU-Kommentar, Art. 5 EUV Rn. 1 f.; *Streinz*, in: Streinz, EUV/AEUV, Art. 5 EUV Rn. 4.

[147] *Bast*, in: Grabitz/Hilf/Nettesheim, EUV/AEUV, Art. 5 EUV Rn. 3 u. 31 ff.; *Lienbacher*, in: Schwarze/Becker/Hatje u. a., EU-Kommentar, Art. 5 EUV Rn. 2, 28 ff. u. 41; *Pache*, in: Pechstein/Nowak/Häde, FK EUV/GRC/AEUV, Art. 5 EUV Rn. 4; *Streinz*, in: Streinz, EUV/AEUV, Art. 5 EUV Rn. 6, 18, 39 ff. u. 50 ff. Zur Letztkontrolle des EuGH bereits oben S. 294 ff.

[148] Ausf. *Mayer*, in: Grabitz/Hilf/Nettesheim, EUV/AEUV, Art. 19 EUV Rn. 27 ff. u. 42.; s. a. *Bast*, in: Grabitz/Hilf/Nettesheim, EUV/AEUV, Art. 5 EUV Rn. 31; *Hirsch*, JöR 49 (2001), 79, 83 f.; *Iglesias*, EuR 1992, 225, 235; *von Bogdandy/Bast*, EuGRZ 2001, 441, 445 f. u. 454; differenzierend *Streinz*, AöR 135 (2010), 1, 6 ff. u. 19 ff. sowie *Mayer*, ZaöRV 61 (2001), 577, 594 ff.; s. a. die Nachweise bei *Huber*, in: Streinz, EUV/AEUV, Art. 19 EUV Rn. 32 f., der im Ergebnis aber skeptisch bleibt. Zum Wandel des EuGH bereits *Calliess*, EuGRZ 2003, 181, 195 f.; *Dauses*, integration 1994, 215, 222; *Everling*, in: GS Grabitz, S. 57, 70; *Mischo*, Der Beitrag des Gerichtshofs zur Wahrung der föderalen Balance in der EU, S. 28 sowie *Simm*, Der Gerichtshof der Europäischen Gemeinschaften im föderalen Kompetenzkonflikt, S. 111 ff.

[149] *Everling*, EuR 1987, 214, 235 u. 226 ff.; *Franzius*, Recht und Politik in der transnationalen Konstellation, S. 228 f. Differenzierender Überblick bei *Schwarze*, EuR 2013, 253 ff., insb. 255 ff.; s. a. *Schwarze*, DVBl 2014, 537, 539 u. 542. Zu den Grundrechten und zur nationalen Identität bereits oben S. 177 u. 218 ff. Positiv zur Rücksicht des EuGH bei der nationalen Identität auch *Skouris*, EuR 2021, 3, 17 f. sowie *R. Hofmann/Heger*, EuGRZ 2020, 176, 189.

und der Verhältnismäßigkeit die Justiziabilität weiterhin problematisiert wird, ist dies in erster Linie darauf zurückzuführen, dass der EuGH dem EU-Gesetzgeber ein weites politisches Ermessen einräumt und sich regelmäßig auf eine Evidenzprüfung beschränkt.[150] Insoweit wird deutlich, dass die Grundsätze der Verhältnismäßigkeit und Subsidiarität als Prinzipien des Pluralismus[151] weiter ausgestaltet und rechtlich ausdifferenziert werden müssten.[152] Wie noch zu zeigen sein wird, kann dabei eine maßstabsorientierte Kooperation der Gerichte einen wichtigen Beitrag leisten, indem das Vorabentscheidungsverfahren für eine Konkretisierung der Kompetenzmaßstäbe genutzt wird. An dieser Stelle ist aber zunächst entscheidend, dass die angesprochene Zurückhaltung des EuGH nicht gleichbedeutend mit einem generellen Ausfall oder gar einer Unmöglichkeit der gerichtlichen Kompetenzkontrolle ist. Vielmehr lenkt sie den Blick auf die entscheidende Frage des gerichtlichen Umgangs mit den jeweiligen Maßstäben.[153] Exemplarisch sei nur auf die Verfahren zum OMT- und zum PSP-Programm verwiesen, bei denen der EuGH die Kontrolle nicht etwa von vornherein verweigert, sondern durchaus die Verhältnismäßigkeit geprüft und mit Bindungswirkung für das vorlegende BVerfG bejaht hat.[154] Dass die bei der Prüfung herangezogenen Methoden und das Ergebnis nicht auf die Zustimmung des BVerfG gestoßen sind, bleibt aus der unionsrechtlichen Perspektive unbeachtlich, da dem EuGH das „letzte Wort" über die Auslegung der unionsrechtlichen Kompetenzmaßstäbe zukommt.

Insgesamt erweisen sich die Möglichkeiten des EuGH zur Kompetenzkontrolle somit nicht als von vornherein defizitär. Zunächst kann der Gerichtshof nicht von sich aus auf eine Kompetenzkontrolle verzichten, sondern ist vielmehr verpflichtet, die Grundsätze der Kompetenzverteilung und -ausübung zwischen der EU und den Mitgliedstaaten einerseits und zwischen den EU-Or-

---

[150] *H. H. Klein*, AöR 139 (2014), 165, 182 ff.; *Bast*, in: Grabitz/Hilf/Nettesheim, EUV/AEUV, Art. 5 EUV Rn. 58 u. 73; *Calliess*, in: Calliess/Ruffert, EUV/AEUV, Art. 5 EUV Rn. 70 ff. sowie *Pache*, in: Pechstein/Nowak/Häde, FK EUV/GRC/AEUV, Art. 5 EUV Rn. 100 ff., 128 ff. u. 150 ff. Generell zur Zurückhaltung des EuGH, vor allem bei komplexen wirtschaftlichen Sachverhalten siehe *Gaitanides*, in: von der Groeben/Schwarze/Hatje, Europäisches Unionsrecht, Art. 19 EUV Rn. 51 ff. sowie *Mayer*, in: Grabitz/Hilf/Nettesheim, EUV/AEUV, Art. 19 EUV Rn. 71 f.

[151] *Franzius*, RW 7 (2016), 62, 81; *Franzius*, Recht und Politik in der transnationalen Konstellation, S. 21 u. 250 ff.

[152] *Koch*, in: Hendler/Ibler/Martínez, Herausforderungen an die Kompetenzordnung der EU, S. 65, 79 f.; s. a. *Streinz*, in: Streinz, EUV/AEUV, Art. 5 EUV Rn. 7. Zur Diskussion um die Handhabung der Kriterien der „Schrankentrias" von Art. 5 EUV siehe nur *Calliess*, in: Calliess/Ruffert, EUV/AEUV, Art. 5 EUV Rn. 6, 22 ff. u. 44 ff.

[153] Vgl. *Mayer*, ZaöRV 61 (2001), 577, 592, der mangels offenkundiger Konstruktionsfehler der EG-Kompetenzordnung auf die Bedeutung der Handhabung der Kompetenzen verweist.

[154] EuGH, Urt. v. 11.12.2018 – Rs. C-493/17, ECLI:EU:C:2018:1000, Rn. 19, 24 u. 71 ff. – *Weiss u. a.*; Urt. v. 16.06.2015 – Rs. C-62/14, ECLI:EU:C:2015:400, Rn. 16 u. 66 ff. – *Gauweiler u. a.*

ganen andererseits zu überwachen. Sofern den EuGH entsprechende Klagen erreichen oder ihm Fragen zur Auslegung oder Gültigkeit vorgelegt werden, muss er seiner Aufgabe als Kompetenzgericht nachkommen. Eine andere Frage ist es hingegen, ob die vom EuGH im Rahmen dieser Kompetenzkontrolle angewendeten Methoden es rechtfertigen, dem EuGH dennoch ein Kontrolldefizit oder gar eine Überschreitung seiner Rechtsprechungsbefugnis zu attestieren.

2. *Zur Kritik an den Methoden und der Rechtsfortbildung des EuGH*

In Anbetracht der Tatsache, dass die Kompetenzkontrolle als Pflichtaufgabe des EuGH weder von seinem Willen abhängig noch von vornherein rechtlich unmöglich ist, kann sich ein gegenüber der EU erhobener Ultra-vires-Einwand nur noch unmittelbar auf die Art und Weise der EuGH-Entscheidung beziehen. Letztlich liefe dies auf den Vorwurf hinaus, dass der EuGH die Integrationsmaßstäbe nicht oder nicht korrekt anwende bzw. noch deutlicher formuliert, rechtlich falsche oder unvertretbare Entscheidungen treffe. Derartige Überlegungen sind ein wesentlicher Teil der bundesverfassungsgerichtlichen Ultra-vires-Kontrolle, die von Anfang an auch und vor allem gegen den EuGH und dessen Rechtsprechung gerichtet war.[155] Besonders deutlich wurde dies auch in der erstmaligen Ultra-vires-Erklärung durch das BVerfG, die insbesondere auf die „[m]ethodische Unvertretbarkeit“ und „methodische Defizite“ des EuGH-Urteils in der Rechtssache *Weiss u. a.* gestützt wurde.[156] Wie bereits angedeutet, ist die Rechtsprechung des EuGH zur Kompetenzkontrolle auch in der Literatur umstritten, was sich in der Bezeichnung des Gerichtshofs als „Motor der Integration“ widerspiegelt. Obwohl die integrationsfördernde Rolle des EuGH durchaus auch positiv bewertet wird,[157] ist mit der Einordnung als „Motor der Integration“ regelmäßig eine Kritik an der ausufernden bzw. kompetenzausweitenden Rechtsprechung des EuGH verbunden.[158] Lässt man allerdings auch in diesem Zusammenhang die Motivsuche zugunsten einer maßstabsorientierten Betrachtung in den Hintergrund treten, lenkt dies den Blick auf die vom EuGH

155 *Streinz*, AöR 135 (2010), 1, 3 f.; s. a. *Zuck/Christofer Lenz*, NJW 1997, 1193, 1196 sowie bereits oben S. 160 f.

156 BVerfGE 154, 17, 99 ff. Rn. 123 ff. – *PSPP-Urteil*, s. a. das Inhaltsverzeichnis des Urteils.

157 *Everling*, EuR 1987, 214 ff. u. 235; *Everling*, in: FS Lukes, S. 359, 362 ff. u. 374; *Giegerich*, ZEuS 2016, 3, 5 ff.; *H. P. Ipsen*, in: Schwarze, Der Europäische Gerichtshof als Verfassungsgericht und Rechtsschutzinstanz, S. 29, 37 u. passim sowie *Pernice*, EuR 1996, 27 ff. u. 33 ff. Zur Bedeutung des EuGH auch und vor allem für die Integration durch Recht s. a. bereits oben S. 37 u. 38 ff. Schon *Hallstein*, Die echten Probleme der europäischen Integration, S. 9 bezeichnete den EuGH als „Integrationsfaktor erster Ordnung“.

158 Besonders deutlich *Herzog/Gerken*, FAZ vom 08.09.2008, Nr. 210, S. 8; *Höpner*, MPIfG Working Paper 10/2 (2010), 1 ff.; *Höpner*, BJfS 2011, 203 ff. Während *Huber*, in: Merten/Papier, HGR Bd. VI/2, § 172 Rn. 92 von einem Selbstverständnis des EuGH spricht, sieht *Frenzel*, Der Staat 53 (2014), 1, 22 f. eher eine Fremd- als eine Selbstbeschreibung.

im Rahmen seiner Rechtsprechung herangezogenen Methoden, wobei insbesondere seine umstrittene Kompetenz zur Rechtsfortbildung von Interesse ist.

Im Ausgangspunkt unterscheiden sich die Auslegungs- bzw. Interpretationsmethoden des EuGH kaum von denen der nationalen Gerichte.[159] Ein wesentlicher Kritikpunkt an der Rechtsprechung des EuGH ist allerdings, dass er zu stark auf eine teleologische, an den Vertragszielen und dem Grundsatz des *effet utile* orientierte, Auslegung setze, womit er zu einer dynamischen Ausweitung der EU-Kompetenzen beitrage und letztlich die Grenze von Rechtsprechung und Rechtsetzung bzw. von Vertragsauslegung und Vertragsänderung überschreite.[160] Vermeintliche Auslegungs- oder Interpretationsmängel des EuGH lassen sich allerdings regelmäßig als Folge der besonderen „Funktionsbedingungen“[161] der supranationalen Rechtsordnung und Rechtsprechung erklären, in deren Lichte sie betrachtet werden müssen.[162] Dies betrifft nicht nur die personelle Situation, die durch das Zusammentreffen von Richterinnen und Richtern mit unterschiedlichen Muttersprachen und rechtlichen Vorprägungen geprägt ist, sondern auch die institutionellen und verfahrensrechtlichen Besonderheiten, wie die umfassende inhaltliche Zuständigkeit des EuGH und die Art und Weise der Entscheidungsfindung.[163] Vor allem aber muss der normative Rahmen berücksichtigt werden, in dem sich der EuGH bewegt. Wie bereits dargestellt, ist das Unionsrecht derart von Kompromissen geprägt, dass sein offener und lückenhafter Charakter eine Ausfüllung durch den EuGH erfordert, wobei nicht zuletzt die Existenz der zahlreichen verbindlichen Sprachfassungen des EU-Rechts eine deutliche Orientierung an Sinn und Zweck bzw. den Zielen der jeweiligen Normen notwendig macht.[164] Die Heranziehung eigener unionsrechtlicher Methoden, über die der EuGH kraft seines Auslegungs- und

---

[159] Dazu und zu den Methoden schon *Kutscher*, in: Gerichtshof der Europäischen Gemeinschaften, Begegnungen von Justiz und Hochschule, Teil I, S. I-1, I-6 u. passim; aus jüngerer Zeit *Mayer*, in: Grabitz/Hilf/Nettesheim, EUV/AEUV, Art. 19 EUV Rn. 53 ff.; *Pechstein/Kubicki*, in: Pechstein/Nowak/Häde, FK EUV/GRC/AEUV, Art. 19 EUV Rn. 24 ff. sowie *Wegener*, in: Calliess/Ruffert, EUV/AEUV, Art. 19 EUV Rn. 28 ff.; jeweils m. w. N.

[160] Exemplarisch *Hillgruber*, in: Behrens/Eger/H.-B. Schäfer, Ökonomische Analyse des Europarechts, S. 1, 2 ff.; *Hillgruber*, in: von Danwitz/Heintzen/Jestaedt u. a., Auf dem Wege zu einer Europäischen Staatlichkeit, S. 31, 32 ff. u. 39 ff. sowie die Nachweise oben Kap. 5 Fn. 135 u. 158. Differenzierend zur Auslegung *Streinz*, in: Rill, Die Dynamik der Europäischen Integration, S. 27 ff., insb. S. 32 ff.; zur „integrationsdynamischen Auslegung“ s. a. *Reyes y Ráfales*, EuR 2018, 498 ff.

[161] Begriff nach *von Danwitz*, EuR 2008, 769 ff.

[162] *Streinz*, AöR 135 (2010), 1, 6 u. 24 ff.

[163] *Everling*, in: Schwarze, Der Europäische Gerichtshof als Verfassungsgericht und Rechtsschutzinstanz, S. 137, 138 ff.; *Everling*, in: FS Rengeling, S. 527 ff.; *Streinz*, AöR 135 (2010), 1, 24 ff.; *von Danwitz*, EuR 2008, 769, 771 ff.

[164] *Everling*, in: Weidenfeld, Reform der Europäischen Union, S. 256, 260; *Mayer*, in: Grabitz/Hilf/Nettesheim, EUV/AEUV, Art. 19 EUV Rn. 30 ff. u. 70; *Schroeder*, in: FS Roth, S. 735, 740 ff.; *Schwarze*, in: Schwarze, Der Europäische Gerichtshof als Verfassungsgericht und Rechtsschutzinstanz, S. 11, 13 u. 21 f.; *von Danwitz*, ZRP 2010, 143, 146. Zum kompromisshaften Charakter des EU-Rechts bereits oben S. 37 f.

Verwerfungsmonopols letztverbindlich entscheidet, ist nicht nur eine logische Konsequenz der Autonomie des Unionsrechts, sondern unausweichlich, um die Entstehung von 27 verschiedenen nationalen Versionen des Unionsrechts, die mit der Auslegung des EuGH konkurrieren, zu vermeiden[165] und die Verbindlichkeit und Einheitlichkeit des Unionsrechts zu wahren.[166]

Obwohl diese Rahmenbedingungen die Rechtsprechung des EuGH zwar erklären können, geben sie noch keine Antwort auf die Frage, ob und wenn ja in welchen Grenzen der EuGH befugt ist, Rechtsfortbildung zu betreiben. Ungeachtet der fortgesetzten Kritik ist eine derartige Befugnis des Gerichtshofs in der Literatur allerdings weitgehend unbestritten[167] und wird auch vom BVerfG[168] im Grundsatz anerkannt. Trotz der Schwierigkeiten, die Auslegung von der Rechtsfortbildung zu unterschieden und damit auch die Grenzen von Letzterer zu bestimmen, bestehen keine Zweifel, dass die Befugnis des EuGH zur Rechtsfortbildung nicht schrankenlos besteht.[169] Insbesondere das BVerfG hat in diesem Zusammenhang betont, dass die Rechtsfortbildung nicht zu einer faktischen Vertragsänderung führen darf, die nach Art. 48 EUV nur den Mitgliedstaaten unter Einhaltung des dort vorgeschriebenen Verfahrens möglich ist.[170] Wann dieser Punkt allerdings erreicht und eine Entscheidung des EuGH als Ultra-vires-Akt einzustufen ist,[171] dürfte kaum abstrakt zu bestimmen und in

[165] Siehe dazu auch *Mayer*, EuR 2014, 473, 479 sowie *Schnettger*, Verbundidentität, S. 374.

[166] *Frenz*, Handbuch Europarecht Bd. 5, Kap. 3 Rn. 228; *H. H. Klein*, AöR 139 (2014), 165, 177. In BVerfGE 126, 286, 307 – *Honeywell* sowie BVerfGE 142, 123, 204 Rn. 154, 205 Rn. 158 ff. – *OMT-Urteil* erkennt auch das BVerfG die „unionseigenen Methoden" an, betont aber zugleich die Grenzen.

[167] *Annweiler*, Die Auslegungsmethoden der EG, S. 35 ff. u. 52 ff., insb. S. 60 f.; *Borchardt*, in: GS Grabitz, S. 29, 30; *H. H. Klein*, AöR 139 (2014), 165, 179 f.; *Leible/Domröse*, in: Riesenhuber, Europäische Methodenlehre, S. 209, 226 ff. Rn. 32 ff.; *Neuner*, in: Riesenhuber, Europäische Methodenlehre, S. 351, 356 ff. Rn. 7 ff.; *Pechstein/C. Drechsler*, in: Riesenhuber, Europäische Methodenlehre, S. 181, 205 ff. Rn. 56 ff.; *Roth*, RabelsZ 75 (2011), 787, 819 ff. m. w. N. Eher kritisch aber *Dänzer-Vanotti*, in: FS Everling, Bd. I, S. 205 ff. sowie *Hillgruber*, in: Behrens/Eger/H.-B. Schäfer, Ökonomische Analyse des Europarechts, S. 1, 6 ff. Zur rechtlichen Grundlage der Rechtsfortbildung siehe *K. Walter*, Rechtsfortbildung durch den EuGH, S. 135 ff.

[168] BVerfGE 75, 223, 235 ff., insb. 242 ff. – *Kloppenburg*; BVerfGE 123, 267, 351 f. – *Lissabon*; BVerfGE 126, 286, 300 u. 304 ff. – *Honeywell*; wobei das BVerfG stets auch die Grenzen betont.

[169] *Calliess*, NJW 2005, 929, 931 ff.; *Neuner*, in: Riesenhuber, Europäische Methodenlehre, S. 351, 353 Rn. 1 ff. u. S. 358 ff. Rn. 11 ff.; *Pechstein/C. Drechsler*, in: Riesenhuber, Europäische Methodenlehre, S. 181, 205 ff. Rn. 56 ff.; *Roth*, RabelsZ 75 (2011), 787, 819 ff.; s. a. *Schroeder*, in: FS Roth, S. 735, 738 f. Ausf. *K. Walter*, Rechtsfortbildung durch den EuGH, S. 54 ff. u. 227 ff.

[170] Besonders deutlich in BVerfGE 89, 155, 156 Ls. 6, 199 u. 210 – *Maastricht*; s. a. *Franzius*, in: Pechstein/Nowak/Häde, FK EUV/GRC/AEUV, Art. 48 EUV Rn. 27 ff. u. 75 ff.; *Mayer*, in: Grabitz/Hilf/Nettesheim, EUV/AEUV, Art. 19 EUV Rn. 31 sowie *Nettesheim*, in: von Bogdandy/Bast, Europäisches Verfassungsrecht, S. 389, 399 f. Allgemein zu Internationalen Organisationen *Schmahl*, in: Graf Vitzthum/Proelß, Völkerrecht, S. 343 Rn. 39 u. S. 420 Rn. 190.

[171] Ausf. *Craig*, CML Rev. 48 (2011), 395, 396 ff.; für mögliche Kriterien s. a. *Dänzer-Va-*

jedem Fall umstritten sein. Dass der EuGH die Kompetenzgrenzen keineswegs generell expansiv handhabt, sondern vielmehr auch seine Rolle als Wächter des Unionsrechts wahrnimmt, wurde bereits dargelegt. Wann der EuGH dabei im Einzelfall möglicherweise die Grenze seiner Rechtsprechungs- bzw. Rechtsfortbildungsbefugnis überschreitet, bedarf an dieser Stelle allerdings keiner Entscheidung. Da sich derartige Grenzen in der unionsrechtlichen Perspektive allein aus dem EU-Recht ergeben können,[172] unterliegen sie entsprechend dem Rechtsprechungsmonopol des EuGH keiner externen Kontrolle. Noch deutlicher formuliert, entscheidet der EuGH selbst, ob er die Grenzen des EU-Rechts eingehalten hat oder nicht.[173] Wenn der Gerichtshof eine bestimmte Auslegung oder Rechtsfortbildung vornimmt, entscheidet er zugleich mittelbar über die dahinterstehende Rechtsfrage, ob sein eigenes Vorgehen mit dem Unionsrecht vereinbar war. Sofern er dabei, beispielsweise in Reaktion auf den Vortrag der Verfahrensbeteiligten, eine bisherige Rechtsprechung oder Auslegung bestätigt, erfolgt eine derartige Entscheidung sogar ausdrücklich. Mangels weiterer Instanz kommt dem EuGH auch insoweit das „letzte Wort" zu und er entscheidet nicht nur über die Recht- und Kompetenzmäßigkeit von Akten der EU-Organe, sondern auch über seine eigenen Grenzen. Ungeachtet der materiellen Reichweite der im Grundsatz begrenzten Kompetenzen des EuGH und der EU insgesamt ist dem EuGH unionsrechtlich die alleinige Entscheidungsbefugnis zugewiesen. Infolge der damit verbundenen Möglichkeit zur Selbstbeurteilung ist daher nicht so sehr entscheidend, ob oder unter welchen Voraussetzungen eine Grenzüberschreitung des EuGH vorliegt. Das eigentliche Problem ist vielmehr, ob eine derartige Entscheidung des EuGH unionsrechtlich verbindlich und unabänderlich ist. Nur wenn dies nicht der Fall wäre, könnte sich aus der unionsrechtlichen Perspektive ein Bedürfnis für eine externe Kontrolle des EuGH und seiner Rechtsprechungsmethoden ergeben.

3. Die unionsrechtliche Verbindlichkeit von (Fehl-)Entscheidungen des EuGH

Die Kritik an der Kompetenzkontrolle des EuGH auf der einen Seite und an seinen Rechtsprechungsmethoden auf der anderen Seite läuft in letzter Konsequenz auf die alles entscheidende Frage hinaus, ob EuGH-Urteile auch dann verbindlich sind, wenn sie möglicherweise rechtsfehlerhaft ergangen sind.[174]

---

notti, in: FS Everling, Bd. I, S. 205, 216 ff.; aus jüngerer Zeit auch *Lochmann*, EuR 2019, 61, 74 ff. sowie *Meier-Beck*, EuZW 2020, 519 f.; s. a. die Nachweise oben Kap. 5 Fn. 169.

[172] *Borchardt*, in: GS Grabitz, S. 29, 31 ff. u. 38; *Dänzer-Vanotti*, in: FS Everling, Bd. I, S. 205, 206; *Di Fabio*, in: FS Schröder, S. 169, 175.

[173] Vgl. *Editorial Comments*, CML Rev. 30 (1993), 899 u. 903; dazu *Zuleeg*, JZ 1994, 1, 6. Ausdrücklich auch *Frenz*, Handbuch Europarecht Bd. 5, Kap. 4 Rn. 230 sowie *Frenz*, EWS 2009, 297, 302.

[174] So schon *Tomuschat*, EuGRZ 1993, 489, 494; s. a. *Schroeder*, EuR 1999, 452, 463.

An genau diesem Punkt setzen neben dem BVerfG[175] auch kritische Stimmen der Literatur an, wenn sie darauf verweisen, dass dem EuGH die formelle oder gerichtliche Kompetenz-Kompetenz fehle, also das Recht, letztverbindlich über die Kompetenzgrenzen der Union einschließlich der eigenen Grenzen zu entscheiden.[176] Infolge der begrenzten Zuständigkeit des EuGH seien seine Urteile nur insoweit verbindlich, wie sie sich im Rahmen seiner Kompetenz bewegen und sich als rechtlich „richtig" erweisen.[177] Unabhängig davon, ob man in diesem Zusammenhang von der formellen Kompetenz-Kompetenz oder dem „letzten Wort" spricht,[178] wird mit dieser Kritik insbesondere solchen Urteilen, die sich wegen einer Überschreitung der Grenzen der Rechtsprechung bzw. -fortbildung als Fehlurteil erweisen, die Verbindlichkeit abgesprochen.[179]

Insoweit muss allerdings differenzierter betrachtet werden, was mit der Befugnis zur Letztentscheidung gemeint ist und welche Bedeutung ihr zukommt. Wie *Günter Hirsch* treffend herausgestellt hat, darf das „letzte Wort" nicht mit einem Anspruch gleichgesetzt werden, „in jedem Fall recht zu haben", sondern bedeutet vielmehr „die Macht und die Last, auch unkorrigierbare Fehlurteile zu fällen."[180] Im Ausgangspunkt kommt eine derartige Macht jedem Verfassungs- bzw. Höchstgericht zu, da seine Urteile keiner weiteren gerichtlichen Kontrolle unterliegen und aus Gründen der Rechtssicherheit, bis zu einer eventuell abändernden Entscheidung des – unter Umständen verfassungsändernden – Gesetzgebers, Verbindlichkeit beanspruchen.[181] So unterliegt beispielsweise auch das BVerfG als nationales Verfassungsgericht keiner weiteren Kontrolle,[182] weshalb seine Urteile ungeachtet möglicher Rechtsfehler verbindlich sind.[183] Insoweit wird auch davon gesprochen, dass Verfassungsgerichten zwar keine

[175] BVerfGE 126, 286, 306 f. u. 320 – *Honeywell*; ausf. zur Rspr. des BVerfG noch Kap. 5, B. I.

[176] Ausf. *Schilling*, Der Staat 29 (1990), 161, 168 ff. u. 173 f.; s. a. *Gerhardt*, ZRP 2010, 161, 163; *Ossenbühl*, in: Hommelhoff/Kirchhof, Der Staatenverbund der Europäischen Union, S. 107, 108; *Schilling*, ZaöRV 48 (1988), 637, 657 sowie *Weiler*, YLJ 100 (1991), 2403, 2414. Allgemein zum Begriff der (formellen) Kompetenz-Kompetenz *Lerche*, in: FS 180 Jahre Heymanns, S. 409, 424 u. passim.

[177] So *Dänzer-Vanotti*, in: FS Everling, Bd. I, S. 205, 207 sowie *Schilling*, Der Staat 29 (1990), 161, 163 u. 183. *Schroeder*, EuR 1999, 452, 463 sieht hingegen in einer auf rechtmäßiges Handeln beschränkten Kompetenz des EuGH eine wiederaufgewärmte Hypothekentheorie. Zur unions- und verfassungsrechtlichen Ablehnung von Letzterer sogleich Kap. 5, B. II. 2. u. 4.

[178] Dazu *Mayer*, Kompetenzüberschreitung und Letztentscheidungsrecht, S. 9 f. u. 28 ff.

[179] Ausf. *K. Walter*, Rechtsfortbildung durch den EuGH, S. 316 ff.

[180] *Hirsch*, NJW 1996, 2457.

[181] *Hart*, The Concept of Law, S. 141; *Heun*, AöR 116 (1991), 185, 207 f.; *Schroeder*, EuR 1999, 452, 464; *Schroeder*, in: FS Roth, S. 735, 747.

[182] BVerfGE 1, 89, 90 f.; BVerfGE 19, 88, 90 – *Ausschuß*; *Böckenförde*, NJW 1999, 9, 12 f. u. 16.

[183] *E. Klein*, in: GS Grabitz, S. 271, 281 f.; *Hirsch*, NJW 1996, 2457, 2462.

rechtliche, aber dennoch eine faktische Kompetenz-Kompetenz zukomme.[184] Entscheidend ist also, ob auch dem EuGH eine derartige „Kompetenz“ zukommt, wobei an dieser Stelle allein die unionsrechtliche Perspektive maßgeblich ist.[185]

Für die Verbindlichkeit von Fehlentscheidungen des EuGH spricht schon die Tatsache, dass der Gerichtshof eindeutig als zentrale und letztzuständige Streitentscheidungsinstanz für das EU-Recht eingerichtet wurde und seine Aufgabe zur Wahrung der Rechtsgemeinschaft und insbesondere zur Herstellung von Rechtssicherheit nur dann sinnvoll erfüllen kann, wenn seine Entscheidungen unabhängig von möglichen Rechtsfehlern verbindlich sind.[186] Die Mitgliedstaaten haben dem EuGH die Kompetenz zur Letztentscheidung in den Verträgen vorbehaltlos[187] eingeräumt und sie seither einschließlich der besonderen Rechtsprechungsmethoden bei jeder Vertragsänderung bestätigt.[188] Dass die Mitgliedstaaten von einer Bindung an die Urteile ausgehen, zeigt sich auch daran, dass ein Vorschlag des Vereinigten Königreichs, „überschießende Urteile“ des EuGH einer nachträglichen Kontrolle zu unterwerfen, keine Zustimmung der übrigen Mitgliedstaaten fand.[189] Schließlich steht auch die immer wieder ins Spiel gebrachte Einführung eines Kompetenzgerichtshofs,[190] der im Übrigen das Problem allenfalls verlagern würde[191] und zudem Probleme mit der Verfassungsidentität nicht adressieren könnte[192], aktuell nicht ernsthaft zur politischen Diskussion. Solange also die Verträge nicht geändert werden,

---

[184] Dazu und zur Kritik *Schlaich/Korioth*, Bundesverfassungsgericht, S. 10 f. u. 397 ff., insb. S. 398 f.; allgemein auch *Schroeder*, in: FS Roth, S. 735, 747.

[185] Vgl. *Hirsch*, NJW 1996, 2457, 2462; zur verfassungsrechtlichen Perspektive sogleich Kap. 5, B. II.

[186] *E. Klein*, VVDStRL 50 (1991), 56, 66 f.; *E. Klein*, in: GS Grabitz, S. 271, 280 f.; *Hirsch*, NJW 1996, 2457, 2462 f.; *Schockweiler*, EuR 1996, 123, 124 ff. sowie *Schroeder*, EuR 1999, 452, 463.

[187] Vgl. *Ress*, ZÖR 64 (2009), 387, 392 f. sowie *Schroeder*, EuR 1999, 452, 453; s. a. *Arnold*, in: FS Scheuing, S. 17, 22 f. Zur vorbehaltlosen Akzeptanz des Anwendungsvorrangs s. a. *Skouris*, EuR 2021, 3, 4 f., 6 f. u. 11.

[188] *Carl O. Lenz*, in: Pernice/Schwarz, Europa in der Welt, S. 73, 84 f.; *Carl O. Lenz*, ZRP 2010, 22 ff. Zu den Methoden und der Rechtsfortbildung siehe *Mayr*, in: Elser/Eugster/Kind u. a., Das letzte Wort, S. 97, 113; *Schroeder*, in: FS Roth, S. 735, 742 sowie *von Danwitz*, EuR 2008, 769, 773; s. a. *Hobe/Fremuth*, Europarecht, S. 125 Rn. 54.

[189] *Schroeder*, in: FS Roth, S. 735, 747; zum Vorschlag s. a. *Hummer/Obwexer*, EuZW 1997, 295 ff.

[190] Dazu ausf. *Mayer*, ZaöRV 61 (2001), 577, 601 ff.; *Mayer*, Kompetenzüberschreitung und Letztentscheidungsrecht, S. 328 ff. Jüngst siehe nur *Krings*, ZRP 2020, 160, 161; *Reyes y Ráfales*, ZEuS 2017, 119, 142 sowie die Nachweise bei *Mayer*, JZ 2020, 725, 733.

[191] Jüngst *Wegener*, EuR 2020, 347, 360 f.; zuvor bereits *Mayer*, in: von Bogdandy/Bast, Europäisches Verfassungsrecht, S. 559, 587; *H. Sauer*, Jurisdiktionskonflikte in Mehrebenensystemen, S. 197 ff.; *K. Walter*, Rechtsfortbildung durch den EuGH, S. 323. Zu den Problemen einer solchen Reform auch *Lang*, Der Staat 60 (2021), 99, 123 ff.

[192] *Grimm*, ZRP 2020, 129; zur Diskussion über ein „Identitätsgericht“ siehe *Schnettger*, Verbundidentität, S. 356 ff.

bleibt der EuGH das alleinige Kompetenz- und Höchstgericht der EU.[193] Auch wenn die Mitgliedstaaten dem EuGH nicht erlaubt haben, seine eigenen Grenzen zu überschreiten und ihm somit das „rechtliche Dürfen“ fehlt, zeigen die Verträge sowie insbesondere die Staatenpraxis, dass seine Urteile für die Mitgliedstaaten auch im Falle einer Grenzüberschreitung verbindlich sind.[194] Mit anderen Worten fallen infolge dieser Verbindlichkeit das „rechtliche Dürfen“ und das „rechtliche Können“ des EuGH in der unionsrechtlichen Perspektive auseinander.[195] Die befürchtete Einräumung einer Kompetenz-Kompetenz ist damit allerdings nicht verbunden, da es – wie auch beim BVerfG – nicht um eine rechtliche Befugnis, sondern nur die faktische Möglichkeit geht.[196] Der EuGH befindet sich somit in einer vergleichbaren Position und Situation wie die mitgliedstaatlichen Verfassungs- oder Höchstgerichte, deren Entscheidungen bis zur möglichen Korrektur des (verfassungsändernden) Gesetzgebers Verbindlichkeit beanspruchen.

Diese Nähe von BVerfG und EuGH hinsichtlich der Verbindlichkeit der jeweiligen Letztentscheidung lenkt den Blick auf die besondere Stellung des EuGH innerhalb der EU-Rechtsordnung. Mag es auch bei der Einrichtung nicht beabsichtigt oder vorhersehbar gewesen sein,[197] nimmt der Gerichtshof im Unionsrechtssystem eine Stellung ein, die eher einem Verfassungsgericht als einem typischen internationalen Gericht gleicht.[198] Zwar ist weiter umstritten, ob die Begriffe Staat und Verfassung untrennbar miteinander verbunden sind und inwieweit dieses Begriffspaar auf die europäische Ebene übertragbar ist.[199] Gleichwohl findet sich die Qualifizierung des EU-Primärrechts als Verfassung der Union sowohl in der Rechtsprechung[200] als auch in der Litera-

---

[193] Vgl. *Skouris*, EuR 2021, 3, 27 u. 20 dort Fn. 57; s. a. *Calliess*, EuGRZ 2003, 181, 195; *Mayer*, ZaöRV 61 (2001), 577, 608 ff.

[194] Ausf. *Mittmann*, Die Rechtsfortbildung durch den Gerichtshof der Europäischen Gemeinschaften, S. 271 ff. u. 185 ff.; s. a. *Hillgruber*, in: Behrens/Eger/H.-B. Schäfer, Ökonomische Analyse des Europarechts, S. 1 u. 6 ff., insb. S. 12 ff.; differenzierend zwischen der Schwere der Grenzüberschreitung *K. Walter*, Rechtsfortbildung durch den EuGH, S. 311 ff., insb. S. 359 ff.

[195] *Hillgruber*, in: Behrens/Eger/H.-B. Schäfer, Ökonomische Analyse des Europarechts, S. 1, 15; *Huber*, AöR 116 (1991), 210, 219; *Schilling*, Der Staat 29 (1990), 161, 169 ff., insb. 171.

[196] *Giegerich*, Europäische Verfassung und deutsche Verfassung im transnationalen Konstitutionalisierungsprozeß, S. 701.

[197] Vgl. dazu *von der Groeben*, Aufbaujahre der EG, S. 265.

[198] Vgl. *Schroeder*, in: FS Roth, S. 735, 738 m. w. N.

[199] Ausf. *L. Bauer*, Der Europäische Gerichtshof als Verfassungsgericht?, S. 49 ff. sowie *Wendel*, Permeabilität im europäischen Verfassungsrecht, S. 34 ff.; grundlegend zur Ablösung der Verfassung vom Staat siehe *A. Peters*, Elemente einer Theorie der Verfassung Europas, S. 93 ff.; speziell zum Verfassungskonvent auch *Hobe*, EuR 2003, 1, 3 ff.

[200] Grundlegend EuGH, 26.04.1977 – Gutachten 1/76, ECLI:EU:C:1977:63, Rn. 12 – *Stillegungsfonds für die Binnenschifffahrt*; Urt. v. 23.04.1986 – Rs. 294/83, ECLI:EU:C:1986:166, Rn. 23 – *Les Verts*; EuGH, 14.12.1991 – Gutachten 1/91, ECLI:EU:C:1991:490, Rn. 21 – *EWR I*; aus jüngerer Zeit Urt. v. 06.03.2018 – Rs. C-284/16, ECLI:EU:C:2018:158,

tur.[201] Folgerichtig kann auch die Einordnung des EuGH als „Verfassungsgericht“ nicht mehr ernsthaft bestritten werden.[202] Mit dieser Bezeichnung muss und soll an dieser Stelle auch gar kein Bezug zur Staatlichkeit der EU intendiert sein,[203] sondern vielmehr die herausgehobene Stellung des EuGH als letzte Instanz in der Interpretation des EU-Rechts unterstrichen werden. Diese Charakterisierung ist deshalb von Interesse, weil sie sich auch auf die Einordnung und den Umgang mit den verbindlichen Letztentscheidungen auswirkt.

Zunächst liegt es in der Natur der Sache, dass ein Verfassungs- oder Höchstgericht Entscheidungen an der Grenze von Recht und Politik trifft, womit im Falle der EU, verstärkt durch den Trend zur Verlagerung politischer Entscheidung auf die Gerichte, regelmäßig auch Grundsatzfragen der europäischen Integration vom EuGH (mit-)entschieden werden müssen.[204] Dass bei der damit verbundenen Abwägung von rechtlichen und politischen Interessen sowohl auf nationaler als auch auf supranationaler Ebene im Einzelfall auch Urteile gefällt werden, mit denen nicht alle Seiten zufrieden sind, ist nur logisch und taugt nicht als generelle Kritik an der Letztentscheidungsbefugnis des EuGH.[205] Nur weil eine Entscheidung des EuGH nicht auf breite Zustimmung trifft oder kontrovers diskutiert wird, ist sie noch lange kein Ultra-vires-Akt.[206] Darüber hinaus muss gerade an dieser Stelle die Rolle von Verfassungsgerichten als „Wegweiser“ berücksichtigt werden, die zwar das „letzte Wort“ im Einzelfall haben, sich dabei aber in einem rechtlichen Kontext bewegen, bei dem auch andere Akteure die jeweilige Rechtsordnung interpretieren und prägen. Bei diesem gegenseitigen Abhängigkeitsverhältnis geht es weniger um eine einseitige Letztentscheidung als um die Ermöglichung eines rechtlichen Ausgleichs.[207] Beispielsweise muss sich das BVerfG trotz verbindlicher Letztentscheidung im Rahmen von Recht und Verfassung bewegen und ist zur Umsetzung und Konkretisierung der eigenen (Letzt-)Entscheidung auf die anderen Beteiligten des Verfassungsrechtskreises sowie die Öffentlichkeit und deren Akzeptanz ange-

---

Rn. 33 – *Achmea*; Urt. v. 03.09.2008 – verb. Rs. C-402/05 P u. C-401/05 P, ECLI:EU:C:2008:461, Rn. 285 – *Kadi*. Zum BVerfG siehe nur BVerfGE 22, 293, 296 – *EWG-Verordnungen*; deutlich zurückhaltender aber BVerfGE 123, 267, 348 f. Rn. 231 – *Lissabon*.

[201] *Huber*, VVDStRL 60 (2001), 194, 196 ff.; *Pernice*, VVDStRL 60 (2001), 148, 149 ff.

[202] *Voßkuhle*, NVwZ 2010, 1 ff.; s. a. *L. Bauer*, Der Europäische Gerichtshof als Verfassungsgericht?, S. 67 ff. u. 159 ff.; *Everling*, in: Weidenfeld, Reform der Europäischen Union, S. 256, 258; *Iglesias*, EuR 1992, 225 ff.; *Schwarze*, in: Schwarze, Der Europäische Gerichtshof als Verfassungsgericht und Rechtsschutzinstanz, S. 11, 15 ff.; s. a. die anderen Beiträge im Sammelwerk, insb. den von *Ipsen*; *von der Groeben*, Aufbaujahre der EG, S. 265.; kritisch dagegen *F. Kirchhof*, EuR 2014, 267, 272.

[203] Vgl. *Everling*, in: Weidenfeld, Reform der Europäischen Union, S. 256 f.

[204] *Schwarze*, DVBl 2014, 537, 542 f.; zum Trend der Verlagerung bereits oben S. 2 u. S. 81.

[205] *Schwarze*, DVBl 2014, 537, 542 f.; s. a. *Giegerich*, ZEuS 2016, 3, 12.

[206] *Craig*, CML Rev. 48 (2011), 395.

[207] Zur Einordnung als „Wegweiser“ bereits oben S. 81 f., 158 u. 269.

wiesen.[208] Da auch die Ausgestaltung der europäischen Rechtsgemeinschaft durch viele verschiedene Akteure geprägt wird,[209] kann für den EuGH nichts anderes gelten. Insbesondere im Falle der Rechtsfortbildung ist dessen Rechtsprechung, trotz letztverbindlicher Entscheidung stets in einen „kommunikativen Prozess" eingebettet, der neben den Verfahrensbeteiligten und dem Gerichtshof auch die Wissenschaft, die politischen Organe sowie die Öffentlichkeit mit einschließt.[210] Auch mit einer abschließenden Entscheidung des Gerichtshof im konkreten Einzelfall findet dieser Prozess nicht etwa ein Ende, sondern beginnt vielmehr von vorne.[211] Da somit eine letztverbindliche Entscheidung des EuGH kein „allerletztes Wort" bedeutet, wird auch im Unionsrecht die Rolle von Verfassungsgerichten als „Wegweiser" deutlich. Ein abschließendes Urteil des EuGH entscheidet zwar den konkreten Einzelfall verbindlich und hat regelmäßig auch eine darüber hinaus gehende Bedeutung, ändert aber nichts an der Tatsache, dass das Urteil in der Folge einem rechtlichen und politischen Diskurs ausgesetzt ist.

Dies lenkt abschließend den Blick auf die möglichen rechtlichen und politischen Wirkungen[212] bzw. Reaktionen auf ein letztverbindliches Urteil des EuGH, mit dem dieser – tatsächlich oder vermeintlich – seine Grenzen überschritten hat. Die geschilderte Einordnung als Diskurs verdeutlicht nämlich, dass auch ein derartiges Urteil zwar den Einzelfall verbindlich und endgültig entscheidet, aber nicht für alle Zeit unumstößlich ist. Wie *Tanchev* auch in Reaktion auf das PSPP-Urteil herausgestellt hat, darf ein mitgliedstaatliches Verfassungsgericht, welches in einem Urteil des EuGH einen Verstoß gegen das nationale Verfassungsrecht sieht, dieses Urteil nicht für unanwendbar erklären, sondern muss auf andere Optionen zurückgreifen. Nach *Tanchev* bestehe zunächst die Möglichkeit einer erneuten und präzisierten Vorlage an den EuGH. Darüber hinaus könne das nationale Verfassungsgericht der nationalen Regierung auferlegen, die Verfassung zu ändern, sich im unionspolitischen Prozess um eine Änderung der Unionsvorschrift zu bemühen oder, falls notwendig, aus der Union auszutreten.[213] Ungeachtet der noch zu behandelnden verfassungsrechtlichen Perspektive und der besonders zentralen gerichtlichen Koope-

---

208 *Heun*, Verfassung und Verfassungsgerichtsbarkeit im Vergleich, S. 3 f. m. w. N.; vgl. auch *Heun*, AöR 116 (1991), 185, 208.

209 *Voßkuhle*, JZ 2016, 161.

210 *Pernice*, EuR 1996, 27, 38 ff.; kritisch zur Effektivität einer solchen externen Kontrolle in Bezug auf den EuGH aber *Degenhart*, in: FS Siekmann, S. 19, 33.

211 *Pernice*, EuR 1996, 27, 40.

212 Allgemein zu rechtlichen und politischen Wirkungen verfassungsgerichtlicher Entscheidungen *Heun*, in: Starck, Fortschritte der Verfassungsgerichtsbarkeit in der Welt – Teil II, S. 173 ff. sowie *Heun*, in: Heun/Starck, Verfassungsgerichtsbarkeit im Rechtsvergleich, S. 225 ff.

213 *Generalanwalt Tanchev*, Schlussanträge v. 17.12.2020 – Rs. C-824/18, ECLI:EU:C:2020:1053, Rn. 81 u. 84 – *A. B. u. a.*; ähnlich bereits *Carl O. Lenz*, in: Behrens/Eger/H.-B. Schäfer, Ökonomische Analyse des Europarecht, S. 27, 35.

ration über das Vorlageverfahren existieren somit innerhalb des Unionsrechts auch politische Optionen, um mit einem Konflikt über die Maßstäbe der Integration umzugehen. In rechtspolitischer Hinsicht kommt, neben der Extremlösung eines Austritts nach Art. 50 EUV, eine Änderung des Primär- oder Sekundärrechts in Betracht, um auf Entscheidungen des EuGH zu reagieren.[214] Nicht ganz zu Unrecht, verweisen kritische Stimmen auf die Schwerfälligkeit und Langwierigkeit der EU-Rechtsetzungsverfahren, wodurch eine Änderung, insbesondere des EU-Primärrechts eher eine theoretische Alternative als eine realistische Option bilde.[215] Die praktischen Schwierigkeiten im politischen Prozess vermögen allerdings nichts an der Tatsache zu ändern, dass die in den Verträgen vorgesehenen Verfahren zur Änderung des Primär- und Sekundärrechts die rechtlich verbindlich vorgegebenen Wege sind, um den Rahmen der Integration und damit auch die rechtlichen Maßstäbe, über die der EuGH entscheidet, zu verändern. Vor allem aber bietet das Primärrecht auch Instrumente zur flexiblen Anpassung, die nicht nur während der Eurokrise bereits für kurzfristige Änderungen des Primärrechts genutzt wurden,[216] sondern die auch ganz allgemein, wie im Rahmen der wirtschaftlichen Integration und der Auseinandersetzung zur nationalen Identität dargelegt, eine umfassende Einbindung der politischen Akteure in die Gestaltung der Integrationsmaßstäbe ermöglichen.[217] Dabei müssen gar nicht umfassende Vertragsänderungen im Vordergrund stehen, die den EuGH unter Umständen in seiner Gerichtsbarkeit beschneiden. Vielmehr geht es darum, die politischen Akteure in die Kooperation einzubeziehen, um die Integrationsmaßstäbe anpassen und sie mit mitgliedstaatlichen Interessen austarieren zu können.

Solange es aber nicht zu einer Änderung des Primär- oder Sekundärrechts kommt, bleibt es bei der letztverbindlichen Entscheidung des EuGH über die Maßstäbe der europäischen Integration.[218] Wie auch *Tanchev* mit seinem Hinweis auf die Möglichkeit einer erneuten Vorlage verdeutlicht hat, muss allerdings mit einem „letzten Wort" kein Ausschluss eines gerichtlichen Dialogs verbunden sein. Die abschließende Frage zur unionsrechtlichen Perspektive ist daher, ob trotz – oder vielleicht sogar gerade wegen – der letztverbindlichen

---

[214] Ausf. *Mittmann*, Die Rechtsfortbildung durch den Gerichtshof der Europäischen Gemeinschaften, S. 391 ff.; s. a. *L. Bauer*, Der Europäische Gerichtshof als Verfassungsgericht?, S. 101; *Borchardt*, in: GS Grabitz, S. 29, 43; *Folz*, Demokratie und Integration, S. 388 ff.

[215] *Dänzer-Vanotti*, in: FS Everling, Bd. I, S. 205, 213; *P. Kirchhof*, NJW 2020, 2057; s. a. *Voigt*, in: Behrens/Eger/H.-B. Schäfer, Ökonomische Analyse des Europarechts, S. 37, 40 sowie oben S. 99. *Schorkopf*, JZ 2020, 734 ff. sieht in der „gegenwärtige[n] Unmöglichkeit formeller Vertragsänderungen" einen zentralen Grund für die Entwicklungen rund um das PSPP-Urteil.

[216] Dazu bereits oben S. 99.

[217] Zum Wechselspiel von Recht und Politik bereits oben S. 25 ff.; zur Bedeutung des politischen Dialogs beim Identitätsmaßstab bereits oben S. 226 ff., insb. S. 228, 236, 239 f. u. 245.

[218] Vgl. *Skouris*, EuR 2021, 3, 27 u. 20 dort Fn. 57.

Entscheidung des EuGH Raum für eine maßstabsorientierte Kooperation im Bereich der Kompetenzgrenzen besteht.

IV. Unionsrechtliche Möglichkeiten und Grenzen einer maßstabsorientierten Kooperation im Bereich der Kompetenzkontrolle

Sieht man von den angesprochenen Möglichkeiten *de lege ferenda* ab, ist die Auseinandersetzung über die Integrationsmaßstäbe *de lege lata* vom EuGH anhand der existierenden unionsrechtlichen Kompetenzgrenzen zu entscheiden.[219] Damit ist aber noch nicht gesagt, ob und inwieweit die mitgliedstaatlichen Gerichte an dieser Entscheidung im Wege einer maßstabsorientierten Kooperation mitwirken können.

Zur Beantwortung dieser Frage sei zunächst daran erinnert, dass die „Wahrung des Rechts" nach Art. 19 EUV nicht nur dem EuGH, sondern auch den mitgliedstaatlichen Gerichten anvertraut ist. Mit den Worten von *Thomas von Danwitz* ist „die Auslegung und Fortentwicklung des Unionsrechts keine *chasse gardée* des *Gerichtshofs*, sondern eine gemeinsame Aufgabe, welche die europäischen und die mitgliedstaatlichen Gerichte nach Maßgabe ihrer jeweiligen Zuständigkeiten im Zusammenwirken zu bewältigen haben."[220] Beide Gerichtsbarkeiten werden dabei über die „Klammer" des Vorabentscheidungsverfahrens nach Art. 267 AEUV miteinander verbunden,[221] welches als „Königsweg"[222] zum EuGH den Kern der gerichtlichen Kooperation bildet. Berücksichtigt man sowohl das dort geltende „Trennungsprinzip"[223] als auch das unionrechtliche Verwerfungsmonopol des Gerichtshofs, dann bildet die strenge Unterscheidung von Auslegung und Kontrolle des Unionsrechts auf der einen und der Verwerfung desselben auf der anderen Seite[224] den entscheidenden Schlüssel für eine maßstabsorientierte Kooperation. Während den mitgliedstaatlichen Gerichten für Unionsrechtsakte die Verwerfungsbefugnis fehlt, dürfen sie sehr wohl das Unionsrecht auslegen und können vor allem über den Weg der Vorlage an der weiteren Ausgestaltung der Integrationsmaßstäbe mitwirken. Das Vorabentscheidungsverfahren baut grundsätzlich auf einem gleichberechtigten Zusammenwirken der Gerichte auf, wobei der EuGH nicht als höhere Instanz, sondern als Spezialgericht für Rechtsfragen des Unionsrechts tätig wird.[225] Aus

---

[219] Vgl. *Ehlermann*, EuR Beiheft 1 (1991), 27, 35 u. 38.

[220] *Von Danwitz*, ZRP 2010, 143, 145; *von Danwitz*, in: FS Stern 2012, S. 669, 671.

[221] *Everling*, in: FS Rengeling, S. 527, 533.

[222] *Von Danwitz*, Verwaltungsrechtliches System und Europäische Integration, S. 128.

[223] Dazu und zur Aufgabenteilung allgemein bereits oben S. 56 u. 296 f.

[224] Vgl. *Gersdorf*, DVBl 1994, 674, 675, 679 ff. u. 683 ff., der dem BVerfG aber gleichwohl eine verfassungsrechtliche Vertretbarkeits- oder Evidenzkontrolle zubilligt; dazu auch noch Kap. 5, B. II. 4.

[225] *Everling*, in: Weidenfeld, Reform der Europäischen Union, S. 256, 257 f.; *Everling*, in: FS Rengeling, S. 527, 533; s. a. *Dauses*, in: FS Everling, Bd. I, S. 223, 224 u. passim.

diesem Grund darf die Vorlage nicht nur einseitig als Unterwerfung unter die Auslegungshoheit des EuGH gesehen, sondern muss als Mittel für eine aktive Mitwirkung verstanden und genutzt werden.

Der große Einfluss der mitgliedstaatlichen Gerichte über das Vorlageverfahren lässt sich anhand der Aufgabenteilung im Vorabentscheidungsverfahren verdeutlichen. Während der EuGH das Unionsrecht verbindlich auslegt, obliegt es dem nationalen Gericht, den für die Auslegung notwendigen Sachverhalt vorzutragen und im Anschluss über die Anwendung des ausgelegten Rechts auf den konkreten Fall zu entscheiden.[226] Der maßgebliche Einfluss der nationalen Gerichte auf die Auslegung des Unionsrechts wird offensichtlich, wenn man bedenkt, dass der EuGH grundsätzlich den vorgetragenen Sachverhalt als Basis seiner rechtlichen Analyse übernimmt und bei Letzterer auch die vom vorlegenden Gericht vorgetragenen Argumente würdigt.[227] Für eine möglichst effektive Kooperation ist daher die Formulierung der Vorlagefrage sowie eine umfassende Darstellung des Sachverhalts einschließlich möglicher rechtlicher Auslegungsalternativen und deren jeweiligen Folgen zentral.[228] Damit korrespondiert eine Pflicht des EuGH, seine unionsrechtlichen Abwägungen transparent und plausibel darzustellen.[229] Je deutlicher die jeweilige Position formuliert wird, desto einfacher ist es für die Gegenseite, die Argumentation zu erfassen und auf sie zu reagieren. Die Gefahr, dass die Dialogpartner aneinander vorbeireden, wird so verringert. Die für den gerichtlichen Austausch bestehende Einschränkung, dass im Vorabentscheidungsverfahren eine erneute Kontaktaufnahme grundsätzlich nicht vorgesehen ist, kann, wie bereits im Rahmen der Identitätskontrolle dargestellt, zunächst durch eine verstärkte Nutzung der Instrumente von EuGH-Satzung und -Verfahrensordnung begegnet werden.[230] Obwohl weiterhin faktische Grenzen der Kooperation bestehen, ist somit – im Gegensatz zu einem rein nationalen Gerichtsverfahren – auch eine unmittelbare Einbindung der EU-Organe möglich, deren Handlungen zu beurteilen sind.[231] Darüber hinaus besteht für die nationalen Gerichte die Möglichkeit, nach einer Entscheidung des EuGH im Vorabentscheidungsverfahren, diesem ein weiteres Mal Fragen zur Auslegung vorzulegen.[232] Solange die Bindungswirkung der ersten EuGH-Entscheidung nicht in Frage gestellt wird,

---

[226] EuGH, Urt. v. 11.09.2008 – Rs. C-11/07, ECLI:EU:C:2008:489, Rn. 32 – *Eckelkamp*; s. a. *von Danwitz*, in: FS Schröder, S. 155, 158 f. u. 161 sowie ausf. *Dauses*, in: FS Everling, Bd. I, S. 223 ff., insb. S. 232 ff.

[227] *Von Danwitz*, EuGRZ 2013, 253, 261; *von Danwitz*, in: FS Schröder, S. 155, 161.

[228] *Von Danwitz*, ZRP 2010, 143, 144 f.; *von Danwitz*, in: FS Schröder, S. 155, 162 f.

[229] Vgl. *von Danwitz*, in: FS Stern 2012, S. 669, 682, mit Blick auf die Grundrechte.

[230] *Ullrich*, EWS 2020, 301, 319 ff.; s. a. bereits oben S. 73, 239 f. u. 276.

[231] Dazu *Ullrich*, EWS 2020, 301, 320 f., der aber auch auf faktische Grenzen hinweist. Zur Einbindung der EU-Organe über die Vorlage auch *Pernice*, EuZW 2020, 508, 509 f.

[232] Vgl. zur erneuten Vorlage *Generalanwalt Tanchev*, Schlussanträge v. 17.12.2020 – Rs. C-824/18, ECLI:EU:C:2020:1053, Rn. 81 – *A. B. u. a.* sowie *Dauses*, in: FS Everling, Bd. I, S. 223, 237 f.

ist ein solches Vorgehen insbesondere zulässig, um Unklarheiten zu beseitigen, neue Rechtsfragen zu stellen oder neue Gesichtspunkte vorzutragen, die den EuGH zu einer anderen Antwort veranlassen könnten.[233] In prozessualer Hinsicht steht einer umfassenderen Kooperation der Gerichte somit nichts entgegen.

Dass der somit prozessual mögliche Einfluss der nationalen Gerichte nicht nur rein theoretischer Natur ist, sondern auch praktisch ein nicht unerhebliches inhaltliches Potenzial für eine maßstabsorientierte Kooperation birgt, wurde bereit am Beispiel der Grundrechte und der nationalen Identität dargelegt.[234] Nichts anderes gilt für die übrigen Kompetenzgrenzen bzw. -maßstäbe des EU-Rechts, womit vor allem die Grundsätze der Subsidiarität und der Verhältnismäßigkeit ins Zentrum einer maßstabsorientierten Kooperation rücken. In Anbetracht der fortgesetzten Kritik an diesen Kompetenzausübungsgrenzen und ihrer Handhabung durch den EuGH, wird deutlich, dass eine weitergehende Ausgestaltung dieser rechtlichen Maßstäbe ein entscheidender Schlüssel ist.[235] Nicht nur die Kriterien zur Prüfung des Subsidiaritätsprinzips,[236] sondern auch jene des Verhältnismäßigkeitsgrundsatzes[237] bedürfen einer weiteren inhaltlichen Konkretisierung, um ihre rechtliche Handhabbarkeit und Überprüfbarkeit weiter zu verbessern. Die mitgliedstaatlichen Gerichte haben es insoweit in der Hand, durch gezielte Vorlagen den EuGH zu zwingen, sich mit den geltend gemachten kompetenziellen Einwänden auseinander zu setzen und so eine weitere Konkretisierung der Integrationsmaßstäbe zu bewirken.[238] Auch im Falle eines aus nationaler Sicht kompetenzwidrigen EuGH-Urteils besteht für die mitgliedstaatlichen (Verfassungs-)Gerichte die Möglichkeit, ihre Bedenken in einer erneuten Vorlage geltend zu machen und so zu einer Konfliktlösung

---

[233] EuGH, Urt. v. 05.03.1986 – Rs. 69/85, ECLI:EU:C:1986:104, Rn. 15 – *Wünsche*; Urt. v. 26.04.1983 – Rs. 38/82, ECLI:EU:C:1983:108, Rn. 7 ff. – *Hansen*; Urt. v. 24.06.1969 – Rs. 29/68, ECLI:EU:C:1969:27, Rn. 2 f. – *Milch-, Fett- und Eierkontor*; s. a. *Ehricke*, in: Streinz, EUV/AEUV, Art. 267 AEUV Rn. 68 m. w. N. zur Rspr.

[234] Dazu bereits Kap. 3, insb. S. 180 ff. u. 213 ff. sowie Kap. 4, insb. S. 244 ff., 273 ff. u. 282 ff.

[235] *Koch*, in: Hendler/Ibler/Martínez, Herausforderungen an die Kompetenzordnung der EU, S. 65, 79 f.; zum problematischen Umgang mit den Kompetenzgrenzen siehe nur *Calliess*, in: Calliess/Ruffert, EUV/AEUV, Art. 5 EUV Rn. 6, 22 ff. u. 44 ff.; *Goldhammer*, JöR 63 (2015), 105, 109 ff. sowie *Härtel*, in: Niedobitek, Europarecht, § 6 Rn. 110 ff.

[236] *Bickenbach*, EuR 2013, 523, 538 u. 547 f.; *Calliess*, EuGRZ 2003, 181, 196 f.; *Wunderlich*, in: Schwarze, Das Verhältnis von nationalem Recht und Europarecht Bd. I, S. 86, 92; s. a. *Calliess*, in: Calliess/Ruffert, EUV/AEUV, Art. 5 EUV Rn. 20, 31 ff. u. 58 sowie *Streinz*, in: Streinz, EUV/AEUV, Art. 5 EUV Rn. 27 u. 33.

[237] Vgl. *Goldhammer*, in: Baade/Ehricht/Fink u. a., Verhältnismäßigkeit im Völkerrecht, S. 129 ff., insb. S. 141 ff.

[238] Vgl. *M. Hailbronner*, in: Pernice, Der Vertrag von Lissabon: Reform der EU ohne Verfassung?, S. 135, 136 u. 143 unter Hinweis auf *ter Steeg*, EuZW 2003, 325, 328; s. a. *Michl*, JURA 2020, 479, 490 sowie bereits oben S. 214 f. Ähnlich zur Konkretisierung der Grenzen der EU-Grundfreiheiten auch *Klenk*, Die Grenzen der Grundfreiheiten, S. 421 f.

innerhalb des EU-Rahmens beizutragen.[239] Gerade das BVerfG könnte so aus der Not eine Tugend machen und auf eine stärkere dogmatische Ausgestaltung der EU-Kompetenzgrenzen hinwirken. Schließlich geht nicht nur die Einführung des Subsidiaritätsprinzips im EU-Recht unter anderem auf Bedenken der deutschen Länder zurück,[240] sondern auch die Grundrechte und der Grundsatz der Verhältnismäßigkeit haben sich als deutsche „Exportschlager" erwiesen.[241] Bevor aber die Rechtsprechung des BVerfG und seine bisherige Vorlagepraxis diesbezüglich analysiert werden kann, müssen noch die unionsrechtlichen Grenzen einer solchen Kooperation betrachtet werden.

So liegt es zunächst auf der Hand, dass die unterschiedlichen mitgliedstaatlichen Konzepte bzw. Rechtsverständnisse zwar als „inspirierendes Rezeptionsreservoir"[242] dienen können, gleichzeitig aber miteinander konkurrieren und bei ihrem Transfer ins Unionsrecht einem Wandel unterliegen.[243] Unabhängig davon, wie oft oder wie ausführlich vorgelegt wird, kann sich so im Ergebnis kaum das nationale Verständnis durchsetzen. Allerdings ist dies kein Nachteil, sondern vielmehr eine zwingende Folge der autonomen und einheitlichen Auslegung des Unionsrechts. Diese dient der Verhinderung der Entstehung von 27 verschiedenen Ausprägungen des Unionsrechts und wird deshalb letztverbindlich vom EuGH unter Heranziehung eigener unionsrechtlicher Maßstäbe und Methoden vorgenommen.[244] Eben diese Letztentscheidung ist dann auch, jedenfalls aus Sicht der mitgliedstaatlichen Gerichte, die zentrale Einschränkung einer maßstabsorientierten Kooperation. Unabhängig davon, welche Maßstäbe herangezogen werden und wie sie von den Gerichten ausgelegt oder weiterentwickelt werden, steht im Interesse der Rechtssicherheit am Ende des Verfahrens eine verbindliche gerichtliche Entscheidung. Um die Einheit des Unionsrechts und damit den Kern der europäischen Rechtsunion zu wahren, steht diese letztverbindliche Entscheidung, ungeachtet möglicher Rechtsfehler, allein dem EuGH zu. Infolge des damit festgeschriebenen „letzten Wortes" scheint ein Dialog insoweit tatsächlich nur eingeschränkt möglich. Allerdings ist zu beachten, dass dem EuGH zwar im konkreten Einzelfall das „letzte Wort" über das Unionsrecht zukommt, dies aber zum einen schon nicht die Anwendung im Einzelfall betrifft und zum anderen selbst im Hinblick auf die verbindliche Auslegung nicht für alle Zeit unumstößlich ist. In Anbetracht der Möglichkeiten,

---

[239] Nochmals *Generalanwalt Tanchev*, Schlussanträge v. 17.12.2020 – Rs. C-824/18, ECLI:EU:C:2020:1053, Rn. 81 – *A. B. u. a.*; s. a. *Schroeder*, in: FS Roth, S. 735, 748.

[240] *Härtel*, in: Niedobitek, Europarecht, § 6 Rn. 20 m. w. N.

[241] Ausf. *Classen*, in: Kischel, Der Einfluss des deutschen Verfassungsrechtsdenkens in der Welt, S. 93, 107 u. 99 ff. m. w. N.

[242] *Calliess*, NVwZ 2019, 684, 686.

[243] *Classen*, in: Kischel, Der Einfluss des deutschen Verfassungsrechtsdenkens in der Welt, S. 93, 99 ff., 114 ff. u. insb. S. 122 f.; s. a. *Hirsch*, JöR 49 (2001), 79, 86 f. Zur vergleichbaren Situation bei der deutschen Grundrechtsdogmatik bereits oben S. 215 f.

[244] Dazu bereits oben S. 315 ff., insb. S. 316 f.

auf politischem oder rechtlichem Wege auf vermeintlich fehlerhafte Entscheidungen des Gerichtshofs zu reagieren, geht mit einem „letzten Wort" desselben vielmehr der kommunikative Prozess zur Ausgestaltung der Integrationsmaßstäbe in eine neue Runde. So kann sowohl eine erneute Vorlage oder eine durch das Urteil angestoßene Rechtsänderung zu neuen Rechtsfragen führen, die wiederum im kooperativen Austausch der Gerichte behandelt und einer Lösung zugeführt werden. Aus der unionsrechtlichen Perspektive läuft dieser Prozess allerdings allein in den Bahnen des Unionsrechts ab, über dessen Grenzen der EuGH wacht. Bis zu einer Änderung des EU-Rechts oder einer erneuten Entscheidung des EuGH bleiben die Urteile für die Mitgliedstaaten unionsrechtlich verbindlich und dürfen nicht durch die Mitgliedstaaten oder ihre Gerichte infrage gestellt bzw. für unanwendbar erklärt werden. So verstanden bleibt eine maßstabsorientierte Kooperation auch im Bereich der Kompetenzgrenzen möglich. Ein wesentlicher Bestandteil dieser Kooperation bleibt aber die Zuweisung und Anerkennung der – ungeachtet der geschilderten Reaktionsmöglichkeiten – unionsrechtlich verbindlichen Letztentscheidung des EuGH.

B. Verfassungsrechtliche Perspektive: Die Ultra-vires-Kontrolle des BVerfG

Ist die Frage „Quis iudicabit de quo?" aus unionsrechtlicher Sicht eindeutig zugunsten des EuGH und seinem Auslegungs- und insbesondere Verwerfungsmonopol bezüglich des EU-Sekundärrechts zu beantworten, gilt dies umgekehrt aus der verfassungsrechtlichen Perspektive auch für das BVerfG. Nach den klaren Regelungen des GG sowie des BVerfGG hat das Gericht in verfassungsrechtlichen Streitigkeiten das „letzte Wort",[245] welches auch im Falle möglicher Fehler grundsätzlich Verbindlichkeit beansprucht.[246] Damit ist aber noch nicht gesagt, ob dieses „letzte Wort" auch die sekundärrechtlichen Maßstäbe der Integration erfasst, da zunächst zu klären wäre, ob Letztere nur dem unionrechtlichen oder auch dem verfassungsrechtlichen Rahmen zu entnehmen sind. Wie bereits im zweiten Kapitel dargelegt, sind die verfassungsrechtlichen Grenzen der Integration, mangels entsprechender inhaltlicher Maßstäbe des Unionsrechts, insbesondere für die Änderung des Primärrechts relevant und unterliegen über die Prüfung des deutschen Zustimmungsgesetzes auch der Kontrolle des BVerfG. Für die Letztentscheidung über die EU-Kompetenzgrenzen ist aber entscheidend, ob diese verfassungsrechtlichen Grenzen nur bei der anfänglichen Übertragung von Hoheitsrechten mittels Zustimmungsgesetz Geltung beanspruchen oder ob sie auch für die weitere Integration – im wahrsten

[245] Zu Verwendung und Kritik an der Metapher vom „letzten Wort" siehe *Lang*, in: Elser/Eugster/Kind u. a., Das letzte Wort, S. 15, 16 ff. sowie bereits oben S. 81 f.

[246] Dazu bereits oben S. 319 f.

Sinne des Wortes – maßgeblich sind. Wären die sekundärrechtlichen Integrationsmaßstäbe nicht (nur) im Unionsrecht, sondern auch oder sogar ausschließlich im nationalen Verfassungsrecht zu verordnen, könnte sich insoweit auch eine Kontrollzuständigkeit des BVerfG ergeben. Tatsächlich entspricht dies der Rechtsprechung des BVerfG zur Ultra-vires-Kontrolle, wonach die Einhaltung der Kompetenzgrenzen durch die EU und insbesondere den EuGH auch eine Frage des Verfassungsrechts ist. Bei genauerer Betrachtung ist diese Rechtsprechungslinie aber schon aus verfassungsrechtlicher Sicht mit Schwierigkeiten verbunden, was auch das PSPP-Urteil verdeutlicht hat (I.). Dies gilt insbesondere für Rechtsgrundlage und Maßstab der Kontrolle, deren Einordnung nicht nur generell problematisch ist (II.), sondern die sich, jedenfalls in ihrer aktuellen Ausprägung, weitgehend negativ auf die Möglichkeiten einer maßstabsorientierten Kooperation der Gerichte auswirken (III.).

I. Die Rechtsprechung des BVerfG zur Ultra-vires-Kontrolle

Die Rechtsprechung des BVerfG zu Ultra-vires-Akten der EU lässt sich in verschiedene Phasen einteilen. Nachdem das Gericht bereits im Zusammenhang mit anderen zwischenstaatlichen Einrichtungen Überlegungen zu deren Kompetenzgrenzen angestellt hatte (1.), etablierte es gegenüber der EU die sogenannte Ultra-vires-Kontrolle (2.) und gestaltete sie weiter aus (3.). Spätestens durch die Anwendung dieses Kontrollvorbehalts und die erstmalige Ultra-vires-Erklärung (4.) wurde aber offensichtlich, dass dieser kompetenzbezogene Integrationsvorbehalt ein nicht unproblematisches Institut ist (5.).

1. Die Ursprünge der Kompetenzkontrolle

Die ersten Ansätze[247] einer bundesverfassungsgerichtlichen Kontrolle von Kompetenzen zwischenstaatlicher Einrichtungen finden sich im Eurocontrol-I-Beschluss aus dem Jahr 1981. Hintergrund der Entscheidung war, dass der Europäischen Organisation zur Sicherung der Luftfahrt (Eurocontrol) das Recht zur Einziehung von Benutzergebühren für den unteren deutschen Luftraum übertragen und für Rechtsstreitigkeiten über diese Gebühren die alleinige internationale Zuständigkeit belgischer Gerichte eröffnet wurde. Während Eurocontrol nach der Verabschiedung des Zustimmungsgesetzes durch völkerrechtlichen Vertrag gegründet wurde, erfolgte die erwähnte Übertragung des Rechts zur Gebühreneinziehung sowie die Rechtswegzuweisung im Wege einer Rechtsverordnung.[248] Damit war zunächst in formeller Hinsicht die Frage auf-

[247] Bereits BVerfGE 31, 145, 174 – *Milchpulver* verwies auf den Rahmen der Kompetenzen, was nach *Wendel*, ZaöRV 2014, 615, 627 aber nur „vorsichtige Andeutungen“ waren.

[248] BVerfGE 58, 1, 3 ff. – *Eurocontrol I*; *Calliess*, in: Dürig/Herzog/Scholz, GG, Art. 24 Abs. 1 GG Rn. 65 f. u. 83 ff.

geworfen, ob eine Übertragung per Rechtsverordnung den Anforderungen des Gesetzesvorbehalts aus Art. 24 GG genügt, der eine Übertragung von Hoheitsrechten nur „durch Gesetz“ ermöglicht. Im Rahmen dieser Auseinandersetzung über die Reichweite des Zustimmungsgesetzes nahm das BVerfG erstmals die für die Kompetenzkontrolle zentrale Unterscheidung von Integrations*prozess* und Integrations*programm* vor.[249] Im Gründungsvertrag einer zwischenstaatlichen Einrichtung beziehungsweise dem zugehörigen Zustimmungsgesetz ist nach dem BVerfG ein bestimmtes Integrations*programm* angelegt. Damit umschreibt das Gericht den angestrebten Zustand der zwischenstaatlichen Einrichtung und den Gesamtverlauf der einzelnen Schritte auf dem Weg zur Erreichung dieses Zustands. Der Vollzug der einzelnen Schritte von der Errichtung über die weitere Ausgestaltung bis zur Erreichung des angestrebten Zustands erfolgt dann im Rahmen eines Integrations*prozesses*. Für die jeweils einzelnen Vollzugsschritte ist nach dem Eurocontrol-I-Beschluss kein eigenes Gesetz nach Art. 24 GG erforderlich, sofern sowohl der jeweilige Schritt als auch der künftige Gesamtverlauf aller Schritte bereits im Gründungsvertrag beziehungsweise dem zugehörigen Zustimmungsgesetz hinreichend bestimmbar angelegt wurde.[250] Genaue Kriterien für die Bestimmbarkeit oder eine allgemeine Grenze legte das BVerfG nicht fest, betonte aber, dass

> „*wesentliche Änderungen* des dort angelegten Integrationsprogrammes und seiner Vollzüge […] nicht mehr von dem ursprünglichen Zustimmungsgesetz nach Art. 24 Abs. 1 GG gedeckt sind. Dazu kann je nach der Art der zwischenstaatlichen Einrichtung auch die zeitliche Stufung des Kompetenzzuwachses der zwischenstaatlichen Einrichtung gehören.“[251]

Das BVerfG akzeptiert also auch eine dynamische Weiterentwicklung der zwischenstaatlichen Einrichtung, sofern sich diese Entwicklung innerhalb des hinreichend bestimmten Integrationsprogrammes vollzieht. Bezogen auf Eurocontrol sah das BVerfG die Kompetenz zur Gebühreneinziehung bereits durch das ursprüngliche Zustimmungsgesetz gedeckt, da sie im engsten sachlichen Zusammenhang mit den bereits wahrgenommenen Kompetenzen stehe und es sich nicht um die Einräumung einer neuartigen Kompetenz handele, die eine wesentliche Änderung oder Erweiterung des Integrationsprogramms darstelle.[252]

Im Anschluss äußerte sich das Gericht auch zu den Grenzen der Übertragung von Hoheitsrechten im Hinblick auf die Anforderungen eines effektiven bezie-

---

249 Bereits BVerfGE 22, 293, 296 – *EWG-Verordnungen* bezog sich auf den „Prozeß fortschreitender Integration“, der Begriff des Integrationsprogramms spielte aber keine Rolle. Ausf. zu Integrationsprogrammen in der Rechtsprechung des BVerfG siehe *Tischendorf*, Theorie und Wirklichkeit der Integrationsverantwortung, S. 51 ff., insb. S. 67 ff.

250 BVerfGE 58, 1, 36 f. – *Eurocontrol I.*

251 BVerfGE 58, 1, 37 – *Eurocontrol I*; Hervorh. d. Verf.; zur dynamischen Integration siehe bereits BVerfGE 22, 293, 296 – *EWG-Verordnungen.*

252 BVerfGE 58, 1, 38 – *Eurocontrol I.*

hungsweise wirksamen Rechtsschutzes. Diesbezüglich bestätigte das BVerfG seine bisherige Rechtsprechung, dass mangels Maßnahmen deutscher „öffentlicher Gewalt" eine Verletzung von Art. 19 Abs. 4 GG ausscheide und auch keine „Auffangzuständigkeit" deutscher Gerichte bestehe.[253] Welchen Kriterien der Rechtsschutz gegenüber Maßnahmen zwischenstaatlicher Einrichtungen genügen muss, um den Grenzen des allein maßgeblichen Art. 24 GG zu genügen, wurde vom Gericht allerdings nicht endgültig geklärt. Es wies lediglich darauf hin, dass die Anforderungen bei zwischenstaatlichen Einrichtungen nicht ebenso streng seien, wie von Verfassungs wegen für Akte der deutschen öffentlichen Gewalt. Anschließend stellte es fest, dass die belgischen Gerichte den Anforderungen eines umfassenden und wirksamen Rechtsschutzes genügten.[254] Interessanterweise spricht das BVerfG nur mit Bezug auf den effektiven Rechtsschutz von einer *inhaltlichen* Grenze des Art. 24 GG.[255] Das Ausmaß der übertragenen Kompetenzen und deren Ausübung wird hingegen im Zusammenhang mit der Reichweite des Gesetzesvorbehalts beziehungsweise des Zustimmungsgesetzes behandelt. Die für die Kompetenzkontrolle maßgebliche Unterscheidung von Integrationsprogramm und Integrationsprozess stellt daher jedenfalls im Rahmen des Eurocontrol-I-Beschlusses weniger eine inhaltliche als eine formale Frage dar.

Die Reichweite des Zustimmungsgesetzes bzw. die Unterscheidung von Integrationsprogramm und Integrationsprozess spielte auch in der wenige Jahre später ergangenen Entscheidung des BVerfG zur Stationierung von Atomwaffen eine entscheidende Rolle. Gegenstand der Entscheidung war die Frage, ob die Bundesregierung, durch die im Zuge des NATO-Doppelbeschlusses ergangene Zustimmung zur besagten Stationierung ohne zusätzliche gesetzliche Ermächtigung, die Rechte des Bundestags verletzt hatte.[256] Damit war die Reichweite des im Nordatlantikvertrag bzw. im zugehörigen Zustimmungsgesetz angelegten Integrationsprogramms der NATO angesprochen. Obwohl das Gericht hinsichtlich des Integrationsprogramms wiederum vor allem an den Gesetzesvorbehalt anknüpfte, sprach es nunmehr ausdrücklich von *materiellen* Grenzen des Art. 24 GG und erwähnte zudem Art. 79 Abs. 3 GG.[257] Der Bezug auf die Ewigkeitsklausel sollte allerdings nicht überbewertet und vor allem nicht als dogmatische Verordnung der Grenzen von Art. 24 Abs. 1 GG verstanden werden,[258] da Art. 79 Abs. 3 GG im weiteren Verlauf der Entscheidung und auch

[253] BVerfGE 58, 1, 27 ff. – *Eurocontrol I* unter Hinweis auf insbesondere BVerfGE 22, 293, 295 ff. – *EWG-Verordnungen* sowie BVerfGE 37, 271, 283 u. 285 f. – *Solange I.*

[254] BVerfGE 58, 1, 40 ff. – *Eurocontrol I*, s. a. *Calliess*, in: Dürig/Herzog/Scholz, GG, Art. 24 Abs. 1 GG Rn. 83 ff.

[255] BVerfGE 58, 1, 40 – *Eurocontrol I.*

[256] BVerfGE 68, 1, 3 ff. – *Atomwaffenstationierung.*

[257] BVerfGE 68, 1, 96 ff. – *Atomwaffenstationierung.*

[258] In diese Richtung aber *Dörr*, Der europäisierte Rechtsschutzauftrag deutscher Gerichte, S. 115 dort Fn. 280; *D. König*, Die Übertragung von Hoheitsrechten, S. 428 sieht eine Ab-

in den Folgeentscheidungen Solange II und Kloppenburg nicht wieder auftaucht. Der Bezug auf Art. 79 Abs. 3 GG erklärt sich vielmehr als Reaktion auf den Vortrag der Antragstellerin, die geltend gemacht hatte, es liege eine Übertragung von Hoheitsrechten auf den Präsidenten der Vereinigten Staaten vor, was nur nach einer Änderung von Art. 24 Abs. 1 GG möglich sei. Eine solche Verfassungsänderung sei wiederum mit Art. 79 Abs. 3 GG unvereinbar.[259] Da das BVerfG, wenn auch mit einigem Begründungsaufwand, Art. 24 Abs. 1 GG für einschlägig befand,[260] erübrigte sich eine Auseinandersetzung mit Art. 79 Abs. 3 GG. Die Ewigkeitsklausel wurde also in ihrem klassischen Verständnis als Grenze von Grundgesetzänderungen und nicht als mögliche Schranke einer Übertragung von Hoheitsrechten relevant. Zur weiteren Begründung bezog sich das Gericht daher auch nicht auf Art. 79 Abs. 3 GG, sondern auf die bereits in der Eurocontrol-I-Entscheidung etablierte Kategorie der „wesentlichen Änderung“ des Integrationsprogramms, wobei es allerdings einen großzügigeren Maßstab einführte. Das BVerfG stellte nicht mehr nur auf die Eigenarten des völkerrechtlichen Vertrags beziehungsweise der zwischenstaatlichen Einrichtungen ab, sondern berücksichtigte auch die

> „durch die Vorschrift [des Art. 24 Abs. 1 GG] ermöglichte[] Gestaltungsfreiheit und ihre[] Praktikabilität im internationalen Bereich“.[261]

Aufgrund der großen Dynamik im Sachbereich des Bündnisvertrags müssten flexible Reaktionen möglich sein, was nur durch „vergleichsweise offene Bestimmungen“ gewährleistet werden könne.[262] Zudem betonte das Gericht, dass die Bewertung der tatsächlichen und politischen Notwendigkeit einer Atomwaffenstationierung bis zur „Grenze offensichtlicher Willkür“ von der Bundesregierung allein politisch zu verantworten und nicht verfassungsgerichtlich überprüfbar sei.[263] Dass diese Beurteilung auch innerhalb des Gerichts nicht unumstritten war, zeigt die abweichende Meinung des Richters *Ernst Gottfried Mahrenholz*. Dieser lehnte die Existenz eines im Nordatlantikvertrag angelegten Integrationsprogramms ab und kritisierte zudem, dass die Senatsmehrheit sich von den strengen Kriterien des Eurocontrol-I-Beschlusses entfernt habe.[264] Die Senatsmehrheit hingegen sah unter Berücksichtigung des erwähnten Maßstabs in der Aufstellung der nuklearen Mittelstreckenraketen keine wesentli-

---

kehr von Solange I, ist im Übrigen wegen der fehlenden weiteren Ausführungen des BVerfG aber zurückhaltend.

[259] BVerfGE 68, 1, 6 ff. – *Atomwaffenstationierung*.

[260] Siehe dazu *Calliess*, in: Dürig/Herzog/Scholz, GG, Art. 24 GG Abs. 1 GG Rn. 42 f.

[261] BVerfGE 68, 1, 98 – *Atomwaffenstationierung*; zur Kritik hierzu siehe nur *Rojahn*, in: von Münch/Kunig, GG, 6. Aufl. 2012, Art. 24 GG Rn. 38 m. w. N.

[262] BVerfGE 68, 1, 100 – *Atomwaffenstationierung*.

[263] BVerfGE 68, 1, 97 – *Atomwaffenstationierung*.

[264] Abw. Meinung des Richters *Mahrenholz*, BVerfGE 68, 1, 111 ff., insb. 113 ff. – *Atomwaffenstationierung*; dazu *J. Wieland*, DVBl 1991, 1174, 1178.

che Änderung des im Nordatlantikvertrag beziehungsweise im Zustimmungsgesetz angelegten Integrationsprogramms.[265] Allerdings muss dabei sicher auch die besondere politische und historische Situation der Entscheidung betrachtet werden, die durch den Kalten Krieg und damit verbundene Überlegungen zum „Gleichgewicht des Schreckens“ geprägt war.[266]

Vor diesem Hintergrund taugt die Entscheidung nur bedingt als allgemeine Orientierung, wann im Rahmen einer Kompetenzkontrolle eine Änderung des Integrationsprogramms als „wesentlich“ anzusehen ist. Vielmehr offenbart die Entscheidung das grundlegende Problem jeder Kompetenz- oder Ultra-vires-Kontrolle. So erweist sich das Kriterium der „wesentlichen Änderung des Integrationsprogramms“ als derart vage und unbestimmt, dass es sogar innerhalb des Gerichts umstritten war. Schon in diesem frühen Stadium der bundesverfassungsgerichtlichen Kompetenzkontrolle deutet sich also an, dass nicht nur der Maßstab an sich, sondern auch die Entscheidung über diesen Maßstab von zentraler Bedeutung ist. Insbesondere im Falle eines unbestimmten oder offenen Maßstabs, sind ohne klare gerichtliche Zuständigkeit divergierende Entscheidungen vorprogrammiert. Mangels Zuständigkeit des EuGH oder eines anderen zwischenstaatlichen Gerichts stand allerdings sowohl im Eurocontrol-I-Beschluss als auch im Urteil zum NATO-Doppelbeschluss nicht eine mögliche gerichtliche Konkurrenz, sondern der Maßstab selbst im Vordergrund. Insoweit blieb zwar weiterhin ungeklärt, ob bzw. in welchem Umfang die Reichweite des Zustimmungsgesetzes dogmatisch als formelle oder materielle Frage einzuordnen war und wann allgemein eine Änderung des Integrationsprogramms „wesentlich“ ist. Doch gab es keine andere gerichtliche Instanz, welche zu einer anderen Einschätzung hätte kommen bzw. von deren Einschätzung das BVerfG hätte abweichen können. Dies änderte sich erst, als das BVerfG begann, die Reichweite des Integrationsprogramms auch gegenüber der EU und ihren Vorläufern zu beurteilen.

2. Etablierung der Ultra-vires-Kontrolle gegenüber Akten der EU

Im Kloppenburg-Beschluss aus dem Jahr 1987 bezog sich das BVerfG erstmals auf das Integrationsprogramm der EWG, weshalb in der Entscheidung teilweise der erste Anwendungsfall einer Ultra-vires-Kontrolle gesehen wird.[267] Diese Einschätzung übersieht, dass der Kloppenburg-Beschluss nicht unmittelbar die Kontrolle eines (vermeintlichen) Ultra-vires-Aktes der EWG, sondern eine Ver-

---

265 BVerfGE 68, 1, 99 ff. – *Atomwaffenstationierung.*

266 Vgl. die Ausführungen der Bundesregierung BVerfGE 68, 1, 45 ff. – *Atomwaffenstationierung.*

267 *Häde*, in: Pechstein, Integrationsverantwortung, S. 163, 165; *Funke*, ZG 2011, 166, 170 spricht diesbezüglich von einer „Leitentscheidung“, weist auf S. 176 aber zugleich auf den prozessualen Unterschied von Kloppenburg- und Honeywell-Beschluss hin.

fassungsbeschwerde wegen Entzugs des gesetzlichen Richters betraf.[268] Hintergrund war ein Urteil des Bundesfinanzhofs (BFH), der eine im Ausgangsverfahren ergangene Vorabentscheidung des EuGH nach Art. 177 EWG-Vertrag (heute Art. 267 AEUV) wegen einer vermeintlichen Kompetenzüberschreitung unberücksichtigt gelassen hatte.[269] Die Beschwerdeführerin machte daraufhin eine Verletzung ihres Rechts aus Art. 101 Abs. 1 S. 2 GG geltend, weil der BFH das ihrer Ansicht nach ordnungsgemäße Urteil des EuGH hätte berücksichtigen müssen.[270] Somit betraf dieses Verfahren zwar die Reichweite der Rechtsprechungskompetenz des EuGH, allerdings unter umgekehrten Vorzeichen. Während sich die jüngsten Ultra-vires-Kontrollen *gegen* EU-Rechtsakte und die sie bestätigenden EuGH-Urteile richten, prozessierte die Beschwerdeführerin im Kloppenburg-Beschluss *für* eine Berücksichtigung der EuGH-Entscheidung. Somit könnte man von einem „umgekehrten" Fall einer Ultra-vires-Kontrolle sprechen.

In der Sache bejahte das BVerfG den geltend gemachten Verstoß gegen Art. 101 Abs. 1 S. 2 GG, da das Urteil des EuGH für den BFH bindend sei und Letzterer sich der Pflicht zur neuerlichen Vorlage an den EuGH in objektiv willkürlicher Weise entzogen habe.[271] In der Begründung bestätigte das BVerfG zunächst die Qualifizierung des EuGH als gesetzlichen Richter im Sinne des Art. 101 Abs. 1 S. 2 GG aus dem Solange-II-Beschluss[272] und stellte darüber hinaus fest, dass die dem EuGH übertragene, alleinige Entscheidungsbefugnis über Gültigkeit und Anwendung des EWG-Rechts im Hinblick auf Art. 24 Abs. 1 GG verfassungsrechtlich nicht zu beanstanden sei.[273] Gleichzeitig urteilte das Gericht, dass

> „[d]ie durch Art. 177 EWGV übertragene Kompetenz […] nicht schrankenlos [ist]. Die ihr durch das Grundgesetz gezogenen Grenzen unterliegen letztlich der Gerichtsbarkeit des Bundesverfassungsgerichts."[274]

Im Anschluss ging das Gericht umfassend auf die Rechtsprechung des EuGH zur unmittelbaren Wirkung von Richtlinien ein, die Gegenstand der Vorlageentscheidung im Ausgangsverfahren gewesen und vom BFH abgelehnt worden war.[275] Demgegenüber führte das BVerfG aus, dass sich die fragliche EuGH-

---

268 So ausdrücklich auch *Schneider*, AöR 139 (2014), 196, 198.

269 BVerfGE 75, 223, 224 ff. – *Kloppenburg*; s. a. *Steinberger*, in: FS Doehring, S. 951, 963 ff.

270 BVerfGE 75, 223, 231 f. – *Kloppenburg*.

271 BVerfGE 75, 223, 224 ff., insb. 233 f. u. 245 – *Kloppenburg*.

272 BVerfGE 73, 339, 366 – *Solange II*.

273 BVerfGE 75, 223, 233 ff. – *Kloppenburg*; zur Bindung auch BVerfGE 52, 187, 200 f. – *„Vielleicht"-Beschluss*.

274 BVerfGE 75, 223, 235 – *Kloppenburg*.

275 BVerfGE 75, 223, 235 ff. – *Kloppenburg*; grundlegend zur unmittelbaren Wirkung von Richtlinien EuGH, Urt. v. 04.12.1974 – Rs. 41/74, ECLI:EU:C:1974:133, Rn. 12 – *van Duyn* sowie Urt. v. 19.01.1982 – Rs. 8/81, ECLI:EU:C1982:7, Rn. 17 ff. – *Becker*.

Rechtsprechung sowohl in kompetenz- und materiellrechtlicher Hinsicht als auch im Hinblick auf die Methode der Rechtsfindung, im Rahmen des EWG-Integrationsprogrammes halte. Auch die sich aus der Verfassung ergebenden „rechtsstaatlichen Grenzen" einer Übertragung von Hoheitsrechten seien nicht überschritten.[276] Nach Auffassung des BVerfG hatte der EuGH keine eigene Rechtsetzung betrieben, sondern „sich darauf [beschränkt], die Rechtswirkungen einer bestehenden Kompetenz näher auszugestalten." Auch wenn dies „ein Stück Rechtsfortbildung durch den Gerichtshof" bedeute, sei es mit Art. 24 Abs. 1 GG vereinbar, womit das BVerfG die Rechtsfortbildungskompetenz des EuGH, bis zur Grenze der „beliebigen" Kompetenzausweitung, ausdrücklich anerkannte.[277] Allerdings betonte das Gericht unter Hinweis auf die fehlende Kompetenz-Kompetenz der EWG sowie der völkervertraglichen Stellung der Mitgliedstaaten als „Herren der Gemeinschaftsverträge", dass es

> „auch *verfassungsrechtlich erheblich* [ist], ob eine zwischenstaatliche Einrichtung im Sinne des Art. 24 Abs. 1 GG sich in den Grenzen der ihr übertragenen Hoheitsrechte hält oder *aus ihnen ausbricht* (vgl. BVerfGE 37, 271 [279 f.]; 58, 1 [30 f.]; 73, 339 [375 f.]). Der Gemeinschaft ist durch den EWG-Vertrag nicht eine Rechtsprechungsgewalt zur unbegrenzten Kompetenzerweiterung *übertragen worden*."[278]

Nicht nur durch den Verweis auf die vorherigen Entscheidungen, vor allem den Solange-II-Beschluss, sondern auch durch die ausdrückliche Erwähnung wird die tragende Rolle des Rechtsanwendungsbefehls für die Reichweite des Anwendungsvorrangs und damit für die eigene Kontrolle deutlich.[279] Bemerkenswerterweise stellt das BVerfG für das Fehlen einer kompetenzerweiternden Rechtsprechungsgewalt des EuGH aber auch maßgeblich darauf ab, dass bereits die Übertragung der Hoheitsrechte nicht derart umfassend erfolgt sei. Während das BVerfG schon in der Solange-I-Entscheidung betont hatte, dass Hoheitsrechte nicht wirklich „übertragen" werden,[280] scheint es nunmehr davon auszugehen, dass – mangels umfassender Übertragung – der EWG beziehungsweise dem EuGH für diese Art der Rechtsprechung bereits das „rechtliche Können" fehlt. Bereits im Kloppenburg-Beschluss zeigt sich damit die, auch in der jüngsten Rechtsprechung bedeutsame,[281] unzureichende Trennung von den Grenzen der Übertragung und den Grenzen der Anwendbarkeit auf der einen Seite sowie von „rechtlichem Können" und „rechtlichem Dürfen" auf der anderen Seite. Mangels einer klaren Differenzierung fehlt es in der Entscheidung dann auch an weiterführenden dogmatischen Überlegungen zum Zusammenhang der verfassungsrechtlichen Grenze und den Ausführungen zu den Mit-

---

[276] BVerfGE 75, 223, 240 – *Kloppenburg*.
[277] BVerfGE 75, 223, 241 ff. – *Kloppenburg*.
[278] BVerfGE 75, 223, 242 – *Kloppenburg*; Hervorh. d. Verf.
[279] BVerfGE 75, 223, 244 – *Kloppenburg*.
[280] BVerfGE 37, 271, 280 – *Solange I*.
[281] Dazu bereits oben S. 262 f. sowie ausf. sogleich Kap. 5, B. II 2.

gliedstaaten als „Herren der Verträge“. Insbesondere die in der jüngsten Rechtsprechung deutliche Verankerung der Kontrollkompetenz in Art. 79 Abs. 3 GG ist in der Kloppenburg-Entscheidung noch nicht ausdrücklich erkennbar. Ebenso fehlt eine deutliche Festlegung, wo die angesprochenen Grenzen der Gemeinschaftsgewalt liegen, da nach Ansicht des BVerfG die fragliche Rechtsprechung des EuGH „weit davon entfernt [ist,] diese Grenzen zu überschreiten.“[282] Das BVerfG lässt also die Frage der genauen Grenzziehung bewusst offen. Deutlicher als noch in der vorherigen Rechtsprechung wird aber, dass die Grenze des durch das Zustimmungsgesetz abgesteckten Integrationsprogramms auch und vor allem ein inhaltliches und nicht nur ein rein formelles Problem darstellt. Im Ergebnis hielt sich das BVerfG gleichwohl – wie bereits im Solange-II-Beschluss – hinsichtlich des eigenen Kontrollanspruchs zurück.

Diese Zurückhaltung gab das Gericht allerdings auf, als es im Maastricht-Urteil endgültig die Figur des „ausbrechenden Rechtsaktes“ und damit eine Kompetenzkontrolle von Akten der nunmehr gegründeten Europäischen Union etablierte. Der besonderen prozessualen Situation des Maastricht-Urteils geschuldet,[283] zog das Gericht für seine Argumentation nicht mehr nur die Reichweite des Gesetzesvorbehalts, sondern vorrangig Art. 38 GG als Ausgangspunkt heran. Wie bereits im zweiten Kapitel dargelegt, schützt Art. 38 GG nach Ansicht des BVerfG unter anderem vor einer zu weitgehenden Übertragung von Hoheitsrechten auf die Europäische Union.[284] Darüber hinaus sei Art. 38 GG aber auch dann verletzt, wenn der EU-Vertrag und das Zustimmungsgesetz die zur Wahrnehmung übertragenen Rechte und das beabsichtigte Integrationsprogramm nicht hinreichend bestimmbar festlege, da andernfalls die Inanspruchnahme weiterer Befugnisse möglich sei, was einer Generalermächtigung und damit einer von Art. 38 GG untersagten Entäußerung gleichkomme.[285] Spätere wesentliche Änderungen des im Unions-Vertrag angelegten Integrationsprogramms und seiner Handlungsermächtigungen seien daher nicht mehr vom Zustimmungsgesetz zu diesem Vertrag gedeckt und würden zu in Deutschland nicht verbindlichen Rechtsakten führen. Die deutschen Staatsorgane wären aus verfassungsrechtlichen Gründen an der Anwendung dieser Akte gehindert.[286] Deshalb prüfe das BVerfG,

> „ob Rechtsakte der europäischen Einrichtungen und Organe sich in den Grenzen der ihnen eingeräumten Hoheitsrechte halten oder aus ihnen ausbrechen.“[287]

Mit dem prozessualen Einstieg über Art. 38 GG verknüpft das BVerfG die Grenzen des im Zustimmungsgesetz niedergelegten Integrationsprogramms

---

282 BVerfGE 75, 223, 242 f. – *Kloppenburg*.
283 Dazu bereits oben S. 126 ff., insb. S. 130 ff.
284 BVerfGE 89, 155, 182 ff., s. a. Ls. 1 u. 4 – *Maastricht*; ausf. bereits oben S. 141 ff.
285 BVerfGE 89, 155, 187 u. Ls. 5 – *Maastricht*.
286 BVerfGE 89, 155, 188 – *Maastricht*.
287 BVerfGE 89, 155, 188 – *Maastricht*; vgl. bereits BVerfGE 75, 223, 242 – *Kloppenburg*.

mit der demokratischen Legitimation. Ausbrechende Rechtsakte sind somit nicht nur eine Überschreitung formeller oder materieller verfassungsrechtlicher Grenzen, sondern in der Perspektive des BVerfG stets auch ein Demokratieproblem. Darüber hinaus verweist das Gericht zur Begründung der eigenen Kontrolle auch darauf, dass die EU ein Staatenverbund sei, dessen Gemeinschaftsgewalt sich von den Mitgliedstaaten als „Herren der Verträge" ableite.[288] Diesem Staatenverbund komme nach dem Prinzip der begrenzten Einzelermächtigung keine Kompetenz-Kompetenz zu.[289] Vielmehr unterscheide das europäische Primärecht deutlich zwischen Wahrnehmung und Auslegung der begrenzten Kompetenzen auf der einen sowie einer Vertragsänderung auf der anderen Seite.[290]

Da das Maastricht-Urteil aber die generelle Verfassungsmäßigkeit des Zustimmungsgesetzes zum Vertrag von Maastricht betraf, nahm das BVerfG keine Kontrolle eines konkreten ausbrechenden Rechtsaktes vor. Dies dürfte auch erklären, warum die Ausführungen zur verfassungsrechtlichen Verankerung der Figur des ausbrechenden Rechtsaktes sowie zur diesbezüglichen Kontrollzuständigkeit gegenüber den umfassenden Ausführungen zur Verfassungsmäßigkeit des Zustimmungsgesetzes zurückbleiben. So spricht das Gericht im Rahmen der Grundrechtskontrolle zwar von einem Kooperationsverhältnis zum EuGH, greift diesen Gedanken im Rahmen der Kompetenzkontrolle aber nicht wieder auf und äußert sich insbesondere nicht zum Verwerfungsmonopol des EuGH für das EU-Sekundärrecht.[291] An diesem Befund vermag auch der ausdrückliche Verweis auf die früheren Entscheidungen in den Sachen Eurocontrol I und Kloppenburg wenig zu ändern. Wie bereits dargestellt ergingen die Entscheidungen zu Art. 24 GG und lieferten ebenfalls keine ausführliche Begründung zum Zusammenhang von verfassungsrechtlichen Grenzen der Übertragung von Hoheitsrechten und späteren Kompetenzüberschreitungen der zwischenstaatlichen Einrichtung. Darüber hinaus waren beide Entscheidungen – trotz ihrer zentralen Aussagen für die Kompetenzkontrolle – sowohl in inhaltlicher als auch in prozessualer Hinsicht anders gelagert als das Maastricht-Urteil und hatten – mangels Zuständigkeit des EuGH – das Problem der gerichtlichen Konkurrenz nicht behandelt, geschweige denn gelöst.[292] Zwar blieb das BVerfG im Maastricht-Urteil eine ausführliche Verankerung des ausbrechenden Rechtsaktes in der neugeschaffenen Integrationsklausel des Art. 23 GG schuldig, betonte aber dafür umso deutlicher die Bedeutung der

[288] BVerfGE 89, 155, 190 u. 198 f. – *Maastricht*, zum Staatenverbund s. a. dort S. 181 ff.

[289] BVerfGE 89, 155, 181 ff., insb. 192 ff. – *Maastricht*.

[290] BVerfGE 89, 155, 209 f. – *Maastricht*; zur Kritik am Kriterium der Vertragsänderung siehe nur *Zuleeg*, JZ 1994, 1, 3.

[291] BVerfGE 89, 155, 175, 178 u. Ls. 7 – *Maastricht*; s. a. *Mayer*, Kompetenzüberschreitung und Letztentscheidungsrecht, S. 109 f.

[292] Dazu bereits oben S. 330 ff., insb. S. 332 ff.

Reichweite des im Zustimmungsgesetz enthaltenen Rechtsanwendungsbefehls für die Geltung und Anwendung des Europarechts.[293] Gerade an dieser Stelle wird die, maßgeblich vom Berichterstatter des Maastricht-Urteils *Paul Kirchhof* geprägte, Perspektive des BVerfG auf den Anwendungsvorrang besonders deutlich, wonach die Reichweite des Anwendungsvorrangs verfassungsrechtlich durch die „Brücke" des Zustimmungsgesetzes begrenzt wird.[294] Indem das BVerfG nicht nur mit den vertraglichen Grenzen der EU-Kompetenzen, sondern auch und vor allem mit dem deutschen Zustimmungsgesetz und dessen verfassungsrechtlichem Rahmen argumentiert, „verdoppelt" es gewissermaßen den Prüfungsmaßstab der Kompetenzkontrolle und sichert sich gleichzeitig ein eigenes Kontrollrecht.[295] Jedenfalls aus der Perspektive des BVerfG wird die Letztentscheidung über die Grenzen der EU-Kompetenzen somit zu einer Frage des Rechtsanwendungsbefehls, also zur einer solchen des nationalen (Verfassungs-)Rechts.[296] Ungeachtet der mit dieser Konzeption weiterhin verbundenen Schwierigkeiten, auf die noch zurückzukommen sein wird, hat das BVerfG die eigene Kompetenzkontrolle in der Folgezeit weiter ausgebaut.

In der Lissabon-Entscheidung bestätigte das BVerfG seine Überlegungen aus dem Maastricht-Urteil, wobei es nicht mehr von „ausbrechenden Rechtsakten"[297], sondern von einer „Ultra-vires-Kontrolle"[298] sprach. Dabei betonte das BVerfG wiederum die Notwendigkeit, über das Zustimmungsgesetz und ein hinreichend bestimmtes Integrationsprogramm die Einhaltung des Prinzips der begrenzten Einzelermächtigung bei der europäischen Integration abzusichern und zu verhindern, dass die EU-Organe ihre Kompetenzen dynamisch bis zur faktischen Kompetenz-Kompetenz fortentwickeln.[299] Daher müsse es möglich sein, „ersichtliche Grenzüberschreitungen" durch Kompetenzausübungen von EU-Organen im Wege einer „Ultra-vires-Kontrolle" durch das BVerfG kontrollieren zu können.[300]

„Wenn Rechtsschutz auf europäischer Ebene nicht zu erlangen ist, prüft das Bundesverfassungsgericht, ob Rechtsakte der europäischen Organe und Einrichtungen sich unter Wahrung des gemeinschafts- und unionsrechtlichen Subsidiaritätsprinzips […] in den

---

293 BVerfGE 89, 155, 190 – *Maastricht.*

294 Jüngst noch einmal *P. Kirchhof*, NJW 2020, 2057, 2059 u. 2061; s. a. bereits oben S. 62 f.

295 *Mayer*, Kompetenzüberschreitung und Letztentscheidungsrecht, S. 104 ff.

296 Siehe nur *Grimm*, in: Merten/Papier, HGR Bd. VI/2, § 168 Rn. 41.

297 Sowohl die Beschwerdeführer als auch die Bundesregierung sprechen teilweise weiter von „ausbrechenden Rechtsakten", vgl. nur BVerfGE 142, 123, 135 ff. Rn. 25, 31 u. 33, S. 176 Rn. 87 – *OMT-Urteil*; BVerfGE 151, 202, 263 Rn. 53, 264 Rn. 57 u. 266 Rn. 63 – *Bankenunion.*

298 Der Begriff fand sich bereits zuvor in der Literatur, siehe nur *Huber*, AöR 116 (1991), 210, 219; *P. Kirchhof*, EuR Beiheft 1 (1991), 11, 18; *Rees*, Diskussionsbeitrag in VVDStRL 50 (1991), 172; *Streinz*, Bundesverfassungsgerichtlicher Grundrechtsschutz und Europäisches Gemeinschaftsrecht, S. 324. Zum Völkerrecht bereit oben S. 287 ff.

299 BVerfGE 123, 267, 351 ff. – *Lissabon*; zum Hintergrund bereits oben S. 147 ff.

300 BVerfGE 123, 267, 353 – *Lissabon.*

Grenzen der ihnen im Wege der begrenzten Einzelermächtigung eingeräumten Hoheitsrechte halten."[301]

Obwohl das im Maastricht-Urteil betonte „Kooperationsverhältnis" zum EuGH im Lissabon-Urteil keine Rolle spielte, sondern stattdessen die neu entwickelte „Europarechtsfreundlichkeit" des GG in den Vordergrund rückte,[302] lässt sich aus dem Hinweis auf den europäischen Rechtsschutz schließen, dass die Ultra-vires-Kontrolle eine vorherige Vorlage an den EuGH voraussetzt.[303] Darüber hinaus kann auch in der Formulierung „*ersichtliche* Grenzüberschreitungen" eine Begrenzung der Kontrolle gesehen werden.[304] Im Zusammenhang mit der europarechtsfreundlichen Ausübung, betonte das Gericht auch, dass die Kontrolle seiner alleinigen Zuständigkeit unterliegt.[305]

Dogmatisch blieb das BVerfG weiter ambivalent, da es einerseits mit dem Subsidiaritätsprinzip sowie dem Prinzip der begrenzten Einzelermächtigung auf den Maßstab des EU-Rechts verwies,[306] andererseits aber auch davon sprach, dass das Prinzip der begrenzten Einzelermächtigung nicht nur ein europarechtlicher Grundsatz sei, sondern mitgliedstaatliche Verfassungsprinzipien aufnehme.[307] Diese bereits im Maastricht-Urteil entscheidende „Verdoppelung" des Prüfungsmaßstabs wurde umso deutlicher, als das BVerfG zur Begründung der Unanwendbarkeit von Ultra-vires-Akten auf die aus der „fortbestehenden Souveränität der Mitgliedstaaten" folgende Abhängigkeit des Anwendungsvorrangs vom nationalen Zustimmungsgesetz verwies.[308] Entsprechend der Einordnung des Anwendungsvorrangs als verfassungsrechtlich begründetes, aber auch begrenztes Institut, schließt das BVerfG von den über das Zustimmungsgesetz vermittelten verfassungsrechtlichen Grenzen des Anwendungsvorrangs auf die eigene Zuständigkeit zur Kontrolle möglicher Grenzüberschreitungen.

Wiederum nahm das BVerfG in der Lissabon-Entscheidung keine Ultra-vires-Kontrolle vor, etablierte sie aber als Kontrollinstrument für die Zukunft.[309] Wie das BVerfG auch in seinen späteren Entscheidungen bestätigt hat, ist ein Ultra-vires-Akt in Deutschland unanwendbar, wobei das Gericht die Entschei-

[301] BVerfGE 123, 267, 353 f. – *Lissabon*, Zitate entfernt.

[302] BVerfGE 123, 267, insb. 354, s. a. 347 u. 401 – *Lissabon*.

[303] *Mayer/M. Walter*, JURA 2011, 532, 534.

[304] So auch *Häde*, in: Pechstein, Integrationsverantwortung, S. 163, 167 m. w. N.

[305] BVerfGE 123, 267, 353 f. – *Lissabon*; zu vorherigen Kontrollen von deutschen Fachgerichten siehe nur *Mayer*, Kompetenzüberschreitung und Letztentscheidungsrecht, S. 120 ff. sowie die Nachweise bei *Kruis*, Der Anwendungsvorrang des EU-Rechts in Theorie und Praxis, S. 214 f.

[306] BVerfGE 123, 267, 353 – *Lissabon*.

[307] BVerfGE 123, 267, 350 – *Lissabon*; s. a. BVerfGE 142, 123, 219 Rn. 185 – *OMT-Urteil*; BVerfGE 154, 17, 118 Rn. 158 – *PSPP-Urteil*.

[308] BVerfGE 123, 267, 400 f. – *Lissabon*.

[309] Nach *Murswiek*, EuGRZ 2017, 327, 331 war die Etablierung sogar eine Voraussetzung für das Inkrafttreten des Vertrags von Lissabon, dazu bereits oben S. 149.

dung über die Unanwendbarkeit für sich allein beansprucht. Einen Widerspruch zur Europarechtsfreundlichkeit des GG erkennt das BVerfG darin nicht, zumal sich auch in anderen Mitgliedstaaten ähnliche Kontrollvorbehalte finden ließen.[310] Während die Zuständigkeit und die Rechtsfolgen des neuen Integrationsvorbehalts nunmehr hinreichend deutlich wurden, blieben sowohl seine grundgesetzliche Verankerung als auch seine Reichweite weitgehend unklar. Dies änderte sich erst, als das BVerfG die Ultra-vires-Kontrolle im Zuge ihrer Anwendung nach und nach weiter ausdifferenzierte.

3. *Die weitere Ausgestaltung durch die Honeywell-Entscheidung*

Die erste Gelegenheit[311] zur Klärung der offenen Fragen bei der Ultra-vires-Kontrolle ergab sich im Zusammenhang mit der Mangold-Entscheidung des EuGH. Dort hatte der Gerichtshof entschieden, dass § 14 Abs. 3 S. 4 TzBfG a. F. wegen eines Verstoßes gegen das primärrechtliche Diskriminierungsverbot unanwendbar sei.[312] Obwohl diese Entscheidung von Stimmen der Literatur als Ultra-vires-Akt angesehen wurde,[313] blieb eine entsprechende Feststellung des BVerfG im Honeywell-Beschluss aus.[314] Dem Beschluss lag eine Verfassungsbeschwerde der Firma Honeywell gegen ein Urteil des Bundesarbeitsgerichts (BAG) zugrunde, in dem das BAG der Mangold-Entscheidung des EuGH gefolgt war. Die Beschwerdeführerin sah sich durch das Urteil in ihren Grundrechten verletzt, da mit dem Mangold-Urteil eine „offensichtliche Kompetenzüberschreitung" vorliege.[315] Einerseits wird damit ausdrücklich das Vorliegen eines ausbrechenden Rechtsaktes gerügt, weshalb man – anders als beim Kloppenburg-Beschluss – durchaus vom ersten Anwendungsfall der Ultra-vires-Kontrolle sprechen kann.[316] Andererseits unterscheidet sich der Honeywell-Beschluss von den aktuellen Verfahren zu den Maßnahmen der EZB dadurch, dass mit einem letztinstanzlichen Urteil des BAG unstreitig ein Akt der deutschen

---

[310] BVerfGE 123, 267, 354 f. u. 400 f. – *Lissabon*; s. a. BVerfGE 134, 366, 382 Rn. 22 f. – *OMT-Vorlagebeschluss*; BVerfGE 140, 317, 337 f. Rn. 43 u. 45 – *Identitätskontrolle*; BVerfGE 142, 123, 197 Rn. 141 f. u. 204 Rn. 155 – *OMT-Urteil*; BVerfGE 146, 216, 255 f. Rn. 58 – *PSPP-Vorlagebeschluss*; zu den rechtsvergleichenden Bezügen des BVerfG *Wendel*, ZaöRV 2014, 615, 665 ff. sowie bereits oben S. 260 f.

[311] In BVerfG, Beschl. v. 17.02.2000 – 2 BvR 1210/98 (NJW 2000, 2015 f.) – *Alcan II* betonte das BVerfG, dass sich die Frage eines „ausbrechenden Rechtsaktes" nicht stelle.

[312] EuGH, Urt. v. 22.11.2005 – Rs. C-144/04, ECLI:EU:C:2005:709, insb. Rn. 74 ff. – *Mangold*; zum Kontext der Entscheidung *Forschner*, ZJS 2011, 456 ff. Zur Auseinandersetzung mit dem Urteil und der folgenden Rechtsprechung s. a. *Mayer/M. Walter*, JURA 2011, 532, 535 ff.; jeweils m. w. N.

[313] Sehr deutlich *Gerken/Rieble/Roth u. a.*, „Mangold" als ausbrechender Rechtsakt, passim; *Herzog/Gerken*, FAZ vom 08.09.2008, Nr. 210, S. 8; dagegen aber *Temming*, NJW 2008, 3404 ff.; s. a. die Einordnung des Mangold-Urteils bei *Forschner*, ZJS 2011, 456, 461 ff.

[314] BVerfGE 126, 286, 308 ff. – *Honeywell*.

[315] BVerfGE 126, 286, 286 ff. u. 297 f. – *Honeywell*.

[316] So *Schneider*, AöR 139 (2014), 196, 198.

Staatsgewalt als Verfahrensgegenstand vorlag.[317] Genau genommen markiert der Honeywell-Beschluss somit die Schwelle zwischen Entwicklung und Anwendung der Ultra-vires-Kontrolle. Seine Bedeutung erhält der Beschluss nämlich weniger durch sein Ergebnis als durch die Ausführungen des BVerfG zum Anwendungsvorrang und zu den Anforderungen an eine Ultra-vires-Kontrolle.

Während das Gericht die grundsätzliche Anerkennung des Anwendungsvorrangs und seine Bedeutung für die einheitliche Anwendung des Unionsrechts bestätigte, bekräftigte es gleichzeitig die Natur des Anwendungsvorrangs als verfassungsrechtlich abgeleitetes und daher begrenztes Institut. Aus diesem Grund und wegen der Geltung des Prinzips der begrenzten Einzelermächtigung sei es berechtigt und verpflichtet, eine Ultra-vires-Kontrolle durchzuführen. Dabei verwies das BVerfG zwar auch auf Art. 23 Abs. 1 GG, differenzierte aber nicht zwischen den einzelnen Sätzen und nahm auch darüber hinaus keine genauere Verordnung seiner Kontrollkompetenz im Grundgesetz vor. Insbesondere stützte das BVerfG sich nicht ausdrücklich auf Art. 79 Abs. 3 GG.[318] Die Ewigkeitsklausel wurde vom Gericht nur im Zusammenhang mit der ebenfalls erwähnten Identitätskontrolle ausdrücklich angesprochen.[319] Anders als in der abweichenden Meinung des Richters *Herbert Landau*[320] blieb auch die Frage der (fehlenden) demokratischen Legitimation unerwähnt, was darauf zurückzuführen ist, dass der prozessuale Einstieg nicht über Art. 38 GG, sondern über eine „normale" Grundrechtsverletzung erfolgte. Jedenfalls in der „Honeywell-Konstellation" stellt sich die Ultra-vires-Kontrolle somit primär nicht als Problem des Demokratieprinzips dar. Schließlich spielte auch der Begriff des Integrationsprogramms keine ausdrückliche Rolle, da das Gericht vorrangig mit der verfassungsrechtlichen Begründung und Begrenzung des Anwendungsvorrangs argumentierte. Die exakte normative Verankerung dieser verfassungsrechtlichen Grenzen blieb das BVerfG aber ebenso schuldig wie eine Klärung des Verhältnisse dieser „Honeywell-Konstellation" zu jener Konstellation, bei der Art. 38 GG den prozessualen Aufhänger bildet.

Ungeachtet dieser dogmatischen Unklarheiten nahm das BVerfG eine genauere Ausdifferenzierung der materiellen Anforderungen an einen Ultra-vires-Akt vor. Eine Ultra-vires-Kontrolle komme nur in Betracht, wenn ein Handeln der europäischen Organe ersichtlich außerhalb der Kompetenz liege, also hinreichend qualifiziert sei. Dies sei wiederum nur dann der Fall, wenn das kompetenzwidrige Verhalten offensichtlich sei und der angegriffene Akt im Hinblick auf das Prinzip der begrenzten Einzelermächtigung erheblich ins Gewicht falle bzw. im Kompetenzgefüge zu einer strukturell bedeutsamen Verschiebung

[317] Zur prozessualen Situation im OMT-Verfahren bereits oben S. 253 ff. sowie sogleich.

[318] BVerfGE 126, 286, 301 ff. – *Honeywell.*

[319] BVerfGE 126, 286, 302 – *Honeywell*; zur unklaren verfassungsrechtlichen Verankerung s. a. *Delfs*, Komplementäre Integration, S. 336.

[320] Abw. Meinung des Richters *Landau*, BVerfGE 126, 286, 318 ff. – *Honeywell.*

zulasten der Mitgliedstaaten führe. Darüber hinaus sei die Ultra-vires-Kontrolle zurückhaltend und europarechtsfreundlich auszuüben und der EuGH müsse zuvor im Wege der Vorlage nach Art. 267 AEUV mit der Frage befasst werden.[321] Schließlich seien die „unionseigenen Methoden" bei der Rechtsfindung und -fortbildung zu respektieren, zumal der EuGH einen „Anspruch auf Fehlertoleranz" habe.[322] Vor dem Hintergrund dieser „Honeywell-Kriterien" kam das BVerfG zu dem Schluss, dass im Mangold-Urteil des EuGH kein Ultra-vires-Akt vorlag. Dass diese Beurteilung nicht unumstritten war, zeigte sich bereits an der abweichenden Meinung des Richters *Landau*. Dieser erkannte in der Mangold-Entscheidung einen Ultra-vires-Akt und kritisierte den Maßstab der Senatsmehrheit deutlich. Insbesondere habe diese verkannt, dass die demokratische Legitimation bei jeder Kompetenzverletzung durchbrochen sei und die Gefahr gerade in kumulativen Kompetenzverstößen liege, die sich erst am Ende einer schleichenden Entwicklung als bedeutsamer Verstoß erweisen.[323] Auch in der Literatur ist eine ambivalente Beurteilung erkennbar, insbesondere was die Honeywell-Kriterien angeht. Einerseits werden sie als unbestimmt[324] und im Anschluss an die abweichende Meinung als zu weitgehende Zurücknahme der bundesverfassungsgerichtlichen Kontrollkompetenz mit Blick auf Kompetenzverletzungen im Einzelfall angesehen.[325] Andererseits werden die Kriterien wegen ihres Ursprungs und ihrer damit verbundenen Flexibilität positiv bewertet. Die Kriterien gehen nämlich bezüglich des Merkmals eines „hinreichend qualifizierten" Verstoßes auf die EuGH-Rechtsprechung zum EU-Haftungsrecht zurück, was auch das BVerfG ausdrücklich betont.[326] In dieser Bezugnahme auf einen europäischen Maßstab kann daher zunächst ein Kooperationsangebot an den EuGH gesehen werden.[327] Eine echte maßstabsorientierte Kooperation über einen gemeinsamen Maßstab wird mit den Honeywell-Kriterien allerdings nicht ermöglicht. Dies gilt schon aus dem Grund, weil die Kriterien zwar aus der Rechtsprechung des EuGH stammen, von ihm aber nicht als allgemeiner Kompetenzkontrollmaßstab herangezogen werden. Das „Kooperationsgebot" des BVerfG besteht daher nicht darin, einen gemeinsamen Maßstab anzubieten oder aufzugreifen, der im Wege des gerichtlichen Dialogs

---

[321] BVerfGE 126, 286, 303 ff. u. Ls. 1 – *Honeywell*.

[322] BVerfGE 126, 286, 306 f. – *Honeywell*.

[323] Abw. Meinung des Richters *Landau* BVerfGE 126, 286, 322 f. – *Honeywell*; umfassend dazu *T. Schäfer*, in: LA Landau, S. 283 ff.

[324] Sehr deutlich *Schroeder*, in: FS Roth, S. 735, 744 f.

[325] Siehe nur *Murswiek*, EuGRZ 2017, 327, 331 ff.; kritisch auch *Grimm*, JZ 2013, 585, 591 sowie *T. Stein*, ZRP 2010, 265 f. Zum Problem der schleichenden Entwicklung auch *Grimm*, in: Heinig/Terhechte, Postnationale Demokratie, Postdemokratie, Neoetatismus, S. 105, 119.

[326] BVerfGE 126, 286, 304 – *Honeywell* unter Hinweis auf EuGH, Urt. v. 10.07.2003 – Rs. C-472/00 P, ECLI:EU:C:2003:399, Rn. 26 f. – *Fresh Marine*; *Streinz*, in: FS Roth, S. 823, 827 f. spricht von einer analogen Anwendung.

[327] *Hobe*, in: FS Stern 2012, S. 745, 754; s. a. *T. Schäfer*, in: LA Landau, S. 283, 296 der darin ein „versöhnliches Symbol" sieht.

weiter ausgestaltet werden kann. Vielmehr geht es darum, die Reichweite der eigenen Kontrollbefugnis zurückzunehmen, sie gleichzeitig aber auch gegenüber dem EuGH abzusichern, indem Kriterien herangezogen werden, die vom EuGH selbst entwickelt wurden. Ungeachtet der Frage, ob es bei einer verfassungsrechtlich begründeten Kontrollkompetenz nicht naheliegender wäre, eine wie auch immer geartete Zurückhaltung der eigenen Kontrollkompetenz unmittelbar an Maßstab des Grundgesetzes oder des BVerfGG[328] festzumachen,[329] hat die Übernahme der Kriterien einen weiteren entscheidenden Vorteil. So übernimmt das BVerfG ein Kriterium, welches vom EuGH bewusst gewählt wurde, um einerseits die Reichweite der Haftung zu beschränken, andererseits aber auch flexibel die Besonderheiten des jeweiligen Einzelfalls berücksichtigen zu können.[330] Wenn sich das BVerfG also der Formulierung des EuGH anschließt, macht es sich zugleich auch deren Offenheit und Flexibilität zunutze. Letztlich hält sich das BVerfG so die Möglichkeit offen, auch auf Einzelfälle im Wege einer Kompetenzkontrolle reagieren zu können.[331] Im Großen und Ganzen können die Kriterien daher als „konfliktminimierend"[332] bezeichnet werden. Sie beinhalten zwar eine Mahnung an die EU, die Kompetenzgrenzen einzuhalten, bewirken aber gleichzeitig eine weitgehende Zurücknahme der Kontrollkompetenz, die dem Solange-Vorbehalt nicht unähnlich ist.[333] Wie bereits vom BVerfG im Lissabon-Urteil formuliert, erschien auch die Ultra-vires-Kontrolle infolge des Honeywell-Beschlusses als eine bloße Reservekompetenz des BVerfG,[334] was *Calliess* mit den Worten „was ‚Solange II' für ‚Solange I' bedeutet, bedeutet ‚Honeywell' für ‚Lissabon'"[335] auf den Punkt gebracht hat.

4. Ausdifferenzierung und Anwendung der Ultra-vires-Kontrolle

Trotz der grundsätzlichen Zurücknahme wurde die Kontrollkompetenz vom BVerfG aber nicht aufgegeben, was sich deutlich an den Verfahren zu den Maßnahmen der EZB und der jüngst erfolgten Ultra-vires-Erklärung im PSPP-Ver-

---

[328] § 24 BVerfGG erlaubt die Verwerfung von unzulässigen oder *offensichtlich* unbegründeten Anträgen. §§ 93a ff. BVerfGG regeln die Nichtannahme einer Verfassungsbeschwerde.

[329] Vgl. zur fehlenden Verankerung im GG auch *Schroeder*, in: FS Roth, S. 735, 745. Für einen alternativen Zurückhaltungsansatz siehe *Bender*, ZEuS 2020, 409, 422 ff.

[330] Zu dieser Flexibilität siehe nur *M. Breuer*, Staatshaftung für judikatives Unrecht, S. 452 f.; *Kirschnik*, Der hinreichend qualifizierte Verstoß als Voraussetzung des unionsrechtlichen Staatshaftungsanspruchs, S. 192, umfassend zum Kriterium siehe *ders.* a. a. O., S. 157 ff.

[331] *H. Sauer*, EuZW 2011, 94, 96; *T. Schäfer*, in: LA Landau, S. 283, 296 f., der aber auch auf Probleme des Kriteriums hinweist. Auch *Schroeder*, in: FS Roth, S. 735, 746 ff. spricht trotz Kritik an den Kriterien von einer „pragmatischen Lösung".

[332] *Mayer*/*M. Walter*, JURA 2011, 532, 540.

[333] *Hobe*, in: FS Stern 2012, S. 745, 757 f.

[334] BVerfGE 123, 267, 401 – *Lissabon*: s. a. *Ruffert*, DVBl 2009, 1197, 1205.

[335] *Calliess*, in: Böttger/Joop, Hdb. zur deutschen Europapolitik, 1. Aufl., S. 149, 164 unter Hinweis auf *van Ooyen*, Der Staat 50 (2011), 45, 58; s. a. *Hobe*, in: FS Stern 2012, S. 745, 760, der von einer Solange-III-Entscheidung spricht.

fahren gezeigt hat. Die EZB-Verfahren stellen nicht nur unstreitig echte Ultra-vires-Kontrollen bezüglich Akten von EU-Organen dar, sondern brachten auch entscheidende Änderungen in prozessualer und materieller Hinsicht mit sich.

Die Neuerungen hinsichtlich des prozessualen Zugriffs wurden bereits im Rahmen der Identitätskontrolle dargestellt. Das BVerfG zog im OMT-Verfahren, unter Abweichung von der Maastricht-Entscheidung, nicht die EZB-Maßnahmen als unmittelbaren Verfahrensgegenstand heran, sondern nahm eine mittelbare Kontrolle des EU-Rechts vor. Prozessualer Anknüpfungspunkt waren daher Handlungs- und Unterlassungspflichten der deutschen Verfassungsorgane aufgrund ihrer Integrationsverantwortung.[336] Dabei führte das Gericht die Ultra-vires-Kontrolle aus prozessualen Gründen teilweise an die Identitätskontrolle heran, indem es beide Kontrollen ausdrücklich aus Art. 79 Abs. 3 GG ableitete und zugleich die verfassungs- und völkerrechtliche Begründung der Kontrollen weiter ausdifferenzierte. Hinsichtlich der Ultra-vires-Kontrolle führten die Verfahren im Zusammenhang mit den Maßnahmen der EZB somit zu einer weiteren inhaltlichen Ausdifferenzierung und stellten den Integrationsvorbehalt auf ein neues bzw. erweitertes dogmatisches Fundament.

Dem nun relevanten prozessualen Einstieg über eine mögliche Verletzung von Art. 38 Abs. 1 Satz 1 in Verbindung mit Art. 20 Abs. 1 und Abs. 2 und Art. 79 Abs. 3 GG folgend, fehlt nach Ansicht des BVerfG Ultra-vires-Akten der EU oder ihrer Organe die demokratische Legitimation,[337] da sie nicht den Vorgaben des im Zustimmungsgesetz enthaltenen Integrationsprogramms entsprechen oder aus dem vom parlamentarischen Gesetzgeber vorgegebenen Rahmen ausbrechen.[338] Die Ultra-vires-Kontrolle diene daher dazu, Maßnahmen der EU und ihrer Organe abzuwehren, die das im Zustimmungsgesetz gemäß Art. 23 Abs. 1 Satz 2 GG niedergelegte Integrationsprogramm und damit zugleich den Grundsatz der Volkssouveränität (Art. 20 Abs. 2 Satz 1 GG) verletzen.[339] Darüber hinaus gelte auch für EU-Akte der Grundsatz der Gesetzmäßigkeit der Verwaltung, weshalb Kompetenzüberschreitungen der EU, für die weder eine Grundlage im EU-Recht noch im Zustimmungsgesetz bestehe, immer auch das Rechtsstaatsprinzip verletzten.[340] Obwohl eine Kompetenzüberschreitung im ersten Moment tatsächlich eher ein Problem des Rechtsstaatsprinzips, als ein

[336] Dazu und zum Folgenden bereits oben S. 251 ff. Das BVerfG nahm damit der Sache nach die in BVerfGE 89, 155, 175 – *Maastricht* erfolgte Abweichung von BVerfGE 58, 1, 27 – *Eurocontrol I* wieder zurück. Dazu *H. Sauer*, EuR 2017, 186, 187 ff.; kritisch *Detterbeck*, in: Sachs, GG, Art. 93 GG Rn. 26.

[337] BVerfGE 142, 123, 186 ff. Rn. 114 ff., insb. 191 ff. Rn. 129 ff. – *OMT-Urteil*.

[338] BVerfGE 142, 123, 203 Rn. 153 – *OMT-Urteil*; s. a. BVerfGE 134, 366, 381 f. Rn. 20 ff. – *OMT-Vorlagebeschluss*.

[339] BVerfGE 142, 123, 198 Rn. 143 u. Ls. 2 – *OMT-Urteil*; s. a. BVerfGE 146, 216, 252 Rn. 52 – *PSPP-Vorlagebeschluss*.

[340] BVerfGE 142, 123, 202 Rn. 152 – *OMT-Urteil*; s. a. BVerfGE 146, 216, 252 Rn. 52 – *PSPP-Vorlagebeschluss*.

solches des Demokratieprinzips ist, wurde der rechtsstaatliche Begründungsstrang vom BVerfG bislang nicht weiter ausgebaut. Dies dürfte wiederum vor allem mit dem prozessualen Einstieg über Art. 38 GG zusammenhängen, in dessen Folge das BVerfG eine Kontrolle des EU-Rechts auch im Hinblick auf die Staatsstrukturprinzipien stets vor der „Schablone" des Demokratieprinzips diskutiert.[341] Bezogen auf die Ultra-vires-Kontrolle fügt das BVerfG mit dem nunmehr noch deutlicheren Demokratiebezug und der ausdrücklichen, wenn auch nicht unproblematischen,[342] Verankerung in Art. 79 Abs. 3 GG seiner vorherigen Rechtsprechung eine weitere materielle Komponente hinzu. Wie bereits in den ersten Entscheidungen zur Kompetenzkontrolle spielt zwar weiterhin eine Rolle, ob der jeweilige Akt vom im Zustimmungsgesetz niedergelegten Integrationsprogramm getragen wird oder nicht, womit auch der Gesetzesvorbehalt des Art. 23 Abs. 1 S. 2 GG ausdrücklich in Bezug genommen wird.[343] Dabei stehen aber weniger die formellen Anforderungen an den Gesetzesvorbehalt, als die materielle Frage nach der Reichweite des Rechtsanwendungsbefehls[344] sowie nach einer hinreichenden demokratischen Legitimation im Zentrum der Argumentation. Außerhalb der „Honeywell-Konstellation" ist die Ultra-vires-Kontrolle somit eindeutig ein demokratie- bzw. legitimationsbezogener Vorbehalt.[345] Nach Ansicht des BVerfG darf der Einzelne keiner Hoheitsgewalt ausgesetzt sein, die er nicht legitimieren und auf die er nicht in Freiheit und Gleichheit Einfluss nehmen kann. Bemerkenswerterweise betont das BVerfG in diesem Zusammenhang ausdrücklich, dass der Rechtmäßigkeitsmaßstab für EU-Organe das Unionsrecht sei und es selbst nur zu überprüfen habe, ob die jeweiligen Maßnahmen vom Integrationsprogramm gedeckt seien und insoweit am Anwendungsvorrang teilhätten.[346] Trotz des demokratiespezifischen Zugangs bleibt der „verdoppelte Prüfungsmaßstab" also weiterhin erkennbar. Zwar erkennt das BVerfG die unionsrechtlichen Grenzen als eigentlichen Rechtmäßigkeitsmaßstab an,[347] geht wegen der ebenfalls relevanten verfassungsrechtlichen Grenzen des im Zustimmungsgesetz niedergelegten Integrationsprogramms aber von einer eigenen Kontrollzuständigkeit aus. Neu ist daran vor allem, dass das Gericht diese Prüfung nunmehr ausdrücklich und

[341] Dazu bereits oben S. 126 ff., insb. S. 136 sowie S. 144 ff., insb. S. 151; vgl. auch *H. Sauer*, Staatsrecht III, S. 226 f. Rn. 67.

[342] Dazu bereits oben S. 262 ff. sowie noch Kap. 5, B. III. 1.

[343] Vgl. BVerfGE 134, 366, 395 Rn. 48 – *OMT-Vorlagebeschluss*.

[344] BVerfGE 134, 366, 366 Rn. 26 – *OMT-Vorlagebeschluss*; BVerfGE 142, 123, 187 f. Rn. 118 ff. – *OMT-Urteil*.

[345] Dazu *Schneider*, AöR 139 (2014), 196, 210 ff. u. 245 f. sowie *Kees*, in: Scheffczyk/Wolter, Linien der Rechtsprechung des BVerfG, Bd. 4, S. 439, 452 m. w. N.; s. a. *Ludwigs/Pascher/Sikora*, EWS 2020, 1, 3 sowie *Ludwigs*, EWS 2020, 186, 190 ff. Zum Unterschied zur „Honeywell-Konstellation" s. a. bereits oben S. 342 sowie sogleich.

[346] BVerfGE 142, 123, 199 f. Rn. 145 f. – *OMT-Urteil*.

[347] BVerfGE 142, 123, 199 f. Rn. 144 u. 146 – *OMT-Urteil*; s. a. BVerfGE 126, 286, 303 f. – *Honeywell*; BVerfGE 134, 366, 382 f. Rn. 24 – *OMT-Vorlagebeschluss*.

vorrangig aus Art. 79 Abs. 3 GG herleitet und anders als in der Honeywell-Entscheidung die Bedeutung der (fehlenden) demokratischen Legitimation auch im Hinblick auf sekundärrechtliche EU-Akte deutlicher hervorhebt.

Mit dieser Herleitung geht allerdings auch eine bedeutsame Einschränkung einher. Wegen der engen inhaltlichen Begrenzung des „Rechts auf Demokratie" beschränkt sich die Ultra-vires-Prüfung nach Ansicht des BVerfG auf hinreichend qualifizierte Kompetenzüberschreitungen, also solche, die offensichtlich und für die Kompetenzverteilung zwischen der EU und den Mitgliedstaaten von struktureller Bedeutung sind.[348] Das BVerfG bestätigt somit die Honeywell-Kriterien, setzt sie aber auch in Bezug zur neuen Rechtsgrundlage der Ultra-vires-Kontrolle und gestaltet sie in diesem Zusammenhang weiter aus. Eine Kompetenzüberschreitung sei nur dann offensichtlich, wenn sie sich unter keinem rechtlichen Gesichtspunkt begründen lasse. Nicht erforderlich sei, dass keine unterschiedlichen Auffassungen zur der jeweiligen Rechtsfrage vertreten werden. Vielmehr könne die Kompetenzüberschreitung auch dann offensichtlich sein, wenn sie das Ergebnis einer sorgfältigen und detailliert begründeten Auslegung sei.[349] Strukturelle Bedeutung habe die Kompetenzverschiebung nur, wenn sie für das Demokratieprinzip und die Volkssouveränität erhebliches Gewicht besitze, sie also geeignet sei, die kompetenziellen Grundlagen der EU zu verschieben und das Prinzip der begrenzten Einzelermächtigung zu unterlaufen. Davon sei wiederum auszugehen, wenn die Inanspruchnahme der fraglichen Kompetenz eine Vertragsänderung nach Art. 48 EUV oder die Inanspruchnahme einer Evolutivklausel erfordere.[350] Strukturell bedeutsam bzw. hinreichend qualifiziert sind Kompetenzüberschreitungen nach dem BVerfG ferner insbesondere, aber nicht nur, wenn sie sich auf Sachbereiche erstrecken, die zur durch Art. 79 Abs. 3 GG geschützten verfassungsrechtlichen Identität der Bundesrepublik Deutschland rechnen oder besonders vom demokratisch diskursiven Prozess in den Mitgliedstaaten abhängen.[351] Wie bereits dargestellt, hat das BVerfG mit dieser letzten Wendung die Ultra-vires- und Identitätskontrolle auch und vor allem in prozessualer Hinsicht zusammengeführt, ohne sie aber vollständig zu vereinen. Die damit im Verhältnis zur Honeywell-Entscheidung verbundene inhaltliche Neuausrichtung der Ultra-vires-Kontrolle war, zusammen mit der Erweiterung der Rügemöglichkeit über Art. 38 Abs. 1 GG, schon

---

[348] BVerfGE 142, 123, 200 ff. Rn. 147 ff. – *OMT-Urteil*; s. a. BVerfGE 134, 366, 382 ff. Rn. 23 ff. – *OMT-Vorlagebeschluss*; BVerfGE 146, 216, 252 f. Rn. 53 – *PSPP-Vorlagebeschluss*; BVerfGE 151, 202, 300 f. Rn. 150 ff. – *Bankenunion*; BVerfGE 154, 17, 90 Rn. 110 ff. – *PSPP-Urteil*.

[349] BVerfGE 142, 123, 200 f. Rn. 149 f. – *OMT-Urteil*; s. a. BVerfGE 151, 202, 300 f. Rn. 151 f. – *Bankenunion*; BVerfGE 154, 17, 92 f. Rn. 113 – *PSPP-Urteil*.

[350] BVerfGE 142, 123, 201 f. Rn. 151 – *OMT-Urteil*; s. a. BVerfGE 151, 202, 301 Rn. 153 – *Bankenunion*; BVerfGE 154, 17, 90 Rn. 110 – *PSPP-Urteil*.

[351] BVerfGE 134, 366, 383 f. Rn. 25 u. 392 Rn. 37 – *OMT-Vorlagebeschluss*; s. a. BVerfGE 142, 123, 203 Rn. 153 – *OMT-Urteil*.

innerhalb des Gerichts umstritten, wie die abweichenden Meinungen der Richterin *Lübbe-Wolff* sowie des Richters *Gerhardt* zum OMT-Vorlagebeschluss verdeutlichen.[352] Insbesondere *Gerhardt* kritisierte, dass die Senatsmehrheit sich von der „Honeywell-Konstellation", also einer Ultra-vires-Kontrolle im Falle individueller Betroffenheit in einem materiellen Grundrecht, gelöst habe und nunmehr mit der Ultra-vires-Kontrolle über Art. 38 GG, unabhängig von einem Bezug zur Verfassungsidentität, einen allgemeinen Gesetzesvollzugsanspruch geschaffen habe, den das GG nicht kenne.[353] Auch die einschränkenden Honeywell-Kriterien würden nichts an der Einordnung des neuen Ansatzes als Popularklage ändern, zumal sie in hohem Maße wertungsabhängig und streitträchtig seien und keine effektive Beschränkung der Kontrolle darstellen, was sich besonders am Merkmal der „Offensichtlichkeit" zeige.[354] Ungeachtet der noch zu behandelnden inhaltlichen Kritik verdeutlicht die abweichende Meinung, dass trotz der prozessualen Zusammenführung von Ultra-vires- und Identitätskontrolle mehrere Ultra-vires-Konstellationen auseinander gehalten werden müssen. In Bezug auf Art. 38 GG kann sich eine Ultra-vires-Kontrolle entweder auf „einfache Kompetenzüberschreitungen" beziehen oder aber auf solche, die mit einer Verletzung der Verfassungsidentität einhergehen.[355] Insoweit stützt sich das BVerfG auf Art. 38 Abs. 1 S. 1 i. V. m. Art. 20 Abs. 1 und Abs. 2 und Art. 79 Abs. 3 GG sowie die durch das Integrationsprogramm i. V. m. Art. 23 Abs. 1 S. 2 und Art. 20 Abs. 2 S. 1 GG gezogenen Grenzen.[356] Im Falle einer möglichen Verletzung der Verfassungsidentität liegt eine identitätsbezogene, im Übrigen eine „prinzipale Ultra-vires-Rüge"[357] vor. Wie das BVerfG inzwischen auch ausdrücklich klargestellt hat,[358] bleibt aber darüber hinaus auch eine Ultra-vires-Kontrolle in der „Honeywell-Konstellation", also bei Betroffenheit materieller Grundrechte, weiter möglich. Wie dargestellt, hat das BVerfG bei dieser Konstellation allein auf die verfassungsrechtlichen Grenzen des Anwendungsvorrangs und Art. 23 Abs. 1 GG abgestellt, ohne zwischen den einzelnen Sätzen des ersten Absatzes zu unterschieden oder Art. 79 Abs. 3 GG in Bezug zu nehmen. Auch bei der Bestätigung der „Honeywell-Konstellationen" hat sich das

---

352 Abw. Meinung des Richters *Gerhardt*, BVerfGE 134, 366, 430 ff. Rn. 134 ff. – *OMT-Vorlagebeschluss*; abw. Meinung der Richterin *Lübbe-Wolff*, BVerfGE 134, 366, 419 ff. Rn. 106 ff., dort 423 f. Rn. 120 – *OMT-Vorlagebeschluss*.

353 Abw. Meinung des Richters *Gerhardt*, BVerfGE 134, 366, 430 ff. Rn. 135 ff. – *OMT-Vorlagebeschluss*.

354 Abw. Meinung des Richters *Gerhardt*, BVerfGE 134, 366, 432 f. Rn. 139 u. 435 f. Rn. 148 f. – *OMT-Vorlagebeschluss*.

355 Dazu ausf. *Simon*, Grenzen des Bundesverfassungsgerichts im europäischen Integrationsprozess, S. 225 ff., 240 ff. u. 267 ff., der im Ergebnis eine Kontrollkompetenz des BVerfG nur bei Verletzungen der Verfassungsidentität bejaht.

356 BVerfGE 154, 17, 86 ff. Rn. 101 ff., 93 Rn. 113 u. 151 Rn. 234, Ls. 2 – *PSPP-Urteil*.

357 Zum Begriff *Schneider*, AöR 139 (2014), 196, 253 ff.; *Wendel*, ZaöRV 2014, 615, 633 ff.

358 BVerfGE 151, 202, 302 Rn. 156 – *Bankenunion*.

Gericht nicht zum Verhältnis der drei verschiedenen Varianten der Ultra-vires-Kontrolle geäußert.

Für alle Ultra-vires-Konstellationen hält das BVerfG aber daran fest, zuvor den EuGH mit der jeweiligen Rechtsfrage zu befassen. Dementsprechend hebt das BVerfG die Notwendigkeit einer vorherigen Vorlage an den EuGH hervor, wobei es dessen Entscheidung „grundsätzlich als verbindliche Auslegung zu beachten hat“[359] bzw. seiner Prüfung von EU-Akten „grundsätzlich den Inhalt und die Beurteilung zugrunde [legt], die die Maßnahme durch den Gerichtshof der Europäischen Union erhalten hat.“[360] Eine Ultra-vires-Erklärung ohne vorherige Vorlage ist somit ausgeschlossen. Vor allem aber bewirkt die Vorlage einen Wandel des unmittelbaren Gegenstands der Ultra-vires-Kontrolle, der fortan nicht mehr im ursprünglichen Rechtsakt, sondern in der diesen Rechtsakt bestätigenden Entscheidung des EuGH liegt.[361] Mit anderen Worten verschiebt die Vorlageverpflichtung, der das BVerfG sowohl im OMT- als auch im PSPP-Verfahren nachgekommen ist, den Fokus der Ultra-vires-Kontrolle verstärkt auf den Umgang mit den Entscheidungen des EuGH und den dort vorgenommenen Auslegungen des Unionsrechts. Diesbezüglich hält das BVerfG an der grundsätzlichen Anerkennung der unionseigenen Methoden der Rechtsfindung, einschließlich des Anspruchs auf Fehlertoleranz sowie der, vom Prinzip der begrenzten Einzelermächtigung eingeschränkten, Rechtsfortbildungskompetenz des EuGH fest.[362] Auch eine Rechtsfortbildung des EuGH, der mit gewichtigen Argumenten entgegengetreten werden könne, müsse das BVerfG akzeptieren, solange sie sich auf anerkannte methodische Grundsätze zurückführen lasse und nicht objektiv willkürlich erscheine.[363] Das BVerfG betont ausdrücklich, dass die Methoden und Auslegungsgrundsätze des EuGH denjenigen der innerstaatlichen Gerichte nicht vollständig entsprechen können und müssen, Letztere aber auch nicht ohne Weiteres übergangen werden könnten.[364] Trotz nicht unerheblicher Abweichungen hinsichtlich der Bedeutung und Gewichtung der unterschiedlichen Interpretationsmittel infolge der „Eigentümlichkeiten des Unionsrechts“ ist

„[e]ine offenkundige Außerachtlassung der im europäischen Rechtsraum überkommenen Auslegungsmethoden oder allgemeiner, den Rechtsordnungen der Mitgliedstaaten ge-

[359] BVerfGE 126, 286, 303 f. u. Ls. 1 b) – *Honeywell*; BVerfGE 142, 123, 203 f. Rn. 154 u. 156 – *OMT-Urteil*.

[360] BVerfGE 154, 17, 96 Rn. 118 u. Ls. 1 – *PSPP-Urteil*.

[361] *Dietz*, AöR 142 (2017), 78, 121 dort Fn. 276 spricht insoweit von einer „Transformation“; ähnlich auch *Funke*, ZG 2011, 166, 172 sowie *Klement*, ZG 2014, 169, 192.

[362] Dazu bereits BVerfGE 126, 286, 305 ff. – *Honeywell*; zu den Methoden s. a. BVerfGE 142, 123, 205 f. Rn. 158 f. – *OMT-Urteil*.

[363] BVerfGE 154, 17, 91 f. Rn. 112 – *PSPP-Urteil*; BVerfGE 142, 123, 207 Rn. 161 – *OMT-Urteil*.

[364] BVerfGE 154, 17, 92 Rn. 112 – *PSPP-Urteil*; BVerfGE 142, 123, 206 Rn. 160 – *OMT-Urteil*.

meinsamer Rechtsgrundsätze (Art. 6 Abs. 3 EUV), […] vom Mandat des Art. 19 Abs. 1 Satz 2 EUV nicht umfasst.“[365]

Noch deutlicher wird das BVerfG im zweiten Leitsatz des PSPP-Urteils, wenn es festhält, dass der Rechtsprechungsauftrag des EuGH dort endet,

„wo eine Auslegung der Verträge nicht mehr nachvollziehbar und daher objektiv willkürlich ist. Überschreitet der Gerichtshof diese Grenze, ist sein Handeln vom Mandat des Art. 19 Abs. 1 Satz 2 EUV in Verbindung mit dem Zustimmungsgesetz nicht mehr gedeckt, so dass seiner Entscheidung jedenfalls für Deutschland das […] erforderliche Mindestmaß an demokratischer Legitimation fehlt.“[366]

Im OMT-Verfahren sah das BVerfG trotz „gewichtiger Bedenken“ gegenüber dem OMT-Programm die Grenze des Rechtsprechungsauftrags nicht überschritten, da sich die Auffassung des EuGH, der das OMT-Programm für unionsrechtskonform hielt, „*noch* innerhalb des dem Gerichtshof erteilten Mandates“ bewege.[367] Auch im Verfahren zur Bankenunion, bei dem es nicht zu einer Vorlage an den EuGH gekommen war,[368] äußerte das BVerfG „Bedenken“, stellte mangels „offensichtlicher Kompetenzüberschreitung“ letztlich aber keinen Ultra-vires-Akt fest.[369]

Demgegenüber erklärte das Gericht im PSPP-Verfahren sowohl das PSP-Programm der EZB als auch das EuGH-Urteil, welches die Unionsrechtskonformität des Programms bestätigt hatte, zu in Deutschland nicht anwendbaren Ultra-vires-Akten.[370] Entscheidend für die damit ausgesprochene Verletzung der Beschwerdeführer in ihrem Recht aus Art. 38 Abs. 1 S. 1 i. V. m. Art. 20 Abs. 1 und Abs. 2 i. V. m. Art. 79 Abs. 3 GG war, dass Bundesregierung und Bundestag es unterlassen hätten, geeignete Maßnahmen dagegen zu ergreifen, dass der EZB-Rat die Einhaltung des Grundsatzes der Verhältnismäßigkeit durch das PSP-Programm weder geprüft noch dargelegt hat. Dies stellt nach Ansicht des BVerfG eine qualifizierte, weil offensichtliche und strukturell bedeutsame Überschreitung der EZB-Kompetenzen dar. Dem stehe auch die anderweitige Auffassung des Gerichtshofs nicht entgegen, da das Urteil in diesem Punkt schlechterdings nicht mehr nachvollziehbar und insoweit ultra vires ergangen sei.[371] Die Entscheidung des EuGH sei für das BVerfG nicht bindend, da sie in methodisch nicht mehr vertretbarer Weise die Bedeutung und Tragweite des Grundsatzes der Verhältnismäßigkeit verkannt und deshalb die fehlende

---

[365] BVerfGE 154, 17, 92 Rn. 112 – *PSPP-Urteil*; BVerfGE 142, 123, 207 Rn. 160 – *OMT-Urteil*.

[366] BVerfGE 154, 17, Ls. 2, s. a. 92 f. Rn. 112 f. u. 96 ff. Rn. 118 ff. – *PSPP-Urteil*; zuvor bereits BVerfGE 142, 123, 200 f. Rn. 149 – *OMT-Urteil*.

[367] BVerfGE 142, 123, 214 ff. Rn. 175 ff. – *OMT-Urteil*, Hervorh d. Verf.

[368] Kritisch zur unterlassenen Vorlage *Gentzsch/Brade*, EuR 2019, 602, 619 f.; *Kahl*, NVwZ 2020, 824, 826 sowie *Karpenstein/Langner*, EuZW 2020, 270, 273.

[369] BVerfGE 151, 202, 302 ff. Rn. 157 ff., insb. 337 ff. Rn. 231 ff. – *Bankenunion*.

[370] BVerfGE 154, 17, 94 ff. Rn. 116 ff., 117 ff. Rn. 154 ff. u. 150 ff. Rn. 232 ff. – *PSPP-Urteil*.

[371] BVerfGE 154, 17, 94 Rn. 116 – *PSPP-Urteil*; s. a. Ziffer 2 der Entscheidungsformel.

Prüfung und Darlegung durch den EZB-Rat gebilligt habe.[372] In der Art und Weise, wie der EuGH den Grundsatz der Verhältnismäßigkeit im Urteil handhabe, laufe dieser weitgehend leer.[373] Problematisch ist aus Sicht des BVerfG insbesondere, dass der Gerichtshof die Ansicht der EZB unbesehen übernehme, obwohl ihr Mandat, wegen der Absenkung des demokratischen Legitimationsniveaus infolge ihrer Unabhängigkeit, eng begrenzt sei und ihre Zuständigkeit voller gerichtlicher Kontrolle unterliege.[374] Die Kombination eines weitreichenden Ermessens für die EZB und einer gleichzeitigen Begrenzung der Kontrolldichte auf „offensichtliche Kompetenzüberschreitungen" durch den EuGH, trage dem Prinzip der begrenzten Einzelermächtigung offensichtlich nicht hinreichend Rechnung und eröffne den Weg zu einer kontinuierlichen Erosion mitgliedstaatlicher Zuständigkeiten.[375] Diese Kompetenzverschiebung sei auch strukturell bedeutsam, da die Wahrung der kompetenziellen Grundlagen der EU entscheidende Bedeutung für die Gewährleistung des demokratischen Prinzips habe und die Finalität des Integrationsprogramms nicht zu einer Außerkraftsetzung des Prinzips der begrenzten Einzelermächtigung führen dürfe.[376] Der Grundsatz der Verhältnismäßigkeit im Rahmen der Kompetenzabgrenzung und die mit ihm verbundene wertende Gesamtbetrachtung besäßen ein für das Demokratieprinzip und den Grundsatz der Volkssouveränität erhebliches Gewicht, weshalb ihre Missachtung geeignet sei, die kompetenziellen Grundlagen der EU zu verschieben und das Prinzip der begrenzten Einzelermächtigung zu unterlaufen.[377] Dementsprechend sieht sich das BVerfG nicht an das Urteil des EuGH gebunden und nimmt eine eigenständige Beurteilung des PSP-Programmes vor. Da weder ersichtlich sei, dass die Beschlüsse des EZB-Rates hinreichende Erwägungen zur Verhältnismäßigkeit und den Auswirkungen des PSP-Programms enthalten, noch dass ihnen entsprechende Erwägungen zugrunde liegen, ordnet das BVerfG mit Blick auf die zuvor dargestellte Bedeutung des Verhältnismäßigkeitsprinzips auch das Handeln der EZB als Ultra-vires-Akt ein.[378]

Inhaltlicher Dreh- und Angelpunkt der Ultra-vires-Erklärung ist damit die Handhabung des Grundsatzes der Verhältnismäßigkeit. Besonders deutlich wurde dies auch im Beschluss des BVerfG, mit dem es eine Vollstreckungsanordnung im Nachgang an das PSPP-Urteil ablehnte. Dort machte das BVerfG deutlich, dass der entscheidende Grund für die vorherige Ultra-vires-Erklärung die fehlende *Darlegung* der Verhältnismäßigkeit durch den EZB-Rat war.[379] In

---

[372] BVerfGE 154, 17, 96 ff. Rn. 118 ff. – *PSPP-Urteil.*
[373] BVerfGE 154, 17, 103 ff. Rn. 127 ff. u. 105 Rn. 132 ff. – *PSPP-Urteil.*
[374] BVerfGE 154, 17, 110 ff. Rn. 141 ff. – *PSPP-Urteil.*
[375] BVerfGE 154, 17, 117 Rn. 156 u. Ls. 4 – *PSPP-Urteil.*
[376] BVerfGE 154, 17, 118 Rn. 158 u. Ls. 5 – *PSPP-Urteil.*
[377] BVerfGE 154, 17, 119 Rn. 160 u. Ls. 6 a) – *PSPP-Urteil.*
[378] BVerfGE 154, 17, 120 ff. Rn. 164 ff., insb. 126 f. Rn. 176 ff. – *PSPP-Urteil.*
[379] BVerfG, Beschl. v. 29.04.2021 – 2 BvR 1651/15 u. 2 BvR 2006/15 (BeckRS 2021, 11101), Rn. 2 u. 96 ff. – *PSPP-Vollstreckungsanordnung.*

dem Beschluss hatte das BVerfG wegen der besonderen prozessualen Situation nur zu prüfen, ob die deutschen Verfassungsorgane ihrer Integrationsverantwortung im Nachgang an die PSPP-Entscheidung derart schlecht nachgekommen sind, dass es einer vollständigen Untätigkeit gleichkommt.[380] Im Hinblick auf ihren weitgehenden Einschätzungsspielraum bei der Wahrnehmung der Integrationsverantwortung, akzeptiert das BVerfG aber die vorgenommenen Schritte der Verfassungsorgane.[381] Diese hätten nämlich dazu geführt, dass der EZB-Rat nunmehr mithilfe von zwei Beschlüssen die Verhältnismäßigkeit des PSPP geprüft und bejaht habe, weshalb die Verfassungsorgane zu dem Ergebnis gelangt seien, dass die EZB den im PSPP-Urteil „festgestellten kompetenzrechtlichen Mangel […] behoben und damit der Entscheidung des Bundesverfassungsgerichts Genüge getan habe."[382] Obwohl das BVerfG die EZB-Beschlüsse in inhaltlicher Hinsicht nicht geprüft hat, hat es keine – für das Verfahren allein maßgebliche – vollständige Untätigkeit der Verfassungsorgane festgestellt und eine Vollstreckungsanordnung abgelehnt.[383]

Während der Ultra-vires-Vorwurf hinsichtlich des PSP-Programm durch die nachgeholte Darlegung der Verhältnismäßigkeitsprüfung somit gewissermaßen „geheilt" ist, gilt dies nicht für die deutliche Kritik am Urteil des EuGH und die Ablehnung einer Bindungswirkung für das BVerfG bzw. für die Bundesrepublik insgesamt. Wie auch die Einleitung eines Vertragsverletzungsverfahrens gegen die Bundesrepublik Deutschland wegen der Verletzung des Grundsatzes des Vorrangs des EU-Rechts durch das PSPP-Urteil verdeutlicht,[384] ist das „letzte Wort" in dieser Angelegenheit noch nicht gesprochen. Ohne an dieser Stelle den Sinn und die Erfolgsaussichten dieses Vertragsverletzungsverfahrens ausführlich betrachten zu müssen,[385] ist nicht davon auszugehen, dass es den grundsätzlichen Konflikt über das Recht zur Letztentscheidung lösen wird.[386] Vielmehr würde eine Entscheidung im Vertragsverletzungsverfahren

[380] BVerfG, Beschl. v. 29.04.2021 – 2 BvR 1651/15 u. 2 BvR 2006/15 (BeckRS 2021, 11101), Rn. 71 ff. u. 89 ff. – *PSPP-Vollstreckungsanordnung*.

[381] BVerfG, Beschl. v. 29.04.2021 – 2 BvR 1651/15 u. 2 BvR 2006/15 (BeckRS 2021, 11101), Rn. 89 ff., insb. Rn. 95 ff. – *PSPP-Vollstreckungsanordnung*.

[382] BVerfG, Beschl. v. 29.04.2021 – 2 BvR 1651/15 u. 2 BvR 2006/15 (BeckRS 2021, 11101), Rn. 100 u. 102 – *PSPP-Vollstreckungsanordnung*.

[383] BVerfG, Beschl. v. 29.04.2021 – 2 BvR 1651/15 u. 2 BvR 2006/15 (BeckRS 2021, 11101), Rn. 108 ff. – *PSPP-Vollstreckungsanordnung*.

[384] EU-Kommission, Entscheidungen in Vertragsverletzungsverfahren vom 9. Juni 2021, Vertragsverletzungsverfahren im Juni: wichtige Beschlüsse, INF/21/2743, abrufbar unter: https://ec.europa.eu/commission/presscorner/detail/de/inf_21_2743, zuletzt zugegriffen am 30.11.2021.

[385] Dazu ausf. *Hilpold*, EWS 2020, 181, 184 ff.; zur Diskussion s. a. *Calliess*, NVwZ 2020, 897, 904: *P. Kirchhof*, NJW 2020, 2057, 2062; *Ludwigs*, EuZW 2020, 530, 532 f.; *Ludwigs/Sikora*, EWS 2020, I; *Mayer*, JZ 2020, 725, 729; *Nettesheim*, NJW 2020, 1631; *Skouris*, EuR 2021, 3, 25 sowie *Wegener*, EuR 2020, 347, 355 f.

[386] *Grimm*, ZRP 2020, 129; *Haltern*, NVwZ 2020, 817, 819 u. 823; *Kahl*, NVwZ 2020, 824, 827.

wohl eine weitere Ultra-vires-Erklärung des BVerfG provozieren und letztlich zu einer Endlosschleife abweichender gerichtlicher Entscheidungen führen.[387] Als rein unionsrechtliches Verfahren vermag ein Vertragsverletzungsverfahren nämlich nichts an den unterschiedlichen Herangehensweisen von EuGH und BVerfG an die Kompetenzkontrolle ändern und wird insbesondere keinen unmittelbaren Einfluss auf die verfassungsrechtliche Perspektive des BVerfG haben. Vielmehr zeigt die erstmalige Ultra-vires-Erklärung, dass das BVerfG an seiner Konzeption festhält und bereit ist, die Kompetenzkontrolle im Ernstfall auch gegenüber dem EuGH zu aktivieren. Die einzige Möglichkeit, eine weitere Eskalation zu vermeiden, sind Kooperation und Dialog,[388] wobei ein besonderes Augenmerk auf den Maßstäben liegen muss. Dies macht es allerdings umso erforderlicher, die praktischen und dogmatischen Probleme zu betrachten, die mit der Perspektive des BVerfG auf die Ultra-vires-Kontrolle verbunden sind.

5. Ein in mehrfacher Hinsicht problematisches Konzept

Insgesamt erweist sich die Ultra-vires-Kontrolle des BVerfG als ein nicht unproblematisches Konzept. Wie dargestellt wurde die Ultra-vires-Kontrolle von Anfang kritisch begleitet, wobei neben der grundsätzlichen Kritik vor allem der prozessuale Zugriff und der ambivalente Maßstab sowohl der Kontrolle an sich als auch jener der gerichtlichen Zurückhaltung kontrovers diskutiert wurden. Infolge der Entscheidungen zu den Maßnahmen der EZB und der erstmaligen Ultra-vires-Erklärung im PSPP-Verfahren hat sich die Kritik am Vorgehen des BVerfG noch einmal in aller Deutlichkeit aktualisiert.

Ein wesentlicher Teil der Kritik betraf zunächst eine vermeintlich negative Vorbildfunktion des BVerfG. Insbesondere jene Staaten, die sich mit dem Vorwurf von Verstößen gegen die Rechtsstaatlichkeit konfrontiert sehen, könnten das BVerfG-Urteil als Begründung heranziehen, um dem EuGH die Gefolgschaft zu verweigern.[389] Dies gilt beispielsweise für den polnischen Verfassungsgerichtshof, der sich weiterhin in einem Konflikt mit dem EuGH über das Verhältnis von polnischem Verfassungsrecht und Unionsrecht befindet.[390]

---

[387] Vgl. auch schon *Schneider*, AöR 139 (2014), 196, 225 f.; allgemein auch *Reyes y Ráfales*, ZEuS 2017, 119, 141 („infiniter Regress").

[388] *Ellerbrok/Pracht*, EuR 2021, 188, 191 f.; *Lang*, Der Staat 60 (2021), 99, 121 ff. u. 126 ff.

[389] *R. Hofmann/Heger*, EuGRZ 2020, 176, 190; *J. Ipsen*, Recht und Politik 56 (2020), 344, 363; *Mayer*, JZ 2020, 725, 732; *Wegener*, EuR 2020, 347, 354; zuvor bereits *Dietz*, EuZW 2019, 925, 933 sowie *Karpenstein*, EuZW 2019, 705, 706. Vgl. aus früher Zeit auch *Zuleeg*, JZ 1994, 1, 3. Allgemein zur Vorbildfunktion des BVerfG *Ellerbrok/Pracht*, EuR 2021, 188 ff.

[390] Dazu EuGH, Urt. v. 24.06.2019 – Rs. C-619/18, ECLI:EU:C:2019:531, Rn. 42 ff. – *KOM/Polen (Unabhängigkeit des Obersten Gerichts)*; Urt. v. 19.11.2019 – verb. Rs. C-585/18, C-624/18 u. C-625/18, ECLI:EU:C:2019:982, Rn. 66 ff. – *A. K. (Unabhängigkeit der Disziplinarkammer des Obersten Gerichts)* sowie Urt. v. 15.07.2021 – Rs. C-791/19, ECLI:EU:C:2021:596, Rn. 50 ff. – *KOM/Polen (Régime disciplinaire des juges)*, m. w. N. zur Rspr. Für die

Der Kritik ist allerdings entgegen zu halten, dass ein Urteil nicht allein deshalb falsch wird, weil andere es „missbrauchen“ könnten.[391] Mögliche negative Auswirkungen oder eine Instrumentalisierung der Entscheidung müssen zwar in den Blick genommen werden,[392] stehen einer Kontrolle des BVerfG aber nicht entgegen, sofern das GG dem BVerfG eine diesbezügliche Entscheidungskompetenz ermöglicht bzw. sie sogar erfordert.[393] Ob und in welchem Umfang sich das BVerfG auf eine grundgesetzliche Ermächtigung zur Kontrolle der EU-Kompetenzgrenzen stützen kann, wird noch zu klären sein. Sollte eine solche grundgesetzliche Kompetenz oder gar Pflicht aber bestehen, wäre aus der rein verfassungsrechtlichen Perspektive ein möglicher „Missbrauch“ durch Dritte unerheblich. Sofern das GG dem BVerfG die Aufgabe zuweisen würde, im Falle seiner Anrufung auch eine Ultra-vires-Kontrolle vorzunehmen, käme es nur darauf an, ob die sich aus dem GG ergebenden Voraussetzungen, zu denen auch ein bestimmtes Maß an Zurückhaltung zählen könnte, vorliegen oder nicht. Weitere Motive, die für oder gegen eine Kontrolle sprechen, wären aus rechtlicher Sicht irrelevant. Dies muss bedacht werden, wenn anlässlich des PSPP-Urteils die insbesondere auf die Zulässigkeitskonstruktion bezogene Kritik wiederholt wird, dass es dem BVerfG auch darauf ankomme, weiterhin ein eigenständiger Akteur bei der rechtlichen Beurteilung der europäischen Integration zu bleiben.[394] Tatsächlich ist nicht ausgeschlossen, dass wie bereits in anderen Verfahren dieses oder anderweitige Motive eine Rolle gespielt haben.[395] In diesem Zusammenhang ist auch eine Äußerung des ehemaligen Präsidenten des BVerfG *Voßkuhle* bei der Verkündung der PSPP-Urteils bemerkenswert, wonach „[d]ie […] Identitäts- und Ultra-vires-Kontrolle […] ihren Sinn [verlören], wenn sie niemals Erfolg haben dürften.“[396] Andererseits sei aber auch auf eine weitere Äußerung *Voßkuhles* hingewiesen, wonach die PSPP-Entscheidung als Beleg für einen funktionierenden europäischen Gerichtsverbund interpretiert werden sollte.[397] Jedenfalls aus der Binnenperspektive des BVerfG

polnische Seite siehe nur Trybunał Konstytucyjny, Urt. v. 14.07.2021 – P 7/20. Die Entwicklungen rund um das unter dem Aktenzeichen K 3/21 anhängige Verfahren über einen möglichen Vorrang des polnischen Rechts gegenüber dem EU-Recht bleibt abzuwarten. Allgemein zur Orientierung des Trybunał Konstytucyjny am BVerfG siehe *Ellerbrok/Pracht*, EuR 2021, 188, 203 m. w. N.

[391] *Gärditz*, EuZW 2020, 505, 506; s. a. *Ellerbrok/Pracht*, EuR 2021, 188, 207.

[392] *Ellerbrok/Pracht*, EuR 2021, 188, 207.

[393] Siehe nur *Ludwigs*, EuZW 2020, 530, 532 m. w. N.; deutlich auch *Nettesheim*, NJW 2020, 1631.

[394] Sehr deutlich *J. Ipsen*, Recht und Politik 56 (2020), 344, 346 ff., 358 f. u. 362 unter Hinweis auf *J. Ipsen*, in: FS Müller-Graff, S. 904, 909 f.

[395] Vgl. auch *Mayer*, JZ 2020, 725, 731. Zum in anderen Verfahren erkennbaren Motiv sich selbst „im Spiel zu halten“ bereits oben S. 132 f., 192, 254 f. u. 257.

[396] Zitiert nach *Phoenix*, Urteil des Bundesverfassungsgerichts zum EZB-Anleihenkauf vom 05.05.20, veröffentlicht bei YouTube am 05.05.2020, abrufbar unter: https://www.youtube.com/watch?v=SrWo36aqMvg, Zitat bei Minute 9:46, zuletzt zugegriffen am 30.11.2021.

[397] *Voßkuhle*, EuGRZ 2020, 165, 170.

bzw. seines zweiten Senats ist die Entscheidung also weniger konfrontativ als kooperativ zu verstehen.[398] Ob diese Einschätzung zutreffend ist oder für das Verfahren prägend war, kann an dieser Stelle allerdings dahinstehen. Es kommt nicht darauf an, ob das BVerfG ein „Zeichen nationaler Selbstbehauptung“[399] setzen wollte oder nicht und ob dies dem Gericht überhaupt zustünde.[400] Wie bereits im Rahmen der übrigen Integrationsvorbehalte ist es auch und gerade im Rahmen der Ultra-vires-Kontrolle entscheidend, keine Motivsuche zu betreiben, sondern die jeweiligen Maßstäbe in den Blick zu nehmen. Das wird besonders deutlich, wenn man einen weiteren Kritikpunkt an der PSPP-Entscheidung betrachtet.

So wurde das BVerfG auch für die deutliche Sprache kritisiert,[401] mit der es die Unverbindlichkeit des EuGH-Urteils begründet hatte. Die Wortwahl des BVerfG ist allerdings eine unweigerliche Folge des zurückhaltenden Prüfungsmaßstabs für eine Ultra-vires-Erklärung, der sich aus den Honeywell-Kriterien sowie deren weiterer Ausdifferenzierung ergibt.[402] Insoweit ist die Sprache des BVerfG nur Ausdruck der Ambivalenz des gewählten Maßstabs, der durch seine hohen Hürden respektvoll und zurückhaltend wirkt, solange er nicht aktiviert wird. Kommt es dann aber doch zur Ultra-vires-Erklärung, führen die nun überschrittenen hohen Hürden dazu, dass der Vorwurf besonders schwerwiegend klingt.[403] Das Problem liegt somit nicht in der gewählten Sprache, sondern ist untrennbar mit dem Maßstab der Zurückhaltung verbunden. Waren die Honeywell-Kriterien bereits bei ihrer Etablierung nicht unumstritten, zeigt sich nun erneut, dass ihre Anwendung insbesondere mit Blick auf den Begriff der „Offensichtlichkeit“ weiterhin problembehaftet ist.[404] Auch insoweit geht es aber nicht um ein vermeintliches Motiv des BVerfG,[405] sondern den Maßstab der Ultra-vires-Kontrolle bzw. den Maßstab für eine zurückhaltende Ausübung. Wie bereits dargelegt, ist bei der gerichtlichen Zurückhaltung nicht entscheidend, ob ein entsprechender Wille für oder gegen eine Rücksichtnahme

---

398 Zu diesem Verständnis auch *Aust*, EuGRZ 2020, 410, 419 sowie *Kahl*, NVwZ 2020, 824, 827. Auch *Schorkopf*, JZ 2020, 734, 737 f. sieht das PSPP-Urteil als Fortsetzung des Dialogs.

399 So *Schorkopf*, FAZ Einspruch vom 08.05.2020.

400 Insoweit skeptisch *Pernice*, EuZW 2020, 508, 509.

401 Kritisch z. B. *Mayer*, JZ 2020, 725; *T. M. J. Möllers*, EuZW 2020, 503; *Hilpold*, EWS 2020, 181, 182 u. 184; *Pernice*, EuZW 2020, 508; *Skouris*, EuR 2021, 3, 22.

402 *Gärditz*, EuZW 2020, 505; *Haltern*, NVwZ 2020, 817, 821; *Kahl*, NVwZ 2020, 824, 825; *Ludwigs*, EuZW 2020, 530, 531; s. a. *Dietze/Kellerbauer/Klamert u. a.*, EuZW 2020, 525, 526.

403 Zur Ambivalenz des Maßstabs insbesondere in Bezug auf den Begriff der „Offensichtlichkeit“ siehe ausf. *Bender*, ZEuS 2020, 409, 410 f. u. 415 ff.; s. a. *Nettesheim*, NJW 2020, 1631, 1632.

404 Siehe nur *Bender*, ZEuS 2020, 409, 418 ff. sowie bereits oben S. 343 f.; s. a. *Ludwigs*, NJW 2017, 3563, 3565, der eine Verschiebung im Bezugspunkt der Offensichtlichkeit ausmacht.

405 In diese Richtung aber *Hilpold*, EWS 2020, 181, 184.

existiert, sondern vielmehr, ob Letztere rechtlich zulässig bzw. geboten ist, was allein eine Frage des rechtlichen Maßstabs ist.[406]

Der anzuwendende Maßstab und die diesbezügliche Entscheidungskompetenz sind aber nach wie vor das entscheidende Problem der Ultra-vires-Kontrolle. Wie bereits erwähnt ist ein wesentlicher Teil der bundesverfassungsgerichtlichen Ultra-vires-Kontrolle die „Verdoppelung des Prüfungsmaßstabs". Das BVerfG erfasst mögliche Kompetenzüberschreitungen nicht als rein unionsrechtliche Frage, sondern über die Grenzen des Rechtsanwendungsbefehls bzw. des im Zustimmungsgesetz niedergelegten Integrationsprogramms auch als solche des nationalen Verfassungsrechts. Da der Inhalt des Zustimmungsgesetzes bzw. des Integrationsprogramms aber nicht ohne Rückgriff auf das EU-Primärrecht bestimmt werden kann, wird bei der Ultra-vires-Kontrolle der fragliche EU-Sekundärrechtsakt nicht nur anhand eines rein nationalen bzw. verfassungsrechtlichen Maßstabs beurteilt, sondern auch und vor allem anhand des EU-Primärrechts geprüft.[407] *Wendel* spricht insoweit von einem „hybride[n] Prüfungsmaßstab", der im Verfassungsrecht beginne und unweigerlich im Unionsrecht ende, was das grundlegende konzeptionelle Problem der Ultra-vires-Kontrolle darstelle.[408] Tatsächlich führt die Konzeption über das Zustimmungsgesetz letztlich dazu, dass im Widerspruch zum Auslegungsmonopol des EuGH eine eigene „deutsche Version" des Primärrechts entsteht, anhand dessen das BVerfG eine eigenständige Kontrolle unionsrechtlicher Rechtsakte vornimmt.[409] Die bundesverfassungsgerichtliche Ultra-vires-Kontrolle berührt damit die Geltung des Europarechts insgesamt, weshalb sie nicht nur hinsichtlich des Zugriffs auf die Zuständigkeit des EuGH, sondern auch bezogen auf ihre möglichen Folgen intensiver wirkt als Grundrechts- und Identitätskontrolle.[410] Der „verdoppelte" oder „hybride" Prüfungsmaßstab birgt also schon im Ausgangspunkt die Gefahr einer unterschiedlichen Auslegung des Unionsrechts, womit in der Konzeption der Ultra-vires-Kontrolle ein Konflikt mit dem EuGH innewohnt, der umso größer wird, je detaillierter und umfassender die Kompetenzkontrolle erfolgt.[411] Letzteres haben die jüngsten Verfahren vor dem

[406] Dazu bereits oben S. 75 f.; zur Bedeutung der Maßstäbe bereits ausf. Kap. 1, insb. S. 80 ff.

[407] *Mayer*, EuR 2014, 473, 480 f.; *Wendel*, ZaöRV 2014, 615, 629.

[408] *Wendel*, ZaöRV 2014, 615, 629 u. 653 unter Hinweis auf *Mayer*, GLJ 15 (2014), 111, 117.

[409] *Mayer*, EuR 2014, 473, 480 ff.; *Mayer*, GLJ 15 (2014), 111, 116 f.; *Wendel*, ZaöRV 2014, 615, 629 spricht von einer Prüfung „durch die Brille nationalen Verfassungsrechts"; ähnlich *Kainer*, EuZW 2020, 533 u. 534.

[410] *Wendel*, Permeabilität im europäischen Verfassungsrecht, S. 474; bezogen auf Ultra-vires- und Identitätskontrolle auch *Mayer*, EuR 2014, 473, 495 und *Thym*, Der Staat 48 (2009), 559, 572; zur Ultra-vires- und Grundrechtskontrolle *Mayer*, in: von Bogdandy/Bast, Europäisches Verfassungsrecht, S. 559, 575 f.

[411] *Wendel*, ZaöRV 2014, 615, 629.

BVerfG und nicht zuletzt die Ultra-vires-Erklärung im PSPP-Verfahren nachdrücklich unter Beweis gestellt.

Im Rahmen der Verfahren zu den Maßnahmen der EZB wurde der Zugriff des BVerfG auf das EU-Sekundärrecht noch einmal deutlich intensiver und bezog sich nicht mehr nur auf generelle Kompetenz-, sondern zunehmend auch auf allgemeine Rechtmäßigkeitsfragen. Das grundsätzlich in der Ultra-vires-Konzeption ruhende Potenzial einer allgemeinen Rechtmäßigkeitskontrolle gegenüber dem Unionsrecht und dem EuGH[412] scheint sich somit mehr und mehr zu realisieren. Schon anlässlich des Vorlagebeschlusses im OMT-Verfahren kritisierte der Richter *Gerhardt* in seiner abweichenden Meinung den Wandel der Ultra-vires-Kontrolle zu einem „allgemeinen Gesetzesvollziehungsanspruch"[413], wobei er allerdings vorrangig die Zulässigkeitskonstruktion im Blick hatte, die allen Bürgerinnen und Bürgern eine Klagemöglichkeit eröffnet. Allerdings deutete sich auch in materieller Hinsicht eine Ausweitung an, da das BVerfG die Kontrolle einerseits nicht mehr nur auf Kompetenzgrundlagen, sondern auch auf primärrechtliche Verbotsnormen bezog und andererseits das Kriterium der „Offensichtlichkeit" nicht im Sinne einer Einschränkung, sondern eher für eine weitere Öffnung der Kontrolle heranzog.[414] Schließlich stehen in den jüngsten Verfahren weniger die allgemeinen Regeln zur Kompetenz*verteilung*, als jene der Kompetenz*ausübung* im Zentrum der gerichtlichen Aufmerksamkeit. Schon im Verfahren zur Bankenunion prüfte das BVerfG, ob die SSM-Verordnung eine „offenkundige Verletzung des Subsidiaritätsprinzips" bedeute.[415] Auch wenn das Gericht eine derartige Verletzung im Ergebnis verneinte, wird im Bezug auf die Kompetenzausübungsregel des Subsidiaritätsprinzips der mit dem OMT-Verfahren begonnene Trend zur inhaltlichen Ausweitung der Ultra-vires-Kontrolle erkennbar.[416] Der vorläufige Höhepunkt dieser Entwicklung wurde im PSPP-Verfahren erreicht, als das BVerfG den Fokus auf den unionsrechtlichen Verhältnismäßigkeitsgrundsatz legte. Unabhängig von der Frage, ob die vom BVerfG kritisierte fehlende oder unzureichende Verhältnismäßigkeitsprüfung, die zudem offenbar nachträglich geheilt werden konnte, tatsächlich einen derartig schwerwiegenden Mangel darstellt, dass sie einen Ultra-vires-Vorwurf trägt,[417] bildeten das abweichende Verständnis von der Handhabung

---

412 Dazu *Mayer*, EuR 2014, 473, 481.

413 Abw. Meinung des Richters *Gerhardt*, BVerfGE 134, 366, 432 Rn. 138 – *OMT-Vorlagebeschluss*.

414 *Wendel*, ZaöRV 2014, 615, 630 ff. Zur Problematik der „Offensichtlichkeit" auch bereits die abw. Meinung des Richters Gerhardt BVerfGE 134, 366, 432 f. Rn. 139 u. 435 f. Rn. 148 f. – *OMT-Vorlagebeschluss* sowie *Mayer*, EuR 2014, 473, 504. Anders *Murswiek*, EuGRZ 2017, 327, 333 ff., der die zu weitgehende Rücknahme der Kontrolle durch das BVerfG kritisiert.

415 BVerfGE 151, 202, 323 Rn. 197 – *Bankenunion*.

416 *Karpenstein/Langner*, EuZW 2020, 270, 273; s. a. *Gentzsch/Brade*, EuR 2019, 602, 611.

417 Insoweit kritisch *Dietze/Kellerbauer/Klamert u. a.*, EuZW 2020, 525, 527 f.; *R. Hofmann/Heger*, EuGRZ 2020, 176, 187 f.; *Mayer*, JZ 2020, 725, 730; *Nettesheim*, NJW 2020,

und der gerichtliche Kontrolle des Grundsatzes der Verhältnismäßigkeit den rechtlichen Kern der Auseinandersetzung zwischen EuGH und BVerfG.[418] Dieser erneute Fokus auf eine unionsrechtliche Kompetenzausübungsregel zeigt noch einmal in aller Deutlichkeit, dass die Ultra-vires-Kontrolle nicht mehr nur eine bloße Reservekompetenz für evidente Kompetenzverstöße, sondern zunehmend ein umfassendes Instrument des BVerfG für eine weitreichende Rechtmäßigkeitskontrolle gegenüber sämtlichen EU-Maßnahmen darstellt, die im deutlichen Widerspruch zum Auslegungs- und Verwerfungsmonopol des EuGH steht.[419] Dass dieser Widerspruch infolge des zunehmenden Zugriffs des BVerfG eher größer als kleiner wird, unterstreicht die Eskalation des Konflikts durch die erstmalige Ultra-vires-Erklärung. Das gesteigerte Konfliktpotenzial wird auch durch die im PSPP-Verfahren erneut unter Beweis gestellte Vorlagebereitschaft des BVerfG nur zum Teil eingeschränkt, da sich das Gericht dabei das „letzte Wort" vorbehalten und es letztlich auch in Anspruch genommen hat.

Das PSPP-Verfahren stellt somit gewissermaßen ein „Muster-Beispiel" für das grundlegende Problem der Ultra-vires-Kontrolle dar. Die Möglichkeit abweichender Entscheidungen, die im Extremfall zu offenem Widerspruch führt, ist kein „Betriebsunfall", sondern vielmehr in der Ultra-vires-Kontrolle und dem damit verbundenen Anspruch auf das „letzte Wort" angelegt. Wenn der EuGH und das BVerfG bei der Bewertung der Maßnahmen zur Eurorettung, die in Anbetracht der komplexen Abgrenzung von Wirtschafts- und Währungspolitik im politischen und rechtlichen Kontext immer umstritten sein werden, zu unterschiedlichen Ergebnissen kommen,[420] ist dies nicht die Ursache, sondern vielmehr ein Symptom der gerichtlichen Auseinandersetzung. Schließ-

---

1631, 1632; *H. Sauer*, Staatsrecht III, S. 223 f. Rn. 62; *Skouris*, EuR 2021, 3, 23 f.; *Ullrich*, EWS 2020, 301, 317; dazu und allgemein zur Prüfung der Verhältnismäßigkeit s. a. *Pernice*, EuZW 2020, 508, 516 f. u. 510 ff.

[418] Zu den unterschiedlichen Maßstäben der Verhältnismäßigkeit und der gerichtlichen Kontrolle siehe nur *Degenhart*, in: FS Siekmann, S. 19, 25 ff.; *Dietz*, EuZW 2019, 925 ff.; *Hellwig*, NJW 2020, 2497 ff.; *Ludwigs*, EWS 2020, 186, 187 ff.; *Meier-Beck*, EuZW 2020, 519, 521 ff.; *Pernice*, EuZW 2020, 508, 510 ff.; *Siekmann*, EuZW 2020, 491, 494 ff.; *Simon/Rathke*, EuZW 2020, 500, 501 f.; *Wegener*, EuR 2020, 347, 348 ff. Allgemein zum kompetenzrechtlichen Verhältnismäßigkeitsgrundsatz *Saurer*, JZ 2014, 281 ff. Zum abweichenden Verständnis gerichtlicher Kontrolle *Classen*, EuR 2015, 477, 480 ff. *Haltern*, NVwZ 2020, 817, 820 ff. sowie *Ludwigs*, EWS 2020, 186, 190 f. heben zudem das unterschiedliche Demokratieverständnis von EuGH und BVerfG als wesentliches Problem hervor. Zu Letzterem auch *Schorkopf*, JZ 2020, 734 ff.

[419] *Calliess*, NVwZ 2020, 897, 899; *Pernice*, EuZW 2020, 508, 509 u. 518; *H. Sauer*, Staatsrecht III, S. 224 Rn. 63, s. a. S. 227 Rn. 67; *Ullrich*, EWS 2020, 301, 322; s. a. *Nettesheim*, NJW 2020, 1631, 1632 f., der aber die Kontrolldichte als eigentliches Problem identifiziert.

[420] Zur diesbezüglichen Rechtsprechung siehe nur *Dietz*, EuZW 2019, 925 ff.; ausf. *Manger-Nestler*, in: Müller-Graff, EnzEuR, Bd. 4, § 25 Rn. 151 ff. m. w. N. sowie die Nachweise oben Kap. 5 Fn. 417 u. 418. Zur Abgrenzung von Wirtschafts- und Währungspolitik sowie der diesbezüglichen gerichtlichen Kontrolle s. a. *Gentzsch*, EuR 2019, 279 ff.; *Lenaerts/M. Hartmann*, JZ 2017, 321 ff., insb. 325 ff. sowie *Ludwigs*, EuZW 2020, 530, 531.

lich wären divergierende Entscheidungen beider Gerichte auch dann nicht ausgeschlossen, wenn sich zwischen ihnen einheitliche Auslegungskriterien oder -maßstäbe entwickeln sollten.[421] Das eigentliche Problem des Konflikts über die Letztentscheidung, welches im PSPP-Verfahren noch einmal deutlich geworden ist, liegt daher nicht in der Frage, wessen Entscheidung „richtig" ist, sondern in der Vorfrage, wem die Entscheidung zukommt. Mit anderen Worten ist der zentrale Faktor nicht das „Wie", sondern das „Ob" der Entscheidung über die Maßstäbe der Integration.[422] Insoweit sei auch noch einmal an die Bedeutung bzw. den Hintergrund der gerichtlichen Letztentscheidung erinnert. Die Befugnis zum „letzten Wort" bedeutet nicht, immer recht zu haben, sondern ist vielmehr „die Macht und die Last, auch unkorrigierbare Fehlurteile" fällen zu können.[423] Die entscheidende Ausgangsfrage für die Ultra-vires-Kontrolle ist demnach, ob dem BVerfG tatsächlich eine derartige Macht zukommt, also „ob" und wenn ja in welchem Umfang das GG dem BVerfG die Befugnis zur, unter Umständen fehlerbehafteten, aber dennoch verbindlichen Beurteilung des EU-Sekundärrechts einräumt. Anders ausgedrückt geht es um die Frage nach Existenz und Inhalt eines grundgesetzlichen Ultra-vires-Maßstabs.

II. Rechtsgrundlage und Maßstab einer bundesverfassungsgerichtlichen Ultra-vires-Kontrolle

Die Einnahme einer rein verfassungsrechtlichen Perspektive auf die bundesverfassungsgerichtliche Ultra-vires-Kontrolle entbindet nicht von der Pflicht, die Kontrollkompetenz des BVerfG in einer eindeutigen Rechtsgrundlage sowie einem tauglichen Maßstab zu verankern. Wie das BVerfG schon früh selbst betont hat, sind seine Zuständigkeiten im GG sowie dem BVerfGG abschließend geregelt und können weder allein aufgrund seiner Stellung als „Hüter der Verfassung" noch durch ein noch so dringendes rechtspolitisches Bedürfnis erweitert werden.[424] In Anbetracht der begrenzten Zuständigkeit müsse nicht jede objektiv-verfassungsrechtliche Streitfrage mit einer entsprechenden Rügefähigkeit einhergehen.[425] Diese „grundsätzliche Erwägung" hob das BVerfG auch hervor, als es in der Anfangszeit seiner Integrationsrechtsprechung eine Ergänzung des Rechtsschutzsystems der EWG durch eine bundesverfassungsgerichtliche Kontrolle ablehnte.[426] Bereits im Solange-I-Beschluss fand sich diese

---

[421] Vgl. *Ullrich*, EWS 2020, 301, 322.

[422] *J. Ipsen*, Recht und Politik 56 (2020), 344, 357; *Nettesheim*, NJW 2020, 1631 hält hingegen das „Wie" für relevant, weil er die „Ob"-Frage eindeutig bejaht.

[423] *Hirsch*, NJW 1996, 2457; s. a. bereits oben S. 319 f.

[424] BVerfGE 1, 396, 408 f. – *Deutschlandvertrag*; BVerfGE 3, 368, 376 f. – *Besatzungsrecht*; BVerfGE 13, 54, 96 – *Neugliederung Hessen*; BVerfGE 63, 73, 76.

[425] Vgl. BVerfGE 13, 54, 96 f. – *Neugliederung Hessen.*

[426] BVerfGE 22, 293, 298 – *EWG-Verordnungen*; dazu bereits oben S. 60 f.

Position allerdings nur noch in der abweichenden Meinung wieder.[427] Nunmehr geht das BVerfG in ständiger Rechtsprechung von einer umfassenden, eigenen Entscheidungszuständigkeit aus, die sich maßgeblich auf das Verständnis des EU-Rechts und dessen Vorrang als verfassungsrechtlich abgeleitetes Institut stützt. Doch selbst wenn man, im Sinne einer pluralistischen Herangehensweise die Ausgangsposition des BVerfG nicht in Frage stellt, darf nicht vorschnell von den damit möglichen verfassungsrechtlichen Grenzen der Integration auf eine Zuständigkeit des BVerfG zur Kontrolle von EU-Sekundärrecht geschlossen werden. Vielmehr müssen beide Fragen voneinander getrennt betrachtet werden.[428] Schließlich wurde letztere Aufgabe nach der eindeutigen Rechtslage des Unionsrechts, dem auch die Bundesrepublik Deutschland zugestimmt hat, dem EuGH überantwortet. Für die Existenz und Reichweite einer bundesverfassungsgerichtlichen Kontrollkompetenz ist also entscheidend, ob sich aus der nationalen Perspektive etwas anderes ergibt bzw. ob und inwieweit die unionsrechtliche Letztentscheidung auch im deutschen Recht anerkannt ist.

Insoweit ergibt sich eine gewisse Ambivalenz in der Rechtsprechung des BVerfG. Einerseits geht das Gericht klar von seinem verfassungs- und völkerrechtlichen Verständnis des Anwendungsvorrangs aus, andererseits dient gerade bei der Ultra-vires-Kontrolle faktisch das EU-Primärrecht, wenn auch nur mittelbar über das Zustimmungsgesetz, als eigentlicher Kontrollmaßstab. Dieser „verdoppelte" bzw. „hybride" Maßstab erschwert die Nachvollziehbarkeit und Einordnung der rechtlichen Hintergründe des verfassungsgerichtlichen Integrationsvorbehalts. Insbesondere ist nicht ohne Weiteres ersichtlich, ob und inwieweit der Ultra-vires-Kontrolle des BVerfG ein rein verfassungsrechtlicher Maßstab zugrunde liegt oder ob und inwieweit auch unions- oder völkerrechtliche Überlegungen eine entscheidende Rolle spielen. Um das Potenzial für eine maßstabsorientierte Kooperation im Bereich der EU-Kompetenzen bewerten zu können, müssen daher Rechtsgrundlage und Maßstab der bundesverfassungsgerichtlichen Ultra-vires-Kontrolle genauer betrachtet werden. In Anbetracht der klaren Perspektive des EU-Rechts scheidet dabei eine Anknüpfung der Kontrollkompetenz an einen rein unionsrechtlichen Maßstab von vornherein aus und wird vom BVerfG auch nicht postuliert (1.). Vielmehr geht das BVerfG

[427] Abw. Meinung der Richter *Rupp*, *Hirsch* und *Wand*, BVerfGE 37, 271, 301 – *Solange I.*

[428] *Baumann*, in: Elser/Eugster/Kind u. a., Das letzte Wort, S. 121, 131; *Proelß*, EuR 2011, 241, 247; *Proelß*, Bundesverfassungsgericht und überstaatliche Gerichtsbarkeit, S. 263; *H. Sauer*, Jurisdiktionskonflikte in Mehrebenensystemen, S. 165 ff.; jüngst auch *Simon*, Grenzen des Bundesverfassungsgerichts im europäischen Integrationsprozess, S. 241 f. Zuvor bereits *Seiler*, Der souveräne Verfassungsstaat, S. 266 sowie *Giegerich*, Europäische Verfassung und deutsche Verfassung im transnationalen Konstitutionalisierungsprozeß, S. 701. Für eine Annexzuständigkeit zu den materiellen Grenzen aber *Huber*, in: Merten/Papier, HGR Bd. VI/2, § 172 Rn. 71 sowie *Huber*, Recht der Europäischen Integration, S. 358 f. Rn. 63 ff.; zustimmend *Simon*, Grenzen des Bundesverfassungsgerichts im europäischen Integrationsprozess, S. 278. Ähnlich auch *Grimm*, in: Merten/Papier, HGR Bd. VI/2, § 168 Rn. 41. Ausf. sogleich Kap. 5, B. II. 3. u. 4.

von einem verfassungsrechtlichen Maßstab aus, wobei es gerade in jüngerer Zeit in nicht unbedenklicher Art und Weise verfassungs- und völkerrechtliche Elemente miteinander vermischt (2.). Richtigerweise kann es wegen der souveränen Anerkennung der unionsrechtlichen Letztentscheidungsbefugnis des EuGH durch das deutsche Zustimmungsgesetz (3.), beim grundgesetzlichen Ultra-vires-Maßstab nur um eine rein verfassungsrechtlich begründete Reservekompetenz gegenüber Entscheidungen des EuGH gehen (4.), deren genaue Reichweite aber problematisch bleibt (5.).

1. Die fehlende Anerkennung des unionsrechtlichen Maßstabs

Aus der unionsrechtlichen Perspektive ist eine nationale Ultra-vires-Kontrolle nicht mit dem Auslegungs- und Verwerfungsmonopol des EuGH für das EU-Sekundärrecht zu vereinbaren und damit (unions-)rechtswidrig.[429] Diesen grundlegenden Widerspruch zum EuGH und die damit verbundene Gefahr für die einheitliche Anwendung des Unionsrechts erkennt auch das BVerfG. So betont es ausdrücklich die Unterschiede von verfassungs- und unionsrechtlicher Perspektive auf die Ultra-vires-Kontrolle, rechtfertigt diese Abweichung aber mit dem Hinweis auf die Stellung der Mitgliedstaaten als „Herren der Verträge".[430] Anders als zum Teil bei der Identitätskontrolle nimmt das Gericht also keine Verankerung des eigenen (Kompetenz-)Maßstabs im Unionsrecht vor,[431] sondern grenzt sein Verständnis von der mitgliedstaatlichen „Herrschaft über die Verträge" bewusst von der unionsrechtlichen Sichtweise ab. Unabhängig von der noch zu untersuchenden Frage, ob und inwieweit sich diese Perspektive des BVerfG in völker- und verfassungsrechtlicher Hinsicht als vollständig tragfähig erweist, ist die Sicht des EU-Rechts eindeutig. In der unionsrechtlichen Perspektive sind die Mitgliedstaaten allenfalls insoweit „Herren der Verträge" wie sie gemeinsam unter Einhaltung der verfahrensrechtlichen Vorschriften das EU-Primärrecht ändern. Solange dies aber nicht geschieht und ein Mitgliedstaat die Union nicht freiwillig verlässt, gilt nicht die Herrschaft der Mitgliedstaaten, sondern jene des Rechts und die Mitgliedstaaten sind an das geltende Unionsrecht gebunden.[432] Wie dargestellt, ist ein wesentlicher Teil der damit verbundenen europäischen Rechtsunion das Auslegungs- und Verwerfungsmonopol des EuGH, dessen Entscheidungen für die Mitgliedstaaten und ihre (Verfassungs-)Gerichte verbindlich sind. Im Interesse der einheitlichen Anwen-

[429] *Giegerich*, ZEuS 2016, 3, 30 f.; ausf. bereits oben S. 287 ff.

[430] BVerfGE 154, 17, 90 f. Rn. 111 – *PSPP-Urteil*; BVerfGE 134, 366, 384 Rn. 26 – *OMT-Vorlagebeschluss*; BVerfGE 126, 286, 302 f. – *Honeywell*.

[431] Vgl. auch *Giegerich*, EuZW 2020, 560, 564 f. sowie *Giegerich*, ZEuS 2016, 3, 30 f.

[432] Ausf. *Nicolaysen*, in: Bruha/Nowak, Die Europäische Union: Innere Verfasstheit und globale Handlungsfähigkeit, S. 17, 18, 25 ff. u. 38; s. a. *Nicolaysen*, EuR Beiheft 1 (2010), 9, 23 sowie *Giegerich*, ZEuS 2016, 3, 30. Zu den unterschiedlichen Perspektiven der „Herrschaft" bei Vertragsänderungen bereits oben S. 102 ff., 113 ff. u. 151 ff.

dung des EU-Rechts sind die unionsrechtliche Kompetenzkontrolle sowie die autonome und letztverbindliche Auslegung durch den EuGH untrennbar miteinander verbunden. Dem BVerfG bleibt es unbenommen, das Unionsrecht auszulegen und mittels Vorlagen an den EuGH an der Ausgestaltung des unionsrechtlichen Maßstabs mitzuwirken. An der letztverbindlichen Auslegung des Maßstabs durch den EuGH führt in der unionsrechtliche Perspektive aber kein Weg vorbei, da andernfalls eine Fragmentierung des Unionsrechts droht.[433] Wegen der Offenheit des unionsrechtlichen Integrationsmaßstabs wird Letzterer seine endgültige Gestalt oftmals erst durch die Auslegung des EuGH erhalten, weshalb Maßstab und Entscheidungsgewalt des EuGH auch und gerade bei der Kompetenzkontrolle „Hand in Hand" gehen. Von diesem unionsrechtlichen Verständnis, welches eine nationale Kontrolle ausschließt, grenzt sich das BVerfG ausdrücklich ab. Eine rein unionsrechtliche Verankerung der nationalen Ultra-vires-Kontrolle ist somit ausgeschlossen und wird vom BVerfG auch nicht postuliert.

An diesem Befund vermag auch der „hybride" Prüfungsmaßstab des BVerfG nichts zu ändern, weil mit diesem keine Anerkennung des unionsrechtlichen Maßstabs verbunden ist. Vielmehr begründet das BVerfG einen eigenen Maßstab, indem es eine „deutsche Version" des Unionsrechts erschafft, deren Grenzen es notfalls auch ohne Rücksicht auf Entscheidungen des EuGH auslegt und überwacht.[434] *Ulrich Karpenstein* und *Matthias Kottmann* erkennen insoweit bereits „eine Art alternatives Europarecht Karlsruher Lesart", welches durch die Ultra-vires- und Identitätskontrolle entstehe.[435] Dabei ist nicht so sehr problematisch, ob die Integrationsvorbehalte des BVerfG ein „sehr deutsches Ding"[436] sind oder ob diese Einordnung im Hinblick auf die Rechtsprechung anderer mitgliedstaatlicher (Verfassungs-)Gerichte kritisch zu sehen ist.[437] Die eigentliche Schwierigkeit einer „deutschen Version" des Unionsrechts ist die Gefahr einer zu einseitigen Auslegung des Unionsrechts, bei der die unionseigenen Methoden der Rechtsfindung auf der Strecke bleiben. Darüber hinaus wird unter Umständen auch nicht hinreichend Rücksicht auf die Perspektiven und Interessen anderer Mitgliedstaaten, sowie deren Verständnis gerichtlicher Kontrolle genommen.[438] Grundsätzlich hat auch die Perspektive der Mitgliedstaa-

[433] *Skouris*, EuR 2021, 3, 25 f. u. 8; s. a. bereits oben S. 316 f. u. 328 f.

[434] Dazu bereits oben S. 356.

[435] *Karpenstein/Kottmann*, EuZW 2020, 185; ähnlich *Karpenstein/Langner*, EuZW 2020, 270, 273; zustimmend *Ludwigs/Pascher/Sikora*, EWS 2020, 85, 93.

[436] *Van Ooyen*, Der Staat 50 (2011), 45, 59; s. a. *Classen*, EuR 2016, 529, 530, 536 f. u. 539 ff.

[437] So *Huber*, in: FS Müller-Graff, S. 893 u. 899 ff. sowie *Voßkuhle*, EuGRZ 2020, 165, 170; s. a. *Ludwigs*, EuZW 2020, 530; zum Argument der Rechtvergleichung sogleich. Allgemein zur problematischen Einordnung von etwas als „zu deutsch" siehe *Mayer*, NJW 2017, 3631, 3634.

[438] Dazu *Kainer*, EuZW 2020, 533 u. 535 f.; *Carl O. Lenz*, EWS 2019, 254, 255 sowie *Ullrich*, EWS 2020, 301, 322. Deutliche Kritik auch bei *Galetta/Ziller*, RTDEur 2020, 855,

ten eine wichtige Bedeutung für das Unionsrecht, was zweifelsfrei auch für die deutsche Sichtweise gilt.[439] Gleichwohl bleibt der deutsche Blick auf das Unionsrecht nur die Perspektive eines einzelnen Mitgliedstaats. Bei einer zunehmenden Prüfung anhand einer „deutschen Version" des Unionsrechts wird die Gefahr einer uneinheitlichen Anwendung des Unionsrechts immer größer und die notwendige europäische Sicht droht in den Hintergrund zu treten. Schließlich soll nach den EU-Verträgen die Integration durch Recht auch und gerade durch ein gemeinsames Gericht erfolgen, welches einheitlich entscheidet und die Interessen aller Mitgliedstaaten berücksichtigt.[440]

Die fehlende gesamteuropäische Perspektive kann auch nicht durch die Hinweise des BVerfG auf die Integrationsrechtsprechung anderer mitgliedstaatlicher (Verfassungs-)Gerichte kompensiert werden. Zwar finden sich in den zitierten Urteilen auch solche, die sich mit einer Ultra-vires-Kontrolle beschäftigen, doch weichen die dahinterstehenden gerichtlichen Kontrollkonzepte durchaus voneinander ab.[441] Mit Blick auf den Kontrollmaßstab kann die Vergleichbarkeit der zitierten Entscheidungen allerdings ohnehin dahinstehen. Das BVerfG nutzt die Urteile der anderen mitgliedstaatlichen (Verfassungs-)Gerichte nämlich nicht zur Entwicklung eines gesamteuropäischen Ansatzes, sondern einzig und allein zur argumentativen Absicherung der eigenen Kontrollposition, die aber gerade im Widerspruch zur unionsrechtlichen Kontrolle durch den EuGH steht.[442] Eine Anerkennung des unionsrechtlichen Maßstabs sowie des damit einhergehenden Auslegungs- und Verwerfungsmonopols des EuGH ist damit nicht verbunden.

Insgesamt geht weder mit dem „hybriden Maßstab" noch mit den rechtsvergleichenden Hinweisen des BVerfG eine rein unionsrechtliche Begründung der Ultra-vires-Kontrolle einher. Vielmehr behält sich das BVerfG ausdrücklich vor, unter Umständen von dem unionsrechtlichen Maßstab abzuweichen. Mit Blick auf die Möglichkeiten und Grenzen einer maßstabsorientierten Kooperation kann also festgehalten werden, dass bei der Ultra-vires-Kontrolle keine vollständige Deckungsgleichheit der rechtlichen Grundlagen besteht, weil das BVerfG den unionsrechtlichen Maßstab nicht heranzieht bzw. die diesbezügliche Auslegung des EuGH nicht als verbindlich anerkennt. Die vom BVerfG vorgenommene Prüfung anhand eines „deutschen Unionsrechts" findet im EU-

---

873 ff.; s. a. *von Bogdandy*, NJW 2010, 1, 5. Zur umfassenden gerichtlichen Kontrolle politischer Entscheidungen als deutsche Besonderheit siehe *Masing*, ZRP 2020, 194, 197 sowie bereits oben S. 87.

[439] *Haltern*, NVwZ 2020, 817, 820.

[440] *Ullrich*, EWS 2020, 301, 322 u. 319 ff.

[441] *Wendel*, ZaöRV 2014, 615, 666 f.; kritisch auch *Müller-Graff*, EuZ 2020, 154, 161; *Siekmann*, EuZW 2020, 491, 497 sowie *Wegener*, EuR 2020, 347, 361; anders aber wohl *Huber*, Der Staat 56 (2017), 389, 406 f. sowie *Huber*, in: FS Müller-Graff, S. 893, 899 ff.

[442] Zur Problematik des rechtsvergleichenden Arguments siehe bereits oben S. 260 u. S. 265.

Recht keine Stütze, da eine solche Version in der unionsrechtlichen Perspektive schlicht nicht existiert.

Die Ultra-vires-Kontrolle des BVerfG lässt sich somit weder auf eine unionsrechtliche Rechtsgrundlage stützen, noch kann sie für sich in Anspruch nehmen, den unionsrechtlichen Maßstab vollständig anzuwenden. Eine andere Frage ist es hingegen, ob sich eine derartige Prüfungskompetenz über das deutsche Zustimmungsgesetz oder die Normen des GG begründen lässt. Bevor diese Aspekte in den Blick genommen werden, muss zunächst die jüngere Rechtsprechung des BVerfG betrachtet werden. Infolge der dort verstärkt auftretenden völkerrechtlichen Argumentation, stellt sich nämlich erneut die bereits im Rahmen der unionsrechtlichen Perspektive behandelte Frage, ob die Ultra-vires-Kontrolle auch auf eine völkerrechtliche Komponente gestützt werden kann.

2. Zur Vermischung von verfassungs- und völkerrechtlichen Grenzen in der jüngeren Rechtsprechung

Wie bereits dargestellt, hat das BVerfG im Zusammenhang mit der Verankerung von Ultra-vires- und Identitätskontrolle in Art. 79 Abs. 3 GG auch seine Begründung des verfassungsrechtlich begrenzten Anwendungsvorrangs um eine völkerrechtliche Komponente erweitert. Nach dem BVerfG könne ein Sekundärrechtsakt, der die in Art. 79 Abs. 3 GG geschützte Verfassungsidentität verletzt, nicht auf einer primärrechtlichen Ermächtigung beruhen, weil der deutsche Integrationsgesetzgeber auch mit der Mehrheit des Art. 23 Abs. 1 Satz 3 GG i. V. m. Art. 79 Abs. 2 GG der EU keine Hoheitsrechte übertragen „dürfe" bzw. „könne", mit deren Inanspruchnahme eine Berührung der von Art. 79 Abs. 3 GG geschützten Verfassungsidentität einherginge. Auf eine Rechtsfortbildung zunächst verfassungsmäßiger Einzelermächtigungen könne eine entsprechende Maßnahme ebenfalls nicht gestützt werden, weil das Organ oder die Stelle der EU damit *ultra vires* handele. Aus der Perspektive des BVerfG fehlt es also bereits an einer primärrechtlichen Ermächtigungsgrundlage, weil der Integrationsgesetzgeber über Art. 23 Abs. 1 S. 3 GG an die Grenze des Art. 79 Abs. 3 GG gebunden ist und daher auch auf der Ebene des Unionsrechts keine weitergehenden Kompetenzen schaffen bzw. die EU-Organe nicht zu weitergehenden Kompetenzausübungen ermächtigen kann bzw. darf.[443]

Problematisch an diesem neuen Ansatz ist, dass das BVerfG nicht nur die Grenzen von „rechtlichem Können" und „rechtlichem Dürfen", sondern auch verfassungs- und völkerrechtliche Begründungselemente miteinander ver-

[443] BVerfGE 134, 366, 384 Rn. 27 – *OMT-Vorlagebeschluss*; BVerfGE 140, 317, 336 f. Rn. 42 – *Identitätskontrolle*; BVerfGE 142, 123, 195 Rn. 137 – *OMT-Urteil*; s. a. bereits *Huber*, AöR 116 (1991), 210, 236. Zu der zitieren Rechtsprechung und den unterschiedlichen Formulierungen mit „kann" und „darf" s. a. bereits oben S. 263.

mengt.[444] Wie schon einmal in der Kloppenburg-Entscheidung angeklungen,[445] geht das BVerfG offenbar davon aus, dass die verfassungsrechtlichen Grenzen für die Übertragung von Hoheitsrechten zu einer eingeschränkten Ermächtigung der EU und ihrer Organe führt. Der mit dem Ultra-vires- bzw. identitätsverletzenden Akt einhergehende Verstoß gegen Art. 23 Abs. 1 S. 3 i. V. m. Art. 79 Abs. 3 GG hätte damit nicht nur innerstaatliche Relevanz, sondern würde bereits auf unionsrechtlicher Ebene die primärrechtliche Grundlage entfallen lassen. In der Literatur wird in diesem Zusammenhang häufig auf den Grundsatz *nemo plus iuris transferre potest quam ipse habet*[446] Bezug genommen.[447] Ungeachtet der Tatsache, dass dieser zivilrechtliche Grundsatz, wonach niemand mehr Rechte übertragen kann, als er selbst innehat, wegen der Möglichkeit des gutgläubigen Erwerbs schon im deutschen BGB nicht ohne Ausnahme gilt,[448] ist seine Anwendung auf die Übertragung von Hoheitsrechten problematisch. Selbst wenn man die unionsrechtliche Perspektive an dieser Stelle ausblendet, ist eine mit dem Grundsatz verbundene unmittelbare (Mit-)Übertragung der verfassungsrechtlichen Schranken auf die EU und ihre Organe weder mit Grundgedanken des allgemeinen Völkerrechts noch mit dem grundgesetzlichen Verständnis der Übertragung von Hoheitsrechten vereinbar, wie es auch in der übrigen Rechtsprechung des BVerfG zum Ausdruck kommt.[449]

Es gehört zum „ABC des Völkerrechts", dass ein Staat sich allenfalls dann unter der Berufung auf einen Verstoß gegen innerstaatliches (Verfassungs-)Recht von seinen völkervertraglichen Pflichten lösen kann, wenn es sich um eine offenkundige Verletzung von grundlegenden innerstaatlichen Rechtsvorschriften handelt.[450] Nach diesem auch in Art. 27 und 46 der WVK zum Ausdruck kommenden Grundgedanken des Völkerrechts muss, ungeachtet der mit den Begriffen „offenkundig" und „grundlegend" verbundenen Auslegungsprobleme,[451] die innerstaatliche Verfassungsmäßigkeit von der völkerrechtlichen Ratifikation getrennt werden. Anders ausgedrückt und auf das EU-Recht bezogen, hindert das eingeschränkte „verfassungsrechtliche Dürfen" nicht automatisch das „unions-

[444] Dazu ausf. *H. Sauer*, EuR 2017, 186 ff., insb. 192 ff.

[445] BVerfGE 75, 223, 242 – *Kloppenburg*; s. a. bereits oben S. 336. In BVerfGE 58, 1, 29 u. 34 – *Eurocontrol I* wurde die Trennung hingegen noch deutlicher.

[446] Digesten 50, 17, 54.

[447] Für einen ausdrücklichen Bezug siehe nur *Haltern*, Europarecht: Dogmatik im Kontext, Bd. II, S. 438 f. Rn. 1075 u. S. 674 dort Fn. 331 sowie *Karaosmanoğlu*, Die Nichtanwendung deutscher unionsrechtswidriger Gesetze, S. 89 m. w. N.

[448] Dazu nur *Mugdan*, Die gesammelten Materialien zum BGB, Bd. 3, S. 189 f.; aus jüngerer Zeit *Schrader*, Wissen im Recht, S. 224 ff. u. 388.

[449] Dazu und zum Folgenden *H. Sauer*, EuR 2017, 186, 193 f.

[450] *Weiler*, The Constitution of Europe, S. 316; s. a. *Schmalenbach*, in: Dörr/Schmalenbach, Vienna Convention Commentary, Art. 27 Rn. 1 ff. u. 6 ff.

[451] Dazu nur *Verdross/Simma*, Universelles Völkerrecht, § 689 ff.; s. a. *Rensmann*, in: Dörr/Schmalenbach, Vienna Convention Commentary, Art. 46 Rn. 21 ff. u. 37 ff. sowie *Schmalenbach*, in: Dörr/Schmalenbach, Vienna Convention Commentary, Art. 27 Rn. 5 f.

rechtliche Können".[452] An dieser Stelle kann dahinstehen, ob der Art. 46 WVK bzw. der dahinterstehende völkergewohnheitsrechtliche Gedanke auf das EU-Recht anwendbar und seine Voraussetzungen für eine Abweichung vom Grundsatz *pacta sunt servanda* erfüllt wären.[453] Schließlich ist durch die Rechtsprechung des EuGH auch für das Unionsrecht geklärt, dass nationales Recht bei der unionsrechtlichen Kompetenzprüfung außer Betracht bleibt und auch nicht als Rechtfertigungsgrund für einen Verstoß gegen das Unionsrecht herangezogen werden kann.[454] Selbst wenn man Letzteres mit dem BVerfG anders sähe, wäre damit wegen der im Unionsrecht bestehenden Gültigkeits- bzw. Rechtmäßigkeitsvermutung weder eine automatische Nichtigkeit noch eine Kontrollkompetenz des BVerfG begründet.[455] Schließlich wäre auch im Falle eines „Übergangs" der verfassungsrechtlichen Grenzen die Frage der *unionsrechtlichen* Rechtswidrigkeit oder Nichtigkeit des fraglichen Sekundärrechtsaktes solange nicht geklärt, wie der EuGH nicht darüber geurteilt hätte. An diesem Befund kommt das BVerfG auch nicht mithilfe der völkerrechtlichen Ultra-vires-Lehre vorbei, da auch in diesem Fall die Rechtsprechung des nach den Verträgen der zwischenstaatlichen Organisation zuständigen Organs, hier des EuGH, maßgeblich wäre. Die von der Lehre regelmäßig für eine externe Ultra-vires-Kontrolle geforderte Ausnahme eines systematischen Versagens, läge in Bezug auf den EuGH nicht vor.[456] Schon allein aus diesen Gründen erscheint die Ergänzung des bisherigen bundesverfassungsgerichtlichen Ansatzes um eine völkerrechtliche Komponente eher zweifelhaft. Selbst wenn man das Unionsrecht wie reguläres Völkerrecht einordnen wollte, wäre eine eingehendere Auseinandersetzung mit der unions- und völkerrechtlichen Lage angezeigt. Die Vermischung von verfassungs- und völkerrechtlichen Komponenten in der Begründung des BVerfG vermag somit schon aus einer völkerrechtlichen Perspektive nicht zu überzeugen.

Doch auch bei einer rein verfassungsrechtlichen Sicht ist der neue Ansatz nicht unproblematisch. So richtet sich Art. 23 Abs. 1 S. 3 GG i. V. m. Art. 79 Abs. 3 GG ausdrücklich nur an den (verfassungsändernden) Gesetzgeber und nicht an die EU. Auch die Struktursicherungsklausel des Art. 23 Abs. 1 S. 1 GG

---

[452] *H. Sauer*, EuR 2017, 186, 193; s. a. *R. Hofmann/Heger*, EuGRZ 2020, 176, 185; *H. Sauer*, NJW 2016, 1134, 1136; *Streinz*, Bundesverfassungsgerichtlicher Grundrechtsschutz und Europäisches Gemeinschaftsrecht, S. 258 f. Anders wegen der Einordnung des Unionsrechts als abgeleitete Rechtsordnung durch das BVerfG aber *Hufeld*, in: Schubel/Kirste/Müller-Graff u. a., JVSR 2016/2017, S. 11, 38 f. sowie *Hufeld*, in: Isensee/Kirchhof, HdbStR Bd. X, 2012, § 215 Rn. 4 ff., insb. Rn. 7; dazu noch sogleich.

[453] Skeptisch zum Vorliegen der Kriterien *Weiler*, The Constitution of Europe, 316 dort Fn. 115; in Bezug auf die Gründungsverträge und einen möglichen grundrechtlichen Vorbehalt ebenfalls kritisch *Epping*, Die Außenwirtschaftsfreiheit, S. 201 ff.

[454] Dazu bereits oben S. 300 ff. sowie S. 57 f., insb. S. 57; zum unionsrechtlichen Verständnis von *pacta sunt servanda* s. a. oben S. 52 f.

[455] Dazu bereits oben S. 303 ff.

[456] *Paulus*, in: LA Landau, S. 269, 273; *Paulus*, in: FS Vagts, S. 132, 138 u. 141 f.; s. a. bereits oben S. 287 ff.

stellt zwar Anforderungen an die EU auf, sodass diese gewissermaßen „mittelbarer Adressat"[457] wird, unmittelbar verfassungsrechtlich gebunden bzw. verpflichtet werden aber nur die deutschen (Staats-)Organe.[458] Wollte man Rechtsakte der Union gleichwohl unmittelbar an deutsches Verfassungsrecht binden, müsste man die Übertragung von Hoheitsrechten als Vorgang verstehen, bei dem zwingend die jeweiligen verfassungsrechtlichen Grenzen „mitübertragen" werden. Dies läuft auf ein „dingliches" Verständnis des Übertragungsvorgangs hinaus, wie es früher im Rahmen der sogenannten Hypothekentheorie vertreten wurde.[459] Ein derartiges Verständnis ist aber nicht nur unionsrechtlich überholt,[460] sondern widerspricht auch der eindeutigen Rechtsprechung des BVerfG sowie dem weit überwiegenden Teil der Literatur. Beide verstehen die Übertragung nämlich als in den Grenzen der Verfassung ablaufende Öffnung der nationalen Rechtsordnung für die unmittelbare Geltung und Anwendung des europäischen Rechts bei gleichzeitiger Rücknahme des ausschließlichen Herrschaftsanspruchs der Bundesrepublik Deutschland im Geltungsbereich des Grundgesetzes.[461] Das Ausmaß dieser Öffnung des „staatlichen Souveränitätspanzers" hängt zwar von den Anforderungen des GG ab,[462] doch findet keine echte „dingliche" Übertragung von Hoheitsrechten statt, bei der die jeweiligen Grenzen „mitgenommen" werden. In Anlehnung an ein Zitat von *Werner Schroeder* sind nicht die übertragenen Hoheits*rechte* an die verfassungsrechtlichen Grenzen gebunden, sondern vielmehr nur der Hoheits*träger*, der die Hoheitsrechte überträgt.[463] Unabhängig davon, ob diese Grenze bei der

[457] So *Schorkopf*, in: Kahl/Waldhoff/Walter, Bonner Kommentar, Art. 23 GG Rn. 40, der dies aber als tatsächlich-politische und nicht als normative Stellung beschreibt; s. a. *Scholz*, in: Dürig/Herzog/Scholz, GG, Art. 23 GG Rn. 71.

[458] *Classen*, in: v. Mangoldt/Klein/Stark, GG, Art. 23 GG Rn. 8, 16 u. 18; *D. König*, Die Übertragung von Hoheitsrechten, S. 279 f.; *Schmalenbach*, Der neue Europaartikel 23 des Grundgesetzes, S. 60 f. sowie *Streinz*, in: Sachs, GG, Art. 23 GG Rn. 17 u. 53 m. w. N.

[459] *Gramlich*, Europäische Zentralbank und Art. 24 Abs. 1 GG, S. 101 u. 148 f.; *K. H. Klein*, Die Übertragung von Hoheitsrechten, S. 22; *Küchenhoff*, DÖV 1963, 161, 164 ff., insb. 165 f.; *Ruppert*, Die Integrationsgewalt, S. 84 ff. m. w. N. Kritisch schon *H. P. Ipsen*, Europäisches Gemeinschaftsrecht, S. 55 ff.

[460] Ein solches Verständnis klang bei *Generalanwalt Warner*, Schlussanträge v. 22.06.1976 – Rs. 7/76, ECLI:EU:C:1976:97, S. 1136 – *ICRA* zwar an, wurde vom EuGH aber abgelehnt. Dazu auch *Schroeder*, Das Gemeinschaftsrechtssystem, S. 114 f. sowie *Weiler*, The Constitution of Europe, S. 314 ff.

[461] BVerfGE 37, 271, 279 f. – *Solange I*; BVerfGE 58, 1, 27 f. – *Eurocontrol I*; BVerfGE 59, 63, 90 – *Eurocontrol II*; BVerfGE 73, 339, 374 f. – *Solange II*. Aus der Literatur siehe nur *Calliess*, in: Dürig/Herzog/Scholz, GG, Art. 24 Abs. 1 GG Rn. 38 ff. sowie *H. Sauer*, in: Kahl/Waldhoff/Walter, Bonner Kommentar, Art. 24 GG Rn. 37 ff.; jeweils m. w. N. Anders soweit ersichtlich nur *Flint*, Die Übertragung von Hoheitsrechten, S. 112 ff.; dagegen aber *Hobe*, in: Friauf/Höfling, Berliner Kommentar zum GG, Art. 24 GG Rn. 16 dort Fn. 51.

[462] Vgl. *A. Bleckmann*, ZaöRV 35 (1975), 79, 81; *A. Bleckmann*, Grundgesetz und Völkerrecht, S. 272 u. 308.

[463] Vgl. *Schroeder*, Das Gemeinschaftsrechtssystem, S. 114 dort Fn. 42; ähnlich auch *Isensee*, in: FS Stern 1997, S. 1239, 1246.

Übertragung von Hoheitsrechten sich auch als Grenze des Anwendungsvorrangs erweist,[464] bewirken die Grenzen des „verfassungsrechtlichen Dürfens“ nach dem geschilderten Übertragungsverständnis keine solche Einschränkung des „unionsrechtlichen Könnens“, wonach verfassungsrechtlich bedenkliche Rechtsakte zugleich unionsrechtswidrig wären.[465] Auch aus der verfassungsrechtlichen Sicht kann der neue Ansatz des BVerfG also nicht überzeugen. Dies gilt jedenfalls insoweit, als mit ihm auch externe, also unmittelbar auf das Unionsrecht wirkende Rechtsfolgen, verbunden werden. Eine andere, von der unionsrechtlichen Perspektive streng zu trennende Frage ist es hingegen, ob aus verfassungsrechtlicher Sicht identitäts- oder kompetenzwidrig ergangene Rechtsakte, einschließlich Urteilen des EuGH ungeachtet ihrer völker- bzw. unionsrechtlichen Wirksam- und Verbindlichkeit in der *innerstaatlichen* Perspektive akzeptiert werden bzw. Vorrang vor nationalem Recht beanspruchen können.[466] Nach dem grundlegenden Verständnis des BVerfG vom Anwendungsvorrang ist dies rein nach innerstaatlichem (Verfassungs-)Recht zu beantworten, während die unionsrechtliche (Außen-)Perspektive unangetastet bleibt. Dies lenkt den Blick zurück auf den „klassischen“ Zugang des BVerfG zum Recht der europäischen Integration über den Rechtsanwendungsbefehl des Zustimmungsgesetzes.

3. Die souveräne Anerkennung der unionsrechtlichen Letztentscheidung durch das deutsche Zustimmungsgesetz

In der Perspektive des BVerfG ist der Anwendungsvorrang des EU-Rechts ein verfassungsrechtlich begründetes und deshalb auch begrenztes Institut. Die Öffnung der deutschen Rechtsordnung für das supranationale Recht erfolgt nur nach Maßgabe des im Zustimmungsgesetz enthaltenen Rechtsanwendungsbefehls, der sich wiederum im Rahmen der verfassungsrechtlichen Grenzen halten muss. Obwohl dieser begrenzte Rechtsanwendungsbefehl Dreh- und Angelpunkt aller bundesverfassungsgerichtlichen Kontrollvorbehalte gegenüber dem EU-Sekundärrecht ist, muss diese ständige Rechtsprechung des BVerfG einer kritischen Betrachtung unterzogen werden. Wie bereits angedeutet, ist mit der Begründung verfassungsrechtlicher Grenzen der Integration und des Anwendungsvorrangs nämlich nicht automatisch auch eine Kontrollzuständigkeit des BVerfG in Bezug auf das Unionsrecht verbunden. Die Notwendigkeit einer

464 Insoweit kritisch *H. Sauer*, EuR 2017, 186, 194 m. w. N.; dazu sogleich.

465 *H. Sauer*, EuR 2017, 186, 193 u. 194 f.; s. a. *Hillgruber*, in: Behrens/Eger/H.-B. Schäfer, Ökonomische Analyse des Europarechts, S. 1 ff., insb. S. 19, 21 u. 24; vgl. *Streinz*, Bundesverfassungsgerichtlicher Grundrechtsschutz und Europäisches Gemeinschaftsrecht, S. 258 f.

466 Ausf. in Bezug auf EuGH-Urteile *Hillgruber*, in: Behrens/Eger/H.-B. Schäfer, Ökonomische Analyse des Europarechts, S. 1 u. 18 ff.; s. a. *H. Sauer*, EuR 2017, 186, 194; *Schilling*, Der Staat 29 (1990), 161, 171 ff. sowie *Schockweiler*, EuR 1996, 123, 126 f.

Trennung beider Aspekte wird besonders deutlich, wenn man einen genauen Blick auf den eigentlichen Gehalt des deutschen Zustimmungsgesetzes wirft.

Anders als im Rahmen der geplanten EVG, bei der ein ausdrücklicher Vorbehalt zugunsten der Grundrechte im Vertragstext verankert werden sollte,[467] findet sich eine vergleichbare Regelung für die EU weder im aktuellen Primärrecht noch wurde ein ausdrücklicher Vorbehalt von deutscher Seite erklärt. Im Gegenteil schien der Gesetzgeber schon beim Zustimmungsgesetz zur Gründung von EWG und EURATOM sowie zum Abkommen über die gemeinsamen Organe, einschließlich des EuGH davon auszugehen, dass das EU-Recht gegensätzliche Bestimmungen des nationalen Rechts „bricht".[468] Lässt man für den Moment den im jeweiligen Anhang enthaltenen Vertragstext außer Acht, enthalten die Zustimmungsgesetze zu den europäischen Verträgen bzw. deren Änderungen im Kern nur einen Artikel, in dem die Zustimmung ausdrücklich erteilt wird sowie eine Regelung zum Inkrafttreten des Gesetzes.[469] Bedingungen, Vorbehalte oder weitere inhaltliche Aussagen enthalten die Zustimmungsgesetze selbst nicht. Eine derartige, vorbehaltlose Zustimmung zum Anwendungsvorrang sowie zur im Primärrecht enthaltenen Letztentscheidungsbefugnis des EuGH wurde von den deutschen gesetzgebenden Körperschaften inzwischen acht Mal erklärt.[470] Dies ist aus einer historischen Perspektive auch nicht weiter verwunderlich. Schließlich war die Etablierung einer umfassenden gerichtlichen Kontrolle der europäischen Integration von Anfang an ein besonderes Anliegen von deutscher Seite.[471] Ausdrückliche Bedingungen oder verfassungsrechtliche Vorbehalte gegenüber der damit verbundenen unionsrechtlichen Letztentscheidung des EuGH hat die deutsche Seite hingegen weder auf völkerrechtlicher Ebene noch in den Zustimmungsgesetzen erklärt.

Dies betrifft aber nur die eigentlichen Zustimmungsgesetze und nicht deren Anhänge. Bei der verfassungsgerichtlichen Prüfung von Zustimmungsgesetzen stehen weniger dessen einzelne Artikel als die im jeweiligen Anhang des Zustimmungsgesetzes befindlichen Vertragstexte im Fokus. Letztere sind zwar formell vom Zustimmungsgesetz zu unterscheiden, bilden aber gleichzeitig den materiellen Inhalt für die juristische Prüfung. Bei der gerichtlichen Kontrolle des Zustimmungsgesetzes wird nämlich geprüft, ob die Bundesrepublik einem

---

[467] Vgl. Art. 3 § 1 des Vertrags über die Gründung der Europäischen Verteidigungsgemeinschaft, BGBl. 1954 II, S. 342, 346.

[468] BT-Drucks. 2/3440 v. 04.05.1957, Anlage B, S. 150; zur damaligen Diskussion über einen letztlich nicht erklärten Vorbehalt siehe *Epping*, Die Außenwirtschaftsfreiheit, S. 201 m. w. N.

[469] Exemplarisch BGBl. 1952 II, S. 445; BGBl. 1957 II, S. 753 f.; BGBl. 1992 II, S. 1251; BGBl. 2001 II, S. 1666; BGBl. 2007 II, S. 1038.

[470] *Carl O. Lenz*, in: Behrens/Eger/H.-B. Schäfer, Ökonomische Analyse des Europarechts, S. 27, 33; *Carl O. Lenz*, in: Pernice/Schwarz, Europa in der Welt, S. 73, 84; s. a. die Nachweise oben Kap. 5 Fn. 187 f.

[471] *Ophüls*, NJW 1951, 289, 291.

Vertrag mit dem jeweiligen Inhalt aus verfassungsrechtlicher Sicht zustimmen darf.[472] Auch nachdem die Zustimmung erteilt wurde, spielt dieser Anhang für den „verdoppelten Prüfungsmaßstab" des BVerfG bei der Ultra-vires-Kontrolle eine entscheidende Rolle. Letztlich prüft das BVerfG, ob das materielle Unionsrecht, wie es sich aus den Verträgen und deren Handhabung durch die EU-Organe ergibt, von der „deutschen Version" des Unionsrechts, die sich aus dem Zustimmungsgesetz bzw. dem dort niedergelegten Integrationsproramm ergibt, abweicht.[473] Insoweit wird auch darauf verwiesen, dass sich die Prüfungsmaßstäbe beider Gerichte unterscheiden, da der EuGH anhand des Primärrechts prüfe, während das BVerfG das Zustimmungsgesetz bzw. dessen Reichweite heranziehe.[474] Bei einer solchen Sichtweise wäre das BVerfG ebenfalls ein „europäisches Kompetenzgericht", allerdings mit einem eigenen Maßstab.[475] Ein echter Letztentscheidungskonflikt würde nicht entstehen, da beide Gerichte gar nicht das „letzte Wort" über den gleichen Maßstab beanspruchen, sondern jeder über „sein Recht" urteilen würde.

Die grundsätzliche Aufgabenteilung zwischen EuGH und BVerfG hinsichtlich der Gültigkeitsprüfung von Unionsrecht auf der einen und Verfassungsrecht auf der anderen Seite ist ebenso wenig zu leugnen wie die Existenz verfassungsrechtlicher Grenzen der europäischen Integration. Gleichwohl vermag die angesprochene Sichtweite allein mit Blick auf das Zustimmungsgesetz nicht zu überzeugen. Zunächst existiert eine „deutsche Version" des Unionsrechts ebenso wenig, wie eine „französische" oder „lettische", weshalb es bei der Kompetenzkontrolle der Sache nach gar keinen unterschiedlichen Maßstab gibt. Schließlich beruht die Auseinandersetzung über die Letztentscheidung im Wesentlichen auf der unterschiedlichen Auslegung des gleichen unionsrechtlichen Kompetenzmaßstabs.[476] Der Unterschied ist lediglich, dass das Unionsrecht vom BVerfG nur mittelbar bzw. als Vorfrage herangezogen wird, während der EuGH es unmittelbar prüft. Dennoch beanspruchen beide Seiten das „letzte Wort" über die Auslegung des hinter beiden Ansätzen stehenden identischen

---

472 Dazu bereits oben S. 127 f.

473 *Mayer*, Kompetenzüberschreitung und Letztentscheidungsrecht, S. 104 ff.; zuvor schon *Winkelmann*, Das Maastricht-Urteil des Bundesverfassungsgerichts, S. 50 f.

474 Vgl. *Gersdorf*, DVBl 1994, 674, 683 unter Hinweis auf BVerfGE 75, 223, 234 f. – *Kloppenburg*. Ähnlich *Nettesheim*, in: von Bogdandy/Bast, Europäisches Verfassungsrecht, S. 389, 403. Dahinter steht letztlich wieder die „Brückentheorie" von *Paul Kirchhof*, siehe *P. Kirchhof*, JZ 1989, 965, 973 f. sowie *P. Kirchhof*, NJW 2020, 2057, 2058 ff.; s. a. bereits oben S. 62 f. u. 339.

475 So ausdrücklich *Kahl*, NVwZ 2020, 824, 825; s. a. bereits *Gersdorf*, DVBl 1994, 674, 682 f. dagegen aber *Carl O. Lenz*, in: Pernice/Schwarz, Europa in der Welt, S. 73, 84 f.

476 Deutlich *H. Sauer*, Jurisdiktionskonflikte in Mehrebenensystemen, S. 192 f.; s. a. *Carl O. Lenz*, in: Pernice/Schwarz, Europa in der Welt, S. 73, 84 f. sowie *Funke*, ZG 2011, 166, 168 f. Auch *K. Kaiser*/*Schübel-Pfister*, in: Emmenegger/Wiedmann, Linien der Rechtsprechung des BVerfG, Bd. 2, S. 545, 562 f. sprechen von unterschiedlichen Rechtsgrundlagen, aber einer Prüfung „am – identischen – Maßstab des Primärrechts".

Maßstabs. Vor allem aber liegt, selbst wenn man das Bild einer „deutschen Version“ gedanklich mitgeht, auch in dieser Version die Zuständigkeit zur unionsrechtlichen Letztentscheidung beim EuGH. Will das BVerfG zur Kontrolle des EU-Sekundärrechts maßgeblich auf eine Abweichung vom Zustimmungsgesetz bzw. dem dort niedergelegten Integrationsprogramm abstellen, muss es auch dessen Inhalt vollständig zu Kenntnis nehmen.[477] Der Rechtanwendungsbefehl des Zustimmungsgesetzes enthält über den im Anhang befindlichen Vertragstext nicht nur in prozessualer Hinsicht die Anerkennung der unionsrechtlichen Letztentscheidung einschließlich der Vorlagepflicht des BVerfG,[478] sondern auch in materieller Hinsicht die sich aus der Entscheidung ergebenden Rechtsfolgen, was insbesondere die unionsrechtliche Vermutung der Rechtmäßigkeit bzw. Gültigkeit einschließt.[479] Noch deutlicher formuliert, gehört die Zuständigkeit des EuGH zur letztverbindlichen Entscheidung über die unionsrechtlichen Maßstäbe der Integration zu dem durch das Zustimmungsgesetz „Übertragenen“, ist also Teil des Rechtsanwendungsbefehls.[480] Dies schließt eine alleinige Zuständigkeit des EuGH für eine *unionsrechtliche* Kompetenz- oder Identitätskontrolle ein.[481]

Die Notwendigkeit einer Trennung von verfassungsrechtlichen Grenzen des Anwendungsvorrangs und der Frage der Kontrollzuständigkeit für das Unionsrecht folgt also auch aus dem Zustimmungsgesetz selbst, da es letztere Frage allein und ohne ausdrückliche Einschränkungen dem EuGH zuweist. Um es noch deutlicher zu formulieren, stellt das Zustimmungsgesetz dem BVerfG keinen alternativen Prüfungsmaßstab für eine Ultra-vires-Kontrolle zur Verfügung, sondern begründet vielmehr die Zuständigkeit des EuGH. Damit ist aber nur ausgeschlossen, dass eine Kontrollzuständigkeit des BVerfG allein auf das Zustimmungsgesetz gestützt werden kann. Eine andere Frage ist es hingegen, ob die im Zustimmungsgesetz enthaltene Übertragung der alleinigen *unionsrechtlichen* Zuständigkeit auf den EuGH durch das Zustimmungsgesetz *verfassungsrechtlich* grenzenlos ist, bzw. ob sich insoweit „inhärente Schranken“[482] aus dem verfassungsrechtlichen Rahmen des Zustimmungsgesetzes ergeben. Schließlich muss das einfachgesetzliche Zustimmungsgesetz insgesamt verfas-

---

[477] *Funke*, ZG 2011, 166, 180.

[478] Zur Vorlage siehe nur *Müller-Graff*, EuZ 2020, 154, 155 m. w. N.

[479] *Funke*, ZG 2011, 166, 180 ff.

[480] Ausf. *Proelß*, Bundesverfassungsgericht und überstaatliche Gerichtsbarkeit, S. 264 ff. m. w. N.; s. a. *Proelß*, EuR 2011, 241, 247; *E. Klein*, in: GS Grabitz, S. 271, 280 f. sowie *Dörr*, Der europäisierte Rechtsschutzauftrag deutscher Gerichte, S. 130 m. w. N. Aus jüngerer Zeit *Simon*, Grenzen des Bundesverfassungsgerichts im europäischen Integrationsprozess, S. 241 ff., der aber eine Kontrollzuständigkeit des BVerfG bei Verletzungen der Verfassungsidentität anerkennt.

[481] Vgl. *Arnold*, in: FS Scheuing, S. 17, 22 f.; zum EuGH s. a. bereits oben S. 218 ff. u. 287 ff.

[482] Vgl. *Winkelmann*, Das Maastricht-Urteil des Bundesverfassungsgerichts, S. 50.

sungsgemäß sein, also auch die verfassungsrechtlichen Grenzen der Integration achten.

Bevor aber auf diese grundgesetzlichen Grenzen und ihre Bedeutung für die unionsrechtliche Letztentscheidung eingegangen wird, soll zunächst noch einmal das grundlegende Argument des BVerfG für eine eigene Kompetenzkontrollzuständigkeit betrachtet werden. Obwohl das BVerfG erkennt, dass seine eigene Kontrolle mit der unionsrechtlichen Perspektive nicht vereinbar ist, verweist es auf die Stellung der Mitgliedstaaten als „Herren der Verträge" sowie ihre „fortbestehende[] Souveränität", die gefährdet wären, wenn das Gericht nicht über eine eigene Kontrolle einer faktischen Kompetenz-Kompetenz der EU entgegenwirken könnte.[483] Dahinter steht letztlich der Gedanke, dass mit Blick auf die souveräne Staatlichkeit der Bundesrepublik eine vollständige Übertragung der gerichtlichen Letztentscheidung ausgeschlossen ist.

Unabhängig von den bereits im Rahmen der primärrechtlichen Grenzen diskutierten generellen Problemen, die mit dem Souveränitätsverständnis des BVerfG verbunden sind,[484] überzeugt der Souveränitätsbezug zur Begründung einer Letztentscheidung hinsichtlich des EU-Sekundärrechts nicht. Selbst wenn man den Schutz der souveränen Staatlichkeit als zentrales Anliegen anerkennt, beträfe dies nur den „Eintritt in die Integrationsbindung, nicht aber die Art und Weise, in welcher die sich aus der Bindung für eine zwischenstaatliche Einrichtung ergebenden Befugnisse ausgeübt werden."[485] Die Übertragung der Letztentscheidung an den EuGH und die damit einhergehende Bindung ist, wie die Mitwirkung bei der Integration insgesamt, kein Verzicht, sondern Ausdruck einer souveränen Entscheidung der Bundesrepublik Deutschland.[486] Kraft dieser souveränen Entscheidung hat Deutschland sich verpflichtet, die geltenden Regeln der EU-Verträge einzuhalten, die nicht durch die Herrschaft der Mitgliedstaaten, sondern die Herrschaft des Rechts geprägt sind.[487] Wesentlicher Teil dieser Regeln ist die verbindliche Letztentscheidung des EuGH. Weder die Verbindlichkeit der Regeln an sich noch die Tatsache, dass Deutschland eine Änderung der Regeln zwar im negativen Sinne blockieren, nicht aber im positiven Sinne eigenmächtig bewirken kann,[488] gefährden die souveräne Staatlichkeit Deutschlands. Schließlich ist auch Art. 50 EUV Teil der eingegangenen Verpflichtung, was es Deutschland unionsrechtlich ermöglicht, kraft einer

[483] BVerfGE 126, 286, 303 – *Honeywell*; BVerfGE 154, 17, 90 f. Rn. 111 – *PSPP-Urteil*; zuvor schon BVerfGE 123, 267, 348 ff., insb. 353 f. u. 400 ff. – *Lissabon*. Zur faktischen Kompetenz-Kompetenz auch *Di Fabio*, Der Staat 32 (1993), 191, 197.

[484] Dazu bereits oben S. 152 ff.

[485] *C. Möllers*, Staat als Argument, S. 402; im Ergebnis zustimmend *Simon*, Grenzen des Bundesverfassungsgerichts im europäischen Integrationsprozess, S. 245 f.

[486] Mit Blick auf die gerichtliche Kontrolle siehe nur *Classen*, in: v. Mangoldt/Klein/Stark, GG, Art. 24 GG Rn. 53 m. w. N.; allgemein bereits oben S. 154 f.

[487] Dazu bereits oben S. 361.

[488] Zu dieser Vetoposition bereits oben S. 155.

souveränen Entscheidung, die EU wieder zu verlassen. Wegen der unionsrechtlichen Austrittsmöglichkeit wäre die souveräne Staatlichkeit, so sie denn tatsächlich gefährdet wäre, gewahrt, ohne dass ein Letztentscheidungsrecht des BVerfG erforderlich wäre.[489] Unabhängig davon, ob ein solcher Austritt verfassungsrechtlich überhaupt zulässig wäre,[490] und ob er sich im Ergebnis als Gewinn oder nicht doch eher als Verlust von Herrschaft oder Souveränität erweisen würde,[491] ist das Recht zum Austritt in Art. 50 EUV ausdrücklich niedergelegt. Soweit die Ultra-vires-Erklärung teilweise als milderes Mittel gegenüber einem EU-Austritt beschrieben wird, vermag dies aus verfassungsrechtlicher Sicht und mit Blick auf das Staatsziel der Integration zu überzeugen.[492] Allerdings kann nicht im Wege eines Erst-recht-Schlusses aus der Austrittsmöglichkeit über Art. 50 EUV oder allgemeiner der staatlichen Souveränität eine eigene Letztentscheidung begründet werden. Art. 50 EUV regelt nur den vollständigen Austritt, also die umfassende Beendigung der mitgliedstaatlichen Bindungen. Solange der Austritt nicht vollzogen ist, bleibt es bei der souverän eingegangenen Bindung an die EU-Verträge einschließlich des Rechtsprechungsmonopols des EuGH. Ein „thematisch begrenzter Teilaustritt"[493] über eine eigene Letztentscheidung ist ausgeschlossen. Selbst wenn man annimmt, dass über Art. 50 EUV im Wege des Austrittsabkommens ein echter Teilaustritt und damit Modifikationen des EU-Rechts möglich sind,[494] würden entsprechende Änderungen für den jeweiligen Mitgliedstaat erst nach dem Teilaustritt bzw. mit dem Inkrafttretens des Abkommens wirksam. Auch bei einem solchen Verständnis würde die Möglichkeit zum Austritt über Art. 50 EUV oder dahinterstehende Souveränitätsüberlegungen keine Begründung oder Rechtfertigung für eine einseitige Abweichung von der unionsrechtlichen Letztentscheidung liefern.

Eine entsprechende Wertung lässt sich im Übrigen auch dem deutschen Grundgesetz entnehmen. Schließlich ist für das GG die Anerkennung der Letztentscheidung eines internationalen Gerichts im Wege einer souveränen Entscheidung kein Fremdkörper, sondern vielmehr Teil seiner auf eine offene Staatlichkeit ausgerichteten Identität. So enthält Art. 24 Abs. 3 GG einen ausdrücklichen Verfassungsauftrag zum Beitritt einer Vereinbarung über eine allgemeine, umfassende, obligatorische, internationale Schiedsgerichtsbarkeit.[495]

---

489 *Giegerich*, EuZW 2020, 560, 565; s. a. *C. Möllers*, Staat als Argument, S. 399 ff.

490 Dazu ausf. *Groß*, EuR 2018, 387 ff.

491 Für Letzteres *Ullrich*, EWS 2020, 301, 321.

492 Vgl. *Hillgruber*, in: Behrens/Eger/H.-B. Schäfer, Ökonomische Analyse des Europarechts, S. 1, 26.

493 So *Hellwig*, NJW 2020, 2497, 2503 Rn. 54 in Bezug auf das PSPP-Urteil des BVerfG.

494 Zur Frage des „Teilaustritts" siehe nur *Dörr*, in: Grabitz/Hilf/Nettesheim, EUV/AEUV, Art. 50 EUV Rn. 30 ff., insb. Rn. 33 sowie *Szczekalla*, in: Pechstein/Nowak/Häde, FK EUV/GRC/AEUV, Art. 50 EUV Rn. 26; jeweils m. w. N.

495 Zur Beitrittspflicht und den Anforderungen siehe *Aust*, in: von Münch/Kunig, GG, Art. 24 GG Rn. 90 ff.; *Calliess*, in: Dürig/Herzog/Scholz, GG, Art. 24 Abs. 3 GG Rn. 6 ff.;

Obwohl inhaltliche Grenzen für die Unterwerfung insbesondere in Form einer *vital interests and honour clause*[496] auch Gegenstand der Diskussion im Parlamentarischen Rat waren, wurde bewusst auf eine ausdrückliche Beschränkung der einmal eingerichteten Letztentscheidungsinstanz verzichtet und lediglich Anforderungen an den Betritt zur Gerichtsbarkeit formuliert.[497] Somit verdeutlicht Art. 24 Abs. 3 GG eindrucksvoll, dass sich das GG auch gegenüber einer letztentscheidenden internationalen Gerichtsbarkeit öffnet und dass eine damit einhergehende souveräne Bindung ohne eigenes Letztentscheidungsrecht nicht per se mit dem GG unvereinbar, sondern vielmehr verfassungsrechtlich gefordert ist.[498] In Anbetracht der in Art. 24 Abs. 3 GG zum Ausdruck kommenden Entscheidung des Verfassungsgebers zur Überwindung der staatlichen Selbstbeurteilung völkerrechtlicher Rechte und Pflichten, ist die fehlende Auseinandersetzung des BVerfG mit der Norm und den dahinterstehenden Gedanken im Rahmen der europäischen Integration bemerkenswert.[499] Umgekehrt darf aber auch nicht vorschnell aus Art. 24 Abs. 3 GG geschlossen werden, dass für die stärker integrierte EU eine deutsche Letztentscheidung „erst recht" ausgeschlossen sei.[500] Schließlich könnten in Anbetracht der ausdrücklichen Grenzen des Art. 23 Abs. 1 GG, der für die europäische Integration allein maßgeblich ist, mit dem höheren Grad an Integration im Rahmen der EU auch höhere verfassungsrechtliche Anforderungen einhergehen. Gleichwohl verdeutlicht die Existenz des Art. 24 Abs. 3 GG, dass das GG Souveränität und gerichtliche Letztentscheidung nicht gleichsetzt. Vielmehr kann Letztere im Wege einer souveränen Entscheidung auf ein internationales bzw. zwischenstaatliches Gericht übertragen werden.

Insgesamt hat die Bundesrepublik die Zuständigkeit zur letztverbindlichen Kontrolle des EU-Rechts also vorbehaltlos auf den EuGH übertragen. Weder aus dem Schutz der staatlichen Souveränität noch aus dem deutschen Zustimmungsgesetz allein ergibt sich eine diesbezügliche Einschränkung oder Bedingung. Dies ist auch nicht von vornherein mit dem GG unvereinbar, wie Art. 24 Abs. 3 GG verdeutlicht. Etwas anders könnte sich allerdings aus dem Umstand ergeben, dass sich das Zustimmungsgesetz als nationaler Rechtsakt im Rahmen des GG bewegen muss. Für die europäische Integration stellt Art. 23 GG als

---

Classen, in: v. Mangoldt/Klein/Stark, GG, Art. 24 GG Rn. 95 u. 98 ff. sowie *Wollenschläger*, in: Dreier, GG Kommentar, Bd. II, Art. 24 GG Rn. 78 ff.

496 Dazu nur *von Mangoldt*, Schiedsgerichtsbarkeit, S. 97 ff.; *Oellers-Frahm*, AVR 27 (1989), 442, 449 ff.

497 *Matz*, in: von Doemming/Füßlein/Matz, JöR 1 (1951), 223 ff.; dazu *Classen*, in: v. Mangoldt/Klein/Stark, GG, Art. 24 GG Rn. 101; s. a. *Mayer*/*M. Walter*, JURA 2011, 532, 539.

498 *Classen*, in: v. Mangoldt/Klein/Stark, GG, Art. 24 GG Rn. 101 u. 53 f.; s. a. *Hobe*, Der offene Verfassungsstaat, S. 148 sowie *Proelß*, ZEuS 2016, 401, 408 u. 410.

499 Vgl. *Classen*, in: v. Mangoldt/Klein/Stark, GG, Art. 24 GG Rn. 53 f.; s. a. *Classen*, JZ 2009, 881, 888.

500 In diese Richtung aber *Giegerich*, ZEuS 2016, 3, 30.

lex specialis eindeutige Grenzen auf. Wie dargelegt, führen mögliche verfassungsrechtliche Grenzen nicht zu einer Einschränkung des „unionsrechtlichen Könnens", nehmen einem (vermeintlichen) Ultra-vires-Akt des EU also nicht bereits die primärrechtliche Grundlage. Dennoch entspricht es der ständigen Rechtsprechung des BVerfG, dass der innerstaatliche Rechtsanwendungsbefehl des Zustimmungsgesetzes nur innerhalb der verfassungsrechtlichen Grenzen erteilt wird. Da der Rechtsanwendungsbefehl grundsätzlich auch die Letztentscheidung des EuGH zum Inhalt hat, gilt es zu klären, ob und wie sich die verfassungsrechtlichen Grenzen des Zustimmungsgesetzes in der innerstaatlichen Perspektive auf die Anerkennung der unionsrechtlichen Letztentscheidung auswirken.

4. Die verfassungsrechtlichen Grenzen der unionsrechtlichen Letztentscheidungsbefugnis des EuGH

Wenn sich aus dem bisher Gesagten kein Maßstab für eine Ultra-vires-Kontrolle ableiten lässt, verbleibt als Rechtsgrundlage und Maßstab nur das Verfassungsrecht. Möglicherweise muss das Zustimmungsgesetz aufgrund seines vom unionsrechtlichen Kontext abweichenden grundgesetzlichen Rahmens verfassungskonform dahingehend ausgelegt werden, dass die Übertragung der Letztentscheidungsbefugnis unter dem Vorbehalt einer Kontrolle des BVerfG steht.[501] Anders formuliert gilt es zu klären, ob das im Zustimmungsgesetz enthaltene „Ja" zur Übertragung der Zuständigkeit zur Prüfung und Verwerfung des EU-Sekundärrechts an den EuGH mittels der verfassungsrechtlichen Grenzen zu einem „Ja, aber" wird.

Eine auf diesem Wege begründete Ultra-vires-Kontrolle sollte dabei nicht vorschnell allein deshalb abgelehnt werden, weil das BVerfG die Zustimmungsgesetze zum Vertrag von Maastricht und Lissabon und damit auch die darin enthaltene unionsrechtliche Letztentscheidungsbefugnis des EuGH als verfassungsgemäß beurteilt hat. Schließlich hat das Gericht im gleichen Atemzug die Rechtsfigur des ausbrechenden Rechtsaktes bzw. die Ultra-vires-Kontrolle ausgestaltet und sie so gewissermaßen als Ausgleich oder Bedingung für die Zustimmung zu den Verträgen etabliert.[502] Andererseits muss auch das BVerfG die grundsätzliche Entscheidung der gesetzgebenden Körperschaften respektieren, die Kontrolle des Unionsrechts auf den EuGH zu übertragen.[503] Würde

---

[501] Vgl. *Huber*, AöR 116 (1991), 210, 234 ff. sowie *Hillgruber*, in: Behrens/Eger/H.-B. Schäfer, Ökonomische Analyse des Europarechts, S. 1, 20 f.

[502] Sehr deutlich BVerfGE 123, 267, 353 f. – *Lissabon*; zum Bedingungscharakter oben S. 149.

[503] *E. Klein*, in: Benda/Klein/Klein, Verfassungsprozessrecht, § 3 Rn. 92; *Proelß*, Bundesverfassungsgericht und überstaatliche Gerichtsbarkeit, S. 265 sowie *Proelß*, EuR 2011, 241, 248 m. w. N. Dazu und zum Folgenden auch *Simon*, Grenzen des Bundesverfassungsgerichts im europäischen Integrationsprozess, S. 245 f.

das BVerfG eine umfassende Ultra-vires-Kontrolle für sich in Anspruch nehmen, obwohl es die Übertragung im Zustimmungsgesetz bereits gebilligt hat, könnte dies auf eine allgemeine Rechtmäßigkeitskontrolle hinauslaufen, die im Außenverfassungsrecht sonst nicht vorgesehen ist.[504] Sieht man für den Moment von der in jüngerer Zeit erkennbaren Tendenz ab, eine umfassende Kontrolle des EU-Rechts vorzunehmen, wurde die Ultra-vires-Kontrolle vom BVerfG ursprünglich als Reservekompetenz etabliert und ausgestaltet. So verweist das Gericht für alle Konstellationen der Ultra-vires-Kontrolle auf die bestehende Vorlagepflicht zum EuGH und erkennt die dabei ergehende Entscheidung grundsätzlich, namentlich bis zur Grenze objektiver Willkür, an. Der eigentliche Fokus der Ultra-vires-Kontrolle liegt damit nicht auf der umfassenden Kontrolle des ursprünglichen EU-Rechtsaktes, sondern vor allem auf der Verbindlichkeit der diesen Akt bestätigenden EuGH-Entscheidung und ihren Grenzen.[505] Wenn also nicht nur der Rechtsanwendungsbefehl über Art. 23 Abs. 1 S. 2 GG, sondern auch das BVerfG die unionsrechtliche Letztentscheidung des EuGH dem Grunde nach akzeptieren, muss die Frage nach der verfassungsrechtlichen Rechtsgrundlage und dem Maßstab der Ultra-vires-Kontrolle präzisiert werden. Es kann nicht darum gehen, über das Verfassungsrecht eine umfassende Kontrollkompetenz hinsichtlich des EU-Sekundärrechts zu begründen. Entscheidend für den Ultra-vires-Maßstab ist vielmehr, ob und ggf. auf welcher verfassungsrechtlichen Grundlage und anhand welchen Maßstabs das BVerfG die unionsrechtliche Letztentscheidung kontrollieren darf.[506] Anders formuliert gilt es zu klären, ob die Zuständigkeitsübertragung an den EuGH nur *grundsätzlich*, also unter dem Vorbehalt möglicher Ausnahmen, oder auch aus Sicht des GG vollständig erfolgt ist. Sollte aus verfassungsrechtlicher Sicht ein Vorbehalt geboten sein, schließt sich die Frage an, unter welchen Bedingungen er aktiviert werden muss.

Tatsächlich gibt es nicht wenige Stimmen, welche auch aus verfassungsrechtlicher Sicht dem EuGH die umfassende Kompetenz zusprechen, verbindliche Fehlentscheidungen zu treffen und jegliche Art von bundesverfassungsgerichtlicher Reservekompetenz ablehnen.[507] In diesem Zusammenhang wird auch darauf verwiesen, dass die Grenzen des „Übertragenen" von jenen des „Über-

[504] Vgl. BVerfGE 118, 244, 271 – *Afghanistan-Einsatz*; dazu *Peterek*, in: Becker/Lange, Linien der Rechtsprechung des BVerfG, Bd. 3, S. 553, 570 sowie *Schneider*, AöR 139 (2014), 196, 221.

[505] Dazu bereits oben S. 342 ff. u. 347 ff.

[506] Vgl. auch *Uerpmann-Wittzack*, in: von Münch/Kunig, GG, Art. 23 GG Rn. 71 ff.

[507] Ausf. *Büdenbender*, Das Verhältnis des Europäischen Gerichtshofs zum Bundesverfassungsgericht, S. 178 ff.; siehe allein aus jüngerer Zeit auch *Arnold*, in: FS Scheuing, S. 17, 22 f.; *Classen*, in: v. Mangoldt/Klein/Stark, GG, Art. 23 GG Rn. 56 f. u. Art. 24 GG Rn. 52 ff.; *Frenz*, VerwArch 100 (2009), 475, 483 f.; *Frenz*, DVBl 2020, 1017, 1020; *H. Sauer*, Jurisdiktionskonflikte in Mehrebenensystemen, S. 463 f. Zuvor bereits *E. Klein*, VVDStRL 50 (1991), 56, 66 ff.; *Kempen*, AVR 35 (1997), 273, 281 f.; s. a. die Nachweise bei *R. Fiedler*, Bundesverfassungsgericht und Völkerrecht, S. 141 f. auch zur a. A.

tragbaren" unterschieden werden müssten und dem BVerfG nur eine Kontrollzuständigkeit hinsichtlich der „Grenze des Übertragbaren" zukomme.[508] Diesen Punkt greifen zahlreiche andere Stimmen auf, wenn sie die Übertragung der Zuständigkeit an den EuGH, inklusive möglicher Fehlentscheidungen zwar im Grundsatz akzeptieren, im Falle von Kompetenzüberschreitungen, die mit einer Verletzung der Verfassungsidentität als Grenze des Übertragbaren einhergehen, aber eine Reservekompetenz des BVerfG annehmen. Diese in Reaktion auf das PSPP-Urteil noch einmal verstärkt aufkommende Ansicht bedeutet letztlich eine Beschränkung des bundesverfassungsgerichtlichen Integrationsvorbehalts auf eine identitätsbezogene Ultra-vires-Kontrolle.[509] Wiederum andere beziehen sich nicht immer ausdrücklich auf die Grenze des Art. 79 Abs. 3 GG, teilen aber das Grundanliegen, die Ultra-vires-Kontrolle des BVerfG auf solche Fälle zu beschränken, bei denen der EuGH die Missbrauchs- oder Evidenzgrenze überschritten hat.[510] Wie dargestellt, nimmt das BVerfG für sich das „letzte Wort" in Anspruch, verweist aber zugleich auf eine zurückhaltende Ausübung. Obwohl dies eine Einordnung als Missbrauchs- oder Evidenzkontrolle nahelegt, weisen die Rechtsprechung und die vom BVerfG herangezogenen Maßstäbe insoweit eine gewisse Ambivalenz auf.

Im Ausgangspunkt besteht zunächst kein Zweifel daran, dass nach der ständigen Rechtsprechung und dem damit verbundenen verfassungsrechtlichen Zugang des BVerfG zur europäischen Integration ein vollständiger Verzicht auf eine Ultra-vires-Kontrolle nicht in Betracht kommt. Bei einem Verständnis des Anwendungsvorrangs als verfassungsrechtlich begründetes Institut sind entsprechende Grenzen desselben nur konsequent und logisch, auch wenn der Zugang des BVerfG weiterhin mit Schwierigkeiten verbunden bleibt. So bedeutet eine Begrenzung des Vorrangs wegen einer Überschreitung der verfassungsrechtlichen Grenzen nichts anderes als eine mittelbare Bindung der EU-Organe an das GG und läuft im Ergebnis auf eine Art innerstaatlich begrenzte Hypo-

---

[508] Dazu nur *Dörr*, DVBl 2006, 1088, 1095 m. w. N. sowie *E. Klein*, VVDStRL 50 (1991), 56, 68. Ausf. zur Unterscheidung beider Grenzen siehe *Dörr*, Der europäisierte Rechtsschutzauftrag deutscher Gerichte, S. 109 ff., 127 ff. u. 254 ff.

[509] Ausf. *Proelß*, Bundesverfassungsgericht und überstaatliche Gerichtsbarkeit, S. 298 u. 264 ff., insb. S. 266 sowie *Simon*, Grenzen des Bundesverfassungsgerichts im europäischen Integrationsprozess, S. 241 ff. u. 267 ff., s. a. S. 162 u. 291 ff.; s. a. *Calliess*, NVwZ 2020, 897, 902; *Calliess*, NVwZ 2019, 684, 691; *Ludwigs*, EWS 2020, 186, 190; *E. Klein*, in: Benda/Klein/Klein, Verfassungsprozessrecht, § 3 Rn. 92 f.; *Ludwigs*, EuZW 2020, 530, 532 f.; *T. M. J. Möllers*, EuZW 2020, 503, 505; *Simon/Rathke*, EuZW 2020, 500, 502; zuvor auch bereits *Hirsch*, JöR 49 (2001), 79, 82. Für eine Ausschärfung der Identitätskontrolle auch *Gärditz*, EuZW 2020, 505 f. Zur Vereinheitlichung der Vorbehalte über die Identitätskontrolle siehe *Dederer*, JZ 2014, 314, 315 ff. sowie bereits ausf. oben S. 195 u. 251 ff.

[510] Siehe nur *Gersdorf*, DVBl 1994, 674, 682 ff., insb. 684; *Heinrich A. Wolff*, in: Hömig/Wolff, Grundgesetz, Art. 23 GG Rn. 16; *Huber*, AöR 116 (1991), 210, 218 f. u. 247 f.; *Huber*, Recht der Europäischen Integration, S. 358 ff. Rn. 60 ff., insb. S. 360 Rn. 67; *Seiler*, Der souveräne Verfassungsstaat, S. 267; *Uerpmann-Wittzack*, in: von Münch/Kunig, GG, Art. 23 GG Rn. 71 ff.; s. a. *Schneider*, AöR 139 (2014), 196, 219 ff.

thekentheorie hinaus.[511] Selbst wenn man den häufig geäußerten Erst-recht-Schluss[512], der EU und ihren Organen könne nicht erlaubt sein, was selbst dem verfassungsändernden Gesetzgeber verboten sei,[513] im Ergebnis teilt, ist die Begründung mit dem ansonsten abweichenden Verständnis der Übertragung von Hoheitsrechten nicht vollständig zu vereinbaren.[514] Dessen ungeachtet unterstreicht die jüngste Ultra-vires-Erklärung noch einmal in aller Deutlichkeit, dass das BVerfG nicht von seinem grundsätzlichen Verständnis des relativen Anwendungsvorrangs abweichen und sich ebenso wenig wie der EuGH von einem anderen Zugang überzeugen lassen wird.[515] Gleichzeitig erteilt das BVerfG damit all jenen Stimmen, die eine vollständige Übertragung der gerichtlichen Zuständigkeit an den EuGH annehmen, eine deutliche Absage. Ist eine vollständige Aufgabe der jeweiligen Kontrolle also nicht ernsthaft zu erwarten, kann es nur um die Ermöglichung eines Ausgleichs gehen.[516] Im Sinne eines pluralistischen Ansatzes müssen die Ausgangspositionen beider Gerichte akzeptiert und die unionsrechtliche Letztentscheidung mit der verfassungsrechtlichen Reservekompetenz koordiniert werden. Nach dem hiesigen Verständnis sind dabei die Maßstäbe der entscheidende Schlüssel. Insoweit sei noch einmal daran erinnert, dass das Zustimmungsgesetz und auch das BVerfG die Letztentscheidung des EuGH anhand des *unionsrechtlichen* Maßstabs grundsätzlich akzeptieren. Bei der *verfassungsrechtlichen* Reservekompetenz geht es also nicht um eine eigene umfassende unionsrechtliche Kontrolle, sondern allein um die Prüfung, wann eine unionsrechtliche Letztentscheidung nicht verbindlich ist, weil sie die verfassungsrechtliche Missbrauchs- bzw. Evidenzgrenze überschritten hat.

Ist das „Ob" einer Kontrolle also aus Sicht des BVerfG nicht zu bestreiten, führt dies automatisch zum „Wie". Insoweit ist allerdings problematisch, dass nicht zuletzt wegen der verschiedenen Ultra-vires-Konstellationen und ihren abweichenden Maßstäben nicht immer erkennbar wird, ob das BVerfG nach wie vor von einer reinen Missbrauchs- oder Evidenzkontrolle ausgeht oder die Kontrolle eher weit versteht. Zum besseren Verständnis sei zunächst noch einmal an die drei verschiedenen Konstellationen und ihren jeweiligen Maßstab

---

511 *H. Sauer*, EuR 2017, 186, 196 u. dort Fn. 51; ausf. bereits *W. Müller*, Die Entscheidung des Grundgesetzes für die gemeindliche Selbstverwaltung, S. 285 ff. u. 292 ff., insb. S. 295; s. a. *Horn*, DVBl 1995, 89, 94 sowie *Cornils*, AöR 129 (2004), 336, 359 ff. m. w. N.

512 Siehe nur *Huber*, Verfassungsstaat und Finanzkrise, S. 44; *Peterek*, in: Becker/Lange, Linien der Rechtsprechung des BVerfG, Bd. 3, S. 553, 559; zustimmend *Simon*, Grenzen des Bundesverfassungsgerichts im europäischen Integrationsprozess, S. 228, 231 u. 233.

513 So zur Identitätskontrolle *Voßkuhle*, JZ 2016, 161, 164; s. a. *Kees*, in: Scheffczyk/Wolter, Linien der Rechtsprechung des BVerfG, Bd. 4, S. 439, 450 f.; *Hufeld/Rathke*, EuR Beiheft 3 (2013), 7, 18 f.; *Simon*, Grenzen des Bundesverfassungsgerichts im europäischen Integrationsprozess, S. 277 f. sowie *Wischmeyer*, AöR 140 (2015), 415, 453 u. 456.

514 Vgl. *H. Sauer*, EuR 2017, 186, 196 f.; s. a. bereits oben S. 364 ff.

515 *Mayer*, JZ 2020, 725, 733; s. a. *Spieker*, CML Rev. 57 (2020), 361, 377 f.

516 Vgl. auch bereits *Gersdorf*, DVBl 1994, 674, 683 f.

erinnert.[517] Eine Ultra-vires-Kontrolle ist zunächst in der Honeywell-Konstellation möglich, also wenn ein materielles Grundrecht betroffen ist. Zur verfassungsrechtlichen Verankerung hat das BVerfG nicht ausdrücklich auf Art. 79 Abs. 3 GG, sondern allgemein auf die verfassungsrechtlichen Grenzen des Anwendungsvorrangs und Art. 23 Abs. 1 GG abgestellt. Die reine Verankerung in den Grenzen des Rechtsanwendungsbefehls bzw. des im Zustimmungsgesetz niedergelegten Integrationsprogramms, mithin im Gesetzesvorbehalt des Art. 23 Abs. 1 S. 2 GG,[518] bleibt dabei aber problematisch. So ist mit dem Verständnis des Zustimmungsgesetzes als Rechtsanwendungsbefehl nur begründet, dass überhaupt verfassungsrechtliche Grenzen des Anwendungsvorrangs möglich sind, nicht aber, wo diese liegen. Folgt man dem bundesverfassungsgerichtlichen Verständnis einer in Art. 23 Abs. 1 S. 2 GG angelegten „Brücke" zwischen deutscher und unionaler Rechtsordnung, wäre insbesondere noch nicht geklärt, auf welche verfassungsrechtliche Grundlage eine Einschränkung der Ultra-vires-Kontrolle durch die Honeywell-Kriterien gestützt wird.[519] Darüber hinaus bleibt die Einordnung der Kriterien ambivalent. Einerseits unterstreichen sie nicht nur den Charakter der Ultra-vires-Kontrolle als Reservekompetenz, sondern verdeutlichen über die Notwendigkeit einer Vorlage auch die Fokussierung des Ultra-vires-Problems auf die Verbindlichkeit der unionsrechtlichen Letztentscheidung. Andererseits ermöglichen die Kriterien wegen ihrer Vagheit auch einen umfassenderen Zugriff des BVerfG. Obwohl die Honeywell-Kriterien eher in Richtung einer Einschränkung der Kontrollkompetenz gehen, fehlt es an einer eindeutigen und klar handhabbaren grundgesetzlichen Verankerung der Missbrauchs- oder Evidenzgrenze. Der Rechtsanwendungsbefehl ist allein keine ausreichende Grundlage, da er schließlich auch die Übertragung der Zuständigkeit an den EuGH enthält.

Dass Art. 23 Abs. 1 S. 2 GG zwar der verfassungsrechtliche Ausgangspunkt, nicht aber alleinige Rechtsgrundlage und Maßstab für die Ultra-vires-Kontrolle ist, wird nunmehr auch in der Rechtsprechung des BVerfG deutlich. Dort verweist das Gericht nämlich nicht nur auf Art. 23 Abs. 1 S. 2 GG, sondern setzt ihn ausdrücklich in Verbindung mit Art. 20 Abs. 1 und Abs. 2 GG sowie Art. 79 Abs. 3 GG und der Notwendigkeit einer hinreichenden demokratischen Legi-

---

517 Ausf. zu den Konstellationen bereits oben S. 344 ff., insb. S. 348 f. sowie S. 251 ff.

518 Vgl. BVerfGE 151, 202, 325 Rn. 204 – *Bankenunion*; BVerfGE 142, 123, 203 Rn. 153 – *OMT-Urteil*. Zur Einordnung von Art. 23 Abs. 1 S. 2 GG als Rechtsgrundlage der Ultra-vires-Kontrolle s. a. *Bender*, ZEuS 2020, 409, 418; *Hillgruber*, in: Heinig/Terhechte, Postnationale Demokratie, Postdemokratie, Neoetatismus, S. 123, 129; *Röger*, Finanzhilfen für die Eurozone, S. 198 ff.; *Schwerdtfeger*, EuR 2015, 290, 291 u. 297 sowie *Heinrich A. Wolff*, in: Hömig/Wolff, Grundgesetz, Art. 23 GG Rn. 16.

519 *H. Sauer*, EuR 2017, 186, 195 f. dort. Fn. 49; s. a. *Heinrich A. Wolff*, in: Hömig/Wolff, Grundgesetz, Art. 23 GG Rn. 16. Das BVerfG verweist diesbezüglich auf die Notwendigkeit einer europarechtsfreundlichen Ausübung der Kontrolle, dazu und zum Folgenden auch bereits oben S. 340 f. u. 343 f.

timation.[520] Damit sind die beiden übrigen Ultra-vires-Konstellationen angesprochen, die nach der Rechtsprechung die Honeywell-Konstellation ausdrücklich unberührt lassen. Bei den übrigen Kontrollen stützt sich das Gericht auf Art. 38 Abs. 1 S. 1 i. V. m. Art. 20 Abs. 1 und Abs. 2 und Art. 79 Abs. 3 GG sowie die durch das Integrationsprogramm i. V. m. Art. 23 Abs. 1 S. 2 und Art. 20 Abs. 2 S. 1 GG gezogenen Grenzen. Trotz der gemeinsamen Rüge über Art. 38 Abs. 1 GG existieren mit der Kontrolle „einfacher" und „identitätsbezogener Kompetenzüberschreitungen" somit zwei weitere Ultra-vires-Konstellationen. Trotz des betonten Unterschieds zur Identitätskontrolle hat das BVerfG diese beiden Ausprägungen der Ultra-vires-Kontrolle ausdrücklich auf Art. 79 Abs. 3 GG zurückgeführt. Allerdings bleibt auch insoweit unklar, ob die Ultra-vires-Kontrolle damit weiterhin auf eine Missbrauchs- oder Evidenzkontrolle begrenzt bleibt. Zunächst hat das BVerfG die Ultra-vires-Kontrolle entgegen den zahlreichen Vorschlägen aus der Literatur nicht auf Verletzungen der Verfassungsidentität des Art. 79 Abs. 3 GG beschränkt, weil es im PSPP-Verfahren eindeutig keine identitätsbezogene Ultra-vires-Kontrolle vorgenommen hat.[521] Art. 79 Abs. 3 GG ist damit nicht zur Evidenz- bzw. Missbrauchsgrenze für die Ultra-vires-Kontrolle geworden, zumal die Honeywell-Konstellation weiterhin ohne ausdrücklichen Bezug zur Ewigkeitsklausel existiert. Auch im Übrigen bleibt die Einordnung der Reichweite der Ultra-vires-Kontrolle ambivalent. So findet sich im PSPP-Urteil eine Formulierung, wonach die Abgrenzung von Wirtschafts- und Währungspolitik eine „über den Einzelfall hinausgehende" Frage sei,[522] was die fortbestehende Bedeutung einer gewissen Erheblichkeitsschwelle unterstreicht. Darüber hinaus bleibt im Festhalten an den Honeywell-Kriterien, einschließlich der Betonung einer Bindung an die Entscheidungen des EuGH bis zur Grenze der Willkür, die Einordnung des Ultra-vires-Vorbehalts als Evidenz- bzw. Missbrauchskontrolle gegenüber EuGH-Entscheidungen durchaus erkennbar. Auf der anderen Seite ist die erstmalige Ultra-vires-Erklärung der vorläufige Höhepunkt einer Entwicklung, welche die Ultra-vires-Kontrolle eher in Richtung einer umfassenden Rechtmäßigkeitskontrolle positioniert hat.[523] Schließlich ist in der Entscheidung der Fokus der Ultra-vires-Kontrolle auf die Kontrolle der unionsrechtlichen Letztentscheidung dadurch verwässert worden, dass sich das BVerfG nicht auf eine Kontrolle des EuGH-Urteils beschränkt, sondern auch das Handeln der EZB unionsrechtlich beurteilt hat. Entgegen der grundsätzlichen Ausrichtung der Ultra-vires-Kon-

---

[520] BVerfGE 154, 17, 92 f. Rn. 113 u. Ls. 2 – *PSPP-Urteil*; BVerfGE 151, 202, 300 f. Rn. 151 – *Bankenunion*; BVerfGE 142, 123, 201 Rn. 149 – *OMT-Urteil*; s. a. *Streinz*, in: Sachs, GG, Art. 23 GG Rn. 98 f.

[521] *Ludwigs*, EWS 2020, 186, 189; zustimmend *Hilpold*, EWS 2020, 181, 184; zum fehlenden Identitätsbezug s. a. bereits oben S. 257.

[522] BVerfGE 154, 17, 118 Rn. 159 – *PSPP-Urteil*.

[523] Zur Ausweitung der Kontrolle bereits oben S. 356 ff.

trolle als Reservekompetenz, verdeutlicht das PSPP-Urteil noch einmal das in ihr ruhende Potenzial einer umfassenden Rechtmäßigkeitskontrolle.

Insgesamt existiert nach der Rechtsprechung trotz der grundsätzlichen Anerkennung der unionsrechtlichen Letztentscheidung also eine verfassungsrechtliche Grundlage für eine Ultra-vires-Kontrolle. Diese liegt in der Honeywell-Konstellation in den verfassungsrechtlichen Grenzen des Rechtsanwendungsbefehls. Damit ist allerdings die Gefahr verbunden, die Trennung dieser Grenzen von der Frage der Kontrollzuständigkeit zu überspielen und eine umfassende Rechtmäßigkeitskontrolle des Unionsrechts zu ermöglichen. Bei den übrigen Konstellationen, die auch in der jüngeren Rechtsprechung im Zentrum stehen, stützt sich das BVerfG ausdrücklich auf Art. 79 Abs. 3 GG. Obwohl damit eine eindeutige Rechtsgrundlage existiert, die nach zahlreichen Stimmen der Literatur zu einer Begrenzung der Kontrolle herangezogen werden müsste, zeichnet sich auch insoweit eher eine Ausweitung der Kontrolle ab. Hinsichtlich der Anerkennung der unionsrechtlichen Letztentscheidung geht das BVerfG somit zwar von einem „Ja“ aus, betont gerade in der jüngeren Zeit deutlicher als zuvor das verfassungsrechtlich begründete „Aber“.

5. *Zwischenfazit*

Die Ultra-vires-Kontrolle kann weder auf einen unions- noch auf einen völkerrechtlichen Maßstab gestützt werden. Hinsichtlich der fehlenden unionsrechtlichen Verankerung entspricht dies auch der Rechtsprechung des BVerfG, das die Kontrolle über sein verfassungs- und völkerrechtliches Verständnis des Anwendungsvorrangs begründet. Die dabei in jüngerer Zeit stärker aufkommende Vermischung völker- und verfassungsrechtlicher Begründungselemente vermag dabei allerdings nicht zu überzeugen. Ausgangspunkt einer verfassungsrechtlichen Ultra-vires-Kontrolle muss das deutsche Zustimmungsgesetz sein. Dieses stellt dem BVerfG allerdings keinen eigenen Prüfungsmaßstab zur Verfügung, sondern verweist vielmehr auf den unionsrechtlichen Maßstab und die diesbezügliche Zuständigkeit des EuGH. Wie insbesondere der hinter Art. 24 Abs. 3 GG stehende Gedanke verdeutlicht, ist eine solche Anerkennung einer supranationalen Letztentscheidung auch nicht per se mit dem GG unvereinbar. Gleichzeitig ist nicht zu leugnen, dass Art. 23 Abs. 1 GG klare Grenzen für die europäische Integration aufstellt. Damit aber die grundsätzliche Anerkennung der Letztentscheidung durch die gesetzgebenden Körperschaften nicht im Wege der Rechtsprechung konterkariert wird, darf eine Ultra-vires-Kontrolle keine umfassende Rechtmäßigkeitskontrolle des Unionsrechts ermöglichen, sondern muss eine verfassungsrechtliche Reservekompetenz hinsichtlich der unionsrechtlichen Letztentscheidung bleiben. Grundsätzlich findet sich diese Beschränkung auch in der Rechtsprechung des BVerfG, welche nach wie vor die Bedeutung der Honeywell-Kriterien betont und die Entscheidungen des EuGH bis zur Grenze der Willkür anerkennt. Gleichzeitig zeigt insbesondere die PSPP-Entscheidung das unverändert bestehende Potenzial jeder Ultra-vires-Kontrolle, zu einer umfassenden Rechtmäßigkeitskontrolle zu werden. Wie zu zeigen sein wird, ändert auch die stärkere Betonung der vorrangigen Verankerung in Art. 79 Abs. 3 GG durch die jüngere Rechtsprechung wenig an der problematischen Einordnung der Ultra-vires-Kontrolle, da die Ewigkeitsklausel schwer handhabbar bleibt und sich nur bedingt für eine gerichtliche Kooperation eignet.

III. Möglichkeiten und Grenzen einer maßstabsorientierten Kooperation im Bereich der Kompetenzen aus verfassungsrechtlicher Sicht

Wie bereits in den übrigen Bereichen stellt sich abschließend auch für die Kontrolle der EU-Kompetenzgrenzen die Frage, ob und inwieweit Potenzial für eine maßstabsorientierte Kooperation vorhanden ist. Da die Kompetenzkontrolle untrennbar mit dem Beharren auf dem „letzten Wort" verbunden ist, geht es dabei vorrangig um die Frage, wie die jeweiligen Letztentscheidungsansprüche miteinander koordiniert werden können. Im bisherigen Ultra-vires-Maßstab des BVerfG ist eine Kooperation zwar nicht per se ausgeschlossen, unterliegt aber dennoch eindeutigen Grenzen (1.). Auch in Anbetracht der Ergebnisse der vorherigen Kapitel stellt sich daher die Frage, ob das GG nicht die Möglichkeit für einen Maßstabswechsel bietet (2.), der eine Perspektive für eine echte maßstabsorientierte Kooperation im Bereich der Kompetenzgrenzen eröffnen könnte (3.).

1. Eine zurückhaltende und kooperative Ausübung der Ultra-vires-Kontrolle?

Wenn das BVerfG an seinem grundsätzlichen Zugang zur europäischen Integration festhalten und dabei vor allem weiter auf eine umfassende über Art. 38 Abs. 1 S. 1 GG i. V. m. Art. 23 Abs. 1 S. 3 GG i. V. m. Art. 79 Abs. 3 GG für alle Bürgerinnen und Bürger eröffnete Kontrollmöglichkeit setzt, kommt es entscheidend darauf an, inwieweit Raum für eine zurückhaltende und kooperative Ausübung für eine solche Ultra-vires-Kontrolle bleibt. Ein „[e]uropaverträglicher Rückbau"[524] könnte nicht nur beim Maßstab selbst, sondern auch beim Instrument der Vorlage sowie auf der Rechtsfolgenseite ansetzen.

Ein erster Ansatzpunkt wäre eine zurückhaltende und europarechtsfreundliche Auslegung der von Art. 79 Abs. 3 GG geschützten Prinzipien, bei der weniger die souveräne als die offene Staatlichkeit ins Zentrum gerückt wird.[525] Die Notwendigkeit einer restriktiven Handhabung des Art. 79 Abs. 3 GG und die generell mit dem Maßstab verbundenen Probleme wurden bereits im Zu-

---

[524] *Giegerich*, EuZW 2020, 560, 566.

[525] *Giegerich*, EuZW 2020, 560, 566; s. a. *T. M. J. Möllers*, EuZW 2020, 503, 505.

sammenhang mit den verfassungsrechtlichen Grenzen für Vertragsänderungen sowie im Rahmen der Identitätskontrolle diskutiert. Wenn das BVerfG aber, wie im PSPP-Verfahren deutlich geworden ist, auch bei der Ultra-vires-Kontrolle weiterhin vorrangig bei den Grenzen des Art. 79 Abs. 3 GG ansetzt, aktualisieren sich zugleich die mit diesem Maßstab zusammenhängenden Schwierigkeiten. So bleibt die Heranziehung der „letzten Grenze" des Art. 79 Abs. 3 GG für eine einzelfallbezogene Überprüfung gerichtlicher Entscheidungen des EuGH höchst problematisch, zumal auch die zur Konkretisierung des Prüfprogramms der Ultra-vires-Kontrolle verwendeten Schlagwörter weitgehend abstrakt und schwer handhabbar sind.[526] Für den gerichtlichen Austausch zwischen BVerfG und EuGH kommt erschwerend hinzu, dass das Verhältnis der einzelnen Integrationsvorbehalte zueinander nach wie vor nicht vollständig geklärt ist.[527] Während bei den Grundrechten ein Maßstabswechsel vom nach wie vor existenten Solange-Vorbehalt über die grundrechtliche Identitätskontrolle zurück zur Mitwirkungskomponente des Art. 23 Abs. 1 S. 1 GG erkennbar wird,[528] bleiben im Übrigen nicht unerhebliche Abgrenzungsschwierigkeiten. Dies betrifft nicht nur das Verhältnis der verschiedenen Konstellationen der Ultra-vires-Kontrolle, sondern wegen der nunmehr betonten Verankerung in Art. 79 Abs. 3 GG auch und vor allem das Verhältnis von Ultra-vires- und Identitätskontrolle. So ist wegen der gemeinsamen Grundlage und der damit verbundenen bundesverfassungsgerichtlichen Konzeption, wonach einem identitätswidrigen Akt bereits die primärrechtliche Grundlage fehlt, weiter umstritten, ob der sekundärrechtsbezogenen Identitätskontrolle überhaupt noch ein eigener Anwendungsbereich verbleibt.[529] Nimmt man mit dem BVerfG eine Eigenständigkeit beider Kontrollvorbehalte an, bleibt wegen der gemeinsamen Grundlage in Art. 79 Abs. 3 GG unklar, ob beide Vorbehalte tatsächlich vollständig nebeneinander stehen oder sich nicht doch teilweise überschneiden.[530] Ist aber schon unklar, welcher Maßstab wann zur Anwendung kommt, wird die Handhabbar-

[526] *J. Ipsen*, Recht und Politik 56 (2020), 344, 359 u. 361; ausf. bereits oben S. 267 u. S. 269 ff.

[527] Deutlich *Calliess*, NVwZ 2019, 684, 689 u. 691; *Calliess*, NVwZ 2020, 897, 900 m. w. N.

[528] Dazu bereits ausf. Kap. 3, insb. S. 200 ff.

[529] *Ingold*, AöR 140 (2015), 1, 11 hält die Identitätskontrolle für „dogmatisch überflüssig", s. a. bereits *Terhechte*, EuZW 2009, 724, 729. Dagegen aber *Wischmeyer*, AöR 140 (2015), 415, 456 sowie *Schneider*, AöR 139 (2014), 196, 245 f.; s. a. *Hufeld*, in: Schubel/Kirste/Müller-Graff u. a., JVSR 2016/2017, S. 11, 37 f., der Ultra-vires-Akte als „identitätswidrig" bezeichnet und von jenen „absolut identitätswidrigen" Akten abgrenzt, die auch nicht mit einer Zweidrittelmehrheit legalisiert werden könnten.

[530] Zur Rspr. siehe bereits oben S. 251 ff. Zum Meinungsspektrum allein aus der jüngeren Literatur siehe nur *Burchardt*, ZaöRV 76 (2016), 527, 542 ff.; *Bender*, ZEuS 2020, 409, 417 f.; *Calliess*, NVwZ 2019, 684, 689 ff.; *Dietz*, AöR 142 (2017), 78, 118 ff.; *Huber*, Verfassungsstaat und Finanzkrise, S. 14 ff.; *Ludwigs/Pascher/Sikora*, EWS 2020, 1, 2 f.; *Reyes y Ráfales*, ZEuS 2017, 119, 128 ff.; *H. Sauer*, EuR 2017, 186 ff.; *Schwerdtfeger*, EuR 2015, 290, 294 ff.; *Streinz*, EWS 2019, 241, 246 ff.; *A. Thiele*, EuR 2017, 367 ff.; jeweils m. w. N.; s. a. die Nach-

keit sowie eine rechtssichere und kooperative Ausübung der Kontrolle weiter erschwert. Auch wenn also nicht zuletzt in Anbetracht des Trends zur Ausweitung der Ultra-vires-Kontrolle und der jüngsten Eskalation eine zurückhaltende Handhabung erforderlich wäre, bleibt der Maßstab des Art. 79 Abs. 3 GG weiterhin problematisch.

Dies zeigt sich auch, wenn man mit dem Vorabentscheidungsverfahren die zweite Stellschraube für einen kooperativen Umgang mit der Ultra-vires-Kontrolle betrachtet. Wie bei den übrigen Kontrollvorbehalten ist das Vorabentscheidungsverfahren auch im Bereich der EU-Kompetenzgrenzen ein zentraler Schlüssel für einen kooperativen Umgang der Gerichte. Die Notwendigkeit einer Vorlage erkennt das BVerfG für alle Konstellationen der Ultra-vires-Kontrolle an,[531] weshalb das „Ob" einer Vorabentscheidung nicht ernsthaft zur Debatte steht. Allerdings wurde das BVerfG bereits anlässlich der ersten Ultra-vires-Vorlage im OMT-Verfahren für das „diktathafte"[532] Vorgehen kritisiert, da das Gericht entgegen dem Auslegungsmonopol des EuGH nicht nur eine eigene Auslegung des Unionsrechts mitgeliefert, sondern sich sogar eine spätere Abweichung von der EuGH-Entscheidung vorbehalten habe.[533] Hinsichtlich der zweiten Vorlage im PSPP-Verfahren wurde dem BVerfG zwar attestiert, deutlich kooperativer formuliert zu haben,[534] doch macht die anschließende Ultra-vires-Erklärung mehr als deutlich, dass sich das BVerfG im Konfliktfall weiterhin nicht an die Entscheidung des EuGH gebunden sieht. Damit das Vorabentscheidungsverfahren aber tatsächlich einen Beitrag zur Deeskalation auch im Bereich der Kompetenzgrenzen leisten kann, darf es nicht als bloßes „Abhilfeverfahren" vor einer möglichen Ultra-vires-Erklärung verstanden,[535] sondern muss im Sinne eines echten Dialogs ausgestaltet werden. Von Seiten des BVerfG betrifft dies insbesondere die Möglichkeit einer erneuten Vorlage an den EuGH, die nach dem Vorbild der Taricco-Entscheidungen das mildere Mittel gegenüber einer Ultra-vires-Erklärung im PSPP-Verfahren dargestellt hätte.[536] Bemerkenswerterweise wurde sowohl in der Kloppenburg-Entscheidung

weise oben Kap. 5 Fn. 529 und Fn. 509. Monographisch *Simon*, Grenzen des Bundesverfassungsgerichts im europäischen Integrationsprozess, S. 96 ff. u. 213 ff.

[531] Dazu bereits oben S. 340, 343 u. 349.

[532] *Mayer*, EuR 2014, 473, 482 ff.; s. a. *Ludwigs*, EuZW 2020, 530 sowie *Swoboda*, ZIS 2018, 267, 286. Zur umstrittenen Einordnung s. a. *Hermann/Dornacher*, EuZW 2015, 579, 582 m. w. N. Positiv mit Blick auf das Ergebnis *Simon*, ZSE 14 (2016), 378 u. passim.

[533] *Giegerich*, ZEuS 2016, 3, 43 ff.; *Mayer*, EuR 2014, 473, 482 ff.; *Wendel*, ZaöRV 2014, 615, 618 u. 651 f.; s. a. bereits oben S. 72 ff. u. 200. Positiv aber *Klement*, JZ 2015, 754 u. 759.

[534] *Ludwigs*, NJW 2017, 3563, 3567; anders aber *J. Ipsen*, Recht und Politik 56 (2020), 344, 360.

[535] So aber *Schneider*, AöR 139 (2014), 196, 252 f.

[536] *Dietze/Kellerbauer/Klamert u. a.*, EuZW 2020, 525, 529; s. a. *Lang*, Der Staat 60 (2021), 99, 114 f.; *T. M. J. Möllers*, EuZW 2020, 503, 505; zur Taricco-Entscheidung bereits oben S. 234 u. 240. Zur erneuten Vorlage auch bereits oben S. 276 u. 326 f.

als auch in der abweichenden Meinung des Richters *Landau* zum Honeywell-Beschluss die Möglichkeit einer erneuten Vorlage auch vom BVerfG thematisiert.[537] Ein dadurch ausgelöstes zweites Vorabentscheidungsverfahren beträfe unmittelbar das EuGH-Urteil und könnte vom BVerfG genutzt werden, um die problematischen Auslegungs- sowie Gültigkeitsfragen weiter zu konkretisieren und so den Kompetenzmaßstab einer präziseren Ausgestaltung und Prüfung durch den EuGH zuzuführen.[538] Eine große Rolle spielt dabei, wie die jeweilige Vorlage formuliert ist. Grundsätzlich ist zwar zutreffend, dass das BVerfG die Dinge nicht „schönreden" muss,[539] sondern vielmehr auch mal ein kritisches Wort im Dialog angebracht sein kann.[540] Gleichzeitig ist es aber wichtig, dass Vorlage und Dialog kooperativ und nicht konfrontativ erfolgen.[541] Diese Notwendigkeit einer Rücksichtnahme und eines kooperativen Umgangstons betrifft selbstverständlich nicht nur das BVerfG, sondern auch den EuGH.[542] Schließlich hängt der Erfolg eines Dialogs im Rahmen einer (erneuten) Vorlage auch davon ab, dass der Gerichtshof auf die geäußerten Bedenken eingeht und generell bereit ist, die unionsrechtlichen Maßstäbe anzupassen oder unter Umständen neu zu justieren.[543] Im Sinne eines kooperativen Umgangs ist auch gegenüber der Forderung, dass das BVerfG bei der Kontrolle des Sekundärrechts gelegentlich auch mal Ernst machen müsse,[544] eine deutliche Zurückhaltung angezeigt. In Anbetracht der möglichen Integrationskrise, die mit jeder Ultra-vires-Erklärung verbunden ist,[545] liegt die stabilisierende Wirkung der bundesverfassungsgerichtlichen Reservekompetenz schließlich gerade darin, dass sie im Sinne einer „virtuellen Kontrolle"[546] zwar als ständige Mahnung im Raum

---

537 BVerfGE 75, 223, 245 – *Kloppenburg*; abw. Meinung des Richters Landau, BVerfGE 126, 286, 330 – *Honeywell*.

538 *Calliess*, NVwZ 2020, 897, 901 f.; *Ludwigs*, EWS 2020, 186, 190; *Müller-Graff*, EuZ 2020, 154, 160; *Pernice*, EuZW 2020, 508, 511 u. 518; *Ullrich*, EWS 2020, 301, 319 ff.; s. a. *K. Kaiser/Schübel-Pfister*, in: Emmenegger/Wiedmann, Linien der Rechtsprechung des BVerfG, Bd. 2, S. 545, 558 f. sowie *Wischmeyer*, AöR 140 (2015), 415, 455 dort Fn. 184. Eher skeptisch *Siekmann*, EuZW 2020, 491, 498; dazu aber *Ullrich*, EWS 2020, 301, 319 dort Fn. 213.

539 *Voßkuhle*, JZ 2016, 161, 167.

540 *Paulus*, in: LA Landau, S. 269, 275.

541 *Spieker*, CML Rev. 57 (2020), 361, 377 f.

542 Dazu nur *Kahl*, NVwZ 2020, 824, 825 ff.; s. a. bereits oben S. 326.

543 Vgl. *T. M. J. Möllers*, EuZW 2020, 503 u. 505; *Simon/Rathke*, EuZW 2020, 500, 503; allgemein auch *Franzius*, TranState Working Papers No. 124, S. 14; *Schwarze*, EuR 2010, 108, 117; s. a. bereits oben S. 74 ff. u. 314.

544 *Hillgruber*, in: Behrens/Eger/H.-B. Schäfer, Ökonomische Analyse des Europarechts, S. 1, 22 m. w. N.; s. a. *Lang*, Der Staat 60 (2021), 99, 113 f., der aber zuvor eine erneute Vorlage an den EuGH fordert. Bereits *Schroeder*, in: FS Roth, S. 735, 746 sprach von abgenutzten Drohkulissen des BVerfG. Zu den einleitenden Worten *Voßkuhles* beim PSPP-Urteil bereits oben S. 354.

545 *H. Sauer*, EuZW 2011, 94; zuvor bereits *Frowein*, ZaöRV 54 (1994), 1, 15 sowie *Tomuschat*, EuGRZ 1993, 489, 494.

546 Zum Begriff und zum Folgenden *Klement*, ZG 2014, 169, 186.

steht, faktisch aber nie ausgeübt wird.[547] Auch wenn man nicht von der Hand weisen kann, dass sowohl das OMT- als auch das PSPP-Verfahren dazu beigetragen haben, die Kontrollmaßstäbe für Maßnahmen der EZB weiter auszudifferenzieren,[548] lag der entscheidende Schritt dafür nicht in der Ultra-vires-Drohung bzw. -Erklärung, sondern schon in der Vorlage selbst. Schließlich ist es die Vorlage, die es dem EuGH ermöglicht, das EU-Recht auszulegen, wobei er sich weitgehend auf den vom vorlegenden Gericht vorgetragenen Sachverhalt stützt. Wie bereits im Rahmen der unionsrechtlichen Perspektive sowie bei der kooperativen Grundrechts- und Identitätskontrolle ausgeführt, kann das BVerfG die „Macht des ersten Wortes" nutzen, um den EuGH über gezielte Vorlagefragen dazu zu bringen, die Maßstäbe der Kompetenzgrenzen weiter auszudifferenzieren.[549] Eine solche kritische Vorlage des BVerfG würde zunächst öffentlichkeitswirksam den Ernst der Lage unterstreichen, ohne aber eine Eskalation zu bewirken.[550] Vor allem aber böte sie die Möglichkeit, im Zuge des Verfahrens die Prüfungsmaßstäbe weiter auszudifferenzieren und, sofern erforderlich, einen Maßstabswechsel, beispielsweise von einer Prüfung der Grundrechte oder der Kompetenzgrenzen zu einer möglichen Verletzung der nationalen Identität im Sinne des Art. 4 Abs. 2 S. 1 EUV oder in letzter Konsequenz zur Verfassungsidentität, vorzunehmen.[551] Um nicht in eine Endlosschleife von sich abwechselnden Vorlagen und EuGH-Entscheidungen zu geraten und die unvermeidbare Verzögerung durch das Vorabentscheidungsverfahren nicht noch weiter zu vergrößern, sollte ein derartiger Maßstabswechsel – so er in Reaktion auf das EuGH-Urteil denn geboten scheint – nur einmal, nämlich mit der erneuten Vorlage des BVerfG geschehen. Auch insoweit kommt also der umfassenden Formulierung sowohl der Vorlagefrage(n) als auch der Antwort des EuGH eine große Bedeutung zu.

Obwohl also eine echte Mitwirkung an der Ausgestaltung der unionsrechtlichen Kompetenzmaßstäbe über die Vorlage denkbar wäre, besteht auch insoweit eine entscheidende Grenze. Wie auch im Rahmen der bundesverfassungsgerichtlichen Identitätskontrolle schränkt die verfassungsrechtliche Grundlage des BVerfG eine so verstandene maßstabsorientierte Kooperation von vornherein ein. Unabhängig von der jeweiligen Ultra-vires-Konstellation geht es aus Sicht des BVerfG stets um den Schutz *verfassungsrechtlicher* Grenzen. Diesbezüglich kann das BVerfG naturgemäß keine maßstabsbezogene Vorlage an

---

547 *Mayer*, JZ 2020, 725, 731; s. a. *Mayer*, ZaöRV 61 (2001), 577, 601 sowie *Mayer*, Kompetenzüberschreitung und Letztentscheidungsrecht, S. 355 u. 357.

548 *Frenz*, DVBl 2020, 1017, 1018; *Frenz*, DVBl 2015, 978, 980; s. a. *Classen*, EuR 2016, 529, 542.

549 Vgl. *Thym*, JZ 2020, 1017, 1019 ff., insb. 1021.; s. a. bereits oben S. 214 f., 281 u. 326 ff.

550 Dazu und zum Folgenden *Müller-Graff*, EuZ 2020, 154, 166.

551 Vgl. *Preßlein*, EuGRZ 2021, 247, 263 f.; zur Identitätskontrolle auch bereits oben S. 276.

den EuGH richten, sondern es behält sich vielmehr vor, der EuGH-Entscheidung nicht zu folgen. Eine Mitwirkung an den unionsrechtlichen Maßstäben ist nicht ausgeschlossen, steht aber – selbst bei mehrfacher Vorlage – stets unter dem Vorbehalt der verfassungsrechtlichen Prüfung. Vor allem wenn das BVerfG weiter vorrangig auf die Rechtsgrundlage des Art. 79 Abs. 3 GG abstellt, wird offensichtlich, dass es weniger um eine Mitwirkung, als eine Absicherung des „letzten Wortes" geht.

Eine letzte Möglichkeit für eine zurückhaltende Ausübung der Ultra-vires-Kontrolle betrifft die Rechtsfolgenseite. Kommt das BVerfG trotz zurückhaltender bzw. europarechtsfreundlicher Interpretation und vorheriger (erneuter) Vorlage an den EuGH zu der Auffassung, dass das Urteil des EuGH aus verfassungsrechtlicher Sicht *ultra vires* ergangen ist, wäre gleichwohl zu überlegen, welche Folgen daran zu knüpfen sind. Insoweit sei noch einmal an die Aussagen des Generalanwaltes *Tanchev* erinnert, der neben einer erneuten Vorlage sowie der Hinwirkung auf eine Änderung des Primärrechts auch eine Verfassungsänderung oder einen Austritt als mögliche Reaktionen auf ein aus verfassungsrechtlichen Gründen bedenkliches EuGH-Urteil nennt. Eine Nichtanwendbarkeitserklärung stehe den mitgliedstaatlichen Gerichten hingegen nicht zu.[552] Da ein EU-Austritt der Bundesrepublik in politischer und rechtlicher Sicht aus guten Gründen nicht ernsthaft zur Debatte steht, rücken aus verfassungsrechtlicher Perspektive insbesondere das Anstoßen einer Vertrags- oder Verfassungsänderung in den Fokus. Auch das BVerfG legt im Falle eines Ultra-vires-Aktes den deutschen Verfassungsorganen Handlungspflichten auf, die – sofern verfassungsrechtlich zulässig – auch das Hinwirken auf eine Änderung des Primärrechts umfassen können. Im Übrigen spricht das BVerfG als Rechtsfolge aber die Unanwendbarkeit des Rechtsaktes sowie der EuGH-Entscheidung in Deutschland aus, auch wenn es im PSPP-Urteil die Möglichkeit einer „Heilung" eröffnet hat.[553] Bereits anlässlich der Solange-I-Entscheidung war die Unanwendbarkeitserklärung umstritten,[554] weil insbesondere unklar ist, inwieweit ein echter Unterschied zu einer, dem BVerfG als nationalem Gericht nicht zustehenden, Nichtigkeitserklärung besteht.[555] In Anbetracht der unionsrechtlichen und praktischen Auswirkungen für die einheitliche Anwendung des EU-Rechts, die auch im Falle einer Beschränkung der Nichtanwendbarkeit auf

---

[552] *Generalanwalt Tanchev*, Schlussanträge v. 17.12.2020 – Rs. C-824/18, ECLI:EU:C:2020:1053, Rn. 84 – *A. B. u. a.*

[553] BVerfGE 154, 17, 150 ff. Rn. 229 ff. – *PSPP-Urteil*; zur Heilung bereits oben S. 351 f. u. 357 f.

[554] Siehe nur BVerfGE 37, 271, 283 ff. u. Ls. – *Solange I* sowie die abw. Meinung der Richter *Rupp*, *Hirsch und Wand*, BVerfGE 37, 271, 298 f. – *Solange I*; dazu *H. P. Ipsen*, EuR 1975, 1, 14.

[555] Kritisch *Müller-Graff*, integration 2009, 331, 341 u. 355; *Zuleeg*, JZ 1994, 1, 3; für eine Unterscheidung aber *Huber*, Recht der Europäischen Integration, S. 359 f. Rn. 66 ff. Allgemein zum Verhältnis der Begriffe auch *H. Sauer*, RT 44 (2013), 503, 526 ff.

den innerstaatlichen Raum mit einer Ultra-vires-Erklärung einhergehen,[556] ist für eine zurückhaltende Ausübung der Ultra-vires-Kontrolle nicht so sehr entscheidend, ob die fraglichen EU-Rechtsakte in Deutschland nichtig oder nur unanwendbar sind. Ein möglicher kooperativer Ansatz könnte vielmehr darin liegen, auf eine derartige Erklärung bezüglich des EU-Rechtsaktes vollständig zu verzichten und den Rechtsfolgenausspruch auf die Handlungspflichten der deutschen Staatsorgane zu beschränken. Schließlich betrifft die Einschätzung des BVerfG, dass eine bestimmte Handhabung des EU-Rechts nicht (mehr) mit dem Verfassungsrecht vereinbar ist, in erster Linie die innerstaatliche Perspektive und es wäre Sache der Regierung sowie der gesetzgebenden Körperschaften, über mögliche integrationspolitische Schritte zu entscheiden.[557] Der Ansatz liefe letztlich darauf hinaus, eine Abweichung von Verfassungs- und Unionsrecht zwar ausdrücklich festzustellen, die Folgen aber den politischen Organen zu überlassen.[558] Unabhängig von der Frage, ob und wie eine solche Entscheidungsfolge mit den §§ 31 und 78 BVerfGG zu vereinbaren ist,[559] trägt ein solcher Ansatz naturgemäß wenig zur *juristischen* Lösung der gerichtlichen Auseinandersetzung bei.[560] Insbesondere bedeutet er keine weitere maßstabsorientierte Kooperation, da er erst zum Einsatz kommt, wenn der Dialog bereits gescheitert ist. Gleichwohl wäre ein Feststellungsurteil nach dem beschriebenen Muster das mildere Mittel gegenüber einer Ultra-vires-Erklärung und würde die notwendige Trennung von der Verbindlichkeit der unionsrechtlichen Letztentscheidung und deren verfassungsrechtlichen Grenzen noch besser abbilden. Darüber hinaus käme so auch die „Wegweiser-Funktion" des BVerfG deutlicher zur Geltung. Schließlich kann gerade über alternative Rechtsfolgenaussprüche, die grundsätzliche Entscheidung des Gesetzgebers beachtet, gleichzeitig aber der verfassungsrechtliche Rahmen für die weitere politische Ausgestaltung präzisiert werden.[561]

Dennoch stößt ein derartiger Ansatz auf nicht unerhebliche Schwierigkeiten. Zunächst ist nicht gesagt, dass eine reine Feststellung verbunden mit einem Appell an die gesetzgebenden Körperschaften überhaupt ausreichend ist, um im konkreten Fall die verfassungsrechtliche Problematik zu beseitigen. Gerade wenn mit dem BVerfG die Ultra-vires-Kontrolle als Problem

---

[556] Dazu bereits oben S. 294 ff., insb. S. 298 f. u. 307 f.

[557] Vgl. *Hellwig*, NJW 2020, 2497, 2503 Rn. 48.

[558] Vgl. schon BVerfGE 37, 271, 279 – *Solange I*; s. a. *Baldus*, Der Staat 36 (1997), 381, 396 f.; *Gerhardt*, ZRP 2010, 161, 165; *Mayer/M. Walter*, JURA 2011, 532, 540 sowie *Nettesheim*, in: von Bogdandy/Bast, Europäisches Verfassungsrecht, S. 389, 403.

[559] Allgemein zu den Möglichkeiten einer Unvereinbarkeitserklärung durch das BVerfG siehe *E. Klein*, in: Benda/Klein/Klein, Verfassungsprozessrecht, § 42 Rn. 1459 ff. u. 1440 f.

[560] Letztlich läuft der Ansatz auf eine Akzeptanz der „juristischen Unlösbarkeit" hinaus, vgl. dazu *Grimm*, in: Franzius/Mayer/Neyer, Grenzen der europäischen Integration, S. 27, 31 f. Gegen eine solche Einordnung aber bereits oben S. 69 f. u. 77 ff.

[561] Vgl. *Lang*, in: Elser/Eugster/Kind u. a., Das letzte Wort, S. 15, 36.

der demokratischen Legitimation zu verstehen ist, die ohnehin nur dann eingreift, wenn das Demokratieprinzip sowie der Grundsatz der Volkssouveränität im erheblichen Ausmaß betroffen sind, bestehen insoweit starke Zweifel. Liegt ein derart massiver Verstoß gegen die von Art. 79 Abs. 3 GG geschützten Güter tatsächlich vor, dürfte eine Fortgeltung des EU-Aktes aus verfassungsrechtlicher Sicht regelmäßig nicht in Betracht kommen. Andererseits hat das BVerfG auch im PSPP-Verfahren trotz der ausdrücklichen Ultra-vires-Erklärung mit der Möglichkeit einer nachträglichen „Heilung" einen pragmatischen Weg gewählt, um die Folgen der Entscheidung zu begrenzen. Doch selbst wenn man annimmt, dass aus Gründen der Europarechtsfreundlichkeit eine weitergehende Beschränkung auf eine Feststellungsentscheidung im Einzelfall möglich sein muss, stößt man wiederum auf den problematischen Maßstab des Art. 79 Abs. 3 GG. Schließlich bleibt die Verankerung des Maßstabs im Grenzbereich zur Grundgesetzänderung auch in verfassungspolitischer Hinsicht weiterhin bedenklich, da sich nicht nur Probleme für die innerstaatliche Gewaltenteilung, sondern auch und vor allem für die künftige Entwicklung der Integrationspolitik ergeben.[562] Bezogen auf die soeben angesprochene Einschränkung der Rechtsfolgen kann ein Maßstab im Grenzbereich der Grundgesetzänderung schlicht dazu führen, dass es für die politischen Organe gar nicht mehr möglich ist, notfalls mit dem Mittel der Vertrags- oder Verfassungsänderung auf eine gerichtliche Entscheidung zu reagieren. Ist nämlich eine Berührung der von Art. 79 Abs. 3 GG geschützten Grundsätze durch einen Ultra-vires-Akt erst einmal festgestellt, ist damit zugleich regelmäßig eine diesbezügliche Änderung der Verträge oder der Verfassung ausgeschlossen. Die Beschränkung des verfassungsändernden Gesetzgebers wird dabei um so größer, je stärker der Integrationsmaßstab auf Art. 79 Abs. 3 GG ausgerichtet wird.

Insgesamt gibt es also Möglichkeiten, um auch im Bereich der Ultra-vires-Kontrolle einen kooperativen Austausch zu ermöglichen. Neben einer restriktiven Auslegung des Maßstabs muss in erster Linie das Instrument der (erneuten) Vorlage verstärkt genutzt werden. Letztlich zieht aber der vom BVerfG herangezogene Maßstab und die damit verbundene Letztentscheidung einer echten maßstabsorientierten Kooperation eine nicht zu überbrückende Grenze. Vor diesem Hintergrund und in Anbetracht der Ergebnisse aus den vorherigen Kapiteln lohnt es sich daher, abschließend noch einen genaueren Blick auf den Maßstab des Art. 23 Abs. 1 S. 3 GG i. V. m. Art. 79 Abs. 3 GG und sein Verhältnis zu Art. 23 Abs. 1 S. 1 GG zu werfen. Insbesondere gilt es zu klären, ob und inwieweit insgesamt ein verfassungsrechtlicher Maßstabswechsel hin

---

[562] In Bezug auf das PSPP-Urteil *Dietze/Kellerbauer/Klamert u. a.*, EuZW 2020, 525, 526; *J. Ipsen*, Recht und Politik 56 (2020), 344, 361 f.; *Kainer*, EuZW 2020, 533 f. u. 536; *Wegener*, EuR 2020, 347, 354 u. 362 f.; s. a. die Nachweise bei *Müller-Graff*, EuZ 2020, 154, 156 dort Fn. 22. Ausf. zu innerstaatlichen und europäischen Folgen bereits oben S. 157 ff. u. 268 ff.

zu einer verstärkten Berücksichtigung des Art. 23 Abs. 1 S. 1 GG möglich und nötig ist.

2. Der „vergessene“ Maßstab des Art. 23 Abs. 1 S. 1 GG

Bei der Ultra-vires-Kontrolle steht, nicht zuletzt wegen des prozessualen Einstiegs über Art. 38 Abs. 1 S. 1 GG, der Maßstab des Art. 23 Abs. 1 S. 3 GG i. V. m. Art. 79 Abs. 3 GG i. V. m. Art. 20 Abs. 1 und Abs. 2 GG gegenüber jenem des Art. 23 Abs. 1 S. 1 GG deutlich im Vordergrund. Auch im PSPP-Verfahren wird Letzterer zwar erwähnt[563], der Kontrollmaßstab über den „Anspruch auf Demokratie“ aber ausschließlich in Art. 79 Abs. 3 GG verankert.[564] Dies deckt sich mit der übrigen Rechtsprechung des BVerfG zur verfassungsrechtlichen Begrenzung des Anwendungsvorrangs, bei der ausschließlich Satz drei des Art. 23 Abs. 1 GG zitiert wird, während Satz eins nahezu keine Rolle für die Grenzen des Vorrangs und damit für die Integrationsvorbehalte spielt.[565] Besonders deutlich lässt sich dieser fehlende Bezug in einer Stelle des Recht-auf-Vergessen-II-Beschlusses zeigen, in der das Gericht den grundrechtlichen Solange-Vorbehalt zwar ausdrücklich aufrechterhält, dabei aber nicht auf dessen verfassungsrechtliche Verankerung in Art. 23 Abs. 1 S. 1 GG, sondern allein auf die eigene Rechtsprechung verweist.[566] Offensichtlich versteht das BVerfG Art. 23 GG weiterhin als reine Nachzeichnung der eigenen Rechtsprechung.[567] Nicht nur in Reaktion auf die jüngere Rechtsprechung zur Ultra-vires- und Identitätskontrolle, sondern auch anlässlich der Verfahren zu den Verträgen von Maastricht und Lissabon wurde das BVerfG für die weitgehend fehlende Auseinandersetzung mit der Entscheidung des verfassungsändernden Gesetzgebers kritisiert, der anstelle des alten Art. 24 GG mit Art. 23 Abs. 1 GG einen neuen Maßstab für die europäische Integration etabliert hatte.[568] Wenn das BVerfG weiter vorrangig an Art. 79 Abs. 3 GG anknüpft, bleiben auch die dargestellten Schwierigkeiten in innerstaatlicher und gesamteuropäischer Hinsicht erhalten, die sich mit dem PSPP-Verfahren auch bereits teilweise realisiert haben. Die Frage, ob mit Art. 23 Abs. 1 S. 1 GG nicht ein von Art. 79 Abs. 3 GG abweichender Maßstab für die bundesverfassungsgerichtliche Kontrolle verbunden

[563] BVerfGE 154, 17, 112 Rn. 144 – *PSPP-Urteil*; dazu noch sogleich.

[564] Dazu bereits oben S. 344 ff. u. 251 ff.

[565] BVerfGE 134, 366, 384 f. Rn. 27 – *OMT-Vorlagebeschluss*; BVerfGE 140, 317, 336 f. Rn. 40 ff. – *Identitätskontrolle*; BVerfGE 142, 123, 194 ff. Rn. 136 ff. u. 203 ff. Rn. 153 ff. – *OMT-Urteil*; dazu auch *Classen*, EuR 2016, 529, 535 sowie *Classen*, in: v. Mangoldt/Klein/Stark, GG, Art. 23 GG Rn. 50 m. w. N.; s. a. *Kees*, in: Scheffczyk/Wolter, Linien der Rechtsprechung des BVerfG, Bd. 4, S. 439, 441 u. 443 ff.

[566] BVerfGE 152, 216, 235 f. Rn. 47 – *Recht auf Vergessen II*; zur grundgesetzlichen Verankerung des Solange-Vorbehalts bereits oben S. 185 ff.

[567] So bereits *Simon*, Grenzen des Bundesverfassungsgerichts im europäischen Integrationsprozess, S. 63 unter Hinweis auf *D. König*, Die Übertragung von Hoheitsrechten, S. 466.

[568] *H. Sauer*, EuR 2017, 186, 196 f.; ausf. auch bereits oben S. 139 ff. u. 196 ff.

ist, wird damit umso akuter. Nicht zuletzt mit Blick auf die kooperative Ausgestaltung des grundrechtlichen Rechtsschutzes zwischen BVerfG und EuGH, bei dem Art. 23 Abs. 1 S. 1 GG nicht nur der entscheidende Maßstab für den Kontrollvorbehalt, sondern nunmehr auch für die konstruktive Mitwirkung des BVerfG am europäischen Grundrechtsschutz bildet,[569] könnte die geschilderte Entwicklung im Bereich der Grundrechte als „Blaupause“ für eine umfassende maßstabsorientierte Kooperation über Art. 23 Abs. 1 S. 1 GG dienen. Anders formuliert gilt es zu klären, ob Art. 23 Abs. 1 S. 1 GG nicht als „Solange-Entscheidung im großen Stil“[570] interpretiert und als Grundlage für einen Maßstabswechsel bei der Ultra-vires-Kontrolle herangezogen werden kann.

Gegen eine Einordnung des gesamten erstes Satzes als Integrationsvorbehalt wurde schon unmittelbar nach seiner Einführung eingewendet, dass sich der dort niedergelegte Solange-Vorbehalt nur auf den Bereich der Grundrechte, nicht aber auf die Kompetenzen bzw. das Staatsorganisationsrecht beziehe.[571] Zudem enthalte Art. 23 Abs. 1 S. 1 GG kaum Kriterien, die sich für eine konkrete gerichtliche Prüfung eigenen würden[572] und sei, wie auch das BVerfG im Maastricht-Urteil festgestellt habe,[573] als Staatsziel ohnehin nicht über Art. 38 GG rügefähig.[574] Art. 23 Abs. 1 S. 1 GG beinhalte demnach einen Auftrag zur Integration, nicht aber dessen Grenzen. Diese ergäben sich allein aus Art. 23 Abs. 1 S. 3 GG i. V. m. Art. 79 Abs. 3 GG.[575] In eine ähnliche Richtung gehen die Stimmen, welche Art. 23 Abs. 1 S. 1 GG zwar grundsätzlich als verfassungsrechtliche Grenze anerkennen, ihn aber weitgehend im Lichte des Satzes 3 und damit des Art. 79 Abs. 3 GG auslegen wollen.[576] Jedenfalls auf den ersten Blick findet letztere Ansicht durchaus eine Stütze in der Gesetzesbegründung, welche darauf verweist, dass die in Art. 23 Abs. 1 S. 1 GG verwendeten Kriterien im Wesentlichen jenen Inhalten entsprechen, die in Art. 79 Abs. 3 GG verankert sind.[577] Schließlich scheint auch das BVerfG im Lissabon-Urteil

---

569 Dazu ausf. Kap. 3, B. und C.

570 So auch schon *Di Fabio*, Der Staat 32 (1993), 191, 199, der aber die, seiner Ansicht nach damit verbundene, Öffnung für einen europäischen Bundesstaat und weitgehende Zurücknahme der verfassungsrechtlichen Kontrolle deutlich kritisiert.

571 Dazu nur *Gersdorf*, DVBl 1994, 674, 678, 679 ff. u. 682 ff. m. w. N.

572 *Enders*, in: FS Böckenförde, S. 29, 37; s. a. *R. Breuer*, NVwZ 1994, 417, 421 f. m. w. N.

573 BVerfGE 89, 155, 179 – *Maastricht*.

574 Dazu und zum Folgenden *Enders*, in: FS Böckenförde, S. 29, 37 ff.; *Selmayr/Prowald*, DVBl 1999, 269, 271 ff., insb. 273 f.

575 *Calliess*, NVwZ 2019, 684, 685 f.; s. a. bereits *R. Breuer*, NVwZ 1994, 417, 421 ff.

576 So *Dederer*, JZ 2014, 314, 315 ff. u. 322 sowie *Simon*, Grenzen des Bundesverfassungsgerichts im europäischen Integrationsprozess, S. 48 ff. u. 52; ähnlich auch *Dietz*, AöR 142 (2017), 78, 104 ff. sowie *Kees*, in: Scheffczyk/Wolter, Linien der Rechtsprechung des BVerfG, Bd. 4, S. 439, 446 u. 466. Zum Zusammenhang von S. 1 und S. 3 auch *D. König*, Die Übertragung von Hoheitsrechten, S. 280 ff., insb. S. 282 f. u. 568 ff.; *Scholz*, in: Dürig/Herzog/Scholz, GG, Art. 23 GG Rn. 70 f. u. 116.

577 Bericht der GVK, BT-Drucks. 12/6000 v. 05.11.1993, S. 20; s. a. die Begründungen zur

die Struktursicherungsklausel des Art. 23 Abs. 1 S. 1 GG mit den Inhalten des Art. 79 Abs. 3 GG gleichzusetzen.[578]

Andererseits hat das BVerfG im Lissabon-Urteil die Struktursicherungsklausel durchaus als eigenständige Grenze neben Art. 79 Abs. 3 GG herangezogen, wenn auch das Verhältnis beider Grenzen nicht immer eindeutig wird.[579] Schon in Anbetracht von Wortlaut und Systematik des Art. 23 Abs. 1 GG, der einerseits in seinem zweiten Satz die Übertragung von Hoheitsrechten mit der Formulierung „hierzu" an die Bedingungen des ersten Satzes knüpft und andererseits in seinem dritten Satz für den Integrationsgesetzgeber ausdrücklich auf die Grenze des Art. 79 Abs. 3 GG verweist, wird deutlich, dass Art. 23 Abs. 1 GG zwei verschiedene verfassungsrechtliche Grenzen aufstellt.[580] Aus der verfassungsrechtlichen Perspektive des BVerfG, wonach die verfassungsrechtlichen Grenzen der Übertragung letztlich auch Grenzen des Anwendungsvorrangs sind und seiner Kontrolle unterliegen, wäre es nur konsequent, auch Art. 23 Abs. 1 S. 1 GG als Maßstab der eigenen Kontrollkompetenz heranzuziehen. Schließlich bezieht sich S. 1 nach seinem Wortlaut allgemein auf die „Entwicklung" der EU, womit nicht nur der erstmalige Übertragungsakt, sondern auch die weitere Ausgestaltung der Integration erfasst ist.[581] Auch das angesprochene historische Argument, welches infolge des Verweises auf Art. 79 Abs. 3 GG in der Gesetzesbegründung eine weitgehende Orientierung an den dort geschützten Grundsätzen fordert, ist mit Vorsicht zu genießen. Zweifellos nehmen die Gesetzgebungsmaterialien auch auf Art. 79 Abs. 3 GG Bezug. Allerdings entspricht Art. 23 Abs. 1 S. 1 GG nach den Gesetzgebungsmaterialien eben nur „im wesentlichen" den durch die Ewigkeitsklausel geschützten Grundsätzen und enthält zudem das von Art. 79 Abs. 3 GG nicht erfasste Subsidiaritätsprinzip sowie den Verweis auf einen dem Grundgesetz im Wesentlichen vergleichbaren Grundrechtsschutz, der wiederum ausweislich der Materialien an die Solange-Rechtsprechung anknüpft.[582] Würde man nun trotzdem annehmen, dass Art. 23 Abs. 1 S. 1 GG nur hinsichtlich des grundrechtlichen Solange-Vorbehalts verbindlich und im Übrigen wegen des letztlich maßgeb-

Änderung des GG, BT-Drucks. 12/3338 v. 02.10.1992, S. 4 u. 6; zu den Hintergründen auch *Schmalenbach*, Der neue Europaartikel 23 des Grundgesetzes, S. 58 ff.

[578] Vgl. BVerfGE 123, 267, 363 f. – *Lissabon*; s. a. BVerfGE 151, 202, 289 Rn. 124 – *Bankenunion*.

[579] BVerfGE 123, 267, 356 ff. u. 362 – *Lissabon*; dazu auch bereits oben S. 139 ff.

[580] Ebenso zur Systematik *Epping*, Die Außenwirtschaftsfreiheit, S. 198 sowie *Schiffbauer*, AöR 141 (2016), 551, 571. Allgemein zur zweifachen Begrenzung durch Art. 23 Abs. 1 S. 1 und S. 3 GG siehe nur *Jarass*, in: Jarass/Pieroth, GG, Art. 23 GG Rn. 30; *P. Kirchhof*, in: Isensee/Kirchhof, HdbStR Bd. X, 2012, § 214 Rn. 51 ff., insb. Rn. 54; *Streinz*, in: Sachs, GG, Art. 23 GG Rn. 92 f.; *Wollenschläger*, in: Dreier, GG Kommentar, Bd. II, Art. 23 GG Rn. 61 ff.

[581] So auch *Scholz*, in: Dürig/Herzog/Scholz, GG, Art. 23 GG Rn. 72.

[582] Bericht der GVK, BT-Drucks. 12/6000 v. 05.11.1993, S. 20 f.; Begründungen zur Änderung des GG, BT-Drucks. 12/3338 v. 02.10.1992, S. 4 u. 6 f.; s. a. *Baldus*, ZRP 1997, 286, 287.

lichen Art. 79 Abs. 3 GG deklaratorisch ist,[583] wäre dies in doppelter Hinsicht problematisch.

Zunächst ist die damit verbundene Annahme, der verfassungsändernde Gesetzgeber hätte Art. 23 Abs. 1 S. 1 GG in einen verbindlichen und einen nicht verbindlichen Teil aufgespalten, wenig überzeugend. Hätten allein der grundrechtliche Solange-Vorbehalt und das unbestrittene Staatsziel der europäischen Integration rechtlich bindenden Charakter, würde der Satz eins mit einem verbindlichen Halbsatz 1 beginnen, im Halbsatz 2 zunächst deklaratorisch weitergehen, im letzten Teil aber wieder verbindlich werden. Schon allein anhand der Formulierung des ersten Satzes wird aber sehr deutlich, dass das Staatsziel der Mitwirkung an der EU vollumfänglich an alle im zweiten Halbsatz erwähnten Bedingungen geknüpft wird. Deutschland ist zur Mitwirkung an der Entwicklung der EU verpflichtet (Halbsatz 1), allerdings dürfen Hoheitsrechte nur übertragen werden, „wenn und solange"[584] die EU bestimmten Anforderungen genügt (Halbsatz 2). Anders formuliert gilt das Staatsziel der europäischen Integration, *solange* die EU demokratischen, rechtsstaatlichen, sozialen und föderativen Grundsätzen und dem Grundsatz der Subsidiarität verpflichtet ist und einen dem Grundgesetz im Wesentlichen vergleichbaren Grundrechtsschutz gewährleistet.[585] Dieser Maßstab würde überspielt, wenn Art. 23 Abs. 1 S. 1 GG seine Verbindlichkeit abgesprochen würde, was nahtlos zum zweiten Kritikpunkt an einer vorrangigen Heranziehung des Art. 79 Abs. 3 GG über Art. 23 Abs. 1 S. 3 GG führt.

Neben den bereits angesprochenen Aspekten würde eine stärkere Berücksichtigung von Art. 23 Abs. 1 S. 1 GG auch den Fokus zurück auf die Entscheidung des verfassungsändernden Gesetzgebers lenken. Dieser hat als vorrangig zur Konkretisierung der verfassungsrechtlichen Integrationsmaßstäbe zuständige Instanz, eine Entscheidung getroffen, die auch das BVerfG im Grundsatz respektieren muss.[586] So hat der (verfassungsändernde) Gesetzgeber, nicht nur über das „Ob" der Zuständigkeitszuweisung an den EuGH mittels des Zustimmungsgesetzes entschieden, sondern mit der zeitgleich vorgenommenen Verfassungsänderung auch über deren Grenze, also das „Wie". Mit Art. 23 Abs. 1 S. 1 GG wurde bewusst ein Maßstab gewählt, der sich zwar durchaus an den Grundsätzen der Ewigkeitsklausel orientiert, diese aber gleicheizeitig

---

583 So *Dietz*, AöR 142 (2017), 78, 106 f.; s. a. *Scholz*, in: Dürig/Herzog/Scholz, GG, Art. 23 GG Rn. 71.

584 Vgl. BR-Drucks. 501/92 v. 14.08.1992, S. 12.

585 Vgl. auch *Simon*, Grenzen des Bundesverfassungsgerichts im europäischen Integrationsprozess, S. 54, der Satz 1 aber „im Lichte des Art. 79 Abs. 3 GG" auslegen will, dazu oben Kap. 5 Fn. 576.

586 Vgl. *Proelß*, Bundesverfassungsgericht und überstaatliche Gerichtsbarkeit, S. 254 unter Hinweis auf *Delbrück*, in: FS Menzel, S. 83, 91. Zur Bedeutung der politischen Organe auch *Simon*, Grenzen des Bundesverfassungsgerichts im europäischen Integrationsprozess, S. 294.

für eine – die Besonderheiten der supranationalen Rechtsordnung berücksichtigende – Modifikation öffnet.[587] Wie auch das BVerfG mit Blick auf das Demokratieprinzip festgestellt hat, geht es bei Art. 23 Abs. 1 S. 1 GG nicht um eine vollständige Entsprechung der innerstaatlich geltenden Grundsätze auf der europäischen Ebene.[588] Auch wenn die Einzelheiten umstritten bleiben, fordert Art. 23 Abs. 1 S. 1 GG wegen der Besonderheiten der supranationalen Rechtsordnung lediglich eine „strukturangepasste Grundsatzkongruenz" zwischen nationaler und unionaler Ebene.[589] Wer die Kriterien der Struktursicherungsklausel als für eine Einzelfallkontrolle wenig geeignet einordnet,[590] übersieht, dass es der integrationsrechtliche „Clou"[591] des Art. 23 Abs. 1 S. 1 GG ist, einen generellen und vom Einzelfall losgelösten Kontrollmaßstab zu etablieren,[592] um eine Berücksichtigung der integrationstypischen Dynamik zu ermöglichen.[593] Noch deutlicher formuliert, tritt eine generelle, die europäische Gesamtperspektive berücksichtigende Betrachtung an die Stelle einer Letztkontrolle der deutschen Verfassungsprinzipien in jedem Einzelfall. Art. 79 Abs. 3 GG verliert damit nicht seine Bedeutung als entscheidende Grenze für den Integrationsgesetzgeber bei Primärrechtsänderungen, zumal der Wortlaut des Art. 23 Abs. 1 S. 3 GG insoweit eindeutig ist. Für die Anwendbarkeit des EU-Rechts muss allerdings, bevor diese „letzte Grenze" aktiviert wird, vorrangig Art. 23 Abs. 1 S. 1 GG als Prüfungsmaßstab für den gerichtlichen Alltag herangezogen werden.[594] Schließlich dürfte eine Verletzung der von Art. 79 Abs. 3 GG geschützten Grundsätze nahezu ausgeschlossen sein, wenn und solange die Bedingungen des Art. 23 Abs. 1 S. 1 GG erfüllt sind.[595] Soweit teilweise angedeutet wird, eine derartig weitreichende Verdrängung der grundgesetzlichen Grenzen sei

[587] Begründung zur Änderung des GG, BT-Drucks. 12/3338 v. 02.10.1992, S. 6 f.; BR-Drucks. 501/92 v. 14.08.1992, S. 12 ff.; s. a. *Hobe*, Der offene Verfassungsstaat, S. 150 ff., insb. S. 158 f. u. 162 f.

[588] BVerfGE 123, 267, 344, 347 u. 365 f. – *Lissabon*; BVerfGE 89, 155, 182 ff. u. 208 f. – *Maastricht*.

[589] Dazu nur *Classen*, in: v. Mangoldt/Klein/Stark, GG, Art. 23 GG Rn. 16 ff.; *Hobe*, in: Friauf/Höfling, Berliner Kommentar zum GG, Art. 23 GG Rn. 15 f.; *Streinz*, in: Sachs, GG, Art. 23 GG Rn. 22; *Wollenschläger*, in: Dreier, GG Kommentar, Bd. II, Art. 23 GG Rn. 63 m. w. N.

[590] In diese Richtung *Classen*, in: v. Mangoldt/Klein/Stark, GG, Art. 23 GG Rn. 16 u. 50.

[591] Vgl. *Simon*, Grenzen des Bundesverfassungsgerichts im europäischen Integrationsprozess, S. 197 f., 230 u. 297; ähnlich *C. Möllers*, Staat als Argument, S. 415 („Pointe").

[592] *H. Sauer*, EuR 2017, 186, 197; siehe auch bereits oben S. 196 f.

[593] Ausf. *Durner*, in: Isensee/Kirchhof, HdbStR Bd. X, 2012, § 216 Rn. 15, 26 ff. u. 38; s. a. *Wollenschläger*, in: Dreier, GG Kommentar, Bd. II, Art. 23 GG Rn. 63 sowie die Nachweise oben Kap. 5 Fn. 587 f.

[594] *H. Sauer*, EuR 2017, 186, 197; *Uerpmann-Wittzack*, in: von Münch/Kunig, GG, Art. 23 GG Rn. 19, 93 f. u. 102; dazu und zum Folgenden auch *Polzin*, Verfassungsidentität, S. 167 ff., insb. S. 175 f. sowie S. 177 ff., insb. S. 181 f.

[595] *Uerpmann-Wittzack*, in: von Münch/Kunig, GG, Art. 23 GG Rn. 94; s. a. *M. Walter*, ZaöRV 72 (2012), 177, 194 m. w. N.

mit Art. 79 Abs. 3 GG unvereinbar,[596] sollte nicht übersehen werden, dass das BVerfG die Verfassungsmäßigkeit des Art. 23 GG n. F., einschließlich seines Abs. 1 S. 1 weder bei dessen Einführung noch in späteren Entscheidungen ausdrücklich in Zweifel gezogen hat.

Einer vorrangigen Heranziehung der Struktursicherungsklausel steht auch nicht die, vom BVerfG im Maastricht-Urteil postulierte, fehlende Rügefähigkeit über Art. 38 Abs. 1 GG entgegen. Wie bereits erwähnt hat das BVerfG im Lissabon-Urteil trotz des prozessualen Ausgangspunkts über Art. 38 Abs. 1 GG sehr wohl, wenn auch in eingeschränktem Umfang, auf Art. 23 Abs. 1 S. 1 GG zurückgegriffen. Es wäre sogar denkbar, die Rügefähigkeit noch weitergehend zu verstehen. Wenn das BVerfG im Lissabon-Urteil auf den Einflussgewinn auf internationaler Ebene durch die Integration hinweist,[597] ließe sich durchaus diskutieren, ob dem GG in Bezug auf die europäische Integration nicht nur ein „Anspruch auf Demokratie", sondern auch ein „Anspruch auf Integration" entnommen werden kann.[598] Schließlich wären die Kompetenzen des Bundestags und damit der Einfluss der Wahlbürgerinnen und -bürger auch dann gefährdet, wenn die Bundesrepublik auf globale Herausforderungen nicht mehr allein reagieren könnte.[599] Mit dem „Anspruch auf Integration" ließe sich dieser drohende Verlust möglicherweise kompensieren. Doch selbst wenn man wegen der Einordnung von Art. 23 Abs. 1 S. 1 *Hs. 1* GG als Staatsziel, bei dem der Gesetzgeber über einen weiten Gestaltungspielraum verfügt und das im Unterschied zu Grundrechten nicht ohne Weiteres unmittelbar gerichtlich geltend gemacht werden kann,[600] einen solchen Anspruch ablehnt, steht dies einer bundesverfassungsgerichtlichen Kontrolle der von Art. 23 Abs. 1 S. 1 *Hs. 2* GG aufgestellten Grenzen nicht im Wege. Insoweit sei noch einmal an die Ultra-vires-Kontrolle in der „Honeywell-Konstellation" erinnert, bei der anstelle von Art. 38 GG und Art. 79 Abs. 3 GG an ein materielles Grundrecht sowie die verfassungsrechtlichen Grenzen des Anwendungsvorrangs angeknüpft wird. Wenn diese Konstellation auch in der jüngsten Rechtsprechung aufrechterhalten wurde, muss auch eine Kontrolle von Art. 23 Abs. 1 S. 1 Hs. 2 GG als verfassungsrechtliche Grenze i. V. m. einem materiellen Grundrecht, notfalls i. V. m. Art. 2 Abs. 1 GG möglich sein.[601] Die Gefahr einer Ausuferung dieses „Integrations-

596 In diese Richtung *Dederer*, JZ 2014, 314, 316; *Di Fabio*, Der Staat 32 (1993), 191, 206 f. u. 214; vgl. auch BVerfGE 123, 267, 348 ff., insb. 350, s. a. 401 – *Lissabon*; kritisch aber *H. Sauer*, EuR 2017, 186, 197; vgl. auch *Epiney*, NVwZ 2016, 655, 659 f.

597 BVerfGE 123, 267, 344 – *Lissabon*.

598 *Forsthoff*, EuZW 2019, 977, 982 dort Fn. 36.

599 Vgl. dazu und zum Folgenden bereits oben S. 153 ff. u. 141 ff.

600 Dazu allgemein ausf. *Sommermann*, Staatsziele und Staatszielbestimmungen, S. 377 ff., insb. S. 415 ff. u. 427 ff.; zu Art. 23 GG nur *Streinz*, in: Sachs, GG, Art. 23 GG Rn. 10 f. m. w. N.

601 Dazu nur *Uerpmann-Wittzack*, in: von Münch/Kunig, GG, Art. 23 GG Rn. 74 m. w. N.; *A. Thiele*, EuR 2017, 367 u. 380; s. a. *Giegerich*, EuZW 2020, 560, 565. Zuvor bereits *Scholz*, in: Merten/Papier, HGR Bd. VI/2, § 170 Rn. 22, 32 u. insb. Rn. 34 sowie *Zuck*, NJW 1994, 978, 979; s. a. die abw. Meinung des Richters *Broß* in BVerfGE 113, 273, 319 ff., insb. 320 f. u.

grundrechts"[602] zu einer Popularklage wäre, wie auch bei der „Elfes-Konstruktion"[603] im rein nationalen Bereich, dadurch begrenzt, dass stets an ein individuelles (Grund-)Recht angeknüpft würde und die Beschwerdeführerin oder der Beschwerdeführer selbst, gegenwärtig und unmittelbar betroffen sein müsste.[604] Dies würde die Kontrolle in prozessualer Hinsicht begrenzen.

Demgegenüber könnte sich in inhaltlicher Sicht ein paradoxes Bild ergeben. Wenn Art. 23 Abs. 1 S. 1 GG als umfassender „Solange-Vorbehalt" zu verstehen ist, der notfalls über Art. 2 Abs. 1 GG aktiviert werden kann, führt dies auf den ersten Blick dazu, dass die Kontrolle des BVerfG inhaltlich nicht beschränkt, sondern im Gegenteil sogar ausgeweitet wird.[605] Anstatt über Art. 38 Abs. 1 GG nur Verletzungen der Grundsätze des Art. 79 Abs. 3 GG bzw. des Kerns des demokratischen Prinzips zu prüfen, wäre eine weitreichende Prüfung hinsichtlich der Einhaltung rechtsstaatlicher, demokratischer, sozialer, grundrechtlicher und föderaler Standards sowie des Prinzips der Subsidiarität möglich.[606] Dies bedeutet aber nur scheinbar einen erweiterten Zugriff des BVerfG. Schließlich liegt die Pointe des Solange-Maßstabs von Art. 23 Abs. 1 S. 1 GG gerade darin begründet, dass es sich nicht nur um einen Maßstab, sondern auch und vor allem um eine Entscheidungsregel[607] für die Kontrolle handelt. Art. 23 Abs. 1 S. 1 GG gibt zwar mehr Ansatzpunkte für eine potenzielle Kontrolle, *solange* seine Bedingungen aber erfüllt sind, wird die Kontrolle umfassend zurückgenommen und mithin nicht ausgeweitet.

Insgesamt spricht also vieles dafür, Art. 23 Abs. 1 S. 1 GG im Sinne eines umfassenden Solange-Maßstabs als vorrangige Grenze für die Kontrolle des Anwendungsvorrangs heranzuziehen. Eine andere Frage ist es, ob die Bedingungen des in Art. 23 Abs. 1 S. 1 GG niedergelegten Solange-Vorbehalts auch im Hinblick auf die unionsrechtliche Letztentscheidung erfüllt sind bzw. welche Auswirkungen dies für die Integrationsvorbehalte sowie die gerichtliche Kooperation zwischen EuGH und BVerfG hat. Wie zu zeigen sein wird, bietet das GG mit dem „vergessenen Maßstab" des Art. 23 Abs. 1 S. 1 GG ein nicht unerhebliches Potenzial für eine echte maßstabsorientierte Kooperation.

---

325 – *Europäischer Haftbefehl*. Anders aber BVerfGE 136, 69, 91 f. Rn. 42 – *Gigaliner* sowie *Huber*, in: Merten/Papier, HGR Bd. VI/2, § 172 Rn. 15.

[602] *A. Thiele*, EuR 2017, 367 u. 380.

[603] Grundlegend BVerfGE 6, 32, 36 ff., insb. 41 – *Elfes*; s. a. BVerfGE 80, 137, 153 – *Reiten im Walde*; dazu und zum Folgenden statt vieler nur *Rixen*, in: Sachs, GG, Art. 2 GG Rn. 89 u. 101 sowie *Detterbeck*, in: Sachs, GG, Art. 93 GG Rn. 89 u. 91 ff.

[604] Vgl. zu diesem Unterschied zum Vorgehen über Art. 38 GG auch *Knoth*, EuR 2021, 274, 285 u. 288 sowie *H. Sauer*, Der Staat 58 (2019), 7, 30 f.

[605] Vgl. auch *Selmayr/Prowald*, DVBl 1999, 269, 272 f.

[606] So auch ausdrücklich *A. Thiele*, EuR 2017, 367, 374.

[607] Dazu bereits oben S. 185 ff. u. 264.

3. Das ungenutzte Potenzial eines Maßstabswechsels

Versteht man Art. 23 Abs. 1 S. 1 GG aus den genannten Gründen als umfassenden Solange-Maßstab und zieht ihn als gegenüber Art. 79 Abs. 3 GG vorrangigen Integrationsmaßstab heran, würde sich ein solcher Maßstabswechsel nicht nur auf die grundgesetzliche Verankerung der einzelnen Integrationsvorbehalte und deren Ausübung, sondern auch allgemein auf die Möglichkeiten eines umfassenden maßstabsorientierten Austauschs der Gerichte auswirken.

Bei einem umfassenden Maßstabswechsel wären Rechtsgrundlage und Maßstab der Ultra-vires-Kontrolle nicht in Art. 23 Abs. 1 S. 2 oder S. 3 GG, sondern ebenfalls in S. 1 zu verorten. Nicht zuletzt vor dem Hintergrund des teilweisen Bezugs der Ultra-vires-Kontrolle auf das Rechtsstaatsprinzip in der Rechtsprechung des BVerfG,[608] kommt als unmittelbarer Anknüpfungspunkt für die Kompetenzkontrolle die in Art. 23 Abs. 1 S. 1 GG niedergelegte Verpflichtung der EU auf rechtsstaatliche Grundsätze in Betracht.[609] Mit dieser Verpflichtung wird die Mitwirkung an der weitergehenden Integration von der Erfüllung bestimmter rechtsstaatlicher Bedingungen auf der europäischen Ebene abhängig gemacht. Ob wegen der fehlenden Staatsqualität der EU der Begriff der rechts*staat*lichen Grundsätze passend ist oder in Anlehnung an die englische „rule of law" besser von der „Herrschaft des Rechts" gesprochen werden müsste,[610] kann im Hinblick auf die Frage der Einordnung der Ultra-vires-Kontrolle dahinstehen. Zunächst verwendet Art. 23 GG, wie im Übrigen auch die deutsche Fassung des komplementären Art. 2 EUV, ausdrücklich den Begriff der Rechtsstaatlichkeit. Entscheidender als die Begrifflichkeit sind aber ohnehin die dahinterstehenden Inhalte, die trotz aller mitgliedstaatlichen Unterschiede einen gemeinsamen europäischen Kern haben, weshalb sie grundsätzlich auch losgelöst vom Nationalstaat gedacht und erfüllt werden können.[611] Bezogen auf die hier relevante gerichtliche Kontrolle der EU-Kompetenzgrenzen gehört zu diesen Elementen, die von Art. 23 Abs. 1 S. 1 GG unter Beachtung der Besonderheiten der supranationalen Rechtsordnung eingefordert werden, die Garantie eines effektiven Rechtsschutzes durch unabhängige Gerichte, die Einhaltung der Gesetzesbindung von Exekutive und Judikative sowie die Bindung der EU-Legislative an die primärrechtlichen Kompetenzgrenzen, einschließlich der Beachtung des Grundsatzes der Verhältnismäßigkeit.[612] Anders ausgedrückt wirkt

[608] BVerfGE 142, 123, 202 Rn. 152 – *OMT-Urteil*; BVerfGE 146, 216, 252 Rn. 52 – *PSPP-Vorlagebeschluss*; dazu bereits oben S. 345 f.; zuvor auch BVerfGE 75, 223, 240 u. 242 – *Kloppenburg*.

[609] Ausf. *A. Thiele*, EuR 2017, 367, 372 ff. m. w. N.; s. a. *Giegerich*, ZEuS 2016, 3, 31 f.; *H. Sauer*, EuR 2017, 186, 197 sowie *Schnettger*, Verbundidentität, S. 174 ff., 275 ff. u. 423.

[610] So beispielsweise *Uerpmann-Wittzack*, in: von Münch/Kunig, GG, Art. 23 GG Rn. 34.

[611] *Classen*, in: v. Mangoldt/Klein/Stark, GG, Art. 23 GG Rn. 30 ff. m. w. N.; s. a. *Hobe*, in: Friauf/Höfling, Berliner Kommentar zum GG, Art. 23 GG Rn. 24 sowie auch *Uerpmann-Wittzack*, in: von Münch/Kunig, GG, Art. 23 GG Rn. 34.

[612] *Jarass*, in: Jarass/Pieroth, GG, Art. 23 GG Rn. 16; s. a. *Hobe*, in: Friauf/Höfling, Ber-

die Bundesrepublik an der europäischen Integration mit, *solange* die Einhaltung der EU-Kompetenzgrenzen einer effektiven Kontrolle durch den EuGH unterliegt. Diese Formulierung erinnert nicht zufällig an jene Stimmen, die im Sinne einer Solange-III-Entscheidung eine Zurückhaltung des BVerfG bei der Kontrolle des EU-Sekundärrechts fordern, *solange* der EuGH den unionsrechtlichen Schutz der nationale Identität sowie die Einhaltung der EU-Kompetenzen effektiv überwacht.[613] Schließlich wird mit dem Verständnis von Art. 23 Abs. 1 S. 1 GG als umfassender Solange-Vorbehalt die Verpflichtung auf rechtsstaatliche Grundsätze, wie beim grundrechtlichen Solange-Vorbehalt, zu einer Entscheidungsregel über den anzuwendenden Maßstab und dessen Kontrolle. Solange der Rechtsschutz auf europäischer Ebene rechtsstaatlichen Grundsätzen im Sinne des Art. 23 Abs. 1 S. 1 GG entspricht, findet die Kontrolle des EU-Sekundärrechts allein durch den EuGH anhand der unionsrechtlichen Integrationsmaßstäbe statt. Die verfassungsrechtliche Ultra-vires-Kontrolle wird deutlicher als bisher zum echten Reservevorbehalt. Mit einem solchen Verständnis wird der grundgesetzliche Ultra-vires-Maßstab, der nicht auf eine umfassende unionsrechtliche Rechtmäßigkeitskontrolle abzielt, sondern nur eine verfassungsrechtliche Grenze für die Verbindlichkeit der unionsrechtlichen Letztentscheidung markiert, bestmöglich abgebildet.

Entsprechend der Situation beim grundrechtlichen Solange-Vorbehalt führt diese Einordnung allerdings zu der Frage, wie im Falle gerichtlicher Einzelfälle beurteilt werden kann, ob die Bedingung der „rechtsstaatlichen Grundsätze" erfüllt ist. Schließlich hängt von dieser Entscheidung ab, ob eine konkret erhobene Ultra-vires-Kontrolle Erfolg haben kann. In Anbetracht der Ausrichtung von Art. 23 Abs. 1 S. 1 GG, der auf die europäische Gesamtstruktur abzielt, kann es grundsätzlich nicht um eine Einzelfallkontrolle, sondern nur um ein generelles Absinken unter den „Solange-Rechtsstaat-Standard" gehen.[614] Ein ganz ähnliches Verständnis zeigt sich interessanterweise auch in Entscheidungen des BVerfG, die sich in anderen Kontexten mit den Anforderungen an die internationale oder supranationale Gerichtsbarkeit auseinandersetzen. So hat das BVerfG im Zusammenhang mit Art. 16 Abs. 2 GG ausgeführt, der für die Auslieferung an einen internationalen Gerichtshof neben einer gesetzlichen Grundlage ebenfalls die Wahrung „rechtsstaatliche[r] Grundsätze" fordert, dass

liner Kommentar zum GG, Art. 23 GG Rn. 23 ff.; *Uerpmann-Wittzack*, in: von Münch/Kunig, GG, Art. 23 GG Rn. 34 ff.; *Wollenschläger*, in: Dreier, GG Kommentar, Bd. II, Art. 23 GG Rn. 74. Zum Unterschied von Art. 23 Abs. 1 S. 1 und S. 3 GG siehe nur *Classen*, in: v. Mangoldt/Klein/Stark, GG, Art. 23 GG Rn. 32 ff.

613 Siehe bereits *Everling*, EuR 2010, 91, 101 m. w. N.; ausdrücklich für die Ultra-vires-Kontrolle mit ausformulierter Solange-Formel *Ukrow*, ZEuS 2014, 119, 138 f.; zur Identitätskontrolle bereits oben S. 283. Vgl. aus jüngerer Zeit auch *T. M. J. Möllers*, EuZW 2020, 503, 505; für eine genau umgekehrte Solange-Formel aber *Kahl*, NVwZ 2020, 824, 827. Zur häufigen Nutzung der Bezeichnung „Solange III" siehe bereits oben S. 193 ff., 209 u. 250.

614 Vgl. *H. Sauer*, EuR 2017, 186, 197; ausf. auch bereits oben S. 390 ff.

es sich dabei um eine auf den Internationalen Gerichtshof bezogene Erwartung im Sinne einer *Strukturentsprechung* handele, wie sie auch Art. 23 Abs. 1 GG formuliere.[615] Noch deutlicher wurde das BVerfG in einer jüngeren Entscheidung zur Rechtsschutzgarantie im Zusammenhang mit Internationalen Organisationen. So hat das Gericht klargestellt, dass mittels einer Übertragung von Hoheitsrechten nach Art. 24 Abs. 1 und Abs. 1a GG auch Rechtsprechungsaufgaben auf supranationale Einrichtungen übertragen und damit zugleich der Zugang zu deutschen Gerichten ausgeschlossen werden kann.[616] Sofern aber entsprechend vorgegangen wird und im jeweiligen völkerrechtlichen Vertrag nicht ausnahmsweise eine Zuständigkeit der deutschen Gerichte vereinbart wird,[617] verpflichtet Art. 19 Abs. 4 GG den Gesetzgeber, einen effektiven und lückenlosen Rechtsschutz auf der supranationalen Ebenen sicherzustellen, um den Ausschluss der deutschen Gerichtsbarkeit zu kompensieren. In qualitativer Hinsicht ist daher ein Individualrechtsschutz geboten, der durch unabhängige Stellen ausgeübt wird, die mit angemessener Prüfungs- und Entscheidungsmacht über tatsächliche und rechtliche Fragen ausgestattet sind, auf Grund eines Verfahrens entscheiden, das rechtliches Gehör, dem Streitgegenstand angemessene Angriffs- und Verteidigungsmittel und einen frei gewählten, kundigen Beistand ermöglicht und deren Entscheidungen die Verletzung von Grundrechten sachgerecht und wirksam sanktionieren. Schließlich müssen die supranationalen Rechtsschutzeinrichtungen ihre Gerichtsbarkeit auch tatsächlich ausüben.[618] Bei der Kontrolle, ob der supranationale Rechtsschutz diesen aus Art. 24 Abs. 1 GG i. V. m. Art. 19 Abs. 4 GG folgenden Kriterien genügt, geht es aber ausdrücklich nur um die Frage, ob hinsichtlich des supranationalen Rechtsschutzes von Anfang an ein „strukturelles Regelungsdefizit" angelegt war oder ob sich im Zuge der späteren Ausgestaltung ein „strukturelles Vollzugsdefizit" ergibt.[619] Mit anderen Worten geht es nur um eine Kontrolle der Gesamtstruktur und keine Willkürkontrolle in jedem gerichtlichen Einzelfall.[620] Würde man diese Anforderungen auf das Rechtsschutzsystem der EU und die Rechtsprechung des EuGH anwenden, ließe sich ein derartiges strukturelles Defizit kaum begründen.[621] Schließlich versteht der Gerichtshof die EU als Rechtsunion,

[615] BVerfGE 113, 273, 299 – *Europäischer Haftbefehl*; Hervorh. d. Verf.

[616] BVerfGE 149, 346, 366 Rn. 41 – *Europäische Schulen.*

[617] BVerfGE 149, 346, 366 f. Rn. 44 – *Europäische Schulen*; s. a. *Gärditz*, EuGRZ 2018, 518, 535.

[618] BVerfGE 149, 346, 362 ff. Rn. 31 ff., insb. 363 f. Rn. 36 ff. – *Europäische Schulen*; zur Kompensation und den Anforderungen auch *Gärditz*, EuGRZ 2018, 518, 535 ff. u. 531 ff.

[619] BVerfGE 149, 346, 362 Rn. 32, 370 ff. Rn. 56 ff., insb. Rn. 61 – *Europäische Schulen.*

[620] Dazu und zu den Rechtsfolgen nur *Gärditz*, EuGRZ 2018, 518, 538 ff.

[621] *R. Hofmann/Heger*, EuGRZ 2021, 1, 6; s. a. bereits *Everling*, in: Weidenfeld, Reform der Europäischen Union, S. 256, 257; *Frowein*, ZaöRV 54 (1994), 1, 8 f.; *Carl O. Lenz*, in: Behrens/Eger/H.-B. Schäfer, Ökonomische Analyse des Europarechts, S. 27, 32 sowie *Oeter*, VVDStRL 66 (2007), 361, 377 f. Ähnlich *Gärditz*, EuGRZ 2018, 518, 539, der aber auch die Unterschiede von Art. 23 Abs. 1 und Art. 24 GG betont.

die sich vor allem durch eine umfassende Kontrolle der EU-Kompetenzgrenzen auszeichnet, bei der nationale Gerichte und EuGH zwar zusammenwirken, Letzterem aber die verbindliche Entscheidung über Auslegung und Gültigkeit des EU-Rechts zukommt.[622] Um den Begriff der Rechtsstaatlichkeit im unionsrechtlichen Kontext zu vermeiden, kann davon gesprochen werden, dass die EU nicht zuletzt durch die Rechtsprechung des EuGH durch das Prinzip der Rechtsunion geprägt ist. Wie umfassend dargelegt, ist ein wesentliches Element dieses Rechtsunionsprinzips die verbindliche Entscheidung des EuGH über die unionsrechtlichen Grenzen der Kompetenzverteilung und -ausübung, wovon insbesondere das Prinzip der begrenzten Einzelermächtigung, die Grundsätze der Verhältnismäßigkeit und der Subsidiarität sowie der Schutz der nationalen Identität erfasst sind. Vor diesem Hintergrund genügt die EU nicht trotz, sondern gerade wegen der umfassenden Rechtsprechung und -fortbildung des EuGH den verfassungsrechtlichen Anforderungen des Art. 23 GG.[623] Gleichwohl verdeutlicht das PSPP-Urteil nicht nur durch die Ultra-vires-Erklärung, sondern vor allem durch einen ausdrücklichen Bezug auf die sich aus Art. 23 Abs. 1 S. 1 GG i. V. m. Art. 19 Abs. 4 GG ergebende Notwendigkeit eines effektiven und umfassenden Rechtsschutzes, dass das BVerfG bezüglich eines vollständigen Vertrauens auf den effektiven EuGH-Rechtsschutz weiter zurückhaltend bleibt und sich eine Kontrolle im Einzelfall anhand von Art. 79 Abs. 3 GG vorbehält.[624]

Dabei würde eine stärkere Berücksichtigung von Art. 23 Abs. 1 S. 1 GG den offensichtlichen Zweifeln des BVerfG gegenüber der Effektivität der gerichtlichen Kontrolle der EU-Organe durch den EuGH sogar entgegenwirken. Wie nicht zuletzt die Entscheidungen *Recht auf Vergessen I und II* verdeutlicht haben, enthält Art. 23 Abs. 1 S. 1 GG nicht nur eine „Solange-Komponente", sondern auch und vor allem eine Mitwirkungskomponente, die auch das BVerfG betrifft. Die Rücknahme des eigenen Integrationsvorbehalts, *solange* die gerichtliche Kontrolle des EuGH „rechtsstaatlichen Grundsätzen" entspricht, ist nur eine Seite der Medaille. Die andere Seite betrifft die Integrationsverantwortung, die auch das BVerfG erfasst und der es am besten nachkommt, wenn es an der Ausgestaltung der unionsrechtlichen Kompetenzgrenzen über den Weg der (erneuten) Vorlage an den EuGH aktiv mitwirkt. Diese bereits dargestellte Strategie, mittels Vorlagen das „erste Wort" anstelle des „letzten Wortes" zu setzen und den EuGH zur weiteren Präzisierung der unionsrechtlichen Integrationsmaßstäbe zu bewegen, erhält mit der Mitwirkungskomponente des Art. 23 Abs. 1

---

[622] Dazu bereits ausf. oben S. 290 ff., insb. S. 297 ff.

[623] Vgl. schon *Zuleeg*, JZ 1994, 1, 6. Allgemein zur Erfüllung der „rechtsstaatlichen Grundsätze" durch die EU siehe nur *Hobe*, in: Friauf/Höfling, Berliner Kommentar zum GG, Art. 23 GG Rn. 26 u. 23 ff. sowie *Wollenschläger*, in: Dreier, GG Kommentar, Bd. II, Art. 23 GG Rn. 74.

[624] BVerfGE 154, 17, 112 Rn. 144 – *PSPP-Urteil*; s. a. bereits oben S. 353 ff., 375 ff. u. 382 ff.

S. 1 GG ein eindeutige Rechtsgrundlage. Gleichzeitig wäre das BVerfG über die Vorlage unmittelbar in die Weiterentwicklung des effektiven Rechtsschutzes im Rahmen der Rechtsunion eingebunden. Da das BVerfG es damit selbst (mit) in der Hand hätte, die Effektivität des unionsrechtlichen Rechtsschutzes auch im Bereich der Kompetenzen zu bewahren, würde über eine stärkere Mitwirkung auch die Bedeutung der Reservekompetenz abnehmen. Je umfassender das BVerfG an der Ausgestaltung der unionsrechtlichen Integrationsmaßstäbe mitwirkt, desto unwahrscheinlicher wäre ein generelles Absinken des kompetenzrechtlichen Rechtsschutzes.

Eine solche stärkere Berücksichtigung des Art. 23 Abs. 1 S. 1 GG hat zudem den nicht unerheblichen Vorteil, dass die mit dem Letztmaßstab des Art. 79 Abs. 3 GG verbundenen Probleme in den Hintergrund treten. Über die Verankerung der Ultra-vires-Kontrolle in Art. 23 Abs. 1 S. 1 GG wird zunächst das Verhältnis zur Identitätskontrolle geklärt, die so entsprechend den unterschiedlichen Schutzrichtungen von S. 1 und S. 3 deutlich als eigenständiger Integrationsvorbehalt neben der Ultra-vires-Kontrolle steht.[625] Die Ultra-vires-Kontrolle wird von ihrer unmittelbaren Verankerung in Art. 79 Abs. 3 GG gelöst und findet allein in Art. 23 Abs. 1 S. 1 GG ihre Grundlage. Sie ist damit kein besonderer Anwendungsfall der Identitätskontrolle, die aber als letzte Grenze über Art. 23 Abs. 1 S. 3 GG zum Schutz der in Art. 79 Abs. 3 GG verankerten Verfassungsidentität erhalten bleibt. Eine weitere Folge des Maßstabswechsels auf Art. 23 Abs. 1 S. 1 GG ist also, dass wieder eine klare Trennung von drei unterschiedlichen Integrationsvorbehalten besteht. Die damit verbundene klarere Abgrenzung der Vorbehalte bedeutet eine nicht unerhebliche Erleichterung in der Handhabung, da so von vornherein klar ist, welcher Maßstab zur Anwendung kommt. Darüber hinaus würde mit Art. 23 Abs. 1 S. 1 GG wieder stärker auf den Maßstab gesetzt, den der verfassungsändernde Gesetzgeber bewusst gewählt hat, um die besondere Dynamik der Integration zu berücksichtigen und die Bundesrepublik auf eine Mitwirkung zu verpflichten.[626] Diese Mitwirkungskomponente wurde jüngst auch in der abweichenden Meinung zum Beschluss über das Patentgericht noch einmal betont.[627] Vor allem aber liegt der Maßstab der Integration im Falle des Art. 23 Abs. 1 S. 1 GG nicht mehr im unmittelbaren Grenzbereich zur Verfassungsänderung, sodass auch die gesetzgebenden Körperschaften in die weitere Ausgestaltung wieder stärker eingebunden wären. Der integrationspolitische Spielraum würde vergrößert und das BVerfG könn-

[625] Dazu und zum Folgenden *A. Thiele*, EuR 2017, 367, 373 ff.; *Schnettger*, Verbundidentität, S. 174 ff., 275 ff. u. 423.

[626] Vgl. *Classen*, in: v. Mangoldt/Klein/Stark, GG, Art. 23 GG Rn. 57 sowie *Carl O. Lenz*, in: Behrens/Eger/H.-B. Schäfer, Ökonomische Analyse des Europarechts, S. 27, 33; s. a. bereits oben S. 390 u. 393 f.

[627] Abw. Meinung der Richterinnen *König* und *Langenfeld* sowie des Richters *Maidowski* BVerfGE 153, 74, 181 Rn. 20 – *Einheitliches Patentgericht.*

te sich im Sinne seiner „Wegweiser-Funktion“ auf die Gestaltung des verfassungsrechtlichen Rahmens konzentrieren. Im gerichtlichen Austausch ist das BVerfG dann nicht mehr nur bloßer Kontrolleuer, sondern auch echter Gestalter, da es ganz im Sinne der „Integration durch Recht“ an der gerichtlichen Entwicklung des unionsrechtlichen Maßstabs unmittelbar mitwirkt. Es hat zugleich die Einhaltung der „Solange-Bedingung“ des Art. 23 Abs. 1 S. 1 GG mit in der Hand. Mit diesem – zurzeit weitgehend ungenutzten – Potenzial ließe sich ein umfassendes maßstabsorientiertes Kooperationsverhältnis grundgesetzlich absichern und weiter ausgestalten.

C. Zwischenfazit

Wenn im Sinne einer pluralistischen Betrachtung ein umfassendes „letztes Wort“ abzulehnen ist, gleichzeitig aber die Entscheidung über die Maßstäbe der Integration schon aus Gründen der Rechtssicherheit nicht offenbleiben darf, kann die Antwort auf die Frage „Quis iudicabit de quo?“ nur zugunsten *beider* Gerichte ausfallen, die anhand ihres *jeweiligen* Maßstabs entscheiden. Während der EuGH verbindlich über die Auslegung der unionsrechtlichen Integrationsmaßstäbe urteilt, obliegt die Entscheidung über die grundgesetzlichen Integrationsmaßstäbe allein dem BVerfG.[628] Damit dieser pluralistische Ansatz aber nicht nur eine bloße Zustandsbeschreibung bleibt, kommt es darauf an, wie mit den unterschiedlichen rechtlichen Zugängen und den daraus folgenden Zuständigkeiten sowie Prüfprogrammen umzugehen ist.

Insoweit muss zunächst die Reichweite des jeweiligen Integrationsmaßstabs genauer betrachtet werden. Die Zuständigkeit des EuGH zur Entscheidung über die unionsrechtlichen Integrationsmaßstäbe bedeutet nichts anderes, als dass ihm das Auslegungs- und Verwerfungsmonopol bezüglich des EU-Sekundärrechts zukommt. Aus der Perspektive des EU-Rechts bestehen insoweit weder rechtliche noch tatsächliche Einschränkungen, die eine externe Kontrolle durch die mitgliedstaatlichen Gerichte möglich oder nötig machen würden. Vielmehr sind Entscheidungen des EuGH auch dann verbindlich, wenn sie sich als Fehlurteil erweisen sollten. Da die Frage, ob die EU-Organe ihre Kompetenzen eingehalten haben, nur anhand des EU-Rechts beantwortet werden kann, ist der EuGH auch diesbezüglich umfassend zur Entscheidung berufen. Diese unionsrechtliche Letztentscheidung wurde auch von verfassungsrechtlicher Seite im Grundsatz anerkannt. Die gleichwohl existierenden verfassungsrechtlichen Integrationsmaßstäbe ermöglichen dem BVerfG daher richtigerweise keine eigenständige unionsrechtliche Prüfung im Einzelfall, da andernfalls die grundsätzliche Entscheidung der gesetzgebenden Körperschaften, die Kontroll-

[628] Vgl. *Streinz*, in: FS Stern 2012, S. 963, 971.

zuständigkeit auf den EuGH zu übertragen, ignoriert würde. Die Ultra-vires-Kontrolle muss daher eine verfassungsrechtliche Reservekompetenz bleiben, die im Sinne einer Missbrauchs- oder Evidenzkontrolle die unionsrechtliche Letztentscheidung anhand eines verfassungsrechtlichen Maßstabs überprüft. Da gleichwohl beide Maßstäbe im Konfliktfall das „letzte Wort" beanspruchen, geht es bei der Kompetenzkontrolle im Alltag vorrangig darum, die jeweiligen (Letzt-)Entscheidungen miteinander zu koordinieren bzw. die Auseinandersetzung bereits im Vorfeld einer Letztentscheidung zu deeskalieren.

Auch in Bezug auf die Kompetenzgrenzen erweist sich dabei das Vorabentscheidungsverfahren als ein entscheidender Schlüssel. Das Vorabentscheidungsverfahren kann den gerichtlichen Konflikt zwar nicht vollständig beigelegen, aber dennoch weitgehend in geordnete Bahnen lenken.[629] Allerdings reicht das Vorabentscheidungsverfahren für sich genommen nicht aus, um eine durchgreifende Deeskalation zu erreichen. Vielmehr müssen für ein „zukunftsfähiges Kooperationsverhältnis"[630] prozessuale und materielle Konfliktvermeidungsstrategien kombiniert werden. Dazu gehört neben einer möglichst umfassenden Einbindung aller integrationspolitischen und -rechtlichen Akteure auch eine zurückhaltende Handhabung der Prüfungsmaßstäbe, bei der angemessen Rücksicht auf die Maßstäbe und Interessen der jeweils anderen Seite genommen wird.[631] Prozessual ist vor allem entscheidend, dass das Vorabentscheidungsverfahren von beiden Seiten genutzt wird, um die eigene Position ausführlich und verständlich darzulegen. Um einen umfassenden und mehrfachen Austausch zu ermöglichen, sollten sowohl die vorhandenen Instrumente der EuGH-Satzung und der Verfahrensordnung als auch der Weg einer erneuten Vorlage verstärkt genutzt werden. Wird in materieller Hinsicht gleichzeitig der Fokus auf die Etablierung und Ausgestaltung gemeinsamer Kompetenzmaßstäbe gelenkt, kann ein kooperatives Miteinander erreicht werden, ohne dass eine Seite ihre Grundprämisse oder ihren Anspruch auf Letztentscheidung vollständig aufgeben muss. Wie auch bei den Grundrechten und dem Identitätsschutz haben die mitgliedstaatlichen Gerichte über die (erneute) Vorlage die Möglichkeit, den EuGH dazu zu bewegen, die unionsrechtlichen Integrationsmaßstäbe weiter zu präzisieren. In inhaltlicher Hinsicht könnten insbesondere die Maßstäbe der Subsidiarität und der Verhältnismäßigkeit über die Vorlage weiter ausgestaltet werden, um über klare Kriterien ihre gerichtliche Kontrolle durch den EuGH effizienter zu machen. Bestehen nach einer Vorlage wei-

---

[629] *Franzius*, EuR 2019, 365, 382; *Franzius*, RW 7 (2016), 62, 75 ff.; s. a. *Haltern*, NVwZ 2020, 817, 818 sowie *Thym*, Der Staat 48 (2009), 559, 573; zuvor schon *Grimm*, RdA 1996, 66, 71.

[630] Vgl. dazu und zum Folgenden auch *Lang*, Der Staat 60 (2021), 99, 126 ff. u. passim.

[631] Vgl. *R. Hofmann/Heger*, EuGRZ 2020, 176, 182 u. 190 sowie *Streinz*, in: FS Stern 2012, S. 963, 971 ff.; s. a. *Schwarze*, Das Verhältnis von nationalem Recht und Europarecht Bd. II, S. 191 ff.; ausf. bereits oben S. 70 ff. u. 80 ff.

ter Unklarheiten oder Zweifel, kann eine weitere, fokussierte Vorlage erfolgen. Insoweit bestehen also durchaus Möglichkeiten, eine maßstabsorientierte Kooperation über die unionsrechtlichen Integrationsmaßstäbe durchzuführen. Je umfassender eine solche Kooperation erfolgt, um eine effektivere Kontrolle der unionsrechtlichen Grenzen zu erreichen, desto unwahrscheinlicher ist die Notwendigkeit einer verfassungsrechtlichen Ultra-vires-Kontrolle. Die Möglichkeiten und Grenzen einer solchen Kooperation hängen aus verfassungsrechtlicher Sicht aber entscheidend davon ab, welche Rechtsgrundlage für die Kompetenzkontrolle vorrangig herangezogen wird. In Anbetracht der nicht unerheblichen Probleme, die mit der weitgehenden Verankerung der Ultra-vires-Kontrolle in Art. 79 Abs. 3 GG verbunden sind, sollte künftig verstärkt der Maßstab des Art. 23 Abs. 1 S. 1 GG herangezogen werden. Ein derartiger Maßstabswechsel könnte wegen der Mitwirkungskomponente nicht nur im Bereich der Kompetenzkontrolle die gerichtliche Kooperation deutlich verbessern, sondern bietet darüber hinaus ein erhebliches Potenzial, eine weitreichende maßstabsorientierte Kooperation zu etablieren.

Schlussbetrachtung und Ausblick: Die Grundzüge einer umfassenden maßstabsorientierten Kooperation zwischen BVerfG und EuGH

Ziel der vorliegenden Arbeit war es, die Maßstäbe der Integration von BVerfG und EuGH zu vergleichen, um über das Ausmaß an Übereinstimmungen und Abweichungen das Potenzial für eine maßstabsorientierte Kooperation zu ermitteln. Im Sinne eines pluralistischen Verständnisses, welches ohne umfassendes „letztes Wort“ auskommt, wurden dazu die Zugänge von BVerfG und EuGH als im Ausgangspunkt gleichberechtigt anerkannt und die jeweiligen Maßstäbe einander gegenübergestellt.

Als „Blaupause“ für die allmähliche Entwicklung einer Konfrontation, über einen mittelbaren Austausch hin zu einer echten *maßstabsorientierten Kooperation* hat sich dabei der Bereich der grundrechtlichen Integrationsmaßstäbe erwiesen. Trotz der unterschiedlichen Prämissen („Verschiedenes“) wurde nach und nach ein umfassender grundrechtlicher Rechtsschutz etabliert, bei dem nunmehr großes Potenzial für die Ausgestaltung und Weiterentwicklung eines gemeinsamen grundrechtlichen Verständnisses („dasselbe“) besteht. Ein ähnliches Potenzial lässt sich über die unionsrechtliche Identitätsklausel auch für den Bereich der (Verfassungs-)Identität als Integrationsmaßstab ausmachen. Art. 4 Abs. 2 S. 1 EUV kann insoweit als gemeinsamer Anknüpfungspunkt („dasselbe“) für eine maßstabsorientierte Kooperation dienen. Allerdings ist zuzugeben, dass an dieser Stelle aktuell eher ein Verständnis überwiegt, welches von zwei widerstreitenden Identitätskonzepten („Verschiedenes“) ausgeht. Im Bereich der Kompetenzen konkurrieren BVerfG und EuGH weiter über die Entscheidungshoheit, was jüngst an der PSPP-Entscheidung mehr als deutlich geworden ist. Gleichzeitig ist das Kooperationspotenzial wegen des im Hintergrund stehenden, identischen Prüfungsmaßstabs in diesem Bereich zweifelsfrei vorhanden. Wie auch in den anderen Bereich ist aber ein kooperativer und rücksichtsvoller Umgang der Gerichte miteinander erforderlich, der nicht nur alle prozessualen Möglichkeiten im Vorabentscheidungsverfahren ausschöpft, sondern auch und vor allem den Fokus auf die jeweiligen Integrationsmaßstäbe legt. Anhand der in den einzelnen Kapiteln ermittelten Potenziale lassen sich nun abschließend die Grundzüge für eine solche umfassende *maßstabsorientierte Kooperation* entwickeln. Diese beruht auf einem eng verzahnten „Verfassungsgerichtsverbund"[1] zwischen EuGH und BVerfG, wobei die gerichtliche Kontrolle der Integrationsmaßstäbe einem abgestuften Verfahren folgt. Wie die Analyse der verschiedenen Konfliktbereiche gezeigt hat, ist ein solcher maßstabsorientierter Austausch nämlich nicht nur möglich, sondern jedenfalls in Teilen schon gelebte Praxis. Im Einzelnen lassen sich die Grundzüge einer *maßstabsorientierten Kooperation* wie folgt zusammenfassen.

Die *erste Stufe* betrifft die Kontrolle der primärrechtlichen Integrationsmaßstäbe.[2] Bei der Änderung der EU-Verträge formulieren Primärrecht und deutsches Verfassungsrecht teilweise unterschiedliche formelle Anforderungen, die entsprechend ihrer jeweiligen Rechtsgrundlage der gerichtlichen Kontrolle des EuGH bzw. des BVerfG unterliegen. Auch wenn insbesondere die formellen Anforderungen des BVerfG mit Blick auf die integrationspolitischen Auswirkungen in innerstaatlicher und gesamteuropäischer Perspektive kritisiert werden, bedeuten sie keinen rechtlichen Widerspruch zwischen EuGH und BVerfG. Die sich aus der Rechtsprechung des BVerfG ergebenden Anforderungen stellen sich nämlich nicht gegen die unionsrechtlichen Verfahrensvorschriften, sondern bedeuten regelmäßig nur, dass zusätzlich auf innerstaatlicher Ebene ein Zustimmungsgesetz erforderlich ist. Da diese Zustimmung in der Praxis erteilt werden muss, *bevor* es zu einer Änderung des EU-Rechts kommt und das jeweilige Zustimmungsgesetz vom BVerfG gerichtlich geprüft werden kann, ist ein Auseinanderfallen von unionsrechtlicher und verfassungsrechtlicher Lage insoweit weitgehend ausgeschlossen. Sollte das BVerfG in einem solchen Verfahren Zweifel oder Auslegungsfragen hinsichtlich der unionsrechtlichen Verfahrensanforderungen haben, könnte es insoweit dem EuGH vorlegen. Dessen Entscheidung beträfe dann aber nur die unionsrechtlichen Anforderungen und ließe die Zuständigkeit des BVerfG bezüglich der verfassungsrechtlichen Anforderungen unberührt.

Anders sieht die Aufgabenverteilung hinsichtlich der materiellen Anforderungen aus. Mangels inhaltlicher unionsrechtlicher Grenzen steht insoweit eindeutig das BVerfG im Zentrum der gerichtlichen Kontrolle. Über die Kontrolle des jeweiligen Zustimmungsgesetzes kann das BVerfG die verfassungsrechtlichen Grenzen der europäischen Integration umfassend prüfen. Die Praxis einer präventiven Kontrolle verhindert dabei, dass neues EU-Primärrecht entsteht, welches mit dem GG nicht vereinbar ist. Da es in inhaltlicher Hinsicht keinen abweichenden unionsrechtlichen Integrationsmaßstab gibt, besteht das Konfliktpotenzial beim Primärrecht weniger in einem spannungsgeladenen Verhältnis von EuGH und BVerfG als in den integrationspolitischen Auswirkungen

---

[1] Begriff nach *Voßkuhle*, NVwZ 2010, 1 ff.; *Voßkuhle*, Die Verwaltung Beiheft 10 (2010), 229, 237. Zum Begriff des „Rechtsprechungsverbunds" BVerfGE 154, 17, 91 Rn. 111 – *PSPP-Urteil*; BVerfGE 140, 317, 338 Rn. 44 – *Identitätskontrolle*; s. a. *Lenaerts/M. Hartmann*, JZ 2017, 321 ff.

[2] Dazu und zum Folgenden ausf. Kap. 2, S. 91 ff., insb. S. 156 ff.

in innerstaatlicher und gesamteuropäischer Sicht. Nur am Rande sei hier erwähnt, dass auch insoweit eine stärkere Orientierung an Art. 23 Abs. 1 S. 1 GG möglich wäre, wodurch diese Auswirkungen begrenzt werden könnten. Dies gilt zunächst bezüglich der allgemeinen Anforderungen an die demokratische Legitimation der EU, die Art. 23 Abs. 1 S. 1 GG ausdrücklich aufgreift, wenn er die Mitwirkung an der Entwicklung der EU unter anderem an die Verpflichtung der Union auf „demokratische Grundsätze" knüpft.[3] Auch die im Speziellen geschützte Integrations- und Budgetverantwortung ließe sich über Art. 23 Abs. 1 S. 1 GG sowie nicht zuletzt über die übrigen Absätze des Art. 23 GG abbilden, ohne dass es stets eines Rückgriffs auf Art. 23 Abs. 1 S. 3 GG bedürfte.[4] Ein Maßstabswechsel, der verstärkt Art. 23 Abs. 1 S. 1 GG berücksichtigt, könnte sich also auch positiv im Bereich des Primärrechts auswirken und das dort ohnehin geringe Konfliktpotenzial weiter reduzieren.

Generell gilt aber, dass in Bezug auf die primärrechtsrelevanten Grenzen wegen der weitgehend eindeutigen Verteilung der Maßstäbe und ihrer jeweiligen Kontrolle, eine maßstabsorientierte Kooperation in diesem Bereich nur eingeschränkt möglich, zur Vermeidung von Konflikten aber auch nur zum Teil notwendig ist. Über die Kontrolle des Zustimmungsgesetzes steht das BVerfG eindeutig im inhaltlichen Zentrum der gerichtlichen Kontrolle auf der ersten Stufe. Werden im Falle einer derartigen Prüfung die formalen Grenzen des Unionsrechts oder anderweitige unionsrechtliche Auslegungsfragen relevant, ist eine Vorlage an den EuGH möglich. Dabei geht es aber nicht um die inhaltlichen Grenzen, da diese – auch aus Sicht des Unionsrechts – nach dem nationalen Verfassungsrecht und damit letztverbindlich auch vom BVerfG beurteilt werden. Umgekehrt kann der EuGH die Möglichkeiten der EuGH-Satzung sowie der Verfahrensordnung nutzen, um im Sinne einer „umgekehrten Vorlage" Fragen an das BVerfG zu richten, sofern wegen des Verweises auf die nationalen Verfassungen für Vertragsänderungen, Fragen des nationalen Verfassungsrechts relevant werden. Obwohl also eine echte Kooperation im Bereich des Primärrechts nur eingeschränkt möglich und nötig ist, sollte die Bedeutung der ersten Stufe für die maßstabsorientierte Kooperation nicht unterschätzt werden. Wie bereits im Rahmen der Identitätskontrolle dargelegt, ist die umfassende und präventive Kontrolle des Zustimmungsgesetzes durch das BVerfG der erste wichtige Baustein einer abgestuften Kontrolle,[5] da sie die Gefahr eines späteren Auseinanderfallens von unionsrechtlicher und verfassungsrechtlicher Rechtslage verringert. Gleichzeitig prägt sie das Verhältnis der Rechtsordnungen sowie der Gerichte vor, weshalb es entscheidend ist, dass trotz der vorrangigen Maßgeblichkeit des deutschen Verfassungsrechts die gesamteuropäische Perspektive nicht auf der Strecke bleibt.

---

[3] Dazu bereits oben S. 137 ff., insb. S. 139 ff., s. a. S. 159 f.

[4] *Calliess*, NVwZ 2012, 1, 4 ff. u. 7; s. a. *Peuker*, EuR 2012, 75, 79 f.

[5] Dazu bereits oben S. 279 ff.

Die *zweite Stufe* der gerichtlichen Kontrolle der Integrationsmaßstäbe betrifft das Sekundärrecht und ist der eigentlich Kern des maßstabsorientierten Kooperationsverhältnisses. Anstatt den Streit von BVerfG und EuGH um ein „letztes Wort" immer wieder entscheiden zu wollen, ist es zielführender, die Maßstäbe der Integration klarer zu definieren und auszugestalten. Entsprechend dem sekundärrechtlichen Auslegungs- und Verwerfungsmonopol kommt dem EuGH auf der zweiten Stufe eine zentrale Rolle zu, da er über die *unionsrechtlichen* Integrationsmaßstäbe letztverbindlich entscheidet. Dies betrifft neben den Unionsgrundrechten und der Achtung der nationalen Identität im Sinne des Art. 4 Abs. 2 S. 1 EUV auch die Kontrolle der EU-Kompetenzgrenzen.[6] Hinsichtlich dieser unionsrechtlichen Maßstäbe kommt dem EuGH das „letzte Wort" zu, was einen maßstabsorientierten Austausch aber nicht ausschließt. Im Sinne eines kooperativen Umgangs mit den Maßstäben der Integration darf die Ausgestaltung Letzterer nicht einseitig erfolgen. Vielmehr muss der EuGH ausreichend Raum für nationale Belange lassen bzw. Rücksicht auf die Interessen der Mitgliedstaaten nehmen. Der entscheidende Punkt ist dabei, dass die notwendige Rücksichtnahme keine Frage eines Willens oder Unwillens des Gerichtshofs ist, sondern schlicht aus den Maßstäben selbst folgt. Ansatzpunkte für eine maßstabsorientierte Kooperation sind aus unionsrechtlicher Sicht nämlich insbesondere Art. 51 und Art. 53 GRCh für den Bereich der Grundrechte, Art. 4 Abs. 2 S. 1 EUV für den Bereich des Identitätsschutzes sowie die Grundsätze der Subsidiarität und Verhältnismäßigkeit für den Bereich der Kompetenzen (Art. 5 Abs. 1 S. 2, Abs. 3 und 4 EUV). Die Existenz dieser Normen verdeutlicht, dass das Recht der Integration auch begrenzende Elemente enthält, die allerdings nach wie vor ausgestaltungsfähig und -bedürftig sind. Nicht zuletzt mit Blick auf den Grundsatz der loyalen Zusammenarbeit aus Art. 4 Abs. 3 EUV ist es Teil der dem EuGH zugewiesenen Aufgabe zur Wahrung des Rechts (Art. 19 Abs. 1 S. 2 EUV), über die weitere Ausgestaltung der unionsrechtlichen Integrationsmaßstäbe die gesamteuropäischen und die mitgliedstaatlichen Interessen in Einklang zu bringen.

In prozessualer Hinsicht kommt dabei dem Vorabentscheidungsverfahren eine wichtige Rolle zu. Insoweit muss der EuGH seine Entscheidungen klar formulieren und dem jeweiligen Maßstab entsprechend auf mitgliedstaatliche Bedenken eingehen. Vor allem aber sollte er die Instrumente der EuGH-Satzung sowie der Verfahrensordnung verstärkt nutzen, um einen echten Austausch sowohl mit den Gerichten als auch mit anderen Akteuren der Rechtsunion, wie beispielsweise den nationalen Parlamenten zu ermöglichen. Der mittelbare Austausch im Bereich der Grundrechte, der wesentlich zur Entwicklung eines europäischen Grundrechtsschutzes beigetragen hat, verdeutlicht das Potenzial eines umfassenden gerichtlichen Dialogs. Sofern die nationalen Gerichte ent-

[6] Dazu ausf. oben S. 290 ff. sowie S. 180 f., 244 ff. u. 325 ff.

sprechende Vorlagen an den EuGH richten, könnte das Vorabentscheidungsverfahren auch zur weiteren Ausgestaltung der EU-Kompetenzgrenzen genutzt werden, um über klare Maßstäbe eine effektivere Kontrolle zu ermöglichen und nationale Kontrollvorbehalte entbehrlich zu machen. Dies betrifft insbesondere die Maßstäbe der Subsidiarität sowie der Verhältnismäßigkeit. Schließlich verpflichtet auch die in Art. 4 Abs. 2 S. 1 EUV niedergelegte Achtung der nationalen Identität den EuGH zur Berücksichtigung mitgliedstaatlicher Interessen im Rahmen der unionsrechtlichen Integrationsmaßstäbe. Zwar ist der Schutz der nationalen Identität regelmäßig nur subsidiär gegenüber anderen Maßstäben, doch könnte der EuGH gerade hier mit klareren Vorgaben bzw. einer deutlicheren Anknüpfung an die unionsrechtliche Identitätsklausel eine maßstabsorientierte Kooperation ermöglichen und Rücksicht auf nationale Besonderheiten nehmen.

Entsprechend der Anknüpfung an die Grenzen des EU-Sekundärrechts betrifft die maßstabsorientierte Kooperation also in erster Linie die unionsrechtlichen Integrationsmaßstäbe. Ganz im Sinne eines pluralistischen Verständnisses bedeutet das aber nicht, dass die verfassungsrechtlichen Maßstäbe und ihre Kontrolle durch das BVerfG insoweit bedeutungslos wären. Infolge der grundsätzlichen Anerkennung der Zuständigkeit des EuGH zur Entscheidung über die unionsrechtlichen Integrationsmaßstäbe, dürfen die verfassungsrechtlichen Anforderungen aber nicht als Alternativmaßstab für das EU-Sekundärrecht verstanden werden. Vielmehr geht es darum, eine verfassungsrechtliche Grenze für die Verbindlichkeit von EuGH-Entscheidungen zu markieren und im Übrigen auf eine Mitwirkung an der Entwicklung der unionsrechtlichen Maßstäbe zu setzen. Im Sinne einer maßstabsorientierten Kooperation geht es darum, über den Weg der Vorlage verstärkt auf die „Macht des ersten Wortes“ zu setzen, anstatt sich über Integrationsvorbehalte das „letzte Wort“ zu sichern. Auch in der verfassungsrechtlichen Perspektive ist dies keine Frage des Wollens, sondern eine solche des Maßstabs. Um aber das Potenzial einer maßstabsorientierte Kooperation vollständig zu entfalten, sollte verstärkt der Maßstab des Art. 23 Abs. 1 S. 1 GG herangezogen werden. Dies wäre im Übrigen keine Innovation, sondern würde die vom BVerfG postulierten Vorbehalte schlicht auf jenen Solange-Maßstab zurückführen, den das Gericht selbst entwickelt hat und der vom verfassungsändernden Gesetzgeber in der Folge im GG verankert worden ist.[7] Das Potenzial des Art. 23 Abs. 1 S. 1 GG für die maßstabsorientierte Kooperation liegt aber darin, dass er nicht nur einen Solange-Vorbehalt, sondern auch eine Mitwirkungskomponente zum Inhalt hat.

Wie bereits im Rahmen des dritten Kapitels dargelegt, findet der grundrechtliche Solange-Vorbehalt seine verfassungsrechtliche Grundlage in Art. 23 Abs. 1 S. 1 GG, während die grundrechtliche Identitätskontrolle in Art. 23

[7] Dazu bereits oben S. 390 ff.

Abs. 1 S. 3 GG i. V. m. Art. 79 Abs. 3 GG verankert ist.[8] Nachdem der Solange-Vorbehalt zum reinen Reservevorbehalt geworden war, schien er zwischenzeitlich durch die grundrechtliche Identitätskontrolle abgelöst worden zu sein. Unter Berücksichtigung der jüngsten Rechtsprechung rückt die grundrechtliche Identitätskontrolle aber gegenüber dem Art. 23 Abs. 1 S. 1 GG und seiner Mitwirkungskomponente wieder deutlich ins zweite Glied und bleibt ebenfalls nur eine Rückfalloption für Ausnahmefälle. Für die grundrechtlichen Integrationsmaßstäbe ist Art. 23 Abs. 1 S. 1 GG somit der verfassungsrechtliche Ausgangspunkt und im wahrsten Sinne des Wortes maßgeblich. Wie jüngst die Beschlüsse *Recht auf Vergessen I und II* sowie die folgenden Entscheidungen des zweiten Senats verdeutlicht haben, eröffnet die Mitwirkungskomponente des Art. 23 Abs. 1 S. 1 GG eine Möglichkeit, die grundrechtlichen Integrationsmaßstäbe auf der Ebene des EU-Rechts zu gestalten, ohne auf die – im Hintergrund weiter bestehenden – Integrationsvorbehalte zurückzugreifen. Über Vorlagen kann nicht nur die Abgrenzung von nationalen und unionalen Grundrechten weiter präzisiert, sondern beispielsweise auch die deutsche Grundrechtsdogmatik in den unionsrechtlichen Diskurs eingebracht werden. Ein solcher Weg einer aktiven Mitwirkung wäre auf lange Sicht für die Entwicklung der Integrationsmaßstäbe wirkungsvoller als eine Drohung oder gar Aktivierung des Solange-Vorbehalts oder der grundrechtlichen Identitätskontrolle.

Entsprechendes gilt für eine verstärkte Heranziehung von Art. 23 Abs. 1 S. 1 GG im Bereich der Kompetenz- bzw. Ultra-vires-Kontrolle.[9] Anstatt vorrangig auf eine eigene Kontrolle der EU-Kompetenzgrenzen sowie der entsprechenden EuGH-Entscheidungen zu setzen, die im Extramfall letztlich zu einem nicht lösbaren Dissens über das „letzte Wort" führt, könnte das BVerfG verstärkt auf eine Ausgestaltung der unionsrechtlichen Kompetenzmaßstäbe setzen. Insbesondere über den Weg der (erneuten) Vorlage könnte das Gericht den EuGH gewissermaßen zwingen, sich zu möglichen kompetenzrechtlichen Bedenken zu äußern. Das Ziel, eine effektive Einhaltung der unionsrechtlichen Kompetenzgrenzen sicherzustellen, wäre so noch besser gewahrt, da das BVerfG gezielt auf eine Präzisierung unklarer Kompetenzmaßstäbe hinwirken könnte. In Bezug auf das PSPP-Urteil hätte das BVerfG beispielsweise mit einer erneuten Vorlage den Blick nochmal verstärkt auf das unterschiedliche Verständnis des Verhältnismäßigkeitsgrundsatzes richten können. Notfalls hätte es vor einer Ultra-vires-Erklärung auch einen unionsrechtlichen Maßstabswechsel hin zum Schutz von Art. 4 Abs. 2 S. 1 EUV forcieren können, worauf noch zurückzukommen sein wird. Auch hinsichtlich der Kompetenzkontrolle wäre über die Mitwirkungskomponente des Art. 23 Abs. 1 S. 1 GG also ein kooperativer Umgang möglich. Dabei zeigt sich auch bei der Ultra-vires-Kontrolle der

[8] Ausf. Kap. 3, insb. S. 200 ff. u. 213 ff.

[9] Ausf. Kap. 5, insb. S. 382 ff. u. 397 ff.

enge Zusammenhang des Mitwirkungs- und des Solange-Elements von Art. 23 Abs. 1 S. 1 GG. Je stärker das BVerfG im Bereich der Kompetenzen auf eine eigene Mitwirkung setzt und so den unionsrechtlichen Kompetenzschutz stärkt, desto unwahrscheinlicher ist es, dass Letzterer nicht mehr „rechtsstaatlichen Grundsätzen“ im Sinne des Art. 23 Abs. 1 S. 1 GG entspricht und eine eigenständige Reservekontrolle des BVerfG notwendig ist.

Schließlich wirkt sich eine verstärkte Berücksichtigung des Art. 23 Abs. 1 S. 1 GG auch auf die Identitätskontrolle aus. Insoweit ist zu bedenken, dass in der unionsrechtlichen Perspektive der Schutz der nationalen Identität über Art. 4 Abs. 2 S. 1 EUV auch und vor allem eine Kompetenzausübungsgrenze und damit Teil der Kompetenzkontrolle ist. Obwohl diese unionsrechtliche Verbindung von Ultra-vires- und Identitätsmaßstab wegen der unterschiedlichen Rechtsgrundlagen von Ultra-vires-Kontrolle (Art. 23 Abs. 1 S. 1 GG) und Identitätskontrolle (Art. 23 Abs. 1 S. 3 GG) nicht auf die verfassungsrechtliche Ebene durchschlägt,[10] wirkt sie sich gleichwohl auf das Potenzial einer maßstabsorientierten Kooperation aus. So bietet Art. 23 Abs. 1 S. 1 GG eine eindeutige Rechtsgrundlage für eine Verbindung zur *unionsrechtlichen* Identitätskontrolle aus Art. 4 Abs. 2 S. 1 EUV. Solange der EuGH über die nationale Identität ausreichend Rücksicht auf nationale Identitätsbelange nimmt, ist eine darüber hinausgehende verfassungsrechtliche Identitätskontrolle entbehrlich. Über die Mitwirkungskomponente von Art. 23 Abs. 1 S. 1 GG wird zudem die Abstufung im Gesamtkomplex des Identitätsschutzes deutlich. Vorrangig geht es darum, über den Weg der Vorlage nationale Identitätsbelange in das Unionsrecht zu transformieren und dem EuGH die Möglichkeit zu eröffnen, sie als Teil der *unionsrechtlichen* Identitätskontrolle über Art. 4 Abs. 2 S. 1 EUV zu erfassen.[11] Rechtsgrundlage und Maßstab der verfassungsrechtlichen Identitätskontrolle über Art. 23 Abs. 1 S. 3 GG i. V. m. Art. 79 Abs. 3 GG bleiben davon unberührt. Unmittelbar zum Einsatz kommt die verfassungsrechtliche Identitätskontrolle als grundgesetzlicher Integrationsmaßstab aber allenfalls auf der dritten Stufe der maßstabsorientierten Kooperation.

Insgesamt betrifft die zweite Stufe der maßstabsorientierten Kooperation also den gesamten Bereich des EU-Sekundärrechts und berührt alle bundesverfassungsgerichtlichen Integrationsvorbehalte. Dem sekundärrechtlichen Anwendungsbereich der zweiten Stufe geschuldet, stehen die unionsrechtlichen Integrationsmaßstäbe und das diesbezügliche Auslegungs- und Verwerfungsmonopol des EuGH im Zentrum. Gleichzeitig ist auch das BVerfG über die Vorlage in die weitere Ausgestaltung der unionsrechtlichen Maßstäbe entscheidend mit eingebunden. Wird das Vorabentscheidungsverfahren von beiden Seiten für einen echten Austausch genutzt, ist eine kooperative Ausgestaltung der Rechts-

---

[10] *Schnettger*, Verbundidentität, S. 276 f.; s. a. bereits oben S. 227 ff., insb. S. 232 ff. u. 244 ff. sowie S. 390 ff.

[11] Ausf. Kap. 4, insb. S. 244 ff. u. 273 ff.

union und damit eine gemeinsame Wahrung des Rechts möglich. Die verfassungsrechtlichen Integrationsmaßstäbe werden dadurch nicht überflüssig, unterliegen im Rahmen der zweiten Stufe einer maßstabsorientierten Kooperation aber einem Bedeutungswandel. An die Stelle einer eher abwehrenden Funktion über verschiedene Integrationsvorbehalte tritt eine aktive Mitwirkung und Gestaltung der unionsrechtlichen Maßstäbe. Im Rahmen der so verstandenen maßstabsorientierten Kooperation tritt das „erste Wort" an die Stelle des „letzten Wortes".

Die *dritte Stufe* der maßstabsorientierten Kooperation markiert in gewisser Weise zugleich ihr Ende, da hier die verfassungsrechtlichen Integrationsmaßstäbe in ihrer ursprünglichen Kontrollfunktion zum Einsatz kommen.[12] Folglich betrifft die dritte Stufe ausschließlich die verfassungsrechtlichen Integrationsmaßstäbe und unterliegt der alleinigen Zuständigkeit des BVerfG. Sie gehört gleichwohl zur maßstabsorientierten Kooperation, da ein Wechsel auf die dritte Stufe erst möglich wird, wenn die zweite Stufe vollumfänglich durchlaufen ist, ohne aber zu einer Beseitigung der rechtlichen Problematik geführt zu haben. Es muss also insbesondere eine Entscheidung des EuGH vorliegen, die nach (erneuter) Vorlage des BVerfG ergangen ist und bei der die Instrumente der EuGH-Satzung und -Verfahrensordnung für einen umfassenden Austausch genutzt wurden. Nur wenn in dieser Situation weiterhin eine Verletzung der verfassungsrechtlichen Grenzen droht, kommt als *ultima ratio* eine Abweichung von der Entscheidung des EuGH in Betracht.[13] Eine solche verfassungsrechtliche Kontrolle könnte über den umfassenden Solange-Vorbehalt des Art. 23 Abs. 1 S. 1 GG zunächst auf ein generelles Absinken des erforderlichen Grundrechtsschutzes auf EU-Ebene oder des Rechtsschutzniveaus insgesamt gestützt werden. In Anbetracht der umfassenden Rechtsprechung des EuGH sowie der Tatsache, dass das BVerfG im Wege der maßstabsorientierten Kooperation gehalten ist, an den unionsrechtlichen Maßstäben mitzuwirken, ist ein solches Absinken kaum mehr realistisch. Ebenfalls eher unwahrscheinlich,[14] wenn auch nicht ausgeschlossen ist aber, dass nach einer Entscheidung des EuGH, die aufgrund von Art. 4 Abs. 2 S. 1 EUV ergangen ist, das BVerfG weiterhin die Grundsätze des Art. 79 Abs. 3 GG berührt sieht. Dann, aber nur dann, kommt als *ultima ratio* eine unmittelbare Aktivierung der verfassungsrechtlichen Identitätskontrolle über Art. 23 Abs. 1 S. 3 GG i. V. m. Art. 79 Abs. 3 GG in Betracht. Auch in diesem Fall ist aber ein möglichst kooperativer Umgang gefordert,

[12] Dazu bereits oben Kap. 1, insb. S. 58 ff.; Kap. 3, insb. S. 182 ff.; Kap. 4, insb. S. 247 ff. sowie Kap. 5, insb. S. 329 ff.

[13] Dazu nur *Pernice*, EuZW 2020, 508, 518 m. w. N.; s. a. *Dietz*, AöR 142 (2017), 78, 128 sowie bereits oben S. 279 ff.

[14] *Epiney*, NVwZ 2016, 655, 659 f.; s. a. *Carl O. Lenz*, in: Behrens/Eger/H.-B. Schäfer, Ökonomische Analyse des Europarechts, S. 27, 32; für ein theoretisches Beispiel einer Kompetenzüberschreitung siehe *Frowein*, ZaöRV 54 (1994), 1, 9 f., der aber zu Recht eine Verallgemeinerung ablehnt.

was insbesondere über eine restriktive Auslegung der von Art. 79 Abs. 3 GG geschützten Grundsätze sowie eine Beschränkung des Rechtsfolgenausspruches auf eine Feststellungsentscheidung, welche das Problem zurück auf die politische Ebene verlagert, erreicht werden kann. Obwohl mit einer solchen Entscheidung die maßstabsorientierte Kooperation im konkreten Fall endgültig gescheitert wäre, bleibt die dritte Stufe im Sinne eines pluralistischen Verständnisses des Rechts der europäischen Integration möglich. Allerdings ist zu beachten, dass eine Aktivierung der dritten Stufe, wie das Vertragsverletzungsverfahren zum PSPP-Urteil bestätigt hat, regelmäßig eine Gegenreaktion provozieren wird, die wiederum zu einer „Eskalationsschleife“[15] führen könnte. Diese Gefahr verdeutlicht, welche zentrale Bedeutung den beiden anderen Stufen der maßstabsorientierten Kooperation zukommt. Je umfassender bereits im Vorfeld von Integrationsmaßnahmen auf der ersten Stufe kontrolliert wird und je intensiver ein gleichberechtigter Austausch auf der zweiten Stufe als Kern der maßstabsorientierten Kooperation stattfindet, desto unwahrscheinlicher ist eine Entscheidung auf der dritten Stufe. Es wird an dieser Stelle nicht geleugnet, dass bei zwei gleichberechtigten Zugängen eine restlose Auflösung aller Widersprüche ausgeschlossen ist.[16] Dennoch bietet der maßstabsorientierte Ansatz eine praktikable Möglichkeit, im Rahmen des geltenden Rechts die Widersprüche und damit die Gefahr einer Eskalation auf ein Minimum zu reduzieren.

Die aktuell beim BVerfG anhängige Verfassungsbeschwerde im Zusammenhang mit der Rechtssache *Egenberger*[17] wird dem BVerfG eine erste Gelegenheit geben,[18] die verfassungsrechtlichen Integrationsmaßstäbe verstärkt im Sinne einer maßstabsorientierten Kooperation anzuwenden. Dies gilt insbesondere vor dem Hintergrund, dass die Einschlägigkeit der klassischen Integrationsvorbehalte der Ultra-vires- und Identitätskontrolle im Falle *Egenberger* alles andere als eindeutig ist.[19] Auch handelt es sich mit Blick auf die Entscheidungen zum Recht auf Vergessen möglicherweise um eine Konstellation, bei der auch für das BVerfG nunmehr die EU-Grundrechte maßgeblich wären.[20] Unabhängig vom Ergebnis des konkreten Verfahrens besteht eine Chance für das BVerfG, nicht nur das Verhältnis von Integrationsvorbehalten und der Mitwir-

---

[15] Vgl. *Schneider*, AöR 139 (2014), 196, 225 f.

[16] So schon *Grimm*, RdA 1996, 66, 71.

[17] EuGH, Urt. v. 17.05.2018 – Rs. C-414/16, ECLI:EU:C:2018:257 – *Egenberger*; zu den Hintergründen siehe nur *Franzius*, EuR 2019, 365, 372 ff.; *M. Klein*, EuR 2019, 338 ff.

[18] Vgl. *Dietze/Kellerbauer/Klamert u. a.*, EuZW 2020, 525, 530; *Ludwigs*, EWS 2020, 186, 191 dort Fn. 77.

[19] Dafür z. B. *Kahl*, ZevKR 65 (2020), 107, 117 ff. u. 141 f.; kritisch *Franzius*, EuR 2019, 365, 374 ff.; *Pieroth/Barczak*, NVwZ 2019, 1803 f. sowie *Pieroth/Barczak*, NJOZ 2019, 1649 ff. Zu Einschätzungen nach Erlass des PSPP-Urteils siehe nur *van den Brink*, VerfBlog 2020/5/15, abrufbar unter: https://verfassungsblog.de/is-egenberger-next/; *Heinig*, VerfBlog 2020/5/19, abrufbar unter: https://verfassungsblog.de/why-egenberger-could-be-next/, jeweils zuletzt zugegriffen am 30.11.2021.

[20] *Classen*, EuR 2021, 92, 104 f.; s. a. *Kahl*, ZevKR 65 (2020), 107, 142 ff.

kung am grundrechtlichen Rechtsschutz weiter zu präzisieren, sondern auch einen Schritt hin zu einer maßstabsorientierten Kooperation zu machen.

Ähnliches gilt für das anhängige Verfahren zur verfassungsrechtlichen Prüfung des Zustimmungsgesetzes zum EU-Eigenmittelbeschluss, bei dem das BVerfG nunmehr den Erlass einer einstweiligen Anordnung abgelehnt hat.[21] Unabhängig von der dadurch nicht geklärten und auch weiter hoch umstrittenen unionsrechtlichen Einordnung des EU-Eigenmittelbeschlusses bzw. des EU-Wiederaufbaufonds,[22] lassen sich dem Verfahren einige Tendenzen für die künftige Kooperation entnehmen. Zunächst bestätigt das BVerfG, dass im Falle einer möglichen Verletzung der Verfassungsidentität durch ein Zustimmungsgesetz im einstweiligen Rechtsschutz eine reine Folgenabwägung nicht ausreichend, sondern vielmehr eine summarische Prüfung geboten ist.[23] Insoweit hält das Gericht eine Verletzung zwar für möglich, aber nicht für hoch wahrscheinlich und lehnt aufgrund der somit notwendigen doppelten Folgenabwägung eine einstweilige Anordnung im Ergebnis ab.[24] Im Sinne der innerstaatlichen Gewaltenteilung und der Einbindung der gesetzgebenden Körperschaften ist positiv hervorzuheben, dass das Gericht bei der Prüfung und Folgenabwägung den weiten Einschätzungsspielraum von Bundesregierung und Bundestag betont.[25] Bemerkenswerterweise nimmt das BVerfG keine summarische Prüfung hinsichtlich eines Ultra-vires-Aktes vor, sondern verweist insoweit auf das Hauptverfahren und die in diesem notwendige Vorlage an den EuGH.[26] Ob dies tatsächlich eine starke Rücknahme der Ultra-vires-Kontrolle bedeutet,[27] wird sich wohl erst im Hauptverfahren zeigen. Jedenfalls dürfte die Ultra-vires-Prüfung im Hauptverfahren den eigentlichen Schwerpunkt des Falls bilden, zumal dem BVerfG wegen des Fehlens einer summarischen Prüfung noch viel Spielraum bleibt und in den Ausführungen des Gerichts durchaus eine gewisse Skepsis hinsichtlich der Unionrechtskonformität erkennbar wird.[28] Hinsichtlich eines möglichen Beitrags des Hauptverfahrens zu einer maßstabsorientierten Kooperation

[21] BVerfG, Beschl. v. 15.04.2021 – 2 BvR 547/21 (BeckRS 2021, 7968) – *einstweilige Anordnung ERatG*; dazu auch *Riedl*, NVwZ 2021, 873 f. sowie *Ruffert*, JuS 2021, 705 ff.

[22] Ausf. *Heber*, EuR 2021, 416 ff.; s. a. *Nettesheim*, AöR 145 (2020), 381 ff.; *Schorkopf*, NJW 2020, 3085 ff. Rn. 4 ff. sowie *Ruffert*, NVwZ 2020, 1777 ff.; *Nees*, EuR 2021, 119 ff.

[23] BVerfG, Beschl. v. 15.04.2021 – 2 BvR 547/21 (BeckRS 2021, 7968), Rn. 65 ff., insb. Rn. 69 ff. – *einstweilige Anordnung ERatG*.

[24] BVerfG, Beschl. v. 15.04.2021 – 2 BvR 547/21 (BeckRS 2021, 7968), Rn. 74 ff., 95 ff. u. 104 ff. – *einstweilige Anordnung ERatG*.

[25] BVerfG, Beschl. v. 15.04.2021 – 2 BvR 547/21 (BeckRS 2021, 7968), Rn. 98 ff., 103 u. 106 f. – *einstweilige Anordnung ERatG*.

[26] BVerfG, Beschl. v. 15.04.2021 – 2 BvR 547/21 (BeckRS 2021, 7968), Rn. 72, 105 u. Rn. 110 f. – *einstweilige Anordnung ERatG*.

[27] So *Ruffert*, JuS 2021, 705, 707.

[28] BVerfG, Beschl. v. 15.04.2021 – 2 BvR 547/21 (BeckRS 2021, 7968), Rn. 92 – *einstweilige Anordnung ERatG*; dazu auch *Riedl*, NVwZ 2021, 873, 874 sowie *Kube*, VerfBlog 2021/4/22, abrufbar unter: https://verfassungsblog.de/eine-erleichternde-entscheidung/, zuletzt zugegriffen am 30.11.2021.

ergibt sich ein ambivalentes Bild. Einerseits lässt das BVerfG keinen Zweifel, dass es an seinen hergebrachten verfassungsrechtlichen Vorbehalten der Identitäts- und Ultra-vires-Kontrolle festhält, die es zudem wie im Falle des Art. 4 Abs. 2 S. 1 EUV von der unionsrechtlichen Ebene abgrenzt.[29] Andererseits wird durch die summarische Prüfung im einstweiligen Rechtsschutz und die Verlagerung der Ultra-vires-Kontrolle ins Hauptverfahren ein abgestuftes Vorgehen erkennbar. Auf der ersten Stufe wurde – jedenfalls summarisch – eine mögliche Verletzung des verfassungsrechtlichen Maßstabs des Art. 79 Abs. 3 GG geprüft. Der eigentliche Kern der Prüfung und damit auch der Kooperation auf der zweiten Stufe steht mit der Ultra-vires-Kontrolle im Hauptverfahren noch bevor. Wie auch in der Rechtssache *Egenberger* wird entscheidend sein, ob und wie das BVerfG dem EuGH vorlegt und auf welche Art und Weise der Gerichtshof reagiert. Nutzen beide Seiten das Vorabentscheidungsverfahren, um die jeweiligen Rechtsfragen über eine Präzisierung und Ausgestaltung der unionsrechtlichen Integrationsmaßstäbe zu klären, wäre nicht nur eine dritte, eskalierende Stufe vermieden, sondern zugleich ein großer Schritt in Richtung einer maßstabsorientierten Kooperation gemacht. Dies wäre nicht nur ein wichtiger Beitrag für eine kooperative „Integration durch Recht“, sondern auch und vor allem für die Zukunft der europäischen Rechtsunion.

[29] BVerfG, Beschl. v. 15.04.2021 – 2 BvR 547/21 (BeckRS 2021, 7968), Rn. 78 ff. u. 71 – *einstweilige Anordnung ERatG*.

Literaturverzeichnis

Abbas, Nabila/Förster, Annette/Richter, Emanuel, Supranationalität und Demokratie, in: Nabila Abbas, Annette Förster, Emanuel Richter (Hrsg.), Supranationalität und Demokratie, Die Europäische Union in Zeiten der Krise, Wiesbaden 2015, S. 1–16 (zitiert: *Abbas/Förster/Richter*, in: Abbas/Förster/Richter, Supranationalität und Demokratie)

Abraham, Ronny, Droit international, droit communautaire et droit français, Paris 1989

Achenbach, Jelena von, Demokratische Gesetzgebung in der Europäischen Union, Theorie und Praxis der dualen Legitimationsstruktur europäischer Hoheitsgewalt, Berlin (u. a.) 2014

Alexy, Robert, Theorie der Grundrechte, Baden-Baden 1985

Andres, Lisa Helene/Eppler, Annegret/Tuntschew, Thomas, Europäische Integration: zweidirektional und mehrdimensional, integration 39 (2016), S. 198–212

Annacker, Claudia, Die Inexistenz als Angriffs- und Verteidigungsmittel vor dem EuGH, Europäische Zeitschrift für Wirtschaftsrecht 1995, S. 755–761

dies., Der fehlerhafte Rechtsakt im Gemeinschafts- und Unionsrecht, Wien (u. a.) 1998

Annweiler, Jochen, Die Auslegungsmethoden der Europäischen Gemeinschaft, Frankfurt a. M. 1997

Arnauld, Andreas von, Normenhierarchien innerhalb des primären Gemeinschaftsrechts, Gedanken im Prozess der Konstitutionalisierung Europas, Europarecht 2003, S. 191–216

ders., Souveränität als fundamentales Konzept des Völkerrechts, Die Friedens-Warte 89 (2014), S. 51–72

Arnauld, Andreas von/Hufeld, Ulrich (Hrsg.), Systematischer Kommentar zu den Lissabon-Begleitgesetzen: IntVG, EUZBBG, EUZBLG, ESMFinG, 2. Aufl., Baden-Baden 2018 (zitiert: *Bearbeiter*in*, in: von Arnauld/Hufeld, SK-Lissabon)

Arnold, Rainer, Verfassungsidentität und Letztentscheidungsrecht, in: Peter-Christian Müller-Graff, Stefanie Schmahl, Vassilios Skouris (Hrsg.), Europäisches Recht zwischen Bewährung und Wandel, Festschrift für Dieter H. Scheuing, Baden-Baden 2011, S. 17–25

Augenstein, Daniel, Identifying the European Union: Legal Integration and European Communities, Chapter 6, in: Daniel Augenstein (Hrsg.), ‚Integration through Law' Revisited, The Making of the European Polity, first issued in paperback, London (u. a.) 2016, S. 99–112 (zitiert: *Augenstein*, in: Augenstein, ‚Integration through Law' Revisited)

Augenstein, Daniel/Dawson, Mark, Introduction: What Law for What Polity?, ‚Integration through Law' in the European Union Revisited, in: Daniel Augenstein (Hrsg.), ‚Integration through Law' Revisited, The Making of the European Polity, first issued in paperback, London (u. a.) 2016, S. 1–8 (zitiert: *Augenstein/Dawson*, in: Augenstein, ‚Integration through Law' Revisited)

Aust, *Helmut Philipp*, Zweierlei Integrationsverantwortung – Zur Begründung und Tragweite eines verfassungsrechtlichen Schlüsselbegriffs in der Rechtsprechung der beiden Senate des Bundesverfassungsgerichts, Europäische Grundrechte-Zeitschrift 2020, S. 410–419

Avbelj, *Matej*, Theorizing Sovereignty and European Integration, Ratio Juris 27 (2014), S. 344–363

Bäcker, *Carsten*, Tagungsbericht Verfassung als Ordnungskonzept, 75. Jahrestagung der Vereinigung der Deutschen Staatsrechtslehrer vom 7. bis 10. Oktober 2015 in Speyer, Juristenzeitung 2016, S. 246–248

Bäcker, *Matthias*, Das Grundgesetz als Implementationsgarant der Unionsgrundrechte, Europarecht 2015, S. 389–414

Badura, *Peter*, Verfassung und Verfassungsrecht in Europa, Archiv des öffentlichen Rechts 131 (2006), S. 423–440

Balassa, *Béla*, The Theory of Economic Integration, London 1962

Baldus, *Manfred*, Europol und Demokratieprinzip, Zeitschrift für Rechtspolitik 1997, S. 286–290

ders., Zur Relevanz des Souveränitätsproblems für die Wissenschaft vom Öffentlichen Recht, Der Staat 36 (1997), S. 381–398

Bauer, *Lukas*, Der Europäische Gerichtshof als Verfassungsgericht?, Wien 2008

Baumann, *Anna*, Die europäische Integration unter Wahrung der nationalen Verfassung – Die „Europa-Entscheidungen" des Bundesverfassungsgerichts, in: Dominik Elser, Anja Eugster, Andreas Kind, Matthias Uffer, Rahel Baumgartner, Kathrin Williner, Stefan Schlegel, Dominika Blonski, Alexander Spring, Irene Grohsmann, Rafael Häcki (Hrsg.), Das letzte Wort – Rechtsetzung und Rechtskontrolle in der Demokratie, Baden-Baden 2014, S. 121–135 (zitiert: *Baumann*, in: Elser/Eugster/Kind u. a., Das letzte Wort)

Behrens, *Peter*, Integrationstheorie, Internationale wirtschaftliche Integration als Gegenstand politologischer, ökonomischer und juristischer Forschung, Rabels Zeitschrift für ausländisches und internationales Privatrecht 45 (1981), S. 8–50

Beljin, *Saša*, Die Zusammenhänge zwischen dem Vorrang, den Instituten der innerstaatlichen Beachtlichkeit und der Durchführung des Gemeinschaftsrechts, Europarecht 2002, S. 351–376

Benda, *Ernst*/*Klein*, *Eckart*/*Klein*, *Oliver* (Hrsg.), Verfassungsprozessrecht, Ein Lehr- und Handbuch, 4. Aufl., Heidelberg 2020 (zitiert: *Bearbeiter*in*, in: Benda/Klein/Klein, Verfassungsprozessrecht)

Bender, *Philip M.*, Ambivalenz der Offensichtlichkeit – Zugleich Anmerkungen zur Entscheidung des BVerfG vom 5. Mai 2020, Zeitschrift für Europarechtliche Studien 2020, S. 409–428

Berger, *Alina*, Anwendungsvorrang und nationale Verfassungsgerichte, Ein Vergleich der verfassungsgerichtlichen Rechtsprechung in Deutschland, Frankreich und Spanien im Hinblick auf die Effektivität des unionsrechtlichen Anwendungsvorrangs, Tübingen 2015

Bergmann, *Andreas*, Zur Souveränitätskonzeption des Europäischen Gerichtshofs, Die Autonomie des Unionsrechts und das Völkerrecht, Tübingen 2018

Bergmann, *Jan* (Hrsg.), Handlexikon der Europäischen Union, 5. Aufl., Baden-Baden 2015 (zitiert: *Bearbeiter*in*, in: J. Bergmann, Handlexikon der EU)

Bernhardt, *Rudolf*, Das Recht der Europäischen Gemeinschaften zwischen Völkerrecht und staatlichem Recht, in: Emanuel Diez, Jean Monnier, Jörg P. Müller, Heinrich Reimann, Luzius Wildhaber (Hrsg.), Festschrift für Rudolf Bindschedler, Botschafter, Professor Dr. iur. zum 65. Geburtstag am 8. Juli 1980, Bern 1980, S. 229–239

ders., Ultra Vires Activities of International Organizations, in: Jerzy Makarczyk (Hrsg.), Theory of International Law at the Threshold of the 21st Century, Essays in honour of Krzysztof Skubiszewski, Den Haag 1996, S. 599–609

Bernhardt, *Wilfried*, Verfassungsprinzipien – Verfassungsgerichtsfunktionen – Verfassungsprozeßrecht im EWG-Vertrag, Zur Auslegung des Gemeinschaftsprozeßrechts, insbesondere der Bestimmungen über Zuständigkeit, Zugang und Entscheidungswirkungen, am Maßstab des Art. 164 EWGV, Berlin 1987

Besselink, *Leonard F. M.*, National and constitutional identity before and after Lisbon, Utrecht Law Review 6 (2010), S. 36–49

Bickenbach, *Christian*, Das Subsidiaritätsprinzip in Art. 5 EUV und seine Kontrolle, Europarecht 2013, S. 523–548

Bieber, *Roland*, Das Recht der europäischen Integration, 2. Aufl., Bern 2018

Bieber, *Roland*/*Epiney*, *Astrid*/*Haag*, *Marcel*/*Kotzur*, *Markus* (Hrsg.), Die Europäische Union, Europarecht und Politik, 14. Aufl., Baden-Baden 2021 (zitiert: *Bearbeiter*in*, in: Bieber/Epiney/Haag u. a., Die Europäische Union)

Bieling, *Hans-Jürgen*, Intergouvernementalismus, in: Hans-Jürgen Bieling, Marika Lerch (Hrsg.), Theorien der europäischen Integration, 3. Aufl., Wiesbaden 2012, S. 77–97 (zitiert: *Bieling*, in: Bieling/Lerch, Theorien der europäischen Integration)

Bieling, *Hans-Jürgen*/*Lerch*, *Marika*, Theorien der europäischen Integration: ein Systematisierungsversuch, in: Hans-Jürgen Bieling, Marika Lerch (Hrsg.), Theorien der europäischen Integration, 3. Aufl., Wiesbaden 2012, S. 9–31 (zitiert: *Bieling*/*Lerch*, in: Bieling/Lerch, Theorien der europäischen Integration)

Biermann, *Felix*/*Guérin*, *Nina*/*Jagdhuber*, *Stefan*/*Rittberger*, *Berthold*/*Weiss*, *Moritz*, Political (non-)reform in the euro crisis and the refugee crisis: a liberal intergovernmentalist explanation, Journal of European Public Policy Online (2017), S. 1–21, https://doi.org/10.1080/13501763.2017.1408670, zuletzt zugegriffen am 30.11.2021

Bilz, *Christopher*, Margin of Appreciation der EU-Mitgliedstaaten, Eine Untersuchung im Anwendungsbereich der Grundrechtecharta am Beispiel des Datenschutzgrundrechts, der Religionsfreiheit, der unternehmerischen Freiheit und des Rechts auf einen wirksamen Rechtsbehelf, Tübingen 2020

Binder, *Christina*, Die Grenzen der Vertragstreue im Völkerrecht, am Beispiel der nachträglichen Änderung der Umstände, Heidelberg (u. a.) 2013

Blanke, *Hermann-Josef*, Der Unionsvertrag von Maastricht – Ein Schritt auf dem Weg zu einem europäischen Bundesstaat?, Die Öffentliche Verwaltung 1993, S. 412–423

Blanke, *Hermann-Josef*/*Pilz*, *Josef*, Europa 2019 bis 2024 – Wohin trägt uns der Stier?, Sieben Thesen zu den Herausforderungen der Europäischen Union, Europarecht 2020, S. 270–300

Bleckmann, *Albert*, Grundgesetz und Völkerrecht, Ein Studienbuch, Berlin 1975

ders., Zur Funktion des Art. 24 Abs. 1 Grundgesetz, Zeitschrift für ausländisches öffentliches Recht und Völkerrecht 35 (1975), S. 79–84

ders., Europarecht, Das Recht der Europäischen Union und der europäischen Gemeinschaften, 6. Aufl., Köln (u. a.) 1997

ders., Die Wahrung der „nationalen Identität" im Unions-Vertrag, Juristenzeitung 1997, S. 265–269

Bleckmann, Albert/Pieper, Stefan Ulrich, Maastricht, die grundgesetzliche Ordnung und die „Superrevisionsinstanz", Die Maastricht-Entscheidung des Bundesverfassungsgerichts, Recht der Internationalen Wirtschaft 1993, S. 969–977

Bleckmann, Moritz, Nationale Grundrechte im Anwendungsbereich des Rechts der Europäischen Union, Die Kooperation des Grundrechtsschutzes in der Europäischen Union unter Berücksichtigung der besonderen Ausprägungen des nationalen Grundrechtsschutzes, Tübingen 2011

Böckenförde, Ernst-Wolfgang, Welchen Weg geht Europa?, Vortrag, gehalten in der Carl-Friedrich-von-Siemens-Stiftung am 19. Juni 1997, herausgegeben von Heinrich Meier, München 1997

ders., Verfassungsgerichtsbarkeit: Strukturfragen, Organisation, Legitimation, Neue Juristische Wochenschrift 1999, S. 9–17

Boemke, Burkhard, Aktuelles zum GmbH-Geschäftsführer aus arbeitsrechtlicher Sicht, Recht der Arbeit 2018, S. 1–24

Bogdandy, Armin von, Das Leitbild der dualistischen Legitimation für die europäische Verfassungsentwicklung, Gängige Missverständnisse des Maastricht-Urteils und deren Gründe (BVerfGE 89, 155 ff.), Kritische Vierteljahresschrift für Gesetzgebung und Rechtswissenschaft 83 (2000), S. 284–297

ders., Zweierlei Verfassungsrecht, Europäisierung als Gefährdung des gesellschaftlichen Grundkonsenses?, Der Staat 39 (2000), S. 163–184

ders., Europäische und nationale Identität: Integration durch Verfassungsrecht?, Veröffentlichungen der Vereinigung der Deutschen Staatsrechtslehrer 62 (2003), S. 156–193

ders., Prinzipien der Rechtsfortbildung im europäischen Rechtsraum, Überlegungen zum Lissabon-Urteil des BVerfG, Neue Juristische Wochenschrift 2010, S. 1–5

ders., Jenseits der Rechtsgemeinschaft, Begriffsarbeit in der europäischen Sinn- und Rechtsstaatlichkeitskrise, Europarecht 2017, S. 487–511

ders., Von der technokratischen Rechtsgemeinschaft zum politisierten Rechtsraum, Probleme und Entwicklungslinien in den Grundbegrifflichkeiten des Europarecht, in: Claudio Franzius, Franz Christian Mayer, Jürgen Neyer (Hrsg.), Die Neuerfindung Europas, Bedeutung und Gehalte von Narrativen für die europäische Integration, Baden-Baden 2019, S. 67–89 (zitiert: *von Bogdandy*, in: Franzius/Mayer/Neyer, Die Neuerfindung Europas)

Bogdandy, Armin von/Bast, Jürgen, Die vertikale Kompetenzordnung der Europäischen Union, Rechtsdogmatischer Bestand und verfassungspolitische Reformperspektiven, Europäische Grundrechte-Zeitschrift 2001, S. 441–458

Bogdandy, Armin von/Cruz Villalón, Pedro/Huber, Peter M. (Hrsg.), Handbuch Ius Publicum Europaeum, Band I, Grundlagen und Grundzüge staatlichen Verfassungsrechts, Heidelberg 2007 (zitiert: *Bearbeiter*in*, in: von Bogdandy/Cruz Villalón/Huber, Hdb. IPE I)

dies. (Hrsg.), Handbuch Ius Publicum Europaeum, Band II, Offene Staatlichkeit – Wissenschaft vom Verfassungsrecht, Heidelberg 2008 (zitiert: *Bearbeiter*in*, in: von Bogdandy/Cruz Villalón/Huber, Hdb. IPE II)

Bogdandy, Armin von/Schill, Stephan, Die Achtung der nationalen Identität unter dem reformierten Unionsvertrag, Zur unionsrechtlichen Rolle nationalen Verfassungsrechts und zur Überwindung des absoluten Vorrangs, Zeitschrift für ausländisches öffentliches Recht und Völkerrecht 70 (2010), S. 701–734 *dies.*, Overcoming absolute primacy: Respect for national identity under the Lisbon Treaty, Common Market Law Review 48 (2011), S. 1417–1453

Bogdandy, Armin von/Spieker, Luke Dimitrios, Reverse Solange 2.0: Die Durchsetzung europäischer Werte und die unions- und strafrechtliche Verantwortung nationaler Richter, Europarecht 2020, S. 301–331

Borchardt, Klaus-Dieter, Richterrecht durch den Gerichtshof der Europäischen Gemeinschaften, in: Albrecht Randelzhofer, Rupert Scholz, Dieter Wilke (Hrsg.), Gedächtnisschrift für Eberhard Grabitz, München 1995, S. 29–43

ders., Die rechtlichen Grundlagen der Europäischen Union, Eine systematische Darstellung für Studium und Praxis, 6. Aufl., Wien 2015

Börzel, Tanja Anita/Risse, Thomas, From the euro to the Schengen crisis: European integration theories, politicization, and identity politics, Journal of European Public Policy 25 (2018), S. 83–108

Boulouis, Jean, Le droit des Communautés européennes dans ses rapports avec le droit international général, Recueil des Cours de l'Académie de Droit International 235 (1992), S. 9–79

Breuer, Marten, Staatshaftung für judikatives Unrecht, eine Untersuchung zum deutschen Recht, zum Europa- und Völkerrecht, Tübingen 2011

Breuer, Rüdiger, Die Sackgasse des neuen Europaartikels (Art. 23 GG), Neue Zeitschrift für Verwaltungsrecht 1994, S. 417–429

Brink, Martijn van den, Is Egenberger next?, Verfassungsblog vom 15.05.2020, https://verfassungsblog.de/is-egenberger-next/, zuletzt zugegriffen am 30.11.2021

Britz, Gabriele, Vom kulturellen Vorbehalt zum Kulturvorbehalt in der bundesverfassungsgerichtlichen Demokratietheorie des Lissabon-Urteils?, Europarecht Beiheft 1 (2010), S. 151–170

dies., Grundrechtsschutz durch das Bundesverfassungsgericht und den Europäischen Gerichtshof, Europäische Grundrechte-Zeitschrift 2015, S. 275–281

Bruggeman, Robbert/Larik, Joris, The Elusive Contours of Constitutional Identity, Taricco as a Missed Opportunity, Utrecht Journal of International and European Law 35 (2020), S. 20–34

Brunn, Gerhard, Die Europäische Einigung von 1945 bis heute, 3. Aufl., Stuttgart 2009

Bryde, Brun-Otto, Das Maastricht-Urteil des Bundesverfassungsgerichts, Konsequenzen für die weitere Entwicklung der europäischen Integration, Vorträge und Berichte aus dem Graduiertenkolleg Nr. 5, Tübingen 1993

Büdenbender, Martin, Das Verhältnis des Europäischen Gerichtshofs zum Bundesverfassungsgericht, Zugleich eine Betrachtung des Verhältnisses des Europäischen Gerichtshofs zu den Verfassungsgerichten ausgewählter Mitgliedstaaten der Europäischen Union, Köln (u. a.) 2005

Búrca, Gráinne de, Rethinking law in neofunctionalist theory, Journal of European Public Policy 12 (2005), S. 310–326

Burchardt, Dana, Die Ausübung der Identitätskontrolle durch das Bundesverfassungsgericht, Zugleich Besprechung des Beschlusses 2 BvR 2735/14 des BVerfG vom 15.12.2015 („Solange III"/„Europäischer Haftbefehl II"), Zeitschrift für ausländisches öffentliches Recht und Völkerrecht 76 (2016), S. 527–551

dies., Kehrtwende in der Grundrechts- und Vorrangrechtsprechung des EuGH? – Anmerkung zum Urteil des EuGH vom 5.12.2017 in der Rechtssache M. A. S. und M. B. (C-42/17, „Taricco II"), Europarecht 2018, S. 248–264

Burgorgue-Larsen, *Laurence*, A Huron at the Kirchberg Plateau or a few naive thoughts on constitutional identity in the case-law of the judge of the European Union, Chapter 14, in: Alejandro Saiz Arnaiz, Carina Alcoberro Llivina (Hrsg.), National Constitutional Identity and European Integration, Cambridge (u. a.) 2013, S. 275–304 (zitiert: *Burgorgue-Larsen*, in: Saiz Arnaiz/Llivina, National Constitutional Identity and European Integration)

Calliess, *Christian*, Kontrolle zentraler Kompetenzausübung in Deutschland und Europa: Ein Lehrstück für die Europäische Verfassung, Europäische Grundrechte-Zeitschrift 2003, S. 181–197

ders., Europa als Wertegemeinschaft – Integration und Identität durch europäisches Verfassungsrecht?, Juristenzeitung 2004, S. 1033–1045

ders., Grundlagen, Grenzen und Perspektiven des europäischen Richterrechts, Neue Juristische Wochenschrift 2005, S. 929–933

ders., Der Kampf um den Euro: Eine „Angelegenheit der Europäischen Union" zwischen Regierung, Parlament und Volk, Neue Zeitschrift für Verwaltungsrecht 2012, S. 1–7

ders., Zukünftige Integrationsschritte – durch oder statt Demokratie?, in: Hans Michael Heinig, Jörg Philipp Terhechte (Hrsg.), Postnationale Demokratie, Postdemokratie, Neoetatismus, Wandel klassischer Demokratievorstellungen in der Rechtswissenschaft, Tübingen 2013, S. 77–103 (zitiert: *Calliess*, in: Heinig/Terhechte, Postnationale Demokratie, Postdemokratie, Neoetatismus)

ders., Die Rolle des Grundgesetzes und des Bundesverfassungsgerichts, in: Katrin Böttger, Mathias Joop (Hrsg.), Handbuch zur deutschen Europapolitik, Baden-Baden 2016, S. 149–170 (zitiert: *Calliess*, in: Böttger/Joop, Hdb. zur deutschen Europapolitik, 1. Aufl.)

ders., 70 Jahre Grundgesetz und europäische Integration: „Take back control" oder „Mehr Demokratie wagen"?, Neue Zeitschrift für Verwaltungsrecht 2019, S. 684–692

ders., Konfrontation statt Kooperation zwischen BVerfG und EuGH?, Zu den Folgen des Karlsruher PSPP-Urteils, Neue Zeitschrift für Verwaltungsrecht 2020, S. 897–904

ders., Die Rolle des Grundgesetzes und des Bundesverfassungsgerichts, in: Katrin Böttger, Mathias Joop (Hrsg.), Handbuch zur deutschen Europapolitik, 2. Aufl., Baden-Baden 2021, S. 169–193 (zitiert: *Calliess*, in: Böttger/Joop, Hdb. zur deutschen Europapolitik)

Calliess, *Christian*/*Ruffert*, *Matthias* (Hrsg.), EUV/AEUV, Das Verfassungsrecht der Europäischen Union mit Europäischer Grundrechtecharta, Kommentar, 4. Aufl., München 2011 (zitiert: *Bearbeiter*in*, in: Calliess/Ruffert, EUV/AEUV, 4. Aufl.)

dies. (Hrsg.), EUV/AEUV, Das Verfassungsrecht der Europäischen Union mit Europäischer Grundrechtecharta, Kommentar, 5. Aufl., München 2016 (zitiert: *Bearbeiter*in*, in: Calliess/Ruffert, EUV/AEUV, 5. Aufl.)

dies. (Hrsg.), EUV/AEUV, Das Verfassungsrecht der Europäischen Union mit Europäischer Grundrechtecharta, Kommentar, 6. Aufl., München 2022 (zitiert: *Bearbeiter*in*, in: Calliess/Ruffert, EUV/AEUV)

Cannizzaro, *Enzo*/*Palchetti*, *Paolo*, Ultra vires acts of international organizations, in: Jan Klabbers, Åsa Wallendahl (Hrsg.), Research Handbook on the Law of International Organizations, Cheltenham 2011, S. 365–397 (zitiert: *Cannizzaro*/*Palchetti*, in: Klabbers/Wallendahl, Research Handbook on the Law of International Organizations)

Cappelletti, *Mauro*/*Seccombe*, *Monica*/*Weiler*, *Joseph H. H.*, Integration Through Law, Europe and the American Federal Experience – A General Introduction, in: Mauro Cappelletti, Monica Seccombe, Joseph H. H. Weiler (Hrsg.), Integration Through

Law, Europe and the American Federal Experience, Volume 1, Methods, Tools and Institutions, Book 1, A Political, Legal and Economic Overview, Berlin (u. a.) 1986, S. 3–68 (zitiert: *Cappelletti/Seccombe/Weiler*, in: Cappelletti/Seccombe/Weiler, Integration Through Law, Volume 1, Book 1)

Chalmers, *Damian*/*Davies*, *Gareth*/*Monti*, *Giorgio*, European Union Law, Cases and Materials, 2. Aufl., Cambridge (u. a.) 2010

Claes, *Monica*, The European Constitution and the Role of National Courts, in: Anneli Albi, Jaques Ziller (Hrsg.), The European Constitution and National Constitutions: Ratification and Beyond, Alphen aan den Rijn 2007, S. 235–247 (zitiert: *Claes*, in: Albi/Ziller, The European Constitution and National Constitutions)

dies., Negotiating Constitutional Identity or Whose Identity is It Anyway?, in: Monica Claes, Maartje de Visser, Patricia Popelier, Catherine van der Heyning (Hrsg.), Constitutional Conversations in Europe, Actors, Topics and Procedures, Cambridge (u. a.) 2012, S. 205–233 (zitiert: *Claes*, in: Claes/de Visser/Popelier u. a., Constitutional Conversations in Europe)

dies., National Identity: Trump Card or up for Negotiation?, Chapter 6, in: Alejandro Saiz Arnaiz, Carina Alcoberro Llivina (Hrsg.), National Constitutional Identity and European Integration, Cambridge (u. a.) 2013, S. 109–139 (zitiert: *Claes*, in: Saiz Arnaiz/Llivina, National Constitutional Identity and European Integration)

Claes, *Monica*/*de Visser*, *Maartje*/*Popelier*, *Patricia*/*van der Heyning*, *Catherine*, Introduction: On constitutional converstations, in: Monica Claes, Maartje de Visser, Patricia Popelier, Catherine van der Heyning (Hrsg.), Constitutional Conversations in Europe, Actors, Topics and Procedures, Cambridge (u. a.) 2012, S. 1–10 (zitiert: *Claes/de Visser/Popelier* u. a., in: Claes/de Visser/Popelier u. a., Constitutional Conversations in Europe)

Classen, *Claus Dieter*, Demokratische Legitimation im offenen Rechtsstaat, Zur Beeinflussung des Demokratieprinzips durch Rechtsstaatlichkeit und internationale Offenheit, Tübingen 2009

ders., Legitime Stärkung des Bundestags oder verfassungsrechtliches Prokrustesbett, Juristenzeitung 2009, S. 881–889

ders., Wie deutsch ist das Europarecht? Zum deutschen Einfluss auf das Unionsrecht und seine Grenzen, in: Uwe Kischel (Hrsg.), Der Einfluss des deutschen Verfassungsrechtsdenkens in der Welt: Bedeutung, Grenzen, Zukunftsperspektiven, Ergebnisse der 34. Tagung der Gesellschaft für Rechtsvergleichung vom 12. bis 14. September 2013 in Marburg, Tübingen 2014, S. 93–123 (zitiert: *Classen*, in: Kischel, Der Einfluss des deutschen Verfassungsrechtsdenkens in der Welt)

ders., Funktionsadäquate checks and balances statt richterliche Vollkontrolle unter demokratischem Vorwand, Anmerkung zum Urteil des EuGH v. 16.06.2015, Rs. C-62/14 (Peter Gauweiler u. a.), Europarecht 2015, S. 477–486

ders., Europäische Rechtsgemeinschaft à l'allemande?, Europarecht 2016, S. 529–543

ders., Zu wenig, zu fundamentalistisch – zur grundrechtlichen Kontrolle „unionsrechtlich determinierter" nationaler Hoheitsakte, Anmerkung zum Beschluss des BVerfG vom 15.12.2015, 2 BvR 2735/14, Europarecht 2016, S. 304–312

ders., Schwierigkeiten eines harmonischen Miteinanders von nationalem und europäischem Grundrechtsschutz, Europarecht 2017, S. 347–366

ders., Über das Ziel hinausgeschossen?, Anmerkungen zu den zwei Beschlüssen des BVerfG zum Recht auf Vergessen vom 6.11.2019, 1 BvR 16/13, 276/17, Europarecht 2021, S. 92–112

Clemens, *Gabriele*, 60 Jahre Römische Verträge, in: Werner Weidenfeld, Wolfgang Wessels (Hrsg.), Jahrbuch der europäischen Integration 2017, Baden-Baden 2017, S. 59–68 (zitiert: *Clemens*, in: Weidenfeld/Wessels, Jahrbuch der europäischen Integration 2017)

Clemens, *Gabriele*/*Reinfeldt*, *Alexander*/*Wille*, *Gerhard*, Geschichte der europäischen Integration, Ein Lehrbuch, Paderborn 2008

Cloots, *Elke*, National Identity in EU Law, Oxford 2015

dies., National Identity, Constitutional Identity, and Sovereignty in the EU, Netherlands Journal of Legal Philosophy 45 (2016), S. 82–98

Constantinesco, *Léontin-Jean*, Das Recht der Europäischen Gemeinschaften, Band 1, Das institutionelle Recht, Baden-Baden 1977

Cornils, *Matthias*, Art. 23 Abs. 1 GG: Abwägungsposten oder Kollisionsregel?, Zur Frage „vorbeugenden" Grundrechtsschutzes gegenüber der Mitwirkung der deutschen Vertreter an Rechtsetzungsakten des Rats der Europäischen Union, Archiv des öffentlichen Rechts 129 (2004), S. 336–377

Craig, *Paul*, The ECJ and ultra vires action: A conceptional analysis, Common Market Law Review 48 (2011), S. 395–437

Cramer, *Philipp*, Artikel 146 Grundgesetz zwischen offener Staatlichkeit und Identitätsbewahrung, Perspektiven des Schlussartikels des Grundgesetzes für die zukünftige europäische Integration, Berlin 2014

Creifelds, *Carl*/*Weber*, *Klaus*, Rechtswörterbuch, 22. Aufl., München 2017

Cremer, *Hans-Joachim*, Grundgesetzliche Bindungen des deutschen Vertreters bei Abstimmungen im Rat der Europäischen Union und ihre prozessuale Durchsetzbarkeit, Europarecht 2014, S. 195–230

Cremer, *Wolfram*, Grundrechtsverpflichtete und Grundrechtsdimensionen nach der Charta der Grundrechte der Europäischen Union, Europäische Grundrechte-Zeitschrift 2011, S. 545–554

Croon, *Johanna*, Abseits der verfassungsgerichtlichen Arenen – Informale Kommunikation, in: Dominik Elser, Anja Eugster, Andreas Kind, Matthias Uffer, Rahel Baumgartner, Kathrin Williner, Stefan Schlegel, Dominika Blonski, Alexander Spring, Irene Grohsmann, Rafael Häcki (Hrsg.), Das letzte Wort – Rechtsetzung und Rechtskontrolle in der Demokratie, Baden-Baden 2014, S. 39–57 (zitiert: *Croon*, in: Elser/Eugster/Kind u. a., Das letzte Wort)

Dahm, *Georg* (Begr.)/*Delbrück*, *Jost*/*Wolfrum*, *Rüdiger* (Hrsg.), Völkerrecht, Band I/3, Die Formen des völkerrechtlichen Handelns; Die inhaltliche Ordnung der internationalen Gemeinschaft, Berlin 2002 (zitiert: *Bearbeiter*in*, in: Dahm/Delbrück/Wolfrum, Völkerrecht, Bd. I/3)

Dandoy, *Régis*, La formation des gouvernements en Belgique, in: Pascal Delwit, Jean-Benoit Pilet, Emilie van Haute (Hrsg.), Les parties politiques en Belgique, 3. Aufl., Brüssel 2011, S. 299–317 (zitiert: *Dandoy*, in: Delwit/Pilet/van Haute, Les parties politiques en Belgique)

Danwitz, *Thomas von*, Verwaltungsrechtliches System und Europäische Integration, Tübingen 1996

ders., Funktionsbedingungen der Rechtsprechung des Europäischen Gerichtshofes, Europarecht 2008, S. 769–785

ders., Kooperation der Gerichtsbarkeiten in Europa, Zeitschrift für Rechtspolitik 2010, S. 143–147 *ders.*, Aktuelle Entwicklungen im Grundrechtsschutz der Europäischen Union, in: Michael Sachs, Helmut Siekmann (Hrsg.), Der grundrechtsgeprägte Verfassungsstaat, Festschrift für Klaus Stern zum 80. Geburtstag, Berlin 2012, S. 669–682

ders., Der Gerichtshof der Europäischen Union im Verbund der Gerichtsbarkeiten in Europa, in: Matthias Ruffert (Hrsg.), Dynamik und Nachhaltigkeit des Öffentlichen Rechts, Festschrift für Professor Dr. Meinhard Schröder zum 70. Geburtstag, Berlin 2012, S. 155–167

ders., Verfassungsrechtliche Herausforderung in der jüngeren Rechtsprechung des EuGH, Europäische Grundrechte-Zeitschrift 2013, S. 253–261

Dänzer-Vanotti, *Wolfgang*, Der Europäische Gerichtshof zwischen Rechtsprechung und Rechtsetzung, in: Ole Due, Marcus Lutter, Jürgen Schwarze (Hrsg.), Festschrift für Ulrich Everling, Band I, Baden-Baden 1995, S. 205–221

Dauses, *Manfred A.*, Die Rolle des Europäischen Gerichtshofs als Verfassungsgericht der Europäischen Union, integration 1994, S. 215–229

ders., Aufgabenteilung und judizieller Dialog zwischen den einzelstaatlichen Gerichten und dem EuGH als Funktionselemente des Vorabentscheidungsverfahrens, in: Ole Due, Marcus Lutter, Jürgen Schwarze (Hrsg.), Festschrift für Ulrich Everling, Band I, Baden-Baden 1995, S. 223–243

Davies, *Bill*, Internationale Handelsgesellschaft and the Miscalculation at the Inception of the ECJ's Human Rights Jurisprudence, in: Fernanda Nicola, Bill Davies (Hrsg.), EU Law Stories, Contextual and Critical Histories of European Jurisprudence, Cambridge 2017, S. 157–177 (zitiert: *B. Davies*, in: Nicola/B. Davies, EU Law Stories)

Davies, *Gareth*, Subsidiarity as a Method of Policy Centralisation, in: Tomer Broude, Yuval Shany (Hrsg.), The Shifting Allocation of Authority in International Law: Considering Sovereignty, Supremacy and Subsidiarity, Essays in honour of Professor Ruth Lapidoth, Oxford (u. a.) 2008, S. 79–98

Dederer, *Hans-Georg*, Die Grenzen des Vorrangs des Unionsrechts – Zur Vereinheitlichung von Grundrechts-, Ultra-vires und Identitätskontrolle, Juristenzeitung 2014, S. 314–322

Degenhart, *Christoph*, EZB, EuGH und BVerfG – Garanten einer stabilen Geld- und Währungspolitik?, in: Theodor Baums, Hermann Remsperger, Michael Sachs, Volker W. Wieland (Hrsg.), Zentralbanken, Währungsunion und stabiles Finanzsystem, Festschrift für Helmut Siekmann, Berlin 2019, S. 19–35

Dehousse, *Renaud*/*Boussaguet*, *Laurie*/*Jacquot*, *Sophie*, From Integration through Law to Governance, Has the Course of European Integration Changend?, in: Henning Koch, Karsten Hagel-Sørensen, Ulrich Haltern, Joseph H. H. Weiler (Hrsg.), EUROPE The New Legal Realism, Essays in Honour of Hjalte Rasmussen, Kopenhagen 2010, S. 153–169

Dehousse, *Renaud*/*Weiler*, *Joseph H. H.*, The legal dimension, in: William Wallace (Hrsg.), The Dynamics of European Integration, London (u. a.) 1990, S. 242–260 (zitiert: *Dehousse*/*Weiler*, in: Wallace, The Dynamics of European Integration)

Delbrück, *Jost*, Quo vadis Bundesverfassungsgericht?, Zur verfassungsrechtlichen und verfassungsfunktionalen Stellung des Bundesverfassungsgerichts, in: Jost Delbrück, Knut Ipsen, Dietrich Rauschning (Hrsg.), Recht im Dienst des Friedens, Festschrift für Eberhard Menzel zum 65. Geburtstag am 21. Januar 1976, Berlin 1975, S. 83–105

Delfs, *Hauke*, Komplementäre Integration, Grundlegung und Konstitutionalisierung des Europarechts im Kontext, Tübingen 2015

Derosier, *Jean-Philippe*, Le dialogue des juges: de l'inexistence d'un concept pourtant éprouvé, in: Séverine Menétrey, Burkhard Hess (Hrsg.), Les dialogues des juges en Europe, Brüssel 2014, S. 51–80 (zitiert: *Derosier*, in: Menétrey/Hess, Les dialogues des juges en Europe)

Di Fabio, *Udo*, Der neue Art. 23 des Grundgesetzes, Positivierung vollzogenen Verfassungswandels oder Verfassungsneuschöpfung?, Der Staat 32 (1993), S. 191–217

ders., Der Auftrag zur europäischen Integration und seine Grenzen, in: Matthias Ruffert (Hrsg.), Dynamik und Nachhaltigkeit des Öffentlichen Rechts, Festschrift für Professor Dr. Meinhard Schröder zum 70. Geburtstag, Berlin 2012, S. 169–179

Dietz, *Sara*, Die europarechtsfreundliche Verfassungsidentität in der Kontrolltrias des Bundesverfassungsgerichts, Archiv des öffentlichen Rechts 142 (2017), S. 78–132

dies., Die gerichtliche Kontrolle der EZB durch den EuGH und das BVerfG – ein Konfliktfall im Verfassungsgerichtsverbund und Eurosystem?, Anmerkungen zum PSPP-Verfahren, Europäische Zeitschrift für Wirtschaftsrecht 2019, S. 925–933

Dietze, *Jan*/*Kellerbauer*, *Maunel*/*Klamert*, *Marcus*/*Malferrari*, *Luigi*/*Scharf*, *Tibor*/*Schnichels*, *Dominik*, Europa – Quo Vadis?, Ein kritischer Kommentar zum EZB-Urteil des BVerfG, Europäische Zeitschrift für Wirtschaftsrecht 2020, S. 525–530

Diez, *Thomas*/*Wiener*, *Antje*, Introducing the Mosaic of Integration Theory, in: Antje Wiener, Thomas Diez (Hrsg.), European Integration Theory, 2. Aufl., Oxford (u. a.) 2009, S. 1–22 (zitiert: *Diez*/*Wiener*, in: Wiener/Diez, European Integration Theory)

Dingemann, *Kathrin*, Zwischen Integrationsverantwortung und Identitätskontrolle: Das Lissabon-Urteil des Bundesverfassungsgerichts, Zeitschrift für Europarechtliche Studien 2009, S. 491–528

Doehring, *Karl*, Staat und Verfassung in einem zusammenwachsenden Europa, Zeitschrift für Rechtspolitik 1993, S. 98–103

ders., Die nationale „Identität" der Mitgliedstaaten der Europäischen Union, in: Ole Due, Marcus Lutter, Jürgen Schwarze (Hrsg.), Festschrift für Ulrich Everling, Band I, Baden-Baden 1995, S. 263–271

Doemming, *Klaus-Berto, von*/*Füßlein*, *Rudolf Werner*/*Matz*, *Werner* (Hrsg.), Entstehungsgeschichte der Artikel des Grundgesetzes, im Auftrage der Abwicklungsstelle des Parlamentarischen Rates und des Bundesministers des Innern auf Grund der Verhandlungen des Parlamentarischen Rates, Jahrbuch des öffentlichen Rechts der Gegenwart. Neue Folge Band 1, Tübingen 1951 (zitiert: *Bearbeiter*in*, in: von Doemming/Füßlein/Matz, JöR 1 [1951])

Donner, *Andreas Matthias (André)*, National Law and the Case Law of the Court of Justice of the European Communities, Common Market Law Review 1 (1963), S. 8–16

Dorau, *Christoph*, Die Öffnung der Europäischen Union für europäische Staaten, „Europäisch" als Bedingung für einen Beitritt nach Art. 49 EUV, Europarecht 1999, S. 736–753

Dörr, *Oliver*, Der europäisierte Rechtsschutzauftrag deutscher Gerichte, Artikel 19 Absatz 4 GG unter dem Einfluß des europäischen Unionsrechts, Tübingen 2003

ders., Rechtsprechungskonkurrenz zwischen nationalen und europäischen Verfassungsgerichten, Deutsches Verwaltungsblatt 2006, S. 1088–1099

Dörr, *Oliver*/*Schmalenbach*, *Kirsten* (Hrsg.), Vienna Convention on the Law of Treaties, A Commentary, 2. Aufl., Berlin 2018 (zitiert: *Bearbeiter*in*, in: Dörr/Schmalenbach, Vienna Convention Commentary)

Dreier, *Horst*, Erosionsprozesse des Verfassungsstaates, in: Lerke Osterloh, Karsten Schmidt, Hermann Weber (Hrsg.), Staat, Wirtschaft, Verfassung, Festschrift für Peter Selmer zum 70. Geburtstag, Berlin 2004, S. 51–70

ders. (Hrsg.), Grundgesetz Kommentar, Band I, 2. Aufl., Tübingen 2006 (zitiert: *Bearbeiter*in*, in: Dreier, GG Kommentar, Bd. II, 2. Aufl.)

ders. (Hrsg.), Grundgesetz Kommentar, Band I, 3. Aufl., Tübingen 2013 (zitiert: *Bearbeiter*in*, in: Dreier, GG Kommentar, Bd. I)

ders. (Hrsg.), Grundgesetz Kommentar, Band II, 3. Aufl., Tübingen 2015 (zitiert: *Bearbeiter*in*, in: Dreier, GG Kommentar, Bd. II)

Dreßler, *Rudolf*, Gesicherte Existenz Israels – Teil der deutschen Staatsräson, Essay, Aus Politik und Zeitgeschichte 55 (15) (2006), S. 3–8

Dürig, *Günter* (Begr.)/*Herzog*, *Roman*/*Scholz*, *Rupert*/*Herdegen*, *Matthias*/*Klein*, *Hans Hugo*. (Hrsg.), Grundgesetz Kommentar, begründet von Theodor Maunz und Günter Dürig, 95. EL, München 2021 (zitiert: *Bearbeiter*in*, in: Dürig/Herzog/Scholz, GG)

Durner, *Wolfgang*, Verfassungsbindung deutscher Europapolitik, § 216, in: Josef Isensee, Paul Kirchhof (Hrsg.), Handbuch des Staatsrechts der Bundesrepublik Deutschland, Band X – Deutschland in der Staatengemeinschaft, 3. Aufl., Heidelberg 2012, S. 433–459 (zitiert: *Durner*, in: Isensee/Kirchhof, HdbStR Bd. X, 2012, § 216)

Edenharter, *Andrea*, Grundrechtsschutz in föderalen Mehrebenensystemen, Inspiration des EU-Grundrechtsschutzes durch die Grundrechtsentwicklung in Deutschland und der Schweiz sowie durch die EMRK, Tübingen 2018

Editorial Comments, Quis custodiet the European Court of Justice?, Common Market Law Review 30 (1993), S. 899–903

Ehlermann, *Claus-Dieter*, Zur Diskussion um einen „Solange III"-Beschluß: Rechtspolitische Perspektiven aus der Sicht des Gemeinschaftsrechts, Europarecht Beiheft 1 (1991), S. 27–38

Ehlers, *Dirk* (Hrsg.), Europäische Grundrechte und Grundfreiheiten, 4. Aufl., Berlin (u. a.) 2014 (zitiert: *Bearbeiter*in*, in: Ehlers, EuGR)

Ehmke, *Horst*, Wirtschaft und Verfassung, Die Verfassungsrechtsprechung des Supreme Court zur Wirtschaftsregulierung, Karlsuhe 1961

ders., Prinzipien der Verfassungsinterpretation, Veröffentlichungen der Vereinigung der Deutschen Staatsrechtslehrer 20 (1963), S. 53–102

Ellerbrok, *Torben*/*Pracht*, *Robert*, Das Bundesverfassungsgericht als Taktgeber im horizontalen Verfassungsgerichtsverbund – Ausstrahlungswirkungen der Rechtsprechung zum Integrationsverfassungsrecht in Europa, Europarecht 2021, S. 188–208

Enders, *Christoph*, Offene Staatlichkeit unter Souveränitätsvorbehalt – oder: Vom Kampf der Rechtsordnungen nach Maastricht, in: Rolf Grawert, Bernhard Schlink, Rainer Wahl, Joachim Wieland (Hrsg.), Offene Staatlichkeit, Festschrift für Ernst-Wolfgang Böckenförde zum 65. Geburtstag, Berlin 1995, S. 29–49

Epiney, *Astrid*, Zu den Implikationen der EU-Mitgliedschaft für die Stellung und Anwendung des Völkerrechts im innerstaatlichen Bereich, in: Holger P. Hestermeyer, Doris König, Nele Matz-Lück, Volker Röben, Anja Seibert-Fohr, Peter-Tobias Stoll, Silja Vöneky (Hrsg.), Coexistence, Cooperation and Solidarity, Liber Amicorum Rüdiger Wolfrum, Volume II, Leiden (u. a.) 2012, S. 1909–1934

dies., Die Rechtsprechung des EuGH im Jahr 2015, Europäisches Verfassungsrecht, Neue Zeitschrift für Verwaltungsrecht 2016, S. 655–664

Epping, *Volker*, Die Außenwirtschaftsfreiheit, Tübingen 1998

Eppler, Annegret/Scheller, Henrik, Zug- und Gegenkräfte im europäischen Integrationsprozess, in: Annegret Eppler, Henrik Scheller (Hrsg.), Zur Konzeptualisierung europäischer Desintegration, Zug- und Gegenkräfte im europäischen Integrationsprozess, Baden-Baden 2013, S. 11–42 (zitiert: *Eppler/Scheller*, in: Eppler/Scheller, Zur Konzeptualisierung europäischer Desintegration)

Everling, Ulrich, Das europäische Gemeinschaftsrecht im Spannungsfeld von Politik und Wirtschaft, in: Wilhelm G. Grewe, Hans Rupp, Hans Schneider (Hrsg.), Europäische Gerichtsbarkeit und nationale Verfassungsgerichte: Festschrift zum 70. Geburtstag von Hans Kutscher, Baden-Baden 1981, S. 155–188

ders., Der Gerichtshof als Entscheidungsinstanz, Probleme der europäischen Rechtsprechung aus richterlicher Sicht, in: Jürgen Schwarze (Hrsg.), Der Europäische Gerichtshof als Verfassungsgericht und Rechtsschutzinstanz, Referate und Diskussionsberichte der Tagung des Arbeitskreises Europäische Integration e. V. in Hamburg vom 2. bis 4. Juni 1983, Baden-Baden 1983, S. 137–162 (zitiert: *Everling*, in: Schwarze, Der Europäische Gerichtshof als Verfassungsgericht und Rechtsschutzinstanz)

ders., Sind die Mitgliedstaaten der Europäischen Gemeinschaft noch Herren der Verträge?, Zum Verhältnis von Europäischem Gemeinschaftsrecht und Völkerrecht, in: Rudolf Bernhardt, Wilhelm Karl Geck, Günther Jaenicke, Helmut Steinberger (Hrsg.), Völkerrecht als Rechtsordnung, Internationale Gerichtsbarkeit, Menschenrechte, Festschrift für Hermann Mosler, Berlin (u. a.) 1983, S. 173–191

ders., Gestaltungsbedarf des Europäischen Rechts, Europarecht 1987, S. 214–235

ders., Zur Funktion des Gerichtshofs bei der Rechtsangleichung in der Europäischen Gemeinschaft, in: Herberg Leßmann, Bernhard Großfeld, Lothar Vollmer (Hrsg.), Festschrift für Rudolf Lukes, Köln (u. a.) 1989, S. 359–374

ders., Überlegungen zur Struktur der Europäischen Union und zum neuen Europa-Artikel des Grundgesetzes, Deutsches Verwaltungsblatt 1993, S. 936–947

ders., Bundesverfassungsgericht und Gerichtshof der Europäischen Gemeinschaften nach dem Maastricht-Urteil, in: Albrecht Randelzhofer, Rupert Scholz, Dieter Wilke (Hrsg.), Gedächtnisschrift für Eberhard Grabitz, München 1995, S. 57–75

ders., Die Rolle des Europäischen Gerichtshofs, in: Werner Weidenfeld (Hrsg.), Reform der Europäischen Union, Materialien zur Revision des Maastrichter Vertrags 1996, Mit dem Reformprogramm „Europa '96" der Europäischen Strukturkommission, Gütersloh 1995, S. 256–264 (zitiert: *Everling*, in: Weidenfeld, Reform der Europäischen Union)

ders., Zur Stellung der Mitgliedstaaten der Europäischen Union als „Herren der Verträge", in: Ulrich Beyerlin, Michael Bothe, Rainer Hofmann, Ernst-Ulrich Petersmann (Hrsg.), Recht zwischen Umbruch und Bewahrung: Völkerrecht, Europarecht, Staatsrecht, Festschrift für Rudolf Bernhardt, Berlin (u. a.) 1995, S. 1161–1176

ders., Zur Gerichtsbarkeit der Europäischen Union, in: Jörn Ipsen, Bernhard Stüer (Hrsg.), Europa im Wandel, Festschrift für Hans-Werner Rengeling zum 70. Geburtstag am 25. Februar 2008, Köln (u. a.) 2008, S. 527–544

ders., Europas Zukunft unter der Kontrolle der nationalen Verfassungsgerichte, Anmerkungen zum Urteil des Bundesverfassungsgerichts vom 30. Juni 2009 über den Vertrag von Lissabon, Europarecht 2010, S. 91–108

Farahat, Anuscheh/Krenn, Christoph, Der Europäische Gerichtshof in der Eurokrise: Eine Konflikttheoretische Perspektive, Der Staat 57 (2018), S. 357–385

Fiedler, *René*, Bundesverfassungsgericht und Völkerrecht, Völkerrechtsverfehlungen des Bundesverfassungsgerichts und ihre Auswirkungen auf staats- und völkerrechtlicher Ebene, Baden-Baden 2010

Fiedler, *Wilfried*, Die Funktion des Rechts in der Europäischen Einigungsbewegung, Die Verrechtlichung – Weg oder Irrweg der Europäischen Integration?, Juristenzeitung 1986, S. 60–65

Fischer, *Klemens H.*, Der Vertrag von Lissabon, Text und Kommentar zum Europäischen Reformvertrag, 2. Aufl., Baden-Baden 2010

Fischer, *Peter*, Die Bundesrepublik und das Projekt einer Europäischen Politischen Gemeinschaft, in: Ludolf Herbst, Werner Bührer, Hanno Sowade (Hrsg.), Vom Marschallplan zur EWG, Die Eingliederung der Bundesrepublik in die westliche Welt, München 1990, S. 279–299 (zitiert: *P. Fischer*, in: Herbst/Bührer/Sowade, Vom Marschallplan zur EWG)

Flint, *Thomas*, Die Übertragung von Hoheitsrechten, Zur Auslegung der Art. 23 Abs. 1 Satz 2 und Art. 24 Abs. 1 GG, Berlin 1998

Folz, *Hans-Peter*, Demokratie und Integration, Der Konflikt zwischen Bundesverfassungsgericht und Europäischem Gerichtshof über die Kontrolle von Gemeinschaftskompetenzen, Zum Spannungsverhältnis zwischen demokratischer Legitimation und Autonomie supranationaler Rechtsordnungen, Heidelberg 1999

Forschner, *Benedikt*, Europarecht und nationale Rechtsordnung: „Mangold" in geklärtem dogmatischem Kontext, Zeitschrift für das Juristische Studium 2011, S. 456–464

Forsthoff, *Ulrich*, Bankenunion und Bundesverfassungsgericht, Von der politischen Erfolgsgeschichte zur verfassungsrechtlichen Verlustsaga?, Europäische Zeitschrift für Wirtschaftsrecht 2019, S. 977–982

Franck, *Jens-Uwe*, Rechtssetzung für den Binnenmarkt: Zwischen Rechtsharmonisierung und Wettbewerb der Rechtsordnungen, § 4, in: Karl Riesenhuber, Kanako Takayama (Hrsg.), Rechtsangleichung: Grundlagen, Methoden und Inhalte, Deutsch-Japanische Perspektiven, Berlin 2006, S. 47–81 (zitiert: *Franck*, in: Riesenhuber/Takayama, Rechtsangleichung)

Franzius, *Claudio*, Vom Nationalstaat zum Mitgliedstaat und wieder zurück? Modifikationen „offener Staatlichkeit" durch das Lissabon-Urteil des Bundesverfassungsgerichts, TranState Working Papers No. 124, Universität Bremen, Sonderforschungsbereich 597 Staatlichkeit im Wandel, Bremen 2010

ders., Recht und Politik in der transnationalen Konstellation, Frankfurt (u. a.) 2014

ders., Zwischen Selbstbehauptung und Selbstbeschränkungen der Rechtsordnungen und ihrer Gerichte, Zeitschrift für ausländisches öffentliches Recht und Völkerrecht 75 (2015), S. 383–412

ders., Verfassungspluralismus – Was bedeutet das konkret?, Rechtwissenschaft 7 (2016), S. 62–89

ders., 70 Jahre Grundgesetz und Europa: Passt das zusammen?, Europarecht 2019, S. 365–382

ders., Narrative für Europa?, in: Claudio Franzius, Franz Christian Mayer, Jürgen Neyer (Hrsg.), Die Neuerfindung Europas, Bedeutung und Gehalte von Narrativen für die europäische Integration, Baden-Baden 2019, S. 9–20 (zitiert: *Franzius*, in: Franzius/Mayer/Neyer, Die Neuerfindung Europas)

Franzius, *Claudio*/*Mayer*, *Franz Christian*/*Neyer*, *Jürgen*, Grenzen der europäischen Integration: Herausforderungen an Recht und Politik, in: Claudio Franzius, Franz Christian Mayer, Jürgen Neyer (Hrsg.), Grenzen der europäischen Integration, Herausforderungen für Recht und Politik, Baden-Baden 2014, S. 11–25 (zitiert: *Franzius/Mayer/Neyer*, in: Franzius/Mayer/Neyer, Grenzen der europäischen Integration)

Frenz, *Walter*, Europarechtsabwehr vor dem BVerfG nach dem Lissabon-Urteil, Verwaltungsarchiv 100 (2009), S. 475–504

ders., Unanwendbares Europarecht nach Maßgabe des BVerfG?, Im Blickpunkt: Das Lissabon-Urteil des BVerfG vom 30.06.2009, Europäisches Wirtschafts- und Steuerrecht 2009, S. 297–303

ders., Handbuch Europarecht Band 5 – Wirkungen und Rechtsschutz, Berlin (u. a.) 2010

ders., Handbuch Europarecht Band 1 – Europäische Grundfreiheiten, 2. Aufl., Berlin (u. a.) 2012

ders., Anmerkungen zu EuGH, Urteil vom 16. Juni 2015 – C-62/14 – EZB ist zum Ankauf von Staatsanleihen berechtigt, OMT-Programm rechtmäßig – mit Bindung des BVerfG, Deutsches Verwaltungsblatt 2015, S. 978–980

ders., Ultra-vires-Kontrolle kraft Europarechts – Das Schrems-Urteil des EuGH im Vergleich zum OMT-Beschluss des BVerfG, Europäisches Wirtschafts- und Steuerrecht 2015, S. 257–261

ders., Anmerkungen zum Urteil des BVerfG vom 05.05.2020 (EuGH ultra vires?), Deutsches Verwaltungsblatt 2020, S. 1017–1021

Frenzel, *Eike Michael*, Die Charta der Grundrechte als Maßstab für mitgliedstaatliches Handeln zwischen Effektivierung und Hyperintegration, Der Staat 53 (2014), S. 1–29

Friauf, *Karl Heinrich*/*Höfling*, *Wolfram* (Hrsg.), Berliner Kommentar zum Grundgesetz, Lieferung 3/20, Berlin 2020 (zitiert: *Bearbeiter*in*, in: Friauf/Höfling, Berliner Kommentar zum GG)

Friauf, *Karl Heinrich*/*Scholz*, *Rupert*, Europarecht und Grundgesetz, Betrachtungen zu materiell- und formalrechtlichen Problemen bei Schaffung und Umsetzung sekundären Gemeinschaftsrechts, Berlin 1990

Friedrich, *Carl Joachim*, Nationaler und internationaler Föderalismus in Theorie und Praxis, Politische Vierteljahresschrift 5 (1964), S. 154–187

Frowein, *Jochen Abr.*, Das Maastricht-Urteil und die Grenzen der Verfassungsgerichtsbarkeit, Zeitschrift für ausländisches öffentliches Recht und Völkerrecht 54 (1994), S. 1–16

Funke, *Andreas*, Virtuelle verfassungsgerichtliche Kontrolle von EU-Rechtsakten: der Schlußstein? Anmerkungen zu BVerfG, Beschl. v. 6. Juli 2010, 2 BvR 2661/06 (Mangold-Urteil EuGH), Zeitschrift für Gesetzgebung 2011, S. 166–187

Galetta, *Diana-Urania*/*Ziller*, *Jaques*, Les violations flagrantes et délibérées du droit de l'Union par l'arrêt „inintelligible" et „arbitraire" du Bundesverfassungsgericht dans l'affaire Weiss, Revue trimestrielle de droit européenne 2020, S. 855–887

Gärditz, *Klaus Ferdinand*, Anmerkung zur Entscheidung des BVerfG vom 24.03.2013 (1 BvR 1215/07; JZ 2013, 621) – „Zur Frage der Verfassungswidrigkeit des Antiterrordateigesetzes", Juristenzeitung 2013, S. 633–636

ders., Beyond Symbolism: Towards a Constitutional Actio Popularis in EU Affairs? A Commentary on the OMT Decision of the Federal Constitutional Court, German Law Journal, Special Issue – The OMT Decision of the German Federal Constitutional Court 15 (2014), S. 183–201

ders., Völkerrechtliche Integration und kompensatorische Rechtsschutzgarantie, Obiter dicta als Rechtsprechungsleitlinien in einem Nichtannahmebeschluss des BVerfG (hier: Europa-Schulen), Europäische Grundrechte-Zeitschrift 2018, S. 518–542 *ders.*, Glaubwürdigkeitsprobleme im Unionsverfassungsrecht, Europäische Zeitschrift für Wirtschaftsrecht 2020, S. 505–508

Gärditz, Klaus Ferdinand/Hillgruber, Christian, Volkssouveränität und Demokratie ernst genommen – Zum Lissabon-Urteil des BVerfG, Juristenzeitung 2009, S. 872–881

Gassner, Ulrich M., Kreation und Repräsentation, Zum demokratischen Gewährleistungsgehalt von Art. 38 Abs. 1 S. 1 GG, Der Staat 34 (1995), S. 429–453

Genschel, Philipp/Jachtenfuchs, Markus, From Market Integration to Core State Powers: The Eurozone Crisis, the Refugee Crisis and Integration Theory, Journal of Common Market Studies 56 (2018), S. 178–196

Gentzsch, Markus, Gerichtliche Kontrolle geldpolitischer Entscheidungen der EZB am Beispiel des Public Sector Purchase Programme, Europarecht 2019, S. 279–301

Gentzsch, Markus/Brade, Alexander, Die Bankenunion vor dem Bundesverfassungsgericht. Neue Impulse für grundlegende Fragestellungen des Verfassungs- und Unionsrechts, Europarecht 2019, S. 602–636

Gerhardt, Michael, Europa als Rechtsgemeinschaft: Der Beitrag des Bundesverfassungsgerichts, Zeitschrift für Rechtspolitik 2010, S. 161–165

Gerken, Lüder/Rieble, Volker/Roth, Günther H./Stein Torsten/Streinz, Rudolf, „Mangold" als ausbrechender Rechtsakt, München 2009

Gersdorf, Hubertus, Das Kooperationsverhältnis zwischen deutscher Gerichtsbarkeit und EuGH, Deutsches Verwaltungsblatt 1994, S. 674–685

Gialdino, Carlo Curti, Some reflections on the *acquis communautaire*, Common Market Law Review 32 (1995), S. 1089–1121

Giegerich, Thomas, The European Dimension of German Reunification: East Germany's Integration into the European Communities, Zeitschrift für ausländisches öffentliches Recht und Völkerrecht 51 (1991), S. 384–450

ders., Europäische Verfassung und deutsche Verfassung im transnationalen Konstitutionalisierungsprozeß: Wechselseitige Rezeption, konstitutionelle Evolution und föderale Verflechtung, Berlin (u. a.) 2003

ders., Zwischen Europafreundlichkeit und Europaskepsis – Kritischer Überblick über die bundesverfassungsgerichtliche Rechtsprechung zur europäischen Integration, Zeitschrift für Europarechtliche Studien 2016, S. 3–47

ders., BVerfG verzögert europäische Patentreform, Vorschläge zur Schadensbegrenzung, Europäische Zeitschrift für Wirtschaftsrecht 2020, S. 560–566

Giering, Claus, Europa zwischen Zweckverband und Superstaat, Die Entwicklung der politikwissenschaftlichen Integrationstheorie im Prozeß der europäischen Integration, Bonn 1997

Goldhammer, Michael, Die Achtung der nationalen Identität durch die Europäische Union, Theorie und Dogmatik des Art. 4 Abs. 2 EUV im Lichte der ersten Entscheidungen, Jahrbuch des öffentlichen Rechts der Gegenwart. Neue Folge 63 (2015), S. 105–127

ders., Kritik und Rekonstruktion kompetenzwidriger Verhältnismäßigkeit im Unionsorganisationsrecht, in: Björnstjern Baade, Sebastian Ehricht, Matthäus Fink, Robert Frau, Mirka Möldner, Isabella Risini, Torsten Stirner (Hrsg.), Verhältnismäßigkeit im Völkerrecht, Tübingen 2016, S. 129–144 (zitiert: *Goldhammer*, in: Baade/Ehricht/Fink u. a., Verhältnismäßigkeit im Völkerrecht)

ders., Europäische Union und nationale Identität, in: Michael Anderheiden (Hrsg.), 25 Jahre Vertrag von Maastricht, Startpunkt für das heutige Europa, Baden-Baden

2018, S. 57–89 (zitiert: *Goldhammer*, in: Anderheiden, 25 Jahre Vertrag von Maastricht)
Görisch, Christoph/Hartmann, Bernd J., Grundrechtsrüge und Prüfungsumfang bei der Verfassungsbeschwerde, Neue Zeitschrift für Verwaltungsrecht 2007, S. 1007–1012
Grabenwarter, Christoph, Staatliches Unionsverfassungsrecht, in: Armin von Bogdandy, Jürgen Bast (Hrsg.), Europäisches Verfassungsrecht, Theoretische und dogmatische Grundzüge, 2. Aufl., Heidelberg (u. a.) 2009, S. 121–175 (zitiert: *Grabenwarter*, in: von Bogdandy/Bast, Europäisches Verfassungsrecht)
ders. (Hrsg.), Enzyklopädie Europarecht Band 2 – Europäischer Grundrechteschutz, Baden-Baden 2014 (zitiert: *Bearbeiter*in*, in: Grabenwarter, EnzEuR, Bd. 2)
ders., Konkurrenz und Kooperation zwischen dem Europäischen Gerichtshof für Menschenrechte, dem Europäischen Gerichtshof und dem Bundesverfassungsgericht, in: Eva Schumann (Hrsg.), Hierarchie, Kooperation und Integration im Europäischen Rechtsraum: 17. Symposion der Kommission „Die Funktion des Gesetzes in Geschichte und Gegenwart", Berlin (u. a.) 2015, S. 129–161 (zitiert: *Grabenwarter*, in: Schumann, Hierarchie, Kooperation und Integration im Europäischen Rechtsraum)
Grabitz, Eberhard, Gemeinschaftsrecht bricht nationales Recht, Hamburg 1966
Grabitz, Eberhard (Begr.)/*Hilf, Meinhard*/*Nettesheim, Martin* (Hrsg.), Das Recht der Europäischen Union, EUV/AEUV, 72. EL, München 2021 (zitiert: *Bearbeiter*in*, in: Grabitz/Hilf/Nettesheim, EUV/AEUV)
Gramlich, Ludwig, Europäische Zentralbank und Art. 24 Abs. 1 GG, Zugleich ein Beitrag zu Herkunft und Reichweite dieser Verfassungsbestimmung, Würzburg 1977
Grande, Edgar/Kriesi, Hanspeter, Die Eurokrise: Ein Quantensprung in der Politisierung des europäischen Integrationsprozesses?, Politische Vierteljahresschrift 56 (2015), S. 479–505
Graser, Alexander, Gemeinschaft ohne Grenzen?, Zur Dekonzentration der rechtlichen Zugehörigkeiten zu politischen Gemeinschaften, Tübingen 2008
Grawert, Rolf, Homogenität, Identität, Souveränität, Positionen jurisdiktioneller Begriffsdogmatik, Der Staat 51 (2012), S. 189–213
Grefrath, Holger, Exposé eines Verfassungsprozessrechts von den Letztfragen? Das Lissabon-Urteil zwischen actio pro socio und negativer Theologie, Archiv des öffentlichen Rechts 135 (2010), S. 221–250
Griebel, Jörn, Europäische Grundrechte als Prüfungsmaßstab der Verfassungsbeschwerde, Deutsches Verwaltungsblatt 2014, S. 204–211
Grimm, Dieter, Europäischer Gerichtshof und nationale Arbeitsgerichte aus verfassungsrechtlicher Sicht, Recht der Arbeit 1996, S. 66–71
ders., Das Grundgesetz als Riegel vor einer Verstaatlichung der Europäischen Union, Zum Lissabon-Urteil des Bundesverfassungsgerichts, Der Staat 48 (2009), S. 475–495
ders., Zur Bedeutung nationaler Verfassungen in einem vereinten Europa, § 168, in: Detlef Merten, Hans-Jürgen Papier (Hrsg.), Handbuch der Grundrechte in Deutschland und Europa Band VI/2, Europäische Grundrechte II – Universelle Menschenrechte, Heidelberg 2009, S. 3–32 (zitiert: *Grimm*, in: Merten/Papier, HGR Bd. VI/2, § 168)
ders., Der Datenschutz vor einer Neuorientierung, Juristenzeitung 2013, S. 585–592
ders., Zum Stand der demokratischen Legitimation der Europäischen Union nach Lissabon, in: Hans Michael Heinig, Jörg Philipp Terhechte (Hrsg.), Postnationale Demokratie, Postdemokratie, Neoetatismus, Wandel klassischer Demokratievorstellungen

in der Rechtswissenschaft, Tübingen 2013, S. 105–122 (zitiert: *Grimm*, in: Heinig/Terhechte, Postnationale Demokratie, Postdemokratie, Neoetatismus)

ders., Die Rolle der nationalen Verfassungsgerichte in der europäischen Demokratie, in: Claudio Franzius, Franz Christian Mayer, Jürgen Neyer (Hrsg.), Grenzen der europäischen Integration, Herausforderungen für Recht und Politik, Baden-Baden 2014, S. 27–47 (zitiert: *Grimm*, in: Franzius/Mayer/Neyer, Grenzen der europäischen Integration)

ders., Auf der Suche nach Akzeptanz, Über Legitimationsdefizite und Legitimationsressourcen der Europäischen Union, Leviathan 43 (2015), S. 325–338

ders., Europa ja – aber welches?, Zur Verfassung der europäischen Demokratie, München 2016

ders., Eine neue Superinstanz in der EU?, Zeitschrift für Rechtspolitik 2020, S. 129

Grimmel, Andreas, Europäische Integration im Kontext des Rechts, Wiesbaden 2013

ders., Der Kontext als Schlüssel für ein angemessenes Verständnis der Integration durch Recht in Europa – am Beispiel der aktuellen Grundrechtsrechtsprechung des EuGH, Europarecht 2013, S. 146–169

ders., Was den Motor antreibt: Der EuGH als Wegbereiter der europäischen Integration?, Verfassungsblog vom 22.04.2013, https://verfassungsblog.de/was-den-motor-antreibt-der-eugh-als-wegbereiter-der-europaischen-integration/, zuletzt zugegriffen am 30.11.2021

Grimmel, Andreas/Jakobeit, Cord, Politische Theorien der Europäischen Integration, Ein Text- und Lehrbuch, Wiesbaden 2009

Groeben, Hans von der, Aufbaujahre der Europäischen Gemeinschaft, Das Ringen um den Gemeinsamen Markt und die Politische Union, Baden-Baden 1982

Groeben, Hans von der/Schwarze, Jürgen (Hrsg.), Kommentar zum Vertrag über die Europäische Union und zur Gründung der Europäischen Gemeinschaft, 6. Aufl., Baden-Baden 2003 (zitiert: *Bearbeiter*in*, in: von der Groeben/Schwarze, EU-/EG-Vertrag, 6. Aufl.)

Groeben, Hans von der/Schwarze, Jürgen/Hatje, Armin (Hrsg.), Europäisches Unionsrecht, Vertrag über die Europäische Union, Vertrag über die Arbeitsweise der Europäischen Union, Charta der Grundrechte der Europäischen Union, 7. Aufl., Baden-Baden 2015 (zitiert: *Bearbeiter*in*, in: von der Groeben/Schwarze/Hatje, Europäisches Unionsrecht)

Groeben, Hans von der/Thiesing, Jochen/Ehlermann, Claus-Dieter (Hrsg.), Kommentar zum EU-/EG-Vertrag, Band 1, 5. Aufl., Baden-Baden 1997 (zitiert: *Bearbeiter*in*, in: von der Groeben/Thiesing/Ehlermann, EU-/EG-Vertrag, 5. Aufl.)

Gross, Leo, States as Organs of International Law and the Problem of Autointerpretation, in: George A. Lipsky (Hrsg.), Law and Politics in the World Community, Essays on Hans Kelsen's Pure Theory and Related Problems in International Law, Berkeley (u. a.) 1953, S. 59–88 (zitiert: *Gross*, in: Lipsky, Law and Politics in the World Community)

Groß, Thomas, Erlaubt das Grundgesetz einen Austritt aus der EU?, Europarecht 2018, S. 387–404

Grussmann, Wolf-Dietrich, Grundnorm und Supranationalität – Rechtskulturelle Sichtweisen der europäischen Integration, in: Thomas von Danwitz, Markus Heintzen, Matthias Jestaedt, Stefan Korioth, Michael Reinhardt (Hrsg.), Auf dem Wege zu einer Europäischen Staatlichkeit, 33. Tagung der Wissenschaftlichen Mitarbeiterinnen und Mitarbeiter der Fachrichtung „Öffentliches Recht", Bonn 1993, Stuttgart (u. a.) 1993,

S. 47–64 (zitiert: *Grussmann*, in: von Danwitz/Heintzen/Jestaedt u. a., Auf dem Wege zu einer Europäischen Staatlichkeit)

Guastaferro, *Barbara*, Beyond the Exceptionalism of Constitutional Conflicts: The Ordinary Functions of the Identity Clause, Yearbook of European Law 31 (2012), S. 263–318

Haack, *Stefan*, Verlust der Staatlichkeit, Tübingen 2007

Haas, *Ernst B.*, The Uniting of Europe: political, social and economical forces 1950–1957, London 1958

ders., The Study of Regional Integration: Reflections on the Joy and Anguish of Pretheorizing, International Organization 24 (1970), S. 606–646

Häberle, *Peter*, Das retroperspektive Lissabon-Urteil als versteinernde Maastricht II-Entscheidung, Jahrbuch des öffentlichen Rechts der Gegenwart. Neue Folge 58 (2010), S. 317–336

Habermas, *Jürgen*, Warum der Ausbau der Europäischen Union zu einer supranationalen Demokratie nötig und wie er möglich ist, Leviathan 42 (2014), S. 524–538

Häde, *Ulrich*, Grenzen bundesverfassungsgerichtlicher Ultra-Vires- und Identitäts-Kontrollen, in: Matthias Pechstein (Hrsg.), Integrationsverantwortung, Baden-Baden 2012, S. 163–174 (zitiert: *Häde*, in: Pechstein, Integrationsverantwortung)

Hailbronner, *Kay*, Kontrolle der auswärtigen Gewalt, Veröffentlichungen der Vereinigung der Deutschen Staatsrechtslehrer 56 (1996), S. 7–37

Hailbronner, *Kay*/*Klein*, *Eckart*/*Magiera*, *Siegfried*/*Müller-Graff*, *Peter-Christian* (Hrsg.), Handkommentar zum Vertrag über die Europäische Union (EUV/EGV), Köln (u. a.), Blocknachdruck Februar 2000, 1.–5. Lieferung, Ordner 2, unver. ND des ND aus August 1996 (zitiert: *Bearbeiter*in* in: Hailbronner/Klein/Magiera u. a., HK EGV/EUV)

Hailbronner, *Michaela*, Die Justiziabilität des Subsidiaritätsprinzips im Lichte der Subsidiaritätsprotokolle, in: Ingolf Pernice (Hrsg.), Der Vertrag von Lissabon: Reform der EU ohne Verfassung?, Kolloquium zum 10. Geburtstag des WHI, Baden-Baden 2008, S. 135–144 (zitiert: *M. Hailbronner*, in: Pernice, Der Vertrag von Lissabon: Reform der EU ohne Verfassung?)

Halberstam, *Daniel*/*Möllers*, *Christoph*, The German Constitutional Court says „Ja zu Deutschland!“, German Law Journal 10 (2009), S. 1241–1257

Hallstein, *Walter*, Die echten Probleme der europäischen Integration, Kieler Vorträge gehalten im Institut für Weltwirtschaft an der Universität Kiel, Neue Folge 37, Kiel 1965

ders., Die Europäische Gemeinschaft, 5. Aufl., Düsseldorf (u. a.) 1979

Haltern, *Ulrich*, Europarechtswissenschaft und ihre politisch-kulturellen Voraussetzungen, Zeitschrift für Staats- und Europawissenschaften 2006, S. 364–387

ders., Integration durch Recht, in: Hans-Jürgen Bieling, Marika Lerch (Hrsg.), Theorien der europäischen Integration, 3. Aufl., Wiesbaden 2012, S. 339–358 (zitiert: *Haltern*, in: Bieling/Lerch, Theorien der europäischen Integration)

ders., Europarecht: Dogmatik im Kontext, Band II: Rule of Law – Verbunddogmatik – Grundrechte, 3. Aufl., Tübingen 2017

ders., Ultra-vires-Kontrolle im Dienst europäischer Demokratie, Neue Zeitschrift für Verwaltungsrecht 2020, S. 817–823

Haratsch, *Andreas*, Die Solange-Rechtsprechung des Europäischen Gerichtshofs für Menschenrechte – Das Kooperationsverhältnis zwischen EGMR und EuGH –, Zeitschrift für ausländisches öffentliches Recht und Völkerrecht 66 (2006), S. 927–947

ders., Nationale Identität aus europarechtlicher Sicht, Europarecht 2016, S. 131–146
Haratsch, Andreas/Koenig, Christian/Pechstein, Matthias, Europarecht, 12. Aufl., Tübingen 2020
Hart, Herbert Lionel Adolphus, The Concept of Law, 2. Aufl., Oxford 1994
Hatje, Armin, Demokratische Kosten souveräner Staatlichkeit im europäischen Verfassungsverbund, zu den Perspektiven der Demokratie in der Europäischen Union nach dem Urteil des Bundesverfassungsgerichts zum Vertrag von Lissabon, Europarecht Beiheft 2010, S. 123–134
Hatje, Armin/Müller-Graff, Peter-Christian (Hrsg.), Enzyklopädie Europarecht Band 1 – Europäisches Organisations- und Verfassungsrecht, 2. Aufl., Baden-Baden 2022 (zitiert: *Bearbeiter*in*, in: Hatje/Müller-Graff, EnzEuR, Bd. 1)
Heber, Caroline, Europarechtliche Grenzen für den Wiederaufbaufonds, Europarecht 2021, S. 416–453
Hecker, Jan, Die europäische Integration vor dem Bundesverfassungsgericht und dem Conseil Constitutionnel, Archiv des öffentlichen Rechts 123 (1998), S. 577–605
Heinig, Hans Michael, Why Egenberger Could Be Next, Verfassungsblog vom 19.05.2020, https://verfassungsblog.de/why-egenberger-could-be-next/, zuletzt zugegriffen am 30.11.2021
Heintzen, Markus, Die „Herrschaft" über die Europäischen Gemeinschaftsverträge – Bundesverfassungsgericht und Europäischer Gerichtshof auf Konfliktkurs?, Archiv des öffentlichen Rechts 119 (1994), S. 564–589
ders., Hierarchisierungsprozesse innerhalb des Primärrechts der Europäischen Gemeinschaft, Europarecht 1994, S. 35–49
Hellwig, Hans-Jürgen, Die Verhältnismäßigkeit als Hebel gegen die Union, Ist die Ultra-vires-Kontrolle des BVerfG in der Sache Weiss noch mit dem Grundsatz der Gewaltenteilung vereinbar?, Neue Juristische Wochenschrift 2020, S. 2497–2503
Herdegen, Matthias, Europarecht, 22. Aufl., München 2020
Hermann, Christoph/Dornacher, Corinna, Grünes Licht für EZB-Staatsanleihenkäufe – ein Lob der Sachlichkeit!, Europäische Zeitschrift für Wirtschaftsrecht 2015, S. 579–583
Hertel, Wolfram, Supranationalität als Verfassungsprinzip, Normativität und Legitimation als Elemente des Europäischen Verfassungsrechts, Berlin 1999
Herzog, Roman/Gerken, Lüder, Stoppt den Europäischen Gerichtshof, Frankfurter Allgemeine Zeitung vom 08.09.2008, Nr. 210, S. 8
Heun, Werner, Original Intent und Wille des historischen Verfassungsgebers, Zur Problematik einer Maxime im amerikanischen und deutschen Verfassungsrecht, Archiv des öffentlichen Rechts 116 (1991), S. 185–209
ders., Die rechtlichen Wirkungen verfassungsgerichtlicher Entscheidungen, in: Christian Starck (Hrsg.), Fortschritte der Verfassungsgerichtsbarkeit in der Welt – Teil II, Deutsch-japanisches Kolloquium vom 25. bis 30. August 2004 in Göttingen und Osnabrück, Baden-Baden 2006, S. 173–186 (zitiert: *Heun*, in: Starck, Fortschritte der Verfassungsgerichtsbarkeit in der Welt – Teil II)
ders., Die politischen Wirkungen verfassungsgerichtlicher Entscheidungen, in: Werner Heun, Christian Starck (Hrsg.), Verfassungsgerichtsbarkeit im Rechtsvergleich, Drittes deutsch-taiwanesisches Kolloquium vom 2. – 3. Oktober 2006 an der Georg-August-Universität Göttingen, Baden-Baden 2008, S. 225–241 (zitiert: *Heun*, in: Heun/Starck, Verfassungsgerichtsbarkeit im Rechtsvergleich)

ders., Eine verfassungswidrige Verfassungsgerichtsentscheidung – der Vorlagebeschluss des BVerfG vom 14.01.2014, Juristenzeitung 2014, S. 331–337

ders. (Hrsg.), Verfassung und Verfassungsgerichtsbarkeit im Vergleich, Tübingen 2014

Heyning, Catherine van der, The European Perspective: From Lingua Franca to a Common Language, Chapter 7, in: Monica Claes, Maartje de Visser, Patricia Popelier, Catherine van der Heyning (Hrsg.), Constitutional Conversations in Europe, Actors, Topics and Procedures, Cambridge (u. a.) 2012, S. 181–204 (zitiert: *van der Heyning*, in: Claes/de Visser/Popelier u. a., Constitutional Conversations in Europe)

Hilf, Meinhard, Solange II: Wie lange noch Solange?, Der Beschluß des Bundesverfassungsgerichts vom 22. Oktober 1986, Europäische Grundrechte-Zeitschrift 1987, S. 1–7

ders., Europäische Union und nationale Identität der Mitgliedstaaten, in: Albrecht Randelzhofer, Rupert Scholz, Dieter Wilke (Hrsg.), Gedächtnisschrift für Eberhard Grabitz, München 1995, S. 157–170

Hillgruber, Christian, Grenzen der Rechtsfortbildung durch den EuGH – Hat Europarecht Methode?, in: Thomas von Danwitz, Markus Heintzen, Matthias Jestaedt, Stefan Korioth, Michael Reinhardt (Hrsg.), Auf dem Wege zu einer Europäischen Staatlichkeit, 33. Tagung der Wissenschaftlichen Mitarbeiterinnen und Mitarbeiter der Fachrichtung „Öffentliches Recht", Bonn 1993, Stuttgart (u. a.) 1993, S. 31–46 (zitiert: *Hillgruber*, in: von Danwitz/Heintzen/Jestaedt u. a., Auf dem Wege zu einer Europäischen Staatlichkeit)

ders., Spielräume und Grenzen des EuGH, in: Peter Behrens, Thomas Eger, Hans-Bernd Schäfer (Hrsg.), Ökonomische Analyse des Europarechts, Beiträge zum XII. Travemünder Symposium zur ökonomischen Analyse des Rechts (24. bis 26. März 2010), Tübingen 2012, S. 1–26 (zitiert: *Hillgruber*, in: Behrens/Eger/H.-B. Schäfer, Ökonomische Analyse des Europarechts)

ders., Leidet die Europäische Union an einem Demokratiedefizit?, in: Hans Michael Heinig, Jörg Philipp Terhechte (Hrsg.), Postnationale Demokratie, Postdemokratie, Neoetatismus, Wandel klassischer Demokratievorstellungen in der Rechtswissenschaft, Tübingen 2013, S. 123–129 (zitiert: *Hillgruber*, in: Heinig/Terhechte, Postnationale Demokratie, Postdemokratie, Neoetatismus)

Hilpold, Peter, Ein EU-Vertragsverletzungsverfahren gegen Deutschland wegen des PSPP-Urteils? Eine Abwägung von Für und Wider, Europäisches Wirtschafts- und Steuerrecht 2020, S. 181–186

Hirsch, Günter, Europäischer Gerichtshof und Bundesverfassungsgericht – Kooperation oder Konfrontation?, Neue Juristische Wochenschrift 1996, S. 2457–2466

ders., Die Rolle des Europäischen Gerichtshof bei der europäischen Integration, Jahrbuch des öffentlichen Rechts der Gegenwart. Neue Folge 49 (2001), S. 79–88

Hobe, Stephan, Der offene Verfassungsstaat zwischen Souveränität und Interdependenz, Eine Studie zur Wandlung des Staatsbegriffs im Kontext internationaler institutionalisierter Kooperation, Berlin 1998

ders., Bedingungen, Verfahren und Chancen europäischer Verfassungsgebung: Zur Arbeit des Brüsseler Verfassungskonvents, Europarecht 2003, S. 1–13

ders., Abkehr von Solange? - Die Entscheidungen des Bundesverfassungsgerichts zur Vorratsdatenspeicherung und zu Honeywell, in: Michael Sachs, Helmut Siekmann (Hrsg.), Der grundrechtsgeprägte Verfassungsstaat, Festschrift für Klaus Stern zum 80. Geburtstag, Berlin 2012, S. 745–760 *ders.*, Einführung in das Völkerrecht, Begründet von Otto Kimminich, 11. Aufl., Tübingen 2020

Hobe, Stephan/End, Andrea, 50 Jahre Römische Verträge – Vorreiter einer modernen Rechtsentwicklung, integration 2007, S. 140–149

Hobe, Stephan/Fremuth, Michael Lysander, Europarecht, 10. Aufl., München 2020

Hoffmann, Jan Martin, Unionsgrundrechte als verfassungsrechtlicher Prüfungsmaßstab, Neue Zeitschrift für Verwaltungsrecht 2020, S. 33–37

Hoffmann, Stanley, Obstinate or Obsolete? The Fate of the Nation-State and the Case of Western Europe, Daedalus 95 (1966), S. 862–915

Hofmann, Rainer/Heger, Alexander, Das Selbstverständnis des Bundesverfassungsgerichts als Hüter des Kompetenzverhältnisses zwischen der Europäischen Union und Deutschland, Europäische Grundrechte-Zeitschrift 2020, S. 176–190

dies., Zur neuen Grundrechte-Architektur im europäischen Mehrebenensystem, Europäische Grundrechte-Zeitschrift 2021, S. 1–11

Hofmann, Rainer/Heger, Alexander/Gharibyan, Tamara, Die Wandlung des Grundrechtsschutzes durch das Bundesverfassungsgericht – Recht auf Vergessen I und II als „Solange III"?, Kritische Vierteljahresschrift für Gesetzgebung und Rechtswissenschaft 102 (2019), S. 277–292

Hölscheidt, Sven/Menzenbach, Steffi/Schröder, Birgit, Das Integrationsverantwortungsgesetz – ein Kurzkommentar, Zeitschrift für Parlamentsfragen 2009, S. 758–773

Holzinger, Katharina/Schimmelfennig, Frank, Eurokrise und differenzierte Integration, Politische Vierteljahresschrift 56 (2015), S. 457–478

Hömig, Dieter (Begr.)/*Wolff, Heinrich Amadeus* (Hrsg.), Grundgesetz für die Bundesrepublik Deutschland, Handkommentar, 13. Aufl., Baden-Baden 2021 (zitiert: *Bearbeiter*in*, in: Hömig/Wolff, Grundgesetz)

Hong, Mathias, Der Menschenwürdegehalt der Grundrechte, Grundfragen, Entstehung und Rechtsprechung, Tübingen 2019

Hooghe, Liesbet/Marks, Gary, The Making of a Polity: The Struggle over European Integration, in: Herbert Kitschelt, Peter Lange, Gary Marks, John D. Stephens (Hrsg.), Continuity and Change in Contemporary Capitalism, Cambridge (u. a.) 1999, S. 70–97 (zitiert: *Hooghe/Marks*, in: Kitschelt/Lange/Marks u. a., Continuity and Change in Contemporary Capitalism)

dies., A Postfunctionalist Theory of European Integration: From Permissive Consensus to Constraining Dissensus, British Journal of Political Science 39 (2009), S. 1–23

Höpner, Martin, Warum betreibt der Europäische Gerichtshof Rechtsfortbildung? Die Politisierungshypothese, Max-Planck-Institut für Gesellschaftsforschung Working Paper 10/2, Köln 2010, S. 1–28

ders., Der Europäische Gerichtshof als Motor der Integration: Eine akteursbezogene Erklärung, Berliner Journal für Soziologie 2011, S. 203–229

Höpner, Martin/Schäfer, Armin, Grundzüge einer politökonomischen Perspektive auf die europäische Integration, in: Martin Höpner, Armin Schäfer (Hrsg.), Die Politische Ökonomie der europäischen Integration, Frankfurt a. M. 2008, S. 11–45 (zitiert: *Höpner/A. Schäfer*, in: Höpner/A. Schäfer, Politische Ökonomie der europäischen Integration)

dies., Grenzen der Integration – wie die Intensivierung der Wirtschaftsintegration zur Gefahr für die politische Integration wird, integration 33 (2010), S. 3–20

Höreth, Marcus, Wenn Richter mitregieren wollen: Selbstautorisierung beim BVerfG und dem EuGH im Vergleich, in: Robert Christian van Ooyen, Martin H. W. Möllers (Hrsg.), Handbuch Bundesverfassungsgericht im politischen System, Ein Forschungsansatz zur Politologie der Verfassungsgerichtsbarkeit, Wiesbaden 2015, S. 875–887 (zitiert: *Höreth*, in: van Ooyen/Möllers, Hdb. BVerfG im politischen System)

Horn, Hans-Detlef, „Grundrechtsschutz in Deutschland" – Die Hoheitsgewalt der Europäischen Gemeinschaften und die Grundrechte des Grundgesetzes nach dem Maastricht-Urteil des Bundesverfassungsgerichts, Deutsches Verwaltungsblatt 1995, S. 89–96

Huber, Peter M., Bundesverfassungsgericht und Europäischer Gerichtshof als Hüter der Gemeinschaftsrechtlichen Kompetenzordnung, Archiv des öffentlichen Rechts 116 (1991), S. 210–251

ders., Maastricht – ein Staatsstreich?, Stuttgart (u. a.) 1993

ders., Europäisches und nationales Verfassungsrecht, Veröffentlichungen der Vereinigung der Deutschen Staatsrechtslehrer 60 (2001), S. 194–245

ders., Recht der Europäischen Integration, 2. Aufl., München 2002

ders., Unitarisierung durch Gemeinschaftsgrundrechte – Zur Überprüfungsbedürftigkeit der ERT-Rechtsprechung, Europarecht 2008, S. 190–199

ders., Das Verhältnis des Europäischen Gerichtshofs zu den nationalen Gerichten, § 172, in: Detlef Merten, Hans-Jürgen Papier (Hrsg.), Handbuch der Grundrechte in Deutschland und Europa Band VI/2, Europäische Grundrechte II – Universelle Menschenrechte, Heidelberg 2009, S. 151–188 (zitiert: *Huber*, in: Merten/Papier, HGR Bd. VI/2, § 172)

ders., Auslegung und Anwendung der Charta der Grundrechte, Neue Juristische Wochenschrift 2011, S. 2385–2390

ders., Die EU als Herausforderung für das Bundesverfassungsgericht, FCE 02/12 – Vortrag vom 26. April 2012, in: Ingolf Pernice, Rüdiger Schwarz (Hrsg.), Europa in der Welt – Von der Finanzkrise zur Reform der Union, Forum Constitutionis Europae – Band 12, Baden-Baden 2013, S. 329–368 (zitiert: *Huber*, in: Pernice/Schwarz, Europa in der Welt)

ders., Rolle der Verfassungsgerichte in der europäischen Integration – Die Karlsruher Perspektive, in: Marten Breuer, Astrid Epiney, Andreas Haratsch, Stefanie Schmahl, Normann Weiß (Hrsg.), Der Staat im Recht, Festschrift für Eckart Klein zum 70. Geburtstag, Berlin 2013, S. 111–126

ders., Verfassungsstaat und Finanzkrise, Baden-Baden 2014

ders., Grundlagen und Grenzen der Mitgliedschaft Deutschlands in der Europäischen Union, in: Cordula Stumpf, Friedemann Kainer, Christian Baldus (Hrsg.), Privatrecht, Wirtschaftsrecht, Verfassungsrecht, Privatinitiative und Gemeinwohlhorizonte in der europäischen Integration, Festschrift für Peter-Christian Müller-Graff zum 70. Geburtstag am 29. September 2015, Baden-Baden 2015, S. 893–903

ders., Grundrechtsschutz in Europa – Vermehrung, Verunsicherung, Kohärenz, in: Giovanni Biaggini, Oliver Diggelmann, Christine Kaufmann (Hrsg.), Polis und Kosmopolis, Festschrift für Daniel Thürer, Zürich (u. a.) 2015, S. 305–321

ders., Recht und nationale Identität, in: Martin Kment (Hrsg.), Das Zusammenwirken von deutschem und europäischem Öffentlichen Recht, Festschrift für Hans D. Jarass zum 70. Geburtstag, München 2015, S. 205–215

ders., Europäische Verfassungs- und Rechtsstaatlichkeit in Bedrängnis, Zur Entwicklung der Verfassungsgerichtsbarkeit in Europa, Der Staat 56 (2017), S. 389–414

Hufeld, Ulrich, Die Verfassungsdurchbrechung, Rechtsprobleme der Deutschen Einheit und der europäischen Einigung, Ein Beitrag zur Dogmatik der Verfassungsänderung, Berlin 1997

ders., Anwendung des europäischen Rechts in Grenzen des Verfassungsrechts, § 215, in: Josef Isensee, Paul Kirchhof (Hrsg.), Handbuch des Staatsrechts der Bundesrepublik Deutschland, Band X – Deutschland in der Staatengemeinschaft, 3. Aufl., Heidelberg 2012, S. 383–431 (zitiert: *Hufeld*, in: Isensee/Kirchhof, HdbStR Bd. X, 2012, § 215)

ders., Europas Verfassungsgemeinschaft – Staatsrechtliche Perspektive, in: Ulrich Hufeld, Astrid Epiney, Franz Merli (Hrsg.), Europäisches Verfassungsrecht, Vertragliches Europaverfassungsrechts, Staatliches Verfassungsrecht, Textsammlung, 3. Aufl., Baden-Baden 2014, S. 41–88 (zitiert: *Hufeld*, in: Hufeld/Epiney/Merli, Europäisches Verfassungsrecht)

ders., Machtkampf im Dreieck: Die Europäische Zentralbank und ihre Kontrolleure in Karlsruhe und Luxemburg, in: Christian Schubel, Stephan Kirste, Peter-Christian Müller-Graff, Oliver Diggelmann, Ulrich Hufeld (Hrsg.), Jahrbuch für Vergleichende Staats- und Rechtswissenschaften – 2016/2017, Baden-Baden 2017, S. 11–44 (zitiert: *Hufeld*, in: Schubel/Kirste/Müller-Graff u. a., JVSR 2016/2017)

Hufeld, Ulrich/Rathke, Hannes, Der Grundrechtsschutz nach Lissabon im Wechselspiel zwischen der Charta der Grundrechte der Europäischen Union, Europäischer Menschenrechtskonvention und den nationalen Verfassungen, Europarecht Beiheft 3 (2013), S. 7–37

Hummer, Waldemar/Obwexer, Walter, Vom „Gesetzesstaat zum Richterstaat" und wieder retour?, Reflexionen über das britische Memorandum über den EuGH vom 23.07.1996 zur Frage der „korrigierenden Kodifikation" von Richterrecht des EuGH, Europäische Zeitschrift für Wirtschaftsrecht 1997, S. 295–305

Hüttmann, Martin Große/Fischer, Thomas, Föderalismus, in: Hans-Jürgen Bieling, Marika Lerch (Hrsg.), Theorien der europäischen Integration, 3. Aufl., Wiesbaden 2012, S. 35–53 (zitiert: *Hüttmann/Fischer*, in: Bieling/Lerch, Theorien der europäischen Integration)

Hwang, Shu-Perng, Grundrechte unter Integrationsvorbehalt?, Eine rahmenorientierte Überlegung zur Debatte um die Bindung der Mitgliedstaaten an die Unionsgrundrechte, Europarecht 2014, S. 400–419

dies., Der deutsche Verfassungsstaat im europäischen Mehrebenensystem: Überlegungen zur Auseinandersetzung zwischen den integrationsfreundlichen und -skeptischen Ansätzen, Europarecht 2015, S. 703–721

dies., Vorrang der Verfassungsidentität als Herausforderung für die Rechtsordnung der Europäischen Union?, Der Staat 56 (2017), S. 107–132

dies., Europarechtsordnung als Rahmenordnung, Versuch einer Überwindung der dualistischen Konstruktion von staatlichen und überstaatlichen Rechtsordnungen, Tübingen 2020

Iglesias, Gil Carlos Rodríguez, Der Gerichtshof der Europäischen Gemeinschaften als Verfassungsgericht, Europarecht 1992, S. 225–245

ders., Der EuGH und die Gerichte der Mitgliedstaaten – Komponenten der richterlichen Gewalt in der Europäischen Union, Neue Juristische Wochenschrift 2000, S. 1889–1896

Ingold, Albert, Die verfassungsrechtliche Identität der Bundesrepublik Deutschland, Karriere – Konzept – Kritik, Archiv des öffentlichen Rechts 140 (2015), S. 1–30

Ipsen, Hans Peter, Europäisches Gemeinschaftsrecht, Tübingen 1972 *ders.*, BVerfG versus EuGH re „Grundrechte", Europarecht 1975, S. 1–19

ders., Die Rolle des Prozeßrichters in der Vorrang-Frage, Zur Bedeutung des II. Simmenthal-Urteils (Rs. 106/77) des Europäischen Gerichtshofs, Europarecht 1979, S. 223–238

ders., Die Verfassungsrolle des Europäischen Gerichtshofs für die Integration, in: Jürgen Schwarze (Hrsg.), Der Europäische Gerichtshof als Verfassungsgericht und Rechtsschutzinstanz, Referate und Diskussionsberichte der Tagung des Arbeitskreises Europäische Integration e. V. in Hamburg vom 2. bis 4. Juni 1983, Baden-Baden 1983, S. 29–65 (zitiert: *H. P. Ipsen*, in: Schwarze, Der Europäische Gerichtshof als Verfassungsgericht und Rechtsschutzinstanz)

ders., Das Bundesverfassungsgericht löst die Grundrechts-Problematik, Zum „Mittlerweile"-Beschluss des 2. Senats vom 22. Oktober 1986, Europarecht 1987, S. 1–6

ders., Europäische Verfassung – Nationale Verfassung, Europarecht 1987, S. 195–213

ders., Zehn Glossen zum Maastricht-Urteil, Europarecht 1994, S. 1–21

Ipsen, *Jörn*, Quo vadis Bundesverfassungsgericht?, in: Cordula Stumpf, Friedemann Kainer, Christian Baldus (Hrsg.), Privatrecht, Wirtschaftsrecht, Verfassungsrecht, Privatinitiative und Gemeinwohlhorizonte in der europäischen Integration, Festschrift für Peter-Christian Müller-Graff zum 70. Geburtstag am 29. September 2015, Baden-Baden 2015, S. 904–911

ders., Das Bundesverfassungsgericht ultra vires, Das Letztentscheidungsrecht im Spannungsfeld von Recht und Politik, Recht und Politik 56 (2020), S. 344–363

Isensee, *Josef*, Das Volk als Grund der Verfassung – Mythos und Relevanz der Lehre von der verfassungsgebenden Gewalt, Nordrhein-Westfälische Akademie der Wissenschaften, Vorträge G 334, Opladen 1995

ders., Integrationsziel Europastaat?, in: Ole Due, Marcus Lutter, Jürgen Schwarze (Hrsg.), Festschrift für Ulrich Everling, Band I, Baden-Baden 1995, S. 567–592

ders., Vorrang des Europarechts und deutsche Verfassungsvorbehalte – offener Dissens, in: Joachim Burmeister (Hrsg.), Verfassungsstaatlichkeit, Festschrift für Klaus Stern zum 65. Geburtstag, München 1997, S. 1239–1299

ders., Europäische Familienpolitik als Kompetenzfrage, Deutsches Verwaltungsblatt 2009, S. 801–807

ders., Integrationswille und Integrationsresistenz des Grundgesetzes, Das Bundesverfassungsgericht zum Vertrag von Lissabon, Zeitschrift für Rechtspolitik 2010, S. 33–37

Jacot-Guillarmod, *Olivier*, Droit communautaire et droit international public, Genf 1979

Jacqué, *Jean-Paul*, Droit Communautaire et Convention européenne de droits de l'homme – L'arrêt Bosphorus, une jurisprudence ‚Solange II' de la Cour européenne des droits de l'homme?, Revue trimestrielle de droit européenne 41 (2005), S. 749–767

Jahn, *Joachim*, Europarichter überziehen ihre Kompetenzen, Neue Juristische Wochenschrift 2008, S. 1788–1789

Jarass, *Hans D.*, Konflikte zwischen EG-Recht und nationalem Recht vor den Gerichten der Mitgliedstaaten, Deutsches Verwaltungsblatt 1995, S. 954–962

ders., Die Kompetenzverteilung zwischen der Europäischen Gemeinschaft und den Mitgliedstaaten, Archiv des öffentlichen Rechts 121 (1996), S. 173–199

ders. (Hrsg.), Charta der Grundrechte der Europäischen Union unter Einbeziehung der vom EuGH entwickelten Grundrechte, der Grundrechtsregelung der Verträge und der EMRK, Kommentar, 4. Aufl., München 2021 (zitiert: *Bearbeiter*in*, in: Jarass, Charta der Grundrechte der EU)

Jarass, *Hans D.*/*Beljin*, *Saša*, Unmittelbare Anwendung des EG-Rechts und EG-rechtskonforme Auslegung, Juristenzeitung 2003, S. 768–777

dies., Die Bedeutung von Vorrang und Durchführung des EG-Rechts für die nationale Rechtsetzung und Rechtsanwendung, Neue Zeitschrift für Verwaltungsrecht 2004, S. 1–11

Jarass, *Hans D.*/*Pieroth*, *Bodo* (Begr.)/*Kment*, *Martin* (Hrsg.), Grundgesetz für die Bundesrepublik Deutschland, Kommentar, 16. Aufl., München 2020 (zitiert: *Bearbeiter*in*, in: Jarass/Pieroth, GG)

Jellinek, *Georg*, Das Recht des modernen Staates, Band 1, Allgemeine Staatslehre, 2. Aufl., Berlin 1905

Jestaedt, *Matthias*, Warum in die Ferne schweifen, wenn der Maßstab liegt so nah? Verfassungshandwerkliche Anfragen an das Lissabon-Urteil des BVerfG, Der Staat 48 (2009), S. 497–516

ders., Phänomen Bundesverfassungsgericht, Was das Gericht zu dem macht, was es ist, in: Matthias Jestaedt, Oliver Lepsius, Christoph Möllers, Christoph Schönberger (Hrsg.), Das entgrenzte Gericht, Eine kritische Bilanz nach sechzig Jahren Bundesverfassungsgericht, Berlin 2011, S. 77–157 (zitiert: *Jestaedt*, in: Jestaedt/Lepsius/Möllers u. a., Das entgrenzte Gericht)

ders., Die Europäische Integration und das Grundgesetz: Die Rechtsprechung des BVerfG zwischen Integrationsbeförderung und Integrationsbegrenzung, Osaka University Law Review 64 (2017), S. 43–110

Joerges, *Christian*, Constitutionalism in Postnational Constellations: Contrasting Social Regulation in the EU and in the WTO, in: Christian Joerges, Ernst-Ulrich Petersmann (Hrsg.), Constitutionalism, Multilevel Trade Governance and Social Regulation, Oxford (u. a.) 2006, S. 491–529 (zitiert: *Joerges*, in: Joerges/Petersmann, Constitutionalism, Multilevel Trade Governance and Social Regulation)

Jones, *Erik*/*Kelemen*, *R. Daniel*/*Meunier*, *Sophie*, Failing Forward? The Euro Crisis and the Incomplete Nature of European Integration, Comparative Political Studies 49 (2016), S. 1010–1034

Kahl, *Wolfgang*, Bewältigung der Staatsschuldenkrise unter Kontrolle des Bundesverfassungsgerichts – ein Lehrstück zur horizontalen und vertikalen Gewaltenteilung, Deutsches Verwaltungsblatt 2013, S. 197–207

ders., Die Integrationsfestigkeit des deutschen Staatskirchenrechts, Am Beispiel des kirchlichen Individualarbeitsrechts, Zeitschrift für evangelisches Kirchenrecht 65 (2020), S. 107–145

ders., Optimierungspotenzial im „Kooperationsverhältnis" zwischen EuGH und BVerfG, Neue Zeitschrift für Verwaltungsrecht 2020, S. 824–828

Kahl, *Wolfgang*/*Waldhoff*, *Christian*/*Walter*, *Christian* (Hrsg.), Bonner Kommentar zum Grundgesetz: gegründet 1959, Loseblattsammlung, 210. EL, Heidelberg 2021 (zitiert: *Bearbeiter*in*, in: Kahl/Waldhoff/Walter, Bonner Kommentar)

Kaim, *Markus*, Israels Sicherheit als deutsche Staatsräson: Was bedeutet das konkret?, Aus Politik und Zeitgeschichte 65 (6) (2015), S. 8–13

Kainer, *Friedemann*, Aus der nationalen Brille: Das PSPP-Urteil des BVerfG, Europäische Zeitschrift für Wirtschaftsrecht 2020, S. 533–536

Kaiser, *Joseph H.*, Modi der Integration, Ökonomische Elemente und juristische Relevanz, in: Ernst von Caemmerer, Hans-Jürgen Schlochauer, Ernst Steindorf (Hrsg.), Probleme des Europäischen Rechts, Festschrift für Walter Hallstein zu seinem 65. Geburtstag, Frankfurt a. M. 1966, S. 266–274 *ders.*, Grenzen der EG-Zuständigkeit, Europarecht 1980, S. 97–118

Kaiser, Karen/Schübel-Pfister, Isabel, Der ungeschriebene Verfassungsgrundsatz der Europarechtsfreundlichkeit: Trick or Treat?, in: Sigrid Emmenegger, Ariane Wiedmann (Hrsg.), Linien der Rechtsprechung des Bundesverfassungsgerichts – erörtert von den wissenschaftlichen Mitarbeiterinnen und Mitarbeitern, Band 2, Berlin 2011, S. 545–571 (zitiert: *K. Kaiser/Schübel-Pfister*, in: Emmenegger/Wiedmann, Linien der Rechtsprechung des BVerfG, Bd. 2)

Kämmerer, Jörn Axel/Kotzur, Markus, Vollendung des Grundrechtsverbundes oder Heimholung des Grundrechtsschutzes?, Die BVerfG-Beschlüsse zum „Recht auf Vergessen" als Fanal, Neue Zeitschrift für Verwaltungsrecht 2020, S. 177–183

Karaosmanoğlu, Cem, Die Nichtanwendung deutscher unionsrechtswidriger Gesetze, Verfassungsrechtliches Erfordernis eines umfassenden Verwerfungsmonopols des Bundesverfassungsgerichts, Baden-Baden 2017

Karaosmanoğlu, Cem/Ebert, Björn P., Einzelfallbezogener Grundrechtsschutz gegen EU-Akte – Abkehr von der Solange-Rechtsprechung?, Deutsches Verwaltungsblatt 2016, S. 875–881

Karpenstein, Ulrich, Zu Nebenwirkungen und Risiken: Das EZB-Anleihenkaufprogramm vor dem BVerfG, Europäische Zeitschrift für Wirtschaftsrecht 2019, S. 705–706

Karpenstein, Ulrich/Kottmann, Matthias, Vom Gegen- zum Mitspieler – Das BVerfG und die Unionsgrundrechte, Europäische Zeitschrift für Wirtschaftsrecht 2020, S. 185–189

Karpenstein, Ulrich/Langner, Olaf, Das Urteil des BVerfG zur Bankenunion: Bis hierhin und nicht weiter?, Europäische Zeitschrift für Wirtschaftsrecht 2020, S. 270–274

Kasten, Hans, Die europäische Wirtschaftsintegration, Grundlagen, München 1978

Kau, Marcel, Rechtsharmonisierung, Untersuchung zur europäischen Finalität dargestellt am Beispiel des Grenzkontroll-, Ausländer- und Asylrechts, Tübingen 2016

Kaufmann, Marcel, Integrierte Staatlichkeit als Staatsstrukturprinzip, Juristenzeitung 1999, S. 814–822

Kees, Alexander, Grundlagen und Grenzen der europäischen Integration, in: Fabian Scheffczyk, Kathleen Wolter (Hrsg.), Linien der Rechtsprechung des Bundesverfassungsgerichts – erörtert von den wissenschaftlichen Mitarbeiterinnen und Mitarbeitern, Band 4, Berlin 2017, S. 439–466 (zitiert: *Kees*, in: Scheffczyk/Wolter, Linien der Rechtsprechung des BVerfG, Bd. 4)

Kelsen, Hans, Reine Rechtslehre, Mit einem Anhang: Das Problem der Gerechtigkeit, 2. Aufl. 1960, unver. ND, Wien 1976

Kempen, Bernhard, Die Europäische Währungsunion und der Streit um die Geltung des Gemeinschaftsrechts, Archiv des Völkerrechts 35 (1997), S. 273–294

Kempen, Bernhard/Hillgruber, Christian/Grabenwarter, Christoph, Völkerrecht, 3. Aufl., München 2021

Kempen, Bernhard/Schiffbauer, Björn, Die vorläufige Anwendung völkerrechtlicher Verträge im internationalen Mehrebenensystem, Zeitschrift für ausländisches öffentliches Recht und Völkerrecht 77 (2017), S. 95–124

Ketterer, Lena, Zustimmungserfordernis beim Europäischen Stabilitätsmechanismus, Zugleich ein Beitrag zur Dogmatik der besonderen Gesetzesvorbehalte des Art. 23 Abs. 1 GG, Tübingen 2016

Kiekebusch, Dirk, Der Grundsatz der begrenzten Einzelermächtigung, Tübingen 2017

Kingreen, Thorsten, Die Struktur der Grundfreiheiten des Europäischen Gemeinschaftsrechts, Berlin 1999

ders., Das Sozialstaatsprinzip im europäischen Verfassungsverbund, Tübingen 2003

ders., Grundfreiheiten, in: Armin von Bogdandy, Jürgen Bast (Hrsg.), Europäisches Verfassungsrecht, Theoretische und dogmatische Grundzüge, 2. Aufl., Heidelberg (u. a.) 2009, S. 705–748 (zitiert: *Kingreen*, in: von Bogdandy/Bast, Europäisches Verfassungsrecht)

ders., Die Grundrechte des Grundgesetzes im europäischen Grundrechtsföderalismus, Juristenzeitung 2013, S. 801–811

ders., Der Abstieg der Grundfreiheiten und der Aufstieg der Unionsgrundrechte, in: Martin Kment (Hrsg.), Das Zusammenwirken von deutschem und europäischem Öffentlichen Recht, Festschrift für Hans D. Jarass zum 70. Geburtstag, München 2015, S. 51–62

ders., Das gute alte Grundgesetz und wir Nachkonstitutionellen, Der Staat 59 (2020), S. 195–226

Kirchhof, Ferdinand, Die Kooperation zwischen Bundesverfassungsgericht und Europäischem Gerichtshof, Addierung oder Optimierung des Grundrechtsschutzes?, in: Matthias Herdegen, Hans Hugo Klein, Hans-Jürgen Papier, Rupert Scholz (Hrsg.), Staatsrecht und Politik, Festschrift für Roman Herzog zum 75. Geburtstag, München 2009, S. 155–171

ders., Kooperation zwischen nationalen und europäischen Gerichten, Europarecht 2014, S. 267–276

ders., „Der EuGH redet an uns vorbei“, Interview mit Ferdinand Kirchhof, NJW-aktuell 16 (2019), S. 12–13

Kirchhof, Paul, Die Gewaltenbalance zwischen staatlichen und europäischen Organen, Juristenzeitung 1989, S. 965–974

ders., Deutsches Verfassungsrecht und Europäisches Gemeinschaftsrecht, Europarecht Beiheft 1 (1991), S. 11–25

ders., Brauchen wir ein neues Grundgesetz?, Heidelberg 1992

ders., Der deutsche Staat im Prozeß der europäischen Integration, § 183, in: Josef Isensee, Paul Kirchhof (Hrsg.), Handbuch des Staatsrechts der Bundesrepublik Deutschland, Band VII – Normativität und Schutz der Verfassung – Internationale Beziehungen, Heidelberg 1992, S. 855–887 (zitiert: *P. Kirchhof*, in: Isensee/Kirchhof, HdbStR Bd. VII, 1992, § 183)

ders., Europäische Einigung und der Verfassungsstaat der Bundesrepublik Deutschland, in: Josef Isensee (Hrsg.), Europa als politische Idee und rechtliche Form, 2. Aufl., Berlin 1993, S. 63–102 (zitiert: *P. Kirchhof*, in: Isensee, Europa als politische Idee und rechtliche Form)

ders., Der deutsche Staat im Prozeß der europäischen Integration, § 214, in: Josef Isensee, Paul Kirchhof (Hrsg.), Handbuch des Staatsrechts der Bundesrepublik Deutschland, Band X – Deutschland in der Staatengemeinschaft, 3. Aufl., Heidelberg 2012, S. 299–382 (zitiert: *P. Kirchhof*, in: Isensee/Kirchhof, HdbStR Bd. X, 2012, § 214)

ders., Stabilität von Recht und Geldwert in der Europäischen Union, Neue Juristische Wochenschrift 2013, S. 1–6

ders., Die Rechtsarchitektur der Europäischen Union, Neue Juristische Wochenschrift 2020, S. 2057–2062

Kirchmair, Lando, Europäische Souveränität?, Zur Autonomie des Unionsrechts im Verhältnis zum Völkerrecht sowie den Mitgliedstaaten am Beispiel der Corona-Krise, Europarecht 2021, S. 28–39

Kirschnik, Stephan, Der hinreichend qualifizierte Verstoß als Voraussetzung des unionsrechtlichen Staatshaftungsanspruchs, Marburg 2015

Kischel, Uwe, Der unabdingbare grundrechtliche Mindeststandard in der Europäischen Union, Zur Auslegung des Art. 23 Abs. 1 Satz 1 GG, Der Staat 39 (2000), S. 523–545

Klein, Eckart, Unmittelbare Geltung, Anwendbarkeit und Wirkung von Europäischem Gemeinschaftsrecht, Vortrag vor dem Europa-Institut der Universität des Saarlandes, Saarbrücken 02.02.1988, Vorträge, Reden und Berichte aus dem Europa-Institut, Nr. 119, Saarbrücken 1998

ders., Der Verfassungsstaat als Glied einer europäischen Gemeinschaft, Veröffentlichungen der Vereinigung der Deutschen Staatsrechtslehrer 50 (1991), S. 56–96

ders., Grundrechtsdogmatische und verfassungsprozessuale Überlegungen zur Maastricht-Entscheidung des Bundesverfassungsgerichts, in: Albrecht Randelzhofer, Rupert Scholz, Dieter Wilke (Hrsg.), Gedächtnisschrift für Eberhard Grabitz, München 1995, S. 271–286

ders., Europäischer Grundrechtsschutz und nationale Identität, in: Matthias Niedobitek, Karl-Peter Sommermann (Hrsg.), Die Europäische Union als Wertegemeinschaft, Forschungssymposium zu Ehren von Siegfried Magiera, Berlin 2013, S. 59–75 (zitiert: *E. Klein*, in: Niedobitek/Sommermann, Die EU als Wertegemeinschaft)

Klein, Hans Hugo, Integration und Verfassung, Archiv des öffentlichen Rechts 139 (2014), S. 165–195

Klein, Julia/Plottka, Julian/Tittel, Amelie, Der Neustart der europäischen Integration durch eine inklusive Avantgarde?, integration 41 (2018), S. 141–168

Klein, Karl Heinz, Die Übertragung von Hoheitsrechten, Berlin 1952

Klein, Marvin, Das Recht der Kirchen im Tauziehen zwischen Luxemburg und Karlsruhe – Das kirchliche Arbeitsrecht als Machtprobe?, Europarecht 2019, S. 338–351

Klein, Oliver, Der Streitgegenstand der Verfassungsbeschwerde, in: Harmut Rensen, Stefan Brink (Hrsg.), Linien der Rechtsprechung des Bundesverfassungsgerichts – erörtert von den wissenschaftlichen Mitarbeitern, Band 1, Berlin 2009, S. 83–96 (zitiert: *O. Klein*, in: Rensen/Brink, Linien der Rechtsprechung des BVerfG, Bd. 1)

Klement, Jan Henrik, Der Euro und seine Demokratie, Zu den Entscheidungen des Bundesverfassungsgerichts vom 14.01. und 18.03.2014 in Sachen „Outright Monetary Transactions“ und „Europäischer Stabilitätsmechanismus“, Zeitschrift für Gesetzgebung 2014, S. 169–196

ders., Der geldpolitische Kompetenzmechanismus, Sind die Outright-Geschäfte der EZB zugleich rechtmäßig und rechtswidrig? – Zum Urteil des EuGH vom 16.06.2015, Juristenzeitung 2015, S. 754–760

Klenk, Lars, Die Grenzen der Grundfreiheiten, Tübingen 2019

Kluge, Friedrich (Begr.)/*Seebold, Elmar* (Hrsg.), KLUGE. Etymologisches Wörterbuch der deutschen Sprache, 25. Aufl., Berlin (u. a.) 2011 (zitiert: *Seebold*, in: KLUGE. Etymologisches Wörterbuch)

Knauff, Matthias, Grenzüberschreitungen: Recht und Politik jenseits des Staates, in: Claudio Franzius, Franz Christian Mayer, Jürgen Neyer (Hrsg.), Grenzen der europäischen Integration, Herausforderungen für Recht und Politik, Baden-Baden 2014, S. 123–144 (zitiert: *Knauff*, in: Franzius/Mayer/Neyer, Grenzen der europäischen Integration)

Knipping, Franz, Die „Méthode Monnet" der europäischen Integration: Mythos und Realität, in: Wolfgang Baumann, Ulrike Braukmann, Winfried Matthes (Hrsg.), Innovation und Internationalisierung, Festschrift für Norbert Koubek, Wiesbaden 2010, S. 363–379

Knop, Daniel, Völker- und Europarechtsfreundlichkeit als Verfassungsgrundsätze, Tübingen 2013

Knoth, Annchristin, (Noch) mehr Rechtsschutz gegen die Übertragung von Hoheitsrechten: Das Instrument der formellen Übertragungskontrolle, Europarecht 2021, S. 274–291

Köbler, Gerhard, Juristisches Wörterbuch, Für Studium und Ausbildung, 17. Aufl., München 2018

Koch, Oliver, Kompetenzfragen in der Entscheidungspraxis der EU Institutionen, in: Reinhard Hendler, Martin Ibler, José Martínez (Hrsg.), Herausforderungen an die Kompetenzordnung der EU, Symposium zum 80. Geburtstag von Volkmar Götz, Berlin 2015, S. 65–80 (zitiert: *Koch*, in: Hendler/Ibler/Martínez, Herausforderungen an die Kompetenzordnung der EU)

Koenig, Christian/Pechstein, Matthias, Die EU-Vertragsänderung, Europarecht 1998, S. 130–150

Komárek, Jan, The Place of Constitutional Courts in the EU, European Constitutional Law Review 9 (2013), S. 420–450

König, Doris, Das Urteil des Bundesverfassungsgerichts zum Vertrag von Maastricht – ein Stolperstein auf dem Weg in die europäische Integration?, Zeitschrift für ausländisches öffentliches Recht und Völkerrecht 54 (1994), S. 17–94

dies., Die Übertragung von Hoheitsrechten im Rahmen des europäischen Integrationsprozesses – Anwendungsbereich und Schranken des Grundgesetzes, Berlin 2000

Konstadinides, Theodore, Constitutional Identity as a Shield and as a Sword: The European Legal Order within the Framwork of National Constitutional Settlement, Cambridge Yearbook of European Legal Studies 13 (2011), S. 197–218

Korioth, Stefan, Europäische und nationale Identität: Integration durch Verfassungsrecht?, Veröffentlichungen der Vereinigung der Deutschen Staatsrechtslehrer 62 (2003), S. 117–155

Kottmann, Matthias/Wohlfahrt, Christian, Der gespaltene Wächter? Demokratie, Verfassungsidentität und Integrationsverantwortung im Lissabon-Urteil, Zeitschrift für ausländisches öffentliches Recht und Völkerrecht 69 (2009), S. 443–470

Kraußer, Hans-Peter, Das Prinzip begrenzter Ermächtigung im Gemeinschaftsrecht als Strukturprinzip des EWG-Vertrags, Berlin 1991

Krings, Günther, Die Kompetenzkontrolle der EU – einer muss es ja machen, Zeitschrift für Rechtspolitik 2020, S. 160–161

Kruis, Tobias, Der Anwendungsvorrang des EU-Rechts in Theorie und Praxis, Seine Durchsetzung in Deutschland, Eine theoretische und empirische Untersuchung anhand der Finanz- und Verwaltungsgerichte und Behörden, Tübingen 2013

Kube, Hanno, Demokratische Teilhabe als subjektives Recht, in: Michael Anderheiden, Rainer Keil, Stephan Kirste, Jan Philipp Schaefer (Hrsg.), Verfassungsvoraussetzungen, Gedächtnisschrift für Winfried Brugger, Tübingen 2013, S. 571–600

ders., Eine erleichternde Entscheidung, Der Eigenmittelbeschluss im Eilverfahren vor dem Bundesverfassungsgericht, Verfassungsblog vom 22.04.2021, https://verfassungsblog.de/eine-erleichternde-entscheidung/, zuletzt zugegriffen am 30.11.2021

Küchenhoff, Dietrich, Grundrechte und europäisches Staatengemeinschaftsrecht, Die Öffentliche Verwaltung 1963, S. 161–168

Kühling, Jürgen, Grundrechte, in: Armin von Bogdandy, Jürgen Bast (Hrsg.), Europäisches Verfassungsrecht, Theoretische und dogmatische Grundzüge, 2. Aufl., Heidelberg (u. a.) 2009, S. 657–704 (zitiert: *Kühling*, in: von Bogdandy/Bast, Europäisches Verfassungsrecht)

ders., Der Fall der Vorratsdatenspeicherungsrichtlinie und der Aufstieg des EuGH zum Grundrechtsgericht, Neue Zeitschrift für Verwaltungsrecht 2014, S. 681–685

ders., Das „Recht auf Vergessenwerden" vor dem BVerfG – November(r)evolution für die Grundrechtsarchitektur im Mehrebenensystem, Neue Juristische Wochenschrift 2020, S. 275–280

Kühling, Jürgen/Drechsler, Stefan, Alles „acte clair"? – Die Vorlage an den EuGH als Chance, Neue Juristische Wochenschrift 2017, S. 2950–2955

Kühne, Hans-Heiner, Auslieferung nach Abwesenheitsverurteilung (Italien) – „Solange III", Strafverteidiger 2016, S. 299–302

Kumm, Mattias, Who is the final arbiter of constitutionality in Europe?: Three conceptions of the relationship between the German Federal Constitutional Court and the European Court of Justice, Common Market Law Review 36 (1999), S. 351–386

ders., Rebel Without a Good Cause: Karlsruhe's Misguided Attempt to Draw the CJEU into a Game of „Chicken" and What the CJEU Might do About It, German Law Journal, Special Issue – The OMT Decision of the German Federal Constitutional Court 15 (2014), S. 203–215

Kumm, Mattias/Ferreres Comella, Victor, The Primacy Clause of the Constitutional Treaty and the Future of Constitutional Conflict in the European Union, International Journal of Constitutional Law 3 (2005), S. 473–492

Kutscher, Hans, Thesen zu den Methoden der Auslegung des Gemeinschaftsrechts aus der Sicht eines Richters, in: Gerichtshof der Europäischen Gemeinschaften (Hrsg.), Begegnungen von Justiz und Hochschule am 27. und 28 September 1976, Teil I (S. I-1 bis S. I-56), Luxemburg 1976, S. I-1–I.-56 (zitiert: *Kutscher*, in: Gerichtshof der Europäischen Gemeinschaften, Begegnungen von Justiz und Hochschule, Teil I)

Kwiecién, Roman, The Primacy of European Union Law over National Law Under the Constitutional Treaty, German Law Journal 6 (2005), S. 1479–1495

Lang, Andrej, Wider die Metapher vom letzten Wort: Verfassungsgerichte als Wegweiser, in: Dominik Elser, Anja Eugster, Andreas Kind, Matthias Uffer, Rahel Baumgartner, Kathrin Williner, Stefan Schlegel, Dominika Blonski, Alexander Spring, Irene Grohsmann, Rafael Häcki (Hrsg.), Das letzte Wort – Rechtsetzung und Rechtskontrolle in der Demokratie, Baden-Baden 2014, S. 15–37 (zitiert: *Lang*, in: Elser/Eugster/Kind u. a., Das letzte Wort)

ders., Das „Kooperationsverhältnis" zwischen Bundesverfassungsgericht und Europäischem Gerichtshof nach dem PSPP-Urteil, Der Staat 60 (2021), S. 99–131

Langenfeld, Christine, Erweiterung ad Infinitum? – Zur Finalität der Europäischen Union, Zeitschrift für Rechtspolitik 2005, S. 73–76

Läufer, Dirk, Krise in den Europäischen und Atlantischen Organisationen, Berlin 1974

Lavranos, Nikolas, Regulating Competing Jurisdictions Among International Courts and Tribunals, Zeitschrift für ausländisches öffentliches Recht und Völkerrecht 68 (2008), S. 575–621

ders., Towards a Solange-Method between International Courts and Tribunals?, in: Tomer Broude, Yuval Shany (Hrsg.), The Shifting Allocation of Authority in International Law: Considering Sovereignty, Supremacy and Subsidiarity, Essays in honour of Professor Ruth Lapidoth, Oxford (u. a.) 2008, S. 217–235

ders., Revisiting Article 307 EC, The Untouchable Core of Fundamental European Constitutional Law Values and Principles, in: Filippo Fontanelli, Martinico Giuseppe, Paolo Carrozza (Hrsg.), Shaping Rule of Law Through Dialogue, International and Supranational Experiences, Groningen 2010, S. 119–146 (zitiert: *Lavranos*, in: Fontanelli/Giuseppe/Carrozza, Shaping Rule of Law Through Dialogue)

Lehner, *Roman*, Die „Integrationsverfassungsbeschwerde" nach Art. 38 Abs. 1 S. 1 GG: Prozessuale und materiell-rechtliche Folgefragen einer objektiven Verfassungswahrungsbeschwerde, Der Staat 52 (2013), S. 535–562

Leible, *Stefan*/*Domröse*, *Ronny*, Die primärrechtskonforme Auslegung, § 8, in: Karl Riesenhuber (Hrsg.), Europäische Methodenlehre, Handbuch für Ausbildung und Praxis, 4. Aufl., Berlin (u. a.) 2021, S. 209–242 (zitiert: *Leible*/*Domröse*, in: Riesenhuber, Europäische Methodenlehre)

Leisner, *Walter Georg*, Die bewahrende Funktion des Rechts im Verfassungsstaat, in: Christof Botzenhart, Andreas Burtscheidt, Gudrun Hackenberg-Treutlein (Hrsg.), Gesellschaftliche Relevanz von Wissenschaft und Forschung, Ein interdisziplinärer Diskurs, Paderborn 2012, S. 36–56 (zitiert: *Leisner*, in: Botzenhart/Burtscheidt/Hackenberg-Treutlein, Gesellschaftliche Relevanz von Wissenschaft und Forschung)

Lenaerts, *Koen*, How the ECJ Thinks: A Study on Judicial Legitimacy, Fordham International Law Journal 36 (2013), S. 1302–1371

ders., Kooperation und Spannung im Verhältnis von EuGH und nationalen Verfassungsgerichten, Europarecht 2015, S. 3–27

Lenaerts, *Koen*/*Hartmann*, *Moritz*, Der europäische Rechtsprechungsverbund in der Wirtschafts- und Währungsunion, Juristenzeitung 2017, S. 321–332

Lenz, *Carl Otto*, Anmerkungen zu den Fällen aus dem Aufsatz von Prof. Herzog „Stoppt den Europäischen Gerichtshof" in der FAZ vom 08.09.2008, Walter Hallstein-Institut Paper 1/2009, S. 1–10

ders., Brauchen wir ein neues Kontrollverfahren für das Recht der Europäischen Union vor dem BVerfG?, Erwiderung zu Heiko Sauer, ZRP 2009, 195, Zeitschrift für Rechtspolitik 2010, S. 22–24

ders., Zu den Spielräumen und Grenzen des EuGH und des BVerfG, in: Peter Behrens, Thomas Eger, Hans-Bernd Schäfer (Hrsg.), Ökonomische Analyse des Europarechts, Beiträge zum XII. Travemünder Symposium zur ökonomischen Analyse des Rechts (24. bis 26. März 2010), Tübingen 2012, S. 27–36 (zitiert: *Carl O. Lenz*, in: Behrens/Eger/H.-B. Schäfer, Ökonomische Analyse des Europarechts)

ders., Zum Verhältnis des BVerfG zu Europa und seinen Gerichten nach seinem Lissabon-Urteil, FCE 01/10 – Vortrag vom 13. Januar 2010, in: Ingolf Pernice, Rüdiger Schwarz (Hrsg.), Europa in der Welt – Von der Finanzkrise zur Reform der Union, Forum Constitutionis Europae – Band 12, Baden-Baden 2013, S. 73–88 (zitiert: *Carl O. Lenz*, in: Pernice/Schwarz, Europa in der Welt)

ders., Zur Verfassungsidentität des Grundgesetzes oder: unterschiedliche Auffassungen zur Antwort des EuGH an das BVerfG, Europäisches Wirtschafts- und Steuerrecht 2019, S. 254–255

Lenz, *Carl Otto*/*Borchardt*, *Klaus-Dieter* (Hrsg.), EU-Verträge Kommentar, EUV AEUV GRCh, Rechtsstand 1. September 2012, 6. Aufl., Köln 2013 (zitiert: *Bearbeiter*in*, in: Lenz/Borchardt, EU-Verträge)

Lepsius, *Oliver*, ESM-Vertrag, Fiskalpakt und das BVerfG, Europäische Zeitschrift für Wirtschaftsrecht 2012, S. 761–762

ders., Souveränität und Identität als Frage des Institutionen-Settings, Jahrbuch des öffentlichen Rechts der Gegenwart. Neue Folge 63 (2015), S. 63–90

Lerche, *Peter*, Europäische Staatlichkeit und die Identität des Grundgesetzes, in: Bernd Bender, Rüdiger Breuer, Fritz Ossenbühl, Horst Sendler (Hrsg.), Rechtsstaat zwischen Sozialgestaltung und Rechtsschutz, Festschrift für Konrad Redeker zum 70. Geburtstag, München 1993, S. 131–147

ders., „Kompetenz-Kompetenz" und das Maastricht-Urteil des Bundesverfassungsgerichts, in: Jörn Ipsen, Hans-Werner Rengeling, Jörg Manfred Mössner, Albrecht Weber (Hrsg.), Verfassungsrecht im Wandel, Wiedervereinigung Deutschlands, Deutschland in der Europäischen Union, Verfassungsstaat und Föderalismus, Zum 180jährigen Bestehen der Carl Heymanns Verlag KG, Köln (u. a.) 1995, S. 409–424

Leuffen, *Dirk*/*Rittberger*, *Berthold*/*Schimmelfennig*, *Frank*, Differentiated Integration, Explaining Variation in the European Union, Basingstoke (u. a.) 2013

Lhotta, *Roland*/*Ketelhut*, *Jörn*, Integrationsverantwortung und parlamentarische Demokratie: Das Bundesverfassungsgericht als Agent des „verfassten politischen Primärraums"?, Zeitschrift für Parlamentsfragen 2009, S. 864–888

dies., Bundesverfassungsgericht und Europäische Integration, in: Robert Christian van Ooyen, Martin H. W. Möllers (Hrsg.), Handbuch Bundesverfassungsgericht im politischen System, Ein Forschungsansatz zur Politologie der Verfassungsgerichtsbarkeit, Wiesbaden 2015, S. 845–874 (zitiert: *Lhotta*/*Ketelhut*, in: van Ooyen/Möllers, Hdb. BVerfG im politischen System)

Limbach, *Jutta*, Die Kooperation der Gerichte in der zukünftigen europäischen Grundrechtsarchitektur, Ein Beitrag zur Neubestimmung des Verhältnisses von Bundesverfassungsgericht, Gerichtshof der Europäischen Gemeinschaften und Europäischem Gerichtshof für Menschenrechte, Europäische Grundrechte-Zeitschrift 2000, S. 417–420

Lindner, *Tom*, Richter der Integration, Eine rechtsvergleichende Studie über die verfassungsgerichtlichen Positionen ausgewählter Mitgliedstaaten zur Europäischen Integration, Hamburg, Univ., Diss., 2014

Lippert, *André*, Der grenzüberschreitende Sachverhalt im Unionsrecht, Eine Analyse der Rechtsprechung des EuGH zu den Kontrollkompetenzen, Tübingen 2013

Lochmann, *Moritz*, Taricco I – ein Ultra-vires-Akt? Zur Rechtsfortbildung durch den EuGH, Europarecht 2019, S. 61–85

Look, *Tobias*, Das Verhältnis zwischen dem EuGH und internationalen Gerichten, Tübingen 2010

Lorenz, *Sven*, Juvenal Satiren, Saturae, Lateinisch-deutsch, Herausgegeben, übersetzt und mit Anmerkungen versehen von Sven Lorenz, Berlin (u. a.) 2017

Lorz, *Alexander*/*Sauer*, *Heiko*, Ersatzunionsrecht und Grundgesetz – Verfassungsrechtliche Zustimmungsgrundlagen für den Fiskalpakt, den ESM-Vertrag und die Änderung des AEUV, Die Öffentliche Verwaltung 2012, S. 573–582

Losano, *Mario G.*, Turbulenzen im Rechtssystem der modernen Gesellschaft, Pyramide, Stufenbau und Netzwerkcharakter der Rechtsordnung als ordnungsstiftende Modelle, Rechtstheorie 38 (2007), S. 9–32

Luckner, *Johannes Graf von*, Stay home, stay healthy: Das „Ergänzungs- oder besondere Näheverhältnis zum Unionsrecht" in der BVerfG-Rechtsprechung und die europäische Integration durch Völkerrecht, Europarecht 2021, S. 209–223

Luczak, Jan-Marco, Die europäische Wirtschaftsverfassung als Legitimationselement europäischer Integration, Ein Beitrag zur wirtschaftsverfassungsrechlichen Analyse des EG-Vertrages unter Einbeziehung der Änderungen des Unionsrechts durch den Vertrag von Lissabon, Berlin 2009

Ludwigs, Markus, Kooperativer Grundrechtsschutz zwischen EuGH, BVerfG und EGMR, Europäische Grundrechte-Zeitschrift 2014, S. 273–285

ders., Der Ultra-vires-Vorbehalt des BVerfG – Judikative Kompetenzanmaßung oder legitimes Korrektiv?, in: Reinhard Hendler, Martin Ibler, José Martínez (Hrsg.), Herausforderungen an die Kompetenzordnung der EU, Symposium zum 80. Geburtstag von Volkmar Götz, Berlin 2015, S. 27–45 (zitiert: *Ludwigs*, in: Hendler/Ibler/Martínez, Herausforderungen an die Kompetenzordnung der EU)

ders., Die Krisenpolitik der EZB zwischen Verfassungs- und Unionsrecht, Neue Juristische Wochenschrift 2017, S. 3563–3567

ders., Die Konsequenzen des PSPP-Urteils für die Kompetenzordnung des EU, Europäisches Wirtschafts- und Steuerrecht 2020, S. 186–191

ders., Scherbenhaufen oder Chance? Zwölf Thesen zum PSPP-Urteil des BVerfG vom 05.05.2020, Europäische Zeitschrift für Wirtschaftsrecht 2020, S. 530–533

Ludwigs, Markus/Pascher, Tobias/Sikora, Patrick, Das Bankenunion-Urteil als judikativer Kraftakt des BVerfG – Wegweisendes zu Kontrollvorbehalten und Europäischem Verwaltungsrecht (Teil I), Europäisches Wirtschafts- und Steuerrecht 2020, S. 1–7

dies., Das Bankenunion-Urteil als judikativer Kraftakt des BVerfG – Detailanalyse von SSM und SRM im Karlsruher Alleingang (Teil II), Europäisches Wirtschafts- und Steuerrecht 2020, S. 85–93

Ludwigs, Markus/Sikora, Patrick, Der Vorrang des Unionsrechts unter Kontrollvorbehalt des BVerfG, Europäisches Wirtschafts- und Steuerrecht 2016, S. 121–131

dies., Vertragsverletzung durch Verfassungsgerichtsurteil?, Europäisches Wirtschafts- und Steuerrecht 2020, S. I

Lueken, Geert-Lueke, Dialog und Verständlichkeit, in: Erwin Hasselberg, Ludwig Martienssen, Frank Radtke (Hrsg.), Der Dialogbegriff am Ende des 20. Jahrhunderts, Internationale wissenschaftliche Konferenz anläßlich des 225. Geburtstags von Georg Wilhelm Friedrich Hegel, Berlin 1995, Berlin 1996, S. 84–91 (zitiert: *Lueken*, in: Hasselberg/Martienssen/Radtke, Der Dialogbegriff am Ende des 20. Jahrhunderts)

Majone, Giandomenico, Dilemmas of European Integration: The Ambiguities and Pitfalls of Integration by Stealth, Oxford 2005

Makoski, Bernadette, Kooperativer Grundrechtsschutz im europäischen Mehrebenensystem, Teil I: Grundrechtsschutz im europäischen Mehrebenensystem, Europäische Zeitschrift für Wirtschaftsrecht 2020, S. 1012–1018

dies., Kooperativer Grundrechtsschutz im europäischen Mehrebenensystem, Teil II: (Vertiefter) Kooperativer Grundrechtsschutz, Europäische Zeitschrift für Wirtschaftsrecht 2020, S. 1053–1059

Mangold, Anna Katharina, Gemeinschaftsrecht und deutsches Recht, Tübingen 2011

Mangoldt, Hans von, Die Schiedsgerichtsbarkeit als Mittel internationaler Streitschlichtung, Zur Beilegung von Rechtsstreitigkeiten auf der Grundlage der Achtung vor dem Rechte, Berlin (u. a.) 1974

Mangoldt, Hermann von (Begr.)/*Klein, Friedrich/Starck, Christian* (Hrsg.), Kommentar zum Grundgesetz, München 2010 (zitiert: *Bearbeiter*in*, in: v. Mangoldt/Klein/Stark, GG, 6. Aufl.)

ders. (Begr.)/*Klein, Friedrich*/*Starck, Christian*/*Huber, Peter M.*/*Voßkuhle, Andreas* (Hrsg.), Kommentar zum Grundgesetz, 7. Aufl., München 2018 (zitiert: *Bearbeiter*in*, in: v. Mangoldt/Klein/Stark, GG)

Mannefeld, Lisa-Karen, Verfassungsrechtliche Vorgaben für die europäische Integration, Rechtsprechung des deutschen und des italienischen Verfassungsgerichts, Tübingen 2017

Marsch, Nikolaus, Die objektive Funktion der Verfassungsbeschwerde in der Rechtsprechung des Bundesverfassungsgerichts, Archiv des öffentlichen Rechts 137 (2012), S. 592–624

Masing, Johannes, Herausforderungen des Datenschutzes, Neue Juristische Wochenschrift 2012, S. 2305–2311

ders., Einheit und Vielfalt des Europäischen Grundrechtsschutzes, Juristenzeitung 2015, S. 477–528

ders., Balance wahren, Zeitschrift für Rechtspolitik 2020, S. 194–199

Maurer, Hartmut, Der Anwendungsvorrang im Normensystem, in: Michael Sachs, Helmut Siekmann (Hrsg.), Der grundrechtsgeprägte Verfassungsstaat, Festschrift für Klaus Stern zum 80. Geburtstag, Berlin 2012, S. 101–115

Mayer, Franz Christian, Kompetenzüberschreitung und Letztentscheidung, Das Maastricht-Urteil des Bundesverfassungsgerichts und die Letztentscheidung über Ultra vires-Akte in Mehrebenensystemen, Eine rechtsvergleichende Betrachtung von Konflikten zwischen Gerichten am Beispiel der EU und der USA, München 2000

ders., Die drei Dimensionen der Europäischen Kompetenzdebatte, Zeitschrift für ausländisches öffentliches Recht und Völkerrecht 61 (2001), S. 577–640

ders., Wer soll Hüter der europäischen Verfassung sein?, Archiv des öffentlichen Rechts 129 (2004), S. 411–435

ders., Verfassungsgerichtsbarkeit, in: Armin von Bogdandy, Jürgen Bast (Hrsg.), Europäisches Verfassungsrecht, Theoretische und dogmatische Grundzüge, 2. Aufl., Heidelberg (u. a.) 2009, S. 559–607 (zitiert: *Mayer*, in: von Bogdandy/Bast, Europäisches Verfassungsrecht)

ders., Der Vertrag von Lissabon und die Grundrechte, Europarecht Beiheft 1 (2009), S. 87–102

ders., Europarechtsfreundlichkeit und Europarechtsskepsis in der Rechtsprechung des Bundesverfassungsgerichts, in: Thomas Giegerich (Hrsg.), Der „offene Verfassungsstaat" des Grundgesetzes nach 60 Jahren, Anspruch und Wirklichkeit einer großen Errungenschaft, Berlin 2010, S. 237–271 (zitiert: *Mayer*, in: Giegerich, Der „offene Verfassungsstaat")

ders., Rebels Without a Cause? A Critial Analysis of the German Constitutional Court's OMT Reference, German Law Journal, Special Issue – The OMT Decision of the German Federal Constitutional Court 15 (2014), S. 111–146

ders., Rebels without a cause?, Zur OMT-Vorlage des Bundesverfassungsgerichts, Europarecht 2014, S. 473–513

ders., Verfasssung im Nationalstaat: Von der Gesamtrechtsordnung zur europäischen Teilordnung?, Veröffentlichungen der Vereinigung der Deutschen Staatsrechtslehrer 75 (2016), S. 7–63

ders., Die Europäische Rechtsgemeinschaft, Europäische Integration und 70 Jahre NJW, Neue Juristische Wochenschrift 2017, S. 3631–3638

ders., Die Europäische Union als Rechtsgemeinschaft – ein überholtes Narrativ?, in: Claudio Franzius, Franz Christian Mayer, Jürgen Neyer (Hrsg.), Die Neuerfindung

Europas, Bedeutung und Gehalte von Narrativen für die europäische Integration, Baden-Baden 2019, S. 111–130 (zitiert: *Mayer*, in: Franzius/Mayer/Neyer, Die Neuerfindung Europas)

ders., Der Ultra vires-Akt, Zum PSPP-Urteil des BVerfG v. 5. 5. 2020 – 2 BvR 859/15 u. a., Juristenzeitung 2020, S. 725–734

Mayer, Franz Christian/*Walter, Maja*, Die Europarechtsfreundlichkeit des BVerfG nach dem Honeywell-Beschluss, Juristische Ausbildung 2011, S. 532–542

Mayr, Stefan, Richterliche Rechtserzeugung und die Grenzen der „Wahrung des Rechts bei der Auslegung und Anwendung der Verträge" durch den EuGH, in: Dominik Elser, Anja Eugster, Andreas Kind, Matthias Uffer, Rahel Baumgartner, Kathrin Williner, Stefan Schlegel, Dominika Blonski, Alexander Spring, Irene Grohsmann, Rafael Häcki (Hrsg.), Das letzte Wort – Rechtsetzung und Rechtskontrolle in der Demokratie, Baden-Baden 2014, S. 97–118 (zitiert: *Mayr*, in: Elser/Eugster/Kind u. a., Das letzte Wort)

Mazmanyan, Armen/*Popelier, Patricia*/*Vandenbruwaene, Werner*, Consitutional Courts and Mulitlevel Governance in Europe, Editors' Introduction, Chapter 1, in: Patricia Popelier, Armen Mazmanyan, Werner Vandenbruwaene (Hrsg.), The Role of Consitutional Courts in Multilevel Governance, Cambridge (u. a.) 2013, S. 1–17 (zitiert: *Mazmanyan*/*Popelier*/*Vandenbruwaene*, in: Popelier/Mazmanyan/Vandenbruwaene, The Role of Consitutional Courts in Multilevel Governance)

Meier-Beck, Peter, De iudicando ultra vires, Europäische Zeitschrift für Wirtschaftsrecht 2020, S. 519–524

Meinel, Florian, Das Bundesverfassungsgericht in der Ära der Großen Koalition: Zur Rechtsprechung seit dem Lissabon-Urteil, Der Staat 60 (2021), S. 43–98

Melzer, Alexander, Das Politische und das Europäische Verfassungsrecht, Der Staat 57 (2018), S. 529–562

Meng, Werner, Das Recht der Internationalen Organisationen – eine Entwicklungsstufe des Völkerrechts, Baden-Baden 1978

Merkel, Wolfgang, Die Europäische Integration und das Elend der Theorie, Geschichte und Gesellschaft 25 (1999), S. 302–338

Merli, Franz, Rechtsprechungskonkurrenz zwischen nationalen Verfassungsgerichten, Europäischem Gerichtshof und Europäischem Gerichtshof für Menschenrechte, Veröffentlichungen der Vereinigung der Deutschen Staatsrechtslehrer 66 (2007), S. 392–422

Meyer, Frank, ‚From Solange II to Forever I', The German Federal Constitutional Court and the European Arrest Warrant (and how the CJEU responded), New Journal of European Criminal Law 7 (2016), S. 277–294

ders., Anmerkung [zu EuGH, Urtetil v. 5.12.2017 – C-42/17 M. A. S. und M. B.], Juristenzeitung 2018, S. 304–308

Meyer, Jürgern (Hrsg.), Charta der Grundrechte der Europäischen Union, NomosKommentar, 4. Aufl., Baden-Baden 2014 (zitiert: *Bearbeiter*in*, in: J. Meyer, Charta der Grundrechte der EU, 4. Aufl.)

Meyer, Jürgern/*Hölscheidt, Sven* (Hrsg.), Charta der Grundrechte der Europäischen Union, NomosKommentar, 5. Aufl., Baden-Baden 2019 (zitiert: *Bearbeiter*in*, in: Meyer/Hölscheidt, Charta der Grundrechte der EU)

Michael, Lothar, Normenkontrollen – Teil 2, Fragen der Zulässigkeit: Abstrakte Normenkontrolle, Zeitschrift für das Juristische Studium 2014, S. 254–262

Michl, Walther, Die Neuausrichtung des Bundesverfassungsgerichts in der digitalisierten Grundrechtelandschaft, Juristische Ausbildung 2020, S. 479–490

Millet, François-Xavier, L'Union Européenne et l'identité constitutionelle des États Membres, Paris 2013

Mischo, Jean, Der Beitrag des Gerichtshofs zur Wahrung der föderalen Balance in der Europäischen Union, Referat im Rahmen der Vortragsreihe „Europa an der Schwelle zur einheitlichen Währung" Bonn, 11. Januar 1999, Zentrum für Europäisches Wirtschaftsrecht, Vorträge und Berichte Nr. 100, Bonn 1999

Mitrany, David, A working peace system, An argument for the functional development of international organization, London 1943

ders., The Prospect of Integration – Federal or Functional, Journal of Common Market Studies 4 (1965), S. 119–149

Mittmann, Pattrick, Die Rechtsfortbildung durch den Gerichtshof der Europäischen Gemeinschaften und die Rechtsstellung der Mitgliedstaaten der Europäischen Union, Frankfurt (u. a.) 2000

Molle, Willem, The Economics of European Integration, Theory, Practice, Policy, reprinted 1991, Aldershot (u. a.) 1990

Möllers, Christoph, Staat als Argument, München 2000

ders., Verfassunggebende Gewalt – Verfassung – Konstitutionalisierung, in: Armin von Bogdandy, Jürgen Bast (Hrsg.), Europäisches Verfassungsrecht, Theoretische und dogmatische Grundzüge, 2. Aufl., Heidelberg (u. a.) 2009, S. 227–277 (zitiert: *C. Möllers*, in: von Bogdandy/Bast, Europäisches Verfassungsrecht)

Möllers, Thomas M. J., Die Rolle des Rechts im Rahmen der Währungsunion und Schuldenkrise, in: Thomas M. J. Möllers, Franz-Christoph Zeitler (Hrsg.), Europa als Rechtsgemeinschaft – Währungsunion und Schuldenkrise, Tübingen 2013, S. 1–18 (zitiert: *T. M. J. Möllers*, in: T. M. J. Möllers/Zeitler, Europa als Rechtsgemeinschaft)

ders., Das PSPP-Verfahren des BVerfG und die Europäische Rechtsunion, Drei Wege aus der Sackgasse, Europäische Zeitschrift für Wirtschaftsrecht 2020, S. 503–505

Moravcsik, Andrew, Negotiating the Single European Act: national interests and conventional statecraft in the European Community, International Organization 45 (1991), S. 19–56

ders., Preferences and Power in the European Community: A Liberal Intergovernmentalist Approach, Journal of Common Market Studies 31 (1993), S. 473–524

Morlok, Martin, Selbstverständnis als Rechtskriterium, Tübingen 1993

Mosler, Hermann, Die Aufnahme in internationale Organisationen, Zeitschrift für ausländisches öffentliches Recht und Völkerrecht 19 (1958), S. 275–317

ders., Die Entstehung des Modells supranationaler und gewaltenteilender Staatenverbindungen in den Verhandlungen über den Schuman-Plan, in: Ernst von Caemmerer, Hans-Jürgen Schlochauer, Ernst Steindorf (Hrsg.), Probleme des Europäischen Rechts, Festschrift für Walter Hallstein zu seinem 65. Geburtstag, Frankfurt a. M. 1966, S. 355–386

ders., Begriff und Gegenstand des Europarechts, Zeitschrift für ausländisches öffentliches Recht und Völkerrecht 28 (1968), S. 481–502

Möstl, Markus, Grenzen der Rechtsangleichung im europäischen Binnenmarkt, Kompetenzielle, grundfreiheitliche und grundrechtliche Schranken des Gemeinschaftsgesetzgebers, Europarecht 2002, S. 318–350

Muckel, Stefan, Grundrechte im Internet: „Recht auf Vergessen I", Juristische Arbeitsblätter 2020, S. 233–237 *ders.*, „Recht auf Vergessen II“, Juristische Arbeitsblätter 2020, S. 237–239

Mugdan, *Benno*, Die gesammelten Materialien zum Bürgerlichen Gesetzbuch für das Deutsche Reich, Band 3: Sachenrecht, Berlin 1899

Müller, *Matthias*, Die Errichtung des Europäischen Patentgerichts – Herausforderung für die Autonomie des EU-Rechtssystems?, Europäische Zeitschrift für Wirtschaftsrecht 2010, S. 851–856

ders., Das Rechtsprechungsmonopol des EuGH im Kontext völkerrechtlicher Verträge, Baden-Baden 2021

Müller, *Thomas*, Wettbewerb und Unionsverfassung, Begründung und Begrenzung des Wettbewerbsprinzips in der europäischen Verfassung, Tübingen 2014

Müller, *Wolfgang*, Die Entscheidung des Grundgesetzes für die gemeindliche Selbstverwaltung im Rahmen der europäischen Integration, Die Auswirkungen der Übertragung von Hoheitsrechten auf die Europäische Gemeinschaft gemäß Art. 24 Abs. 1 GG auf die Garantie der gemeindlichen Selbstverwaltung in Art. 28 Abs. 2 S. 1 GG, Baden-Baden 1992

Müller-Graff, *Peter-Christian*, Das Karlsruher Lissabon-Urteil: Bedingungen, Grenzen, Orakel und integrative Optionen, integration 2009, S. 331–360

ders. (Hrsg.), Enzyklopädie Europarecht Band 4 – Europäisches Wirtschaftsordnungsrecht, Baden-Baden 2015 (zitiert: *Bearbeiter*in*, in: Müller-Graff, EnzEuR, Bd. 4, 1. Aufl.)

ders., Schockwellen im Unionsrechtsraum: Das PSPP-Urteil des Bundesverfassungsgerichts, Zeitschrift für Europarecht 2020, S. 154–167

ders. (Hrsg.), Enzyklopädie Europarecht Band 4 – Europäisches Wirtschaftsordnungsrecht, 2. Aufl., Baden-Baden 2021 (zitiert: *Bearbeiter*in*, in: Müller-Graff, EnzEuR, Bd. 4)

Münch, *Ingo von* (Begr.)/*Kunig*, *Philip* (Hrsg.), Grundgesetz Kommentar, Band 1: Präambel bis Art. 69, 6. Aufl., München 2012 (zitiert: *Bearbeiter*in*, in: von Münch/Kunig, GG, 6. Aufl. 2012)

Münch, *Ingo von*/*Kunig*, *Philip* (Begr.)/*Kämmerer*, *Jörn Axel*/*Kotzur*, *Markus* (Hrsg.), Grundgesetz Kommentar, Band 1: Präambel bis Art. 69, 7. Aufl., München 2021 (zitiert: *Bearbeiter*in*, in: von Münch/Kunig, GG)

dies. (Begr.)/*Kämmerer*, *Jörn Axel*/*Kotzur*, *Markus* (Hrsg.), Grundgesetz Kommentar, Band 2: Art. 70 bis 146, 7. Aufl., München 2021 (zitiert: *Bearbeiter*in*, in: von Münch/Kunig, GG)

Murswiek, *Dietrich*, Art. 38 GG als Grundlage eines Rechts auf Achtung des unabänderlichen Verfassungskerns, Juristenzeitung 2010, S. 702–708

ders., Die Ultra-vires-Kontrolle im Kontext der Integrationskontrolle, Europäische Grundrechte-Zeitschrift 2017, S. 327–338

Nees, *Daniel*, Hybrides Unionsrecht, Die völkervertragliche Ergänzung der Europäischen Integration am Beispiel der Maßnahmen zur Eurorettung, Baden-Baden 2020

ders., Klimaschutz durch die EZB? Reichweite und Grenzen des Mandats der EZB in Bezug auf den Erwerb sogenannter „grüner“ Anleihen, Europarecht 2021, S. 119–136

Nettesheim, *Martin*, Der Grundsatz der einheitlichen Wirksamkeit des Gemeinschaftsrechts, in: Albrecht Randelzhofer, Rupert Scholz, Dieter Wilke (Hrsg.), Gedächtnisschrift für Eberhard Grabitz, München 1995, S. 447–468

ders., Demokratisierung der Europäischen Union und Europäisierung der Demokratietheorie, in: Hartmut Bauer, Peter M. Huber, Karl-Peter Sommermann (Hrsg.), Demokratie in Europa, Tübingen 2005, S. 143–190 (zitiert: *Nettesheim*, in: Bauer/Huber/Sommermann, Demokratie in Europa)

ders., Normenhierarchien im EU-Recht, Europarecht 2006, S. 737–772

ders., Ein Individualrecht auf Staatlichkeit? Die Lissabon-Entscheidung des BVerfG, Neue Juristische Wochenschrift 2009, S. 2867–2869

ders., Kompetenzen, in: Armin von Bogdandy, Jürgen Bast (Hrsg.), Europäisches Verfassungsrecht, Theoretische und dogmatische Grundzüge, 2. Aufl., Heidelberg (u. a.) 2009, S. 389–439 (zitiert: *Nettesheim*, in: von Bogdandy/Bast, Europäisches Verfassungsrecht)

ders., Integrationsverantwortung – Vorgaben des BVerfG und gesetzgeberische Umsetzung, Neue Juristische Wochenschrift 2010, S. 177–183

ders., Die Karlsruher Verkündigung – Das BVerfG in staatsrechtlicher Endzeitstimmung, Europarecht Beiheft 1 (2010), S. 101–122

ders., „Next Generation EU": Die Transformation der EU-Finanzverfassung, Archiv des öffentlichen Rechts 145 (2020), S. 381–437

ders., „Euro-Rettung" und Grundgesetz, Verfassungsgerichtliche Vorgaben für den Umbau der Währungsunion, Europarecht 2011, S. 765–783

ders., Wo „endet" das Grundgesetz? Verfassungsgebung als grenzüberschreitender Prozess, Der Staat 51 (2012), S. 313–355

ders., Kompetenzdenken als Legitimationsdenken, Zur Ultra-vires-Kontrolle im rechtspluralistischen Umfeld, Juristenzeitung 2014, S. 585–640

ders., Anmerkung [zu: BVerfG, Beschluss v. 15.12.2015 – 2 BvR 2735/14], Juristenzeitung 2016, S. 424–428

ders., Das PSPP-Urteil des BVerfG – ein Angriff auf die EU?, Neue Juristische Wochenschrift 2020, S. 1631–1634

Neuner, *Jörg*, Die Rechtsfortbildung, § 12, in: Karl Riesenhuber (Hrsg.), Europäische Methodenlehre, Handbuch für Ausbildung und Praxis, 4. Aufl., Berlin (u. a.) 2021, S. 351–376 (zitiert: *Neuner*, in: Riesenhuber, Europäische Methodenlehre)

Nicolaysen, *Gert*, EU – Mitgliedstaaten: Ein neues verfassungsrechtliches Verhältnis?, in: Thomas Bruha, Carsten Nowak (Hrsg.), Die Europäische Union: Innere Verfasstheit und globale Handlungsfähigkeit, Baden-Baden 2006, S. 17–55 (zitiert: *Nicolaysen*, in: Bruha/Nowak, Die Europäische Union: Innere Verfasstheit und globale Handlungsfähigkeit, S.)

ders., Das Lissabon-Urteil des Bundesverfassungsgerichts im Kontext der Europarechtsprechung des Bundesverfassungsgerichts, Europarecht Beiheft 1 (2010), S. 9–33

Niebler, *Engelbert*, Die Rechtsprechung des Bundesverfassungsgerichts zum Verhältnis des Deutschen Rechts zum Recht der Europäischen Gemeinschaften, in: Herberg Leßmann, Bernhard Großfeld, Lothar Vollmer (Hrsg.), Festschrift für Rudolf Lukes, Köln (u. a.) 1989, S. 495–509

Niederberger, *Andreas*, Die politische Philosophie des Bundesverfassungsgerichts: Demokratie und Europa vom Maastricht- zum Lissabon-Urteil, in: Claudio Franzius, Franz Christian Mayer, Jürgen Neyer (Hrsg.), Grenzen der europäischen Integration, Herausforderungen für Recht und Politik, Baden-Baden 2014, S. 211–249 (zitiert: *Niederberger*, in: Franzius/Mayer/Neyer, Grenzen der europäischen Integration)

Niedobitek, *Matthias* (Hrsg.), Europarecht – Grundlagen und Politiken der Union, 2. Aufl., Berlin (u. a.) 2020 (zitiert: *Bearbeiter*in*, in: Niedobitek, Europarecht)

Nölke, Andreas, Supranationalismus, in: Hans-Jürgen Bieling, Marika Lerch (Hrsg.), Theorien der europäischen Integration, 3. Aufl., Wiesbaden 2012, S. 121–139 (zitiert: *Nölke*, in: Bieling/Lerch, Theorien der europäischen Integration)

Nunner, Michael, Kooperation internationaler Gerichte, Lösung zwischenstaatlicher Konflikte durch herrschaftsfreien Diskurs, Tübingen 2009

Nusser, Julian, Die Bindung der Mitgliedstaaten an die Unionsgrundrechte, Vorgaben für die Auslegung von Art. 51 Abs. 1 S. 1 EuGrCh, Tübingen 2011

Oellers-Frahm, Karin, Probleme und Grenzen der obligatorischen internationalen Gerichtsbarkeit, Archiv des Völkerrechts 27 (1989), S. 442–454

Oeter, Stefan, Rechtsprechungskonkurrenz zwischen nationalen Verfassungsgerichten, Europäischem Gerichtshof und Europäischem Gerichtshof für Menschenrechte, Veröffentlichungen der Vereinigung der Deutschen Staatsrechtslehrer 66 (2007), S. 361–391

Ohler, Christoph, Herrschaft, Legitimation und Recht in der Europäischen Union, Anmerkungen zum Lissabon-Urteil des BVerfG, Archiv des öffentlichen Rechts 135 (2010), S. 153–184

ders., Grundrechtliche Bindungen der Mitgliedstaaten nach Art. 51 GRCh, Neue Zeitschrift für Verwaltungsrecht 2013, S. 1433–1438

ders., Integration durch Recht und ihre Grenzen: das Beispiel der Währungsunion, in: Theodor Baums, Hermann Remsperger, Michael Sachs, Volker W. Wieland (Hrsg.), Zentralbanken, Währungsunion und stabiles Finanzsystem, Festschrift für Helmut Siekmann, Berlin 2019, S. 3–18

Ohr, Renate, Ziele, Herausforderungen und Grenzen des europäischen Integrationsprozesses, in: Nadya Kosturkova, Jörg Rieger (Hrsg.), Ordnungspolitisch stets auf Kurs, Festschrift zum 65. Geburtstag von Prof. Dr. Norbert Berthold, München 2018, S. 115–124

Ohr, Renate/König, Jörg, EU-Binnenmarktintegration im Lichte des EU-Integrationsindexes, Wirtschaftsdienst 92. Jg. (2012), S. 795–800

Ollinger, Gustav, Nachvollziehbare Verfahrenskontrolle im EU-Beihilfenrecht, Zur unionsgerichtlichen Überprüfung komplexer wirtschaftlicher Bewertungen der EU-Beihilfeaufsicht, Tübingen 2019

Ooyen, Robert Christian van, Eine „europafeindliche“ Kontinuität? Zum Politikverständnis der Lissabon-Entscheidung des Bundesverfassungsgerichts, Internationale Politik und Gesellschaft 2009, S. 26–45

ders., Mit „Mangold“ zurück zu „Solange II“?, Das Bundesverfassungsgericht nach Lissabon, Der Staat 50 (2011), S. 45–59

ders., Die Staatstheorie des Bundesverfassungsgerichts und Europa, Von Solange über Maastricht und Lissabon zur EU-Grundrechtecharta, 8. Aufl., Baden-Baden 2020

Ophüls, Carl Friedrich, Juristische Grundgedanken des Schumanplans, Neue Juristische Wochenschrift 1951, S. 289–292

Oppermann, Thomas, Walter Hallstein – Europäische Reden, Stuttgart 1979

ders., Hans Peter Ipsen und das Europarecht, in: Fachbereich Rechtswissenschaft der Universität Hamburg (Hrsg.), Hans Peter Ipsen, 1907–1998, Münster 2001, S. 21–31 (zitiert: *Oppermann*, in: Fachbereich Rechtswissenschaft der Universität Hamburg, H. P. Ipsen 1907–1998)

ders., Eine Verfassung für die Europäische Union, Der Entwurf des Europäischen Konvents, Deutsches Verwaltungsblatt 2003, S. 1165–1176 *ders.*, Die EU-Verfassungsbeschwerde – Hebel und Falle eines „Gouvernement de juges", in: Michael Sachs, Helmut Siekmann (Hrsg.), Der grundrechtsgeprägte Verfassungsstaat, Festschrift für Klaus Stern zum 80. Geburtstag, Berlin 2012, S. 869–880

ders., „Euro-Rettung" und europäisches Recht, Neue Juristische Wochenschrift 2013, S. 6–9

ders. (Begr.)/*Classen, Claus Dieter*/*Nettesheim, Martin* (Hrsg.), Europarecht, Ein Studienbuch, 8. Aufl., München 2018 (zitiert: *Bearbeiter*in*, in: Oppermann/Classen/Nettesheim, Europarecht)

Osieke, Ebere, The Legal Validity of Ultra Vires Decisions of International Organizations, American Journal of International Law 77 (1983), S. 239–256

Ossenbühl, Fritz, Diskussionsbeitrag, in: Peter Hommelhoff, Paul Kirchhof (Hrsg.), Der Staatenverbund der Europäischen Union, Beiträge und Diskussionen des Symposiums am 21./22. Januar 1994 in Heidelberg, Heidelberg 1994, S. 107–109 (zitiert: *Ossenbühl*, in: Hommelhoff/Kirchhof, Der Staatenverbund der Europäischen Union)

Pache, Eckhard, Europäische und nationale Identität: Integration durch Verfassungsrecht?, Deutsches Verwaltungsblatt 2002, S. 1154–1167

ders., Das Ende der europäischen Integration?, Europäische Grundrechte-Zeitschrift 2009, S. 285–298

Pache, Eckhard/*Rösch, Franziska*, Die neue Grundrechtsordnung der EU nach dem Vertrag von Lissabon, Europarecht 2009, S. 769–789

Papadopoulou, Lina, Vom Prinzip des „Vorrangs" zur pluralistischen Auffassung der Rechtsquellen, IEV-Online, Hagener Online-Beiträge zu den Europäischen Verwaltungswissenschaften 3/2010, S. 1–25

Paulus, Andreas L., From dualism to pluralism: the relationship between international law, European law and domestic law, in: Peter H. F. Bekker, Rudolf Dolzer, Michael Waibel (Hrsg.), Making transnational law work in the global economy, Essays in honour of Detlev Vagts, Cambridge 2010, S. 132–153

ders., Grenzüberschreitungen: 10 Thesen zu Recht und Politik jenseits des Staates, in: Claudio Franzius, Franz Christian Mayer, Jürgen Neyer (Hrsg.), Grenzen der europäischen Integration, Herausforderungen für Recht und Politik, Baden-Baden 2014, S. 117–122 (zitiert: *Paulus*, in: Franzius/Mayer/Neyer, Grenzen der europäischen Integration)

ders., Gedanken zur Verfassungskontrolle der Europäischen Union aus völkerrechtlicher Sicht, in: Volker Bouffier, Hans-Detlef Horn, Roman Poseck, Henning Radtke, Christoph Safferling (Hrsg.), Grundgesetz und Europa, Liber Amicorum für Herbert Landau zum Ausscheiden aus dem Bundesverfassungsgericht, Tübingen 2016, S. 269–282

Paunio, Elina, Conflict, power, and understanding – judicial dialogue between the ECJ and national courts, No Foundations: An Interdisciplinary Journal of Law and Justice 7 (2010), S. 5–23

Payandeh, Mehrdad, Verfassungsrecht: Rechtsschutz gegen die Übertragung von Hoheitsrechten im Kontext der Europäischen Union, „Formelle Übertragungskontrolle" im Kontext der europäischen Integration, Anwendungsbereich und Reichweite des Art. 23 I 3 GG, Juristische Schulung 2020, S. 702–705

Pechstein, Matthias, Die Mitgliedstaaten der EG als „Sachwalter des gemeinsamen Interesses", Gesetzgebungsnotstand im Gemeinschaftsrecht, Baden-Baden 1987

ders., Die Justitiabilität des Unionsrechts, Europarecht 1999, S. 1–26

Pechstein, Matthias/Cirkel, Johannes, EuGH-Zuständigkeit für deutsches Verfassungsrecht?, Die Öffentliche Verwaltung 1997, S. 365–371

Pechstein, Matthias/Drechsler, Carola, Die Auslegung und Fortbildung des Primärrechts, § 7, in: Karl Riesenhuber (Hrsg.), Europäische Methodenlehre, Handbuch für Ausbildung und Praxis, 4. Aufl., Berlin (u. a.) 2021, S. 181–208 (zitiert: *Pechstein/Drechsler*, in: Riesenhuber, Europäische Methodenlehre)

Pechstein, Matthias/Koenig, Christian, Die Europäische Union, 3. Aufl., Tübingen 2000

Pechstein, Matthias/Nowak, Carsten/Häde, Ulrich (Hrsg.), Frankfurter Kommentar zu EUV, GRC und AEUV, Tübingen 2017 (zitiert: *Bearbeiter*in*, in: Pechstein/Nowak/Häde, FK EUV/GRC/AEUV)

Peifer, Karl-Nikolaus, Das Recht auf Vergessenwerden – ein neuer Klassiker vom Karlsruher Schlossplatz, Zugleich Besprechung von BVerfG „Recht auf Vergessen I und II", Gewerblicher Rechtsschutz und Urheberrecht 2020, S. 34–37

Pernice, Ingolf, Carl Schmitt, Rudolf Smend und die europäische Integration, Archiv des öffentlichen Rechts 120 (1995), S. 100–120

ders., Einheit und Kooperation: Das Gemeinschaftsrecht im Lichte der Rechtsprechung von EuGH und nationalen Gerichten, Randbemerkungen zu einem ungeklärten Verhältnis, in: Albrecht Randelzhofer, Rupert Scholz, Dieter Wilke (Hrsg.), Gedächtnisschrift für Eberhard Grabitz, München 1995, S. 523–550

ders., Die Dritte Gewalt im europäischen Verfassungsverbund, Europarecht 1996, S. 27–43

ders., Kompetenzabgrenzung im Europäischen Verfassungsverbund, Juristenzeitung 2000, S. 866–876

ders., Europäisches und nationales Verfassungsrecht, Veröffentlichungen der Vereinigung der Deutschen Staatsrechtslehrer 60 (2001), S. 148–193

ders., Das Verhältnis europäischer zu nationalen Gerichten im europäischen Verfassungsverbund, Vortrag, gehalten vor der Juristischen Gesellschaft zu Berlin am 14. Dezember 2005, Berlin 2006

ders., Motor or Brake for European Policies? Germany's New Role in the EU after the Lisbon-Judgment of Its Federal Constitutional Court, in: José Mariá Beneyto, Ingolf Pernice (Hrsg.), Europe's Constitutional Challenges in the Light of the Recent Case Law of National Constitutional Courts, Lisbon and Beyond, Baden-Baden 2011, S. 355–389 (zitiert: *Pernice*, in: Beneyto/Pernice, Europe's Constitutional Challenges)

ders., Der Schutz nationaler Identität in der Europäischen Union, Archiv des öffentlichen Rechts 136 (2011), S. 185–221

ders., Machtspruch aus Karlsruhe: „Nicht verhältnismäßig? – Nicht verbindlich? – Nicht zu fassen …", Zum PSPP-Urteil des BVerfG vom 05.05.2020, Europäische Zeitschrift für Wirtschaftsrecht 2020, S. 508–519

Peterek, Jörg, Rechtsschutz vor dem Bundesverfassungsgericht gegen Maßnahmen im Zusammenhang mit der „Eurorettung", in: Yvonne Becker, Friederike Lange (Hrsg.), Linien der Rechtsprechung des Bundesverfassungsgerichts – erörtert von den wissenschaftlichen Mitarbeiterinnen und Mitarbeitern, Band 3, Berlin 2014, S. 553–582 (zitiert: *Peterek*, in: Becker/Lange, Linien der Rechtsprechung des BVerfG, Bd. 3)

Peters, Anne, Elemente einer Theorie der Verfassung Europas, Berlin 2001

dies., Rechtsordnungen und Konstitutionalisierung: Zur Neubestimmung der Verhältnisse, Zeitschrift für Öffentliches Recht 65 (2010), S. 3–63

Peuker, *Enrico*, Die demokratische Auslegung des Völkerrechts, Das Urteil des Bundesverfassungsgerichts zu ESM-Vertrag und Fiskal-Pakt vom 12. September 2012, Europarecht 2012, S. 75–86

Pfütze, *Hermann*, Dialoge und Scheindialoge, in: Hans-Ullrich Krause, Regina Rätz (Hrsg.), Soziale Arbeit im Dialog gestalten, Theoretische Grundlagen und methodische Zugänge einer dialogischen Sozialen Arbeit, 2 Aufl., Opladen (u. a.) 2015, S. 23–29 (zitiert: *Pfütze*, in: Krause/Rätz, Soziale Arbeit im Dialog gestalten)

Pieroth, *Bodo*/*Barczak*, *Tristan*, Grenzen verfassungsgerichtlicher Überprüfung der Judikatur des EuGH am Beispiel des kirchlichen Selbstbestimmungsrechts, Neue Juristische Online-Zeitschrift 2019, S. 1649–1655

dies., Grenzen verfassungsgerichtlicher Überprüfung der Judikatur des EuGH am Beispiel des kirchlichen Selbstbestimmungsrechts, Neue Zeitschrift für Verwaltungsrecht 2019, S. 1803–1804

Pießkalla, *Michael*, Das BVerfG-Urteil zum Staatsanleihekaufprogramm der EZB: Eine wichtige rote Linie, Europäische Zeitschrift für Wirtschaftsrecht 2020, S. 538–543

Pilz, *Josef*, Innerstaatliche Verjährung bei Strafverfahren wegen Mehrwertsteuerstraftaten, Neue Juristische Wochenschrift 2018, S. 217–221

Poli, *Maria Daniele*, Der Justizielle Pluralismus der Europäischen Verfassungsgemeinschaft: „Babylonische Gerichte“ oder „Gerichte für Babylon“?, Der Staat 55 (2016), S. 373–391

Polzin, *Monika*, Irrungen und Wirrungen um den pouvoir constituant, Die Entwicklung des Konzepts der Verfassungsidentität im deutschen Verfassungsrecht seit 1871, Der Staat 53 (2014), S. 61–94

dies., Verfassungsidentität, Ein normatives Konzept des Grundgesetzes?, Tübingen 2018

Potacs, *Michael*, Das Verhältnis zwischen der EU und ihren Mitgliedstaaten im Lichte traditioneller Modelle, Zeitschrift für Öffentliches Recht 65 (2010), S. 117–139

Preßlein, *David*, Grundgesetz vs. Grundrechtecharta?, Zur „europäisierten Grundrechtsprüfung“ des BVerfG nach den Beschlüssen zum „Recht auf Vergessen“ und „Europäischer Haftbefehl III“, Europäische Grundrechte-Zeitschrift 2021, S. 247–273

Proelß, *Alexander*, Zur verfassungsgerichtlichen Kontrolle der Kompetenzmäßigkeit von Maßnahmen der Europäischen Union: Der „ausbrechende Rechtsakt“ in der Praxis des BVerfG, Anmerkung zum Honeywell-Beschluss des BVerfG vom 6. Juli 2010, Europarecht 2011, S. 241–262

ders., Bundesverfassungsgericht und überstaatliche Gerichtsbarkeit, Prozedurale und prozessuale Mechanismen zur Vermeidung und Lösung von Jurisdiktionskonflikten, Tübingen 2014

ders., Verfassungsgerichtliche Kontrolle gemischter EU-Handelsabkommen: Das Beispiel CETA, Zeitschrift für Europarechtliche Studien 2016, S. 401–420

Puetter, *Uwe*, Deliberativer Intergouvernementalismus und institutioneller Wandel: die Europäische Union nach der Eurokrise, Politische Vierteljahresschrift 56 (2015), S. 406–429

Rabe, *Hans-Jürgen*, Signal nach Luxemburg, NJW-Editorial Heft 21/2013

Rademacher, *Tilman*, Die „Verfassungsidentität“ als Grenze der Kompetenzübertragung auf die Europäische Union?, Europarecht 2018, S. 140–158

Rasmussen, *Hjalte*, On Law and Policy in the European Court of Justice, A Comperative Study in Judicial Policymaking, Dordrecht 1986

Rathke, Hannes, Sondervertragliche Kooperationen, Systemrationalität einer Handlungsform der europäischen Integration am Beispiel der Kooperationen der EU-Mitgliedstaaten in der europäischen Schuldenkrise, Tübingen 2019

Reestman, Jan-Herman, Comments on the German Constitutional Court's Decision on the Lisbon Treaty, The Franco-German Constitutional Divide, Reflections on National and Constitutional Identity, European Constitutional Law Review 5 (2009), S. 374–390

Reimer, Philipp, Können und Dürfen, Zur rechtstheoretischen Zentralität eines unterschätzten Begriffspaars, Rechtstheorie 48 (2017), S. 417–439

Rengeling, Hans-Werner, Grundrechtsschutz in der Europäischen Gemeinschaft, Bestandsaufnahme und Analyse der Rechtsprechung des Europäischen Gerichtshofs zum Schutz der Grundrechte als allgemeine Rechtsgrundsätze, München 1993

ders., Entwicklungen des Grundrechtsschutzes in der Europäischen Union, in: Michael Sachs, Helmut Siekmann (Hrsg.), Der grundrechtsgeprägte Verfassungsstaat, Festschrift für Klaus Stern zum 80. Geburtstag, Berlin 2012, S. 881–900

Repasi, René, Völkerrechtliche Freiräume für EU-Mitgliedstaaten, Europarecht 2013, S. 45–74

Ress, Georg, Der ausbrechende Rechtsakt, Betrachtungen zu den völkerrechtlichen Grenzen des Handelns Internationaler Organisationen, Zeitschrift für Öffentliches Recht 64 (2009), S. 387–395

Reyes y Ráfales, Joel, Bundesverfassungsgerichtliche Kontrolle der Europäischen Integration, Aktueller Stand, Grundsatzkritik, Reformvorschläge, Zeitschrift für Europarechtliche Studien 2017, S. 119–142

ders., Die integrationsdynamische Auslegungsmethode am Beispiel der europäischen Grundfreiheiten, Europarecht 2018, S. 498–524

Riedl, Benedikt, Anmerkungen zu BVerfG, Beschl. v. 15.04.2021 – 2 BvR 547/21, BVerfG: Erfolgloser Antrag gegen Ausfertigung des Eigenmittelbeschluss-Ratifizierungsgesetzes („EU-Wiederaufbaufonds"), Neue Zeitschrift für Verwaltungsrecht 2021, S. 873–874

Rittberger, Berthold/Schimmelfennig, Frank, Integrationstheorien: Entstehung und Entwicklung der EU, in: Katharina Holzinger, Christoph Knill, Dirk Peters, Berthold Rittberger, Frank Schimmelfennig, Wolfgang Wagner (Hrsg.), Die Europäische Union, Theorien und Analysekonzepte, Paderborn 2005, S. 19–80 (zitiert: *Rittberger/Schimmelfennig*, in: Holzinger/Knill/Peters u. a., Die Europäische Union)

Rittberger, Berthold/Weiss, Moritz, Europaforschung in den Internationalen Beziehungen, in: Frank Sauer, Carlo Masala (Hrsg.), Handbuch Internationale Beziehungen, 2. Aufl., Wiesbaden 2017, S. 493–522 (zitiert: *Rittberger/Weiss*, in: F. Sauer/Masala, Hdb. Internationale Beziehungen)

Rodi, Michael, Machtverschiebungen in der Europäischen Union im Rahmen der Finanzkrise und Fragen der demokratischen Legitimation, Juristenzeitung 2015, S. 737–744

Roellecke, Gerd, Verfassungsgebende Gewalt als Ideologie, Juristenzeitung 1992, S. 929–934

Röger, Sebastian, Finanzhilfen für die Eurozone, Die vertraglichen, gesetzlichen und verfassungsrechtlichen Grundlagen von Griechenland-Hilfe, EFSF und ESM, Berlin 2018

Rosamond, Ben, Theories of European Integration, Basingstoke (u. a.) 2000

Rossi, Matthias, Nationale Identität in der Europäischen Union – Skizze eines Schutzes in drei Schritten, in: Tilman Bezzenberger, Tilman Gruber, Stephanie Rohlfing-Dijoux (Hrsg.), Die deutsch-französischen Rechtsbeziehungen, Europa und die Welt, Les relations juridiques franco-allemandes, l'Europe et le monde, Liber amicorum Otmar Seul, Baden-Baden 2014, S. 422–436

Roth, Wulf-Henning, Europäische Verfassung und europäische Methodenlehre, Rabels Zeitschrift für ausländisches und internationales Privatrecht 75 (2011), S. 787–844

Ruffert, Matthias, An den Grenzen des Integrationsverfassungsrechts: Das Urteil des Bundesverfassungsgerichts zum Vertrag von Lissabon, Deutsches Verwaltungsblatt 2009, S. 1197–1208

ders., Die europäische Schuldenkrise vor dem Bundesverfassungsgericht – Anmerkungen zum Urteil vom 7. September 2011, Europarecht 2011, S. 842–855

ders., Europäische Währungspolitik als Herausforderung für das Recht, Zentrum für Europäisches Wirtschaftsrecht, Vorträge und Berichte, Nr. 214, Bonn 2015

ders., Das Bundesverfassungsgericht als Akteur im Prozess der europäischen Integration, Europäische Grundrechte-Zeitschrift 2017, S. 241–249

ders., Europarecht für die nächste Generation, Zum Projekt Next Generation EU, Neue Zeitschrift für Verwaltungsrecht 2020, S. 1777–1780

ders., Europarecht und Verfassungsrecht: Ratifikation des EU-Eigenmittelbeschlusses, Deutschland kann den EU-Eigenmittelbeschluss als Basis von „Next Generation EU" ratifizieren, Juristische Schulung 2021, S. 705–707

Ruffert, Matthias/Walter, Christian, Institutionalisiertes Völkerrecht, Das Recht der Internationalen Organisationen und seine wichtigsten Anwendungsfelder, Ein Studienbuch, 2. Aufl., München 2015

Rüger, Carolin, Fernab der Öffentlichkeit? Öffentliche Meinung im Spiegel der Integrationstheorien, Würzburger Jean-Monnet-Papers 3 (2019), S. 1–35

Rupp, Hans, Europäische „Verfassung" und demokratische Legitimation, Archiv des öffentlichen Rechts 120 (1995), S. 269–275

ders., Ausschaltung des Bundesverfassungsgerichts durch den Amsterdamer Vertrag?, Juristenzeitung 1998, S. 213–217

Ruppert, Andreas, Die Integrationsgewalt, Eine staatstheoretische und verfassungsrechtliche Studie zu Artikel 24 Absatz 1 des Grundgesetzes, Hamburg 1969

Sachs, Bärbel, Die Ex-officio-Prüfung durch die Gemeinschaftsgerichte, Tübingen 2008

Sachs, Michael, Grundrechtsschutz der Staatlichkeit und der Staatsstrukturprinzipien?, in: Michael Sachs, Helmut Siekmann (Hrsg.), Der grundrechtsgeprägte Verfassungsstaat, Festschrift für Klaus Stern zum 80. Geburtstag, Berlin 2012, S. 597–612

ders., Verfassungsprozessrecht: Grundrechtskontrolle des BVerfG bei Durchführung von Unionsrecht, Grundsätzliche Geltung der Grundrechte des Grundgesetzes bei Anwendung nicht abschließend determinierten Unionsrechts, Juristische Schulung 2020, S. 282–284

ders., Verfassungsprozessrecht: Verfassungsbeschwerde und Unionsgrundrechte, Kontrolle der Anwendung unionsrechtlich vollständig vereinheitlichter Regelungen durch deutsche Stellen allein anhand der Grundrechte der GRCh, Juristische Schulung 2020, S. 284–287

ders. (Hrsg.), Grundgesetz Kommentar, 9. Aufl., München 2021 (zitiert: *Bearbeiter*in*, in: Sachs, GG)

Sachverständigenrat zur Begutachtung der gesamtwirtschaftlichen Entwicklung, Jahresgutachten 2012/13 „Stabile Architektur für Europa – Handlungsbedarf im Inland", Statistisches Bundesamt, Wiesbaden 2012

Sapir, *André*, European Integration at the Crossroads: A Review Essay on the 50th Anniversary of Bela Balassa's Theory of Economic Integration, Journal of Economic Literature 49 (2011), S. 1200–1229

Sasse, *Christoph*, Anmerkungen zu Friedensgericht Mailand (erste Abteilung), Urt. v. 04.05.1966 in Sachen FLAMINO COSTA gegen ENEL, Europarecht 1966, S. 363–366

Sauer, *Heiko*, Jurisdiktionskonflikte in Mehrebenensystemen, Die Entwicklung eines Modells zur Lösung von Konflikten zwischen Gerichten unterschiedlicher Ebenen in vernetzen Rechtsordnungen, Berlin (u. a.) 2008

ders., Kompetenz- und Identitätskontrolle von Europarecht nach dem Lissabon-Urteil, Ein neues Verfahren vor dem Bundesverfassungsgericht?, Zeitschrift für Rechtspolitik 2009, S. 195–198

ders., Europas Richter Hand in Hand? – Das Kooperationsverhältnis zwischen BVerfG und EuGH nach Honeywell, Europäische Zeitschrift für Wirtschaftsrecht 2011, S. 94–97

ders., Vorrang ohne Hierarchie, Zur Bewältigung von Kollisionen zwischen Rechtsordnungen durch Rangordnungsnormen, Bindungsnormen, Derogationsnormen und Kollisionsnormen, Rechtstheorie 44 (2013), S. 503–539

ders., „Solange" geht in Altersteilzeit – Der unbedingte Vorrang der Menschenwürde vor dem Unionsrecht, Neue Juristische Wochenschrift 2016, S. 1134–1138

ders., Der novellierte Kontrollzugriff des Bundesverfassungsgerichts auf das Unionsrecht, Europarecht 2017, S. 186–205

ders., Demokratische Legitimation zwischen Staatsorganisationsrecht und grundrechtlichem Teilhabeanspruch, Ein Beitrag zum Verhältnis von Verfassungsrecht und Verfassungstheorie, Der Staat 58 (2019), S. 7–40

ders., Staatsrecht III, Auswärtige Gewalt, Bezüge des Grundgesetzes zu Völker- und Europarecht, 6. Aufl., München 2020

Saurer, *Johannes*, Der kompetenzrechtliche Verhältnismäßigkeitsgrundsatz im Recht der Europäischen Union, Juristenzeitung 2014, S. 281–286

Saurugger, *Sabine*, Theoretical Approaches to European Integration, Basingstoke (u. a.) 2014

Schachtschneider, *Karl Albrecht*, Anspruch auf Demokratie, Überlegungen zum Demokratierechtsschutz des Bürgers, Juristische Rundschau 1970, S. 401–409

Schäfer, *Thomas*, Die Dichotomie unseres Grundgesetzes, Europafreundlichkeit vs. Demokratieprinzip, in: Volker Bouffier, Hans-Detlef Horn, Roman Poseck, Henning Radtke, Christoph Safferling (Hrsg.), Grundgesetz und Europa, Liber Amicorum für Herbert Landau zum Ausscheiden aus dem Bundesverfassungsgericht, Tübingen 2016, S. 283–297

Scharpf, *Fritz W.*, Governing in Europe: Effective and Democratic?, Oxford, New York 1999

ders., Negative und positive Integration, in: Martin Höpner, Armin Schäfer (Hrsg.), Die Politische Ökonomie der europäischen Integration, Frankfurt a. M. 2008, S. 49–87 (zitiert: *Scharpf*, in: Höpner/A. Schäfer, Politische Ökonomie der europäischen Integration)

ders., Das Dilemma der supranationalen Demokratie in Europa, Leviathan 44 (2015), S. 11–28

Schiffbauer, *Björn*, Über Hoheitsrechte und deren „Übertragbarkeit", Archiv des öffentlichen Rechts 141 (2016), S. 551–593

Schilling, *Theodor*, Zur Wirkung von EG-Richtlinien, Versuch einer völkerrechtlichen Betrachtung, Zeitschrift für ausländisches öffentliches Recht und Völkerrecht 48 (1988), S. 637–682

ders., Artikel 24 Absatz 1 des Grundgesetzes, Artikel 177 des EWG-Vertrags und die Einheit der Rechtsordnung, Der Staat 29 (1990), S. 161–183

Schimmelfennig, *Frank*, Zwischen Neo- und Postfunktionalismus: Die Integrationstheorien und die Eurokrise, Politische Vierteljahresschrift 53 (2012), S. 394–413

ders., European integration (theory) in times of crisis, A comparison of the euro and Schengen crises, Journal of European Public Policy 25 (2018), S. 969–989

ders., Liberal Intergovernmentalism and the Crises of the European Union, Journal of Common Market Studies Special Issue Paper (2018), S. 1–17

ders., Von der Entgrenzung zur Eingrenzung: Krise und Wandel der europäischen Integration, integration 42 (2019), S. 247–261

Schlaich, *Klaus*/*Korioth*, *Stefan*, Das Bundesverfassungsgericht, Stellung, Verfahren, Entscheidungen, Ein Studienbuch, 12. Aufl., München 2021

Schmale, *Wolfgang*, Geschichte Europas, Wien (u. a.) 2001

Schmalenbach, *Kirsten*, Der neue Europaartikel 23 des Grundgesetzes im Lichte der Arbeit der Gemeinsamen Verfassungskommission, Motive einer Verfassungsänderung, Berlin 1996

Schmidt, *Siegmar*/*Schünemann*, *Wolf J.*, Europäische Union, Eine Einführung, 2. Aufl., Baden-Baden 2013

Schmidt, *Susanne K.*, Europäische Integration zwischen judikativer und legislativer Politik, in: Martin Höpner, Armin Schäfer (Hrsg.), Die Politische Ökonomie der europäischen Integration, Frankfurt a. M. 2008, S. 101–127 (zitiert: *Susanne K. Schmidt*, in: Höpner/A. Schäfer, Politische Ökonomie der europäischen Integration)

Schmidt-Bleibtreu, *Bruno*/*Klein*, *Franz*/*Bethge*, *Herbert* (Hrsg.), Bundesverfassungsgerichtsgesetz, begründet von Theodor Maunz, 61. EL, München 2021 (zitiert: *Bearbeiter*in*, in: Schmidt-Bleibtreu/Klein/Bethge, BVerfGG)

Schneider, *Karsten*, Der Ultra-vires-Maßstab im Außenverfassungsrecht, Skizze sicherer Vollzugszeitumgebungen für zwischenstaatliche und supranationale Integrationsprozesse, Archiv des öffentlichen Rechts 139 (2014), S. 196–256

Schnettger, *Anita*, Verbundidentität, Schutzgehalt, Funktionen und gerichtliche Durchsetzung des Art. 4 Abs. 2 S. 1 Var. 2 EUV, Tübingen 2020

Schöbener, *Burkhard* (Hrsg.), Europarecht, Lexikon zentraler Begriffe und Themen, Heidelberg 2019 (zitiert: *Bearbeiter*in*, in: Schöbener, Lexikon Europarecht)

Schockweiler, *Fernand*, Zur Kontrolle der Zuständigkeitsgrenzen der Gemeinschaft, Europarecht 1996, S. 123–136

Scholz, *Rupert*, Nationale und europäische Grundrechte – unter besonderer Berücksichtigung der Europäischen Grundrechtecharta, § 170, in: Detlef Merten, Hans-Jürgen Papier (Hrsg.), Handbuch der Grundrechte in Deutschland und Europa Band VI/2, Europäische Grundrechte II – Universelle Menschenrechte, Heidelberg 2009, S. 63–120 (zitiert: *Scholz*, in: Merten/Papier, HGR Bd. VI/2, § 170)

Schönberger, *Christoph*, Die Europäische Union als Bund, Zugleich ein Beitrag zur Verabschiedung des Staatenbund-Bundesstaat-Schemas, Archiv des öffentlichen Rechts 129 (2004), S. 81–120

ders., Die Europäische Union zwischen „Demokratiedefizit" und Bundesstaatsverbot, Der Staat 48 (2009), S. 535–558 *ders.*, Lisbon – Maastricht's Epigones At Sea, German Law Journal 10 (2009), S. 1201–1218

ders., Der introvertierte Rechtsstaat als Krönung der Demokratie? – Zur Entgrenzung von Art. 38 GG im Europaverfassungsrecht, Erwiderung zu Dietrich Murswiek JZ 2010, 702, Juristenzeitung 2010, S. 1160–1164

ders., Identitäterä, Verfassungsidentität zwischen Widerstandsformel und Musealisierung des Grundgesetzes, Jahrbuch des öffentlichen Rechts der Gegenwart. Neue Folge 63 (2015), S. 41–62

ders., Anmerkung [zu: BVerfG, Beschluss v. 15.12.2015 – 2 BvR 2735/14], Juristenzeitung 2016, S. 422–424

Schorkopf, Frank, Die Europäische Union im Lot, Karlsruhes Rechtsspruch zum Vertrag von Lissabon, Europäische Zeitschrift für Wirtschaftsrecht 2009, S. 718–724

ders., The European Union as An Association of Sovereign States: Karlsruhe's Ruling on the Treaty of Lisbon, German Law Journal 10 (2009), S. 1219–1240

ders., Zukünftige europäische Integrationsschritte – durch oder statt Demokratie?, in: Hans Michael Heinig, Jörg Philipp Terhechte (Hrsg.), Postnationale Demokratie, Postdemokratie, Neoetatismus, Wandel klassischer Demokratievorstellungen in der Rechtswissenschaft, Tübingen 2013, S. 61–75 (zitiert: *Schorkopf*, in: Heinig/Terhechte, Postnationale Demokratie, Postdemokratie, Neoetatismus)

ders., Die Europäische Union auf dem Weg aus der Krise?, Eine institutionelle Nachlese zur Europawahl 2014, Zeitschrift für Staats- und Europawissenschaften 12 (2014), S. 395–407

ders., Der Europäische Weg, Grundlagen der Europäischen Union, 2. Aufl., Tübingen 2015

ders., Die Politizität der europäischen Kompetenzordnung als Rechtsproblem, in: Reinhard Hendler, Martin Ibler, José Martínez (Hrsg.), Herausforderungen an die Kompetenzordnung der EU, Symposium zum 80. Geburtstag von Volkmar Götz, Berlin 2015, S. 11–25 (zitiert: *Schorkopf*, in: Hendler/Ibler/Martínez, Herausforderungen an die Kompetenzordnung der EU)

ders., Antwort auf eine entgrenzte Politik, FAZ Einspruch vom 08.05.2020

ders., Die Europäische Union auf dem Weg zur Fiskalunion, Integrationsfortschritt durch den Rechtsrahmen des Sonderhaushalts „Next Generation EU", Neue Juristische Wochenschrift 2020, S. 3085–3091

ders., Wer wandelt die Verfassung?, Das PSPP-Urteil des Bundesverfassungsgerichts und die Ultra-vires-Kontrolle als Ausdruck europäischer Verfassungskämpfe – zugleich Besprechung von BVerfG, Urteil v. 05.05.2010 – 2 BvR 859/15 u. a., Juristenzeitung 2020, S. 734–740

Schrader, Paul Tobias, Wissen im Recht, Definition des Gegenstandes der Kenntnis und Bestimmung des Kenntnisstandes als rechtlich relevantes Wissen, Tübingen 2017

Schröder, Meinhard, Das Bundesverfassungsgericht als Hüter des Staates im Prozess der europäischen Integration, Deutsches Verwaltungsblatt 1994, S. 316–325

ders., Gesetzesbindung des Richters und Rechtsweggarantie im Mehrebenensystem, Tübingen 2010

Schroeder, Werner, Zu eingebildeten und realen Gefahren durch kompetenzüberschreitende Rechtsakte der Europäischen Gemeinschaft, Europarecht 1999, S. 452–466

ders., Das Gemeinschaftsrechtssystem, Eine Untersuchung zu den rechtsdogmatischen, rechtstheoretischen und verfassungsrechtlichen Grundlagen des Systemdenkens im Europäischen Gemeinschaftsrecht, Tübingen 2002 *ders.*, Grenzen der Rechtsprechungsbefugnis des EuGH, in: Holger Altmeppen, Hans Fitz, Heinrich Honsell (Hrsg.), Festschrift für Günther H. Roth zum 70. Geburtstag, München 2011, S. 735–748

Schroeder, Werner/Müller, Andreas Th., Das Recht des Binnenmarkts, Entwicklungslinien, Herausforderungen und Perspektiven, in: Alice Wagner, Valentin Wedl (Hrsg.), Bilanz und Perspektiven zum europäischen Recht, Eine Nachdenkschrift anlässlich 50 Jahre Römische Verträge, Wien 2007, S. 87–111 (zitiert: *Schroeder/A. T. Müller*, in: Wagner/Wedl, Bilanz und Perspektiven zum europäischen Recht)

Schubert, Thure, Der Gemeinsame Markt als Rechtsbegriff – Die allgemeine Wirtschaftsfreiheit des EG-Vertrages, München 1999

Schulze, Reiner/Janssen, André/Kadelbach, Stefan (Hrsg.), Europarecht, Handbuch für die deutsche Rechtspraxis, 4. Aufl., Baden-Baden 2020 (zitiert: *Bearbeiter*in*, in: Schulze/Janssen/Kadelbach, Europarecht)

Schumacher, Nestor, Der Wortschatz der europäischen Integration, Eine onomasiologische Untersuchung des sog. ‚europäischen Sprachgebrauchs' im politischen und institutionellen Bereich, Düsseldorf 1976

Schwartz, Ivo E., 30 Jahre EG-Rechtsangleichung, in: Ernst-Joachim Mestmäcker, Möller Hans, Hans-Peter Schwarz (Hrsg.), Eine Ordnungspolitik für Europa, Festschrift für Hans von der Groeben zu seinem 80. Geburtstag, Baden-Baden 1987, S. 333–368

Schwarz, Siegfried, Zur Geschichte einer gemeinsamen europäischen Außenpolitik, WeltTrends 12 (2004), S. 51–63

Schwarze, Jürgen, Das allgemeine Völkerrecht in den innergemeinschaftlichen Rechtsbeziehungen, Europarecht 1983, S. 1–39

ders., Der Europäische Gerichtshof als Verfassungsgericht und Rechtsschutzinstanz – Einführung und Problemaufriß, in: Jürgen Schwarze (Hrsg.), Der Europäische Gerichtshof als Verfassungsgericht und Rechtsschutzinstanz, Referate und Diskussionsberichte der Tagung des Arbeitskreises Europäische Integration e. V. in Hamburg vom 2. bis 4. Juni 1983, Baden-Baden 1983, S. 11–28 (zitiert: *Schwarze*, in: Schwarze, Der Europäische Gerichtshof als Verfassungsgericht und Rechtsschutzinstanz)

ders., Europapolitik unter deutschem Verfassungsrichtervorbehalt, Neue Justiz 1994, S. 1–5

ders. (Hrsg.), EU-Kommentar, Baden-Baden 2000 (zitiert: *Bearbeiter*in*, in: Schwarze, EU-Kommentar, 1. Aufl. 2000)

ders., Die verordnete Demokratie, Zum Urteil des 2. Senates des BVerfG zum Lissabon-Vertrag, Europarecht 2010, S. 108–117

ders., Zukunftsaussichten für das Europäische Öffentliche Recht, Analyse im Lichte der jüngeren Rechtsentwicklung in den Mitgliedstaaten und der Europäischen Union, Baden-Baden 2010

ders., Das Abwägen von Zielen der europäischen Integration und mitgliedstaatlichen Interessen in der Rechtsprechung des EuGH, Europarecht 2013, S. 253–271

ders., Das Verhältnis von nationalem Recht und Europarecht im Wandel der Zeit, Band II, Baden-Baden 2013

ders., Die Wahrung des Rechts durch den Gerichtshof der Europäischen Union, Deutsches Verwaltungsblatt 2014, S. 537–543

Schwarze, Jürgen/Becker, Ulrich/Hatje, Armin/Schoo, Johann (Hrsg.), EU-Kommentar, 3. Aufl., Baden-Baden 2012 (zitiert: *Bearbeiter*in*, in: Schwarze/Becker/Hatje u. a., EU-Kommentar, 3. Aufl.)

dies. (Hrsg.), EU-Kommentar, 4. Aufl., Baden-Baden 2019 (zitiert: *Bearbeiter*in*, in: Schwarze/Becker/Hatje/Schoo, EU-Kommentar)

Schweitzer, *Michael/Dederer*, *Hans-Georg*, Staatsrecht III, Staatsrecht Europarecht Völkerrecht, 12. Aufl., Heidelberg 2020

Schwerdtfeger, *Angela*, Europäisches Unionsrecht in der Rechtsprechung des Bundesverfassungsgerichts – Grundrechts-, ultra-vires- und Identitätskontrolle im gewaltenteiligen Mehrebenensystem, Europarecht 2015, S. 290–309

Schyff, *Gerhard van der*, The Constitutional Relationship between the European Union and its Member States: The Role of National Identity in Article 4(2) TEU, European Law Review 37 (2012), S. 563–583

ders., EU Member State Constitutional Identity: A Comparison of Germany and the Netherlands as Polar Opposites, Zeitschrift für ausländisches öffentliches Recht und Völkerrecht 76 (2016), S. 167–191

ders., Exploring Member State and European Union Constitutional Identity, European Public Law 22 (2016), S. 227–241

Seeler, *Hans-Joachim*, Geschichte und Politik der Europäischen Integration, Baden-Baden 2008

Seiler, *Christian*, Der souveräne Verfassungsstaat zwischen demokratischer Rückbindung und überstaatlicher Einbindung, Tübingen 2005

Selmayr, *Martin/Prowald*, *Nicola*, Abschied von den „Solange"-Vorbehalten, Die wahre Bedeutung des „Kooperationsverhältnisses" des BVerfG zum EuGH, Deutsches Verwaltungsblatt 1999, S. 269–277

Sichert, *Markus*, Grenzen der Revision des Primärrechts in der Europäischen Union, Berlin 2005 (zitiert: *Sichert*, Grenzen der Revision des Primärrechts in der EU)

Siekmann, *Helmut*, Gerichtliche Kontrolle der Käufe von Staatsanleihen durch das Eurosystem, Anmerkungen zum PSPP-Urteil des BVerfG vom 05.05.2020, Europäische Zeitschrift für Wirtschaftsrecht 2020, S. 491–500

Simm, *Marion*, Der Gerichtshof der Europäischen Gemeinschaften im föderalen Kompetenzkonflikt, Kontinuität und Neubesinnung in der Rechtsprechung vor und nach „Maastricht", Baden-Baden 1998

Simon, *Sven*, Grenzen des Bundesverfassungsgerichts im europäischen Integrationsprozess, Tübingen 2016

ders., Konturen des kooperativen Verfassungspluralismus in Europa, Zeitschrift für Staats- und Europawissenschaften 14 (2016), S. 378–402

Simon, *Sven/Rathke*, *Hannes*, „Schlechterdings nicht mehr nachvollziehbar" – Warum?, Europäische Zeitschrift für Wirtschaftsrecht 2020, S. 500–503

Simson, *Werner von*, Die Souveränität im rechtlichen Verständnis der Gegenwart, Berlin 1965

ders., „Das Recht" in den Europäischen Gemeinschaften, in: Ernst-Joachim Mestmäcker, Möller Hans, Hans-Peter Schwarz (Hrsg.), Eine Ordnungspolitik für Europa, Festschrift für Hans von der Groeben zu seinem 80. Geburtstag, Baden-Baden 1987, S. 391–405

Simson, *Werner von/Schwarze*, *Jürgen*, Europäische Integration und Grundgesetz, Maastricht und die Folgen für das deutsche Verfassungsrecht, Berlin (u. a.) 1992

Skouris, *Vassilios*, Nationale Grundrechte und europäisches Gemeinschaftsrecht, § 171, in: Detlef Merten, Hans-Jürgen Papier (Hrsg.), Handbuch der Grundrechte in Deutschland und Europa Band VI/2, Europäische Grundrechte II – Universelle Menschenrechte, Heidelberg 2009, S. 121–150 (zitiert: *Skouris*, in: Merten/Papier, HGR Bd. VI/2, § 171)

ders., Der Vorrang des Europäischen Unionsrechts vor dem nationalen Recht, Unionsrecht bricht nationales Recht, Europarecht 2021, S. 3–27

Smend, *Rudolf*, Verfassung und Verfassungsrecht, München 1928

ders., Staat und Kirche nach dem Bonner Grundgesetz, Zeitschrift für evangelisches Kirchenrecht 1 (1951), S. 4–14

ders., Integrationslehre, in: Erwin von Beckerath, Hermann Bente, Carl Brinkmann, Erich Gutenberg, Gottfried Haberler, Horst Jecht, Walter Adolf Jöhr, Friedrich Lütge, Andreas Predöhl, Reinhard Schaeder, Walter Schmidt-Rimpler, Werner Weber, Leopold von Wiese (Hrsg.), Handwörterbuch der Sozialwissenschaften, zugleich Neuauflage des Handwörterbuch der Staatswissenschaften, fünfter Band, Tübingen 1956, S. 299–302 (zitiert: *Smend*, in: von Beckerath/Bente/Brinkmann u. a., HDSW, Bd. 5)

Sommermann, *Karl-Peter*, Staatsziele und Staatszielbestimmungen, Tübingen 1997

Sonder, *Nicolas*, Was ist Integrationsverantwortung?, Kritische Überlegungen zu den verfassungsrechtlichen Vorgaben des Bundesverfassungsgerichts und der Umsetzung im IntVG, Krtiv 94 (2011), S. 214–225

Spieker, *Luke Dimitrios*, Die Identitätskontrolle des Bundesverfassungsgerichts und ihr Verhältnis zum Schutz der nationalen Identität durch den EuGH, in: Matthias Klatt (Hrsg.), Jurisdiktionskonflikte, Baden-Baden 2015, S. 111–143 (zitiert: *Spieker*, in: Klatt, Jurisdiktionskonflikte)

ders., Framing and managing constitutional identity conflicts: How to stabilize the modus vivendi between the Court of Justice and national constitutional courts, Common Market Law Review 57 (2020), S. 361–398

Spinelli, *Altiero*, Manifest der Europäischen Föderalisten, Frankfurt a. M. 1958

Spolaore, *Enrico*, What Is European Integration Really About? A Political Guide for Economists, Journal of Economic Perspectives 27 (2013), S. 125–144

Staffler, *Lukas*, Verfassungsidentität und strafrechtliche Verjährung, Das (vorläufige) Ende des Konflikts zweier Höchstgerichte in der Rechtssache Taricco, Europäische Grundrechte-Zeitschrift 2018, S. 613–619

Steeg, *Marcus ter*, Eine neue Kompetenzordnung für die EU, Die Reformüberlegungen des Konvents zur Zukunft Europas, Europäische Zeitschrift für Wirtschaftsrecht 2003, S. 325–330

Steiger, *Heinhard*, Staatlichkeit und Mitgliedstaatlichkeit – Deutsche staatliche Identität und Europäische Integration, Europarecht Beiheft 1 (2010), S. 57–79

Stein, *Shimon*/*Lewy*, *Mordechay*, Von Einzigartigkeit über Normalität zu Staatsräson: 50 Jahre diplomatische Beziehungen, Essay, Aus Politik und Zeitgeschichte 65 (6) (2015), S. 3–8

Stein, *Torsten*, Demokratische Legitimierung auf supranationaler und internationaler Ebene, Zeitschrift für ausländisches öffentliches Recht und Völkerrecht 64 (2004), S. 563–570

ders., Zwischenruf, Arrivederci Karlsruhe …, Zeitschrift für Rechtspolitik 2010, S. 265–266

Steinbeis, *Maximilian*, Der Krieg der Richter findet nicht statt, in: Maximilian Steinbeis, Alexandra Kemmerer, Christoph Möllers (Hrsg.), Krise und Konstitutionalisierung in Europa, Verfassungsblog I, Baden-Baden 2015, S. 97–100 (zitiert: *Steinbeis*, in: Steinbeis/Kemmerer/Möllers, Krise und Konstitutionalisierung in Europa)

Steinberger, Helmut, Aspekte der Rechtsprechung des Bundesverfassungsgerichts zum Verhältnis zwischen Europäischem Gemeinschaftsrecht und deutschem Recht, in: Kay Hailbronner, Georg Ress, Stein Torsten (Hrsg.), Staat und Völkerrechtsordnung, Festschrift für Karl Doehring, Berlin (u. a.) 1989, S. 951–968

ders., Die Europäische Union im Lichte der Entscheidung des Bundesverfassungsgerichts vom 12. Oktober 1993, in: Ulrich Beyerlin, Michael Bothe, Rainer Hofmann, Ernst-Ulrich Petersmann (Hrsg.), Recht zwischen Umbruch und Bewahrung: Völkerrecht, Europarecht, Staatsrecht, Festschrift für Rudolf Bernhardt, Berlin (u. a.) 1995, S. 1313–1335

Stern, Klaus, Das Staatsrecht der Bundesrepublik Deutschland, Band I: Grundbegriffe und Grundlagen des Staatsrechts, Strukturprinzipien der Verfassung, 2. Aufl., München 1984

ders., Das Staatsrecht der Bundesrepublik Deutschland, Band III: Allgemeine Lehren der Grundrechte, 1. Halbband, München 1988

ders., Das Recht ist längst europäisiert, Eine europäische Verfassung wäre ein Zeichen, Anwaltsblatt 2007, S. 591–592

Stettner, Rupert, Grundfragen einer Kompetenzlehre, Berlin 1983

ders., Europäisches Gemeinschaftsrecht als Quelle der Rechtsfindung deutscher Gerichte 1974–1984, Archiv des öffentlichen Rechts 111 (1984), S. 537–594

Streinz, Rudolf, Bundesverfassungsgerichtlicher Grundrechtsschutz und Europäisches Gemeinschaftsrecht, Die Überprüfung grundrechtsbeschränkender deutscher Begründungs- und Vollzugsakte von Europäischem Gemeinschaftsrecht durch das Bundesverfassungsgericht, Baden-Baden 1989

ders., Das Maastricht-Urteil des Bundesverfassungsgerichts, Anmerkungen zu BVerfG, EuZW 1993, 667, Europarecht 1994, S. 329–333

ders., Das Grundgesetz: Europafreundlichkeit und Europafestigkeit, Zum Lissabon-Urteil des Bundesverfassungsgerichts, Zeitschrift für Politik 56 (2009), S. 467–492

ders., Die Rolle des EuGH im Prozess der Europäischen Integration, Anmerkungen zu gegenläufigen Tendenzen in der neueren Rechtsprechung, Archiv des öffentlichen Rechts 135 (2010), S. 1–28

ders., Die Interpretationsmethoden des Europäischen Gerichtshofs zum Vorantreiben der Integration, in: Bernd Rill (Hrsg.), Die Dynamik der Europäischen Integration, Argumente und Materialien zum Zeitgeschehen Nr. 74, München 2011, S. 27–40 (zitiert: *Streinz*, in: Rill, Die Dynamik der Europäischen Integration)

ders., Mangold nicht hinreichend qualifiziert ultra vires – Zur Reduktion der Ultra-vires-Kontrolle im Honeywell-Urteil des Bundesverfassungsgerichts, in: Holger Altmeppen, Hans Fitz, Heinrich Honsell (Hrsg.), Festschrift für Günther H. Roth zum 70. Geburtstag, München 2011, S. 823–830

ders., Der Kontrollvorbehalt des BVerfG gegenüber dem EuGH, in: Michael Sachs, Helmut Siekmann (Hrsg.), Der grundrechtsgeprägte Verfassungsstaat, Festschrift für Klaus Stern zum 80. Geburtstag, Berlin 2012, S. 963–980

ders., Grundrechtsschutz im europäischen Mehrebenensystem – Die Schutzniveauklausel des Art. 53 EU-Grundrechtecharta in der Rechtsprechung des EuGH, in: Martin Kment (Hrsg.), Das Zusammenwirken von deutschem und europäischem Öffentlichen Recht, Festschrift für Hans D. Jarass zum 70. Geburtstag, München 2015, S. 133–144

ders., Die Verfassungsidentität der Mitgliedstaaten und das Recht der Europäischen Union, in: Cordula Stumpf, Friedemann Kainer, Christian Baldus (Hrsg.), Privatrecht, Wirtschaftsrecht, Verfassungsrecht, Privatinitiative und Gemeinwohlhorizonte in der europäischen Integration, Festschrift für Peter-Christian Müller-Graff zum 70. Geburtstag am 29. September 2015, Baden-Baden 2015, S. 1193–1206

ders. (Hrsg.), EUV/AEUV, Vertrag über die Europäische Union und Vertrag über die Arbeitsweise der Europäischen Union, 3. Aufl., München 2018 (zitiert: *Bearbeiter*in*, in: Streinz, EUV/AEUV)

ders., Europarecht, 11. Aufl., Heidelberg 2019

ders., Die Europarechts-Rechtsprechung des Bundesverfassungsgerichts und ihre Rezeption in der Politik, Europäisches Wirtschafts- und Steuerrecht 2019, S. 241–254

Streinz, *Rudolf*/*Ohler*, *Christoph*/*Herrmann*, *Christoph*, Der Vertrag von Lissabon zur Reform der EU, 3. Aufl., München 2010

Sweet, *Alec Stone*, Governing with Judges, Constitutional Politics in Europe, reprinted 2002, Oxford, New York 2000

Swoboda, *Sabine*, Definitionsmacht und ambivalente justizielle Entscheidungen, Der Dialog der europäischen Gerichte über Grundrechtsschutzstandards und Belange der nationalen Verfassungsidentität, Zeitschrift für Internationale Strafrechtsdogmatik 2018, S. 267–295

Sydow, *Gernot*/*Wittreck*, *Fabian*, Deutsches und Europäisches Verfassungsrecht I, Prinzipien, Institutionen, Verfahren, 2. Aufl., München 2020

Temming, *Felipe*, Freie Rechtsschöpfung oder nicht: Der Streit um die EuGH-Entscheidung Mangold spitzt sich zu, Neue Juristische Wochenschrift 2008, S. 3404–3406

Terhechte, *Jörg Philipp*, Temporäre Durchbrechung des Vorrangs des europäischen Gemeinschaftsrechts beim Vorliegen „inakzeptabler Regelungslücken"?, Europarecht 2006, S. 828–847

ders., Rechtsangleichung zwischen Gemeinschafts- und Unionrechts – die Richtlinie über die Vorratsdatenspeicherung vor dem EuGH, Europäische Zeitschrift für Wirtschaftsrecht 2009, S. 199–204

ders., Souveränität, Dynamik und Integration – making up the rules as we go along?, Anmerkungen zum Lissabon-Urteil des Bundesverfassungsgerichts, Europäische Zeitschrift für Wirtschaftsrecht 2009, S. 724–731

Tettinger, *Peter J.*/*Stern*, *Klaus* (Hrsg.), Kölner Gemeinschaftskommentar zur Europäische Grundrechte-Charta, Kommentar, München 2006 (zitiert: *Bearbeiter*in*, in: Tettinger/Stern, Kölner GK GRCh)

Thiele, *Alexander*, Die Integrationsidentität des Art. 23 Abs. 1 GG als (einzige) Grenze des Vorrangs des Europarechts, Europarecht 2017, S. 367–380

Thiele, *Martin*, Motor der Integration, Europarechtsgeschichtliche Grundlegung der Europäischen Kommission, Tübingen 2019

Thiemann, *Barbara*, Kooperation und Verfassungsvorbehalte im Ausgleich, Anleihen aus dem europäischen Verfassungsgerichtsverbund für eine Kooperation mit den WTO-Rechtsprechungsorganen, München 2016

Thiemeyer, *Guido*, Europäische Integration, Motive – Prozesse – Strukturen, Köln (u. a.) 2010

Thym, *Daniel*, Ungleichzeitigkeit und europäisches Verfassungsrecht, Die Einbettung der verstärkten Zusammenarbeit, des Schengener Rechts und anderer Formen von Ungleichzeitigkeiten in den einheitlichen rechtlichen und institutionellen Rahmen der Europäischen Union, Baden-Baden 2004

ders., Europäische Integration im Schatten souveräner Staatlichkeit, Anmerkungen zum Lissabon-Urteil des Bundesverfassungsgerichts, Der Staat 48 (2009), S. 559–586 *ders.*, Attack or retreat? Evolving themes and strategies of the judicial dialogue between the German Constituional Court and the European Court of Justice, Chapter 9, in: Monica Claes, Maartje de Visser, Patricia Popelier, Catherine van der Heyning (Hrsg.), Constitutional Conversations in Europe, Actors, Topics and Procedures, Cambridge (u. a.) 2012, S. 235–249 (zitiert: *Thym*, in: Claes/de Visser/Popelier u. a., Constitutional Conversations in Europe)

ders., Die Reichweite der EU-Grundrechte-Charta – Zu viel Grundrechtsschutz?, Neue Zeitschrift für Verwaltungsrecht 2013, S. 889–896

ders., Separation versus Fusion – or: How to Accommodate National Autonomy and the Charter?, Diverging Visions of the German Constitutional Court and the European Court of Justice, European Constitutional Law Review 9 (2013), S. 391–419

ders., Blaupausenfallen bei der Abgrenzung von Grundgesetz und Grundrechtecharta, Die Öffentliche Verwaltung 2014, S. 941–951

ders., Vereinigt die Grundrechte!, Juristenzeitung 2015, S. 53–61

ders., Freundliche Übernahme, oder: die Macht des „ersten Wortes“– „Recht auf Vergessen“ als Paradigmenwechsel, Juristenzeitung 2020, S. 1017–1027

Tinbergen, Jan, International Economic Integration, second, completely revised, edition of international economic co-operation, Amsterdam 1954

Tischendorf, Michael, Theorie und Wirklichkeit der Integrationsverantwortung deutscher Verfassungsorgane, Vom Scheitern eines Konzepts und seiner Überwindung, Tübingen 2017

Tomuschat, Christian, Die Europäische Union unter Aufsicht des Bundesverfassungsgerichts, Europäische Grundrechte-Zeitschrift 1993, S. 489–496

ders., Das Endziel der europäischen Integration, Maastricht ad infinitum?, Deutsches Verwaltungsblatt 1996, S. 1073–1082

ders., The Defence of National Identity by the German Constitutional Court, Chapter 10, in: Alejandro Saiz Arnaiz, Carina Alcoberro Llivina (Hrsg.), National Constitutional Identity and European Integration, Cambridge (u. a.) 2013, S. 205–219 (zitiert: *Tomuschat*, in: Saiz Arnaiz/Llivina, National Constitutional Identity and European Integration)

ders., Die Entwicklung der Rechtspolitik und Rechtskultur unter besonderer Berücksichtigung der Urteile der europäischen Gerichte und des Bundesverfassungsgerichts, in: Werner Weidenfeld, Wolfgang Wessels (Hrsg.), Jahrbuch der europäischen Integration 2015, Baden-Baden 2015, S. 43–54 (zitiert: *Tomuschat*, in: Weidenfeld/Wessels, Jahrbuch der europäischen Integration 2015)

Toros, Fabian/Weiß, Martin, Echte Kooperation?! – Wandel des Grundrechtsschutzes im Mehrebenensystem, Zu den Entscheidungen „Recht auf Vergessen I“ und „Recht auf Vergessen II“ des BVerfG, Zeitschrift für das Juristische Studium 2020, S. 100–108

Trachtmann, Joel P., International trade: regionalism, in: Andrew T. Guzman, Alan O. Sykes (Hrsg.), Research Handbook in International Economic Law, Cheltenham 2007, S. 151–176 (zitiert: *Trachtmann*, in: Guzman/Sykes, Research Handbook in International Economic Law)

Trstenjak, Verica, Die Kooperation zwischen dem Gerichtshof der Europäischen Union und den nationalen Gerichten, insbesondere in Bezug auf die Grundrechtecharta, in: Christoph Grabenwarter, Erich Vranes (Hrsg.), Kooperation der Gerichte im europäischen Verfassungsverbund, Grundfragen und neueste Entwicklungen, Wien (u. a.) 2013, S. 13–34 (zitiert: *Trstenjak*, in: Grabenwarter/Vranes, Kooperation der Gerichte im europäischen Verfassungsverbund)

Tsatsos, Dimitris Th., Die Europäische Unionsgrundordnung im Schatten der Effektivitätsdiskussion, Prolegomena zur Regierungskonferenz 2000, Jahrbuch des öffentlichen Rechts der Gegenwart. Neue Folge 49 (2001), S. 63–78

Uhle, Arnd, Freiheitlicher Verfassungsstaat und kulturelle Identität, Tübingen 2004

Ukrow, Jörg, Von Luxemburg lernen heißt Integrationsgrenzen bestimmen, Anmerkungen zur Vorlage-Entscheidung des Bundesverfassungsgerichts vom 14. Januar 2014, Zeitschrift für Europarechtliche Studien 2014, S. 119–139

Ullrich, Hanns, BVerfG contra EuGH: Der PSPP-Konflikt, Europäisches Wirtschafts- und Steuerrecht 2020, S. 301–323

Umbach, Dieter/Clemens, Thomas/Dollinger, Franz-Wilhelm (Hrsg.), Bundesverfassungsgerichtsgesetz: Mitarbeiterkommentar und Handbuch, 2. Aufl., Heidelberg 2005 (zitiert: *Bearbeiter*in*, in: Umbach/Clemens/Dollinger, BVerfGG)

Vedder, Christoph/Heintschel von Heinegg, Wolff (Hrsg.), Europäisches Unionsrecht, EUV/AEUV/GRCh/EAGV, Handkommentar, 2. Aufl., Baden-Baden 2018 (zitiert: *Bearbeiter*in*, in: Vedder/Heintschel von Heinegg, Europäisches Unionsrecht)

Verdross, Alfred/Simma, Bruno, Universelles Völkerrecht, Theorie und Praxis, 3. Aufl. 1984

Viellechner, Lars, Nach den großen Erzählungen: Möglichkeiten und Grenzen von Verfassungspluralismus in der Krise der EU, in: Claudio Franzius, Franz Christian Mayer, Jürgen Neyer (Hrsg.), Die Neuerfindung Europas, Bedeutung und Gehalte von Narrativen für die europäische Integration, Baden-Baden 2019, S. 179–194 (zitiert: *Viellechner*, in: Franzius/Mayer/Neyer, Die Neuerfindung Europas)

Viganò, Francesco, Melloni overruled? Considerations on the ‚Taricco II' judgment of the Court of Justice, New Journal of European Criminal Law 9 (2018), S. 18–23

Vitzthum, Wolfgang Graf/Proelß, Alexander (Hrsg.), Völkerrecht, 8. Aufl., Berlin (u. a.) 2018 (zitiert: *Bearbeiter*in*, in: Graf Vitzthum/Proelß, Völkerrecht)

Vogel, Klaus, Die Verfassungsentscheidung des Grundgesetzes für eine internationale Zusammenarbeit, Ein Diskussionsbeitrag zu einer Frage der Staatstheorie sowie des geltenden deutschen Staatsrechts, Tübingen 1962

Voigt, Stefan, Kommentar zu Christian Hillgruber und Carl Otto Lenz, Spielräume des EuGH – eine ökonomische Analyse, in: Peter Behrens, Thomas Eger, Hans-Bernd Schäfer (Hrsg.), Ökonomische Analyse des Europarechts, Beiträge zum XII. Travemünder Symposium zur ökonomischen Analyse des Rechts (24. bis 26. März 2010), Tübingen 2012, S. 37–46 (zitiert: *Voigt*, in: Behrens/Eger/H.-B. Schäfer, Ökonomische Analyse des Europarechts)

Voigts, Helge-Marten, Die Subjektivierung von Gemeinwohlinteressen als Demokratisierung der Verwaltung, Berlin 2016

Volkmann, Uwe, Die zwei Begriffe der Demokratie – Von der Unübertragbarkeit staatsbezogener Demokratievorstellung in überstaatliche Räume, in: Klaus Hofmann, Kolja Naumann (Hrsg.), Europäische Demokratie in guter Verfassung?, Tagungsband zum Kolloquium von Mehr Demokratie e. V. und der Demokratie-Stiftung an der Universität zu Köln, Baden-Baden 2010, S. 14–32 (zitiert: *Volkmann*, in: Hofmann/Naumann, Europäische Demokratie in guter Verfassung?)

ders., Vom Ursprung und Ziel der Europäischen Union: Die Perspektive der Rechtswissenschaft, in: Gregor Kirchhof, Hanno Kube, Reiner Schmidt (Hrsg.), Vom Ursprung und Ziel der Europäischen Union, Elf Perspektiven, 2. Aufl., Tübingen 2017, S. 57–74 (zitiert: *Volkmann*, in: G. Kirchhof/Kube/R. Schmidt, Vom Ursprung und Ziel der EU)

Vorländer, *Hans*, Regiert Karlsruhe mit? Das Bundesverfassungsgericht zwischen Recht und Politik, Aus Politik und Zeitgeschichte 61 (35–36) (2011), S. 15–23

Voßkuhle, *Andreas*, Der europäische Verfassungsgerichtsverbund, Neue Zeitschrift für Verwaltungsrecht 2010, S. 1–8

ders., Die Integrationsverantwortung des Bundesverfassungsgerichts, Die Verwaltung Beiheft 10 (2010), S. 229–240

ders., „Noch mehr Europa lässt das Grundgesetz kaum zu", Frankfurter Allgemeine Sonntagszeitung vom 25.09.2011, Nr. 38, S. 36–37

ders., „Integration durch Recht" – Der Beitrag des Bundesverfassungsgerichts, Juristenzeitung 2016, S. 161–168

ders., Die Zukunft der Verfassungsgerichtsbarkeit in Deutschland und Europa, Europäische Grundrechte-Zeitschrift 2020, S. 165–171

Vries, *Sybe Alexander de*, The Protection of Fundamental Rights within Europe's Internal Market after Lisbon – An Endeavour for More Harmony, in: Sybe Alexander de Vries, Ulf Bernitz, Stephen Weatherill (Hrsg.), The Protection of Fundamental Rights in the EU After Lisbon, Oxford (u. a.) 2013, S. 59–94 (zitiert: *de Vries*, in: de Vries/Bernitz/Weatherill, The Protection of Fundamental Rights in the EU After Lisbon)

Wagner, *Heinz*, Monismus und Dualismus: eine methodenkritische Betrachtung zum Theorienstreit, Archiv des öffentlichen Rechts 89 (1964), S. 212–241

ders., Grundbegriffe des Beschlussrechts der Europäischen Gemeinschaft, Köln (u. a.) 1965

ders., Die Vorstellung der Eigenständigkeit in der Rechtswissenschaft, Ein Beitrag zur juristischen Systematik und Terminologie, Berlin 1967

Wahl, *Rainer*, Die Schwebelage im Verhältnis von Europäischer Union und Mitgliedstaaten, Der Staat 48 (2009), S. 587–614

Walter, *Christian*, Europäische und nationale Identität in der Wechselwirkung: Überlegungen zur Integration durch Verfassungsrecht am Beispiel des Staatskirchenrechts, in: Winfried Kluth (Hrsg.), Europäische Integration und nationales Verfassungsrecht, Eine Analyse der Einwirkungen der Europäischen Integration auf die mitgliedstaatlichen Verfassungssysteme und ein Vergleich ihrer Reaktionsmodelle, Baden-Baden 2007, S. 65–83 (zitiert: *C. Walter*, in: Kluth, Europäische Integration und nationales Verfassungsrecht)

Walter, *Christian*/*Vordermayer*, *Markus*, Verfassungsidentität als Instrument richterlicher Selbstbeschränkung in transnationalen Integrationsprozessen, Vergleichende Überlegungen anhand der Rechtsprechung von EuGH und EGMR, Jahrbuch des öffentlichen Rechts der Gegenwart. Neue Folge 63 (2015), S. 129–166

Walter, *Konrad*, Rechtsfortbildung durch den EuGH, Eine rechtsmethodische Untersuchung ausgehend von der deutschen und französischen Methodenlehre, Berlin 2009

Walter, *Maja*, Integrationsgrenze Verfassungsidentität – Konzept und Kontrolle aus europäischer, deutscher und französischer Perspektive, Zeitschrift für ausländisches öffentliches Recht und Völkerrecht 72 (2012), S. 177–200

Watson, *J. Shand*, Autointerpretation, Competence, and the Continuing Validity of Article 2(7) of the UN Charter, American Journal of International Law 71 (1977), S. 60–83

Wegener, *Bernhard W.*, Karlsruher Unheil – Das Urteil des Bundesverfassungsgerichts vom 5. Mai 2020 (2 BvR 859/15) in Sachen Staatsanleihekäufe der Europäischen Zentralbank, Europarecht 2020, S. 347–363

Wehmhörner, *Christian*, Das BVerfG, der EuGH und die Europäische Bankenunion, Neue Zeitschrift für Verwaltungsrecht 2020, S. 342–437

Weiler, *Joseph H. H.*, The Community System: the Dual Character of Supranationalism, Yearbook of European Law 1 (1981), S. 267–306

ders., Eurocacy and Distrust: Some Questions Concerning the Role of the European Court of Justice in the Protection of Fundamental Human Rights Within the Legal Order of the European Communities, Washington Law Review 61 (1986), S. 1103–1142

ders., The Transformation of Europe, The Yale Law Journal 100 (1991), S. 2403–2483

ders., A Quiet Revolution, The European Court of Justice and Its Interlocutors, Comperative Political Studies 26 (1994), S. 510–534

ders., Fundamental rights and fundamental boundaries: On standards and values in the protection of human rights, in: Nanette A. Neuwahl, Allan Rosas (Hrsg.), The European Union and Human Rights, Den Haag (u. a.) 1995, S. 51–76 (zitiert: *Weiler*, in: Neuwahl/Rosas, The European Union and Human Rights)

ders., The State „über alles" – Demos, Telos and the German Maastricht Decision, in: Ole Due, Marcus Lutter, Jürgen Schwarze (Hrsg.), Festschrift für Ulrich Everling, Band II, Baden-Baden 1995, S. 1651–1688

ders., The Constitution of Europe, „Do the New Clothes Have an Emperor?" And Other Essays on European Integration, reprinted 2000, 2002, Cambridge 1999

ders., On the power of the World: Europe's constitutional iconography, International Journal of Constitutional Law 3 (2005), S. 173–190

ders., Epilogue, in: Daniel Augenstein (Hrsg.), ‚Integration through Law' Revisited, The Making of the European Polity, first issued in paperback, London (u. a.) 2016, S. 175–179 (zitiert: *Weiler*, in: Augenstein, ‚Integration through Law' Revisited)

Weinzierl, *Josef*, Der EuGH erklärt erstmalig nationales Recht für ungültig, Anmerkung zum Urteil des EuGH v. 26.02.2019, Rs. C-202/18 (Rimšēvičs), Europarecht 2019

Weiß, *Wolfgang*, Grundrechtsschutz durch den EuGH: Tendenzen seit Lissabon, Europäische Zeitschrift für Wirtschaftsrecht 2013, S. 287–292

Wendel, *Mattias*, Permeabilität im europäischen Verfassungsrecht, Verfassungsrechtliche Integrationsnormen auf Staats- und Unionsebene im Vergleich, Tübingen 2011

ders., Richterliche Rechtsvergleichung als Dialogform: Die Integrationsrechtsprechung nationaler Verfassungsgerichte in gemeineuropäischer Perspektive, Der Staat 52 (2013), S. 339–370

ders., Kompetenzrechtliche Grenzgänge: Karlsruhes Ultra-vires-Vorlage an den EuGH, Zeitschrift für ausländisches öffentliches Recht und Völkerrecht 2014, S. 615–670

ders., Nationale Identität als Narrativ der europäischen Integration?, in: Claudio Franzius, Franz Christian Mayer, Jürgen Neyer (Hrsg.), Die Neuerfindung Europas, Bedeutung und Gehalte von Narrativen für die europäische Integration, Baden-Baden 2019, S. 51–66 (zitiert: *Wendel*, in: Franzius/Mayer/Neyer, Die Neuerfindung Europas)

ders., Das Bundesverfassungsgericht als Garant der Unionsgrundrechte, Zugleich Besprechung von BVerfG, Beschlüsse v. 6. 11. 2019 – 1 BvR 16/13 (Recht auf Vergessen I) und 1 BvR 276/17 (Recht auf Vergessen II), Juristenzeitung 2020, S. 157–168

Wessel, *Ramses A.*, Reconsidering the relationship between international and EU law: towards a content-based approach?, in: Enzo Cannizzaro, Paolo Palchetti, Ramses A. Wessel (Hrsg.), International Law as Law of the European Union, Leiden (u. a.) 2012, S. 7–33 (zitiert: *Wessel*, in: Cannizzaro/Palchetti/Wessel, International Law as Law of the EU)

Wessels, Wolfgang, Jean Monnet – Mensch und Methode, Überschätzt und überholt?, Reihe Politikwissenschaft des Instituts für Höhere Studien (IHS), Wien, Band 74 (2001), S. 1–16

Wessels, Wolfgang/Faber, Anne, Vom Verfassungskonvent zurück zur „Methode Monnet"? Die Entstehung der „Road map" zum EU-Reformvertrag unter deutscher Ratspräsidentschaft, integration 30 (2007), S. 370–381

Wieland, Joachim, Verfassungsrechtliche Grundlagen und Grenzen für einen Einsatz der Bundeswehr, Deutsches Verwaltungsblatt 1991, S. 1174–1182

ders., Der EuGH im Spannungsverhältnis zwischen Rechtsanwendung und Rechtsgestaltung, Neue Juristische Wochenschrift 2009, S. 1841–1845

Wieland, Michael, Vorrangdogmatik und Rücksichtnahme auf die Identität der nationalen Verfassungen in der Rechtsprechung des Europäischen Gerichtshofs, München, Univ., Diss., 2014

Wiemers, Matthias, Zur Staatsaufgabenlehre des Bundesverfassungsgerichts im „Lissabon-Urteil", Ein Beitrag zur Finalität der Integration Europas?, Kritische Vierteljahresschrift für Gesetzgebung und Rechtswissenschaft 94 (2011), S. 226–238

Winkelmann, Ingo, Das Maastricht-Urteil des Bundesverfassungsgerichts vom 12. Oktober 1993, Dokumentation des Verfahrens mit Einführung, Berlin 1994

Wischmeyer, Thomas, Nationale Identität und Verfassungsidentität, Schutzgehalte, Instrumente, Perspektiven, Archiv des öffentlichen Rechts 140 (2015), S. 415–460

Witte, Bruno de, Retour à „Costa", La primauté du droit communautaire à la lumière du droit international, Revue trimestrielle de droit européenne 20 (1984), S. 425–454

ders., Direct Effect, Primacy, and the Nature of the Legal Order, in: Paul Craig, Gráinne de Búrca (Hrsg.), The Evolution of EU Law, 2. Aufl., Oxford (u. a.) 2011, S. 323–362 (zitiert: *de Witte*, in: Craig/de Búrca, The Evolution of EU Law)

Wolf, Alexander, Prozessuale Probleme des „Maastricht"-Urteils des Bundesverfassungsgerichts, Frankfurt a. M. 1999

Wolf, Dieter, Neo-Funktionalismus, in: Hans-Jürgen Bieling, Marika Lerch (Hrsg.), Theorien der europäischen Integration, 3. Aufl., Wiesbaden 2012, S. 54–76 (zitiert: *D. Wolf*, in: Bieling/Lerch, Theorien der europäischen Integration)

Wolff, Hans J., Organschaft und Juristische Person – Untersuchung zur Rechtstheorie und zum öffentlichen Recht, Zweiter Band, Theorie der Vertretung, Berlin 1934

Wölker, Ulrich, Die Normenhierarchie im Unionsrecht in der Praxis, Europarecht 2007, S. 32–56

Wollenschläger, Ferdinand, Völkerrechtliche Flankierung des EU-Integrationsprogramms als Herausforderung für den Europa-Artikel des Grundgesetzes (Art. 23 GG), Am Beispiel von ESM-Vertrag und Fiskalpakt, Neue Zeitschrift für Verwaltungsrecht 2012, S. 713–719

ders., Anwendbarkeit der EU-Grundrechte im Rahmen einer Beschränkung von Grundfreiheiten, Bestätigung der ERT-Rechtsprechung durch den EuGH auch unter der Grundrechtecharta, Europäische Zeitschrift für Wirtschaftsrecht 2014, S. 577–580

Wouters, Jan, National Constitutions and the European Union, Legal Issues of Economic Integration 27 (2000), S. 25–91

Wunderlich, Nina, Subsidiaritätsprinzip – Einige Bemerkungen aus Sicht der Praxis, in: Jürgen Schwarze (Hrsg.), Das Verhältnis von nationalem Recht und Europarecht im Wandel der Zeit, Band I, Baden-Baden 2012, S. 86–92 (zitiert: *Wunderlich*, in: Schwarze, Das Verhältnis von nationalem Recht und Europarecht Bd. I)

Wunderlich, Nina/Hickl, Britta, Zum Einwand der Grundrechtswidrigkeit von Richtlinien in Vertragsverletzungsverfahren vor dem Europäischen Gerichtshof, Europarecht 2013, S. 107–115

Zellentin, Gerda, Der Funktionalismus – eine Strategie gesamteuropäischer Integration?, in: Michael Kreile (Hrsg.), Die Integration Europas, PVS-Sonderheft 23, Opladen 1992, S. 62–77

Ziller, Jaques, Das Verhältnis von nationalem Recht und Europarecht im Wandel der Zeit: „Relire Van Gend en Loos", in: Jürgen Schwarze (Hrsg.), Das Verhältnis von nationalem Recht und Europarecht im Wandel der Zeit, Band I, Baden-Baden 2012, S. 37–46 (zitiert: *Ziller*, in: Schwarze, Das Verhältnis von nationalem Recht und Europarecht Bd. I)

Zimmerling, Ruth, Externe Einflüsse auf die Integration von Staaten, Zur politikwissenschaftlichen Theorie regionaler Zusammenschlüsse, Freiburg i. Br. (u. a.) 1991

Zuck, Rüdiger, Das Gerede vom gerichtlichen Kooperationsverhältnis, Neue Juristische Wochenschrift 1994, S. 978–979

Zuck, Rüdiger/Lenz, Christofer, Verfassungsrechtlicher Rechtsschutz gegen Europa, Prozessuale Möglichkeiten vor den Fachgerichten und dem BVerfG gegen Rechtsakte der Europäischen Gemeinschaft, Neue Juristische Wochenschrift 1997, S. 1193–1200

Zuleeg, Manfred, Das Recht der Europäischen Gemeinschaften im innerstaatlichen Bereich, Köln (u. a.) 1969

ders., Der Bestand der Europäischen Gemeinschaft, in: Roland Bieber, Albert Bleckmann, Francesco Capotorti (Hrsg.), Das Europa der zweiten Generation, Gedächtnisschrift für Christoph Sasse, Band I, Baden-Baden 1981, S. 55–72

ders., Die Rolle der rechtsprechenden Gewalt in der europäischen Integration, Juristenzeitung 1994, S. 1–8

Zweigert, Konrad, Der Einfluss des Europäischen Gemeinschaftsrechts auf die Rechtsordnungen der Mitgliedstaaten, Rabels Zeitschrift für ausländisches und internationales Privatrecht 28 (1964), S. 601–64

Sachverzeichnis

Studien und Beiträge zum Öffentlichen Recht

Die Schriftenreihe *Studien und Beiträge zum Öffentlichen Recht* (StudÖR) wurde als Äquivalent zur renommierten Reihe *Jus Publicum* gegründet. Sie bietet herausragenden Dissertationen aus dem Bereich des öffentlichen Rechts eine ansprechende Plattform und deckt sämtliche Fächer des öffentlichen Rechts ab, insbesondere also das Verfassungsrecht (einschließlich Grundrechtstheorie, Methodenlehre und Allgemeine Staatslehre) und das Verwaltungsrecht. Fächerübergreifende und fachgebietsübergreifende Themenstellungen sind dabei nicht ausgeschlossen, solange der Schwerpunkt der Arbeit im öffentlichen Recht einschließlich seiner europarechtlichen beziehungsweise international- und völkerrechtlichen Bezüge zu finden ist. Um die hohe Qualität der in dieser Reihe veröffentlichten Dissertationen zu gewährleisten, werden nur Arbeiten zur Veröffentlichung in Betracht gezogen, die in beiden Gutachten uneingeschränkt mit summa cum laude bewertet wurden.

ISSN: 1867-8912
Zitiervorschlag: StudÖR

Alle lieferbaren Bände finden Sie unter *www.mohrsiebeck.com/studoer*

Mohr Siebeck
www.mohrsiebeck.com